MEDIEN IN GESCHICHTE UND GEGENWART

Herausgegeben von
Jürgen Wilke

Band 1

Klaus Winker

Fernsehen unterm Hakenkreuz

Organisation – Programm – Personal

2., aktualisierte Auflage

1996

BÖHLAU VERLAG KÖLN WEIMAR WIEN

Die Deutsche Bibliothek – CIP-Einheitsaufnahme

Winker, Klaus:

Fernsehen unterm Hakenkreuz: Organisation, Programm, Personal /
Klaus Winker. - 2., aktualisierte Aufl.- Köln ; Weimar ; Wien : Böhlau, 1996
(Medien in Geschichte und Gegenwart ; Bd. 1)
Zugl.: Mainz, Univ., Diss., 1994
ISBN 3-412-03594-7
NE: GT

Umschlagfoto: Pressevorführung im Reichspostministerium (1936)
© Privatarchiv Andrea Brunnen-Wagenführ, Gauting
Gesamtherstellung: KM-Druck, Groß-Umstadt
Printed in Germany
ISBN 3-412-03594-7

VORWORT ZUR ERSTEN AUFLAGE

Die vorliegende Darstellung, die im Sommersemester 1994 als Dissertation vom Fachbereich 12 Sozialwissenschaften der Johannes Gutenberg-Universität Mainz angenommen worden ist, wäre nicht möglich gewesen ohne die Hilfe vieler. Mein Dank gilt daher zunächst den Vorständen und Mitarbeitern all jener Institutionen, die mir in großzügiger Weise Archivalien zur Verfügung gestellt haben. Insbesondere danke ich den Herren Dr. Ritter und Dr. Oldenhage (Bundesarchiv Koblenz/Potsdam), Herrn Loos (Bundesarchiv-Militärarchiv), Frau Eggert und Herrn Voigt (Bundesarchiv-Filmarchiv), Herrn Dr. Marwell (Berlin Document Center), Frau Dr. Keipert (Politisches Archiv des AA), Herrn Dr. Diller (Deutsches Rundfunkarchiv), Madame de Tourtier-Bonazzi (Les Archives Nationales) sowie Frau Hasselbring (Historisches Archiv des BR). Für die unbürokratische Bereitstellung von kaum noch greifbaren Büchern und Zeitschriften danke ich Herrn Rink (Historisches Archiv des ZDF), Frau Dr. Riedel (Deutsches Rundfunkmuseum), Herrn Küster (Deutsches Postmuseum) sowie Frau Dr. Mahlke (Staatsbibliothek Preußischer Kulturbesitz).

Ich weiß nicht, was mir in den zahlreichen Gesprächen oder Korrespondenzen mit ehemaligen Fernsehmitarbeiterinnen und -mitarbeitern mehr genützt hat: die sachlichen Erläuterungen oder der freundliche Zuspruch. Angewiesen war ich auf beides, und darum danke ich weiter: Marc Chauvierre (Vaucresson), Odilo Dollmann (Icking), Günter Greiner (Berlin), Wilm ten Haaf (München), Bernard Hecht (Paris), Kurt Hinzmann (Lindau), Helmut Krätzer (Kelkheim), Mary und Hans-Jürgen Nierentz (Düsseldorf), Heinz Riek (Hamburg) sowie Otto Schulze† (Heidelberg). Agnes Kuban (Berlin), die Tochter von Hannes Küpper, ließ mich in überaus kurzweiligen Gesprächen ebenfalls teilhaben an ihren Erinnerungen. Biographisches über Karlheinz Kölsch und Sylvester Albert Szymanski verdanke ich Jochen Kölsch (Köln), Walter Huber (Tiengen) und Hildegard Szymanski (Berlin).

Gleichsam in letzter Stunde konnte ich Materialien von und über Herbert Engler in das bereits fertige Manuskript einarbeiten. Für deren Bereitstellung sei an dieser Stelle Sophie Freifrau Spies v. Büllesheim (Ahlen/Westf.) herzlich gedankt.

Dank schulde ich ferner Professor Dr. Jürgen Wilke vom Institut für Publizistik der Universität Mainz, der die Untersuchung betreut und über viele Monate hinweg mit tatkräftiger Unterstützung und fachlichem Rat begleitete. Professor Dr. Winfried B. Lerg (Münster) bestärkte mich in dem Vorhaben, den steinigen Weg der deutschen Fernsehgeschichte zu beschreiten.

Zu ganz besonderem Dank bin ich Andrea Brunnen-Wagenführ (Gauting) verpflichtet. Sie gab mir Gelegenheit, den Nachlaß ihres Mannes, Dr. Kurt Wagenführ, ungestört und ohne Vorbehalte auszuwerten. Darüber hinaus hat sich Frau Brunnen-Wagenführ mit persönlichem Zuspruch und ungezählten sachlichen Hinweisen in äußerst liebenswürdiger Weise dafür verwandt, das Unternehmen auf einen guten Weg zu bringen.

Schließlich danke ich der Friedrich-Naumann-Stiftung, die mich nicht nur in Form eines Promotionsstipendiums überaus großzügig gefördert hat. Hermann-Josef Berg besorgte die Durchsicht des Manuskripts; Harald Klein erstellte die Druckvorlage. Ihnen sei ebenfalls herzlich gedankt.

Nicht zuletzt haben Langmut, Interesse und Mithilfe von Itta Siegel zum Abschluß dieser Darstellung beigetragen.

Mainz, im Juli 1993
Mainz/Düsseldorf, im Juli 1994   Klaus Winker

VORWORT ZUR ZWEITEN AUFLAGE

Die erste Auflage der vorliegenden Arbeit wurde vom Publikum gut aufgenommen und war Mitte des Jahres vergriffen. Nachzutragen bleibt mein Dank an die Historische Kommission der ARD, die die Veröffentlichung finanziell unterstützt hat.

Da ein Interesse an der deutschen Fernsehgeschichte weiterhin besteht, hat sich der Verlag entschlossen, eine zweite Auflage in Auftrag zu geben. Bei der Überarbeitung stand für mich im Vordergrund, daß die zugrundeliegende Dissertation wenn nicht abgeschlossen, so doch abgerundet und nach wie vor aktuell zu sein schien. Ich habe mich deshalb im wesentlichen darauf beschränkt, der Kritik und den Anregungen der Leser bzw. Rezensenten zu einzelnen Punkten Rechnung zu tragen und die Literatur auf den neuesten Stand zu bringen.

Inhaltliche Ergänzungen wurden lediglich im ersten Kapitel vorgenommen. Sie gehen zurück auf Imogen Cohn (München), für deren Auskünfte und Hinweise ich herzlich danke. Zu danken habe ich auch Harald Klein, der erneut die Druckvorlage erstellte.

Mein besonderer Dank gebührt jedoch Professor Dr. Jürgen Wilke (Mainz), dessen stetige Betreuung und fachliche wie persönliche Beratung diese Arbeit seit ihrem Beginn begleitete.

Düsseldorf, im Juni 1996   Klaus Winker

INHALT

Seite

0. EINLEITUNG 1

1. VORGESCHICHTE IN DER WEIMARER REPUBLIK (1926-1932/33)

1.1. Die Post an der Spitze
      Schaffung des technischen und institutionellen Rahmens.............................. 12

1.2. Bündelung der Stärken
      Die Fernseh Aktiengesellschaft, Berlin.............................. 24

1.3. Ein ferngelenktes Gremium
      Der Allgemeine Deutsche Fernsehverein e.V. 26

1.4. Primat der Technik
      Frühe Vorstöße für ein Fernsehprogramm.............................. 29

1.5. Zusammenfassung 34

2. VON DER MACHTERGREIFUNG ZUM FERNSEHSTART (1933-1935)

2.1. Rundfunkeinheit
      Das Fernsehen im Gleichschaltungsprozeß 45

2.2. Der Rundfunk macht Boden gut
      Ausbau der Grundlagen eines Versuchsbetriebs 48

2.3. Befürchtete Medienkonkurrenz
      Die Ufa drängt auf vertragliche Absprachen 57

2.4. Im Wettlauf mit dem Ausland
      Das Fernsehen als nationales Prestigeobjekt 59

3. DER ÜBERGANG VOM VERSUCHSBETRIEB ZUM REGELMÄSSIGEN PROGRAMMDIENST (1935-1936)

3.1. Ein undramatischer Vorgang
Der 22. März 1935 69

3.2. Propaganda mit dem Fernsehen
Der Zickzackkurs des Rundfunks 74

3.3. Klärung der Kompetenzfrage
Die „Erlasse" vom 12. Juli und 11. Dezember 1935 76

3.4. Ämterhäufung
Carl Heinz Boese – der erste Programmleiter 82

3.5. Improvisation und Zufall
Die innere „Organisation" des Nipkow-Senders 84

3.6. Aus der Not geboren
Gemeinschaftsempfang in Berlin und Umgebung 91

3.7. Das Kino als Vorbild
Filmsendungen im wöchentlichen Wechsel 97

4. HERAUSBILDUNG ERSTER ORGANISATORISCHER UND INHALTLICHER KONTINUITÄTEN (1936-1937)

4.1. Bescheidene Schritte
Die Dienstanweisung und ein schmaler Etat 111

4.2. Übernahmen und Neueinstellungen
Der Mitarbeiterstamm wächst 113

4.3. Große Pläne, kleine Ergebnisse
Die Räumlichkeiten von Post und Rundfunk 120

4.4. Achtungserfolge
Erste Prüfsteine für das Live-Fernsehen 124

4.5. „Aktion Bilderbuch"
Senderbau und Breitbandkabelvernetzung 132

4.6. Gemeinschaftsempfang
Steuerungsinstrument der öffentlichen Teilhabe 134

4.7. Vom Solovortrag zum Kurzspiel
Programmexperimente auf der Dunkelbühne 138

5. KONSOLIDIERUNG UND AUSBAU (1937-1939)

5.1. Gestörter Kommunikationsfluß
Hans-Jürgen Nierentz – der erste Intendant 159

5.2. Verzögerungen
Der Umzug ins Deutschlandhaus 165

5.3. Ein falscher Gedanke
Das neue Studio als Bühnenbetrieb 172

5.4. Mehr Geld für qualifizierte Kräfte
Die Reichspost-Fernsehgesellschaft mbH 182

5.5. Personalpolitik und Sendeplanung
Der Programmbetrieb erhält stärkere Konturen 187

5.6. Mikroskopisch klein
Zuschauerzahlen und Heimempfang 195

5.7. Als Ausgleich für das Fernsehen
Die Post fordert mehr Rundfunkgebühren 199

5.8. Am Krieg gescheitert
Der Fernseh-Einheitsempfänger E 1 200

5.9. Zugunsten direkter Sendungen
Der Rohstoff Film auf dem Rückzug 205

5.10. Halb Film, halb Theater
Das Fernsehspiel sucht seine eigene Form 211

5.11. Radioreporter als Fernsehsprecher
Dokumentationen und Zeitdienst-Sendungen 221

6. FERNSEHEN IM KRIEG: TRUPPENBETREUUNG (1939-1943)

6.1. Das Medium als Waffe
Die Sendepause vom September 1939 255

6.2. Leitung ohne Macht
Dr. Herbert Engler – der zweite Intendant 260

6.3. Kurskorrekturen
Das Personalkarussell dreht sich 264

6.4. Drei Produktionsabteilungen
Zeitgeschehen, Kunst und Unterhaltung, Film und Bild 275

6.5. Pfleglicher Umgang mit dem Vorhandenen
Der Studiobetrieb unter Kriegsbedingungen 282

6.6. Das Medium wird kriegswichtig
Die Sendungen aus dem Kuppelsaal 285

6.7. Systematische Versuche
Der Reportagebetrieb im Aufbau 291

6.8. Eine autarke Filmabteilung
Die Technische Betriebsstelle Fernsehen 297

6.9. Radikalisierung
Ängste, Intrigen und der Sturz des Intendanten 301

6.10. Ausschluß der Öffentlichkeit
Die Umstellung auf Lazarettempfang 310

6.11. Das Medium scheut die Dunkelheit
Vorverlegung der Programmfolge in den frühen Abend 317

6.12. Gehegt und gepflegt bis zuletzt
Launige Information mit soldatischen Elementen 321

6.13. Vom Kaspertheater zur Jugendstunde
Erste Gehversuche des Kinderfernsehens 333

6.14. Ein Opfer der Umstände
Das aufwendige Fernsehspiel greift zur Konserve 337

6.15. Informativ bis unterhaltend
Der Fernsehfilm im Aufwind 346

7. FERNSEHEN IM BESETZTEN FRANKREICH (1940-1944)

7.1. Spiegelbild innerdeutscher Machtkämpfe
Die Wiederinbetriebnahme des Fernsehsenders Paris 371

7.2. Der Kuppelsaal stand Pate
Ein Tanzlokal wird Fernsehstudio 377

7.3. Frankreich als Präzedenzfall
Planspiele für ein Auslandsfernsehen 382

7.4. Hausherren ohne Rechte
Studioausbau, Organisations- und Personalstruktur 386

7.5. Krieg als Unterhaltung
Programme im Schatten der Niederlage 392

7.6. Mit deutscher Gründlichkeit
„Abwicklung" und Ende des Fernsehdienstes 400

7.7. Opfer oder Förderer
Metamorphosen nach 1945 403

8. EIN ENDE IN RATEN: DER ZUSAMMENBRUCH DES FERNSEHSENDERS PAUL NIPKOW, BERLIN (1943-1945)

8.1. Nur eine Randfigur
Harry Moss – der vierte Programmleiter 415

8.2. Totaler Krieg und totale Mobilisierung
Vom Lazarettfernsehen zur Wanderbühne 416

8.3. Der Rundfunk in Wartestellung
Von der Wanderbühne zum Frontkino 422

9. KEINE „STUNDE NULL": DER WIEDERAUFBAU DES BUNDESREPUBLIKANISCHEN FERNSEHENS

9.1. Das Bewährte erhalten
Die entbehrungsreiche „Odyssee" der Fernsehmänner 426

9.2. Personelle Altlasten
Die Fernsehabteilungen füllen sich mit Ehemaligen 429

9.3. Konzepte mit Prägekraft
Inhaltliche Anknüpfungspunkte in der Versuchszeit 435

10. ZUSAMMENFASSUNG 441

Quellen- und Literaturverzeichnis 449

Abkürzungen 504

Pseudonyme und Künstlernamen 506

Anlagen 507

Personenverzeichnis 518

0. EINLEITUNG

Am Rande der Pariser Weltausstellung im Jahr 1900 wurde das bahnbrechendste der modernen Massenmedien erstmals im größeren Kreis mit jenem Terminus bezeichnet, unter dem es dann ein halbes Jahrhundert später seinen Siegeszug durch die Wohnzimmer der industrialisierten Welt antreten sollte: Television. Constantin Perskyi, Dozent an der Petersburger Artillerieschule, beschrieb unter diesem Titel am 25. August 1900 in Paris einen Apparat, der die photoelektrische Wandlereigenschaft des chemischen Elements Selen ausnutzte.[1] Die deutsche Version des Wortes war damals freilich schon knapp zehn Jahre alt. 1891 veröffentlichte Raphael Eduard Liesegang als ersten Band der Reihe „Probleme der Gegenwart" die Schrift über ein Artefakt, das er Phototel nannte. Der Untertitel „Beiträge zum Problem des electrischen Fernsehens" avancierte in der 2. Auflage der kleinen Abhandlung zum programmatischen Haupttitel.[2]

Die frühen Publikationen von Liesegang und Perskyi sind aus etymologischer Sicht bemerkenswert. Ihre theoretisch-modellhaften Arbeiten blieben aber nur relativ unbedeutende Mosaiksteinchen in der Fülle mehr oder minder neuer Vorschläge zur Lösung des Fernsehproblems, die in den beiden letzten Jahrzehnten des 19. Jahrhunderts im Schrifttum auftauchten. Inspiriert von den Vorbildern Telegraphie respektive Telephonie, beschäftigten sich bereits in den ausgehenden siebziger Jahren Bastler, Chemiker, Mechaniker, Optiker und Physiker aus den verschiedensten Ländern ernsthaft mit Apparaten für die Fernübertragung von bildlichen Darstellungen: der Amerikaner George R. Carey (1875), der Franzose Constantin Senlecq (1878), der Portugiese Adriano de Paiva (1879[3]), der Italiener Carlo Mario Perosino (1879) – um nur die wichtigsten zu nennen.

Einige jener frühen Denkmodelle, die am Anfang des „spekulativen Zeitalters" (Gerhart Goebel) standen und sich die Entdeckung der Lichtempfindlichkeit des Halbleiters Selen im Jahr 1875 zunutze machten, trugen zwar zur Entwicklung des wirklichen elektrischen Fernsehens bei. Betriebsfähig waren freilich die nur auf dem Papier existierenden „Fernseher" alle nicht, weil die Erfinder sich entweder über die zu lösenden Probleme oder über die physikalischen Eigenschaften der verfügbaren Bauelemente nicht genügend klar waren.[4] Das blieb auch zu Beginn der achtziger Jahre so, als international eine Reihe von Forschern und Tüftlern mit verbesserten Gerätevorschlägen aufwarteten. In Paul Nipkows Patent für ein elektrisches Teleskop (1884) vereinigten sich bereits die wichtigsten funktionalen Prinzipien des späteren Fernsehens: nämlich die zeilenweise Zerlegung eines Bildes, die elektrische Übertragung der dadurch gewonnenen Signalfolge, die Abtastung und Wiederzusammensetzung beim Empfänger mit einer so hohen Geschwindigkeit, daß infolge der Trägheit des menschlichen Auges ein geschlossener Bildeindruck entsteht. Nipkows Fernsehverfahren mit virtuellem Raster, sein zentraler technischer Baustein, die schnell rotierende, mit Löchern für die Lichtstrahlabtastung versehene Scheibe, sollte rund 40 Jahre später in allen technisch entwickelten Ländern die Grundlage des Fernsehens bilden.[5]

Bis dahin trieben etwa ein halbes Hundert Erfinder in den Disziplinen Elektrizität, Elektromagnetismus und Elektrochemie das Prinzip Fernsehen experimentell voran und arbeiteten, mit sehr unterschiedlichen technischen Nutzungsvorstellungen, an seiner sukzessiven Optimierung.[6] Anfang des 20. Jahrhunderts nahmen die abstrakten Gedankenspielereien langsam apparative Gestalt an. Nachdem der Engländer Shelford Bidwell 1881 seinen Phototelegraphen nicht nur theoretisch konzipiert, sondern erstmals auch gebaut und öffentlich vorgeführt hatte, folgten die beiden Deutschen Friedrich Lux (1906) und Ernst Ruhmer (1909) mit ähnlich rudimentären Sende- und Empfangsrastern. Die von Ruhmer entwickelte Anlage erregte 1910 auf der Weltausstellung Aufsehen. Bereits vier Jahre zuvor hatten Max Dieckmann und Gustav Glage, beide Mitarbeiter des Physikers Ferdinand Braun, ein halbmechanisiertes System zur Übertragung einfacher Schriftzeichen und -zeichnungen zum Patent angemeldet, bei dem sie zum ersten Mal die von Braun 1897 erfundene Kathodenstrahlröhre entfremdeten und als Bildschreiber benutzten. Ein weiterer Verfechter der elektronischen Variante kam 1907 mit dem Russen Boris Rosing hinzu, Professor am Petersburger Technologischen Institut, der ebenfalls auf der Empfangsseite mit einer Braunschen Bildröhre experimentierte.[7] Als der englische Ingenieur Alan A. Campbell Swinton 1912 noch einen Schritt weiterging und in der Zeitschrift *Nature* laut über die Verwendung von zwei Kathodenstrahlern nachdachte, waren – zumindest theoretisch – die charakteristischen Merkmale des heutigen, rein elektronischen Fernsehens gefunden.[8]

Obwohl in Deutschland mit Max Dieckmann die elektronische Technologie profiliert vertreten wurde, waren es mit Dénes von Mihály und August Karolus zwei ausgewiesene „Mechaniker", die in der zweiten Hälfte der zwanziger Jahre den Stein ins Rollen brachten und das Interesse von Staat und Industrie an der neuen Kommunikationstechnik weckten. Zunächst eher zögerlich, dann aber dezidiert mit eigenen Forschungsarbeiten förderte die staatliche Reichspost von 1927 an Mihálys mechanisches System der Bildzerlegung und -synthese mit Nipkow-Scheiben. Demgegenüber hatte Telefunken bereits im Oktober 1924 den Leipziger Physiker Karolus verpflichtet und fortan generös unterstützt. Unter der Ägide dieser beiden großen politischen und ökonomischen Institutionen entwuchs das Fernsehen allmählich der spekulativen Phase, wurde labortauglich gemacht und schließlich von 1928 an als mediale Provokation in den öffentlichen Raum der Berliner Funkausstellungen gestellt.[9] Es bedurfte jedoch noch einiger (sende-)technischer Modifikationen respektive rundfunkpolitischer Überzeugungsarbeit, ehe Teile der Berliner Bevölkerung an den von der Reichspost seit 1929 veranstalteten Versuchssendungen partizipieren konnten. Erst am 22. März 1935, unter inzwischen veränderten ideologisch-politischen Vorzeichen, eröffneten die nachgeordneten Dienststellen des Reichspost- bzw. Propagandaministeriums unter der mißverständlichen Bezeichnung „Fernsehsender Paul Nipkow" einen regelmäßigen Versuchsbetrieb für Berlin, der bis Anfang September 1944 Programmexperimente ausstrahlte.

Im Mittelpunkt der vorliegenden Arbeit steht nicht die sattsam bekannte Technikgeschichte des Fernsehens, deren Eckpfeiler hier nur sehr holzschnittartig skizziert wurden. Vielmehr behandelt sie die organisatorisch-institutionellen, programmlichen und vor allem personellen Umstände der Entstehung und ersten Entwicklung des Fernsehens im Dritten Reich. Warum ausgerechnet (noch) eine kohärente Darstellung über die Historie des jüngsten Massenmediums? Fernsehgeschichte wurde in Deutschland zunächst und hauptsächlich als Technikgeschichte verstanden. Dafür stehen die Arbeiten von Wolfgang Dillenburger,[10] Fritz Schröter,[11] Walter Bruch[12] und insbesondere Gerhart Goebel, der 1953 eine umfangreiche, in vielen Teilen auch heute noch gültige Darstellung der technischen Entwicklung des Fernsehens in Deutschland bis zum Jahr 1945 vorgelegt hat.[13] In jenen frühen Abhandlungen, zumal in der von Goebel, manifestiert sich besonders deutlich die Hochachtung, ja Faszination der Autoren vor dem beschriebenen technischen „Wunder".[14] Der politische Kontext, die beschäftigten Mitarbeiter, die Rezeptionsgeschichte und schließlich die ausgestrahlten Programme erscheinen aber allenfalls als nebensächliches Anhängsel der technischen Apparatur, über die eher beiläufig, romanhaft und in Form unterhaltsamer Anekdoten berichtet wird. Mit dem Nachlassen der Technikbegeisterung schwand jedoch die Motivation technikgeschichtlicher Ansätze, obwohl diese in jüngster Zeit wieder eine gewisse Renaissance erleben – zumal in den Beiträgen des Posthistorikers Joachim Kniestedt.[15]

Gleichwohl gab es schon in den ausgehenden sechziger Jahren mancherlei Vorstöße, den Gegenstandsbereich der Fernsehgeschichte auszuweiten und die Thematik auf eine inhaltlich breitere Basis zu stellen. Zu nennen wäre hier etwa die kenntnisreiche, aber einseitige Untersuchung von Manfred Hempel,[16] die in weiten Teilen oberflächlich gerät, weil sie – notgedrungen – auf einer schmalen Quellenbasis fußt und deshalb vorrangig aus der Perspektive der Deutschen Reichspost geschrieben ist. Von kleineren Beiträgen und inhaltlichen Variationen seiner „Urstudie" abgesehen, fand Hempels Arbeit keine Fortsetzung, wiewohl die gesamte DDR-Historiographie den Komplex des „Nazifernsehens" geradezu tabuisierte.[17] Ebenfalls mit Mängeln behaftet ist die sehr polemische, von der Fachkritik als unwissenschaftlich verworfene[18] Darstellung von Erwin Reiss.[19] Reiss greift darin nicht nur über weite Strecken auf Manfred Hempel zurück; er mischt auch recht bunt Memoirenliteratur und Pressebeiträge jener Jahre, um nach dem Strickmuster „Kriegsberichterstatter als ZDF-Intendant" gewagte Parallelen zur Gegenwart zu ziehen. Weit vorsichtiger verhalten sich die Autoren Ansgar Diller,[20] Winfried B. Lerg,[21] Heinz Pohle,[22] William Uricchio[23], Siegfried Zielinski[24] und Heiko Zeutschner[25], wobei Lerg auf den Umfang der Aufgabe verweist, die sich mit einer erschöpfenden fernsehhistorischen Untersuchung stellt. Einzelforscher sind deshalb verstärkt dazu übergegangen, sich mit aspektuellen Fragen eingehender zu beschäftigen. Stellvertretend hierfür stehen die sehr fundierten Beiträge Knut Hickethiers über einzelne medienspezifische Programmsparten und -gattungen, insbesondere des Fernsehspiels und des frühen Kinderfernsehens.[26]

Aber gerade bei dem Versuch einer ernsthaften Rekonstruktion der Programmgeschichte stellt sich die außerordentliche Schwierigkeit, überhaupt ein einigermaßen abgesichertes Daten- und Faktengerüst als unerläßliche Arbeitsvoraussetzung zu erheben.[27] Während interne Protokolle über die Produktionen des Nipkow-Senders nicht vorliegen, ist im Fachschrifttum nicht einmal die Hälfte des Sendezeitraums von 1935 bis 1944 durch lückenlose, aber wenig aussagekräftige bis mißverständliche Programmausdrucke belegt. Darüber hinaus erweist sich die Benutzung von Programmzeitschriften nicht zuletzt deshalb als problematisch, weil – vor allem in den Kriegsjahren mit ansteigender Tendenz – Sendungen häufig verschoben oder kurzfristig aus dem Programm genommen wurden, ohne daß dies in den Ankündigungen noch berücksichtigt werden konnte.[28] Aus zwei Gründen wiederum ist von den ausgestrahlten Beiträgen – selbst dort, wo es sich um speicherbare Filme handelte – nur noch sehr wenig Material zur Ansicht vorhanden: Zum einen läßt sich heute ein Großteil der Sendungen nicht mehr reproduzieren, weil damals fast alle fernseheigenen Stücke live produziert wurden. Von der Möglichkeit, mangels elektronischer Aufzeichnung (MAZ)[29] Beiträge auf Film zu konservieren, machte man aber aus Kostengründen erst gegen Ende des Programmbetriebs sporadisch Gebrauch. Andererseits wiederum fiel ein Teil der konservierten Fernsehfilmkopien dem Krieg zum Opfer oder wurde nach 1945 in den Archiven aus Unwissenheit einfach vernichtet. Letzteres gilt besonders für den geretteten Teil der ausgestrahlten Spielfilm-Zusammenschnitte. Diese wurden in den DDR-Filmarchiven allesamt aus Platzgründen eingestampft, weil man ungeprüft annahm, daß es sich dabei um Dubletten der Filmindustrie handelt.[30]

Ähnlich unbefriedigend und fragmentarisch gestaltet sich die Materiallage in bezug auf organisatorische, wirtschaftliche und personelle Fragen des Nipkow-Senders. Zwar lassen sich allein für das Jahr 1935 über 300 – zumeist technisch gefärbte – Zeitschriftenartikel zum Thema Fernsehen finden.[31] In einer Zeit jedoch, wo nach Joseph Goebbels „nicht die Kritik die höchste Pflicht sein" durfte, sondern „die Schaffung der Geistes- und Willenseinheit",[32] gehorchte die journalistische Berichterstattung über das Prestigeobjekt Fernsehen einem synchronen, wellenartigen Zyklus: Während sich die Rundfunkblätter zu propagandaträchtigen Anlässen wie der Eröffnung des Programmbetriebs oder den jährlichen Funkausstellungen ausgiebig mit dem Fernsehen beschäftigen durften, folgten anschließend lange Wochen und Monate der Abstinenz, in denen Veröffentlichungen über das Thema strikt verboten waren. Daneben gab es bestimmte Teilbereiche, die durchgängig tabu blieben: Personalentscheidungen, Etatfragen, die bescheidene Bildqualität, kriegstechnischer Komplex, Hinweise auf den freien Verkauf von Empfängern, Photoreportagen über die studiotechnische Einrichtung, ministerielle Kompetenzstreitigkeiten und andere Aspekte mehr.[33] Ferner duldete es die nationalsozialistische Rundfunkleitung nur widerwillig, wenn Mitarbeiter des Nipkow-Senders selbst aktiv wurden und ihre Erfahrungen publizierten – getreu der von Reichsintendant Heinrich Glasmeier an Fernsehleiter Hans-Jürgen Nierentz ausgegebenen Devise: „Sie machen mir ja mit ihren Artikeln sämtliche Leute verrückt!"[34]

Die genannten quellenkundlichen Defizite und Hindernisse trugen bislang dazu bei, daß die deutsche Fernsehgeschichte mangelhaft aufgearbeitet, so mancher Versuch seltsam oberflächlich und leblos blieb. Diese Lücke will die folgende Arbeit – mit zum Teil noch unveröffentlichten Dokumenten – ausfüllen. Neben den konventionellen

Quellen und zeitgenössischen Darstellungen sind, trotz der skizzierten Probleme, die für eine publizistische Historiographie unentbehrlichen Pressequellen (zumeist Rundfunkzeitschriften) herangezogen worden. Daneben standen die in Archiven gesammelten Akten diverser Dienststellen des Dritten Reiches sowie einige wenige Filmdokumente zur Verfügung. Im Bundesarchiv Koblenz lagern mehr oder minder ergiebige, fernsehrelevante Bestände der Reichs-Rundfunk-Gesellschaft, des Reichsministeriums für Volksaufklärung und Propaganda, des Reichsfinanzministeriums, der Reichskanzlei und der Reichskulturkammer. Außerdem wurden die Vorstandsprotokolle des Ufa-Filmkonzerns im Hinblick auf ein vermutetes Konkurrenz- und Spannungsverhältnis zwischen Film und Fernsehen ausgewertet. Das Bundesarchiv, Abt. Potsdam, vormals Zentrales Staatsarchiv der DDR, bildet eine weitere Säule, auf der diese Untersuchung basiert. Dort standen das reichhaltige, vorderhand technisch geprägte Aktenmaterial des Reichspostministeriums zur Verfügung, ebenso wie einige Faszikel des Propagandaministeriums, die die Koblenzer Bestände teils ergänzen, teils überlagern. Im Bundesarchiv-Filmarchiv Berlin, dem früheren Staatlichen Filmarchiv der DDR, konnten erstmals erhalten gebliebene Fernsehfilme eingesehen werden.[35] Über den Komplex des deutsch-französischen Okkupationsfernsehens in Paris (1943/44) lassen sich in den Splitterbeständen des Militärbefehlshabers in Frankreich, die im Bundesarchiv-Militärarchiv Freiburg/Brsg. lagern, sowie im Nationalarchiv Paris[36] einige, wenn auch spärliche Erkenntnisse gewinnen, ebenso in den Akten diplomatischer Provenienz im Politischen Archiv des Auswärtigen Amts in Bonn. Problemstellung und Forschungsdefizite erforderten jedoch die Auswertung der für das Untersuchungsthema relevanten Sachakten *und* Personalunterlagen. Als Quellen mit beträchtlichem Erkenntniswert erwiesen sich dabei die Personalakten des Berlin Document Centers, in denen – teils erstaunlich detailliert, teils mit großen Lücken – Hinweise vorliegen über die politischen und beruflichen Biographien von rund 50 entweder fest angestellten oder freiberuflich tätigen Mitarbeitern des Fernsehsenders Paul Nipkow.

Neben den archivalischen Quellen bildet der umfangreiche Nachlaß des am 5. April 1987 verstorbenen Fachjournalisten Kurt Wagenführ einen weiteren – mithin wesentlichen – Eckpfeiler der Studie. Die wissenschaftliche Auswertung seines Archivs stellt die grundlegende Voraussetzung einer zu schreibenden Fernsehgeschichte dar. Wagenführ, „der Nestor der deutschen Rundfunkkritik" (Arnulf Kutsch),[37] verfolgte von 1935 an als freier Publizist den Weg des Fernsehens im In- und Ausland. Seine Beobachtungen fanden zunächst im *Berliner Tageblatt*, später dann auch in der *Deutschen Allgemeinen Zeitung* und in der von ihm 1937 gegründeten Zeitschrift *Welt-Rundfunk* ihren publizistischen Niederschlag.[38] Neben Gerhard Eckert,[39] der vorwiegend in der *Berliner Börsen-Zeitung* und in dem Organ *Literatur* über das Medium schrieb, zählte Wagenführ schon bald zu den intimen Kennern des Nipkow-Senders mit einer besonderen Vorliebe für das Fernsehspiel.[40] Nach 1945 leistete der promovierte Jurist in den verschiedensten journalistischen und lehrenden Tätigkeitsfeldern einen wesentlichen Beitrag zum historischen Verständnis von Rundfunk und Fernsehen. Als maßgeblicher Mitarbeiter, später auch als Herausgeber des Branchendienstes *Fernseh-Informationen* veröffentlichte

Wagenführ seit 1950 zahlreiche Dokumente sowie eigene und fremde Erinnerungstexte über die Frühgeschichte des deutschen Fernsehens. Der Nachteil des publizierten Materials liegt in der nicht immer systematischen Auswahl und allgemein in einer notwendigerweise subjektiven Darstellung durch den Herausgeber. Außerdem blieb ein nicht unbeträchtlicher Teil jener Dokumente bisher unveröffentlicht, die Wagenführ über Jahrzehnte hinweg in seinem historischen Archiv zusammengetragen hat. Dazu zählen rund 100 Aktenvermerke, Memoranden, Briefe und Verhandlungsniederschriften des kaufmännischen Leiters und Prokuristen der Reichspost-Fernsehgesellschaft, Hans-Joachim Hessling, die den Zeitraum 1942 bis 1948 umfassen. Daneben 48 überwiegend im Original vorliegende Manuskripte von Unterhaltungssendungen, Fernsehspielen und aktualitätsbezogenen Produktionen der Abteilung Zeitdienst. Des weiteren diverse Organisations- und Sendeablaufpläne, Personallisten, wertvolle Programm- und Honoraraufstellungen aus der Zeit nach 1941 sowie zahlreiche Photodokumente. Ferner Presseausschnitte und mehrere, in den siebziger und achtziger Jahren von Wagenführ angefertigte Gesprächsprotokolle und Korrespondenzen mit ehemaligen Fernsehmitarbeitern.

Zwar wird die Möglichkeit zum Gespräch mit „historischen Zeugen" nach mehr als einem halben Jahrhundert naturgemäß geringer. Dennoch konnten immerhin zehn Personen mit unterschiedlicher Intensität offen befragt oder zur Niederschrift eines Selbstzeugnisses gewonnen werden. Jene Gewährsleute arbeiteten entweder auf der Programmseite oder als Techniker der Reichspost für das Berliner respektive Pariser Fernsehen, und zwar größtenteils an exponierter Stelle. Ebenfalls zu Auskünften bereit waren fünf Angehörige von verstorbenen „Fernsehpionieren". Wenngleich mit diesen nicht-standardisierten Interviews einige anschauliche Details gerettet und manches pikante Histörchen ausgegraben werden konnte, so hält sich ihr wissenschaftlicher Befund dennoch in Grenzen. Dies aus zwei Gründen. Zum einen rückten die Befragten retrospektiv ihre eigene Tätigkeit in den Vordergrund und neigten deshalb dazu, für die Zeit ihrer Beschäftigung ein zu positives und perfektes Bild von den medialen Möglichkeiten zu zeichnen. Zum anderen reduzierten die Befragungspersonen aus Gründen des Selbstschutzes das Fernsehen häufig auf ein technisches Problem, nicht selten verkürzt auf die eher unverfängliche Frage: Wieviele Kameras waren damals im Einsatz? Hingegen wird der nationalsozialistische Kontext heruntergespielt oder gar ganz ausgeklammert, ebenso wie die eigene Mitgliedschaft in der NSDAP oder eine ihrer Gliederungen.[41] So gesehen übernehmen die Dabeigewesenen, die sich selbst nachträglich als unpolitisch definieren, allzu bereitwillig die Rolle von „Entlastungszeugen". Die subjektiven und teilweise divergierenden Einschätzungen ehemaliger Funktionsträger sollen deshalb nur sehr defensiv einbezogen werden. Problematisch wird dies vor allem beim Komplex des deutsch-französischen Fernsehens, da hier die schmale Materialbasis ein häufiges Zurückgreifen auf die Erinnerungen des Pariser Fernsehleiters Kurt Hinzmann unumgänglich macht.[42]

Aus der vorliegenden Literatur lassen sich nur in sehr geringem Maße methodische Anregungen und hilfreiche Gliederungsvorschläge gewinnen.[43] Als zentrale Herausforderung stellte sich die Aufgabe, eine Vielzahl von Teilgeschichten mit ihren unterschiedlichen Relevanzen strukturell zu erfassen und zu integrieren.[44] Um die Analyse im Zusammenhang durchschaubarer zu machen, erwies sich eine chronologische Darstellung in neun Kapiteln als sinnvoll, wobei die Teilgeschichten nicht in einem Nacheinander, sondern als ein Geflecht vielfältiger Bezüge und Verweise nebeneinander abgehandelt werden. Aussagen über die gesendeten Programme bilden dabei häufig den Abschluß eines jeden Teils und basieren, soweit vorhanden, auf Veröffentlichungen der Rundfunkzeitschrift *Die Sendung*. Sendetitel wiederum wurden, neben im Text genannten Titeln von Publikationen und Periodika, kursiv gesetzt und in Klammern ergänzt durch das nachweislich ermittelte Datum der jeweiligen Erstausstrahlung.

Aus den bisherigen Feststellungen ergeben sich nun folgende, chronologisch-inhaltlich gebündelte Leitfragen und Problemkreise, an denen sich die Darstellung hauptsächlich orientiert:

1. Unter welchen publizistischen Verwertungs- und Gebrauchsgesichtspunkten betrachtete man in den ausgehenden zwanziger Jahren das technische Phänomen Fernsehen? Welche Konsequenzen ergaben sich in der Weimarer Republik aus dem Umstand, daß erstmals in der Mediengeschichte im Fall des Fernsehens der kommunikative Leistungsrahmen schon vorlag, ehe dieser technisch realisiert werden konnte? Entwickelten die Rundfunkgesellschaften frühzeitig ein Gespür für die inhaltlichen Möglichkeiten, oder verhielten sie sich der neuen Kommunikationstechnik gegenüber eher indifferent?

2. Wer setzte nach 1933 auf ministerieller Ebene die richtungsweisenden Akzente? Brachte die „nationalsozialistische Revolution" generell einen deutlichen Entwicklungsschub? Oder war es fortan nicht vielmehr so, daß die Post (Technik) bisweilen bedingungslos förderte, während sich die Reichs-Rundfunk-Gesellschaft (Programm) ambivalent verhielt, indem sie öffentlich Propaganda betrieb und intern die Entwicklung bremste? Liegen überhaupt ausformulierte Gedanken des zuständigen Ministers Goebbels vor, die auf ein Interesse bzw. Desinteresse an dem potentiellen Propagandainstrument schließen lassen? Welche Motive lassen sich annehmen für die vermutete Zurückhaltung der NS-Propagandastellen hinsichtlich des Fernsehens?

3. Wer befand nach 1935 über die Ausstattung der Studios? Wie entwickelte sich das aufnahmetechnische Instrumentarium im Zeitablauf? Standen den Verantwortlichen zur Bewältigung ihrer Aufgaben großzügig bemessene Gelder und adäquate Räumlichkeiten zur Verfügung? Welche Reibungspunkte ergaben sich zwangsläufig aus der zweifelhaften Kompetenzabgrenzung zwischen Programm und Technik? Daraus leitet sich die Frage ab, ob mehr die Technik das Programm beflügelte oder umgekehrt das Programm die Technik, oder ob beide gar in einem befruchtenden Wechselverhältnis zueinander standen.

4. Warum entschieden sich die Protagonisten für den Gemeinschaftsempfang, der sich über weite Strecken auf die Reichshauptstadt beschränkte? Gab es Vorbehalte gegen eine mögliche Ausdehnung der kollektiven Rezeption innerhalb Berlins und über seine Grenzen hinaus? Wer betrieb eine solche Ausdehnung, und wer wollte sie verhindern?

Welche Pläne verfolgte man hinsichtlich eines landesweiten Sender- und Kabelnetzes? Gab es bereits Überlegungen, eine Fernsehgebühr zu erheben? Wie reagierte das Publikum auf das neue Medium?

5. Verfügten die insgesamt vier Verantwortlichen des Nipkow-Senders über eine starke Position, oder zog die Polykratie, als Herrschaftstechnik Adolf Hitlers vielfach beschrieben, auch das Fernsehen in Mitleidenschaft? Spielten eher persönliche Bindungen zu den jeweiligen Intendanten bzw. zur Rundfunkleitung bei der Rekrutierung des Personals eine Rolle, oder gaben allein die beruflichen Qualifikationen den Ausschlag für eine Beschäftigung? Aus welchen Sparten kamen überhaupt die Programmacher, und lassen sich hinsichtlich Ausbildung und berufspraktischer Erfahrung Gemeinsamkeiten feststellen? Hält die These quellenkritischer Prüfung stand, wonach das „unwichtige" Fernsehen ein gesuchtes Reservat für diejenigen darstellte, die mit dem Nationalsozialismus nichts zu tun haben wollten oder gar mit Berufsverboten belastet waren?

6. Verfügte man über ein stringentes Programmkonzept, oder tastete man sich experimentell und unsystematisch voran, da es Leitbilder für fernsehspezifische Inhalte nicht gab? Zu fragen ist auch, welche ästhetischen Prinzipien und medialen Vorbilder den einzelnen Programmgattungen zugrunde lagen. Welche Konsequenzen ergaben sich für das Fernsehspiel aus der technischen Notwendigkeit, sämtliche Beiträge live zu senden? Wirkten die Programme trotz ihrer geringen Reichweite im Sinne der braunen Machthaber systemstabilisierend, oder produzierte der häufig als Nischenbetrieb und Pufferzone apostrophierte Nipkow-Sender gar ein nicht-nationalsozialistisches Programm?

7. Beeinflußte das Fernsehen im Dritten Reich den Aufbau des bundesrepublikanischen Mediums?

ANMERKUNGEN

[1] vgl. Abramson, Albert: The History of Television, 1880 to 1941. Jefferson (North Carolina), London 1987, S. 23.

[2] vgl. Liesegang, R.[aphael] Ed.[uard]: Das Phototel. Beiträge zum Problem des electrischen Fernsehens. Düsseldorf 1891. Titel der 2. Aufl.: Beiträge zum Problem des electrischen Fernsehens. Düsseldorf 1899.

[3] vgl. Goebel, Gerhart: Adriano de Paiva und das Fernsehen. In: Archiv für das Post- und Fernmeldewesen 39(1987), 4, S. 384-392.

[4] vgl. Zielinski, Siegfried: Audiovisionen. Kino und Fernsehen als Zwischenspiele in der Geschichte. Reinbek 1987, S. 54.

[5] vgl. Goebel, Gerhart: Aus der Geschichte des Fernsehens. Die ersten fünfzig Jahre. In: Bosch Technische Berichte 6(1979), 5/6, S. 211-235, hier S. 216; ders.: Paul Nipkow – Versuch eines posthumen Interviews. In: Fernseh-Rundschau 4(1960), 8, S. 334-348; ders.: Paul Nipkow. In: Elektrotechnische Zeitschrift 12(1960), 20, S. 490.

[6] vgl. Dunlap, Orrin E.: The Outlook for Television. New York, London 1932 (Reprint New York 1971), S. 5; Geretschläger, Erich: Medientechnik I. Nonprint-Medien (=Reihe Praktischer Journalismus, Bd. 4). München 1983, S. 29.

[7] vgl. Kniestedt, Joachim: Die historische Entwicklung des Fernsehens. Zur Eröffnung des Deutschen Fernsehrundfunks vor 50 Jahren in Berlin. In: Archiv für das Post- und Fernmeldewesen 37(1985), 3, S. 185-239, hier S. 189 f.

[8] vgl. Schröter, F.[ritz]: Wege und Werden des Fernsehens. In: Leithäuser, G.[ustav]; Winckel, F.[ritz] (Hrsg.): Fernsehen. Vorträge über neuere Probleme der Fernsehtechnik. Berlin, Göttingen, Heidelberg 1953, S. 1-24, hier S. 8.

[9] vgl. Lerg, Winfried B.: Rundfunkpolitik in der Weimarer Republik (=Rundfunk in Deutschland, Bd. 1). München 1980, S. 328 ff.

[10] vgl. Dillenburger, Wolfgang: Untersuchungen an Breitbandverstärkern für Fernsehübertragungen. München 1947; ders.: Einführung in die deutsche Fernsehtechnik. Berlin 21953.

[11] vgl. Schröter, Fritz: 50 Jahre Telefunken. 25 Jahre Fernsehentwicklung. In: Fernsehen 1(1953), 4/5, S. 240-246.

[12] vgl. Bruch, Walter: Die Fernseh-Story. Ein Pionier des deutschen Fernsehens erzählt die Geschichte der Bildübertragungstechnik. Von den Utopisten bis zum Farbfernsehen. Stuttgart 1969; ders.: Berlin war immer dabei. Eine Plauderei über die Erfindung und Entwicklung des Fernsehens (=Berliner Forum, Bd. 6). Berlin 1977.

[13] vgl. Goebel, Gerhart: Das Fernsehen in Deutschland bis zum Jahre 1945. In: Archiv für das Post- und Fernmeldewesen 5(1953), 5, S. 259-393.

[14] vgl. auch Mühlbauer, Josef: Fernsehen. Das Wunder und das Ungeheuer. Basel, Freiburg, Wien 1959.

[15] vgl. Kniestedt, Joachim: 50 Jahre Fernsehen. Eröffnung des Deutschen Fernsehrundfunks am 22. März 1935. In: Unterrichtsblätter der Deutschen Bundespost 38(1985), 3, S. 59-84; ders.: Der Nutzen seines Patents für die Entwicklung des Fernsehens. In: Fernseh-Informationen 41(1990), 18, S. 537-539.

[16] vgl. Hempel, Manfred: Der braune Kanal. Die Entstehung und Entwicklung des Fernsehens in Deutschland bis zur Zerschlagung des Hitlerregimes. Leipzig 1969.

[17] vgl. Hoff, Peter: Blick zurück – nach vorn. Bemerkungen zur Diskussion über die Notwendigkeit der Fernseh-Geschichtsschreibung. In: Film und Fernsehen 5(1977), 10, S. 11-12; ders.: Stafette der Erfahrungen. Ein Zwischenbericht zur Rolle der Fernsehgeschichte in der Ausbildung künftiger Film- und Fernsehschaffender. (Kopie ohne Quellenangabe im NL Wagenführ); Krantz, Alfred; Herlinghaus, Hermann (Hrsg.): Film- und Fernsehliteratur der DDR 1946-1983. Eine annotierte Bibliographie-Auswahl. Bde. I-V. In: Beiträge zur Film- und Fernsehwissenschaft 24(1983), I-II;25

(1984), III-IV; Päper, Ingeborg: Der erste Bildschirm hatte gerade Diagröße. In: Neues Deutschland vom 14./15.1.1984.

[18] vgl. Halefeldt, Horst O.: ‚Wir senden Frohsinn' (Rezension). In: Mitteilungen des Studienkreises für Rundfunk und Geschichte 6(1980), 4, S. 223-226.

[19] vgl. Reiss, Erwin: ‚Wir senden Frohsinn'. Fernsehen unterm Faschismus. Das unbekannteste Kapitel deutscher Mediengeschichte. Berlin 1979.

[20] vgl. Diller, Ansgar: Rundfunkpolitik im Dritten Reich (=Rundfunk in Deutschland, Bd.2). München 1980, S. 184-198.

[21] vgl. Lerg, Winfried B.: Zur Entstehung des Fernsehens in Deutschland. In: Rundfunk und Fernsehen 15(1967), 4, S. 349-375.

[22] vgl. Pohle, Heinz: Wollen und Wirklichkeit des deutschen Fernsehens bis 1943. In: Rundfunk und Fernsehen 4(1956), 1, S. 59-75.

[23] vgl. Uricchio, William: Television as History: Representations of German Television Broadcasting, 1935-1944. In: Murray, Bruce A.; Wickham, Christopher J. (Hrsg.): Framing the Past. The Historiography of German Cinema and Television. Carbondale, Edwardsville 1992, S. 167-196.

[24] vgl. Zielinski, Siegfried, Audiovisionen (wie Anm. 4).

[25] vgl. Zeutschner, Heiko: Die braune Mattscheibe. Fernsehen im Nationalsozialismus. Hamburg 1995.

[26] vgl. Hickethier, Knut: Das Fernsehspiel im Dritten Reich. In: Uricchio, William (Hrsg.): Die Anfänge des Deutschen Fernsehens. Kritische Annäherungen an die Entwicklung bis 1945. Tübingen 1991, S. 74-123; ders.: Ilse Obrig und das Klingende Haus der Sonntagskinder. Die Anfänge des deutschen Kinderfernsehens. In: Erlinger, Hans Dieter; Stötzel, Dirk Ulf (Hrsg.): Geschichte des Kinderfernsehens in der Bundesrepublik Deutschland. Berlin 1991, S. 11-33.

[27] vgl. auch Brunnen, Andrea: Probleme mit der Geschichte des Fernsehens. Entdeckt (nicht nur) bei der Jahrestagung des ‚Studienkreises Rundfunk und Geschichte'. In: Fernseh-Informationen 36(1985), 19, S. 547-548, insbes. S. 547.

[28] vgl. Hickethier, Knut: Gattungsgeschichte oder gattungsübergreifende Programmgeschichte? Zu einigen Aspekten der Programmgeschichte des Fernsehens. In: Mitteilungen des Studienkreises für Rundfunk und Geschichte 8(1982), 3, S. 144-155, hier S. 146.

[29] Die Einführung der magnetischen Bildaufzeichnung in Deutschland datiert auf das Jahr 1958 vgl. Heim, Mark: Wandlungen der Fersehproduktionstechnik [sic] und ihre Auswirkungen auf die Fernsehproduktion am Beispiel des Südwestfunks. Unveröffentl. Magister-Arbeit. Mainz 1991, S. 41 ff.

[30] Freundlich. Hinweis von Joachim Bibrack, 19. 8. 1992.

[31] vgl. Rundfunk-Bibliographien 1926-1942. 25 Microfiches und ein Registerband. Mit einer Einführung von Ansgar Diller, (früher: Bibliographie des Funkrechts, Teil 1-3 und Deutsches Rundfunkschrifttum 1930-42). München u.a. 1984, S. 322 ff.

[32] Zit. nach Münster, Hans A.: Publizistik. Leipzig 1939, S. 149.

[33] vgl. Hansen, Dirk: Berichterstattung über einen Versuch: Fernsehen im Dritten Reich. Unveröffentl. Magister-Arbeit. München 1988, S. 93-94, 132-135.

[34] Gespräch mit Hans-Jürgen Nierentz, 11. 12. 1991.

[35] Im Bundesarchiv-Filmarchiv lagern insgesamt über 170 verschiedene Filmproduktionen des Berliner Nipkow-Senders, die damals entweder als kurze Einblendungen in Live-Programme oder in Form von eigenständigen Sendungen ausgestrahlt wurden. Davon konnten zwar nur 23 eingesehen werden, da derzeit in Berlin die Gelder für ein Umkopieren des restlichen Materials nicht vorhanden sind. Gleichwohl geben die gesichteten Filme einen recht guten Einblick in die Arbeit der Filmabteilung des Fernsehsenders.

[36] Die Quellenlage über den sogenannten Fernsehsender Paris ist besonders unbefriedigend. Anfragen bei diversen französischen Stellen, wie z.B. dem Service historique de l'Armée de terre, dem Comité d'histoire de la Télévision, dem l'Institut National de l'Audiovisuel oder dem Centre de Documentatation Juive Contemporaine, verliefen ergebnislos. Vgl. hierzu auch Lévy, Claude: Note

bibliographique sur la propagande en France (1939-1944). In: Revue d'histoire de la deuxième mondiale 16(1966), 64, S. 102-116; Steinberg, Lucien: Les autorités allemandes en France occupée. Inventaire commenté de la collection de documents conservés au C.D.J.C. Paris 1966; Les Archives Nationales. État Général des Fonds, publié sous la direction de Jean Favier. Tome V: 1940-1958. Paris 1988; Radke, Arne: Les Fonds Allemands aux Archives nationales. In: Bulletin de l'Institut d'Histoire du Temps Présent 38(1989), S. 13-18; Martens, Stefan: Inventarisierte Vergangenheit. Frankreich zehn Jahre nach Öffnung der staatlichen Archive. In: Francia 17(1990), 3, S. 103-109.

[37] Kutsch, Arnulf: Kurt Wagenführ 75 Jahre alt. In: Mitteilungen des Studienkreises für Rundfunk und Geschichte 4(1978), 1, S. 7-8, hier S. 7.

[38] Zur Fernsehkritik in der NS-Zeit vgl. Hickethier, Knut: Geschichte der Fernsehkritik in Deutschland (= Sigma-Medienwissenschaft, Bd. 19). Berlin 1994, S.33 ff.

[39] Dr.phil.habil. Gerhard Eckert: Geboren am 12.2.1912 in Radebeul bei Dresden. Nach dem Studium der Zeitungswissenschaft promovierte Eckert 1936 über die *Gestaltung eines literarischen Stoffes in Tonfilm und Hörspiel* bei Emil Dovifat in Berlin. In seiner Doktorarbeit widmete er sich erstmals dem Fernsehspiel als „Kunstform" der Zukunft, nachdem Eckert mit dem Fernseh-dramaturgen Arnolt Bronnen eingehende Gespräche darüber geführt hatte. Neben seiner Tätigkeit am Berliner „Deutschen Institut für Zeitungskunde" veröffentlichte er in den 30er Jahren zahlreiche Artikel, u.a. über die Programmseite des Fernsehens. Seit dem 1.2.1940 gehörte Eckert der NSDAP an (Nr. 7 465 620). 1941 habilitierte er sich an der Universität Berlin mit der Arbeit *Der Rundfunk als Führungsmittel*, eine akademische Karriere blieb ihm jedoch verwehrt. Nach 1945 arbeitete er als Rundfunkjournalist und freier Reiseschriftsteller. Gerhard Eckert lebt heute in dem ostholsteinischen Dorf Kükelühn.
vgl. Personalunterlagen Eckert im DC Brl; Brief Eckert an den Verf., 4.6.1991; FI-Berufsbiografien: Gerhard Eckert. In: Fernseh-Informationen 29(1978), 15, S. 359.

[40] vgl. FI-Berufsbiografien: Kurt Wagenführ. In: Fernseh-Informationen 29(1978), 2, S. 51; Eckert, Gerhard: Der beste Freund des Fernsehens. In: Fernseh-Informationen 38(1987), 7, S. 251-252; Bolesch, Cornelia: Von Anfang an dabei: Kurt Wagenführ. Erinnerungen an die Anfänge der Fernsehkritik. In: ARD-Pressedienst, Jg. 1978, 11, S. 1-4.

[41] vgl. auch Lerg, Winfried B.: Persönliche Zeugnisse in der Rundfunkgeschichte. Zur Kritik der Oralistik (Oral History). In: Mitteilungen des Studienkreises für Rundfunk und Geschichte 10(1984), 1, S. 105-108; Boelcke, Willi A.: Die archivalischen Grundlagen der deutschen Rund-funkgeschichte 1923 bis 1945. In: Rundfunk und Fernsehen 16(1968), 2, S. 161-179, insbes. S. 161; Wehmeier, Klaus: Die Geschichte des ZDF. Teil I: Entstehung und Entwicklung 1961-1966. Mainz 1979, S. 4.

[42] vgl. auch Rother, Michael: Fernsehsender Paris. Das deutsch-französische Besatzungsfernsehen (1942-1944). In: Drost, Wolfgang u. a. (Hrsg.): Paris sous l'occupation – Paris unter deutscher Besatzung. Heidelberg 1995, S. 156-165.

[43] vgl. Hickethier, Knut: Phasenbildung in der Fernsehgeschichte. Ein Diskussionsvorschlag. In: Erlinger; Stötzel, Geschichte des Kinderfernsehens (wie Anm. 26), S. 11-33, insbes. S. 27 f.; Bessler, Hansjörg: Entwicklungsphasen in Angebot und Nachfrage nach Fernsehprogrammen. In: Rundfunk und Fernsehen 26(1978), 1, S. 12-19; Lerg, Winfried B.: Programmgeschichte als Forschungsansatz. Eine Bilanz und eine Begründung. In: Mitteilungen des Studienkreises für Rundfunk und Ge-schichte 8(1982), 1, S. 6-17.

[44] vgl. auch Elsner, Monika; Müller, Thomas; Spangenberg, Peter M.: Thesen zum Problem der Periodisierung in der Mediengeschichte. In: Kreuzer, Helmut; Schanze, Helmut (Hrsg.): Fernsehen in der Bundesrepublik Deutschland: Perioden-Zäsuren-Epochen. Heidelberg 1991, S. 38-50, hier S. 44 ff.

1. VORGESCHICHTE IN DER WEIMARER REPUBLIK (1926 – 1932/33)

1.1. Die Post an der Spitze
Schaffung des technischen und institutionellen Rahmens

Wenngleich das Gros der involvierten Wissenschaftler in den zwanziger Jahren nicht müde wurde, dem Fernsehen einen langen, mithin hürdenreichen Weg bis zu seiner öffentlichen Nutzung zu prophezeiten, so war dennoch die Diskussion darüber schon früh geprägt von einem irrealen, in sich widersprüchlichen Optimismus. Zwar hatte man einerseits sehr konkrete Vorstellungen vom publizistischen Wert des neuen Übertragungsinstruments. Der Begriff war deshalb bald in aller Munde, noch ehe Wissenschaft und Technik überhaupt jene Grundlagen erforscht hatten, die zur Verwirklichung eines Kommunikationsmittels mit audiovisuellem Charakter erforderlich waren. Andererseits konnte man sich aber kein realistisches Bild von den Schwierigkeiten machen, welche zwischen der prinzipiellen Idee und ihrer komplizierten, keineswegs gradlinig verlaufenden Realisierung lagen.[1] Schon 1924 erklärte der Journalist Werner Ludenia das technische Problem grundsätzlich für gelöst. In einem Artikel schrieb er voller Zuversicht, es sei nur noch eine Frage der Zeit, bis sich der Rundfunk allabendlich mit den Worten verabschieden werde: „Auf Wiederhören und Wiedersehen morgen abend um 8 Uhr.“[2]

Auch die Spitzen des erst jüngst aus der Taufe gehobenen Rundfunks ließen sich anfangs zu vorschnellen Äußerungen verleiten, die sie freilich im Laufe der zwanziger Jahre wieder revidieren mußten. So bekundete erstmals 1923 der Staatssekretär im Reichspostministerium (RPM) Hans Bredow öffentlich sein Interesse am Fernsehen. In einem Vortrag forderte er die deutschen Techniker auf, „neben dem Klang auch das lebende Bild durch Rundfunk zu übertragen“.[3] Ein Jahr später, am 14. Juni 1924, prophezeite er anläßlich der Eröffnung des Rundfunksenders Königsberg: „In absehbarer Zeit werden wir auch die Bewegungen der Darsteller als Bilder auf beliebige Entfernungen übertragen können.“[4] Alfred Bofinger, seit März 1924 geschäftsführender Direktor der Süddeutschen Rundfunk AG in Stuttgart, gab sich ähnlich optimistisch. Am 28. Oktober 1924 meinte er auf der Festtagung des Reichsfunkverbandes in Berlin: „Wir müssen also zunächst von der banalen Tatsache ausgehen, daß man den Rundfunk hört, und zwar nur hört, daß man ihn nicht sieht, nicht schmeckt, nicht riecht, daß er weder kalt noch warm ist, sondern daß man ihn eben nur hört.“[5]

Die hochgestimmten Äußerungen Bredows und Bofingers unter dem Eindruck der Eröffnung des Rundfunks in Deutschland (am 29. Oktober 1923) weisen auf ein für die Vorgeschichte des Fernsehens typisches Mißverständnis hin. Dessen publizistische wie kulturelle Aufgaben wurden nicht nur als deckungsgleich mit dem jungen Rundfunk angesehen. Man verstand es zunächst auch als die logische Weiterentwicklung des „Hör-Rundfunks“ zur „optisch-akustischen Synthese von Ohr und Auge“, als ein bloßes visuelles Anhängsel des ersten deutschen Rundfunkmediums. Die technischen Schwierigkeiten, die das neue Medium in sich barg, verkannte man dabei völlig. Dies führte zu übersteigerten Erwartungen–vor allem in der Publizistik, weniger bei den Technikern–, denen im Laufe des immer schleppender vorangehenden Entwicklungsprozesses Ernüchterung, Protest und bisweilen auch Zynismus wichen.[6] Anders ausgedrückt: Während bei der Eröffnung des Rundfunks ein im Prinzip ausgereiftes technisches Gerüst vorhanden war, von dem die Publizisten noch nicht recht wußten, wie sie es praktisch anzuwenden hatten, bot sich beim Fernsehen eher das umgekehrte Bild. Hohe publizistische Erwartungen standen hier einer unausgegorenen Technik gegenüber. „Wohl zum erstenmal in der Mediengeschichte“, urteilt Winfried B. Lerg, „war im Fall des Fernsehens das kommunikative Leistungskonzept schon vorhanden, bevor es technisch realisiert werden konnte.“[7]

Jenseits rein verbaler Versprechungen, griffen Staat und Industrie von 1926 an fördernd wie regulierend in den Prozeß ein und initiierten damit die Wende von der spekulativen Beschäftigung hin zu einer ernsthaft betriebenen Forschung im Labor.[8] Im Dezember 1926 erhielt der Chef des neugegründeten „Referats für drahtlose Telegraphie und Sonderaufgaben (IV G)“ im Telegraphentechnischen Reichsamt (TRA) der Post, Fritz Banneitz, zuständigkeitshalber den Auftrag, sich künftig mit der neuen Kommunikationstechnik stärker zu beschäftigen, um „über den Entwicklungsstand auf dem laufenden zu bleiben und durch Anregungen und regelmäßige Übertragungen den Fortschritt zu fördern“.[9] Noch im Jahr zuvor hatte die Postbehörde jede praktische Entwicklungstätigkeit auf dem Gebiet des scheinbar unrentablen Fernsehens „scharf abgelehnt“.[10] Trotz der skeptischen Haltung seines Ministeriums knüpfte Postrat Banneitz schon im Februar 1925, damals noch in seiner Eigenschaft als Referent für Bild- und Schnelltelegraphie, erste Kontakte mit dem ungarischen Erfinder und Elektrophysiker Dénes von Mihály. Mihály, dessen frühe Fernseharbeiten auf Beobachtungen fußten, die er von 1914 an mit dem „Lichttonfilm“ machte,[11] siedelte 1924 von Budapest nach Berlin über. Dort wurde er zunächst von der AEG als beratender Ingenieur unter Vertrag genommen. Zur Auswertung seiner Patente gründete er 1928 eine eigene Firma, die Telehor AG,[12] und schlug schon bald praktische Verwendungsmöglichkeiten des Fernsehens (hauptsächlich) für das Militär vor.[13]

Fortan trieb Mihály seine Experimente in enger Kooperation mit der Reichspost voran, die ihm im Mai 1928 eine Genehmigung zur Errichtung und zum Betrieb einer Fernsehanlage erteilte. Zur Demonstration seines Systems vor geladenen Gästen (11.5.1928) stellte man ihm und seinem Mitarbeiter Nikolaus Langer sogar zwei Fernsprechleitungen zur Verfügung. Diese Telefonleitungen, damals noch das einzige Vehikel, Fernsehbilder zu übertragen, verbanden sein Laboratorium in der Wilmersdorfer Hildegardstraße mit dem rund zweieinhalb Kilometer entfernten Privathaus seines Mäzens Paul Kressmann am Bahnhof Zoo.[14] Vier Monate nach dieser „erste(n) wirkliche(n) Demonstration des elektrischen Fernsehens“[15] hielt die Reichspost den Zeitpunkt für gekommen, die Technik einem größeren Kreis außerhalb der Laboratorien vorzuführen. Auf Veranlassung des von der Mai-Vorführung beeindruckten

Ministerialrats August Kruckow erhielt Mihály die Möglichkeit, sein Telehor-Empfänger während der „5. Großen Deutschen Funkausstellung Berlin 1928" auf dem Stand der Reichspost vorzuführen.[16] Die Firma Telefunken präsentierte ihrerseits ein – in der Bildqualität ausgereifteres – System des Leipziger Physikers und Elektrotechnikers August Karolus. Die Versuchsanordnungen von Telefunken/Karolus und Reichspost/Mihály funktionierten nach dem sogenannten Kurzschlußverfahren und waren sich im Prinzip sehr ähnlich: Stark durchleuchtete Diapositive oder Schattenbilder von einfachen Gegenständen wurden mechanisch mittels rotierender Nipkow-Scheibe[17] in Bildpunkte zerlegt, diese über eine Drahtleitung an das Empfangsgerät geschickt, wo das Bild erneut mechanisch abgetastet und wieder zusammengesetzt wurde.[18]

Rechtzeitig zum 25jährigen Firmenjubiläum war es Telefunken vornehmlich daran gelegen, den erreichten technischen Stand gegenüber der amerikanischen Konkurrenz zu demonstrieren,[19] weshalb der Leipziger Wissenschaftler seine Zurückhaltung in punkto öffentlicher Vorführung aufgegeben hatte.[20] Obwohl der Karolus-Fernseher, ausgestattet mit einer winzigen Mattscheibe von 8 cm mal 10 cm, von den Telefunken-Ingenieuren nur zu bestimmten Stunden vorgeführt wurde, stand er im Mittelpunkt der Funkausstellung.[21] Allerdings: Die schemenhaften Darbietungen waren lediglich „physikalische Demonstrationsversuche und nicht mehr".[22] Zu kaufen gab es für das Publikum nichts, auch wenn sich dessen Interesse naturgemäß sofort auf die Empfängerseite konzentrierte.[23] Während der Elektrokonzern keinen Zweifel darüber aufkommen ließ, daß die ausgestellten Apparaturen unverkäufliche Prototypen darstellten, zielte Mihály mit seinem Telehor bereits auf den Markt. Mit einiger Anstrengung verstand er es, sein finanziell durchaus erschwingliches, aber äußerst primitives System der Öffentlichkeit schmackhaft zu machen.[24] Sein Telehor-„Volksempfänger" sollte sich an jeden Rundfunkapparat anschließen lassen, unter besonders günstigen Umständen sogar Detektorempfang ermöglichen und nicht mehr als ein guter Lautsprecher, also etwa 80 bis 100 RM, kosten.[25]

Mihálys Geschick für Publizität brachte das Fernsehen endgültig in die Schlagzeilen der Berliner Tagespresse. So lud der Erfinder 1929 mehrmals Pressevertreter zu Vorführungen in seine Werkstatt ein. Dort sah der Journalist Egon Larsen „ein flimmerndes, rötlichgelbes Etwas, postkartengroß, in wechselndem Halbdunkel vibrierend". Das Ganze mute an wie ein „etwas zu langsam durchgedrehter Film."[26] Bei seinen werbewirksamen Aktivitäten dachte der adelige Erfinder vor allem an die lukrative Verwertung seiner Patente, und er verstand es, im Schatten der staatlichen Postbehörde den Glauben zu erwecken, das Fernsehen stehe kurz vor der Einführung. Dagegen baten seriöse Techniker und Fachjournalisten das Publikum immer wieder um Geduld. Nicht nur Fritz Schröter von Telefunken propagierte die „Abgeschlossenheit der Laboratorien" und geißelte die „immer wiederkehrende Sensationsmacherei in der Tagespresse". Unter dem Eindruck der Berichterstattung über die Funkausstellung forderte er die Journalisten auf, in Zukunft „kühle Kritik" zu bewahren, sonst beschwöre man leichtfertig „die Gefahr einer Diskreditierung des ganzen Problems"[27] herauf. Eduard Rhein verurteilte in der Zeitschrift *Die Sendung* das „Kesseltreiben der Presse gegen seriöse

Erfinder", die dadurch gezwungen seien, Mindestbedingungen im Interesse einer überstürzten Entwicklung weit zurückzuschrauben „und sich mit auf das Bluffen zu verlegen".[28]

In Deutschland – wie auch in Großbritannien – bestand schon früh kein Zweifel
daran, daß künftig die neue Übertragungstechnik als publizistisches Instrument in enger
Nachbarschaft zur bestehenden Institution Rundfunk zu organisieren sei. Als normative
Richtschnur betrachteten die Rechtsexperten das Fernmeldeanlagen-Gesetz (FAG) vom
3. Dezember 1927,[29] das am 1. Januar 1928 in Kraft trat und mit dem neu eingeführten
Begriff der „Fernmeldeanlage" die für den Rundfunk erforderlichen funktechnischen
Geräte und Anlagen erfaßt.[30] Darunter verstand der Gesetzgeber „elektrische Sende-
einrichtungen sowie elektrische Empfangseinrichtungen, bei denen die Übermittlung
oder der Empfang von Nachrichten, Zeichen, Bildern oder Tönen ohne Verbindungs-
leitungen oder unter Verwendung elektrischer, an einem Leiter entlanggeführten
Schwingungen stattfinden kann".[31]

Der Referent für Funkrecht im Reichspostministerium, Eberhard Neugebauer, ordnete in einer 1929 herausgegebenen Publikation das Fernsehen ausdrücklich dem
Funkwesen zu. Damit falle es eindeutig in die Kompetenz des Reiches. Neugebauer
ergänzend: „Dem FAG. unterliegen also (...) zweifellos auch der Bildfunk und das
funkmäßige Fernsehen, da nicht nur die Anlagen zur Vermittlung von Nachrichten,
sondern auch die für die Übermittlung von Zeichen, Bildern und Tönen dem
Hoheitsrecht des Reiches unterliegen."[32] Ähnlich argumentierte Friedrich List, der bei
seiner Definition von Rund-„Funk" ebenfalls die funkische Übermittlung von Bildern
mit einschloß.[33] Allerdings lehnten die Experten eine begriffliche Einheit von Hör-
rundfunk und Fernsehrundfunk, wie sie heute völlig anerkannt ist, ab. Hingegen wurden die besonderen inhaltlichen Merkmale des Rundfunks – nämlich die einseitige
Übermittlung publizistischer Inhalte an die Allgemeinheit, wie es in den „Verfügungen"
der Reichspost und im Weimarer Schrifttum etwa umständlich hieß – auch für die neue
Nachrichtentechnik als maßgeblich angesehen. Dem steht durchaus nicht entgegen, daß
in der relevanten Rechtsliteratur der Weimarer Republik zunächst vor allem der Bildfunk gemeint war, also die Übermittlung einzelner, stehender Bilder.[34]

Im Herbst 1928 begann Fritz Banneitz' Abteilung IV G, die inzwischen unter der
Ägide des am 1.4.1928 aus dem TRA hervorgegangenen Reichspost-Zentralamts (RPZ)
stand, die Fernsehforschung weiter zu intensivieren, verstärkt Geräte der Industrie zu
erproben und auch selbst eigene Apparate zu entwickeln.[35] Anfangs beschäftigten sich
Banneitz und seine Techniker auch mit dem Bildfunk, einer weiteren Neuerung, die auf
der Funkausstellung zu bestaunen war. Am 20. November 1928 eröffnete die Post versuchsweise die Übertragung von stehenden Bildern; allerdings ziemlich überstürzt und
ohne ein klares inhaltliches Konzept, wie in der Rundfunkpresse bald bemängelt
wurde.[36] Die 50 Bildfunkempfänger zur Sendung von Wetterkarten, Kurszetteln oder
einfachen statistischen Kurven,[37] die die Post bei Behörden, Versuchsstellen und
Zeitungen aufstellen ließ, stießen jedoch nur auf mäßiges Interesse, so daß der

Versuchsdienst bereits am 20. Dezember 1929 wieder eingestellt werden mußte. Nach der dritten Nummer verschwand auch das Fachmagazin *Bildfunk*, eine „Illustrierte Monatsschrift und Bastel-Magazin für Rundfunk, Kurzwellen, Bildübertragung, drahtloses Fernsehen".[38] Somit war die Post – zumindest was den Bildfunk anbelangte, den man mit Fug und Recht als Vorgänger des Fernsehens bezeichnen kann[39] – ein gebranntes Kind. Das hinderte Banneitz aber nicht daran, sein Joint-venture mit Mihály weiter voranzutreiben. In der Nacht zum 9. März 1929 begann sein inzwischen von anderen Aufgaben befreites Referat, zusammen mit dem ungarischen Erfinder erste drahtlose Versuchssendungen über den Berliner Rundfunksender Witzleben auszustrahlen. Die stummen Bilder, grobgerasterte Schattenspiele zumeist, gingen fortan regelmäßig außerhalb der Hauptsendezeiten des Rundfunks über den Sender; zunächst nur nachts von 23.10 bis 0.30 Uhr, später dann auch tagsüber von 13 bis 14 Uhr und häufig noch von 9 bis 10 Uhr.

An der mitternächtlichen Demonstration am 8. März, die man vornehmlich für Multiplikatoren veranstaltete, nahmen rund 50 Gäste teil, darunter der Regierungsrat im Reichspatentamt und Verfasser eines Buches über das *Elektrische Fernsehen*,[40] Walter Friedel. Ebenfalls anwesend war der freie Fachjournalist Eugen Nesper, der mit Mihály innig befreundet war und diesen später als den ersten Propagandisten des Fernsehgedankens bezeichnete.[41] Seine Eindrücke von diesem Abend faßte Nesper folgendermaßen zusammen:

„Ja, wir sahen nicht allzuviel, denn abgesehen davon, daß (...) bestenfalls 900 Bildpunkte zur Verfügung standen, erschienen die Bilder in rötlichem Flimmerlicht. Ich flüsterte: ‚Bilder', aber es waren nur auf Glasstreifen gezeichnete Buchstaben und Zeichnungen (...) sowie Gegenstände mit guten Konturen, wie eine sich öffnende und schließende Zange, die in den Strahlengang gehalten wurden und dergleichen."[42]

Die seit dem 14.3.1929 regelmäßig durchgeführten Versuche über den Witzlebener Sender blieben bei den Hörern nicht unbemerkt; sie machten sich bei eingeschaltetem Radiogerät durch einen „seltsam rauhen, trillernden Dauerton"[43] bemerkbar. Er sollte in den folgenden Wochen und Monaten für reichlich Unmut bei Presse und Publikum sorgen. Die Schriftleitung der Zeitschrift *Der Deutsche Rundfunk* protestierte in ihrem Rückblick auf das Jahr 1929 gegen die ständigen Geräusche aus dem Empfänger. Dessen Lautsprecher rolle in monotoner Regelmäßigkeit Bildpunkt für Bildpunkt ab und verwandele sich dabei in eine „Kaffeemühle", hieß es.[44] Dagegen versuchte das Fachmagazin *Funk* seine Leser durch Aufklärung zu beschwichtigen. Bei dem „Frequenzgemurmel" handele es sich nicht um Rundfunkstörungen, sondern vielmehr um „gehörte Fernsehversuche". Man forderte das Publikum auf, von Protesten abzusehen, denn „auch dieses Chaos wird sich ordnen" und „eine schöne Welt" daraus erstehen.[45] Das technische Gerüst, aus dem einmal diese „schöne neue Welt" erstehen sollte, war 1929 im wesentlichen errichtet worden: relativ betriebssichere Apparaturen auf der einen, regelmäßige drahtlose Übertragungen monotoner Versuchssendungen auf der anderen Seite. Hinzu kam das Interesse der Öffentlichkeit, die am 20. Juli 1929 die Einführung der ersten deutschen Fernseh-Norm (30 Zeilen) durch die Post verfolgen konnte.[46]

Auch die Reichs-Rundfunk-Gesellschaft (RRG), 1925 als von der Post beherrschte Dachorganisation des Rundfunks ins Leben gerufen, beschäftigte sich ein Jahr nach ihrer Gründung zaghaft mit der neuen Technik, diskutierte die aktuellen Systeme und gab Literaturhinweise zu den einzelnen Forschungsgebieten.[47] Im Geschäftsbericht für 1928 informierte sie über die Fertigstellung ihrer Versuchsstelle in Berlin-Zehlendorf,[48] die der Abteilung Betriebstechnik – unter Leitung des Oberingenieurs Walter Schäffer – eingegliedert war und sämtliche Innovationen auf dem Gebiet der Rundfunk-sendetechnik zu bearbeiten hatte, „die voraussichtlich in den Rundfunkbetrieb über-nommen werden".[49] Dazu zählte auch die Erprobung von Bildfunk und Fernsehen. Über das rein Technische hinaus zeigten jedoch die Intendanten der Rundfunkanstalten wenig Interesse. Auf einer außerordentlichen Sitzung des RRG-Programmrates Anfang Juni 1928 in Wiesbaden berührte man immerhin etwas ausführlicher die Frage „einer Verbindung vom optischen und akustischen Rundfunk". Der Kölner Rundfunkleiter Ernst Hardt, der im übrigen 1939/40 als zweiter Intendant des Paul-Nipkow-Senders ins Gespräch kommen sollte, stellte im Laufe der Diskussion emphatisch die Vorzüge des „Hörererlebnisses" heraus:

„Ich glaube, dass der Weg von visuellen Eindrücken zu seelischen Erlebnissen sehr viel schwieriger ist und sehr viel weniger funktioniert, als der seelische Weg durch Hörererlebnisse. Man überlege sich nur, wie die Menschen etwas Seelisches an Plastiken erleben und wie unendlich mehr durch Wort und Musik; das Vorüber-rollen selbst eines sehr spannenden Films ist etwas tödlich Langweiliges. Wenn ich nicht nebenbei durch das Ohr noch irgend eine Art von rhytmischer Erregung hineinpumpe, bin ich einfach nicht in der Lage, den Film zu erfassen. Ich glaube nicht, dass man in der Lage ist, das Auge allein auf das Bild zu konzentrieren, son-dern man muss, da wir nicht gleich stark hören und gleich stark sehen können, dem Auge von Zeit zu Zeit erlauben, vom Bilde wegzugehen und etwas auszuruhen."[50]

Als Dénes von Mihály am 29. Mai 1929 beim Verwaltungsrat der Reichs-Rundfunk-Gesellschaft einen „namhaften Betrag" für seine Forschungen beantragte, zögerte man denn auch eine endgültige Entscheidung künstlich hinaus. Der Technische Ausschuß der RRG wurde lediglich ermächtigt, einen Zuschuß von rund 50.000 RM zu bewilligen, sobald die „maßgeblichen technischen Fragen" geklärt waren.[51] Zu konkre-ten Zusagen kam es aber auch auf der Sitzung des Ausschusses vom 16. Oktober 1929 nicht, obwohl der ungarische Erfinder nur wenige Tage zuvor sein Gesuch erneuert hatte.[52] Immerhin regten die Techniker der Reichs-Rundfunk-Gesellschaft an, mög-lichst bald mit Programmexperimenten zu beginnen, da es nicht mehr lange dauern werde, bis die Empfangsgeräte ausgereift seien. Bis dahin müsse die Organisation der Sendungen vorbereitet werden. Im Hinblick auf die Mängel der mechanischen

Bildzerlegung und -rekonstruktion fügte man allerdings einschränkend hinzu, man müsse sich „über die Grenzen klar werden, die den Fernsehverfahren beim heutigen Stand der Entwicklung gezogen sind".[53] Zuvor hatte das Gremium einen zunächst beim Reichspost-Zentralamt eingegangenen Antrag Paul Nipkows auf finanzielle Unterstützung abgelehnt und an das Postministerium weitergeleitet.[54]

Fortan beschränkte sich das Engagement der RRG auf halbherzig betriebene Versuche und Experimente mit Fernsehen und Bildfunk, die in der technischen Abteilung neben zahlreichen anderen Aktivitäten koordiniert wurden.[55] Vor allem in den Jahren 1931 und 1932, als die Depression in Deutschland ihren Höhepunkt erreichte, mußte gerade der neue Forschungszweig empfindliche finanzielle Kürzungen hinnehmen.[56] Auch in der Programmfrage hielt sich der Rundfunk weiterhin spürbar zurück. Keiner der Intendanten trat 1930 vehement dafür ein, ein Fernsehprogramm zum dauerhaften Bestandteil des Rundfunks zu machen.[57] Immerhin beauftragte RRG-Direktor Kurt Magnus im Dezember 1930 seinen Oberingenieur Schäffer, einmal unverbindlich bei der Filmgesellschaft Ufa nachzufragen, welche Auslagen („ohne Berücksichtigung der durch Stellung von Personen entstehenden Kosten"[58]) bei der Herstellung von Filmkopien für Fernsehzwecke anfallen würden.

Auf der Funkausstellung 1929 avancierte das Fernsehen erneut zum „große(n) Schlagwort unserer Zeit".[59] Schon im Vorfeld der Großveranstaltung hatte Fritz Banneitz für reichlich Publizität gesorgt und das interessierte Publikum mit der zu erwartenden Atmosphäre im Ausstellungsraum der Reichspost vertraut gemacht. In der Zeitschrift *Die Sendung* schrieb er: Ein stark gedämpftes, rötliches Licht werde nicht nur die Erkennbarkeit der ausgestrahlten Bilder optimieren, sondern darüber hinaus dem Raum einen „magischen Charakter" verleihen.[60] Die Presse ließ sich später in ihrer Berichterstattung über die Veranstaltung nur zu gerne vom „magischen Erlebnis Fernsehen" infizieren. In der Bastlerzeitschrift *Radio, Bildfunk, Fernsehen für alle* propagierte Fritz Noack die rasche Einführung eines „Volksfernsehsystems".[61] Erich Ernst Schwabach, Mitarbeiter der Wochenzeitschrift *Die Literarische Welt*, wies antizipatorisch auf die propagandistischen Möglichkeiten des Mediums hin und machte sich erste Gedanken über die Qualifikation der künftigen Fernsehverantwortlichen. Schwabach forderte, bei der Einführung des „ungeheuren Instruments" für „die Massen" dürften „nur noch die besten Köpfe an der Spitze der Sendegesellschaften" stehen, biete doch das Fernsehen alle Chancen für etwas außergewöhnlich Schönes, aber auch für etwas außergewöhnlich Scheußliches.[62]

Als Novum der 1929er Funkausstellung offerierten einzelne Firmen relativ billige Baukästen für ein Fernsehen zum Selbermachen. Nipkow-Scheiben zum Preis von 12 bis 27 RM oder Spezialglimmlampen für 18 bis 27,50 RM sollten dem Bastler, ähnlich wie in den Anfängen des Radios, das komplizierte Feld der Fernsehtechnik schmackhaft machen. Schon 1927 hatte Rudolf Hell eine Anleitung zum Selbstbau eines Bildempfängers publiziert.[63] Zwei Jahre später stellte J. Keßler seinen Lesern ein weiteres Experimentiergerät vor.[64] Das Fachorgan *Funk* veröffentlichte unter der Redaktion von Lothar Band diverse Bauanleitungen für Fernsehapparate.[65] Ebenso die Monatsschrift

Bildfunk unter dem Hauptschriftleiter Hermann Reinecke.[66] 1931 verfaßte Kurt Nentwig eine „leichtfassliche Bauanleitung für Laien". Im Anhang der kleinen Broschüre fand der interessierte Bastler einen Faltplan mit vorgestanzten Schablonen für die Herstellung von Nipkow-Scheiben.[67]

Trotz vereinzelter Erfolge[68] und zahlreicher Vorstöße, das Fernsehen „volkstümlich" zu machen, kam eine die Entwicklung befruchtende wie beschleunigende Bastelbewegung nie so recht in Gang. Gründe hierfür gab es genug. Das erforderliche Fachwissen war nicht nur komplex; in der Regel bedurfte es auch einer fundierten naturwissenschaftlichen Ausbildung.[69] Hinzu kam, daß das unprofessionelle Hantieren mit Hochspannung eine Gefahr für Leib und Leben darstellte. Außerdem war es für die Bastler mit größten Problemen verbunden, Einzelteile selbst herzustellen. Ihre Arbeit mußte sich deshalb notgedrungen darauf beschränken, die fabrikmäßig hergestellten Einzelteile, die außerdem nicht gerade billig waren, lediglich zusammenzusetzen – wenn diese überhaupt im Fachhandel erhältlich waren, denn die Industrie förderte verständlicherweise den Trend zum Selbstbau der Geräte nicht. Dies hatte zur Folge, daß der privaten Initiative von vornherein enge technische Grenzen gesetzt waren, ein Umstand, den die diversen Bastelmagazine – ganz unter dem Eindruck der „Radio-Bastelei" stehend – des öfteren vehement beklagten.[70]

Trotzdem hielt sich die Idee des Selbstbaus bis weit in die dreißiger Jahre hinein. Einerseits ein weiteres Indiz dafür, wie stark die Erfahrungen mit dem Rundfunk für das Fernsehen prägend waren. Andererseits hatte dies auch ideologische Gründe, kaschierten doch die Nationalsozialisten nach 1933 ihre eigene Passivität dem Fernsehen gegenüber mit poltitisch gefärbten Gemeinwohlformeln und der Forderung nach einem televisionären Volksempfänger, der nur durch eine breite Bastelbewegung zu realisieren sei. Darüber hinaus verbarg sich hinter dem staatlichen Anspruch nach mehr privatem Engagement, zumindest in den ersten Jahren des faschistischen Regimes, eine bewußte Opposition gegen die „Monopolkonzerne der Systemzeit".

Als im Herbst 1929 – beginnend mit dem New Yorker Börsenkrach – die große Weltwirtschaftskrise hereinbrach, traf sie das von ausländischen Krediten und vom Export abhängige Deutschland am ehesten und am stärksten. Schon im darauffolgenden Winter stieg die Arbeitslosenziffer auf zwei Millionen. Im Winter 1931 waren bereits sechs bis sieben Millionen Menschen in Deutschland ohne Lohn und Brot.[71] Die Rezession verschonte freilich auch jene Gesellschaften nicht, die sich mit dem Fernsehprojekt beschäftigten. Seit nahezu einem Jahr sei ein Stillstand in der Entwicklung eingetreten, beklagte Dénes von Mihály im April 1931 die Folgen der wirtschaftlichen Misere.[72] Schon auf der Funkausstellung des Jahres 1930 war diese Stagnation besonders augenfällig geworden, sahen sich doch die jungen Unternehmen außerstande, attraktive Neuerungen anzubieten. Das Publikum und die Fachjournalisten reagierten dementsprechend enttäuscht auf das dort Gezeigte.[73]

Den hohen Erwartungen an ein neues Medium stand noch immer, oder immer noch, ein schier unüberwindlicher Berg technischer Schwierigkeiten gegenüber.[74] Der

Traum vom Fernsehen schien deshalb in weite Ferne gerückt zu sein. Im *Kunstwart* lamentierte Hans Natonek über die wachsende Abhängigkeit der Kultur von der Technik.[75] Werner Menzel konstatierte in einem Beitrag der Zeitschrift *Sieben Tage* Desinteresse und Unmut bei sich und seinen schreibenden Kollegen: „Man wartet auf das Wunder, aber die Zeit geht vorüber, unser Interesse – seien wir doch ehrlich! – unser Interesse verblaßt, und von dem frohen Glauben ist nur ein schmales Hoffen geblieben.“[76] Im *Berliner Tageblatt* vom 28. Januar 1931 forderte Wilhelm Schrage, sämtliche staatlichen Gelder für das Fernsehen sofort einzufrieren, nachdem der Journalist noch im Jahr zuvor eine kleine, allgemeinverständliche Schrift über das Fernsehen verfaßt hatte.[77] Während die Reichspost im Laufe der Jahre 200.000 RM für ihre Forschungen verpulvert habe, meinte Schrage, gäben Industrie und Banken – die ganz genau wüßten, daß hier nichts zu verdienen sei – auf dem Fernseh-Sektor keinen Pfennig aus.[78]

Postminister Georg Schätzel, wohl wissend um die Vorwürfe an die Adresse von Post und Rundfunk, prophezeite denn auch 1930 dem Fernsehen noch einen langen Weg, bevor es ein „ständiger Begleiter des Rundfunks" sein werde.[79] Hans Bredows anfänglicher Optimismus war im Frühjahr ebenfalls längst einer zögernden Haltung gewichen,[80] was durchaus der offiziellen Politik entsprach. So lud der zuständige Staatssekretär im RPM, Ernst Feyerabend, am 20. November 1930 zu einer Besprechung ein, in deren Mittelpunkt in erster Linie der Großsenderbau stand. Geladen waren u.a. Hans Bredow, der Präsident des Reichspost-Zentralamts Wilhelm Ohnesorge sowie Oberingenieur Walter Schäffer von der Reichs-Rundfunk-Gesellschaft. Gegen Ende der Unterredung wandte man sich der, so Feyerabend, umstrittenen Frage zu, inwieweit sich die Post weiter mit dem Fernsehen befassen solle.[81] Es stehe außer Zweifel, faßte Ernst Feyerabend die momentane Stimmung zusammen, „daß das Fernsehen nach dem gegenwärtigen Stand der Technik niemanden zu befriedigen vermag".[82] In Gesprächen mit August Karolus und diversen Firmenvertretern habe er den Eindruck gewonnen, daß man derzeit zu einer befriedigenden praktischen Lösung noch nicht in der Lage sei, obwohl die physikalisch-technischen Voraussetzungen offenbar geklärt seien. Die beteiligten Unternehmen wollten zwar die Weiterarbeit nicht ganz aufgeben; man beschränke sich aber zunehmend auf die passive Beobachtung der Dinge, ohne dabei etwas überstürzen zu wollen. Auch die reichen amerikanischen Firmen hätten die Frage des Fernsehens schon vor Jahren zu den Akten gelegt. Die Post müsse deshalb künftig ihren Aufwand an Personal und Geld drosseln, da die neue Technik ehedem nur im Rahmen der Rundfunkdarbietungen eine praktische Bedeutung erlangen werde. Würde man jetzt die Rundfunkteilnehmer zur Anschaffung von Fernsehempfängern verleiten, die mehrere 100 Reichsmark kosteten, so habe man bald mit schwersten Vorwürfen zu rechnen. „Trotzdem brauchen wir die Probleme des Fernsehens nicht ganz aus unserem Gesichtskreis zu bannen", schloß Feyerabend. Er kündigte aber an, daß die Post zumindest die praktische Entwicklung der Empfänger, wie bei den Radiogeräten auch, ganz der Industrie überlassen werde, sofern diese dazu überhaupt bereit sei.

Hans Bredow machte seinerseits deutlich, daß es mit dem Allgemeinen Deutschen Fernsehverein (vgl. Kap. 1.3.) derzeit nur einen Kreis gebe, der sich für das Fernsehen interessiere. Es sei richtig gewesen, mit dieser Institution von Beginn an zusammenzuarbeiten. Damit habe man erreicht, daß alle außerhalb des Fernsehvereins Stehenden kein starkes Interesse an der Sache entwickelten. Vom „Rundfunkstandpunkt" aus betrachtete Bredow die Einführung des Fernsehens beim derzeitigen Stand der Technik als „Katastrophe ersten Ranges". Er verwies dabei auf Parallelen bei der Nutzung des technisch unvollkommenen Bildfunks, wo schon nach vier Wochen keiner mehr mit der Bildqualität zufrieden gewesen sei. „Wir könnten dem Publikum, wenn wir das Fernsehen einführen, sagen, was wir wollen, es würde uns aber, wenn wir kein befriedigendes Programm bringen, trotz allem Vorwürfe machen, weil wir es für eine unvollkommene Sache zur Anschaffung teurer Geräte veranlaßt hätten", ergänzte Bredow. Sowohl die Herstellung eines eigenen Programms („unmittelbare Übertragung, zu der wir Leute heranzuholen hätten"), als auch die Ausstrahlung von Spielfilmen hielt Bredow aber für zu teuer. Somit stand für ihn die Einführung des Fernsehens – nicht nur in Berlin, sondern in ganz Deutschland – außer Frage: „Natürlich nicht für dauernd, aber im Augenblick."[83]

Gegen Ende ihrer November-Unterredung befaßten sich die anwesenden Herren auch mit den Arbeiten des jungen Physikers Manfred von Ardenne, dem es in diesen Wochen erstmals gelungen war, Bilder mit Hilfe der Braunschen Röhre zu erzeugen, deren Lebensdauer allerdings nur einige Stunden betrug. Bekanntlich bedienten sich bis dahin alle an der Entwicklung maßgeblich beteiligten Stellen in Deutschland mechanischer Verfahren zur Zerlegung und -rekonstruktion.[84] Mit zunehmender Bildfeinheit jedoch führte dieser mechanisch-optische Weg zu lichtschwachen und flimmernden Bildern, zu sehr teuren präzisionsmechanischen Bauelementen und damit – zumindest auf der Empfängerseite – in eine technologische Sackgasse. Neben dem Argument der viel höheren Helligkeit bei größerer Bildfeinheit hatte die Elektronenröhre den weiteren Vorteil, daß bewegte mechanische Teile ganz wegfielen und die Präzision der Bildschreibung allein auf Grund einer elektronenoptischen Entwicklung erreichbar schien.[85]

Bereits am 21. Januar 1930 empfahl Manfred von Ardenne vor der Technischen Hochschule in Berlin den Einsatz der Braunschen Röhre; am 24. Dezember gelang ihm die Übertragung eines vollelektronischen Fernsehbildes.[86] Gemeinsam mit dem Berliner Unternehmer Siegmund Loewe, der seit 1922 mit dem jungen Physiker kooperierte, entwickelte er wenig später das erste Modell eines Bildröhren-Heimfernsehers.[87] Zunächst jedoch war die offizielle Marschrichtung eine andere, behielten die vorherrschenden mechanischen Verfahren zur Bildwiedergabe die Oberhand. Obwohl Dieckmann schon 1906 die Brauchbarkeit der Bildröhre nachgewiesen hatte, versteifte sich die Post auf den technischen Umweg lichtoptisch erzeugter, virtueller Raster, der die deutsche Fernsehentwicklung lange Zeit stagnieren ließ. Den etablierten Unternehmen erschien die vollelektronische Bildwiedergabe ebenfalls als zu wenig ausgereift, um scheinbar riskante entwicklungstechnische und fabrikatorische Abenteuer einzugehen. Man hielt sich deshalb zunächst an die einfachere, leichter greifbare, sozusagen handlichere Nipkow-Scheibe, für deren Einführung man überdies stattliche Investitionen getätigt hatte. Von Ardenne beklagte sich Anfang der dreißiger Jahre des öfteren darüber, daß seine Forschungen in der Fachliteratur nicht genügend gewürdigt würden, was er auf die zunehmende Abschottung der Arbeiten in staatlich geförderten, groß-industriellen Forschungsstätten zurückführte.[88] Die Post jedenfalls lehnte zunächst die Zusammenarbeit mit dem jungen Erfinder kategorisch ab, diskreditierte anfangs seine Arbeiten und stellte ihrerseits die Forschungen des Reichspost-Zentralamts mit dem mechanischen Verfahren positiv in der Öffentlichkeit dar.[89]

Tatsächlich begannen Versuche mit der Braunschen Röhre erst von 1931 an. Das Reichspost-Zentralamt beschäftigte sich nun mit der Problematik, und die anfangs skeptischen Unternehmen rüsteten ebenfalls ihre Laboratorien um.[90] Es dauerte jedoch noch rund zwei Jahre, bis die neue Ära der Bildwiedergabe eingeleitet wurde. Während Eduard Rhein 1931 – mit Blick auf die sperrigen Empfänger – über „Fortschritte, aber noch keine ideale Lösung"[91] berichtete, dominierten auf der 10. Funkausstellung 1933, in deren Verlauf erstmals Adolf Hitler mit dem Fernsehen in Berührung kam,[92] Geräte mit Hochvakuum-Röhren, die freilich noch erhebliche technische Mängel aufwiesen.[93] In einem Ausstellungsbericht der Zeitschrift *Die Sendung* war zu lesen: „Im Fernseh-empfänger hat sich die Braunsche Röhre endgültig durchgesetzt und ihre mechanischen Konkurrenten weit hinter sich gelassen."[94] Indes, keiner dieser frühen, truhenförmigen und monströsen „Fernsehmöbel" mit einer Bildfläche von etwa 15 cm mal 18 cm gelangte zur Serienfertigung. Vielmehr wurden die empfindlichen Prototypen für Demonstrationszwecke benutzt und häufig von der Reichspost für interne Versuche angekauft. Aber selbst in größeren Mengen produziert, wären sie nur für die wirtschaft-liche Oberschicht erschwinglich gewesen, hätte ein einfacher „Volksgenosse" zwischen 2500 und 3600 Reichsmark berappen müssen.[95]

Neben dem Übergang zur vollelektronischen Bildwiedergabe Anfang/Mitte der dreißiger Jahre brachten die Übertragungsversuche im Ultrakurzwellenbereich einen weiteren technischen Schub in der Fernsehentwicklung. Erste Gedanken zur Nutzung der Ultrakurzwellen für den Rundfunk gehen auf das Jahr 1925 zurück; sie basieren auf Vorschlägen des Wiener Physikers Franz Aigner. Im Jahr darauf schlug Fritz Schröter in einem Telefunken-Patent vor, für die Verbreitung von Fernsehprogrammen in Groß-städten Ultrakurzwellen zu verwenden.[96] Sämtliche Versuchssendungen des Reichspost-Zentralamts wurden jedoch zunächst mit Lang-, Mittel-, später dann auch mit Kurzwellensendern gefahren. Im März 1929 führte die Reichs-Rundfunk-Gesellschaft in Zusammenarbeit mit Telefunken erstmals Empfangsversuche an einem im Berliner Voxhaus stehenden UKW-Sender durch, die auf großes Interesse nicht nur beim Verwaltungsrat der RRG stießen.[97] 1930 zogen RPZ, Telefunken und die Fernseh AG mit ähnlichen Versuchen auf dem UKW-Band nach,[98] über deren Fortgang sich der Rundfunk ebenfalls regelmäßig berichten ließ.[99]

Standen diese Experimente 1930/31 noch ganz unter dem Aspekt einer möglichen Verwendung für den Rundfunk,[100] so verdichteten sich in den nächsten zwei Jahren die Beobachtungen, wonach UKW die conditio sine qua non für ein brauchbares Fernsehen war.[101] Anfang 1932 strahlte deshalb das Reichspost-Zentralamt „nach Bedarf" Versuchssendungen mit 60zeiligen Bildern über einen von Telefunken gelieferten

UKW-Sender aus; seine Reichweite betrug rund 60 Kilometer. Von Oktober 1932 an übertrug der Sender dann regelmäßig werktags von 10.00 bis 11.00 Uhr, später dann auch von 14.00 bis 15.00 Uhr und von 21.00 bis 22.00 Uhr, Filmausschnitte. Ein Jahr später, im Herbst 1933, stellte das Reichspost-Zentralamt in Aussicht, demnächst Bild und Ton synchron zu senden,[102] nachdem seit Mitte Juni 1930 über den Sender Döberitz Bild und Ton nur abwechselnd übertragen wurden. Die erhebliche Steigerung der Bildqualität durch die Nutzung des Ultrakurzwellenbereichs führte schließlich zur Aufgabe des Plans, Kurzwellensender mit Fernseh-Signalen zu modulieren. Im August 1932 wurden deshalb die Übertragungsversuche auf der Kurzwelle endgültig eingestellt. Die Fachpresse, inzwischen vorsichtig geworden, begegnete dem neuen „UKW-Wunder"[103] zunächst mit Hohn,[104] äußerte aber im weiteren Verlauf der Experimente die Hoffnung, daß das Fernsehen mit Hilfe der „Ultrakurzwellenkrücken" doch noch einmal „marschiert".[105]

Während die Versuche ganz auf Berlin beschränkt blieben, wo sich seit 1928 die jährlichen Funkausstellungen zum Prüfstein des Fernsehfortschritts entwickelten, gab es schon früh Ansätze, die neue Nachrichtentechnik auch über die Grenzen der Reichshauptstadt hinaus bekannt zu machen. 1930 richtete das Deutsche Museum in München eine Abteilung für Fernsehen und Bildfunk ein.[106] Hingegen geriet zwei Jahre später die erste öffentliche Vorführung der Post außerhalb Berlins zu einem mittleren Fiasko. Auf Betreiben des Reichsverbandes Deutscher Rundfunkhändler, Landesgruppe Saargebiet, wollte die Reichspost ihre Leistungsfähigkeit – nicht ohne politische Hintergedanken – auf der Funkausstellung in Saarbrücken demonstrieren. Die Probleme begannen allerdings schon an der Demarkationslinie, als man den anderthalb Waggons mit Ausstellungsgegenständen die Einreise ins vom Völkerbund kontrollierte Saargebiet verweigerte. Nachdem diese Hürde mit Hilfe des Händlerbundes aus dem Weg geräumt worden war, untersagten die Behörden den Technikern des Reichspost-Zentralamts jegliche Vorführungen in Saarbrücken, befürchtete man doch die Übertragung von Straßenbildern ins Reichsgebiet zu Spionagezwecken.[107]

Seit 1929 war das Fernsehreferat des Reichspost-Zentralamts in einem kleinen Raum untergebracht, der sich im Westflügel des neuen RPZ-Gebäudes in Berlin-Tempelhof, Schöneberger Straße 11-15, befand.[108] Organisatorisch unterstand Banneitz' Sachgebiet G „Drahtlose Schnelltelegraphie; Bildübertragung; Fernsehen" der von Hans Harbich geleiteten Abteilung IV „Funkwesen", eine von insgesamt fünf Ressorts des Reichspost-Zentralamts.[109] Um Modulationsverzerrungen der Bildsignale auf der Kabelstrecke Tempelhof-Witzleben entgegenzuwirken, verlegte das Zentralamt sein expandierendes Laboratorium in die unmittelbare Nähe des für die Versuche genutzten Rundfunksenders Witzleben. Dort – genauer gesagt im Maschinenkeller der Funkausstellungshalle IV, die auch „Haus der Funkindustrie" oder schlicht Funkhalle genannt wurde – führten die Postbeamte von Januar 1930 ihre Versuche fort. Die Räumlichkeiten in Tempelhof blieben jedoch für weitere Arbeiten erhalten. Der Posthistoriker Gerhart Goebel – als ehemaliger Referent des Zentralamts mit den

Verhältnissen bestens vertraut – bezeichnete später dieses Keller-Laboratorium etwas hochtrabend als das erste Fernsehstudio in Deutschland.[110]

Als der Kellerraum im Frühjahr 1932 für die Aufstellung des ersten UKW-Senders für 90-Zeilen-Bild benötigt wurde, räumte das Fernsehreferat sein Laboratorium wieder. Um möglichst nahe am Sender zu sein, bezog das Zentralamt drei Räume im dritten Stock des vor knapp einem Jahr fertiggestellten, genau gegenüber dem Funkausstellungsgelände plazierten „Hauses des Rundfunks" in der Masurenallee. Der Entschluß der Post, mit ihrer Fernsehtechnik in ein Funkhaus überzusiedeln, ging auf eine persönliche Anordnung von Hans Bredow zurück. Der Rundfunk-Kommissar im Postministerium wies allerdings die Techniker ausdrücklich an, eventuell aufkeimende Ressortstreitigkeiten mit den Mitarbeitern des Funks tunlichst zu vermeiden.[111] Daß diese eher pragmatische Maßnahme, dem Zentralamt sendernahe Räumlichkeiten für seine Forschungen zur Verfügung zu stellen, als Annäherung des Fernsehens an das ältere Rundfunkmedium, als „Beginn jenes Integrationsprozesses betrachtet werden (kann), der aus einem Protomedium ein publizistisches Mittel entstehen ließ", wie Lerg ausführt,[112] hätten sich die braven Postbeamten und biederen Techniker damals sicherlich nicht träumen lassen.[113]

1.2. Bündelung der Stärken
Die Fernseh Aktiengesellschaft, Berlin

Als industrieller Förderer der neuen Übertragungstechnik blieb der Elektrokonzern Telefunken in Deutschland nicht lange allein. Eine ernsthafte Konkurrenz zeichnete sich ab, als kurz nach dem Start der Versuchssendungen eine Reihe namhafter Firmen aus der Radio- und Filmapparatebranche die Fernseh AG gründeten. Zu den Mitgliedern, die „auf Anregung der Firma Loewe"[114] am 11. Juni 1929 in Berlin ihre Stärken in Form eines Zusammenschlusses bündelten, zählten die Robert Bosch AG (Stuttgart), die Zeiss-Ikon AG (Dresden), die Radio AG D.S. Loewe in Berlin sowie die Baird Television Company Ltd. (BTC) in London, eine 1925 gegründete Firma des britischen Fernseherfinders John Logie Baird. Zweck des Konglomerats war „der Erwerb und die Verwertung von Schutzrechten auf dem Gebiet des Fernsehens" sowie „die Herstellung und der Vertrieb von Fernsehgeräten aller Art". An die Spitze des Unternehmens setzte sich zunächst Paul Goerz; später kamen als weitere Geschäftsführer Georg Schubert und Rolf Möller hinzu.

Das bescheidene Startkapital in Höhe von 100.000 Mark läßt erkennen, daß 1929 die wirtschaftlichen Aussichten für die neue Firma noch nicht abzusehen waren. Das Konzept, auf dem die Gründung basierte, schien jedoch wohl überlegt und erfolgversprechend. Bosch verfügte über große Ressourcen auf dem Gebiet der Feinmechanik und der Meßtechnologie, Loewe konnte zur elektronischen Verstärkertechnik sein Scherflein beitragen, Baird wiederum verstand sich in der mechanischen Bildzerlegung, und Zeiss-Ikon war nicht nur bekannt für seine optischen und photographischen

Produkte, sondern hatte mit der Tochterfirma Ernemann eine potente Konstrukteurin von Filmprojektoren an der Hand.[115] Neben Telefunken und der Reichspost gehörte denn auch die Fernseh AG zu jenen drei Institutionen in Deutschland, die in den kommenden Jahren das Fernsehprojekt maßgeblich forcierten. Mit der Industrialisierung des televisuellen Gedankens kam zugleich das Ende der lange Zeit für sich arbeitenden Tüftler. Das oftmals groß in der Presse herausgestellte Wettrennen[116] zwischen den individuellen Erfindern verlor spätestens Anfang der dreißiger Jahre an Bedeutung. Telefunken stutzte schon bald die Tätigkeit von August Karolus auf eine beratende Funktion zurecht. Dénes von Mihály – der nach Aussage seines Patentanwalts das Recht für sich in Anspruch nahm, „alle schlechten Erfindereigenschaften zu besitzen" – mußte 1930 seine Telehor AG an die Süddeutsche Telefonapparate-, Kabel- und Drahtwerke AG (TeKaDe) in Nürnberg verkaufen; bis dahin hatte ihn die Post mit insgesamt 170.000 Reichsmark unterstützt.

Für eine erfolgreiche Arbeit der Fernseh AG war es besonders wichtig, umfassend an jenen lukrativen Entwicklungsaufträgen zu partizipieren, die die Deutsche Reichspost vergab. Erste Erfolge erzielte das Unternehmen zu Beginn des Jahres 1931 mit dem Entwurf eines neuen Aufnahme- und Wiedergabesystems, dem sogenannten Zwischenfilmverfahren nach Georg Schubert.[117] Die zu sendende Szene drehte man zunächst mit einer handelsüblichen Filmkamera. Das Spezialzelluloid in Form einer Endlosschleife wurde dann sofort entwickelt und konnte nur geringfügig zeitversetzt für die Fernsehausstrahlung „abgetastet" werden. Das Zwischenfilmverfahren wurde im Laufe der Jahre derart optimiert, daß die Ereignisse nur wenige Sekunden nach ihrer Aufnahme über den Sender geschickt werden konnten. Es ermöglichte fortan erste Außenaufnahmen für Fernsehzwecke. Die dafür notwendigen Geräte – wie Filmkamera, Schnellentwicklung, Filmabtaster und Verstärker – baute die Reichs-Rundfunk-Gesellschaft 1934 in einen Reportagewagen ein, der in Zusammenarbeit mit Daimler-Benz konzipiert worden war.[118] Ein erstes Artefakt zur Übertragung von Live- (oder wie es damals hieß: direkten bzw. unmittelbaren) Aufnahmen legte die Fernseh AG bereits 1932/33 vor.[119] Über die bei der direkten „Personenabtastung" vorherrschenden Bedingungen soll jedoch an anderer Stelle ausführlicher berichtet werden.

Bei der Konzeption von Empfängern orientierte sich das Konglomerat zunächst an den Modellen von Baird, Mihály und Telefunken, um schon bald eigene Wege zu gehen. Dabei legte man ebensowenig Wert auf einen überstürzten Verkauf minderwertiger Apparate wie die Konkurrenz oder der Funkhandel. 1930 bekundete Paul Goerz sein Interesse an einer „gesunden Entwicklung" unter der Leitung „arrivierter Firmen". Eine Vereinheitlichung der Systeme sowie der weitere Zusammenschluß aller beteiligten Unternehmen seien deshalb das Gebot der Stunde. Jede Form der Zersplitterung, wie sie bei der Produktion von Radiogeräten zu beobachten sei, müsse beim Fernsehen unter allen Umständen vermieden werden, so Goerz.[120] Ähnlich argumentierte auch Hans Neuert vom Reichsverband Deutscher Funkhändler, als er 1930 herausstellte, daß derzeit mit dem Fernsehen noch kein Profit zu machen sei. Dennoch sei es „in Vorbereitung für kommendes Geschäft" wichtig, sich schon heute der Gerätefrage anzunehmen.[121]

Nur vereinzelt wurden zu Beginn der dreißiger Jahre aus Industrie und Handel Stimmen laut, die ein beschleunigtes Forschungstempo begrüßten und den „Fernsehmarkt" als Kompensation für den wirtschaftlich arg gebeutelten Radiosektor betrachteten.[122]

Nach der Machtübernahme der Nationalsozialisten zog sich der Engländer John Logie Baird „auf eigenen Wunsch" aus der Fernseh AG zurück. Den freiwerdenden Anteil in Höhe von 25 Prozent übernahmen Mitte der Dreißiger Bosch und Zeiss, während der jüdische Erfinder-Unternehmer und Initiator Siegmund Loewe leer ausgehen mußte. Loewe selbst geriet in der Folgezeit immer stärker unter politischen Druck und sah sich 1938 ebenfalls gezwungen, das geschrumpfte Konglomerat zu verlassen. Der Umstand, daß seine Fernseharbeit für die Luftrüstung der Nationalsozialisten von Bedeutung war, veranlaßte Hermann Göring kurz vor Kriegsausbruch, Loewes Firma zu „arisieren" und die gesamten Anteile „getarnt im Ausland" zu übernehmen.[123] Als schließlich auch Zeiss-Ikon der Fernseh GmbH den Rücken kehrte (1939), blieb Bosch als alleiniger Inhaber übrig. Der militärischen Bedeutung entsprechend, unterstand das Unternehmen während des Krieges dem Geschäftsbereich von Göring. Die Fernseh GmbH existierte indes bis 1973 und gehört heute als „Geschäftsbereich Fernsehanlagen" zur Robert Bosch GmbH.

1.3. Ein ferngelenktes Gremium
Der Allgemeine Deutsche Fernsehverein e.V.

Die Reichspost als alleinige Veranstalterin von Versuchssendungen bemühte sich frühzeitig darum, private Initiativen rund um das Fernsehen wenn nicht zu verbieten, dann wenigstens in ihrem Sinne zu kanalisieren. Als Kontakt- und Vermittlungsstelle zwischen staatlicher Instanz und privaten Gruppen bot sich der „Allgemeine Deutsche Fernsehverein (ADFV)" geradezu an, jenes am 13. September 1929 gegründete Forum, das sich satzungsgemäß die „Förderung des Fernsehens und die Vertretung aller damit zusammenhängenden Interessen" auf die Fahnen geschrieben hatte.[124] De facto allerdings verfolgte diese staatlich gelenkte Initiative den vorrangigen Zweck, der „Bildung privater Fernsehorganisationen" durch „mehr oder minder Unverantwortliche" zuvorzukommen.[125]

Zu den Gründungsmitgliedern zählten die beiden Journalisten Leopold Lehmann und Hans Philipp Weitz sowie Hans Neuert, geschäftsführendes Vorstandsmitglied des Reichsverbandes Deutscher Funkhändler. Das Ehrenpräsidium bildeten die drei mächtigsten Männer von Post und Rundfunk in der Weimarer Republik: Postminister Georg Schätzel, Rundfunk-Kommissar Hans Bredow sowie August Kruckow, Ministerialdirektor im Postministerium. Neben Lehmann, Neuert und dem Publizisten Rudolf Lothar saßen mit Gustav Leithäuser vom Reichspost-Zentralamt und Kurt Magnus von der Reichs-Rundfunk-Gesellschaft zwei weitere hochkarätige Funktionäre im Vorstand.[126] Dem Verein gehörten binnen kürzester Zeit – neben handverlesenen Privatiers – zahlreiche Repräsentanten aus den Bereichen Heer, Luftfahrt und Polizei an.[127] Hinzu kam eine Reihe korporativer Mitglieder, darunter die Reichs-Rundfunk-Gesellschaft, deren Technischer Ausschuß sich erstmals am 16. Oktober 1929 umfassend über den neuen Verein berichten ließ.[128] Außerdem alle regionalen Rundfunkgesellschaften, der Verband der Funkindustrie, die Gruppe „Rundfunk" des Zentralverbandes der Deutschen Elektrotechnischen Industrie, die Telehor AG, die Fernseh AG und der Arbeiter-Radio-Bund Deutschland (ARBD).[129] Auch die Filmgesellschaft Ufa bekundete ihr frühes Interesse am Vereinszweck mit einem Beitritt in den ADFV.[130]

Die angestrebte „Förderung" sollte möglichst umfassend sein und sowohl in technischer als auch in juristischer, wirtschaftlicher, publizistischer und wissenschaftlicher Hinsicht erfolgen. Als Plattform stand dem Verein das Organ *Fernsehen* zur Verfügung, eine Fachzeitschrift, die seit 1930 von Fritz Banneitz herausgegeben wurde.[131] Ganz im Sinne der Post, deren Belange der Herausgeber vertrat, dokumentieren die meisten Artikel eine zögernde Haltung, ja Furcht vor einer allzu schnellen und übereilten Entwicklung des Fernsehens zum Medium. Ferner organisierte der ADFV interdisziplinäre Diskussionsabende sowie gelegentliche Pressekonferenzen. Während eines solchen Pressegesprächs – veranstaltet am 19. Februar 1930 im Berliner Weinhaus „Rheingold" – stellte der Journalist Otto Kappelmayer die Frage nach der momentanen Organisation des Fernsehens. Der tatsächlichen Entwicklung ein ganzes Stück vorgreifend, antwortete Ehrenpräsident Kruckow, die „Sendeseite" liege in den Händen der Reichspost, während die „Programmgestaltung" der Reichs-Rundfunk-Gesellschaft unterstehe.[132] Der ebenfalls anwesende Publizist Fritz Noack gab sich damit jedoch nicht zufrieden und pochte auf die baldige Errichtung einer adäquaten Organisation. Provisorien hätten sich in der Vergangenheit als außerordentlich gefährlich erwiesen, gab Noack zu bedenken. Nicht nur bei der Eröffnung des Rundfunks vor knapp sieben Jahren, sondern auch beim Bildfunk, der letztlich an der Dominanz der Techniker gescheitert sei. Deshalb hielt er es für äußerst wichtig, das Fernsehen nicht ausschließlich den Technikern zu überlassen. „Weshalb ist es nötig", fragte Noack die verdutzten Funktionäre, „daß die Reichspost alles in ihren Händen behält? Eine vernünftige Überlegung muß den Behörden doch sagen, daß in erster Linie nicht ihr Egoismus, sondern die Forderungen des Rundfunkhörers zu befriedigen sind." Um eine einheitliche Regelung in Deutschland zu schaffen, hielt es Noack für geboten, der Reichs-Rundfunk-Gesellschaft die Oberleitung zu übertragen, so bald als möglich eine Fernsehabteilung einzurichten und sich sogleich mit der Ausarbeitung geeigneter organisatorischer Strukturen zu befassen.[133]

Solche durchaus kritischen Diskurse kamen aber fortan immer seltener zustande. Nachdem der ADFV bei seiner Gründung eine technische Kommission unter Vorsitz von Gustav Leithäuser eingerichtet hatte, sollte 1930 ein Gremium für inhaltliche Fragen folgen, wie es programmatisch im Heft 1 der Verbandszeitschrift hieß. Allerdings ging diese Absicht mehr und mehr unter, so daß sich die Arbeit des Vereins im Laufe seines Bestehens vollends auf die technische Seite beschränkte. Demgegenüber wurden ökonomische und urheberrechtliche Aspekte so gut wie ausgeklammert. Bis 1933 unternahmen einzelne Mitglieder nur noch sporadische Versuche, auf die Notwendigkeit eines Fernsehprogramms und die Auseinandersetzung mit diesem Punkt hinzuweisen. Wenn es um die Frage der praktischen Nutzung ging, nahm der ADFV in seinen Diskussionsveranstaltungen ehedem eine zunehmend abwartende Haltung ein.[134] Als Argument nannte man häufig das Scheitern des Bildfunks Jahre zuvor. Ebenso das Argument der vorsorglichen Rücksichtnahme auf „die Nur-Hörer", die sich die kostspielige Anschaffung eines Empfängers zur „Illustrierung des Rundfunkprogramms" nicht leisten konnten.[135]

Zusätzlich erschwert wurde eine für die Öffentlichkeit durchschaubare Debatte über jenen Vermittlungsvorgang, der schon früh den Namen „Fernsehen" erhalten hatte, durch die Vielzahl der technischen Systeme mit ihren unterschiedlichsten Einsatz- und Verwendungsmöglichkeiten. Dies hatte zur Folge, daß das offiziöse Sprachrohr ADFV – und natürlich auch die Multiplikatoren – Ende der zwanziger Jahre nicht nur mit einer Fülle von Begriffen hantieren mußte, sondern diese oftmals auch falsch anwandte, verwechselte oder schlicht wild miteinander vermengte: Schaufunk, Bildübertragung, Bildrundfunk, Filmfunk, Fernkino, Funkkino, Gleichlaufkino, Fernsehen, Tonbildfunk und dergleichen mehr. Unter dem Gleichlaufkino beispielsweise, das mit dem Aufkommen des Tonfilms wieder von der Bildfläche verschwand, war die dezentrale Übertragung eines Films zu verstehen, wobei der Ton von einem zentralen Rundfunksender synchron überspielt wurde.[136] Hingegen subsumierte man die Fernsehsendung von Filmen häufig unter den Termini Fernkino bzw. – im drahtlosen Fall – unter Funkkino. Für den Vorgang, eines Tages „einzelne oder mehrere Personen" sowie „Straßen- oder Spielszenen" live übertragen zu können, verwandte Postrat Banneitz 1929 gleich drei unterschiedliche Bezeichnungen: unmittelbares, direktes und eigentliches Fernsehen.[137]

Indes, die schon bald zutage tretende Wirkungslosigkeit des Fernsehvereins, seine Fixierung auf die Interessen des Staates, wurden von der Publizistik zunehmend mit Spott und harscher Kritik begleitet. So mokierte sich 1930 das Organ *Hör mit mir* über „unser typisches Fernseh-Dilemma". Man habe zwar schon einen Fernsehverein und eine Fernsehzeitschrift, hieß es dort, man sei aber andererseits noch nicht einmal in der Lage, preisgünstige und leistungsfähige Empfänger zu produzieren.[138] Norbert Meyer wies ein Jahr später darauf hin, daß das Gremium mehr und mehr „an der Unfruchtbarkeit einer rein technischen Erörterung" scheitere.[139] Paul Prachty wiederum kritisierte die lähmende Interessenverflechtung am Beispiel des Ehrenpräsidiums, und er fügte schonungslos hinzu:

„Man kann laboratoriumsmäßig schon heute Fernsehen senden und empfangen, praktisch für das Publikum anwendbar ist das Problem noch nicht. (...) Schon aber ist was da! Ein Verein. (...) Schon ist also die schönste Interessenwirtschaft (...) vorhanden, alle streiten sich um etwas, was noch gar nicht da ist, und die Herren Pöstchenjäger sind fleißig am Werke. (...) Man veranstaltet Presseempfänge und lanciert Artikel und es sind immer dieselben Leute, die als Beauftragte höchst beteiligter Firmen oder Gruppen der Industrie das große Wort führen, immer dieselben Leute, die in bestimmten Fachzeitungen ihre maskierten Werbeartikel unterbringen. (...) Wenn wir aus materiellen und ideellen Gründen vor dem jetzigen faulen Betrieb rechtzeitig warnen, so ist das mehr als angebracht. Wir sind alle schon oft den Phrasen vom ‚Kulturfaktor' und vom ‚Geist der deutschen Technik' aufgesessen. Der Verein soll kegeln gehen!"[140]

Die sofortige Auflösung der „überflüssigen Organisation" forderte auch der Journalist Hans Siebert von Heister. „Wir wünschen keine Erklärungen von einem nicht verantwortlichen Verein, sondern von denen, die bestellt sind, den Rundfunk zu betreuen", lautete sein Fazit in der Zeitschrift *Der Deutsche Rundfunk.*[141] Die weitere Entwicklung des mißratenen Fernsehvereins läßt sich anhand seiner Zeitschrift bis Mitte der dreißiger Jahre verfolgen. Anfang 1932 geriet er ein letztes Mal negativ in die Schlagzeilen, nachdem seine Kassiererin einen größeren Geldbetrag unterschlagen hatte. Daraufhin ließ Kurt Magnus RRG-intern prüfen, „ob der Vorstand hierfür verantwortlich gemacht werden muß, auch wenn ihn keine Fahrlässigkeit trifft".[142] Im Mai 1933 schließlich legte Gustav Leithäuser dem ersten Vorsitzenden Lehmann nahe, sein Amt niederzulegen. Anschließend gingen die Nationalsozialisten zügig daran, den Verein gleichzuschalten und zum 1. Januar 1935 dem Verband der Deutschen Elektroingenieure (VDE) einzugliedern.[143]

1.4. Primat der Technik
Frühe Vorstöße für eine Fernsehprogramm

Es ist bereits mehrfach angeklungen, daß eine Debatte über die publizistischen Aufgaben des Fernsehens in Gang kam, bevor die technischen wie administrativen Weichen für seine praktische Nutzung gestellt waren. Solch frühe Äußerungen über inhaltliche Aspekte orientierten sich zwar im Detail an den graduellen Vorgaben der Techniker. Allen Überlegungen gemeinsam war jedoch immer das Bestreben, einen originären Gebrauchswert des Fernsehens zu definieren und damit das neue Mittel gegen andere, bereits etablierte abzugrenzen. Denn nach den geltenden Kunstauffassungen und Mediendebatten der zehner und zwanziger Jahre legitimierten sich die neuen elektronischen Übermittlungsformen wie Radio und Film gegenüber den „alten" Medien Literatur und Theater dadurch, daß sie sich als neue Künste auswiesen bzw. diese zumindest innerhalb ihrer Angebote enthielten. Im Falle des Fernsehens gehörte in erster Linie der Live-Gedanke zu den als stilbildend empfundenen, den theoretischen Diskurs beherrschenden Abgrenzungsmerkmalen. Stand etwa die Zeitung im Verdacht, in ihrer Reichweite auf ein mehr oder minder intellektuelles Publikum beschränkt zu sein, sprach für das kommende Fernsehen seine gefühlsmobilisierende Wirkung, vor allem aber seine Überlegenheit bei der direkten Übermittlung von Aktualität und Authentizität. Solange aber Live-Beiträge aus dem Studio technisch noch nicht möglich waren, hatte man die Übertragung von Filmkonserven als eine „vorläufige Zwischenlösung des Fernsehproblems"[144] zu akzeptieren.

Bereits 1925 wies Walter Friedel auf mögliche Schwierigkeiten hin, die sich aus dem postulierten Live-Prinzip für die künftige Praxis ergeben könnten. Wichtige Ereignisse fänden zeitlich parallel statt und könnten deshalb nicht gleichzeitig übertragen werden. Außerdem, so meinte Friedel, ereigne sich viele Stunden am Tag nichts Sehenswertes, so daß die „Vorführungstheater" in dieser Zeit leer stünden.[145] Moralische Bedenken gegen die Ausstrahlung von Filmen im Fernsehen hegte dagegen Carl Opitz, der 1926 einen Artikel mit der Frage einleitete: „Was soll für den Fernseher des Privatmannes gefunkt werden?" Anschließend gab er zu bedenken: „Solange die Frage von Moral und Unmoral bei einem Kuß z.B. noch nicht geklärt ist, wird die Vorführung von Spielfilmen (...) eine glatte Unmöglichkeit sein."[146] Demgegenüber befürwortete er ausdrücklich die Sendung aktueller Ereignisse – „also eine Art ‚Rundfunk-Tagesschau'" – und plädierte für die „Vorführung von Bildstreifen zur Unterstützung von wissenschaftlichen Vorträgen".[147]

Hingegen regte Fritz Schröter 1928 an, speziell für das Fernsehen „sprechende Filme" herzustellen.[148] Bis es soweit war, sollten jedoch noch einige Jahre vergehen. Bei der Demonstration am 11. 5. 1928 mußten sich Dénes von Mihálys Zuschauer mit weit primitiveren „Programmen" zufriedengeben. Begnügten sich die Forscher bis dahin mit der Übertragung von einfachen geometrischen Figuren, schattenhaften und nur mit viel Phantasie zu enträtselnden Silhouetten,[149] so gebrauchte Mihály hauptsächlich Buchstaben und Zeichnungen, die er zuvor auf Glasscheiben aufgezeichnet hatte. Zu sehen war u.a. ein unscharfes Porträtfoto der Schauspielerin Pola Negri, einer Königin des Stummfilms, die damals auf dem Zenit ihrer Popularität stand. Daneben zeigte der Erfinder feste Gegenstände – wie eine Brille oder eine Zange -, die er beim Übertragungsvorgang öffnete und schloß. Wenige Monate später, anläßlich der ersten öffentlichen Demonstration auf der Funkausstellung, bediente sich Mihály eines Tricks, um wenigstens die Illusion eines bewegten Bildes zu wecken. Er ließ die Diapositive, von Hand oder durch ein Uhrwerk, hin und her bewegen. Sein Konkurrent Karolus zeigte zu diesem Zeitpunkt bereits fernsehgerecht aufbereitete Bilderfolgen aus Stummfilm-Streifen. Im Vorfeld hatte er vor allem Porträtszenen mit günstigen und kontrastreichen Schwarz-Weiß-Werten ausgewählt.

Aber schon 1929 vollzogen auch Mihály und die Reichspost den Übergang von starren zu bewegten Bildern. Ihre seit März ablaufenden drahtlosen Versuche gingen ebenfalls noch stumm über den Sender und beschränkten sich auf das Abtasten eines als Endlosschleife laufenden Filmausschnitts. Ferner zeigte die Post auf der Funkausstellung einen rund zehnminütigen „Film" mit dem Titel *Wochenende*. Darin taten die beiden Schauspielerinnen Imogen Orkutt[150] und Schura von Finkelstein nichts anderes, als sich stumm mit ihren Köpfen aufeinander zu- und voneinander wegzubewegen. Die primitiven, auf der winzigen Mattscheibe stark flimmernden Aufnahmen ließen kaum Details erkennen und waren im Juni/Juli 1929 eiligst von einer Filmgesellschaft am Berliner Wannsee gedreht worden. Das belichtete Zelluloid setzte die Post mindestens noch bis Herbst 1930 als Endlosschleife ein, um so Fortschritte in der Bildqualität zu demonstrieren. Gleichwohl zeigte das Zentralamt auf der 1929er Funkausstellung auch live übertragene Kopfbilder, wobei die beiden Schauspielerinnen erneut verpflichtet und in eine dunkle „Abtastzelle" verfrachtet wurden. Dort wußten sich die Akteurinnen – trotz der Tatsache, daß die Versuche stumm liefen – nicht anders zu helfen, als Volkslieder vorzutragen.[151]

Unterdessen setzten die Verantwortlichen der britischen BBC bereits andere Akzente. Seit Anfang 1926 war es nämlich John Logie Baird gelungen, die „Abtastung von lebenden Personen" sukzessive voranzutreiben. Im Juni 1928 hatte er seine ursprüngliche Apparatur so weit perfektioniert, daß die zu übertragende Person nicht mehr in völliger Dunkelheit agieren, sondern lediglich mit diffusem Tageslicht beleuchtet werden mußte. Zwei Jahre später berichtete Georg Kette über ein „abwechslungsreiches", seit dem 30. 3. 1930 in Bild und Ton ausgestrahltes Programm der BBC.[152] Die Briten hätten es sogar schon geschafft, ein „Hörspiel (Sketsch)"[153] direkt zu senden, in dem drei Personen in voller Lebensgröße zu sehen waren. Außerdem, schrieb Kette in der Zeitschrift *Fernsehen*, mache man sich auf der Insel bereits Gedanken über einen innereuropäischen Programmaustausch.[154] Am 22. Februar 1932 gingen Baird und die BBC daran, einen eigenen Ausschuß für Programmfragen zu bilden. Im Dezember schätzte man die Zahl der Empfänger in England bereits auf 500 Stück.[155]

Die Reichspost dagegen richtete ihr Augenmerk nach wie vor weniger auf das direkte Fernsehen als vielmehr auf das Fernkino. Jeder Art von inhaltlichen Experimenten abhold, erklärten die braven Postbeamten kurzerhand, es sei besser, zunächst das Film-Fernsehen zur Reife zu bringen und dies dann als Basis für die weitere technische Entwicklung zu betrachten. Der zuständige Abteilungsleiter im Reichspost-Zentralamt, Harbich, verteidigte 1929 die Strategie seiner Behörde. Auch wenn es technisch kein Problem mehr darstelle, „Porträts" und „lebende Köpfe" auf große Entfernungen sichtbar zu machen, müsse sich die Reichspost mittelfristig mit dem Kinofunk behelfen. Ein Problem im täglichen Versuchsbetrieb stellten derzeit noch die nitrobeschichteten und leicht brennbaren Filmstreifen dar. Deshalb, so der Oberpostrat, arbeite man momentan weniger an der Optimierung des direkten Fernsehens, sondern konzentriere sich in erster Linie auf die Entwicklung nichtentflammbarer Papierfilme.[156]

Die öffentliche Kritik am Konzept der Reichspost ließ denn auch nicht lange auf sich warten. So forderte der argwöhnische Fritz Noack, die Post müsse endlich die Ausweitung der direkten Darbietungen über die technische Perfektionierung ihrer Apparaturen stellen.[157] Dagegen mahnte Herbert Starke im *Funk-Bastler* zur Geduld. Es sei geradezu utopisch zu glauben, das Zentralamt könne in allernächster Zeit „Tages- und Bühnenereignisse" unmittelbar übertragen.[158] Im *Arbeiterfunk* kritisierte Hans Natonek die Monotonie der Versuchssendungen: „Die Leute verlangen vom Fernsehen, daß sie in ihrer Wohnung meinetwegen einem Fußballmatch oder dem Start des Zeppelins zur Amerikafahrt zusehen könnten. Aber sie wollen nicht nur den Kopf des Vortragenden sehen oder den der Sängerin. Denn deren Bild haben sie in der Programmzeitschrift viel besser und deutlicher."[159] Der Publizist Frank Warschauer wiederum sah in der Fernsehsendung von Filmen durchaus eine Chance mit Zukunft.[160] Er vertrat die Meinung, daß eines Tages der Film von der neuen Übertragungsart profitieren werde, da die Rundfunkgesellschaften dann als feste Einkäufer für ein gesteigertes Niveau im Film sorgen würden, der bisher nur auf Massengeschmack ausgerichtet und deshalb entsprechend kitschig sei.[161]

Gleichwohl trat die Reichspost im Jahr 1930 keineswegs als reger Einkäufer von Kino-Clips auf, sondern setzte weiterhin auf die versuchsweise Vorführung einiger weniger Standardfilme. Um einen annähernd flüssigen Ablauf ihrer Experimente zu erreichen, entwickelten die Beamten einen schwingbaren Spiegel, der die beim Rollenwechsel zwangsläufig entstehenden Pausen zumindest etwas verkürzte.[162] Ende Februar 1930 gab das Zentralamt – mit finanzieller Unterstützung der Reichs-Rundfunk-Gesellschaft – den ersten eigens für das Fernsehen gedrehten Film in Auftrag. Im Studio der Berliner Commerz-Film AG, in dem auch Asta Nielsen für ihre erste deutsche Kinoproduktion vor der Kamera gestanden hatte, agierten Walter Kuhle sowie die inzwischen „fernseherfahrene" Imogen Orkutt in dem Kurzstreifen *Morgenstunde hat Gold im Munde*, einem heiter-naiven Rührstück über den morgentlichen Alltag eines Ehepaars. Das Vorhaben war noch im August 1929 wegen Geldmangels gescheitert.[163] Jetzt achtete Walter Reisser mit Argusaugen darauf, daß die RRG-Mittel nicht sinnlos verschwendet wurden. Während man die „kurzen Szenen"[164] drehte, nahm Fritz Banneitz gelegentlich Einfluß auf die Gestaltung. Der Posttechniker (!) formulierte kurz darauf erste dramaturgische Gesetze des Fernsehfilms. „Der Film für das drahtlose Fernkino", so zitierte Eduard Rhein Banneitz in einem Artikel der Zeitschrift *Fernsehen*, „braucht seine eigene Aufnahmetechnik. Wo im gewöhnlichen Film eine schwache, künstlerisch vielleicht wirksamere und feinere Andeutung genügt, da ist beim Fernsehfilm die große, leichtverständliche Geste notwendig. (...) Der Fernsehfilm macht also die Verwendung leicht erkennbarer großer Gegenstände zum Gebot. Die Kleidung der Schauspieler muß sich vom Hintergrund deutlich abheben und soll möglichst kontrastreich sein. Bei Frauen sind also groß- und kontrastreich gemusterte Stoffe zu empfehlen, bei Männern wirken besonders Frack und Smoking."[165]

Während Banneitz unbeirrt seine rührigen Versuche unter Ausschluß der Öffentlichkeit fortsetzte, nahmen Anfang der dreißiger Jahre nichttechnische Fragen des Fernsehens im Schrifttum einen immer breiteren Raum ein. So startete RRG-Direktor Magnus den Versuch, in der Zeitschrift *Fernsehen* eine urheberrechtliche Debatte zu eröffnen. Generell sah er weniger juristische Fragen auf das künftige Fernsehen zukommen, als es etwa bei der Einführung des Rundfunks der Fall gewesen sei. Als zentrales Problem eines kommenden Programms stellte sich für ihn lediglich die Frage, „welche Bilder und Vorgänge die aussendende Gesellschaft ohne besondere Erlaubnis" senden darf und in welchen Fällen sie „die Genehmigung des Urhebers einholen muß".[166] Nach Magnus' Ansicht fiel die publizistische Seite unter die Bestimmungen des „Gesetzes betreffend das Urheberrecht an Werken der Literatur und der Tonkunst" vom 19.6.1901.[167] Daneben hielt er das „Gesetz betreffend das Urheberrecht an Werken der bildenden Künste und der Photographie" vom 9.1.1907[168] für besonders relevant, weil er annahm, „daß man aktuelle Bildnisse häufig senden wird".[169]

1932 konkretisierte Kurt Magnus seine Ausführungen. Unter dem Eindruck verbesserter Übertragungsmöglichkeiten meinte er, Darbietungen des Fernsehens dürften nur mit Einwilligung des Abgebildeten verbreitet oder öffentlich zur Schau gestellt werden. „Wir werden uns also (...) die Zustimmung unserer Mitwirkenden zur optischen Sendung zu sichern haben."[170] Allerdings, so schränkte der RRG-Direktor ein, hätten diese Bestimmungen bei der Live-Übertragung von Bühnenwerken keine Geltung, weil es sich hierbei nicht um das „eigene Bild des Schauspielers" handele, sondern lediglich um eine Rolle, „in die dieser schlüpfe". Deutliche und im höchsten Maße antizipatorische Worte richtete Magnus an die künftigen Rezipienten. Es sei ein unumstößlicher Grundsatz, „daß der Empfänger Akte der Vervielfältigung und der Verbreitung von sich aus nicht vornehmen darf. Er darf andere an dem Empfang teilnehmen lassen, so daß sie die Sendung sehen oder hören können. Neue Fragen werden auftauchen, wenn die Beteiligung anderer Personen von seiten des Rundfunkteilnehmers gewerbsmäßig vorgenommen wird".[171]

Währenddessen kristallisierten sich in der Debatte um das audiovisuelle Programm zwei gegensätzliche Standpunkte heraus. Einerseits warnten vor allem Staat, Industrie und Handel davor, sich überhaupt intensiv mit inhaltlichen Fragen zu beschäftigen, da die Technologie des erst „halb gelösten Problem(s)"[172] noch nicht befriedigen könne.[173] Die Kritiker einer breiten Programmdiskussion fühlten sich in ihrer ablehnenden Haltung bestärkt, als 1930 eine öffentliche Demonstration in der Berliner Scala völlig mißlang.[174] Hingegen vertrat die andere Seite den Standpunkt, man könne bereits jetzt mit den gegebenen Mitteln eine sinnvolle Bereicherung des Rundfunks erzielen.[175] So forderten zahlreiche Multiplikatoren – ganz im Sinne von Mihály – die Distribution preisgünstiger Empfänger, die man direkt oder über einen Umschaltmechanismus an die Lautsprecherbuchsen der Radios anschließen konnte, so daß Bild und Ton nahezu synchron zu empfangen waren.[176] Den Ablauf einer solchen „Fernsehsendung" beschrieb Fritz Winckel 1930: „Der Radio-Ansager kündigt einen Redner oder eine Sängerin dem Rundfunkpublikum an, dann ertönt das typische Fernsehgeräusch, ein Zeichen, daß man auf Bildempfang umschalten soll (...), man sieht alsdann, wie der Vortragende sich verbeugt, dann schaltet man wieder zurück, und man hört den Vortrag."[177] Vor allem der Ingenieur und Publizist Rudolph Thun machte sich noch bis 1933 für diese Komponentenlösung stark, führte eine Fülle von Themen an, die er für wichtig hielt, „bebildert" zu werden, und forderte die Künstler auf, endlich das Wort zu ergreifen.[178] Für ein solches, äußerst primitives „Programm" hätte sich der enorme staatliche Aufwand sicherlich nicht gelohnt. Das Reichspost-Zentralamt beschritt denn auch weiterhin den Weg der technischen Perfektionierung.

Derweil träumte Erich Schwandt noch immer von einer Initialzündung in Bastlerkreisen, ausgelöst durch umfangreiche Programmstudien der Post.[179] Im *Arbeiter-Fotograf* wies Arthur Seehof 1930 auf die völkerverbindende Kraft künftiger Fernsehprogramme hin. Fritz Seemann wiederum bezeichnete das Rundfunkmedium als ein „Eldorado der Häßlichen",[180] weil Stimmbegabung und Aussehen in vielen Fällen beträchtlich auseinanderklafften. Beim künftigen Fernsehen sei aber für solch unschöne

Naturen kein Platz mehr.[181] Einen weiteren Vergleich zwischen den beiden Übertragungsformen – allerdings auf wirtschaftlicher Ebene – zog Fritz Winckel in der Werbefachzeitschrift *Seidels Reklame*. Dort attestierte er der neuen Kommunikationstechnik hervorragende Werbemöglichkeiten. Reklame im Fernsehen sei nicht nur wirkungsvoller als im Radio, sondern stelle für die Reichs-Rundfunk-Gesellschaft auch eine gewichtige Einnahmequelle dar.[182] Andere verwiesen mit großer Selbstverständlichkeit auf den Einsatz für pädagogische Zwecke[183] und – natürlich – für das Militär.[184] Daneben mangelte es nicht an ideenreichen Träumern, deren Phantastereien wenige Jahrzehnte später schon Realität wurden.[185] So unterbreitete Hans Bourquin 1931 den Vorschlag, Fernsehsendungen auf einer Platte zu konservieren. Diese „Grammoskopie", wie der Journalist sein Verfahren in Anlehnung an die Grammophonie nannte, böte dem Publikum die Möglichkeit, fertige Platten zu kaufen und diese jederzeit zu Hause abzuspielen.[186]

Die versuchsweise Übertragung einiger Kinoerzeugnisse im unsystematischen Wechsel mit Standbildern erreichte zwar bis 1933 eine gewisse Kontinuität, von einem anspruchsvollen Programm konnte selbstverständlich nicht die Rede sein. Während der Ruf nach eigenen Sendungen immer lauter wurde,[187] setzte sich allmählich auch bei der Post die Erkenntnis durch, daß selbst ein technisch vollendetes System beim Publikum auf Mißfallen stößt, wenn seine inhaltliche Seite vernachlässigt wird. Ein Fernsehprogramm blieb freilich in der Weimarer Republik Utopie. Erst im Anschluß an die erste NS-Funkausstellung räsonnierte Fritz Banneitz über „wirkungsvolle Programme".[188] Seine weiteren Gedanken waren gleichermaßen ein Fazit der bisherigen Bemühungen und ein Ausblick auf kommende Jahre: „Mit der Programmfrage des Fernsehens hat man sich bisher noch wenig beschäftigt. Es erscheint außerordentlich wichtig, dieser Frage jetzt mit Nachdruck näherzutreten und eingehende Versuche über die Möglichkeiten der Programmgestaltung vorzunehmen."[189]

1.5. Zusammenfassung

Mitte der zwanziger Jahre initiierten Staat und Industrie erste Grundlagenforschungen auf dem Gebiet der elektrischen Übertragung von Bildern, die 1929 in regelmäßige drahtlose Versuchssendungen der Deutschen Reichspost mündeten. Wenngleich Anfang der dreißiger Jahre Experimente im UKW-Bereich neue Perspektiven eröffneten und die Braunsche Röhre den Ausweg wies aus der mechanisch-optischen Sackgasse, kam das Fernsehprojekt bis zum Ende der Weimarer Republik über Laborversuche nicht hinaus. Bis dahin begnügte sich die veröffentlichte Meinung aber keineswegs mit der rein deskriptiven Wiedergabe der Forschungsergebnisse. Vielmehr stellte man schon frühzeitig die Frage nach der praktischen Nutzung. Mehr noch: Im Gegensatz zum Rundfunk lag beim Fernsehen ein kommunikatives Konzept – zumindest in seinen Grundzügen – bereits dann vor, als an dessen technischer Umsetzung noch nicht zu denken war. Dieses eklatante Mißverhältnis resultierte aus dem Verständnis des Fernsehens als ein bloßes

Illustrationsinstrument des Rundfunks. Dies wiederum führte zu übersteigerten Erwartungen und forcierte den Ruf nach rascher Einführung auf technisch wie publizistisch niedrigem Niveau. Dem konnten sich bis zum Ende der spekulativen Phase auch die Verantwortlichen von Post und Rundfunk nicht entziehen.

Für die interessierte Öffentlichkeit war es freilich nicht einfach, den notwendigerweise hohen Technisierungsgrad eines eigenständigen Fernsehens richtig einzuschätzen, dessen breit angelegte Verwertbarkeit einen graduellen Prozeß voraussetzte. Mit Pathos wies der Journalist Ludwig Kapeller 1928 darauf hin, daß die Komplexität der Technik die Menschen in ein „Zeitalter der Verworrenheit" stürze. Das Publikum sei stets geneigt, ein subtiles Problem dann als gelöst zu betrachten, wenn die Theorie in rohen Umrissen feststehe und die gedanklichen Zusammenhänge verständlich würden.[190] Der Rundfunkpublizist Frank Warschauer fügte zwei Jahre später hinzu, beim „Einbruch der Technik in die Kunst" werde das Moment der Evolution meist ausgeklammert. Nicht zuletzt bei den Betrachtungen über das Fernsehen lege man häufig den gegenwärtigen Stand zugrunde, der als etwas Definitives empfunden werde, als ein Endpunkt, über den es nicht mehr hinausgehen könne. Jede auf diese Weise aufgestellte Rechnung sei notwendigerweise falsch, meinte Warschauer.[191]

Somit standen sich Ende der zwanziger, Anfang der dreißiger Jahre im wesentlichen zwei Lager gegenüber: Auf der einen Seite die Partei der Optimisten, die – wie es der ungarische Erfinder Mihály einmal formulierte [192] – mit aller Primitivität hinein in die Praxis drängte und eine „Bebilderung" des Rundfunkprogramms anstrebte, um damit der Industrie den nötigen Mut für das Zukunftsideal einzuimpfen. Auf der anderen Seite sperrte sich die von Post, Rundfunk und Funkindustrie angeführte Fraktion der Vorsichtigen dagegen, überstürzt ein „Fernsehen" in die Öffentlichkeit zu bringen, dessen mangelnde Qualität der späteren Verbreitung entgegengewirkt hätte. Zusätzlich verunsichert durch den Mißerfolg des Bildfunks, bestanden die Organisatoren auf weitere Experimente im Labor, auf einer besseren Bildqualität sowie preisgünstigeren und einfacher zu handhabenden Empfängern. Zudem setzte die Reichspost als staatliche Initiatorin eindeutig technische Akzente. Während man sich in Großbritannien generell stärker der inhaltlichen Seite sowie dem Live-Fernsehen widmete, „kontrollierten" die deutschen Beamten Fortschritte in der Bildqualität anhand einiger Standardfilme. Trotz zunehmender Kritik an der Hegemonie der Post hielt sich die Reichs-Rundfunk-Gesellschaft in der Frage eines Fernsehprogramms zurück und wartete auf weitere Vorleistungen.

ANMERKUNGEN:

[1] vgl. Steinbuch, Karl: Die informierte Gesellschaft. Geschichte und Zukunft der Nachrichtentechnik. Stuttgart 1966, S. 181.

[2] Ludenia, Werner: Das Fernsehen ohne Draht. In: Der Deutsche Rundfunk 2(1924), 17, S. 817-818, hier S. 818.

[3] Bredow, Hans: Vergleichende Betrachtungen über Rundfunk und Fernsehen. Sonderheft der Zeitschrift Rundfunk und Fernsehen. Heidelberg 1951, S. 57; Aus der Geschichte des deutschen Bildfunks und Fernsehens. Interessante Daten der Fernseh-Entwicklung. In: Fernseh-Informationen 2(1951), 3, S. 7.

[4] Zit. nach Goebel, Gerhart: Staatssekretär a.D. Dr.-Ing. E.h. Hans Bredow und der deutsche Funk. In: Archiv für das Post- und Fernmeldewesen 7(1955), 3, S. 153-190, hier S. 183.

[5] Grundsätzliches zur Programmgestaltung des Rundfunks. Vortrag, gehalten bei der Festtagung des Reichsfunkverbandes in Berlin am 28. Oktober 1924. In: Der Deutsche Rundfunk 2(1924), 44, S. 2585-2588, hier S. 2587.

[6] vgl. Nesper, Eugen: Vorbereitungen für die Fernsehsendungen im deutschen Rundfunk. In: Das Funk-Magazin 2(1929), 8, S. 703-705, hier S. 703.

[7] Lerg, Winfried B.: Zur Entstehung des Fernsehens in Deutschland. In: Rundfunk und Fernsehen 15(1967), 4, S. 349-375, hier S. 350.

[8] vgl. Rudert, Frithjof: 50 Jahre ‚Fernseh‘, 1929-1979. In: Bosch Technische Berichte 6(1979), 5/6, S. 236-267, hier S. 236.

[9] Schröter, F.[ritz]: Rundfunk und Bild. In: Telefunken-Zeitung 7(1928), 50, S. 450.

[10] Ohnesorge, Wilhelm; Roemmer, Hermann: Funk und Fernsehen. München 1952, S. 133.

[11] vgl. Neuburger, Albert: Der Fernseher von Mihály. In: Die Sendung 5(1928), 29, S. 353-354, hier S. 353; Jossé, Harald: Die Entstehung des Tonfilms. Beitrag zu einer faktenorientierten Mediengeschichtsschreibung (=Alber-Broschur Kommunikation, Bd. 13). Freiburg, München 1984, S. 139-140.
Noch 1928/29 arbeitete der ungarische Ingenieur u.a. mit dem Filmregisseur und Autor Joe May (d.i. Julius Otto Mandel) zusammen, der als Produktionsleiter einige der ersten Ufa-Tonfilme betreute. Mays und Mihálys technische Gedankenspielereien griffen der Realisierung der elektronischen Bildaufzeichnung um Jahrzehnte voraus. Joe May informierte erstmals am 17. Mai 1929 den sehr interessierten Ufa-Generaldirektor Ludwig Klitzsch über seine Arbeiten mit Mihály.

[12] vgl. Riedel, Heide: Fernsehen – Von der Vision zum Programm. 50 Jahre Programmdienst in Deutschland. Berlin 1985, S. 34.

[13] vgl. Mihály, Dénes von: Das elektrische Fernsehen und das Telehor. Berlin 1926 (1. Aufl. Berlin 1923), S. 195.

[14] vgl. Riedel, Heide, Fernsehen (wie Anm. 12), S. 34.

[15] Kniestedt, Joachim: Fernsehsendungen über Kurzwellensender vor 50 Jahren – ein Beitrag der Post zur Einführung des Fernsehens. In: Archiv für das Post- und Fernmeldewesen 33(1981), 1, S. 97-104, hier S. 99.

[16] vgl. Weiher, Sigfrid von: Tagebuch der Nachrichtentechnik von 1600 bis zur Gegenwart. Ein Beitrag zur Kulturgeschichte der Technik. Berlin 1980, S. 145.

[17] vgl. Goebel, Gerhart: Die Nipkowsche Scheibe 70 Jahre alt. In: Fernmeldetechnische Zeitschrift 7(1954), 2, S. 96; Kniestedt, Joachim: Die Grundidee des elektrischen Fernsehens von 1884. Zum 100. Jahrestag des Fernsehpatentes von Paul Nipkow. In: Archiv für das Post- und Fernmeldewesen 36(1984), 1, S. 35-51.

[18] vgl. Schurig, Hilmar: Dreißig Jahre Fernsehen in Deutschland. In: Fernmeldepraxis 18(1958), S. 709-712, hier S. 709-710.

[19] Bis 1935 verliefen die Fernseh-Vorarbeiten in den drei europäischen Zentren London, Paris und Berlin sowie in den Vereinigten Staaten ziemlich parallel. In Großbritannien forschte der Fernseh-

pionier John Logie Baird, der, nachdem die BBC offizielle Versuchssendungen mit dem Baird-System abgelehnt hatte, Anfang 1929 auf Einladung von Hans Bredow nach Berlin ging und dort bis zum 13. Juni 1929 seine Forschungen fortführte. Als die BBC ihre Abneigung gegen die Einführung eines Fernsehbetriebs im englischen Rundfunk aufgab, kehrte er wieder nach London zurück. In den Vereinigten Staaten führte Charles Francis Jenkins 1928 versuchsweise drahtlos übermittelte Film-Fernsehbilder vor. In Frankreich arbeitete René Barthélémy am Fernsehproblem.
Für die britische Fernsehgeschichte vgl. Briggs, Asa: The History of Broadcasting in the United Kingdom. Bd. II: The Golden Age of Wireless. London, New York, Toronto 1965; für die amerikanische Dunlap, Orrin E.: The Outlook for Television. New York, London 1932; Abramson, Albert: The History of Television, 1880 to 1941. Jefferson (North Carolina), London 1987; und für die französische Fernsehgeschichte Blanckeman, René: Le roman vécu de la télévision francaise. Paris 1961.

[20] vgl. Karolus, Hildegard (Hrsg.): August Karolus: Die Anfänge des Fernsehens in Deutschland in Briefen, Dokumenten und Veröffentlichungen aus seiner Zusammenarbeit mit der Telefunken GmbH, Berlin 1923-30. Offenbach 1984, hier insbes. S. 182-187.

[21] vgl. Goebel, Gerhart: 1928: Fernsehbeginn in Deutschland. In: Fernseh-Informationen 39(1988), 15, S. 461-462, hier S. 461.

[22] Bruch, Walter: Erinnerungen an Funkausstellungen. Auch eine Liebeserklärung an Berlin (=Berliner Forum, Bd. 6). Berlin 1977, S. 32.

[23] vgl. Leithäuser, Gustav: Die neuesten Verbesserungen des Fernsehens. Was die ‚Große Deutsche Funkausstellung 1929‘ bringt. In: Funk-Bastler 6(1929), 35, S. 545-546, hier S. 545.

[24] Mihály kündigte sogar 1929 im Katalog der Firma Radio Zentrale, Alexander v. Prohaska, Berlin, einen „normierten billigen Fernsehempfänger" an, der nach der 1929er Funkausstellung „im Handel käuflich zu haben sein (wird)". Anzeige abgedr. in Holtschmidt, Dieter: Fernsehen – wie es begann. Hagen-Hohenlimburg 1984, S. 16.

[25] vgl. ‚Telehor‘, der einfachste und billigste Fernseher der Welt. Das drahtlose Fernsehen nach Mihaly. In: Bildfunk 1(1929), 2, S. 63-64.

[26] Larsen, Egon: Fernseher in Sicht! In: Film und Volk 2(1929), 4, S. 9-11, hier S. 9.

[27] Schröter, Fritz: Fernkino auf der großen Funkausstellung. In: Die Sendung 5(1928), 36, S. 443-444, hier S. 443.

[28] Rhein, Eduard: Wollen wir fernsehen? In: Die Sendung 6(1929), 44, S. 724-726, hier S. 726; vgl. auch Kette, Georg: Was hat uns die Fernseh-Abteilung der Berliner Funkausstellung gezeigt? In: Fernsehen 1(1930), 1, S. 28-35, hier S. 28-29.

[29] vgl. Krause, Günter B.: Die Zuständigkeit zur Ordnung des Rundfunkwesens in der Bundesrepublik Deutschland. Flensburg 1960, S. 41; Eckner, Herbert: Funkhoheit und Rundfunkteilnehmer. In: Steinmetz, Hans (Hrsg.): Bundespost und Rundfunk. Ein Beitrag zur Problematik der Neuordnung des Rundfunks. Hamburg, Berlin 1959, S. 35-84, hier S. 83.

[30] vgl. Reichsgesetzblatt 1928 I, S. 8.

[31] ebd.

[32] Neugebauer, Eberhard: Fernmelderecht mit Rundfunkrecht (=Stilkes Rechtsbibliothek, Nr. 33). Berlin 31929, S. 85.

[33] vgl. List, Friedrich: Der Begriff der Öffentlichkeit unter besonderer Berücksichtigung des Rundfunks. In: Archiv für Funkrecht 2(1929), 2, S. 119-156, 264-314, hier S. 264ff.; Quast, Gernot: Die geschichtliche Entwicklung des Rechts der drahtlosen Telegraphie, Telephonie und des Rundfunks. Diss. Marburg 1939.

[34] vgl. Fessmann, Ingo: Rundfunk und Rundfunkrecht in der Weimarer Republik (=Beiträge zur Geschichte des deutschen Rundfunks, Bd. 4). Frankfurt/Main 1973, S. 168.

[35] vgl. Schwandt, Erich: Fernseh-Rundfunk. Senden und Empfang. Leipzig 1940 (1. Aufl. Leipzig 1935), S. 14.

[36] vgl. W.H.F. [d.i. Walther H. Fitze]: Achtung! Hier der Deutschlandsender Königswusterhausen! Versuchsdienstsendung. In: Der Deutsche Rundfunk 6(1928), 50, S. 3385; ders.: Gedanken zum

versuchsweisen Bildfunk. In: Der Deutsche Rundfunk 6(1929), 41, S. 2749; Kritik am deutschen Bild-Sendebetrieb. Wo bleiben die Fernseh-Sendungen? In: Bildfunk 1(1929), 2, S. 43-44.

[37] vgl. W.H.F. [d.i. Walther H. Fitze]: Zwei Proteste. In: Der Deutsche Rundfunk 6(1929), 29, S. 1909-1910, hier S. 1910.

[38] vgl. Universum-Film Aktiengesellschaft (Hrsg.): Das deutsche Filmschrifttum. Eine Bibliographie der Bücher und Zeitschriften über das Filmwesen. Bearb. von Hans Traub und Hanns Wilhelm Lavies. Leipzig 1940, S. 198, Nr. 2582.

[39] vgl. Winckelmann, J.[oachim]: Kleine Betrachtung zum Fernsehen... In: Bildfunk 1(1929), 1, S. 21-22, hier S. 21.

[40] vgl. Friedel, Walter: Elektrisches Fernsehen, Fernkinematographie und Bildfernübertragung (=Die Hochfrequenz-Technik, Bd. 2). Berlin 1925.

[41] vgl. Nesper, Eugen: Ein Leben für den Funk. Wie der Rundfunk entstand. München 1950, S. 123-124.

[42] Nesper, Eugen: ‚Und wenn schon – es wird ferngesehen'. Die erste Versuchssendung vor 25 Jahren. In: Fernsehen 2(1954), S. 199-201, hier S. 200.

[43] Goebel, Gerhart: Rundfunk für's Auge. Vor 30 Jahren ging das Fernsehen ‚in die Luft'. In: Fernseh-Rundschau 3(1959), 3, S. 97-100, hier S. 97.

[44] In zwölfter Stunde. In: Der Deutsche Rundfunk 7(1929), 52, S. 1629.

[45] Gehörte Fernsehversuche – nicht Rundfunkstörungen! In: Funk 6(1929), 12, S. 49.

[46] Als Maß für die Fernsehnorm gibt man allgemein die Zahl der Zeilen an, in die das Bild für die elektrische Übermittlung zerlegt werden soll, und die Zahl der vollständigen Bilder, die während einer Sekunde übertragen werden. Die Zeilenzahl ist nach unten begrenzt durch die vom Zuschauer noch wahrnehmbaren Einzelheiten des Bildes, nach oben durch das Auflösungsvermögen des Auges. Der ersten deutschen Fernseh-Norm im Juli 1929 folgten Ende 1931 48 Zeilen, im Sommer 1932 90, am 1. April 1934 180 sowie am 15. Juli 1937 – eingeführt im Herbst 1938 – 441 Zeilen, jeweils festgelegt durch die Deutsche Reichspost.
vgl. Goebel, Gerhart: Drei Normen in einem Jahr. In: Fernseh-Rundschau 5(1957), 1, S. 4-7.

[47] vgl. Reichs-Rundfunk-Gesellschaft (Hrsg.): Nachrichten des Archivs, Nr. 8 v. 30.6.1926, S. 1-7, hier S. 3-7.

[48] vgl. RRG-Geschäftsbericht über das vierte Geschäftsjahr 1928. Berlin 1928, S. 19.

[49] Vorläufige Geschäftsordnung für die Abteilung Betriebstechnik der RRG vom Juni 1929, BA Kblz R 78/702.

[50] Protokoll über die außerordentliche Sitzung des RRG-Programmrates in Wiesbaden vom 6.-7.6.1928, BA Kblz R 78/888, hier fol. 91.

[51] Niederschrift über die Sitzung des Verwaltungsrats der RRG am 29.5.1929. DRA Ffm, RRG-Akten, fol. 067-070.

[52] vgl. Niederschrift über die Sitzung des Verwaltungsrats der RRG am 5.10.1929. DRA Ffm, RRG-Akten, fol. 072-079.

[53] Niederschrift über die Sitzung des Technischen Ausschusses des Verwaltungsrates der RRG am 16.10.1929. DRA Ffm, RRG-Akten.

[54] ebd.

[55] vgl. Engel, Heinz: Rundfunk-Kommissariat und Reichs-Rundfunk-Gesellschaft. In: Europa-Stunde 3(1931), 15, S. 5-6, hier S. 6.

[56] vgl. Niederschrift über die Vorbesprechung zur Verwaltungsratssitzung der RRG am 23.2.1932. DRA Ffm, RRG-Akten, fol. 131-141.

[57] vgl. Rundfunkintendanten über das Fernsehen. In: Europa-Stunde 2(1930), 14, S. 11; Die deutschen Sendeleiter über das Fernsehen. In: Der Deutsche Rundfunk 8(1930), 14, S. 10; Niederschrift über eine Besprechung der Intendanten der deutschen Rundfunkgesellschaften, 29.10.1929, BA Kblz R 78/891, fol. 3-16, hier fol. 10.

[58] Magnus an Schäffer, 20.12.1930, BA Kblz R 78/5.

38

[59] Kesseldorfer, W.[ ]: Fernsehen. Eine allgemeine Orientierung. In: Funk-Bastler 6(1929), 5, S. 73-75, hier S. 73.

[60] vgl. Banneitz, Fritz: Das ‚Fernsehen‘ auf der Großen Berliner Funkausstellung. In: Die Sendung 6(1929), 35, S. 565.

[61] vgl. Noack, F.[ritz]: Fernsehen in Aussicht! In: Radio, Bildfunk, Fernsehen für alle, Jg. 1929, 8, S. 337-340, hier S. 337; Delvendahl, [Edgar]: Die 6. Große Deutsche Funkausstellung Berlin (Vom 30. August bis 8. September 1929). In: Archiv für Post- und Telegraphie 57(1929), 9, S. 224-231, hier S. 230.

[62] Schwabach, Erich Ernst: Radio und Fernsehen. In: Die Literarische Welt (Sondernummer „Literatur und Rundfunk") 5(1929), 35, S. 7.

[63] vgl. Hell, Rudolf: Anleitung zum Selbstbau eines Bildempfängers (=Die Radio-Reihe, Bd. 21). Berlin 1927.

[64] vgl. Keßler, J.[ ]: Selbstbau eines Fernseh-Experimentiergerätes. Der Bau des Fernsehermodelles. In: Funk-Bastler 6(1929), 16, S. 245-248, hier S. 245.

[65] vgl. Goebel, Gerhart, Rundfunk für's Auge (wie Anm. 43), S. 98.

[66] vgl. exempl. Bau-Anleitung zu einem billigen Fernseh-Empfänger. Baukosten: ca. 90,- Mark. In: Bildfunk 1(1929), 3, S. 87-89.

[67] vgl. Nentwig, K.[urt]: Fernseh-Gerät. Eine leichtfassliche Bauanleitung für Laien (=Spiel und Arbeit, Bd. 133). Eßlingen a.N. 1931.

[68] So konzipierten die Siegener Hobby-Bastler Gustav Fries und Paul Sommer 1929 einen Einheitsempfänger, der nach Angaben seiner Erfinder alle gebräuchlichen Fernsehsysteme in sich vereinigte. vgl. Der Einheits-Fernseh-Empfänger für alle Systeme. In: Bildfunk 1(1929), 2, S. 56-57.

[69] vgl. Wie weit sind wir mit dem Fernsehen? In: Rundfunk-Jahrbuch 1932. Berlin 1932, S. 85-87, hier S. 86.

[70] vgl. exempl. Grundlagen des Fernsehbastelns. Mitteilung aus dem Funk-Bastler-Laboratorium. In: Funk-Bastler 7(1930), 7, S. 103-107; Wigand, Rolf: Wie steht es mit dem Fernsehen? In: Der Deutsche Rundfunk 13(1935), 19, S. 69.

[71] vgl. Eschenburg, Theodor: Die Republik von Weimar. Beiträge zur Geschichte einer improvisierten Demokratie. München 1984, S. 84-85.

[72] vgl. Rosen, H.[erbert]: Fernsehfachleute unter sich. Diskussionsabend des Allgemeinen Deutschen Fernsehvereins. In: Funk-Magazin 4(1931), 4, S. 328.

[73] vgl. Nesper, Eugen: Kritische Betrachtungen über das Fernsehen auf der Funkausstellung. In: Die Sendung 7(1930), 38, S. 609-610.

[74] vgl. Korn, Arthur: Elektrisches Fernsehen (=Mathematisch-naturwissenschaftlich-technische Bücherei; Bd. 26). Berlin 1930, S. 88.

[75] vgl. Natonek, Hans: Und nun der Rundfunkseher... . In: Der Kunstwart 43(1930), 4, S. 273-274, hier S. 273.

[76] Menzel, W.[erner]: Fernsehen kommt...aber erst in einigen Jahren. In: Sieben Tage 1(1931), 8, S. 4.

[77] vgl. Schrage, Wilhelm: Fernsehen. Wie es vor sich geht und wie der Radiohörer daran teilnehmen kann. München 1930.

[78] vgl. Schr.[age], W.[ilhelm]: Skandal ums Fernsehen. In: Berliner Tageblatt, Nr. 46 v. 28.1.1931.

[79] vgl. Schätzel, Georg: Gleitwort. In: Fernsehen 1(1930), 1, S. 1.

[80] vgl. Bredow, Hans: Das Fernsehen im Rundfunk. In: Fernsehen 1(1930), 1, S. 2-3; ders.: Der Rundfunk in Deutschland. In: Funk 7(1930), 35, S. 173-174.

[81] Protokoll über die Besprechung im Reichspostministerium am 20.11.1930, Archiv der OPD München F IV 1, Bd. 11; Kopie im DRA Ffm. Vgl. im folgenden auch Lerg, Winfried B.: Rundfunkpolitik in der Weimarer Republik (=Rundfunk in Deutschland, Bd. 1). München 1980, S. 335-336.

[82] ebd.

[83] ebd.

[84] vgl. Ardenne, Manfred von: Mein Leben für Fortschritt und Forschung. München 41984, S. 95.

[85] vgl. Ardenne, Manfred von: Über neue Fernsehsender und Fernsehempfänger mit Kathoden-strahlröhren. In: Fernsehen 2(1931), 2, S. 65-80; ders.: Fernsehempfang. Bau und Betrieb einer Anlage zur Aufnahme des Ultrakurzwellen-Fernsehrundfunks mit Braunscher Röhre. Berlin 1935; ders.: Die Braunsche Röhre als Fernsehempfänger. In: Fernsehen 1(1930), 5, S. 193-202.

[86] vgl. [Kurt Wagenführ]: M. von Ardenne zeigte in Berlin das erste rein elektronische Fernsehbild Ende 1930. In: Fernseh-Informationen 32(1981), 1, S. 17-18, hier S. 17.

[87] vgl. Keller, Wilhelm: 100 Jahre Fernsehen. Ein Patent aus Berlin erobert die Welt (=Berliner Forum, Bd. 3). Berlin 1983, S. 26.

[88] vgl. Ardenne, Manfred von: Eine glückliche Jugend im Zeichen der Technik. Berlin (Ost) o.J. [um 1962], S. 76.

[89] Protokoll über die Besprechung im Reichspostministerium am 20.11.1930, Archiv der OPD München F IV 1, Bd. 11; Kopie im DRA Ffm.

[90] vgl. Schriever, Otto: Die technischen Einrichtungen für einen Fernsehrundfunk nach dem heutigen Entwicklungsstand. Mitteilung aus dem Telefunken-Laboratorium. In: Fernsehen und Tonfilm 4(1933), 3, S. 31-35.

[91] vgl. Rhein, Eduard: Fernseh-Fieber. Fortschritte, aber noch keine ideale Lösung. In: Sieben Tage 1(1931), 25, S. 1.

[92] vgl. Hymmen, Friedrich Wilhelm: Medien-Lexikon: Funkausstellung. In: Medium 3(1973), 9, S. 44.

[93] Von Ardenne beobachtete, „daß fast dauernd an den verschiedenen Einstellgriffen nachreguliert werden mußte (...). Neben jedem Kathodenstrahlempfänger befand sich mindestens ein Ingenieur zur Bedienung."
Ardenne, Manfred von: Kritisches zur diesjährigen Fernseh-Ausstellung. In: Der Deutsche Rund-funk 11(1933), 37, S. 1.

[94] Was macht das Fernsehen? In: Die Sendung 10(1933), 36, S. 781-782, hier S. 781.
Sendeseitig hielt sich die Nipkow-Scheibe im übrigen bis weit in die dreißiger Jahre hinein. Dort, wo genügend Licht zur Verfügung stand, etwa bei der Abtastung von Filmen, griff man bis 1939 auf das mechanische Verfahren zurück.

[95] vgl. Zielinski, Siegried: Audiovisionen. Reinbek bei Hamburg 1989, S. 148.

[96] vgl. Schröter, Fritz: Der Bell-Fernseher. In: Funk 4(1927), 23, S. 177-178, insbes. S. 178; Schneider, Reinhard: Die UKW-Story. Zur Entstehungsgeschichte des Ultrakurzwellen-Rundfunks. Berlin 1989, S. 35.

[97] vgl. exempl. Niederschrift über die Sitzung des Verwaltungsrats der RRG am 4.5.1931. DRA Ffm, RRG-Akten, fol. 120-124.

[98] vgl. Kniestedt, Joachim: Historische Entwicklung der Nutzung der Ultrakurzwellen für den Fernseh- und Tonrundfunk. Inbetriebnahme des ersten Ultrakurzwellen-Senders der Deutschen Reichspost für das Fernsehen vor 50 Jahren. In: Archiv für das Post- und Fernmeldewesen 35(1983), 1, S. 17-44, hier S. 19-20; Bericht des Rundfunk-Kommissars des Reichspostministers über die Vorgänge im Rundfunk von April bis Juni 1930, BA Kblz, fol. 172-186, hier fol. 183-184.

[99] Besprechung mit den Leitern der deutschen Rundfunkgesellschaften am 16.5.1930, BA Kblz R 78/893, fol. 220-236, hier fol. 225.

[100] So sprach sich Hans Bredow noch 1930 dafür aus, nicht Fernsehversuche, sondern ein zweites Radioprogramm über UKW zu senden: „Wir könnten z.B. aus Hotels oder anderen Lokalen Tanz-musik als zweites Programm übertragen. Eine solche Anwendung der Ultrakurzwellen könnte ich mir jedenfalls vorstellen. Ich glaube, daß die Entwicklung dahin gehen wird."
Protokoll über die Besprechung im Reichspostministerium am 20.11.1930, Archiv der OPD München F IV 1, Bd. 11; Kopie im DRA Ffm.

[101] vgl. Muth, Herbert: Drahtloser Bildempfang. In: Schröter, Fritz (Hrsg.): Handbuch der Bild-telegraphie und des Fernsehens. Grundlagen, Entwicklungsziele und Grenzen der elektrischen Bildfernübertragung. Berlin 1932, S. 358-387, hier S. 382-384.

[102] vgl. Scholz, W.[erner]: Fernsehempfang in Groß-Berlin. In: Fernsehen und Tonfilm 5(1934), 3, S. 25-27, hier S. 25.

[103] Brüls, P.[eter]: Die Wunder der kurzen und ultrakurzen Welle. Was man davon wissen muß. In: Bildfunk 1(1929), 3, S. 92-94, hier S. 92.

[104] vgl. Ultrakurzwellen im Nutzeffekt. In: Der Deutsche Rundfunk 11(1933), 14, S. 65-66.

[105] vgl. Ultrakurzwellen-Mädchen für alles. In: Die Sendung 9(1932), 28, S. 602.

[106] vgl. Das erste Fernseh-Museum in Deutschland. In: Funk-Bastler 7(1930), 29, S. 488; Fuchs, F.[ranz]: Die Entwicklung des Fernsehens. In: Deutsches Museum, Abhandlungen und Berichte 3(1931), 5, S. 159-186.

[107] vgl. Goebel, Gerhart: Drei Grand Prix für das Deutsche Fernsehen. In: Fernseh-Rundschau 5(1957), 7, S. 365-368, hier S. 365-366.

[108] vgl. Deutsch, Karl-Heinz; Grewuch, Gerd; Grave, Karlheinz: Die Post in Berlin 1237-1987. Berlin 1987, S. 226.

[109] vgl. Reichspostzentralamt (Hrsg.): Das Reichspostzentralamt. Ein Erinnerungsbuch. Berlin 1929, S. 11, 150.

[110] Brief Gerhart Goebel an Kurt Wagenführ, 26. 8. 1980, NL Wagenführ.

[111] Gespräch mit Gerhart Goebel, 3. 12. 1991.

[112] vgl. Lerg, Winfried B., Rundfunkpolitik (wie Anm. 81), S. 337.

[113] Dazu der Posthistoriker Gerhart Goebel in einem Brief an Kurt Wagenführ vom 15. 10. 1980: „Wenn der Schlossermeister Huber im Gebäude des Gautinger An(z)eigers 3 Räume mietete und darin eine Schlosserwerkstatt eröffnete, dann käme doch niemand auf die Idee, dass damit der Schlossermeister die ‚publizistische Bedeutung' seines Handwerks anerkannt habe." Brief Gerhart Goebel an Kurt Wagenführ, 26. 8. 1980, NL Wagenführ.

[114] Generalfeldmarschall Erhard Milch an Reichsminister Albert Speer, 6. 12. 1943, BA Potsdam 47.01/20817.

[115] vgl. Rudert, Frithjof, 50 Jahre ‚Fernseh' (wie Anm. 8), S. 236-237.

[116] vgl. Baird und Mihaly senden Fernkino über Berlin. Das letzte Wettrennen der Erfinder. In: Bildfunk 1(1929), 3, S. 84-87.

[117] vgl. Schubert, Georg: Der neue kontinuierlich arbeitende Zwischenfilmsender der Fernseh A.-G. In: Fernsehen und Tonfilm 4(1933), 4, S. 42-43.

[118] vgl. Schubert, Georg: Der erste Fernseh-Aufnahmewagen nach dem Zwischenfilmverfahren. In: Fernsehen und Tonfilm 6(1935), 5, S. 49-51.

[119] vgl. Möller, Ralf: Eine neue Methode der Lichtstrahl-Abtastsendung. Mitteilung aus dem Laboratorium der Fernseh A.-G.. In: Fernsehen und Tonfilm 4(1933), 3, S. 29-30.

[120] vgl. Goerz, P.[aul]: Die wirtschaftliche Seite des Fernsehens. In: Fernsehen 1(1930), 1, S. 17-19.

[121] Neuert, Hans: Funkbastler und Funkhändler. In: Fernsehen 1(1930), 5, S. 227-229, hier S. 228; ders.: Funk-Industrie, Funk-Handel und Fernsehen. In: Fernsehen 1(1930), 2, S. 57-59.

[122] vgl. [Dr. M.A.]: Kann das Tempo auf dem Fernsehgebiet beschleunigt werden? In: Der Radio-Händler 7(1930), 11, S. 549.

[123] Generalfeldmarschall Erhard Milch an Reichsminister Albert Speer, 6. 12. 1943, BA Potsdam 47.01/20817.

[124] Zu den Aufgaben des ADFV vgl. detailliert Neels, Axel: Der Allgemeine Deutsche Fernsehverein. In: Der Schulfunk 4(1930), 2, S. 30-31; Das Fernsehen in Deutschland. In: Funk-Bastler 7(1930), 2, S. 21.

[125] Mitteilungen des Allgemeinen Deutschen Fernsehvereins e.V.. In: Fernsehen 1(1930), 4, S. 189-192, hier S. 190.

[126] vgl. Lehmann, Leopold: Was will der Allgemeine Deutsche Fernsehverein? In: Fernsehen 1(1930), 1, S. 43-44

[127] Zu Beginn des Jahres 1930 hatte der ADFV rund 260 Mitglieder.

[128] vgl. Niederschrift über die Sitzung des Technischen Ausschusses des Verwaltungsrats der RRG am 16. 10. 1929, DRA Ffm, RRG-Akten.

[129] vgl. Mitteilungen des Allgemeinen Deutschen Fernsehvereins e.V.. In: Fernsehen 1(1930), 3, S. 143-144, hier S. 143.

[130] vgl. Lehmann, Leopold: Deutsche Pionierarbeit im Fernsehen. In: Rundfunk und Fernsehen 2(1954), 1, S. 9-13, hier S. 12.

[131] Fritz Banneitz war von 1930 bis 1933 alleiniger Herausgeber der Zeitschrift, danach kam Gustav Leithäuser hinzu. 1932 wurde das Fachorgan in *Fernsehen und Tonfilm* umbenannt, mit dem Untertitel „Zeitschrift für Technik und Kultur des Fernsehwesens und des Tonfilms". War die Zeitschrift bisher im Verlag Hermann Reckendorf in Berlin erschienen, so wurde dieser Verlag 1933 von der Weidmannschen Buchhandlung in Berlin übernommen. Die Zeitschrift erschien jetzt – bis 1942 – als Beilage zu den *Funktechnischen Monatsheften für Rundfunk, Hochfrequenztechnik und Grenzgebiete*, einer eher an Bastlern orientierten Fachzeitschrift. Die Herausgabe teilten sich von 1941 an Gustav Leithäuser, Friedrich Stumpf und F. Ring.

[132] Pressekonferenz des A.D.F.V. am 19. Februar 1930. In: Fernsehen 1(1930), 4, S. 189-192, hier S. 192.

[133] vgl. ebd., S. 29-31.

[134] Man wolle, so der Tenor der Mitgliederversammlung des ADFV am 5. Mai 1930, in der Hauptsache „übereilte Maßnahmen" verhindern. .
Protokoll der ordentlichen Mitgliederversammlung des Allgemeinen Deutschen Fernsehvereins E.V. vom 5. Mai 1930. In: Fernsehen 1(1930), 6, S. 284-288, hier S. 286.

[135] vgl. Lehmann, Leopold: Ein Jahr Fernsehverein. In: Fernsehen 1(1930), 9, S. 430.

[136] vgl. Goebel, Gerhart: Der Fernseh-Start in Deutschland. In: Funkschau 19(1978), 19, S. 906-909; Die Sensationen der Funkausstellung. In: Der Deutsche Rundfunk 6(1928), 36, S. 2385.

[137] vgl. Banneitz, Fritz: Der heutige Stand des elektrischen Fernsehens. In: Funkalmanach 1929. Offizieller Ausstellungskatalog zur Großen Deutschen Funkausstellung Berlin 1929. Berlin 1929, S. 53-55, hier S. 53.

[138] Kleine Funknachrichten. In: Hör mit mir 2(1930/31), 39, S. 11.

[139] Meyer, Norbert: Aus der Arbeit des Deutschen Fernseh-Vereins und der Tonfilmtechnischen Gesellschaft. In: DFG-Mitteilungen, Jg. 1931, 93, S. 219-220, hier S. 219.

[140] Prachty, Paul: Fernsehen! – Vorläufig sehen wir in die Zukunft -- aber ein Verein! In: Funk-Woche 5(1930), 12, S. 179.

[141] Heister, Hans S.[iebert] von: Warum Fernseh-Verein? Eine überflüssige Organisation – Kein Fernsehen, aber schon Programmausschuß. In: Der Deutsche Rundfunk 8(1930), 9, S. 9-10, hier S. 10.

[142] Magnus an Carstensen, 27. 5. 1932, BA Kblz R 78/4.

[143] vgl. Treske, Andreas: Nachwort. In: Ders. (Hrsg.): Fernsehen. Eine Zeitschrift. Ein Verein. Beiträge zur Fernsehdiskussion aus der Zeitschrift *Fernsehen* von 1930 und 1932. Siegen 1986, S. 42-47, hier S. 47; Leithäuser, Gustav: Mitteilung des Fernsehvereins. In: Fernsehen und Tonfilm 5(1934), 5, S. 60.

[144] Friedel, Walter, Elektrisches Fernsehen (wie Anm. 40), S. 9.

[145] vgl. ebd., S. 174.

[146] Opitz, Carl: Fernsehen und Funkfilm. In: Der Deutsche Rundfunk 4(1926), 37, S. 2572-2573, hier S. 2573.

[147] ebd.

[148] vgl. Schröter, Fritz: Fortschritte im Fernsehen. In: Die Sendung 5(1928), 22, S. 256-257, hier S. 257.
Erstmals im Januar 1929 wurden in Berliner Kinos Tonfilme öffentlich vorgeführt.

[149] vgl. Lertes, P.[eter]: Fernbildtechnik und elektrisches Fernsehen. Frankfurt/Main 1926, S. 44; Freund, Berthold: Das Problem des elektrischen Fernsehens. In: Funk-Bastler 3(1926), 21, S. 241-244, hier S. 244.

[150] Imogen Orkutt, eigentlich Imogen Prange, wurde am 26. 3. 1907 in Düsseldorf als Tochter des Theaterschauspielers Ernst Prange geboren. 1925 kam sie zum Stummfilm und übernahm bis Anfang 1930 kleinere Rollen, insbesondere in Heimatfilmen. Die Besetzung in *Wochenende* geht auf den Posttechniker Banneitz zurück, der die Schauspielerinnen in erster Linie wegen ihrer „kontrastreichen" Haarfarben (Orkutt: blond, von Finkenstein: dunkelhaarig) auswählte. Daß es sich bei *Wochenende* um eine Produktion für Fernsehzwecke handelte, wurde den Akteurinnen nicht mitgeteilt. Auf der 1929er Funkausstellung kamen beide dann erstmal direkt mit dem Fernsehen in Berührung, als sie am Stand von Mihály abwechselnd kleinere Live-Darbietungen vorführten. Gespräch mit Imogen Cohn, 5. 3. 1996

[151] vgl. Banneitz, F.[ritz] Das Fernsehen auf der diesjährigen Großen Berliner Funkausstellung. In: Die Sendung 7(1930), 34, S. 526-527, hier S. 526.

[152] vgl. Kette, Georg: Der Empfang der englischen Fernseh-Sendungen in Berlin. In: Fernsehen 2(1931),3, S. 189-192, hier S. 191-192.

[153] Gemeint ist Luigi Pirandellos Stück *Der Mann mit einer Blume im Mund*, das die BBC zusammen mit Baird am 14. Juli 1930 zur Erstsendung brachte.

[154] vgl. ebd., S. 190.

[155] vgl. Goebel, Gerhart: Fernsehentwicklung in England und Deutschland. In: Fernseh-Rundschau 5(1961), 10, S. 399-406, hier S. 400-401.

[156] vgl. Harbich, H.[ans]: Technische Möglichkeiten der Programm-Verbreitung (1929). In: Bredow, Hans (Hrsg.): Aus meinem Archiv. Probleme des Rundfunks. Heidelberg 1950, S. 55-58, hier S. 57-58.

[157] vgl. Noack, F.[ritz]: Gedanken über die Einführung des Fernsehens in Deutschland. In: Die Sendung 6(1929), 51, S. 845-846, hier S. 846.

[158] vgl. Starke, Herbert: Was werden wir fernsehen? In: Funk-Bastler 7(1930), 7, S. 121-122, hier S. 122.

[159] H.N.[d.i. Hans Natonek]: Wie weit ist das Fernsehen? In: Arbeiterfunk 4(1929), 33, S. 333-334; 34, S. 338, hier S. 338.

[160] Ähnlich Otto Kappelmayer, der in der Übertragung von Filmen die Zukunft des neuen Mediums sah, vom dem im übrigen das Kino nichts zu befürchten habe.
vgl. Kappelmayer, [Otto]: Funkausstellung 1933: Das Film-Fernsehen. In: Kinematograph 27(1933), 160, S. 18-19, hier S. 19.

[161] vgl. Warschauer, Frank: Die Zukunft des Filmfunks. In: Der Deutsche Rundfunk 7(1929), 18, S. 547-548, hier S. 548; ders.: Kitsch oder Kultur des Filmfunks. In: Arbeiterfunk 5(1930), 11, S. 144.

[162] vgl. Der Fernsehsender des Reichspostzentralamtes in Witzleben. In: Die Sendung 7(1930), 33, S. 514-515, hier S. 515.

[163] vgl. Rosen, Herbert: Morgenstunde. Der erste deutsche Fernsehfilm. In: Radiowelt 7(1930), 23, S. 715.

[164] Bericht des Rundfunk-Kommissars des Reichspostministers über die Vorgänge im Rundfunk von Januar bis März 1930, BA Kblz R 78/3, fol. 188-202, hier fol. 197.

[165] Zit. nach Rhein, Eduard: Der erste Fernsehfilm wird gedreht... In: Fernsehen 1(1930), 4, S. 157-159, hier S. 159; vgl. auch ders.: Der erste Fernsehfilm wird gedreht... In: Fernseh-Rundschau 6(1962), 7/8, S. 275-278.

[166] Magnus, Kurt: Fernsehen und Urheberrecht. In: Fernsehen 1(1930), 1, S. 8-9.

[167] Reichsgesetzblatt 1901 I, S. 227.

[168] Reichsgesetzblatt 1907 I, S. 7.

[169] Magnus, Kurt, Fernsehen und Urheberrecht (wie Anm. 166), S. 9.

[170] Magnus, Kurt: Rechtsfragen beim Bildfunk. In: Funk-Almanach 1932. Offizieller Ausstellungskatalog zur Großen Deutschen Funkausstellung Berlin 1932, S. 19-21, hier S. 20.

[171] ebd., S. 20-21.

[172] Wie stehts mit dem Fernsehen? In: Hör mit mir 2(1930/31), 20, S. 11.

[173] vgl. exempl. Kruckow, A.[ugust]: Fernsehen und Rundfunk. In: Fernsehen 1(1930), 2, S. 49-51; Weitz, Hans Philipp: Fernsehprogramm? In: Fernsehen 1(1930), 11/12, S. 522-523 (identisch: DFG-Mitteilungen, Jg. 1931, 89, S. 170).

[174] vgl. Fernsehen im Varieté. Die Berliner ‚Scala‘ zeigt Fernseh-Experimente nach Baird. In: Funk 7(1930), 39, S. 191-192, insbes. S. 191.

[175] vgl. Thun, R.[udolph]: Bemerkungen zum Fernseh-Programm. In: Fernsehen 1(1930), 3, S. 102-106.

[176] vgl. Neumann, F.[]: Wie und was wird man fernsehen, wenn demnächst in Deutschland die offizielle Einführung des Fernsehens kommt? In: Radio-Helios 7(1930), 4, S. 29-32, hier S. 31.

[177] Winckel, Fritz Wilh.[elm]: Technik und Aufgaben des Fernsehens. Eine Einführung in das gesamte Gebiet des Fernsehens. Berlin 1930, S. 57.

[178] vgl. Thun, R.[udolph]: Die Bedeutung des Programms für einen Erfolg des Fernsehens. In: Fernsehen und Tonfilm 3(1932), 3, S. 134-139; ders.: Ein Vorschlag zur Durchführung von Fernsehprogrammen. In: Fernsehen und Tonfilm 4(1933), 6, S. 65-66.

[179] vgl. Schwandt, Erich: Gedanken zum Fernsehrundfunk. In: Funk-Bastler 7(1930), 7, S. 111-113, hier S. 113.

[180] vgl. Seehof, Arthur: Fernsehen. In: Der Arbeiter-Fotograf 4(1930), 1, S. 13-15, hier S. 15.

[181] vgl. Seemann, Fritz: Götterdämmerung vor dem Hollywooder Mikrophon? In: Der Deutsche Rundfunk 7(1929), 2, S. 50-51, hier S. 50.

[182] vgl. Winckel, Fritz: Neue Möglichkeiten der Reklame durch Fernsehen. In: Seidels Reklame 14(1930), 1, S. 6.

[183] vgl. Brüls, Peter: Was ist mit dem Fernsehen? In: Der Schulfunk 5(1931), 17, S. 562-563.

[184] vgl. Fellgiebel, [Erich]: ‚Heer und Technik‘. Bildtelegraphie und Fernsehen in ihrer militärischen Bedeutung. In: Deutsche Wehr 3(1930), 14, S. 327-329, insbes. S. 329.

[185] vgl. Seeboldt, [ ]: Die Weltzeituhr. In: Fernsehen 1(1930), 8, S. 373-375.

[186] vgl. Bourquin, Hans: Die Fernseh-Konserve. Fernsehenden ohne eigentliche Sendeeinrichtung – Fernsehempfang ohne Sendung. In: Funk-Magazin 4(1931), 3, S. 407-408.

[187] vgl. Das Fernsehen kann Wirklichkeit werden! In: Hör mit mir 4(1933), 37, S. 16-17, hier S. 17.

[188] vgl. Banneitz, Fritz: Ziele und Aufgaben der Fernsehtechnik. Die Fernseh-Abteilung auf der Funkausstellung. In: Fernsehen und Tonfilm 4(1933), 4, S. 41.

[189] ebd.

[190] Kapeller, Ludwig: Werden wir fernsehen? In: Funk 5(1928), 35, S. 241-243, hier S. 241.

[191] Warschauer, Frank: Die Zukunft der Technisierung. In: Kestenberg, Leo (Hrsg.): Kunst und Technik. Berlin 1930, S. 409-446, hier S. 410.

[192] vgl. Dritter Diskussionsabend des Allgemeinen Deutschen Fernseh-Vereins E.V.. In: Fernsehen 1(1931), 2, S. 149-159, insbes. S. 150-153.

2. VON DER MACHTERGREIFUNG ZUM FERNSEHSTART (1933–1935)

2.1. Rundfunkeinheit
Das Fernsehen im Gleichschaltungsprozeß

Mit der Machtübernahme der Nationalsozialisten am 30. Januar 1933 endete die erste deutsche Republik. In keinem anderen Bereich von Kultur und Massenkommunikation war in den folgenden Wochen und Monaten der Zugriff der neuen Machthaber effizienter als beim Rundfunk, dessen organisatorische Gleichschaltung aufgrund seiner staatsnahen Verfassung reibungslos vonstatten ging. Im Zuge der konsequenten Fortführung jener Rundfunkreform, die Reichskanzler Franz von Papen im Sommer 1932 verfügt hatte, löste man zunächst die elf bis dahin bestehenden regionalen Rundfunkgesellschaften auf, um diese anschließend als Zweigstellen der Reichs-Rundfunk-Gesellschaft einzugliedern. Die RRG-Besitzrechte wiederum gingen vollständig auf das Deutsche Reich über, vertreten durch das am 12. März 1933 eingerichtete Reichsministerium für Volksaufklärung und Propaganda (RMVP).[1] Damit unterstand der Rundfunk unmittelbar Propagandaminister Joseph Goebbels, der das junge Medium rasch zu einem zentralen und schlagkräftigen Instrument der ideologisch-politischen Indoktrination ausbaute.[2] Als „Befehlszentrale des Deutschen Rundfunks"[3] verfügte Goebbels' Ministerium über eine eigene Rundfunkabteilung, die fortan verantwortlich war für das gesamte deutsche Rundfunk-, nach 1935 auch für die inhaltliche Seite des Fernsehwesens, und zwar „nach den durch den Minister gegebenen politischen und kulturellen Richtlinien". Die bis 1937 von Horst Dreßler-Andreß geleitete Abteilung III des Propagandaministeriums gliederte sich zunächst in drei Referate: Rundfunkwesen (Horst Dreßler-Andreß), Politische und kulturelle Angelegenheiten des Rundfunks (Hans-Joachim Weinbrenner) sowie Organisations- und Verwaltungsfragen (Herbert Collatz).[4]

Entsprechend der besonderen Bedeutung, die das NS-Regime dem Rundfunk beimaß, schaltete man den einzelnen Sendern als zusätzliche Kontroll- und Lenkungsinstanz eine Reichssendeleitung vor, die künftig eine rasche Einflußnahme der Propaganda gewährleistete, häufig als direkter Befehlsübermittler zwischen Goebbels und den Intendanten auftrat und somit eine der wichtigsten Stützen für die staatliche Rundfunkpolitik darstellte.[5] Als Reichssendeleiter fungierte der vormalige Gaufunkwart von Berlin, Eugen Hadamovsky, der 1933 in Personalunion auch die Programmdirektion der Reichs-Rundfunk-Gesellschaft übernahm. Als Gruppe A der RRG schlüsselte sich seine Organisation in sechs Abteilungen auf: Übertragungsdienst (A 1), Programmfragen (A 2), Befehlsdienst (A 3), Ausland (A 4), Presse (A 5) und Werbung (A 6).[6] Zu Hadamovskys maßgeblichen Aufgaben zählte die reibungslose Übertragung von „Führerkundgebungen", Reichsparteitagen, Massenaufmärschen oder Gedenkfeiern der „Bewegung" im Rundfunk.[7] Dabei verstand sich die Reichssendeleitung keineswegs als nachgeordnete Dienststelle des RMVP, sondern vielmehr als eine wichtige und flexible Einrichtung, die in vielen Fällen den bürokratischen Apparat der Rundfunkabteilung überflüssig machte.[8] Hadamovsky empfing seine Befehle direkt von Goebbels, der sich für die Rundfunkprogramme ganz besonders und bis ins kleinste Detail interessierte.[9]

Während sich somit im Jahr der Machtergreifung der rundfunkpolitische Lenkungsapparat rasch formierte, blieb die Frage der Fernsehzuständigkeit explizit ungeklärt. Weder in den öffentlichen Verlautbarungen zur RMVP-Verordnung vom Juni 1933 noch im Geschäftsverteilungsplan des Propagandaministeriums[10] oder im Geschäftsbericht der Reichs-Rundfunk-Gesellschaft lassen sich Hinweise finden auf die organisatorische Behandlung der neuen Nachrichtentechnik, was freilich deren geringen Entwicklungsstand widerspiegelt. Wenngleich ohne schriftlich fixierte Legitimation, war es Reichssendeleiter Hadamovsky, der schon früh die Initiative an sich riß. Ob er dies auf mündlichen Befehl von Goebbels tat oder aus eigenem Antrieb heraus – was dem ruhmsüchtigen Naturell des Reichssendeleiters eher entsprach – läßt sich im nachhinein nicht mehr zweifelsfrei klären.

Im Sommer 1933 vertrat Hadamovsky erstmals die Belange seines Ministers auf dem Fernsehgebiet. In einem an Walther Funk, dem Staatssekretär im Propagandaministerium, adressierten Schreiben vom 20. Juli, berichtete Hadamovsky über ein Treffen mit dem jüdischen Unternehmer Siegmund Loewe.[11] Dieser habe ihm im Verlauf des Gesprächs mitgeteilt, daß der Elektrokonzern Telefunken derzeit darauf hinarbeite, den nationalsozialistischen Rundfunk bei der technisch-wirtschaftlichen Entwicklung des Fernsehens möglichst auf Distanz zu halten. Telefunken, so Hadamovsky weiter, habe sich deshalb an das Reichswirtschaftsministerium gewandt, mit der Bitte um eine Zusage, daß dem Konzern bei seiner Fernseh-Strategie künftig niemand hereinzureden habe. Nach Ansicht des Sendeleiters war jedoch die neue Übertragungstechnik allein Sache der Propaganda – nicht nur in publizistischer, sondern auch in technischer wie ökonomischer Hinsicht: „Die Probleme des Fernsehens sind erst in 2. Linie eine wirtschaftliche Angelegenheit; in 1. Linie aber eine Angelegenheit des Reichspropaganda-Ministeriums."[12]

Aktueller Anlaß des Disputs mit Telefunken war eine im Sommer 1933 auf breiter Front angelaufene Initiative, die Hadamovsky ebenfalls an sich gerissen hatte. Unter dem Schlagwort „Rundfunkeinheit" ließ er seit Mai Details über sämtliche relevanten Institutionen aus Rundfunk, Handel und Industrie sammeln, über deren technische Einrichtungen, leitende Mitarbeiter oder politische und kulturelle Pläne. Dahinter verbarg sich wiederum die Absicht, über die personellen Säuberungen in den Funkhäusern hinaus sowohl die technische als auch die wirtschaftliche und kulturelle Seite des Rundfunks unter dem einheitlichen Dach einer neuen Organisation gleichzuschalten, wie es Goebbels Rundfunkleiter und späterer Präsident der Reichsrundfunkkammer (RRK) Dreßler-Andreß des öfteren gefordert hatte.[13] Das FAG von 1928, welches die Reichspost als Trägerin der Funkhoheit ausweist, bezeichneten die Nationalsozialisten als „überholt" und strebten dessen Änderung in ihrem Sinne an.[14] Der publizistisch-

ideologische Aspekt des Rundfunks trete in den Mittelpunkt, der technische Sendebetrieb werde dagegen auf das verwiesen, was er ist: Mittel zum Zweck, schrieb Kurt
Bley über die Grundlagen eines neuen NS-Rundfunkrechts.[15] Deshalb, so Bley weiter,
müsse auch die Reichspost einer nationalsozialistisch kontrollierten Kammerorganisation beitreten.

Zwecks „Zusammenfassung aller Funkschaffenden unter Führung des Reiches"
veranlaßte der Sendeleiter am 3. Juli 1933 die Gründung der „Nationalsozialistischen
Rundfunkkammer".[16] Dieser Zusammenschluß mußte aber schon bald einer neuen,
umfassenden kulturpolitischen Organisation weichen. Im Anschluß an das Schriftleiter-
gesetz vom Oktober 1933 besiegelte die Einrichtung einer Reichskulturkammer (RKK)
die Formierung des geistig-kulturellen Lebens. An der Spitze dieser Körperschaft des
öffentlichen Rechts, die als korporatives Mitglied der Deutschen Arbeitsfront (DAF)
angehörte, stand Joseph Goebbels. Die Mitgliedschaft in einer der sieben Einzel-
kammern für Rundfunk, Schrifttum, Presse, Film, Theater, Musik und bildende Künste
war für die entsprechenden Berufsgruppen obligatorisch.[17]

Um das Fernsehprojekt rechtzeitig in die NS-Kammerorganisation einzubetten, forderte Eugen Hadamovsky Mitte 1933 die „treuhänderische Übernahme" von Patenten
durch die Reichsrundfunkkammer (RRK). Sollte sich das Wirtschaftsministerium gegen
diesen Schritt sperren, empfahl der Sendeleiter eine „ergänzende Verordnung des
Kanzlers betreffend Funk- und Fernseh-Wirtschaft".[18] Am 22. Oktober 1933 unterstrich Hadamovsky erneut seine Forderung nach einem Gesetz zur Eingliederung der
Fernseh-Gruppen in die zuständige Rundfunkkammer sowie der Übernahme aller zur
öffentlichen Nutzung des künftigen Mediums notwendigen Patente, um nicht zuletzt
„der Gründung eines Film-Fernsehkonzerns von großem Kapitaleinfluß gegenüberzu-
stehen".[19] Dazu kam es jedoch nicht. In den relevanten Rechtsvorschriften zur Reichskulturkammer (dem RKK-Gesetz vom 22.9.1933[20] sowie der dazu ergangenen
1. Durchführungsverordnung vom 1.11.1933[21]) blieb das Fernsehen unberücksichtigt,
weil, wie es später hieß, zu diesem Zeitpunkt eine öffentliche Nutzung noch nicht abzusehen war. Hätte man damals eine entsprechende Ergänzungsklausel erlassen, trauerte
noch 1935 das RRK-Mitglied Heinz Guzatis der verpaßten Chance nach, wäre die
Kompetenzfrage beim Fernsehen mit einem Schlag zugunsten des NS-Rundfunks gelöst
gewesen.[22]

Das Vorhaben, alle fernsehrelevanten Stellen in die „Rundfunkeinheit" einzubrin-
gen, konnten Dreßler-Andreß und Hadamovsky erst nach dem Start des Versuchsbetriebs Ende März 1935 in Angriff nehmen. Unter Vorsitz des Sendeleiters konstituierte sich am 2. Mai eine Fernseharbeitsgemeinschaft bei der Reichsrundfunkkammer,[23]
die alle beteiligten Gruppen unter einem Dach vereinte.[24] Über das genaue Gründungs-
datum gingen schon damals die Meinungen in der Presse auseinander. Kurt Wagenführ
etwa berichtete, die Arbeitsgemeinschaft sei während einer Sitzung der Rundfunkkammer am 2. Mai ins Leben gerufen worden,[25] eine Information, die sich mit den
Eintragungen in den Periodika *Das Archiv*[26] und *Archiv für Funkrecht*[27] deckt. Im NS-
Schrifttum hieß es jedoch unisono, die Gemeinschaft sei schon am „nationalen Feiertag

des Deutschen Volkes", also am 1. Mai 1935, gegründet worden.[28]. Diese geringfügige Rückdatierung paßte durchaus ins „volkssozialistische" Konzept eines Dreßler-Andreß, der den greisen Fernseherfinder Paul Nipkow zum Ehrenpräsidenten des Gremiums ernannte und daraufhin in einem Telegramm an Hitler schrieb: „Am nationalen Feiertag des deutschen Volkes bin ich glücklich, vor der ganzen Welt einen unseren genialsten Arbeiter auszeichnen (...) zu können."[29] Mit der Arbeitsgemeinschaft, so Dreßler-Andreß und Hadamovsky während des abendlichen Festaktes in der Berliner Kroll-oper,[30] habe man die Eingliederung des Fernsehen in die nationalsozialistische Rundfunkeinheit abgeschlossen.[31] Der so proklamierte Erfolg war jedoch schon wenige Monate später Makulatur, als der „Führer" die Fernseh-Zuständigkeit auf nicht weniger als drei Ministerien verteilte (vgl. Kap. 3.3.).

2.2. Der Rundfunk macht Boden gut
Ausbau der Grundlagen eines Versuchsbetriebs

Den „Volksgenossen" blieb selbstverständlich der frühe, aber erfolglose Griff des Reichssendeleiters nach der neuen Kommunikationstechnik verborgen. Überhaupt war das Fernsehen im ersten Jahr des Hitler-Regimes keinesfalls ein Thema, das in der öffentlichen Diskussion einen besonders breiten Raum eingenommen hätte. Vielmehr beschränkten sich die wenigen offiziösen Äußerungen über eine mögliche ideologische Verwertbarkeit auf den kümmerlichen Rest jener politisch durchaus rechts stehenden Rundfunkfunktionäre aus der „Systemzeit". Hans Bodenstedt etwa, der Intendant des Norddeutschen Rundfunks, versuchte sich mit besonders kernigen Sprüchen (nicht nur) über das Fernsehen in die neue Zeit hinüberzuretten. Hundertprozentig, so schrieb er, müsse sein propagandistischer Einsatz für die Ziele des Nationalsozialismus sein. Denn gerade das Bild habe

> „die gefährlichste Eigenschaft in der Erinnerung mehr als Erlebnis zu wirken als das Wort. (...) Die Wehrfrage gewinnt durch die Fernsehbehandlung einen werbenden Freund von großer Wichtigkeit. (...) Das Programm des deutschen Fernsehens ist das Programm der deutschen Erneuerung. (...) Der Sendebetrieb des Fernsehens muß gegen den Einfluß eines parlamentarisch arbeitenden Beirats gesichert werden. Die Leiter der deutschen Fernsehsender können nur einer einzigen, und zwar der maßgeblichen Stelle verantwortlich sein".[32]

Seine politische Anpassungsfähigkeit nützte Bodenstedt allerdings wenig. Unter dem Druck der Nationalsozialisten mußte er seinen Hamburger Intendantensessel am 28. Juni 1933 für Gustav Grupe räumen.[33] Der Stuttgarter Alfred Bofinger – somit einziger Rundfunk-Intendant der Weimarer Republik, den Goebbels nicht in die Wüste geschickt hatte – legte hingegen mehr Geschick und nationales Pathos an den Tag, um seine Fernseherfahrungen in die braune Waagschale zu werfen. In einem Beitrag der NS-

Schrift *Funk und Bewegung* gestand er 1933, „daß ich zu Tränen erschüttert war, als ich vor mehr als sechs Jahren in Berlin zum ersten Male bei einem Fernsehversuch zugegen sein durfte".[34] Im gleichen Atemzug fügte er jedoch hinzu: Seit dem 30. Januar habe man mehr für das Fernsehen getan als in den sechs zurückliegenden Jahren zusammengerechnet.[35]

Diese durchsichtige Polemik entsprach freilich keineswegs den tatsächlichen Gegebenheiten. Auf der Funkausstellung vom 18. bis 29. August 1933 stand nicht das Fernsehen, sondern der zuvor groß angekündigte Radio-Volksempfänger 301 im Mittelpunkt des Interesses. Zwar bemühten sich Reichspost und Industrie redlich, mit Ufa-Wochenschaubildern von nationalen Aufmärschen den neuen Machthabern ihren Tribut zu zollen.[36] Doch für die Führungsspitze von Partei und Staat war das Fernsehen kein Thema, obwohl die involvierten Stellen nach den langen Jahren kapitalintensiver Experimente durchaus Stimmung machten für die Einführung eines öffentlichen Versuchsbetriebs. Im Katalog der Funkausstellung räumte Postrat Banneitz zwar ein, daß die Frage nach dem genauen Zeitpunkt einer praktischen Nutzung momentan niemand sicher beantworten könne. Mit der weiteren Verbesserung des Zwischenfilmverfahrens rücke man jedoch der Übertragung von „nationalen Feiern" und „wichtigen Sportveranstaltungen" ein gutes Stück näher. Deshalb, so Banneitz optimistisch, sei das öffentliche Fernsehen nur noch eine Frage der Zeit.[37] Parallel hierzu kündigte die Post in ihrem 1933er Verwaltungsbericht ein großzügiges Entwicklungsprogramm für das kommende Kalenderjahr an, welches die „Eingliederung des Fernsehens in den Rundfunk voraussichtlich wesentlich fördern" werde.[38]

Wenngleich die Exponenten des NS-Regimes nicht müde wurden, bei jeder sich bietenden Gelegenheit ihr allgemeines Interesse an technischen Fortschritten zu bekunden,[39] hielt man sich bei der konkreten Förderung des neuen Übertragungsinstruments merkwürdig zurück. Während einer am 16. Oktober 1933 stattfindenden Besprechung im Reichspostministerium entstand so etwas wie ein Bild von den tatsächlichen Antriebskräften. Insgesamt 20 motivierte Vertreter von Post und Wirtschaft[40] saßen dabei nur zwei Repräsentanten des NS-Rundfunks gegenüber: dem in der Rundfunkabteilung für Verwaltungs- und Organisationsfragen zuständigen Juristen Herbert Collatz sowie dem Techniker Claus Hubmann von der Reichs-Rundfunk-Gesellschaft. Die großangelegte Unterredung, immerhin Grund genug für den Rundfunk, später darüber eine Pressemitteilung herauszugeben,[41] bestand über weite Strecken aus Monologen des Ministerialdirektors im RPM, Hermann Gieß, ohne daß Goebbels' Funktionäre die Chance ergriffen, in diesem erlauchten Kreis von Experten ihre Vorstellungen darzulegen.[42]

Gieß eröffnete die Runde zunächst mit einem Rückblick auf die Funkausstellung, und er ließ sogleich durchblicken, daß die Reichspost notfalls gewillt war, ihren Weg auch ohne ein Mitwirken der Propaganda unbeirrt fortzusetzen. Die Funkausstellung, führte der Ministerialdirektor aus, habe einmal mehr gezeigt, daß die Zusammenarbeit zwischen Industrie und Post – die als Behörde volle Objektivität (!) wahren könne – sehr fruchtbar gewesen sei. Mit einem weiteren Seitenhieb an die Adresse des NS-Rundfunks fügte Gieß hinzu, diese enge Partnerschaft biete auch künftig die Gewähr dafür, daß dem Fernsehen gute Erfolge beschert würden. Überhaupt gebe es an der Führungsrolle der Reichspost nichts zu deuteln, was der Ministerialdirektor mit einem Hinweis auf die finanzielle Unterstützung seiner Behörde untermauerte. Sie habe bisher immerhin rund 1 Million RM für den Auf- und Ausbau der Forschungen eingesetzt, davon allein 250.000 RM im laufenden Jahr. Ferner kündigte Gieß Übertragungsversuche mit dem 180-Zeilen-Bild an. Um Bild und Ton synchron senden zu können, sei ein weiterer UKW-Sender bestellt worden, der voraussichtlich im April 1934 geliefert werde. Außerdem bemühe sich die Reichspost derzeit um ein „Fernseh-Abtastgerät", damit neben Filmen auch Personen und Szenen direkt übertragen werden könnten. Damit, so Gieß, lasse sich das Versuchsprogramm wesentlich bereichern. Im übrigen beschäftige sich das Zentralamt seit geraumer Zeit mit der Braunschen Röhre als Empfänger und Sender, mit der Weiterentwicklung der verschiedenen Gerätearten sowie mit der Übertragung von Sendungen via Kabel. Auch die Ausweitung der Sendezeiten („an bestimmten Tagen 3 Sendungen täglich zu verschiedenen Tagesstunden") kündigte der RPM-Beamte an. Abschließend erklärten sich die Fernsehfirmen bereit, der Reichspost insgesamt 50 Empfänger zur Beobachtung ihrer Versuchssendungen leihweise zur Verfügung zu stellen. Außerdem werde die Post den Wunsch der TeKaDe, später auch einen UKW-Sender in Nürnberg zu errichten, wohlwollend prüfen.[43] »Wenn auch die Versuchssendungen zunächst nur für einen kleinen Kreis von Fachleuten (...) bestimmt sind", berichtete daraufhin *Der Deutsche Rundfunk* über die Besprechung im Postministerium, „verfolgen sie doch das Ziel, das Fernsehen so bald als möglich in das Rundfunkprogramm einzugliedern, um Deutschland den Vorsprung zu erhalten, den es durch die Bemühungen der Deutschen Reichspost errungen hat."[44]

Tatsächlich brachte das Frühjahr 1934 entscheidende Veränderungen auf diesem Gebiet – sowohl in organisatorischer als auch in technischer Hinsicht. Wahrscheinlich auf Initiative von Hadamovsky entschloß sich die Reichs-Rundfunk-Gesellschaft zum 1. April 1934, mit eigenen Vorbereitungsarbeiten für einen künftigen Sendebetrieb zu beginnen. Um gegenüber der Reichspost nicht noch stärker ins Hintertreffen zu geraten, verpflichtete man den jungen Physiker Friedrich Kirschstein,[45] der seit 1929 zu den ersten Beamten des Reichspost-Zentralamts zählte, die dort unter Fritz Banneitz an Fernsehaufgaben arbeiteten.[46] Schon im August 1932 hatte Kirschstein und der Postbeamte Max Zielinski erste Vorarbeiten für den Rundfunk durchgeführt, die damals allerdings nur auf vier Wochen terminiert gewesen waren.[47] Eineinhalb Jahre später erhielt der Physiker von seinem neuen Arbeitgeber den Auftrag, zusammen mit einem Stab von Technikern im Haus des Rundfunks – bis dahin bekanntlich Sitz des RPZ-Laboratoriums, dessen gesamte Bildgeber-Apparatur man übernahm – einen eigenen Versuchsbetrieb mit der neuen 180-Zeilen-Norm aufzubauen sowie in Zusammenarbeit mit der Industrie Bildgeber- und Reportageeinrichtungen zu entwickeln, die für die technische Ausstattung notwendig waren. Während sich fortan die Post in erster Linie auf die Sendertechnik konzentrierte, richtete der Rundfunk sein Augenmerk vornehmlich auf die Studio- und Aufnahmeeinrichtungen.

Über Herkunft, genaues Eintrittsdatum sowie Aufgabenverteilung der RRG-Fernsehtechniker liegen nur sehr unzureichende und zum Teil sich widersprechende Angaben vor. Zu Kirschsteins kleiner Truppe zählte jedenfalls Anfang 1935 der junge Kameramann Wilhelm Buhler, der bereits ein Jahr zuvor sporadisch mit der Herstellung von ersten, kurzen Fernsehfilmen für den Rundfunk begonnen hatte. Seine Kenntnisse erwarb er sich bis dahin als Kameraassistent bei verschiedenen Filmgesellschaften. Daneben war er bis 1934 als Photograph beim Reichssender Berlin beschäftigt.[48] Neben Buhler sorgte seit April der Ingenieur Otto Schulze[49] (dem wiederum ein Mitarbeiter namens Grimm assistierte) für den technischen Ablauf der Versuchssendungen. Schulze kam aus Dresden, wo er als Direktionsassistent Elektrotechnik bei einem Unternehmen für Zigarettenmaschinen tätig war. Ihm oblag nach 1935 der technische Aufbau einer Filmabteilung des Berliner Fernsehsenders Paul Nipkow, die sich im Krieg – untergebracht in der sogenannten „Kleinen Villa" nahe des Funkhauses – von anfänglich vier bis fünf Mann zu einer autarken Filmproduktionsabteilung mit schließlich über 25 Beschäftigten entwickelte.[50] Grimm dagegen wechselte schon 1936 zu Telefunken.

Mit von der Partie war außerdem der gelernte Filmcutter Kurt Wallner, der offenbar Anfang 1935 als einziger im gewissen Rahmen auch programmliche Aufgaben wahrnahm. Seine Haupttätigkeit bestand aber vor allem im Filmschnitt, den er in einem eigens dafür eingerichteten Schneideraum im dritten Stock des Funkhauses besorgte. Gelegentlich improvisierte er auch kleinere Ansagen, die er aus dem Off sprach, also ohne Bild des Ansagenden.[51] Darüber hinaus stand als Kirschsteins Sekretärin Liselotte Friebel zur Verfügung, ebenso wie Hans Zinn[52] und die Techniker Reimann, Schneider und Müller, die nach der Auflösung des Labors Anfang 1936 entweder beim Rundfunk blieben oder zu Telefunken wechselten. Als Fahrer des 1934 angeschafften Reportagewagens fungierte Richard Kordecki, der später zum Kameraassistenten des Fernseh-Filmtrupps avancierten sollte. Für den Ton sorgte schließlich der gelernte Toningenieur Karl Opitz.[53]

Das Personal des Fernsehlabors – das sich anfangs auch mit dem Bildfunk beschäftigte – unterstand organisatorisch der Abteilung Betriebstechnik (Gruppe C) innerhalb der Reichs-Rundfunk-Gesellschaft. Diese wiederum wurde von dem Walter-Schäffer-Nachfolger und – seit dem 1. Dezember 1934 – technischen Direktor Claus Hubmann geleitet.[54] Programmliche Aspekte spielten freilich bei der Eingliederung des neuen Forschungszweiges keine Rolle, was bei den Wirtschaftsprüfern der Reichs-Rundfunk-Gesellschaft durchaus auf Kritik stieß. So bemängelte etwa der Rechnungshof die Einstufung der Fernsehtechnik in die Unterabteilung C 1 (Konstruktionsabteilung), da sich diese vorrangig mit Grundlagenforschung beschäftige.[55] Den künftigen Aufgaben entsprechend, so hieß es in dem Gutachten des Rechnungshofes von 1934, müsse jedoch frühzeitig über eine „Umschichtung" zumindest in die Abteilung C 3 (Sonderaufgaben) nachgedacht werden, in der u.a. auch der Reichsübertragungstrupp angesiedelt war, in dessen Dunstkreis sich die Fernsehtechniker bewegten.[56]

Buchhalterisch erfaßten die Konten C/3/13 „Fernsehen Verbrauch" und Ca/1/130/02 „Sachbeschaffungen für Fernsehen" die Ausgaben der RRG für das neue

Übertragungsmittel. Eine strikte Trennung zwischen den Aufwendungen für Geräte und Anlagen einerseits sowie der Herstellung von „Fernsehspezialfilmen und Lichttonkopien" andererseits bestand jedoch nicht. „Vorläufig enthalten sie [die beiden Konten, K. W.] also die Kosten der Sendung und der Technik", stellte der Präsident des Rechnungshofes fest.[57] Ohne Berücksichtigung der separat verbuchten Gehälter beliefen sich somit die Fernsehausgaben des Rundfunks für den Zeitraum 1. 4. 1934 bis 31. 3. 1935 auf insgesamt 252.300 Mark. Wesentliche Programmkosten seien 1934 noch nicht aufgelaufen, stellte der Rechnungshof fest. Aus den vorhandenen Unterlagen läßt sich indes nicht mehr nachvollziehen, ob es in anderen Bereichen der RRG zu Etat-Kürzungen zugunsten des Fernsehlabors gekommen ist, um somit eine Aussage über den Stellenwert des neuen Forschungszweiges zu treffen. Unbestritten ist jedoch, daß der im Haushaltsplan 1934 für das Fernsehen veranschlagte Betrag von 400.000 Reichsmark bei weitem nicht ausgeschöpft wurde. Dies führte der Rechnungshof auf große, zum Teil noch nicht gelieferte oder verbuchte Geräte- und Anlagenbestellungen zurück. Aufgrund der niedrigen Ausgaben, die bisher im Fernsehbereich getätigt wurden, hielt der Rechnungshof aber die für 1935/36 geplante Aufstockung der Mittel von 400.000 auf 600.000 RM „im Sinne einer sparsamen Ausgabenpolitik" für unangemessen.[58]

Im Juni 1934 war die neue UKW-Sendeanlage der Reichspost soweit gediehen, daß sie dem Rundfunk für eigene Experimente zur Verfügung gestellt werden konnte.[59] Von nun an liefen also Versuchsübertragungen sowohl des Reichspost-Zentralamts als auch des Rundfunks. Allerdings verfügte letzterer zu diesem Zeitpunkt noch nicht über adäquate Einrichtungen, die man zwar bestellt, aber noch nicht erhalten hatte. Deshalb mußte sich Kirschstein zunächst noch mit reinen UKW-Musiksendungen begnügen, die er vom Deutschlandsender übernahm. Dies änderte sich erst im Herbst 1934, als die RRG-Betriebstechnik in den Besitz eines Filmgebers kam, der es ihr fortan ermöglichte, erste Beiträge für die Abendversuche (21.00 bis 22.00 Uhr, außer freitags) beizusteuern. Sie bestanden aus Ufa-Wochenschauen sowie Kurzfilmausschnitten, wobei technische Störungen an der Tagesordnung waren.[60] Im Gegensatz zur Post verfügte somit der Rundfunk noch nicht über die Möglichkeit der direkten Sendung, so daß sich dessen „Programmbeitrag" notgedrungen auf Konserven – ergänzt durch kleine Eigenproduktionen nach dem Zwischenfilmverfahren – beschränkte. Programmankündigungen konnten deshalb auch nur aus dem Off heraus gesprochen werden.

Wie bereits angedeutet, hatte die Post im Frühjahr 1934 ihre drei Laborräume im Berliner Funkhaus an Kirschsteins Mitarbeiter abzutreten, weil diese zum 1. April mit praktischen Versuchen beginnen wollten. Das Fernsehreferat des Reichspost-Zentralamts zog deshalb schon im März um, und zwar in das erst jüngst fertiggestellte und sendernah gelegene Haus der Deutschen Fernkabelgesellschaft in Charlottenburg, Rognitzstraße 8. Nach Abschluß der Umbauarbeiten ging das im Erdgeschoß angesiedelte Laboratorium am 9. April 1934 in Betrieb. Es verfügte über einen Filmgeber für 50-Minuten-Produktionen sowie später über einen mechanischen Personenabtaster für direkte Sendungen. Das „Studio" bestand dabei aus einer dunklen Zelle mit einer Aufnahmebühne von eineinhalb mal eineinhalb Metern Fläche. Beide Geräte waren von der Fernseh AG für die Post entwickelt worden.[61] Als schließlich am 18. 4. 1934 der UKW-Bildsender fertiggestellt war, konnte die Post auch Tonfilme in ihre Versuchssendungen integrieren. Während sich der Rundfunk noch im Juni mit der Übernahme von UKW-Musikbeiträgen begnügen mußte, strahlte die Post (wie bisher) von 9.00 bis 11.00 Uhr, bei Bedarf auch nachmittags „für Versuche und für die Industrie", dienstags und donnerstags von 20.30 bis 22.00 Uhr, Tonfilmausschnitte über den „Ferntonkinosender" aus.

Im Sommer 1934 führte Werner Scholz vom Zentralamt mit einem „Versuchswagen" erste systematische Ausbreitungsmessungen im Versorgungsgebiet des Berliner Fernsehsenders durch, denen sich im September weitere Experimente auf dem Brocken anschlossen.[62] Die Meßergebnisse sollten die Grundlage bilden für die Planung eines ganz Deutschland umfassenden Fernsehsendernetzes mit 20 bis 25 UKW-Sendern, wie Banneitz in der Oktober-Ausgabe der Zeitschrift *Fernsehen und Tonfilm* ankündigte.[63] Nach anfänglichen Schwierigkeiten und Problemen sei es erstmals gelungen, auf dem Brocken ein recht brauchbares Fernsehbild zu empfangen. Würde man weitere hohe Berge in Deutschland mit Sendeanlagen ausrüsten, fuhr der RPZ-Beamte fort, so könnte die Post einen recht erheblichen Teil des Reiches mit Fernsehsendungen abdecken. Für das Flachland jedoch bleibe nur die Möglichkeit, die Sender – wie in Berlin – auf einem hohen Turm anzubringen. Dieser Plan, der sowohl in technischer als auch in wirtschaftlicher Hinsicht eine Fülle schwerwiegender Entscheidungen erfordere, müsse natürlich zunächst durch Vorversuche geprüft werden.[64] Am 15. September 1934 verlegte die Post zwischen dem RPZ-Gebäude in Berlin-Tempelhof und dem neuen „Studio" in der Charlottenburger Rognitzstraße das erste Fernseh-Breitbandkabel von 11,5 Kilometern Länge. Wenige Wochen zuvor, genauer gesagt am 24. April in Essen, unterbreitete Fritz Schröter von Telefunken den Vorschlag, die Verlegung von Fernsehkabeln in ganz Deutschland mit dem in Angriff genommenen Autobahnbau zu verknüpfen.[65]

Indes, das Urteil der Presse über das Fernsehen auf der 11. Funkausstellung 1934 (wo man zum ersten Mal die drahtlose Übertragung von Bildern demonstrierte) war gespalten. Georg Kette vom Zentralamt berichtete in dem Vereinsorgan *Fernsehen und Tonfilm* erwartungsgemäß von einer wesentlichen Steigerung der Bildqualität gegenüber dem Vorjahr, was er in erster Linie auf die breite Akzeptanz der Braunschen Röhre zurückführte. Nennenswerte Unterschiede zwischen dem drahtlosen und dem drahtgebundenen Empfang seien bei der Sendung von Filmen wie *Hitlerjunge Quex* kaum noch festzustellen.[66] Anders dagegen Paul Gehne im *Funk*. Der flüchtige Beschauer gewinne den Eindruck, faßte der Journalist seine Beobachtungen zusammen, als habe sich seit dem Vorjahr nur wenig geändert. Vor allem von einem „Fernseh-Heim-Empfänger als Gebrauchsgegenstand" trenne das Publikum noch eine weite Wegstrecke, deren zeitliche Dauer nur schwer abzuschätzen sei.[67] Auf rund 1000 qm Fläche zeigten die beteiligten Firmen ihre neuesten Erzeugnisse, darunter auch ein serienmäßig hergestellter Empfänger der Firma Radio AG D.S. Loewe, der allerdings unverkäuflich war und lediglich zur Beobachtung der Versuche zum Einsatz kam. Demnächst werde jedoch ein „Heimfernsehempfänger" zum Preis von 500 bis 600 Reichsmark in den Handel gebracht, berief sich Georg Kette auf Informationen des Unternehmers.[68] Unterdessen demonstrierten der „Sachbearbeiter Fernsehen bei der Reichs-Rundfunk-Gesellschaft", wie sich Friedrich Kirschstein gerne in der Öffentlichkeit nannte,[69] und seine Techniker im Funkturmgarten den neuen Übertragungswagen nach dem Zwischenfilmverfahren.[70] Neben Bildern vom Freigelände nahm man pflichtgemäß Goebbels' Eröffnungsansprache mit einer Filmkamera auf und führte sie – täglich um die Mittagsstunde – den Besuchern der „Fernsehhalle" vor.[71]

Als Reichssendeleiter Hadamovsky in seiner Schlußrede am 29. August angesichts der vermeintlichen Fortschritte in Begeisterung ausbrach und daraufhin ankündigte: „Deutschland startet das Fernsehen!",[72] sah sich die Post wenig später veranlaßt, die allgemeine Euphorie zu dämpfen und „endlich ein den wirklichen Verhältnissen entsprechendes Bild" zu geben. Im postnahen Organ *Der Deutsche Rundfunk* wandte sie sich gegen die von Hadamovsky vorgetragene „Propaganda für das Fernsehen".[73] Die beiden UKW-Sender seien nichts anderes als eine noch stark verbesserungswürdige Musteranlage, die derzeit ausschließlich dazu diene, der Industrie und den amtlichen Stellen Gelegenheit zu geben, Geräte praktisch zu erproben und Versuche über Empfangsverhältnisse und Reichweiten durchzuführen. Es werde deshalb noch einige Zeit dauern, bis die Allgemeinheit an den Experimenten teilnehmen könne.[74] Vor „ungesunder Stimmungsmache" warnte auch Rolf Wigand, der die praktische Einführung des Fernsehens innerhalb der nächsten fünf Jahre ausschloß.[75]

Wie sich der in technischen Dingen völlig inkompetente Hadamovsky die praktische Durchführung eines Programmbetriebs vorstellte, ließ er während der Funkausstellung mehrfach durchblicken. Beispielsweise anläßlich einer Veranstaltung vor Gaufunkwarten am 20. August, in deren Verlauf Hadamovsky und Dreßler-Andreß einem nationalsozialistisch kontrollierten Betrieb ohne Beteiligung der Post das Wort redeten. Es sei, meinte der Sendeleiter darüber hinaus, eine „nationale Pflicht", mit preisgünstigen und einfach zu bedienenden „Volksfernsehempfängern" die Entwicklung zu beschleunigen. Deshalb forderte er die Bezirksgruppen des Reichsverbandes Deutscher Rundfunkteilnehmer (RDR)[76] sowie die Kreisrundfunkstellen der NSDAP auf, demnächst „Fernsehbastelgemeinschaften" zu bilden, so daß „Keimzellen entstehen, aus denen die künftigen Fernsehtechniker hervorgehen können".[77] Diese propagandawirksame, aber jeder Grundlage entbehrende Botschaft an die Bastler blieb freilich nicht ohne Resonanz. In den Folgemonaten gingen im Propagandaministerium eine Fülle von Anfragen privater Tüftler aus dem gesamten Reich ein,[78] die freilich allesamt abgewimmelt und keineswegs finanziell unterstützt wurden, wie dies Hadamovsky noch zuvor lauthals versprochen hatte.

Paul Kirchhoff, ein Regierungsbaumeister a. D. aus Frankfurt-Hoechst, wandte sich sogar mehrmals an das RMVP, mit der Bitte um Unterstützung bei der Geltendmachung seiner Patente. Dabei habe er – so Kirchhoff am 15. September 1934 – „stark gegen die auch vom Patentamt im alten Geiste unterstützten Monopolbestrebungen Telefunkens anzukämpfen".[79] Überhaupt müsse die Propaganda beim Fernsehen stärker in Aktion treten, verlangte der pensionierte Beamte. Denn die Möglichkeiten der

„Kulturförderung", die sich mit dem „Sehendwerden des Rundfunks" für die National-sozialisten ergäben, seien so ungeheuer groß und vielseitig. Das neue Medium biete gera-dezu die idealen Voraussetzungen für die Sendung von „wuchtigen Sprechchören, gros-sen Aufmärschen (sowie) gewaltigen, in künstlerischer Form zusammengefassten Menschenballungen (...) in neuzeitlichem, nationalsozialistischem Geist". Mit seiner Einführung werde ohne Zweifel der propagierte Gemeinschaftsempfang des Rundfunks seine eigentliche Krönung finden, schwärmte Kirchhoff. Hierzu trage allein schon der Umstand bei, daß die Empfänger zunächst nur in wenigen Exemplaren vorhanden und somit für den Volksgenossen nicht leicht erschwinglich sein würden.[80]

Die neuen politischen Herren waren jedoch anderer Meinung. Der Versuch des hochrangigen Postfunktionärs Wilhelm Ohnesorge, Hitler am Nachmittag des 18. 12. 1934 das potentielle Propagandainstrument schmackhaft zu machen, erwies sich mehr oder minder als Fehlschlag. Ohnesorge, in der Weimarer Republik Präsident des Zentralamts und 1933 zum Staatssekretär im Reichspostministerium designiert, nutzte die Gunst der Stunde, um dem „Führer" in der Reichskanzlei auf einem RPZ-Gerät Ausschnitte aus Tonfilmen und Wochenschauen (Sport, nationale Aufmärsche) vorzu-führen.[81] Hitler traf nicht nur mit reichlich Verspätung zu der Demonstration ein, er zeigte sich zu allem Überfluß auch „nur ‚mittel' interessiert".[82]

Vieles spricht dafür, daß der „Führer" in den kommenden Jahren sich nie besonders für ein ziviles Fernsehen stark gemacht hat und dessen Entwicklung keine wesentlichen Impulse verlieh. Sein Interesse beschränkte sich vielmehr auf ein rein militärisches. Lediglich an einer Stelle, in Henry Pickers Niederschriften der „Tischgespräche", sind seine dahingehenden Vorstellungen etwas ausführlicher dokumentiert. Während eines Mittagessens am 17. Juli 1942 in seinem Hauptquartier monologisierte Hitler über ein gleichgeschaltetes, streng kontrolliertes Fernsehen, das prinzipiell vom Standpunkt des Krieges aus zu beurteilen sei. Hitler setzte dabei „auf ein – den Rundfunk integrierendes – lokal verkabeltes und reguliertes ‚Fernsehen'", wie Picker in seinen Aufzeichnungen vermerkte. „Er dachte an eine Konstruktion von Funk-Fernsehgeräten derart, daß sie nur für den Empfang bestimmter, von der Regierung genehmigter Sender geeignet sein sollten".[83] Deshalb – so ließ sich der „Führer" in kleinem Kreis vernehmen – habe er sofort nach der Machtübernahme den neuen Repräsentanten in Rundfunk und Reichspost den Auftrag erteilt, in Zusammenarbeit mit der Industrie ein deutsches Fernsehen zu schaffen. Daß er diese Entwicklung in den dreißiger Jahren keineswegs minutiös verfolgt hat, belegen seine weiteren Äußerungen: „Bekanntlich hatten Paul Nipkow bereits den Bildtaster für die Fernseh-Sendung und Karl Ferdinand Braun die Röhre für die Fernseh-Wiedergabe erfunden. So konnte in Berlin bereits die erste ständi-ge Fernsehsendung der Welt (...) am 31. März 1935 (!) erfolgreich starten."[84]

Ende 1934 war es jedoch nicht der NS-Rundfunk, sondern einmal mehr die Post, die in der Rognitzstraße den nächsten Schritt vom reinen „Fernkino" in Richtung Live-Fernsehen unternahm. Zum 1. November engagierte das Zentralamt die 22jährige Schauspielerin und Tänzerin Ursula Patzschke, die fortan im Range einer „Postfach-arbeiterin" das Filmprogramm mit stets monotoner Formel direkt ansagte und mitunter die Pausen zwischen den 15- bis 20minütigen Clips mit banalen Gedichten oder kleinen Monologen überbrückte.[85] Als man im November mit dieser Praxis begann, waren die Möglichkeiten der direkten Visualisierung freilich noch stark beschränkt. Durch eine kleine Öffnung des winzigen „Studios" schoß der durch die Nipkow-Scheibe gesteuerte bläuliche Lichtstrahl und tastete die Person Punkt für Punkt ab. Wegen des notwendigen Abstands zwischen rotierender Scheibe und Objekt waren auf diese Weise nur Großaufnahmen möglich. Die Gesichter der abgetasteten Personen mußten überdies grell geschminkt werden, insbesondere rötliche Passagen wie Lippen oder Augenlider, die man wegen der starken Rotempfindlichkeit der aufnehmenden Photozellen schwarz oder grün einfärbte.

Wegen der in der Abtastzelle herrschenden Dunkelheit hatte die Patzschke ihre Texte vorher auswendig zu lernen. Meistens jedoch improvisierte die erste deutsche TV-Ansagerin, die der Literatur nach 1945 reichlich Stoff bot für eine bisweilen kitschige Legendenbildung, einfach wild drauf los. Das „muntere und lustige Mädchen" betätigte sich in ihren Pausen auch beim Filmschnitt und war gelegentlich an der Auswahl des Materials beteiligt („wenig dunkle Stellen"). Den Grund, weshalb sich Fritz Banneitz ausgerechnet für eine Frau entschied, erläuterte Ursula Patzschke 1985 in einer, für die Aufarbeitung der frühen Fernsehgeschichte typischen Publikation von Peter Auer: „Daß ich zu diesem Beruf einer Fernsehansagerin gekommen bin, hatte einen eigentlich verblüffend einfachen Grund. Männer eigneten sich damals nicht als Sprecher. Wegen ihres Bartwuchses sahen sie auf dem Fernsehbild immer wie Gespenster aus. Jemand ohne Bart mußte her – eine Frau!"[86]

Für damals üppige 300 Mark monatlich und der Erstattung ihrer Auslagen für Papier und Stifte füllte die Berlinerin von Anfang 1935 an dreimal täglich insgesamt rund zehn Minuten Programm aus. In mediengerechter, vom Theaterfundus ausgeliehener Kleidung (braun und beige) sagte die Schauspielerin – dabei auf einem höhenverstellbaren Hocker sitzend – u.a. Gedichte von Wilhelm Busch auf, ergänzt durch einfache Illustrationen, die allerdings immer viel zu „flach" über die winzige Mattscheibe kamen. Sie trug selbstverfaßte Sketche vor, interpretierte eingespielte Plattenmusik (*Wenn am Sonntag abend die Dorfmusik spielt*), unterhielt die wenigen Zuschauer mit primitiven Rätsel-Zeichnungen oder brachte ab und an ihren Hund mit in die Dunkelzelle. Selbst die Meerschweinchen des Hausmeisters der Rognitzstraße 8 blieben von dem „Telefonzellen-Fernsehen" der Patzschke nicht verschont. Neben der jungen Schauspielerin, die später vom Rundfunk nicht übernommen wurde,[87] sorgte der Telegraphen-Meister Max Zielinski für die einwandfreie Übertragung des Sendematerials. Er zeichnete nicht nur für die technische Leitung des „Studiobetriebs" in der Rognitzstraße verantwortlich, sondern auch für die Festlegung der Sendefolge, die allerdings willkürlich, ohne Konzept und unter rein technischen Gesichtspunkten zustande kam.[88]

2.3. Befürchtete Medienkonkurrenz
Die Ufa drängt auf vertragliche Absprachen

Immer dann, wenn sich ein neues Medium anschickt, in den publizistischen Wettbewerb einzugreifen, lassen Verdrängungsdebatten der Altmedien, in denen diese ihre Existenzängste artikulieren, nicht lange auf sich warten.[89] Weniger das Theater (welches schon in den zwanziger Jahren ganz selbstverständlich mit dem Fernsehen in Verbindung gebracht wurde und dieses als Chance zur massenhaften Distribution seiner Kunst begriff[90]) als vielmehr der Film sah in dem aufkommenden Medium schon bald einen supplementären Verdrängungskonkurrenten. Demgegenüber nahmen die deutschen Zeitungsverleger das neue publizistische Mittel genausowenig ernst wie einst das Radio in den frühen zwanziger Jahren. Die schreibende Zunft befürchte keineswegs eine nennenswerte Entlassungswelle, beruhigte 1935 ein Journalist der Zeitschrift *Intercine* die Gemüter. Im Gegenteil, versprach er sich doch vom Fernsehen eine qualitative Aufwertung seiner eigenen Tätigkeit, indem er annahm, daß das neue Medium nicht nur den – von ihm begrüßten – Trend zu Hintergrundberichten und Kommentaren verstärke, sondern auch die Hinwendung der Print-Medien zu Themen mit ausgesprochenem Lokalkolorit. Ferner prophezeiten die Pressevertreter dem Fernsehen eine dominierende Rolle auf dem Gebiet der aktuellen Berichterstattung, ein Feld, das man künftig großzügig dem neuen Medium überlassen wollte.[91] Gleichwohl machte sich bereits Mitte der dreißiger Jahre bei den Zeitungsjournalisten eine gewisse Antipathie breit gegenüber ihren künftigen Fernsehkollegen. „Seine Journalisten", schrieb *Intercine*, „werden in kurzer Zeit von einer Gewandtheit und Unaufrichtigkeit zum Ohrfeigen sein."[92]

Das Fernsehbild indes wurde schon früh an der Qualität der Filmbilder sowie an der Größe der Kinoleinwand gemessen – freilich sehr zum Nachteil der neuen Technik, deren Bilder nicht nur sehr klein waren, sondern darüber hinaus auch flimmerten und Details nur unzulänglich wiedergaben. Zudem verfügte der Film über reichlich finanzielle Mittel, während beim Fernsehen zunächst keine Einnahmen zu erwarten waren, so daß der Rundfunk auf lange Sicht mit seinen Geldern einspringen mußte. Wenngleich das ältere Filmmedium dem Fernsehprojekt gelassen entgegenblicken konnte, blieben heftige, mitunter sogar hysterische Reaktionen nicht aus. So wurden in Deutschland bereits 1929 Pläne bekannt, wonach zahlreiche Kommunen nach dem Fernsehstart mit der reihenweise Schließung von Kinos rechneten und deshalb steuerliche Einbußen befürchteten. Diese wiederum wollte man dann mit einer „Erholungsabgabe" für jedes betriebene TV-Set kompensieren.[93] Auch die Post war sich der Konkurrenz zum Kino sehr wohl bewußt, und man versuchte die Gemüter mit dem Hinweis zu beruhigen, die neue Übertragungstechnik stelle zunächst nur einen visuellen Appendix des Rundfunks dar. Während das Kinobild, so Fritz Banneitz 1932, „dem Auge Vollendetes" bieten könne, erscheine das Fernsehen im Rundfunk „als Helfer, um das Unzureichende der nur akustischen Vermittlung durch ein Mehr an Erfassungsmöglichkeiten (...) bis zu einem gewissen Grade zu kompensieren".[94]

Solange jedoch dem audiovisuellen Mittel der Weg zum (Massen-) Medium versperrt blieb und für eine breitere Öffentlichkeit nicht zugänglich war, sahen die Repräsentanten der Filmindustrie sowie die zahlreichen Kinobesitzer keine nennenswerte Konkurrenz auf sich zukommen. Alle diesbezüglichen Prophezeiungen vom Verfall und Niedergang des deutschen Kinos seien zumindest reichlich verfrüht, beschwichtigte der Ingenieur und Publizist Rudolph Thun vor dem Club der Kameratechnik e.V. Thun führte dort in der ersten Märzwoche 1935 aus, das Fernsehen, ähnlich wie damals der Tonfilm, habe seine eigene Form noch nicht gefunden. Ein komplettes Programm, das beim Publikum auf Interesse stoße, fehle noch gänzlich. Und überhaupt, zwischen den beiden Medien bestehe „ein so weitgehender künstlerischer und programmatischer Unterschied", daß man wohl mit Fug und Recht von „zwei grundverschiedenen Gattungen" sprechen könne. Zumindest vorläufig brauche man sich deshalb noch nicht viel Kopfzerbrechen zu machen, beruhigte Thun seine Zuhörer.[95]

Der Film als zentraler Programmlieferant des Fernsehens versprach sich natürlich in erster Linie ein lukratives finanzielles Zubrot. In der Bereitstellung von Wochenschauen, Kurz- und Spielfilmen witterte die Branche einen neuen, ertragreichen Absatzmarkt für ihre kostenintensiven Produkte.[96] Ferner machten sich die Kinobesitzer für die Aufstellung von Großprojektionsanlagen in ihren Theatern stark, die ergänzend zum konventionellen Programm eine Art „Fernseh-Tagesschau" als aktuellere Wochenschau ermöglichen sollten. In der Zeitschrift *Kinematograph* hieß es dazu 1934, man „könnte sich vorstellen, daß sich einzelne große Lichtspieltheater im Interesse der Aktualität entschließen, ihrem Vorführraum (...) einem Fernseh-Großprojektions-Empfänger anzugliedern, so daß sie ihren Besuchern wichtige Ereignisse sofort (...) als Fernsehsendung vorführen können".[97] Tatsächlich gab es im Reich bis Ende der dreißiger Jahre immer wieder ernsthafte Vorstöße – vor allem von August Karolus und Telefunken –, neben der Perspektive der familiär-intimen Rezeption auch die Entwicklung von Geräten für die kino-ähnliche Nutzung voranzutreiben. Freilich verfolgte die Förderung der televisuellen Großprojektion auch das Ziel, die Wirkung nationalsozialistischer Propaganda zu verstärken.[98]

Das anfangs gute Verhältnis des Films zum Fernsehen trübte sich spätestens dann ein, als 1934/35 die Konturen eines öffentlichen Versuchsdienstes immer deutlicher wurden. Der Ufa-Konzern hatte sich bis dahin regelmäßig über die neuesten Entwicklungen informiert und war bekanntlich 1929 dem Allgemeinen Deutschen Fernsehverein als korporatives Mitglied beigetreten. Seit Anfang August 1930 stellte die Gesellschaft dem Reichspost-Zentralamt bedenkenlos ältere Filme zur Verfügung, die – so beschloß es die Vorstandsetage – „bereits angelaufen sind", damit „entsprechende Versuche" unternommen werden konnten.[99] Noch im Frühjahr 1934 billigte das Filmunternehmen ausdrücklich die kostenlose Abgabe von Kopien älterer Produktionen für „Bildsendungsversuche".[100] Die Genehmigung der Ufa-Herren schloß dabei auch den privaten Fernsehempfang in den Wohnungen der Postbeamten ein. Nach Angaben des Filmunternehmens standen im März 1934 lediglich in fünf Privatwohnungen Geräte zur Beobachtung der Versuche bereit.[101] Um die Ausstrahlung ihrer Erzeugnisse besser kontrollieren zu können, regte der Ufa-Vorstand im März 1934 an, demnächst beim Zentralamt die Aufstellung eines Fernsehgeräts zu beantragen, und zwar sinnvollerweise in der Neubabelsberger Kopieranstalt Afifa.[102] Die Erfüllung des konkreten Vorstandsbeschlusses vom 7. Dezember 1934 – der vorsah, einen ersten Empfänger käuflich zu erwerben – verzögerte sich jedoch zunächst.[103]

Als schließlich auch der Rundfunk mit seinen Versuchen begann, kam es folgerichtig zu ersten Gesprächen zwischen der RRG und den Ufa-Vorständen Paul Lehmann und von Boehmer, in deren Mittelpunkt ebenfalls die Lieferung von Filmen stand. Dabei mußten die Herren aus Neubabelsberg feststellen, daß die Entwicklung schon weiter gediehen war, als sie gemeinhin erwartet hatten. „Bereits jetzt" habe das Zentralamt zehn Hausapparate zum Preis von jeweils 1000 Reichsmark an Beamte des Rundfunks abgegeben, vermerkten die Ufa-Oberen im Dezember 1934 etwas pikiert. Diese Nachricht ließ den Vorstand zwar nicht völlig kalt. Er konnte sich aber wegen der äußerst begrenzten Verbreitung nicht dazu durchringen, für die Abgabe von Kopien an das Fernsehen (die inzwischen durch die Ufa Filmverleih erfolgte) eine „Verleih-Lizenz" zu berechnen.[104] Dennoch drängte das Leitungsgremium nach der Funkausstellung 1934 auf vertragliche Vereinbarungen mit der Reichs-Rundfunk-Gesellschaft. Dahinter steckte auch der Gedanke, günstige Konditionen für die Aufstellung von Empfangsgeräten in den eigenen Filmtheatern zu erwirken. Zu konkreten Verhandlungen zwischen den beiden Parteien kam es jedoch erst im Februar 1935. Der genaue Wortlaut der Vereinbarung läßt sich zwar in den Protokollen der Ufa nicht nachweisen. Allerdings gab der Vorstand am 19. März 1935 einem entsprechenden Vertragstext vom 5. März seine Zustimmung,[105] der die Abgabe von 26 Wochenschau-Programmen gegen Erhebung der Kopierkosten zum Gegenstand hatte.

2.4. Im Wettlauf mit dem Ausland
Das Fernsehen als nationales Prestigeobjekt

Von Mitte 1934 an rückte auch in Großbritannien ein öffentliches Fernsehen mehr und mehr in den Vordergrund, nachdem der britische Generalpostmeister am 16. Mai ein „Television-Committee" unter Vorsitz von Lord Selsdon ernannt hatte. Die Aufgabe des parlamentarischen Untersuchungsausschusses bestand darin, vor allem die deutschen und amerikanischen Systeme gründlich unter die Lupe zu nehmen und anschließend Vorschläge für die Ausgestaltung eines endgültigen englischen Fernsehbetriebs zu unterbreiten. Am 31. Januar 1935 präsentierte der Ausschuß seine Ergebnisse in einem „Report of the Television Committee presented by the Postmaster-General to Parliament". Nur drei Tage später konstituierte sich ein Beratungsausschuß – bestehend aus Vertretern der Wirtschaft und der BBC -, dem wiederum die Aufgabe zufiel, die für den Herbst 1935 terminierte Eröffnung eines regelmäßigen Versuchsbetriebs in die Wege zu leiten, und zwar in dem zehn Kilometer vom Londoner Zentrum entfernten Alexandra-Palace. Die Existenz dieses Gremiums sowie ergänzende Pressemeldungen, wonach ein Rundfunksender in Tokio demnächst ebenfalls Bildversuche ausstrahlen würde, sollten bei der Reichssendeleitung den politisch motivierten Ehrgeiz auslösen, der BBC respektive den Japanern zuvorkommen zu wollen.

Anfang November 1934 (4.–11.11.), also rund zweieinhalb Monate vor Fertigstellung ihres Gutachtens, traf eine Abordnung des Selsdon-Ausschusses[106] in Deutschland mit Repräsentanten der britischen Botschaft, mit Vertretern verschiedener Firmen sowie des Reichspostministeriums zusammen, um sich weisungsgemäß über den aktuellen Stand des deutschen Fernsehens zu informieren. Ein Treffen mit Funktionären der Propagandabehörde – die offenbar nicht bereit oder in der Lage waren, über ihre fernsehpolitischen Pläne Auskünfte zu erteilen – kam jedoch nicht zustande. Nach dem Besuch des posteigenen „Studios" in der Rognitzstraße erwies die Kommission den industriellen Produzenten ihre Reverenz. Besonders beeindruckt zeigte man sich von der einfachen Konstruktion und Ausfertigung der Loewe-Empfänger. Technische Details bekamen die Briten allerdings nicht zu Gesicht, denn die Geräte waren zuvor sorgfältig verplombt worden.

Der umfangreiche Rapport, den die Abordnung Lord Selsdon nach ihrer achttägigen Informationstour vorlegte, vermittelt ein diffuses Bild von der deutschen Fernsehlandschaft. Die Engländer jedenfalls fuhren mit der Gewißheit nach Hause, daß die Eröffnung eines Versuchsbetriebs in Nazi-Deutschland, so wie er wenige Wochen zuvor von Hadamovsky propagiert wurde, keinesfalls unmittelbar bevorstand. Nach Ansicht der Briten gaben sich die Vertreter von Staat und Wirtschaft – gewollt oder ungewollt – in ihren Prognosen eher zurückhaltend bis widersprüchlich.[107] So vertrat Mr. Edwards, der Handelssekretär der britischen Botschaft, laut Selsdon-Bericht die Meinung, die deutsche Regierung werde nicht zögern, das Fernsehen stark zu subventionieren, wenn man es für politisch ratsam halte. Dagegen war Fritz Schröter von Telefunken der Ansicht, die neue Kommunikationstechnik sei im jetzigen Stadium für einen öffentlichen Dienst noch nicht reif, und er mißbilligte deshalb ganz entschieden ihre praktische Einführung, bevor nicht weitere Forschungen abgeschlossen seien. Schröter regte im übrigen an, zunächst in verschiedenen Bezirken Berlins Geräte probeweise aufzustellen, um so aussagekräftiges statistisches Material über Zuschauerreaktionen und Bildqualität zu sammeln. Dieser pessimistischen Einschätzung konnte sich Rolf Möller von der Fernseh AG nicht anschließen. Er sei überzeugt, erfuhren die Engländer auf ihrer Stippvisite in Zehlendorf, daß das Fernsehen schon jetzt erfolgreich der Öffentlichkeit zugänglich gemacht werden könne. Siegmund Loewe wiederum sagte, seine Firma hätte auf der letzten Funkausstellung bereits Tausende von Empfängern verkaufen können.

Besonders interessant fanden die Briten Loewes Ausführungen über eine Fernsehgebühr, die nach Ansicht des Unternehmers auf der Basis einer staatlichen Genehmigung erhoben werden müsse. Zusätzlich zur momentanen Radiogebühr in Höhe von monatlich zwei Reichsmark hielt Loewe einen Fernseh-Obolus von drei Mark im Monat für durchaus angemessen. Auf der Grundlage von anfänglich 10.000 Zuschauern, so rechnete Loewe den Briten vor, könnte der Rundfunk mit den Einnahmen immerhin seine Programmkosten decken. Paul Goerz von der Fernseh AG wiederum terminierte den Start eines deutschen Dienstes „in kleinem Umfang" auf den kommenden Herbst (1935). Allerdings erwarte er nicht, daß Empfangsgeräte vom Publikum in nennenswerten Mengen gekauft würden, bevor der Preis nicht auf etwa 300 RM gesenkt werde. Im Gegensatz zu Loewe vertrat Goerz die Meinung, ein Programm lasse sich durchaus allein aus der Gebühr für den Rundfunk finanzieren, obwohl auch er einen Fernseh-Betrag von 50 Pfennigen im Monat für denk- und tragbar hielt.

Von den Briten auf die organisatorische Struktur angesprochen, wies der Chef der Fernseh AG darauf hin, daß beim Start eines öffentlichen Betriebs die Reichs-Rundfunk-Gesellschaft für die publizistische Seite und die Bedienung der Aufnahmeapparaturen (!) verantwortlich sein werde, die Reichspost hingegen lediglich für den Senderdienst. Ministerialdirektor Gieß vom RPM erklärte auf dieselben Frage, derzeit hätten zwei staatliche Stellen mit dem Fernsehen zu tun: das Propagandaministerium und die Reichspost. Letztere sei lediglich für den sendetechnischen Komplex zuständig und habe das von der Propagandaseite gelieferte Programm (!) so gut wie nur möglich zu übermitteln. Im übrigen halte er die Einführung eines öffentlichen Dienstes in den nächsten zwölf Monaten für völlig ausgeschlossen.[108] Abschließend kam die britische Kommission zu folgender Einschätzung: „Die Reichs-Rundfunk-Gesellschaft arbeitet zur Zeit noch nicht nennenswert an der Fernseh-Entwicklung. Man hört, dass darüber einige Spannungen zwischen der Gesellschaft und der Reichspost bestehen, deren Aufgaben auf dem Gebiet des Fernsehens bis jetzt noch nicht klar definiert zu sein scheinen."[109]

Erst das gemeinsame Ziel eines näherrückenden Versuchsbetriebs führte kurz vor dessen Eröffnung zu einer „Vereinbarung über die Durchführung des Fernsehdienstes" zwischen Reichspost und Rundfunk. Über das genaue Datum sowie die näheren Umstände, unter denen das Abkommen zustande kam, geben die Akten keine Auskunft. Der Wortlaut der Vereinbarung wurde jedoch im Frühjahr 1935 im Heft 4 der Fachzeitschrift *Archiv für Funkrecht* publiziert.

Neben der allgemein gehaltenen Formel über eine künftig enge Zusammenarbeit verständigte man sich darauf, daß die Post eher die Grundlagenforschung sowie den Senderbetrieb im Auge behalten sollte, während sich der Rundfunk auf die Studio- und Aufnahmetechnik zu konzentrieren und außerdem die entsprechenden Mikrophone, Verstärker und Bildabspielgeräte zu beschaffen hatte. Zudem definierte ein Pflichtenheft die technischen Normen sämtlicher Geräte.[110] Damit war – zumindest für einige Monate – eine Abgrenzung der Zuständigkeiten erreicht, wie sie auch auf dem Gebiet des Rundfunks bestand.

Als am 5. März 1935 die Abgabe von Filmen und Wochenschauen zwischen Rundfunk und Ufa erstmals vertraglich geregelt wurde (vgl. Kap. 2.3.), schien für die Reichssendeleitung der Zeitpunkt gekommen, die Eröffnung eines regelmäßigen Programmbetriebs zumindest anzukündigen, ohne allerdings einen genauen Termin nennen zu können oder zu wollen. Schon seit Beginn des Jahres sprach man hinter vorgehaltener Hand über ein öffentliches Fernsehen, und Claus Hubmann von der RRG kündigte in der ersten Januarwoche im engsten Kreis „für Anfang 1935 wesentliche

Fortschritte und Ueberraschungen an".[111] Details darüber durften allerdings nicht publiziert werden, und der Rundfunk achtete streng darauf, daß die Versuche der Post unter dem nichtssagenden Etikett „Technische Experimente" firmierten, über die möglichst wenig berichtet werden sollte.

Einen Tag nach dem Ufa-Vertragsabschluß, am 6. März, ging in den Redaktionen von Rundfunk und Presse eine Meldung des *Wissenschaftlichen Pressedienstes* (Wipress) ein, die mit einer Sperrfrist bis zum 8. März versehen war. Unter der Schlagzeile „Deutschland eröffnet den Fernsehbetrieb" meldete Wipress, die Reichs-Rundfunk-Gesellschaft beabsichtige, „noch im Monat März den ersten offiziellen Fernseh-versuchsbetrieb zu eröffnen".[112] Über den eigentlichen Anlaß dieser Entscheidung berichtete der Dienst im zweiten Absatz seiner Meldung mit erstaunlicher Offenheit: „Als vor nicht zu langer Zeit im Unterhaus zu London durch den Generalpostmeister die Erklärung abgegeben wurde, dass noch für dieses Jahr die Durchführung von prakti-schen Fernsehsendungen in England zu erwarten sei, fürchtete man in Deutschland (...), dass wir eventl. in dieser Technik hinter den Engländern zurückständen."[113] Aus Gründen der Geheimhaltung hätten es die offiziellen Stellen seit der letzten Funk-ausstellung vorgezogen, nichts mehr über ihre eigentlichen Absichten öffentlich verlaut-baren zu lassen. Deshalb werde „uns die Tatsache der ersten Versuchssendungen" in den nächsten Tagen „vor ein Faktum führen".

Anschließend ging der von Ernst Jerosch in Potsdam herausgegebene Pressedienst auf das künftige Programm ein, das sich – „ähnlich wie beim Kino" – von Woche zu Woche ändern werde. Auf eine Wochenschau, so Wipress, folge der „nach den prakti-schen Gesichtspunkten des Fernsehens ausgewählte" Spielfilm. Eine Konkurrenz für das Kino sei aber nicht zu befürchten, denn der Rundfunk habe inzwischen mit den Filmgesellschaften vereinbart, daß man sich lediglich auf solche Titel beschränken werde, die ihre Uraufführung bereits „seit längerer Zeit" hinter sich hätten. Von Sommer an komme dann ein Reportagewagen hinzu, hieß es in der Meldung weiter, so daß „die Wucht grösserer Geschehen, die uns alle angehen", in das Programm eingegliedert wer-den könnten. Dennoch dürfe man die Erwartungen an das Fernsehen, welches eben erst die Labors verlassen habe, nicht zu hoch schrauben. Vielmehr handele es sich lediglich um einen Versuchsbetrieb, der – anders als bei der Eröffnung des Rundfunks – nicht auf Vorbilder im Ausland zurückgreifen könne.[114]

Was den genauen Termin der Premiere anging, so tappten die Medien in den näch-sten Tagen im Dunkeln. Am 13. März berichtete der *Münsterische Anzeiger* voreilig, der Start erfolge „morgen".[115] Am 14. März wiederum gab die Reichspressekonferenz im Hinblick auf die kommenden Ereignisse eine Weisung heraus, wonach „größere grundsätzliche Artikel über das Fernsehen nicht veröffentlicht werden möchten, ohne daß man sie vorher über die Pressestelle des Postministeriums dem Staatssekretär Ohnesorge vorgelegt habe".[116] In letzter Zeit publizierte Berichte seien zum Teil in einer Form erschienen, die gerade unter außenpolitischen Aspekten nicht wünschenswert sei. Beim Fernsehen spiele auch das wehrpolitische Moment eine große Rolle.[117] Deshalb müsse künftig jeder Artikel technischen Inhalts der Zensur (zunächst durch die

Reichspost und das Luftfahrtministerium, nach 1939 durch die Wehrmachtsstellen) vorgelegt werden.

Über den eigentlichen Eröffnungstermin dürfte die Presse nur wenige Tage oder gar Stunden zuvor informiert worden sein. Jedenfalls existiert eine nachträglich redigierte Mitteilung der Reichs-Rundfunk-Gesellschaft, in der für den 22. März (die erste 2 besserte man handschriftlich nach) ein Versuchsbetrieb angekündigt wurde, „der in allen Einzelheiten mit dem übereinstimmt, was in England erst für den Herbst des Jahres geplant ist".[118] Weshalb man sich ausgerechnet für dieses Datum entschied, darüber läßt sich nur spekulieren. Vielleicht weil am 22. März 1895, also genau 40 Jahre zuvor, die Gebrüder Lumière in Lyon zum ersten Mal öffentlich ihren Cinématographen vorführten?[119] Ob dieses Datum allerdings den Nazis bekannt war, vor allem aber ob sie es bei Kenntnis überhaupt berücksichtigt hätten, bleibt zweifelhaft. Warum bemühten sich die Satrapen des nationalsozialistischen „Führerstaates" nicht um den 20. April (Hitlers Geburtstag)? Oder zumindest um den 1. Mai (Tag der Arbeit)? Wie auch immer, der Journalist Otto Kappelmayer publizierte in der *Berliner Nachtausgabe* vom 21. März einen eilig zusammengeschusterten Artikel über die „Premiere des Fernsehfilms", die „morgen abend über die Bühne gehen wird".[120]

ANMERKUNGEN:

[1] Die „Verordnung über die Aufgaben des Reichsministeriums für Volksaufklärung und Propaganda" vom 30. Juni 1933 legte fest, daß das RMVP für „alle Aufgaben der geistigen Einwirkung auf die Nation, der Werbung für Staat, Kultur und Wirtschaft, die Unterrichtung der in- und ausländischen Öffentlichkeit über sie und der Verwaltung aller diesen Zwecken dienenden Einrichtungen" zuständig sei.
vgl. Reichsgesetzblatt 1933 I, S. 449; auch abgedr. in Rühle, Gerd: Das Dritte Reich. Dokumentarische Darstellung des Aufbaus der Nation. Das erste Jahr 1933. Berlin 1934, S. 64.
[2] vgl. Goebel, Gerhart: Der Deutsche Rundfunk bis zum Inkrafttreten des Kopenhagener Wellenplans. In: Archiv für das Post- und Fernmeldewesen 2(1950), 6, S. 353-454, hier S. 428.
[3] vgl. Müller, Georg Wilhelm: Das Reichsministerium für Volksaufklärung und Propaganda (=Schriften zum Staatsaufbau, Heft 43). Berlin 1940, S. 22.
[4] Zu Aufbau und Organisation des nationalsozialistischen Rundfunks vgl. ausführlich Vollmann, Heinz: Rechtlich-wirtschaftlich-soziologische Grundlagen der deutschen Rundfunkentwicklung. Eine umfassende Darstellung aller die Rundfunkeinheit betreffenden Probleme in Vergangenheit, Gegenwart und Zukunft. Borna 1936, insbes. S. 61-65, 80-83.
[5] vgl. Sywottek, Jutta: Mobilmachung für den totalen Krieg. Die propagandistische Vorbereitung der deutschen Bevölkerung auf den Zweiten Weltkrieg (=Studien zur modernen Geschichte, Bd. 18). Opladen 1976, S. 43.
[6] vgl. RRG-Geschäftsbericht über das Geschäftsjahr 1933/34 (1. April 1933 bis 31. März 1934), Anhang II, S. 2-3.
[7] ebd.
[8] vgl. Diller, Ansgar: Rundfunkpolitik im Dritten Reich (=Rundfunk in Deutschland, Bd. 2). München 1980, S. 102-104.

[9] vgl. Bramsted, Ernest K.: Goebbels und die nationalsozialistische Propaganda 1925-1945. Frankfurt/Main 1971, S. 116-117.

[10] Geschäftsverteilungsplan Propagandaministerium, 1.10.1933, BA Kblz R 43 II/1149.

[11] Brief Hadamovsky an Funk, 20.7.1933, BA Potsdam 50.01/1048, fol. 1-2.

[12] ebd.

[13] vgl. Ziegler, Eberhard: Deutscher Rundfunk in Vergangenheit und Gegenwart. Seine öffentlich-rechtlichen Grundlagen und seine Organisation. Diss.jur. Heidelberg 1950, S. 59-60.

[14] Der Rechtsexperte im Reichspostministerium, Eberhard Neugebauer, bezeichnete 1939 die im FAG der Post zugeschriebene Fernmeldehoheit als „unsere Waffe gegenüber dem Propagandaminister". Referentenentwurf Eberhard Neugebauer, 2.10.1939, BA Potsdam 47.01/20815.

[15] vgl. Bley, Kurt: Über die Grundlagen des Rundfunkrechts (=Sonderheft Nr. 1 des Amtsblattes „Archiv für Funkrecht"). Berlin 1935, S. 36-38.

[16] vgl. Diller, Ansgar, Rundfunkpolitik (wie Anm. 8), S. 154 ff.

[17] vgl. Dahm, Volker: Anfänge und Ideologie der Reichskulturkammer. Die ‚Berufsgemeinschaft' als Instrument kulturpolitischer Steuerung und sozialer Reglementierung. In: Vierteljahreshefte für Zeitgeschichte 34(1986), 1, S. 53-84.

[18] Brief Hadamovsky an Funk, 20.7.1933, BA Potsdam 50.01/1048, fol. 1-2.

[19] Hadamovsky an Abteilung III des RMVP, 22.9.1933, BA Potsdam 50.01/1048, fol. 7.

[20] vgl. Reichsgesetzblatt 1933 I, S. 661.

[21] vgl. Reichsgesetzblatt 1933 I, S. 797.

[22] vgl. Pridat-Guzatis, H.[einz] G.[ert] [d.i. Heinz Guzatis]: Fernseh- und Schallplatten-Rechtsprobleme des deutschen Rundfunks. In: Archiv für Funkrecht 8(1935), 5, S. 145-149, hier S. 145.

[23] vgl. Fernsehausschuß bei der Reichsrundfunkkammer. In: Das Archiv 2(1935/36), I, S. 139-140.

[24] vgl. Liste der vom Präsidenten der Reichsrundfunkkammer ernannten Mitglieder des Verwaltungsbeirats, der Fernsehgemeinschaft und der Rundfunkarbeitsgemeinschaft bei der Reichsrundfunkkammer. In: Archiv für Funkrecht 8(1935), 6, S. 190.

[25] vgl. Wgf. [d.i. Kurt Wagenführ]: Rundfunkeinheit und Fernsehen. Die große Festsitzung der Reichsrundfunkkammer in Berlin. In: Bayerische Radio-Zeitung 12(1935), 24, S. 20, 22, hier S. 20.

[26] vgl. Eintragung unter dem 2.5.1935: Fernsehgemeinschaft bei der Reichsrundfunkkammer. In: Das Archiv 2(1935/36), I, S. 332.

[27] vgl. Fernseh-Gemeinschaft in der Reichsrundfunkkammer. In: Archiv für Funkrecht 8(1935), 5, S. 169.

[28] vgl. 1. Fernsehkongreß zu Berlin am 29. Mai 1935. In: Funktechnischer Vorwärts 5(1935), 11, S. 37.

[29] Telegramm Dreßler-Andreß an Hitler, o.D., BA Kblz R 78/699.

[30] vgl. auch Traub, Hans: Rundfunk. In: Zeitungswissenschaft 10(1935), 7, S. 340-344, hier S. 341.

[31] Die Reden sind auszugsweise abgedr. in RRG-Mitteilungen 1935/I, Nr. 467, Bl. 1-12.

[32] Bodenstedt, Hans: Aufgaben und Möglichkeiten des Bildfunks (Fernsehen). In: Kolb, Richard (Hrsg.): Rundfunk und Film im Dienste nationaler Kultur. Düsseldorf 1933, S. 363-373, hier S. 365, 371-373.

[33] vgl. Burandt, Stefanie: Propaganda und Gleichschaltung. Der Reichssender Hamburg 1933-1945. In: Köhler, Wolfram (Hrsg.): Der NDR. Zwischen Programm und Politik. Beiträge zu seiner Geschichte. Hannover 1991, S. 45-81, hier S. 49.

[34] Bofinger, Alfred: Die Situation der theatralischen Kunst. In: Funk und Bewegung 1(1933), 10, S. 6-7, hier S. 7.

[35] vgl. ebd.

[36] vgl. Kette, Georg: Das Fernsehen auf der Jubiläums-Funkausstellung in Berlin 1933. In: Fernsehen und Tonfilm 4(1933), 5, S. 53-61.

[37] vgl. Banneitz, Fritz: Fernsehen. In: Offizieller Katalog der Funk-Ausstellung Berlin 1933. Berlin 1933, S. 39-40, hier S. 40.

[38] Deutsche Reichspost (Hrsg.): Verwaltungsbericht 1933, S. 100.

[39] vgl. Mommsen, Hans: Nationalsozialismus als vorgetäuschte Modernisierung. In: Pehle, Walter H. (Hrsg.): Der historische Ort des Nationalsozialismus. Annäherungen. Frankfurt/Main 1990, S. 31-46, hier S. 43.

[40] Die Firma C. Lorenz AG stieß 1933 zum Kreis der Fernsehfirmen und erfuhr deshalb erst aus der Presse von der wichtigen Konferenz. In einem Rundschreiben an Post und Rundfunk vom 7. 11. 1933 bat das Unternehmen, welches sich wohl über den kompetenten und richtigen Ansprechpartner in Sachen Fernsehen noch im unklaren war, „unsere Firma an den kommenden Besprechungen auf dem Fernsehgebiet ebenfalls zu beteiligen".
Brief Fa. C. Lorenz AG an DRP, RMVP, RRK, RRG, 7. 11. 1933, BA Potsdam 50.01/1048.

[41] vgl. Das Fernsehen. Tonfilme und Freilichtszenen im Rundfunk. In: RRG-Pressemitteilungen 1933/II, Nr. 384, Bl. 2.

[42] Protokoll Besprechung zwischen Reichspost-, Propagandaministerium und Fernsehwirtschaft vom 16. Oktober 1933, BA Potsdam 50.01/1048, fol. 14-15.

[43] ebd.

[44] Die Zukunft des Fernsehens. Große Pläne der Deutschen Reichspost. In: Der Deutsche Rundfunk 11(1933), 44, S. 10.

[45] Dr. Ing. Friedrich Kirschstein: Geboren am 17. 1. 1904 in Bad Kreuznach. 1923 Abitur am Realgymnasium seiner Heimatstadt. 1923/1927 Studium der Elektrotechnik an den Technischen Hochschulen München und Berlin. 1927/1929 Wissenschaftlicher Assistent am Institut für Grundlagen der Elektrotechnik der TH Berlin. 19. 6. 1929 Promotion zum Dr. Ing. mit der Arbeit „Über ein Verfahren zur graphischen Behandlung elektrischer Schwingungsvorgänge". 1929/1934 Wissenschaftlicher Mitarbeiter in der Fernsehabteilung des RPZ. 1934/36 Leiter des neugeschaffenen Fernsehlabors der RRG. Nach dessen Auflösung diverse lehrende und forschende Tätigkeiten an der TH Berlin (Habilitation am 23. 5. 1939), am Institut für Schwingungsforschung und, von 1942 bis 1945, an der Heeresversuchsanstalt Peenemünde.
vgl. FI-Berufsbiografien: Friedrich Kirschstein. In: Fernseh-Informationen 40(1989), 16, S. 497-498, hier S. 497.

[46] vgl. Kirschstein, F.[riedrich]: Die Fernsehübertragungen mit dem Ultrakurzwellen-Sender Witzleben auf der Funkausstellung 1932. In: Fernsehen und Tonfilm 3(1932), 4, S. 205-210.

[47] Augustin an Naumann, 2. 8. 1932, BA Kblz R 78/702.

[48] vgl. FI-Berufsbiografien: Wilhelm Buhler. In: Fernseh-Informationen 35(1984), 1, S. 29.

[49] Otto Schulze: Geboren am 11. 9. 1905 in Bernburg an der Saale. 1912/1923 Besuch der Realschule und Volontär in Bernburg. 1923/1927 Studium der Elektrotechnik, Fernmelde- und Hochfrequenztechnik am Staatlichen Friedrichs-Polytechnikum in Köthen/Anhalt. 1927/1928 Eintritt bei Siemens+Halske in Mannheim, wo er als Projektsachbearbeiter für Feuermelder und Uhren tätig ist. 1928/1931 Wechsel nach Berlin, um als Siemens-Prüffeldleiter Mikrophone, Lautsprecher sowie Tonfilm-Aufnahme- und Wiedergabeverstärker zu testen. Daneben Ausbildung der Revisionsingenieure der Firma Klangfilm. 1931/1935 Als Direktionsassistent zur Dresdner Universelle Zigarettenmaschinenfabrik. U.a. Entwicklung einer Photozelleneinrichtung für Zigaretten-Packmaschinen.
vgl. FI-Berufsbiografien: Otto Schulze. In: Fernseh-Informationen 28(1977),), S. 221.

[50] Gespräch mit Otto Schulze, 30. 6. 1991.

[51] ebd.

[52] Hans Otto Wilhelm Zinn: Geboren am 3. 8. 1906 in Herbstein (Oberhessen) als Sohn des evangelischen Pfarrers Heinrich Zinn. Nach dem Schulbesuch in Darmstadt zweieinhalb Jahre Werkstattpraxis bei der Deutschen Reichsbahn sowie bei MAN. 1926/1930 Studium der Hochfrequenz- und Fernmeldetechnik am Staatlichen Friedrichs-Polytechnikum in Köthen/Anhalt mit Ingenieur-Examen und einem Semester Hochschulassistenz im physikalischen Labor. Oktober 1930/

Mai 1931 Montageingenieur bei der Kinoton AG in Berlin. Juni 1931/August 1931 Tätigkeit bei der Studiengesellschaft für elektronische Musik. September 1931/Juli 1934 Betriebsingenieur in den Tonfilm-Ateliers der Willy Hein GmbH in Berlin-Charlottenburg. Seit dem 1. 2. 1932 Pg. Nr. 928 264, SA-Mann von September 1931 bis April 1933. Juli 1934/Dezember 1935 Betriebsingenieur im Fernsehlabor der Reichs-Rundfunk-Gesellschaft. Seit Januar 1936 als RRG-Ingenieur in den Technischen Betriebsstellen Berlin und Saarbrücken. Nach Angaben von Reichsintendant Heinrich Glasmeier „einer unserer fähigsten Ingenieure, den ich nicht an die Industrie oder an einen anderen reichseigenen Betrieb verlieren möchte".
Lebenslauf Hans Zinn vom 24. 4. 1937, BA Kblz R 55/224, fol. 320; Glasmeier am RMVP, 23. 6. 1937, ebd. fol. 359.

[53] vgl. Aufstellung von Otto Schulze für Kurt Wagenführ, o.D., NL Wagenführ.

[54] vgl. Aufgaben, Gliederung und Geschäftsverteilung der RRG (ab 1. Mai 1933 geltend), DRA Ffm, RRG-Akten, fol. 178-184.

[55] vgl. Reichs-Rundfunk. Entwicklung, Aufbau und Bedeutung. In: Internationale Industrie-Bibliothek 10(1934), 57, S. 23-27.

[56] Gutachten des Präsidenten des Rechnungshofes über die technischen Ausgaben der RRG 1934, 16. 9. 1935, BA Kblz R55/1027, fol. 175.

[57] ebd., fol. 162.

[58] ebd., fol. 189-190.

[59] vgl. Von der Fernseharbeit der Deutschen Reichspost. In: Der Deutsche Rundfunk 13(1935), 19, S. 73.

[60] vgl. Goebel, Gerhart: Ein Wort zu Fernseh-Jubiläen. In: Fernseh-Informationen 35(1984), 9, S. 246-247, hier S. 247.

[61] vgl. Bruch, Walter: Kleine Geschichte des deutschen Fernsehen (=Buchreihe des SFB, Bd. 6). Berlin 1967, S. 51-52.

[62] vgl. Scholz, W.[erner]: Die Fernsehempfangsversuche auf dem Brocken. Mitteilung aus dem Reichspostzentralamt. In: Fernsehen und Tonfilm 5(1934), 5, S. 50-51; ders.: Die Fernsehempfangsversuche auf dem Brocken. In: Mitteilungen aus dem Reichspostzentralamt 18(1934), 18, S. 163.

[63] vgl. Banneitz, [Fritz]: Der Stand des Fernsehens nach den neuesten Versuchen des Reichspostzentralamts. In: Fernsehen und Tonfilm 5(1934), 5, S. 49-50, hier S. 49.

[64] vgl. ebd.

[65] vgl. Schröter, F.[ritz]: Der Stand der elektrischen Bildübertragung. Vortrag Nr. 3, geh. am 24. April 1934 (=Vorträge aus dem Haus der Technik, Heft 17). Essen 1934, S. 14.

[66] vgl. Kette, Georg: Funkausstellungs-Bericht. Mitteilung aus dem Reichspostzentralamt. In: Fernsehen und Tonfilm 5(1934), 5, S. 51-59, hier S. 53.

[67] vgl. Gehne, [Paul]: Technischer Fortschritt auf der Funkausstellung. In: Funk 11(1934), 34, S. 605-608, hier S. 607.

[68] vgl. Kette, Georg, Funkausstellungs-Bericht (wie Anm. 66), S. 57-58.

[69] vgl. Kirschstein, F.[riedrich]: Wie steht es mit dem Fernsehen? In: Funk 11(1934), 35, S. 663-666, hier S. 663.

[70] vgl. Fernsehen mit dem Uebertragungswagen der R.R.G.. In: Der Deutsche Rundfunk 12(1934), 37, S. 9-10.

[71] vgl. Fernsehbetrieb bei der R.R.G.. In: RRG-Pressemitteilungen 1934/II, Nr. 429, Bl. 4.

[72] vgl. Hadamovsky, Eugen: Deutschland startet das Fernsehen! In: Funk-Expreß, Jg. 1934, 68, Bl. 1-2; ders.: Der Rundfunk im Dienste der Volksführung (=Gestalten und Erscheinungen der politischen Publizistik, Heft 1). Leipzig 1934, S. 19-20; Fernsehen auf dem Brocken. In: Berlin sieht und hört, Jg. 1934, 41, S. 2

[73] vgl. Die Wahrheit über das Fernsehen. Eine Erklärung der Reichspost. In: Der Deutsche Rundfunk 12(1934), 43, S. 2-4, hier S. 2.

[74] vgl. ebd., S. 2-3.

[75] vgl. Wigand, Rolf: Fernsehen 1934. In: Der Deutsche Rundfunk 12(1934), 40, S. 64-65, hier S. 64.

[76] Im RDR sah die NSDAP eine weitere Möglichkeit, Einfluß auf die Rundfunkhörer und damit auf den Rundfunk zu erlangen. Er wurde am 12. August 1930 von Mitgliedern der Deutschnationalen Volkspartei und des Stahlhelm als Hörerorganisation der rechten Parteien gegründet. Sein Ziel war es u.a., die Mitglieder in eigenen Schulungskursen fortzubilden und die „Vorherrschaft der marxistischen Hörerverbände" zu brechen. Am 11. Oktober 1932 übernahm Goebbels den Vorsitz des RDR.

[77] Zit. nach Wittwer, Rud.[olf] J.: Fernsehen und Bastelei. In: Der Deutsche Rundfunk 13(1935), 19, S. 70.

[78] Von Paul Siebert (Bad Wildungen), Walter Kretschmacher (Neusorge-Zöblitz), Waldemar Jahn (Bad Frankenhausen), Heinrich Waizenegger (Pforzheim), dem Blinden Kurt Ahnert (Burgstädt) und andere mehr.
Div. Briefe an Propagandaministerium, BA Potsdam 50.01/1048.

[79] Brief Kirchhoff an Propagandaministerium, 15. 09. 1934, BA Potsdam 50.01/1048.

[80] ebd.

[81] vgl. Fernsehen in der Reichskanzlei. In: Das Archiv 1(1934/35), II, S. 1269; [mo]: Kann man schon Fernsehen? In: Bayerische Radio-Zeitung 12(1935), 6, S. 22, 27, hier S. 22.

[82] Handschriftl. Notiz von Kurt Wagenführ, o.D., NL Wagenführ.

[83] Mitschrift vom 17.7.1942, mittags. In: Picker, Henry (Hrsg.): Hitlers Tischgespräche im Führerhauptquartier. Frankfurt/Main 1989, S. 436-437, hier S. 437.

[84] ebd.

[85] vgl. Ursula Patzschke. In: Fernsehen 3(1955), 3/4, S. 151-153.

[86] Zit. nach Auer, Peter: ‚Was, Sie haben Bilder empfangen? Das können Sie doch gar nicht!'. In: Aus der Berliner Postgeschichte. Postgeschichtliche Hefte der Bezirksgruppe Berlin der Gesellschaft für deutsche Postgeschichte, Jg. 1985, 4, S. 6-55, hier S. 37.

[87] Wahrscheinlich aus politischen Gründen, denn ihre Schwester wurde von den Nazis verfolgt und mußte später ins Ausland emigrieren.

[88] Protokoll Gespräch zwischen Ursula Patzschke und Kurt Wagenführ, 12.12.1974, NL Wagenführ.

[89] vgl. Lerg, Winfried B.: Verdrängen oder ergänzen die Medien einander? Innovation und Wandel in Kommunikationssystemen. In: Publizistik 26(1981), 2, S. 193-201, hier S. 193.

[90] vgl. H.Ta.[d.i. Hans Tasiemka]: Das Theater gewinnt wieder an Boden. In: Der Deutsche Rundfunk 7(1929), 16, S. 488.

[91] [C.P.]: Fernsehen und Journalismus. In: Intercine 7(1935), 2, S. 107-111, hier S. 109.

[92] ebd., S. 110.

[93] vgl. Gegen den Unfug einer Rund- und Bildfunk-Besteuerung! Bemerkungen zu einer kulturfeindlichen Bewegung. In: Bildfunk 1(1929), 1, S. 10-11, hier S. 11.

[94] Banneitz, Fritz: Die Fernseher. In: Schröter, Fritz (Hrsg.): Handbuch der Bildtelegraphie und des Fernsehens. Grundlagen, Entwicklungsziele und Grenzen der elektrischen Bildfernübertragung. Berlin 1932, S. 446-472, hier S. 470.

[95] vgl. Tonfilmpatente und Fernsehen. Vorträge im Klub für Kameratechnik. In: Kinematograph 29 (1935), 49, S. 5-6, hier S. 6.

[96] vgl. Hatschek, Paul: Laboratoriumsführung bei Telefunken. In: Die Kinotechnik 16(1934), 24, S. 393-394, hier S. 394.

[97] [H.Kl.]: Kommt das Fernsehkino? Was der Lichtspiel-Theaterbesitzer auf der Funkausstellung beachten muß. In: Kinematograph 28(1934), 160, S. 1-2, hier S. 2.

[98] vgl. Elsner, Monika; Müller, Thomas; Spangenberg Peter M.: Der lange Weg eines schnellen Mediums: Zur Frühgeschichte des deutschen Fernsehens. In: Uricchio, William (Hrsg.): Die Anfänge des Deutschen Fernsehens. Kritische Annäherungen an die Entwicklung bis 1945. Tübingen 1991, S. 153-207, hier S. 179-180.

[99] Vorstandsprotokolle der Universum Film AG, 26.6.1929-24.4.1931, Niederschrift 695/5 v. 1.8. 1930, BA Kblz R 109 I/1027 b, fol. 192.

[100] Vorstandsprotokolle der Universum Film AG, 8.12.1933-19.5.1934, BA Kblz R 109 I/1029 b, fol. 208.

[101] ebd., Niederschriften Nr. 983 und Nr. 990 v. 2.3. und 27.3.1934.

[102] ebd.

[103] Vorstandsprotokolle der Universum Film AG, 8.12.1933-19.5.1934, BA Kblz R 109 I/1029 c, fol. 49f..

[104] ebd., Niederschrift Nr. 1046 v. 7. 12.1934.

[105] vgl. Vorstandsprotokolle der Universum Film AG, BA Kblz R 109 I/1030 a, fol. 84.

[106] Die Abordnung setzte sich zusammen aus A.J. Gill, Stabs-Ingenieur des Post Office, H.L. Kirke, Chef der Forschungsabteilung der BBC, J. Varley Roberts, Sekretär des Ausschusses, sowie ein weiteres Mitglied, O.F. Brown.

[107] Bericht eines [sic!] Abordnung des Selsdon-Ausschusses zum Studium der Fernseh-Entwicklung in Deutschland, 4.–11. 11.1934, NL Wagenführ (in deutscher Übersetzung).

[108] ebd.

[109] ebd.

[110] vgl. auch Diller, Ansgar, Rundfunkpolitik (wie Anm. 8), S. 186.

[111] vgl. Leuchter, Heinz W.[ilhelm]: Dr. Hubmann kündigt Überraschungen im Fernsehen an. In: NS-Funk 3(1935), 3, S. 9.

[112] Deutschland eröffnet den Fernsehbetrieb. In: Wissenschaftlicher Pressedienst, Nr. 55 v. 6.3.1935, BA Kblz NS 15/181.

[113] ebd.

[114] vgl. auch Die Reichs-Rundfunk-Gesellschaft eröffnet einen Fernseh-Versuchsbetrieb für Berlin. In: Der Deutsche Rundfunk 13(1935), 11, S. 9.

[115] vgl. Bald kann jedermann fernsehen. Eröffnung des deutschen Fernseh-Versuchsbetriebes am 14. März. In: Münsterischer Anzeiger v. 13. 3.1935, BA Kblz R 78/2344.

[116] Presseanweisung Nr. 1183 v. 14. 3.1935. Abgedr. in Bohrmann, Hans (Hrsg.): NS-Presseanweisungen der Vorkriegszeit. Edition und Dokumentation. Bd. 3/I: 1935. München u.a. 1987, S. 144.

[117] vgl. ebd.

[118] Die Reichs-Rundfunk-Gesellschaft eröffnet einen Fernseh-Versuchsbetrieb für Berlin. Abgedr. in Fernseh-Informationen 36(1985), 6, S. 179-182.

[119] vgl. Traub, Hans: Als man anfing zu filmen. Ein geschichtlicher Abriß über die Entstehung des Films. München 1934, S. 9-10.

[120] Kappelmayer, Otto: Morgen abend Premiere des Fernsehfilms. In: Berliner Nachtausgabe v. 21. 3. 1935; und BA Kblz R 78/2344.

3. DER ÜBERGANG VOM VERSUCHSBETRIEB ZUM REGELMÄSSIGEN PROGRAMMDIENST (1935–1936)

3.1. Ein undramatischer Vorgang
Der 22. März 1935

Am 22. März 1935 inszenierte Reichssendeleiter Hadamovsky im Berliner Haus des Rundfunks ein Ereignis, das in die Annalen eingehen sollte als die „Eröffnung des ersten regelmäßigen Fernsehprogrammbetriebs der Welt". Zu diesem Anlaß versammelten sich im Großen Sitzungssaal rund 80 bis 100 geladene Gäste, darunter RRG-Verwaltungsdirektor Hermann Voß, Vertreter von Post, Funkhandel und -industrie, einige handverlesene Journalisten des In- und Auslands sowie rangniedrige Beamte in Vertretung ihrer Minister. Der offizielle Teil des rundfunkpolitischen Spektakels, das von 20.00 bis 21.30 Uhr dauerte, bestand aus den Ansprachen von Eugen Hadamovsky, Claus Hubmann, dessen Stellvertreter Curt Hoffmann sowie Fritz Banneitz vom Reichspost-Zentralamt. Ihnen schloß sich wiederum eine 60minütige Fernsehvorführung an.[1] Zunächst jedoch begann der Festakt mit einer Panne. Nachdem der Pressechef der Reichssendeleitung, Johann Georg Bachmann, die Anwesenden begrüßt hatte, sollte über die an der Stirnseite des Saales aufgestellten sieben Apparate eine kurze Rede des technischen Direktors der RRG, Claus Hubmann, übertragen werden. Hubmann hatte offenbar im Vorfeld die Bedeutung des 22. März weniger hoch veranschlagt als etwa Hadamovsky, hielt sich deshalb an diesem Freitag dienstlich in München auf und stand somit den Gästen nur in Form einer Konserve zur Verfügung, die wiederum vom Filmgeber des Rundfunks abgetastet wurde. Bereits nach den ersten Sekunden seiner Grußadresse fielen sämtliche Geräte aus, wie sich die im Sitzungssaal anwesende Journalistin Gabriele Müller fünf Jahre später erinnerte.[2]

Den nachfolgenden Rednern Hoffmann und Banneitz – beide seit Jahren versierte Experten auf dem Gebiet der Rundfunk- und Fernsehtechnik – paßte dieser peinliche Fauxpas durchaus ins Konzept, waren doch ihre Ausführungen geprägt von vorsichtigen Prognosen, einer realistischen Situationsbeschreibung sowie eher schlichten Aussagen über die bisherigen deutschen Leistungen auf dem Fernsehsektor. Es werde heute „ohne Beschönigung und Korrekturen" das gezeigt, was der spätere Käufer eines Empfängers zu sehen bekomme, begann Hoffmann seine Ausführungen.[3] Oberpostrat Banneitz ergänzte mit dürren Worten: „Mit dem Ausbau der betriebsfähigen Fernsehanlage ist jetzt ein gewisser Abschluß erreicht, der es gestattet, die Öffentlichkeit an den weiteren Versuchen teilnehmen zu lassen."[4]

Ganz anders dagegen trat der uniformierte Reichssendeleiter auf. Dissonanzen zwischen Post und Rundfunk überspielte er klug mit einem Dank an „meinen Parteigenossen Ohnesorge", wodurch er überdies den Eindruck erweckte, der Staatssekretär sei anwesend. Geschickt eingestreute Hinweise über zugestellte Telegramme an Hitler und Goebbels (die allerdings von beiden recht kühl und knapp beantwortet wurden) taten ihr übriges, die Veranstaltung zu einem staatspolitischen Ereignis erster Güte zu stilisieren.[5] Hadamovsky, dessen theatralische Rede ausschnittweise gefilmt wurde,[6] hatte solche „Taschenspielertricks" zur scheinbaren Aufwertung des Festaktes durchaus nötig, waren doch weder Hitler noch ein Reichsminister, noch ein Staatssekretär, noch ein erwähnenswerter Parteigenosse im Raum. Selbst der zuständige Minister für die Totalpropaganda im Dritten Reich, Joseph Goebbels, erschien nicht. Nach Erinnerungen von Hans-Joachim Weinbrenner, Referatsleiter in der Rundfunkabteilung, fanden im Propagandaministerium Vorbesprechungen zum Termin des 22. März überhaupt nicht statt. Vielmehr habe er – eher beiläufig und „ein oder zwei Tage zuvor" – von der Sendeleitung erfahren, man könne an dieser Veranstaltung teilnehmen. Eine offizielle Einladung erging allerdings nicht. Kein einziger Repräsentant der Goebbels-Behörde, so erinnerte sich Weinbrenner 1975, sei deshalb bei der Eröffnungsfeier zugegen gewesen.[7] Diese kränkend wirkende Abwesenheit und seltsame Brüskierung dürfte mehrere Gründe gehabt haben. Zum einen spiegeln sich darin Spannungen zwischen den beiden Ministerien Post und Propaganda wider. Diese bestanden nicht zuletzt deshalb, weil der NS-Rundfunk die Verdienste um das Fernsehgebiet einseitig für sich beanspruchte, ohne über den nötigen Vorlauf in der Grundlagenforschung, die notwendigen Apparaturen und eine ausreichende Programmreserve zu verfügten. Oder wollte Goebbels zunächst der Reichssendeleitung in dieser unsicheren Sache den Vortritt lassen, um erst nach gelungenem Start offiziell aufzutreten?

Auffällig ist darüber hinaus, daß Hadamovsky im Verlauf seiner Ansprache den Film gleich zweimal besonders heraushob: als Programmlieferant für das Fernsehen sowie in der durch nichts bewiesenen Behauptung, eine Konkurrenz zwischen beiden Medien sei für alle Zeiten ausgeschlossen. Hier fiel anscheinend eine höheren Orts ausgegebene „Sprachregelung" auf fruchtbaren Boden. Die Filmpresse registrierte denn auch in ihrer Nachbetrachtung des 22. März Hadamovskys besondere Fürsorge mit Wohlwollen.[8] Ferner erklärte der Reichssendeleiter den Fernsehstart zur „heiligsten Mission des Rundfunks", ergoß sich in Betrachtungen über „Kultur-Aristokratisierung und Fernsehgebühren" (die nicht erhoben werden sollten, wenigstens bis auf weiteres nicht)[9], bis schließlich die eigentliche Absicht zutage trat: Durchsetzung des „Führerprinzips" auch beim Medium Fernsehen.[10] Seine Ausführungen über die technische Seite waren im übrigen primitiv und hielten einer genaueren Überprüfung nicht stand. So forderte er einen Empfänger, ganz gleich in welcher Preislage. Er müsse nur lieferbar in jeder Menge sein und schnell auf den Markt kommen, am besten schon zur nächsten Funkausstellung.[11] Woher Hadamovsky die Information nahm, Volksgenossen könnten noch in 100 Kilometer Entfernung das Fernsehen verfolgen, bleibt sein Geheimnis.

Hingegen blieb er auf wichtige konzeptionelle Fragen eine Antwort schuldig: Wann und wie lange wird täglich gesendet werden? In welcher Höhe stehen überhaupt finanzielle Mittel bereit? Verfügt das Fernsehen über geeignete Mitarbeiter? Welche inhaltlich-ideologischen Maßstäbe werden künftig angelegt? Es schien, als ob sich jener Mann, der nach eigenen Angaben 1934 von Goebbels beauftragt worden war, ein Fernsehprogramm aufzubauen,[12] insbesondere mit publizistischen Aspekten überhaupt noch nicht befaßt hatte, obwohl in der Presse seit Jahren Anregungen dieser Art kursierten. Daß die Post seit geraumer Zeit ein improvisiertes Versuchsprogramm ausstrahlte, wurde im übrigen von Hadamovsky schlichtweg totgeschwiegen. Seitdem herrscht bei einigen Fernsehhistorikern die Vorstellung, ein Programm sei in Berlin zunächst nur an jenen drei Tagen (Montag, Mittwoch und Samstag) ausgestrahlt worden, die der Rundfunk fortan für sich in Anspruch nahm. Tatsächlich war es aber noch im März 1935 so, daß die Post rund viermal soviel Sendezeit abdeckte wie der Rundfunk.

Bisweilen wurden die Teilnehmer des Festaktes den Eindruck nicht los, Hadamovsky übertrage aus Unkenntnis heraus allgemein gehaltene Phrasen auf das Fernsehen.[13] Dennoch vermittelten die nachfolgenden Sendungen den Gästen zumindest einen ersten Vorgeschmack, wie das künftige Programm aussehen könnte. In Ton und Bild gezeigt wurden beispielsweise zackige Militärkapellen, die u.a. Hitlers Lieblingsmarsch, den Badenweiler, intonierten. Daneben politische Kultur- und Trickfilme der Ufa (*Mit dem Kreuzer Königsberg in See, Vorsicht! Es brennt!*) sowie Bilderfolgen über nationale Ereignisse und Großkundgebungen der Jahre 1933/35: *Der Führer spricht, Berliner Heldengedenkfeier 1935* und dergleichen. Seinen Abschluß fand der merkwürdige, im übrigen schon bald in Vergessenheit geratende Festakt[14] in einer Führung durch die Fernsehräume des Rundfunks, die sich bekanntlich nur ein paar Stockwerke über dem Großen Sitzungssaal befanden.[15]

Sicherlich war es ein machtpolitischer Ehrgeiz des NS-Regimes, mit dem hastigen Start der englischen BBC und allen anderen Nationen zuvorkommen zu wollen, die sich ernsthaft mit der neuen Kommunikationstechnik befaßten. Dies um so mehr, nachdem in der Weimarer Republik der Rundfunkprogrammbetrieb erst dann aufgenommen wurde, als vier andere europäische Länder bereits im Äther waren.[16] Nicht umsonst schrieb später der Journalist Fritz Lindenberg im *NS-Funk*: Die Eröffnung des Fernsehbetriebs sei ein weiterer Markstein auf dem Weg zur Weltgeltung deutscher Rundfunkpolitik und -technik, und er fügte euphorisch hinzu, in diesen bewegten Zeiten zähle einzig und allein die Stunde der Geburt.[17] Damit, so Lindenberg, lösche der Nationalsozialismus die Erinnerung an die beschämende Tatsache aus, daß unter der „Systemherrschaft" und ihrem „Rundfunkvater" Bredow die Entwicklung des Rundfunkwesens „mutwillig" um mehrere Jahre verschleppt worden sei und deshalb – bis 1933 natürlich – hinter dem Niveau des Weltrundfunks herhinkte.[18] Auch die Möglichkeit, den noch lebenden, fast 75jährigen Paul Nipkow beim Start als „Vater des Fernsehens" vorzustellen und damit zu suggerieren, das neue Medium sei eine rein deutsche Erfindung, mag von Bedeutung für den 22. März gewesen sein. Neben diesen mehr propagandistischen Aspekten darf die ökonomische Komponente nicht unterschätzt werden. Ein Land mit einem regelmäßigen Fernsehdienst, noch dazu als erstes in der Welt, verfügte in den Augen der Weltöffentlichkeit per se über eine leistungsstarke und betriebssichere Technik. In diese Richtung ging zumindest das Kalkül von Wirtschaft und Handel mit Blick auf den Weltmarkt. Bereits 1934 urteilten Finanzexperten der Reichs-Rundfunk-Gesellschaft: „Eine Hemmung in der Einführung des Fernsehbetriebs bedeutet nicht nur eine Gefährdung des deutschen Prestiges, sondern auch des möglich werdenden deutschen Exports."[19] Hingegen läßt sich die These von Manfred Hempel in den Akten nicht bestätigen, der hinter der Eröffnung eine von langer Hand geplante, mithin konzertierte Aktion vermutet. Nach seiner Meinung handelte es sich bei dem 22. März um einen „Komplott" zwischen den Drahtziehern der Aufrüstungs- und Kriegspolitik auf der einen und Hadamovsky auf der anderen Seite. Diese Gruppen hätten die Initiative vor allem deshalb übernommen, um den Einfluß national*sozialistischer* Fernsehkonzepte zurückzudrängen.[20] Hempel beruft sich dabei im wesentlichen auf Gedanken von Horst Dreßler-Andreß, die dieser noch bis weit in die siebziger Jahre hinein unbeirrt vertrat.[21] Demnach war es die Absicht von Goebbels' Rundfunkleiter gewesen, den Programmdienst anläßlich des ersten RDR-Fernsehkongresses[22] rund acht Wochen nach dem 22. März zu eröffnen, dessen Delegierte anschließend die „Idee des Volksfernsehens" aus der Hauptstadt ins Reich hinaustragen sollten. Dieser Gedanke der „durch organisierten Willen geführten Massen" sei aber dem persönlichen Ehrgeiz eines von Goebbels „ferngesteuerten" Reichssendeleiters zum Opfer gefallen.[23]

Daß sich hinter der propagandistischen Fassade des 22. März ein gänzlich undramatischer Vorgang abspielte, war vielen Fachjournalisten sehr wohl bewußt. Diese zogen in ihrer Berichterstattung über das Märzdatum oftmals einen – freilich hauchdünnen – Trennungsstrich zwischen den Worthülsen eines Sendeleiters und den seriöseren Verlautbarungen der Reichspost. Die ehedem kritische, weil von Goebbels als liberales Refugium geduldete *Frankfurter Zeitung* berichtete am 11. April: Die an und für sich recht bescheidenen deutschen Erfolge auf dem Fernsehgebiet würden in der Öffentlichkeit oftmals stark übersteigert dargestellt.[24] Der *Europa-Funk* legte Wert auf die Feststellung, nach dem 22. März werde sich nichts Wesentliches auf dem Fernsehsektor ändern. Die Erweiterung bestehe lediglich darin, daß das Reichspost-Zentralamt dem Rundfunk an drei Abenden in der Woche seine Sendeeinrichtungen zur Verfügung stellen werde.[25] Otto Kappelmayer wies im *Kinematograph* darauf hin, mit dem Märzdatum beginne eine auf etwa zwölf Monate („Die Fernsehfachleute schätzen sogar zwei Jahre") terminierte Versuchsperiode, in deren Mittelpunkt hauptsächlich Programmstudien stünden.[26] Das große Publikum könne an diesen Sendungen nur dann teilnehmen, wenn es sich einen Empfänger selbst baue oder später kaufe. Das geschehe natürlich auf eigenes Risiko. Während sich also die Presse mit Jubelartikel zurückhielt[27] und pflichtgemäß den Start eines „Fernseh-Versuchsbetriebs für Berlin"[28] meldeten, legten vor allem die NS-Periodika besonderen Wert auf den Zusatz „erster in der Welt"[29]

Hingegen blieb Eugen Hadamovskys pathetische Propaganda international nicht ohne Resonanz, artikulierten sich offen Ängste vor einem künftigen Nazifernsehen. In der von Rudolf Arnheim redigierten, vom Internationalen Institut für Lehrfilmwesen in Rom herausgegebenen Zeitschrift *Intercine* bemerkte der Journalist O. Blemmec nach dem 22. März, es sei durchaus gefährlich, wenn dieses „gewaltige Beherrschungs-Instrument" in die Hände eines diktatorischen Staates gelänge. Schon die Zeitungen würden eine gewisse Macht ausüben. „Wieviele werden erst alles glauben, was sie mit ihren eigenen Augen in ihrem Empfangsapparat sehen!", meinte Blemmec. „Es ist unabsehbar, wohin wir da kommen. Pressekampagnen zur Beeinflussung der öffentlichen

Meinung werden nichts sein im Vergleich zu Fernsehkampagnen, die bestimmte Sonderinteressen (...) verfolgen."[30] Zwar sei eine gewisse staatliche Kontrolle nie verkehrt. Wenn man aber bedenke, was bestimmte Staaten bereits heute aus dem Fernsehen machten, dann könne man sich starker Befürchtungen nicht erwehren. „Es ist sehr wohl denkbar, dass wir unter dem Vorwand von Propagandasendungen einen Krieg der Gehirne beiwohnen werden, der nichts anderes ist, als die Vorbereitung auf den wirklichen Krieg, sobald zum Wort, das bisher allein wirkte, das Bild tritt."[31] Lediglich unter dem Aspekt, wirtschaftlich arbeiten zu müssen, dürfe das Fernsehen in Zukunft gewisse moralische Prinzipien preisgeben. Es dürfe sich aber nicht um jeden Preis ein Publikum schaffen wollen, nur weil es Gebühren erheben müsse, um leben zu können. Deshalb, so Blemmec in seinem bemerkenswerten Beitrag, müsse das Medium wirtschaftlich unabhängig gemacht werden, indem der Staat alle Sendegesellschaften großzügig subventioniere, die anschließend „loyal innerhalb des vorgezeichneten Rahmens arbeiten" sollen.[32]

Der Start des Versuchsbetriebs am 22. März 1935 wird heute mit großer Selbstverständlichkeit als der Beginn des regelmäßigen deutschen Fernsehens gefeiert.[33] Vor allem Kurt Wagenführ erwies sich nach dem Krieg als ein zäher und energischer Kämpfer für ein Datum.[34] Mit Macht stemmte er sich gegen eine weitverbreitete Aussage britischer Fernsehhistoriker, wonach Großbritannien am 2. November 1936 „the first regular Television Service in the world" eröffnet habe.[35] Die englische Ignoranz des 22. März veranlaßte Wagenführ, „einen wahren Feldzug gegen diese Falsch-Behauptung"[36] zu führen. Er erreichte immerhin, daß einige englische Experten – darunter der wissenschaftliche Mitarbeiter der BBC, Douglas C. Birkinshaw – die deutsche „Führerschaft" anerkannten.[37] Man einigte sich schließlich auf einen kleinen, aber feinen Kompromiß: Die Deutschen waren die Ersten, die Briten aber hatten mit 405 Zeilen den ersten „High Definition Service" der Welt eröffnet. 1981 jedoch flammte der alte Disput nach einem Artikel in der BBC-Programmzeitschrift *Radio Times*[38] wieder auf. Wagenführ holte daraufhin aus seinem Archiv Fotos und Widmungen der ersten deutschen Fernsehakteure hervor und schickte sie an die BBC, die Royal Television Society sowie an die Redaktionen *Radio Times, Television, Wireless World* und *Times*. Seine Beweisstücke erweiterte er durch ein Zitat aus der *Times* vom 23. März 1935,[39] welches nicht nur belegen sollte, daß man tags zuvor in Berlin den „ersten", den „ersten regelmäßigen", sondern auch „den ersten hochzeiligen" Fernsehdienst aus der Taufe gehoben hatte. Damit stand für Wagenführ fest, daß die deutsche 180-Zeilen-Norm bereits 1935 im In- und Ausland allgemein als „hochzeilig" anerkannt wurde.[40]

3.2. Propaganda mit dem Fernsehen
Der Zickzackkurs des Rundfunks

Der NS-Rundfunk war in den Wochen und Monaten nach dem 22. März bestrebt, all jene Hoffnungen wieder auf ein realistischeres Maß zurechtzustutzen, die sich in der Berliner Öffentlichkeit mit dem großspurig avisierten Fernsehstart verknüpften. Gelegenheit dazu bot sich reichlich. Als der Internationale Filmkongreß vom 25. April bis 1. Mai in der Berliner Krolloper tagte und erstmals auch das Fernsehen zum Gegenstand seiner Eröterungen machte, bemühte sich der Reichssendeleiter um Schadensbegrenzung. Zumal er im Vorfeld erfahren hatte, daß das Reichsfilmarchiv am 29. April allen interessierten in- und ausländischen Kinobesitzern und Filmexperten die Chance bieten wollte, an einer Fernsehsendung mit anschließender Diskussion teilzunehmen. Hadamovsky – der im offiziellen Programm als Redner gar nicht vorgesehen war[41] und sich deshalb eingangs dafür entschuldigte, „dass ich (...) in diesen Kongress hineingeplatzt bin"[42] – ließ es sich nicht nehmen, die Teilnehmer wenige Stunden vor der Sendung im Dahlemer Harnack-Haus entsprechend einzustimmen. Nach den üblichen Dankesfloskeln „an meine Parteigenossen" schlug der Sendeleiter überraschend moderate Töne an. Es sei nur klug, meinte er, beim Fernsehen nichts zu überstürzen. Man habe es nicht nötig, übereilte Investitionen zu tätigen und Kapital für Dinge zu binden, die im Augenblick noch nicht spruchreif seien, beruhigte er seine Zuhörer im Parkett. Der Fernsehstart habe hie und da den Eindruck erweckt (!), als sei jetzt mit einem Schlag eine neue Ära angebrochen und schon morgen ein Programm von täglich 18 Stunden möglich. Hadamovsky krönte seinen windigen Zickzackkurs mit der Bemerkung: „Das sind alles Fehldeutungen." Vielmehr stelle der Programmdienst auf längere Sicht einen unrentablen Zuschußbetrieb dar, der ausschließlich von der Radiogebühr getragen werde. Es sei illusorisch und unverantwortlich zugleich, schon heute von einem günstigen „Volksfernseh-Empfänger" zu sprechen. Ferner hielt es der Reichssendeleiter für völlig utopisch, einen Spielfilm in voller Länge im Fernsehen zu übertragen, denn das Publikum sei nicht bereit, zu Hause zwei Stunden im verdunkelten Zimmer zu sitzen.[43]

Am 1. Mai wiederum fand in der Berliner Staatsoper Unter den Linden eine Festsitzung der Reichskulturkammer statt, bei der die Nationalpreise für den Film und das Buch vergeben wurden. In seiner Rede meinte Goebbels, er werde dem Fernsehen besondere „ideelle und materielle Förderung angedeihen lassen".[44] Tags darauf ging Hadamovsky erneut Konzessionen ein – dieses Mal jedoch gegenüber dem Rundfunk. Vor den Mikrofonen des Reichssenders Berlin diskutierte er mit einem Vertreter der Funkindustrie (Lotz) und des Radiohandels (Otte) über das Thema Fernsehen, Rundfunkindustrie und -handel. Der offenbar für sehr wichtig erachtete Inhalt des Gesprächs ging anschließend über alle deutschen Reichssender. Seine Diskussionspartner äußerten zunächst die Befürchtung, durch die intensive Propaganda könne der Eindruck entstehen, billige Empfänger stünden kurz vor der Marktreife. Dies wirke sich aber negativ auf den Absatz von Radiogeräten aus. Hadamvosky jedoch prophezeite dem

Rundfunk kurzerhand noch ein Jahrzehnt ungestörter Entwicklung und meinte anschließend konziliant: „Ich will ihnen verraten, dass ich im Augenblick nur ein einziges Volksfernsehgerät kenne, den Feldstecher.“[45]

Hingegen standen beim sogenannten 1. Deutschen Fernsehkongreß des Reichsverbandes Deutscher Rundfunkteilnehmer am 29. Mai wieder die vollmundigen Absichtserklärungen des NS-Rundfunks im Mittelpunkt. Jener Kongreß im Zeichen der „Rundfunkeinheit“,[46] den Dreßler-Andreß ursprünglich zum Anlaß für den Fernsehstart nehmen wollte, begann vormittags im Funkhaus mit der Enthüllung einer Gedächtnistafel zu Ehren Paul Nipkows.[47] Schwülstige Reden der Funktionäre, Marschmusik und das Horst-Wessel-Lied verliehen dem Schauspiel einen zeitgemäßen Rahmen.[48] Anschließend taufte man den Filmgeber der Reichs-Rundfunk-Gesellschaft auf den Namen „Fernsehsender Paul Nipkow“,[49] eine ebenso kuriose wie technisch unzutreffende Bezeichnung, die sich – sehr zum Leidwesen der Reichspost – im folgenden für den Programmbetrieb einbürgerte.

Diese aus Sicht der Post glatte Provokation des Rundfunks führte in den kommenden Jahren immer wieder zu Verwechslungen und Irritationen, suggerierte der Terminus doch die Zuständigkeit von Goebbels sowohl für das Programm als auch für die technische Seite. Noch im April 1939 regte die Reichspostdirektion (RPD) Berlin-Charlottenburg an, den Bild- und Tonsender in Abgrenzung zum Programm in „Ultrakurzwellensender“ umzubenennen. Postminister Wilhelm Ohnesorge lehnte dies jedoch im Juni mit der Begründung ab, der Name „Fernsehsender“ für die drahtlose Übertragung sei gleichermaßen volkstümlich wie einprägsam, während hingegen der RPD-Vorschlag von der breiten Öffentlichkeit nicht verstanden werde.[50] Die Verwechslungen gingen ohnehin nicht auf das Konto der Post, „sondern entstanden durch die fälschliche Bezeichnung der RRG-Dienststelle mit dem ‚Sender‘-Namen“. Weil dem Rundfunk aber keinerlei Sendebefugnisse zuständen, sei es erforderlich, bei der RRG eine Änderung ihrer „Dienststellenbezeichnung“ – eventuell in „Deutscher Fernsehrundfunk“ – zu erwirken. Ohnesorge beauftragte daraufhin die Reichspostdirektion, entsprechende Verhandlungen zwecks Umbenennung einzuleiten,[51] die allerdings erfolglos blieben.

Am 9. Juli 1935 sprach Hadamovsky im Deutschlandsender erneut über den aktuellen Stand des Fernsehens. Die Rede richtete sich dieses Mal vorwiegend an das Ausland und wurde von verschiedenen ausländischen Stationen übernommen.[52] Er meinte: „Göring hat den Deutschen das Wort geschenkt: Unser Volk muß ein Volk von Fliegern werden. Dr. Goebbels hat daneben die Parole gestellt: Es soll auch ein Volk von Rundfunkhörern werden. Das Volk der Rundfunkhörer wird aber in absehbarer Zukunft ein Volk von Fernsehern sein.“[53] Hingegen waren wieder die gemäßigteren Töne angesagt, als der wendige Sendeleiter am 2. August vor der Belegschaft des Funkhauses sprach, um die Marschrichtung für die bevorstehende Funkausstellung auszugeben. Unter dem Funkturm werde der Radio-Volksempfänger im Mittelpunkt stehen, kündigte er seinen Zuhörern im Großen Sendesaal an. Und überhaupt: Es müsse die Pflicht aller Anwesenden sein, den „Volksgenossen“ während der Ausstellung immer wieder klarzumachen, daß der Rundfunk nicht bereits deshalb überholt sei, weil in Berlin ein paar TV-Apparate und ein Sender aufgestellt worden seien.[54] Überdies war er der Meinung, die wirtschaftliche Zukunft des neuen Mediums könne nur in der Ergänzung des Rundfunks durch ein Bildteil liegen, eine Ansicht, die dem Entwicklungsstand der zwanziger Jahre entsprach. Diese Beruhigungspille verabreichte Hadamovsky wenige Tage später auch Vertretern des Funkhandels auf einer neuerlichen Fachtagung in der Berliner Krolloper.[55]

Als Schirmherr Joseph Goebbels schließlich am 16. August 1935 die 12. Rundfunkausstellung unter dem Motto „Volkssender! Fernsehen! Volksempfänger"[56] eröffnete, wurde einmal mehr die Diskrepanz deutlich zwischen Konzeptionslosigkeit und einer auf Außenwirkung bedachten Propaganda. Die neue Übertragungstechnik werde in kurzer Zeit einem „märchenhaften Aufschwung"[57] entgegengehen, meinte der Propagandachef, während Johann Georg Bachmann im Katalog zur Funkausstellung die „soziale Komponente" besonders betonte. Das Fernsehen sei nach dem 22. März („eine Kolumbustat im psychologisch richtigen Augenblick") nicht mehr – wie in der Weimarer Republik – eine Sache der Begüterten, sondern ausschließlich Angelegenheit der arbeitenden Volksgenossen geworden, schrieb der Pressechef der Reichssendeleitung.[58] Die in Halle III von Post, Industrie und Reichs-Rundfunk-Gesellschaft erstmals aufgebaute „Fernseh-Straße" ermöglichte den Besuchern einen direkten Vergleich zwischen den freilich noch immer unverkäuflichen Empfängerarten. Deren Bildgröße lag im Durchschnitt bei 20 cm mal 22 cm, ihr Preis bei etwa 1800 Reichsmark. Als für den späteren Programmbetrieb wichtige Neuerung war ein sogenannter Linsenkranzabtaster des Telefunken-Ingenieurs Emil Mechau zu sehen, der die Überblendung von Diapositiven, Film- und direkten Bildern ermöglichte.[59]

3.3. Klärung der Kompetenzfrage
Die „Erlasse" vom 12. Juli und 11. Dezember 1935

Hatte sich in den ersten Wochen des Jahres 1935 beim Fernsehen eine ähnliche Aufgabentrennung eingespielt wie beim Rundfunk (vgl. Kap. 2.4.), so wurde nach dem 22. März die Frage der Zuständigkeit erneut aufgeworfen. Im Interesse der propagierten Rundfunkeinheit beanspruchte die Propagandaseite nicht nur den programmlichen und technischen Studiobetrieb in der Rognitzstraße, sondern darüber hinaus auch die Sendeanlagen der Post, weil – so argumentierte man – Fernsehsender im FAG nicht ausdrücklich erwähnt seien, somit also auch nicht in die Kompetenz des Postministers fielen. Rein formal traf das durchaus zu, da es bei der Verabschiedung des Gesetzes überhaupt noch keine Fernsehsender gab. Um dem Zugriff der Propagandaseite zu entgehen, trat das Reichspostministerium im Sommer die Flucht nach vorne an und verbündete sich mit dem einflußreichen Luftfahrtminister und alten Goebbels-Widersacher Hermann Göring. Gemeinsam, aber hinter dem Rücken des Propagandachefs erwirkte man daraufhin von Hitler den „Erlaß des Führers und Reichskanzlers über die

Zuständigkeit auf dem Gebiete des Fernsehwesens" vom 12. Juli 1935.[60] Göring hatte im Vorfeld beim „Führer" mit Erfolg geltend gemacht, eine Zersplitterung der Fernsehkompetenzen bleibe nicht ohne ernsthafte Konsequenzen für die Flugsicherung, insbesondere hinsichtlich der Entwicklung von Radargeräten.

„Die Zuständigkeiten auf dem Gebiete des Fernsehwesens gehen auf den Reichsminister der Luftfahrt über, der sie im Benehmen mit dem Reichspostminister ausübt", verfügte Hitler sachlich-knapp in dem Erlaß, der zunächst von Görings Behörde für geheim erklärt wurde,[61] dann aber doch – wahrscheinlich auf Betreiben des Postministeriums – in der August-Ausgabe des *Reichsgesetzblattes* veröffentlicht wurde.[62] Mit Rücksicht auf die besondere Bedeutung für die Flugsicherung und den nationalen Luftschutz, so hieß es in der Begründung, erfordere die weitere Entwicklung des Fernsehens dringend eine Zusammenfassung der staatlichen Zuständigkeiten in einer Hand. Während somit der Reichspost ein gewichtiges Mitspracherecht eingeräumt wurde, blieben die Interessen des Propagandaministeriums völlig unberücksichtigt, trotz der bereits von ihm eingeleiteten Aktivitäten.

Wenige Tage nach Verabschiedung des Erlasses machte Göring deutlich, wie er künftig die Kompetenzen im Detail handzuhaben gedachte. Am 23. Juli unterrichtete er die Reichskulturkammer, alle Veröffentlichungen über das Fernsehen „durch Wort, Schrift, Bild oder Ton" bedürften der vorherigen Zustimmung des Reichsministers der Luftfahrt, während dagegen der Postminister im Einzelnen regle, „ob und welche" Organisationen sich überhaupt mit dem neuen Medium befassen dürften. Darüber hinaus, so ordnete Göring an, stehe die Zusammenarbeit mit der Industrie ausschließlich dem Postministerium zu.[63]

Die Gunst der Stunde nutzend, ging auch der Staatssekretär und spätere Reichspostminister Wilhelm Ohnesorge sofort daran, den Rundfunk vor vollendete Tatsachen zu stellen und ihm auf dem Fernsehgebiet den Todesstoß zu versetzen. Am 2. August ließ er Goebbels in einem vertraulichen Schnellbrief wissen, daß fortan nicht nur der Betrieb von öffentlichen Empfangsstellen, sondern überdies alle Entwicklungsarbeiten („auch hinsichtlich der Aufnahmeeinrichtungen sowie die technischen Versuche") nur noch von der Postbehörde wahrgenommen würden.[64] Aus diesem Grund verlangte Ohnesorge die Übergabe aller fernsehtechnischen Einrichtungen des Rundfunks an die Post, die zum 10. August abgewickelt werden sollte. Seine Behörde sei jedoch bereit, die bei der RRG vorhandenen Geräte und Anlagen gegen Erstattung der Kosten zu übernehmen. Gleichwohl forderte er den Rundfunk ultimativ auf, bis zum 8. August eine entsprechende Liste aller Geräte zu erarbeiten. Tags zuvor, am 1. August, hatte Ohnesorge gegenüber Hadamovsky die unumschränkte Weisungsbefugnis seines Ministeriums auf der bevorstehenden Funkausstellung bekräftigt, während der Luftfahrtminister auf dieser Veranstaltung „für das Vortragswesen" verantwortlich zeichne. Ohnesorge zitierte deshalb Hadamovsky „zu einer grundsätzlichen Aussprache" ins Postministerium, die schließlich am 5. August im Beisein von Vertretern der Luftfahrt stattfand.[65]

Joseph Goebbels, der 1933 schon einmal mit Erfolg bei Hitler interveniert hatte, als Göring dem Propagandaminister das Rundfunkmonopol streitig machen wollte,[66] erschrak zwar heftig wegen der erneuten Kompetenzanmaßung, und er fühlte sich von seinem alten Konkurrenten in die Ecke gedrängt. Es schien dem „kleinen Doktor" aber keineswegs opportun, persönlich in die Auseinandersetzung einzugreifen und bei Hitler vorstellig zu werden, obwohl die Machtbasis seines Ministeriums aufs Schwerste erschüttert war. Vielmehr schickte er seinen Staatssekretär Walther Funk vor, der am 31. Juli einen – freilich mehr als deutlichen – Brief an den Chef der Reichskanzlei, Hans Heinrich Lammers, richtete. Darin brachte Funk seine Entrüstung zum Ausdruck, daß das Propagandaministerium an dem Erlaß „in keiner Weise" beteiligt worden sei, obwohl „das Fernsehwesen in der dem Reichspropagandaministerium unterstehenden Reichsrundfunk-Gesellschaft bereits weitgehend entwickelt worden ist". Funk konnte es sich beim besten Willen nicht erklären, warum das Kommunikationsmedium jetzt plötzlich dem Luftfahrtminister unterstellt wurde, obwohl der Rundfunk bereits in verschiedenen Stadtteilen Berlins Fernsehstuben unterhielt und überdies dreimal wöchentlich ein Programm übertrug. Er forderte deshalb Lammers auf, bei Hitler umgehend eine neue Entscheidung herbeizuführen und eine Ergänzung des „Führer"-Erlasses vom 12. Juli dahingehend zu erwirken, „daß das Fernsehen, soweit es im Rundfunk Verwendung findet, unter die Zuständigkeit des Reichspropagandaministers fällt, und daß im übrigen die Zuständigkeiten auf dem Gebiete des Fernsehwesens nicht nur im Benehmen mit dem Reichspostminister, sondern auch mit dem Benehmen des Reichspropagandaministers ausgeübt werden".[67]

Aufgrund der von der Post zwischenzeitlich eingeleiteten Maßnahmen machte sich im Propagandaministerium eine gewisse Panik breit, fürchtete man doch, vor vollendete und nicht mehr rückgängig zu machende Tatsachen gestellt zu werden. Am 3. August wurde deshalb Funk erneut beim Chef der Reichskanzlei mit der Bitte vorstellig, „so schnell wie möglich dem Führer unsere Einwendungen vorzutragen" und eine Entscheidung im Sinne der Propaganda herbeizuführen.[68] Noch am selben Tag wandte sich Goebbels' Staatssekretär an die zuständigen Beamten im Luftfahrt- und Postministerium, um diese nicht nur aufzufordern, sämtliche Aktivitäten auf dem Fernsehgebiet bis zu einer endgültigen Entscheidung des „Führers" ruhen zu lassen, sondern auch die Publikation des als geheim deklarierten Erlasses unverzüglich einzustellen.[69]

Der vom Propagandaministerium scharf vorgetragene Protest war denn auch schon bald erfolgreich. Denn nur wenige Tage später informierte Lammers Post und Luftfahrt, Hitler habe seinen Erlaß mit Wirkung vom 6. August wieder aufgehoben, den er Mitte Juli nur deshalb unterzeichnet habe, „weil ihm zugesichert worden sei, daß alle beteiligten Reichsminister mit dem Erlaß einverstanden seien". Eine formelle Aufhebung der ersten Hitler-Entscheidung hielt Lammers indes nicht für erforderlich. Es genüge vollauf, die Vereinbarung zunächst auszusetzen, bis sich die beteiligten Minister auf eine, auch den Wünschen der Propaganda entsprechende Neufassung verständigten.[70] Schon am 7. August einigten sich die Staatssekretäre Funk, Ohnesorge und Erhard Milch generell darauf, daß durch den Erlaß vom 12. Juli Goebbels' Kompetenzen „auf dem Gebiete des Fernsehrundfunks und für die Fernsehübertragungen, die der Presse und Propaganda dienen, unberührt bleiben". Hingegen obliege die technische Entwicklung allein der Post, die dafür zu sorgen habe, daß Luftfahrt und Propaganda ständig über die neuesten Geräte und Anlagen verfügten. Abschließend einigte man sich, die Neuregelung zunächst nicht zu publizieren,[71] da in Kürze eine von Hitler unterzeichnete Novelle des Juli-Erlasses im *Reichsgesetzblatt* veröffentlicht werden solle.[72]

Damit war jedoch der Streit längst noch nicht beigelegt. Staatssekretär Funk, der sich noch am 9. August bei Lammers bedankte „für die freundliche Erledigung der verschiedenen Dinge, die ich an den Führer heranbringen mußte",[73] wollte mehr und lehnte deshalb am 25. August die Zusatzverordnung kategorisch ab. Entgegen den getroffenen Absprachen, so Funk, beanspruche die Post auch weiterhin den gesamten technischen Studiobetrieb für sich. Funk war aber lediglich bereit, Ohnesorge in Form eines „Verbindungsmannes" ein gewisses Kontrollrecht über den Betrieb der RRG zuzubilligen, nicht aber der Auslieferung sämtlicher Geräte an die Post zuzustimmen. Deshalb forderte er von Lammers, die „Führer"-Verordnung so lange auszusetzen, bis eine völlige Klärung in allen Fragen des Fernsehens erreicht worden sei, da dessen Entwicklung nicht nur in politischer und militärischer, sondern auch in kultureller und wirtschaftlicher Hinsicht noch völlig unübersehbare Möglichkeiten in sich berge.[74]

Im übrigen wandte sich nun auch Kriegsminister Werner von Blomberg an die Reichs-Rundfunk-Gesellschaft und pochte auf eine Partizipation. Einer seiner Mitarbeiter, der Inspekteuer der Nachrichtentruppen Erich Fellgiebel, unterbreitete im September 1935 Hadamovsky den Standpunkt des Kriegsministeriums in Fernsehfragen.[75] Unterdessen bat Blomberg den Chef der Reichskanzlei, die Publikation der neuen „Führer"-Verordnung so lange hinauszuzögern, bis das Kriegsministerium seine Interessen in adäquater Weise formuliert habe. Lammers sagte dies zwar Mitte September zu, verwies aber zugleich darauf, daß Hitler grundsätzlich an einer zügigen Neuregelung der Kompetenzen interessiert sei.[76]

Nachdem die Propaganda offenbar zu keinen Zugeständnissen gegenüber dem Kriegsministerium bereit war, sprach sich Blomberg am 24. Oktober für die Beibehaltung des „Führer"-Erlasses in der Fassung vom 12. Juli aus und forderte dessen unverzügliche Inkraftsetzung. Mit Rücksicht auf die Landesverteidigung müsse der zivile und der militärische Nachrichtenapparat aufeinander abgestimmt und eingespielt sein, begründete der Kriegsminister seine Entscheidung. Dies erfordere aber unbedingt eine straffe und einheitliche Führung. Um hingegen eine drohende Zersplitterung der Kompetenzen beim kriegswichtigen Fernsehen zu vermeiden, müsse die Reichspost – mit der die Wehrmacht seit langen Jahren „in vorbildlichem Einvernehmen zusammenarbeitet" – die alleinige Führung innehaben. Deshalb forderte Blomberg, „dass die gesamte Technik, einschliesslich Betrieb und Personal, auch auf dem Gebiete des Fernsehens (...) in der Hand der Deutschen Reichspost vereinigt bleibt, bzw. wieder vereinigt wird, soweit einzelne Teile (z.B. der nachrichtentechnische Apparat der Reichs-Rundfunk-Gesellschaft) abgesplittert sind".[77]

Blombergs Vorstoß, eine Novellierung der Juli-Verordnung zu verhindern, blieb ohne Erfolg. Nach einer Chefbesprechung zwischen den betroffenen Geschäftsbereichen am 28. November übermittelte der Staatssekretär im Luftfahrtministerium, Milch, am 7. Dezember einen entsprechenden Entwurf an die Reichskanzlei,[78] der am 11. Dezember von Hitler unterschrieben und zwei Tage später, am 13. Dezember 1935, im *Reichsgesetzblatt* als „Zweiter Erlaß des Führers und Reichskanzlers über die Zuständigkeit auf dem Gebiete des Fernsehwesens" veröffentlicht wurde.[79] Kriegsminister Blomberg, dessen Unterschrift neben der von Goebbels nun auch unter dem Erlaß stand, dürfte jedoch mit dem Ergebnis durchaus zufrieden gewesen sein, denn die Verordnung legte eindeutig ihren Schwerpunkt auf die militärische Bedeutung des Fernsehens. Der Reichsminister der Luftfahrt sei künftig zuständig für alle zur Sicherung der Luftfahrt, des Luftschutzes und der Landesverteidigung erforderlichen Maßnahmen auf dem Gebiet des Fernsehens, hieß es in dem umfangreichen ersten Abschnitt der zweiten „Führer"-Verordnung. Für die Produktion von Empfängern mußte die Genehmigung des Luftfahrtministeriums eingeholt werden. Darüber hinaus war es allein Sache von Göring, Fernsehaufnahmen „aus Luftfahrzeugen und von Geräten oder Mitteln für das Fernsehen" zu veranlassen und – immerhin im Einvernehmen mit Goebbels – dessen Verbreitung zu zensieren. Dagegen wurde der Reichspost im zweiten Abschnitt die gesamte zivile Entwicklung übertragen. Außerdem erhielt sie den Auftrag, dem Rundfunk sämtliche Geräte zur Verfügung zu stellen, diese auch zu warten und gemäß einer noch zu erlassenden Dienstanweisung zu bedienen. Im dritten Abschnitt verfügte Hitler, das Propagandaministerium zeichne für „die darstellerische Gestaltung von Fernsehübertragungen für Zwecke der Volksaufklärung und Propaganda" verantwortlich. Falls in diesem Zusammenhang Fragen der Landesverteidigung berührt würden, müsse Goebbels das Einverständnis der Luftfahrt einholen.

Inwieweit Hitler persönlich Einfluß nahm auf die juristische Regelung, läßt sich indes nur erahnen. Seit Mitte 1934 erledigte Lammers die internen Verwaltungsgeschäfte der Reichskanzlei in eigener Machtvollkommenheit. Bestimmte Vorgänge konnte er nur gelegentlich mit dem „Führer" besprechen, meistens auf eigene Veranlassung bei dringenden und unaufschiebbaren Entscheidungen. In solchen Fällen erhielt er vom jeweiligen Adjudanten den Hinweis: „Zeit fünf Minuten, oder zehn Minuten" sowie die Warnung: „Der Führer wünscht mit keiner anderen Sache befaßt zu werden." Es kam durchaus vor, daß Lammers bei dringenden Angelegenheiten mit der Erklärung des persönlichen Adjudanten abgefertigt wurde, der „Führer" wolle mit der Sache nicht befaßt werden.[80] Gleichwohl, die Post feierte die in zähen Auseinandersetzungen erstrittene Regelung wie einen Sieg. Während ihr von nun an der technische Studiobetrieb sowie die Sendertechnik unterstanden, mußte sich das Ministerium für Volksaufklärung und Propaganda – und damit die Reichs-Rundfunk-Gesellschaft als dem nachgeordneten Organ im Rundfunkbereich – mit dem Programmdienst begnügen.

Jetzt könne man endlich mit neuer Freude an die Arbeit herangehen, jubelte schon Ende August Hans Harbich auf einem Lehrgang für Funksachbearbeiter der Reichspostdirektionen.[81] Obwohl es Minister Goebbels im zweiten Anlauf gelungen war, seine publizistische Selbstständigkeit zu behaupten, diskutierte man die beiden Hitler-Verordnungen (die verwaltungsrechtlich das Medium Fernsehen in Nazi-Deutschland begründeten[82]) weniger unter ideologisch-inhaltlichen, sondern vorwiegend unter militärischen und technischen Gesichtspunkten,[83] was durchaus ihrem eigentlichen Sinngehalt entsprach. Außerdem konnte von einer nationalsozialistischen „Rundfunkeinheit" beim Fernsehen nicht mehr die Rede sein. Dazu bemerkte 1937 die *Zeitschrift der Akademie für Deutsches Recht* treffend: „Wenn der Totalitätsanspruch des Staates die ausschließliche Zuständigkeit einer Staatsstelle erfordern würde, dann blieben die Fernseh-Erlasse unvereinbar mit der nationalsozialistischen Staatsidee. Denn sie erklären drei verschiedene Staatsstellen für zuständig."[84]

Ob vor allem Dreßler-Andreß mit der Propagierung der „Rundfunkeinheit" auf ausdrücklichen Wunsch von Goebbels oder eher eigenmächtig gehandelt hatte, läßt sich im nachhinein nicht mehr zweifelsfrei klären. Letzteres dürfte jedoch wahrscheinlicher sein, denn Dreßler-Andreß mußte am 19. März 1937 die Leitung der Rundfunkabteilung an Hans Kriegler abgeben. Die Gründe für diese „Zurückstufung" scheinen indes bis in das Jahr 1935 zurückzureichen. Auf dem erwähnten Lehrgang der Funksachbearbeiter in Berlin stellte nämlich Hans Harbich mit Nachdruck fest: „Es dürfte bekannt sein, daß unter dem Schlagwort ‚Einheit des Rundfunks' verschiedentlich Vorstöße unternommen worden sind, den gesamten Rundfunk der DRP zu entreißen. Besonders tätig in diesem Sinne ist der Präsident der Reichs-Rundfunkkammer, Dressler-Andres [sic!], gewesen, der die Errichtung eines ganz Deutschland überziehenden Ultrakurzwellennetzes in der Öffentlichkeit propagiert hat."[85] Für den enttäuschten Dreßler-Andreß wiederum ging der Machtverlust der Propaganda beim Fernsehen einzig und allein auf das persönliche Konto von Goebbels, der es wider besseren Wissens[86] nicht für notwendig hielt, eine mittel- bis langfristige Sendekonzeption vorzulegen, sondern auch auf diesem Gebiet einzig und allein auf seine rhetorischen Fähigkeiten vertraute[87] und Entscheidungen spontan aus dem Handgelenk heraus traf.[88] Eine weitere Niederlage erlitt Goebbels sechs Jahre später, am 26. September 1941, als Postminister Ohnesorge die Elektro-Optik GmbH gründete. Das Unternehmen produzierte und vertrieb fortan in erster Linie elektrische, optische und feinmechanische Fernsehteile und beschäftigte Anfang 1945 immerhin etwa 750 Mitarbeiter. Mit dieser Entwicklung war die fernsehtechnische Zuständigkeit zwischen den beiden rivalisierenden Ministerien unwiderruflich zugunsten von Ohnesorge entschieden.[89]

In der zweiten Dezember-Hälfte des Jahres 1935 ging man daran, die auf dem Papier bestehende juristische Regelung in die Praxis umzusetzen. Nachdem die RRG am 10. Dezember eine Abschrift der zweiten Verordnung erhalten hatte, baten Hadamovsky und Hubmann tags darauf um Anweisungen zur Vorbereitung der durch den Erlass bedingten Übergaben von Geräte und Apparaturen des Rundfunks an die Post.[90] Die Propaganda schien jedoch nur ungenügend auf die neue Situation vorbereitet, denn zu einer ausführlichen Erörterung der Konsequenzen kam es erst am 19. Dezember, worüber sich die Post einen Tag später berichten ließ. Die Vertreter der Goebbels-Behörde kamen nicht umhin, die Auflösung von Kirschsteins Fernsehlabor anzuordnen und für Anfang Januar 1936 der Übergabe des Filmgebers sowie des „Gross-Projektions-empfängers" an die Reichspost zuzustimmen, während die technischen Apparaturen zur Bearbeitung von Filmmaterial sowie der Reportagewagen und die Dienstempfänger in der Obhut des Rundfunks verbleiben sollten. Die Übergabe, so war es geplant, sollte im Rundfunkhaus stattfinden, und zwar jeweils in Gegenwart eines Vertreters des Propaganda- und des Postministeriums. Gemäß Hitler-Verordnung wollte man sich anschließend um eine gemeinsame „Dienstanweisung für den Fernsehbetrieb" (vgl. Kap. 4.3.) bemühen, über deren genauen Wortlaut sich die Ministerien bereits Mitte Januar 1936 einigten.[91]

Zu der im Hitler-Erlaß verfügten Geräteübergabe kam es schließlich am 9. Januar 1936. Das Treffen im Haus des Rundfunks drohte zunächst an der Frage der Bezahlung zu scheitern. Die anwesenden Postler machten schließlich den großzügigen Vorschlag, ungebrauchte und schon bestellte Geräte zum Neuwert zu übernehmen, während bei den bereits benutzten und zum Teil erheblich veralteten Apparaturen ein Abschlag von 25 Prozent zum Neuwert festgesetzt wurde.[92] Somit ergab sich für die Post eine zu zahlende Gesamtsumme in Höhe von 470.000 Reichsmark. Bei den Verhandlungen ließ Günter Flanze aus der Telegraphen- und Funkabteilung des Postministeriums durchblicken, seine Behörde käme weitaus billiger davon, wenn es die Gegenstände einfach „abtaxieren" lasse, denn aufgrund des „Führer"-Erlasses müßten diese ja doch an die Post herausgegeben werden.[93] Dennoch stimmte RPM-Staatssekretär Ohnesorge der Vereinbarung wenige Tage später zu. Die somit bei der RRG verbliebenen Apparaturen umfaßten in der Hauptsache Dienstempfänger sowie Geräte für Tonfilmaufnahmen.[94]

3.4. Ämterhäufung
Carl Heinz Boese – der erste Programmleiter

Im Frühjahr 1935 rückten die Journalisten gelegentlich einen Mann ins publizistische Rampenlicht, der einigen von ihnen am Eröffnungstag als Ansager aufgefallen war: Carl Heinz Boese. Er sollte in den nächsten gut zwei Jahren für die Leitung des Fernseh-programmbetriebs der Reichs-Rundfunk-Gesellschaft verantwortlich sein. Geboren am 23. November 1892 in Berlin als Sohn des bekannten Bildhauers Prof. Johannes Boese, erlernte Carl Heinz nach dem Besuch des Realgymnasiums die Schauspielerei. Bis zum Ausbruch des Ersten Weltkrieges – den er als Freiwilliger hauptsächlich in Rußland miterlebte, bis ihn ein Kopfschuß schwer verwundete – spielte er an mehreren Bühnen in Berlin, Gera, Düsseldorf und Guben. Nach dem Krieg wandte er sich dem Film zu, wo er für die Ufa u.a. bei der Verfilmung seines Romans *Das Zeichen der Malayen*[95] Regie führte. 1924/25 nahm Boese an zwei größeren Bergexpeditionen unter Leitung von Andries A. Pienaar teil. Als erster Deutscher bestieg er in Afrika den 6010 Meter hohen Kilimandscharo, drehte darüber den Film *Zum Schneegipfel Afrikas* und faßte seine

Erlebnisse in einem 1926 erschienen Buch zusammen.[96] Nach der Rückkehr von seiner zweiten Afrikareise siedelte Boese nach Hamburg über und trat dort dem Norddeutschen Rundfunk als Hörspielsprecher, Vortragender und als Reporter für Außenreportagen bei.

Daneben engagierte er sich schon früh für den Nationalsozialismus. Als Mitglied Nr. 398 162[97] schloß er sich am 1. Dezember 1930 der Partei Adolf Hitlers an und fungierte bis zur Machtergreifung als Gaufunkwart für Schleswig-Holstein. Dort baute er die Rundfunkorgansation der Partei auf und stieg 1932 zum Leiter der sechs Gaue umfassenden „Landesrundfunkstelle IV Norddeutschland" auf. Gleichzeitig gründete Boese die Kreisgruppe Groß-Hamburg des Reichsverbandes Deutscher Rundfunkteilnehmer.[98] Als der damalige Gaufunkwart von Berlin, Hadamovsky, im März 1933 von Goebbels mit der Übertragung von Kundgebungen im Rundfunk beauftragt wurde, holte er sich Boese zur Unterstützung in die Reichshauptstadt. In den folgenden Wochen und Monaten agierte dieser als Reporter, Ansager und Berichterstatter – so zum Beispiel bei einer Sendung über die „Verbrennung zersetzenden Schrifttums" am 10. Mai 1933, in der Berichterstattung über den Reichsparteitag der NSDAP in Nürnberg am 30. August 1933 oder anläßlich der Eröffnung des „Prozesses" gegen die Rundfunkleiter der Weimarer Republik am 5. November 1934.[99] Für seine Verdienste um die „Bewegung" belohnte man Carl Heinz Boese schon im Dezember 1933 mit dem Posten des stellvertretenden Reichssendeleiters, den er bis 1939 ausüben sollte. Fortan übernahm er, neben seiner Tätigkeit als Redner für die NSDAP, die Organisation größerer Kundgebungen und berichtete selbst vom Ort des Geschehens. Der Reichssendeleiter hatte in ihm einen fleißigen Vasallen gefunden, der sich mit ganzer Kraft für den Nationalsozialismus engagierte und zudem über Kenntnisse sowohl beim Rundfunk als auch beim Film verfügte.[100]

Als sich im Frühjahr 1935 der Start des Fernsehens immer deutlicher abzeichnete, suchte Hadamovsky einen ihm treu ergebenen Mitarbeiter, der künftig die Leitung des Programmdienstes übernehmen sollte. Er entschied sich für Boese, der somit neben seinen bisher wahrgenommenen Aufgaben auch für das Fernsehen in der Reichssendeleitung verantwortlich zeichnete. Diese nicht unwichtige Personalentscheidung war jedoch keineswegs von langer Hand vorbereitet und mit Goebbels' Rundfunkabteilung abgestimmt. Vielmehr stellte sie, ähnlich wie der Start am 22. März, eine weitere ad-hoc-Maßnahme des Sendeleiters dar, der damit geschickt die Abteilung Rundfunk im RMVP ausmanövrierte, die wiederum erst nach Eröffnung des Versuchsbetriebs reagieren konnte. „Wie ich aus der letzten Ausgabe des ‚N.S.Funk' (!) ersehe", empörte sich Hans-Joachim Weinbrenner in einem Aktenvermerk vom 29. März,[101] sei der stellvertretende Sendeleiter mit der Leitung der Abteilung Fernsehen bei der Reichs-Rundfunk-Gesellschaft beauftragt worden. An einen entsprechenden Hinweis an das Ministerium konnte sich Weinbrenner jedoch nicht erinnern. Gleichzeitig nutzte Goebbels' Referatleiter die Gelegenheit, dem Rundfunk in Fernsehfragen eine erstaunliche Perspektivlosigkeit zu attestieren: „Es hat uns die Reichsrundfunkgesellschaft bisher in keiner Weise davon in Kenntnis gesetzt, nach welchen Richtlinien man seitens der RRG.

gedenkt, das Fernsehprogramm in Deutschland zu entwickeln." Weinbrenner sah sich deshalb veranlaßt, nunmehr „referatsgemäss" die RRG zu einem umfassenden Bericht über das Fernsehproblem aufzufordern.[102]

Doch Eugen Hadamovsky dachte nicht daran, irgendwelche Rücksichten auf die rivalisierende Rundfunkabteilung zu nehmen. Dabei ging er mit der Bestellung seines Stellvertreters taktisch klug vor. Während er bei den verschiedensten Anlässen die plakative Seite für sich beanspruchte, hatte der neue Programmleiter in den kommenden Monaten die mühsame Klein- und Wühlarbeit zu leisten und mit viel Improvisation quasi aus dem Nichts heraus einen mehr schlecht als recht funktionierenden Betrieb aufzubauen. Mit dieser „Aufgabenteilung" sicherte sich Hadamovsky geschickt nach beiden Seiten ab: Würde dem Fernsehen trotz aller Unkenrufe ein Erfolg beschert, so konnte er dies als seinen eigenen Triumph verbuchen. Ließ der Erfolg allerdings auf sich warten oder blieb er ganz aus, so konnte er ohne weiteres den servilen Boese zum Sündenbock abstempeln.[103] Daß dieser aber fortan den Paul-Nipkow-Sender nur „mitbetreuen" konnte, ergab sich zwangsläufig aus Boeses vielfältigen Aufgaben. Neben den beiden Ämtern als stellvertretender Sendeleiter und Programmleiter des Fernsehen bürdete ihm Hadamovsky auch die Leitung der im Juni 1935 ins Leben gerufenen „Arbeitsgemeinschaft der Oberspielleiter aller Reichssender" auf.[104] Das Gremium tagte im folgenden unter Boeses Vorsitz jeden zweiten Monat bei einem anderen Reichssender und befaßte sich in seiner Eröffnungssitzung im Juni auch mit Fernsehproblemen.[105] Was somit am 22. März 1935 mit marktschreierischer Rabulistik als breit angelegte Volkssache angekündigt wurde, mit dem Ziel, das „Bild des Führers unverlöschlich in alle deutschen Herzen zu pflanzen",[106] entpuppte sich hinter den Kulissen schnell als ein durch und durch halbherzig betriebenes Unternehmen, dessen absehbare Risiken kühl berechnend von oben nach unten – von Goebbels zu Hadamovsky, von Hadamovsky zu Boese – delegiert wurden.

3.5. Improvisation und Zufall
Die innere „Organisation" des Nipkow-Senders

Fernsehleiter Carl Heinz Boese, der sich im April 1935 in den *RRG-Mitteilungen* Gedanken über organisatorische Fragen seines Mediums machte, dabei aber wenig Konkretes mitzuteilen hatte,[107] verfügte beim Start mit dem 25jährigen Waldemar Bublitz lediglich über einen einzigen Mitarbeiter. Ihn konnte der frischgebackene Programmleiter im Frühjahr 1935 für die regelmäßige Ansage der Versuchssendungen verpflichten – allerdings zunächst nur auf freiberuflicher Basis und mit einer Probezeit von sechs Monaten. Seine Einstellung verdankte Bublitz indes einer Empfehlung des RRG-Technikers Kurt Wallner, dem er bereits von Mitte 1934 an bei der Filmbearbeitung über die Schultern geschaut hatte,[108] damals noch in seiner Eigenschaft als Ansager im Deutschlandsender unter Karl Wirz. Geboren am 12. September 1910 in Neersen bei Pyrmont, genoß Bublitz nach der Schule Gesangsunterricht und absolvierte von 1929 bis 1931 die Max-Reinhardt-Schule in Berlin. Von 1932 bis 1934 reüssierte er als junger Schauspieler und „Hilfsregisseur" bei verschiedenen Theatern der Reichshauptstadt, um anschließend zum Deutschlandsender zu wechseln.[109]Als Mitglied Nr. 2 850 280 trat Bublitz am 1. Mai 1933 der NSDAP bei.[110]

Unterstützung fand Bublitz zum 1. Mai 1935 in Günter Greiner, einem ebenfalls blutjungen Radiojournalisten und Fotoreporter, der vom Amtsleiter Rundfunk der Reichsjugendführung, Karl Cerff, für den Posten beim Nipkow-Sender vorgeschlagen wurde. Cerff, zugleich Verbindungsmann zur Reichssendeleitung und Referent für Jugendfunk bei der Reichspropagandaleitung, war im Januar 1934 beauftragt worden, in Deutschland eine einheitliche Organisation des Kinder- und Jugendfunks aufzubauen.[111] Bei den verschiedensten Anlässen schwor er „des Führers treueste Gefolgschaft", die Hitler-Jugend (HJ), auf das neue Medium ein forderte sie zur Mitarbeit in „Bastelgemeinschaften" auf.[112] Wer sich heute mit den technischen Grundlagen des Fernsehens befasse, so ließ Cerff 1935 im *Reichs-Jugend-Pressedienst* verlautbaren, werde morgen das neue Medium als Waffe im Dienst des Nationalsozialismus gebrauchen können.[113] In dem 22jährigen Greiner, geboren am 18. März 1913 in Berlin und bis 1935 im Jugendfunk des Reichssenders Berlin tätig,[114] sah Cerff den geeigneten Mann, der künftig beim Fernsehen mit Vehemenz die Belange der HJ vertreten sollte.[115] Während seiner gut vierjährigen Tätigkeit beim Nipkow-Sender wurde Unterbannführer Greiner gelegentlich für HJ-Veranstaltungen freigestellt, so anläßlich der Reichstheatertage in Hamburg vom 3. bis 10. April 1938.[116]

Neben den beiden jungen „Programmschaffenden" Bublitz und Greiner wuchs Willi Bai im Laufe des Jahres 1935 in die Rolle des Stellvertreters von Boese, der wegen seiner diversen Tätigkeiten häufig abwesend war und die administrativen Aufgaben ein ums andere Mal sträflich vernachlässigen mußte. Geboren am 8. Oktober 1902 in Graudenz, trat Willi Bai 1932 der SS, fünf Jahre später, am 1. Mai 1937, der NSDAP als Mitglied Nr. 4 362 999 bei.[117] Den Weg zum Rundfunk fand der ehemalige Berufssoldat über seine Bekanntschaft mit Hadamovsky, der ihn am 1. Juni 1934 als Boeses Adjutanten in den Übertragungsdienst der Reichssendeleitung hievte.[118] Gegen Ende des Jahres 1935 beschäftigte sich Walter Seiffert nebenamtlich mit kaufmännischen Aufgaben und betreute darüber hinaus die noch wenig umfangreiche Künstlerkartei des Fernsehsenders. Dies tat er freilich ebenfalls in Personalunion zu seiner Tätigkeit innerhalb der Reichssendeleitung, wo Seiffert seit dem 15. März 1934[119] als „tüchtiger und bisher sich bewährter Bürogehilfe"[120] des politischen Übertragungsdienstes arbeitete.

Die innere Organisation des Fernsehens, wenn man überhaupt von einer solchen sprechen kann, lehnte sich somit im ersten Jahr eng an die Reichssendeleitung an. Boese, Bai und Seiffert erfüllten zudem Doppelfunktionen, wobei das Schwergewicht ihrer Tätigkeit eindeutig im Übertragungsdienst der Sendeleitung lag. Noch im Frühjahr 1936 verblieben sie in ihren angestammten Tätigkeiten, bis zu einem noch nicht abzusehenden endgültigen Aufbau der Fernseh-Organisation, wie Boese in einem Gutachten vom Januar 1936 vorschlug.[121] Außerdem erhielten die nebenamtlich Tätigen 1935 keinerlei zusätzliche Bezüge für ihre Arbeit beim Fernsehsender. Dies sollte sich ebenfalls erst im Frühjahr 1936 ändern, allerdings unter dem Primat einer äußerst sparsamen Haushaltspolitik.[122]

Ein separater Etat für den Fernsehprogrammdienst war in diesem frühen Stadium ebenfalls noch nicht vorhanden. Bublitz und Greiner, auf deren Schultern hauptsächlich die Abwicklung des „Programms" lastete, erhielten in ihrem ersten Jahr ein Wochenhonorar von 75 Mark (Bublitz) bzw. ein Gehalt von monatlich 225 Mark (Greiner) aus dem Budget der Sendeleitung. Für beide galt zunächst eine unterschiedlich lang terminierte Probezeit. Zumindest in der Anfangsphase behielt Bublitz seine Tätigkeit als Ansager beim Deutschlandsender bei, was ihn später zu der Aussage veranlaßte, er sei „Teilmitglied" der Reichssendeleitung gewesen.[123] Nachdem ihm aber im Sommer/Herbst 1935, infolge des Ausscheidens von Kurt Wallner, zusätzlich auch die Beschaffung und Bearbeitung des Filmmaterials übertragen wurde, gab er schließlich seine Tätigkeit im Deutschlandsender ganz auf.

Eine genaue Definition bzw. klare Trennung der anfallenden Aufgaben gab es selbstverständlich nicht. Vielmehr herrschten Improvisation und Zufallserfolg, und jeder übte mehrere Funktionen gleichzeitig aus.[124] Bublitz begann damit, in der Masurenallee dreimal wöchentlich das Versuchsprogramm des Rundfunks anzusagen. Da man bekanntlich nicht über einen eigenen Personenabtaster für direkte Beiträge verfügte, mußte er die Konserven aus dem Off heraus ankündigen, wobei man gleichzeitig ein Sender-Diapositiv mit der Aufschrift „Reichs-Rundfunk-Gesellschaft. Fernsehsender Berlin-Witzleben" einblendete, das nach dem 29. Mai 1935 gegen das Stationsdia „Fernsehsender ‚Paul Nipkow' Berlin" ausgetauscht wurde. Sein Wissen über die Beschaffung und Bearbeitung der Filme eignete sich Bublitz selbst an, wobei er auf die Erfahrung des neuen RRG-Kameramannes Karl Wellert zurückgreifen konnte. Geeignetes Material besorgte er sich von der Ufa, darunter sogenannte Kultur- oder Dokumentarfilme, die seit Anfang der dreißiger Jahre als Beiprogrammfilme von 15 bis 20 Minuten Dauer in den Kinos liefen und von denen die Afifa Spezialkopien zog, die nicht nur lichtdurchlässiger waren, sondern auch einen geringeren Schwärzungsgrad hatten als die Normalkopien für die Kinos. Auch die Wochenschauen und Spielfilm-Ausschnitte wurden zunächst von der Afifa geschnitten und kopiert, was nicht nur zeitintensiv, sondern darüber hinaus auch mit hohen Kosten verbunden war. Deshalb unterbreitete Bublitz den Vorschlag, den Schnitt selbst vorzunehmen, was die Ufa schließlich auch genehmigte.[125] Allerdings durfte Bublitz höchstens 25 Minuten aus den Filmen herausschneiden (vgl. Kap. 5.7.), wobei sich der Ufa-Konzern eine Art unzusammenhängenden „Trailer" vorstellte, der im Fernsehen für das vollständige Produkt in den Kinos werben sollte. Bublitz jedenfalls entwickelte bei dieser Tätigkeit eine gewisse Meisterschaft, wie er sich im nachhinein erinnerte: „Ich schnitt die Spielfilme so zusammen, daß die Handlung fast völlig erhalten blieb, entkleidete sie aber von allem Beiwerk, ließ Nebenhandlungen und ganze Rollen weg und machte in dieser gestrafften Weise die Filme oft besser, als sie eigentlich waren."[126]

Günter Greiner indes hatte in den ersten Wochen seiner neuen Tätigkeit nur wenig zu tun. Dies sollte sich jedoch spätestens im Herbst 1935 ändern, als der Rundfunk in die Rognitzstraße einzog und Greiner im Wechsel mit Bublitz u.a. die Sendungen ansagte. Seiner eigentlichen Aufgabe entsprechend, trat Greiner erstmals im Sommer mit einem eigenen Filmbericht über ein internationales Jugendlager in Erscheinung, der noch von Kurt Wallner bearbeitet und geschnitten wurde. Der Beitrag dürfte mehrmals ausgestrahlt worden sein, zuletzt bei der Wiedereröffnung des Fernsehdienstes am 15. Januar 1936. Ansonsten stieß Greiner mit seinen Vorschlägen nach einer stärkeren Beachtung der diversen HJ-Veranstaltungen bei Boese mit der Begründung auf taube Ohren, das Fernsehen habe kein Geld und der Reportagewagen müsse für wichtigere Anlässe eingesetzt werden.[127]

Wie sich derweil die Sendeleitung den punktuellen Einsatz des Zwischenfilmverfahrens vorstellte, wollte sie am 30. April 1935 mit der „ersten aktuellen Fernsehübertragung der Welt"[128] vom Tempelhofer Feld wirkungsvoll demonstrieren. Anlaß war die Generalprobe für die 1.-Mai-Feier der Nationalsozialisten am darauffolgenden Tag. Die Reichssendeleitung legte bei dieser, für das NS-Regime zentralen Veranstaltung größten Wert darauf, ihre Fernseharbeit in der Öffentlichkeit positiv darzustellen, auch wenn dies den tatsächlichen Gegebenheiten durchaus nicht entsprach. Pressechef Bachmann rührte denn auch im Vorfeld kräftig die Werbetrommel. Noch am 30. April bat er das Propagandaministerium, die Journalisten auf der vormittäglichen Pressekonferenz (12.15 Uhr) ausdrücklich um Teilnahme an dieser Veranstaltung (16.00 Uhr) zu ersuchen, „da es von unserer Seite gern gesehen wird, wenn die Presse von dieser Fernseharbeit der Reichssendeleitung in besonderer Weise Kenntnis nimmt".[129] Zugleich wies Bachmann darauf hin, das Deutsche Nachrichtenbüro werde in den nächsten Tagen ein Interview mit Hadamovsky „über Senderverstärkungen und über heute mit unseren Sender [sic!] noch nicht erfaßten Zonen Deutschlands" verbreiten, das von den Journalisten „möglichst gut" gebracht werden sollte, wie es dann in der Presseanweisung vom 30. April hieß.[130]

Daneben war sich Bachmann nicht zu schade, einzelne Multiplikatoren gezielt anzusprechen und sie zu der Übertragung einzuladen, die wiederum im Lokal „Pilsator" am Flughafen Ecke Flughafenstraße/Berliner Straße stattfinden sollte. Es handele sich hierbei um eine sensationelle Vorführung, kündigte er an.[131] Der „Einladung" folgten schließlich 87 Journalisten der Rundfunk- und Tagespresse, die sich kurz vor 16.00 Uhr in dem Berliner Lokal am Tempelhofer Feld einfanden, wo die Sendeleitung zwei Empfänger aufgebaut hatte. Anwesend waren neben Hadamovsky, Boese, Hubmann und den drei Radiojournalisten Eduard Roderich Dietze, Fred Krüger und Rolf Wernicke, Walter Schulze von der Reichspropagandaleitung der NSDAP in München sowie der Gaupropagandaleiter von Groß-Berlin, Walter Schulze-Wechsungen. Als „Vertreter des Führers" oblag den beiden letztgenannten Parteifunktionären die Aufgabe, auf der Rednertribüne Sprechproben durchzuführen, die das Fernsehen nach dem Zwischenfilmverfahren aufnahm und zeitversetzt im „Pilsator" vorführte. Die Ansage dieser „Darbietungen" besorgte Carl Heinz Boese, der einleitend die offizielle Indienstnahme des „ersten Fernseh-Übertragungswagens der Welt" ankündigte. Ohne Beteiligung weiterer Behörden, so fügte der Programmleiter mit einem giftigen

Seitenhieb in Richtung Post hinzu, habe damit der Rundfunk erneut bewiesen, daß er zu hoher technischer und organisatorischer Leistungsfähigkeit in der Lage sei.[132]

Die Rechnung der Sendeleitung ging jedoch nicht ganz auf. Obwohl die Generalprobe zunächst glückte, wurden die Mai-Feierlichkeiten am folgenden Tag wider Erwarten nicht von Boeses Mitarbeitern übertragen. Daß dies aber von der Reichssendeleitung fest eingeplant war, belegt ein Schreiben Bachmanns an das Propagandaministerium vom 4. April, worin dieser um 20 Dienstkarten für „Techniker und Regisseure" des Rundfunks nachsuchte, die am 1. Mai „mit unserem Fernsehübertragungswagen Filmaufnahmen für den Fernsehsender Berlin-Witzleben machen sollen". Ein Teil dieser Eintrittskarten war im übrigen für diejenigen Journalisten bestimmt, „die durch ihre redaktionelle Unterstützung unseres Fernsehprogrammbetriebes sich besonders verdient gemacht haben, so der ‚NS-Funk' und ‚Sieben Tage'".[133] Daß die Übertragung letztendlich scheiterte, dürfte auf ein gewolltes „Störmanöver" der Post zurückzuführen sein, die dem Rundfunk schlichtweg ihre Sendeanlagen verweigerte. Vorstellbar ist zumindest, daß sich die Posttechniker damit für das vom DNB verbreitete Hadamovsky-Interview rächen wollten, in dem dieser den Senderbau – bekanntlich eine Domäne der Post – bewußt in den Mittelpunkt seiner Ausführungen gerückt hatte. Hinzu kam die Rede von Boese am 30. April, worin dieser ausdrücklich betont hatte, der Rundfunk brauche weder Post noch andere Behörden für seine Sendungen.

Im Sommer, vor dem Hintergrund des ersten Hitler-Erlasses, häuften sich solche Streitereien zwischen Post und Rundfunk. In Mitleidenschaft gezogen wurde dabei auch der Deutschlandsender, dessen UKW-Musikprogramm – nachmittags und in den frühen Abendstunden- als Ergänzung zu den Sendungen des Rundfunks übertragen wurde. Am 6. Juli beschwerte sich Andreas Wirz vom Deutschlandsender bei Boese über einen Vorgang, der sich tags zuvor zugetragen hatte. Demnach erhielt Wirz 15 Minuten vor Beginn der 16-Uhr-Sendung ein Rohrpost-Schreiben des Reichspost-Zentralamtes mit folgendem Inhalt:

„Es hat sich plötzlich die dringende Notwendigkeit herausgestellt, daß der Ultrakurzwellensender Witzleben am Freitag, den 5.7.35 von 17.05-20.30 für unsere Zwecke verfügbar ist. Die Sendungen der RRG müssen daher in dieser Zeit ausfallen."[134]

Wirz hatte jedoch schon drei Künstler fest engagiert und intervenierte daraufhin bei der Post, den Sender wenigstens für die Abendstunden frei zu geben. Wirz über den Erfolg seiner Bemühungen: „Unsere Bitte wurde – wenn auch höflich – abgelehnt." Daraufhin blieb dem Radiojournalisten nichts anderes übrig, als den bestellten Mitwirkenden gegen Zahlung eines Ausfallhonorars abzusagen[135] und Bublitz zu folgender Ansage zu veranlassen: „Hier ist der Ultra-Kurzwellensender Berlin-Witzleben. Infolge plötzlich erforderlich gewordener Messungen durch das Reichspost-Zentralamt fällt die heute von 17-20.30 Uhr vorgesehene Tonsendung aus."

Wenige Tage später, am 10. Juli, wandte sich Carl Heinz Boese an Goebbels höchstpersönlich, um sich bei dem Propagandaminister über „die Unmöglichkeit dieser
Handhabung" zu beschweren. Nach den Worten des Programmleiters häuften sich in
letzter Zeit die Anträge des Zentralamts, den Tonsender außerhalb der gemeinsam festgesetzten Zeiten zu beanspruchen. Dies wäre zunächst einmal nicht weiter schlimm,
meinte er, wenn die Post nicht vermehrt dazu übergehen würde, „zu spät und wiederholt
erst ganz kurz vor bereits programmlich festgelegten Sendungen des Ultra-
Kurzwellentonsenders" mitzuteilen, „daß die Sendungen ausfallen müßten".[136] Dies sei
am 12. und 27. Juni sowie am 5. Juli geschehen, fügte Boese hinzu. Der Rundfunk habe
dagegen keinerlei Handhabe und müsse ohnmächtig „die Zwangsmaßnahme" zur
Kenntnis nehmen, da das RPZ „den Hebel am Sender hält". Im übrigen, so Boese pathetisch, sei es der Post ziemlich egal, wenn durch dieses Verhalten „wirtschaftlich schwer-
ringende freischaffende Künstler um ihren kargen Verdienst gebracht werden".[137] Noch
am selben Tag listete er dem Propagandaministerium sämtliche Eingriffe der Post in die
Sendezeiten des Rundfunks auf, mit der Bitte, das RPZ doch gefälligst für die entstande-
nen Kosten schadenersatzpflichtig zu machen. Abschließend stellte Boese fest: „Es hat
sich mit der Zeit in der Zusammenarbeit der RRG. mit dem RPZ. eine so unhaltbare
Situation herausgeschält, daß nunmehr das Fernhalten von Schäden für den deutschen
Rundfunk insgesamt nicht mehr gewährleistet werden kann."[138] Nur zwei Tage später
sprach Boese in dieser Sache erneut bei seinem Ministerium vor und teilte mit, eine weitere Absage der Post vom 12. Juli habe das gesamte Mittagsprogramm des Rundfunks
„zerstört". Der Programmleiter forderte jetzt sein Ministerium auf, von Fritz Banneitz
endlich „nähere Erläuterungen der dringenden Messungen" einzuholen.[139]

Solche Querelen zwischen Post und Rundfunk rückten aber spätestens zur
Funkausstellung wieder etwas in den Hintergrund, zumal auf dieser Veranstaltung eine
für das Fernsehen brenzlige Situation entstand. Am Abend des 19. August 1935 brach
nämlich gegen 20.30 Uhr in der Halle IV – vermutlich infolge der Verpuffung einer
Nitrofilmrolle – ein Brand aus. Ein Teil der ausgestellten Empfänger, vor allem aber die
Ton- und Bildsender der Reichspost wurden dabei völlig zerstört.[140] Am 20. und 21.
August fanden deshalb keine Sendungen statt, dann setzte die Post über einen auf dem
Dach des Fernamtes in der Winterfeldtstraße installierten Telefunken-Behelfssender ein
„Notprogramm" fort, das aufgrund der leistungsschwachen Apparatur nur im Umkreis
von zwei Kilometern (und somit nur in zwei Fernsehstellen) empfangen werden konn-
te.[141] Der Programmbetrieb des Rundfunks wurde indes nach dem 19. August völlig eingestellt.[142] Diese Angaben gelten zunächst bis zum 14. Oktober, dann strahlte auch die
Reichs-Rundfunk-Gesellschaft – freilich unter inzwischen veränderten Rahmenbedingungen – über den Notbehelfssender wieder ihre Programme aus. Da das
Modulationskabel vom Haus des Rundfunks zum Sender ebenfalls dem Feuer zum
Opfer fiel und somit der Filmgeber der RRG funktionsunfähig war, faßte der Rundfunk
bereits am 21. August den grundsätzlichen Beschluß, seine Beiträge fortan vom „Studio"
der Post in der Rognitzstraße zu übertragen.[143]

Noch während der Funkausstellung informierte Carl Heinz Boese die Mitarbeiter von diesem Vorhaben und erteilte Verhaltensmaßregeln für die künftige Zusammenarbeit mit der Post. Danach war es den Technikern des Rundfunks streng verboten, sich längere Zeit in der Rognitzstraße aufzuhalten. Das Filmmaterial, welches auch weiterhin im Haus des Rundfunks bearbeitet wurde, mußte künftig – etwa von Otto Schulze – durch ein Schalterfenster dem zuständigen technischen Leiter der Post, Max Zielinski, in „einwandfreiem Zustand" übergeben werden. Darüber hinaus sollte jedes unnötige Gespräch mit den Posttechnikern vermieden werden.[144] In der Hauptansage lösten sich nun Bublitz und (im weiteren Verlauf des abendlichen Programmdienstes) Günter Greiner ab, wobei sie einen von Boese verfaßten stereotypen Text vortrugen – wohlgemerkt in Ton und Bild, denn der Rundfunk verfügte jetzt über den Personenabtaster der Post, der freilich von Zielinski und einem zweiten Posttechniker, Emil Wesnigk, gewartet und bedient wurde.[145]

Mit dem Hilfssender konnten Rundfunk und Post ihre Übertragungen in begrenztem Umfang – wahrscheinlich – bis zum 22. Dezember 1935 aufrechterhalten. Nachdem das Propagandaministerium bereits am 11. Dezember ergebnislos bei der Post nachgefragt hatte, wann mit der Inbetriebnahme der neuen Sendeanlagen zu rechnen sei,[146] informierte der Postminister am 18. Dezember Goebbels, daß es nun endlich trotz mannigfaltiger Schwierigkeiten gelungen sei, zwei neue UKW-Sender zur Verfügung zu stellen. Weiter teilte er mit, die Post werde ihren Sendedienst am 23. Dezember 1935 wieder in vollem Umfang eröffnen, und bei dieser Gelegenheit – in Übereinstimmung mit Hitlers zweitem Erlaß vom 11. Dezember – könne man auch die Sendeanlagen offiziell dem Rundfunk zur Verfügung stellen.[147] Parallel hierzu veröffentlichte der Pressedienst des Postministeriums am 18. Dezember eine Mitteilung, die den Eindruck erwecken mußte, als würde auch der Programmdienst des Rundfunks kurz vor Weihnachten seine Arbeit in vollem Umfang wieder aufnehmen.[148]

Auf diese Weise einmal mehr von der Post vor vollendete Tatsachen gestellt, war der Rundfunk jedoch nicht in der Lage, innerhalb der noch verbleibenden sechs Tage ein ansprechendes Programm zusammenzustellen. Deshalb einigten sich Vertreter der beiden Ministerien am 20. Dezember auf folgenden Ablauf: Während am 23. Dezember lediglich intern „eine Art Richtfest"[149] stattfinden sollte – mit offiziellen, direkt übertragenen Reden aus der Rognitzstraße, die wegen fehlender Programmreserve nur für geladene Gäste von Partei und Staat in den Fernsehstellen bestimmt waren[150] –, wurde die „eigentliche Eröffnungsveranstaltung" auf den 15. Januar 1936 terminiert. In der Zwischenzeit sollten weder die Fernsehstellen für das Publikum geöffnet sein noch würde der Rundfunk ein Programm ausstrahlen.[151] Bei der Feierstunde am 23. Dezember – die Sendungen, u.a. ein Film über die HJ, wurden von Hans Marek angesagt – machte Carl Heinz Boese auf ein für das Fernsehen wichtiges Ereignis im kommenden Jahr aufmerksam: „Wie es im Rundfunkprogramm einen Zeitfunk, ein Echo des Tages oder der Woche gibt, so wird auch mittels des heute betriebsfertig zur Verfügung gestellten Ton- und Bildsenders ‚Paul Nipkow Berlin' ein aktueller Bildberichtdienst die Linie der Programmgestaltung beherrschen, für die das Olympiajahr

1936 ein nahes Ziel uns weist: die direkte filmfreie Übertragung der Kampfspiele vom Reichssportfeld in den Augusttagen des kommenden Jahres."[152]

Die neuen Senderanlagen wurde schließlich am 15. Januar 1936 mit einem Festprogramm des Rundfunks (das von den beiden Künstlern Else Elster und Willi Schaeffers angesagt wurde) offiziell in Betrieb genommen. Damit war der Übergang vom Versuchsbetrieb zum regelmäßigen Programmdienst vollzogen.[153] Am Vorabend hatte das Reichspost-Zentralamt in Übereinstimmung mit den „Führer"-Erlassen seine eigenen Programmexperimente eingestellt. Lediglich die Zusammenstellung der Versuchssendungen für die Industrie – im übrigen ein ständiger Zankapfel in den kommenden Monaten – unterstand sowohl in inhaltlicher als auch in technischer Hinsicht weiterhin der Post.[154] Von Kirschsteins Fernsehlabor (mit zuletzt 18 Technikern) blieb ein personell stark reduzierter Filmtrupp übrig, der weiterhin organisatorisch der RRG-Betriebstechnik unterstand.[155] Deshalb tauchten diese Mitarbeiter fortan auch nicht in Zusammenstellungen über das Programmpersonal des Nipkow-Senders auf.

3.6. Aus der Not geboren
Gemeinschaftsempfang in Berlin und Umgebung

Beim Start am 22. März 1935 standen der Reichspost sowie dem Rundfunk insgesamt etwa 50 Geräte für Empfangsbeobachtungen zur Verfügung. Von den rund zehn Empfängern des Rundfunks verfügten Hitler und Goebbels jeweils über einen eigenen Apparat, wie die Berliner Presse im April berichtete.[156] In der Literatur ist gelegentlich nachzulesen,[157] 1934/35 wären Empfänger im freien Handel für 1800 bis 3600 Reichsmark zu haben gewesen. Eine diesbezügliche Durchsicht des zeitgenössischen Schrifttums brachte dafür allerdings keine Bestätigung, obwohl von der Firma „Radio-Zentrale Alexander von Prohaska, Berlin" in ihrem Katalog 1935/36 der Telefunken-Standempfänger A-420 mit einer Bildgröße von 18 cm mal 22 cm als „lieferbar, solange der Vorrat reicht", aber ohne Preisangabe, angeboten wurde. In den späteren Katalogen derselben Firma fehlten dann allerdings ähnliche Angebote von Fernsehempfängern. Auch in einem Prospekt des Einzelhändlers „Radio-Dräger, Dräger und Co., Stuttgart" wurden 1935/36 Empfänger verschiedener Provenienz beschrieben.[158]

Trotz einer gewissen Schubwirkung im Empfängerbau durch die Eröffnung des praktischen Dienstes,[159] kann man die bis 1939 gebauten Geräte mit Fug und Recht als im freien Handel unverkäufliche Labormuster oder Kleinserien bezeichnen, die schon vom Preis her nicht geeignet waren, das Fernsehen für breitere Volksschichten einzuführen.[160] Gründe für die Zurückhaltung der Hersteller waren 1935 vor allem Unsicherheiten über die optimale Bildqualität sowie Skepsis, was den raschen und kostengünstigen Aufbau eines umfassenden Sendernetzes in Deutschland anbelangte. Die *Siemens Rundfunk-Nachrichten* kamen Anfang des Jahres zu dem Schluß: „Die Frage nach den Geschäftsmöglichkeiten auf dem Fernseh-Gebiet muß (...) dahingehend beantwortet werden, daß sowohl augenblicklich als auch für die nächste Zukunft noch keinerlei Aussichten auf diesem Gebiet bestehen."[161]

Am 9. Mai 1935 bestellte man Oberpostrat Fritz Banneitz zu einem einstündigen Vortrag über die Empfängerfrage ins Reichspostministerium. Einleitend meinte er, bei der derzeit gültigen 180-Zeilen-Norm sei das letzte Wort noch längst nicht gesprochen, denn eine entsprechende Erhöhung der Bildzeilenzahl werde „innerhalb der nächsten zwei Jahre" erwartet. Deshalb hielt es Banneitz in diesem Stadium der Entwicklung für zu riskant, eine große Zahl von teuren Apparaten auf den Markt zu werfen, die dann nach kurzer Zeit wieder überholt seien. Dies sei auch die Meinung der Industrie. Allerdings wäre es schon jetzt durchaus möglich, einen Empfänger „durch gemeinsame Arbeit einer großen Anzahl von Firmen, ähnlich wie es bei dem Volksempfänger war, zu bauen, um ihn dadurch auf eine erträgliche Preisstufe zu bringen".[162] Eine solche Vorgehensweise werde derzeit vom Zentralamt genauer geprüft und dürfte auch ohne weiteres realisierbar sein, verriet Banneitz den anwesenden Herren des Postministeriums. Gleichzeitig äußerte er aber Bedenken, ob der Zeitpunkt für diesen „Gemeinschafts-empfänger" schon jetzt gekommen sei, oder ob es nicht zweckmäßiger wäre, aus den genannten Gründen noch etwas zu warten.[163]

Daß Banneitz mit seiner Mahnung zur Zurückhaltung goldrichtig lag, sollte die Post nur wenige Monate später in einem anderen Zusammenhang massiv zu spüren bekommen. Im Sommer 1935 beauftragte nämlich das Zentralamt die Excentric-Film GmbH in Berlin-Wilmersdorf mit der Produktion eines kurzen Werbestreifens, der auf einfache, aber zugleich anschauliche Weise ein Zukunftsbild von den Möglichkeiten des neuen Mediums entwerfen sollte.[164] Als dieser Film unter dem Titel *Das Auge der Welt* zum 1. November 1935 im Vorprogramm der Berliner Kinos angelaufen war, gingen Rundfunkindustrie und -handel auf die Barrikaden. Wenige Wochen nach dem Kinostart teilten sie dem Zentralamt mit, bei der Produktion von Radiogeräten sei in den Monaten Oktober und November ein Umsatzminus von „20 bis 30 %"[165] festzu-stellen. In einem weiteren Brief vom 21. Januar 1936 schloß sich die Reichsrundfunk-kammer den Vorwürfen der Wirtschaft an.[166] Der Film sei geeignet, meinte die Kammer, Vorstellungen vom Fernsehen zu erwecken, die sich auch in absehbarer Zeit nicht erfüllen würden. Abgesehen von den „unnatürlich guten" Bildern und Trick-aufnahmen, komme es einer Irreführung des Publikums gleich, wenn zum Beispiel die Live-Übertragung einer Opernaufführung gezeigt werde. Anschließend ließ man die Katze aus dem Sack:

> „Durch derart falsche Darstellungen wird das Publikum auf der einen Seite von dem Kauf besserer Rundfunkapparate abgehalten, dem deutschen Fernsehen wird aber zugleich ein sehr schlechter Dienst geleistet, weil jeder Filmbesucher bitter ent-täuscht sein muß, wenn er alsdann in einer Fernsehstube den tatsächlichen Stand unserer Fernsehtechnik erlebt. Wichtiger ist das Erstere und ich muss mich den geäusserten Bedenken der Rundfunkwirtschaft voll und ganz anschliessen. Die vorübergehende Fernseh-Psychose des letzten Sommers ist erfreulicherweise heute

überstanden und es muß alles getan werden, die künftige Fernsehpropaganda in einem dem Rundfunk förderlichen, keinesfalls aber abträglichen Rahmen zu halten."[167]

Auch Carl Heinz Boese ergriff jetzt in dieser Sache das Wort, wertete er doch den Vorstoß der Post als eklatanten Eingriff in seine Programmkompetenz. Gegenüber der Rundfunkabteilung führte er an, der Streifen stehe im krassen Widerspruch zum derzeit technisch Möglichen. Seine Einschätzung der Realität lautete: „Ein längeres Beschauen des Programms im Fernsehempfänger zeitigt Augenschmerzen, (...) und ein sogenannter besonders guter Empfang ist Glückssache."[168] Deshalb forderte er die sofortige Absetzung des Postfilms, nicht nur weil dieser im Ausland bereits für einiges Aufsehen gesorgt hatte,[169] sondern weil die Laufzeit derartiger Beiprogrammfilme in der Regel zwei Jahre betrug, bis sie sämtliche deutschen Kinos durchlaufen hatten.

Die Post spielte derweil auf Zeit, zumal der Streifen inzwischen (ohne Zustimmung von Goebbels' Ministerium) von der Filmprüfstelle als „volksbildend" eingestuft worden war.[170] Im Herbst 1936 legte man zwar eine halbherzig modifizierte Zweitfassung vor,[171] die jedoch von den funkwirtschaftlichen Verbänden erneut abgelehnt wurde.[172] Deren eindringliche Bitte, doch wenigstens im Ausland von der Vorführung des brisanten Zelluloids Abstand zu nehmen, weil man sonst fürchten müsse, sich durch die überzogene Darstellung der absoluten Lächerlichkeit preiszugeben,[173] versagte Ohnesorge noch im Sommer 1936 mit dem Argument der Exportförderung seine Zustimmung.[174] Erst im Januar 1937, als *Das Auge der Welt* bereits 15 Monate in den deutschen Kinos gelaufen war, verlor der Postminister das Interesse an dem Werbestreifen. Kein Wunder, hatte er doch inzwischen seine Ziele längst erreicht. Gegenüber Propagandaminister Goebbels machte Ohnesorge deutlich, wer aus dieser neuerlichen Kraftprobe als Sieger hervorgegangen war: „Von der Vorführung des Fernsehfilms ‚Das Auge der Welt' im Ausland habe ich abgesehen, weil der Film durch die neuere Entwicklung der Fernsehtechnik überholt ist. Aus dem gleichen Grunde lege ich an sich keinen besonderen Wert mehr darauf, daß der Film weiter an inländischen Lichtspieltheatern vorgeführt wird, nachdem er einen großen Teil dieser Theater bereits durchlaufen hat."[175]

Aufgrund der ungelösten Empfängerfrage[176] blieb indes der an größeren Zuschauerkreisen interessierten Post nichts anderes übrig, als beim Fernsehen auf den Gemeinschaftsempfang zu setzen. Das Zentralamt stellte deshalb im Laufe des Jahres 1935 in Zusammenarbeit mit der Reichspostdirektion im Berliner Stadtgebiet eine Reihe von Geräten auf, die von jedermann unentgeltlich genutzt werden konnten. Im amtlichen Jargon der Behörde bezeichnete man diese öffentlichen, vorzugsweise in Postämtern eingerichteten Räume als Fernseh*stellen*, analog zu der sich später einbürgernden Bezeichnung Fernsehaufnahmestelle, wie die Post von 1938 an ihr Studio im Deutschlandhaus nannte.[177] Bedient und gewartet wurden die vom RPZ aufgestellten Geräte von Beamten der Charlottenburger Reichspostdirektion. Die Festlegung der Öffnungszeiten sowie Vorschläge für die Errichtung weiterer Stellen erarbeiteten RPZ und RPD gemeinsam, um anschließend ihre Empfehlungen mit dem Postministerium abzustimmen.[178]

Am 9. April 1935 eröffnete Banneitz die erste öffentliche Fernsehstelle der Post im Berliner Reichspostmuseum, Ecke Leipziger und Mauerstraße. Sie bot rund 30 Personen Platz, die wiederum auf zwei von Telefunken konstruierten Heimempfängern des Typs FE IV (mit einer Bildfläche von 18 cm mal 22 cm) die Experimente von Post und Rundfunk mehr schlecht als recht verfolgen konnten. Telefunken billigte den gemeinschaftlichen Empfang der Sendungen ausdrücklich,[179] wandte sich kurz vor der Eröffnung mit einem Leitfaden gezielt an die Post, um Hinweise zu geben für die richtige Aufstellung seiner Geräte sowie für die optimale Bestuhlung. Der Betrachtungsabstand sollte nach Möglichkeit mindestens zwei Meter betragen, riet das Unternehmen. Um Beschädigungen an den teuren TV-Apparaten durch die Zuschauer zu vermeiden, schlug Telefunken die Plombierung der Schaltungen vor. Außerdem wies der Elektrokonzern darauf hin, daß die Bildqualität zwar bei völlig abgedunkelten Räumen am besten sei. Damit man aber nicht ganz im Dunkeln sitze und sich auch während der Sendungen im Raum relativ unbeeinträchtigt bewegen könne, empfahl Telefunken ein „leichtes Dämmerlicht".[180] Trotzdem mußten jene rund 3000 Besucher, die in den ersten Betriebswochen Fernsehen öffentlich konsumierten, bei der Bildqualität erhebliche Abstriche in Kauf nehmen. So verursachten etwa die Zündfunken vorbeifahrender Autos eine permanente Störung des Empfangs. Dieser Mangel schien Anfang Mai durch eine besonders abgeschirmte Antennenzuführung zumindest etwas gemindert, wie Banneitz während seines ministeriellen Vortrags am 9. Mai berichtete.[181] Allerdings dürfte die publizistische Seite beim Publikum ehedem nur eine sehr untergeordnete Rolle gespielt haben. Ein Journalist der Zeitschrift *Die Sendung* berichtete nach seinem Besuch im Postmuseum, die Zuschauer hätten hauptsächlich technische Fragen an den „Vorführer" gestellt, vor allem über den Herstellungprozeß eines Empfängers.[182]

Analog zur Fernseh-Produktion entstanden im folgenden eine Reihe von Empfangsstellen, die entweder von der Post oder vom Rundfunk eingerichtet und betrieben wurden. Die Hinwendung der Reichssendeleitung zum kontrollierbaren kollektiven Empfang – immerhin ein charakteristisches Merkmal diktatorischer Systeme – war jedoch keineswegs politisch motiviert, sondern resultierte aus den technischen Restriktionen beim Empfängerbau, vor allem aber aus dem Umstand, daß die Post in der Leipzigerstraße anfangs nur ihre eigenen Versuchsprogramme ausstrahlte. Während das RPZ die „Besuchszeiten" in der einzigen Empfangsstelle bewußt auf montags, dienstags, donnerstags und freitags von 10.30 Uhr bis 12.00 Uhr legte,[183] blieben die Beiträge des Rundfunks, die montags, mittwochs und samstags von 20.30 Uhr bis 22.00 Uhr über den Sender gingen, unberücksichtigt. Diese Ignoranz der Post dürfte jedoch Hadamovsky als entscheidenden Rückschlag seiner Profilierungsbemühungen empfunden haben.

Deshalb eröffnete der NS-Rundfunk knapp fünf Wochen nach der Post, am 15. Mai, vier sogenannte Fernseh*stuben* im Berliner Stadtgebiet, die jede rund 30 Personen faßte und natürlich während der Sendezeiten des Rundfunks geöffnet waren. Der

Eintritt war ebenfalls kostenlos. Bei den Räumlichkeiten handelte es sich zumeißt um schmucklose, kahle Ladenlokale, die leer standen und vom Reichsverband Deutscher Rundfunkteilnehmer angemietet wurden.[184] Im Gegensatz zur Post entschied sich der RDR von Beginn an für die Ausgabe kostenloser Eintrittskarten. Bis zu seiner Auflösung am 31. Januar 1936 war der Verband – zumindest nominell – für die Betreuung dieser Fernsehstuben verantwortlich. De facto mußte er aber schon im Sommer/Herbst 1935 drei Stuben (Haus des Rundfunks; Lichtenberg, Parkaue 6-7; Bahnhof Wedding, Reinickendorfer Straße 112) an Beamte der Reichspost abgeben, die diese in einer Über-gangsphase bis zum Januar 1936 mitversorgten. Die vierte Fernsehstube des Rundfunks in der Potsdamer Straße 123b war in den Geschäftsräumen des RDR untergebracht und wurde zum 15. 1. 1936 nicht mehr wiedereröffnet.[185]

Sendeleiter Hadamovsky kleidete unterdessen die aus der technischen Not geborene Tugend des Gemeinschaftsempfangs ideologisch ein, indem er „seine Stuben" mit Vorliebe in Arbeitervierteln etablierte und diese wirkungsvoll als „Geschenk an das werktätige Berlin"[186] ankündigte. Anläßlich der Eröffnung der Empfangsstelle Reinickendorfer Straße ließ er sich im größeren Kreis vernehmen: „Dieses nationalsozia-listische Deutschland nimmt seinen Fernsehapparat und stellt ihn in die Stuben der Arbeiter am Wedding, im Osten und in Lichtenberg und sagt: das ist für Euch, deutsche Arbeiter und deutsche Arbeiterinnen. (...) Ich wünsche ihnen das, was Ihnen der Rundfunk bringen soll: Recht viel Vergnügen! Heil Hitler!"[187]

Im Mai unternahm die Post erstmals den Versuch, auch außerhalb Berlins Pro-gramme zugänglich zu machen, und richtete deshalb am 13. des Monats im Haupt-postamt Potsdam eine öffentliche Fernsehstelle ein, rund 20 Kilometer vom Sender ent-fernt.[188] Der Umgebung angepaßt, wählte man für die Eröffnung den Spielfilm *Das Flötenkonzert von Sanssouci*, den die Post mit kurzen Live-Sequenzen des Haupt-darstellers Otto Gebühr (Ansprache des „Alten Fritz" an seine Generäle vor der Schlacht bei Leuthen) aus der Rognitzstraße ergänzte. Abschließend sahen die geladenen Gäste einen Ausschnitt aus der Wochenschau vom 21. 3. 1933, dem „Tag von Potsdam", als sich der neue Reichstag feierlich-suggestiv in der Garnisonskirche konstituierte.[189] Ursula Patzschke, „die die verbindenden Texte sprach, zeigte auch kleine Vorführungen im Silhouettenschneiden und führte dann mit einem Pressevertreter ein Telefon-gespräch".[190]

Am 19. Juni zog der Rundfunk nach. Im Bezirksführerlager des Arbeitsdienstes in Gildenhall bei Neuruppin, rund 70 Kilometer vom Funkturm entfernt, eröffnete die Sendeleitung ihre fünfte Fernsehstube, und zwar zusammen mit der Kreisgruppen-inspektion Kurmark des RDR, die zunächst auch für die Betreuung zuständig war.[191] Was die Kostenfrage anging, so hatte Boese im Vorfeld mit dem RDR mündlich eine Teilung der künftig anfallenden Ausgaben vereinbart. Jedoch schien es mit der Zahlungsmoral der Reichssendeleitung nicht gut bestellt. Noch am 17. Januar 1936 pochte der Kreisgruppeninspekteur des RDR, Kunert, bei Boese auf Begleichung der Einrichtungskosten vom Juni vergangenen Jahres, die dieser schließlich erst Anfang Februar 1936 überwies.[192] Über den weiteren Fortbestand der Gildenhaller Fernsehstube ist näheres nicht bekannt. Aus einem späteren Pressebericht geht lediglich hervor, es sei geplant gewesen, die Fernsehstube in absehbarer Zeit vom Arbeitsdienstlager in die Stadt Neuruppin zu verlagern,[193] was jedoch nicht mehr realisiert wurde. Die Empfangsstelle dürfte somit lediglich aus propagandistischen Gründen kurzzeitig eröffnet und bald darauf wieder geschlossen worden sein.

Am 18. Juli 1935 nahm die Post vier weitere Empfangsstellen im Berliner Stadtgebiet in Betrieb.[194] Um des Andrangs Herr zu werden, der nach RPD-Angaben in den ersten Tagen vereinzelt nur mit Hilfe der Polizei geregelt werden konnte,[195] entschloß man sich, ebenso wie der Rundfunk kostenlose Eintrittskarten in den Postämtern auszugeben. Darüber hinaus machte die RPD am 13. Juli auf eine weitere Neuerung aufmerksam: „Damit möglichst viele Volksgenossen an den Fernsehvorführungen teilnehmen können, soll ferner die Vorführungszeit in zwei Hälften geteilt werden (werktags von 20.30-21.15 und von 21.15.-22.00 Uhr, sonntags von 10.00 -11.00 und von 11.00-12.00 Uhr). Die Karten werden dementsprechend für die erste oder die zweite Hälfte ausgegeben."[196] Diese für das Publikum äußerst unbefriedigende Situation, lediglich die Hälfte des Programms verfolgen zu können, wurde schließlich mit der Wiedereröffnung am 15. 1. 1936 abgestellt, indem der Rundfunk jetzt seine Darbietungen um 30 Minuten kürzte und von 20.00 Uhr bis 21.00 Uhr ein in sich geschlossenes Programm ausstrahlte, das von 21.00 Uhr bis 22.00 Uhr vor neuen Zuschauern wiederholt wurde.

Doch bis dahin war die Post daran interessiert, noch weitere TV-Räume in Betrieb zu nehmen. Am 31. Juli 1935 erhielt das Zentralamt den Auftrag, „mit Beschleunigung fest(zu)stellen, in welchen Stadtteilen Gross-Berlins sich noch Gelegenheit bietet, öffentliche Fernsehstellen in Dienstgebäuden der DRP unterzubringen, und zwar möglichst noch bis zu Beginn der Funkausstellung".[197] Dabei müsse das Hauptaugenmerk vor allem auf die stark bevölkerten Stadtteile des Berliner Ostens und Nordens gerichtet werden, hieß es aus dem Postministerium. Trotz des äußerst knapp bemessenen Zeitrahmens gelang es den Beamten, bis zur Funkausstellung in Lichtenberg[198] und Neukölln[199] zwei weitere Stellen einzurichten. Nach dem Brand und der Vernichtung des Bild- und Tonsenders wurden jedoch vorübergehend alle Kollektivstellen wieder geschlossen – mit Ausnahme des sendernahen Raumes in der Geisbergstraße. Um aber das Notprogramm wenigstens in zwei öffentlichen Räumen ausstrahlen zu können, kam schließlich Anfang September ein weiterer Raum im Postamt Schöneberg hinzu (vgl. Anlage 1). Alle anderen öffentlichen Empfangsplätze wurden erst Mitte Januar 1936 mit der Inbetriebnahme neuer Sendeanlagen wiedereröffnet.

Die Reichspost nutzte derweil geschickt jede sich bietende Gelegenheit, bei technischen Zäsuren oder im Vorfeld politischer Großereignisse des Regimes die Zahl ihrer Empfangsstellen zu erhöhen – eine offensiv ausgerichtete Strategie, die sie in den kommenden Jahren noch des öfteren mit mehr oder minder großem Erfolg anwandte. Anfang Januar 1936 gab der Postminister an seine nachgeordneten Dienststellen erneut die Order aus, „sogleich in allen Stadtteilen und in den Vororten Groß-Berlins weitere öffentliche Fernsehstellen auszukunden". Diese „Feststellungen" seien so zu beschleunigen, daß die neuen Räume noch bis zur Wiedereröffnung des Betriebs eingerichtet werden könnten.[200] Doch die expansiven Pläne scheiterten dieses Mal am Veto des Rundfunks. Daß das Propagandaministerium in der Frage der öffentlichen Teilhabe durchaus anderer Meinung war als die Post, ergibt sich aus einem Aktenvermerk des RPM-Ministerialrats Günter Flanze vom 4. Januar 1936, den dieser nach einem Telefongespräch seines Referenten Heilmann mit einem Vertreter des RMVP anfertigen ließ. Nachdem Postrat Heilmann angekündigt hatte, die Post plane, anläßlich der bevorstehenden Wiedereröffnung ihre derzeit acht Fernsehstellen zu verdoppeln, sah sich Referent Droysen – sein Gegenüber von der Propaganda – zu einer grundsätzlichen Erklärung veranlaßt. Droysen bat Heilmann von der Einrichtung zusätzlicher Räume zunächst abzusehen, bis generell mit allen beteiligten Ministerien geklärt sei, „inwieweit die Teilnahme der breiten Öffentlichkeit an der Fernsehentwicklung gefördert werden soll".[201] Droysen äußerte die Befürchtung, der Rundfunk sei mit den Fernsehstuben im vergangenen Jahr schon zu weit gegangen, und er fügte sinngemäß hinzu: „Ein größerer Ausbau der Fernsehempfangsmöglichkeiten in öffentlichen Räumen wird sicher nicht ohne Einfluß auf das Filmtheaterwesen bleiben." Es müsse deshalb zunächst innerhalb des Propagandaministeriums grundsätzlich geklärt werden, ob man künftig den Film oder das Fernsehen fördern werde, sagte Droysen abschließend.[202] Ähnlich argumentierte er gegenüber der Reichssendeleitung, als diese im Hinblick auf den 15. 1. nicht gewillt war, der Post das Feld zu überlassen und deshalb ebenfalls die Aufstockung ihrer Fernsehstuben beantragte. Rundfunkabteilungsleiter Dreßler-Andreß sprach schließlich ein Machtwort in dieser Angelegenheit und legte fest, der Rundfunk habe mit Rücksicht auf den Film die Einrichtung neuer Empfangsstellen vorerst zu unterlassen. Somit wurden zum 15. 1. 1936 insgesamt elf „alte" Empfangsstellen in Groß-Berlin wieder in Betrieb genommen: acht durch die Post und drei durch den Rundfunk.[203]

3.7. Das Kino als Vorbild
Filmsendungen im wöchentlichen Wechsel

Was im ersten Jahr über die matten Scheiben der öffentlichen TV-Geräte flimmerte, war für das Berliner bzw. Potsdamer Publikum überwiegend nichts Neues. Man kannte es aus den Lichtspielhäusern. Wochenschau, Kulturfilm, ein rigoros zusammengeschnittener Spielfilm – dieses Sendeablaufschema des Fernsehens war mit dem des Kinos identisch. Der Rundfunk begann zunächst damit, an drei Tagen in der Woche – montags, mittwochs und samstags – von 20.30 Uhr bis 22.00 Uhr ein eineinhalbstündiges Abendprogramm auszustrahlen. Im Laufe des Jahres 1935 variierten zwar die Sendetage mehrmals (vgl. Anlage 2). Die Zeiten am Abend sowie das Prinzip des wöchentlichen Wechsels der Inhalte behielt man jedoch durchgängig bei. Letzteres war ebenfalls eindeutig nach dem Vorbild des Kinos konstruiert. Im Bemühen um die Anerkennung des Mediums als eine neue gesellschaftliche wie kulturelle Institution sah man jedoch die weitgehende Konvergenz mit dem Kinoprogramm als technisch bedingte Übergangslösung an. Schon in der Juni-Ausgabe der Zeitschrift *Der Deutsche Sender* empfand Erich Schmidt die häufigen Wiederholungen als störend und forderte deshalb: „Der Fernseher wird vom Rundfunk das Gesetz der Einmaligkeit der Sendung übernehmen müssen, wenn er sich einen breiten Abnehmerkreis für seine Darbietungen sichern will."[204] Im *Qualitätsmarkt*, einem Organ der Funkindustrie und des Funkhandels, hieß es im April, das Programm müsse „aus der Zelle des Rundfunks wachsen" und dürfe nicht die Anlehnung an das Kino suchen.[205]

Obwohl Heinz Franke, der Hauptschriftleiter des amtlichen Organs der Rundfunkkammer, 1934 erklärt hatte, das Radioprogramm werde bei einer Rundfunkzeitschrift stets den Hauptteil ausmachen,[206] erschienen Hinweise über die ersten Sendungen des Fernsehens nur sporadisch, bruchstückhaft und ohne echten Informationswert für das Publikum, was natürlich seinen improvisatorischen Charakter in dieser frühen Phase widerspiegelte. So brachte beispielsweise das technisch ausgerichtete Verbandsorgan *Fernsehen und Tonfilm* im März 1935 eine „Programmvorschau", aus der nicht einmal ersichtlich war, ob RPZ oder RRG für die jeweiligen Beiträge verantwortlich zeichneten. Im April wurde immerhin bereits nach Programmlieferanten unterschieden, indem man die Sendezeiten durch die dürren Zusätze „Versuchssendungen des Reichspost-Zentralamtes" und „Programmsendungen der Reichs-Rundfunk-Gesellschaft" ergänzte. Von Mai an erfolgte schließlich mit „Fernsehen (RRG)" und „Fernsehen (RPZ)" eine weitere Vereinfachung. Gleichwohl erhielt der Leser bis zur Einstellung dieser „Programmübersichten" im Juli 1936 neben den groben Sendezeiten und der Aufschlüsselung nach Programmlieferanten keinerlei zusätzliche Informationen.

Hingegen bürgerte sich bei den Rundfunkzeitschriften das Verfahren ein, die als „Wochenschau", „Kulturfilm" und „Spielfilm" ausgewiesenen Inhalte in der Reihenfolge ihrer Sendung ohne weiteren Hinweis – vor allem aber ohne Angaben der Titel und jeweiligen Sendedauer – wöchentlich aufzulisten und entsprechend durchzunumerieren.[207] Bei dieser einfachen Numerierung der aufeinanderfolgenden Programmteile ging man davon aus, daß die Sendungen, den Sehgewohnheiten in den kollektiven Empfangsstellen entsprechend, vom Publikum en bloc konsumiert wurden und man sich nicht gezielt einzelne Beiträge herauspicken konnte. Der Nummerncharakter erinnert daneben an den Aufbau von Varieté-Programmen oder „Bunten Abenden", die in dieser Zeit populär waren. Nicht ohne Grund wird beim Fernsehen zunächst von „Vorstellungen" gesprochen, die Julius Lothar Schücking im Mai mit der Präsentationsform des Theaters verglich. Das Fernsehen, führte Schücking aus, habe ähnlich wie bei Theater und Kino den Charakter des Besonderen, Festlichen und Bedeutsamen angenommen.[208]

Aus den obengenannten Gründen läßt sich für den Zeitraum 22.3.1935 bis 15.1.1936 nur sehr wenig Substantielles über das Versuchsprogramm aussagen. Nach Angaben von Kurt Wagenführ übertrug der Rundfunk nach dem Fernsehstart an 65 bis 70 Tagen Programme, die sich zusammensetzten aus maximal 70 Wochenschauen mit jeweils 10 Minuten Länge, 350 Musikstücken aus der Konserve, die als verbindende

Elemente zwischen zwei Filmen gebracht wurden, sowie rund 50 Filmproduktionen, darunter wiederum 28 verschiedene Kulturfilme.[209] Über die genauen Sendeplätze sowie die Zahl der Wiederholungen läßt sich zwar keine Aussage treffen. Dagegen sind einige frühe Titel, die 1935 zur Ausstrahlung kamen, bekannt. In der Sparte (Kurz-) Spielfilme gab es u.a. Ausschnitte aus Carl Behrs *Abschiedssymphonie* zu sehen, mit Paul Hörbiger und Theo Lingen in den Hauptrollen. Der historische Streifen über den österreichischen Komponisten Franz Joseph Haydn wurde 1933 von der Cine-Allianz Tonfilm produziert und im März 1934 über die Ufa-Filmverleih für die Kinos freigegeben. Erstmals am 15. 5. 1935 zeigte das Fernsehen Walter Schmidts 23minütigen Film *Besuch beim Bettelstudent*, ein eher seichtes Machwerk über die Welt des Musiktheaters. Leichte Unterhaltung bot auch *Der Kampf um den Bär*, mit Harry Gondi und Maly Delschaft in den Hauptrollen. Das Ehedrama, ausgelöst durch ein irrtümlich abgegebenes Bärenfell, inszenierte Fred Sauer im Mai 1933. Ebenfalls aus dem Jahr 1933 stammte Philipp Lothar Mayrings Ufa-Streifen *Wie werde ich energisch?*, mit Max Adalbert, Hans Leibelt, Theo Lingen und Jacob Tiedtke; letzterer sollte später auch für den Nipkow-Sender tätig werden. Daneben zeigte man Ausschnitte aus *Krach im Forsthaus* von Gerhard Dammann, aus Alfred Zeislers 1932er Adaption des Schauspiels *Die Frau und der Smaragd* von Harry Jenkins (*Schuß im Morgengrauen*), aus Hans Deppes 1934 gedrehten Film *Schloss Hubertus* sowie aus Georg Jacobys *Die Csardasfürstin*, u.a. mit Hans Söhnker und Paul Hörbiger in den Hauptrollen.[210] Daß das Fernsehen gelegentlich auch auf relativ junges Material zurückgreifen konnte, belegen die Streifen *Der eingebildete Kranke* (eine Detlef-Siercks-Bearbeitung des Molière-Stücks von 1934/35) sowie Fritz Peter Buchs *Der Taler der Tante Sidonie*, ein Ufa-Kurzspielfilm mit Adele Sandrock, der am 12. 3. 1935 in den Berliner Kinos uraufgeführt[211] und schon in der zweiten Jahreshälfte im Fernsehen gezeigt werden durfte.

Während bei solchen Filmproduktionen die heiteren und leichten Stoffe dominierten, waren es neben der Wochenschau[212] vor allem die sogenannten Kultur- oder Dokumentarfilme, die mitunter eine eindeutig politische Botschaft transportierten.[213] Stark ausgeprägt war in diesen unterhaltend-belehrenden Beiprogramm-Einaktern der Hang zum euphemistisch-idealisierenden Filmstil, der die positiven Seiten des NS-Gemeinschaftslebens thematisierte und besonders hervorhob, hingegen innere Widersprüche ausklammerte und das häufig zur Schicksalsgemeinschaft verklärte Volk in Schwarz-Weiß-Malerei mit äußeren Feindbildern konfrontierte.[214] Die Katloge der Ufa-Kulturfilmabteilung aus den frühen dreißiger Jahren lesen sich wie das Programm einer universellen Volkshochschule: Zehn- bis fünfzehnminütige Filme über Biologie und Medizin, Forschung, Politik und Militär waren darin ebenso verzeichnet wie Streifen über Sport und Volksgesundheit, Kunst und Literatur, Ethnografie und Geografie. Zu jenen Kulturfilmen, die das Fernsehen 1935 ausstrahlte, zählten etwa naturwissenschaftlich-biologistische Ufa-Produktionen wie Ulrich K.T. Schulzs *Gezähmte Tiere* (Kinostart: September 1931), *Wie Ali und Wolfi Freunde wurden* (15. 5. 1935; Kinostart: Januar 1931), Rudolf Presbers *Wassers Kraft – Segen schafft* (Kinostart: Mai 1933) oder Wolfram Junghans *Affenstreiche* (Kinostart: August 1933).

Aus den Bereichen Moderne Technik, Physik, Chemie und Meteorologie brachte der Nipkow-Sender Titel wie *Das Gold des Nordens* (über Bernstein), *Das geheimnisvolle Schiff* (über das Fernlenkschiff „Zähringen"), *Das Weltwunder, Mit deutschen Jungens zur See*, Martin Riklis *Gorch Fock* (15. 5. 1935), ein mit dem Prädikat „volksbildend" ausgezeichneter Segelfliegerfilm von Frank Wysbar *(Rivalen der Luft), Heilkräfte der Nordsee*, aber auch Völkerkundliches wie *Durchs Marschland zum Friesenstrand, Mit deutschen Jungens nach Griechenland, Blick ins Appenzeller Land* oder *Im Lande Peer Gynts*.[215] Nach dem Ausstellungsbrand sendete man *Jugend am Werk, Briefe fliegen über den Ozean, Auf den Spuren der Hanse* sowie *Liebe und die erste Eisenbahn*. Solche größtenteils von der Ufa 1931 bis 1933 hergestellten Kulturfilme wiederholte das Fernsehen bis weit in die dreißiger, mitunter auch bis in die vierziger Jahre hinein.

Hingegen übernahm das Fernsehen von jenen vier Filmen, die 1935 von der NSDAP selbst hergestellt wurden, nur einen einzigen. Offenbar vertrug sich die auf die Größe der Kinoleinwand zugeschnittene Monumental-Ästhetik nicht mit dem kleinen, dunklen und flimmernden Bildschirm.[216] Allerdings war der wichtigste, von der Reichspropagandaleitung, Amtsleitung Film, initiierte NSDAP-Streifen bereits 1935 im Programm: der mit dem Nationalen Filmpreis ausgezeichnete, in Hitlers Auftrag von Leni Riefenstahl hergestellte Parteitagsfilm *Triumpf des Willens*.[217] Am 26. März zum Verleih freigegeben,[218] ging er bereits in der Woche vom 20. bis 26. Oktober 1935 in einem Querschnitt über den Fernsehsender.[219] Zum 31. 1. 1938, dem Tag der Wiederkehr der Machtergreifung, wiederholte man einen 30minütigen Ausschnitt.

Die Stoffauswahl gehorchte, wie gesagt, weder programmlichen noch dramaturgischen Gesichtspunkten, sondern vielmehr der Frage, welche Bilder unter dem Aspekt der Kostenminimierung für das Fernsehen am besten elektronisch umgesetzt werden konnten.[220] Das Gros der Kultur- und Spielfilme mußte schon deshalb abgelehnt werden, weil deren Fernsehspezialkopien nicht lichtdurchlässig genug waren. Hierdurch trat selbstverständlich eine ganz erhebliche Beschränkung in der Programmauswahl ein.[221] Gleichwohl dominierten mit dem Filmabtaster übertragende, extern beschaffte Materialien das Angebot des Jahres 1935. Daneben gab es nur ganz bescheidene Ansätze einer fernseheigenen Programmproduktion. Auch hierfür bediente man sich des Films als Ausgangsmaterial, ohne jedoch über ein paar sporadische Einsätze des Reportagewagens oder des RRG-eigenen Filmteams hinauszukommen. Außerdem wurden die Filmbilder nicht einmal für wert befunden, aufgehoben oder gar systematisch archiviert zu werden. Die Möglichkeit, mit eigenen Beiträgen das Hauptdefizit der Wochenschauen und Kulturfilme auszugleichen, nämlich ihre unzureichende Aktualität, erkannte der Rundfunk durchaus. Die praktische Umsetzung dieser Erkenntnis scheiterte jedoch weit über das Jahr 1935 hinaus an der mangelhaften personellen wie finanziellen Ausstattung des Nipkow-Senders.

Für das erste Jahr lassen sich gleichwohl folgende Eigenbeiträge der Reichs-Rundfunk-Gesellschaft nachweisen.[222] Neben der Hadamovsky-Rede vom 22. März und dem im Zwischenfilmverfahren aufgenommenen Stück über die Generalprobe der Maifeiern am 30. April filmte das Fernsehen im Sommer HJ-Aktivitäten während eines internationalen Jugendlagers in der Mark Brandenburg (Aufnahmeleitung: Günter Greiner; Schnitt: Kurt Wallner) sowie die Ankunft ausländischer Jugendgruppen auf dem Reichsparteitag in Nürnberg.[223] Außerdem produzierte man eine kurze Sequenz über den Aufzug der „Reichsdienstflagge" auf dem Dach des Innenministeriums, ein Ereignis ganz im Stil der NS-Massenveranstaltungen, dem eine Ansprache des Reichsinnenministers Wilhelm Frick vorausging. Daneben erweckten sportliche Themen, ähnlich wie in den Anfängen des Rundfunks, schon früh das Interesse der Fernsehmitarbeiter. Da gab es Aufnahmen über ein Autorennen auf der Avus, aber auch Bilder vom Gelände des Berliner Sport-Clubs über die *Olympiavorbereitungen* der Leichtathleten, die anläßlich der „Taufe" des RRG-Filmgebers am 29. 5. 1935 zur Erstsendung kamen. Schließlich drehte Greiner im Herbst 1935 einen Beitrag über den Bau des Olympiastadions, der durch ein Gespräch des Autors mit dem verantwortlichen Architekten Werner March ergänzt wurde (Aufnahmeleitung: Günter Greiner, Kamera: Karl Wellert, Schnitt: Waldemar Bublitz). Diese ganz kurzen, häufig nur wenige Sekunden dauernden Beiträge mit aktuellem Bezug strahlte man zusammen mit der Wochenschau unter den wechselnden Titeln *Bilder der Woche* oder *Aktueller Bildbericht* am Anfang der Sendefolge aus.

Neben solchen eher informativen Szenen gab es 1935 auch einen ersten unterhaltenden Fernsehfilm, den Carl Heinz Boese Ende Mai im parkähnlichen Dachgarten des Berliner Funkhauses drehen ließ (Regie: Carl Heinz Boese; Kamera: Karl Wellert; Schnitt: Kurt Wallner). Der Film hatte seine Premiere anläßlich der Eröffnung der Gildenhaller Fernsehstube (19. 6. 1935) und wurde von der Presse vollmundig als „das erste Fernsehspiel der Welt"[224] angekündigt. Bei näherer Betrachtung entpuppte sich die Sendung jedoch als eine bloße Aneinanderreihung einzelner kabarettistischer Nummern, gestaltet von Solisten, die im Rundfunk eine gewisse Popularität erreicht hatten: Else Elster, Marina Ursika, Carl de Vogt, Käte Jöken-König sowie das Steiner-Quartett. Die gleichermaßen bescheidene wie umständliche Ansage des stellvertretenden Reichssendeleiters stand dabei im merkwürdigen Kontrast zu den wohlklingenden Ankündigungen in der Presse, denn sie hörte sich folgendermaßen an: „Wir wollen versuchen, die ihnen längst bekannten Rundfunkkünstler mit der Filmkamera, mit der Tonkamera vorzustellen."[225]

ANMERKUNGEN

[1] vgl. Hecker, H.[ ]:Die Eröffnung des Berliner Fernsehsenders. In: Der Deutsche Sender 6(1935), 14, S. 46.

[2] vgl. Müller, Gabriele: Deutscher Fernsehrundfunk liegt in Führung. Ein ernster und heiterer Rückblick auf fünf Jahre stürmische Entwicklung. In: Berlin hört und sieht, Jg. 1940, 12, S. 3.

[3] Rede Curt Hoffmann vom 22. 3. 1935, BA Kblz R 78/2344; vgl. auch Hoffmann, Curt: Die fernsehtechnischen Aufgaben der Reichs-Rundfunk-Gesellschaft. In: RRG-Mitteilungen 1935/I, Nr. 459, Bl. 3-4.

4 Zit. nach Die Reichs-Rundfunk-Gesellschaft eröffnet einen Fernseh-Versuchsbetrieb für Berlin. In: Der Deutsche Rundfunk 13(1935), 11, S. 9; vgl. auch Banneitz, Fritz: Die technische Entwicklung des Fernsehen. Abgedr. in Fernseh-Informationen 36(1985), 5, S. 148-149.

5 vgl. Der erste Fernsehprogrammbetrieb der Welt. In: RRG-Mitteilungen 1935/I, Nr. 459, Bl. 1.

6 Eröffnung des Fernsehsenders am 22. März 1935. BA-FA Brl, SP 22904, 1 Rolle.

7 vgl. Brief Hans-Joachim Weinbrenner an Kurt Wagenführ, 14. 1. 1975, NL Wagenführ.

8 vgl. [Schu.]: Fernsehen gestartet. Hadamovsky dankt Klangfilm und Ufa. In: Film-Kurier v. 23.3.1935; Dank an Hadamovsky. In: Film-Kurier v. 26. 03. 1935, BA Kblz R78/2344.

9 vgl. Hadamovsky, Eugen: Die Mission des Fernsehfunks. In: Fernsehen und Tonfilm 2(1935), 2, S. 15-16, hier S. 16.

10 Der erste Fernsehprogrammbetrieb (wie Anm. 5), Bl. 3.

11 vgl. Der erste Fernsehprogrammbetrieb der Welt. In: Funktechnischer Vorwärts 5(1935), 7, S. 193-196, hier S. 194.

12 vgl. Wagenführ, Kurt: 50 Jahre Fernsehprogrammdienst (Teil V). In: Fernseh-Informationen 36(1985), 5, S. 139-142, hier S. 140.

13 vgl. Handschriftl. Bericht eines Augenzeugen des 22. 3. 1935 (Verfasser und Datum unbekannt), NL Wagenführ.

14 So plante die Reichs-Rundfunk-Gesellschaft anläßlich des fünften Fernseh-Geburtstages eine kleine Feier, die man zunächst auf den 17. März 1940 legte. Irritiert von dem kuriosen Datum, schrieb daraufhin ein Beamter des Postministeriums in einem internen Aktenvermerk: „Warum der 17. 3. 40 nunmehr als Jubliäumstag gewählt worden ist, konnte bisher nicht festgestellt werden." Nach Postunterlagen müsse vielmehr der 22. 3. 1935 als Eröffnungstag („mit einem besonderen Programm") angesehen werden. Wie auch immer, die Post habe „bei dieser Gedenkfeier" alles Nötige zur Wahrung ihrer Belange veranlaßt, schrieb der unbekannte Verfasser der Aktennotiz. Mittelung des RPM-Pressedienstes, 24. 2. 1940, BA Potsdam 47.01/20822; Aktennotiz RPM, 8.3.1940, ebd.

15 vgl. Wagenführ, Kurt: Der erste Fernsehprogramm-Versuchsbetrieb wurde eröffnet. In: Fernseh-Informationen 26(1975), 5, S. 97-98.

16 vgl. Wagenführ, Kurt: Für Hitler kam es zu spät. In: Magnum 9(1961), 34, S. 34.

17 vgl. Lindenberg, Fritz: Deutschland an der Spitze. ‚Hier ist der Fernsehsender Berlin-Witzleben!' In: NS-Funk 3(1935), 14, S. 3, 39, hier S.3.

18 vgl. ebd.

19 Erläuterungen zum RRG-Haushaltsplan für das Rechnungsjahr 1935, o.D., BA Kblz R 2/4903.

20 vgl. Hempel, Manfred: Fernsehleute im Spannungsfeld zwischen Fortschritt und Reaktion – über das Wirken deutscher Wissenschaftler, Politiker und Künstler auf dem Gebiete des Fernsehens von den historischen Anfängen bis 1945. In: Uricchio, William (Hrsg.): Die Anfänge des Deutschen Fernsehens. Tübingen 1991, S. 13-73, insbes. S. 36, 44-45.

21 vgl. exempl. Brief Horst Dreßler-Andreß an Kurt Wagenführ, 15.10.1974, NL Wagenführ.

22 Dreßler-Andreß war in Personalunion Abteilungsleiter Rundfunk im RMVP, Chef der NS-Gemeinschaft „Kraft durch Freude" (KdF) innerhalb der Deutschen Arbeitsfront sowie Vorsitzender des RDR.

23 vgl. Brief Horst Dreßler-Andreß an Kurt Wagenführ, 15. 10. 1974, NL Wagenführ.

24 vgl. [Lz.]:Fernsehen. In: Frankfurter Zeitung v. 11. 4. 1935, BA Kblz R 78/2344.

25 vgl. Regelmäßiges Fernsehen in Deutschland gestartet! In: Europa-Funk, Jg. 1935, 14, BA Kblz R 78/2344.

26 vgl. Kappelmayer, Otto: Der deutsche Fernsehdienst beginnt. In: Kinematograph 29(1935), 59, S. 1-2, hier S. 1.

27 vgl. Diller, Ansgar: Ein wenig beachteter ‚Versuchsbetrieb'. Zum Beginn des Fernsehens vor 50 Jahren. In: Das Parlament 35(1985), 10, S. 14.

[28] vgl. Die Reichs-Rundfunk-Gesellschaft eröffnet einen Fernseh-Versuchsbetrieb für Berlin. In: Hör mit mir 6(1935), 11, S. 38-39; Eröffnung des deutschen Fernseh-Betriebes. In: Das Archiv 1(1934/35) II, S. 1879; Der deutsche Fernsehbetrieb hat begonnen. In: Radio-Händler 12(1935), 7, S. 335-337.

[29] vgl. exempl. Deutschland eröffnet den ersten Fernsehrundfunk der Welt. In: Funk und Bewegung 5(1935), 4, S. 1; Der erste Fernsehprogrammbetrieb der Welt. In: Funktechnischer Vorwärts 5(1935), 7, S. 193-196.

[30] Blemmec, O.[]: Gedanken über das Fernsehen. In: Intercine 7(1935), 5, S. 280-286, hier S. 283.

[31] ebd., S. 284.

[32] ebd.

[33] vgl. Schmitt, Uwe: ‚Fünfzig Jahre Fernsehen‘. Immer noch nicht erwachsen? In: Frankfurter Allgemeine Zeitung v. 25.03.1985; Neudeck, Rupert: Ein Datum, an das man sich nur ungern erinnert: 50 Jahre deutsches Fernsehen. In: Vorwärts, Nr. 13 v. 23.3.1985, S. 26; Hachmeister, Lutz: ‚50 Jahre Fernsehen‘. In: epd/Kirche und Rundfunk, Nr. 25 v. 30. März 1985, S. 20; Thienemann, Ulrich: Wie die Bilder die Wohnstuben erobert haben. In: Kölner Stadt-Anzeiger, Nr. 69 v. 22.03.1985.

[34] vgl. Hymmen, Friedrich Wilhelm: Jubiläum. Ein alter Kämpe kämpft für ein Datum. In: epd/Kirche und Rundfunk, Jg. 1985, 23, S. 2.

[35] vgl. Ross, Gordon: Television Jubilee. London 1961, S. 48; BBC (Hrsg.): Yearbook of the BBC. London 1973, S. 18.

[36] K.T. [d.i. Karl Tetzner]: Wer war der Erste? In: Funkschau 16(1981), 19, S. 14.

[37] vgl. Birkinshaw, Douglas C.: The Birth of Modern Television. In: Television v. Nov./Dez. 1977, S. 37.

[38] vgl. Purser, Philip: The Pally pioneers (Cecil Madden and Stuart Latham). In: Radio Times, Jg. 1981, 3008, S. 11-13.

[39] vgl. Berlin Television Begun. Broadcast three times a week. In: Times v. 23.3.1935; Wagenführ, Kurt: Photos as documents for BBC-TV 1936. In: Fernseh-Informationen 32(1981), 14, S. 353-355.

[40] vgl. Wagenführ, Kurt: ‚Times‘: Fernsehen begann in Berlin. In: Fernseh-Informationen 31(1980), 23/24, S. 589.

[41] vgl. Internationaler Filmkongreß Berlin 1935. In: Die Kinotechnik 17(1935), S. 142-143.

[42] Mitschrift Rede des Reichssendeleiters Hadamovsky anlässlich des Internationalen Filmkongresses, 29.4.1935, BA Kblz R 78/754.

[43] ebd. Vgl. auch Film und Fernsehen. Aus der Rede des Reichssendeleiters Hadamovsky vor dem Internationalen Filmkongreß. In: RRG-Mitteilungen 1935/I, Nr. 464, Bl. 9-11.

[44] Zit. nach Bericht Hans-Joachim Weinbrenner über die Frühgeschichte des Fernsehens, Februar 1974, NL Wagenführ.

[45] Trotz Fernsehen noch ein Jahrzehnt der Rundfunkentwicklung. Der Reichssendeleiter im Gespräch mit den Vertretern der Rundfunkwirtschaft, 3.5.1935, BA Kblz R 78/2344.

[46] vgl. Fernsehkongreß im Zeichen der Rundfunkeinheit. In: NS-Funk 3(1935), 24, BA Kblz R 78/699; Fernsehen und Runfunkeinheit. In: Der Deutsche Sender, Jg. 1935, 24, S. 38, 41, BA Kblz R 78/699.

[47] Nachdem ihm der Weimarer Rundfunk eine finanzielle Unterstützung versagt hatte, erhielt Nipkow von den neuen Machthabern zum 1. August 1935 einen „monatlichen Ehrensold" in Höhe von 400 Reichsmark, der je zur Hälfte von der Reichs-Rundfunk-Gesellschaft und der Fernsehindustrie getragen wurde.
Anhang zum Bericht der Deutschen Revisions- und Treuhand-AG Berlin für das RRG-Geschäftsjahr 1935/36, BA Kblz R 2/4909.

[48] Programm anlässlich der Enthüllung einer Gedächtnistafel zu Ehren des ersten deutschen Fernseh-Erfinders und Taufe des neuen RRG-Senders [sic!] auf den Namen ‚Paul Nipkow‘, 29.5.1935, BA Kblz R 78/2345.

[49] vgl. Hadamovsky, Eugen: Das Fernsehen, eine deutsche Erfindung. Was wir Paul Nipkow verdanken. In: Archiv für Funkrecht 8(1935), 6, S. 200-203, hier S. 201.

[50] Brief RPM an RPD Berlin, 3.6.1939, BA Potsdam 47.01/20822.

[51] ebd.

[52] vgl. Der Stand des Fernsehens. In: Bayerische Radio-Zeitung 12(1935), 29, S. 14.

[53] vgl. Der Stand des Fernsehens. Aus einer Rundfunkrede des Reichssendeleiters. In: RRG-Mitteilungen 1935/II, Nr. 472, Bl. 1-2; und BA Kblz Bestand R 78/754.

[54] Mitschrift Rede Hadamovsky vor der Belegschaft des deutschen Rundfunks, 2.8.1935, BA Kblz R 78/751.

[55] Mitschrift Rede Hadamovsky vor Vertretern des Runfunkgroßhandels in der Krolloper, 18.8.1935, ebd.

[56] vgl. Volkssender! Fernsehen! Volksempfänger! Die drei Parolen der 12. Rundfunk-Ausstellung. In: RRG-Mitteilungen 1935/II, Nr. 470, Bl. 6.

[57] Das Problem des Fernsehens. In: RRG-Mitteilungen 1935/II, Nr. 476, Bl. 5; und ähnlich Goebbels, Joseph: Nationalsozialistischer Rundfunk. München 1935, S. 14.

[58] vgl. Bachmann, J.[ohann] G.[eorg]: Fernsehen fürs Volk. In: Amtlicher Führer zur 12. Großen Deutschen Rundfunkausstellung Berlin 1935. Berlin 1935, S. 44-46, hier S. 44.

[59] vgl. Das Fernsehen und sein Erfinder. Die ‚Fernsehstraße' wurde zum Weltereignis. In: RRG-Mitteilungen 1935/II, Nr. 477, Bl. 11.

[60] Erlaß des Führers und Reichskanzlers über die Zuständigkeit auf dem Gebiete des Fernsehwesens, 12.7.1935, BA Kblz R 43 II/267a, fol. 10.

[61] Umlauf Milch an Präsidial- und Reichskanzlei, 24.7.1935, ebd., fol. 9.

[62] Reichsgesetzblatt 1935 I, S. 1059.

[63] Brief Luftfahrtminister Göring an Reichskulturkammer, 23.07.1935, BA Kblz R 43 II/267a, fol. 16.

[64] Schnellbrief Wilhelm Ohnesorge an Propagandaministerium, 2.08.1935, ebd., fol. 19.

[65] Brief Ohnesorge an Hadamovsky, 1.8.1935, ebd., fol. 18.

[66] vgl. Reuth, Ralf Georg: Goebbels. München, Zürich 1990, S. 289-290.

[67] Brief Funk an Lammers, 31.7.1935, BA Kblz R 43 II/267a, fol. 11-12.

[68] Brief Funk an Lammers, 3.8.1935, ebd., fol. 13.

[69] Schnellbriefe Funk an Post- und Luftfahrtministerium, 3.8.1935, ebd., fol. 14-15.

[70] Briefe Lammers an Post- und Luftfahrtministerium, 7.8.1935, ebd., fol. 20.

[71] An anderer Stelle machte der Chef der Reichskanzlei, Lammers, darauf aufmerksam, daß „es aus staatsrechtlichen Gründen unmöglich ist, daß ein Erlaß des Führers und Reichskanzlers durch die Herren Reichsminister abgeändert (wird)". Brief Lammers an Kriegsminister Blomberg, 29.8.1935, ebd., fol. 30-31.

[72] Brief Milch an Lammers (mit Anlage), 7.8.1935, ebd., fol. 22-23.

[73] Brief Funk an Lammers, 9.8.1935, ebd., fol. 24.

[74] Brief Funk an Lammers, 25.8.1935, ebd., fol. 29.

[75] Brief Blomberg an Funk, o.D., ebd., fol. 34.

[76] Brief Lammers an Blomberg, 11.9.1935, ebd., fol. 35.

[77] Brief Blomberg an Lammers, 24.10.1935, ebd., fol. 39-40.

[78] Brief Milch an Lammers, 7.12.1935, ebd., fol. 43.

[79] Reichsgesetzblatt 1935 I, S. 1429-1430.

[80] vgl. Franz-Willing, Georg: Die Reichskanzlei 1933-1945. Rolle und Bedeutung unter der Regierung Hitler (=Veröffentlichungen des Institutes für deutsche Nachkriegsgeschichte, Bd. 12). Tübingen 1984, S. 78-79.

[81] Lehrgang der Funksachbearbeiter der Oberpostdirektionen über den Stand der technischen und organisatorischen Fragen des Rundfunks vom 19.-21.8.1935 in Berlin, BA Kblz R 48/15.

[82] vgl. Lerg, Winfried B.: Zur Entstehung des Fernsehens in Deutschland. In: Rundfunk und Fernsehen 15(1967), 4, S. 349-375, hier S. 361.

[83] vgl. Schmidt-Leonhardt, Hans: Die Reichskulturkammer. In: Lammers, H.[ans]-H.[einrich]; Pfundtner, Hans (Hrsg.): Grundlagen, Aufbau und Wirtschaftsordnung des Nationalsozialistischen Staates. Erster Band, Gruppe 2: Die politischen und staatsrechtlichen Grundlagen (20). Berlin 1936, S. 1-53, hier S. 47; Freigabe des Fernseh-Rundfunks für die Öffentlichkeit. In: Das Archiv 6(1939/40), I, S. 540-541, hier S. 541.

[84] Orth, []: Fernmelderecht, Funkrecht, Rundfunkrecht. In: Zeitschrift der Akademie für Deutsches Recht, Jg. 1937, S. 585-589, hier S. 587.

[85] Lehrgang der Funksachbearbeiter (wie Anm. 81); Schütte, Wolfgang: Regionalität und Föderalismus im Rundfunk. Die geschichtliche Entwicklung in Deutschland 1923-1945 (=Beiträge zur Geschichte des deutschen Rundfunks, Bd. 3). Frankfurt/Main 1971, S. 163.
Wahrscheinlich wurde auch in einem Schreiben von Kurt Daluege, dem Chef der Ordnungspolizei, an den Reichsführer-SS und Chef der Deutschen Polizei, Heinrich Himmler, vom 20. Juli 1938 auf diesen Sachverhalt angespielt, denn Deluege sprach darin von der „Angelegenheit des alten Präsidenten Dreßler-Andreß". Herbert Packebusch, damals kommissarischer Geschäftsführer der RRK, habe dessen „Unehrlichkeiten (...) gegen vorhandenen stärksten Widerstand beseitigt".
Vgl. Brief Daluege an Himmler, 20. 7. 1938 (Auszug). In: Wulf, Joseph (Hrsg.): Presse und Funk im Dritten Reich. Eine Dokumentation. Frankfurt/Main, Berlin, Wien 1983, S. 313.

[86] vgl. die Vorhersagen über die zu erwartende Kompetenzabgrenzung beim Fernsehen im Bericht Deutsche Revisions- und Treuhand AG über RRG-Geschäftsjahr 1934/35, BA Kblz R 2/4909.

[87] vgl. Dreßler-Andreß, Horst: Zur politischen Aktion der Vorbereitungen und Durchführung des Erlaß Hitlers vom 12. Juni 1935 mit der Zerschlagung der im Jahre 1929 in Berlin begründeten und konzipierten Rundfunk-Politik der NSDAP. Denkschrift vom Oktober/November 1975, NL Wagenführ.

[88] vgl. auch Martin, Hans-Leo: Unser Mann bei Goebbels. Verbindungsoffizier des Oberkommandos der Wehrmacht beim Reichspropagandaminister 1940-1944 (=Die Wehrmacht im Kampf, Bd. 49). Neckargemünd 1973, S. 30.

[89] vgl. Bericht Hans-Joachim Weinbrenner (wie Anm. 44).

[90] RRG an RMVP, 11. 12. 1935, BA Potsdam 50.01/676, fol. 16.

[91] Protokoll Besprechung im RMVP, 20. 12. 1935, ebd., fol. 20-21.

[92] Bericht Deutsche Revisions- und Treuhand AG über RRG-Geschäftsjahr 1935/36, BA Kblz R 2/4909.

[93] Aufzeichnung Droysen Übergabe der Fernsehgeräte an DRP, 10. 1. 1936, BA Potsdam 50.01/676, fol. 66.

[94] Geschäftsbericht RRG 1935/36, BA Kblz R 2/4909.

[95] vgl. Boese, Carl Heinz: Das Zeichen der Malayen. Der Filmroman eines Privatdetektivs. Berlin 1921.

[96] vgl. Boese, Carl Heinz: Zum Schneegipfel Afrikas. Abenteuerliche Erlebnisse und Forschungen auf Jagdpfaden mit der Filmkamera. Berlin 1926.

[97] Vgl. Personalunterlagen Carl Heinrich Albert Otto Boese im DC Brl.

[98] vgl. Rimmele, Lilian-Dorette: Der Rundfunk in Norddeutschland 1933-1945. Ein Beitrag zur nationalsozialistischen Organisations-, Personal- und Kulturpolitik (=Geistes- und Sozialwissenschaftliche Dissertationen, Bd. 41). Hamburg 1977, S. 131 f.

[99] vgl. Wulf, Joseph: Presse und Funk (wie Anm. 85), S. 283-284.

[100] vgl. Klingler, Walter: Fernsehen im Dritten Reich. Fernseh-Intendanten und Programm-Beauftragte – Vier biographische Notizen. In: Studienkreis für Rundfunk und Geschichte, Mitteilungen 11(1985), 3, S. 230-258, hier S. 236.

[101] Aktennotiz Abteilung Rundfunk im RMVP, 29. 3. 1935, BA Potsdam 50.01/1048.

[102] ebd.

[103] vgl. auch Klingler, Walter, Fernsehen im Dritten Reich (wie Anm. 100), S. 236-237.

[104] Umlauf Hadamovsky an alle Reichssender, 25. 6. 1935, BA Kblz R 78/2298.

[105] Reichssendeleitung an Boese, 11. 6. 1935, ebd.

[106] Aus dem Telegramm von Hadamovsky an Hitler. Abgedr. in RRG-Mitteilungen 1935/I, Nr. 459, Bl. 2.

[107] vgl. Boese, Carl Heinz: Aktuelle Fragen des Fernsehbetriebes. In: RRG-Mitteilungen 1935/I, Nr. 460, Bl. 3-4; Aktuelle Fragen des Fernsehbetriebs. Eine Unterredung mit dem stellvertretenden Reichssendeleiter Boese. In: NS-Funk 3(1935), 15, S. 47.

[108] vgl. Brief Otto Schulze an Kurt Wagenführ, 30. 12. 1978, PA Schulze.

[109] vgl. FI-Berufsbiografien: Hans-Waldemar Bublitz. In: Fernseh-Informationen32(1981), 17, S. 435.

[110] vgl. Personalunterlagen Bublitz im DC Brl.

[111] Zur Organisation und zum Aufbau des Kinder- und Jugendfunks nach 1933 vgl. Reinhardt, Christel: Der Jugendfunk. Sein Aufbau und seine Aufgaben unter besonderer Berücksichtigung seines publizistischen Wirkungsstrebens. Diss. Würzburg 1938, S. 49 ff.

[112] vgl. exempl. HJ und Fernsehen. In: RRG-Mitteilungen 1935/II, Nr. 480, Bl. 6.

[113] vgl. Panek, []: HJ. hilft beim Aufbau des Fernsehens. In: Reichs-Jugend-Pressedienst, Jg. 1935, 233, Bl. 2.

[114] vgl. FI-Berufsbiografien: Günter Greiner. In: Fernseh-Informationen37(1986), 15, S. 453.

[115] Gespräch mit Günter Greiner, 7. 6. 1991.

[116] Liste der Beurlaubungen für die Reichstheatertage der Hitler-Jugend in Hamburg 3.-10. 4. 1938, o.D., BA Kblz R 78/1203.

[117] Vgl. Personalunterlagen Bai im DC Brl.

[118] Aktennotiz Reichssendeleitung, 14. 6. 1934, BA Kblz R 78/707.

[119] Boese an RRG, 14. 4. 1934, BA Kblz R 78/21.

[120] Boese an RRG, 5. 7. 1934, BA Kblz R 78/20.

[121] Entwurf für den Aufbau der Organisation der ‚Programmgestaltung des Paul Nipkow-Senders-Berlin' vom Januar 1936, BA Kblz R 78/2345.

[122] ebd.

[123] vgl. Bublitz, Hans-Waldemar: Erste Fernsehansage – Spannung zwischen Post, Promi und RRG (1). In: Fernseh-Informationen 29(1978), 17, S. 397-399, hier S. 398.

[124] vgl. Unser Fernseh-Porträt: ‚Waldi' Bublitz und die goldene 100. In: Fernsehen 6(1958), 11, S. 593-594, hier S. 594.

[125] vgl. Bublitz, Hans-Waldemar: Noch einmal ein paar Worte über Filmbearbeitung 1935/36 (7). In: Fernseh-Informationen 29(1978), 23/24, S. 551-552, hier S. 552.

[126] Bublitz, Hans-Waldemar: Ansagerin – Erste Zuschauer – Probleme mit dem Spielfilm (2). In: Fernseh-Informationen 29(1978), 18, S. 422-424, hier S. 424.

[127] Gespräch mit Günter Greiner, 7. 6. 1991.

[128] vgl. Der 1. Mai und das Fernsehen. In: Der Deutsche Rundfunk 13(1935), 20, S. 9-10.

[129] Brief Bachmann an RMVP, 30. 4. 1935, BA Kblz R 78/760.

[130] Presseanweisung Nr. 1279 vom 30. 4. 1935. Abgedr. in Bohrmann, Hans (Hrsg.): NS-Presseanweisungen der Vorkriegszeit. München u.a. 1987, S. 247.

[131] Pressemitteilung der Reichssendeleitung, 30. 4. 1934, NL Wagenführ.

[132] vgl. Die erste aktuelle Fernseh-Übertragung der Welt. In: RRG-Mitteilungen 1935/I, Nr. 464, Bl. 4-6, insbes. Bl. 4.
Die in den Mitteilungen abgedruckten Presseartikel sollten beim Leser den Eindruck erwecken, als ob die Übertragung am 1. Mai stattgefunden hätte.

[133] Brief Bachmann an RMVP, 4. 4. 1935, BA Kblz R 78/760.

[134] RPZ an Deutschlandsender, 5. 7. 1935,BA Potsdam 50.01/676, fol. 7.

[135] Brief Wirz an Boese, 6. 7. 1935, BA Potsdam 50.01/676, fol. 8.

[136] Brief Boese an Propagandaminister Goebbels, 10. 7. 1935, ebd., fol. 1.

[137] ebd., fol. 2.

[138] Brief Boese an RMVP, 10. 7. 1935, ebd., fol. 9.

[139] Brief Boese an RMVP, 12. 7. 1935, ebd., fol. 10.

[140] vgl. Goebel, Gerhart: Die 12. Große Deutsche Rundfunkausstellung 1935. In: Fernseh-Informationen 36(1985), 15, S. 441-443, hier S. 443.

[141] Lehrgang der Funksachbearbeiter (wie Anm. 81).

[142] Bublitz erinnert sich: „Wir Programmleute von der RRG liefen arbeitslos im Rundfunkhaus herum, begleitet von den mitleidigen Blicken der Kollegen vom Hörfunk, die in uns Fernsehleuten immer Menschen zweiter Rundfunkklasse sahen, die schuld daran waren, daß ihre Etats nicht erhöht wurden. Günter Greiner und ich pendelten gelangweilt zwischen unseren häufig wechselnden Bürozimmern und der Kantine hin und her. Wir wußten wirklich nicht, was wir anfangen sollten. Es gab keine Möglichkeit, irgendwelche Versuche anzustellen oder Filme als Programmreserve für kommende Zeiten zu drehen. Boese ließ sich auf keinerlei Vorschläge ein und wimmelte mich immer wieder mit nichtssagenden Redensarten ab.“
Bublitz, Hans-Waldemar: Ein kurioser Aufruf des RDR – Arnolt Bronnen kommt zum Fernsehen (4). In: Fernseh-Informationen 29(1978), 20, S. 473-475, hier S. 473.

[143] Gespräch mit Otto Schulze, 30. 6. 1991.

[144] ebd.

[145] vgl. Bublitz, Hans-Waldemar: Brand der Fernsehhalle – Zwangspause – Spannungen RRG/Post (3). In: Fernseh-Informationen 29(1978), 19, S. 441-443, hier S. 443.

[146] Brief RMVP an RPM, 11. 12. 1935, BA Potsdam 50.01/676.

[147] Schnellbrief RPM an RMVP, 18. 12. 1935, ebd., fol. 17.

[148] vgl. Wieder regelmäßige Fernsehsendungen noch vor Weihnachten. In: Der Deutsche Rundfunk 13(1935), 50, S. 6.

[149] Später hieß es in der Bayerischen Radio-Zeitung, „das ,technische Richtfest' wurde mit einem Sieg-Heil auf den Führer geschlossen“.
vgl. Wieder täglich Fernsehen. In: Bayerische Radio-Zeitung 13(1936), 2, S. 4.

[150] Aktennotiz RMVP, 21. 12. 1935, BA Potsdam 50.01/676.

[151] Protokoll Besprechung zwischen RPM und RMVP, 20. 12. 1935, ebd., fol. 20-21; Aktennotiz RMVP, o.D., ebd., fol. 19.

[152] Zit. nach Über das Fernsehen in Deutschland. In: Funk 13(1936), 2, S. 57-59, hier S. 58.

[153] vgl. Ab 15. Januar Regelmäßiger Fernsehprogrammbetrieb. In: RRG-Mitteilungen 1935/I, Nr. 488, Bl. 2; ‚Paul Nipkow-Sender Berlin' wieder in Betrieb. In: RRG-Mitteilungen 1936/I, Nr. 489, Bl. 2-3; Paul-Nipkow-Sender Berlin wieder eröffnet! In: Die Sendung 13(1936), 4, S. 94.

[154] Brief Reichssendeleitung an RMVP, 15. 1. 1936, BA Potsdam 50.01/676.

[155] Personalbestand RRG-Betriebstechnik (Fernsehen) 1935/36, BA Kblz R 55/1027.

[156] vgl. Der deutsche Fernsehbetrieb und sein Programm. In: Die Räder, Jg. 1935, 8, BA Kblz R 78/2344.

[157] vgl. Goebel, Gerhart: Fernseh-Empfang in den dreißiger Jahren. In: Funkschau 23(1982), 15, S. 63; ders.: Fernseh-Empfang in den dreißiger Jahren. In: Fernseh-Informationen 33(1982), 17, S. 461-462; ders.: Empfänger-Kauf. In: Fernseh-Informationen 33(1982), 20, S. 543-544; Lerg, Winfried B.: Anmerkungen zu Gerhart Goebel: Fernseh-Empfang in den dreißiger Jahren. In: Fernseh-Informationen 33(1982), 19, S. 514-515.

[158] vgl. Fernsehempfang in den dreissiger Jahren. In: Fernseh-Informationen 33(1982), 23/24, S. 625.

[159] vgl. Roosenstein, H.[]O.[]: Neuentwicklung im Fernseherbau. In: Fernsehen und Tonfilm 6(1935), 9, S. 77-79, hier S. 77.

[160] vgl. Tetzner, Karl: 50 Jahre Fernsehen in Deutschland. In: Funkschau 26(1985), 5, S. 61-65, hier S. 63.

[161] Frage: Welches ist gegenwärtig das beste Fernseh-Gerät? Antwort: Der Feldstecher! In: Siemens Rundfunk-Nachrichten 10(1935), 1, S. 13-14, hier S. 14.

[162] Vortrag OPR Fritz Banneitz im RPM, 9. 5. 1935, BA Kblz R 78/840.

[163] ebd.

[164] vgl. Drewniak, Boguslaw: Der deutsche Film 1938-1945. Ein Gesamtüberblick. Düsseldorf 1987, S. 661.

[165] Brief Fachgruppe Rundfunk an RPZ, 27. 11. 35, BA Potsdam 50.01/1050.

[166] Brief RRK an Propagandaminister Goebbels, 21. 1. 1936, ebd., fol. 1-2.

[167] ebd., fol 2.

[168] Bericht Boese an Abteilung Rundfunk im RMVP, 22. 3. 1936, ebd., fol. 4-5, hier fol. 4.

[169] Brief Boese an Abteilung Rundfunk im RMVP (Droysen), 13. 2. 1936, BA Kblz R 78/760.

[170] Aktennotiz Abteilung Rundfunk im RMVP (Droysen), 24. 1. 36, BA Potsdam 50.01/1050, fol. 7-8.

[171] Brief RPM an RMVP, 26.3.1936, ebd, fol. 16.

[172] Brief Fachgruppe Rundfunk der Wirtschaftsgruppe Einzelhandel an RRK, 6.10.1936, ebd., fol. 48.

[173] Brief RRK an Propagandaminister Goebbels, 23. 10. 1936, ebd., fol. 42-43.

[174] Brief RPM an RMVP, 18. 7. 1936, ebd., fol. 29-30.

[175] Brief Ohnesorge an Propagandaminister Goebbels, 20. 1. 1937, ebd., fol. 53.

[176] Obwohl Reichssendeleiter Hadamovsky unverzagt eine „Revolution des Empfänger-Apparatebaues" durch nationalsozialistische Bastelgemeinschaften prophezeite, existierten im April 1935 nur zwei Einrichtungen dieser Art: eine Gruppe, die in den Charlottenburger Diensträumen der Abteilung Rundfunk der Reichsjugendführung ihr Domizil aufgeschlagen hatte, und eine Arbeitsgemeinschaft zwischen der Kreisgruppe III des Gaues Groß-Berlin und der Firma C. Lorenz AG. Letztere verfügte allerdings nur über eine einzige Braunsche Röhre, da sich die Industrie bisher kategorisch geweigert habe, Einzelteile dieser Güteklasse zu liefern, wie der technische Publizist Hans Dominik im Funktechnischen Vorwärts mit Bedauern feststellte. Hochwertige Einzelteile für Bastler waren 1935 lediglich über die Firma „EL-ES Radio, Alleinvertrieb Conrad+Co." in Berlin-Neukölln zu beziehen.
vgl. Hadamovsky, Eugen: Hitler erobert die Wirtschaft. München 1935, S. 40; Reitz, Herbert: Fernsehen von A-Z. Allgemeinverständliche Einführung in die Fernseh-Sende- und Empfangstechnik. Das Fernseh-ABC. Berlin-Wilmersdorf 1935, S. 36, 39; Dominik, [Hans]: Fernseharbeitsgemeinschaften basteln...In: Funktechnischer Vorwärts 5(1935), 7, S. 59.

[177] Brief Gerhart Goebel an Gesellschaft für Deutsche Postgeschichte, 14. 2. 1958, Post- und Fernmeldemuseum der OPD Stuttgart.

[178] Bericht RPD an RPM über vier neue Fernsehstellen, 13. 7. 1935, BA Potsdam 47.01/20818.

[179] Das Telefunken-Gerät FE IV verfügte extra über einen leicht nach hinten geneigten Bildschirm, damit man auch in den letzten Stuhlreihen das Bild noch einigermaßen erkennen konnte. Dies war jedoch nur dann möglich, wenn der Boden der Fernsehstellen nach hinten minimal anstieg, wie es Telefunken auch vorschlug. Wahrscheinlich aus Kostengründen beschritt die Post jedoch einen anderen Weg: Sie stellte die truhenförmigen Empfänger auf ein etwa 1,20 Meter hohes Holzpodest. Um die Neigung der Bildschirme wieder auszugleichen, waren die beiden Holzgerüste mit einer zum Publikum hin abfallenden schiefen Ebene ausgestattet.

[180] vgl. Telefunken (Hrsg.): Telefunken Fernseher FE IV. Berlin o.J. [1935], S. 13.

[181] Vortrag OPR Fritz Banneitz im RPM, 9. 5. 1935, BA Kblz R 78/840.

[182] vgl. [Hg.]: Besuch in Berlins Fernsehstube. In: Die Sendung 12(1935), 31, S. 546.

[183] vgl. Wir haben zu berichten: Besuchszeiten der Fernseh-Empfangsstelle. In: Die Sendung 12(1935), 18, S. 279.

[184] vgl. [w.]: Vier Fernsehstuben in Berlin. In: Bayerische Radio-Zeitung 12(1935), 22, S. 8.

[185] Brief RPD Berlin an RPM, 21. 1. 1936, BA Potsdam 47.01/20818.

[186] Groß-Berlin hat seine Fernsehstuben. In: RRG-Mitteilungen 1935/I, Nr. 465, Bl. 1-2, hier Bl. 1; vgl. auch Der Fernsehfunk kommt zum Arbeiter. In: NS-Funk 3(1935), 22, S. 8.

[187] Mitschrift Rede Hadamovsky anläßlich der Eröffnung der Fernsehstube Reinickendorfer Straße 112, 15. 5. 1935, BA Kblz R 78/754.

[188] vgl. Fernsehen über 20 Kilometer. Unmittelbare Fernsehabtastung ohne Film-Zwischenschaltung. In: Hör mit mir 6(1935), 22, S. 38.

[189] vgl. Nesper, Eugen: Die erste Fernseh-Empfangsstelle außerhalb Berlins eröffnet. In: Dralowid-Nachrichten 9(1935), 4, S. 64-65, hier S. 64.

[190] Nun Fernsehen auch außerhalb Berlins. In: Bayerische Radio-Zeitung 12(1935), 22, S. 8.

[191] vgl. Staatssekretär Hierl besichtigt die Fernsehstube im Arbeitsdienstlager Gildenhall. In: RRG-Mitteilungen 1935/II, Nr. 470, Bl. 1-2; Mitschrift Rede Reichssendeleiter Hadamovsky anlässlich der Eröffnung einer Fernsehstube in der Bezirksführerschule des nationalsozialistischen deutschen Arbeitsdienstes in Gildenhall bei Neuruppin, 19.6.1935, BA Kblz R 78/754.

[192] Kreisgruppeninspektion Kurmark an Reichssendeleitung, 17.1.1936, BA Kblz R 78/2345.

[193] vgl. Die drei Leitsätze der diesjährigen Großen Deutschen Funkausstellung. In: Der Deutsche Rundfunk 13(1935), 27, S. 9.

[194] vgl. Neue Fernsehstellen der Deutschen Reichspost. In: Die Sendung 12(1935), 31, S. 560.

[195] RPD Berlin-Charlottenbrug an RPM, 21.1.1936, BA Potsdam 47.01/20818.

[196] RPD Berlin-Charlottenburg an RPD, 13.7.1935, ebd.

[197] RPM an RPZ, 31.7.1935, BA Potsdam 47.01/20818.

[198] vgl. Die zehnte öffentliche Fernseh-Empfangsstelle in Berlin. In: Die Sendung 12(1935), 34, S. 617.

[199] vgl. Neue Fernsehstelle der Deutschen Reichspost in Neukölln. In: Die Sendung 12(1935), 35, S. 648.

[200] RPM an RPZ und RPD, 2.1.1936, BA Potsdam 47.01/20818.

[201] Aktennotiz RPM (Heilmann) über Gespräch mit RMVP (Droysen), 4.1.1936, BA Potsdam 47.01/20818.

[202] ebd.; und Aktennotiz RMVP (Droysen) über Gespräch mit RPM (Heilmann), 8.1.1936, BA Potsdam 50.01/676, fol. 64.

[203] Brief Reichssendeleitung an RMVP, 11.1.1936, BA Potsdam 50.01/675, fol. 2-3.

[204] Schmidt, Erich: Fernsehen, Funk, Film und das Problem ihrer wechselseitigen Beziehungen. In: Der Deutsche Sender 6(1935), 19, S. 8, 41 (I); 20, S. 8 (II), hier S. 41.

[205] vgl. Deutschland startet das Fernsehen. In: Der Qualitätsmarkt, Jg. 1935, 4, S. 1, BA Kblz R 78/2344.

[206] vgl. Franke, H.[einz]: Presse und Rundfunk. Vorschau in der Zeitschrift – Kritik in der Zeitung. In: Zeitungs-Verlag 35(1934), 14, S. 233.

[207] vgl. Programmausdruck 1.4.-6.4.1935. In: NS-Funk 3(1935), 14, S. 12.

[208] vgl. Schücking, Julius Lothar: Gefahren des Fernsehens. In: Das Deutsche Wort, Nr. 19 v. 12.5.1935, S. 13.

[209] Nach einer handschriftl. Zusammenstellung von Kurt Wagenführ, o.D., NL Wagenführ.

[210] ebd.
Auch Trickfilme wurden gezeigt, zum Beispiel Die Meistersinger (15.5.1935) anläßlich der Eröffnung der vier Fernsehstuben des Rundfunks.

[211] vgl. Knorr, Günter: Deutsche Kurzspielfilme 1929-1940. Wien, Ulm 1977.

[212] Zur Rolle der Wochenschau im Nationalsozialismus vgl. Ufa (Hrsg.): 25 Jahre Wochenschau der Ufa. Geschichte der Ufa-Wochenschauen und Geschichten aus der Wochenschau-Arbeit (=Schriften der Ufa-Lehrschau, Bd. 1). Berlin 1939; Hoffmann, Hilmar: ,Und die Fahne führt uns in die Ewigkeit'. Propaganda im NS-Film. Frankfurt/Main 1988, insbes. S. 192: „Die (...) tonangebende Ufa-Wochenschau als Instrument der Partei und als Sprachrohr für Parteilichkeit zeigte Wirklichkeit nur in der Absicht, die Fakten zu interpretieren und Nazi-Ideologie zu verkünden. Objektive Bedeutung wurde in propagandistische Kommentierung verpackt."

[213] So heißt es im April 1939 in den Kulturfilm-Informationen, einer monatlichen Publikation der Kulturfilm-Pressestelle der Ufa: „Der ungeahnte Aufstieg, den Deutschland politisch, wirtschaftlich und kulturell unter dem Führer gewann, wird im Kulturfilm lebendig widergespiegelt."
Vgl. [-s]: Deutschlands Aufstieg im Spiegel des Kulturfilms. In: Kulturfilm-Informationen v. April 1939, S. 1.

[214] vgl. Zimmermann, Peter: Vom Kulturfilm zum Fernsehdokumentarismus. Zur Periodisierung der Geschichte des dokumentarischen Films. In: Kreuzer, Helmut; Schanze, Helmut (Hrsg.): Bausteine II. Neue Beiträge zur Ästhetik, Pragmatik und Geschichte der Bildschirmmedien (=Arbeitsheft Bildschirmmedien 30), Siegen 1991, S. 33-38, hier S. 34

[215] vgl. Ufa (Hrsg.): Kultur-Filme. Auslands-Ausgabe. Berlin, August 1933, S. 5-6.

[216] vgl. auch Herrenkind, O.[] P.[]: Wie steht es mit dem Fernsehen? In: Hör mit mir 6(1935), 7, S. 38-39, hier S. 38.

[217] vgl. Riefenstahl, Leni: Hinter den Kulissen des Reichsparteitag-Films. München 1935.

[218] vgl. Institut für Konjunkturforschung (Hrsg.): Das Filmschaffen in Deutschland 1935 bis 1939. I. Teil: Die Firmen und ihre Filme. Bearb. von A. Jason. Masch. Berlin 1940, S. 80.

[219] vgl. Programm vom 20.-26. 10. 1935. Abgedr. in Wagenführ, Kurt: 50 Jahre deutsches Fernseh-programm (XVI). In: Fernseh-Informationen 36(1985), 21, S. 623-624, hier S. 623.

[220] Brief Waldemar Bublitz an Kurt Wagenführ, 29. 7. 1976, NL Wagenführ.

[221] vgl. Federmann, Wolfgang: Das Fernseh-Heft für Wißbegierige und Bastler. Mit Zeichnungen von P. Müller. Berlin 1935, S. 14.

[222] Fünf Jahre Filmtrupp im Deutschen Fernseh-Rundfunk. Ein Querschnitt durch Fernseh-Filme. BA-FA Brl, SP 09421, 6 Rollen.

[223] ebd., 1. Rolle.

[224] vgl. K.W. [d.i. Kurt Wagenführ]: Das erste Fernsehspiel. In: Bayerische Radio-Zeitung 12(1935), 28, S. 22.

[225] Fünf Jahre Filmtrupp (wie Anm. 222), 1. Rolle.

4. HERAUSBILDUNG ERSTER PROGRAMMLICHER UND ORGANISATORISCHER KONTINUITÄTEN (1936–1937)

4.1. Bescheidene Schritte
Die Dienstanweisung und ein schmaler Etat

Anfang Januar 1936 diskutierten die zuständigen Referenten der Reichs-Rundfunk-Gesellschaft und des Reichspost-Zentralamts über die Ausarbeitung einer „Dienstanweisung für den Fernsehbetrieb", wie es der zweite Hitler-Erlaß vom 11. Dezember vorsah. Eine Einigung zwischen den beiden Parteien ließ offenbar nicht lange auf sich warten, denn schon am 17. Januar lag dem Propagandaministerium ein entsprechender Referentenentwurf vor, der noch am selben Tag Reichsminister Goebbels zur Kenntnisnahme und Genehmigung zugeleitet wurde.[1] Knapp drei Wochen später, am 5. Februar, teilte der Propagandachef seinem Minister-Kollegen von der Post mit, er habe der Dienstanweisung prinzipiell zugestimmt. „Die RRG. habe ich angewiesen, den Dienstbetrieb der Fernsehsendungen mit sofortiger Wirkung nach den Richtlinien dieser Dienstanweisung zu handhaben, und würde es begrüssen, wenn Sie (...) eine entsprechende Anweisung an das Reichspost-Zentralamt ergehen lassen würden."[2] Nachdem auch Ohnesorge in den nächsten Tagen seine endgültige Zustimmung signalisierte, erklärte sich Hadamovsky am 29. Februar bereit, den Programmbetrieb künftig nach den erstellten Richtlinien gemeinsam mit dem technischen Leiter der Post durchzuführen.[3]

Die in sieben Abschnitte gegliederte Dienstanweisung läßt ein klares Übergewicht der Technik zum Programm erkennen, wobei ausschließlich der Studiobetrieb, nicht jedoch ein noch aufzubauender Reportagedienst genauer geregelt wurde. Lediglich im letzten Absatz hieß es dazu lapidar, die vorstehenden Bestimmungen seien sinngemäß auf „bewegliche Fernsehanlagen" anzuwenden. Ein weiterer Angriffspunkt für künftige Querelen bot die Frage der Einrichtung und Organisation von öffentlichen Empfangsstellen, die in der Anweisung gänzlich ausgespart wurde.

Im Gegensatz zur Studiotechnik des Rundfunks, die uneingeschränkt zum Aufgabengebiet der Reichs-Rundfunk-Gesellschaft gehörte, stellte die Post fortan alle technischen Fernseheinrichtungen – wie Filmgeber, Personenabtaster für Live-Sendungen oder Mikrophone – „in posteigenen oder von der Deutschen Reichspost angemieteten Räumen" dem Rundfunk zwar zur Verfügung, wartete und bediente aber sämtliche Geräte selbst. Generell sollte der Betriebsablauf zwischen den Verantwortlichen von Programm und Technik, deren jeweilige Namen man sich in einem wöchentlichen Dienstplan bekanntgeben wollte, koordiniert werden, wobei Programmänderungen dem leitenden Postbeamten mindestens 24 Stunden vorher mitzuteilen waren.[4] Der technische Leiter verpflichtete sich überdies, den Filmabtaster eine halbe Stunde vor Programmbeginn betriebsbereit zu halten.

Was die Plazierung und Bedienung der Beleuchtungseinrichtungen und Mikrophone sowie Fragen der Bild- und Tonqualität anbelangte, so hatte die Post lediglich „Wünsche" der Programmseite zu berücksichtigen, die sie wiederum „im Rahmen der technischen Möglichkeiten" befolgen konnte oder auch nicht. Somit oblag der Post nicht nur die Verfügungsgewalt über sämtliche technische Apparaturen bis hin zu den Schalteinrichtungen zum Abhören und Mischen. Sie entschied auch über die Qualität von Bild und Ton,[5] nachdem der verantwortliche Programmitarbeiter das bearbeitete Filmmaterial sowie geeignete Schallplatten dem technischen Leiter zur „Abspielung" ausgehändigt hatte.

Obwohl sich die Dienstanweisung rasch als zu allgemein erwies und mit den technischen Neuerungen nicht Schritt halten konnte, war mit ihr eine erste wichtige Voraussetzung geschaffen worden, das Fernsehen 1936 organisatorisch zu etablieren. Weitere flankierende Maßnahmen folgten, als der Rundfunk eine finanzielle Besserstellung des Paul-Nipkow-Senders verfügte. Nachdem der Versuchsbetrieb noch im ersten Jahr aus den Finanztöpfen der Reichssendeleitung bzw. der technischen Abteilung mitbestritten werden mußte, richtete man im Frühjahr 1936 einen Sonderetat „Fernsehen" innerhalb des Gesamthaushalts der Reichs-Rundfunk-Gesellschaft ein, der aber die Personalkosten zunächst nicht berücksichtigte. Für das Rechnungsjahr 1936 setzte sich dieser Haushaltsposten „F" aus Programmitteln in Höhe von 144.000 RM sowie aus Mitteln für technische Aufwendungen in Höhe von 156.000 RM zusammen:

Programmkosten:	● Honorare	RM	96.000,–
	● Filmkosten	RM	48.000,–
Kosten der Technik:	● Aufwendungen für den aktuellen Bilderdienst	RM	36.000,–
	● Technische Kosten und Beschaffung von Geräten	RM	120.000,–[6]

Wenn man bedenkt, daß die Post 1937 in die Fernsehforschung allein rund 18 Millionen Mark investierte, so nimmt sich die Mittelausstattung des Rundfunks mehr als bescheiden aus. Diese stiefmütterliche Behandlung war nicht zuletzt auch das Resultat der häufigen Abwesenheit Carl Heinz Boeses. Als nämlich im April die für das Medium bedeutsamen Finanzverhandlungen über die Bühne gingen, befand sich der vielbeschäftigte Programmleiter „in einem wichtigen Erholungsurlaub, den ich unterbrechen musste, weil ich dringend notwendig war für die Durchführung der Rundfunkübertragungen zum 1. Mai".[7] Somit blieb dem stellvertretenden Sendeleiter nichts anderes übrig, als die endgültige Fassung im nachhinein zu akzeptieren, allerdings nicht ohne darauf hinzuweisen, „dass die Durchführung des Fernsehprogrammbetriebes in der Entwicklung dieses Jahres bei weitem nicht mit dieser Summe zustande kommen kann".[8] Im gleichen Atemzug fügte er jedoch hinzu, man werde selbstverständlich alles daran setzen, so sparsam wie möglich zu arbeiten.

Die im Etat ausgeklammerten Personalkosten für die beiden Mitarbeiter Bublitz und Greiner trug nach wie vor die Reichssendeleitung. Als sich für Mitte des Jahres 1936 im größeren Maße Neueinstellungen und Übernahmen ankündigten, war für Boese eine deutliche Mehrbelastung seiner Dienststelle abzusehen. Deshalb kam es am 4. Mai zu Gesprächen zwischen Willi Bai und dem Leiter der RRG-Etatkontrolle, Fritz Heinze. Bai machte zunächst geltend, seine Dienststelle sei nicht länger gewillt, die Gehälter für die zum Fernsehen übertretenden Angestellten zu bezahlen, da entsprechende Ersatz-kräfte für diese Mitarbeiter eingestellt werden müßten und eine finanzielle Doppelbelastung für die Sendeleitung nicht länger tragbar sei. Es müsse deshalb ver-sucht werden, schlug Bai vor, die anfallenden Personalkosten in Höhe von rund 38.000 RM durch Kürzungen und Sparmaßnahmen aus dem neuen Sonderetat „frei zu machen", und zwar zu Lasten des Programms. Er regte nämlich an, das kalkulierte Honorar-Budget für die in der Rognitzstraße live auftretenden Künstler um 25 Prozent zu kürzen, wodurch knapp drei Viertel der Personalkosten gedeckt werden könnten. Heinze stimmte zwar dieser Lösung zu, forderte aber die Sendeleitung noch im Sommer zu einer Stellungnahme auf über jene 11.400 Mark, die für die Bezahlung der Gehälter noch fehlten.[9]

4.2. Übernahmen und Neueinstellungen
Der Mitarbeiterstamm wächst

Unter der Prämisse äußerster Sparsamkeit erhöhte das RRG-Fernsehen seinen Personal-stamm bis zum Frühjahr 1937 von ursprünglich vier Mitarbeiter in nebenamtlicher Funktion (1935) auf rund ein Dutzend hauptamtlich Beschäftigter. Dies geschah teil-weise durch die Übernahme von Personal aus der Reichssendeleitung, teilweise durch Neueinstellungen aus dem Rundfunkbereich. Noch im Januar 1936 setzte sich Boese dafür ein, seine Helfer Bai und Seiffert in ihrer angestammten Tätigkeit beim Übertra-gungsdienst der Sendeleitung zu belassen.[10] Mitte März entschied die RRG in einer Direktionsbesprechung, daß die bisher nebenamtlich Tätigen feste Anstellungsverträge erhielten und der Fernsehbetrieb zum 1. April 1936 wie folgt personell auszustatten sei: Willi Bai designierte zum „Programmdisponenten" des Nipkow-Senders. Er zeichnete künftig für die „Programmleitung und Aufsicht des Betriebes in der Rognitzstraße" ver-antwortlich, wofür er ein monatliches Gehalt von 450 Mark bezog. Als Boeses Stellvertreter[11] oblag ihm außerdem die Prüfung und Abzeichnung der Rechnungen für das Filmmaterial sowie die Festlegung der Künstlerhonorare.[12] Das hinderte Bai aber nicht daran, weiterhin für die Reichssendeleitung tätig zu sein. Dies traf indes auch auf Walter Seiffert zu, der beim Fernsehen den Posten eines kaufmännischen Assistenten erhielt, den Bürodienst versah und sich um die Künstlerkartei kümmerte. Günter

Greiner („Verkehr mit der Filmindustrie, Beschaffung des Filmmaterials, Überprüfung, Behandlung der Kopien, Ansagedienst, Verwendung im Filmtrupp") und Waldemar Bublitz („Diensthabender, Erster Ansager, überprüft und ordnet das Filmmaterial, Verwendung im Filmtrupp") bekamen ebenso feste Anstellungsverträge, wobei letzterer aus dem Pauschalhonorarverhältnis übernommen wurde. Am Status von Carl Heinz Boese änderte sich nichts.[13]

Hingegen nahm man zum 1. Mai 1936 mit Marta Krüger eine neue Mitarbeiterin unter Vertrag, die bereits seit Februar sporadisch für den Nipkow-Sender gearbeitet hatte. Sie wurde zunächst offiziell als Sekretärin eingestellt, betätigte sich aber schon bald als Autorin, Dramaturgin, Pressereferentin, Regieassistentin und gelegentlich auch als Kulissenmalerin – allerdings nicht unter ihrem bürgerlichen Namen Marta Krüger, sondern unter dem Pseudonym Lore Weth.[14] Im Gegensatz zu Hildegard Kruspe, die am 1. Dezember 1936 als „echte" Sekretärin vom Fernsehen eingestellt wurde und dort ein monatliches Gehalt von 130 RM bezog,[15] bekam denn auch die 38jährige von Beginn an mehr als das doppelte. Marta Krüger wurde am 31. Januar 1898 in Berlin als Tochter des Kaufmanns Otto Krüger und dessen Frau Barbara, geb. Schremser, geboren. Sie besuchte in der Reichshauptstadt das Städische Viktoria-Lyzeum, absolvierte anschließend die Handelsschule und begann ihre Berufstätigkeit im damaligen Wolff'schen Telegraphischen Bureau (WTB).

Als sie im Oktober 1920 beim Berliner Dammert-Verlag, zunächst erneut als Sekretärin, später dann als leitende Redakteurin für Feuilleton- und Frauenthemen, mit ersten publizistischen Arbeiten begann, nahm sie das Pseudonym Lore Weth an und behielt es auch 1928 nach ihrem Wechsel zur *Berliner Fremdenzeitung* bei. Im Januar 1929 ging sie wieder zum Dammert-Verlag zurück, wechselte allerdings im März 1931 erneut ihren Arbeitsplatz und kam zur Drahtlosen Dienst AG (Dradag).[16] Im Mai 1934 schließlich trat Marta Krüger eine Stelle als Pressereferentin bei der Reichs-Rundfunk-Gesellschaft an. Nebenbei verfaßte sie im jährlichen Rhythmus Kriminalromane für „Goldmanns Taschenbücher" und für Programmzeitschriften: *Wolken über dem Haff* (1934), *Das Drachenbanner* (1935), *Was hat Horn damit zu tun?* (1936) und *Herr Carstensen aus Kopenhagen* (1937).[17] Der Name Lore Weth ist vor allem mit den ersten Fernsehkurzspielen verbunden: *Der Stein des Schreckens* (5.2.1937), *Junge Dame mit künstlerischem Einschlag gesucht* (13.2.1937), *Ali und die Abenteuer* (20.2.1937) sowie *Erika im Schwalbennest* (4.4.1937). Darüber hinaus schrieb sie in den Kriegsjahren mehrere Stücke für das Fernsehen, die zum Teil sehr erfolgreich waren: *Zum ersten, zum zweiten, zum dritten*, ein Spiel um einen verlorenen Schirm, das von März bis Mai 1940 insgesamt neunmal aufgeführt wurde, *Nante* (15.3.1941) sowie *Ali und die Lausejungs* (19.12.1940), mit allein 18 Wiederholungen bis Februar 1941.[18]

In ihrer Anfangsjahren beim Fernsehen ging Marta Krüger einem Mann zur Hand, der nach eigenen Angaben nicht nur bereits 1934 maßgeblich am Aufbau des neuen Mediums mitgewirkt haben soll,[19] sondern darüber hinaus auch als „erste(r) Fernseh-Dramaturg der Welt"[20] gepriesen wird: Arnolt Bronnen. Ob die verklärte Memoiren-Aussage des vielgerühmten, aber skandalumwitterten Dramatikers der Weimarer

Republik der Wahrheit entspricht, bleibt fraglich. Aktenkundig wurde Bronnens Fernsehengagement jedenfalls erst Anfang Mai 1936, und zwar im Zusammenhang mit an ihn geleisteten Honorarzahlungen.[21] Anzunehmen ist jedoch, daß der österreichische Schriftsteller schon 1934/35 von Sendeleiter Hadamovsky aufgefordert worden war, seine Vorstellungen über ein künftiges Fernsehprogramm zu artikulieren. Daß es ihm dabei nicht gelang, frühzeitig als Verantwortlicher Einfluß auf das neue Medium zu nehmen, hing mit dessen beschränkten Möglichkeiten, vor allem aber mit Bronnens politischer Vita zusammen. In Rundfunkkreisen herrschte denn auch große Unsicherheit und ein gerüttelt Maß an Konfusion darüber, wie man den umstrittenen Schriftsteller eigentlich anzupacken hatte.[22]

Am 19. August 1895 in Wien als Sohn des jüdischen Gymnasialprofessors und Dichters Ferdinand Bronner geboren, avancierte Arnolt Bronnen in der Weimarer Republik rasch zum vielgespielten Bühnenautor (*Vatermord*), der freundschaftliche Kontakte zu Bertolt Brecht,[23] Lion Feuchtwanger und Alfred Döblin unterhielt. Damals repräsentierte er eine ideologisch linksgerichtete Literatur, die einen stark experimentellen, expressiven Charakter hatte und ganz besonders bei der politischen Rechten jederzeit für einen Skandal gut war.[24] Um so überraschender kam seine 1927 öffentlich proklamierte Rechtswende, die er zwei Jahre später mit dem Oberschlesien-Roman O.S. und seiner 1930 erschienen Roßbach-Biographie literarisch zementierte.[25] Zum eigentlichen „Fall" für seine Zeitgenossen wurde Arnolt Bronnen jedoch erst durch eine spektakuläre Abstammungsklage im Jahr 1930, mit der er seine „arische" Rassenzugehörigkeit offiziell unter Beweis stellen wollte. Insbesondere dieser frühzeitige „Ariernachweis" mit Hilfe einer notariell beglaubigten Erklärung seiner Mutter erregte die Gemüter der bisherigen literarischen Weggefährten.[26] Spätestens nach der Reichstagswahl am 14. September 1930, die der NSDAP im übrigen eine Verneunfachung ihrer Mandate gegenüber 1928 einbrachte, galt er bei der linken Rundfunkpresse als „Vertrauensmann der Faschisten".[27]

Neben seiner literarischen Arbeit war Bronnen seit 1928 Dramaturg bei der Berliner Funk-Stunde, 1932 vorübergehend Leiter der dortigen Hörspiel-Abteilung, von Mitte 1933 an schließlich verantwortlicher Programmchef des Deutschen Kurzwellensenders.[28] Parallel hierzu knüpfte er erste Kontakte zu dem neuen Medium Fernsehen. Wohl mit der Fürsprache seines Gönners Joseph Goebbels, dem Bronnen eigenen Angaben zufolge am 18. Juli 1932 zu seiner ersten Rundfunkrede verholfen hatte,[29] kam er im Frühjahr 1936 endgültig als Dramaturg zum Fernsehen. In der 1954 von ihm verfaßten, als fingierte Gerichtsverhandlung inszenierten Rechtfertigungsschrift[30] *Arnolt Bronnen gibt zu Protokoll* verschweigt er seine fortgesetzten Sympathiebekundungen für die neuen Machthaber über das Jahr 1933 hinaus, wie auch die Darstellung seiner intensiven, gut dreijährigen Fernsehtätigkeit höchst undurchsichtig und unpräzise bleibt. So wurde er beispielsweise 1936 beauftragt, „ein Exposé über die Rolle des Fernsehens im A-Falle"[31] zu erstellen. Der nach eigener Aussage zunächst ahnungslose Bronnen machte zwar eine „schreckliche Entdeckung" („A-Fall ist Kriegs-Fall! Du sollst ihnen helfen, das Fernsehen zum Kriegs-Fall zu machen!"[32]), was ihn allerdings nicht davon abhielt, der an ihn ergangenen Aufforderung fristgemäß nachzukommen.

Obwohl Arnolt Bronnen als Folge seiner Ablehnung der NSDAP-Mitgliedschaft[33] beim Fernsehen ohne festen Arbeitsvertrag blieb – dafür aber mit einem um so lukrativeren Pauschalhonorar von monatlich 1000 RM entschädigt wurde –, so konnte er sich doch als Führungskraft bis 1939 halten. Der „perfekte Opportunist"[34] nahm an den Aufnahmen während der Berliner Olympiade teil, und er wurde u.a. damit beauftragt, kleine Fernseh-Ensembles aufzustellen, die als Attraktion für die Funkausstellungen gedacht waren. Darüber bemerkt er nachträglich:

> „Diese Wanderschmiere trachtete ich zu einer Oase des Friedens und der Freiheit in einer dem Kriege zutreibenden Welt zu gestalten."[35]

Nicht politische Unzuverlässigkeit, sondern persönliche Fehden und permanente Nervenkriege im Nipkow-Sender, an denen der leicht erregbare Bronnen aktiv beteiligt war, sein rücksichtsloser, oftmals mit unfairen Mitteln geführter Kampf gegen den ihn schikanierenden Intendanten Hans-Jürgen Nierentz forderten schließlich ihren Tribut. Nachdem seine Bedeutung als führender Regisseur und Dramaturg seit Anfang des Jahres 1939 drastisch zurückgegangen war, brach Bronnen im Sommer während der Inszenierung von Ludwig Thomas Bauernschwank *Erste Klasse* (29. 6. 1939) mit Magen- und Zwölffingerdarmgeschwüren zusammen. Die daraus resultierende monatelange Arbeitsunfähigkeit bedeutete schließlich das Ende seiner Fernsehtätigkeit.[36] Der Kampf mit seinem Vorgesetzten Nierentz, den Arnolt Bronnen aus persönlichen Motiven heraus betrieb, wird im *Protokoll* zur konsequenten politischen Opposition umfunktioniert:

> „Aber ich wußte, daß mein Haß, wenn er auch persönlich begonnen hatte, ihm [Nierentz] nicht persönlich gegolten hatte. Er galt dem System, dem Nierentz diente. Wenn ich Nierentz fällte, so fällte ich damit eine Position in der Bastion des nationalsozialistischen Rundfunks. Der Fernsehsender, der im Kriege eine bedeutsame Rolle spielen konnte, mußte so inaktiv gemacht werden, daß er für den Ernst-Fall nicht mehr in Betracht kam. So blieb ich in Kampf-Stellung."[37]

Trotz zunehmender Distanz Bronnens zum NS-Herrschaftssystem genoß der eigentlich unerwünschte Mitarbeiter der Reichs-Rundfunk-Gesellschaft auch nach seiner Nipkow-Tätigkeit eine Sonderstellung. Die 1940 ausgesprochene Kündigung wegen mangelnder politischer Zuverlässigkeit zog man wieder zurück, als Bronnen seine „arische" Abstammung auf offiziellen Rat hin gerichtlich hatte bestätigen lassen. Noch bis 1944 verfaßte er propagandistische Texte, zunächst für das Propagandaministerium und später für das Auswärtige Amt. Erst in den letzten Monaten des Krieges konvertierte der ewige Mitläufer Bronnen zum Widerstandskämpfer im Salzkammergut, was ihm eine

Anklage wegen Hochverrats einbrachte. Nach dem Zusammenbruch bezeichnete er seine Kooperation mit Goebbels als den größten Irrtum seines Lebens.[38]

Zum 1. Mai 1936 kam mit dem 21jährigen Jochen Richert ein weiterer Mitarbeiter als „Referent" zum Nipkow-Sender, der ebenso wie Bronnen und Marta Krüger im Hinblick auf die bevorstehenden Olympischen Sommerspiele engagiert wurde. Richert volontierte beim Reichssender Berlin, war anschließend kurzzeitig als Programmdienst-Assistent und Sprecher beim Reichssender Königsberg beschäftigt[39] und kam zum 1. Oktober 1934 im Personaltausch zur Reichssendeleitung nach Berlin.[40] Politisch erfüllte der „alte Kämpfer" alle Voraussetzungen, die ihn zur Mitarbeit unter Hadamovsky befähigten: Mitglied der NSDAP (Nr. 113 708) und als Oberscharführer (1936) Angehöriger der SS.[41]

Politisch einwandfrei im Sinne des Regimes war auch Boris Grams. Ihn betraute das Fernsehen zum 15. Juli 1936 mit der Abrechnung der Honorare sowie mit anstehenden Linzenzfragen[42] – zunächst kommissarisch für die Dauer von drei Monaten und in Personalunion zu seiner Tätigkeit bei der Programmverwaltung der Reichs-Rundfunk-Gesellschaft.[43] Geboren am 2. Oktober 1908 in Berlin, studierte der Sohn des Kaufmanns Max Grams nach der Schule Musikalische Kompositionslehre bei Otto Urack und Hubert Patàky. Auf Drängen seines Vaters besuchte er gleichzeitig Vorlesungen in Volkswirtschaft an der Berliner Handelshochschule. Nach dem Tod von Max Grams brach Boris sogleich das Wirtschaftsstudium – im dritten Semester – ab und hielt sich fortan als freier Komponist finanziell über Wasser. Sehr früh wandte er sich den aufstrebenden Nationalsozialisten zu. Schon am 1. November 1929 trat Grams als Mitglied Nr. 160 615 in die Partei ein und gehörte damit, laut einer parteistatistischen Erhebung vom 1. 7. 1939,[44] zum Kreis jener Komponisten, die am längsten der NSDAP angehörten. Grams engagierte sich fortan besonders aktiv für Hitlers Partei, u.a. in den dreißiger Jahren als Hauptstellenleiter Kultur der NSDAP in Berlin-Halensee. Bereits Anfang November 1934 belohnte man sein politisches Engagement mit einer Anstellung bei der Reichs-Rundfunk-Gesellschaft.[45]

Beim Nipkow-Sender kam ihm seine wirtschaftlich-künstlerische Vorbildung zugute. Neben seiner Funktion als „Hauptdienststellenleiter" der Programmverwaltung schrieb er die am 20. Dezember 1941 erstmals ausgestrahlte, bis Jahresende viermal wiederholte Komödie *Hinter verschlossenen Türen*. Dies veranlaßte ihn kurz darauf, die Aufnahme in die Reichsschrifttumskammer, Abteilung Schriftsteller, zu beantragen.[46] Nach dem Einzug zur Wehrmacht verfaßte Boris Grams von Mitte 1944 an – unter dem Pseudonym Robert Casann – Durchhalte-Romane in Broschürenform für die Kriegsberichterstandarde Kurt Eggers, der Propagandastaffel der Waffen-SS.[47]

Im Herbst 1936 beschäftigte sich der 27jährige Heinz Monnier sporadisch mit ersten Farben- und Materialerprobungen und widmete sich vorbereitenden Arbeiten zur Dekorations- und Kostümfrage.[48] Der am 27. Oktober 1909 in Berlin-Lichtenberg geborene Sohn des Musikers Rudolf Monnier und seiner Frau Marie, geb. Richter, verließ 1930 die Berliner Friedrich-Ebert-Oberrealschule mit dem Abitur. Trotz eines befürwortenden Vermerks auf dem Reifezeugnis konnten die in ärmlichen Verhältnissen lebenden Eltern den ausdrücklichen Wunsch ihres Sohnes, einen künstlerischen Beruf zu erlernen, nicht erfüllen. Deshalb hatte er zunächst eine – aus seiner Sicht – trockene Ausbildung bei der Dresdner Bank zu absolvieren, die schließlich 1932 in der Arbeitslosigkeit endete. Einen Weg, beruflich schnell wieder Fuß zu fassen, sah der verhinderte Künstler nun in der Hinwendung zum Nationalsozialismus. Aktive Sympathiebekundungen in Form von Beitritten zur SA (10. 5. 1932) und als Mitglied Nr. 1 351 095 zur NSDAP (1. 10. 1932)[49] zahlten sich schon bald aus. Im Juni 1933 erhielt Monnier eine Stelle als Buchhalter beim Reichsverband Deutscher Rundfunkteilnehmer. Nebenher besuchte er Kurse für Malerei an der Kunstschule am Berliner Savignyplatz, worauf ihn der RDR mehr und mehr für gestalterische Tätigkeiten, wie dem Entwurf von Plakaten, Titelseiten und dergleichen, einspannte.

Nachdem Heinz Monnier Anfang 1936 mit ähnlichen Aufgaben in die Pressestelle der Reichs-Rundfunk-Gesellschaft berufen worden war, ließ seine Aufnahme in die Reichskammer für Bildende Künste nicht lange auf sich warten. Der nun offiziell zur Ausübung des Malerberufs Berechtigte bekam den Zuschlag, als Programmleiter Boese im September einen Bühnenbildner für den Nipkow-Sender suchte. Daß Heinz Monnier zwischenzeitlich eine Schwester Eugen Hadamovskys vor den Traualtar geführt hatte,[50] mag sich durchaus positiv auf die Bewerbung ausgewirkt haben. Zum 1. Dezember 1936 verließ der Schwager des Reichssendeleiters endgültig die RRG-Pressestelle und betätigte sich in den nächsten drei Jahren ausschließlich als Bühnenbildner des Nipkow-Senders.[51]

Nach dem Übergang zum täglichen Programmwechsel im Herbst 1936 kamen im darauffolgenden Frühjahr mit Heinz Wilhelm Leuchter und Hans Mähnz-Junkers zwei weitere Mitarbeiter zum Fernsehsender, über deren Biographien allerdings nur wenig bekannt ist. Leuchter hatte bei Emil Dovifat Zeitungswissenschaft studiert, arbeitete hauptsächlich als Lektor beim Fernsehen und machte später auch Reportagen. 1937 verfaßte er ein kleines Büchlein über den ersten Fernseh-Intendanten Hans-Jürgen Nierentz.[52] Mähnz-Junkers wiederum, geboren am 27. Dezember 1901 und von der Abteilung Zeitfunk des Deutschlandsenders kommend, stellte zusammen mit Bublitz und Richert das Filmmaterial bereit. Seit dem 1. Mai 1932 gehörte er der NSDAP an (Mitglieds-Nr. 1 145 436), in der SS war er „führend tätig". Außerdem konnte sich Mähnz-Junkers mit dem Reichssportabzeichen in Silber schmücken.[53]

Vergleicht man die Rekrutierungswege der ersten Beschäftigten miteinander, so läßt sich feststellen, daß diese keineswegs eher zufällig in das neue Medium „hineingerutscht" waren oder gar wegen politischer Unzuverlässigkeit von anderer Stelle zum Fernsehen abgeschoben wurden, wie zahlreiche „Pioniere" nach 1945 immer wieder behaupteten.[54] Eher das Gegenteil dürfte der Fall gewesen sein. Gefragt war der Typus des sehr jungen, im Sinne der „Bewegung" aufstrebenden Hörfunkmitarbeiters mit künstlerischen Ambitionen, wobei die politische Integrität, weniger die fachliche Kompetenz oder eine spezifische Ausbildung letztendlich den Ausschlag für die Beschäftigung gab. Gemeinsam war fast allen die Mitgliedschaft in der NSDAP und das zum Teil aktive Bekenntnis zu ihr oder einer ihrer Gliederungen. Auch wenn die jeweiligen Aufgabengebiete beim Fernsehen bereits grob umrissen waren, von einzelnen Abteilungen oder gar geschlossenen Ressorts konnte natürlich keine Rede sein. Dem geringen Entwicklungsstand entsprechend, waren die Kompetenzen fließend. Waldemar Bublitz beispielsweise bearbeitete nicht nur das externe Filmmaterial, er inszenierte außerdem einige Fernsehspiele, in denen er gelegentlich auch selbst mitwirkte. Diese Allround-Beschäftigten der Programmseite genossen dabei einen gewissen beruflichen Freiraum, der nicht nur durch die Überlastung Carl Heinz Boeses bedingt war, sondern auch durch die insgesamt geringe Verbreitung des Mediums.

Der bereits mehrfach erwähnte Filmtrupp der Reichs-Rundfunk-Gesellschaft setzte sich 1936/37 aus insgesamt sechs Technikern zusammen: dem Ingenieur Otto Schulze, der für den Aus- und Aufbau des Filmtrupps sowie einer technischen Filmabteilung verantwortlich war, Wilhelm Buhler, Filmkameramann und Assistent Schulzes, sowie Karl Friedrich Döring und zwei Fahrer. Im Laufe des Jahres 1936 kam ein Tonfilmoperateur hinzu. An beweglichen Sachwerten verfügte man über einen Transportwagen für die Geräte („Bäckerwagen") sowie über einen Lichtmaschinenwagen für die Stromversorgung vor Ort. Die einzige Tonfilmkamera, die man besaß, tauschte der Rundfunk 1936 gegen ein leistungsfähigeres, Bild und Ton getrennt aufnehmendes Modell mit Revolverkopf-Objektiven ein, wofür im Etat der RRG-Betriebstechnik immerhin 37.000 RM veranschlagt werden mußten.[55]

Am 12. März 1936 teilte Claus Hubmann Programmleiter Boese mit, der Tonfilmtrupp werde auch weiterhin „personell und technisch" der RRG-Betriebstechnik unterstehen, was Boese jedoch als vorläufige Lösung betrachtete. Falls sich das Fernsehen nach seinen Vorstellungen entwickle, schrieb der stellvertretende Reichssendeleiter wenig später an die RRG, müsse über den organisatorischen Status des Filmtrupps neu verhandelt werden.[56] Der Wunsch des Programmleiters, Schulze und seine Mitarbeiter dem Nipkow-Sender einzugliedern, erfüllte sich jedoch nicht. Anfang 1937 ging das Team in die Zuständigkeit des Übertragungstrupps C der Reichs-Rundfunk-Gesellschaft unter Oberingenieur Ernst Augustin über. Als Betriebsingenieur war Schulze sein Vertreter beim Fernsehen, der ihm bei seinen Aufbauarbeiten relativ freie Hand ließ.[57] Gleichzeitig fungierte Schulze als technischer Verbindungsmann zwischen Rundfunk und Post in der Rognitzstraße. Ein Beleg dafür, wie diffus die organisatorischen Strukturen in den ersten Jahren des Fernsehens waren, ist die nachträgliche Aussage Günter Greiners, er habe lange Zeit geglaubt, Schulze sei ein Mitarbeiter der Deutschen Reichspost.[58]

Während es die Aufgabe von Bublitz, Greiner und Richert war, das von den Filmgesellschaften bereitgestellte Material nach inhaltlichen Kriterien auszuwählen, entschied Otto Schulze über dessen technische Sendefähigkeit und ließ anschließend bei den Berliner Filmkopieranstalten Geyer sowie Dröge und Siebert Spezialkopien anfertigen. Da die Kopierkosten nicht nur äußerst hoch, sondern die externe Bearbeitung und der tägliche Transport auch entsprechend zeitaufwendig waren (allein die Fahrt von den Kopieranstalten und zurück nahm einen ganzen Vormittag in Anspruch[59]), entschloß man sich, die Filme selbst zu kopieren, was schließlich bereits Anfang 1937 geschah.

Daraus entwickelte sich Ende der dreißiger Jahre eine technische Filmabteilung mit Schulze an der Spitze.[60]

In der Bilanz wurden damit 1936/37 beim Paul-Nipkow-Sender folgende Funktionen wahrgenommen: Außendienst bei politischen Übertragungen, Programmleitung und Aufsicht des Betriebs in der Rognitzstraße, Künstlerkartei und Bürodienst, Verrechnungswesen und Etatkontrolle, Beschaffung und Kontrolle des Filmmaterials, Aufnahmeleitung, Regie und Dramaturgie, Schreibkräfte, ein Filmtrupp mit Fahrern sowie ein Tonfilmoperateur.

4.3. Große Pläne, kleine Ergebnisse
Die Räumlichkeiten von Post und Rundfunk

Untergebracht war der kleine Mitarbeiterstab nach wie vor im Haus des Rundfunks in der Charlottenburger Masurenallee, wo ihm anfangs lediglich fünf, auf mehrere Stockwerke verteilte Büroräume zur Verfügung standen, die zusammen mit den Technikern des Filmtrupps genutzt wurden. Im ersten Stock (Zimmer 105/106) des Funkhauses befand sich ein fernseheigener Raum für Verwaltung, Künstlerempfang und Regie. Die in der dritten Etage gelegenen Zimmer 333, 334 und 335 nutzte die Programmseite vorwiegend für die Auswahl, Bearbeitung und Registratur des Filmmaterials, wofür im Laufe des Jahres 1936 ein Schneidetisch sowie eine Synchronisiereinrichtung neu angeschafft wurden. Ein Vorführraum, der in den nächsten Monaten hinzukam, sowie ein „Aufenthaltsraum" für den Filmtrupp befanden sich ebenfalls in diesem Bereich. Das hochentflammbare Filmmaterial lagerte man wiederum zunächst in einem separaten Raum (Zimmer 410) im vierten und damit obersten Stockwerk des Berliner Rundfunkhauses.

Neben den technischen Übertragungseinrichtungen wie Film- und Personenabtaster stellte die Post dem Rundfunk in der Rognitzstraße einen beengten Regieraum für die Programmleitung, der im übrigen ebenfalls einen Filmschneidetisch beherbergte,[61] sowie eine Umkleidemöglichkeit für die mitwirkenden Künstler zur Verfügung; beide Räumlichkeiten richtete die Hausverwaltung der Reichs-Rundfunk-Gesellschaft Anfang Januar 1936 ganz oder teilweise neu ein. Zwischen dem neben der Abtastkabine liegenden Sprecherraum, den man mit einem Mikrophon sowie mit einem Doppel-Plattenspieler zur Überbrückung von Bildsendepausen ausrüstete, und dem Regieraum bestand Sichtkontakt durch ein schalldichtes Glasfenster. Durch dieses Regiefenster konnte der Sprecher das gesendete Bild auf einem Tischempfänger mitbeobachten und dazu, bei Bedarf, seine Erklärungen über das Mikrophon geben. Die Verständigung zwischen Kontrollraum und Sprecherraum erfolgte über Lichtsignale.[62]

Weitere Details über den genauen Aufbau des Studios der Post in Charlottenburg dürften nur schwerlich herauszubekommen sein, denn das Verwaltungsgebäude der Deutschen Fernkabel-Gesellschaft wurde nach einem alliierten Luftangriff am 18. April 1941 völlig zerstört. Überdies liegt ein verläßlicher Grundriß vom Erdgeschoß nicht vor.[63] Klar ist jedenfalls, daß das Fernsehreferat des Reichspost-Zentralamtes den vorhandenen Personenabtaster für die direkte Aufnahme von Brustbildern am 11. März 1936 durch einen mechanischen, aber leistungsfähigeren Linsenkranzabtaster der Firma Telefunken ersetzte (montiert von dem Ingenieur Horst Hewel), wobei im geringen Maße bauliche Veränderungen in der Studioanordnung nötig wurden. Das Gerät sollte künftig nicht nur Live-Aufnahmen von Personen in Lebensgröße gestatten, die sich auf einer Dunkelbühne von etwa sechs Quadratmetern Größe mehr schlecht als recht bewegen konnten, sondern auch die beinahe pausenlose Überblendung von Filmbildern und Diapositiven. Mit der knapp eine Tonne schweren Aufnahmetechnik, die vermutlich noch von Friedrich Kirschstein bestellt worden war und in dessen Vertrag die Post später eintrat, begann der Rundfunk am 7. Juni 1936 mit der Ausstrahlung von Filmen; vom 15. Juli 1936 an wurden erstmals auch Personen live „abgetastet".[64]

Daß die solchermaßen ausgestatteten Räumlichkeiten bei weitem den gestiegenen Anforderungen nicht genügten und nur eine provisorische Übergangslösung darstellten, war sowohl den Verantwortlichen des Programms als auch der Technik von Beginn an klar.[65] Boese wies in seinem schon mehrfach zitierten Memorandum vom Januar 1936 die Reichs-Rundfunk-Gesellschaft darauf hin, daß der Bau eines „Fernsehhauses, wo der Programmbetrieb des Paul Nipkow-Senders untergebracht ist", spätestens mit der bereits absehbaren Einführung der elektronischen Aufnahmetechnik fällig werde. Deshalb war es seiner Meinung nach unbedingt notwendig, schon für das Geschäftsjahr 1936/37 im Fernsehetat eine Summe von mindestens 200.000 Mark für bauliche Veränderungen einzuplanen. Falls dies jedoch unterbleibe, drohte der mit Geldern wenig verwöhnte Programmleiter, „ist eine weitere Fortführung des mit dem Führer-erlaß entschiedenen ‚Fernseh-Programmes' vor der Öffentlichkeit hinfällig".[66]

Bereits unmittelbar nach der Wiederaufnahme des festen Programmbetriebs am 15. Januar setzte sich Boese mit den verantwortlichen Beamten des Reichspost-Zentral-amtes,[67] Fritz Banneitz und Postrat Fritz Harder, zusammen, um in der Gebäudefrage mehrere Möglichkeiten durchzuspielen. Diskutiert wurde beispielsweise ein Erweiterungsbau für Post und Rundfunk auf dem Freigelände neben dem Fernsehlabor in der Rognitzstraße. Als mögliche Alternative schlug Boese vor, ein großräumiges Kino am Adolf-Hitler-Platz, das seinerzeit zum Verkauf angeboten wurde, für das Fernsehen zu erwerben – wohlgemerkt nicht das spätere Studio im Deutschlandhaus unter gleicher Adresse, das man erst im Januar 1937 ins Auge faßte.

Den beiden Hitler-Erlassen von 1935 entsprechend, hielt sich der Rundfunk in dieser Angelegenheit fortan zurück, während das Postministerium bereits am 10. Januar 1936 die zuständigen Stellen in gewohnter Manier aufforderte, „ein geeignetes Fernsehhaus in Berlin auszukunden".[68] Hierbei sollten vor allem zwei grundsätzliche Fragen berücksichtigt werden. Erstens: Ist wegen der erforderlichen beleuchtungstechnischen Einrichtungen beim Fernsehen ein Neubau der Übernahme bereits vorhandener Gebäude vorzuziehen? Und zweitens: Ist es mit Rücksicht auf die Pläne für einen neuen Sender in der Stadtmitte zweckmäßig, die Aufnahmeräume schon jetzt ins Zentrum Berlins zu verlegen oder eher an die Peripherie?[69] Zu weiteren Gesprächen mit dem

Rundfunk über die Studiofrage kam es erst wieder am 17. Dezember 1936, als die Post ihre in der Zwischenzeit ausgearbeiteten Vorschläge darlegte. Einleitend faßten jedoch die anwesenden Repräsentanten der beiden Ministerien einen für die Zukunft des neuen Mediums wichtigen Beschluß. „Im Hinblick auf den Stand der Entwicklung wurde es für zweckmäßig gehalten, nicht schon jetzt einen endgültigen Bau für den künftigen Fernsehprogrammbetrieb zu errichten, sondern zunächst nur barackenartige Bauten aufzustellen, um erst Erfahrungen zu sammeln und für den späteren Ausbau beweglich zu bleiben", hieß es in einer Aktennotiz der Post über die Sitzung im Propaganda-ministerium.[70]

Bis auf weiteres, so plante man, sollte in der Rognitzstraße ein Provisorium aufrecht-erhalten und bis zur Einrichtung eines endgültigen Studios das Reichspost-Zentralamt angehalten werden, dort mit den gegebenen Mitteln den Fernsehbetrieb zu bestreiten. Um aber darüber hinaus rechtzeitig mit den Planungen für ein endgültiges Gebäude beginnen zu können, suchten die Verantwortlichen ein Gelände, „das genügend Ausdehnungsmöglichkeiten bietet und durch seinen landschaftlichen Charakter als Hintergrund für Außenaufnahmen in jeder Hinsicht geeignet ist".[71] Auf der Sitzung vom 17. Dezember 1936 lehnte die Post zunächst den Vorschlag der Programmseite ab, das 500.000 Quadratmeter große Areal der wenige Tage später gegründeten Forschungs-anstalt der Deutschen Reichspost (RPF) in Klein-Machnow bei Berlin mitzubenutzen.[72] Aufgrund des „großen und ständig wechselnden Personenkreises", den man künftig beim Fernsehen erwarte, sei die Geheimhaltung dieser Einrichtung gefährdet, argumen-tierte die Post. Schließlich regte der sparsame Rundfunk an, das künftige Fernsehhaus in der Nähe der Ufa-Stadt Neubabelsberg zu errichten, weil man sich dadurch „eine Verbilligung durch Mitbenutzung der Werkstätten (Filmdekoration und -kulissen) und Austausch von Künstlern" versprach. Dem hielt die Reichspost ein rund 200.000 Quadratmeter großes Gelände in Spandau entgegen, das derzeit die Stadt Berlin an einen Golfclub verpachtet hatte. Man einigte sich schließlich darauf, die Geländefrage erst nach einer gemeinsamen Besichtigung in Neubabelsberg und Spandau zu entschei-den, die bereits einen Tag später, am 18. Dezember, stattfand und in deren Verlauf sich die Reichs-Rundfunk-Gesellschaft für die Spandauer Lösung entschied. Darüber hinaus sagte sie zu, für 1937 entsprechende Mittel einzuplanen. Gleichzeitig legten Post und Rundfunk fest, daß die Grenze der Zuständigkeit und der Kosten in dem geplanten Gebäude „an der Bühne zu ziehen sei". Während Dekoration und Kulissen in den Aufgabenbereich des Programmbetriebs fielen, wollte die Post die Ausgaben für Aufnahmetechnik und Beleuchtung übernehmen.[73]

Da aber der Pachtvertrag zwischen der Stadt Berlin und dem Golfclub auf zwei Jahre festgelegt war, konnte die Post das „Fernsehgelände der Zukunft"[74] mit den angrenzen-den Schrebergärten an der Spandauer Chaussee, Ecke Spreetal-Allee, nicht wie vorgese-hen schon zum 1. Januar 1937, sondern erst Anfang 1938 für die Summe von 1,3 Millionen Reichsmark erwerben.[75] Das Vorhaben, dort ein großzügiges Sendezentrum zu errichten und die gesammelten Erfahrungen aus dem 1938 eingerichteten Studio des Deutschlandhauses zu verwerten,[76] war zwar immer wieder Gegenstand von Erörterungen. Im Juni 1939 legte RRG-Oberingenieur Ernst Augustin sogar bis ins kleinste Detail ausgearbeitete, mithin großzügig dimensionierte Baupläne für insgesamt vier Studios vor.[77] Aber bereits zwei Jahre später beschloß die Post, das Projekt auf die Zeit nach Kriegsende zu verschieben.

Unterdessen ergaben die Untersuchungen des Reichspost-Zentralamtes, daß die ursprüngliche Absicht von Post und Rundfunk, für eine Übergangszeit das Studio in der Rognitzstraße mit der neuen elektronischen Aufnahmetechnik auszustatten, auf räumliche und sendetechnische Grenzen stieß. Die Fernsehtechnik, die sich überwiegend aus dem früheren Laborbetrieb der Post entwickelt hatte, war zu großen Teilen überholt, veraltet und infolge des provisorischen Aufbaus sehr störanfällig. Den Experten des RPZ war dies schon bald klar, denn bereits am 8. Januar 1937 äußerte Fritz Harder gegenüber Günter Flanze vom Postministerium den Vorschlag, mehrere leerstehende Räume im Charlottenburger Deutschlandhaus für das Fernsehen anzumieten. Flanze war damit einverstanden, und er beauftragte noch am selben Tag die Reichspostdirektion Berlin, Verhandlungen mit dem Eigentümer des Gebäudes am Adolf-Hitler-Platz in die Wege zu leiten.[78]

Daß man gerade in der wichtigen Studiofrage nicht schon früher konkrete Entscheidungen auf den Weg brachte, hing auch mit dem Verhältnis zwischen Post und Rundfunk zusammen, das sich im zweiten Jahr des praktischen Dienstes zusehens verschlechterte. Auslöser für Kritik von seiten des Propagandaministeriums bildete dabei ein ums andere Mal die forsche Haltung der Post in der Öffentlichkeit. Mit geschickt lancierten Presseartikeln verstand sie es, ihre Fernseherfolge in den Vordergrund zu rücken und gleichzeitig den Rundfunk in einem schlechten Licht erscheinen zu lassen. Dieser reagierte um so allergischer, wenn es sich dabei um Aktivitäten handelte, die auf das Ausland zielten. Beträchtlichen Unmut löste zum Beispiel ein Artikel der Reichspost über den aktuellen Stand des Fernsehens in Deutschland aus, den diese im Februar 1936 dem Weltrundfunkverein zur Publikation in dem Fachorgan *Electrical Engineering* überlassen hatte. Nach der Lektüre des Presseberichts erstellte der Rechtsreferent in Goebbels' Rundfunkabteilung, Droysen, am 13. März 1936 eine ausführliche Aktennotiz und forderte gleichzeitig die Reichs-Rundfunk-Gesellschaft zur Stellungnahme auf.[79] Der von der Post übersandte Aufsatz, notierte Droysen, stelle die aufgrund der Hitler-Verordnungen notwendig gewordene Spaltung zwischen Technik und Programm in unnötiger Weise heraus. Er fügte hinzu, es erscheine nicht „zweckmäßig", gegenüber dem Weltrundfunkverein das Auseinanderklaffen der Zuständigkeiten besonders zu betonen, weil von dort leicht „in böswilliger Auslands- oder Emigranten-Presse" eine solche Trennung dazu benutzt werden könne, Behauptungen über angebliche Uneinigkeiten in der deutschen Rundfunkführung und insbesondere in der Führung des Fernsehen aufzustellen.[80]

Umgekehrt legte der Rundfunk jedoch allergrößten Wert darauf, das Bild von der technischen Führerschaft der Nationalsozialisten über die Reichsgrenzen hinaus zu kultivieren. Neue Erfindungen von ausländischen Technikern, die die Presse als bahnbrechend einstufte, verfolgte man nicht nur mit größter Aufmerksamkeit; es wurde auch versucht, den jeweiligen Nutzen der Arbeit zu diskreditieren. Als Ende Oktober 1935 die französische Funkzeitschrift *Le Haut-Parleur* mitteilte, dem italienischen Physiker Guglielmo Marconi sei es gelungen, mit einem neuen UKW-Sendeverfahren eine Verbindung zwischen Rom und Asmara in Eritrea herzustellen,[81] reagierte das Propagandaministerium mit hektischer Betriebsamkeit. Nachdem die Meldung auch im Reich zunehmend Verbreitung fand, forderte das Ministerium am 3. Dezember die Reichs-Rundfunk-Gesellschaft auf, den Wahrheitsgehalt dieser Nachricht zu prüfen. Bestünde eventuell die Möglichkeit, ließ man durchblicken, daß es sich hierbei lediglich um ein Relaisverfahren handele oder schlichtweg um einen Druckfehler und Marconi nicht mit Ultrakurzwelle, sondern nur mit Kurzwelle gearbeitet habe. Falls eine dieser beiden Möglichkeiten zutreffe, werde man anschließend entsprechende „Gegenmaßnahmen" ergreifen, hieß es.[82] Am 19. Dezember 1935 erklärte die Reichs-Rundfunk-Gesellschaft zwar, man könne den Wert dieser Nachricht aufgrund der wenigen Informationen abschließend nicht beurteilen.[83] Dies hinderte aber den Pressechef der Sendeleitung nicht daran, die angekündigten „Gegenmaßnahmen" zu treffen, indem Bachmann eine abgeschwächte zweite Fassung über die „fragwürdige" Leistung Marconis an die Journalisten ausgab.[84]

4.4. Achtungserfolge
Erste Prüfsteine für das Live-Fernsehen

Das Fernsehen der Reichs-Rundfunk-Gesellschaft gelangte in der zweiten Hälfte des Jahres 1936 hauptsächlich durch drei Großereignisse, die sich für aktuelle Berichterstattung und für Übertragungen geradezu anboten, ins Bewußtsein einer breiteren Öffentlichkeit: die XI. Olympischen Sommerspiele vom 1. bis 16. August 1936 in Berlin, die anschließende Funkausstellung sowie der Reichsparteitag der NSDAP in Nürnberg. Vor allem bei der Sommerolympiade paßte das neue Medium nicht nur hervorragend ins Konzept der positiven Selbstdarstellung des NS-Regimes nach außen; das Sportspektakel mit internationalem Publikum bot auch erstmals die Möglichkeit, Live-Fernsehen im großen Stil zu praktizieren, nachdem der Nipkow-Sender noch bei den Olympischen Winterspielen im Februar in Garmisch-Partenkirchen ausschließlich auf den Film zurückgreifen konnte.[85]

Ermöglicht wurde dieser Fortschritt in der Aufnahmetechnik durch neue elektronische Ikonoskop- oder Bildfänger-Kameras auf der Basis von Patenten des russo-amerikanischen Ingenieurs Vladimir Kosma Zworykin sowie des amerikanischen Wissenschaftlers Philo T. Farnsworth. Als Mitarbeiter des US-Konzerns RCA beschäftigte sich Zworykin seit 1929 mit der Weiterentwicklung der Braunschen Röhre zum brauchbaren Bildschreiber. Aber erst 1933 gelang dem Exilrussen die Entwicklung des „Iconoscopes", jenes berühmten Bausteins, der im folgenden auch die Aufnahmeseite von der Mechanik befreien sollte. Parallel zu den Arbeiten Zworykins forcierte Farnsworth seine

Forschungen an einer alternativen Lösung des Aufnahmeproblems. Zwischen 1928 und 1934 gelang es ihm, ebenfalls eine brauchbare Bildsondenröhre zu entwickeln. Mit diesen beiden Systemen war Mitte der dreißiger Jahre das Ende des mechanischen Fernsehens besiegelt, auch wenn es noch eine ganze Weile dauern sollte, bis die neue Aufnahmetechnik praktisch eingesetzt werden konnte.[86]

Reichspost und deutsche Fernsehindustrie experimentierten seit 1934 mit elektronischen Bildfängern, wobei sie die amerikanischen Erkenntnisse weitestgehend übernahmen. Das erste in Deutschland gebaute Ikonoskop lag zwar der Post bereits im Frühsommer 1935 vor. Die geplante Demonstration dieser „amerikanischen Erfindung" auf der bevorstehenden Rundfunkausstellung mußte jedoch auf ministerielle Anweisung unterbleiben.[87] Erst ein Jahr später schien der äußere Rahmen geeignet, die technologische Innovation zu präsentieren und Bilder von den Berliner Sportstätten direkt zu übertragen. Das Vorhaben geht wahrscheinlich auf eine Anregung von Postrat Fritz Harder zurück, der im Herbst 1935 Fritz Banneitz vom Reichspost-Zentralamt auf diese Möglichkeit hinwies. Die Idee wurde indes vom NS-Rundfunk mit Begeisterung übernommen und erstmals am 23. Dezember 1935 im Fernsehen angekündigt, galt sie doch als ein probates Mittel, den mehr als fünfzig anwesenden Nationen eine weitere „technische Großtat" des „friedliebenden" Hitler-Regimes zu demonstrieren. Zu diesem Zweck verfaße man im Vorfeld des Sportspektakels sogar eine kleine Fernsehbroschüre in vier Sprachen.[88] Trotzdem schien das Projekt zunächst an übergeordneten Gesichtspunkten zu scheitern. Der Erbauer des Olympia-Stadions, Prof. Werner March, stand der Sache generell ablehnend gegenüber, weil er offenbar befürchtete, das architektonische Gesamtbild könnte durch die technischen Apparaturen Schaden nehmen. Erst nachdem Carl Heinz Boese intervenierte und daraufhin Goebbels' Ministerium seinen Einfluß geltend machte, willigte March ein.[89]

Knapp zwei Wochen vor Eröffnung der Spiele durch den „Führer", am 13. Juli, einigten sich die beteiligten Ministerien über den Einsatz der Aufnahmetechnik vor Ort. Gleichzeitig vereinbarte man eine begleitende „aktive Fernseh-Propaganda", die mittels Presse und Rundfunk „schlagartig" durchzuführen sei, wie sich Hadamovsky tags darauf gegenüber dem Propagandaministerium ausdrückte.Bei dieser Gelegenheit beschwerte sich der Reichssendeleiter bei Goebbels einmal mehr über einseitige, den Rundfunk mit keinem Wort erwähnende Meldungen der Post, die selbst von der Parteipresse mehr oder minder kritiklos übernommen würden. Mit Blick auf die posteigene Olympia-Berichterstattung der vergangenen Wochen und Monate fügte Hadamovsky hinzu: „Es muss auf den Fernstehenden und den Ausländer den denkbar schlechtesten Eindruck erwecken, wenn er diese einseitigen Veröffentlichungen erfährt und weiss, dass die Reichssendeleitung mitverantwortlich an der Gestaltung des deutschen Fernsehens beteiligt ist."[90] Als Beleg für den regen publizistischen Aktivismus der Post verwies er auf eine Notiz im *Olympia-Pressedienst*, die bereits Anfang des Jahres erschienen war:

„Die Deutsche Reichspost trifft zur Zeit im Einvernehmen mit dem Organisations-komitee der Olympischen Spiele Vorbereitungen, um eine Übertragung der wichtigsten Ereignisse der Olympischen Spiele auf den Berliner Fernseh-Sender zu ermöglichen. Es ist das erstemal, dass bei einer grossen Veranstaltung unter freiem Himmel Fernseh-Reportagen in grossem Umfange unternommen werden. In den öffentlichen Berliner Fernsehstellen werden dann die Sportfreunde, die keine Eintrittskarten zum Stadion mehr erhalten konnten, Gelegenheit haben, in der gleichen Sekunde, wo im Stadion die Ereignisse abrollen, das lebende Abbild davon mitzuerleben."[91]

Hadamovsky, der freilich zu diesem Zeitpunkt den Zenit seiner NS-Blitzkarriere längst überschritten hatte, drängte deshalb auf eine gemeinsam abgestimmte Öffentlichkeitsarbeit, die allerdings schon deshalb nicht zustande kam, weil man sich auf entsprechende Formulierungen, die beide Seiten befriedigten, nicht mehr einigen konnte.[92]

Die im Vorfeld des Ereignisses getroffene Absprache sah indes den gebündelten Einsatz all jener Fernsehtechnik vor, die entweder verfügbar war oder in den Monaten vor den Spielen eigens für diesen Anlaß hergestellt wurde. Die Wettkämpfe auf dem Reichssportfeld sollten demnach teils live durch eine elektronische Kamera mit der Farnsworth-Röhre (Fernseh AG) und zwei elektronische „Bildfänger" mit dem Ikonoskop Zworykins (Telefunken, RPZ), teils durch zwei, von der Fernseh AG mit Zwischenfilmtechnik ausgestattete Reportagewagen von mehreren Standorten aus übertragen werden.[93] Im Einvernehmen mit dem olympischen Organisationskommitee[94] plazierte Telefunken seine monströse Ikonoskop-Kamera, die – inclusive Teleobjektiv – eine Länge von 2,20 Metern aufwies und deshalb als „Fernsehkanone" bezeichnet wurde,[95] etwa 20 Meter vom Ziel der 100-m-Bahn entfernt. Damit konnte die von Technikern des Elektrokonzerns bediente Kamera nicht nur das gesamte Oval des Stadions erfassen, sondern auch die Ehrentribüne.[96] Verstärker und Überwachungseinrichtungen befanden sich in einem Raum unter der Aschenbahn, den man – analog zur militaristischen Metaphorik der Fernsehkanone – als „Fernsehbunker" titulierte. Hingegen postierte man die beiden anderen Kameras entweder im Schwimmstadion, am Marathontor oder auf der nahegelegenen Dietrich Eckhardt-Freilichtbühne.

Auf dem Maifeld neben dem Olympiastadion experimentierte wiederum die Post mit ihrem neuen Zwischenfilmwagen, auf dem Polofeld, dem Hockeyplatz sowie im Tennisstadion probte die Reichs-Rundfunk-Gesellschaft mit ihrem alten Reportagewagen den Ernstfall. Neben jeder Aufnahmestelle, die im übrigen durch insgesamt fünf Kabelanschlüsse mit der Rognitzstraße verbunden waren, stand ein Sprechermikrophon.[97] Carl Heinz Boese fungierte als leitender Berichterstatter des Fernsehens und war zugleich für die Regie der Olympia-Sendungen verantwortlich.[98] Kommentiert wurden die Beiträge hauptsächlich von bekannten Radioreportern,[99] die – zumindest größtenteils – fortan auf freiberuflicher Basis für den Nipkow-Sender tätig sein sollten: Eduard Roderich Dietze, Fred Krüger, Kurt Krüger-Lorenzen, Hugo Landgraf, Paul Laven, Hugo Murero, Otto Graebke, Gerhard Tannenberg oder Rolf Wernicke. Da sie jedoch keinerlei Erfahrungen mit dem neuen Medium hatten (und überdies Monitore nicht existierten), schilderten die Reporter das Geschehen auf den Wettkampfanlagen ganz im Stile einer Radioreportage,[100] was nicht weiter schlimm war, denn das schlechte Bild spielte ehedem nur eine sekundäre Rolle. Einer der Kommentatoren, Gerhard Tannenberg, entwickelte wenig später erste journalistische Grundsätze, die seiner Ansicht nach ein „Fernsehsprecher" zu beachten hatte. So schrieb Tannenberg in der Zeitschrift *Funk-Wacht*, der Reporter im Fernsehen könne Pausen in seinen Bericht einbauen, die im Radio stören und „wie Löcher" wirken würden. Andererseits dürfe der Sprecher nie das Bild unnötig ausschmücken, denn es wirke immer lächerlich, dasselbe mit Worten zu sagen, was aus der Optik viel besser zu erkennen sei.[101]

Der Rundfunk hatte vor Beginn der Sommerspiele beschlossen, das tägliche Fernsehprogramm befristet von zwei auf acht Stunden zu strecken. Das hierfür vorbereitete „Olympia-Programm des Fernsehsenders Paul Nipkow Berlin" sowie der sendetechnische Ablauf der Übertragungen sind weitgehend bekannt und wurden in der Literatur mehrfach nachgedruckt, wobei allerdings Regiebemerkungen, technische Anweisungen an Sprecher und Kameraleute, der Wortlaut der Zwischenansagen und das eigentliche Programm kaum auseinanderzuhalten sind.[102] In den 16 Tagen der Olympiade ging die Sonderberichterstattung, neben der regulären Abendschiene von 20.00 bis 22.00 Uhr, täglich von 10.00 bis 12.00 Uhr, von 14.00 bis 16.00 Uhr und von 17.00 bis 19.00 Uhr direkt vom Reichssportfeld über den Sender Witzleben, was einer zusätzlichen Programmproduktion von immerhin 96 Stunden entsprach. Nach Angaben der Reichs-Rundfunk-Gesellschaft[103] übertrug das Fernsehen entweder direkt oder geringfügig zeitversetzt mittels Zwischenfilmverfahren insgesamt 175 Wettkämpfe sowie die Eröffnungszeremonie mit der live gesendeten Rede Adolf Hitlers[104] und die Schlußfeier am 16. August.

Neben dem aktuellen Geschehen kamen gelegentlich kleine Hintergrundberichte des RRG-eigenen Filmtrupps aus dem Umfeld der Spiele hinzu, so zum Beispiel Aufnahmen vom Olympischen Dorf in Döberitz,[105] vom Reiterstadion oder von der Regattastrecke in Grünau. Immer dann, wenn der Verlauf der Spiele kurze Sendepausen verlangte, schob man Filme oder direkte Sendungen aus der Rognitzstraße ein. Die konservierten Beiträge der Übertragungswagen wiederholte man während des regulären Abendprogrammes. Fallsin größerem Maße technische Störungen an den anfälligen Geräten auftreten sollten, wollte man sich mit einem zuvor zusammengestellten Ersatzprogramm behelfen, bestehend aus Live-Beiträgen, der Wochenschau und „sportcharakterlichen" Filmen des Ufa-Konzerns, aber auch der Gesellschaften Tobis und Terra, die nun auf Anweisung des Propagandaministeriums mit größerem Einsatz beim Fernsehen einstiegen.[106]

Trotz mannigfaltiger Probleme vor allem mit den elektronischen Kameras, die nur selten einwandfrei arbeiteten und besonders bei bewegungsintensiven Wettkämpfen und bewölkten Himmels erhebliche Mängel aufwiesen,[107] sowie der Tatsache, daß das Fernsehen in den Sportstätten und Stadien bisweilen nur widerwillig geduldet wurde,[108] wertete die zeitgenössische Presse das Ereignis als einen ersten Höhepunkt in der kurzen Karriere des neuen Mediums.[109] Vor allem die Möglichkeit, nun auch Außenaufnahmen direkt übertragen zu können, hinterließ einen großen Eindruck.[110] In dem Fachorgan

Zeitungswissenschaft führte Paul Weber ganz im Stil der Zeit aus, das Fernsehen habe es geschafft, „die olympische Idee in ihrer Reinheit zu erfassen und zu vertreten".[111] Auch nach 1945, in der Rückschau auf das gigantische Medienereignis Olympiade, beharrte man im Wesentlichen auf dieser Wertungsperspektive, stellten die beteiligten Techniker vor allem die innovatorische Schubwirkung für die Aufnahme- und Studiotechnik der kommenden Jahre heraus – freilich oftmals in einem Sammelsurium von Histörchen und beseelt von der eigenen Improvisationsleistung.[112]

Hingegen legte die Post in ihrer internen Nachbetrachtung der Spiele eine durchaus differenzierte und zurückhaltende Bewertung an den Tag. Den Sprechern sei es gelungen, die Aufmerksamkeit des Publikums auf das Wesentliche zu lenken, was die „Deutung" der übertragenen Bilder sehr erleichtert habe, meinte die Post. Dennoch ging ihr abschließendes Urteil dahin, „daß die Übertragungen wirkliche Bilder zeigten, die oft sehr starke Eindrücke auslösten, besonders dann, wenn es sich um kontrastreiche Aufnahmen handelte, wie beispielsweise die Entzündung des olympischen Feuers".[113] Im Gegensatz dazu liest sich der Abschlußbericht des Sendeleiters vom 12. Oktober 1936 wie eine Aneinanderreihung von technischen Pannen und eifersüchtigen Machtkämpfen der Beteiligten untereinander. Das Experiment Olympia, führte der ambitionierte Hadamovsky nicht ohne Hintergedanken aus, müsse vor allem aus organisatorischen Gründen als gescheitert betrachtet werden. Zwar habe auch die Technik, und hier insbesondere der Reportagewagen der Post („der wegen schlechter Filmqualität erst gegen Ende der Spiele in Erscheinung trat"), in großen Teilen den Anforderungen nicht genügt. Schuld an ihrer mangelnden Effizienz sei aber weniger die Güte des Materials als vielmehr der Umstand gewesen, daß sich Programmleiter Boese nicht nur mit vier verschiedenen Sachsystemen,[114] sondern auch mit vier „Spezial-Leitern" auseinanderzusetzen hatte. Diese Oberingenieure von Industrie und Post, so meinte Hadamovsky, hätten durch „eigenartige Rivalitätserscheinungen" und „profane Ehrgeizbestrebungen" letztlich eine gute Zusammenarbeit vereitelt. Daraus leitete Hadamovsky schließlich die altbekannte Forderung ab: „Die Fernseh-Technik kann noch so gut ausgebaut werden, sie wird dann erst Fortschritt und Erfolg unter Beweis stellen, wenn der Leiter des Fernseh-Programmbetriebes die Vollmachten eines Intendanten besetzt, d.h. – verglichen mit der Struktur der Reichssender – dass der Fernseh-Intendant die absolute Bestimmung und Entscheidung über den Einsatz der Fernseh-Technik besitzt."[115]

Die alles in allem gelungene Berichterstattung von der Olympiade ermutigte den Nipkow-Sender zu weiteren Experimenten mit der elektronischen Aufnahmetechnik. Als willkommene Gelegenheit bot sich hierfür erneut die Funkausstellung. Joseph Goebbels[116] und die anderen Besucher konnten deshalb vom 28. August bis 6. September 1936 nicht nur technische Neuerungen, sondern erstmals auch „Fernsehen zum Anfassen" erleben. Zu diesem Zweck hatte die Reichs-Rundfunk-Gesellschaft auf dem Ausstellungsgelände eine Schaubühne eingerichtet, um dem Publikum täglich Einlagen von Kleinkünstlern zu bieten, die, ergänzt durch Filme aus der Rognitzstraße, auf mehreren vor Ort aufgestellten Empfängern (und natürlich in den Fernsehstuben) betrachtete werden konnten. Die mit der Ikonoskop-Kamera des Reichspost-Zentral-amtes aufgenommenen Nummern wurden ergänzt durch Freilichtschüsse rund um den Funkturm.[117] Ähnlich verfuhr der Elektrokonzern Telefunken, dessen „Programme" frei-lich nicht über den Sender ausgestrahlt, sondern im Kurzschlußverfahren zu fünf aufge-stellten Empfängern des Typs FE V geführt wurden, die sich, zusammen mit den Verstärker- und Überwachungseinrichtungen, hinter einer Glasscheibe befanden und somit von den Besuchern gut einsehbar waren.[118]

Auch im Empfängerbau tat sich gegenüber dem Vorjahr einiges. Die überwiegend als Standgeräte konzipierten Fernseher verfügten jetzt – vorwiegend aus Platzgründen – über eine senkrecht mit dem Schirm nach oben eingebaute Braunsche Röhre. Das Bild erschien dabei leicht vergrößert und seitenrichtig in einem Spiegel des aufgeklappten Deckels. Es erreichte eine Größe von 31 cm mal 36 cm, wobei das inzwischen eingeführ-te Zeilensprungverfahren für relativ flimmerfreie Bilder sorgte. Im Vorfeld der Funk-ausstellung hatte der Rundfunkjournalist Erich Schwandt eine Serie „Monographien der Fernsehempfänger" begonnen, in der er den Aspekt des Heimempfangs in den Mittel-punkt seiner Erörterungen stellte.[119]

Während die industriellen Lieferanten erstmals auch Prototypen mit einer Auflösung von 375 Zeilen präsentierten, hielt die Post weiterhin an der 180-Zeilen-Technik fest.[120] Als schließlich im Spätsommer 1936 aus Großbritannien das Gerücht zur Gewißheit wurde, wonach die BBC im November mit einem durchdachten Programmkonzept und einer hochzeiligen (405) vollelektronischen Technik den regelmäßigen Fernsehdienst eröffnen wollte, fürchtete der Rundfunk um seine interna-tionale Reputation. Eugen Hadamovsky unterrichtete deshalb am 12. Oktober das Propagandaministerium über die Aktivitäten von Telefunken auf der Funkausstellung. Das Unternehmen habe mit einem vollektronischen Studio „bei hellem Licht" bereits das erreicht, was die Post dem Rundfunk erst für das Jahr 1937 zugesagt habe. Auf die Frage von Boese, warum Telefunken diese Studiotechnik der Post nicht schon jetzt zur Verfügung stelle, hätten die verantwortlichen Herren geantwortet, die Post sei derzeit nicht an einer entsprechenden Umstellung interessiert, da sie bereits immense Summen in die alte Technik investiert habe. Angesichts der britischen Ankündigungen hielt es der Reichssendeleiter für unverantwortlich,

„daß die Deutsche Reichspost von Monat zu Monat weitere technische Ein-richtungen trifft, auf der Basis der 180 Zeilen-Technik. Hier werden nicht nur Millionen unnütz investiert, sondern auch ein massgeblicher Fortschritt abge-schnitten. (...) Die Deutsche Reichspost hätte nunmehr die Pflicht, die Entwicklung der 180- zu Gunsten der 375 Zeilen-Technik abzubrechen, andernfalls Deutschland in der Entwicklung des Fernsehens zurückbleiben wird".[121]

Diese Ausführungen machten selbst den ansonsten fernsehlahmen Propaganda-minister hellhörig. Besorgt um den Ruf Nazi-Deutschlands in der Welt, notierte Goebbels unter dem 21. November 1936 in sein Tagebuch: „Hadamovsky berichtete über Fernsehen in England. Wir müssen jetzt auch wieder etwas dafür tun. Sonst kommen uns die Engländer über."[122] Der „Wunsch" des Agitators nach weiteren, publizitätsträchtigen Fernseherfolgen schlug sich im folgenden in einem erhöhten Gesprächsaufkommen zwischen Post und Propaganda nieder. Bereits am 17. Oktober hatten sich die beiden Ministerien zusammengesetzt, um das weitere Vorgehen zu erörtern. Günter Flanze aus der Telegraphen- und Funkabteilung erkärte, die Post halte keineswegs kategorisch an der 180-Zeilen-Technik fest. Man strebe sogar an, sich demnächst mit England über eine gemeinsame Zeilenzahl zu einigen. Entsprechende Vorgespräche hierüber stünden kurz bevor, kündigte Flanze den verdutzten Rundfunkvertretern an.[123] Damit spielte der Ministerialrat auf eine Londoner Dienstreise seines Mitarbeiters Fritz Harder an (4.–9. 12. 1936), der sich später neben Boese und dem Radioreporter Eduard Roderich Dietze auch der Intendant des Reichssenders Saarbrücken, Adolf Raskin, anschloß. Während erwartungsgemäß eine deutsch-britische Fernsehnorm nicht zur Sprache kam, informierte sich die Delegation beim Fernsehleiter der BBC, Gerald Cock, um so ausgiebiger über den Stand des Mediums auf der Insel. Dem im Verlauf von Boese vorgetragenen Wunsch nach einer Teilnahme des deutschen Fernsehens an den britischen Krönungsfeierlichkeiten am 12. Mai 1937 („etwa durch Aufstellen einer Filmkamera mit Schnellentwicklung") räumte Cock wenig Aussicht auf Erfolg ein. Mehr der Form halber sagte er zu, man werde die Anfrage an das britische Innenministerium weiterleiten, wo sie wenig später auch abgelehnt wurde.

Nach seiner Rückkehr aus London notierte Fritz Harder in die Akten des Reichspostministeriums, die Engländer hätten im ersten Monat nach Eröffnung ihres Programmbetriebs (2. 11. 1936) bereits 5000 Empfänger von acht Firmen an das Publikum verkauft. Im Vergleich zum deutschen Fernsehen attestierte der Postrat dem britischen sowohl in technischer als auch in programmlicher Hinsicht einen erkennbaren Vorsprung. Als Ursache nannte er den zeitlich früheren Beginn der Forschungen in Großbritannien. Mit Blick auf die deutschen Verhältnisse fügte Harder hinzu, „daß die Arbeiten für die Olympischen Spiele sowohl bei der DRP wie bei der deutschen Industrie (...) einen halbjährlichen Zeitverlust bedeutet haben. Dieser Zeitverlust läßt sich wieder einholen, wenn mit aller Tatkraft die Voraussetzungen für neue Aufnahmeräume und für ein hochzeiliges System geschaffen werden".[124] Es sollten jedoch noch zwei Jahre verstreichen, bis das von Harder anvisierte Ziel erreicht wurde.

Unterdessen ging der Nipkow-Sender Mitte November 1936 daran, die zeitlich direkte Visualisierung eines öffentlichen Ereignisses anhand einer weiteren Sportveranstaltung zu erproben. Während die Sendungen vom Nürnberger Reichsparteitag (8.–14. 9. 1936) noch nicht live stattfinden konnten,[125] nutzte man ein für den 15. November angesetztes Fußball-Länderspiel zwischen Deutschland und dem faschistischen „Bruder" Italien als neuerliches Experimentierfeld für die Elektronik. Drei Tage vor dem Anstoß im Berliner Olympiastadion kamen Post und Rundfunk überein, „dass aus den bekannten politisch und propagandistisch wichtigen Gründen"[126] das Spiel übertragen werde.[127] Am 13. November wiederum ließ Boese die Presse wissen, man werde das Länderspiel live senden und die Öffnungszeiten der Fernsehstuben extra von 20.00 Uhr auf 14.00 Uhr vorverlegen.

Die Möglichkeit zur direkten Sendung war zwar vorhanden, weil nach den Olympischen Spielen die Kabelverbindungen zum Sender intakt gelassen und Teile der Ausrüstung im Stadion verblieben waren. Da jedoch die Ikonoskop-Kamera der Post längst noch nicht ausgereift war und die Reichssendeleitung, der politischen Bedeutung der Partie entsprechend, an den darauffolgenden vier Abenden jeweils rund 40minütige Wiederholungen zeigen wollte, mußte man selbstverständlich auch das Zwischenfilmverfahren einsetzen. Lediglich bei dem nach 40 Minuten notwendigen Austausch der Filmspulen, so war es unter der Hand mit Boese abgesprochen, sollte kurzzeitig die elektronische Kamera zum Einsatz kommen.

In der Bilanz entpuppte sich jedoch die Übertragung des faschistischen „Bruderkampfes" als eine Aneinanderreihung von peinlichen technischen Pannen. Bereits nach 20 Minuten Spieldauer riß der Film an fast allen Klebestellen, so daß nicht nur die elektronische Kamera früher als geplant zum Einsatz kam, sondern auch das erste Tor der deutschen Mannschaft „verlorenging". Bei der nächsten Störung des Zwischenfilmsenders, kurz nachder Halbzeit, mußte die Post erneut auf den technisch unausgereiften „Bildfänger" zurückgreifen, weil man eine bereits begonnene Übertragung nicht einfach abbrechen wollte. Da sich inzwischen die Lichtverhältnisse im Stadion durch aufziehende Regenwolken verschlechtert hatten, tendierte die Bildqualität gegen Null.[128] Als man im folgenden wieder den Film einsetzten konnte, kam es zur ersten „Wiederholung" in der Geschichte der Fußball-Live-Reportage. Als nämlich der SV-Waldhofer Otto Siffling das zweite Tor für die deutsche Mannschaft erzielte, konnten dies die Zuschauer in den Fernsehstuben zunächst nur auf Grund des begeisterten Kommentars erahnen.[129] Erst als nach etwa einer Minute die Phase, die zum zweiten Treffer führte, im Zwischenfilmverfahren gezeigt wurde, konnte das Publikum die Entwicklung zum letztendlich entscheidenden Tor auch visuell nachvollziehen.[130]

Der Berliner Korrespondent der Zeitschrift *World-Radio* konnte sich denn auch eine gewisse Schadenfreude nicht verkneifen, als er am 20. November über die mißlungene Fußballsendung berichtete. Er schrieb, die Bildqualität sei nur dann relativ gut gewesen, solange die Szenen auf Film gespeichert wurden. Habe man aber auf die elektronische Kamera umgeschaltet, so sei der Ball nicht mehr zu sehen gewesen und das Publikum habe in den Fernsehstuben die Spieler nur noch an ihren dunklen Sporthosen erkennen können. Erbost über die ausländische Presseschelte,[131] verabschiedeten Post und Rundfunk zum 1. Dezember 1936 drei äußerst dehnbare Verhaltensmaßregeln, die künftig bei direkten „Freilicht-Fernsehübertragungen" zu beachten waren. Erstens: Öffentliche Ereignisse, von denen man rechtzeitig annehmen mußte, daß sie infolge schlechter Witterung nur mangelhaft direkt wiedergegeben werden konnten, sollten künftig nicht mehr übertragen werden. Zweitens: Sollte die Wetterlage kurz vor der Sendung erkennen lassen, daß eine einwandfreie direkte Übertragung nicht möglich ist, so sollte die Öffentlichkeit im Radio rechtzeitig informiert werden, daß die Sendung ausfällt. Und schließlich drittens: Treten ungünstige Lichtverhältnisse erst während der Sendung ein, so ist die Übertragung nach dem Ermessen der Programmseite entweder als reine Tonsendung weiterzuführen oder über den UKW-Tonsender ganz abzusagen.[132]

Zwar war das Interesse an direkten Berichten, zumal wenn es sich dabei um Sport handelte, spätestens seit 1936 geweckt. Obwohl die elektronischen Kameras immer noch sehr schemenhafte Eindrücke von den Ereignissen vermittelten, hatte das Fernsehen vor allem mit dem Großeinsatz während der Olympiade wichtige Erfolge zu verbuchen, die auch im konkurrierenden Ausland anerkannt wurden. Abgesehen von den jährlichen Übertragungen der NSDAP-Parteitage (1937 und 1938) und Funkausstellungen, sah es jedoch bis Kriegsbeginn mit der Live-Übertragung außerhalb des Studios recht traurig aus. Es war alles noch zu umständlich, die Kameras noch zu unbeweglich und zudem technisch nicht ausgereift.

4.5. „Aktion Bilderbuch"
Senderbau und Breitbandverkabelung

Obzwar Werner Scholz schon Anfang 1935 einen Plan für ein landesweites Sendernetz mit 21 UKW-Sendern vorlegte, die wegen deszu erwarteten Geräteabsatzes ausschließlich in dichtbesiedelten Ballungsgebieten errichtet werden sollten, ging der Senderbau fortan nur sehr schleppend voran. Die Post führte im Sommer 1935 mit fahrbaren Sendeanlagen verstärkt Reichweitenversuche in ganz Deutschland durch. Sie begann damit zunächst in Hamburg, wo man erstmals im Juni Versuchssendungen in Postämtern, auf dem Hapag-Motorschiff „Caribia" und in der Musikhalle öffentlich ausstrahlte. Parallel hierzu fanden Versuche auf dem Großen Feldberg im Taunus statt, die am 5. Juni 1936 mit abschließenden Fernsehdemonstrationen im Frankfurter Rathaus endeten.[133] Gleichzeitig initiierte die Post den Bau von Fernsehsendern. Die schon im Juni 1936 fertiggestellte Sendeanlage auf dem Brocken stand jedoch erst im April 1939 für den Probebetrieb zur Verfügung, der aber bereits zwei Monate später wegen der militärischen Verwendung des Senders wieder eingestellt werden mußte.[134] Im März 1937 begann die Post mit dem Bau eines zweiten Fernsehsenders auf dem Großen Feldberg. Dieser zog sich bis Anfang 1940 hin und verschlang insgesamt 1,2 Millionen Reichsmark.[135] Bild- und Tonsender wurden zwar noch eingebaut, konnten aber nicht mehr in Betrieb genommen werden. Mit den drei Sendebezirken Berlin, Brocken und Großer Feldbergwolle man demnächst rund 16 Millionen Volksgenossen mit Fernsehsendungen versorgen,[136] versprach Hans Kriegler von der Abteilung Rundfunk im November 1937 auf der Hamburger „Nordmark-Rundfunk-Ausstellung".[137]

Weil die beteiligten Ministerien davon ausgingen, „daß von der Hauptstadt der Bewegung und der Stadt der Reichsparteitage aus zahlreiche Fernsehübertragungen gewünscht und stattfinden werden",[138] begann die Post im Dezember 1937 mit ersten Vorarbeiten für den Bau zwei weiterer UKW-Sender in München und Nürnberg. Das Vorhaben, auf der Anhöhe Schmausenbuck bei Nürnberg einen gigantischen Fernsehturm „als architektonisches Blickziel mit dem Gelände des Reichsparteitages"[139] zu errichten, fiel ebenso dem Krieg zum Opfer, wie der Bau einer Sendeanlage in München oberhalb der Theresienwiese, die zwar bereits technisch abgenommen, aber nie installiert wurde. Ebenfalls nicht realisiert wurden die geplanten Fernsehsender in Hamburg, Wien und dem Ruhrgebiet.

Parallel zum Senderbau sollte in Deutschland ein umfassendes Breitbandkabelnetz[140] entstehen, um damit später die einzelnen Ballungsgebiete mit der Fernsehsendezentrale in Berlin verbinden zu können. Bei der Wahl der Kabelführung spielten indes sowohl militärische als auch politische Gründe eine wichtige Rolle. Nach Kriegsbeginn schrieb Reichspostminister Wilhelm Ohnesorge rückblickend, man habe bei der Konzeption des Kabelnetzes „seit 1933 die wehrwichtigen Belange stärkstens beachtet. Dies zeigt sich schon bei der Wahl der Kabelführung".[141] Um bereits in Friedenszeiten die Kabeltechnik genügend erproben zu können, konzentrierte sich die Post bei ihrer Standortwahl zunächst auf diejenigen Städte, die für das NS-Regime von Bedeutung waren. Im Endausbau dieser „Aktion Bilderbuch", wie sie tatsächlich amtlich hieß, wollte Ohnesorge dem „Führer" die Möglichkeit bieten, in deutschen Gauen durch das Fernsehen wie in einem Bilderbuch zu blättern, was aber aufgrund des Krieges nur in Ansätzen gelang. Geplant waren deshalb auch keine Kabelverbindungen nach Ostpreußen oder Schlesien.[142]

Im Frühjahr 1935 legte die Deutsche Fernkabel-Gesellschaft im Auftrag der DRP die erste Leitung zwischen Berlin und Leipzig aus. Das Kabel nutzte man vom 25. März 1936 an (nach einem neuntägigen Versuchsbetrieb während der Leipziger Frühjahrsmesse) vor allem für das sogenannte Fernseh-Gegensprechen.[143] Diese neue Form der audiovisuellen Kommunikation wertete der Rundfunk im folgenden als Versuch der Post, die Programmhoheit des Propagandaministeriums beim Fernsehen zu untergraben.[144] Rechtzeitig zum Reichsparteitag 1937 lag das Breitbandkabel Berlin-Nürnberg vor. Am 12. Juli 1938 schließlich nahm die Post die Kabelstrecke Berlin-München in Betrieb.[145] Sehr zum Leidwesen der Reichssendeleitung[146] hatte die Post diesen Schritt bereits Mitte November 1936 im Alleingang öffentlich angekündigt.[147] Im März 1939 erhielt auch Hamburg eine Verbindung mit der Reichshauptstadt. Im Jahr zuvor begannen die Planungsarbeiten für die Strecke Berlin-Frankfurt mit Abzweigen zum Brocken und Großen Feldberg. Nachdem die Main-Metropole an das Breitbandkabelnetz angeschlossen war, plante die Post kurz vor Kriegsausbruch die Einrichtung von Fernsehstellen. Als Standorte faßte man die Einkaufsmeile Zeil (im 2. Obergeschoß eines Geschäftsgebäudes) sowie die Stadtteile Bockenheim und Bornheim ins Auge, wo die dafür erforderliche Räumen bereits angemietet bzw. noch gesucht wurden.[148] Der Krieg verhinderte jedoch die Ausführung des Vorhabens, ebenso wie den Plan, eine Kabelverbindung zwischen München und Wien herzustellen, die die Ausstrahlung des Fernsehprogramms in der „Ostmark" ermöglichen sollte.[149]

4.6. Gemeinschaftsempfang
Steuerungsinstrument der öffentlichen Teilhabe

Nachdem die Messestadt Leipzig 1936 an das Kabelnetz angeschlossen worden war, äußerte die dortige Reichspostdirektion schon im Februar ihr Interesse an öffentlichen Fernsehstellen nach Berliner Muster. Das Postministerium stand diesem Vorschlag zwar generell positiv gegenüber. Seine Umsetzung noch vor den Olympischen Sommerspielen kam jedoch nicht in Frage. Außerdem lehnte die Behörde eine Leipziger Empfehlung ab, zwei Räume in der Alten Handelsbörse sowie im Kaufhaus Polich anzumieten, „weil die Fernsehstellen grundsätzlich nur in amtlichen, nach Möglichkeit postamtlichen Räumen untergebracht werden sollen".[150] Am 13. Juli 1936 informierte Ministerialdirektor Hermann Gieß offiziell das Propagandaministerium über die Leipziger Pläne der Post. Die Übertragung des Berliner Fernsehprogramms bereite technisch keine Probleme mehr, meinte Gieß, und er bat um Mitteilung, ob sich die Propaganda hiermit grundsätzlich einverstanden erkläre.[151] Goebbels „begrüßte" zunächst dieses Vorhaben,[152] so daß die Post zur Leipziger Herbstmesse vom 1. bis 9. September 1936 versuchsweise zwei Stellen in der Alten Handelsbörse sowie im Hörsaal 11 der Universität für das Publikum eröffnete. Gleichzeitig erhielt die dortige Reichspostdirektion aus Berlin den Auftrag, sich nach geeigneten Räumen für einen ständigen Fernsehbetrieb umzuschauen.

Die versuchsweise Ausstrahlung des Programms in Leipzig während der Herbstmesse war offensichtlich ein Erfolg, denn am letzten Tag der Veranstaltung berichtete die Reichspostdirektion nach Berlin, die Anteilnahme der Leipziger Bevölkerung an den Sendungen sei „sehr groß" gewesen, „obwohl außer der Pressenotiz nicht weiter geworben worden war".[153] Man habe deshalb mit Nachdruck die Suche nach ständigen Fernsehstellen fortgesetzt und sei inzwischen mit den Postämtern C 1 (Nähe Augustusplatz) und N 14 (Eutritzscher Straße) auch fündig geworden. Die Behörde stellte deshalb den Antrag, nunmehr einen „ständigen öffentlichen Programmdienst" in Leipzig zu eröffnen.[154] Die fortgeschrittenen Planungen erfuhren jedoch am 1. Dezember 1936 ein jähes Ende. In einem Eilbrief teilte der Reichspostminister entgegen früheren Beschlüssen lapidar mit: „Den Anträgen (...) kann nicht zugestimmt werden, weil eine ständige Übertragung des Berliner Fernsehprogramms nach Leipzig über das Breitbandkabel Berlin-Leipzig aus besonderen Gründen vorläufig nicht in Frage kommt."[155] Hinter den „besonderen Gründen" verbarg sich indes der massive Einspruch des Propagandaministeriums, das bereits 1935 bei der Errichtung von Fernsehstuben im Berliner Stadtgebiet mit äußerster Sensibilität reagiert hatte und die weitere Ausdehnung des Empfangs auf Leipzig verhindern wollte.

Somit beschränkte sich der Fernsehempfang im Olympiajahr weiterhin ausschließlich auf den Großraum Berlin. Nur mit großer Mühe gelang es Programmleiter Boese im Frühjahr 1936, die drei vom Rundfunk betriebenen, inzwischen von der NSDAP-Rundfunkstelle des Gaues Groß-Berlin betreuten Fernsehstuben vor der Schließung zu bewahren. Schon Ende Februar deutete Gaupropagandaleiter Wächter gegenüber Boese an, die Kreisleitungen der Partei seien nicht länger bereit, die Kosten für Miete, Heizung, Strom und Reinigung sowie Fahrtgelder für die ehrenamtlich tätigen Aufsichtsbeamten vorzustrecken. Er forderte deshalb eine monatliche Summe von 150 Reichsmark pro Fernsehstube, die nach Meinung Boeses aus dem Etat des Fernsehens bestritten werden sollte.[156] Da in den nächsten Wochen ein Direktionsbeschluß der Reichs-Rundfunk-Gesellschaft über die Finanzierung der Stuben nicht zustande kam, drängte Boese Anfang April erneut auf einen Grundsatzentscheid. Seine Forderung unterstrich er mit dem Hinweis, einige Parteimitglieder weigerten sich bereits, die Empfangsstuben noch länger offen zu halten.[157] Der Vorgang beschäftigte inzwischen auch die Gauleitung Groß-Berlin der NSDAP und kam schließlich Ende April 1936 zu einem gewissen Abschluß, als sich die Gaurundfunkstelle nicht nur mit einem monatlichen Kostenzuschuß von 160 RM für alle drei Räume zufriedengab, sondern auch ihr Befremden darüber bekundete, daß der Rundfunk offenbar nicht willens oder in der Lage sei, diesen lächerlichen Betrag für den Empfang der Sendungen aufzubringen.[158] Fortan bestritt man die Mittel für die rundfunkeigenen Stuben aus dem Etat des Nipkow-Senders.[159]

Während Boese noch um ein paar Reichsmark schachern mußte, unternahm sein Vorgesetzter kurz nach dem 15. Januar den Vorstoß, den in der Dienstanweisung ausgeklammerten öffentlichen Empfang ganz an sich zu reißen. In totaler Verkennung der tatsächlichen Verhältnisse berichtete Hadamovsky Anfang Februar an die Abteilung Rundfunk, es habe sich inzwischen gezeigt, daß die Räume der Post „den Anforderungen der aktiven Propaganda, ohne die Fernsehstuben überflüssig sind", nicht genügten. Die posteigenen Stellen befänden sich nicht nur in schwer zugänglichen Hinterzimmern. Sie seien darüber hinaus gerade an jenem Tag nicht geöffnet, an dem der „Volksgenosse" die meiste Freizeit habe, nämlich am Sonntag. Im Gegensatz „zu den 8 primitiven der Post" arbeiteten die drei Stuben des Rundfunks „ganz hervorragend", polemisierte Hadamovsky. Deshalb schlug er vor, Standortsuche und Betreuung der Empfangsstellen künftig Mitarbeitern des RRG-Fernsehens zu übertragen, während die Post lediglich für deren technische Einrichtung sorgen sollte. „Die aktivistischen Erfahrungen auf diesem Gebiete der Propaganda begründen diesen Anspruch, weil die (...) Mitarbeiter des Fernseh-Programmbetriebes langjährige Erfahrungen auf diesem Gebiete besitzen", begründete er seinen Plan.[160] Und der Reichssendeleiter drängte auf eine rasche Entscheidung, da die Post zu diesem Zeitpunkt signalisiert hatte, auch in Leipzig öffentliche Stellen einzurichten. Den Antrag Hadamovskys schmetterte jedoch die Propagandazentrale mit der aufschlußreichen Bemerkung ab, die Übernahme aller öffentlichen Empfangsstellen durch den Rundfunk sei „eine Vergeudung von Mitteln ohne Nutzen".[161]

Ihre numerisch größte Verbreitung im Dritten Reich erreichten die kollektiven Empfangsstellen während der Olympiade im August 1936. Als man im Juni über deren Einrichtung verhandelte, war erstmals auch ein Vertreter der Fachschaft Lichtspieltheater der Reichsfilmkammer zugegen, der im Vorfeld offen vom „Gespenst der

Fernsehstuben" gesprochen und diese als Bedrohung für die Berliner Kinos bezeichnet hatte.[162] Auf sein Drängen hin sagte zwar die Reichs-Rundfunk-Gesellschaft Anfang Juli zu, bei der Einrichtung neuer Räume künftig verstärkt auf Foyers der Berliner Kinos zurückzugreifen. Diese unverbindliche Absichtserklärung wurde jedoch fortan nicht befolgt.

Insgesamt betrieben Post und Rundfunk während der Olympiade 33 kollektive Empfangsstellen (vgl. Anlage 3), darunter fünf nichtöffentliche, die ausschließlich für Sportler, Funktionäre und ausländische Gäste bestimmt waren und vermutlich vom Rundfunk betreut wurden. Von den verbleibenden 28 öffentlichen Stellen wurden 16 eigens für die Spiele eingerichtet und kurz zuvor eröffnet, zwölf waren zu diesem Zeitpunkt bereits in Betrieb. Unter den 16 provisorischen Olympia-Stellen wiederum befand sich eine Großbildstelle im Reichspostministerium (Leipziger Straße) mit rund 100 Plätzen und einer Bildfläche von 1 Meter mal 1,20 Meter.[163]

Später gaben die Nazis bekannt, an den 16 Tagen der Sommerspiele hätten exakt 162.228 Menschen in Berlin und Potsdam ferngesehen,[164] im Durchschnitt 10.000 pro Tag oder 360 Zuschauer täglich in jeder öffentlichen Empfangsstelle. Wieviele Gäste Berlins darunter waren, geht aus der Statistik allerdings nicht hervor. Diese Zahl ist sicherlich nicht übermäßig hoch, sie wurde auch im Schrifttum der Zeit nicht besonders hervorgehoben.[165] Bemerkenswert ist aber, daß sich das Interesse am Fernsehen zum ersten Mal weniger auf technische, als vielmehr auf publizistische Aspekte des Mediums konzentrierte.[166] Stichproben und Nachprüfungen hätten ergeben, teilte die Reichs-Rundfunk-Gesellschaft am vorletzten Tag der Spiele mit, „dass eine ungeheure Nachfrage und grosser Andrang zu den Fernsehstuben vorherrscht".[167] Dies hatte sogar zur Folge, „dass es zeitweise schwerer war, Karten für die Fernsehstuben zu bekommen, als Karten für die Olympiakampfbahnen".[168] Daraus leitete der umtriebige Reichssendeleiter noch während der Olympiade die Forderung ab, alle zusätzlichen Fernsehstuben bis auf weiteres offen zu halten, wobei er natürlich an die bevorstehende Funkausstellung dachte. Aber schon am 19. August beschwerte sich Hadamovsky bei der Abteilung Rundfunk: „Wir erheben Protest gegen die bereits erfolgte Aufhebung der zusätzlichen Fernsehstuben."[169] Auch die Post hatte inzwischen ihre provisorischen Empfangsstellen wieder geschlossen, allerdings nicht aus Kostengründen wie beim Rundfunk, sondern weil man einen Großteil der Geräte für die Funkausstellung benötigte.[170] Somit mußte sich die Berliner Bevölkerung während der Ausstellung mit den elf permanenten Empfangsstellen begnügen.

Zum 1936er Reichsparteitag der NSDAP sollte sich dies jedoch kurzzeitig wieder ändern, denn Hadamovsky hatte zuvor mit Erfolg durchgesetzt, „dass in derselben Anzahl Fernsehstuben eingerichtet werden, wie zur Zeit der Olympischen Sommerspiele".[171] Hingegen stieß sein Vorschlag auf Ablehnung, während des Nürnberger Nazi-Spektakels am Berliner Alexanderplatz eine „Fernsehhalle" einzurichten, in der „die Post eine Reihe von Empfängern strahlenförmig aufstellt, sodass segmentweise vor jedem Apparat zur gleichen Zeit 25-30 Menschen, also bei etwa 10 Apparaten 250-300 Menschen die Ereignisse des Reichsparteitages 1936 miterleben können".[172] Diese

Fernsehhalle kam deshalb nicht zustande, weil die Empfänger der Post nicht ausreichten.[173] Ansonsten verlief der öffentliche Gemeinschaftsempfang während des Reichsparteitages nach dem Muster der Olympiade: Eröffnung von provisorischen Fernsehstuben für die Dauer von etwa 14 Tagen (5.–19. 9. 1936) und Ausstrahlung eines um zwei Stunden erweiterten Fernsehprogramms (17.00 bis 19.00 Uhr und 20.00 bis 22.00 Uhr) mit Filmberichten aus Nürnberg, die zeitversetzt gezeigt und häufig wiederholt wurden. Während jedoch bei der Fußballpremiere am 15. November die Fernsehstellen zum Bersten überfüllt waren, gestaltete sich der Besuch der Parteitagssendungen eher mäßig.

Wahrte das Regime noch während der Olympiade den Schein des inneren Friedens, so nahmen nach Beendigung der Spiele die exzessiven und brutalen Verhaftungswellen gegen potentielle Gegner wieder zu. Zugleich verschärfte sich die nationalsozialistische Agitation gegen die Juden. In seiner Rede auf dem Nürnberger Parteitag sprach Goebbels von „Peitschenhieben in das haßerfüllte Gesicht des Judentums".[174] Hinsichtlich der Zusammensetzung des Publikums in den Fernsehstuben achtete jetzt der NS-Rundfunk streng darauf, in seinen Empfangsstellen nur Personen „arischer Abstammung" zuzulassen, weil „das Deutsche Fernsehen eine rein arische Verwaltung und Betreuung erfährt" und sowohl Technik als auch Programmbetrieb „für deutsche Menschen eingesetzt werden".[175] Die jüdische Bevölkerung Berlins suchte von sich aus diese Fernsehstuben auch gar nicht auf, weil sie äußerlich durch Aufschriften als Einrichtungen der NSDAP kenntlich gemacht wurden.

Dagegen legte die Post bei der Auswahl ihres Publikums mehr Zurückhaltung an den Tag. Zwar war ihr durchaus bekannt, daß einzelne Stellen häufig von jüdischen „Gewohnheitsbesuchern" frequentiert wurden, „denen die Fernsehstelle in den kalten Tagen nur eine angenehme Wärmestätte ist und die durch ihr Äußeres den anderen Besuchern auch keine angenehme Nachbarschaft sind".[176] Die Post duldete dies jedoch nicht nur stillschweigend. Zumindest noch Anfang 1937 hielt sie ihre Beamten sogar an, „einen ordentlich gekleideten Juden" den Zutritt zu den Fernsehstellen nicht zu verwehren. Ein rigides Vorgehen gegen diese Personen lehnte die um ihr internationales Ansehen fürchtende Post ab, konnte es sich doch dabei auch um einen ausländischen Besucher der Reichshauptstadt handeln. Auf mehrmalige Beschwerden der Reichssendeleitung reagierte man eher mit Gelassenheit, zumal diese vorderhand nicht politisch motiviert waren, sondern vielmehr darauf abzielten, die Betreuung der Poststellen in die Hand zu bekommen.[177] Erst von Frühsommer 1937 an ging auch in den posteigenen Räumen (vor allem in der Oranienburger Straße, die sich in der Nähe einer Synagoge befand) die Zahl der jüdischen Zuschauer merklich zurück, nachdem dort im Zuge der antisemitischen Eskalation die Präsenz der SA verstärkt und die Juden massiv am Zutritt gehindert wurden.[178]

Spätestens zur Jahreswende 1936/37 hatten sich in Berlin die Regularien des Fernsehgemeinschaftsempfangs eingespielt. Damit möglichst viele Berliner fernsehen konnten, praktizierte man seit dem 15. Januar 1936 den schon im Jahr zuvor geforderten Schichtbetrieb. Er sah vor, die kollektiven Fernsehstuben und -stellen nach 21.00

Uhr zu räumen, um sie bei der Wiederholung des Programms von 21.00 bis 22.00 Uhr mit neuen Besuchern zu füllen. Zudem schälte sich hinsichtlich der Zahl der gerade geöffneten Räume ein Prinzip heraus, das die Reichspostdirektion wie folgt beschrieb: „Post und Rundfunk betreiben ständig 11 Fernsehstellen und -stuben. (...) Es wird auch fernerhin bei wichtigen Anlässen mit einer Erhöhung der Fernsehstellen über die Regelzahl hinaus zu rechnen sein."[179] Um künftig die empfindlichen und rund zwei Zentner schweren Empfänger besser warten und das Bedienungspersonal kontrollieren zu können, stellte das Reichspost-Zentralamt im November 1936 zwei besonders ausgebildete Beamte für den technischen Kundendienst ab, der fortan sowohl in den post- als auch in den rundfunkeigenen Räumen seinen Dienst verrichtete. Um jene häufigen Störungen und Pannen an den Geräten zu beheben, die während der Sendungen im Berliner Stadtgebiet auftraten, verfügten die mobilen Beamten über einen eigenen Dienstwagen. Auch die industriellen Lieferanten von Fernsehgeräten hatten sich inzwischen auf die besonderen Gegebenheiten beim kollektiven Empfang eingestellt und entsprechende Verträge mit der Post ausgehandelt. Die Fernseh AG beispielsweise gewährte auf die häufig transportierten Empfänger in den öffentlichen Räumen nur eine Garantiezeit von sechs Monaten, während sie für stationär betriebene Dienst- und Privatgeräte ein Jahr einräumte. Bei selbstverschuldeten Transportschäden oder unsachgemäßer Bedienung in den Fernsehstellen verfiel hingegen der Garantieanspruch.[180]

4.7. Vom Solovortrag zum Kurzspiel
Programmexperimente auf der Dunkelbühne

Von Mitte Januar 1936 bis Frühjahr 1937 kristallisierten sich beim Fernsehen allmählich erste Prinzipien der Programmplanung und -herstellung heraus. Dabei stand das Bestreben der Programmseite im Vordergrund, die unmittelbare Aufnahmetechnik zu erproben, um mit direkten Studiobeiträgen die Inhalte etwas abwechslungsreicher gestalten zu können. Bereits die ausgedehnte Berichterstattung von Großveranstaltungen wie den Olympischen Sommerspielen und dem Nürnberger Reichsparteitag machte in Ansätzen deutlich, daß es durchaus möglich und erstrebenswert war, das Fernsehprogramm ähnlich den Sendungen des Hörfunks im Tagesablauf nicht nur zeitlich auszudehnen, sondern auch größtenteils durch eigene Beiträge zu bestreiten. Eine konzeptionelle Planung respektive systematische Vorstellungen darüber, wie das Programm mittel- bis langfristig überhaupt aussehen könnte, hat es freilich nicht gegeben.

Wenngleich die Dominanz der Fernsehtechnik gerade in den Anfangsjahren besonders groß war, nahm die Post nach den Hitler-Erlassen auf die Zusammenstellung des regulären Programms keinen direkten Einfluß mehr. Freilich gab es über diese Frage, vor allem in der zweiten Jahreshälfte 1936, immer wieder heftige Reibereien zwischen Post und Rundfunk, die schließlich am 23. Oktober in dem Vorwurf Hadamovskys gipfelten, die Post versuche seit einem halben Jahr, „den Programmbetrieb des deutschen

Fernsehens nach dort geeignet erscheinenden Gesichtspunkten zu steuern".[181] Diese Bemerkung des Reichssendeleiters bezog sich dabei aber weniger auf die Zusammenstellung des regulären Abendprogramms der Reichs-Rundfunk-Gesellschaft, als vielmehr auf die Art und Weise, wie die Post ihre technischen Versuchssendungen für die Industrie handhabe.

Nachdem das Reichspost-Zentralamt im Herbst 1936 seine Industriesendungen nicht mehr – wie zuvor mit dem Rundfunk vereinbart – in den frühen Vormittagsstunden, sondern in der Zeit von 15.00 bis 16.00 Uhr ausstrahlte, witterte der Rundfunk eine Konkurrenz für sein Abendprogramm. Programmleiter Boese erfuhr von dieser Verschiebung per Zufall, als er sich während seines Urlaubs für einen Tag in der Reichshauptstadt aufhielt. Zu seiner Verwunderung mußte er feststellen, daß in den Industriesendungen „ein absolut geschlossenes Programm geboten wird. Dieses Programm ist durch den Fernsehprogrammbetrieb nicht ausgesucht und eingesetzt worden".[182] Als das Propagandaministerium Ende Novemberbeim Reichspostminister auf den vermeintlichen Bruch deszweiten Führer-Erlasses hinwies,[183] verfügte dieser die Wiedereinsetzung der alten Sendezeiten von 9.00 bis 11.00 Uhr. Außerdem forderte er das Reichspost-Zentralamt auf, bei der inhaltlichen Gestaltung der Sendungen für die Industrie künftig mit der Reichs-Rundfunk-Gesellschaft zusammenzuarbeiten.[184]

Bestand das Versuchsprogramm des Rundfunks 1935 notgedrungen aus Filmen, so rückten nach dem Umzug in die Rognitzstraßeunmittelbare Sendungen und die direkte Ansprache des Publikums stärker in den Mittelpunkt, wobei die programmlichen Möglichkeiten durch den jeweiligen Stand der restriktiven Aufnahmetechnik beeinflußt wurden und nicht umgekehrt. Auch nach der Wiederaufnahme des Programmbetriebs am 15. Januar blieb beim Live-Fernsehen die extreme, nahezu groteske mediale Anordnung unverändert. Aufgrund des beengten Aufnahmeraumesvon der Größe einer Telefonzelle war man zunächst gezwungen, sich auf Solisten der Berliner Varietés und Kleinkunstbühnen zu beschränken, die im Fernsehen einen kurzen Live-Querschnitt aus ihren jeweils aktuellen Bühnenprogrammen boten. Diese in völliger Dunkelheit agierenden „Kleindarsteller" hatten vor allem durch Auftritte im Hörfunk einen gewissen Grad an Popularität erreicht. Durch ihre Bühnenerfahrung und langjährige Routine als Solokünstler schienen sie im übrigen besonders prädestiniert, mit den Erschwernissen der mechanischen Aufnahmetechnik und den damit verbundenen häufigen Pannen zurechtzukommen.[185]

Nachdem der Nipkow-Sender vom 15. bis 31. Januar 1936 ein solches „Repertoire-Programm" in einer Art Testphase live ausstrahlte, erhielten die Alleinunterhalter von Februar an mit der Reihe *Künstler stellen sich vor* einen regelmäßigen Sendeplatz,[186] der zumindest bis zum Frühsommer 1936 allwöchentlich wiederkehrte. Die etwa fünf- bis zehnminütigen Beiträge enthielten von Zeit zu Zeit auch kleine, sketchartige Spielszenen und wurden nach dem Schema *Wochenschau/Künstler stellen sich vor/Ausschnitte aus Tonfilmen/Kulturfilme* ins Programm integriert.[187] Zwar wechselten auch die direkten Beiträge nur im wöchentlichen Rhythmus, mußten aber täglich live produziert wer-

den, weil Aufzeichnungen nicht möglich waren. Deshalb verpflichtete man die Kleindarsteller in der Regel für drei Abende einer Programmwoche und für jeweils zwei
Auftritte täglich, da die Programme bekanntlich von 21.00 bis 22.00 Uhr nochmals
über den Sender gingen.[188] Damit waren nicht nur die Inhalte und der Ablauf der
Sendungen, sondern auch ihre jeweilige Dauer innerhalb einer Woche starken Schwankungen unterworfen. Denkbar wäre aber auch, daß sich die einzelnen Interpreten, von
denen etwa vier verschiedene innerhalb einer Woche engagiert wurden, untereinander
abwechselten, so daß sich die Zahl ihrer „Auftritte" in diesem Zeitraum deutlich reduziert hätte. Wahrscheinlicher ist jedoch die tägliche Doppelsendung, was nicht zuletzt
durch die Honorarabrechnungen bestätigt wird.

Je nach Art der Darbietung handelten Boese oder Bai mit den Darstellern eine
bescheidene „Abendgage" aus, die sie ein oder zwei Tage vor Beginn des Engagements
der Programmverwaltung der Reichs-Rundfunk-Gesellschaft mitteilten. Nach Ablauf
seiner Verpflichtung erhielt der Akteur das fällige Gesamthonorar. In Ausnahmefällen
wurde das Geld sogar „an der Abendkasse ausgezahlt".[189] Mit dem Klavierspieler Rolf
Albes, der bis zum Herbst 1936 mit einer gewissen Regelmäßigkeit Gesangssolisten wie
Edmund Pouch, Susi Wendt oder Else Elster musikalisch begleitete, handelte man im
Mai einen Pauschalvertrag unter Berücksichtigung seiner Haupttätigkeit beim Kurzwellensender aus.[190] Bemerkenswert ist darüber hinaus, daß Wortbeiträge von Komi-
kern, Conférenciers oder Rezitatoren generell besser honoriert wurden als Gesangs- oder
Instrumentaleinlagen, was wahrscheinlich auch mit der Länge der Darbietungen zusammenhing. Hingegen stufte man Männer und Frauen finanziell gleich ein. Somit entstanden der Programmseite im Frühjahr 1936 Honorarkosten von insgesamt rund 1250
Reichsmark wöchentlich, die bis zum Frühsommer zugunsten der Gehälter der Fernsehmitarbeiter auf etwa 1100 Reichsmark gekürzt werden mußten.

Der beschriebene organisatorische und sendetechnische Ablauf fand durchaus seine
Parallelen im Bühnenengagement der jeweiligen Kleindarsteller. „Verdiente" Künstler,
wie zum Beispiel der aus dem Hörfunk bekannte Lautenspieler Carl de Vogt oder der
Conférencier Ernst Petermann, verpflichtete man im folgenden mehrmals. Trotzdem
traten allein in der Zeit vom 15. Januar bis zum 14. März 1936 im Fernsehen immerhin
24 verschiedene Solisten auf:

15.1.:
Else Elster, Rezitationen (40 RM)
Willi Schaeffers, Conférencier (75 RM)[191]
Carl de Vogt, Lieder zur Laute (40 RM)

24.1., 26.1.:
Ernst Petermann, Rezitationen (75 RM)

25.1., 27.-29.1., 31.1.:
Hugo Fischer-Köppe, Schwänke (75 RM)

1.2.:
Fredy Rolf, Conférencier (75 RM)
Gretl Theimer, Gesang (50 RM)

2.-8.2.:
Ernst Petermann, Rezitationen (75 RM)
Paul Matinett, Bauchredner (50 RM)
Ingrid Larsen, Saxophonsolistin (40 RM)
Käte Jöken-König, Gesang (40 RM)

9.-15. 2.:
Willi Steiner, Geige (50 RM)
Charlotte Kolle, Gesang (75 RM)
Inge Vesten, Gesang (40 RM)
Carl de Vogt, Lieder zur Laute (40 RM)

16.-22. 2.:
Harry Gondy, Conférencier (75 RM)
Käte Jöken-König, Gesang (40 RM)
Edith Delbrück, Gesang (40 RM)
Luciano, Mundharmonika (50 RM)

23. 2.-29. 2.:
Richard Bellack, Conférencier (75 RM)
Edmund Pouch, Wiener Lieder (RM 40)

Albert Schmidt, Okarina (30 RM)
Susi Wendt, Gesang (40 RM)

1.-7. 3.:
Else Elster, Gesang (40 RM)
Olly van Deyk, Gesang (30 RM)
Georg Breithofer, div. Instrumente
(50 RM)
Berthold Ebbecke, Conférencier (75 RM)

8.-14. 3.:
Berthold Ebbecke, Conférencier (60 RM)
Carl de Vogt, Lieder zur Laute (40 RM)
Franz Wolf, Gesang (40 RM)
Else Sperber, Gesang (40 RM)[192]

Nach der Inbetriebnahme des Linsenkranzabtasters verbesserten sich von Juli 1936 an die Aufnahmebedingungen schrittweise. Mit der neuen Technik reduzierte man die Umschaltpausen zwischen der unmittelbaren Sendung und der Filmübertragung immerhin auf wenige Sekunden.[193] Hingegen veränderten sich anfangs die Bedingungen für die Akteure kaum. Sie mußten nach wie vor auf einem Stuhl Platz nehmen, da das mechanische Aufnahmegerät bekanntlich völlig starr war und weder geschwenkt noch gefahren, nicht einmal in der Höhe verstellt werden konnte. Um die verschiedenen Körpergrößen etwas auszugleichen, behalf man sich zunächst mit gestapelten Telefonbüchern, später mit einem in der Höhe verstellbaren Zahnarztstuhl. Programmleiter Carl Heinz Boese wollte jedoch mehr. Am 13. August, also noch während der Olympiade, beschwerte er sich beim Reichspost-Zentralamt über die primitiven Arbeits- und Produktionsbedingungen im „Studio“. Ein als Brustbild aufgenommener Tenor oder ein sich produzierender Bauchredner müsse auf das Publikum zwangsläufig langweilig wirken, „weil ja der kleine Bild-Ausschnitt (...) nichts besonderes auf die Dauer bietet, sondern Interesselosigkeit bei einem Apparat-Besitzer oder bei dem Stammpublikum der Fernsehstuben hervorrufen muß“.[194] Außerdem, so monierte Boese, sei es für den Pogrammbetrieb beinahe unmöglich, gute und vor allem neue Solisten zu gewinnen, da diese unter den vorherrschenden Bedingungen „selbst bei besten Honoraren nicht zu haben sind“.[195]

Um den von Boese geforderten größeren Bildausschnitt zu erzielen, konzipierten die Posttechniker nach mehreren Versuchen eine auf sechs qm erweiterte Dunkelbühne. Mit ihr gelang es nun, maximal vier bis fünf Personen, die sich freilich noch immer in völliger Dunkelheit und bei Temperaturen um 40 bis 50 Grad Celsius vor dem starren Abtastgerät bewegen mußten, gleichzeitig und in voller Lebensgröße zu übertragen.

Später versah man dieses erweiterte Dunkelstudio mit einem Vorhang, der den Eindruck einer Bühne noch verstärken sollte. Damit konnte ein zunächst für das Publikum unsichtbarer Solist angekündigt werden, der dann hinter dem aufgezogenen Vorhang sichtbar wurde.[196] Parallel zu diesen zaghaften Fortschritten in der Aufnahme- und Studiotechnik initiierte der Rundfunk den Übergang vom wöchentlichen zum täglichen Programmwechsel. Bereits am 13. August 1936 ließ Programmleiter Boese sein Ministerium wissen, „dass der Fernseh-Programmbetrieb nach den bisher gesammelten Erfahrungen nunmehr dazu übergehen wird, das Fernseh-Programm auf eine neue Basis zu stellen".[197] Den aktuellen Anlaß hierzu lieferte indes die Eröffnung des britischen Fernsehdienstes am 2. November, der bald eine wöchentliche Sendezeit von 16 bis 20 Stunden ausfüllte. Für direkte Produktionen standen auf der Insel immerhin schon drei unterschiedlich große Studios zur Verfügung, in denen bis zu zehn Darsteller agieren konnten.[198]

Erstmals in der Woche vom 4. bis 10. Oktober 1936 verbreitete das Berliner Fernsehen ein „täglich wechselndes" Programm zu den üblichen Sendezeiten von 20.00 bis 21.00 Uhr, das auch weiterhin in der nächsten Stunde wiederholt wurde (vgl. Anlage 4). Auch wenn später die Zeitschrift *Die Sendung* schrieb, ein solcher Schritt sei nach den Sonderberichten zur Olympiade und zum Parteitag der Anfangdes „regelmäßigen abwechslungsreichen Fernsehprogramms",[199] kann von einem Programmwechsel nach heutigem Muster natürlich keine Rede sein. Dies wäre nicht zuletzt schon an der dünnen Finanzdecke und der knappen Programmreserve des Rundfunks gescheitert. Hingegen wiederholte man auch weiterhin einzelne Live-Stücke oder Filmausschnitte in kurzen Abständen von zwei, manchmal drei Tagen,so daß eine Programmwoche im Spätherbst 1936 zu gut einem Drittel aus Sendungen bestand, die bereits in der selben Woche schon einmal ausgestrahlt wurden. Hinzu kamen ein oder zwei Filme, die in unregelmäßigen Zeitabständen von zwei bis drei Wochen erneut über den Sender gingen.

Mit dem täglichen Programmwechsel erhöhte das Fernsehen nicht nur die Zahl seiner unmittelbaren Sendungen, sondern gestaltete diese auch abwechslungsreicher, was durch die vergrößerte Dunkelbühne unterstützt wurde. Von Herbst 1936 an reicherte man deshalb die Beiträge der Alleinunterhalter verstärkt durch kleine Sketche, primitive Spielszenen oder literarische Rezitationen an. Ergänzt wurden diese unsystematisch aneinandergereihten Nummernsendungen durch kurze Darbietungen von Artisten, Bauchrednern oder Zauberkünstlern, deren Kunststücke per se ein gewisses Maß an Bewegungsfreiheit verlangten. Hinzu kamen erste Gesangs-Duette und instrumentale Gruppenvorträge mit zwei bis drei Musikern.[200] Diese Art der Sendungen, die man eher unter der Rubrik „Bunte Abende" zusammenfassen könnte, wurden dann in einem nächsten Schritt zu längeren Spielhandlungen mit einer Dauer von höchstens zehn bis zwanzig Minuten ausgebaut. Es handelte sich hierbei um anspruchslose, zumeist unpolitische Einakter, die zwar vom Programmbetrieb als erste Fernsehspiele angekündigt wurden, in Wirklichkeit aber nichts weiter waren als locker verknüpfte Spielszenen mit stark experimentellem Charakter. Seine erste Blütezeit erlebte das Fernsehspiel hingegen erst im Frühsommer 1937 unter dem neuen Intendanten Hans-Jürgen Nierentz.

Bis dahin beschränkten sich Post und Rundfunk weitgehend auf primitive Vorversuche, testeten den Einsatz und die Wirkung verschiedener Dekorationen, gemalter Kulissen, historischer Kostüme oder Instrumente, und die Mitarbeiter gewannen aus diesen Beobachtungen neue Erfahrungen für die nächste Produktion. Daraus resultierte bereits am 7. November 1936 ein rund 10minütiger Propaganda-Sketch für das neu eingerichtete Winterhilfswerk (*Das Schaukelpferd*), den man am 23. 11. 1936 noch einmal wiederholte. In dem einfachen Drei-Personen-Stück agierten Hildegard Fränzel, Otto Wollmann und der Fernsehmitarbeiter Waldemar Bublitz, der auch selbst Regie führte. Die von Willi Bai ausgewählte Szene basierte auf einem Manuskript, das zuvor im Rahmen des Hörspiel-Wettbewerbs „Wer schreibt die beste WHW-Hörszene?" von der Reichssendeleitung und der Reichsführung des WHW ausgezeichnet worden war.[201] Als wichtigstes Kriterium für das Preisausschreiben forderte etwa das Jury-Mitglied Cläre Delonge „heitere Kurz-Hörszenen mit schlaglichtartiger propagandistischer Wirkung bis zur Höchstdauer von fünf Minuten (ähnlich den heiteren Kurz-Ton-Werbefilmen im Rahmen der Wochenschauen), die als direkte oder indirekte Werbung für die Aufgaben des WHW dienen: 1. Eintopf, Pfundspende, Kleiderspende usw. 2. Idee der Opferbereitschaft, Hilfsbereitschaft, Kameradschaft, Solidarität, Selbsthilfe."[202] Solche preisgekrönten WHW-Hörspiele „mit einer schlagkräftigen propagandistischen Note" dienten auch als Grundlage für drei weitere Kurzspiele des Fernsehens: *Im Roten Ochsen* (26. 11. 1936), *Der Weihnachtsmarkt* (5. 12. 1936) und *Die Begegnung* (13. 1. 1937). Mit *Der Stift hat das Wort* produzierte man schließlich am 12.2.1937 einen „kleinen Krach im Setzersaal", wie es im Untertitel hieß.

Im Frühjahr 1937 war vor allem Lore Weth alias Marta Krüger mit ihrem 30minütigen Kriminalstück *Der Stein des Schreckens* (5. 2. 1937) sowie mit dem Kurzspiel *Junge Dame mit künstlerischem Einschlag gesucht* (13. 2. 1937) im Programm vertreten. Ihre Fernsehoperette *Erika im Schwalbennest* (4. 4. 1937), mit fünf Darstellern und der Musik von Paul Noack-Ihlenfeld, stellte wenige Wochen später eine gewisse Zäsur in der Entwicklung der Kurzspiele dar, wurden doch zum ersten Mal in größerem Umfang auch gemalte Kulissen von Heinz Monnier eingesetzt. Programmleiter Boese hielt es deshalb für angebracht, die Berliner Presse auf diesen kleinen Teilerfolg aufmerksam zu machen, wobei er allerdings den derzeitigen Entwicklungsstand des neuen Mediums keineswegs beschönigte. In einer Fernsehstube sagte er am 4. April gegenüber Journalisten, es handele sich hierbei um ein bewußt primitiv geschriebenes und ebenso inszeniertes Stück, bei dessen Aufführung die experimentelle Bewältigung der verschiedensten Schwierigkeiten und Probleme im Vordergrund stehe. Bei der Handlung dürfe im ganzen nicht mehr passieren, als sich im Dunkeln auf engstem Raum von fünf Menschen ohne Unfälle darstellen lasse, konstatierte der stellvertretende Reichssendeleiter bei einem seiner letzten öffentlichen Auftritte als Programmleiter des Fernsehens.[203]

In ihrer Berichterstattung über die Kurzoperette stellten die Journalisten vor allem die augenscheinliche Affinität zwischen dem Live-Fernsehen und dem Theater heraus. In *Berlin hört und sieht* lautete später eine Bildunterschrift: „Wie beim richtigen Theater so wird auch beim Fernsehsender der Vorhang gezogen."[204] Der Rundfunkjournalist Kurt Wagenführ lobte in einer seiner ersten Programm-Betrachtungen die „ansprechende(n) Chansons", die „durch eine einfache Handlung verbunden waren".[205] Allerdings, so fügte Wagenführ relativierend hinzu, müsse künftig die große Zahl der Pannen reduziert werden. W. Hoeppener-Flatow, einer der frühen Fernsehspiel-Autoren (*Der Schwindler*, 11. 3. 1937), beschrieb 1939 in der Zeitschrift *Die Sendung* rückblickend einen „Szenenwechsel" auf der Dunkelbühne: „Der Umbau ging so vor sich, daß die Darsteller ganz nach vorn an die Apparatur herankamen, deren Optik auf ‚NAH' eingestellt wurde, so daß der Hintergrund nur schwach als grau-verschwommenes Etwas sichtbar blieb. Während die Schauspieler vorn agierten, trugen hinten Männer auf dicken Filzsohlen die ‚Dekoration' hinaus und bauten eine neue auf. Wurde das Gerät dann wieder auf die ‚TOTALE' umgestellt, dann hatte ein Wald sich in ein Hotelzimmer verwandelt, und alle Beteiligten atmeten (oft sogar recht hörbar) auf."[206]

Im Frühjahr 1937 folgten weitere Experimente. Nach Arnolt Bronnens vierzigminütiger Inszenierung von Ludwig Thomas *Waldfrieden* (24. 2. 1937), die im Herbst 1937 noch dreimal live wiederholt wurde, sowie den Kurzspielen *April, April* (1. 4. 1937) und *Der Umzug* (4. 3. 1937), setzte Waldemar Bublitz am 18. 4. 1937 die Operette Die *Witwe Grapin* mit drei Darstellern in Szene. Überhaupt waren die primitiven Kurzspiele aus dem Studio meistens noch von der Musik bestimmt. Solche Mozart-Duette, Frühlings- und Walzerlieder gaben sich entweder heiter, volkstümlich (*Oberbayerische Weisen*, 1. 1. 1937) oder bestanden aus etwas anspruchsvolleren Opern- und Operetten-Querschnitten, die im Januar 1937 durch längere Spielszenen ergänzt und meistens von drei bis sechs Mitwirkenden vorgetragen wurden. Während Ende 1936 der musikalische Teil noch weitgehend von Solisten gestaltet wurde, gab es jetzt eine ganze Reihe von „Szenen aus..." Opern und Operetten. Man zeigte Ausschnitte aus *Die Fledermaus* (27. 12. 1936), Boris Grams Operette *Tatjana* (15. 1. 1937), *Zar und Zimmermann* (17. 1. 1937) von Albert Lortzing, *Die lustigen Weiber von Windsor* (24. 1. 1937), *Figaros Hochzeit* (29. 1. 1937), *Don Pasquale* (31. 1. 1937), *Rigoletto* (7. 2. 1936), *Der Bajazzo* (14. 2. 1937), *Die Entführung aus dem Serail* (14. 3. 1937), *Fidelio* (21. 3. 1937) und *Der Barbier von Sevilla* (2. 5. 1937) mit drei Mitwirkenden.[207]

Ansatzweise und vor allem mit Hilfe des Films gelang es zu Beginn des Jahres 1937, an bestimmten Tagen der Woche Live- und Konserven-Sendungen thematisch stärker zu bündeln und sie mit einem allgemeinen Motto zu überschreiben. Indem man inhaltliche Schwerpunkte setzte – eine Vorgehensweise, die bekanntlich während der Olympiade und zum Parteitag erfolgreich praktiziert worden war – konnte man stärker auf jahreszeitlich bedingte oder politische Ereignisse eingehen, was dem Programm mehr Profil verlieh. Ähnlich wie beim Hörfunk, war beispielsweise das samstägliche Fernsehprogramm von Oktober 1936 an häufig durch ein unterhaltendes Nummernprogramm besetzt, dessen Solisten jeweils angesagt wurden. Von Januar 1937 an faßte man diese unterschiedlich gemischten „Bunten Abende" unter dem Dach eines oft wechselnden Titels zusammen, wie *Buntes Wochenende, Lustiges Wochenende* oder *Buntes Bild zum Wochenende.* Diese Abende reicherte man im Frühjahr mit Zeichnungen des Karikaturisten Kurt Balkie an, der mit seinen Karikaturen Ereignisse der vergangenen Woche kommentierte oder Rezitationen von Hans Sternberg bebilderte (*Moritat auf alt und neu in Gesang und Konterfei*, 17. 4. 1937).[208]

Soweit nachweisbar fanden im Januar zwei ähnlich aufgebaute politische Abende statt. Der eine am 7. 1. 1937 wurde vorwiegend von der Hitler-Jugend gestaltet, dauerte 45 Minuten und bestand aus politischen Gedichten – vorgetragen von dem NS-Schriftsteller und Referenten in der Theaterabteilung des RMVP, Eberhard Wolfgang Möller–,[209] Gesprächen und musikalischen Darbietungen aus dem Studio sowie Filmausschnitte.[210] Die Wiederholung von 21.00 bis 22.00 Uhr zeigte erstmals eine deutlich andere inhaltliche Zusammensetzung als in der Stunde zuvor. Die zweite Sendung (*Adolf-Hitler-Koog*, 20. 1. 1937) beschäftigte sich mit Fragen der Landgewinnung und Landsicherung, wobei Filmaufnahmen (*Sturm über Hallig*) mit Spielszenen auf der Dunkelbühne abwechselten. Am 3. 2. 1937 widmete sich das Fernsehen dann ganz dem Thema Landwirtschaft. Nach dem Kurzspiel *Im Roten Ochsen* von Hans Brennecke brachte man einen eigenen Filmbericht von der 3. Reichsnährstands-Ausstellung in Frankfurt am Main. Ende Februar (20. 2. 1937) konzentrierte sich der Nipkow-Sender auf das „deutsche Automobil". Nach der Wochenschau setzte man die Sendefolge mit „heiteren Szenen um das Auto" fort (*Elly und das Abenteuer*), gefolgt von dem nationalistischen Ufa-Film über die Mercedes-Werke (*Sieg für Deutschland*). Am 24. 2. 1937 gab es schließlich einen süddeutschen Abend mit Ludwig Thomas *Waldfrieden*, eingeleitet durch einen bayerischen Zitherspieler.[211] Noch im gleichen Monat faßte man Liebeslieder, „Norddeutsche Weisen" oder auch Kinderlieder zu mehr oder weniger kompakten Programmblöcken zusammen.

Hingegen standen im März 1937 wieder politisch-militärische Themen stärker im Vordergrund. Ein Abend begann mit dem Marinefilm *Husaren auf See* (über Torpedoboote), danach sang Carl de Vogt im Studio Soldatenlieder zur Laute und schließlich beendete der Kriegsfilm *Im Trommelfeuer der Westfront* die Programmfolge. Wenige Tage später drehte sich alles um die NSDAP. Das Programm enthielt den Streifen *Die ewige Wache. Der 9. November 1935*, der sich auf die Gründung der SS zum Schutz der Parteiführung im November 1925 und die daran erinnernden Feiern zum zehnjährigen Jubiläum am 9. 11. 1935 bezog. Danach sang Carl de Vogt „Kampflieder der Bewegung" und schließlich wurde der Terra-Film *Blutendes Deutschland* gezeigt.[212] Am 12. März 1937 stand erneut die Hitler-Jugend auf dem Programm. Die 40minütige Sendung *Wir rüsten zur Osterfahrt* setzte sich aus Live-Darbietungen mit kurzen Gesprächen und der Vorführung von Ausrüstungsgegenständen für den Zeltbau zusammen, die durch Wanderlieder aus dem Studio umrahmt wurden. Daneben gab es kurze Filmeinspielungen über die märkische und mecklenburgische Landschaft. Der Kulturfilm mußte aufgrund der Länge der Sendung entfallen, die von dem „Jugendfunk-

Redakteur" Günter Greiner angesagt, moderiert und inszeniert wurde. Für das Manuskript zeichnete Reinhold Loebel von der „Rundfunkspielschar" des Deutschlandsenders verantwortlich.[213] Solche Abendprogramme mit thematischen Schwerpunkten zogen sich fortan wie ein roter Faden durch das Programm des Paul-Nipkow-Senders.

Die Reihenfolge der Beiträge sowie die Sendezeiten waren indes keineswegs starr vorgegeben, sondern richteten sich oftmals nach politischen Ereignissen. Anlässlich eines Diskussionsabends des Außenpolitischen Amtes der NSDAP am 14. Mai 1936 wurde das Programm kurzfristig über 22.00 Uhr hinaus verlängert, um den ausländischen Diplomaten noch zu später Stunde praktische Vorführungen bieten zu können.[214] Das Abendprogramm vom 11. April 1937 fand hingegen nur von 20.00 bis 21.00 Uhr statt, da man anschließend reine Tonsendungen (aus Litauen) in die Fernsehstuben übertrug. Daneben gab es gelegentlich Sonderprogramme, die unter Ausschluß der Berliner Öffentlichkeit lediglich für einen begrenzten Zuschauerkreis bestimmt waren. An diesen Tagen schloß man in der Regel nicht nur die Fernsehstuben für das allgemeine Publikum der Reichshauptstadt, sondern änderte auch die Sendezeiten kurzfristig und paßte sich den jeweiligen aktuellen Begebenheiten an. Vom 4. bis 10. März 1937 fand beispielsweise in Berlin eine Tagung des Weltrundfunkvereins statt, an der 120 Abgesandte von Rundfunkgesellschaften aus 39 Ländern nicht nur Europas, sondern auch der assoziierten USA und anderen Kontinenten teilnahmen, die insgesamt rund 230 Millionen Rundfunkhörer repräsentierten.

Für die Teilnehmer sah der NS-Rundfunk nicht nur die Besichtigung von prestigeträchtigen Vorzeigeeinrichtungen wie Volksempfänger-Fabrikation und Autobahnen vor,[215] sondern auch für den 10. März ein 45minütiges Fernsehprogramm (17.15 bis 18.00 Uhr) mit starker internationaler Prägung. Dieses konnte ausschließlich in einem eigens für die ausländischen Gäste eingerichteten Raum sowie in der Großbildstelle im Reichspostministerium empfangen werden. Dabei verzichtete das Fernsehen nicht nur auf die obligatorischen wie einseitigen Kultur- und Spielfilme, sondern gab sich in sechs Live-Beiträgen weltmännisch-offen, ließ Volkslieder in englischer und französischer Sprache vortragen und zeigte zwei Szenen aus der Oper *Zar und Zimmermann*.[216] Vier Tage zuvor erklärte Eugen Hadamovsky auf einem Empfang für den Weltrundfunkverein im Berliner Funkhaus, Deutschland werde in nächster Zeit besonders große Anstrengungen hinsichtlich des Fernsehens unternehmen, das als eine der großen revolutionären Erfindungen angesehen werde und besonders geeignet sei, die Welt zu verändern und ihr ein anderes Gesicht zu geben.[217]

Mit dem Übergang zum täglichen Programmwechsel im Herbst 1936 entwickelte sich eine gewisse Regelmäßigkeit bei der Beschaffung des externen Filmmaterials, das nach wie vor die Fernsehsendungen dominierte. Der Nipkow-Sender zeigte jetzt pro Woche Ausschnitte aus etwa zwei neuen Spielfilmen, die erstmals am 4. Februar 1937 in einer wöchentlichen, etwa fünfminütigen Vorschau dem Publikum avisiert wurden. Im Frühjahr 1937 publizierte die Zeitschrift *Filmtechnik* sieben Leitsätze, die bei der Bearbeitung von Filmmaterial für Fernsehzwecke besonders zu beachten waren.[218]

146

Auffällig ist, daß unmittelbar nach dem täglichen Programmwechsel verstärkt jene Kulturfilme präsentiert wurden, die bisweilen offen NS-Propaganda betrieben (*Waffenträger der Nation*, 21.1.1937). Zuden im Jahr 1936 gezeigten 38 Kultur- und Dokumentarstreifen (bei 168 Wiederholungen) gehörten vor allem auch völkische Filme, in deren Mittelpunkt die nationalistische und rassistische Verbundenheit mit dem „deutschen Boden" stand (*Jagd in Trakehnen*, 5.11.1936). Häufig dienten solche Filme im folgenden auch als „Pausenfüller" zwischen zwei Direktsendungen, um den Umbau der Kulissen zu überbrücken.[219]

Die Ufa stellte dem Nipkow-Sender 1936 erstmals auch eine eigens für die Fernsehauswertung bestimmte Kompilation zur Verfügung: den „Ufa-Fernseh-Querschnitt-Film" *Von deutschem Heldentum*. Unter diesem Titel faßte man Szenen aus vier Spielfilmproduktionen der Jahre 1930 bis 1935 zusammen, im einzelnen aus *Das Flötenkonzert von Sanssouci*, aus *Yorck*, aus *Morgenrot* und aus *Hitlerjunge Quex*. Die im Selbstverständnis der Ufa als „nationale Filme" hergestellten Streifen sollten nicht nur die Niederlage des Reichs im Ersten Weltkrieg vergessen helfen, sondern auch die Opfer- und Kampfbereitschaft der Bevölkerung für das Vaterland stärken.[220] Auch wenn die genauen Sendetermine dieser tendenziösen Film-Kompilation nicht exakt ermittelt werden konnten, dürfte die Ufa-Produktion *Von deutschem Heldentum* 1936 mindestens dreimal im Fernsehen ausgestrahlt worden sein.[221] Da der Rundfunk seit den Olympischen Spielen verstärkt nicht nur auf Ufa-, sondern auch auf Tobis- oder Terra-Produktionen zurückgriff, bahnte sich im Laufe des Jahre 1936 eine allgemeine vertragliche Regelung mit den Filmverleihgesellschaften an, die an anderer Stelle (vgl. Kap. 5.3.) noch ausführlicher erläutert werden soll.

Die eigenen Filmaufnahmen beschränkten sich auch 1936/37 weitestgehend auf kleine Streifen für die rund 15minütige Informationssendung *Aktueller Bildbericht* am Anfang der Programmfolge, deren Hauptbestandteil nach wie vor die Ufa-Tonwoche bildete. Bei seiner Arbeit orientierte sich der Filmtrupp des Fernsehsenders fortan grob an den Hörfunkgroßübertragungen der Sendeleitung, die folgende Ereignisse des auf tausend Jahre angelegten Dritten Reiches erfaßten: den 30. Januar mit dem Marsch der SA durch das Brandenburger Tor, die Gründungsfeier der Partei in München Ende Februar, im März der „Heldengedenktag", den arbeitsfreien 1. Mai, den Geburtstag Adolf Hitlers am 20. April, den Tag der Deutschen Kunst, den Reichsparteitag im September, den Erntedanktag auf dem westfälischen Bückeberg am 1. Oktober, die Eröffnung des Winterhilfswerkes, die Weihnachtsansprache des „Führers" sowie die Silvesteransprache von Propagandaminister Goebbels. Das nach Parteiauffassung wichtigste Ereignis im Feierjahr bildete der 9. November, an dem Hitler und die Crème der NSDAP in München der „Gefallenen" ihres 1923 an der Feldherrnhalle gescheiterten Putsches gedachten. Gespenstischer Höhepunkt des Totenkults war des „Führers" einsamer Gang zu einem der offenen Tempel und sein Verweilen vor den Sarkophagen der 16 „Blutzeugen der Bewegung".[222]

Obwohl der Fernsehtrupp 1936/37 allein schon aus finanziellen Gründen nicht bei allen nationalsozialistischen „Feiertagen" präsent sein konnte, lassen sich doch für diesen

Zeitraum immerhin folgende fernseheigene Filmproduktionen nachweisen: mehrere Sonderberichte vom Parteitag in Nürnberg, darunter die Ansprache Adolf Hitlers, Volkstanz- und Sportvorführung der Hitler-Jugend, eher Hintergründiges über eine Waffenschau der Wehrmacht sowie über die Großküchenwagen des „Hilfszuges Bayern" und die mobile Sanitätsabteilung auf dem Reichsparteitagsgelände. Außerdem Aufnahmen von jenem Massenspektakel speziell für das agrarische Deutschland, dem Erntefest auf dem Bückeberg Anfang Oktober 1936, das ebenfalls mit Reden von Hitler und Goebbels eröffnet wurde (Aufnahmeleitung: Willi Bai; Kamera und Schnitt: Wilhelm Buhler). Hinzu kam eine Sequenz über den in kaiserlicher Tradition begangenen Geburtstag Adolf Hitlers am 20. April 1937 (Aufnahmeleitung: Willi Bai, Waldemar Bublitz; Kamera: Wilhelm Buhler) sowie über den Maifeiertag 1937 (Aufnahmeleitung: Willi Bai; Kamera: Wilhelm Buhler; Schnitt: Waldemar Bublitz). Außerdem gab es einen „Streifzug durch das Lette-Haus, Berlin", Aufnahmen von der „3. Reichsnährstands-Ausstellung" in Frankfurt am Main sowie ein Bericht Hugo Landgrafs über die Stippvisite des Weltrundfunkvereins in Potsdam, der am 10. März 1937 zur Erstsendung kam.[223] Neben diesen nachrichtlichen Beiträgen gab es von Herbst 1936 an auch Filmstreifen, die in unterhaltende Live-Produktionen eingeblendet wurden. Im Laufe des Jahres 1937 stieg der Anteil solcher „gezahnten Sendungen".[224] Filme des Fernsehtrupps, die als eigenständige Sendungen in den Programmankündigungen auftauchten, gab es in geringem Maße jedoch erst von Anfang 1938 an. In der Regel lieferten die RRG-Techniker ihre Aufnahmen bis 18.00 Uhr im Funkhaus ab, so daß diese dann im Abendprogramm nach 20.00 Uhr gesendet werden konnten. Um aber auch Informationen aus dem gesamten Reichsgebiet anbieten zu können (der Filmtrupp fuhr, um einigermaßen aktuell zu sein, ja häufig nur so weit, daß er abends wieder in Berlin war), bestand schon 1936 die Möglichkeit, Pressefotos im Diaformat über den Linsenkranzabtaster in der Rognitzstraße zur Sendung zu bringen.

Wie gesagt, trotz aller Bemühungen, das Fernsehprogramm thematisch zu bündeln und mit eigenen Film- und direkten Beiträgen abwechslungsreicher und aktueller zu gestalten, dominierte im Frühjahr 1937 nach wie vor das externe beschaffte Filmmaterial. Nach Berechnungen von Kurt Wagenführ verteilte sich im Monat März die Sendezeit von annäherungsweise 3.480 Minuten (58 Stunden) auf 29 Tage, weil der Ostersonntag und der Ostermontag (28./29.3.) sendefrei blieben. Die Minutenangaben können aber nicht als absolut feste Werte angesehen werden, weil die Anfangs- und Schlußzeiten einer Sendung im Laufe des Abendprogramms nicht feststellbar sind. Die Inhalte des Fernsehsenders Paul Nipkow bestanden demnach in diesem Zeitabschnitt zu knapp zwei Dritteln aus Zusammenschnitten der Filmgesellschaften (Wochenschau: 25 Prozent, Spiel- und Kulturfilm: 39 Prozent). Hinzu kamen Live-Szenen mit einem Anteil von rund 30 Prozent: Opern und Operetten (8 Prozent), Fernsehkurzspiele (9 Prozent), „Bunte Abende" mit unterhaltendem Charakter (11 Prozent) sowie politische Sendungen, die häufig aus einer Kombination von Studioaufnahmen und Filmeinblendungen bestanden (7 Prozent).[225] Daneben strahlte man auch weiterhin über den UKW-Sender reine Tonbeiträge aus, die 1936/37 im Durchschnitt eine tägliche

Dauer von 4,12 Stunden erreichten und in der Regel vor und nach dem regulären Fernsehprogramm von 17.00 bis 19.30 Uhr und von 22.00 bis 24.00 Uhr über den Sender gingen. Die Reichs-Rundfunk-Gesellschaft ermittelte für den Zeitraum 1. April 1936 bis 31. März 1937 genau 2.382 Radiosendungen, davon kamen 20,3 Prozent vom Deutschlandsender, die fehlenden 79,7 Prozent übernahm man von anderen Reichssendern.[226]

Eine aussagekräftige Programmstatistik über die Bildsendungen erstellte indes der Rundfunk nicht, kam doch das Fernsehen bis zum Frühjahr 1937 über erste primitive Experimente mit der direkten Aufnahmetechnik nicht hinaus. Der Journalist Otto Kappelmayer hielt zwar schon 1936 die parallele Ausstrahlung von „zwei oder vier Fernsehprogramme in absehbarer Zeit" für möglich. Beim momentanen Stand der Entwicklung, so Kappelmayers pessimistisches Resümee, müsse dieser „Traum" jedoch für die nächsten zehn Jahre „in das Reich der Märchen" verwiesen werden.[227] Immerhin setzte sich 1937 unter der Intendanz von Hans-Jürgen Nierentz der Trend zur unmittelbaren Sendung und zur weiteren Systematik im Aufbau der Programme fort, ebenso wie die Versuche mit neuen Sendegattungen.

ANMERKUNGEN

[1] Aktennotiz RMVP über Dienstanweisung für den Fernsehbetrieb, 17.1.1936, BA Potsdam 50.01/676, fol. 67.
[2] Brief Propagandaminister an Postminister, 5.2.1936, ebd., fol. 74.
[3] Brief RRG an RMVP, 29.2.1936, ebd., fol. 81.
[4] vgl. Lipfert, Kurt: Das Fernsehen. Eine allgemeinverständliche Darstellung des neuesten Standes der Fernsehtechnik. München, Berlin 1938, S. 110.
[5] Brief Reichspostminister an Staatssekretär der Reichskanzlei, 12.6.1936, BA Kblz R 43 II/267a.
[6] Aufstellung RMVP über Haushaltsmittel für den Fernsehprogramm-betrieb im Rechnungsjahr 1936, 5.3.1936, BA Kblz R78/2345.
[7] Brief Boese an RRG, 4.5.1936, ebd.
[8] ebd.
[9] Aktennotiz Haushaltsmittel für den Fernsehprogrammbetrieb im Rechnungsjahr 1936, 12.5.1936, BA Kblz R 78/2345.
[10] Entwurf für den Aufbau der Organisation der ‚Programmgestaltung des Paul Nipkow-Senders Berlin' vom Januar 1936, BA Kblz R 78/2345.
[11] Aufgrund der häufigen Abwesenheit Carl Heinz Boeses hielt es Hadamovsky am 28. Februar 1936 für geboten, dem Bürochef der Reichssendeleitung, Ernst Apitzsch, Handlungsvollmacht zu erteilen. Protokoll Nr. 8 über die RRG-Direktionsbesprechung vom 28. Februar 1936, BA Kblz R 55/232, fol. 29.
[12] Briefe Boese an Reichssendeleitung, 29.2.1936, BA Kblz R 78/2345.
[13] Protokoll Nr. 10 über die RRG-Direktionsbesprechung vom 14. März 1936, BA Kblz R 55/232, fol. 67.
[14] vgl. K.W. [d.i. Kurt Wagenführ]: Lore Weth gestorben. In: Fernseh-Informationen 27(1976), 22, S. 514.

[15] Protokoll Nr. 38 über die RRG-Direktionsbesprechung vom 8. Dezember 1936, BA Kblz R 55/232, fol. 222.

[16] Brief Lore Krüger-Weth an Kurt Wagenführ, o.D., NL Wagenführ.

[17] vgl. Lebenslauf Marta Anna Emma Krüger, 16. 2. 1937 (Eingangsstempel Reichsschrifttumskammer), Personalunterlagen Krüger im DC Brl.

[18] Antrag Marta Krüger zur Aufnahme in die Reichsschrifttumskammer, Gruppe Schriftsteller, 12. 3. 1941, ebd.

[19] vgl. Bronnen, Arnolt: Arnolt Bronnen gibt zu Protokoll. Beiträge zur Geschichte des modernen Schriftstellers. Hamburg 1954, S. 309-310.

[20] Eckert, Gerhard: Knaurs Fernsehbuch. München, Zürich 1961, S. 70.

[21] Aktennotiz Haushaltsmittel für den Fernsehprogrammbetrieb im Rechnungsjahr 1936, 12. 5. 1936, BA Kblz R 78/2345.

[22] Aktennotiz RRG über Vertragsverhandlungen mit Arnolt Bronnen, 19. 5. 1936, BA Kblz R 78/26.

[23] vgl. Bronnen, Arnolt: Tage mit Bertolt Brecht. Geschichte einer unvollendeten Freundschaft. Mit einem Vorwort von Klaus Völker. Frankfurt/Main 1990 (1. Aufl. 1976).
Aus Geschäftsgründen paßte Brecht sogar seinen Vornamen dem Namen Bronnens an, der eigentlich Arnold Bronner hieß. Arnolt und Bertolt, die beiden „Fasolte" der deutschen Literatur, wie Karl Kraus in den Zwanzigern spöttisch bemerkte, wurden schnell zu einem Begriff und waren ein vielbelachtes Thema in den Klatschspalten der Boulevardpresse.

[24] vgl. Krüger, Michael: Vom ordnenden Subjekt zur subjektgemäßen Ordnung. Studien zu Arnolt Bronnens Dramen (=Studien zur Deutschen Literatur des 19. und 20. Jahrhunderts, Bd. 9). Frankfurt/Main u.a. 1989.

[25] vgl. Töteberg, Michael: Nachwort. In: Bronnen, Arnolt: Vatermord. Schauspiel in den Fassungen von 1915 und 1922. Herausgegeben von Franz Peschke. Unter Mitarbeit von Isabell Riederer. München 1985, S. 211-219, hier S. 213.

[26] vgl. Leschnitzer, Franz: Arnolt Bronnens Rehabilitierung. In: Internationale Literatur 3(1933/34), 4, S. 157-159.

[27] Vor neuen Kämpfen. In: Arbeiter-Sender 4(1931), 1. Zit. nach Richter, Erich: Entwicklung und Wirken des faschistischen Rundfunks (Teil I): Der Prozeß der Faschisierung im Rundfunk der Weimarer Republik. In: Beiträge zur Geschichte des Rundfunks 2(1968), 3, S. 5-35, hier S. 6.

[28] Zahlungsanweisung RRG an Arnolt Bronnen, 29. 3. 1935, BA Kblz R 78/709.

[29] vgl. Bronnen, Arnolt, Protokoll (wie Anm. 19), S. 258 f.
Am 11. Juni 1932 erließ Reichsinnenminister Wilhelm Freiherr von Gayl auf Weisung Papens die generelle Öffnung des Rundfunks, die den Nationalsozialisten den Zugang zu den Ätherwellen eröffnete.

[30] Zur Rechtfertigungsstrategie Arnolt Bronnens in der Nachkriegszeit vgl. ausführlich Deußen, Christiane: Erinnerung als Rechtfertigung. Autobiographien nach 1945. Gottfried Benn-Hans Carossa-Arnolt Bronnen (=Stauffenburg Colloquium, Bd. 6), Tübingen 1987, S. 141-193.

[31] Bronnen, Arnolt, Protokoll (wie Anm. 19), S. 318.

[32] ebd.

[33] Aus taktischen Überlegungen heraus – und dank der Überredungskünste seiner ersten Frau Olga – war Bronnen aber dem Nationalsozialistischen Kraftfahr-Korps (NSKK) beigetreten.

[34] Wiegenstein, Roland H.: Die Exzesse des Arnolt Bronnen. In: Frankfurter Hefte 9(1954), S. 626.

[35] Bronnen, Arnolt, Protokoll (wie Anm. 19), S. 326.

[36] vgl. Münch, Ursula: Weg und Werk Arnolt Bronnens. Wandlungen seines Denkens (=Europäische Hochschulschriften, Bd. 788), Frankfurt/M. (u.a.) 1985, S. 240.

[37] Bronnen, Arnolt, Protokoll (wie Anm. 19), S. 330.

[38] vgl. Wistrich, Robert: Wer war wer im Dritten Reich. Ein biographisches Lexikon. Frankfurt/Main 1987 (1. Aufl. München 1982), S. 43-44, hier S. 44; mit Hinweisen auf den weiteren Werdegang Arnolt Bronnens, der vereinsamt am 12. Oktober 1959 in Ost-Berlin starb.

[39] FI-Berufsbiografien: Jochen Richert. In: Fernseh-Informationen 29(1978), 11, S. 265.

[40] Aktennotiz Reichssendeleitung, 2. 10. 1934, BA Kblz R 78/708.

[41] vgl. Personalunterlagen Richert im DC Brl.

[42] Carl Heinz Boese hatte ursprünglich den „Parteigenossen, Träger des Goldenen Ehrenzeichens, Tschirschnitz", von der Reichssendeleitung für den Posten vorgesehen, stieß mit dieser Personalentscheidung aber bei Hadamovsky auf taube Ohren.

[43] Protokoll Nr. 19 über die RRG-Direktionssitzung vom 15. Juli 1936, BA Kblz R 55/232, fol. 124.

[44] vgl. Personalunterlagen Grams im DC Brl.

[45] Lebenslauf Boris Grams, 29. 7. 1941, Personalunterlagen Grams im DC Brl.

[46] vgl. ebd.

[47] vgl. auch Koszyk, Kurt: Deutsche Presse 1914-1945. Geschichte der deutschen Presse. Teil III. Berlin 1972, S. 433.

[48] vgl. FI-Berufsbiografien: Heinz Monnier. In: Fernseh-Informationen 29(1978), 9, S. 219.

[49] vgl. Personalunterlagen Monnier im DC Brl.

[50] Gespräch mit Hans-Jürgen Nierentz, 11.12.1991.

[51] Monnier, Heinz: Lebenslauf unter gesonderter Berücksichtigung meiner Tätigkeit beim Fernsehen, Januar 1952, NL Wagenführ.

[52] vgl. Leuchter, Heinz. W.[ilhlem]: Hans-Jürgen Nierentz (=Künder und Kämpfer). München 1937.

[53] vgl. Personalunterlagen Mähnz-Junkers im DC Brl.

[54] vgl. exempl. Bublitz, Hans-Waldemar: Ein kurioser Aufruf des RDR – Arnolt Bronnen kommt zum Fernsehen (4). In: Fernseh-Informationen 29(1978), 20, S. 473-475, insbes. S. 475: „So nach und nach tauchten Menschen auf, die irgendwie von irgendwem zu uns abgeschoben wurden."

[55] Gespräch mit Otto Schulze, 30. 6. 1991; Aktennotiz Haushaltmittel für den Fernsehprogrammbetrieb im Rechnungsjahr 1936, 12. 5. 1936, BA Kblz R 78/2345.

[56] Brief Boese an RRG über Fernsehtrupp, 4.5.1936, ebd.

[57] Gespräch mit Otto Schulze, 30. 6. 1991.

[58] Gespräch mit Günter Greiner, 1. 9. 1991.

[59] Was wiederum Carl Heinz Boese im Februar 1937 zum Anlaß nahm, für den Fernsehsender einen eigenen Dienstwagen zu beantragen, der wenig später auch genehmigt wurde.
Boese an Schönicke, 2. 2. 1937, BA Kblz R 55/539, fol. 161; RRG an RMVP, 16. 2. 1937, ebd., fol. 160.

[60] Gespräch mit Otto Schulze, 30. 6. 1991.

[61] Brief Otto Schulze an Gerhart Goebel, 26. 3. 1986, PA Schulze.

[62] vgl. Architekten- und Ingenieur-Verein Berlin (Hrsg.): Berlin und seine Bauten. Teil X, Bd. B, 4: Post und Fernmeldewesen. Berlin 1987, S. 145.

[63] vgl. G.G. [d.i. Gerhart Goebel]: Das Haus Berlin-Charlottenburg, Rognitz-Str. 8. In: Fernseh-Informationen 37(1986), 9, S. 271-272, hier S. 272; ders.: Vor 50 Jahren: das erste ‚Studio‘ in Berlin. In: Fernseh-Informationen 37(1986), 9,S. 273-274; Brief Otto Schulze an Gerhart Goebel, 26. 3. 1986, PA Schulze.

[64] Brief Gerhart Goebel an Otto Schulze, 7.6.1986, PA Schulze.

[65] Aufzeichnung Droysen über eine Besprechung im RMVP, 20. 12. 1935, BA Potsdam 50.01/676, fol. 20-21.

[66] Entwurf für den Aufbau der Organisation der ‚Programmgestaltung des Paul Nipkow-Sender Berlin‘ vom Januar 1936, BA Kblz R 78/2345.

[67] 1935 gründete die Post zur Erledigung der bis dahin im Referat IV G des RPZ bearbeiteten Fernsehfragen eine besondere Abteilung XIII unter Leitung von OPR Banneitz. In fachlicher Hinsicht unterstand sie unmittelbar dem RPM. Sie umfasste zehn Referate und beschäftigte Anfang 1937 etwa 300 Mitarbeiter. PR Harder war innerhalb der Abteilung vor allem für die Entwicklung fester und fahrbarer Sendeanlagen verantwortlich.
vgl. auch FI-Berufsbiografien: Fritz Harder. In: Fernseh-Informationen 27(1976), 12, S. 283.

[68] Briefe RPM an RPZ und RPD über die Auskundung eines Fernsehhauses, 10. 1. 1936, BA Potsdam 47.01/20818.

[69] ebd.

[70] Aktennotiz RPM über Besprechung vom 17. 12. 1936 betr. Ausbau des Programmbetriebs, 19. 12. 1936, BA Potsdam 47.01/20822.

[71] ebd.

[72] Zum 1. Januar 1937 gründete der Staatssekretär im RPM, Wilhelm Ohnesorge, die Forschungsanstalt der Deutschen Reichspost (RPF). Sie beschäftigte sich mit wissenschaftlichen Aufgaben, die über das Fassungsvermögen des RPZ hinausgingen. Zum Präsidenten der neuen Einrichtung berief der Postminister Friedrich Gladenbeck. Als ein fundamentales Arbeitsgebiet der RPF bezeichnete Ohnesorge das Fernsehen, dessen allgemeine Einführung in Deutschland zum Hauptziel erklärt wurde.

[73] Aktennotiz RPM über Besprechung vom 17. 12. 1936 betr. Ausbau des Programmbetriebs, 19. 12. 1936, BA Potsdam 47.01/20822.

[74] vgl. Das Berliner Fernsehgelände der Zukunft. In: Der Deutsche Rundfunk 16(1938), 12, S. 8.

[75] Besitzstand der DRP und der Reichsdruckerei zum 31. 3. 1939 laut 5. Veränderungsnachweisung, BA Potsdam 47.01/21132, fol. 138; [G.W.]: Neue Fernmeldeanlagen der Reichspost. In: Völkischer Beobachter v. 8. 3. 1938 sowie div. Presseausschnitte im Bestand 62 DAF 3/13726 im BA Potsdam.

[76] vgl. Neue Fernsehanlagen der Deutschen Reichspost. In: Fernsehen und Tonfilm 9(1938), 3, S. 23.

[77] vgl. Augustin, E.[rnst]: Zweite Denkschrift über das Fernsehen. Berlin, Juni 1939, S. 28ff.

[78] Aktennotiz RPM über eine Besprechung zwischen PR Harder und Ministerialrat Flanze am 8 .1. 1937, 10. 1. 1937, BA Potsdam 47.01/20822.

[79] Aktennotiz Droysen über den Fernsehbericht in der Fachzeitschrift *Electrical Engeneering*, 13. 3. 1936, BA Potsdam 50.01/675, fol. 22.

[80] ebd.

[81] vgl. Haut-Parleur, Nr. 532 v. 27.10.1935, S. 581 (deutsche Übersetzung), BA Kblz R 78/760.

[82] Brief RMVP an RRG, 3. 12. 1935, ebd.

[83] Brief RRG an RMVP, 19. 12. 1935, ebd.

[84] Pressemitteilung der Reichssendeleitung, 16. 12. 1935, BA Kblz R 78/760.

[85] vgl. Wgf. [d.i. Kurt Wagenführ]: Übertragung der Olympischen Sommerspiele Berlin 1936. In: Fernseh-Informationen 37(1986), 13, S. 399.

[86] vgl. Zielinski, Siegfried: Audiovisionen. Reinbek bei Hamburg 1989, S. 156-157.

[87] Materialsammlung zur Frühgeschichte des Fernsehens, Hist. Archiv des ZDF.

[88] Das Fernsehen in Deutschland. Télévision en Allmagne. Television in Germany. La Television en Alemania. XI. Olympische Spiele Berlin 1936. Berlin 1936.

[89] vgl. Goebel, Gerhart: Fernsehen bei den XI. Olympischen Spielen. In: Fernsehen 4(1956), 8, S. 432-441, hier S. 433.

[90] Bericht Hadamovsky an RMVP über das Fernsehen bei den Olympischen Spielen, 14. 7. 1936, BA Potsdam 50.01/1049 fol. 2-5, hier fol. 4; und ähnlich Boese an Weinbrenner, 22. 7. 1936, BA Potsdam 50.01/675, fol. 35-36.

[91] Fernsehen bei den Olympischen Spielen. In: Olympia-Pressedienst v. 25. 1. 1936.

[92] Noch am 29. Juli 1936 erklärte PR Höpfner gegenüber dem Propagandaministerium: „Dem von ihnen vorgeschlagenen Wortlaut (...) vermag ich nicht, vor allem nicht für alle Fälle im voraus zuzustimmen, da er der Lage der Verhältnisse nicht gerecht wird. Zum Beispiel sind die Empfangseinrichtungen nicht vom Fernsehsender Paul Nipkow aufgebaut, der zunächst nur einen rein unpersönlichen Begriff darstellt, sondern von der Deutschen Reichspost."
Fernschreiben RPM an RMVP über Presseveröffentlichungen während der Olympiade, BA Potsdam 50.01/1049, fol. 19.

[93] Über die elektronischen Ikonoskop- oder „Bildfänger"-Kameras vgl. W.H.F. [d.i. Walther H. Fitze]: Neues vom Fernsehen. Das Ikonoskop. In: Der Deutsche Rundfunk 11(1933), 38, insbes. S. 64:

„Wenn die Kinderkrankheiten beim Ikonoskop behoben sind, wird es keine Utopie mehr sein, vom wirklichen Fernsehen zu sprechen."

[94] Brief Reichspostminister an Propagandaminister, 7. 2. 1936, BA Kblz R 55/539, fol. 111-112, hier fol. 112.

[95] vgl. Lenz, J. R.: Die große Fernsehsonderschau im Deutschen Museum. In: Fernsehen und Tonfilm 8(1937), 10, S. 77-80, hier S. 80.

[96] vgl. Wacker, [ ]: Unmittelbares Fernsehen für Tausende. In: Bayerische Radio-Zeitung 13(1936), 37, S. 8-9, hier S. 9.

[97] vgl. Goebel, Gerhart: Fernsehen während der XI. Olympischen Spiele in Berlin. In: Fernseh-Informationen 27(1976), S. 264-267 (I); 13, S. 294-296 (II); 14, S. 313-314 (III).

[98] Verwaltungsdirektor RRG an Boese, 21.4.1936, BA Kblz R 78/22, fol. 25.

[99] Über die umfangreiche internationale Berichterstattung des Hörfunks während der Olympiade vgl. Fischer, E.[ugen] Kurt: Der Rundfunk als Volksbildner. In: Material- und Nachrichten-Dienst der Arbeitsgemeinschaft Deutscher Lehrerverbände 11(1960), 97, S. 1-136, hier S. 5.

[100] Wie sich eine solche Fernsehreportage angehört haben muß, läßt sich aus den Formulierungen Otto Willi Gails zumindest erahnen. Er schrieb 1939 über die Aufgaben eines Hörfunkreporters: „Der Sprecher am Mikrofon soll denken, es stünde ein Mann neben ihm und er sei blind; er höre zwar alles, was da vorgeht, könne sich aber aus den Geräuschen allein kein rechtes Bild von der Sache machen. Ja, das ist es – anderen ein ‚Bild machen' – das ist die Aufgabe des Rundfunkberichters: in Worten malen!"
Gail, Otto Willi: Die graue Flasche mit dem Kabel. Zeitfunkfibel. Essen 1939, S. 72.

[101] vgl. Tannenberg, Gerhard: Die neue Aufgabe: Der Fernsehsprecher. In: Funk-Wacht 11(1936), 37, S. 12.

[102] Auszugsweise abgedr. in Olympia-Programm der RRG 1936. In: Fernseh-Informationen 37(1986), 13, S. 400.

[103] Geschäftsbericht RRG 1936/37, BA Kblz R 2/4910.

[104] vgl. Hirsch, Rosemarie: Als die Fernsehbilder das Licht der Welt erblickten herrschte im Studio völlige Finsternis. In: Mannheimer Morgen v. 16. 3. 1985.

[105] Das Bundesarchiv-Filmarchiv in Berlin besitzt einen rund 10minütigen Filmbericht mit dem Arbeitstitel *Streifzug durch das Olympische Dorf Berlin.*

[106] vgl. Bublitz, Hans-Waldemar: Das grosse Abenteuer: Olympische Spiele 1936 im Berliner Fernsehen (8). In: Fernseh-Informationen 30(1979), 1, S. 5-6, hier S. 5.

[107] vgl. Federmann, W.[olfgang]: Fernsehen während der Olympischen Spiele. In: Telefunken-Hausmitteilungen 18(1937), 75, S. 18-23, hier S. 22.

[108] Die Kamerapositionen entsprachen durchaus nicht den Vorstellungen des Fernsehens. Die neue Nachrichtentechnik sollte nicht nur vor den Augen des ‚Führers' verborgen werden, sondern mußte sich letztendlich auch den Wünschen von Leni Riefenstahl beugen, die für den offiziellen Olympiafilm mit ihren Kameras die besten Positionen im Stadion besetzt hielt. Günter Greiner zufolge schnitt man als Antwort auf die Anmaßung der Riefenstahlbei der Fernsehfassung des zweiteiligen Olympiafilmes *Fest der Schönheit* und *Fest der Völker* die einleitenden „Verrenkungen" der Autorin einfach heraus.
Gespräch mit Günther Greiner, 1. 9. 1991; Anmerkungen Wagenführ zu Horst Seifart. In: Fernseh-Informationen 39(1988), 10, S. 289

[109] vgl. exempl. Etappen des Fernsehens. In: Die Sendung 14(1937), 20, S. 469; Deutsche Allgemeine Zeitung v. 6. 8. 1936, Titelseite.

[110] vgl. Miterleben der olympischen Kämpfe am Fernseher. In: Die Sendung 13(1936), 32, S. 946; Fesselloses Olympia-Fernsehen. In: Funk 13(1936), 16, S. 483: „Das deutsche Fernsehen ist (...) von allen Fesseln befreit; als erster Fernseh-Rundfunk in der ganzen Welt konnte es für die unmittelbaren Außen-Übertragungen eingesetzt werden."

[111] Weber, Paul: Entwicklungslinien der Sportberichterstattung in der deutschen Tagespresse. In: Zeitungswissenschaft 11(1936), 7/8, S. 305-311, hier S. 311.

[112] vgl. exempl. Erfahrungsbericht von Walter Bruch über die Olympischen Spiele von 1936. In: Fernsehen 4(1956), 8, S. 441-445.

[113] Aktennotiz RPM, o.D., BA Potsdam 47.01/20819.

[114] Hier irrt Hadamovsky. Die Übertragungen von den Olympischen Spielen bestritt man nur mit drei Aufnahmesystemen: Farnsworth-Bildsondenröhre, Ikonoskop und Zwischenfilmverfahren.

[115] Bericht Hadamovsky an RMVP über die Fernsehberichterstattung bei der Olympiade, 12. 10. 1936, BA Potsdam 50.01/1049, fol. 23-26, hier fol. 24.

[116] Nach dem obligatorischen Rundgang durch die Hallen der Funkausstellung tauchte das Fernsehen erstmals in den Tagebuch-Aufzeichnungen des Propagandaministers auf. Unter dem 29. 8. 1936 notierte Goebbels in typischer Manier: „Rundgang durch die Rundfunkausstellung. Nichts besonderes Neues. Aber das Alte sehr vervollkommnet. Besonders beim Fernsehen, das sehr gute Resultate gezeitigt hat."
Zit. nach Fröhlich, Elke (Hrsg.): Joseph Goebbels. Sämtliche Tagebuch-Fragmente 1924-41. München 1987, Bd. 2, S. 668-669.
Daß auch die wenigen Eintragungen des Propagandaministers über das Fernsehen bis 1941 mit Vorsicht gelesen werden müssen, weil Goebbels ein notorischer Lügner, Verdreher und Schönfärber war und er sein Tagebuch mit Blick auf künftige Generationen verfaßte, versteht sich von selbst.

[117] vgl. Kette, Georg: Die Fernsehschau der Deutschen Reichspost auf der Rundfunk-Ausstellung 1936. In: Fernsehen und Tonfilm 7(1936), 9, S. 65-68, hier S. 65.

[118] vgl. Wagenführ, K.[urt]: Weitere Programmexperimente in Berlin. In: Fernseh-Informationen 31(1980), 18, S. 453.

[119] vgl. exempl. Schwandt, Erich: Monographien der Fernsehempfänger: Telefunken FE IV. In: Funk 13(1936), 6, S. 187-191; ders.: Monographien der Fernsehempfänger: Loewe FEB. In: Funk 13(1936), 16, S. 509-512.

[120] vgl. Kette, Georg: Die Fernsehschau auf der Rundfunk-Ausstellung 1936. In: Fernsehen und Tonfilm 7(1936), 10, S. 73-80.

[121] Bericht Hadamovsky an RMVP über die Fernsehberichterstattung bei der Olympiade, 12. 10. 1936, BA Potsdam 50.01/1049, fol. 25-26.

[122] Zit. nach Fröhlich, Elke, Tagebuch-Fragmente (wie Anm. 118), Bd. 2, S. 732.

[123] ebd., handschriftl. Zusatz vom 17.10.1936, fol. 26.

[124] Bericht Dienstreise PR Harder nach London zum Studium des englischen Fernsehens (4.-9.12.1936), BA Potsdam 47.01/20812.

[125] Man hatte sich auf eigene Filmberichte zu beschränken, die bis spätestens 11.00 Uhr vormittags bei der Nürnberger Zentralstelle der Deutschen Arbeitsfront abgegeben und noch am selben Tag mit einem DAF-Flugzeug in die Reichshauptstadt geflogen wurden, wo sie entwickelt, kopiert, geschnitten und von 18.00 Uhr an im Fernsehen gezeigt wurden.
vgl. Wagenführ, Kurt: Tägliche Fernsehberichterstattung aus Nürnberg. In: Fernseh-Informationen 37(1986), 18, S. 556; Arbeits- und Sendeprogramm der Reichssendeleitung zum Reichsparteitag in Nürnberg 1936, BA Kblz R 78/17, fol. 68-69.

[126] Rohrpostbrief Boese an Flanze, 13. 11. 1936, BA Potsdam 47.01/20818.

[127] Auch die Engländer übertrugen 1936 erstmals ein Fußballspiel live, und zwar die Begegnung Arsenal gegen Everton.

[128] Bericht RPZ an RPM über die Sendung des Fußball-Länderspiels Deutschland gegen Italien, 22.12.1936, BA Potsdam 47.01/20818.

[129] Der Name des Reporters ist leider nirgends festgehalten.

[130] vgl. Vandenheede, Bernard: Das entscheidende Tor war nur zu hören. In: Süddeutsche Zeitung v. 13. 11. 1986, S. 41.

[131] Aktennotiz über den Artikel Football Match televised in *World-Radio*, Nr. 591 v. 20. 11. 1936, o.D., BA Potsdam 47.01/20818.

[132] Anordnung RPM an RPZ und RPD betr. Freilicht-Fernsehübertragungen, 1. 12. 1936, BA Potsdam 47.01/20818.

[133] vgl. Zwei neue Fernsehsender für Deutschland. Versuche auf dem Brocken und Feldberg i. Taunus erfolgreich abgeschlossen. In: Fernsehen und Tonfilm 7(1936), 6, S. 47.

[134] vgl. Götze, []: Der Fernsehsender auf dem Brocken. In: Die Deutsche Post 63(1939), 15, S. 446-448, hier S. 448.

[135] Austellung RPZ über die Gesamtkosten des Fernsehsenders Feldberg, 8. 7. 1942, BA Potsdam 47.01/20865.

[136] vgl. Heister, Hans S.[iebert] von: Fernsehen für alle. In: Der Deutsche Rundfunk 15(1937), 44, S. 8.

[137] vgl. Bau neuer Fernsehsender in Deutschland. In: Das Archiv 4(1937/38), II, S. 927.

[138] Bericht Banneitz an RPF über Tonbildsender in München und Nürnberg, 18. 12. 1937, BA Potsdam 47.01/20818.

[139] RPD Nürnberg an Reichspostminister, 20. 4. 1938, ebd.

[140] Über die Grundlagen der Fernsehkabeltechnik vgl. Gandtner, V.: Über Fernsehzwischenverstärker. Mitteilung aus dem Zentrallaboratorium des Wernerwerks der Siemens&Halske A.G. In: Telegraphen-, Fernsprech-, Funk- und Fernseh-Technik 27(1937), 2, S. 37-40.

[141] Ohnesorge, Wilhelm: Geleitwort. In: Gladenbeck, Friedrich (Hrsg.): Jahrbuch des elektrischen Fernmeldewesens 1941/42. Berlin-Friedenau 1943, S. 12.

[142] Brief Gerhart Goebel an Kurt Wagenführ, 29. 11. 1976, NL Wagenführ.

[143] vgl. Der Fernseh-Sprechverkehr Berlin-Leipzig eröffnet. In: Fernsehen und Tonfilm 7(1936), 3, S. 17-19; Regelmäßiger Fernsehsprechdienst Berlin-Leipzig. In: Fernsehen und Tonfilm 7(1936), 6, S. 47.
Das Interesse der Bevölkerung am Fernseh-Sprechdienst, „der Möglichkeit des gegenseitigen Sehens bei einem Telefongespräch", nahm bis zu seiner endgültigen Einstellung 1940 mehr und mehrab. Die Post versuchte diese rückläufige Tendenz auszugleichen, indem sie später auch interne Dienstgespräche zuließ, was zuvor strengstens verboten war. Über die Gebührenordnung, den Nachweis der geführten „Fernsehgespräche" sowie die Entwicklung eines Formularwesens geben rund 360 Aktenstücke im Bestand 47.01/20826 des BA Potsdam Auskunft.

[144] Aktennotiz Dreßler-Andreß über den Fernseh-Sprechdienst der DRP, BA Potsdam 50.01/675, fol. 16.

[145] vgl. Ring, F.[riedrich]: Eröffnung der Fernsehsprechverbindung Berlin-München. In: Fernsehen und Tonfilm 9(1938), 8, S. 58-59.

[146] Hadamovsky an Rundfunkabteilung im RMVP, 23. 11. 1936, BA Potsdam 50.01/676, fol. 65-66.

[147] vgl. München sieht fern. In: Münchener Stadtzeitung v. 13. 11. 1936; Fuchs, Franz: Das Fernsehen. München 1937, S. 5.

[148] RPD Frankfurt/Main an RPM, 11.8.1939, BA Potsdam 47.01/20822.

[149] vgl. Lennertz, []: Fernmeldetechnische Aufgaben der Deutschen Reichspost in der Ostmark. In: Die Deutsche Post 63(1939), S. 1047-1052, hier S. 1051; und div. Presseausschnitte im Bestand 62 DAF 3/13733 des BA Potsdam.

[150] RPM an RPD Leipzig über die Einrichtung öffentlicher Fernsehstellen in Leipzig, 13. 7. 1936, BA Potsdam 47.01/20818.

[151] Ministerialdirektor Gieß an Propagandaminister Goebbels, 13. 7. 1936, BA Potsdam 50.01/675, fol. 32.

[152] Ministerialrat Demann an Ohnesorge, 13. 7. 1936, BA Potsdam 50.01/675.

[153] Bericht RPD Leipzig an RPM über die Einrichtung von Fernsehstellen in Leipzig, 9. 9. 1936, BA Potsdam 47.01/20818.

[154] ebd.

[155] Eilbrief RPM an RPD Leipzig, 1. 12. 1936, ebd.

[156] Boese an Hadamovsky, 27. 2. 1936, BA Kblz R 78/2345.

[157] Eilbrief Boese an Hadamovsky, 2. 4. 1936, ebd.

[158] Gauleitung Groß-Berlin an RSL, 6. 4. 1936, ebd.

[159] Aktennotiz über RRG-Direktionsbeschluß zur Finanzierung der Fernsehstuben, 22. 4. 1936, ebd.

[160] Bericht Hadamovsky an RMVP über den Zustand der DRP-Fernsehstellen, 18. 2. 1936, BA Potsdam 50.01/675, fol. 12-14, hier fol. 13.

[161] ebd., handschriftl. Zusatz, fol. 12.

[162] Boese an RMVP, 7. 7. 1936, BA Potsdam 50.01/675, fol. 33-34.

[163] Eine zweite Großbildstelle mit 294 Plätzen richtete die Post bereits im Herbst 1935 im Postamt NW 27 (Turmstraße, Ecke Lübecker Straße) ein, wobei die Bildfläche durch ein Zwischenfilm-Projektionsgerät auf 3 mal 4 m vergrößert wurde. Dieses „Fernsehtheater" war ebenfalls während der Olympiade für das Publikum geöffnet und muß zu den bereits im Betrieb befindlichen elf Fernsehstellen hinzugerechnet werden.

[164] Geschäftsbericht RRG 1936/37, BA Kblz R 2/4910.

[165] vgl. exempl. Miterleben der olympischen Kämpfe am Fernseher. In: Der Deutsche Rundfunk 14(1936), 32, S. 8-9; Fernsehen bei den Olympischen Spielen 1936. Unmittelbare Übertragungen von den Sportkämpfen. In: Fernsehen und Tonfilm 7(1936), 8, S. 57-59.

[166] Allerdings berichtete die Post später über „unangenehme Nebenerscheinungen" in den Fernseh-stuben des Rundfunks. Es sollen plombierte Telefonapparate, die ausschließlich für Postbeamte installiert worden waren, von Besuchern entplombt und für Stadtgespräche benutzt worden sein.

[167] RRG an RMVP, 15. 8. 1936, BA Potsdam 50.01/675, fol. 49.

[168] RPZ an RPM, 1. 10. 1936, BA Potsdam 47.01/20818.

[169] Hadamovsky an Rundfunkabteilung im RMVP, 19. 8. 1936, BA Potsdam 50.01/675, fol. 51-52, hier fol. 51.

[170] RPM-Ministerialrat Gieß an RMVP, 27. 8. 1936, ebd., fol. 54.

[171] Boese an Gau-Propagandaamt der NSDAP Berlin, 29. 8. 1936, ebd., fol. 56-57, hier fol. 56.

[172] ebd., fol. 56.

[173] RPM an RMVP, 12. 9. 1936, ebd., fol. 58.

[174] Zit. nach Arndt, Ino: Antisemitismus und Judenverfolgung. In: Broszat, Martin; Möller, Horst (Hrsg.): Das Dritte Reich. Herrschaftsstruktur und Geschichte (=Beck'sche Schwarze Reihe, Bd. 280). München 1986 (1. Aufl. 1983), S. 209-230, hier S. 219.

[175] Hadamovsky an RPZ, 2. 12. 1936, BA Potsdam 47.01/20822.

[176] Bericht RPD Berlin an RPM über die Teilnahme jüdischer Bürger an Fernsehsendungen, 19. 2. 1937, ebd.

[177] ebd.

[178] RPD Berlin an RPM, 10. 5. 1937, ebd.

[179] Bericht RPD Berlin an RPM über den Betrieb der Fernsehstellen, 9. 9. 1936, BA Potsdam 47.01/20818.

[180] Fernseh AG an RPZ zur Garantiefrage bei Fernsehempfängern, 10. 10. 1936, BA Potsdam 47.01/20822.

[181] Hadamovsky an Rundfunkabteilung im RMVP, 23. 10. 1936, BA Potsdam 50.01/675, fol. 62.

[182] Boese an RPZ, 23. 10. 1936, ebd., fol. 63.

[183] RMVP an RPM, 27. 11. 1936, BA Potsdam 47.01/20822.

[184] RPM an RMVP, 14. 12. 1936, BA Potsdam 50.01/675, fol. 68.

[185] Bublitz, Hans Waldemar: Es begann in der Dunkelkammer. In: ARD Fernsehspiel 2(1978), 4, S. 18-31, hier S. 19-20.

[186] vgl. Programmausdruck 9.-15. Februar 1936. In: Die Sendung 13(1936), 6, S. 162.

[187] vgl. Programmausdruck in *Sieben Tage* v. 23. 6. 1936.

[188] vgl. Wagenführ, Kurt: Namen und Daten der ersten Mitwirkenden im Fernsehen 1936. In: Fernseh-Informationen 29(1978), 22, S. 521-522, hier S. 521.

[189] RRG-Honorarabrechnung vom 29. 1. 1936, BA Kblz R 78/2345.

[190] Boese an RRG-Programmverwaltung, 26. 4. 1936, ebd.

[191] Honorar pro Abend.

[192] Zusammengestellt nach den RRG-Honorarabrechnungen, 29. 1.-9. 3. 1936, BA Kblz R 78/2345.

[193] vgl. Schw. [d.i. Erich Schwandt]: ‚Hier ist der Paul-Nipkow-Sender, Berlin...‘. Ständiger Programmbetrieb des Berliner Fernsehsenders. In: Funk 13(1936), 3, S. 69-70, hier S. 70.

[194] Boese an RPZ, 13. 8. 1936, BA Potsdam 50.01/675, fol. 46.

[195] ebd.

[196] vgl. Bublitz, Hans Waldemar: Die Entwicklung des Fernsehprogrammbetriebes der Reichs-Rundfunk-Gesellschaft von 1935 bis 1939. Hamburg o.J., S. 4-6.

[197] Boese an RMVP, 13. 8. 1936, BA Potsdam 50.01/675, fol. 45.

[198] vgl. Die Fernsehanlagen der Baird-Gesellschaft. In: Fernsehen und Tonfilm 7(1936), 5, S. 37.

[199] vgl. Wechselprogramm des Fernsehsenders. In: Die Sendung 13(1936), 42, S. 1236.

[200] vgl. Neue Möglichkeiten im direkten Fernsehen. In: RRG-Mitteilungen 1936/I, Nr. 502, Bl. 11.

[201] vgl. Bublitz, Hans-Waldemar: Neue Menschen – Neue Möglichkeiten (9). In: Fernseh-Informationen 30(1979), 2, S. 41-42, hier S. 42.

[202] Delonge, C.[läre]: Plauderei über das Preisausschreiben: ‚Wer schreibt die beste WHW-Hörszene?‘. In: Der deutsche Schriftsteller 2(1937), 3, S. 59-60, hier S. 59.

[203] vgl. [Helgö.]: Erika im Schwalbennest. Operette im Fernseh-Rundfunk. In: Die Sendung 14(1937), 17, S. 390.

[204] Vorhang auf im Fernsehsender. In: Berlin hört und sieht, Jg. 1937, 15, S. 3.

[205] Wgf. [d.i. Kurt Wagenführ]: Der Funkbeobachter. In: Deutsche Radio-Illustrierte 6(1937), 17, S. 8, 10, hier S. 8.

[206] Hoeppener-Flatow, W.: Fernsehen – wie es wurde. In: Die Sendung 16(1939), 30, S. 675.

[207] Nach einer Aufstellung von Kurt Wagenführ, o.D., NL Wagenführ.

[208] vgl. Kurt Balkie – der Zeichner des NS-Funk – zeichnet im Fernsehsender Paul Nipkow. In: NS-Funk 5(1937), 24, S. 3.

[209] vgl. Möller, Eberhard Wolfgang: Das Theater als Verkünder deutschen Geistes. In: Wille und Macht v. 15. 6. 1938, S. 4-5; Wanderscheck, Hermann: Gespräch mit E. W. Möller. In: Deutsche Theater-Zeitung v. 25. 7. 1937.
Eberhard Wolfgang Möller, der Dichter des Thingspiels *Frankenburger Würfelspiel*, wurde 1935 mit dem Dichterstaatspreis ausgezeichnet. Später schrieb er – zusammen mit Ludwig Metzger und Veit Harlan – das Drehbuch zu dem Propagandafilm *Jud Süß*.

[210] vgl. Materialsammlung zur Frühgeschichte des Fernsehens, Hist. Archiv des ZDF.

[211] vgl. Wagenführ, Kurt; A.B. [d.i. Andrea Brunnen]: Februar 1937 im Fernsehsender Berlin. In: Fernseh-Informationen 38(1987), 2, S. 63-64, hier S. 64.

[212] vgl. ebd.

[213] vgl. Greiner, Günter: ‚Wir rüsten zur Osterfahrt‘. Eine Jugendsendung im Berliner Fernsehen im März 1937. In: Fernseh-Informationen 38(1987), 4, S. 126.

[214] vgl. Staatssekretär Dr. Ohnesorge führt deutsches Fernsehen vor. In: Fernsehen und Tonfilm 7(1936), 5, S. 36.

[215] RRG-Programmvorschläge anläßlich des Kongresses des Weltrundfunkvereins in Berlin, o.D., BA Kblz R 55/539, fol. 243.

[216] vgl. Wagenführ, Kurt: UIR-Tagung in Berlin im März 1937. In: Fernseh-Informationen 38(1987), 4, S. 125-126, hier S. 125.

[217] vgl. Tagung des Weltrundfunkvereins in Berlin. In: Das Archiv 3(1936/37), II, S. 1762-1763, hier S. 1763.

[218] vgl. Fernsehen: Leitsätze zur Filmqualität bei Fernsehübertragungen. In: Filmtechnik 13(1937), 3, S. 57-58.

[219] vgl. Hickethier, Knut: Die Welt ferngesehen. Dokumentarische Sendungen im frühen Fernsehen. In: Heller, Heinz-B.; Zimmermann, Peter (Hrsg.): Bilderwelten — Weltbilder. Dokumentarfilm und Fernsehen (=Aufblende. Schriften zum Film, Bd. 2). Marburg 1990, S. 23-48, hier S. 27-28; mit zahlreichen weiteren Filmtiteln und Sendedaten.

[220] vgl. Kahlenberg, Friedrich P.: ‚Von deutschem Heldentum‘. Eine Film-Kompilation für das Fernsehen aus dem Jahre 1936. In: Mitteilungen des Studienkreises Rundfunk und Geschichte 5(1979), 1, S. 21-27 (identisch: Uricchio, William (Hrsg.): Die Anfänge des Deutschen Fernsehens. Tübingen 1991, S. 143-152.)

[221] vgl. Wagenführ, Kurt: Zum Fernsehfilm 1936: ‚Vom Deutschen [sic!] Heldentum‘. In: Fernseh-Informationen 30(1979), 6, S. 146.

[222] Zum „NS-Feierjahr" vgl. ausführlich Schmeer, Karlheinz: Die Regie des öffentlichen Lebens im Dritten Reich. München 1956, S. 68 ff.; Boese, Carl Heinz: Politische Großübertragungen – Dienst an der Nation. In: Weinbrenner, Hans-Joachim (Hrsg.): Handbuch des Deutschen Rundfunks 1938. Heidelberg, Berlin 1938, S. 86-90.

[223] Zusammengestellt nach den Beständen des BA-FA Brl.

[224] Fürs Fernseh-Auge gefilmt. Was sind ‚gezahnte‘ Sendungen? In: Berliner Lokal-Anzeiger v. 20.1.1938: „Direkte Fernseh- und vorbereitete Filmübertragungen greifen ineinander wie die Zähne eines Räderwerkes."

[225] vgl. Wagenführ, Kurt: März 1937 – eine Programmstatistik. In: Fernseh-Informationen 38(1987), 5, S. 155.

[226] Geschäftsbericht RRG 1936/37, BA Kblz R 2/4910.

[227] Kappelmayer, Otto: Fernsehen von heute. Die Vorgänge beim Fernsehen. Berlin 1936, S. 10.

5. KONSOLIDIERUNG UND AUSBAU (1937-1939)

5.1. Gestörter Kommunikationsfluß
Hans-Jürgen Nierentz – der erste Intendant

Schon im Oktober 1936 dachte man hinter vorgehaltener Hand über die Notwendigkeit eines eigenen, den Leitern der Reichssender gleichgestellten Fernseh-Intendanten nach, wobei verschiedene Namen im Gespräch waren, zum Beispiel Adolf Raskin, Intendant des Reichssenders Saarbrücken,[1] oder der Fernsehmitarbeiter Arnolt Bronnen. Solche Überlegungen blieben aber in diesem frühen Stadium bloße Gedankenspielereien, vor allem weil der NS-Rundfunk mit der organisatorischen Aufwertung des Fernsehsenders eine stärkere Konkurrenz zum Radio befürchtete.[2] So äußerte der Rundfunkreferent Hans-Joachim Weinbrenner am 20. November gegenüber Goebbels die Vermutung, mit der Bestellung eines eigenen Intendanten erwachse notgedrungen eine starke Rivalität zwischen Hörfunk und Fernsehen. Da sich auf diese Weise beide Medien ostentativ voneinander abgrenzten, „wird die Entwicklung des Fernsehens zwangsläufig auf filmähnliches Schaffen abgedrängt".[3] Es sei daher zweckmäßig, die Organisation des Fernsehens im Rahmen des Rundfunks aufzubauen und künftig jedem Rundfunk-Intendanten zwei Sendeleiter beizuordnen, einen wie bisher für das „akustische Rundfunkschaffen" und einen für das „optische Rundfunkschaffen". Weinbrenner schlug deshalb seinem Minister vor, Carl Heinz Boese zum Sendeleiter des Fernsehen zu berufen und ihn zugleich dem „kulturpolitischen Direktor der RRG" anzugliedern.[4]

Doch dazu kam es nicht mehr. Als sich im Frühjahr 1937 im Rahmen der Umorganisation der Rundfunkführung die Entmachtung des Reichssendeleiters Hadamovsky ankündigte, bedeutete dies auch das Ende von Boeses Zuständigkeit für das Fernsehen. Die von Goebbels am 19. März verkündete Neuordnung in der politischen und administrativen Spitze des Rundfunks galt der Abteilung Rundfunk des RMVP, verschiedenen Sendeanstalten sowie der Spitzengliederung der Reichs-Rundfunk-Gesellschaft. Neben diverser personeller Umbesetzungen schuf der Propagandaminister die neue Position eines „Reichsintendanten des Deutschen Rundfunks", dessen künftige Aufgabe es vor allem war, eine Kontrollfunktion über die Intendanten der einzelnen Sendeanstalten auszuüben. Hinzu kam das Amt eines Generaldirektors der RRG, dem nun die drei Direktoren für Sendung, Verwaltung und Technik direkt unterstellt waren. Beide Aufgaben übertrug Goebbels in Personalunion dem bisherigen Leiter des Reichssenders Köln, Heinrich Glasmeier.[5] Mit dieser organisatorischen Vereinheitlichung und Zentralisierung der Rundfunkspitze setzte der zuständige Minister nicht nur das Führerprinzip in der Reichs-Rundfunk-Gesellschaft durch.[6] Die Ernennung Glasmeiers geschah nicht zuletzt mit Blick auf das Ausland und im Bestreben, den Rundfunk in der Phase der Kriegsvorbereitung als „nationales Kulturgut" eines „friedliebenden Deutschland" erscheinen zu lassen.[7]

Die Berufung Glasmeiers in die Zentrale der Reichs-Rundfunk-Gesellschaft bedeutete für Hadamovsky, der zu diesem Zeitpunkt politisch bereits schwer angeschlagen war,[8] den größten Verlust an angemaßtem Einfluß. Sein Stellvertreter verlor zugleich die Leitung des Fernsehens, denn der Nipkow-Sender sollte jetzt aus der unmittelbaren Zuständigkeit der Reichssendeleitung herausgenommen werden, einen eigenen Intendanten erhalten und damit den anderen Reichssendern des Rundfunks gleichgestellt werden.[9] In den gut zwei Jahren seiner Arbeit als Programmleiter verlieh Boese der Entwicklung des neuen Mediums unter den gegebenen personellen, technischen und finanziellen Bedingungen keine wesentlichen Impulse. Sein Hauptaugenmerk galt den Rundfunkübertragungen von Großveranstaltungen, deren Umfang im Laufe der Jahre immer stärker zugenommen hatte. Bei wichtigen Entscheidungen für den Nipkow-Sender glänzte er zumeist durch Abwesenheit. Es mag jedoch bezweifelt werden, ob der stellvertretende Sendeleiter als hauptamtlich Verantwortlicher mehr für das Fernsehen erreicht hätte ohne eine echte konstruktive Unterstützung durch seine vorgesetzten Stellen. So blieb ihm häufig nichts anderes übrig, als mit punktuellen Maßnahmen und rührigen „Bittgesuchen" an die Reichs-Rundfunk-Gesellschaft das Erreichte auf niedrigem Niveau zu konservieren und damit zumindest einen Rückschritt in der Entwicklung zu verhindern. Nach außen kaschierte er seine begrenzten Möglichkeiten mit dem Hinweis auf den Versuchscharakter des Mediums, dessen technische Restriktionen eine raschere Entwicklung unmöglich mache.[10]

Von 1937 an konzentrierte sich Boeses Tätigkeit noch stärker als bisher auf die politischen Großübertragungen mit Adolf Hitler. Im März 1938 gehörte er beispielsweise zum Stab jener Techniker, Sendeleiter, Intendanten und Reporter der RRG, die den „Führer" nach Österreich zur Feier des „Anschlusses" begleiteten. Für seinen „Rundfunkeinsatz" in den Tagen des Einmarsches der deutschen Wehrmacht verlieh man ihm später die sogenannte „Ostmark-Medaille". Hingegen erwarb er sich bei jenen österreichischen Rundfunkmitarbeitern, die der Annektion durch Hitler-Deutschland skeptisch gegenüberstanden, den wenig schmeichelhaften Namen „Invasions-Boese".[11] Im September 1939 ging Carl Heinz Boese, der sich inzwischen auch mit dem Titel Intendant schmücken durfte,[12] nach Danzig, um dort den Einsatz des Rundfunks für die „Befreiung Danzigs" zu koordinieren. Diese Tätigkeit behielt er, mit kurzen Unterbrechungen, die ihn wieder nach Berlin führten,[13] bis zum Spätherbst 1941 bei, als er im November auf einer Dienstreise mit dem Auto tödlich verunglückte.[14] In seiner Gedenkrede bezeichnete ihn Hadamovsky posthum als einen „allzeit treuen Diener" und „Kämpfer Adolf Hitlers". Boeses Tätigkeit beim Fernsehen blieb jedoch unerwähnt.[15]

Als sein Nachfolger wurde im Frühjahr 1937 der 27jährige Hans-Jürgen Nierentz zum ersten Fernseh-Intendanten ernannt.[16] Der Sohn eines Mittelschullehrers wurde am 15. September 1909 in Posen geboren, absolvierte nach dem Schulbesuch in Berlin eine kaufmännische Ausbildung (1927-29) und machte gleichzeitig mit ersten kleinen Publikationen in der Berliner Presse auf seine journalistischen und schriftstellerischen Ambitionen aufmerksam. 1929/30 schloß er ein Grafik-Studium an der Städtischen Kunstgewerbeschule in Berlin-Charlottenburg ab und trat am 1. November 1930 als

Mitglied Nr. 348 118 der NSDAP bei. Gut ein Jahr später, 1931, nachdem er sich in der Zwischenzeit mit kleineren Versen, Prosa-Stücken und Reportagen über Gerichts-verhandlungen sein täglich Brot verdient hatte, trat er als Reporter in das vom damaligen Reichspropagandaleiter Goebbels herausgegebene Organ *Der Angriff* ein.[17] Damit begann sein schneller Aufstieg innerhalb der NS-Hierarchie. Im Februar 1932 über-nahm er die kulturpolitische Schriftleitung des *Angriff.* Daneben machte er sich einen Namen als junger Hörspiel-Autor und Dichter der „nationalsozialistischen Bewegung" (*Flieg, deutsche Fahne, flieg!*). Seine Funkdichtung *Symphonie der Arbeit*[18] wurde am symbolträchtigen 1. Mai 1933 über alle deutschen Rundfunksender ausgestrahlt. Damit gelang Nierentz ein Erfolg, den er mit *Wir bauen eine Straße* (5. 8. 1933; zusammen mit Peter Hagen [d.i. Willi Krause]), einem Hörspiel um den freiwilligen Arbeitsdienst, und *Der Segen der Bauernschaft*[19] (1. 10. 1933), das zur „bedeutendsten Dichtung des Erntedanktages" erklärt wurde, fortsetzen konnte; letzteres wurde wiederum über alle deutschen Sender ausgestrahlt. Mit weiteren Stücken wie *Weg ins Wunder* und *Tod, Trommel, Fanfare* (1. 2. 1934) zählte Nierentz rasch zu jenen vielbeachteten Autoren, die insbesondere das chorische Hörspiel pflegten, eine schon vorher erprobte Form, die man nach 1933 vor allem an den nationalsozialistischen Feiertagen als Weihespiele oder Kantate einsetzte.[20]

Während somit der junge Dichter von der NS-Presse in den höchsten Tönen ge-feiert wurde, wechselte Nierentz von der Zeitung zum Rundfunk. Anfang 1934 avan-cierte er im Alter von 24 Jahren zum Abteilungsleiter „Kunst und Weltanschauung" im Reichssender Berlin, eine Position, die er aber nur wenige Monate bekleidete. Schon mit Wirkung vom 1. Januar 1935 berief ihn Goebbels zum Stellvertreter des Reichsfilm-dramaturgen Willi Krause, einem ehemaligen Schriftleiter des *Angriff* und Co-Autor bei Nierentz' zweitem Hörspiel.[21] Sechzehn Monate später, am 1. April 1936, designierte Nierentz schließlich zu Krauses Nachfolger. Seine Aufgaben als neuer Reichs-filmdramaturg ergaben sich aus Paragraph 2 des Lichtspielgesetzes vom 1. März 1934. Sie bestanden hauptsächlich darin, die Filmindustrie in allen wichtigen Fragen der Film-herstellung zu beraten, die ihm vorzulegenden Manuskripte und Drehbücher zu prüfen „und rechtzeitig zu verhindern, daß Stoffe behandelt werden, die dem Geist der Zeit zuwiderlaufen".[22]

Diesen Anspruch konnte Nierentz, zumindest nachweisbar in einem Fall, nicht erfüllen. Die Anfang 1936 uraufgeführte Pallas-Film-Produktion *Fährmann Maria* (Drehbuch: Hans-Jürgen Nierentz und Frank Wysbar, der auch Regie führte) erhielt zwar das Prädikat „künstlerisch wertvoll, volksbildend" und wurde von der Presse allge-mein als Vorstoß in filmkünstlerisches Neuland gelobt. Ein Kritiker des NS-Organs *Volk und Rasse* schrieb jedoch: „Es ist (...) umso bedauerlicher, daß der Film rassehygienischen Forderungen keinesfalls standhalten kann."[23] Dieser Vorfall dürfte Nierentz in seinem Entschluß bestärkt haben, auf die neu geschaffene Position eines Fernseh-Intendanten auszuweichen – trotz des einflußreichen Amtes als Reichsfilmdramaturg und trotz der spöttischen Kommentare seiner Filmkollegen, die er sich mit dem Wechsel zum „belächelten Fernsehen" einhandelte.[24] Es ist durchaus denkbar, daß Goebbels später in seinem Tagebuch auf diesen Fehltritt von Nierentz anspielte. Die Eintragung vom 13. April 1937 deutet zumindest an, daß mit Nierentz ein Mann der zweiten Wahl zum Intendanten des Nipkow-Senders ernannt wurde, dessen Karriere ihren Höhepunkt bereits überschritten hatte und folgerichtig Goebbels nicht gewillt war, seine fähigsten Köpfe dem neuen Medium zu überlassen:

7. April 1937: „Ich will Nierentz zum Fernsehsender geben und den neuen Reichs-filmdramaturgen direkt ins Ministerbüro nehmen."[25]

13. April 1937: „Höchste Zeit, daß die Stelle des Reichsfilmdramaturgen neu besetzt wird. Nierentz ist eine Niete."[26]

Seine erste Begegnung mit dem Fernsehen hatte der so gescholtene Nierentz Anfang April 1937, als ihn Heinz Wilhelm Leuchter, ein ehemaliger Kollege vom *Angriff*, der inzwischen beim neuen Medium gelandet war, zu einer Fernsehsendung einlud. In der Fernsehstube des Berliner Funkhauses verfolgte er am 4. April 1937 zusammen mit Leuchter, Bronnen und einigen anderen Programmmitarbeitern die Ausstrahlung der Kurzoperette *Erika im Schwalbennest*. Von der technischen wie dramaturgischen Quali-tät dieser Produktion dürfte Nierentz ziemlich enttäuscht gewesen sein, denn später hat er seine Eindrücke einmal so zusammengefaßt: „Und nun geisterte ein Singspiel (...) über den Bildschirm, und das tat mir weh. Nein, sagte ich mir, so dürftig sollte auch un-ter den gegebenen Versuchs-Verhältnissen eine solche Sendung nicht sein. Meine Gast-geber aber strahlten mich an und fragten: ‚Na?' Ich nickte freundlich und sagte: ‚Ja.' Und ging traurig von dannen."[27]

So sehr er auch anfangs über das Niveau der Sendung erschrocken war, die Erinnerung daran ließ ihn offenbar nicht mehr los. In den nächsten Tagen verglich er immer wieder die Möglichkeiten des Fernsehens mit dem Film und signalisierte schließlich Staatssekretär Walther Funk sein Einverständnis, den Posten zu übernehmen. Nur wenige Tage nach der öffentlichen Fernsehvorführung im Funkhaus, am 7. April 1937, war für Goebbels die Ernennung von Nierentz beschlossene Sache, und er sprach ihm gleichzeitig seine Anerkennung für die geleisteten Dienste als Reichsfilmdramaturg aus.[28] Am 12. April segnete auch der neue Generaldirektor Glasmeier diese Personal-entscheidung ab, die zum 1. Mai 1937 in Kraft trat.[29] Mitteilungen an die Presse wurden zunächst zurückgehalten.[30]

Am 29. April erhielt der designierte Intendant von der Reichs-Rundfunk-Ge-sellschaft einen Dienstvertrag mit einjähriger Kündigungsfrist. Neben einer Auf-wandsentschädigung in Höhe von 100 Reichsmark (gezahlt bis zum 1. 12. 1939), bezog Nierentz zunächst ein monatliches Gehalt von 900 Reichsmark, das zum 1. Mai 1938, wahrscheinlich nach Ablauf der einjährigen Bewährungsfrist, auf 1000 Reichsmark auf-gestockt wurde.[31] Damit war Nierentz erwartungsgemäß nicht nur Spitzenverdiener beim Fernsehen, er stand auch finanziell auf gleicher Ebene mit den Intendanten der anderen Reichssender.[32] Lediglich der Dramaturg Arnolt Bronnen erhielt ein Pauschalhonorar in derselben Höhe. Diese für damalige Verhältnisse enorme Summe sah die Besoldungsordnung der Reichs-Rundfunk-Gesellschaft nur für jene künstlerischen Mitarbeiter vor, die sich durch ihre Leistungen und Fähigkeiten besonders ausgezeichnet hatten.[33]

Die Berufung eines eigenen Intendanten wertete die Fachpresse als den Beginn eines neuen Abschnitts für die Entwicklung des Fernsehens.[34] Die Aufgaben von Nierentz („Programm, Verwaltung, einschließlich Finanzen") waren gemäß der RRG-Geschäftsordnung klar umrissen und deckten sich, mit Ausnahme der Zuständigkeit für die Studiotechnik, im wesentlichen mit denen der anderen Reichssender. Der neue Amtsinhaber vertrat den Nipkow-Sender nach außen und unterstand unmittelbar dem Reichsintendanten und RRG-Generaldirektor.[35] Im Rahmen des ihm zugeteilten Etats konnte er selbständig wirtschaften. Lediglich die Festsetzung von Honoraren und Gehältern, die eine Grenze von 600 Reichsmark überschritten, bedurften Glasmeiers Zustimmung.[36] Seine Abberufung (bzw. Ernennung) erfolgte durch den Minister für Volksaufklärung und Propaganda auf Vorschlag des Reichsintendanten.[37]

Gleichwohl gestaltete sich Nierentz' Arbeit im Sender keineswegs so harmonisch, wie man es nach der Papierform hätte erwarten können. Wenngleich der neue Intendant in seiner gut zweijährigen Amtsperiode einige Erfolge nachweisen konnte und zumindest Perspektiven aufzeigte für spätere Einsatzmöglichkeiten des Fernsehens, blieb sein Verhältnis zu Glasmeier unterkühlt und erschöpfte sich weitgehend in gegenseitiger Ignoranz. Der neue Generaldirektor ließ sich in der Ära Nierentz (und wohl auch darüber hinaus) kein einziges Mal beim Fernsehen blicken. Er stand dem neuen Medium eher skeptisch gegenüber und nutzte die wenigen Zusammenkünfte mit Nierentz, um vor allem dessen journalistische Ambitionen in geregelte Bahnen zu lenken.[38] Zudem fand der junge Amtsinhaber in Adolf Raskin[39] einen „geborenen Rundfunkmann mit großer Allgemeinbildung und hervorragenden musikalischen Kenntnissen"[40] vor, der bisweilen unmittelbar in organisatorische und programmliche Belange des Fernsehens eingriff und vor allem die finanziellen Zusagen von Nierentz an neue Mitarbeiter als zu großzügig empfand. Raskin wurde im März 1937 nicht, wie allgemein erwartet, zum ersten Intendanten des Fernsehens bestellt, sondern von Saarbrücken in die Berliner Zentrale der Reichs-Rundfunk-Gesellschaft berufen, wo man ihn mit der für das Regime wichtigeren Liquidierung des österreichischen Rundfunks beauftragte. Daneben fungierte er aber auch als „Kommissar des Reichsintendanten für Fernseh-Angelegenheiten".[41] In dieser Funktion agierte Raskin, nicht selten hinter dem Rücken von Nierentz, als Glasmeiers verlängerter Arm im Fernsehsender.

Hinzu kam, daß sich im weiteren Verlauf die Alkoholprobleme von Hans-Jürgen Nierentz zusehens verschärften, ebenso wie persönliche Intrigen des Intendanten mit seinen Mitarbeitern, die ihn im nachhinein als ungezogen, haltlos und borniert bezeichneten (Arnolt Bronnen). Bereits 1938 war Nierentz, der einmal sogar selbst vor der Kamera stand,[42] im Fernsehsender völlig isoliert. Die Mitarbeiterin Hildegard Kruspe drückte dies später recht anschaulich aus: „Der Intendant saß auf einer Insel, die ein tiefer Wassergraben umgab. Das hat natürlich das, was man heute unter ,Teamwork' versteht, bezw. einen normalen Arbeitsablauf, bei dem jeder gewisse Kompetenzen hatte, von vornherein ausgeschlossen."[43]

Die Querelen um den Sendeleiter Willi Bai im Frühsommer 1939 brachten schließlich das Faß zum Überlaufen. Als Bai, bekanntlich eine „Altlast" aus der Boese-Ära, die auch weiterhin fleißig bei Übertragungen der Sendeleitung eingesetzt wurde,[44] nach einer Dienstreise längere Zeit abwesend war, verfügte Nierentz seine Entlassung, um daraufhin Julius Jacobi zum neuen Sendeleiter zu ernennen, dessen Versetzung vom Reichssender Hamburg er kurze Zeit zuvor durchgesetzt hatte.[45] Doch Glasmeier verfolgte inzwischen längst andere Pläne, die er hinter dem Rücken von Nierentz auch konsequent durchsetzte. Als dieser nach einem Urlaub Ende Juni 1939 wieder seinen Dienst antreten wollte, fand er folgenden Aushang von Dr. Herbert Engler im Fernsehsender vor:

An alle Angestellten des Fernsehsenders.

Der Herr Reichsintendant des Deutschen Rundfunks hat mich unter dem 12. Juni 1939 zum Oberspielleiter des Fernsehsenders Berlin ernannt.
Für die Dauer des Urlaubs des Herrn Intendanten des Fernsehsenders übernehme ich laut Auftrag des Herrn Reichsintendanten die Vertretung.
Zeichnungsberechtigt ist in meiner Abwesenheit Herr Augustin und, wie es bisher im Rahmen der Arbeiten des Fernsehsenders üblich gewesen ist, Herr Grams.

gez. Dr. Engler
Oberspielleiter[46]

Während der neue Oberspielleiter in den folgenden Wochen unverhohlen die Nachfolge von Nierentz anstrebte, gab dieser endgültig auf. Obwohl sich Anfang Juli Goebbels' zweiter Staatssekretär, Werner Naumann, telefonisch mit ihm in Verbindung setzte und anfragte, „ob sich der Doktor einschalten soll",[47] konnte und wollte Nierentz unter den gegebenen Verhältnissen seine Arbeit beim Fernsehen nicht länger fortsetzen. Zum 14. Juli 1939 schied er deshalb aus[48] und wurde, so die offizielle Version ein halbes Jahr später, „zur Bearbeitung besonderer literarischer Aufgaben in die Reichs-Rundfunk-Gesellschaft berufen".[49] De facto war er aber seit August 1939 Soldat und ging 1941 als Sonderführer zur Propagandakompanie bei den Soldatensendern in Belgrad und Athen. Nachdem er aus gesundheitlichen Gründen von der Wehrmacht befreit worden war, arbeitete er schließlich bis Kriegsende als PK-Berichter beim Reichsarbeitsdienst (RAD). Seine Tätigkeit beim Fernsehen – die er immer unter künstlerischen Gesichtspunkten betrachtete, denn Organisieren und Verwalten lagen ihm nicht besonders – faßte Nierentz Anfang 1939 einmal so zusammen: „Vor zwei Jahren [bei seinem Amtsantritt im Frühjahr 1937, K.W.] stellte sich die gestalterische Seite des deutschen Fernsehens noch als ‚Programmbetrieb' vor. Mit der Einsetzung eines Intendanten wurde dieser

,Betrieb' ein Sender. Aus den tastenden Versuchen erwuchs die Planung, aus der Planung entstand die Sendefolge."[50]

5.2. Verzögerungen
Der Umzug ins Deutschlandhaus

Die Reichspost legte Wert darauf, den Anfang 1937 beschlossenen Umzug in ein größeres Studio mit Hochdruck voranzutreiben, da die Räumlichkeiten in der Rognitzstraße den Anforderungen längst nicht mehr genügten und dort die Leistungsfähigkeit des Linsenkranzabtasters bei weitem nicht voll ausgenutzt werden konnte. Nachdem Fritz Harder vom Zentralamt am 8. Januar den Vorschlag unterbreitet hatte, leerstehende Räume im Deutschlandhaus am Adolf-Hitler-Platz 7-11 für das Fernsehen anzumieten, ließen die Vertragsverhandlungen mit dem „Eigentümer" nicht lange auf sich warten. Der für die damalige Zeit moderne, sechsgeschossige Stahlskelettbau, ganz in der Nähe des Rundfunkhauses und des Funkturmes in Charlottenburg gelegen, unterstand seit der Machtübernahme der Zwangsverwaltung der Bayerischen Hypotheken- und Wechselbank. Ende der zwanziger Jahre (1928/30) entstand das Gebäude nach einem Entwurf des Architekten Professor Heinrich Straumer[51] im Auftrag des jüdischen Bauunternehmers Heinrich Mendelsohn als Teil der südlichen Randbebauung des Adolf-Hitler-Platzes.[52] Das Deutschlandhaus enthielt einen ursprünglich als Tanzcafé genutzten Raum mit nahezu kreisförmigem Grundriß, ein Kino, ein Hotel sowie etliche Läden und Büroräume, war also zuvor für Einrichtungen des Rundfunks nicht genutzt worden. Die Reichspost beabsichtigte indes, den kreisförmigen Raum in der Mitte des Erdgeschosses als künftiges Hauptstudio zu wählen, der ohne die umlaufende Galerie eine Größe von rund 300 qm einnahm.[53]

Unter diesen Voraussetzungen nahmen Harder sowie der Oberpostdirektor der RPD Berlin, Hoffmann, Mitte Januar 1937 erste Gespräche mit dem Zwangsverwalter der Hypotheken- und Wechselbank, Curt Schlegelberger, auf, die schon am 19. Januar in eine förmliche Offerte Schlegelbergers an die Post mündeten. Darin erklärte sich dieser prinzipiell bereit, die entsprechenden Räumlichkeiten sowie einen etwa 50 qm großen Kellerraum zum monatlichen Mietpreis von 1.666,66 RM der Post zur Verfügung zu stellen. Gleichzeitig verpflichtete sich Schlegelberger, bis zum endgültigen Vertragsabschluß die Durchführung diverser Vorarbeiten auf eigene Rechnung zu veranlassen, wie den Einbau von sanitären Anlagen, die Instandsetzung des Fußbodens und die Abdichtung bestimmter Fenster mit Sperrholzplatten.[54] Nach Fertigstellung dieser Arbeiten kam es schließlich im März 1937 zum Abschluß eines Kontraktes, der zunächst auf ein Jahr festgelegt wurde und von den beiden Parteien mit sechsmonatiger Frist gekündigt werden konnte. Erfolgte jedoch keine Kündigung zu diesem Termin, so die gegenseitige Vereinbarung, lief der Vertrag auf unbestimmte Zeit weiter. Außerdem verpflichtete sich die Post, in ausreichendem Maße Lärmschutzvorrichtungen zu treffen, um eine Störung der anderen Mieter des Gebäudes zu vermeiden. Sollte die Reichspost beabsichtigen, an der Fassade des Deutschlandhauses eine auf den Fernsehbetrieb hinweisende „Reklame" anzubringen, so war man an die Zustimmung des Zwangsverwalters gebunden.[55]

Im Sommer leitete das Reichspost-Zentralamt vorbereitende Umbaumaßnahmen sowie die anschließende technische Einrichtung der neuen „Fernsehaufnahmestelle"[56] in die Wege. Da jedoch ein das Gesamtprojekt umfassender Bauanschlag den Abschluß des Vorhabens erheblich verzögert hätte, weil sich inzwischen die Lage am Rohstoffmarkt deutlich verschlechtert hatte und zudem Fachkräfte nur noch schwer erhältlich waren, legte Banneitz seinem Ministerium Teilbauanschläge Zug um Zug vor, um damit eine größere Flexibilität bei der Vergabe der Arbeiten an Fremdfirmen zu gewährleisten. Den ersten Teilbauanschlag für das Deutschlandhaus in Höhe von 201.800 RM genehmigte das Postministerium Anfang Juni 1937.[57]

Zu diesem Zeitpunkt stand für die Post längst außer Zweifel, daß ein künftiger allgemeiner „Fernsehrundfunk" hochzeilig, das heißt mit einer über 400 Zeilen liegenden Norm eingeführt werden sollte. Nach dem 375-Zeilen-Intermezzo auf der Funkausstellung 1936 hatte sich die Industrie inzwischen längst auf 441-Zeilen-Übertragungen eingestellt. Damit war man in etwa bei der Auflösungsqualität des 16mm-Schmalfilms angelangt und hatte somit dieselbe Reproduktionsgüte wie das Heimkino erreicht. Wilhelm Ohnesorge, seit Februar Reichspostminister, erklärte am 15. Juli 1937 die 441-Zeilen-Technik (bei 25 Bildwechseln in der Sekunde) zur „endgültigen" deutschen Fernsehnorm.[58] Damit ziehe man unter die mehr als zehnjährige Fernsehforschung einen gewissen Schlußstrich, schrieben später die beiden Postbeamte Günter Flanze und August Gehrts im *Jahrbuch des elektrischen Fernmeldewesens*.[59] Daß die Post eine Norm gewählt hatte, die bewußt über der Großbritanniens lag (405 Zeilen), verschwiegen Flanze und Gehrts freilich. Nach postinternen Planungen sollte sie bis 1946 Bestand haben, um anschließend durch das 1029-Zeilen-Bild ersetzt zu werden.[60]

Zur faktischen Einführung der neuen Norm kam es aber erst im November 1938 mit der Inbetriebnahme des Deutschlandhauses sowie eines entsprechenden Senders im Turm des benachbarten Amerikahauses. Bis dahin nutzten Post und Rundfunk die beiden Funkausstellungen 1937 und 1938 als Experimentierfeld, um dem Publikum die Perspektiven der neuen Norm sowie die Möglichkeiten der elektronischen Kameras näherzubringen. Die beträchtlichen Verzögerungen und Umstellungsschwierigkeiten hinter den Kulissen blieben den interessierten Besuchern verborgen. So zeigte die Industrie auf der Funkausstellung 1937 ausschließlich Geräte, die nach der neuen Norm und dem Zeilensprungverfahren arbeiteten.[61] Außerdem demonstrierte man im großen Stil jene verbesserten „Bildfänger"-Kameras, die man noch im Jahr zuvor eher zurückhaltend vorführte. Setzte sich das Ausstellungsprogramm des Fernsehens 1936 größtenteils aus Filmen zusammen, so erlebte der Besucher jetzt „zum erstenmal den pausenlosen Wechsel" von unmittelbaren Darbietungen.[62] Auf der Bühne des Nipkow-Senders produzierten fernseherfahrene Künstler (der Lautenspieler Carl de Vogt, die Saxophonistin Ingrid Larsen, die Sopranistin Inge Vesten, Maria Neuß mit der Violine oder Ingeborg von Kusserow mit Tanzvorführungen) ein mehrstündiges, zumeist von dem

166

Schauspieler Wilhelm Ehlers angesagtes Sonderprogramm unter der künstlerischen Leitung des neuen Chefregisseurs Leopold Hainisch. Die Programme wurden mit drei Elektronenkameras aufgenommen und täglich von 11.00 bis 12.30 Uhr, von 15.00 bis 16.00 Uhr und von 18.00 bis 19.30 Uhr übertragen. Aus dem Garten rund um den Funkturm übertrug man „lichtstarke Bilder", die „selbst bei strömenden Regen noch alle Einzelheiten erkennen ließen".[63] Auch Telefunken präsentierte wieder – unter dem Motto „Fernsehen im Jahre 2000" – ein eigenes Programm. Die elektronische Aufnahmetechnik in „gleißendem Licht" bescherte dem Fernsehen einmal mehr wohlklingende Schlagzeilen. Erst jetzt habe der Mitwirkende die Möglichkeit, sein Können auf hohem künstlerischen Niveau zu entfalten, bemerkte Bernhard Eck im *Völkischen Beobachter*. Er fügte allerdings kritisch hinzu, die Produktionsbedingungen des Fernsehens ähnelten mehr und mehr denen eines Filmateliers, und ein „arteigener" Fernsehstil sei nach wie vor nicht zu erkennen.[64]

Wenngleich das deutsche Fernsehprojekt – mit großzügiger Unterstützung der Filmgesellschaften[65] – auch auf der Pariser Weltausstellung 1937 Achtungserfolge erzielte,[66] blieb dies ohne nennenswerten Einfluß auf die Weiterentwicklung des praktischen Dienstes. Nach langem Hin und Her konnte die Post schließlich erst im September 1937 mit den Umbauarbeiten im Charlottenburger Deutschlandhaus beginnen, die freilich länger dauerten als erwartet und sich auch negativ auf den Programmbetrieb in der Rognitzstraße auswirkten. Von dem Ziel, elektronische Kameras, die es endlich ermöglichen sollten, bei Licht zu arbeiten, für den Programmbetrieb einzusetzen, war man somit noch meilenweit entfernt. Intendant Hans-Jürgen Nierentz beschwerte sich im Januar 1938 über den schleppenden Fortgang. In der Rundfunkzeitschrift *Die Sendung* äußerte er gegenüber Christine Großmann den Verdacht, die Post verweigere dem Projekt die nötigen Finanzspritzen.[67]

Das Kapitel Rognitzstraße gehörte jedoch zum Zeitpunkt des Nierentz-Interviews längst der Vergangenheit an. Im Herbst 1937 hatten nämlich der Intendant (der später mehrfach aus seiner Befriedigung keinen Hehl machte, bereits nach gut einem halben Jahr seiner Amtszeit dem „extremen Schmieren-Dasein"[68] entronnen zu sein) und die Post beschlossen, den Programmbetrieb aus der Rognitzstraße abzubrechen. Noch während der Bauarbeiten im Deutschlandhaus, die schließlich erst im März 1938 beendet waren,[69] begann die Post zum 1. November 1937, den in Paris preisgekrönten Linsenkranzabtaster aus dem Fernsehlabor des Reichspost-Zentralamtes in einen der bereits fertiggestellten Nebenräume am Adolf-Hitler-Platz zu verlegen.[70] Diesen vorzeitigen Umzug begründete die Forschungsanstalt Ende September 1937 so: „Um das Personal rechtzeitig an den neuen Geräten ausbilden und die Räume in der Rognitzstraße freimachen zu können, soll der Linsenkranzabtaster für Film und Bühne im Deutschlandhaus behelfsmäßig für die Übergangszeit aufgebaut werden."[71]

Während also nebenan, in dem künftigen kreisrunden Hauptstudio und den angrenzenden Regieräumen, im Spätherbst 1937 mit dem Einbau der technischen Geräte für das 441-Zeilen-Bild, der Positionierung und dem Aufbau der Studiodekorationen sowie der Erprobung der elektronischen Ikonoskop-Kameras begonnen wurde, lief in der Übergangsphase der reguläre Programmbetrieb wie gewohnt nach der alten 180-Zeilen-Technik weiter.[72] Zunächst stand also dem Fernsehteam im Deutschlandhaus nur ein dunkles Studio für unmittelbare Sendungen zur Verfügung, wobei allerdings aufgrund technischer Verbesserungen an dem Linsenkranzabtaster der Bildausschnitt weiter vergrößert werden konnte.[73] Auch der Aufbau des Senderaumes änderte sich nun zwangsläufig. Das Neue daran war, daß es jetzt – im Gegensatz zur Rognitzstraße – eine kleine, rechteckige „Bühne" gab, bestehend aus einer zum statischen Abtastgerät hin geneigten, schiefen Ebene, die oben in einem planen Podium endete. Mit dieser rund 8 qm großen, nach hinten breit auslaufenden Holzrampe, die der RRG-Oberingenieur Ernst Augustin entwickelte und realisierte,[74] konnten sich maximal fünf bis sechs Personen gleichzeitig auf der schrägen Spielfläche bewegen, ohne mit dem Kopf aus dem Bild zu geraten.[75] Um sich unter diesen nach wie vor äußerst beengten Bedingungen im Dunkeln besser orientieren zu können, brachte man am teppichweichen Boden dünne Querleisten an. Seitwärts führten später Stufen zu dieser Rampe hinauf, die ebenfalls mit einem Vorhang versehen wurde, um den Eindruck einer Bühne zu verstärken.[76]

Vor ihrem Auftritt mußten sich nun die Künstler einige Zeit in einem „Dunkel-gewöhnungsraum" aufhalten, der mit einem fahlen, bläulich schimmernden Licht erhellt und von der Bühne durch eine „Dunkelschleuse" getrennt war. Während der Spielpausen stand den Akteuren ein „normal beleuchteter" Aufenthaltsraum zur Verfügung. Ein eigener „Fernsehfriseur" sowie ein „Schminkmeister" sorgten jetzt für die fachmännische Herrichtung der „Masken und Perücken".[77] Neben der Dunkel-bühne – von dieser durch einen zwar lichtdichten, aber schalldurchlässigen schweren Vorhang abgeschlossen – befand sich ein besonderer „Musikraum", der einem kleinen Orchester Platz bot. In einem Regieraum schließlich hielt sich der Regisseur des Rundfunks auf.[78]

In dem behelfsmäßigen Studio begann man am 13. Dezember 1937 mit der Ausstrahlung von direkten Programmen über den UKW-Sender Witzleben, nachdem in einer kurzen Übergangsphase ausschließlich Filme gezeigt worden waren.[79] Die beschriebenen Produktionsbedingungen galten bis zur endgültigen Inbetriebnahme des hell-ausgeleuchteten Rundstudios im November 1938. Zahlreiche Anekdoten und Geschichten sind aus dieser Phase des „Fernsehens mit Schnürboden"[80] überliefert: Darsteller vergaßen mitten in der Sendung ihren Text oder verschwanden unfreiwillig aus dem Bild, weil sie sich in der Dunkelheit über die beiden begrenzenden Mar-kierungsleisten bewegten und daraufhin – zumeist auf unsanfte Weise – von Mitarbei-tern wieder „ins Bild" gerückt werden mußten.[81]

Um die räumliche Enge sowie die Unbeweglichkeit des Aufnahmegeräts zu über-spielen, arbeitete man mit 19 verschiedenen Hintergrund-Prospekten, die mit Hilfe von „Kulissenzügen" gewechselt werden konnten und somit in begrenztem Maße Va-riationsmöglichkeiten boten. Die Illusion von Bewegung erzielte man durch den Wechsel der drei Aufnahmemöglichkeiten Totale, Halbtotale und Naheinstellung. So zeigte man bei der Übertragung von Tanz- oder Instrumentaleinlagen Details in der Halbtotalen (Händepaare oder das entsprechende Instrument), blendete dann auf die

Köpfe der jeweiligen Darsteller über und zeigte schließlich in der Totalen den oder die Darsteller in voller Lebensgröße.[82] Wie sich dabei der einzelne Akteur auf der nach vorn geneigten Holzrampe zu verhalten hatte, beschrieb Hans-Jürgen Nierentz später einmal so: „Ganz vorn, dicht vor dem ‚Loch in der Wand‘ [gemeint ist das Aufnahmegerät, K.W.], konnte man sich setzen und war an dieser Stelle in Großaufnahme. Ganz oben aber – also auf der ebenen Fläche – war man in der Totale. Man konnte somit von der Totale – die weit größer war als in der Rognitzstraße – nach und nach in die Großaufnahme schreiten."[83]

Obwohl ein Teil der neuen Fernsehaufnahmetechnik schon im März 1938 betriebsbereit war und daraufhin die Presse vorschnell ihren praktischen Einsatz für das Frühjahr ankündigte,[84] verzögerte sich die Aufnahme des 441-Zeilen-Betriebs auf unbestimmte Zeit. Während eines ersten Probedurchlaufs am 16. Juli 1938 mußten die Verantwortlichen erkennen, welch große Schwierigkeiten bis zur Inbetriebnahme des neuen Studios im Deutschlandhaus noch zu überwinden waren. Um die bunt zusammengewürfelte Aufnahme- und Studiotechnik der beiden konkurrierenden Unternehmen Telefunken und Fernseh AG betriebsfähig zu machen, war nicht nur eine Unmenge Personal zu ihrer Bedienung und Wartung erforderlich. Es entstand auch von vornherein eine äußerst komplizierte und störanfällige Anlage.[85]

Neben Defiziten bei der Beleuchtungsanlage konnten die für den alten 180-Zeilen-Betrieb angefertigten Dekorationen und Requisiten nicht mehr verwendet werden. Außerdem, so hieß es nach der Probesendung vom 16. Juli, müsse man nun für jene Fernsehspiele, die übernommen werden sollten, „Drehbücher" beschaffen, da künftig jegliche Improvisation unmöglich wäre. Die beteiligten Techniker kamen schließlich überein, bei der nächsten Zusammenkunft zumindest einen Probenablaufplan auszuarbeiten, „damit der ganze Apparat systematisch eingefahren werden kann".[86]

Ein solcher Probebetrieb, dessen Beginn nunmehr – zur Funkausstellung – auf den 5. August 1938 verschoben wurde, konnte allerdings auch zu diesem Zeitpunkt noch nicht beginnen. Das ursprünglich zum Start des hochzeiligen Dienstes vorgesehene, revueartige Fernsehspiel *Endstation Berlin* aus dem Deutschlandhaus – das später auf der Fernsehbühne der Funkausstellung inszeniert wurde[87] – mußte deshalb von Intendant Nierentz aus Zeitgründen kurzfristig aus dem Programm genommen werden. Nachdem ihm von seiten der Post für diese erste Übertragung mit 441 Zeilen eine genügend lange Vorbereitungs- und Anlaufzeit von drei Wochen zugebilligt worden war, schrumpfte diese Zeitspanne schließlich nach vielerlei Verzögerungen technischer Art auf wenige Tage zusammen. Am 4. August beschwerte sich Nierentz bei Post-Ministerialrat Günter Flanze: „In diesen wenigen Tagen war es (...) nicht im entferntesten möglich, die Versuche und die Proben anzustellen, die notwendig wären, um eine einwandfreie Sendung zu garantieren. Es ist mir bis zum heutigen Tage nicht möglich gewesen, ein einziges Mal 2 Bildfänger gleichzeitig laufen zu lassen. Infolgedessen sind bisher Überblendungen usw. nicht geprobt. Die Verbindung über Mikrofon auf Kopfhörer vom Regieraum (Mischpult) zu den Kameramännern ist ebenfalls bis heute nicht hergestellt worden. – Diese Verbindung stellt eine der wesentlichsten Voraussetzungen für einen glatten Ablauf der

Sendung dar. (...) Ich stelle also fest, dass man von mir verlangt, eine Aufführung über den Sender gehen zu lassen, ohne dass auch nur einmal die Zusammenarbeit zwischen beiden Kameras, dem technischen und künstlerischen Personal und den Künstlern erprobt worden wäre. Ich habe aus diesem Grunde die Sendung abgesetzt und werde statt dessen Filme senden lassen. Ich mache darauf aufmerksam, dass die Sendung lediglich aus technischen Gründen abgesetzt werden musste, weil trotz wiederholter Versprechungen die primitivsten Voraussetzungen nicht geschaffen worden sind. (...) Von Programmseite [sic!] her war die Sendung einwandfrei vorbereitet und sendereif."[88]

Der Öffentlichkeit hingegen kündigte Nierentz pathetisch den auf der Funkausstellung 1938 veranstalteten Schaubetrieb als Beginn des „offiziellen" Probebetriebs an, als „Startschuß, der die neue Etappe schwerer, schöner Pionierarbeit einleitet".[89] Nie zuvor räumte man dem Fernsehen auf der Großveranstaltung unter dem Funkturm soviel Raum ein wie 1938, und der Schriftleiter der Fachzeitschrift *Fernsehen und Tonfilm*, Friedrich Ring, bezeichnete es bereits als schöne Tradition, die Leistungsschau der deutschen Fernsehindustrie mit den neuesten Programmdarbietungen des Nipkow-Senders zu koppeln.[90] Erich Schwandt, der fernsehinteressierte Rundfunkjournalist, stellte fest, das Fernsehen sei inzwischen zur funktionierenden Betriebstechnik geworden und habe die Laboratoriumsphase endgültig überwunden.[91] Hingegen rückte der Berliner Korrespondent des *Westdeutschen Beobachters* die verbesserten Empfänger in den Mittelpunkt seines Vorberichts von der Funkausstellung. Er schrieb, im Vergleich zum Vorjahr seien die nach wie vor unverkäuflichen Geräte kleiner, leichter und einfacher in der Bedienung, ihre Bildqualität nach der Norm-Umstellung klarer und schärfer geworden. Wenn man das Tempo der Entwicklung beibehalten könne, faßte der Journalist zusammen, werde das Fernsehen bald ebenso selbstverständlich in Deutschland sein wie der Hörfunk.[92]

Post und Rundfunk führten unter dem Funkturm den Besuchern erstmals Aufbau und Funktionsweise eines vollelektronischen Studios vor, wie es in diesen Tagen und Wochen im Deutschlandhaus unter größten Schwierigkeiten vorbereitet wurde. Dabei legte man besonderen Wert auf Transparenz, denn sämtliche technischen Arbeitsvorgänge vor und hinter der Aufnahmebühne sowie Szenen- und Kulissenwechsel konnten von gleichzeitig etwa 80 Zuschauern offen eingesehen werden. Hier wollte man demonstrieren, was das Publikum in den Fernsehstuben erwartet, wenn im hell erleuchteten Studio gearbeitet wurde, wenn mehrere Bühnen gleichzeitig zur Verfügung standen und das Bild mit 441 Zeilen eine neue Brillanz erreichen würde.[93] Im Mittelpunkt des täglichen Sonderprogramms, bestehend aus Live-Darbietungen, Aufnahmen u.a. aus einem Musterlager der Hitler-Jugend an der Südseite der Halle II und Filmeinblendungen aus dem Studio, stand die Revue *Endstation Berlin*.[94]

Intendant Nierentz ließ am 4. August infolge des verpatzten 441-Zeilen-Starts durchblicken, er werde künftig jede Sendung rigoros absetzen, wenn die technischen Voraussetzungen nicht gegeben seien.[95] Diese Drohung machte er schon am ersten Tag der Funkausstellung wahr. Allerdings weniger aus Verärgerung über die vermeintliche Unfähigkeit der Posttechniker, sondern weil er sich durch den Lärm von den angrenzenden Firmenständen gestört fühlte. Am späten Nachmittag des 5. August, gegen 18.10 Uhr, sah er sich gezwungen, die dreimal täglich live inszenierte Fernsehrevue vorzeitig abzubrechen. Gegenüber der Berliner Ausstellungs-, Fremdenverkehrs- und Messegesellschaft beschwerte er sich noch am selben Tag: „Die Lautsprecher der Firmen machten einen derartigen Lärm, dass meine Mitwirkenden auf der Bühne Mühe hatten, sich gegenseitig zu verstehen. Ich kann von den Künstlern nicht verlangen, gegen zwanzig wildgewordene Lautsprecher anzusingen. (...) Ich erklärte den zahlreich anwesenden Zuschauern, dass ich die Revue abbreche, weil der Lärm ein Weiterspielen unmöglich mache. Diese Erklärung wurde vom Publikum mit Zustimmung aufgenommen."[96]

Die Wochen nach der Funkausstellung nutzte der Nipkow-Sender, um die diffizile Studiotechnik nach den jüngsten Erfahrungen des Ausstellungsbetriebs zu vervollkommnen und das Personal auf seine neuen Aufgaben vorzubereiten. Obwohl die Techniker von Post und Industrie fieberhaft arbeiteten, mussten sie auch den nächsten, von der Presse offiziell angekündigten Termin (1. 10. 1938) für den Beginn des 441-Zeilen-Betriebs verstreichen lassen. Als Begründung ließ das Reichspostministerium später verbreiten, der Start sei durch „die Heranziehung der Deutschen Reichspost zu wichtigen Staatsaufgaben anderer Art verzögert worden".[97] Diese Version war nicht einmal aus der Luft gegriffen, denn im Zuge eines sich immer stärker abzeichnenden Krieges war wohl jedem klar, was man unter „wichtigen Staatsaufgaben" zu verstehen hatte. Hinzu kam, daß die Fernsehindustrie wegen der prekären Lage auf dem Rohstoffmarkt die Lieferfristen nicht mehr pünktlich einhalten konnte. Nachdem die Post bereits am 15. August 1937 bei Telefunken zwei UKW-Sender für die neue 441-Zeilen-Norm bestellt hatte, konnten diese erst im Spätherbst 1938 in Betrieb genommen werden. Die beiden Sender für Bild und Ton waren jetzt nicht mehr auf dem Ausstellungsgelände in Berlin-Witzleben untergebracht, sondern wurden für insgesamt 80.000 RM[98] im Turm des studionahen Amerikahauses installiert. Infolge der geringen Höhe der Antenne besaß der Bildsender nur eine Reichweite von etwa 35 Kilometern, so daß die beiden Fernsehstellen in der Richardstraße und in der Braunauer Straße in Neukölln (wahrscheinlich auch die Potsdamer Empfangsstelle) zum 14. 11. 1938 geschlossen werden mußten.

Als die beiden Elektrokameras der Fernseh AG hinlänglich getestet worden waren, ging schließlich zum 1. November 1938 der Wechsel von der mechanischen zur elektronischen Bildzerlegung und -rekonstruktion über die Bühne. Der Rundfunk begann jetzt mit seinen regulären 441-Programmsendungen vom neuen Aufnahmestudio im Deutschlandhaus.[99] Diese Umstellung vollzog sich aber keineswegs von einem Tag auf den anderen, sondern nahm insgesamt zehn Wochen in Anspruch. Während dieser Zeit, genaugenommen vom 22. August bis zum 1. November,[100] strahlte man von 20.00 bis 21.00 Uhr Programme nach der neuen 441-Zeilen-Norm aus. Dann folgten fünf Minuten Schallplattenmusik, um anschließend bis 22.00 Uhr die Darbietungen mit der alten Norm von 180 Zeilen noch einmal zu wiederholen; in diesen Wochen gab es keine direkten Sendungen, sondern ausschließlich Filmprogramme zu sehen.[101] Den Grund für eine solche Vorgehensweise nannte die Reichspost-Forschungsanstalt schon im Sommer:

„Der bisherige 180-zeilige Sender soll erst außer Betrieb gesetzt werden, wenn bei sämtlichen besonderen Fernseh-Empfangsanlagen des Herrn Reichspostminister [sic!] nach der am 22. 4. 38 vorgelegten Liste A die alten Empfänger gegen neue ausgewechselt und die Antennenanlage entsprechend geändert sind, damit keine Unterbrechung im Empfang eintritt."[102]

Mit der Einführung elektronischer Kameras kristallisierte sich im übrigen rasch ein neues Kompetenzproblem heraus, das die rivalisierenden Lager bis weit in das Jahr 1944 hinein immer wieder beschäftigen sollte. Nach Ansicht des Rundfunks, aber entgegen der freilich wenig glücklichen Trennungslinie durch die beiden Hitler-Verordnungen, waren vor allem Kameramänner, aber auch Beleuchter sowie Bild- und Toningenieure nicht der Post, sondern dem künstlerischen Personal zuzurechnen.[103] Aus den Akten geht indes hervor, daß der Rundfunk im Sommer 1938 den Umzug in ein neues Fernsehstudio zum Anlaß nahm, Kompetenzen dieser Art auf seine Seite zu ziehen. Nach Angaben der Forschungsanstalt vom 7. August war man zumindest vorübergehend gezwungen, den Rundfunk bei den technischen Vorarbeiten für den neuen 441-Zeilen-Betrieb maßgeblich zu beteiligen. Dieser Versuch, in die Phalanx der Post einzubrechen, hatte freilich wenig Aussicht auf Erfolg. „Aufgrund der Vorkommnisse", so die Forschungsanstalt Anfang August, „wurde zwischen der RRG und DRP festgelegt, daß die gesamte Fernsehaufnahme- und Wiedergabetechnik nunmehr wieder endgültig aus der Zuständigkeit der Programmseite (!) herausgenommen wird und der technischen Leitung der DRP unterstellt wird."[104]

Danach unterstanden der Post wieder folgende Dienste, die sie sich – trotz bisweilen massiver Störmanöver des Rundfunks – fortan nicht mehr nehmen ließ: Bedienung der Kameras, der Verstärker, der allgemeinen Kontrollgeräte, des Mischpultes, der Film- und Dia-Abtaster, der Mikrophone, der Misch- und Überblendeinrichtungen, der Magnetophon- und Plattenspielgeräte sowie die Übertragung von Bild und Ton zum Sender. Hingegen erstreckte sich die Kompetenz des Rundfunks auf die gesamte inhaltliche Gestaltung und künstlerische Leitung, auf Kulissenbeschaffung und Verwaltung, auf die Beschaffung, den Einsatz und die Verwaltung von Spielfilmen, Magnetophonbändern und Schallplatten, auf Anweisungen an die Kameramänner und die Mischpultbedienung. Außerdem überließ die Post dem Rundfunk auch weiterhin einen Filmabtaster „zur Erprobung von selbstgedrehten und gemieteten Filmen auf ihre Eignung für das Fernsehen",[105] den man in der Kleinen Villa unterbrachte.

5.3. Ein falscher Gedanke
Das neue Studio als Bühnenbetrieb

Nach damaligen Vorstellungen verfügte man mit dem Deutschlandhaus über die ideale Form eines Fernsehstudios. Wenige Wochen vor dessen Inbetriebnahme formulierte Ernst Augustin von der Reichs-Rundfunk-Gesellschaft jene Anforderungen, die seiner Meinung nach künftig der Aufnahmeraum am Adolf-Hitler-Platz zu erfüllen hatte: „Im

Abbildung 1: Teilung der Verantwortlichkeiten

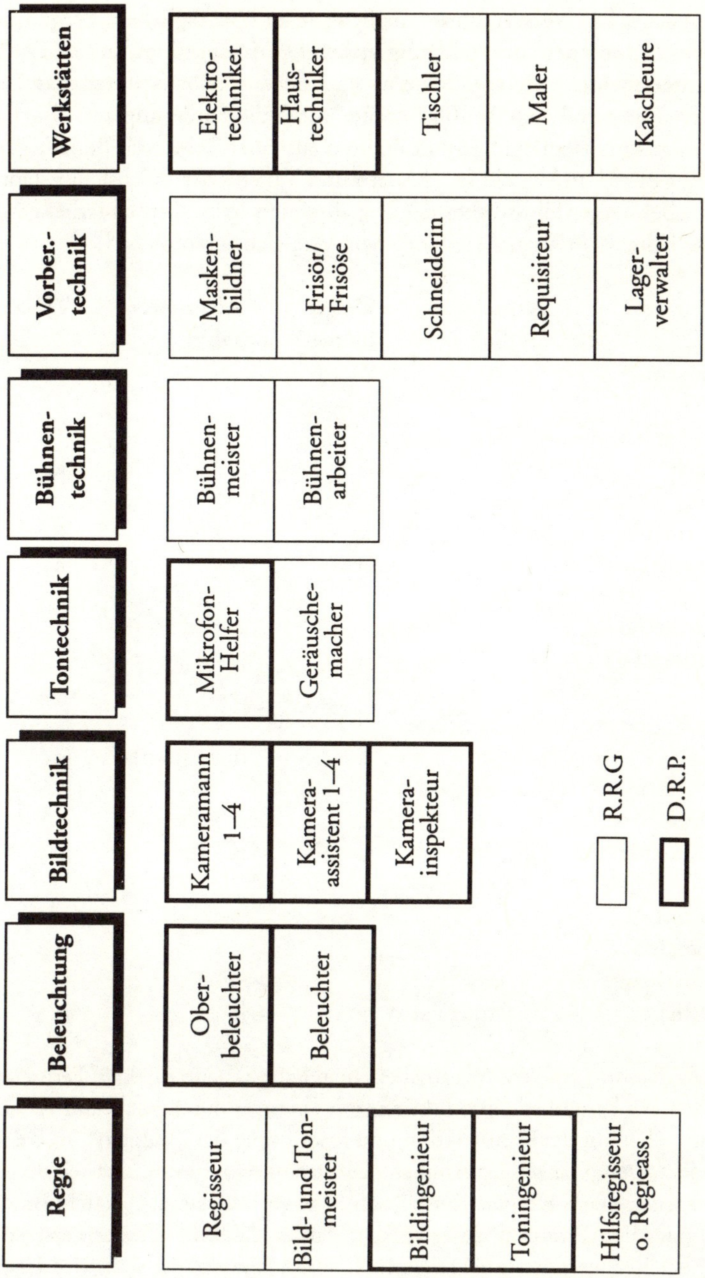

Werkstätten	Vorber.-technik	Bühnen-technik	Tontechnik	Bildtechnik	Beleuchtung	Regie
Elektro-techniker	Masken-bildner	Bühnen-meister	Mikrofon-Helfer	Kameramann 1–4	Ober-beleuchter	Regisseur
Haus-techniker	Frisör/Frisöse	Bühnen-arbeiter	Geräusche-macher	Kamera-assistent 1–4	Beleuchter	Bild- und Ton-meister
Tischler	Schneiderin			Kamera-inspekteur		Bildingenieur
Maler	Requisiteur					Toningenieur
Kascheure	Lager-verwalter					Hilfsregisseur o. Regieass.

☐ R.R.G
■ D.R.P.

173

Fernseh-Studio müssen das Schauspiel und die Oper gepflegt und auch die Kabarett-Kunst gezeigt werden können. Grundbedingungen für den Aufbau eines Fernseh-Studios ist schnellste Verwandlungsmöglichkeit und bei täglichem Programmwechsel universeller Einsatz des zur Verfügung stehenden Ausstattungsfundus. Das Fernseh-Studio unterscheidet sich vom Opern- und Schauspielhaus durch das Fehlen des Zuschauerraumes und vom Tonfilm-Atelier durch die Forderung auf schnellsten Umbau."[106] Augustins Überlegungen resultierten aus einer Reihe von Besichtigungen, die der Oberingenieur im Vorfeld in Theatern und Varietés der Reichshauptstadt sowie in den Neubabelsberger Filmstudios der Ufa absolviert hatte. Seine hierbei gewonnenen Eindrücke faßte er im August 1938 in einem Vergleich zusammen:[107]

Bedingungen:	Fernseh-Studio	Opern-bühne	Schauspiel-bühne	Varieté	Film
Schneller Umbau erforderlich?	ja	ja	ja	ja	nein
Spiel auf einer bestimmten Fläche?	ja	ja	ja	ja	nein
Umbau während des Spiels notwendig?	ja	ja	ja	ja	nein
Orchesterbegleitung im Raum?	ja	ja	nicht immer	ja	nein
Kurze Wege für Mitwirkende?	ja	ja	ja	ja	nein
Sicht der technischen Regie auf alle Spielflächen erforderlich?	zu empfehlen	ja	ja	ja	nein

Die Auffassung der Verantwortlichen, man habe es beim direkten Fernsehen, insbesondere bei der Fernsehspielproduktion, mit einem Bühnengeschehen zu tun, schlug sich unmittelbar auf die Konstruktion und Anordnung der „Bühnen" im Deutschlandhaus nieder. „Dem Ganzen lag nämlich der Gedanke zugrunde", schrieb der ehemalige Fernseh-Kameramann Herbert Kutschbach 1956 rückblickend, „bei dem Beschauer des Fernsehbildes den Eindruck zu erwecken, daß er das Bild aus der Perspektive eines Theaterbesuchers vermittelt bekäme, der in einer Parkettreihe sitzt. (...) Ursprünglich lag also den Sendungen (...) ein gänzlich artfremder, um nicht zu sagen falscher Gedanke zugrunde."[108] Der runde, etwa fünf Meter hohe Studioraum mit einem Durchmesser von 20 Metern wurde deshalb nach Augustins Vorschlägen in eine mittlere „Hauptbühne" aufgeteilt, an die – halbkreisförmig angeordnet – links und rechts jeweils zwei kleinere Spielflächen grenzten. Gegenüber der Hauptbühne an der Stirnseite (mit einer Größe von 5 m mal 4 m) befanden sich Stellplätze für ein Orchester und eventuell auftretende Chöre oder Gesangsgruppen. In der ausgesparten Mitte des Rundstudios („optisches Zentrum") sollten die beiden schwenkbaren „Bildfänger" stehen sowie Mikrophone, die man später an langen, verschiebbaren Tragarmen befestigte.

Bei einer Optik von 16,5 mm Brennweite war die im Zentrum aufgebaute Kamera in der Lage, alle fünf Spielflächen in der Totalen zu erfassen, während man den zweiten Bildfänger auf einem luftbereiften Wagen der Firma Gabler („Gabler-Wagen") montierte, um ihn für Groß- und Fahraufnahmen einzusetzen. Sämtliche Spielflächen standen anfangs noch – analog zu den publikumsfreundlichen Aufnahmebühnen der vergangenen Funkausstellungen – auf 13 cm hohen Rampenpodien.[109] Den Kameraleuten war es somit zunächst nicht möglich, direkt in die Kulissen hineinzufahren, sondern sie mußten während einer Sendung nacheinander die rings um sie herum aufgebauten Dekorationen von der Mitte aus erfassen. Dieser kreisförmige Aufbau, der ursprünglich auf die Verwendung einer einzigen, zentral postierten Kamera zugeschnitten worden war, erwies sich spätestens dann als nicht mehr zeitgemäß, als das Fernsehen über mehrere Bildfänger verfügte. Schon 1940 forderte Gerhart Goebel, seit Oktober 1939 Leiter der posteigenen Filmstelle und in Personalunion Filmreferent im RPM, das Fernsehstudio der Zukunft müsse als Grundriß ein langgestrecktes Rechteck aufweisen.[110]

Bis auf weiteres jedoch hielt das Fernsehen an dem starren Aufbau fest. Alle fünf Spielflächen, die man intern (und im Uhrzeigersinn von links nach rechts) mit den Buchstaben A bis E durchnumerierte, waren in ihrer Verwendung für unmittelbare Sendungen mehr oder minder zweckgebunden. Konkret bedeutete das: Die Bühnen A und E waren gedacht für den Aufbau „geschlossener Räume", „kleiner Zimmer" oder „Gaststuben" (Größe: 2,80 m mal 2,00 m, identisch mit B und D). Die Bühne B konzipierte man als Verwandlungsbühne mit aufrollbarem Abschlussprospekt. Hingegen kam die größte Bühne C bei der Aufnahme von „Szenen im Freien", bei gestaffelten Aufbauten sowie bei der Darstellung von Hallen und Sälen zum Einsatz. Deren Rückwand bestand in der gesamten Breite aus einer weißen, absolut glatt fallenden Stoffbespannung, die – über den Kulissenrahmen hinweg betrachtet – als Zimmerdecke erschien, oder, wenn ohne Abschluß nach hinten gearbeitet wurde, als „Kuppelhorizont". Die Bühne D schließlich fungierte als Verwandlungsbühne mit einem dahinterliegenden separaten Raum für besondere Effekte.[111]

Die Spielflächen leuchtete man mit einer Vielzahl fest eingebauter Lichtanlagen aus, die an starren, von der Decke herabhängenden Gestellen befestigt und von einem Beleuchterumgang auf der Galerie des segmentierten Rundstudios bedient wurden. Hinzu kamen bewegliche Einzelscheinwerfer, die „bei Bedarf" eingesetzt wurden.[112]

Abbildung 2: Das Fernsehstudio im Deutschlandhaus

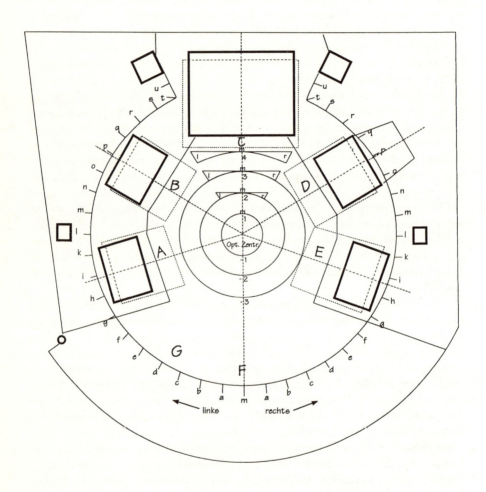

Hatten die Akteure in der Phase der mechanischen Aufnahmetechnik vor allem mit der Dunkelheit zu kämpfen, so litt man jetzt unter der großen Hitze in dem taghellen Studio, vor allem verursacht durch die starke Deckenbeleuchtung, die nötig war, um gleichmäßig helles Licht für die empfindlichen Kameras zu produzieren. Obwohl Schauspieler und Personal vor jeder längeren Sendung Fenster und Türen öffneten und man darüber hinaus die Einzelscheinwerfer mit wärmeschluckenden Filtern versah, herrschten gegen Ende eines rund einstündigen Fernsehspiels Temperaturen von 50 bis 60 Grad Celsius.[113]

Neben dem runden Hauptstudio befand sich ein kleinerer Aufnahmeraum mit rechteckigem Grundriß von etwa 10 m mal 10 m Größe. Die bis zum Herbst 1938 verwendete Dunkelbühne für den 180-Zeilen-Betrieb wurde nach der Umstellung als Proberaum mitbenutzt. Den Rest des Erdgeschosses nahmen Garderoben- und Schminkräume für die Akteure, Aufnahmeräume für den künstlerischen und technischen Leiter, ein Regie- und Besprechungszimmer, Büros, Lager- und Nebenräume ein. Im ersten Obergeschoß schließlich war ein Regieraum mit Sichtverbindung zu allen Spielflächen untergebracht.[114] Im Verlauf einer Live-Sendung konnte man sich nicht nur zwischen Regie- und Aufnahmeraum über eine mehrfarbige Lichtsignalanlage verständigen. Es bestand auch die Möglichkeit, während eines Filmberichts Erläuterungen mittels Mikrophon einzublenden.[115]

Obwohl die Post bis 1940 über 1,4 Millionen Reichsmark in den Ausbau des Deutschlandhauses hineinpumpte,[116] reichten jene Räumlichkeiten am Adolf-Hitler-Platz, die überdies nur Zug um Zug eingerichtet werden konnten, keineswegs aus. Schon unmittelbar vor der Inbetriebnahme, im August 1938, bemängelte Augustin das überaus knappe Platzangebot, vor allem hinsichtlich der Herstellung und Unterbringung von Requisiten und Dekorationen. Eine großräumige Tischler- und Malerwerkstatt (200 qm) sowie ein geeigneter Lagerraum (300 qm) blieben Wunschdenken des RRG-Oberingenieurs, zumal die Berliner Bauaufsichtsbehörden und das Gewerbeaufsichtsamt das Kellergeschoß für Arbeitsräume dieser Art nicht zuließen. Somit konnte zunächst auch der umfangreiche „Ausstattungsfundus" nicht realisiert werden, der die schnelle „Verwandlungsfähigkeit" auf den stationären Bühnen gewährleisten sollte. In der Theorie legte Ernst Augustin besonderen Wert auf Einheitlichkeit und Normung der herzustellenden Kulissen, Podien und Versatzstücke. Die einzelnen Bühnenteile sollten dabei, wie an jedem Theater üblich, thematisch zusammengefaßt gelagert und mit Bezeichnungen wie „Rotes Zimmer", „Gewölbe" oder „Gaststube" versehen werden.[117] In der Praxis hingegen konnte bis zur Einstellung des Fernsehdienstes nur ein Bruchteil der Vorschläge vom Dezember 1937 realisiert werden, die Augustin im Hinblick auf den neuen Standort am Adolf-Hitler-Platz zusammengestellt hatte.

Das Postministerium vereinbarte unterdessen mit dem Leiter des Fernsehsenders, den neuen 441-Zeilen-Dienst bis auf weiteres öffentlich als „endgültigen Versuchsbetrieb" zu titulieren. Nach den Planungen der Post, die wie so oft auf Publizität ausgerichtet waren, sollte anschließend die „endgültige Betriebsaufnahme" im Deutschlandhaus erfolgen. Diese wiederum wollte man mit einem kurios anmutenden Ereignis verknüpfen, das Wilhelm Ohnesorge auf der Funkausstellung 1938 überstürzt für den folgenden Herbst angekündigt hatte:[118] die Freigabe des Fernsehens für die Öffentlichkeit. Unter dieser Formulierung, die zunächst einmal impliziert, daß das deutsche Fernsehen bis dahin nicht als für die Öffentlichkeit „freigegeben" betrachtet wurde, verstand der Postminister vor allem den Beginn des Verkaufs von Fernsehempfängern an jedermann.[119] Doch bis es soweit war, mußten noch zwei wesentliche Stolpersteine aus dem Weg geräumt werden: die Etablierung des Programmdienstes im Deutschlandhaus zu einem einigermaßen gut funktionierenden Dauerbetrieb sowie die Entwicklung eines preisgünstigen Standardempfängers bis zur Fabrikationsreife.

Vor allem letzteres bereitete erwartungsgemäß große Probleme, da die industriellen Lieferanten im Zuge der Kriegsvorbereitungen mit anderen Aufträgen stark ausgelastet waren, was die Entwicklung des Mediums, noch bevor dessen publizistische Basis überhaupt ansatzweise ausgebildet war, erheblich beeinträchtigte. Obwohl die Fernseh AG – im übrigen nach 1931 zum zweiten Mal[120] – noch Ende 1938 an die italienische Rundfunkgesellschaft EIAR eine komplette Studioeinrichtung für 441 Zeilen lieferte,[121] kam man im eigenen Land nicht recht voran. Im Winter 1938 fehlte es vor allem an Ersatzteilen für die beiden störanfälligen Kameras. Außerdem wurde durch die geringe Sendeenergie des Bildsenders, der zunächst von Telefunken nur mit einer Behelfsantenne ausgestattet werden konnte, der Empfang vorzugsweise in den östlichen Stadtgebieten Berlins stark beeinträchtigt.[122] Die neuen, permanent gestörten Empfänger in den Fernsehstuben – hauptsächlich verursacht durch den Autoverkehr („Zündkerzen") bzw. durch medizinische Apparaturen („Therapie- und Diathermiegeräte") in der Nachbarschaft der Empfangsstellen – taten ein übriges. Von Dezember 1938 an konnte der öffentliche Gemeinschaftsempfang in der Reichshauptstadt nur deshalb aufrechterhalten werden, weil die Reichspostdirektion mit den betroffenen Ärzten vereinbart hatte, Therapiegeräte nach 20 Uhr nicht mehr zu betreiben.[123]

Somit war es nur zu verständlich, daß die verantwortlichen Stellen Ohnesorge von der „Eröffnung des Deutschlandhauses und des Fernsehrundfunkdienstes"[124] zum 1. November 1938 abrieten und als neuen Termin den 1. Februar kommenden Jahres vorschlugen, der allerdings schon bald auf den 1. April verschoben werden mußte. Doch auch dieses Datum mußte man tatenlos verstreichen lassen, da es trotz aller Bemühungen bis dahin nicht gelang, die wesentlichen Mängel im Deutschlandhaus auszumerzen. Am 31. Mai kam es immerhin zu einem vielversprechenden Gespräch „zum Austausch inzwischen aufgelaufener Betriebserfahrungen mit dem Ziel der Abstellung von Mängel und der Verbesserung des technisch-künstlerischen wie auch des organisatorischen Zusammenwirkens der beiden Arbeitspartner".[125] Der längst überfällige Gedankenaustausch zwischen Programm und Technik kam zwar auf Einladung des Intendanten zustande und fand auch in seinem Dienstzimmer im Funkhaus statt. Nierentz, dessen Amtszeit zu diesem Zeitpunkt so gut wie abgelaufen war,[126] ließ sich jedoch von dem „Verhandlungsführer für den Intendanten", Julius Jacobi, vertreten, dem wiederum fünf weitere Programmitarbeiter zur Seite standen. Ihnen gegenüber saßen die Postbeamten Scholz, Dietel und Wiesemann.

Zunächst kündigte Scholz einige Verbesserungen an, die auf ausdrücklichen Wunsch des Programms vorgenommen wurden: Ausrüstung der beiden Kameras mit beweglicheren Öldruck-Teleskopstativen der Filmgesellschaft Tobis, Austausch der Mikrofongalgen durch steuerbare Aufhängungen an der Studiodecke sowie die Verwendung von Lichtspots, mit der Möglichkeit, diese in die Dekorationen einzubauen. Unbeeindruckt davon brachte Jacobi anschließend die nach wie vor erheblichen hygienischen, räumlichen und aufnahmetechnischen Defizite im Deutschlandhaus zur Sprache. Ein adäquater Aufenthaltsraum für den Sendeleiter sei noch immer nicht vorhanden, begann er seine Aufzählung. Darüber hinaus bemängelte er die schlechten Kommunikationsmöglichkeiten zwischen Programm und Technik während der Sendung, die häufig zu Pannen und peinlichen Mißverständnissen führten. Dies gelte vor allem für die Verständigung zwischen Regieraum und den beiden Kameramännern. Die Post sagte daraufhin den Einbau eines internen Telefonnetzes zu, das künftig über eine Konferenzschaltung Gespräche mit „mehreren Betriebspartnern zugleich" ermöglichen sollte. In punkto Raumnot bat Werner Scholz, Oberpostrat im Reichspost-Zentralamt, um Verständnis für die augenblickliche Lage. Es erscheine generell empfehlenswert, meinte Scholz, „unwesentliche Mängel" einstweilen hinzunehmen und sich mit einer behelfsmäßigen Zwischenlösung zufrieden zu geben. Grundlegende Überholungen oder gar Neuerungen im großen Stil kämen ehedem nicht in Frage, denn sie würden das Interesse der Industrie am „Spandauer Neubau-Projekt" empfindlich einschränken, wenn nicht sogar „aufhalten". Da eine solche „Bremswirkung" aber weder im Interesse der Post noch der Reichs-Rundfunk-Gesellschaft liege, bat Werner Scholz die Anwesenden, bis zur Realisierung des Fernsehgebäudes in Dingen „untergeordneter Natur" mit der Post ein „gewisses Stillhalteabkommen" einzugehen. Dem stimmten schließlich die Programmitarbeiter auch zu.

Was das Spandauer Projekt anging, so sicherte Scholz dem Rundfunk Entgegenkommen bei der Planung von Zusatzräumen für den künstlerischen und aktuellen Dienst zu. Auf die Gegenfrage Jacobis nach der voraussichtlichen Beschaffenheit der Studios erwiderte Scholz – ermutigt durch offizielle Statements seiner Vorgesetzten in der Presse –,[127] „bestimmte Umrisse" lägen bereits vor und der Ausbau des Geländes sei „nunmehr in greifbare Nähe gerückt", so daß man den Mitarbeitern die Verhältnisse im Deutschlandhaus nicht länger als irgend verantwortbar zumuten müßte. Scholz stellte seinen Gesprächspartnern insgesamt zwölf Studios in Aussicht sowie großzügig konzipierte Werkstätten für Bühnenbau, ein Kulissenmagazin, Künstlergaderoben und diverse Technikräume.[128] Man kam überein, vor der endgültigen Festlegung dieser Entwürfe durch die Post sich erneut zu treffen, um eine „mögliche Programmpolitik auf weite Sicht" gemeinsam abzustimmen.

Im Hinblick auf die intendierte Aufstockung des posteigenen Personalbestandes[129] kündigte Werner Scholz ferner „eine Parallelschaltung mit der Arbeitseinteilung des künstlerischen Dienstes an".[130] In einem ersten Schritt wolle man als gleichberechtigtes

Pendant zum Sendeleiter der RRG die Position eines „Leiters der technischen Gruppe ,Aufnahme'" schaffen, der künftig eine Scharnierfunktion zwischen Programm und Technik ausfüllen sollte. Ihm obliege es, den Einsatz seiner „Aufnahmetrupps" im Deutschlandhaus im Einvernehmen mit dem „künstlerischen Dienstplan" zu koordinieren und für die „Nachwuchsschulung" des technischen Personals der Post zu sorgen. Doch auch diese Versprechung konnte keineswegs über den experimentellen Charakter des Fernsehens hinwegtäuschen, der Mitte 1939 nach wie vor die Szenerie prägte. Hans-Jürgen Nierentz zufolge fand denn auch die von Ohnesorge beabsichtigte offizielle „Einweihung" des Deutschlandhauses nie statt.[131]

Trotz aller Spannungen zwischen den beiden Parteien, die auch während der Besprechung am 31. Mai aufkeimten, bemühten sich Post und Rundfunk im Angesicht des bevorstehenden Krieges um einen tragfähigen Schulterschluß, den man als notwendig erachtete, um unter den gegebenen Bedingungen den Betrieb einigermaßen am Laufen zu halten. Befürchtungen, wonach ein schlecht funktionierender Sender schnell dem Krieg zum Opfer fallen könnte, waren mehr als begründet und dürften bereits im Frühsommer 1939 einen nicht unerheblichen Einfluß auf die Gestaltung des beiderseitigen Verhältnisses ausgeübt haben. Nicht zuletzt deshalb setzte die Post jetzt regelmäßige monatliche Treffen mit dem Rundfunk durch – „von Mitarbeiter zu Mitarbeiter im Geiste eines kameradschaftlichen Einvernehmens",[132] wie beide Parteien am Ende des Mai-Gesprächs feierlich beteuerten. Ferner wuchs die Sensibilität gegenüber den häufigen Pannen, und man war zugleich darauf bedacht, den Wert des Nipkow-Senders, der vom Publikum als geschlossene organisatorische Einheit kaum registriert wurde, durch bemerkenswerte Leistungen nachhaltig zu heben und damit das Fernsehen noch stärker ins öffentliche Bewußtsein zu rücken.[133]

Einen vorläufigen Höhepunkt erreichte dieses Streben nach positiver Selbstdarstellung auf der 16. und zugleich letzten nationalsozialistischen Funkausstellung vom 28. Juli bis 6. August 1939, deren offizielle Bezeichnung erstmals um den Zusatz „...und Fernseh-Rundfunk..."[134] erweitert wurde. Während die Kriegsmaschinerie der Nazis auf Hochtouren lief, bemühte sich das Fernsehen um eine gut durchorganisierte und vor allem vielseitige Präsentation seiner Möglichkeiten während der zehntägigen Veranstaltung, die ganz im Zeichen des Fernseh-Einheitsempfängers E 1 stand.[135] Am 2. Juni einigten sich Julius Jacobi und Arthur Freudenberg, Leiter der Abteilung II „Propaganda und Presse" in der Reichsrundfunkkammer, daß die für die Werbeveranstaltung unterm Funkturm zuständige Rundfunkkammer „Raumgestaltung, Aufbau und dekorative Ausführung" der Fernsehbühne übernahm, während sich Jacobi als Vertreter des Intendanten „eine angemessene Einflussnahme" vorbehielt.[136] Zusätzlich zur obligatorischen Bühne in Halle VI sahen die frühen Überlegungen einen separaten Stand vor, wo der Sender „mit Anschauungsmaterial aus der Programm-Gestaltung" für die eigene Arbeit werben wollte. Zugleich sollten die Ausstellungsbesucher die Möglichkeit erhalten, auf der benachbarten Karolus-Großbildanlage in „elastischer Abwicklung" Kurzberichte über die „leitenden Hauskräfte" und „beliebtesten Künstler des Fernsehsenders" zu verfolgen. Des weiteren beschloß man, während der Ausstellung vermehrt öffentliche

Führungen im Deutschlandhaus zuzulassen, allerdings nur für jene Experten und Journalisten, „die seitens der DRP, der RRG und RRK für das Fernsehen interessiert werden sollen."[137]

Was die Zusammensetzung des Sonderprogramms betraf, so suchte man nach Inhalten, die die Aufmerksamkeit des „stark bewegten Besucherstroms" erregen könnte. Jacobi dachte hierbei an „eine Art Festspielwoche", die auch die bisher sendefreien Sonntage umfassen sollte, ein Novum, das er „im Hinblick auf die notwendige Propaganda" für besonders wichtig hielt. Sein Vorschlag: eine bewährte Mischung aus Artisten, Sängern und Tänzern direkt von der Ausstellung, angereichert mit einem Live-Querschnitt durch „Erfolgssendungen des letzten Jahres im Haupt-Abend-Programm", der allerdings im Deutschlandhaus produziert werden sollte. Außerdem regte Jacobi an, die tägliche Generalprobe für das reguläre Abendprogramm über den Sender zu geben, wobei der Ansager ausdrücklich auf den Probencharakter hinweisen sollte. Daneben wollte sich Jacobi bei der Reichsanstalt für Bild und Film in Wissenschaft und Unterricht (RWU), bei der Post, der Rundfunkkammer sowie bei der Deutschen Reichsbahn um noch nicht gezeigtes Lehr- und Kulturfilm-Material bemühen, das während der Funkausstellung unter dem Titel *Aus der Werkstatt des Rundfunks* gezeigt werden sollte. Damit noch nicht genug: Zwei Radioreporter, die man für jeweils 30 Mark pro Tag engagierte, moderierten später auf dem Terassengarten Sportereignisse für das Fernsehen, vorzugsweise Ausschnitte aus der Hörfunk-Veranstaltungsreihe „Sport und Mikrophon".[138]

Die von Jacobi und Freudenberg erarbeiteten, immerhin mit 14.000 RM veranschlagten[139] Ideen ließen sich jedoch nur teilweise durchsetzen. Ein besonders herber Verlust bedeutete der Verzicht auf die schon obligatorische Fernsehbühne. Diese wurde 1939 auf ministerielle Anweisung hin gestrichen, um das Interesse der Besucher ganz auf den neuen Fernseh-Einheitsempfänger zu lenken. Immerhin gelang es dem Nipkow-Sender, vom 28. Juli bis zum 6. August ein tägliches Ausstellungsprogramm von 11.00 bis 19.15 Uhr zu produzieren, nur unterbrochen durch eine 60minütige Sendepause um die Mittagszeit. Konturen eines abwechslungsreichen Tagesprogrammes waren bereits zu erkennen: Es begann vormittags zumeist mit Kindersendungen – wie Elfi von Cranachs *Fröhlicher Kindergarten* oder *Hohnsteiner Puppenspiele* aus dem Funkturmgarten –, wurde danach fortgesetzt mit einer, wie es im Untertitel hieß, „sommerlichen Jagd mit dem Bildfänger" auf dem Ausstellungsgelände (*Blitzlichter*) und endete allabendlich mit der „Ballettpantomime" von Egon Molkow (*Ein Traum im Puppenladen*). Dazwischen gab es Sendungen des Zeitdienstes und, wie vorgesehen, die tägliche Übertragung der Generalprobe aus dem Deutschlandhaus.[140]

5.4. Mehr Geld für qualifizierte Kräfte
Die Reichspost-Fernsehgesellschaft mbH

Der Beruf des Fernseh-Kameramannes ist im nationalsozialistischen Deutschland beinahe eher zufällig entstanden. Ein Mechaniker oder Techniker, der zuvor am Bau der ersten Elektrokameras oder der dazugehörenden Verstärker- und Kontrollbildgestelle mitgearbeitet hatte, wurde gleichzeitig dazu auserkoren, während der Funkausstellung 1936 und 1937 oder später im Deutschlandhaus die Aufnahmetechnik zu bedienen respektive zu warten. Auf besondere photographische Vorkenntnisse oder gar einer Ausbildung als Kameramann beim Film kam es dabei nicht an. Zumal die Tätigkeit zunächst nichts besonders Außergewöhnliches mitsichbrachte, denn der Kameramann „brauchte nur möglichst viel Licht auf die Szene zu knallen und dann versuchen, den Sänger, Schnellmaler oder, wer sonst das Programm bestritt, im Sucher zu halten."[141] Solch ungelernte Kräfte der Post, die natürlich auch im Bereich der Ton- und Beleuchtungstechnik vorherrschten, wurden spätestens dann zum Problem, als 1938/39 das Fernsehen endgültig dem Forschungs- und Versuchsstadium entwachsen zu sein schien, die inhaltlichen Anforderungen im Deutschlandhaus zunahmen [142] und die Bedienung der hochentwickelten „Bildfänger" im Vergleich zu den Vorjahren immer komplizierter wurde.[143]

Deshalb kristallisierte sich in den Verhandlungen zwischen Programm und Technik schon bald der Wunsch heraus, versierte Kameraleute, Beleuchter und Tontechniker des Films für das noch junge Medium Fernsehen zu gewinnen.[144] Als Voraussetzung dafür benötigte Postminister Ohnesorge jedoch ein Konstrukt, das es jenseits der restriktiven Postadministration ermöglichen sollte, qualifizierten Fachkräften aus Industrie und Filmwirtschaft höhere Vergütungen zu zahlen, als dies bisher bei den Beamten und Angestellten der Post der Fall war. Nur dann konnten externe Kräfte überhaupt bewogen werden, für den Aufnahmedienst in den Fernsehstudios zu arbeiten. Die Frage, ob gleiche Ziel nicht auch im Rahmen der Hoheitsverwaltung der Reichspost hätte erreicht werden können, wurde von vornherein vereint. Bei der höheren finanziellen Einstufung dieser neuen Angestellten hätte nämlich für jeden Einzelfall die Zustimmung des Finanzministers beschafft werden müssen, die nicht nur zeitaufwendig gewesen, sondern in dem erforderlichen Ausmaß sicher auch versagt worden wäre. „Im Rahmen einer Reichsverwaltung", so Wilhelm Ohnesorge Ende Mai 1939, „kann daher das gewünschte Ziel der Gewinnung fachlich ausgezeichneter Kräfte für die Zwecke des Fernsehdienstes nicht erreicht werden."[145]

Ein weiteres grundlegendes Problem, das im Vorfeld geklärt werden mußte, resultierte aus der Frage, ob eine zu gründende und von der Post beherrschte Gesellschaft rechtlich überhaupt in der Lage war, höhere Gehälter zu zahlen. Dem standen zunächst einmal die Vorschriften der „Zweiten Gehaltskürzungsverordnung" vom 5. Juni 1931[146] entgegen. Sie bestimmten, daß auch bei Körperschaften des öffentlichen Rechts (als solche wurden alle Gesellschaften angesehen, an denen das Reich maßgeblich beteiligt war) ähnliche Beschränkungen hinsichtlich der zu gewährenden Bezüge bestanden, wie für die Reichsverwaltung auch. Solche Bedenken räumten zwar die posteigenen Rechts-experten mit der Begründung aus, Art und Zweck der zu schaffenden Institution seien in Deutschland absolut neu und könnten deshalb mit keiner Tätigkeit innerhalb der Reichsverwaltung verglichen werden. Von dieser Argumentation, so Ohnesorge noch am 29. April,[147] hätten auch zahlreiche andere Verwaltungen bei der Konstitution abhängiger Gesellschaften mit Erfolg Gebrauch gemacht.

Gleichwohl verwarf die Post schon im Dezember 1938 den Gedanken einer Kör-perschaft des öffentlichen Rechts als Trägerin des Aufnahmedienstes im Deutsch-landhaus, sondern entschied sich vielmehr für eine mit entsprechenden Vollmachten auszustattende Gesellschaft mit beschränkter Haftung (GmbH), die man für geeigneter hielt, den engen Tarifrahmen zu sprengen. Als Vorbilder dienten hierbei hauptsächlich die Reichs-Rundfunk-Gesellschaft mbH (die im übrigen Mitte 1939 die Neugründung der Post zum Anlaß nahm, ihre ins Auge gefaßte Umwandlung in eine öffentlich-rechtli-che Form zu verwerfen[148]) sowie die Reichspost-Reklamegesellschaft mbH. Beide Institutionen hätten in der Vergangenheit ein hohes Maß an Flexibilität bewiesen, mein-ten die zuständigen Experten.[149] Im Namen der neuen Gesellschaft sollte indes sowohl ihre enge Beziehung zur Post, als auch eine deutliche Abgrenzung zur Fernsehindustrie zum Ausdruck kommen. Nach längeren Überlegungen entschied man sich schließlich für die Bezeichnung „Reichspost-Fernsehgesellschaft mbh (RFG)", die der postinterne Jargon später auf Reichsfernsehgesellschaft[150] verkürzte. Den Alternativvorschlag „Fernsehgesellschaft der Deutschen Reichspost" lehnte Ohnesorge ab, weil er eine Verwechslung mit der Fernseh AG befürchtete.[151]

Am 15. Juni 1939 genehmigte Ohnesorge die Gründung der RFG und leitete da-mit die Ausarbeitung eines Gesellschaftsvertrages in die Wege. Wenige Tage später schlug der Präsident der Forschungsanstalt, Friedrich Gladenbeck, seinen 1893 in Breslau geborenen wissenschaftlichen Mitarbeiter Friedrich Stumpf zum neuen Ge-schäftsführer vor, der am 7. Juli 1939 von Ohnesorge bestätigt und ernannt wurde.[152] Am 18. Juli traten Stumpf und der vom Postminister bevollmächtige Gladenbeck vor den Notar, um die Gründung der RFG rechtlich zu besiegeln.[153] Am 14. August schließlich erfolgte die Eintragung ins Handelsregister, Abteilung A, beim Register-gericht Berlin.[154] Das Stammkapital der Gesellschaft in Höhe von 20.000 Reichsmark setzte sich aus einer treuhänderischen Bareinlage des alleinigen Geschäftsführers Stumpf (1.000 RM) zusammen, die Post hingegen steuerte die restlichen 19.000 RM in Form von technischen Geräten und Einrichtungen bei.

Gegen diese klassische „Strohmann-Gründung" gab es noch im Dezember 1939 erbitterten Widerstand aus den Reihen des Postministeriums. In einem Gutachten lehn-te der Rechtsexperte Eberhard Neugebauer eine solche „getarnte Einmann-gesellschaft"[155] als „artfremdes Überbleibsel" aus der Weimarer Republik ab.[156] Sie widerspreche nicht nur „dem Geist des heutigen Rechts", der sogenannte Personalge-sellschaften (OHG, KG) mit klar nach außen erkennbaren Verantwortlichkeiten be-vorzuge. Die RFG sei überdies in ihrer rechtlichen Konstruktion „eine jüdische Erfindung" und deshalb für die staatliche Post indiskutabel, empörte sich Ministerialdirigent Neugebauer. Hingegen vertrat Postrat Tritz von der Forschungsanstalt die Meinung, die vorgebrachten Bedenken gegen die Bildung von Kapitalgesellschaften träfen gerade bei der RFG nicht zu, da allein schon aus dem Firmennamen für jeden künftigen Geschäftspartner ersichtlich sei, wer hinter der Gesellschaft stecke. Von Anonymität könne deshalb keine Rede sein, meinte das RFG-Aufsichtsratsmitglied Tritz, der ausdrücklich darauf hinwies, „daß die Geschäftsführung der RFG nach nationalsozialistischen Gesichtspunkten erfolgt".[157]

Außerdem stellte Tritz heraus, die Organisation der RFG sei bewußt schlicht gehalten, um jedwede Transparenz zu gewährleisten und die Zusammenarbeit mit der Reichspost zu vereinfachen. Gemäß 2 des Gesellschaftsvertrages gehörte es zu den künftigen Aufgaben der neuen Einrichtung, „Fernseh-Betriebsforschung zu treiben und dazu den gesamten technischen Fernsehaufnahmedienst, sowie den Vorführdienst für Fernseh-Großbildempfang" unter „maßgeblichem Einfluß der Forschungsanstalt" wahrzunehmen.[158] Die Genehmigung hierzu erteilte der Postminister im Wege der Verleihung (und aufgrund des § 2 des FAG).[159] Die Gesellschaft in ihrer Gesamtheit gliederte sich somit in fünf Dienststellen:

> „1. **T 1 – Studiobetrieb** (Betriebsleitung, Aufnahmeleitung, Bedienungspersonal für Bildempfängeranlagen und Filmgeber, Tonverstärker (Mischpult), Beleuchterpersonal, Maschinenanlage, Hilfspersonal)
> 2. **T 2 – Reportagebetrieb** (Dieser Zweig soll, vor allem im Hinblick auf das einzurichtende Nachmittagsprogramm, zusätzlich aufgezogen werden mit Betriebsleitung, Aufnahmeleitung und Kraftwagenpersonal)
> 3. **T 3 – Technik und Planung** (Entwicklung, Planung, Bauabnahme, Meß- und Störungsdienst, Laboratorium)
> 4. **T 4 – Fernsehkinodienst** (soll ebenfalls erst aufgezogen werden)
> 5. **V – Verwaltung und Geschäftsführung** (Vorsteher, Personalabteilung, Buchhaltung, Kasse, Einkauf, Hausverwaltung, Lager, Pförtner)"[160]

In einem separaten Vertrag vom 4. November 1939 fixierte man noch einmal ausdrücklich die besondere Einflußnahme der Post auf die RFG. Als reines Zuschußunternehmen erhielt die Gesellschaft künftig posteigene Mittel, die jeweils zum 1. Dezember eines Jahres von Stumpf in einem Voranschlag anzufordern waren. Im übrigen legte der Postminister in den Kriegsjahren allergrößten Wert darauf, die zum Teil hohen Verluste der Fernsehgesellschaft nicht ausdrücklich als solche in der RFG-Bilanz auszuweisen, sondern vielmehr mit bilanztechnischen Winkelzügen regelrecht zu verschleiern.[161] Sämtliche Nutzungsrechte (nicht aber die Verfügungsrechte) an den Mikrophonen, Film- und Diaabtastern, den Elektrokameras, den Beleuchtungsanlagen sowie Misch- und Überblendeinrichtungen im Deutschlandhaus,[162] das Spandauer Grundstück sowie Einrichtungsgegenstände im Gesamtwert von 2,5 Millionen Reichsmark[163] gingen auf die neue Gesellschaft über. Deren „arische Gefolgschaftsmitglieder" wurden „nach Maßgabe der für die einschlägige Industrie verbindlichen Tarifordnung" entlohnt.[164] Laufende Bestellungen des Reichspost-Zentralamtes übernahm die RFG,[165] deren Dienstgebäude sich in Berlin-Charlottenburg, Hölderlinstraße 9, Ecke Lindenallee 29 befand.[166]

Geschäftsführer Friedrich Stumpf, im übrigen ein „alter Fernsehmann",[167] der der Post seit 1932, der NSDAP seit 1933 angehörte, führte die Gesellschaft nach innen wie nach außen, kontrolliert von einem sechsköpfigen Aufsichtsrat unter Leitung Gladenbecks. Bei der gesetzlich vorgeschriebenen Teilung zwischen Programm und Technik hielt es Ohnesorge für ratsam, dem Rundfunk ein gewisses Mitspracherecht im Aufsichtsrat einzuräumen, „um sich nicht dem Vorwurf illoyaler Auslegung des Fernseherlasses auszusetzen".[168] Darüber hinaus brauchte man die Propaganda, weil Schwierigkeiten mit anderen Ressorts bereits vorprogrammiert waren. Vor allem hinsichtlich des einzurichtenden Vorführdienstes für Großbildempfang[169] erwartete die Post strenge Auflagen von seiten der Reichskulturkammer als Repräsentantin des Films. Bei der Gestaltung dieser Bedingungen konnte der Kontakt zwischen Post und Kulturkammer immer nur über das Propagandaministerium zustande kommen.

Mit dessen Beteiligung an der RFG tat sich die Post naturgemäß schwer. Nachdem sich Reichsintendant Heinrich Glasmeier im August 1939 mündlich bereiterklärt hatte, entweder selbst dem Aufsichtsrat beizutreten, oder die RRG durch Adolf Raskin vertreten zu lassen,[170] strich Ohnesorge nur einen Monat später den Vertreter des Rundfunks wieder aus der Besetzungsliste und ersetzte ihn durch einen Postbeamten.[171] Offensichtlich mußte der Minister aber bald einsehen, daß es, zumal in Kriegszeiten, für den Fortbestand des neuen Mediums klüger war, einen Vertreter der Programmseite hinzuzuziehen, nicht zuletzt deshalb, um „schwebende Fragen, die die künstlerische und technische Seite des Fernsehens gemeinsam betreffen, schnell klären (...) zu können".[172] Jedenfalls nahm man Glasmeier schließlich doch als neues Mitglied in das Kontrollorgan der RFG auf, allerdings erst zum 1. Juli 1940,[173] wofür sich der Reichsintendant am 5. Juli pflichtgemäß bei Gladenbeck bedankte.[174] Der wiederum hatte zuvor Glasmeier scheinheilig mitteilen lassen, der Postminister würde seine Berufung „warm begrüßen".[175]

Obwohl die Reichspost über erhebliche finanzielle Reserven verfügte und im Gegensatz zum Rundfunk auch gewillt war, einen beträchtlichen Teil davon in das vielversprechende Fernsehprojekt zu investieren, verfolgte sie dennoch eine sparsame und vor allem effiziente Haushaltspolitik – zumal spätestens Ende der dreißiger Jahre der Rentabilitätsgedanke beim Fernsehen verstärkt in den Vordergrund trat. Zum Ausdruck kam dies vor allem bei der Gründung der Fernsehgesellschaft, wo es vom haushaltsrechtlichen Standpunkt aus geradezu von existenzieller Bedeutung für die Post war, ob die Gesellschaft für ihre Betriebszuschüsse in Millionenhöhe Steuern abführen mußte oder nicht. Im Falle der Veranlagung der RFG zur Körperschaftsteuer befürchtete man nämlich nicht nur „eine wesentliche Verteuerung der Durchführung des Fernseh-Aufnahmedienstes".[176] Der Postminister sah dann sogar gezwungen, „diese Aufgaben weiter wie bisher von meinen nachgeordneten Dienststellen durchführen zu lassen".[177] Um dies jedoch zu vermeiden, stellte die Post im Sommer 1939 beim Finanzminister einen Antrag auf Steuerbefreiung, wegen Gemeinnützigkeit der RFG, wie es in den offiziellen Begründungen hieß.[178] Daraus entwickelte sich schließlich eine langwierige Auseinandersetzung mit den Finanzbehörden, die erst durch ein Urteil des Reichsfinanzhofes vom 29. November 1940 beendet war.

Zunächst lehnte das Finanzministerium eine grundsätzliche Steuerbefreiung der RFG wegen Gemeinnützigkeit ab,[179] weil man, trotz aller Beschränkungen, die die Finanzexperten derzeit noch beim Fernsehen einräumten, für die Zukunft davon ausging, daß die RFG „ebenso wie die Reichsrundfunkgesellschaft danach strebt, ein einträgliches, zum mindesten ihre Unkosten deckendes Unternehmen zu werden".[180] Daraufhin erhielt die Gesellschaft am 24. August 1939 einen Steuerbescheid, gegen den sie kurze Zeit später beim Oberfinanzpräsidium Berlin Einspruch erhob, der jedoch wiederum als unbegründet abgewiesen wurde. Der Oberfinanzpräsident verwarf die Gemeinnützigkeit insbesondere wegen der schon bald zu erwartenden Rentabilität, weil der technische Fernsehdienst – ähnlich wie beim Rundfunk – neben kulturellen und politischen Aufgaben auch der Unterhaltung diene und somit später einmal „den Massen des Volkes" zugute komme. Demgegenüber sah die RFG nun ihre Existenz massiv gefährdet, und sie verwies deshalb auf die politische Bedeutung des Fernsehens im Krieg. In ihrer Erwiderung auf das Urteil des Oberfinanzpräsidiums hieß es, das neue Medium werde mit ausdrücklicher Genehmigung des Oberkommandos der Wehrmacht auch während des Krieges in vollem Umfang weitergeführt, um den Fernsehrundfunk als Propagandamittel voll einsetzen zu können und nach Kriegsschluß „ein technisch vervollkommnetes Nachrichtenmittel" zur Verfügung zu haben.[181]

Immerhin hatte die Berliner Finanzbehörde hinter vorgehaltener Hand eine Gemeinnützigkeit der RFG zumindest angedeutet, so daß es der Post als durchaus geboten und aussichtsreich erschien, „den zulässigen Weg der Rechtsbeschwerde an den Reichsfinanzhof zu beschreiten", obwohl man sich darüber im klaren war, „daß die Entscheidung des Reichsfinanzhofs im Falle endgültiger Ablehnung von empfindlicher finanzieller Auswirkung für die DRP sein könnte".[182] Trotzdem ging die Sache für Ohnesorge gut aus, denn die Post erhielt am 29. November 1940 eine Art Sondergenehmigung von höchster Stelle. Der Reichsfinanzhof hob zunächst die Entscheidung der Vorinstanz auf und befreite die RFG von ihrer Steuerpflicht.[183] Damit war zwar „die Hauptschwierigkeit bei der Gründung der Fernsehgesellschaft"[184] beseitigt worden. Die Argumentation des Gerichts, wonach die Tätigkeit der Gesellschaft gleichzusetzen sei mit einer Güterbeförderung („Vermittlung von Nachrichten"), die im Rahmen des „öffentlichen Verkehrs" von der Besteuerung ausgenommen sei, befriedigte die Rechtsexperten der Post aber nicht. Ihrer Meinung nach hätte die Steuerbefreiung wegen Gemeinnützigkeit der Gesellschaft ausgesprochen werden müssen.[185]

Ungeachtet des schwebenden steuerrechtlichen Verfahrens, nahm die Fernsehgesellschaft zum 1. September 1939 (später rückdatiert auf den 1.1.1939[186]) nach einer Übergangszeit von drei Monaten den technischen Fernsehbetrieb im Deutschlandhaus auf. Die Wochen davor, vom 1. Juni bis zum 1. September, nutzte man dazu, einen Großteil des alten technischen Personals auszuwechseln und den neuen, zahlenmäßig erweiterten Mitarbeiterstab der RFG auf seine künftigen Aufgaben vorzubereiten. Der reguläre Programmbetrieb blieb von diesem rigorosen personellen Umbruch unberührt. Bis zum Frühjahr 1939 rekrutierte sich indes das technische Personal – mit zuletzt insgesamt 47 Mitarbeitern (Stand: 22. 3. 1939)[187] – aus den Reihen der Reichspostdirektion Berlin.[188] Diese Kräfte wurden allerdings noch im März organisatorisch dem Reichspost-Zentralamt unterstellt, das damit vorübergehend den gesamten Dienst in der Fernsehaufnahmestelle übernahm.[189] Offenbar war eine solche Interimslösung notwendig geworden, weil sich – trotz höherer Tarife – die Werbung neuer Mitarbeiter für die RFG verzögerte und deshalb ihre Gründung verschoben werden mußte. Bereits im Februar hatte RPZ-Präsident Günter Flanze seinen Minister darauf hingewiesen, aufgrund personeller Probleme müsse „die Herausgabe der Verfügung für die Gründung der Fernsehgesellschaft"[190] hinausgeschoben werden. Deshalb entschied man sich, die Leitung des Aufnahmedienstes kurz vor Kriegsausbruch in die bewährten Hände des RPZ zu legen.

Was die Rekrutierung des Kamerapersonals anging, so begann man schon im Herbst 1938, vorzugsweise beim Film nach geeigneten Kräften zu suchen. Und die Zeit drängte, denn der Mangel an guten Mitarbeitern wirkte sich bereits negativ auf den Sendebetrieb am Adolf-Hitler-Platz aus.[191] Helmut Krätzer, von Juni 1939 bis Juni 1942 technischer Leiter des Fernsehstudios Deutschlandhaus,[192] konnte zwar zu Beginn des Jahres 1939 einige Erfolge vorweisen.[193] In bezug auf die Qualifikation der einzelnen Bewerber mußte er aber zum Teil deutliche Abstriche hinnehmen. Unter den späteren Kameramännern, die zunächst durchweg als „Kamera-Assistenten" eingestellt wurden, befanden sich deshalb nicht nur gelernte Film-Kameraleute, sondern auch Photographen[194] und Vertreter aller möglichen Berufe, die nur noch eine lose Berührung mit dem Film hatten. Komplettiert wurde der Mitarbeiterstab durch jene Kräfte, die zuvor bei anderen Dienststellen der Post oder auf dem freien Arbeitsmarkt beschäftigt und in die RFG übernommen wurden. Von den insgesamt 109 Mitarbeitern, die 1938/39 neu eingestellt oder versetzt und anschließend in den einzelnen Zweigen der RFG unterkamen, befanden sich in der Dienststelle T 1 nur 15 (von 47) Kräften, die bereits vor 1939 im Deutschlandhaus arbeiteten. Im übrigen mußte die RFG wenige Wochen vor Kriegsbeginn einsehen, daß ihr ursprüngliches Personalkonzept, nämlich mit insgesamt 147 „Gefolgschaftsmitgliedern" den Aufnahme- und Vorführdienst zu bestreiten, nicht durchsetzbar war.[195]

5.5. Personalpolitik und Sendeplanung
Der Programmbetrieb erhält stärkere Konturen

Auf der Programmseite machte sich schon Mitte des Jahres 1937 die Hand eines ständig präsenten Intendanten bemerkbar. Zum 1. Juni holte Nierentz eine Reihe neuer Mitarbeiter zum Fernsehen, wobei ihm vor allem seine ausgezeichneten Kontakte zum Reichssender Berlin zugute kamen.[196] Unter seiner Leitung wuchs im folgenden die

Zahl der Beschäftigten von 12 im Frühjahr 1937 auf 18 im Sommer, auf 32 Ende Juni 1938, 37 im November und schließlich auf 43 Festangestellte im April 1939. Obwohl die Tätigkeitsbereiche nach wie vor fließend waren und ineinander übergingen, so gelang ihm doch eine deutlich ausdifferenzierte Aufgabenverteilung, gewann das Fernsehen unter seiner Ägide eine stärkere Struktur. Dabei fällt auf, daß es den wenigen Beschäftigten der ersten Stunde keineswegs gelang, ihren vermeintlichen Erfahrungsvorsprung in führende Positionen umzumünzen. Zum einen weil die Haupttätigkeit aus der Anfangszeit, die Bereitstellung von Filmen, mit der weiteren Forcierung unmittelbarer Sendungen zunehmend an Bedeutung verlor. Zum anderen war 1939/40 mit der einhergehenden Konturierung die Zeit jener Individualisten und Alleskönner endgültig abgelaufen, die sich noch in den ersten Jahren bevorzugt im Sender versammelt hatten.[197]

Aus welchen Bereichen rekrutierten sich nun von Mitte 1937 an die neuen Mitarbeiter? Den ersten personellen Schub unter Nierentz erlebte der Sender zum 1. Juni, ausgelöst mit der Verpflichtung von Leopold Hainisch als Oberspielleiter (Chefregisseur), der wiederum einige seiner früheren Kollegen vom Reichssender Berlin mitbrachte. Hainisch wurde am 2. November 1891 in Wien geboren, absolvierte das dortige Stiftsgymnasium und besuchte anschließend die Wiener Akademie für Musik und darstellende Kunst.[198] Von 1914 bis 1918 war er Kriegsteilnehmer und hatte bis 1926 Engagements als Schauspieler und Regisseur an verschiedenen Bühnen in Wien und Berlin. Seit August 1926 gehörte er zu den ständigen Mitarbeitern der Musikabteilung der Funk-Stunde Berlin, zunächst freiberuflich neben seinem Engagement an der Berliner Staatsoper, seit dem 1. Mai 1933 als festangestellter Spielleiter.[199] Beim NS-Rundfunk machte er aber nicht nur mit gelungenen Opern-, Operetten- und Konzertübertragungen auf sich aufmerksam.[200] Als nämlich nach der Reichstagswahl vom 5. März 1933 die personellen Säuberungen in den Funkhäusern auf breiter Ebene einsetzten,[201] gehörte auch Hainisch zu jenen Mitarbeitern aus der Weimarer Republik, die von der Gestapo mehrfach verhört wurden. Diese teilte am 2. Dezember 1933 dem Propagandaministerium mit, Hainisch lebe nicht nur seit über zehn Jahren mit einer Jüdin „in wilder Ehe". Er habe auch beim Reichssender wieder dieselben Schauspieler verpflichtet, „die schon zu Zeiten des alten Regimes dort beschäftigt wurden, insbesondere solche, die der KPD sehr nahe standen".[202]

Außerdem legte man dem Oberspielleiter noch im Januar 1937 seine Zugehörigkeit zu der Freimaurerloge Schlaraffia zur Last.[203] Den Mitgliedern von NSDAP und SA[204] war es aber nach 1933 ausdrücklich verboten, zur Freimaurerei Kontakt zu halten,[205] die in dem ideologischen Durcheinander mit Judentum, Katholizismus und Kommunismus in einen Topf geworfen wurde.[206] Somit ist es durchaus vorstellbar, daß Intendant Nierentz den angeschlagenen[207] Hainisch zum unbedeutenden Fernsehen holte, um ihn aus der Schußlinie zu bekommen, obwohl das Propagandaministerium nach einer Aussprache mit Hainisch im November 1936 seine „Angelegenheit" als erledigt betrachtet hatte. In den knapp zwei Jahren seiner Tätigkeit inszenierte der Oberspielleiter mehr als 40 Unterhaltungs-, Musik- und Opernsendungen, darunter über ein Dutzend

Fernsehspiele, die mehrmals wiederholt wurden.[208] Unter dem Pseudonym Eusebius Zirbelsand schrieb er auch eigene Stücke für den Fernsehsender (*Der Floh der Oseirara*, 18. 1. 1938), während er am 9. 2. 1938 sogar selbst vor das starre Abtastgerät trat, um den Zuschauern seine Pläne für die kommende Spielzeit zu erläutern. Bei seinen Kollegen galt Leopold Hainisch als rastlos, liebenswürdig und besonders experimentierfreudig. Sein Freund Nierentz sagte später über ihn: „Was er im Theater und Rundfunk an speziellem Wissen, an Können und Erfahrung gewonnen hatte, gab er nun ans Fernsehen weiter."[209]

Im Schlepptau von Hainisch wechselten ebenfalls zum 1. Juni weitere Mitarbeiter vom Reichssender Berlin zum Fernsehen. Martha Christel beispielsweise, fortan rechte Hand von Hainisch in der Oberspielleitung und als „Hilfssachbearbeiterin" mit einer Fülle von Aufgaben betraut, von Verwaltungsdingen bis hin zu Honorarangelegenheiten.[210] Oder der überzeugte Nationalsozialist Kurt Tetzlaff,[211] der im folgenden das Besetzungsbüro übernahm. Als Regieassistent und gelegentlicher Darsteller kam Wolfgang Neusch,[212] der von 1940 an zusammen mit Ive Becker[213] – die wöchentliche Sendung für Verwundete (*Wir senden Frohsinn – wir spenden Freude*) aus dem Kuppelsaal des Reichssportfeldes vorbereiten sollte. Daneben wirkte Margarete Janetzky, eine „Leihgabe" der Reichssendeleitung, als erste Sekretärin des Intendanten, schied aber nach Nierentz' Demission am 31. Juli 1939 wieder aus.[214] Seit August 1937 verfügte der Sender mit Walter Pautsch über einen eigenen Tischler, mit Karl Joksch, geboren am 28. 8. 1911 in Naugard/Pommern, über einen zweiten Bühnenbildner.[215] Der gelernte Dachdecker Joksch, als Mitglied Nr. 1 071 332 der Partei seit 1932 angehörend, erwarb die Grundlagen der Theatermalerei an verschiedenen Kunstschulen in Stettin und Berlin. Nach einem sechsmonatigen Kriegsdienst[216] wechselte er im August 1940 endgültig als „Maler und Bühnenbildner" zum Nipkow-Sender, nachdem er bis dahin der Reichs-Rundfunk-Gesellschaft auch als Bürogehilfe gedient hatte.[217] Joksch lieferte 1940/41 die Dekorationen zu den Fernsehspielen *Verstaubtes Herz im Pulverschnee*, *Robinson soll nicht sterben*, *Der Kalif von Bagdad*, *Herz auf Urlaub* – um nur einige zu nennen. Und schließlich fungierte seit Mitte 1937 der junge Rio Gebhardt als fester Kapellmeister des Fernsehsenders.[218]

Aus dem *Bühnen-Jahrbuch* 1938 ist folgender, allerdings unvollständiger Geschäftsverteilungsplan überliefert: *Intendant* Hans-Jürgen Nierentz; *Sendeleiter* Willi Bai; *Oberspielleiter* Leopold Hainisch; *Spielwart* Wolfgang Neusch; *Kapellmeister* Rio Gebhardt; *Filmreferat* Hans Mähnz-Junkers, Waldemar Bublitz, Jochen Richert; *Bühnenbildner* Heinz Monnier; *Requisiten und Kostüme* Günter Greiner; *Dramaturgie und Presse* Arnolt Bronnen, Heinz Wilhelm Leuchter; *Programmverwaltung* Boris Grams.[219]

Als sich nach dem Umzug von der Rognitzstraße ins benachbarte Deutschlandhaus eine spürbare Verbesserung der sendetechnischen wie programmlichen Möglichkeiten ankündigte, schlug sich dies freilich auch in einem noch stärker konturierten Organisationsplan nieder. Erforderlich wurde jetzt vor allem der Aufbau eines „Bühnenbetriebs" der Programmseite, bestehend aus Dekorateuren, Maskenbildnern, Garderobenmeistern, Tischlern und Bühnengehilfen. Im April 1939 waren immerhin bereits 15 Mitarbeiter unter der Ägide des „Bühnenbetriebsleiters" Paul Pruegel für diese, mit dem Theater verwandten Tätigkeiten zuständig.[220] Mit den wachsenden Aufgaben nahm zwangsläufig auch der Spezialisierungsgrad der Programmbeschäftigten zu, weil unter den zwar verbesserten, aber nach wie vor provisorischen Bedingungen ein Funktionieren des gesamten Apparates mit „ungelernten Kräften" nicht mehr länger möglich war. Diesen Aspekt brachte RRG-Oberingenieur Ernst Augustin im August 1938 auf einen einfachen Nenner: „Die viel zu kleinen Räume des Fernsehsenders und die schlechten maschinellen Ausrüstungen im Deutschlandhaus stellen an das gesamte Personal besondere Anforderungen. Es ist daher unmöglich, mit ungelernten Leuten einen einwandfreien Betrieb durchzuführen. ‚Wenig Personal, aber erstklassige Kräfte' – das ist die Forderung."[221]

Gerade die letzten Monate hätten eindrucksvoll gezeigt, so meinte Augustin, daß gerade jene Mitarbeiter, die eine Mischung aus Theater- und Hörfunkerfahrung vorweisen könnten, am besten geeignet seien, mit den schwierigen Bedingungen beim Fernsehen fertig zu werden. Deshalb hielt man auch weiterhin an diesem bewährten Rekrutierungsmuster fest. Es galt zum Beispiel auch für Bruno Reisner, der am 16. März 1938 als weiterer Regisseur zum Fernsehen stieß. Reisner, geboren am 19.7.1902, fand seinen Weg zum neuen Medium über den Reichssender Königsberg, wo er seit der Machtübernahme Hörspiele inszenierte. Zuvor verdiente er sich als Schauspieler am Schauspielhaus Königsberg und als Theaterkritiker der *Ostpreussischen Zeitung* seinen Unterhalt.[222] Auch Reisner geriet nach 1933 in die Hände der Gestapo, weil sich sein Vater, Hermann Reisner, in der Weimarer Republik als sozialdemokratischer Gewerkschaftssekretär betätigt hatte. Allerdings gelang es ihm bald, Zweifel an seiner „deutschnationalen Gesinnung" zu zerstreuen. 1936 meinte der Königsberger Intendant Alfred Lau auf Anfrage der NSDAP, es sei zwar allgemein bekannt, daß Reisner „früher politisch nach links neigte". Gleichwohl habe er sich nach 1933 stets bemüht, „den nationalsozialistischen Gedankengängen und Forderungen zu entsprechen".[223] Sechs Jahre später, 1942, berichtete wiederum die Rundfunkarbeitsgemeinschaft über ihn: „Seit 1937 ist Reisner Pg. und hat seither den ernsten Willen zur Mitarbeit am heutigen Staat bewiesen"[224] Als Leiter des Filmtrupps, in der Nachfolge von Bublitz, und der Abteilung „Film und Bild", die unter seiner Aufsicht im August 1939 aufgebaut wurde,[225] war er der Urheber einer Reihe von Manuskripten für fernseheigene Filmproduktionen. Unter seiner Regie entstanden 1939/40 die Filmarbeiten *Oktoberfibel*, *Scala etwas verrückt*, *Plaza-Auftakt*, *Berliner Zoo am Jahresanfang* und *Opfersonntag*.

Im Frühjahr 1938 trat Heinz Piper, geboren am 4.3.1908 im mecklenburgischen Teterow, gelegentlich als Ansager auf – zunächst aus Etatgründen freiberuflich, was ihm später als Probezeit angerechnet wurde; zum 1. Juli erhielt er dann eine Festanstellung.[226] Daß Piper aber neben seiner Sprecherrolle noch weitere Aufgaben wahrnehmen mußte, war nicht nur typisch für das neue Medium, sondern geht auch aus seinem Dienstvertrag hervor, wo es unter der Rubrik „Beschreibung der Tätigkeit" hieß:

„Ansage der täglichen Fernsehsendungen, Übernahme kleinerer Rollen innerhalb dieser Sendungen, von Fall zu Fall als Reporter im Zeitdienst."[227] Da Piper der einzige Festangestellte im Sender war, der täglich vor das Aufnahmegerät und von November 1938 an vor die beweglichen Kameras zu treten hatte, enthielt sein Monatsgehalt eine Aufwandsentschädigung für Kleider- und Schminkkosten in Höhe von 50 Reichsmark. Zu Arnolt Bronnen kam 1938 Dr. Gerhard Wahnrau,[228] der im selben Jahr an der Universität Rostock mit einer Arbeit über das Thema *Studien zur Gestaltung der Handlung in Spielfilm, Drama und Erzählkunst* promoviert wurde, die ein Jahr später als Buch erschien.[229] Bis 1940 hatte auch er verschiedene Funktionen inne: Dramaturg, Regisseur, Hauptsachbearbeiter in der Abteilung Zeitgeschehen, die von Ende 1937 an schrittweise aufgebaut wurde.[230]

Im November 1938 nahm die Deutsche Revisions- und Treuhand-Aktiengesellschaft in ihrem Bericht über das RRG-Geschäftsjahr 1937/38 erstmals auch die personellen und organisatorischen Verhältnisse am Fernsehsender etwas genauer unter die Lupe. Zwar mußten die Wirtschaftsprüfer generell einräumen, daß es im gegenwärtigen Stadium des Experiments kaum gültige Maßstäbe für eine angemessene Personalausstattung gab. Dennoch kamen die Revisoren zu dem Schluß, der Fernsehsender sei personell eher unterbesetzt. Dies traf ihrer Meinung nach vor allem auf die Regie oder „Spielleitung" zu, mit acht Beschäftigten im Herbst 1938 immerhin die größte Abteilung des Programmbetriebs: „Sie erscheint als mäßig besetzt, wenn man berücksichtigt, daß nicht nur bei Wortsendungen, sondern grundsätzlich bei allen Sendungen ein Spielleiter mitwirkt, und daß ein Fernsehspiel eine intensivere Spielleiterarbeit erfordert, als zum Beispiel ein Hörspiel."[231] Auch bei den Verwaltungs-, Bühnen- und Hilfskräften sah man durchaus noch Nachholbedarf. Ob allerdings die gezahlten Gehälter, von denen nur vier über 500 RM monatlich lagen, in jedem Fall den erbrachten Leistungen entsprachen, konnten die Wirtschaftsprüfer mangels adäquater Vergleichsmöglichkeiten nur schwer einschätzen. Insgesamt bezeichneten sie aber das Gehaltsniveau „als niedrig".

Einen weiteren Aspekt, den die Haushaltsexperten in ihrem Bericht bemängelte, war die ungenügende finanzielle Ausstattung der Programmseite. Mit dieser indirekten Kritik am Rundfunk rannte man natürlich bei Nierentz offene Türen ein. Dem Intendanten war es zwar gelungen, in zähen Verhandlungen mit dem RRG-Prokuristen Werner Schmidt zur Nedden für 1937/38 500.000 RM an Programmmitteln loszueisen. Allerdings mußte schon bald nachverhandelt werden, denn der bescheidene Betrag erwies sich infolge der gewachsenen Aufgaben als nicht ausreichend, und er wurde deshalb im Laufe des Jahres 1938 noch einmal um 226.500 RM aufgestockt. Doch auch dieser Zusatzetat reichte kaum für das Nötigste.[232] Über die Art und Weise, wie man die Höhe der Gelder regelrecht ausfeilschte, schrieb Nierentz: „Später, nach dem Umzug ins Deutschlandhaus, wurde der Etat aufgestockt, wenn auch widerwillig. Ich besinne mich auf eine Etatverhandlung, die ich mit Schmidt zur Nedden führte. Er bot 400.000 pro Jahr, was ich auf 500.000 hochschachern konnte. Und wenn mich nicht alles täuscht, war es dann 1938 noch etwas mehr: 700.000."[233] Immerhin stand der Programmseite für 1938/39 bereits eine Haushaltssumme von 1.095.000 RM zur Verfügung, die allerdings aus Zusatzetats wie der sogenannten „Personalkostenreserve I" regelrecht zusammengeschustert werden mußte, um die expandierenden Ausgaben für das Personal decken zu können.[234]

Während sich die Zurückhaltung der politischen Führungsspitze in erheblichen finanziellen Engpässen manifestierte, trieb Nierentz im Laufe seiner Amtszeit den Ausbau des RRG-Fernsehens weiter voran. Im Sommer 1939 schrieb Heinz Wilhelm Leuchter, die bis dahin eher lockere Arbeitskameradschaft habe sich zu einer festen und disziplinierten Sendergemeinschaft erhoben, an deren Spitze ein junger und tatkräftiger Intendant stehe.[235] Leuchter, zu diesem Zeitpunkt bereits beim Fernsehen ausgeschieden und deshalb über Interna nicht mehr ganz auf dem Laufenden, würdigte vor allem die organisatorischen Verdienste seines früheren Vorgesetzten. Vom April 1939 ist ein Geschäftsverteilungsplan der Programmseite überliefert, der bereits exakt umrissene Abteilungen und Zuständigkeitsbereiche erkennen läßt; in seinen Grundzügen wurde er auch in den nachfolgenden Kriegsjahren beibehalten.

Bei der inhaltlichen Konzeption des Sendeplans und seiner praktischen Umsetzung herrschte 1939 zwischen den einzelnen Abteilungen keine klar abgegrenzte Rangordnung oder Hierarchie, sondern lediglich eine Regelung der Zuständigkeiten und des Arbeitsweges, vorbehaltlich der späteren Zustimmung durch den Intendanten. Die drei Programmabteilungen Spielleitung, Musik-Referat und Zeitdienst hatten jeweils eigenverantwortlich für einen glatten Ablauf der sie betreffenden Sendungen zu sorgen. So jedenfalls sah es ein Terminkalender des Nipkow-Senders vom Juni 1939 vor, anhand dessen sich der Weg einer Live-Sendung von der Idee über den Vorschlag bis hin zur Ausführung rekonstruieren läßt.[236] Demnach waren die Regisseure und der Sachbearbeiter des Musik-Referats angehalten, ihre Programmideen für die fünfte Programmwoche[237] zunächst der Abteilung Dramaturgie vorzulegen, die zu überprüfen hatte, ob sich der Stoff hinsichtlich Besetzung, Kulissen und Wirtschaftlichkeit überhaupt für das Fernsehen realisieren ließ. Wenn dies der Fall war, arbeitete der Dramaturg einen Programmvorschlag aus („Eigenformung für das Fernsehen"), der bis spätestens drei Wochen vor der Sendung bei dem Programmleiter und Stellvertreter des Intendanten, Julius Jacobi, auf dem sogenannten „Weiß-Schein" einzureichen war. Hingegen wandte sich die für Aktuelles zuständige Abteilung Zeitdient mit ihren Vorschlägen direkt an Jacobi, und zwar ebenfalls drei Wochen vor dem Sendetermin, soweit es sich nicht um tagesaktuelle Themen handelte. Auf der Grundlage dieser Empfehlungen erstellte der Programmleiter einen Entwurf und – nach dessen Genehmigung durch den Intendanten – einen endgültigen Sende- und Probenplan mit Plazierung und Dauer der Darbietungen. Dieser lag schließlich vierzehn Tage vor dem Beginn der betreffenden Programmwoche in der Spielleitung zur Einsichtnahme aus.

Nachdem die Inhalte grob abgesteckt waren, erfolgte in einem nächsten Schritt die sogenannte „Ausführungsplanung" mit der Verpflichtung geeigneter Darsteller durch das Besetzungsbüro, dessen Sachbearbeiter spätestens zehn Tage vor dem Sendetermin die Verträge zur Gegenzeichnung beim Programmleiter einzureichen hatte; der Inten-

Abbildung 3: Gestaltung und Ausführung des Fernsehsendeplans

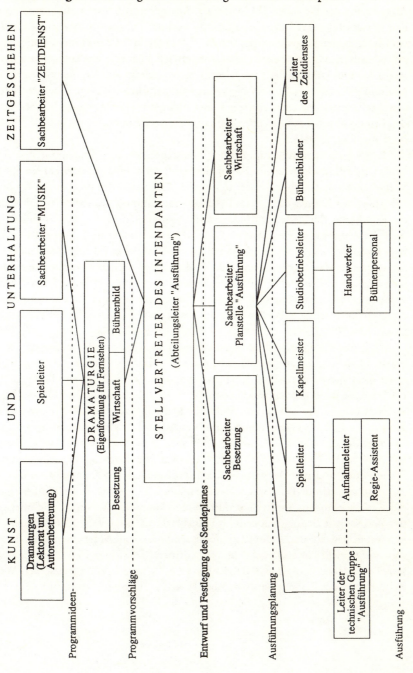

dant behielt sich bei der Auswahl der Mitwirkenden ein Vetorecht vor. Ebenso bei der Abrechnung der Honorare für Darsteller, Ansager und Autoren, die – zusammen mit den notwendigen Lizenzanforderungen – von der Programmverwaltung erstellt und vom Intendanten zu genehmigen waren.[238] Was die Höhe der Honorare anbelangte, so gab es nach wie vor keine festen Sätze, sondern lediglich eine Festlegung von Fall zu Fall, wobei Art und Umfang des Engagements berücksichtigt wurden. Für ein eigens für das Medium geschriebenes Fernsehspiel zahlte man natürlich etwas mehr, als für die fernsehgerechte Bearbeitung eines Hörspiels oder Bühnenstücks. Aber auch hier wurden nach den Erinnerungen der Zeitzeugen einmalige Honorare in Höhe von 200 bis 300 Reichsmark nie überschritten.[239]

Parallel zur „Ausführungsplanung" verständigten sich Programm und Technik bereits über die praktische Umsetzung der Sendungen. In einer sogenannten Spielleiter-Vorbesprechung unterbreitete der technische Studioleiter der Post Vorschläge hinsichtlich geeigneter Kamera-, Licht- und Mikrophonpositionen, während der Bühnenbildner des Rundfunks Entwürfe für Kulissen und Dekorationen vorstellte. Anschließend trug man die endgültigen Raumskizzen und Kameraschemata in das sogenannte Hauptregiebuch ein, so daß für jede Live-Sendung ein kompletter Fahrplan vorlag, der wiederum spätestens vier Tage vor Beginn der Proben dem Programmleiter zur Genehmigung vorzulegen war. Darüber hinaus vereinbarten Programm und Technik im Vorfeld von größeren Produktionen jeweils Lese- oder Musikproben, um die Aufnahmezeiten zu ermitteln und auf diese Weise zumindest einen groben Überblick über die Sendedauer zu erhalten.[240]

Aufgrund der angespannten Raumsituation im Fernsehstudio mußte man diese vorbereitenden Arbeiten auf mehrere Orte verteilen. In Frage kamen dabei das Funkhaus sowie die angrenzende „Kleine Villa" in der Soorstraße 33, die seit 1938/39 für Zwecke des Fernsehsenders genutzt werden konnte.[241] Auch Nebenräume im Deutschlandhaus, wie zum Beispiel der Umkleideraum für die Darsteller, nahmen die Programmacher für Leseproben und Regiebesprechungen in Beschlag.[242] Aus einem Probenplan für die 9. Programmwoche vom 27. 2. bis 4. 3. 1939 geht hervor, daß das Fernsehstudio täglich von 8.30 bis 19.30 Uhr, also bis 30 Minuten vor Sendebeginn, voll ausgelastet war mit Proben ohne und mit Dekoration, Hauptproben und Wiederholungsproben. Dieser Aufwand war erforderlich, weil bekanntlich sämtliche eigenen Programmbeiträge, auch die Wiederholungen, nur live gesendet werden konnten. Vormittags und mittags standen zumeist jene Beiträge auf dem Plan, die für die nächsten Tage oder Wochen vorgesehen waren. Jeweils am Nachmittag probte man noch einmal jene Sendung, die abends zum ersten, vielleicht aber auch schon zum dritten oder siebten Mal ausgestrahlt werden sollte. Die letzte Stunde von 18.30 bis 19.30 Uhr gehörte zumeist der Abteilung Zeitdienst, deren Beiträge seit November 1938 das Abendprogramm einleiteten.[243]

5.6. Mikroskopisch klein
Zuschauerzahlen und Heimempfang

Für wen betrieb man nun diesen beträchtlichen Aufwand, für den die Post bis 1939 23 Millionen Reichsmark allein an Anlagemittel aufbrachte? Wo blieben die Zuschauer? Erstmals im Mai 1937 erhob die Reichspostdirektion Berlin in den Fernsehstellen exakte Publikumszahlen und unterrichtete das Postministerium über soziale Herkunft und „Sehgewohnheiten" der Zuschauer.[244] Den Beobachtungen der Beamten zufolge war das Interesse der Hauptstädter an der ersten Vorführung von 20.00 bis 21.00 Uhr durchschnittlich sehr hoch, während der Besuch in der zweiten Hälfte zum Teil erheblich zurückging. Dies traf vor allem auf die drei vom Rundfunk betriebenen Empfangsstellen zu, wo nach 21.00 Uhr häufig weniger als zehn Zuschauer pro Tag und Fernsehstube gezählt wurden. Im Unterschied zum Vorjahr, wo der Andrang in den öffentlichen Stellen Berlins vereinzelt nur mit Hilfe der Polizei geregelt werden konnte, stellte das Fernsehen nach RPD-Angaben im Jahre 1937 bereits eine alltägliche Erscheinung dar.[245] Der Besuch galt nun nicht mehr der technischen Sensation, sondern konzentrierte sich größtenteils auf die ausgestrahlten Programme. Die durchschnittliche tägliche Besucherzahl in den elf Fernsehstuben (allerdings ohne die beiden Großbildstellen) für die Monate Januar bis März 1937 errechnet sich aus folgender Aufstellung der Reichspostdirektion:

Fernsehstelle	Zahl der Plätze	Durchschnittl. Besucherzahl pro Tag					
		Januar		Februar		März	
		20-21	21-22	20-21	21-22	20-21	21-22
Charlottenburg	30	30	24	29	26	28	24
Reichspostminist.	50	30	21	36	25	32	24
Lichtenberg	30	28	16	30	20	28	20
Geisbergstr. 7/9	30	26	19	27	25	29	24
Schöneberg	40	36	30	35	31	36	32
Neukölln	42	42	32	40	36	40	23
Steglitz	35	27	13	28	16	28	17
N 24	50	44	23	41	21	34	17
Reinickendorf (RRG)	50	41	7	49	9	53	8
Pankow (RRG)	50	57	12	65	13	68	13
Rundfunkhaus (RRG)	40	24	7	34	10	38	12
SUMME	447	385	204	414	232	414	214

Nach den Zuschauerrekorden während der Sommer-Olympiade mit rund 10.000 Konsumenten pro Tag, zählte man nunmehr im Frühjahr 1937 im Durchschnitt etwa 2.000 Besucher täglich. Dabei handelte es sich nach Angaben der Reichspostdirektion bereits um ein regelmäßig wiederkehrendes Stammpublikum, wobei allerdings die meisten Besucher den „ärmeren Volksschichten" zugerechnet werden mußten, die durch die Teilnahme an den kostenlosen Vorführungen die Ausgaben für das Kino einsparten. Hingegen waren jene geschlossenen Veranstaltungen für die Hitler-Jugend, die Anfang 1937 etwa einmal monatlich in den Empfangsstellen stattfanden, durchweg sehr gut besucht. Deshalb regte die Postdirektion an, Vorführungen dieser Art in stärkerem Maße als bisher durchzuführen („auch für Gliederungen der Partei, Gefolgschaften größerer Betriebe usw."), um somit „größere Kreise des Volkes mit dem Fernsehen vertraut zu machen."[246] Auffällig ist, daß sich die Post offenbar mehr Gedanken über inhaltliche Interessen und Vorlieben ihrer wenigen Zuschauer machte als der Rundfunk. Andererseits waren es fast ausschließlich Postbeamte, die täglich mit dem Publikum in Kontakt kamen und ihre Eindrücke regelmäßig dem Studiopersonal mitteilen konnten. Dies ging sogar soweit, daß Wilhelm Ohnesorges Behörde ansatzweise und offensichtlich hinter dem Rücken der Programmseite „Rezipientenforschung" betrieb. Jedenfalls sind mehrere – unausgefüllte – Exemplare eines Fragebogens erhalten, der in den Fernsehstuben an die Besucher verteilt wurde. Nach Angaben von Zeitzeugen soll die Post in den ersten Monaten der Ära Nierentz mit dieser Aktion begonnen haben.[247]

Für die zweite Hälfte des Jahres 1937 publizierte der Rundfunkjournalist Kurt Wagenführ weitere Zuschauerzahlen, die zwar stark abgerundet waren, deren Entwicklung im Zeitablauf aber durch eine graphische Darstellung veranschaulicht wurde.[248] Allerdings dürften diese offiziellen Angaben des Rundfunks (90.000 Besucher in sieben Monaten) mehr propagandistischen Wert gehabt haben, denn Wagenführ mußte im Gegensatz zu der postinternen RPD-Erhebung andere Schwerpunkte setzten. Nach seiner Darstellung verzeichneten gerade diejenigen Empfangsstellen Rekordzahlen, die vornehmlich der Rundfunk in den dicht bevölkerten Arbeitervierteln der Reichshauptstadt (vor allem in Pankow) unterhielt. Dort habe man von Juni bis Dezember über 40.000 Besucher gezählt, schrieb Wagenführ, der dies als eine Bestätigung der NS-Strategie wertete, die Stuben des Rundfunks mit Bedacht in Wohnvierteln des „deutschen Arbeiters" zu legen.[249] An zweiter Stelle rangierten die Stadtteile Lichtenberg, Schöneberg und Steglitz mit 20.000 Zuschauern im gleichen Zeitraum, gefolgt von 15.000 Besuchern in den Fernsehstuben Rundfunkhaus und Reichspostministerium sowie ebenfalls 15.000 im Berliner Westen (Charlottenburg und Reinickendorf-West). Daß gerade der betuchte Westen Berlins, wo später einmal die ersten Käufer von Empfängern vermutet werden konnten, bei den Zuschauerzahlen das Schlußlicht bildete, dafür hatte Wagenführ eine plausible Erklärung parat: „Es muß (...) bedacht werden, daß diese Gegenden weit dünner besiedelt sind als zum Beispiel die Wohnviertel der werktätigen Handarbeiter, und daß im Berliner Westen der Besuch der Stuben meist einmalig, gewissermaßen ‚informatorisch' ist."[250]

Die wenig aufschlußreichen Zahlenangaben Wagenführs sind in ihren zeitlichen Schwankungen nicht uninteressant. Allein während der ersten Direktübertragung vom Nürnberger „Parteitag der Arbeit" im September 1937 und anläßlich des Staatsbesuches von Benito Mussolini wenige Wochen später stieg die Kurve um rund 13.600 Besucher an, weil an diesen insgesamt elf Tagen nicht nur mehr Fernsehstuben im Schichtbetrieb geöffnet waren, sondern auch ein um die Vormittags- und Nachmittagsstunden erweitertes Programm gezeigt wurde. Das galt natürlich auch für den Monat August, wo das Fernsehen den größten Andrang verzeichnete. Hier mache sich die Propaganda zur Funkausstellung bemerkbar sowie die zahlreichen in- und ausländischen Gäste, meinte Kurt Wagenführ.[251] Hingegen folgte nach dieser Großveranstaltung und den September-Ereignissen ein kontinuierlicher Rückgang der Zuschauerzahlen. Sie erreichten schließlich im Dezember 1937 ihren absoluten Tiefpunkt, was Wagenführ wiederum auf drei Gründe zurückführte: auf die Sendepause um die Weihnachtsfeiertage, dem Wegfall von zwei Fernsehstuben, die wegen Renovierung insgesamt zwei Wochen geschlossen werden mußten, und auf den Umzug ins Deutschlandhaus, der vorübergehend ein relativ unattraktives Filmprogramm notwendig machte. Trotz des Einbruchs in der Gunst des Publikums gab es für den optimistischen Wagenführ keinen Zweifel: „Das Fernsehen hat sich bereits einen sicheren Platz in der Reichshauptstadt erobert (...).“[252]

Im ersten Halbjahr 1938 pendelten sich die Besucherzahlen in den öffentlichen Fernsehstellen bei 10.000 bis 15.000 monatlich ein. Hinzu kamen die Dienstgeräte der Postangestellten, einige wenige Apparate, die in den Dienst- und Privaträumen von unmittelbar an der Fernsehentwicklung beteiligten Mitarbeitern von Industrie und Rundfunk standen, bei wenigen interessierten Journalisten wie Kurt Wagenführ, Gerhard Eckert oder Eduard Rhein,[253] bei zum Teil hochrangigen Funktionären von Partei, Staat und Militär. Aus einer Aufstellung der Reichspost-Forschungsanstalt vom Juni 1937 geht hervor, daß man zu diesem Zeitpunkt in Berlin nicht mehr als 75 Heim- und Dienstempfänger von den verschiedenen gerätebauenden Firmen betrieb (vgl. Anlage 5).

Vor allem Kurt Wagenführ, der zusammen mit anderen Muliplikatoren erst im Herbst 1937 ein eigenes Gerät bekam und deshalb in der RPF-Liste noch nicht aufgeführt war, ließ keine Gelegenheit ungenutzt, um kräftig die Werbetrommel für das neue Medium zu rühren. Als Antwort auf den eklatanten Empfängermangel wandelte er seine Berliner Vorortwohnung in eine halböffentliche Empfangsstelle für Hausbewohner, Nachbarn und befreundete Kollegen um.[254] In der Fachzeitschrift *Der Deutsche Rundfunk* berichtete er Ende 1938 überschwenglich: „Es ist keine Woche vergangen, daß ich nicht mehrmals Gäste hatte, zum Teil zufällige, zum Teil sorgsam ausgewählte. (...) Da waren Schriftleiter, sogenannte abgebrühte Journalisten, (...) ein Kaufmann, ein Beamter, ein General, ein Filmautor – ich habe mir zusammengefischt, was ich nur erreichen konnte.“[255] Auf diese Weise schleuste Wagenführ bis 1942 über 150 verschiedene Gäste durch sein Wohnzimmer. Die Reaktion auf das Dargebotene war dabei ganz unterschiedlich. So fühlte sich der Schriftsteller und Theaterkritiker Paul Fechter nach seinem ersten Fernseherlebnis bei Wagenführ an ein „einsames Theater“ erinnert. In der *Deutschen Allgemeinen Zeitung* faßte er im März 1939 seine Eindrücke zusammen: „Der Doktor Gastgeber dreht wie ein Rundfunkbastler an ein paar Knöpfen hin und her, das Bild wird heller, dunkler, verschwommener, schärfer. (...) Man sitzt in seinem Sessel und starrt auf die zuweilen leicht zuckende Fläche, (...) und auf dem spiegelnden Deckel da, zwei, drei Meter vor einem, spielen Menschen einem Theater vor. (...) Ob Zuschauer da sind oder nicht – das Theater spielt. Es hat sich verselbständigt, abgelöst von seinen Gästen, die bis jetzt sogar zu seinem Begriff gehörten – es ist einsames Theater für sich geworden."[256] Wagenführ wiederum, der wenig später auf Fechters Artikel einging, ließ diese unterschwellige Kritik natürlich nicht gelten. Das Fernsehen biete schließlich mehr als nur unterhaltende Sendungen, schrieb er. Vor allem mit seinen aktuellen Beiträgen bringe der Sender die ganze Welt „in unsere Zimmer", und man werde schon bald lernen müssen, auf die Substanz des Dargebotenen zu achten.[257]

Bis zu einer endgültigen Regelung blieb es allein der Post vorbehalten, die Genehmigung zur Aufstellung privater Empfänger auszusprechen. Das galt natürlich auch für die Industrie selbst, der es lediglich gestattet war, bis zu fünf Geräte versuchsweise in ihren eigenen Labors zu betreiben. Darüber hinaus mußten die empfängerbauenden Firmen von Sommer 1937 an über die Reichspost-Forschungsanstalt bei Ministerialrat Günter Flanze Rechenschaft ablegen, „auf welche Veranlassung hin sie an Einzelpersonen Fernsehempfänger ausgegeben haben",[258] nachdem zuvor die Industrie beliebig Geräte ohne Genehmigung der Behörde leihweise verteilt hatte.[259] Laut Post-Verfügung vom 25. Juli 1938 durften im übrigen nur noch solche Empfänger zum späteren Verkauf zugelassen werden, die von der Reichspost geprüft und freigegeben wurden.[260] Wenn man Heim- oder Dienstempfänger unentgeltlich zur Verfügung stellte, nahmen im allgemeinen die Rundfunkfirmen Reparaturen kostenlos in ihren Laboratorien vor, während hingegen die Geräte der Reichs-Rundfunk-Gesellschaft von eigenen Technikern gewartet wurden.[261] Austausch und Wartung der empfindlichen Privatgeräte geschah dabei zuweilen überfallartig. Kurt Wagenführ, der sein Gerät personifizierte und ihm „gelegentlich wohlwollend tätschelnd die Flanken streichelte",[262] berichtete 1939 über zwei Techniker der Fernseh AG, die ohne Voranmeldung in seine Wohnung kamen, den Empfänger überprüften, bevor sie ihn mitnahmen und an einen anderen Standort versetzten. Kurze Zeit später rief ein Vertreter von Telefunken an und „versprach mir eine neue Welt, innerhalb von drei Tagen. Das dürfte ein Schöpfungsrekord sein".[263]

Dieser unentgeltliche Service beschränkte sich jedoch auf einige handverlesene Personen. Im allgemeinen veranschlagte man die Kosten für den Privatempfang im großen Stil als viel zu hoch, um einen raschen Anstieg der Teilnehmerzahlen zu gewährleisten, wie es zum Beispiel beim Hörfunk Mitte der zwanziger Jahre der Fall gewesen war. Nach Berechungen Ernst Augustins vom August 1938 konnten sich von den insgesamt 4,6 Millionen Haushalten in den drei Sendebezirken Berlin, Brocken und Großer Feldberg bestenfalls 36.000 Haushalte ein Gerät leisten – vorausgesetzt, sein Preis lag unter 600 RM und die monatlichen Aufwendungen für Wartung und Röhrenwechsel reduzierten sich auf mindestens 25 RM. Selbst wenn diese Zahl durch „geschickte propagandistische Maßnahmen" verdoppelt oder gar verdreifacht werden könnte, kämen keine diskutablen Teilnehmerzahlen heraus, prognostizierte Augustin.[264] Auf der Suche nach Auswegen schlug er eine Finanzierungsgesellschaft vor, die als Bindeglied zwischen

Industrie und Publikum gegen eine monatliche Gebühr von 12 bis 15 RM Empfänger mietweise bereitstellt, ähnlich wie dies die Post bei Telefonapparaten praktizierte. Lege man nun das durchschnittliche Einkommen in den drei Sendebezirken zugrunde, so kämen rund 530.000 Haushalte in den Genuß eines solchen Mietgeräts. Unter der statistischen Annahme eines Vier-Personen-Haushaltes, beschloß Augustin seine Überlegungen, könnten dann immerhin rund 2,2 Millionen Menschen am Fernsehempfang teilnehmen.[265]

5.7. Als Ausgleich für das Fernsehen Die Post fordert mehr Rundfunkgebühren

In Ernst Augustins Rechenexempel blieb eine eventuell zu erhebende Fernsehgebühr noch unberücksichtigt. Um jedoch die enormen Kosten für ein künftiges Programm decken zu können, die auf 2 bis 2,5 Millionen Mark im Monat beziffert wurden, schlug die Reichs-Rundfunk-Gesellschaft 1938 einen monatlichen Obolus von 5 RM vor,[266] der zufällig genau der ersten Fernsehgebühr nach dem Krieg entsprach.[267] Auch im Reichspostministerium stellte man Anfang April ähnliche Überlegungen an. Einigkeit herrschte bei den ministeriellen Beamten aber lediglich darüber, daß der zwischen Post und Propaganda auszuhandelnde Verteilungsschlüssel für eine künftige Fernsehgebühr auf einer anderen Grundlage aufgebaut werden müsse, als der für die Hörfunkgebühren (2 RM), wo die Post seit 1933 gegenüber Goebbels' Ministerium mehr und mehr ins Hintertreffen geraten war. So konnte sich Goebbels im Februar 1935 eine neuerliche Steigerung seines Anteils gegenüber der Post auf nunmehr 55 Prozent sichern (bei mehr als sieben Millionen Teilnehmern sogar auf 75 Prozent), um damit seine vielfältigen geheimen und öffentlichen Propagandaaktivitäten finanzieren zu können.[268]

Die Reichspost begründete ihren generellen Majoritätsanspruch an einer zu erhebenden Fernsehgebühr mit dem immensen Forschungsaufwand, den sie in den vergangenen Jahren betrieben hatte, zum anderen mit der Tatsache, daß die gesamte Studiotechnik in ihren Händen lag. Was allerdings die Höhe der Gebühr anbelangte, so dachte man eher pragmatisch. Im Interesse einer schnellen und kräftigen Entwicklung, notierte Ministerialrat Günter Flanze, müsse ein künftiger „Fernsehrundfunkgebührentarif" zunächst möglichst niedrig gehalten werden.[269] Obwohl ein solcher Tarif im Dritten Reich tatsächlich niemals eingeführt wurde, brachte ihn doch die Post – zumindest indirekt – auch nach 1939 immer wieder ins Gespräch. Erwies sich eine zusätzliche Belastung der Teilnehmer über eine Gebühr am Anfang des Fernsehens als hemmend und wenig hilfreich, so wollte die Post doch wenigstens eine Verschiebung des Aufteilungsschlüssels beim Rundfunk zu ihren Gunsten durchsetzen,[270] ein Vorstoß, den Goebbels jedoch abwehren konnte. Noch 1940 startete Günter Flanze einen seiner zahlreichen Versuche, bei der Rundfunkgebühr ein Teilungsverhältnis von 60:40 für die Reichspost herauszuholen, was er hauptsächlich mit den besonders hohen Aufwendungen für den Ausbau des Fernsehkabelnetzes begründete.[271] Am 26. Januar erklärte der Ministerialrat gegenüber Goebbels' Abteilungsleiter Erich Greiner: „Diese Kosten fallen umsomehr ins Gewicht, als der Fernsehrundfunk selbst keine Einnahmen hat."[272]

Für die Propaganda kamen jedoch Gebührenverluste zugunsten eines defizitären Mediums, dessen propagandistischer Wert man überdies als sehr gering einschätzte, nicht in Frage – zumindest beim gegenwärtigen Stand der Entwicklung nicht. Goebbels' Ministerialdirigent Karl Ott machte im August 1941 gegenüber Staatssekretär Leopold Gutterer unmißverständlich deutlich, wer in diesem frühen Versuchsstadium die notwendigen Vorleistungen und Investitionen zu tragen habe. Ott fand, wenn sich schon die Reichspost in zahlreichen öffentlichen Äußerungen lauthals als Treuhänderin der deutschen Nachrichtentechnik darstelle,[273] so müsse sie auch die notwendigen technischen Voraussetzungen für die Aufnahme des Fernsehrundfunks zur Verfügung stellen, und zwar unabhängig von den einbehaltenen Rundfunkgebühren. Abschließend meinte Ott: „Ein Defizitgeschäft aus anderen Erwerbszweigen der Reichspost kann auch nicht zu Lasten des deutschen Rundfunks gehen."[274]

Allerdings rechnete selbst die Propagandaseite damit, daß eine stärkere, auf das Fernsehen zurückzuführende Partizipation der Post an den Rundfunkgebühren nur noch eine Frage der Zeit war. So konfrontierte Goebbels' Referent für Rundfunkwirtschaft, Hermann Schäfer, seinen Minister im Oktober 1938 mit dem Szenario einer „stürmischen Ausbreitung" des Fernsehens und einem „langsamen Zurückdrängen" des Hörfunks. Als Konsequenz daraus konstatierte Schäfer, der Anteil an den Rundfunkgebühren werde „in absehbarer Zeit" durch auftretende Ansprüche der Post zu Ungunsten des Propagandaministeriums verschoben. Er machte darauf aufmerksam, daß die Post bereits heute erhebliche Mittel aus ihrem Rundfunkgebührenanteil in eigene Betriebe für die Konzeption erschwinglicher Fernsehgeräte investiere. Wenn die geschilderte Entwicklung weitere Fortschritte mache, „wird von dieser Seite eine Gefährdung der finanziellen Grundlagen des Hauses hervorgerufen", warnte Schäfer.[275] Für Goebbels konnte dies nur ein weiterer Anlaß sein, eher hemmend als fördernd auf den Gang des Fernsehens einzuwirken.

5.8. Am Krieg gescheitert
Der Fernseh-Einheitsempfänger E 1

Während Joseph Goebbels das Medium mehr duldete als mit besonderer Aufmerksamkeit bedachte oder gar aktiv unterstützte, gaben die industriellen Lieferanten ihre anfängliche Zurückhaltung der neuen Kommunikationstechnik gegenüber mehr und mehr auf, denn spätestens mit dem Übergang auf die 441-Zeilen-Technik schien für sie die Zeit der Unsicherheit endgültig vorbei.[276] Obwohl auch 1939 kritische Stimmen nicht verstummten, die vor empfindlichen Einbußen im Geschäft mit Radiogeräten warnten,[277] wollte man nun beim Fernsehen endlich die Früchte des annähernd zehnjährigen, intensiven Forschens ernten.[278] Und das zu erwartende Fernsehgeschäft kam der Industrie 1938/39 gerade recht, hatte man doch beim Absatz von Radios eine gewisse Sättigungsgrenze erreicht.[279] Nachdem einzelne Firmen schon im Frühjahr 1938 bei der Abgabe ihrer wenigen Geräte gegen die Meldepflicht verstoßen hatten,[280] ergriff die Fernseh AG Mitte Juli mit einer vertraulichen, bezeichnenderweise zuerst Postminister Ohnesorge vorgelegten[281] Denkschrift „Gedanken zur Einführung des Fernsehens" die Initiative. Über Sinn und Zweck dieser neunseitigen Schrift ließen die beiden Verfasser Paul Goerz (der kurz darauf in einem Fachartikel Geräte zu „volkstümlichen Preisen" fordern sollte[282]) und Georg Schubert keinen Zweifel aufkommen. Einleitend schrieben sie:

„In allen an der Fernsehtechnik interessierten Kreisen ist sicher der brennende Wunsch vorhanden, die Ergebnisse von Forschung und Betrieb auf diesem hochbedeutsamen Gebiet so schnell wie möglich breitesten Kreisen zugänglich zu machen. (...) In den letzten zehn Jahren sind gerade in Deutschland sowohl von staatlicher als auch industrieller Seite ausserordentlich hohe Aufwendungen für die Entwicklung der Fernsehtechnik gemacht worden, und es besteht natürlich besonders auf allen Seiten der Wunsch, die Entwicklung der Fernsehtechnik allmählich weniger verlustreich zu gestalten, bzw. aus der Fernsehtechnik sogar bescheidenen Gewinn ziehen zu können, um die Verluste der vergangenen zehn Jahre abzugelten."[283]

Um möglichst breite Kreise für das Fernsehen zu begeistern, mußten nach Goerz und Schubert zunächst zwei Grundvoraussetzungen gegeben sein: Einerseits ein abwechslungsreiches und aktuelles Programm, andererseits eine genügend große Zahl privater Geräte, um die Aufwendungen für die Programmseite und die Studiotechnik aus den Fernsehgebühren decken zu können. Um aber von vornherein die Lasten tragbar zu gestalten und auf möglichst viele Schultern zu verteilen, forderten die Geschäftsführer der Fernseh AG, „alle die Kreise, die heute an der Einführung des Fernsehens interessiert sind, zusammenzufassen und an der Finanzierung des allgemeinen Fernsehens mithelfen zu lassen", also zum Beispiel auch die Elektrizitätswirtschaft. Wenn man bedenke, welche Anstrengungen sowohl die Gasbetriebsgesellschaften als auch die Elektrizitätswerke unternähmen, um etwa Kühlschränke abzusetzen, so läge es doch nahe, auch diese Unternehmen in den Kreis der interessierten Gruppen mit einzubeziehen, zumal Fernsehgeräte reichlich Strom verbrauchten. Mit Rücksicht „auf die bedeutenden politischen und kulturellen Aufgaben des Fernsehens" konnten es sich Goerz und Schubert auch vorstellen, Organisationen wie die Deutsche Arbeitsfront oder ihre Unterorganisation „Kraft durch Freude" in den Kreis aufzunehmen, was natürlich die Kosten für die Industrie weiter reduziert hätte. Die genannten Gruppen müßten dann in einem nächsten Schritt zu einer Finanzierungsgesellschaft zusammengefaßt werden, die die Massenproduktion eines preisgünstigen Empfängers in Auftrag gibt, beziehungsweise dessen Absatz garantieren würde. Ein solcher Einheitsempfänger sei zwar für den Anfang noch nicht für die allerärmsten, aber doch schon für weite Kreise der Bevölkerung gegen Bar- oder Ratenzahlung erschwinglich. Gegebenenfalls müsse man zusätzliche Anreize schaffen, wie zum Beispiel mit der Vermietung, Aufstellung und Wartung von Geräten durch die Reichspost gegen eine monatliche Gebühr, wie dies bereits aus Kreisen des Rundfunks vorgeschlagen wurde. Ein solcher Gedanke hatte zwar für die Vorstandsetage des Unternehmens naturgemäß etwas Befremdendes. Goerz und Schubert gaben jedoch zu bedenken, daß gerade beim Fernsehen die Rundfunkhändler noch über keinerlei Erfahrung verfügten und deshalb die Kunden kaum beraten könnten.[284] Eine „völlige Ausschaltung des Handels" sei aber auf Dauer nicht möglich, insbesondere zu einem Zeitpunkt, wo auch andere, teurere Apparatetypen „zum Verkauf gelangen werden".[285]

Die Industrie war 1938 durchaus in der Lage, auf niedrigem Preisniveau ein Gerät in Serienproduktion herzustellen. Während der Funkausstellung präsentierte beispielsweise die Fernseh AG einen Empfänger, der sich nach Angaben des Unternehmens bei einer Auflage von mindestens 1000 Stück für etwa 850 RM verkaufen ließe. Deshalb fiel es der Post auch nicht sonderlich schwer, auf den Juli-Vorstoß der Fernseh AG einzugehen. Knapp vier Wochen nach der Denkschrift von Goerz und Schubert, am 10. August, initiierte die Forschungsanstalt Vorgespräche mit den großen empfängerbauenden Firmen. Man einigte sich dahingehend, Produktion und Verkauf eines Einheitsempfängers generell in die Hände der etablierten Unternehmen zu legen, möglichst unter Umgehung des Handels, um die Verkaufsgewinne zu maximieren. Auch kleinere Privatlabors sollten von dem lukrativen Gemeinschaftsprojekt ausgeschlossen sein.[286] Den neuerlichen Vorschlag der Industrie, die Post solle den gesamten Gerätebestand aufkaufen und in Analogie zur Distribution von Telephonen einzeln an Interessenten vermieten, lehnte die Post endgültig ab, wäre doch die Behörde damit zur alleinigen Risikoträgerin geworden.[287] Außerdem legte man während der August-Besprechung die Quoten für die erste Serie des Einheitsempfängers E 1 fest. Zunächst sollten insgesamt 4600 Geräte produziert werden, wobei die einzelnen Unternehmen entsprechend ihrer Kapitalstärke beteiligt wurden: Telefunken und die Fernseh AG mit jeweils 1250 Stück, die Radio AG DS Loewe und die Lorenz AG mit jeweils 800 und die Tekade mit 500 Empfängern. Die Post übernahm 25 Prozent des Risikos für den Produktionsanlauf.[288]

Während die aufgesplittete Fertigung des E 1 im November 1938 anlief, bereitete sich der Rundfunkhandel mit Lehrgängen und Weiterbildungsmaßnahmen auf das neue Produkt vor.[289] Auf dem Programm standen u.a. die Besichtung der Produktionsstätten sowie Besuche in den Fernsehstuben. Bei rechtzeitiger Voranmeldung, schlug etwa Heinz Jungfer in seiner „Lehrunterlage für den Rundfunk-Kaufmann" vor,[290] könne eine Fernsehstube während der Dauer der Besichtigung durchaus für das Publikum gesperrt werden, so daß Einblicke ins Innere der Geräte möglich wären. Die Reichspost vereinbarte darüber hinaus mit dem Wirtschaftsministerium, nur solche Rundfunkhändler für den Verkauf von Fernsehgeräten zuzulassen, die von den nationalsozialistisch organisierten Fachgruppen als geeignet hierzu vorgeschlagen würden, um Rückschläge beim Start des Empfängerverkaufs durch schlechte Beratung der Kunden zu vermeiden. Voraussetzung hierfür sollte die erfolgreiche Teilnahme an einem Lehrgang für

„Fernsehempfangstechnik" sein, der mit einer mündlichen Prüfung abzuschließen war.[291] Solche Schritte erwiesen sich jedoch als zu voreilig. Obwohl die Industrie schon im Februar 1939 das erste Mustergerät herausbrachte (inzwischen war eine Serie von 10.000 Stück vorgesehen), konnte wegen Rohstoffmangels mit der Auslieferung der ersten Auflage nicht vor Oktober 1939 gerechnet werden. Um aber den beabsichtigten Werbeerfolg auf der Funkausstellung nicht zu gefährden, erklärten sich schon im April Telefunken und die Fernseh AG bereit, der Post vorab je 25 Stück in Einzelanfertigung zur Verfügung zu stellen.[292]

Postminister Wilhelm Ohnesorge nahm indes die Präsentation des Fernseh-Einheitsempfängers zum Anlaß, bei der Eröffnung der Funkausstellung am 28. Juli 1939 die „Freigabe" des Fernsehens für die Öffentlichkeit zu verkünden.[293] In den zahlreichen Artikeln hieß es, die Reichspost habe bisher das Fernsehen lediglich versuchsweise betrieben und dem Publikum Geräte nur in beschränktem Maße zur Verfügung gestellt.[294] Mit der Freigabe erreiche nunmehr die Grundlagenforschung ihren Abschluß, und jeder Interessent könne jetzt die Programme des Paul-Nipkow-Senders im eigenen Heim verfolgen.[295] Der Präsident der Forschungsanstalt meinte, eine der Vorbedingungen für die Aufnahme des „allgemeinen Fernsehempfangs" sei jetzt erfüllt: nämlich über ein Tischgerät zu verfügen, das der Kaufkraft weitester Kreise entspreche.[296] Der Volksfernseher E 1 kostete 650 RM und war kaum schwerer (33 kg) oder größer als ein normales Radiogerät (37x65x38 cm). Sein handliches Format wurde durch eine besonders flache, rechteckige, von der Fernseh AG entwickelte Braunsche Röhre (19,5x22,5 cm) erreicht, die die früher bei gewölbten Mattscheiben üblichen Verzerrungen vermeiden sollte.[297] Vier Drehknöpfe erlaubten es, Bildkontrast, Bildschärfe, Bildhelligkeit und den Ton zu regeln. Der günstigste Betrachtungsabstand betrug etwa 1,5 bis 2 Meter, wobei der E 1 allerdings auch für den Tonempfang allein genutzt werden konnte.[298] In diesem Fall ließ sich der Bildschirm des Zwitterartefakts durch eine verschiebbare, stoffbezogene Blende verdecken.

Nach Angaben von Erich Schwandt sollte die erste Auflage mit 10.000 Stück rechtzeitig zur Vorweihnachtszeit auf den Markt kommen.[299] Die Geschichte des E 1 war jedoch beendet, bevor sie überhaupt richtig angefangen hatte: Als 26 Tage nach der Berliner Rundfunkschau die Hitlerarmee in Polen einfiel, wurde seine Produktion gestoppt, denn die empfängerbauenden Firmen mußten jetzt im großen Umfang auf Rüstungsfertigung umstellen.[300] Telefunken zum Beispiel gab seine Forschungen an einem 1000-Zeilen-System auf[301] und stockte seine Abteilung für Radarentwicklung um die freigewordenen Fernsehexperten auf – ein Integrationsprozeß, der im übrigen fachlich keinerlei Probleme bereitete.[302] Damit scheiterte der mit reichlich Anlaufschwierigkeiten gestartete Standardfernseher an der Schwelle zur Serienfertigung;[303] seine Bedeutung nach 1939 beschränkte sich darauf, „befruchtend auf den allgemeinen Fernseh-Empfängerbau der Zukunft zu wirken".[304] Somit gelangte der groß angekündigte Fernseher E 1 nicht mehr in die zivile Warenzirkulation, denn mehr als ein halbes Hundert Musterexemplare zur Funkausstellung wurden wahrscheinlich nie produziert.[305] Der Traum vom eigenen Gerät, den seit Mitte 1939 auch die Parteipublizistik in den schönsten Farben träumte,[306] hatte sich rasch in Luft aufgelöst. Die Journalisten übten sich nun in Schadensbegrenzung, indem sie den „intimen Charakter"[307] der kollektiven Empfangsstellen um so eindringlicher priesen und das Gemeinschaftsfernsehen als vollwertiges Surrogat für den gescheiterten Heimempfang herausstellten.

Somit konnten 1939 in Berliner Wohnungen nicht mehr als 200 Privatleute das Programm verfolgen, was auf etwa 100 Heimempfänger schließen läßt. Hinzu kam eine nicht genau zu ermittelnde Anzahl von Dienstgeräten aller Firmen. Hingegen bezifferte man die Menge der in Großbritannien verkauften Empfänger im Juni 1939 bereits auf rund 7000 Stück.[308] Auch in Frankreich, wo der Rundfunk im März 1938 mit regelmäßigen, 445-zeiligen Fernsehversuchssendungen vom Eiffelturm begonnen hatte, wurden bis Kriegsausbruch immerhin noch 1500 TV-Sets verkauft. Im März 1939 begann auch das Moskauer Televisionszentrum in Schabalowka mit regelmäßigen Sendungen für 343 Zeilen, die im Umkreis von 30 Kilometern empfangen werden konnten. Im ersten Kriegsjahr soll es in der Sowjetunion 3000 Fernsehempfänger gegeben haben, wobei der überwiegende Teil davon zweifellos Marke Eigenbau war. Der Bruch des Hitler-Stalin-Paktes bereitete jedoch den zaghaften Anfängen ein rasches Ende.[309] Schweden, Finnland, Holland, Polen, Japan und Italien standen 1939 ebenfalls an der Schwelle zur Errichtung erster Versuchsbetriebe. In Übersee eröffneten die Vereingten Staaten am 20. April 1939 einen Fernsehversuchsdienst anläßlich der Weltausstellung in New York, und zwar durch die National Broadcasting Company (NBC). Die Gesellschaften Columbia Broadcasting System (CBS), Radio Corporation of America (RCA), General Electric Company und andere betrieben zu diesem Zeitpunkt bereits eigene Versuchssender und präferierten ein privat finanziertes Reklamefernsehen.[310] Beim Eintritt der USA in den Krieg kam die Produktion von Geräten, die zwischen 200 und 1000 Dollar kosteten, völlig zum Erliegen. Bis dahin sollen rund 5000 Privatempfänger verkauft worden sein, vorzugsweise in der Gegend um New York. Zwar autorisierte die amerikanische Bundesregierung – in Gestalt der Washingtoner Kontrollbehörde für das Kommunikationswesen FCC – zum 1. Juli 1941 formell den kommerziellen Ausbau des Schwarz-Weiß-Fernsehens auf 525-Zeilen-Basis; der eigentliche Startschuß mußte jedoch auch hier auf kommende Friedenszeiten verschoben werden.[311]

In den internen Berichten der Post war 1938/39 von der öffentlich proklamierten Vormachtstellung Nazi-Deutschlands in Sachen Fernsehen[312] nichts zu spüren. Im Gegenteil: Nach einer mehrtägige Dienstreise nach London, die Postrat Horst Pressler noch im Spätsommer 1938 unternahm, wurde aktenkundig, was längst kein Geheimnis mehr war: daß nämlich neben den inhaltlichen Pluspunkten bei der Aufnahme- und Sendetechnik „ein klarer Vorsprung des englischen Fernsehens"[313] herrschte. Da auch die BBC mit Kriegsbeginn ihren Programmbetrieb einstellte (um ihn auf den Tag genau sieben Jahre später, am 1. September 1946, wieder zu eröffnete), bot sich dem deutschen Faschismus im Herbst 1939 die einmalige Chance, im ungleichen Fernseh-Wettlauf mit dem Gegner wieder Boden gutzumachen.

5.9. Zugunsten direkter Sendungen
Der Rohstoff Film auf dem Rückzug

Die Diskussion über eine mögliche Verdrängung des Films durch das Fernsehen zog sich wie ein roter Faden durch das deutsche Rundfunk- und Filmschrifttum der dreißiger Jahre (und weit darüber hinaus[314]). Allerdings verschoben sich spätestens dann die Akzente in diesem mitunter heftig geführten Disput, als von 1937 an beim Fernsehen eine allmähliche Herausbildung eigener Sendungsgattungen und Programmformen zu erkennen war. Sprachen die Filmpraktiker noch in der Anfangszeit des Versuchsbetriebs, als der Rohstoff Film das Fernsehprogramm klar dominierte, unverhohlen von einer existentiellen Bedrohung des Kinos[315] und seinem finanziellen Ruin,[316] so gab es schon 1936 erste Ansätze im Schrifttum, die die Eigengesetzlichkeit des neuen Mediums stärker betonten und dessen originären Gebrauchswert, das Live-Prinzip, in Abgrenzung zur Literatur, dem Theater oder dem Film herausstellten.[317]

So hielt es der Filmjournalist Wilhelm Schwember generell für abwegig, den Wert eines neuen Mediums dem eines etablierten Altmediums gegenüberzustellen oder gar deren Nutzen gegeneinander aufzurechnen. Niemals, so Schwembers optimistisches Fazit, werde das Fernsehen eine Gefahr oder eine ernsthafte Konkurrenz für den Film darstellen, denn beide Medien seien „zwei in sich gänzlich eigengesetzliche Erscheinungsformen".[318] Ähnlich argumentierte Hermann Glessgen in der *Lichtbildbühne*. Anfang Februar 1938 machte er geltend, durch die jüngsten Fortschritte in der Aufnahmetechnik werde eine „arteigene Fernsehkunst" forciert und zugleich der Einsatz von Filmen weiter zurückgedrängt. Und überhaupt, die unterkühlte Reaktion aus der Filmwirtschaft könne sich nur positiv auf den Weg des Fernsehens auswirken, müsse es sich doch frühzeitig auf seine eigenen Mittel und Möglichkeiten besinnen.[319] Wie diese eigenen Mittel am wirksamsten eingesetzt werden sollten, deutete Fritz Schröter von Telefunken nur wenige Monate später an. Die Daseinsberechtigung des neuen Mediums lag seiner Ansicht nach vor allem „im Mitsehenkönnen von Gegenwartsereignissen über die Schranken des Raumes hinweg", eine Möglichkeit, die dem Film naturgemäß fehle.[320] Die primäre Aktualitätsbezogenheit des Fernsehens schließe aber die gelegentliche Ergänzung des Programms durch Filme („als Teilvorgang") nicht von vornherein aus, meinte Schröter.

Trotz mancherlei Vorstöße, der televisuellen Apparatur eine praktikable Überlebensstrategie an die Hand zu geben und zugleich Existenzängste der Altmedien als unbegründet abzutun,[321] nahm vor allem die Skepsis der argwöhnischen Kinobesitzer und Filmkonzerne gegenüber dem vermeintlichen Konkurrenten in der zweiten Hälfte der dreißiger Jahre eher zu als ab. In seinem Bemühen, das neue publizistische Mittel für die Öffentlichkeit so unattraktiv wie möglich zu halten, konnte sich das Kino der Unterstützung durch höchste Stellen in Partei und Staat sicher sein.[322] Oskar Kalbus, Filmpublizist und seit der Machtübernahme Geschäftsführer der Ufa-Filmverleih-GmbH, beschrieb 1935 eindringlich, wem die Sympathien von Hitler und Goebbels gehörten:

„Keine Industrie steht seit dem 30. Januar 1933 so stark und so fortwährend in dem Scheinwerferlicht der Regierung und der Partei wie die Filmindustrie. Wir dürfen im Grunde stolz darauf sein. Der Führer selbst hat wiederholt in Gesprächen mit Filmschaffenden seine tiefe Vertrautheit mit der Materie Film wie seine für künstlerische Dinge so hellsichtige, intuitive Natur bekundet. Dann vor allem Reichsminister Dr. Goebbels, der Schirmherr des Films in Deutschland, der als Treuhänder der deutschen Filmkunst im ersten Jahr des Dritten Reichs der siebenten Kunst eine ideelle Fundamentierung gegeben hat, wie sie bei jeder der früheren deutschen Regierungen als Utopie erschienen wäre und wie sie heute Gegenstand des Neides der ganzen Welt ist. Bei dieser Liebe des Führers und seines Propagandaministers zum Film kann es nicht erstaunlich sein, daß der Film von Staat und Partei zum Volks- und Kulturgut erklärt wurde."[323]

Gegen diese, von der politischen Führungsspitze verhätschelte „siebente Kunst" galt es sich zu behaupten, als der Nipkow-Sender 1936 eine generelle, im folgenden für alle Gesellschaften gültige Regelung über die Lieferung von Filmstoffen für Fernsehzwecke anstrebte. Die im Frühjahr einsetzenden Gespräche standen dabei unter keinem guten Stern, denn die Ufa hatte dem Fernsehen bis dahin immer wieder vorgeworfen, man zeige Spielfilme in voller Länge und wäre somit vertragsbrüchig geworden. Im Juni 1935 mußte der Konzern sogar eine Beschwerde des Kiepenheuer-Verlages wegen ungeklärter Stoffrechte bei der Fernsehsendung von Alfred Zeislers Kriminalfilm *Schuß im Morgengrauen* entgegennehmen. Dies veranlaßte die Vorstandsetage zwar zu dem förmlichen Beschluß, bei künftigen Verträgen über den Erwerb von Filmstoffen neben den Rundfunk- und Schmalfilmrechten stets auch die Fernsehrechte mitzuerwerben. Grundsätzlich habe jedoch der Sender die Ufa bei Ansprüchen des „Urheberrechtsinhabers" schadlos zu halten. Dies ergebe sich allein schon aus dem Vertrag vom März 1935, meinte der Vorstand des Filmkonzerns.[324]

Die von Carl Heinz Boese geführten Verhandlungen mit den Filmherren wurden indes begleitet von einer urheberrechtlichen Debatte im Fachschrifttum,[325] die sich wiederum unmittelbar auf den Inhalt der späteren Vereinbarung auswirkte.[326] Man müsse kein Prophet sein, schrieb Julius Kopsch 1936 den Gesellschaften ins Stammbuch, um vorhersagen zu können, daß die Verwertung von Filmen für Fernsehzwecke das Geschäft der Zukunft sei. Um schon im Versuchsstadium des Nipkow-Senders Klarheit zu schaffen, müsse dem Produzenten das alleinige „Verbreitungs- und (oder) Vorführungsrecht" seiner Filme im Fernsehen vertraglich eingeräumt werden. Keinem daran beteiligten Komponisten, Schauspieler, Autor oder Sänger stehe in diesem Zusammenhang der geringste Anspruch auf finanzielle Entschädigung zu, befand Kopsch.[327] Georg Roeber, Rechtsexperte der Reichsfilmkammer, führte in der *Juristischen Wochenschrift* aus, der Rundfunk müsse bei der Vorführung von Tonfilmen nicht nur die Genehmigung der jeweiligen Filmgesellschaft einholen, sondern zugleich auch die der „musikalischen Verwertungsgesellschaft".[328] Dies ergebe sich aus den beiden Merkmalen „Erwerbsmäßigkeit" und „Öffentlichkeit", die beim Fernsehen trotz des gegenwärtig noch vorherrschenden Provisoriums bereits erfüllt seien.[329]

Unterdessen legte die Reichsfilmkammer einen Vertragsentwurf als erste Verhandlungsgrundlage vor, den sie am 14. April 1936 neben Tobis und Terra auch der Ufa zur Kenntnisnahme und Genehmigung einreichte. Erwartungsgemäß stimmte der Vorstand wenige Tage später auch zu, weil die Regelung im wesentlichen auf jenen Bestimmungen basierte, die das Unternehmen schon 1934/35 gegenüber der RRG durchsetzen konnte. Da sich nun aber mit der Filmkammer ein übergeordneter und einflußreicher Interessenverband der Sache angenommen hatte, hoffte die Ufa auch international ins Geschäft zu kommen. Der Vorstand beschloß deshalb auf seiner Sitzung vom 20. März, bei der zuständigen Kammer auf ein ähnliches Abkommen hinzuwirken, das die Fernsehverwertung von Filmen auch über die Reichsgrenzen hinaus ermöglichen sollte. Allerdings nur unter der im Inland üblichen Einschränkung, daß „die Karenzzeit für die Fernsehsendung von Filmen auf mindestens 18 Monate, möglichst aber 24 Monate, nach der betreffenden Filmuraufführung festgelegt werden soll, um die Auswertung der Filme in den Lichtspiel-Theatern nicht zu gefährden."[330] Zu einer solchen Übereinkunft kam es aber, soweit nachweisbar, nicht mehr.

Hingegen traf man sich am 28. Mai 1936 zu einer ersten gemeinsamen Besprechung in den Räumen der Filmkammer, nachdem diese bereits am 9. April Boese das Ergebnis ihrer Vorarbeiten schriftlich mitgeteilt hatte. Neben dem Programmleiter des Fernsehens nahm daran auch ein Repräsentant der Rundfunkkammer teil.[331] Gleich zu Beginn erklärte der Vertreter der Filmkammer, daß er in der Zwischenzeit den Entwurf für sämtliche Gesellschaften als bindend erklärt und diese aufgefordert habe, nur unter den darin aufgeführten Bedingungen Material an das RRG-Fernsehen abzugeben. Boese drückte darüber zwar sein Befremden aus, weil dies hinter dem Rücken und ohne eine Stellungnahme des Fernsehens geschehen sei. Er kam aber nicht umhin, unter das Oktroi des Films seine Unterschrift zu setzen – allerdings nur unter dem Vorbehalt neuer Verhandlungen zu einem späteren Zeitpunkt, dem die Filmkammer schließlich auch zustimmte.[332] Boese beugte sich vor allem deshalb relativ kampflos dem Diktat der Filmseite, weil er für die bevorstehende Sommerolympiade auf neues Material angewiesen war, das nun wenigstens nicht mehr von der Ufa allein, sondern auch von Terra, Tobis und anderen Gesellschaften bezogen werden konnte. Die Zusage der Filmkammer auf Nachbesserung zugunsten des Nipkow-Senders entpuppte sich freilich schon bald als Hinhaltetaktik. Noch im Dezember 1936 unterrichtete Boese das Propagandaministerium, die Kammer habe ihren Mitgliedern nochmals ausdrücklich untersagt, von den diktierten Bedingungen abzuweichen. Er forderte deshalb sein Ministerium auf, endlich in gebührendem Maße in die Verhandlungen einzugreifen und „zu einer schnellen Beendigung der schwebenden Angelegenheit"[333] beizutragen.

Doch Goebbels dachte nicht im Traum daran, seinen Einfluß und die Energie seiner Mitarbeiter in die Waagschale zu werfen, um den Argumenten des Fernsehens gegenüber dem heißgeliebten Film Nachdruck zu verleihen. Noch im Sommer 1936 weigerte sich der zuständige Referent in der Rundfunkabteilung standhaft, an den Verhandlungen mit der Filmkammer überhaupt teilzunehmen. Nach einer entsprechenden Anfrage von Boese hieß es dazu lapidar, man halte es für „taktisch durchaus richtig", daß das Ministerium „zunächst im Hintergrund bleibt."[334] Der Fernsehprogrammleiter bekundete zwar pflichtgemäß Verständnis für diese Zurückhaltung, machte aber indirekt Joseph Goebbels' Faible für den Film dafür verantwortlich, daß die zuständige Kammer „in rigorosester Form von ihrer stärkeren Position (...) Gebrauch zu machen versucht".[335] Boeses Erregung wird um so verständlicher, wenn man den Inhalt der Vereinbarung etwas genauer betrachtet, die dem neuen Medium im wesentlichen nur Pflichten, aber keinerlei Rechte einräumte. Darin mußte sich das Fernsehen zunächst einmal bereiterklären, sämtliche Schadensersatzansprüche von Dritten bei ungeklärten Stoffrechten zu übernehmen, befürchtete doch die Filmseite eine ähnliche Prozeßlawine, wie sie damals die Schallplattenindustrie gegenüber dem Rundfunk weltweit losgetreten hatte.

Boeses Ärger bezog sich aber hauptsächlich auf eine weitere Klausel, die es den Verleihfirmen gestattete, ihre Lieferungen „vorübergehend oder endgültig einzustellen", wenn dies „auf Grund der Ausdehnung und der Auswirkungen der Fernsehversuchssendungen im Interesse ihres eigenen Geschäftes, der deutschen Filmindustrie oder zur Wahrung der durch den Lieferanten anderweitig vergebenen Filmauswertungsrechte geboten erscheint". Anders ausgedrückt: Solange sich das Fernsehen auf die wenigen öffentlichen Empfangsstellen der Hauptstadt beschränkte, hielt der Film still.[336] Forcierte der Rundfunk jedoch den Privatempfang oder faßte gar in absehbarer Zeit ein reichsweit ausgestrahltes Fernsehen ins Auge, so wollte man darauf mit einem Lieferstopp reagieren. Diese Knebelklausel kam vor allem Anfang 1942 zum Tragen, als die Filmwirtschaft zwar die Sendung von ungekürztem Material erlaubte, im Gegenzug jedoch die Einstellung des öffentlichen Empfangs in Berlin durchsetzte. Bis dahin dürfte der Film einen – wenn auch nur temporären – Lieferstopp niemals praktiziert haben, vor allem weil er sich die zusätzliche Einnahmequelle nicht entgehen lassen wollte.[337] Außerdem lag ein Vertragsbruch explizit nicht vor. Ein probates Druckmittel, das die Verleihfirmen immer dann bemühen konnten, wenn sie sich durch das Fernsehen bedroht fühlten, war diese Knebelklausel allemal. Und seine Ohnmacht wurde dem neuen Medium ständig vor Augen geführt, mußte es doch bei jeder Lieferung einen entsprechenden Verpflichtungsschein (Revers) unterzeichnen, der den ungleichen Tauschhandel ein ums andere Mal offenkundig machte.

Mit Ausnahme des Kopierverbots blieb diese Regelung vom Frühjahr 1936 auch in den Kriegsjahren relevant, trotz der von Boese verlangten Neuverhandlungen. HansJürgen Nierentz, der ehemalige Reichsfilmdramaturg, legte verständlicherweise keinen besonderen Wert auf eine Konfrontation, zumal er das Fernsehen immer weniger als reines Abspielinstrument für bekannte Kinoerzeugnisse sah und der Rohstoff Film unter seiner Leitung zunehmend an Bedeutung verlor. Deshalb durften schon von 1937 an auch aktuellere Spiel- und Kulturfilme gesendet werden. Bis dahin kamen ausschließlich jene Streifen zur Ausstrahlung, deren deutsche Uraufführung in der Regel 24 Monate zurücklag. Allerdings gab es nur dann auch frischeres Material, wenn es die betreffende

Verleihfirma ausdrücklich für geboten hielt, und wenn sich das RRG-Fernsehen in einem zusätzlichen Vertrag zur Übernahme eventuell auftretender Schadenersatzansprüche noch einmal ausdrücklich verpflichtete. Generell durfte jedoch auch nach 1937 kein Film gesendet werden, dessen Berliner Uraufführung nicht mindestens drei Monate zurücklag.[338]

Bis 1942 kamen überdies nur Zusammenschnitte von Spielfilmen bis zu einer Höchstlänge von 600 Metern zur Fernsehsendung.[339] Umgerechnet entspricht das einer Laufzeit von maximal 22 Minuten.[340] Den Programmankündigungen zufolge hielt der Nipkow-Sender diese Abmachung im wesentlichen auch ein. Lediglich beim Umzug ins Deutschlandhaus oder in der Übergangsphase zum 441-Zeilen-Betrieb im Spätsommer 1938, als man sich in beiden Fällen auf Konservenprogramme beschränken mußte, mißachtete der Sender in Ausnahmefällen die 600-m-Regel. Obwohl dabei eine Dauer von 30 Minuten nie überschritten wurde, ließen Proteste der Filmwirtschaft in der Regel nicht lange auf sich warten. Ihren praktischen Wert hatte diese Kürzungsvereinbarung ehedem nur bis Anfang 1939, weil man nach dem Start im Deutschlandhaus Kinofilme für die nächsten drei Jahre zugunsten direkter Sendungen ganz aus dem Programm nahm. Hingegen erreichten Wochenschau[341] und Kulturfilme, die durchgehend gebracht wurden, per se nur eine Länge von jeweils etwa 15 Minuten.

Während somit der Kinofilm 1939 verschwand, die Wochenschau aber als täglicher *Aktueller Bildbericht* obligatorisch blieb, nahm zwar die Zahl der gesendeten Kulturfilme 1938 beträchtlich zu, um aber im Jahr darauf ebenfalls drastisch zurückzugehen.[342] Gleichwohl blieben solche Konservenbeiträge allein schon aus „Rücksichtnahme" auf die direkten Sendungen im Programm, stellten sie doch nach 1938 gewissermaßen „Ruhepunkte des Programmbetriebes"[343] dar. Während ein Film lief, konnten die überhitzten Studioräume für eine nachfolgende Live-Produktion durchlüftet, die Beleuchtung abgeschaltet werden; gleichzeig kühlten sich die stark erhitzten Kameras ab. Zusammenfassend kam der Radio- und Fernsehkritiker Gerhard Eckert Anfang 1940 zu dem Schluß: „Die Übertragungen von Filmen hat im Durchschnitt in den letzten Jahren im Programm immer mehr an Raum verloren und wird als Notbehelf angesehen, wo man kein eigenes Programm zur Verfügung hat."[344]

Mitte November 1937 tauchten in dem von der Reichs-Rundfunk-Gesellschaft verbreiteten Wochenprogramm des Fernsehsenders erstmals die beiden Vermerke „Jugendverbot" und „Jugendfrei" auf, die offenbar jeweils für den gesamten Programmabend von 20.00 bis 22.00 Uhr galten.[345] Der Hintergrund dieser Maßnahme bleibt unklar. Anscheinend bezogen sich die Jugendverbote auf jene gekürzten Kinotrailer, die nicht der parteiamtlichen Prüderie und dem damaligen Erziehungsideal entsprachen. Allerdings ist aufgrund der lückenhaften Programmunterlagen nicht genau zu erkennen, wie lange der Zensurvermerk in der Presse überhaupt bestand. Schon im Dezember 1937 ist zum Beispiel in der Programmzeitschrift *Neue Funkstunde* ein solcher Vermerk nicht mehr zu entdecken.[346] Der Anfang 1937 eingeleitete Trend, thematische Programmeinheiten zu schaffen, setzte sich im übrigen auch im darauffolgenden Jahr fort. Er wurde zwar nicht immer durchgehalten, aber es gab doch einzelne Tage, an denen es vor allem mit Hilfe der Dokumentar- und Kulturfilme gelang. Es herrschten 1938 zumeist Themen vor wie „Berlin", „Kinder", „Tiere", „Deutsche Landschaften", „Moderne Technik" oder „Sport". Daneben würdigte man auf diese Weise aber auch die Gliederungen der NSDAP, wie an zwei weiteren Beispielen etwas genauer dokumentiert werden soll. So stellte der Nipkow-Sender sein Abendprogramm am 12. Januar 1938 erstmals unter das Motto „SS sendet für SS"; die Programmfolge sah an diesem Mittwoch so aus:

20.00 Filmsendung: *Aktueller Bildbericht*
20.13 Unmittelbare Sendung: SS-Sturm 8/75 „Edmund Behnke" singt ein *Landsknechtlied* (Bühnenbild: ein Vorhang mit den Siegesrunen, dem Wahrzeichen der SS)
20.18 Unmittelbare Sendung: Ein Mitglied des SS-Sturms spricht den *Kernspruch*
20.19 Filmsendung: *Deutsche Vergangenheit wird lebendig* (hergestellt im Auftrag der Reichsführung-SS)
20.35 Unmittelbare Sendung: SS-Sturm „Edmund Behnke" singt ein zweites *Landsknechtlied*
20.38 Filmsendung: *Ein Wort des Führers*
20.39 Filmsendung: *Durch Kampf zum Sieg* (hergestellt im Auftrag der Reichsführung-SS)
21.00 Wiederholung des Programms

Später stellte das SS-Organ *Das Schwarze Korps* den unmittelbaren Einfluß der Schutzstaffel auf Programmauswahl und -zusammenstellung besonders deutlich heraus. Danach lag sowohl die Gesamtleitung (!) als auch die inhaltliche Seite in den Händen des SS-Obersturmführers Arthur Langsdorff, der an diesem Abend auch die Funktion eines Ansagers übernahm. Hingegen fungierte der Fernsehmitarbeiter und SS-Hauptscharführer Jochen Richert als Sendeleiter des Rundfunks. Offenbar war Himmlers Terrortruppe mit dem 12. Januar durchaus zufrieden, denn das SS-Blatt versprach abschließend: „Der Versuch soll bald einmal wiederholt werden!"[347] Knapp drei Wochen später, am 31. Januar, kam auch die SA zu ihrem Recht und gestaltete einen ähnlichen Abend im Fernsehen anläßlich des fünften Jahrestages der nationalsozialistischen Machtergreifung. Folgendes Programm, das Mitglieder des SA-Kulturkreises Berlin auswählten, kündigte der Nipkow-Sender für diesen Montag an:

20.00 Filmsendung: *Durch Groß-Berlin marschieren wir* (Kampflied, gesungen vom SA-Sturm 13/5 „Horst Wessel", gespielt vom Musikzug der SA-Standarde „Feldherrnhalle")
20.07 Unmittelbare Sendung: SA-Standartenführer Otto Paust spricht das Gedicht *Mysterium* zum Gedenken an den ermordeten Hans Maikowski

20.12 Filmsendung: *Revolution* (Kampflied, gesungen und gespielt vom SA-Sturm 13/5 „Horst Wessel" und der SA-Standarde „Feldherrnhalle")

20.18 Unmittelbare Sendung: Gedichte *Der Kamerad* und *Die Wache* (gesprochen von dem Verfasser, SA-Sturmführer Herybert Menzel)

20.25 Filmsendung: *Triumph des Willens* (Reichsparteitagsfilm von Leni Riefenstahl)

21.00 Wiederholung des Programms

Die Parteipresse berichtete später hymnisch über die „am Empfänger vorbeimarschierenden SA-Männer".[348] Aus den Programmunterlagen geht indes nicht hervor, ob und in welchem Umfang die Fernsehstuben bei solchen Sonderveranstaltungen für das gemeine Publikum geöffnet waren. Nach den Erinnerungen der Zeitzeugen war man bei diesen Anlässen gewöhnlich bis 21.00 Uhr unter sich, während zur Wiederholung in der zweiten Stunde auch andere Zuschauer eingelassen wurden.[349] Für den 12. und 31. Januar jedenfalls traf das nicht zu. Hier berichtete die Presse vielmehr von einer geschlossenen Gesellschaft. Sämtliche Berliner SS-Einheiten hätten ihre „Sturmabende" in die einzelnen Fernsehstuben verlegt, hieß es. Nach 21.00 Uhr „begann das Programm nochmals für die bereits vor den Fernsehstuben wartenden anderen Kameraden".[350] Nach dem 31. Januar legte man wiederum Wert auf die Feststellung, der Gemeinschaftsempfang habe für „viele Zehntausend SA-Männer" stattgefunden.[351] Ähnlich dürfte man auch bei den monatlichen HJ-Abenden verfahren haben.

5.10. Halb Film, halb Theater
Das Fernsehspiel sucht seine eigene Form

Im Juni 1937 äußerte sich der neue Intendant Hans-Jürgen Nierentz erstmals öffentlich über sein inhaltliches Konzept. In einem Beitrag für die *Nationalsozialistische Rundfunk-Korrepondenz* machte er deutlich, daß ihm vor allem die künstlerische und dramaturgische Fortentwicklung des Fernsehspiels am Herzen lag. Besonderen Wert legte er dabei auf die Bearbeitung unterhaltender Stoffe, womit er der offiziellen Linie der nationalsozialistischen Rundfunkleitung Rechnung trug.[352] Reichsintendant Heinrich Glasmeier verordnete nämlich bei seinem Amtsantritt im Frühjahr dem Rundfunk „pausenlose Unterhaltung", durchsetzt mit punktueller Agitation, um damit die sich abzeichnende politisch-militärische Eskalation mit einem Anstrich von Normalität und guter Laune zu übertünchen. Für Nierentz gab es jedoch noch einen anderen Grund, um sich beim Fernsehspiel fortan verstärkt auf seichte Komödien, Sketche und leichte Boulevardstücke zu konzentrieren. Literarisch anspruchsvolle Dichtung ließ sich unter den vorherrschenden produktionstechnischen Zwängen nur schwer realisieren, ohne sich unter Umständen der Lächerlichkeit oder sogar der Kritik auszusetzen.[353]

Immerhin wagte sich Nierentz gleich nach seinem Amtsantritt, in der Zeit von Mai bis Juli 1937, an eine ganze Reihe von aufwendiger inszenierten Stücken und bescherte damit dem Fernsehspiel seine erste, aber kurze Blütezeit. In dieser Phase, die im nachhinein als die Geburtsstunde des Fernsehspiels bezeichnet wurde,[354] konnte man eine Reihe von externen und angeseheneren Autoren vom Hörspiel verpflichten, nachdem zuvor die wenigen Kurzspiele zumeist von eigenen Mitarbeitern wie Lore Weth verfaßt worden waren. Ihre Aufgabe bestand vor allem darin, ein Hörspielmanuskript oder einen anderen Text den neuen Produktionsbedingungen beim Fernsehen anzupassen.[355] Und der Rückgriff auf Radiovorlagen lag nahe, da wegen der technischen Probleme das Wort die wesentlichen Informationen transportieren mußte und nicht das Bild.[356]

Zwei Stücke aus der Feder Adolf Webers bildeten den Auftakt solcher „visualisierter Hörspielszenen": *Zweimal Jenkins* (27. 5. 1937), ein Kriminalfernsehspiel, und die Inszenierung *Herrn Kubankes Erholung* (8. 6. 1937). Nach den beiden Einaktern folgte Willi Kollos *Nachts ging das Telefon* (16. 6. 1937), mit immerhin bereits acht Darstellern. Im Juli kamen dann Christian Schulz-Gellens *Die Tochter des Kalifen* (1. 7. 1937) und Alfred Prugels Kriminalstück *Lang-kurz-lang* (8.7.1937) zur Erstsendung. Diese Produktionen dauerten in der Regel bereits 40, manchmal sogar schon 50 Minuten; sie wurden nach der Premierensendung im Durchschnitt etwa drei- bis viermal live wiederholt, manche in monatlichen Abständen, andere wiederum konzentriert auf einen Monat. Die weniger aufwendigen Fernsehkurzspiele von fünf bis sechs Minuten Dauer zeigte man hingegen noch häufiger.[357]

Jede Wiederholung glich dabei einer Neuinszenierung. Bühnenbild und Darsteller wechselten, es kam zu inhaltlichen Modifikationen und zu Veränderungen in der Spieldauer, die bei den Folgeproduktionen sowohl gekürzt als auch verlängert werden konnte. Ein weiterer Grund, weshalb reproduzierte Fernsehspiele nicht immer gleich waren, läßt sich in der künstlerischen Leitung vermuten, die ebenfalls häufig wechselte. So drückte Arnolt Bronnen der Erstsendung von *Lang-kurz-lang* seinen Stempel auf, während die beiden Wiederholungen am 12.7. und 28.7.1937 von dem inzwischen als Chefregisseur verpflichteten Leopold Hainisch inszeniert wurden. Bei *Nachts ging das Telefon* begann ebenfalls Arnolt Bronnen, um bei der vierten Wiederholung am 8. 12. 1937 von Bruno Reisner abgelöst wurde, der wiederum am 5. 1. 1939 Werner Oehlschläger[358] Platz machte. Die Fernsehkritik fand im übrigen an den zahlreichen Reproduktionen nichts Anstößiges. Im Gegenteil, da das Publikum in den kollektiven Empfangsstellen ähnlich wie im Theater allabendlich wechsele, rechtfertige dies mehrere Sendungen desselben Stücks, schrieb Gerhard Eckert im Februar 1938 in der *Berliner Börsen-Zeitung*.[359]

Die Fachpresse verfolgte indes die Fernsehspiel-Entwicklung vom Sommer 1937 mit großer Anteilnahme. Sie sprach sogar von einer „Wende in der Programmarbeit", die man dem neuen Intendanten als persönlichen Erfolg ankreidete.[360] Im Mittelpunkt der ersten „Fernsehkritiken" stand dabei immer wieder der Vergleich mit dem Theater.[361] Die Parallelen waren offenkundig: Erstmals vor Beginn des Stücks *Zweimal Jenkins* stellten sich alle Schauspieler auf der Dunkelbühne in der Reihenfolge ihres Auftritts dem Publikum vor.[362] Kurt Wagenführ regte daraufhin sogar an, der Ansager eines Fernsehspiels solle künftig „festliche Kleidung" tragen.[363] Am Beispiel des Kriminalstücks *Lang-kurz-lang* lobte man die Einblendung von gefilmten Außenaufnahmen in das Live-Spiel,[364] obwohl dabei immerhin noch eine Umschaltpause von etwa zehn Sekunden notwendig war, um das Filmband zum Laufen zu bringen.[365] Trotzdem begrüßte man die Verknüpfung von direkten Szenen und Filmstreifen, weil sie der Inszenierung einen Eindruck von Weite und Tiefe verlieh, wie Wagenführ bei seiner Besprechung von *Herrn Kubankes Erholung* positiv herausstellte.[366] Außerdem gewährleistete dieses „raumschaffende Element" einen reibungslosen Ablauf, während bei den Live-Szenen von der engen Dunkelbühne Pannen auf der Tagesordnung standen. Über die Erstsendung von *Zweimal Jenkins* schrieb Wagenführ: „Der Spielleiter (Herr Bronnen) zog einfach einen Schauspieler nach vorn, als Großaufnahme also, und ließ (während der Schauspieler sein Sprüchlein sagte) im wahrsten Sinne des Wortes ‚hinter seinem Rücken' den Umbau vornehmen. Wer ganz genau hinsah, konnte ein leichtes Spiel von schnellen Schatten im Hintergrund bemerken."[367]

Da das Fernsehprogramm in den Anfangsjahren, von Ausnahmen wie der Übertragung der Olympiade oder der Parteitage abgesehen, 60 Minuten dauerte (20.00 bis 21.00 Uhr) und von 21.00 bis 22.00 Uhr nochmals wiederholt wurde, um einem größeren Zuschauerkreis die Gelegenheit zum Betrachten zu geben, waren die frühen Fernsehspiele bis Mitte 1937 notgedrungen nie länger als etwa 30 Minuten. Die Praxis des Zwei-Schicht-Betriebs erwies sich aber im Zuge der Ausweitung unmittelbarer Sendungen als hinderlich. Deshalb ging das RRG-Fernsehen vom 13. Juni 1937 an dazu über, seine Programme auf zwei Stunden auszuweiten, so daß diese jetzt durchgehend von 20.00 bis 22.00 Uhr ausgestrahlt wurden. Allerdings vollzog sich der Umstellungsprozeß wie üblich schrittweise. Bis zum 30. Juni 1937 wiederholte man noch dreimal wöchentlich die Sendungen von 21.00 bis 22.00 Uhr; in der zweiten Jahreshälfte hingegen nur noch ein- bis zweimal, meistens dienstags und freitags. 1938 schließlich beschränkte das Fernsehen diese Vorgehensweise ganz auf die Freitage (bis zum 19. 8. 1938). Mit der Inbetriebnahme des 441-Zeilen-Dienstes im November 1938 (und nach der bereits beschriebenen mehrwöchigen Umstellungsphase, wo wiederum täglich um 21.00 Uhr wiederholt wurde) gehörte der Zwei-Schicht-Programmbetrieb endgültig der Vergangenheit an.[368]

Somit waren also schon Mitte 1937 längere Fernsehspiele möglich. Im darauffolgenden Herbst allerdings, als der Umzug ins Deutschlandhaus beschlossene Sache war, ließ die Zahl dieser aufwendigeren Sommer-Produktionen wieder merklich nach. Nachdem der Sender am 4. 10. 1937 die Produktion *Wir feiern Ernteköst* (45 Minuten) ausgestrahlt hatte, gefolgt von einem 20minütigen „Rüpelspiel" von Heinz Steguweit (*Iha, der Esel,* 11. 11. 1937), beschränkte man sich Ende November 1937 wieder auf einfache Kurzspiele mit einer Dauer von höchstens sechs Minuten. Im Mittelpunkt standen hierbei jene Kurzsketche von Adolf Weber, die an Banalität keine Grenzen kannten und kurz vor dem Studiowechsel über den Sender gingen: *Die Speisekarte* (23. 11. 1937), *Die Kiste* (24. 11. 1937), *Frau Matschke greift ein* (25. 11. 1937) und *Die Fundunterschlagung* (26. 11. 1937). Die Stücke *Zwei kraus-zwei glatt* (15. 12. 1937) von Hans-Ulrich Röhl und Hugo Hartungs „Hörszene" *Ein netter alter Mann* (16. 12. 1937) wurden hingegen bereits am Adolf-Hitler-Platz produziert.[369]

Nach dem Studiowechsel ließen sich die Programmacher rasch von den etwas besseren Produktionsbedingungen inspirieren.[370] Man versuchte nun, auf der erweiterten Dunkelbühne mit ihrer nach vorne geneigten Fläche von den belanglos-seichten Komödien und Lustspielen abzukommen und neue, schwierigere Genres in Angriff zu nehmen. Dies geschah aber weniger aus inhaltlichen Erwägungen heraus, sondern war vielmehr das Resultat eines notwendigen Anpassungsprozesses an die verbesserte Studiotechnik.[371] Nierentz beschrieb dieses experimentelle Herantasten später einmal als Naturgesetz der Fernsehspielproduktion: „Wir brauchten einen für die damaligen Fernsehmöglichkeiten besonders schwierigen, nach allen Seiten ausufernden Stoff, um unsere dramaturgischen und technischen Chancen mit großem Einsatz auf die Probe zu stellen. Das taten wir übrigens immer wieder, vorher und nachher, denn anders konnten wir ja kein Neuland gewinnen."[372]

Mit *Adrian, der Tulpendieb*, einem historischen Schelmenroman von Otto Rombach, glaubte man die literarische Vorlage gefunden zu haben, auf deren Grundlage man die verbesserten Möglichkeiten im Deutschlandhaus durchexerzieren konnte. Am 13. 1. 1938 ging die Fernsehfassung von Leopold Hainisch über den Sender, bei der Erstsendung von 20.28 bis 21.30 Uhr,[373] bei der ersten Wiederholung am 22. 1. von 20.40 bis 21.40 Uhr. Die Handlung wurde dabei über weite Strecken von einem Erzähler im „Zeitkostüm" zusammengefaßt, der umgeben war von einer primitiven Ausstattung, die in einem Vorhang mit aufgemalten Tulpen gipfelte.[374] Vor Beginn der eigentlichen Sendung führte Hainisch mit dem Autor ein kurzes Wechselgespräch, um den Zuschauern die Darsteller und ihre Rollen näherzubringen.[375] In der Presse kam vor allem der experimentelle Charakter dieses ersten großen Fernsehspiels aus dem Deutschlandhaus zum Ausdruck, was durchaus den geringen Fortschritt in der Übergangsphase zum 441-Zeilen-Betrieb widerspiegelte.[376] Bemängelt wurde vor allem die sprunghafte und zusammenhanglose Handlung, während man aber auf der anderen Seite einen Rückgang der „Wortlastigkeit" attestierte.[377]

Und die Experimente gingen weiter. Mit *Frischer Wind aus Kanada* (19. 2. 1938), einer 55minütigen „heiteren Begebenheit" nach dem Bühnenstück von Hans Müller-Nürnberg (der gleichnamige Ufa-Film mit Paul Hörbiger, Oskar Sima und Grete Weiser hatte im März 1935 in Berlin Premiere), nahm der Sender erstmals an einem Samstag, der bis dahin vorwiegend den Bunten Abenden vorbehalten war, ein Fernsehspiel ins Programm. In Adolf Webers Spiel *Flaschenteufelchen* (13. 8. 1938) nach einer Erzählung von Robert L. Stevenson stand die Erprobung von Trickeffekten im Vordergrund. In *D 309 hat Aufenthalt* von Hans Richter (30. 6. 1938) agierten die sieben Darsteller vor einem Bühnenbild mit zwei aufgemalten Zugabteilen. Der Filmvorspann, der im weiteren Verlauf der Live-Handlung in mehreren Variationen eingeblendet wurde, zeigte einen fahrenden Zug auf offener Strecke.[378] Hingegen bewegte man sich bei Horst Langes Adaption *Die Schattenlinie* – nach Motiven aus der gleichnamigen Erzählung von Joseph Conrad – im Seefahrermilieu; Kurt Balkie lieferte die Kulissen: ein Schiff im

Hafen.[379] Gezeigt wurde es am 21. 4. 1938 von 20.13 bis 21.15 Uhr, am 2.5. ging es erneut über den Sender. Bei *Wer bist Du?* (27. 4. 1938) von Hanns Bornemann und *Der Kapland-Diamant* (17. 3. 1938) von Ludwig Metzger griffen die Programmverantwortlichen wieder auf das bewährte Genre des Kriminalspiels zurück. Letzteres inszenierte Leo Peukert, ein damals auch vielbeschäftigter Darsteller am Fernsehsender. Der Untertitel versprach „Einblicke in das Tagebuch des Sergeanten Bickerstaff von Scotland Yard".

Waren solche Stücken vor allem im Abenteurer- und Kriminalmilieu angesiedelt, so befaßte sich der Programmbetrieb in einer ganzen Staffel von weiteren Spielen mit dem historischen Berlin. Diese Thematik, die man im folgenden immer wieder neu bearbeitete und variierte (Lore Weths *Erinnerungen aus Alt-Berlin: Nante*, 29. 3. 1941), hatte ihren aktuellen Hintergrund in der 700-Jahr-Feier, die die Stadt Berlin 1937 beging.[380] Dabei bediente sich der Fernsehsender erstaunlicherweise der historischen Figuren von Adolf Glaßbrenner (1810-1876), einem kritischen Journalisten des Vormärz und Begründers der humoristisch-satirischen Berliner Volksliteratur. Zu seinen fiktiven Vertretern aus dem bürgerlichen Berlin des 19. Jahrhunderts zählten insbesondere der Eckenstehers Nante, der Kremserkutscher, der Seifensieder Bläschen oder der Korbmacher Lerche, die das Fernsehen in kurzen Spielszenen, oftmals verknüpft mit Tanz- und Gesangseinlagen, dem Publikum vorstellte. Parallel hierzu liefen auch im Reichssender Berlin vermehrt Glaßbrenner-Hörspiele, wie zum Beispiel *Die Landpartie* (10. 8. 1937) in einer Bearbeitung von Hans Brennert. Im übrigen war das Radiostück mit Jakob Tiedtke, Lotte Werkmeister, Paul Westermeier und Bruno Fritz ähnlich besetzt,[381] wie die historischen Berlin-Spiele des Nipkow-Senders.

Dieser strahlte schon am 13. 3. 1937 die Produktion *Alt Berlin: Eckensteher Nante im Verhör* aus, mit besagtem Komiker Bruno Fritz in der Rolle des Schusterjungen Nante. Am 24. 7. 1937 folgte das einstündige Stück *Berolina. Ein Bilderbogen aus 700 Jahre Geschichte*, in der Fernsehfassung von Kurt Heynecke, Hanns Bornemann und Adolf Weber.[382] Der Filmtrupp steuerte Bilder bei von den charakteristischen Berliner Bauwerken aus den einzelnen Jahrhunderten. Wie weit dabei die Geschichte einseitig dargestellt oder sogar umgedeutet wurde, läßt sich im nachhinein nicht mehr feststellen. Der Fernsehkritiker Gerhard Eckert gab in der *Berliner Börsen-Zeitung* zumindest einen Eindruck von Inhalt und Ablauf dieser Sendung, bei der immerhin 23 Personen mitwirkten:

„(Wir) sehen, wie im 14. Jahrhundert die Ratsherren für Ordnung sorgen, (...) werden in ein Lager Wallensteins geführt, sind Zeuge des Freiheitswillens unter napoleonischer Herrschaft, und schließlich erstehen Nante, der Schusterjunge, und Glasbrenner auf dem Bildfeld des Fernsehempfängers. Jeder solche Abschnitt umfaßt eine kleine Spielszene. Eingeleitet werden sie durch die Worte eines Chronisten, der in lockeren Knittelversen das Wesen der Zeit behandelt. (...) Ihren Abschluß bildet eine Zusammenstellung des modernen Verkehrs, nach der Staatskommissar Lippert erscheint und von der Aufbauarbeit und dem Aufbauwillen der Reichshauptstadt spricht."[383]

Ende Juli 1937 setzte man die Berlin-Stücke mit einem 40minütigen „Biedermeier-Lustspiel" von Helene und Erich Fischer fort (*Das alte Lied*, 31.7.1937), gefolgt von *Das Fernsehbild des Urberliners* (27.10.1937) und *Alte Bekannte und neue Bekanntschaften* (13.11.1937). Anfang 1938 sind vor allem zwei Stücke von Hans Brennert erwähnenswert: *Alt-Berliner Miniaturen* (16.2.1938) mit drei, und *Berliner Miniaturen* (23.3.1938) mit vier Kurzszenen aus dem Berlin des 19. Jahrhunderts. Aber auch *Von der Handglocke zur Rotation* (5.2.1938), mit Bildern und Szenen aus der Spreestädter Zeitungsgeschichte, die anläßlich des Sonderprogramms zum Presseball 1938 ausgestrahlt wurden.[384] Im Mai wiederum sendete man eine Fernsehbearbeitung des populären Volksstücks *Der alte Wrangel* von Otto Brues (28.5.1938), mit dem fernseherfahrenen Jakob Tiedtke in der Titelrolle des preußischen Generals Wrangel.[385] Und im Juli ging erneut ein Spiel von Hans Brennert über den Sender: *Heimat an der Havel* (19.7.1938), mit zwei kurzen Spielszenen um den Schriftsteller Theodor Fontane. Seinen vorläufigen Höhepunkt erlebte das Berlin-Genre schließlich mit dem revueartigen Stück *Endstation Berlin*, „einem bunten Fernseh-Fahrplan mit vielen Sonderzügen" von Günther Neumann, Werner Oehlschläger und Herbert Witt, das bekanntlich im Vorfeld reichlich Wirbel verursachte. Für das Bühnenbild – ein Bahnhof – und die Kostümentwürfe sorgte Hans Joachim Maeder.[386] Im März 1939 tauchte dann das Genre noch einmal im Programm auf (*Nantes Himmelfahrt*, 4.3.1939).

Zwar ließ sich mit diesem häufigen Rückgriff auf die Berliner Geschichte eine direkte Thematisierung der Gegenwart ganz gut umgehen. Andererseits berücksichtigte man – zumindest indirekt – auch tagespolitische Ereignisse. Als Mitte März 1938 deutsche Truppen in Österreich einmarschierten, widmete man sich nun auch dem „Alten Wien" des 19. Jahrhunderts, wobei man ähnlich vorging, wie bei den Berlin-Fernsehspielen zuvor. Im Mittelpunkt standen nun die Werke berühmter Wiener Komponisten wie Franz Schubert, Franz Joseph Haydn oder Johann Strauß, die häufig durch kleine Spielszenen (mit „Willibald Alexis") angereichert wurden. Den Anfang machte *Ein Schubert-Abend in Alt-Wien* von Erich Fortner, der am 25.1.1938 in den Fernsehstuben zu sehen war. Wenig später gab es dann erneut zwei Produktionen aus der Feder Erich Fortners: *Altwiener Bilder* (16.4.1938) und *Haydns letzter Besucher* (11.4.1938).[387] Es folgten *Briefe aus Wien* (3.5.1938) und eine 60minütige Produktion um die Neuberin von Christine Großmann (*Der Weg ohne Ende*, 7.5.1938). Im August 1938 schließlich nutzte der Sender ein Gastspiel des Orginal Österreichischen Bauerntheaters Löwinger für drei Fernsehproduktionen. *Der Jogl vom Wegscheidhof* (1.8.1938), ein populäres Volksstück in vier Akten von Paul Löwinger und Hartl Weg, *Gruß aus den Bergen* (2.8.1938) und *Die Simhandlbrüderschaft* (3.8.1938) resultierten aus diesen ersten Bauerntheater-Inszenierungen im Fernsehen.

Eine eigengesetzliche Fernsehspielregie in modernerer Sicht versprachen aber erst die im Tageslicht arbeitenden Elektrokameras im Rundstudio des Deutschlandhauses. Allerdings, auch bei den ersten Inszenierungen der Winterspielzeit 1938/39 (und darüber hinaus) handelte es sich nach wie vor um photografiertes Theater, weil man bekanntlich bei dem segmentierten Aufbau des Studios von einem Bühnengeschehen

216

ausging, was die Programmarbeit auf Jahre hinaus hemmte.[388] Die vom Theater adaptierte Schminkmethode, die Architektur des Szenenbildes und der Einsatz theatralisch überzogener Gestik und Mimik prägten somit auch weiterhin die Fernsehspielproduktion.[389] Immerhin löste man sich mit Einführung der beiden „Bildfänger" zumindest partiell vom Stadium der bebilderten Hörspiele.[390] Neue Autoren wagten sich jetzt an anspruchsvollere und ernstere Themen heran, weil mit Einführung der 441-Zeilen-Technik das Risiko einer mangelhaften Umsetzung des Stoffes weiter reduziert werden konnte.[391] Bereits Ende 1937 rief Leopold Hainisch in dem Fachorgan *Der Autor* Schriftsteller und Bühnenautoren zu einer intensiveren Mitarbeit auf. Jeder aus diesem Personenkreis habe ein Steckenpferd, sei Sammler oder Liebhaber irgendwelcher Künste, die man im Fernsehen vor- und darstellen könne, sagte Hainisch, der vor allem neue, eigens für das Medium geschriebene Stoffe im Visier hatte. Interessierten Autoren bot Hainisch sogar ein Gespräch mit den „Männern der Praxis" an, um diese vorab mit den Produktionsbedingungen des Mediums vertrautzumachen.[392]

Und neue Themen waren dringend erforderlich, erwiesen sich doch die Stücke aus der Dunkelbühnen-Zeit in ihrer dramaturgischen Einfachheit als nicht übertragbar auf das helle Rundstudio. Zudem konnten, wie schon erwähnt, die alten Kulissen nur noch bedingt verwendet werden. Zwar gab es in der ersten Zeit vereinzelt Ansätze zu Wiederaufnahmen (*Nachts ging das Telefon*, 5.1.1939; *Frischer Wind aus Kanada*, 1.2.1939), doch verschwanden diese „alten" Spiele bald endgültig aus dem Programm. Daß Produktionen nach einer gewissen Zeit abgesetzt wurden, war aber nicht nur eine Folge der verbesserten Übertragungstechnik. Schon seit Ende 1936 orientierte sich die Fernsehspielproduktion grob an den herrschenden Theaterspielzeiten,[393] was ihre Ursache darin hatte, daß alle Spiele live ausgestrahlt wurden. Somit bürgerte sich bald die Praxis ein, Stücke einer Spielzeit in der nächsten nicht wieder zu inszenieren. Das Winterprogramm begann dabei in der Regel Mitte Oktober und endete im darauffolgenden März. Die Sommerspielzeit lief zumeist Ende Juli aus, sieht man von der Berliner Rundfunkschau im August ab, wo auf der großen Fernsehbühne noch inszeniert wurde. Die fernsehspielfreie Zeit überbrückte der Nipkow-Sender zumeist mit dem verstärkten Einsatz von Filmkonserven.[394]

Überdies erleichterte eine solche spielzeitbezogene Produktion die Verpflichtung mehr oder minder namhafter Bühnenschauspieler. Während diese noch 1936/37 kein großes Interesse daran zeigten, bei der wenig beachteten „Fernsehschmiere" (Carl Heinz Boese) in der Rognitzstraße aufzutreten, dürfte sich das mit dem Wechsel zum hellen Rundstudio und der zunehmenden Beachtung des Mediums durch die Presse bald geändert haben. Bereits Anfang 1937 tauchten Namen wie Ida Wüst und Johannes Heesters (*Tatjana*, 15.1.1937) in den Besetzungslisten auf. Ihnen folgten beim Fernsehspiel Axel von Ambesser oder Fritz Staudte, bei musikalischen Programmen Unterhaltungsgrößen wie Lale Andersen (*Ländliches Lied*, 23.1.1939; *Broadway-Boulevard-Tauentzien*, 28.1.1939)[395] oder Peter Igelhoff (*Ultraviolett*, 21.11.1938). Außerdem gehörte es spätestens 1938 zur Selbstverständlichkeit, daß die Darsteller unterschiedlichster Provenienz mit ihren Fernseh-Gastspielen warben und damit auf die

Bandbreite ihres Könnens hinwiesen.[396] Axel von Ambesser, der insgesamt dreimal – in Gogols *Revisor* (3. 3. 1939) und in dem von ihm selbst geschriebenen und inszenierten Stück *Temperamente nach Wahl* (4. 4. 1939) – im Fernsehen auftrat, beschreibt in seinen Memoiren die wachsende Attraktivität des Mediums für Schauspieler und Künstler:

„Eines Tages meldete sich bei mir am Telefon jemand aus einer Branche, von der ich bisher noch nie etwas gehört hatte: dem Fernsehen. (...) Mir wurde angeboten, beim ‚Fernsehsender Paul Nipkow‘ den männlichen Part in einer nicht von mir verfaßten Doppelconférence, die zwischen einem Varietéprogramm eingestreut war, zusammen mit einer netten und sehr attraktiven Kollegin zu übernehmen. Ich war natürlich neugierig darauf, zum erstenmal im Fernsehen mitzuwirken. Um nicht zu dilettantisch zu wirken, versuchte ich mich bei Kollegen danach zu erkundigen, wie man im Fernsehen arbeitet. Aber ich traf niemand, der schon einmal etwas damit zu tun gehabt hatte. (...) Mit Schauspielern kann man ja alles machen, lautet ein selbstironischer Schauspielergrundsatz. Aber so war es eigentlich nicht. Wir waren selbstverständlich auch daran interessiert, technisch-künstlerisches Neuland zu erobern. Der Regisseur hatte vorher verkündet: ‚Kinder, wir müssen alle zusammenhalten – jeder muß, wo er kann, von sich aus helfen, dann klappt es schon irgendwie.‘ (...) Als ich dann etliche Zeit später wieder ein Angebot von ‚Paul Nipkow‘ bekam, die unvergleichliche Glanzrolle des Chlestakow in Gogols *Revisor* zu spielen, war ich dafür sehr aufgeschlossen, insbesondere, als ich dann für meine künstlerischen Nebengedanken erfuhr, wer meine Partnerinnen sein würden!"[397]

Unterdessen startete der Nipkow-Sender im November 1938 mit zwei Fernsehspielen nach Bühnenvorlagen in die Winterspielzeit 1938/39: Charlotte Rißmanns *Versprich mir nichts* (12. 10. 1938) und *Die vier Gesellen* (19. 10. 1938) von Jochen Huth, in beiden Fällen bearbeitet von Arnolt Bronnen. Regie führte Bruno Reisner, die Bühnenbilder stammten von Heinz Monnier. Die emphatischen Erwartungen, die sowohl die Programmverantwortlichen wie auch die Kritiker mit dem neuen Studio verbanden, erfüllten sich jedoch nicht sofort, weil man erkennen mußte, daß die neue Technik mehr Probleme aufwarf als gemeinhin erwartet. So wurde etwa das Stück *Versprich mir nichts* in den Programmzeitschriften mit 75 Minuten avisiert, während die Premiere nur eine knappe Stunde dauerte. Diese ungewollte zeitliche „Konzentration" sei ein Relikt aus der Dunkelkammerzeit, schrieb kurz darauf Kurt Wagenführ, der außerdem die noch mangelhafte Beherrschung des neuen studiotechnischen Instrumentariums monierte.[398] Vor allem die Frage der Beleuchtung war seiner Meinung nach noch nicht hinreichend geklärt,[399] was sich auf der Mattscheibe in Flecken und weißen Flächen bemerkbar machte. Die sichere Führung der Scheinwerfer hielt Wagenführ aber für nicht minder wichtig wie die der Kameras. Dennoch sparte der Journalist wie üblich nicht mit Lob. Die Dialogführung des Stückes sei sorgsam ausgearbeitet, Bruno Reisners

Regie „sicher und geschmackvoll", und die Bühnenbilder von Monnier entsprächen ganz den neuen Bedingungen „von der Flächigkeit zur Tiefe".[400]

Erwartungsgemäß rückte mit den verbesserten Möglichkeiten ein Aspekt in den Vordergrund der Fernsehspielkritik, der bislang als eher zweckmäßig und bereichernd empfunden wurde: die Einblendung von Filmstreifen in die Live-Handlung. Schon am Beispiel von *Versprich mir nichts* rügte Wagenführ die „filmischen Großaufnahmen von Männerköpfen, die in Telephonmuscheln Gesprächsfetzen rufen" als glatten Stilbruch, der den Zuschauer nur verwirre und unsicher mache, „weil er plötzlich in eine andere Sphäre gezogen"[401] werde. Offenbar hielt man die Einblendung von kurzen Filmsequenzen nur solange für gerechtfertigt, als es die technischen Restriktionen der Dunkelbühne unumgänglich machten: nämlich zur Überbrückung von Schauspielerpositionen und raschem Kostüm- und Dekorationswechsel infolge des starren Aufnahmegeräts. Als man jedoch mit dem Deutschlandhaus einen gehörigen Schritt nach vorne machte, regte sich Unbehagen gegen das filmische Ersatzmittel.

Eine klare Vorstellung darüber, wie das Fernsehspiel – halb Film, halb Theater – zu seiner eigenen Form finden könnte, hatten Kritik und Programmacher allerdings auch nicht. Man strebte zwar nach wie vor einen „arteigenen" Stil an, der sich deutlich von dem des Theaters und des Kinos abheben sollte.[402] Andererseits blieben jedoch beide Vorbilder für das Fernsehen unverzichtbar. Die Immobilität der Kameras machte auch weiterhin Filmeinblendungen notwendig, obwohl man gerade die Gleichzeitigkeit zwischen Aufnahme und Empfang von Beginn an zum zentralen Prinzip des Fernsehspiels erhoben hatte.[403] Der Live-Gedanke wiederum prägte über lange Zeit die Auffassung, beim Fernsehspiel handele es sich um eine Theateraufführung. Dieses Spannungsverhältnis zwischen Theater und Film und die daraus resultierende Unsicherheit über das „Arteigene" schlug sich in einem argumentativen Schlingerkurs der Beteiligten nieder, die ihre Aussagen im Schatten des technischen Fortschritts häufig korrigieren mußten. Leopold Hainisch beispielsweise betonte noch 1939, beim Film dominiere das Bild, beim Fernsehspiel hingegen das gesprochene Wort, während das Bild nur untermalend wirke.[404] Ähnlich argumentierte Gerhard Eckert im Jahr zuvor. Im gleichen Atemzug ließ er jedoch durchblicken, dieses Abgrenzungskriterium verliere mit der bevorstehenden Inbetriebnahme des Rundstudios schon bald an Gültigkeit.[405] Ein Jahr später stocherte Eckert aber immer noch im Nebel: Das Fernsehspiel „wird zwischen Hörspiel und Film stehen und auch gewisse Elemente des Theaters in sich tragen."[406]

Aufgrund dieser Unsicherheit blieb der Kritik nichts anderes übrig, als bei der Suche nach einem eigenen Stil auf die Zukunft zu verweisen. Bis dahin forderte man weitere praktische Versuche und Experimente. Schon am Beispiel von *Die Vier Gesellen* gab Wagenführ zu bedenken, daß der Fernsehsender letztendlich nur über eine Reihe von Programmerprobungen seinen eigenen Weg finden könne. Aber auch er hatte wieder nur die alten Rezepte auf Lager. Quasi als „Spielwiese" empfahl Wagenführ dem Fernsehsender die Bearbeitung von Hörspielen, die zahlreich vorhanden seien und in den Rundfunkarchiven nur darauf warteten, „zu neuem, schönerem Leben" erweckt zu werden.[407] Bis August 1939 standen jedoch beim RRG-Fernsehen die Spiele nach

Bühnen- und Romanvorlagen weiter im Mittelpunkt, ohne daß die Programmacher ganz auf die von Wagenführ vorgeschlagenen Hörspielbearbeitungen verzichten wollten. Trotzdem nahm gegen Ende der Sommerspielzeit 1939 die Zahl der aufwendigeren Produktionen wieder ab, weil man sich auf den bevorstehenden Krieg einrichtete und darüber hinaus offensichtlich die technischen Probleme nicht in den Griff bekam.[408] Bis dahin gab es in der Regel monatlich zwei, manchmal sogar drei neue Fernsehspielinszenierungen mit einer Dauer von 60 bis 80 Minuten, die wie gewöhnlich in der Folge mehrmals wiederholt wurden:

26. 11. 38: *Flitterwochen* von Paul Helwig
16. 12. 38: *Spuk mit Hindernissen* von Adolf Weber
14. 12. 38: *Ich bin kein Casanova* von Otto Bielen
21. 01. 39: *Ingeborg* von Kurt Goetz
06. 02. 39: *Der Mann mit den grauen Schläfen* von Leo Lenz
23. 02. 39: *Ein gewisser Herr Noah* von Alfred Prugel
03. 03. 39: *Der Revisor* von Nikolai W. Gogol
07. 03. 39: *Ein ganzer Kerl* von Fritz Peter Buch
17. 03. 39: *Seine Frau, die Sekretärin* von Waldemar Reichardt
04. 04. 39: *Temperamente nach Wahl* von Axel von Ambesser
19. 04. 39: *Schwarzbrot und Kipfel*
                von Werner von der Schulenburg[409]
27. 04. 39: *Ladies und Gentlemen* von Michael Gesell
06. 05. 39: *Küssen Sie sich auf der Bühne wirklich?*
16. 05. 39: *Staberl aus Wien* von Erich Fortner
25. 05. 39: *Die Primanerin* von Sigmund Graff[410]
02. 06. 39: *Der rote Unterrock* von Hermann Bossdorf[411]
07. 06. 39: *Keine Angst vor Geld!* von Christian Bock
20. 06. 39: *Lauter Lügen* von Hans Schweikart
29. 06. 39: *Erste Klasse* von Ludwig Thoma
28. 08. 39: *Der Heiratsantrag* von Anton Tschechow

Immerhin gelang es den Fernsehleuten bis Kriegsausbruch, ihre Stücke dramaturgisch komplexer zu gestalten und die thematisierten Sujets breiter zu fächern. Mit Schul- und Liebesgeschichten, deutschen Herbstlandschaften oder banalen Boulevardstücken aus dem Büro-Milieu tastete man sich experimentell voran.[412] Die Kritiker indes richteten 1939 ihr Augenmerk verstärkt auf die expandierenden Sendungen der Abteilung Zeitdienst, nicht zuletzt weil offenbar beim Fernsehspiel die neuen Impulse ausblieben. Von Eberhard Schulz jedoch, dem Berliner Korrespondenten der *Frankfurter Zeitung*, ist eine sehr plastische Kritik über Kurt Goetzens Stück *Ingeborg* (21. 1. 1939) erhalten, die noch einmal das vorherrschende ästhetische Prinzip des Fernsehspiels herausstellt:

„Eine Komödie mit den deutlichsten Akzenten, die ihre Szenen meist deux à deux abrollen läßt und nur selten drei Figuren oder das ganze Ensemble auf der Bühne versammelt. Was hier Bühne heißt, ist nicht mehr als ein Plateau zum Stehen und Sprechen, mit einer Wand als Hintergrund und Seitenflächen. (...) Man ist bei der Bewegtheit einer Theaterbühne angelangt, oder was dasselbe bedeutet, bei ihrer Starre. Die Figuren – meist wenige, wie wir zeigten – bewegen sich wohl. Die Szene aber ist still, ihre Begrenzung durch Kulissen fest, und das Kameraauge sieht auf sie hin, wie das Auge des Zuschauers vom Sitz des Parketts in die helle Oeffnung der Guckkastenbühne hineinzusehen pflegt. Nur beim Szenenwechsel ändert die Kamera ihre Richtung, um auf den benachbarten Bühnensektor zu schauen, wo neue Kulissen für einen neuen Auftritt schon aufgebaut sind. Es ist die Technik der Shakespeare-Bühne, ehe es eine Drehbühne gab."[413]

5.11. Radioreporter als Fernsehsprecher
Dokumentationen und Zeitdienst-Sendungen

Bei der Suche nach dem „artspezifischen" Gebrauchswert des Fernsehens, der bekanntlich all das integrieren sollte, worüber die anderen Medien nicht verfügten, spielte der aktuelle Aspekt der Programmbeiträge eine wichtige Rolle.[414] Besonders deutlich wurde dies schon während der Fernseh-Berichterstattung über den Nürnberger Reichsparteitag vom 7. bis 12. September 1937, im übrigen ein Ereignis, über das die Tages- und Fachpresse einmal mehr groß berichtete.[415] Da inzwischen das Breitbandkabel Berlin-München bis zur „Stadt der Reichsparteitage" ausgelegt war, konnte der Paul-Nipkow-Sender erstmals 1937 die Aufmärsche, Fahnenappelle, Fackelzüge und aggressiven Reden der Hitler-NSDAP direkt nach Berlin übertragen,[416] während man noch im Jahr zuvor auf das Hilfsmittel Film zurückgreifen mußte. Bis zum letzten Parteitag 1938 dienten die Tonfilme des Fernsehtrupps vor allem dazu, die Nürnberger Berichte im regulären Abendprogramm zusammengefaßt zu wiederholen.[417] Zugleich verwarf man spätestens 1938 das Zwischenfilmverfahren, und zwar im wesentlichen aus vier Gründen:

„1. Die Betriebs- und Unterhaltungskosten sind zu hoch. Es wird in einer Stunde für RM. 540,– Film benötigt, dazu kommt die Bearbeitung. 2. Für den Betrieb des Zwischenfilmwagens muss ein Wasseranschluss vorhanden sein, was stets mit Schwierigkeiten verbunden ist; oder es muss ein besonderer Tankwagen mit Pumpanlage bereit gestellt werden. Hierdurch wachsen die Unterhaltungskosten (Fahrer, Brennstoff) auf untragbare Summen an. 3. Eine erforderliche bildmässige Bearbeitung ist nicht möglich, da bei dem Verfahren einstreifig (Bild und Ton auf einem Streifen) gearbeitet wird. 4. Es ist nicht möglich, mit einer Kamera einen interessanten Bildbericht herzustellen."[418]

Jegliches Gefühl der Ferne sei ausgelöscht, schwärmte 1937 Leopold Hainisch unter dem Eindruck der Live-Bilder aus Nürnberg.[419] Im *Berliner Tageblatt* jubelte ein Journalist: „Der Fernsehsender hatte unmittelbar gearbeitet, ohne das Hilfsmittel des Zwischenfilms. Er war aktuell. Eine grössere Aktualität gibt es nicht mehr."[420] Kurt Wagenführ indes sprach von einer „Großtat deutscher Technik".[421] Zwar monierte er die noch unsichere Kameraführung, die offenbar bisweilen Mühe hatte, dem Geschehen zu folgen. Trotzdem gab es für den stets wohlwollenden Journalisten keinen Zweifel, daß die Live-Übertragung „zum Einfangen und Darstellen des Aktuellen" künftig das absolute Lebenselement des Fernsehens bilde.[422] Hingegen wähnte Intendant Nierentz das Medium an der Schwelle zu einer neuen „Kunst". Gepackt von dem „Wunder des modernsten Mitteilungsmittels", war es seiner Ansicht nach nur noch eine Frage der Zeit, bis das Fernsehen jedes aktuelle Ereignis der Nation live übertragen könne. Euphorisch fügte er hinzu: „Kein anderes Mittel ist so beweiskräftig und so unmittelbar, kein anderes Mittel kann so überzeugend sein. Das Fernsehen legt Zeugnis ab, es sagt unleugbar aus. Es dokumentiert. Der Fernseh-Zeitfunker wird der aktuellste Reporter der Gegenwart."[423]

Eine ähnlich überschwengliche Reaktion rief zwei Wochen später die Bericht-erstattung über den Staatsbesuch Benito Mussolinis vom 25. bis 29. September hervor, obwohl sich dieses Mal das Fernsehen wieder überwiegend des Films bedienen mußte, weil entsprechende Kabelverbindungen nicht vorlagen.[424] Immerhin war der Filmtrupp respektive die beiden Reportagewagen bei den meisten Stationen des faschistischen Gastes präsent: bei der Ankunft des „Duce" an der deutsch-österreichischen Grenze bei Kiefersfelden, dem Aufenthalt in München, der Teilnahme an einem Wehrmachts-manöver zur Erprobung der Blitzkriegstrategie in Mecklenburg, dem Besuch bei der „Waffenschmiede" Krupp in Essen oder dem Jagdausflug mit Hermann Göring in der Schorfheide.[425]

Obwohl Ernst Augustin bereits von drei unabhängig voneinander arbeitenden „Tonfilm-Aufnahmetrupps (TAT)" träumte,[426] blieb auch 1937/38 der Anteil eigener Filmberichte im Vergleich zu den über die Verleihfirmen bezogenen Produkte nach wie vor schmal. Immerhin tauchten Anfang 1938 auch Sendungen im Programm auf, die als eigenständige Filmbeiträge des Nipkow-Senders deklariert sind. So zum Beispiel *Das Leben wird schöner*, ein 20minütiger Fernsehfilm über ein NSV-Kinderheim,[427] der am 8.1.1938 ausgestrahlt und in der Folge mehrmals wiederholt wurde. Oder *Der Rund-funk im Dienste des Winterhilfswerks* (17.1.1938) über ein WHW-Wunschkonzert des Deutschlandsenders. Daß es sich dabei um Produktionen mit einer klaren politischen Tendenz handelte, läßt sich zumindest am Beispiel des Films *Bräute auf Schwanenwerder* (25.10.1938) eindeutig nachweisen, da dieser Streifen erhalten geblieben ist. Nähere Informationen über die an der Herstellung beteiligten Personen liegen jedoch nicht vor; im Textvorspann erfuhr das Publikum in den Fernsehstuben lediglich:

„Bräute auf Schwanenwerder. Aufnahmen des Fernsehfilmtrupps. Aufgenommen auf System Tobis-Klangfilm."[428]

Berichtet wird anschließend über einen Tag in der „Reichsbräuteschule" der NS-Frauenschaft auf der Havel-Insel, und zwar von der politischen Schulung über Anweisungen in Floristik, Haushaltsführung und Kinderpflege bis hin zur Arbeit der „NS-Bräute" in spe im eigenen Mustergarten. Über Sinn und Zweck dieser Einrichtung, deren sechswöchige Kurse für die künftigen Ehefrauen von SS-Angehörigen Pflicht war, erfährt man vom Sprecher in einem süffisant-ironischem Plauderton: Bei den Bräuteschulen handele es sich um eine besondere Einrichtung des Reichsmütterdienstes, die 1936 auf Grund eines Abkommens zwischen SS und Reichsmütterdienst für die künftigen Ehefrauen von SS- und SA-Angehörigen geschaffen wurde.[429] Vom Handwerklichen her fällt auf, daß der Film wegen seiner vielen Großaufnahmen und langen Einstellungen auf das Auge des heutigen Betrachters eher ermüdend wirkt.

Diese in der Kinotradition des NS-Kultur- und Dokumentarfilms stehenden Produktionen blieben, wie gesagt, die Ausnahme. Die eigentliche Aufgabe des Filmtrupps beschränkte sich auch weiterhin auf die Herstellung kleinerer Einblendungen für Fernsehspiele, Bunte Abende und den *Aktuellen Bildbericht*, der rund 15minütigen Nachrichtensendung, die das Hauptabendprogramm eröffnete. Neben der Wochenschau brachte der Fernsehsender darin als Ergänzung und Erweiterung etwa zwei bis acht Minuten lange Streifen über zum Teil hochkarätige Ereignisse des NS-Regimes. Dabei konnte man bis 1939 auf die guten Kontakte von Willi Bai zurückgreifen, der – von der behördlichen Seite her – die Voraussetzungen für die Filmaufnahmen schuf.[430] Eine systematische und erschöpfende Auswertung dieser Kurzarbeiten ist heute nicht mehr möglich. Allerdings, Berichte über die Parade zum Hitler-Geburtstag am 20. April blieben ebenso obligatorisch wie Programme über die Feierlichkeiten zum 1. Mai. Daneben informierte der Sender im *Aktuellen Bildbericht* über die Grundsteinlegung für das gigantische „Deutsche Stadion" in Nürnberg (1937), über die Fertigstellung des ersten Bauabschnitts der sogenannten Ost-West-Achse (1. 5. 1938) in Anwesenheit Adolf Hitlers. (Am 20. April 1939 sollte zum 50. Geburtstag des „Führers" diese erste, sieben Kilometer lange Prachtstraße jener gigantischen Hauptstadt „Germania", zu der Albert Speer seit 1937 das alte Berlin ausbaute,[431] mit einer noch nie dagewesenen Truppenparade eingeweiht werden.) Am 14. 6. 1938 stand die knappe Zusammenfassung über ein weiteres architektonischen Monumentalbauwerk des NS-Regimes auf dem Programm, nämlich die Grundsteinlegung des „Hauses des Deutschen Fremdenverkehrs", die mit dem Einzug von Hitler, Goebbels und Himmler ihren Anfang nahm. Noch im selben Jahr filmte das Fernsehen auch die Übernahme der Wache am Berliner Ehrenmal durch die Kriegsmarine.

Bei dem Bestreben, eigene Wege zu gehen und ein informativeres Programm auszustrahlen, lief die Entwicklung aber stärker auf eine Kombination von Film und live produzierter Studiosendung hinaus. Nach dem Umzug ins Deutschlandhaus ergänzten die Programmacher den *Aktuellen Bildbericht* gelegentlich durch kleine Dokumentationen mit Filmeinblendungen und Live-Gesprächen, wobei man sich Wissenschaftler, prominente Persönlichkeiten oder andere Experten vor das starre Abtastgerät des erweiterten

Dunkelstudios holte. Aktuelles dieser Art erhielt im Laufe des Jahres 1938 verstärkt Einzug ins Programm und wurde meistens unmittelbar nach dem *Aktuellen Bildbericht,* manchmal aber auch innerhalb der zweiten Programmstunde von 21.00 bis 22.00 Uhr gezeigt.[432] Solche frühen „Fernsehfeatures" waren ähnlich aufgebaut wie die Kulturfilme, aber von vornherein mit einer längeren Dauer. Sie wurden 1938 etwa zweimal wöchentlich ausgestrahlt und erreichten zunächst eine Länge von fünfzehn bis zwanzig, 1939 bereits 40 bis 50 Minuten. Verantwortlich für ihre Zusammenstellung war im wesentlichen Waldemar Bublitz, der 1937/38 mit dem Aufbau und der Leitung eines aktuellen Programms nach dem Vorbild des Rundfunks beauftragt wurde.

Die neuen Programme wurden aber nicht von eigenen Mitarbeitern des Nipkow-Senders moderiert, sondern vielmehr von versierten Radioreportern, die teilweise schon während der Olympischen Sommerspiele für das Medium gearbeitet hatten. Bereits in der Dunkelbühnen-Zeit des Deutschlandhauses gehörten hauptsächlich Hugo Landgraf, Dr. Fritz Schwiegk, Kurt Krüger-Lorenzen und Fritz Janecke zu den freien Mitarbeitern des Fernsehens, die mit einer gewissen Regelmäßigkeit zum Einsatz kamen. Später dann, im hellen Rundstudio, stießen weitere Hörfunksprecher hinzu. Das am 11. 6. 1904 in Wilhelmshaven geborene Parteimitglied Krüger-Lorenzen (Krülo) zählte zu den dienstältesten Hörfunkreportern beim benachbarten Kurzwellensender, wo er seit 1935 der Abteilung Zeitfunk angehörte.[433] In den Kriegsjahren wurde der Journalist vor allem durch das Seemannswunschkonzert *Ankerspill* bekannt, das man alle zwei Wochen in Zusammenarbeit mit der Auslandsorganisation der NSDAP für die Soldaten der Kriegsmarine in den Äther gab.[434] Die Ansage dieser Radioreihe besorgte hingegen Rolf Wernicke, der ebenfalls freiberuflich für das Fernsehen tätig war.[435] Nach dem Krieg leitete Krüger-Lorenzen zunächst das Ressort „Aktuelles" beim RIAS Berlin; von Mai 1949 an war er Chefreporter beim NWDR Hamburg.

Die frühen „Specials" des RRG-Fernsehens lebten überwiegend von den Anregungen und Ideen ihrer Moderatoren, wobei diese sich von Beginn an auf jene Themen versteiften, die ihren jeweiligen Vorlieben und Fachkenntnissen entsprachen. Intendant Nierentz hatte dabei kaum Veranlassung, auf die Inhalte regulierend einzuwirken, weil die Journalisten ehedem nur solche Fragen anpackten, die auf der offiziellen Linie lagen oder die zuvor schon in ähnlicher Form erfolgreich im Hörfunk gelaufen waren.[436] Nach Angaben des fernseheigenen Pressedienstes von Mitte Juni 1938[437] plauderte Fritz Schwiegk über „häufig vorkommende Alltagsereignisse, die uns mit den Paragraphen des Gesetzbuches allzu leicht in Konflikt bringen können". Kurt Krüger-Lorenzen beschäftigte sich mit Theater und Varieté, Hugo Landgraf dagegen mehr mit Kunst und Sport.[438] Dennoch, eine gewisse inhaltliche Flexibilität war unumgänglich. Vor allem Fritz Janecke galt als ein Mann, der sich in beinahe jedes Thema rasch einarbeiten konnte. Bublitz schrieb später über ihn:

„Er brachte Sendungen über ostasiatische Kunst, über Radium, über die Kunst des Bierbrauens und über die Kulturfilmarbeit, über Schriftsteller und Maler, Afrikaexpeditionen und berühmte Schauspieler, über den Karneval und Silvesterkarpfen - er schien ein lebendes Lexikon zu sein."[439]

Eine Aufarbeitung des Tagesgeschehens nach heutigem Muster fand freilich unter den herrschenden Produktionsbedingungen nicht statt, sondern es handelte sich eher um didaktisch aufgebaute Demonstrations- und Ratgebersendungen, die oftmals mit dem moralischen Zeigefinger drohten oder den Volksgenossen auf die eine oder andere Weise zu reglementieren versuchten. Kurt Wagenführ beschrieb 1942 die breite Palette der Darstellungsmöglichkeiten bei diesem neuen Typ von Sendungen, als deren wesentlichen Erfinder er Hugo Landgraf nannte:

„Der Mensch, der Filmstreifen, das Stehbild, die Zeichnung, Karte, Skizze, der Gegenstand und das Modell: alles muß eingesetzt werden, um eine Zeitdienstsendung zu formen. In fast allen Fällen werden sich Möglichkeiten ergeben, den zu behandelnden Gegenstand zu verbreiten. Dabei wird dem bewegten Bild der Vorzug gegenüber dem starren Stehbild zu geben sein."[440]

In Ansätzen tat man dies schon im Herbst 1937. Anfang November lieferte der Fernsehtrupp beispielsweise einige Bilder von der Internationalen Jagdausstellung in Berlin, die im Studio durch Lieder und ein Gespräch über Falknerei ergänzt wurden (*Halali – die Jagd geht auf*, 2.11.1937). Am Ende des Monats verarbeitete man die Thematik auch in Form eines kleinen Fernsehspiels (Rolf Sievers *1000 Worte Jägerlatein*, 30.11.1937). Hingegen kündigte die Programmpresse für den 7. und 13. Oktober 1937 *Das Kunstwerk des Monats* an; am 13. mit der Unterzeile „Kopf eines spätrömischen Kaisers".[441] Offenbar handelte es sich hierbei um die erste, rund 15 Minuten dauernde Darbietung einer ganzen „Reihe" von Hugo Landgraf, die gelegentlich 1938/39 unter wechselnden Titeln fortgesetzt wurde.[442] Landgraf unterhielt sich darin mit verschiedenen Sachverständigen über Werke der bildenden Kunst, die entweder zu Illustrationszwecken ins dunkle Studio geholt[443] oder, falls dies nicht möglich war, an Ort und Stelle gefilmt und zwischen den Gesprächen eingeblendet wurden. Den Schwerpunkt bildeten zumeist klassizistische Monumentalfiguren oder idealisierte germanische Heldengestalten, die bei dem Regime hoch im Kurs standen. Diese Thematik ist auch in den Kriegsjahren immer wieder anzutreffen (*Bronzeschönheiten*, 9.1.1942). Nach Angaben von Zeitzeugen berichtete das SA-Mitglied[444] Landgraf gelegentlich auch über aktuelle Arbeiten des NS-Bildhauers Arno Breker, dessen „klassischer Realismus" gerade von Adolf Hitler sehr bewundert wurde.[445] Einen ähnlichen Themenkreis umfaßten auch Sendungen wie *Gold, Bronze* oder *Weißes Gold* (17.2.1938), die sich mit der künstlerischen Be- und Verarbeitung von Edelmetallen, Porzellan oder anderen Stoffen sowie ihrer Bedeutung für das NS-Handwerk auseinandersetzten. Bei *Gold aus dem Meer* (18.1.1938) ging es über die Gewinnung von Bernstein und seiner Bearbeitung im Königsberg und Danzig des 17. Jahrhunderts. Hingegen beschäftigte sich *Eisen* (16.5.1938) mit diversen Geräten und Waffen, die im Studio von dem Innungsmeister einer Kunstschmiede erklärt wurden. Bublitz schrieb später über Vorbereitung und Ablauf dieser 20minütigen Produktion:

„Landgraf und ich machten hierzu Filmaufnahmen in Museen, in einer Kunstschmiede und anderen metallverarbeitenden Betrieben. Außerdem wurden für die Sendung seltene Museumsstücke in das Studio geholt. Aus Archivfilmen stellte ich einen kurzen Abriß über die Förderung und über die Verwertungsarten des Eisens zusammen, unter den Filmstreifen wurde auch noch Schallplattenmusik gelegt. Das war wahrscheinlich das erste Feature dieser Art, und die ganze Sendung mit den Erläuterungen von Landgraf, mit den Zeichnungen usw. endete mit dem Eisernen Kreuz und einem Militärmarsch – die übliche Konzession an die Zeit."[446]

Die Affinität solcher frühen Fernsehfeatures mit dem Kulturfilm wird auch bei einer weiteren Reihe von Beiträgen deutlich, in deren Mittelpunkt verschiedene Handwerksberufe, ihr vermeintlich hohes Ausbildungsniveau sowie die nationalsozialistische Verherrlichung des Leistungsethos standen. Zwar ist aus den einzelnen Titeln der Sendungen nicht mehr ersichtlich, ob es sich dabei besonders um Berufe mit militärischer Bedeutung handelte. Gleichwohl gab es 1938 kaum noch einen Bereich, den die Nazis nicht längst den Erfordernissen der Kriegswirtschaft angepaßt hatten.[447] Bei *...da fallen Späne* (24. 3. 1938) standen Bootsbauer und Drechsler im Vordergrund. Während der Fernsehtrupp Material von einer Schiffswerft in Brandenburg beisteuerte, sprach Landgraf im Studio mit dem „Schiffsbaumeister" dieser Werft. Hingegen berichtete man bei *Aus Stein und Eisen* (18. 3. 1938) über den sogenannten Reichsberufswettkampf (1937: 1,8 Millionen Teilnehmer[448]), den die ausrichtende Reichsjugendführung unter das scheinbar ganz unpolitische Motto „Freie Bahn dem Tüchtigen" gestellt hatte. An anderer Stelle wiederum gab der Sender *Kleine Winke zur Berufsberatung* (14. 3. 1938). Die 1938 in Berlin stattfindende Erste Internationale Handwerksausstellung bildete den aktuellen Rahmen für weitere Produktionen. Fritz Janecke zum Beispiel informierte über die Leistungen des Herrenschneiderhandwerks auf eben dieser Ausstellung; im Studio führte er mehrere Modelle vor (Frackanzüge, Uniformen), und er sprach mit dem 104 Jahre alten Ehrenmeister der Innung.

Hingegen versuchte Fritz Schwiegk mit seinen Rechts- und Verkehrssendungen, den Ruf der NS-Justiz aufzuwerten. In einer seiner ersten ersten Sendungen im Frühjahr 1938 interviewte er den Leiter der Berliner Justizpressestelle, der im Anschluß an einen Film über eine Gerichtsszene seine Aufgabe (und damit gleichzeitig auch die von Schwiegk im Fernsehen) folgendermaßen beschrieb:

„Ich bemühe mich darum, (...) der Öffentlichkeit ein wirkliches Bild der Vorgänge im Gerichtssaal zu vermitteln, die früher nicht selten sowohl im Film als auch in der Presse und im Rundfunk in einer dem Ansehen der Justiz abträglichen Form dargestellt wurden."[449]

Rechtsanwalt Schwiegk interpretierte im folgenden die neuesten Verordnungen des Regimes, plauderte über Erlaubtes und Verbotenes in einem Mietshaus, gab Rechtstips für Brautleute (*Verliebt, verlobt, verheiratet*, 30. 5. 1938), berichtete über Kreditschwindel (*Kleine Alltagssünden*, 20. 6. 1938) oder sprach mit dem Sachbearbeiter im Polizeipräsidium für Taschen- und Gepäckdiebstahl (18. 7. 1938). Auch der Berliner Polizeipräsident und radikale Antisemit Wolf-Heinrich Graf von Helldorf kam Anfang Juli im Fernsehen zu Wort (4. 7. 1938). Dessen Affäre mit der Schauspielerin, Sängerin und Fernsehakteurin Else Elster machte 1935 in der Reichshauptstadt die Runde. Der Graf sollte später auch zu den Hauptfiguren der Verschwörung gegen Hitler gehören, die das Attentat vom 20. Juli 1944 planten. Schwiegks Reihe *Die Kriminalpolizei warnt!*, die am 4. 7. 1938 zur Erstsendung kam und 1939 häufig montags über den Sender ging, bestand zumeist aus Gesprächen mit Kriminalbeamten über aktuelle Verbrechen. So „fahndete" Schwiegk nach dem Mörder eines Berliner Taxifahrers, der am Tatort seinen Mantel zurückgelassen hatte. Schwiegk bat daraufhin die Zuschauer in den Fernsehstuben um ihre Mithilfe bei der Identifizierung dieses Kleidungsstücks. Damit habe sich das Fernsehen offiziell in die Reihe jener Fahndungsmittel eingereiht, die die Polizei zu benutzen pflege, schrieb später die Parteipresse.[450]

Mit der reihenartigen Produktion *Hätt' ich doch...!*, in der „weiteste Kreise (...) anschaulich vor unerlaubten Dingen gewarnt werden"[451] sollten, prangerte Schwiegk die „kleinen Sünden" von Laubenkolonisten (8. 2. 1938) oder Bootsbesitzern (9. 5. 1938) an, während er in seiner häufig wiederkehrenden Verkehrssendung *Achtung! Rotes Licht!* (5. 1. 1938) das Verhalten der Berliner Bevölkerung im Straßenverkehr behandelte. So nutzte der Sender Mitte Dezember 1938 den vorweihnachtlichen Trubel in Berlins Einkaufsstraßen, um das Publikum in den Empfangsstellen zu mehr Disziplin an Fußgängerüberwegen anzuhalten. Zu diesem Zweck postierte sich Wilhelm Buhler mit „versteckter Kamera" an drei Verkehrsknotenpunkten der Reichshauptstadt. In der ersten Einstellung, gedreht an der Ampelanlage Nürnberger Straße, Ecke Tauentzienstraße, kommentierte der Sprecher Hans Mähnz-Junkers das Geschehen folgendermaßen:

„Noch ist die Ampel auf rot, und die Fußgänger stehen ausgerichtet wie die Soldaten auf dem Gehweg. Da springt die Ampel auf gelb, und ein Großteil der Fußgänger überquert die Straße und macht sich damit strafbar."[452]

Mit der Inbetriebnahme des hellen Rundstudios am Adolf-Hitler-Platz wurden schließlich aktuelle Fernsehprogramme – in Gestalt der täglichen Sendung *Zeitdienst* – zur festen und regelmäßigen Größe. Als Namensgeber stand im übrigen die Schlesische Funk-Stunde Pate, wo Fritz Wenzel am 1. Oktober 1932 den Titel *Zeitdienst* für alle aktuellen Hörfunk-Sendungen eingeführt hatte.[453] Erstmals am Dienstag, dem 1. November 1938, tauchte die magazinartige Reihe als eigener Programmteil des Nipkow-Senders in den Ankündigungen auf. Sie entwickelte sich im folgenden rasch von einer zunächst 15minütigen zu einer gut halbstündlichen Informationssendung (ab 26. 12. 1938), die man 1939 wochentags zum Programmbeginn in die sendegünstige

Zeit von 20.00 bis 20.30 Uhr plazierte. Gleichzeitig rückte der von der Wochenschau dominierte *Aktuelle Bildbericht* in der Pogrammfolge weiter nach hinten. Der neue fernseheigene Block, den allerdings die Programmzeitschriften ohne nähere Angaben lediglich unter seinem Titel ankündigten, war nach dem bereits bewährten Muster der „Specials" aufgebaut (die das Fernsehen nicht nur beibehielt, sondern in Zahl und Umfang 1939 sogar noch ausdehnte). Beim *Zeitdienst*, so hat es Bublitz einmal formuliert, handelte es sich um „eine Sendung wie die heutigen Regionalprogramme (...). Sie bestand aus unmittelbaren Sendungen aus dem Studio und aktuellen Filmberichten."[454]

Eine Vielzahl von Radiomitarbeitern entdeckte nun plötzlich ihr Interesse für das Fernsehen. Neben den bereits erwähnten Sprechern kamen weitere hinzu, die mehr oder minder regelmäßig engagiert und eingesetzt wurden: Trude Leitzbach, Eduard Roderich Dietze, Fred Krüger, Dr. Axel Neels, Erwin Vater, Alfred Jaques, Wolf Mittler, Wolfgang Tenge, Otto Graebke, Paul Laven, Richard Heinrich Düwell und andere.[455] Den Ablauf einer *Zeitdienst*-Sendung, wie er sich 1938/39 aus der Sicht des Moderators darstellte, hat Heinz Riek festgehalten, ein junger „HJ-Kamerad",[456] den man bis zum 1. August 1939 etwa zweimal wöchentlich vor allem für Jugendbeiträge einsetzte:

„Nach der Verpflichtung durch den für die einzelnen Beiträge zuständigen Leiter Zeitgeschehen war es meine Aufgabe, zu Lichtstell- und Durchlaufproben zu erscheinen. In einer Vorabsprache wurde erörtert, welche Interview-fragen, welche Requisiten, Fotos, Bücher usw. verwendet werden konnten, um der Sendung mehr optische Impulse zu geben. Es ergab sich dabei auch die Reihenfolge des Ablaufs bei der Sendung des Beitrages. Nach der Sendung und einer kurzen Kritik war meine Tätigkeit für einen Beitrag beendet. Die Anwesenheit im Studio für einen Zeitgeschehenbeitrag bemesse ich im Durchschnitt auf etwa zwei Stunden. (...) Die Honorare hat jeder freie Mitarbeiter umgehend an der Kasse im Haus des Rundfunks erhalten. Sie lagen, so erinnere ich mich, etwas höher als bei Hörfunkreportagen."[457]

Weniger die Inhalte, als vielmehr die Rolle des Interviewers oder Sprechers war schon frühzeitig Gegenstand von Betrachtungen in der Fachpresse. „Es will uns scheinen", deutete Kurt Wagenführ schon im Dezember 1938 an, „daß die Fernsehberichter, die ja fast ausschließlich aus der Rundfunkarbeit kommen, bis auf wenige Ausnahmen die Eigenarten des Rundfunkberichtes übernehmen."[458] Beim Fernsehen habe der Befrager aber weit mehr zurückzutreten als im Hörfunk, meinte Wagenführ, der besonders die „gestellten Interviews" monierte. An anderer Stelle forderte er sogar, der Moderator müsse noch nicht einmal im Bild erscheinen, während hingegen die Sache und ihr Inhalt alles sei.[459] Wagenführs gutgemeinte Anregungen stießen aber offenbar bei den häufig wechselnden Zeitdienst-Mitarbeitern auf taube Ohren, denn auch in den Kriegsjahren konnte von einem fernseheigenen Interviewstil kaum die Rede sein. Noch 1942 bemängelte Wagenführ die Wortlastigkeit der Beiträge. Im *Welt-Rundfunk* schrieb er, der Reporter sei zwar beim Fernsehen vom „Ballast des Schilderns" befreit. Er müsse dies jedoch durch ein Mehr an Fachwissen und Urteilsfähigkeit kompensieren und „die nicht minder schwere Verantwortung der gesteigert substantiellen Aussage"[460] tragen.

Im Gegensatz zum Fernsehspiel, wo man zumeist auf fertige Stoffe externer Autoren zurückgreifen konnte, mußte sich die personell unterbesetzte Zeitdienst-Abteilung fast alle Beiträge von der Idee über die Vorbesprechungen, Exposé, Manuskript bis hin zur fertigen Sendung selbst erarbeiten. Hinzu kam, daß 1939 nicht jeder potentielle Interviewpartner, den man gerne vor die Kamera gebracht hätte, Zeit und Lust fand, ins Studio zu kommen oder es schlicht ablehnte, in diesem gänzlich unbekannten Medium aufzutreten. Kurzfristige Absagen von prominenten Persönlichkeiten, Änderungswünsche in letzter Minute oder schlecht vorbereitete Gesprächspartner waren die Probleme, mit denen der Zeitdienst fertig werden mußte. Nicht zuletzt solche Hemmnisse und Unwägbarkeiten verhinderten eine längerfristige Programmkonzeption über den Tag hinaus.

Da der Inhalt der *Zeitdienst*-Sendungen nur selten und dann eher summarisch in den Pressekritiken erwähnt wurde, läßt sich heute kaum mehr einigermaßen exakt sagen, welche Themenbreite zu welchem Zeitpunkt abgedeckt wurde. In den wenigen Darstellungen der Zeitzeugen nach 1945 wird naturgemäß immer wieder der unpolitische Charakter der Beiträge herausgestellt:[461] Vorträge eines Orchideenzüchters, Schlangen, denen im Studio Gift abgezapft wurde, rührige Wahrsager, Gesundbeter oder Kartenleger, aber auch kulturelle Beiträge über den künftigen Kriegsverbündeten Japan. Zahlreiche Anekdoten sind beispielsweise darüber überliefert, wie große oder gefährliche Zirkustiere ins Studio geschafft und dort während der Sendung außer Kontrolle gerieten.[462] Immerhin bemühte sich der *Zeitdienst* sichtlich um Abwechslung; selbst die eigene Arbeit wurde gelegentlich thematisiert. So schrieb Kurt Wagenführ im Frühsommer 1939 in der *Deutschen Radio-Illustrierten*:

„Im Fernsehsender stellten sich vor kurzem eine Anzahl von Reportern den Zuschauern vor. Sie interviewten sich gegenseitig über ihren Weg zum Fernsehsender, der in allen Fällen über den Rundfunk führte."[463]

Hingegen werden eindeutige Propagandabeiträge, die spätestens Mitte 1939 vermehrt im Programm auftauchten, allzugerne von den Dabeigewesenen mit keinem Wort erwähnt. Daß aber gerade aktuelle Berichterstattung im Nationalsozialismus eben nicht allumfassend und möglichst informativ war, sondern dagegen strikt einseitig und parteilich, wußte auch der umtriebige Wagenführ, als er Anfang Mai 1939 in der *Deutschen Allgemeinen Zeitung* über die Aktualität von *Zeitdienst*-Sendungen im Fernsehen schrieb: „Aktuell sein heißt nicht: alles bringen, viel bringen in kurzer Zeit; es kann auch heißen, daß das Aktuelle sinnvoll gedeutet und sofort in das gesamte Zeitbild einbezogen wird."[464]

Wie gesagt, im Laufe des Jahres 1939 gelang es, vom Konzept her alte „Features" fortzuführen und neue, nach wie vor als eigenständige Sendungen angekündigte Dienste ins Programm zu nehmen, die das Fernsehen seit November 1938 zwischen *Zeitdienst* und *Aktuellem Bildbericht* ausstrahlte. Besondere Aufmerksamkeit genoß dabei vor allem der Sport. Nachdem das RRG-Fernsehen schon im Jahr zuvor zahlreiche Sportfilme gezeigt hatte, die sich mit anderen völkischen Filmen zu einem Programm nationaler Ertüchtigung verschmolzen, und gelegentlich auch aus dem Studio über sportliche Ereignisse informiert hatte (*Reit- und Fahrturnier* 1938, 30. 3. 1938), übertrug man vom 18. Februar 1939 an jeden Samstagabend die Live-Sendung *Sport am Sonntag*. Moderiert wurde diese zehnminütige Reihe mit dem kuriosen Titel von dem Radioreporter und SS-Hauptsturmführer Hugo Murero (geb. am 13. 3. 1906),[465] einem gelernten Sportlehrer und Träger des Reichssportabzeichens,[466] der ab und an von Rolf Wernicke oder Erich Rahn unterstützt wurde. Nach Meinung Mureros, der nach dem Krieg die Sportabteilung beim NWDR leitete, standen die ersten Laufversuche den heutigen Sendungen kaum nach, ließ man sich doch damals immer etwas einfallen.[467] Vor oder nach jedem großen Ereignis wurden prominente Sportler vor die Kameras ins Studio geholt. Die Palette reichte von Features mit sämtlichen Olympia-Siegern über Autorennen mit orginal Reifenwechsel auf Zeit bis hin zur Präsentation eines Höhen-Weltrekordfliegers. Wenn ein Autorennen auf der Berliner Avus stattfand, waren Spitzenfahrer wie Caracciola, Brauchitsch, Stuck oder Rosemeyer Gesprächspartner. Sie nahmen ihre Rennwagen mit ins Studio und demonstrierten einige Fertigkeiten. Auf diese Weise brachte das Fernsehen den Zuschauern viele auch unbekannte Sportarten wie Rhönradfahren, Fechten, Hammerwerfen, Ballonfahren, Reiten oder Tischtennis nahe,[468] wobei allerdings die politische Mission des Sports im Nationalsozialismus immer gebührend herausgestellt wurde.

Weil Direktübertragungen von den Sportstätten nach wie vor mit großen technischen Schwierigkeiten verbunden waren, mußte man sich bis dahin auf Studio- und Filmbeiträge beschränken. Erst im Spätsommer 1939, als die Kabelverbindungen zu den großen Sportstätten Berlins – namentlich zum Sportpalast und zur Deutschlandhalle – fertiggestellt waren, nahm der Nipkow-Sender versuchsweise jene Direktsendungen wieder auf, die man nach den Olympischen Sommerspielen 1936 und der mißglückten Übertragung des November-Fußballspiels im selben Jahr eingestellt hatte. Dabei erwies sich gerade der Boxsport (ebenso wie in den Kriegsjahren der Fußball) als für das Fernsehen leicht zu realisierende Wettkampfart, dessen Regeln für Rezipienten und Zuschauer problemlos zu begreifen waren.[469] Nachdem das Fernsehen, im Rahmen der Veranstaltung „Sport und Mikrofon", den überhaupt ersten Boxkampf live vom Freigelände der Funkausstellung Ende Juli 1939 übertragen hatte,[470] kam es vierzehn Tage später, am 11. August, zur ersten unmittelbaren Sendung aus dem Sportpalast, und zwar mit dem Titelkampf um die Boxeuropameisterschaft im Halbschwergewicht zwischen Adolf Heuser und dem Italiener Merlo Preciso. Die Kamera stand dabei an der Brüstung des ersten Ranges zwischen zwei Zuschauerreihen. Offenbar war der Fernsehsender von den sich eröffnenden Möglichkeiten derart angetan, daß man sich kurzfristig zu einer Programmänderung entschloß und die Live-Übertragung von 21.00 Uhr bis weit nach 23.00 Uhr ausdehnte. Allerdings verschlechterte sich gegen Ende der Sendung die Bildqualität erheblich, weil die immer dichter werdenden Rauchschwaden im Sportpalast die Sicht einschränkten.[471] Der Kriegsausbruch wenige Wochen später verhinderte zunächst weitere Übertragungen dieser Art.

Neben solchen Sportbeiträgen kamen nun auch mit wechselnden Titeln Gymnastik-Kurse ins Fernsehprogramm, die häufig dienstags und freitags in die Fernsehstuben flimmerten. Bereits am 31. 1. 1939 kündigte die Programmpresse *Was sagt Turnvater Jahn dazu?* an; der Untertitel versprach „Gymnastik – gestern und heute. Alois Münstermann und seine Funkgymnastiker". Am 10. 3. 1939 lief zwischen *Zeitdienst* und *Aktuellem Bildbericht* zehn Minuten lang *Rundfunkgymnastik – ferngesehen* (31. 3. 1939), am 30. 5. 1939 wiederum die Sendung *Körperschulung für die Frau*, die am 6. Juni erneut live über den Bildschirm ging. Detleff Neumann-Neurode, am Reichssender Berlin seit Jahren für das „Spielturnen für Kinder" zuständig, veranstaltete von Sommer 1939 an ähnliche Sendungen auch im Fernsehen (*Kindergymnastik*, 7. 8. 1939). Er hatte eine spezielle Gymnastikschule erarbeitet, die Rückgratverkrümmungen, Fuß- und Beinleiden und ganz allgemein Haltungsschäden vorbeugen sollte.[472] Inwieweit allerdings eine solche Zunahme an Gymnastik- und Sportbeiträgen im Fernsehen einfach nur der Körperpflege und Gesundheit galt, oder indirekt der Wehrertüchtigung in jener Zeit der Kriegsvorbereitungen diente, läßt sich wohl kaum sicher bestimmen. Anzunehmen ist es freilich, denn der Sport erhielt im Nationalsozialismus ganz allgemein die Rolle eines Wegbereiters für die Wehrfähigkeit und eines rassischen Auslesefaktors.[473] Schon 1935 umriß Detleff Neumann-Neurode das Ziel seiner Radio-Turnsendungen für Kinder mit der „Verhütung von Wuchsfehlern, also des Krüppeltums".[474]

Weitere Informationssendungen ergänzten 1939 den *Zeitdienst*-Komplex, darunter beispielsweise *Blick in die Mark* (15. 5. 1939) oder *Interessantes aus aller Welt* (7. 7. 1939). Auch die offiziellen Exponenten aus den Bereichen Musik und Oper holte man sich in jenen Tagen verstärkt ins Studio. Im Frühjahr 1939, das genaue Sendedatum ist unbekannt, sprach beispielsweise der Komponist Rudolf Wagner-Régeny über Opernprobleme – auf ausdrücklichen Wunsch Adolf Hitlers, wie Fred K. Prieberg in seiner Musikgeschichte des Dritten Reiches schreibt.[475] Kurz zuvor war der Komponist für sein aktuelles, aber ziemlich sprödes Werk *Die Bürger von Calais* mit einem Kompositionsauftrag der NSDAP geehrt worden. In dem Stück thematisierte Wagner-Régeny das Opfer der kleinen Gemeinschaft für die große, eine NS-Idee, die alle Medien in den Monaten vor – und nach – Kriegsausbruch dem Volk einzuhämmern hatten.

Darüber hinaus bildeten Fernsehsendungen über aktuelle Produktionen der Filmindustrie einen weiteren thematischen Schwerpunkt. Vor Kinopremieren arrangierte man zuweilen Interviews mit Regisseuren und Darstellern oder berichtete über die Dreharbeiten. Bereits am 7. 2. 1938 brachte das Fernsehen Ausschnitte aus dem Film *Es leuchten die Sterne* (*Aus dem Atelier – ins Atelier*); zu Gast im dunklen Studio war die Sängerin La Jana. Drei Tage später stellte man zwei Filme des Regisseurs Frank Wysbar vor: *Petermann ist dagegen* und *Die Werft zum Grauen Hecht* (*Wer ist dagegen?*, 10. 2. 1938). Daneben gab es eine Sendung über die Produktion eines Trickfilms (*Mit Kamera und Zeichenstift*, 7. 4. 1938); *Ein Film entsteht im Fernsehsender* kündigte die

Programmpresse für den 18.1.1939 an. Wenige Wochen später berichtete Fritz Janecke über die Kulturfilmarbeit der Ufa (*Belauschte Natur*, 3.2.1939). Im Studio gab der Aufnahmeleiter des Ufa-Kulturfilms, Wolfram Junghans, Einblicke in seine Arbeit. In der Folge war eine Vorschau auf den Film *Dr. Crippen an Bord* zu sehen, in deren Mittelpunkt ein Gespräch mit dem Hauptdarsteller Paul Dahlke stand. Außerdem wurde im Fernsehstudio eine Orginal-Szenerie aufgebaut und ein Ausschnitt aus den Dreharbeiten nachgespielt. Luis Trenker sprach live über seinen Film *Der Rebell* ebenso wie der Filmschauspieler und -regisseur Harry Piel über *Menschen, Tiere, Sensationen*. Am 4.5.1939 produzierte man einen Beitrag mit dem Filmregisseur und späteren Präsidenten der Reichsfilmkammer, Carl Froehlich, der wenige Tage zuvor von Goebbels zum zweiten Mal den Nationalen Filmpreis erhalten hatte.

Programme über zeitgemäße Filme, die unverhohlen für die jeweilige Produktion Reklame machten, waren ein Trostpflaster für die Verleihfirmen und trugen natürlich dazu bei, daß diese das ungeliebte Medium auch weiterhin bereitwillig mit Material versorgten. Neben Fritz Janecke[476] zählte der frühere Rundfunkreporter und Filmkritiker Richard Heinrich Düwell, geboren am 26.4.1902 in Rostock, zu den bevorzugten Moderatoren solcher Beiträge. Als versierter Fachmann für Öffentlichkeitsarbeit war er zunächst bei der Tobis und dann bei der Berlin-Film angestellt, bevor er in den Kriegsjahren – neben seiner Fernsehtätigkeit – Wehrmachts-Tourneen organisierte und schließlich als Pressechef zur Ufa ging. Dort leistete Düwell zwar gute Arbeit, galt aber auch als flatterhaft und unbeständig. Nach angeblich staatsfeindlichen und defätistischen Äußerungen wurde er am 4. Mai 1944 verhaftet und drei Monate später dem Volksgerichtshof überstellt. Am 28. August 1944 schickte Roland Freisler Düwell in den Tod.[477]

Zum 3. Juli 1939 nahm der Fernsehsender einige Umstellungen und Neuerungen vor, die hauptsächlich die aktuellen Teile betrafen. Im Hinblick auf eine intensivere Kriegsberichterstattung wurde die Sendung *Zeitdienst* zweigeteilt und zugleich auf 40 Minuten ausgedehnt. Deshalb erweiterte man auch die tägliche Sendezeit von bisher zwei Abendstunden an den Wochentagen auf zwei Stunden und zwanzig Minuten, so daß das Hauptprogramm jetzt von 20.00 bis 22.20 Uhr ablief.[478] Den Programmauftakt machte nun allabendlich ein sogenanntes *Leitwort*, das Kurt Wagenführ wie folgt beschrieb:

„Ob das Leitwort schon seine endgültige Form gefunden hat, ist ungewiß. Ein kurzer Spruch wird gesagt, ähnlich wie im Rundfunk, der dann durch einen Filmstreifen untermalt wird. Je nach dem Inhalt des Wortes blenden marschierende Formationen auf, oder ein wogendes Ährenfeld erscheint im Bilde usw."[479]

Nach dem Leitwort oder Leitspruch folgte innerhalb des Beitrags *Zeitdienst* eine erste, gesprochene Nachrichtensendung (ab August auch mit „Wetterbericht"), die man wahrscheinlich schon vor dem Juli-Datum versuchsweise ausgestrahlt hatte. Neu hinzu kam jedoch Anfang Juli ein zweiter Nachrichtenblock, der am Ende der Programmfolge von 22.00 bis 22.20 Uhr über den Sender ging.[480] Er enthielt ergänzend auch Sport-meldungen von Hugo Murero sowie eine Wettervorhersage. Zum Abschluß teilte man schließlich das Programm des kommenden Tages mit.[481] Damit gelang es dem Fernseh-sender Mitte 1939, fast die Hälfte seiner Sendezeit mit Informations- und Service-sendungen zu füllen. Das kurze Leitwort sowie die beiden Nachrichtensendungen brachte man täglich, dazu ergänzend Servicebeiträge und nach wie vor den ebenfalls täglichen *Aktuellen Bildbericht*. In der zweiten Stunde stand dann in der Regel ein Fernsehspiel oder eine andere unterhaltende Live-Sendung auf dem Programm.

Beide Nachrichtensendungen setzten sich aus Meldungen des offiziösen Drahtlosen Dienstes (DDD) zusammen, einer Rundfunknachrichtenredaktion, die zum 1. Mai 1933 Goebbels' Behörde einverleibt und im folgenden zu einem schlagkräftigen Instru-ment für die Innen- und Außenpolitik des Dritten Reiches ausgebaut wurde. Erster und nach eigenen Angaben einziger Nachrichtensprecher[482] des Fernsehens war der Schau-spieler, Aufnahmeleiter und Regisseur Karl-Heinz Uhlendahl, der im Studio vor einer Zeituhr die Meldungen verlas.[483] Zwar machte sich der Nipkow-Sender schon 1938 ernsthafte Gedanken über einen täglichen Abendnachrichtendienst mit eigenbeschaff-ten Beiträgen. Im Spätsommer 1939 stellte die Fachpresse sogar die Frage, ob und wie man die DDD-Meldungen illustrieren könnte.[484] Allerdings fehlten zu diesem Zeit-punkt die technischen Voraussetzungen für ein solches Vorhaben völlig: ein ausreichend großes Archiv mit Fotos und Diapositiven, die sich für die Wiedergabe auf der kleinen Mattscheibe eigneten. Des weiteren ein rascher Zubringerdienst für neues und aktuelles Bild- und Filmmaterial. In den Kriegsjahren gab man sich immerhin alle Mühe, dieses Manko bei der aktuellen Berichterstattung zumindest ansatzweise zu beheben.

Spätestens im Sommer 1939 schlug auch beim kaum beachteten Fernsehen die Stimmung um, und der bevorstehende Krieg machte sich verstärkt in den Inhalten der aktuellen Sendungen bemerkbar. Während der Berliner Rundfunkschau übertrug das Medium beispielsweise einen fingierten Luftangriff, den die Luftnachrichtenschule Berlin über dem Funkturmgelände vorführte.[485] Daneben gab es einen Fernsehfilm über das Wachregiment „Großdeutschland" (*Soldaten – Kameraden*, 24. 8. 1939) sowie einen von Heinz Riek moderierten Beitrag über die Arbeit der deutschen Luftwaffe, mit Gesprächspartnern wie Ernst Udet, dem Generalluftzeugmeister, der nach dem Versagen der Luftwaffe an der Ostfront am 17. November 1941 Selbstmord beging, und den bei-den Generalfeldmarschällen der Luftwaffe Albert Kesselring und Erhard Milch. Der Fernsehtrupp produzierte zu diesem Anlaß einen Streifen über die Fallschirmjägerschule Stendal. Ein weiteres Indiz für die Politisierung im Aktuellen war eine Sendung mit dem eher unverfänglichen Titel *Jugend tanzt und musiziert* (5. 6. 1939). In deren Mittelpunkt standen allerdings Mitglieder der Legion Condor, die seit 1936 im spanischen Bürger-krieg an der Seite von italienischen Interventionstruppen und Francos Falangisten den Ernstfall geprobt sowie deutsches Kriegsmaterial getestet hatte und dafür am Vormittag des 5. Juni im Berliner Lustgarten mit einem Staatsakt geehrt wurde.[486] Als Dekoration im Fernsehstudio diente eine große Hakenkreuzfahne; davor standen zwei bewaffnete Matrosen stramm.[487] In der *Deutschen Allgemeinen Zeitung* kam Kurt Wagenführ über diese Art von Sendungen geradezu ins Schwärmen:

> „Fred Krüger unterhielt sich mit einer Reihe von Offizieren der verschiedensten Waffengattung, die über ihre Erlebnisse in Spanien berichteten. Diese Sendung dauerte eine ganze Stunde, sie war vom ersten bis zum letzten Augenblick spannend und gut gegliedert in Erzählungen, Erläuterungen vor einer Karte, musikalischen Einfügungen und Gesang von Legionärsliedern. Es war besonders schön zu beobachten, wie die Kamera ganz langsam über die Gesichter der singenden Legionäre hinwegglitt und uns gewissermaßen die Männer persönlich ganz nahe brachte, die ihr Leben monate- und jahrelang für eine Idee eingesetzt hatten. Wir würden uns freuen, noch mehr von diesen Männern kennenzulernen; der Programmbetrieb kann in der nächsten Zeit ruhig allabendlich einen Erlebnisbericht in seinem Zeitdienst bringen. Einer Sendung ,Der Legionär erzählt' würden wir gern zuhören."[488]

Am 9.8.1939 wiederum strahlte das Fernsehen eine zuvor mehrmals verschobene Sendung aus, die dem Zweck dienen sollte, „für die deutsche Kriegsmarine zu werben und die auch im besonderen geeignet sein soll, jungen Leuten Lust zu machen, sich (...) als länger dienende Freiwillige bei der Kriegsmarine zu melden".[489] Es gab des weiteren im Rahmen der Sendung *Zeitdienst* einen Filmbericht über die Einweihung der Reichsluftschutzschule in Wannsee; Luftfahrtminister Hermann Göring erklärte darin den Luftschutz zur nationalen Pflicht eines jeden Volksgenossen. Oder einen Beitrag über Ausbildung und Verwendung von „Heeres-Brieftauben" (18.8.1939), für den Herbert Engler zuvor höflichst bei der OKH-Pressestelle für Wehrmachtpropaganda um Genehmigung angefragt hatte.[490] Aktueller Hintergrund war die Einweihung des „Heeresbrieftaubendenkmals" in Spandau. Dieses waffenstrotzende, vom Fernsehtrupp gefilmte[491] Massenspektakel begann mit einer Würdigung der Verdienste des Brieftaubenwesens im Ersten Weltkrieg und endete schließlich mit Kranzniederlegungen zum Gedenken an die gefallenen deutschen Soldaten. Kurz nach Kriegsbeginn informierte das RRG-Fernsehen auch über die „Eingliederung" des westpolnischen Gebietes in das Reich als Reichsgau Posen (vom 29.1.1940 an „Warthegau" unter Gauleiter und Reichsstatthalter Arthur Greiser, der in dem Bericht im Mittelpunkt stand).[492]

Pausenlose Unterhaltungsofferten, durchwirkt mit punktueller politischer Agitation – dieses Spannungsverhältnis kennzeichnet das Fernsehprogramm der Vorkriegsjahre 1937 bis 1939 und findet seine staatlich verordnete Entsprechung in der Kulturproduktion von Kino und Radio. Beide Dimensionen schlossen sich dabei nicht gegenseitig aus, sondern wirkten in wechselseitiger Befruchtung und erfüllten eindeutig ideologische Funktionen. Kulturfilm und Wochenschau, flankiert von expandierenden Programmen des Zeitdienstes, die 1939 politischer wurden und damit die Rolle des vermindert eingesetzten Kulturfilms übernahmen, trugen den tagespolitischen Erfordernissen Rechnung. Für Zerstreuung und Ablenkung von den Problemen des Alltags sorgten das biedere Fernsehspiel sowie die zahlreichen Musik-, Varieté- und Revuesendungen. Daß das Fernsehen dabei auch unbequemere Kabarettproduktionen brachte, ist keineswegs ein Indiz für seinen besonderen Freiraum. Vielmehr spiegeln sich darin die allgemeinen staatlichen Grenzen der Reglementierung des Kulturbetriebs wider, die zugleich Ausdruck waren von rationalem Kalkül und überlegter Notwendigkeit. Goebbels' vielfach belegte Warnungen vor der Wirkungslosigkeit allzu aufdringlicher Propaganda und primitiver Indoktrination zeugen von dem funktionalen Erfordernis, das Fortbestehen einer eingeschränkten geistig-kulturellen Bandbreite sowie relativ unangepaßter künstlerischer Foren und Pufferzonen zu gewährleisten.

ANMERKUNGEN

[1] RPZ an RPM, 9. 12. 1936, BA Potsdam 47.01/20812.
[2] Aufzeichnung Weinbrenner zum Bericht von Hadamovsky über die Olympiade vom 12. 10. 1936, 24. 10. 1936, BA Potsdam 50.01/1049, fol. 27.
[3] Brief Weinbrenner an Goebbels, 20. 11. 1936, ebd., fol. 28-29, hier fol. 28.
[4] ebd., fol. 29.
[5] vgl. Klingler, Walter: Nationalsozialistische Rundfunkpolitik 1942-1945. Organisation, Programm und die Hörer. Mannheim 1983, S. 35-36.
[6] vgl. Vaessen, Kurt: Zur Neuorganisation in der deutschen Rundfunkleitung. In: Zeitungswissenschaft 12(1937), 6, S. 420-423, hier S. 420.
[7] Pohle, Heinz: Der Rundfunk als Instrument der Politik. Zur Geschichte des deutschen Rundfunks von 1923/38 (=Wissenschaftliche Schriftenreihe für Rundfunk und Fernsehen, Bd. 1). Hamburg 1955, S. 212.
[8] vgl. Wagenführ, Kurt: Das politische Umfeld 1935: Der mißglückte Rundfunkprozeß. In: Fernseh-Informationen 36(1985), 9, S. 264-266, hier S. 266.
[9] vgl. Diller, Ansgar: Geschichte des Fernsehens. In: Kreuzer, Helmut (Hrsg.): Sachwörterbuch des Fernsehens. Göttingen 1982, S. 95-100, hier S. 96-97.
[10] vgl. exempl. Boese, Carl Heinz: Das Programm des deutschen Fernsehrundfunks. In: Funk 12(1935), 8, S. 245-246.
[11] vgl. Venus, Theodor: Bis zum Ende gespielt. Zur Geschichte des ‚Reichssenders Wien' im Dritten Reich. In: Rathkolb, Oliver; Duchkowitsch, Wolfgang; Hausjell, Fritz (Hrsg.): Die veruntreute Wahrheit. Hitlers Propagandisten in Österreich ‚38. Salzburg 1988, S. 108-157, hier S. 133.

[12] vgl. Personalunterlagen Boese im DC Brl.

[13] Boese war 1941 vorübergehend Leiter der Deutschen Wochenschau-Zentrale beim RMVP. vgl. ebd.

[14] vgl. Intendant Boese verunglückt. In: Völkischer Beobachter v. 23. 11. 1941.

[15] vgl. Hadamovsky, Eugen: Zum Gedenken an Carl Heinz Boese. In: Rundfunk-Archiv 14(1941), 11, S. 443-446.

[16] vgl. Wagenführ, Kurt: Neu-Ernennungen im deutschen Rundfunk. In: Berliner Tageblatt v. 24. 4. 1937.

[17] vgl. FI-Berufsbiographien: Hans-Jürgen Nierentz. In: Fernseh-Informationen 28(1977), 6, S. 147

[18] Als Buch erschienen: Nierentz, Hans-Jürgen: Symphonie der Arbeit. Berlin 1934.

[19] Als Buch erschienen: Nierentz, Hans-Jürgen: Der Segen der Bauernschaft. Berlin 1933.

[20] vgl. Wessels, Wolfram: Hörspiele im Dritten Reich. Zur Institutionen-, Theorie- und Literaturgeschichte (=Abhandlungen zur Kunst-, Musik- und Literaturwissenschaft, Bd. 366). Bonn 1985, S. 185, Anm. 29, S. 246-247.

[21] RRG an RMVP über Personalveränderungen, 17. 12. 1934, BA Kblz R 55/233, fol. 50.

[22] Reichsgesetzblatt 1934 I, S. 95.

[23] Zit. nach Wulf, Joseph (Hrsg.): Theater und Film im Dritten Reich. Eine Dokumentation. Frankfurt/Main, Berlin, Wien 1983, S. 423.

[24] Gespräch mit Hans-Jürgen Nierentz, 11. 12. 1991.

[25] Zit. nach Fröhlich, Elke (Hrsg.): Joseph Goebbels. Sämtliche Tagebuch-Fragmente 1924-41. München 1987, Bd. 3, S. 102.

[26] Zit. nach ebd., S. 109.

[27] Anmerkungen Hans-Jürgen Nierentz zu Waldemar Bublitz, 18. 1. 1979, NL Wagenführ.

[28] Goebbels an Nierentz (Datum unleserlich), BA Kblz R 55/1027, fol. 14.

[29] Nierentz selbst datiert den Beginn seiner Intendanten-Tätigkeit beim Fernsehen auf den 22. April 1937.
Gespräch mit Hans-Jürgen Nierentz, 11. 12. 1991.

[30] Reichsintendant Glasmeier an Rundfunkabteilung im RMVP, 12. 4. 1937, BA Kblz R 55/1027, fol. 2.

[31] vgl. Personalunterlagen Nierentz im DC Brl.
Besoldungsordnung A für Gefolgschaftsmitglieder der RRG, BA Kblz R 2/4911a.

[33] ebd.

[34] vgl. Die Doppelintendanz Deutschlandsender – Berlin. In: Der Deutsche Rundfunk 15(1937), 19, S. 8.

[35] Protokoll RRG-Verwaltungsratssitzung, 26. 4. 1937, BA Kblz R 55/541.

[36] Protokoll RRG-Verwaltungsratssitzung vom 26. 4. 1937, o.D., DRA Ffm, fol. 236-241, hier fol. 240.

[37] vgl. RRG-Geschäftsordnung. In: Dienstblatt des Reichs-Rundfunks 1(1937), 12, S. 1-12, hier S. 8.

[38] Gespräch mit Hans-Jürgen Nierentz, 11. 12. 1991.

[39] Dr. phil. Adolf Heinrich Raskin: Geboren am 17. 11. 1900 in Köln. Am 21.7.1923 Promotion in Köln mit einer Arbeit über *Johann Joachim Quantz. Sein Leben und seine Kompositionen*. Arbeitete danach u.a. als Musik- und Opernkritiker bei der Essener *Rheinisch-Westfälischen Zeitung* sowie als freier Mitarbeiter bei der Essener *Nationalzeitung*. Daneben engagierte er sich in der Landesleitung Nordwest des von Hans Hinkel gegründeten „Kampfbundes für Deutsche Kultur". Am 1. 5. 1933 trat er der NSDAP, am 1. 7. 1933 der SA bei und übernahm im gleichen Jahr die Leitung der Musikabteilung des Westdeutschen Rundfunks in Köln. 1934 wurde er Leiter des „Westdeutschen Gemeinschaftsdienstes", einer Rundfunkpropagandazentrale für den Saarkampf. Nach der Eingliederung des Saarlandes in das Deutsche Reich übernahm er als erster nationalsozialistischer Intendant die Leitung des Reichssenders Saarbrücken. Im März 1937 Berufung in die Zentrale der Reichs-Rundfunk-Gesellschaft nach Berlin, wo er die Liquidierung der österreichischen Rundfunkgesellschaft Ravag und die Eingliederung des österreichischen Rundfunks in die RRG beaufsich-

tigte. Daneben „Kommissar des Reichsintendanten für Fernseh-Angelegenheiten" mit großem Einfluß auf den Paul-Nipkow-Sender. Im März 1940 avancierte Raskin zum kommissarischen Intendanten des Deutschen Kurzwellensenders in Berlin sowie zum Leiter der Auslandsabteilung der RRG. Raskin starb am 8. 11. 1940 bei einem Flugzeugabsturz in der Nähe von Dresden.

vgl. FI-Berufsbiografien: Adolf Raskin. In: Fernseh-Informationen 33(1982), 6, S. 163; Reichsintendant Glasmeier an RMVP, 22. 2. 1938, BA Kblz R 55/224, fol. 59.

[40] Reichsintendant Glasmeier an RMVP, 22. 2. 1938, BA Kblz R 55/224, fol. 59.

[41] Bericht Boris Grams an Reichssendeleitung, o.D., Personalunterlagen Grams im DC Brl.

[42] Am 9. November 1938 würdigte das Fernsehen den 15. Jahrestag des gescheiterten Hitler-Putsches mit dem Marsch auf die Feldherrnhalle in München 1923. Der als Sprecher von Gedenkworten vorgesehene Theodor Loos sagte jedoch seine Mitwirkung wegen Krankheit kurzfristig ab. Daraufhin sprang Nierentz für ihn ein, ließ sich aber nicht in seiner Funktion als Intendant ansagen. In der *Deutschen Radio-Illustrierten* vermerkte Kurt Wagenführ, Nierentz habe im Rahmen einer Feierstunde heroische Verse gesprochen.

vgl. Wagenführ, Kurt: Der Rundfunkbeobachter am Fernsehempfänger. In: Deutsche Radio-Illustrierte 7(1938), 48, S. 1.

[43] Brief Hildegard Kruspe-Herrmann an Kurt Wagenführ, 3. 12. 1974, NL Wagenführ.

[44] Liste der Mitarbeiter, die im Frühjahr 1938 mit der Leitung der „Österreich-Aktion" auf dem Gebiet des Rundfunks eingesetzt wurden, 19. 5. 1938, BA Kblz R 55/224, fol. 234.

[45] Bericht Boris Grams an Reichssendeleitung, o.D., Personalunterlagen Grams im DC Brl.

[46] Aushang Herbert Engler für die Angestellten des Fernsehsenders, 12.6. 1939, NL Wagenführ.

[47] Zit. nach Protokoll Gespräch Kurt Wagenführ/Andrea Brunnen-Wagenführ mit Hans-Jürgen Nierentz, 29. 1. 1985, NL Wagenführ.

[48] vgl. Personalunterlagen Nierentz im DC Brl.

[49] Dr. Engler Intendant des Fernsehsenders ‚Paul Nipkow‘. In: Rundfunk-Archiv 13(1940), 1, S. 23.

[50] Nierentz, Hans-Jürgen: Fernsehen. In: Weltrundfunk 3(1939), 3, S. 19-20, hier S. 19.

[51] Architekt Straumer entwarf u.a. in Berlin die ganz in Holz ausgeführte „Funkhalle" (die 1935 abbrannte) und den 1924/26 errichteten Funkturm.

[52] vgl. Kreuter, Marie-Luise: Das Deutschlandhaus, Theodor-Heuss-Platz 1. In: Engel, Helmut; Jersch-Wenzel, Stefi; Treue, Wilhelm (Hrsg.): Geschichtslandschaft Berlin. Orte und Ereignisse. Bd. 1: Charlottenburg. Teil 2: Der neue Westen. Berlin 1985, S. 59-75, hier S. 59.

[53] vgl. Schmädeke, Jürgen: Das Fernsehzentrum des Senders Freies Berlin (=Buchreihe des SFB, 13). Berlin 1973, S. 81.

[54] Offerte Schlegelberger an die RPB Berlin über die Vermietung des Deutschlandhauses für Fernsehzwecke, 19.1. 1937, BA Potsdam 47.01/20822.

[55] ebd.

[56] RPZ an RPM über den technischen Ausbau der Fernsehaufnahmestelle im Deutschlandhaus, 20. 3. 1939, BA Potsdam 47.01/20819.

[57] Banneitz an RPM, 4.6. 1937, BA Potsdam 47.01/20822.

[58] vgl. 441 Zeilen. In: NS-Funk 5(1937), 30, BA Kblz R 78/878.

[59] vgl. Flanze, G.[ünter]; Gehrts, A.[ugust]: Fernsehen. In: Gladenbeck, Friedrich (Hrsg.): Jahrbuch des elektrischen Fernmeldewesens, Jg. 1937. Berlin-Friedenau 1938, S. 416-446, hier S. 416.

[60] Aktennotiz Besprechung im RPM über die künftige Fernsehentwicklung vom 26.2.1941, o.D., BA Potsdam 47.01/20822.

[61] vgl. Goebel, Gerhart: Die Grosse Deutsche Rundfunkausstellung 1937. In: Fernseh-Informationen 38(1987), 16, S. 437.

[62] Auf drei Fernsehbühnen wird gespielt. In: Völkischer Beobachter v. 28. 7. 1937.

[63] A.G. [d.i. August Gehrts]: Das Fernsehen auf der 14. Großen Deutschen Rundfunkausstellung 1937. In: Fernsehen und Tonfilm 8(1937), 8, S. 63.

[64] vgl. Eck, Bernhard: Fernsehen – ganz groß! In: Völkischer Beobachter v. 31. 7. 1937.

[65] Mit ausdrücklicher Genehmigung der Reichsfilmkammer stellte die Ufa der Reichspost für die Pariser Weltausstellung mehrere Spezialkopien von, zumeist unpolitischen, Filmen in deutscher und französischer Sprache zur Verfügung, weil man sich davon eine gute Werbung für das Unternehmen versprach.
Ufa-Vorstandsprotokolle (19.5.37-16.11.37), BA Kblz R 109 I/1032b, fol. 256, Niederschrift 1231 vom 19.5.1937, Ufa an Reichsfilmkammer, 18.5.1937, BA Kblz R 56 VI/7, fol. 123 und Reichsfilmkammer an Ufa, 21.5.1937, ebd. fol. 124.

[66] Rund sechs Monate lang gab die Reichspost in Zusammenarbeit mit Telefunken den Besuchern der Pariser Weltausstellung einen aufwendig inszenierten Überblick über den „Hochstand der deutschen Fernsehtechnik". Für ihre Demonstrationen im „Deutschen Haus" auf dem Ausstellungsgelände erhielten sie schließlich drei Große Preise von der internationalen Jury zugesprochen. Ein „Grand Prix" wurde für die Präsentation insgesamt vergeben, zwei weitere gingen an die Firma Telefunken: für ihren Filmabtaster mit stetigem Filmvorschub und für den Linsenkranzabtaster des Oberingenieurs Emil Mechau. Den erfolgreichen Verlauf der Weltausstellung wertete Post-Ministerialrat Günter Flanze als Konsequenz der „stürmischen und unaufhaltsamen Vorwärtsentwicklung des Fernsehens unter der nationalsozialistischen Leitung der Deutschen Reichspost". Darüber hinaus habe das deutsche Fernsehen in Paris den ersten Schritt ins Ausland getan, schrieb Flanze.
vgl. Flanze, G.[ünter]; Gehrts, A.[ugust]: Die Fernsehvorführungen der Deutschen Reichspost auf der Internationalen Ausstellung Paris 1937. In: Fernsehen und Tonfilm 9(1938), 5, S. 33-36 (I), hier S. 33; 6, S. 43-46 (II) und auch Drei Große Preise für das deutsche Fernsehen. In: Fernsehen und Tonfilm 8(1937), 12, S. 95, Deutsches Fernsehen auf der Weltausstellung in Paris. In: Der Deutsche Rundfunk 15(1937), 23, S. 9 sowie Deutsche Reichspost (Hrsg.): Die Fernsehschau der Deutschen Reichspost auf der Internationalen Ausstellung Paris 1937 (deutsch, französisch, englisch). Berlin o.J. [um 1937].

[67] vgl. Großmann, Christine: Die Zukunft des Fernsehens. In: Die Sendung 15(1938), 3, S. 47.

[68] Nierentz, Hansjürgen: Fernsehrundfunk als Aufgabe und Verpflichtung. In: Der Rundfunk 1(1938), 7, S. 221-222, hier S. 221.

[69] vgl. Rudolf, Herbert: Neue Epoche im Fernsehen. In: Völkischer Beobachter v. 23.3.1938.

[70] vgl. Goebel, Gerhart: Fernsehstudio im Deutschlandhaus. In: Fernseh-Informationen 39(1988), 19, S. 584-586, hier 585.

[71] RPF an RPM, 21.9.1937, BA Potsdam 47.01/20822.

[72] vgl. Der Berliner Fernsehrundfunk in neuen Aufnahmeräumen. In: Telegraphen-Praxis 18(1937), 1, S. 14-15.

[73] Anmerkungen Horst Hewel zu Waldemar Bublitz. In: Fernseh-Informationen 30(1979), 8, S. 194-195, hier S. 195.

[74] Anmerkungen Hans-Jürgen Nierentz zu Waldemar Bublitz. In: Fernseh-Informationen 30(1979), 8, S. 193-194, hier S. 193.

[75] vgl. Hh/abw [d.s. Horst Hewel und Andrea Brunnen-Wagenführ]: Umzug in ein neues Studio. In: Fernseh-Informationen 39(1988), 3, S. 87-90, hier S. 87.

[76] vgl. Bublitz, Hans Waldemar: Die Entwicklung des Fernsehprogrammbetriebes der Reichs-Rundfunk-Gesellschaft von 1935 bis 1939. Hamburg o.J., S. 4-6.

[77] Der Paul-Nipkow-Fernsehsender in neuen Räumen. In: Bayerische Radio-Zeitung 15(1938), 2, S. 8.

[78] vgl. Neue Fernseh-Aufnahmeräume in Berlin. In: Fernsehen und Tonfilm 8(1937), 12, S. 97.

[79] vgl. Programmausdruck 5.-11.12.1937. In: Neue Funk-Stunde 14(1937), 49, S. 12.

[80] Wagenführ, Kurt: ‚Die Schattenlinie'. Joseph Conrad im Fernsehsender. In: Berliner Tageblatt v. 6.5.1938.

[81] vgl. exempl. Anekdoten aus der Dunkelkammer. In: Fernseh-Informationen 39(1988), 13, S. 403.

[82] vgl. -er [d.i. Heinz Wilhelm Leuchter]: Das Fernsehen geht seine eigenen Wege. In: Der Angriff v. 18.11.1937.

[83] Anmerkungen Nierentz zu Bublitz (wie Anm. 74), S. 193-194.

[84] vgl. Der Paul-Nipkow-Fernsehsender in neuen Räumen. In: Nationalsozialistische Rundfunk-Korrespondenz 1(1937), 46, Bl. 1.

[85] vgl. Hempel, Manfred: Der braune Kanal. Die Entstehung und Entwicklung des Fernsehens in Deutschland bis zur Zerschlagung des Hitlerregimes. Leipzig 1969, S. 82.

[86] Protokoll über die Versuche mit dem 441-Zeilen-Bild vom 16.7.1938, NL Wagenführ; vgl. auch 1938: Versuche mit dem 441-Zeilen-Bild. Protokoll aus den Unterlagen von Dr. Wolfgang Federmann über Versuche am 16. Juli 1938 in Berlin. In: Fernseh-Informationen 39(1988), 17, S. 517-518.

[87] vgl. Die große Bühne des Fernsehsenders entsteht. Leopold Hainisch plaudert von der großen Fernsehschau ,Endstation Berlin'. In: Bayerische Radio-Zeitung 15(1938), 32, S. 13.

[88] Nierentz an Flanze, 4.8.1938, BA Potsdam 47.01/20822.

[89] Nierentz, Hans-Jürgen: Fernsehsender Berlin. In: Amtlicher Führer zur 15. Großen Deutschen Rundfunkausstellung Berlin 1938. Berlin 1938, S. 99.

[90] vgl. Ring, F.[riedrich]: Fernsehen auf der Großen Deutschen Rundfunkausstellung 1938. In: Fernsehen und Tonfilm 9(1938), 8, S. 57-59, hier S. 57.

[91] vgl. Schw. [d.i. Erich Schwandt]: Das Fernsehen läuft! In: Bayerische Radio-Zeitung 15(1938), 35, S. 10.

[92] Fernsehen – bald eine Selbstverständlichkeit. In: Westdeutscher Beobachter v. 1.8.1938.

[93] vgl. R.J.W. [d.i. Rudolf J. Wittwer]: Das deutsche Fernsehen 1938. In: Der Deutsche Rundfunk 16(1938), 34, S. 42.

[94] vgl. Lipfert, Kurt: Fernsehen auf der 15. Großen Deutschen Rundfunkausstellung in Berlin 1938. In: Fernsehen und Tonfilm 9(1938), 9, S. 65-72, hier S. 65-66.

[95] Nierentz an Flanze, 4.8.1938, BA Potsdam 47.01/20822.

[96] Nierentz an Berliner Ausstellungs-, Fremdenverkehrs- und Messe-Gesellschaft, 5.8.1938, ebd.

[97] Fernsehrundfunkdienst beim Berliner Fernsehsender. In: Die Deutsche Post 62(1938), 42, S. 1218.

[98] RPF an RPM über bereitzustellende Mittel für den Fernsehsender Berlin, 8.6.1938, BA Postdam 47.01/20819.

[99] Die Hauptabendsendung am 1. November 1938 trug den beziehungsreichen Titel *Aller Anfang ist schwer* und war ein Bunter Abend mit Musik, Gesang, Tanz und Artistik, verbunden durch gereimte Zwischentexte.
vgl. Wagenführ, Kurt: Neue Technik – bewährter Programminhalt. Fernsehpremiere mit 441 Zeilen. In: Fernseh-Informationen 39(1988), 23, S. 713-714, hier S. 713.

[100] vgl. Programmausdrucke 22.8.–29.10.1938. In: Der Deutsche Rundfunk 16(1938), 34-43.

[101] vgl. Anmerkungen Kurt Wagenführ zu Hans-Jürgen Nierentz. In: Fernseh-Informationen 30(1979), 8, S. 193.

[102] RPF an RPM über die Umstellung besonderer Fernsehempfangsanlagen, 16.7.1938, BA Postdam 47.01/20819.
In den Fernsehstuben und -stellen mußten natürlich ebenfalls neue Empfänger aufgestellt und eingerichtete werden.

[103] ebd.

[104] Aktennotiz RPF über die Zuständigkeit auf dem Gebiet der Fernsehaufnahmetechnik, 7.8.1938, DRA Ffm.

[105] ebd.

[106] Augustin, Ernst: Organisations- und Etat-Unterlagen sowie Betrachtungen über das Deutsche Fernsehen (vertraulich). Berlin, August 1938, S. 32.

[107] ebd.

[108] Kutschbach, Herbert: Zur geschichtlichen Entwicklung des Fernsehspiels. In: Rundfunk und Fernsehen 4(1956), S. 142-148, hier S. 144.

[109] vgl. Das neue Fernsehstudio im Deutschlandhaus Berlin. In: Fernseh-Informationen 36(1985), 4, S. 115.

[110] vgl. Goebel, Gerhart: Betrachtungen zur Fernseh-Aufnahmetechnik (II). In: Telegraphen-, Fernsprech-, Funk- und Fernseh-Technik 29(1940), 4, S. 117-122, hier S. 119.

[111] vgl. Augustin, Ernst, Organisations-Unterlagen (wie Anm. 106), S. 33.

[112] vgl. Gts. [d.i. August Gehrts]: Die technische Ausrüstung von Fernsehaufnahmeräumen. In: Fernsehen und Tonfilm 10(1939), 7, S. 49-52, hier S. 49.

[113] vgl. Müller, Gabriele: Grünliches Mädchen bei 50 Grad. 200000 Watt Licht im Fernseh-Studio. In: Berlin sieht und hört, Jg. 1940, 9, o.S.

[114] vgl. Goebel, Gerhart: Fernsehstudio im Deutschlandhaus. In: Fernseh-Informationen 39(1988), 19, S. 584-586, hier S. 585.

[115] vgl. Schütte, Otto: Die technischen Einrichtungen eines modernen Fernseh-Studios. In: Fernsehen und Tonfilm 11(1940), 8/9, S. 29-34, hier S. 31.

[116] Präsident RPZ Flanze an Reichspostminister Ohnesorge, 13. 4. 1940, BA Potsdam 47.01/20819.

[117] vgl. Augustin, Ernst, Organisations-Unterlagen (wie Anm. 106), S. 35.

[118] vgl. Vor Freigabe des Fernsehrundfunks in Berlin. In: Funk-Wacht 13(1938), 42, S. 12.

[119] vgl. Ohnesorge, W.[ilhelm]: Die Aufgaben der Deutschen Reichspost. Aufsätze und Vorträge (=Post und Telegraphie in Wissenschaft und Praxis, Bd. 10). Berlin 1939, S. 82; ders.: Die Freigabe des Fernsehrundfunk-Empfangs. In: Postnachrichtenblatt 18(1938), 32, S. 267.

[120] vgl. Möller, R.[olf]; Schubert, G.[eorg]: Zehn Jahre Fernsehtechnik. In: Hausmitteilungen aus Forschung und Betrieb der Fernseh AG 2(1939), 4, S. 111-121, hier S. 112.

[121] vgl. Schunack, Johannes: Die Fernsehaufnahmegeräte der EIAR in Rom. In: Hausmitteilungen aus Forschung und Betrieb der Fernseh AG 1(1938), 2, S. 102-108.

[122] RPZ an RPM über Probleme bei der Umstellung von 180 Zeilen auf 441 Zeilen, 23. 1. 1939, BA Potsdam 47.01/20822.

[123] RPD Berlin an RPM, 2. 12. 1938, ebd.

[124] Aktenvermerk RPM, 13. 3. 1939, ebd.

[125] Protokoll Julius Jacobi über eine Besprechung am 31. 5. 1939 zwischen DRP und RRG betr. Abstimmung der beiderseitigen Tätigkeit auf die Erfordernisse der gemeinsamen Arbeit, 3. 6. 1939, NL Wagenführ.

[126] Gespräch mit Hans-Jürgen Nierentz, 11. 12. 1991.

[127] Nur wenige Tage zuvor hatte sich der Präsident der Reichspost-Forschungsanstalt, Friedrich Gladenbeck, öffentlich zu den Spandauer Plänen geäußert. Er sagte, die Stätte sei schon bald dazu ausersehen, der künstlerische und technische Mittelpunkt des deutschen Fernsehrundfunks zu werden. Zit. nach Weigel, Günter: Neue Fernsehsender in München, Hamburg, Nürnberg und Wien. In: Völkischer Beobachter v. 28. 5. 1939.

[128] vgl. Stumpf, Friedrich: Der technische Fernsehbetrieb der Deutschen Reichspost. In: Welt-Rundfunk 4(1940), 1, S. 10-14, hier S. 13.

[129] Im Zusammenhang mit der bevorstehenden Gründung der Reichspost-Fernsehgesellschaft (RFG), die im nächsten Kapitel näher erläutert werden soll.

[130] Protokoll Julius Jacobi (wie Anm. 125).

[131] Gespräch mit Hans-Jürgen Nierentz, 11. 12. 1991.

[132] Protokoll Julius Jacobi (wie Anm. 125).

[133] Ein wichtiger Punkt bei der Besprechung am 31. Mai waren Lösungsansätze zur „Sicherung des Bildvorspanns mit dem Senderkennzeichen vor fahrlässigem Vorbeilaufen an der Kamera oder vor dem einwirkenden Scheinwerfer". Man war sich darüber einig, daß der Fernsehsender auf „eine einwandfreie Herausstellung seines Firmenschildes" besonderen Wert legen müsse. Die Post sagte in dieser Frage nicht nur „erhöhte Wachsamkeit" zu, sondern stellte auch einen modernen Diapositiv-Abtaster in Aussicht, der künftig jede „Bildgefährdung" ausschließen sollte. ebd.

[134] vgl. Weinbrenner, Hans-Joachim: Rundfunk und Fernseh-Rundfunk gegeneinander oder miteinander? In: Amtlicher Führer zur 16. Großen Deutschen Rundfunk- und Fernseh-Rundfunk-Ausstel-

lung Berlin 1939, S. 13: Mit dieser Namensergänzung „wird erstmalig festgestellt, daß der Fernsehrundfunk jenen Grad von Entwicklung erreicht hat, daß er offiziell der Öffentlichkeit vorgestellt werden kann".

[135] vgl. Wigand, Rolf: Der deutsche Fernseh-Einheitsempfänger E 1. In: Funk 16(1939), 16, S. 425-432, hier S. 425.

[136] Protokoll Julius Jacobi (wie Anm. 125).

[137] ebd.

[138] ebd.

[139] vgl. Kostenvoranschlag Fernsehen für die Grosse Funkausstellung 1939, o.D., NL Wagenführ.

[140] vgl. Das Tagesprogramm des deutschen Fernsehrundfunks, Sender Berlin. In: Amtlicher Führer zur 16. Großen Deutschen Rundfunk- und Fernseh-Rundfunk-Ausstellung Berlin 1939. Berlin 1939, S. 88-95.

[141] Goebel, Gerhart: Kameraführung und Bildgestaltung. In: Fernsehen 2(1954), 11, S. 591-598, hier S. 592.

[142] Aktennotiz Reichspostminister Ohnesorge (geheim), Januar 1939, BA Potsdam 47.01/20815.

[143] vgl. Hausmitteilungen aus Forschung und Betrieb der Fernseh G.m.b.H. 3(1939), 6, S. 247.

[144] Handschriftl. Notiz von Kurt Wagenführ, o.D., NL Wagenführ.

[145] Aktennotiz Reichspostminister Ohnesorge, 31. 5. 1939, BA Potsdam 47.01/20815.

[146] Reichsgesetzblatt 1931 I, S. 282.

[147] Aktennotiz PR Tritz für Reichspostminister Ohnesorge, 29. 4. 1939, BA Potsdam 47.01/20815.

[148] Protokoll Besprechung im RMVP, 3. 7. 1939, BA Kblz R 2/4906, fol. 281-282, hier fol. 282.

[149] vgl. Tritz, J.[]: Reichspost-Fernseh-Gesellschaft mit beschränkter Haftung. In: Deutsche Post 63(1939), 34, S. 990-991, hier S. 990.

[150] Entwurf zum Gesellschaftsvertrag, o.D., BA Potsdam 47.01/20815.

[151] Begründung der Schaffung der G.m.b.H. und Bemerkungen zu einzelnen Bestimmungen der Vetragsentwürfe (Anlage 3 des Gesellschaftsvertrages), o.D., ebd.

[152] Aktennotiz Reichspostminister Ohnesorge, 7. 7. 1939, ebd.

[153] vgl. Gründung der Reichspost-Fernseh-Gesellschaft. In: Völkischer Beobachter v. 16. 8. 1939.

[154] Aktennotiz RPM, 20. 9. 1939, BA Potsdam 47.01/20815.

[155] Aktennotiz Rechtsreferat Neugebauer über die Gründung der RFG, 8. 6. 1939, ebd.

[156] Gutachten Rechtsreferat Neugebauer vom Dezember 1939, ebd.

[157] Tritz, J.[]: Reichspost-Fernseh-Gesellschaft mit beschränkter Haftung. In: Gladenbeck, Friedrich (Hrsg.): Jahrbuch des elektrischen Fernmeldewesens 1938. Berlin-Friedenau 1939, S. 268-286, hier S. 281.

[158] Entwurf zum RFG-Gesellschaftsvertrag, o.D., BA Potsdam 47.01/20815.

[159] Entwurf zur Verleihungsurkunde, o.D., ebd.

[160] Personalaufteilung RFG, 1. 10. 1939, ebd.

[161] Reichspostminister Ohnesorge an RFG, 27.2.1940, BA Potsdam 47.01/20816, Reichspostminister Ohnesorge an Gladenbeck, 23. 8. 1940, ebd., RFG-Bilanz per 31. 3. 1943, ebd..
So mußte die RFG-Bilanz für das Rechnungsjahr 1940/41 zweimal angefertigt werden. Während noch in der ersten Fassung der Verlust in Höhe von 796.216,67 RM ausdrücklich als solcher ausgewiesen war, taucht dieser Posten in der zweiten nicht mehr auf, sondern wurde durch die Position „Verbindlichkeiten gegenüber der Deutschen Reichspost", von 1942 an durch „Betriebszuschüsse der Deutschen Reichspost" ersetzt.

[162] Im Zeitwert (1. 7. 1939) von knapp 800.000 RM. Auch die 13 Fernsehempfänger im Deutschlandhaus zur Kontrolle der aufgenommenen Sendungen wurden von der RFG übernommen.
Aufstellung der in der Fernsehaufnahmestelle (Deutschlandhaus) vorhandenen technischen Einrichtungen, die von der RFG übernommen werden, o.D., BA Potsdam 47.01/20815.

[163] Verzeichnis der Gegenstände, die das Deutsche Reich (DRP) als Sacheinlagen in die RFG einbringt sowie deren Wertberechnung, o.D., ebd.

[164] Vertrag zwischen der DRP und der RFG, o.D., ebd.

[165] Reichspostminister Ohnesorge an RPZ, 6.1.1940, BA Potsdam 47.01/20819.

[166] Besitzstand der DRP laut 6. Veränderungsnachweis, 31.3.1940, BA Potsdam 47.01/21132, fol. 132.

[167] Wgf. [d.i. Kurt Wagenführ]: Die Gründung der ‚Reichspost-Fernseh-G.m.b.H.‘. In: Neuer Funk-Bote 6(1939), 35, S. 4 (identisch: Reichspost-Fernseh G.m.b.H. steht. In: Funk-Wacht 14(1939), 36).

[168] Aktennotiz RPM, 8.2.1939, BA Potsdam 47.01/20815.

[169] vgl. DRP (Hrsg.): Verwaltungsbericht 1939, S. 93-94, hier S. 94.

[170] Vorschlag für die Besetzung des Aufsichtsrats der Reichspost-Fernseh-G.m.b.H., 29.8.1939, BA Potsdam 47.01/20815.

[171] Handschriftl. Aktennotiz RPM, 30.9.1939, ebd.

[172] Gladenbeck an Reichspostminister Ohnesorge, 12.10.1940, BA Potsdam 47.01/20816.

[173] RFG-Geschäftsbericht 1940/41, BA Potsdam 47.01/20811.

[174] Reichsintendant Glasmeier an Gladenbeck, 5.7.1940, BA Potsdam 47.01/20815.

[175] Gladenbeck an Reichsintendant Glasmeier, 5.6.1940, BA Potsdam 47.01/20816.

[176] Aktennotiz RPM zur Gründung der RFG, Januar 1939, BA Potsdam 47.01/20815.

[177] Brief (Entwurf) Reichspostminister Ohnesorge an Reichsfinanzminister, 11.7.1939, ebd.

[178] Aktennotiz RPM, 21.9.1939, ebd.

[179] Erlaß des Reichsministers der Finanzen über die steuerliche Behandlung der RFG, 5.9.1939, ebd.

[180] Rechtsgutachten Finanzministerium (Thal), o.D., NL Wagenführ.

[181] RFG an Oberfinanzpräsidium Berlin, 12.4.1940, BA Potsdam 47.01/20815.

[182] Aktennotiz RPM zur Rechtsbeschwerde der DRP vor dem Reichsfinanzhof vom 13.6.1940, 12.6.1940, ebd.

[183] vgl. Rechtsprechung und Gesetzgebung: Urteil des Reichsfinanzhofs vom 29. November 1940. In: Postarchiv 69(1941), 1, S. 600-603.

[184] Aktennotiz Referat Neugebauer im RPM, 8.6.1939, BA Potsdam 47.01/20815.

[185] Anmerkungen Neugebauer und Kniepmeyer zum RFH-Urteil. In: Rechtsprechung und Gesetzgebung (wie Anm. 183), S. 603-604.

[186] vgl. wgf. [d.i. Kurt Wagenführ]: Friedrich Stumpf gestorben. In: Fernseh-Informationen 35(1984), 17, S. 493.

[187] Personalliste Fernsehaufnahmestelle Deutschlandhaus, 22.3.1939, BA Potsdam 47.01/20822.

[188] RFG an RPM, 13.1.1942, BA Potsdam 47.01/20816.

[189] Präsident RPZ Flanze an RPM, 22.3.1939, BA Potsdam 47.01/20822.

[190] Aktennotiz RPZ Flanze, 23.2.1939, BA Potsdam 47.01/20815.

[191] Aktennotiz RPF Gladenbeck, Februar 1939, ebd.

[192] Helmut Krätzer: Geboren am 28.7.1912 in Berlin. 1921/30 Besuch des humanistischen Gymnasiums in Bonn bis zum Abitur. 1930/35 Ingenieur-Studium an der Technischen Hochschule in Aachen. 1936/38 Tätigkeit bei Siemens in Berlin. Ende 1938 mit ersten fernsehtechnischen Aufgaben zur Reichspost-Fernsehgesellschaft.
Gespräch mit Helmut Krätzer, 12.8.1992; Brief (Durchschlag) Helmut Krätzer an Hermeking, 18.6.1988, NL Wagenführ.

[193] So konnte Krätzer Ende 1938 die späteren Kameraassistenten Hans Grack, Alfred Reimers und Hans Sester anwerben, die zum 1.1.1939 „auf Wartestellung" verpflichtet und auch entsprechend ihrer späteren Tätigkeit bezahlt wurden.
Handschriftl. Notiz Kurt Wagenführ, o.D., NL Wagenführ.

[194] Z.B. Alfons Sensburg: Geboren am 5.3.1913 in München. 1918/27 Besuch der Volkshauptschule. 1927/31 Ausbildung zum Kunstphotographen an der Staatlichen Lehranstalt für Lichtbildwesen und Kinematographie in München. 1931/35 erste Film- und Theatererfahrungen als freier Photograf und Regieassistent, u.a. bei Max Ophüls. 1936 Umzug nach Berlin, wo er zunächst als Kunst-

photograph tätig war. Zum 1.9.1939 kam Sensburg über die Forschungsanstalt der Post als Kameraassistent zur RFG.

Handschriftl. Notizen Kurt Wagenführ über Alfons Sensburg, o.D., NL Wagenführ.

[195] Personalverteilung RFG in Friedenszeiten, 1.10.1939, BA Potsdam 47.01/20815.

[196] Gespräch mit Hans-Jürgen Nierentz, 11.12.1991.

[197] vgl. exempl. Bublitz, Hans-Waldemar: Intendantenwechsel und Kriegsausbruch 1939 (16). In: Fernseh-Informationen 30(1979), 13, S. 307-308, hier S. 307.

[198] Brief RRG an RMVP über Auslandsreisen der Angestellten, 24.3.1936, BA Kblz R 55/233, fol. 108.

[199] Brief RRG an RMVP über Personalveränderungen, 27.6.1934, ebd. fol. 18.

[200] vgl. FI-Berufsbiographien: Leopold Hainisch. In: Fernseh-Informationen 27(1976), 20, S. 477.

[201] vgl. Bracher, Karl Dietrich: Stufen der Machtergreifung (=Die nationalsozialistische Machtergreifung. Studien zur Errichtung des totalitären Herrschaftssystems in Deutschland 1933/34, Bd. 1). Frankfurt/Main 1974, S. 243.

[202] Bericht Gestapa an Rundfunkabteilung Dreßler-Andreß, 2.12.1933, Personalunterlagen Hainisch im DC Brl.

[203] Brief (Verfasser unbekannt) an Rechtsabteilung RRG, 23.1.1937, BA Kblz R 55/1027, fol. 33.

[204] Leopold Hainisch: Mitglied der SA von Juli 1933 bis April 1939, dann Austritt „auf eigenen Wunsch". Parteigenosse seit dem 1.5.1938 (Nr. 6 220 489). vgl. Personalunterlagen Hainisch im DC Brl.

[205] Bericht Gestapa an RMVP, 23.7.1936, Personalunterlagen Hainisch im DC Brl.

[206] vgl. Arendt, Hannah: Eichmann in Jerusalem. Ein Bericht von der Banalität des Bösen. Leipzig 1990 (1. Aufl. München 1964), S. 110, 115.

Adolf Eichmann, später verantwortlich für die Deportation der Juden im Rahmen der „Endlösung", arbeitete zu Beginn seiner Nazi-Karriere (1934) fünf Monate lang in der SD-Abteilung „Gegnererforschung und -bekämpfung". Dort gehörte es zu seinen Aufgaben, sämtliche Informationen und Auskünfte über die Freimaurerei zu katalogisieren.

[207] In einer Aktennotiz vom 3.2.1937 vermerkte Goebbels' Rundfunkreferent Hans-Joachim Weinbrenner: „Betreffs der Personal-Politik des Reichssenders Berlin habe ich festzustellen, dass von vielen Seiten darüber Klage geführt wird, dass die Hauptsachbearbeiter und Abteilungsleiter des Reichssenders Berlin nicht Parteigenossen sind und auch ihr Verhalten keineswegs den Bedingungen der nationalsozialistischen Weltanschauung entspricht. Es wurden vor allem immer wieder genannt: Leopold Hainisch und Harald Braun. Nach den vielen persönlich vorgetragenen Klagen wäre es von Interesse, einmal festzustellen, wer in den führenden Stellen des Reichssenders Berlin Parteigenosse ist."

Aktennotiz RMVP Weinbrenner, 3.2.1937, BA Kblz R 55/225, fol. 206.

[208] Aufstellung Kurt Wagenführ, o.D., NL Wagenführ.

[209] Nierentz, Hans-Jürgen: Erinnerungen an Poldi Hainisch. In: Fernseh-Informationen 30(1979), 4, S. 78.

[210] vgl. Bublitz, Hans Waldemar: Leopold Hainisch als Oberspielleiter zum Fernsehen (11). In: Fernseh-Informationen 30(1979), 4, S. 90-92, hier S. 90.

[211] Kurt Paul Konrad Tetzlaff: Geboren am 7.5.1910 in Berlin. 1924/1930 Ausbildung zum Lokomotiv- und Schiffsmaschinenbauer, anschließend im Versuchslabor Fernmeldetechnik bei Siemens+Halske tätig. „Alter Kämpfer": Mit knapp 17 Jahren Eintritt in die SA (1.5.1927). Seit dem 1.12.1928 Mitglied der NSDAP (Nr. 107 999). Ab 1931 Rundfunktätigkeit bei der Berliner Funk-Stunde, zunächst im Direktionsbüro, dann Versetzung in die Musikabteilung (1933) und seit 1934 in der Programmredaktion der Sendeleitung. 1935/37 Regieassistent Hörspiel bei Max Bing und Gerd Fricke. Geriet 1933 kurzzeitig in Verdacht, Kontakte zu kommunistischen Zirkeln zu unterhalten.

vgl. Personalunterlagen Tetzlaff im DC Brl.; Brief Rundfunkabteilung Weinbrenner an Funk-Stunde Berlin, 1. 2. 1934, Personalunterlagen Hainisch im DC Brl.

[212] Wolfgang Neusch: Geboren am 18. 6. 1900 in Berlin. 1916/18 Kaufmännische Lehre in Berlin, daneben Schauspielunterricht bei Friedrich Kayssler. 1918 kurzzeitig Soldat im Ersten Weltkrieg. 1919/31 Tätigkeit als Schauspieler (Fach: jugendlicher Komiker, Operettenbuffo) an diversen Bühnen in Beuthen, Gleiwitz, Erfurt und Berlin. Ab 1926 ebenfalls freier Mitarbeiter bei der Berliner Funk-Stunde. Von Mai 1931 bis September 1933 ohne festes Engagement. In dieser Zeit Auftritte vor verschiedenen Ortsgruppen der NSDAP, daneben gelegentlich Rundfunkarbeit in der Opern- und Operettenabteilung des Reichssenders Berlin. Parteigenosse seit Februar 1932, Mitglied (seit Februar 1933) des von Hans Hinkel gegründeten „Kampfbundes für Deutsche Kultur", der die „Säuberung" und Gleichschaltung von Akademien, Museen und anderen Kultureinrichtungen betrieb. 1933/37 Festanstellung als Sprecher und Regisseur beim Reichssender Berlin.
Brief Wolfgang Neusch an Staatskommissar Hans Hinkel über eine Anstellung beim Rundfunk, 15. 8. 1933, Personalunterlagen Neusch im DC Brl; FI-Berufsbiographien: Wolfgang Neusch. In: Fernseh-Informationen 30(1979), 22, S. 541.

[213] Ive Becker: Geboren am 12. 1. 1898 in Frankfurt/Main. 1926/30 Schauspieler (Fach: Bonvivant, Komiker) und Spielleiter am Albert-Theater in Dresden. 1930 Oberspielleiter der Operette am Theater in Tilsit. 1931/32 1. Spielleiter in Zwickau. Pg. seit dem 1. 3. 1932 (Nr. 1 060 378). 1933/35 Oberspielleiter des Schauspiels bzw. der Operette am Oberschlesischen Landestheater in Beuthen. 1935/37 1. Charakterspieler und Oberspielleiter des Schauspiels am Stadttheater Würzburg. März 1938 Verwarnung durch das Oberste Parteigericht der NSDAP; aus der Urteilsurkunde: „Pg. Becker ist mit seinen Mitgliedsbeiträgen in Verzug und hat vom August 1933 bis Mai 1934 bei einem Juden in Beuthen zur Untermiete gewohnt."
vgl. Personalunterlagen Becker im DC Brl.

[214] Handschriftl. Notiz Kurt Wagenführ, o.D., NL Wagenführ.

[215] RRG an Reichskammer der bildenden Künste, 25. 5. 1938, Personalunterlagen Joksch im DC Brl.

[216] vgl. FI-Berufsbiographien: Karl-Hermann Joksch. In: Fernseh-Informationen 27(1976), 15, S. 355.

[217] RRG an Reichskammer der bildenden Künste, 19. 8. 1940, Personalunterlagen Joksch im DC Brl.

[218] Rio Gebhardt: Geboren am 1. 11. 1907. NSDAP-Mitglied seit dem 1. Mai 1933 (Nr. 2 637 222). vgl. Personalunterlagen Gebhardt im DC Brl.

[219] vgl. Reichstheaterkammer (Hrsg.): Deutsches Bühnen-Jahrbuch 1938. Berlin 1938, S. 643; Künstler des Rundfunks. Ein Nachschlagewerk für Funk, Theater, Film, Kleinkunst, Podium. Berlin o.J. [1938], S. 7.

[220] vgl. Bachmann, J.[ohann] G.[eorg]: Rhythmen, Farben und Fernsehen. In: Nationalsozialistische Rundfunk-Korrespondenz 1(1937), 39, Bl. 8

[221] Augustin, Ernst, Organisations-Unterlagen (wie Anm. 106), S. 57.

[222] vgl. FI-Berufsbiographien: Bruno Reisner. In: Fernseh-Informationen 28(1977), 3, S. 73.

[223] Stellungnahme Intendant Lau zum Führungszeugnis der NSDAP für Bruno Reisner, BA Kblz R 55/225, fol. 5-6.

[224] Bericht Deutsche Rundfunkarbeitsgemeinschaft an RRG über Bruno Reisner, 16. 4. 1942, Personalunterlagen Reisner im DC Brl [Hervorheb. i. Org.].

[225] Bescheinigung Herbert Engler für Bruno Reisner zur Vorlage bei der Reichsfilmkammer, 10. 12. 1940, ebd.

[226] Nierentz an Personalstelle RRG Wagner, 29. 6. 1938, Personalunterlagen Piper im DC Brl.

[227] RRG-Dienstvertrag Heinz Piper, 4. 7. 1938, ebd.

[228] Gerhard Wahnrau: Geboren am 29. 12. 1913 in Hamburg. 1933 Abitur am humanistischen Gymnasium in Rostock. 1933/38 Studium der Germanistik, Theaterwissenschaft, Filmkunde, Geschichte und Zeitungswissenschaft in Rostock und Berlin. Daneben Regie- und Dramaturgie-Volontariat am Rostocker Stadttheater. Prüfung als Sprech- und Vortragslehrer. 1938 Promotion zum Dr. phil. in Rostock.

[229] vgl. Wahnrau, Gerhard: Spielfilm und Handlung (=Rostocker Studien-Heft 5). Rostock 1939.

[230] vgl. FI-Berufsbiografien: Gerhard Wahnrau. In: Fernseh-Informationen 32(1981), 11, S. 203.

[231] Anhang Bericht Deutsche Revisions- und Treuhand AG über RRG-Geschäftsjahr 1937/38, BA Kblz R 2/4911a.

[232] Haushaltsplan für das RRG-Geschäftsjahr 1938/39, 12. 11. 1937, BA Kblz R 2/4905.

[233] Brief Hans-Jürgen Nierentz an Kurt Wagenführ, 25. 4. 1974, NL Wagenführ.

[234] Haushaltsplan für das RRG-Geschäftsjahr 1938/39, 12. 11. 1937, BA Kblz R 2/4905.

[235] vgl. H.W.L. [d.i. Heinz Wilhelm Leuchter]: Wo steht der deutsche Fernsehrundfunk heute? In: Der Rundfunk 2(1939), 5, S. 97-99, hier S. 97.

[236] Terminkalender RRG-Fernsehen, zusammengestellt von Julius Jacobi, 8. 6. 1939, NL Wagenführ.

[237] Die Nummerierung der Wochen versteht sich jeweils ab laufender Woche.

[238] vgl. auch Bericht Ilse Krafft-Andritsch an Kurt Wagenführ über Tätigkeiten in der Programmverwaltung, o.D., NL Wagenführ.

[239] Gespräch mit Hans-Jürgen Nierentz, 11. 12. 1991.

[240] Terminkalender RRG-Fernsehen, zusammengestellt von Julius Jacobi, 8. 6. 1939, NL Wagenführ.

[241] vgl. Probenbenachrichtigung *Der rote Unterrock*, o.D., ebd.

[242] vgl. Programm 1939: ‚Versuchsstadium‘ überwunden. In: Fernseh-Informationen 40(1989), 6, S. 185-188, hier S. 185.

[243] vgl. Probenplan Fernsehsender Berlin für die 9. Programmwoche (27. 2.–4. 3. 1939), NL Wagenführ.

[244] RPD Berlin an RPM über den Besuch der Fernsehstellen, 10. 5. 1937, BA Potsdam 47.01/20822.

[245] vgl. auch Tenge, Wolfgang R.: Moritaten ferngesehen oder ‚Der rasende Zeichenstift!‘ In: Die Sendung 14(1937), 26, S. 595-596, hier S. 596.

[246] ebd.

[247] vgl. Wagenführ, Kurt: Fragebogen für Fernseh-Zuschauer. In: Fernseh-Informationen 28(1977), 1, S. 16-17.

[248] vgl. Wagenführ, Kurt: Hunderttausend besuchten die Fernsehstuben. In: Welt-Rundfunk 2(1938), 1, S. 157-159 (identisch: Besucherzahlen in den Berliner Fernsehstuben. In: Deutsche Radio-Illustrierte 7(1938), 7, S. 3; Besucherzahlen der Berliner Fernsehstuben. In: Neuer Funk-Bote 5(1938), 7, S. 4, 21).

[249] vgl. ebd., S. 159.

[250] ebd.

[251] vgl. auch Wer konnte vor dem Kriege fernsehen? In: Fernseh-Informationen 39(1988), 10, S. 309-310, hier S. 309.

[252] Wagenführ, Kurt, Hunderttausend (wie Anm. 248), S. 159.

[253] Allerdings übte noch für so manchen Technikpublizisten das Innenleben eines Fernsehers eine weit größere Faszination aus als die damit übertragenen Programme. So erfuhr die Reichspost erst im Juli 1943, daß der Rundfunkschriftsteller und Technikbegeisterte Eduard Rhein in seiner Wohnung in Berlin-Dahlem seit Jahren einen selbstgebauten Fernsehempfänger besaß, den er ohne die Genehmigung der Postbehörde betrieb. Mit „Rücksicht auf Ihre Arbeiten auf dem Funkgebiet" erteilte daraufhin der Reichspostminister dem späteren Chefredakteur der Programmzeitschrift *Hör zu* eine vorläufige Genehmigung zum „gebührenfreien Betrieb" der „Fernsehversuchsanlage". Nach 1945 wurde Rhein dann erwartungsgemäß von der Deutschen Bundespost als erster zahlender Fernsehteilnehmer registriert.
Aktennotiz RPM (Zerbel), 26.7.1943, BA Potsdam 47.01/20825, fol. 74, Reichspostminister Ohnesorge an Rhein, 19.7.1943, ebd.; Riek, Heinz: ‚Achtung! Noch eine Minute...wir gehen auf Sendung!‘ Fernsehen nach der Stunde Null – erlebt in Berlin. In: Fernsehstadt Berlin. Von der Flimmerkiste zum PAL-Farbfernsehen. Frankfurt/Main o.J. [um 1985].

[254] vgl. Wgf. [d.i. Wagenführ, Kurt]: Der Rundfunkbeobachter am Fernseher. In: Deutsche Radio-Illustrierte 7(1938), 20, S. 3.

[255] Wagenführ, Kurt: Versuch einer kleinen Fernsehpsychologie (Teil III). In: Der Deutsche Rundfunk 16(1938), 34, S. 44-46, hier S. 44.

[256] Fechter, Paul: Einsames Theater. Erlebnisse von heute und morgen. In: Deutsche Allgemeine Zeitung v. 19. 3. 1939.

[257] vgl. Wagenführ, Kurt: Die Welt im Zimmer. Der Weg des Fernsehens. In: Deutsche Allgemeine Zeitung v. 16. 4. 1939.

[258] Aktennotiz RPM Flanze, 24.6.1937, BA Potsdam 47.01/20822.

[259] RPM an RPF, 6. 7. 1937, ebd.

[260] RPZ an RPM, 21. 1. 1939, BA Potsdam 47.01/20818.

[261] Reichssendeleitung an Büro Dienstempfangsanlagen RRG, 28. 4. 1938, BA Kblz R 78/917.

[262] Wagenführ, Kurt: Ein Abschied. In: Deutsche Zukunft 7(1939), 23, S. 13-14, hier S. 13.

[263] ebd., S. 14.

[264] vgl. Augustin, Ernst, Organisations-Unterlagen (wie Anm. 106), S. 26.

[265] vgl. ebd., S. 27.

[266] Bericht Deutsche Revisions- und Treuhand AG über RRG-Geschäftsjahr 1937/38, BA Kblz R 2/4911a.

[267] Freundl. Hinweis von Ansgar Diller, 31. 7. 1991.

[268] Brief RPM an RMVP, 7. 2. 1935, BA Kblz R 55/308.

[269] Aktennotiz RPM Flanze, 4. 4. 1938, BA Potsdam 47.01/20813.

[270] Reichspostminister Ohnesorge an Propagandaminister Goebbels, 3. 10. 1938, BA Kblz R 55/308.

[271] Schnellbrief RPM Flanze an RMVP Greiner über die Aufteilung der Rundfunkgebühren, 3. 2. 1940, ebd., fol. 77.

[272] Brief Flanze an Greiner, 26. 1. 1940, ebd.

[273] vgl. exempl. Nagel, [Jakob] (Hrsg.): Die Reichspost im Staate Adolf Hitlers. Festausgabe der Deutschen Verkehrs-Zeitung. Aus Anlaß des 65. Geburtstages des Reichspostministers Dr.-Ing. e.h. Ohnesorge am 8. Juni 1937. Berlin 1937, S. 94.

[274] Brief Ministerialdirigent Ott an Staatssekretär Gutterer über die Verteilung der Rundfunkgebühren, 6. 8. 1941, BA Kblz R 2/4907.

[275] Referentenentwurf Rundfunkabteilung Schäfer an Propagandaminister Goebbels, Oktober 1938, BA Kblz R 55/308, fol. 151.

[276] vgl. Lucas, Kurt Werner: Das Fernsehen (Telefunken-Vortrag). Berlin, o.J. [um 1937], S. 26.

[277] vgl. Otte, [Gerhard]: Fernsehen und Rundfunkwirtschaft. In: Amtlicher Führer zur 16. Großen Deutschen Rundfunk- und Fernseh-Rundfunk-Ausstellung Berlin 1939, S. 24.

[278] vgl. Schröter, Fritz: Über Sinn und Ertrag der Fernsehforschung. In: Welt-Rundfunk 2(1938), 4, S. 670-672.

[279] vgl. Zwischen Rundfunk und Fernsehrundfunk. Der Sättigungsgrenze entgegen. In: Nationalsozialistische Rundfunk-Korrespondenz 1(1937), 45, Bl. 8-9.

[280] RPF an RPM, 3.3.1938, BA Potsdam 47.01/20822.

[281] Denkschrift Fernseh AG „Gedanken zur Einführung des Fernsehens" (vertraulich) vom 14. 7. 1938, BA Potsdam 47.01/20816.

[282] vgl. Goerz, Paul: Fernsehgeräte zu volkstümlichen Preisen. In: Rundfunk-Großhändler 7(1938/39), 5, S. 158.

[283] Denkschrift Fernseh AG (wie Anm. 281).

[284] vgl. auch Was ist mit dem Fernseh-Volksempfänger? In: Rundfunk-Großhändler 6(1937), 9, S. 368-369, hier S. 368.

[285] Denkschrift Fernseh AG (wie Anm. 281).

[286] So beschwerte sich die Forschungsanstalt im Dezember 1937 bei Ohnesorge über ein Unternehmen aus Pforzheim, die „Deutsche Volksfernseher GmbH", „das schon mehrfach unliebsam aufgefallen ist".
Brief RPF an RPM, 28. 12. 1937, BA Potsdam 47.01/20812.

[287] Aktennotiz RPM Flanze, 15. 8. 1938, BA Potsdam 47.01/20816.

[288] vgl. Der Einheits-Fernseh-Empfänger E1. In: Amtlicher Führer zur 16. Großen Deutschen Rundfunk- und Fernseh-Rundfunk-Ausstellung Berlin 1939, S. 19.

[289] vgl. Otte, Gerhard: Fernsehen und Rundfunk-Großhandel. In: Rundfunk-Großhändler 8(1939/40), 5, S. 177-180, hier S. 177.

[290] vgl. Reichsorganisationsleiter der NSDAP (Hrsg.): Bildfunk und Fernsehen. Lehrunterlage für die Berufserziehung des Kaufmanns von Heinz Jungfer. Berlin 1939, S. 36.

[291] vgl. Scholz, Werner: Der Vertrieb von Fernsehempfängern. In: Rundfunk-Großhändler 8(1939/40), 6, S. 251-252, hier S. 252.

[292] vgl. Hempel, Manfred: Die Entstehung und Entwicklung des Fernsehens in Deutschland bis zur Zerschlagung des Faschismus. Dipl.-Arbeit. Leipzig 1965, S. 140.

[293] vgl. Die Freigabe des Fernsehens. In: Der Deutsche Rundfunk 17(1939), 32, S. 2.

[294] vgl. Die Deutsche Reichspost gibt den Fernsehrundfunk für die Öffentlichkeit frei. In: Die Deutsche Reichspost 63(1939), 31, S. 912.

[295] vgl. Freigabe des Fernsehrundfunks für die Oeffentlichkeit. In: Deutsches Nachrichtenbüro 6(1939), 1094, S. 1, BA Kblz R 43II/267a, fol. 4.

[296] vgl. Gladenbeck, F.[riedrich]: Die vorbereitenden Arbeiten der Deutschen Reichspost zur Freigabe des Fernsehrundfunks. In: Ders. (Hrsg.): Jahrbuch des elektrischen Fernmeldewesens 1939. Berlin-Friedenau 1940, S. 9.

[297] vgl. Freigabe des Fernsehempfangs anläßlich der 16. Großen Deutschen Rundfunk- und Fernseh-rundfunk-Ausstellung 1939. In: Fernsehen und Tonfilm 10(1939), 8, S. 57-59, hier S. 57-58.

[298] Zu den technischen Details des Einheitsempfängers E 1 vgl. Radio AG DS Loewe (Hrsg.): Fernsehen im Heim. Einheits-Fernsehempfänger E 1. Berlin 1939; Ibing, Hans Kurt: Das neue Fernseh-Buch. Köln, Krefeld 1950, S. 210-216.

[299] vgl. Schw. [d.i. Erich Schwandt]: Der deutsche Einheits-Fernseher ist da! In: Bayerische Radio-Zeitung 19(1939), 31, S. 5.

[300] vgl. Lucae, Gustav: 40 Jahre Rundfunkwirtschaft in Deutschland 1923-1963. Unter besonderer Berücksichtigung der Funkindustrie und des ‚Verband der Funkindustrie (VDFI)‘, der jetzigen ‚Interessengemeinschaft für Rundfunkschutzrechte (IGR)‘. Düsseldorf 1963, S. 35.

[301] vgl. Telefunken-GmbH: Fernseh-Arbeiten im Kriege. In: Fernseh-Informationen. Informationsdienste für die Fernseh-Wirtschaft 1(1950), S. 14.

[302] vgl. Pritchard, David: The Radar War. German's Pioneering Achievement 1904-45. With a foreword by R.V. Jones. Wellingborough 1989, S. 66.

[303] vgl. Weiß, J.[] G.[]: Der deutsche Einheits-Fernsehempfänger. In: Telefunken-Hausmitteilungen 20(1939), 81, S. 9-12, hier S. 9.

[304] Suhling, Edgar: Der deutsche Einheits-Fernsehempfänger E 1. Dipl.-Arbeit. Berlin 1942, S. 90.

[305] vgl. Goebel, Gerhart: Der deutsche Einheits-Fernseh-Empfänger E 1. In: Fernseh-Informationen 40(1989), 18, S. 567-568, hier S. 568.

[306] vgl. Fernsehen und Kunstbetrachtung. In: Nationalsozialistische Rundfunk-Korrespondenz 3 (1939), 14, Bl. 1.

[307] Wagenführ, Kurt: Hören und Sehen ist zweierlei. In: Neuer Funk-Bote 6(1939), 28, S. 4.

[308] vgl. Wagenführ, Kurt: Fernsehen heute. In: Deutsche Zukunft 7(1939), 25, S. 14.

[309] vgl. Roth, Paul: Das sowjetische Fernsehen 1930-1959. Vom ‚Telekino‘ zum Massenmedium. In: Rundfunk und Fernsehen 20(1972), 3, S. 306-328, hier S. 308-309.

[310] vgl. Das Fernmeldewesen in der Welt 1938. In: Die Deutsche Post 63(1939), 16, S. 502-506, hier S. 506.

[311] vgl. Engelbrecht, Hermann E.: Abriß der geschichtlichen und rechtlichen Entwicklung des Rundfunks und Fernsehens in den USA. In: Rundfunk und Fernsehen 15(1967), 2, S. 152-160, hier S. 158-159.

[312] vgl. exempl. Amerika bewundert die deutsche Fernseharbeit. In: Bayerische Radio-Zeitung 12 (1935), 34, S. 11.

[313] Abschlußbericht PR Pressler über eine Dienstreise nach London vom 29. 8.-3. 9. 1938, BA Potsdam 47.01/20812.

[314] Nach 1945, beim Start des „zweiten Fernsehens" in Deutschland, brachen Animositäten zwischen Film und Fernsehen sofort wieder auf, und es galt die zum historischen Streitruf gewordene Devise: „Keinen Meter Film für das Fernsehen!" 1978 formulierte der damalige ZDF-Programmdirektor Dieter Stolte im *Deutschen Allgemeinen Sonntagsblatt:* „Seit es hierzulande Fernsehen gibt, haben Film und Fernsehen die ganze Skala einer möglichen Freund-Feind-Haltung durchlaufen." Stolte, Dieter: Attacken von einer Schimäre. In: Deutsches Allgemeines Sonntagsblatt v. 8. 1. 1978; Film und Fernsehen – Gegner oder Partner? Gedanken über ein aktuelles Thema. In: Prager, Gerhard (Hrsg.): Reden und Aufsätze über Film, Funk, Fernsehen. Hamburg 1963, S. 66.

[315] vgl. Bedroht das Fernsehen den Film? In: Filmtechnik 12(1936), 12, S. 152.

[316] vgl. Lölhöfel, E.[] von: Fernsehen im Rundfunk und Lichtspielhaus. In: Filmtechnik 11(1935), 8, S. 96-100, hier S. 100.

[317] vgl. auch Koebner, Thomas: Der Film als neue Kunst. Reaktion der literarischen Intelligenz. Zur Theorie des Stummfilms (1911-24). In: Kreuzer, Helmut (Hrsg.): Literaturwissenschaft – Medienwissenschaft (=Medium Literatur 6). Heidelberg 1977, S. 1-31, hier S. 1.

[318] Schwember, Wilhelm: Film und Fernsehen. In: Der Deutsche Film 1(1936), 5, S. 136-138, hier S. 138.

[319] vgl. Glessgen, Hermann: Das deutsche Fernsehen. Ein Beitrag zu dem Problem unserer Tage. In: Lichtbildbühne 31(1938), 31, S. 1-2, hier S. 2.

[320] vgl. Schröter, F.[ritz]: Das Fernsehbild. In: Telefunken-Hausmitteilungen 19(1938), 79, S. 23-35, hier S. 35.

[321] vgl. auch Eckert, Gerd: Fernsehen – Freund oder Feind des Films? In: Der Deutsche Film 3(1939), 12, S. 350-352.

[322] vgl. Traub, Hans: Ein Beitrag zur Geschichte des deutschen Filmschaffens. Berlin 1943, S. 96.

[323] Kalbus, Oskar: Vom Werden deutscher Filmkunst. 2. Teil: Der Tonfilm. Berlin 1935, S. 101.

[324] Vorstandsprotokolle Universum Film AG, Niederschrift 1087/21 vom 17. Juni 1935, BA Kblz R 109 I/1030b, fol. 168.

[325] vgl. Hoffmann, Willy: Fernsehen und Urheberrecht. In: Juristische Wochenschrift 65(1936), 17, S. 1110-1113.

[326] vgl. Pridat-Guzatis, H.[einz] G.[ert] [d.i. Heinz Guzatis]: Gedanken zum Fernsehrecht. In: Welt-Rundfunk 4(1940), 1, S. 25-27, hier S. 26.

[327] vgl. Kopsch, Julius: Zum Problem des Urheberrechts am Filmwerk: Wie weit reichen die Befugnisse des Filmherstellers, wenn er als der Urheber des Filmwerks anerkannt wird? In: Archiv für Urheber-, Film- und Theaterrecht 9(1936), 1, S. 110-114, hier S. 113.

[328] Bis 1945 war dies die „Staatlich genehmigte Gesellschaft zur Verwertung musikalischer Urheberrechte" – kurz Stagma genannt.

[329] vgl. Roeber, Georg: Fernsehübertragungen von Filmen. In: Juristische Wochenschrift 65(1936), 41, S. 2844-2847, hier S. 2847.

[330] Vorstandsprotokolle Universum Film AG, 14.2.1936-1.12.1936, BA Kblz R 109 I/1031 b, Niederschrift Nr. 1149.

[331] Boese an RMVP, 29. 5. 1936, BA Kblz R 78/14, fol. 226.

[332] Boese an RMVP, 16. 6. 1936, ebd., fol. 250-252, hier fol. 251.

[333] Boese an RMVP, 9. 12. 1936, ebd., fol. 291.

[334] Boese an RMVP, 7. 7. 1936, BA Potsdam 50.01/675, fol. 33-34, hier fol. 33.

[335] Boese an RMVP, 16. 6. 1936, BA Kblz R 78/14, fol. 251.

[336] Vorstandsprotokolle Universum Film AG, 14. 2. -1. 12. 1936, BA Kblz R 109 I/1031 b, Niederschrift vom 28. 2. 1936.

[337] Neben den Honoraren für die Verleihfirmen strichen die Berliner Kopieranstalten Geyer sowie Dröge & Siebert beachtliche Beträge für die Anfertigung von Fernsehspezialkopien ein. So betrug 1938 der Meterpreis für Normalfilmkopien 0,18 RM. Bei einem etwa 20minütigen Filmausschnitt (das sind umgerechnet 550 m) hatte also das Fernsehen mindestens 100 RM pro Kopie zu zahlen. Diese hohen Kosten waren auch der Anlaß – neben dem Zeitaspekt – für den Aufbau eines eigenen Kopierbetriebs.
Berechnet nach der Preisliste der Filmkopieranstalten für Normalfilm-Bearbeitung 1938, NL Wagenführ.

[338] vgl. Reichsfilmkammer (Hrsg.): Filmhandbuch. Bearb. von Heinz Tackmann. Berlin 1938, Teil VII B 16-18, S. 11.

[339] ebd.

[340] Ermittelt nach der chronometrischen Tabelle für 35-mm-Filme des BA-FA Brl.

[341] Das RRG-Fernsehen strahlte, soweit feststellbar, vom 4. April 1938 an neben der Ufa- auch die mehr unterhaltende als politische Deulig-Wochenschau aus, nachdem zuvor allein die Ufa-Tonwoche im wöchentlichen Rhythmus gesendet wurde. Von Sommer 1940 an gab es dann nur noch die einheitliche Deutsche Wochenschau. Ob es jedoch bis dahin bei der Fernseh-Auswahl zwischen den beiden Anbietern ein bestimmtes Muster gab, läßt sich aufgrund der rudimentären Programminformationen nicht mehr rekonstruieren.

[342] vgl. Programmausdrucke in *Der Deutsche Rundfunk* von 1938/39.

[343] Wagenführ, Kurt: ‚Versprich mir nichts!‘ Vielversprechende Fernsehvorführung. In: Berliner Tageblatt v. 16. 11. 1938.

[344] G.E. [d.i. Gerhard Eckert]: Fernsehen und Film. In: Nationalsozialistische Rundfunk-Korrespondenz 4(1940), 35, Bl. 4 (identisch: Funk-Woche 15(1940), 39, S. 10).

[345] vgl. Programmausdruck 21.-27. 11. 1937. In: Neue Funkstunde 14(1937), 47.

[346] vgl. Programmausdruck 5.-11. 12. 1937. In: Neue Funkstunde 14(1937), 49.

[347] ‚Achtung! Hier sendet die SS!‘ In: Das Schwarze Korps 4(1938), 3, S. 3-4, hier S. 4.

[348] vgl. Bild und Ton aus der Ferne. Die erste Fernsehsendung des SA-Kulturkreises. In: Der SA-Mann 7(1938), 7, S. 3.

[349] vgl. Rundbrief Kurt Wagenführ an Bublitz, Hainisch und Nierentz, 4. 12. 1977, NL Wagenführ.

[350] Hier sendet die SS! (wie Anm. 347), S. 4.

[351] Bild und Ton (wie Anm. 348), S. 3.

[352] vgl. Nierentz, Hans-Jürgen: Wir schaffen für den Fernsehfunk. In: Nationalsozialistische Rundfunk-Korrespondenz 1(1937), 19, Bl. 1.

[353] vgl. Wagenführ, Kurt: Neue Gestaltungsfragen beim Fernsehen. Eine Unterredung mit Intendant H.J. Nierentz. In: Berliner Tageblatt v. 29. 10. 1937.

[354] vgl. Wagenführ, Kurt: Mai/Juni 1937: Die Geburt des Fernsehspiels (2). In: Fernseh-Informationen 38(1987), 13, S. 367-368.

[355] vgl. Rombach, Otto: Als Autor auf der Fernsehbühne. In: Autor 13(1938), 1/2, S. 16.

[356] vgl. Rüden, Peter von: Ablenkung als Programmauftrag: Das NS-Fernsehen – ein Unterhaltungsmedium. In: Ders. (Hrsg.): Unterhaltungsmedium Fernsehen (=Kritische Informationen, Bd. 42). München 1979, S. 143-163, 267-270, hier S. 146.

[357] vgl. Hickethier, Knut: Ein Stück Fernsehspielgeschichte. In: Ders. (Hrsg.): ‚Nachts ging das Telefon‘ – von Willi Kollo. Ein Stück Fernsehgeschichte (=Massenmedien und Kommunikation, Heft 54). Siegen 1988, S. 20-38, hier S. 27.

[358] Werner Oehlschläger: Am 19.9.1904 in Berlin-Charlottenburg geboren. Nach dem Abitur Studium der Rechtswissenschaft, das er jedoch im siebten Semester abbrach, um als Schauspieler ein Engagement am Berliner Neuen Theater anzunehmen. Bis 1932 folgten diverse Auftritte mit einem „parodistischen Schau-Orchester“, das Oehlschläger mit seinem Studienfreund Günther Neumann (geb. am 19. 3. 1913 in Berlin) gegründet hatte. Von 1933 bis 1935 betätigten sich Oehlschläger und Neumann als Autoren, Sänger, Parodisten, Komponisten und Regisseure an sechs verschiede-

nen Kabaretts in Berlin (z.B. Katakombe, Kabarett der Komiker). 1934/35 bekamen die Multitalente ihre ersten Rundfunkaufträge beim Reichssender Berlin. Im Oktober 1936 avancierte Oehlschläger zum ständigen freien Hörspiel-Regisseur. Über Hans-Jürgen Nierentz, der das Gespann von seiner Tätigkeit beim Reichssender Berlin kannte, kamen beide im Sommer 1937 als freie Mitarbeiter zum Nipkow-Sender. Dort arbeiteten sie fortan als Texter, Sänger, Musiker und Regisseure von Fernsehspielen und ungezählten Kabarettprogrammen (*Vom Alex bis zur Wies'n. Ein magisches Kabarett*, 15.1.1938; *Geschwister, die nicht vom Himmel fallen*, 23.4.1938). Die Namen Oehlschläger und Neumann sind nach dem Krieg mit dem Kabarett „Die Insulaner" verbunden, dessen Darbietungen seit 1948 vom RIAS Berlin ausgestrahlt wurden.

vgl. Lebenslauf Werner Oehlschläger für die RRG, 22.3.1937, Personalunterlagen Oehlschläger im DC Brl; Wagenführ, K.[urt]: Wegbereiter des Fernsehkabaretts gestorben: Werner Oehlschläger. In: Fernseh-Informationen 31(1980), 8, S. 190.

[359] vgl. Eckert, Gerd: Dem Fernsehen gehört die Zukunft. In: Berliner Börsen-Zeitung v. 23.2.1938.

[360] vgl. Wende in der Fernseh-Programmarbeit. In: Funk-Wacht 12(1937), 26, S. 12 (identisch: Nationalsozialistische Rundfuk-Korrespondenz 1(1937), 18, Bl. 2-3).

[361] vgl. Eckert, Gerd: Vom Rundfunk zum Fernsehen. In: Die Literatur 39(1937), 10, S. 623-625, hier S. 625.

[362] vgl. Zweimal Jenkins: Fernsehfunk auf neuen Wegen. In: NS-Funk 5(1937), S. 3, 40, hier S. 3.

[363] vgl. Wgf. [d.i. Kurt Wagenführ]: Der Funkbeobachter sieht die Tochter des Kalifen. In: Deutsche Radio-Illustrierte 6(1937), 29, S. 8, 10, hier S. 10.

[364] vgl. Wagenführ, Kurt: Fernsehstil im Fernsehspiel. Betrachtungen zur Dramaturgie des Fernsehens. In: Berliner Tageblatt v. 27.7.1937

[365] vgl. Wgf. [d.i. Kurt Wagenführ]: Lang-kurz-lang. In: Deutsche Radio-Illustrierte 6(1937), 32, S. 8, 10, hier S. 10.

[366] vgl. Wgf. [d.i. Kurt Wagenführ]: Der Funkbeobachter am Fernseher. In: Deutsche Radio-Illustrierte 6(1937), 25, S. 8, 10, hier S. 8.

[367] Wgf. [d.i. Kurt Wagenführ]: Der Funkbeobachter am Fernseher. In: Deutsche Radio-Illustrierte 6 (1937), 23, S. 8, 10, hier S. 8.

[368] Zusammengestellt nach handschriftl. Notizen von Kurt Wagenführ, o.D., NL Wagenführ.

[369] Aufstellung Kurt Wagenführ, o.D., ebd.

[370] vgl. Wagenführ, Kurt: Planmäßiger Fernseh-Programmaufbau. In: Funk-Wacht 13(1938), 10, S. 9-10, hier S. 9.

[371] vgl. Nierentz, Hans-Jürgen: Das deutsche Fernsehen. In: Amtlicher Führer zur 16. Großen Deutschen Rundfunk- und Fernseh-Rundfuk-Ausstellung Berlin 1939, S. 15-16, hier S. 16.

[372] Nierentz, Hans-Jürgen: Adrian war mein Wunschtraum (unveröff. Manuskript), o.J., PA Nierentz.

[373] vgl. Aeckerle, Fritz: Ein Versuch zum Fernsehspiel. ‚Ein Roman wird lebendig!' In: Deutsche Allgemeine Zeitung v. 14.1.1938.

[374] Brief Otto Rombach an Kurt Wagenführ, 27.6.1980, NL Wagenführ.

[375] vgl. Rombach, Otto: Erinnerungen an ein erstes Fernsehspiel. Als Adrian, der Tulpendieb 1938 ferngesehen wurde. In: Hay, Gerhard (Hrsg.): Literatur und Rundfunk 1923-1933. Gerstenberg, Hildesheim 1975, S. 350-359, hier S. 354.

[376] vgl. Wagenführ, Kurt: Fernsehspiel um einen Roman. In: Berliner Tageblatt v. 27.1.1938.

[377] vgl. Wanderscheck, Hermann: Theater durch den Antennendraht. Berliner Versuche im Funkhaus zum eigenen Fernsehspiel. In: Pommersche Zeitung v. 28.1.1938.

[378] vgl. Manuskript *D 309 hat Aufenthalt*, 55 S., NL Wagenführ.

[379] vgl. Manuskript *Die Schattenlinie*, 51 S., ebd.

[380] vgl. Presseausschnittssammlung über die 700-Jahr-Feier Berlins 1937, BA Kblz R 78/1198.

[381] Pressemitteilung RRG über *Die Landpartie*, o.D., BA Kblz R 78/1197.

[382] vgl. Berliner Historie – ferngesehen. In: Berliner Tageblatt v. 24.7.1937.

[383] Eckert, Gerd: ‚Berolina‘ im Fernsehsender. In: Berliner Börsen-Zeitung v. 26. 7. 1937.

[384] Anläßlich des Berliner Presseballs am 5. Februar 1938 in den Zoo-Festsälen produzierte das Fernsehen ein vierstündiges (von 20.00 bis 24.00 Uhr) Sonderprogramm *Vom Deutschlandhaus zum Presseball*, mit historischen Spielszenen aus der Zeitungsgeschichte, Gesprächen mit Pressevertretern und Filmen von dem erweiterten Dunkelstudio sowie Live-Übertragungen innerhalb der Säle (Revue, Modenschau) mit der neuen 441-Zeilen-Technik. Das Zoo-Programm selbst konnte nur von den Presseball-Gästen im Kurzschlußverfahren verfolgt werden, und zwar über Empfänger, die in Nischen der Festsäle aufgebaut worden waren, und einer Großprojektion im Kaisersaal. Der Fernseheinsatz auf dieser Veranstaltung kam auf Anregung von Fachjournalisten wie Kurt Wagenführ zustande. Reichspropagandaminister Goebbels, der wohl prominenteste Ehrengast des Presseballs, war von dem Vorhaben aber wenig begeistert. Am 25. 1. 1938 notierte er in sein Tagebuch: „Ganz schlechte Vorbereitung des Presseballs. Mit – Fernsehen. Das ist ulkig, aber ich kann den Unfug gottlob noch abstellen.“
Zit. nach Fröhlich, Elke, Tagebuch-Fragmente (wie Anm. 25), Bd. 3, S. 413; vgl. auch Wgf. [d.i. Kurt Wagenführ]: Fest des Deutschen Rundfunks und Presseball. In: Deutsche Radio-Illustrierte 7(1938), 8, S. 2; Die Presse tanzt vor dem Fernseher. In: Der Deutsche Rundfunk 16(1938), 6, S. 8; Bruch, Walter: Der Presseball sieht fern. In: Fernseh-Informationen 39(1988), 4, S. 121-124.

[385] vgl. Wagenführ, Kurt: Tiedtke als Wrangel im Fernsehsender. In: Berliner Tageblatt v. 3. 6. 1938.

[386] vgl. Manuskript *Endstation Berlin*, o.S., NL Wagenführ.

[387] vgl. Wagenführ, Kurt: Der Rundfunkbeobachter. In: Deutsche Radio-Illustrierte 7(1938), 13, S. 11.

[388] vgl. Rhotert, Bernd: Das Fernsehspiel. Regie, Dramaturgie und Sendung als Ausgangspunkte für den Versuch einer wesensgemäßen Einordnung in die Möglichkeiten schöpferischer Mitteilung. Diss. München 1961, S. 109.

[389] vgl. Waldmann, Werner: Das deutsche Fernsehspiel. Ein systematischer Überblick (=Athenaion Literaturwissenschaft, Bd. 2). Wiesbaden 1977, S. 4.

[390] vgl. ebd., S. 3.

[391] vgl. auch Die neue Berliner Fernsehbühne im Deutschlandhaus. In: Funk 8(1938), 1, S. 14.

[392] vgl. Fernsehen als Autorenproblem. In: Der Autor 12(1937), 10, S. 1-2, hier S. 2.

[393] vgl. Versuch und Wille. Zum Winterprogramm des ‚Fernsehsenders Paul Nipkow‘. In: RRG (Hrsg.): Freude und Gemeinschaft. Das Rundfunkprogramm 1936/37. Berlin o.J. [1936], S. 126.

[394] vgl. Hickethier, Knut: Das Fernsehspiel im Dritten Reich. In: Uricchio, William (Hrsg.): Die Anfänge des Deutschen Fernsehens. Tübingen 1991, S. 74-123, hier S. 81.

[395] vgl. auch Andersen, Lale: Der Himmel hat viele Farben. Leben mit einem Lied. Stuttgart 1972, S. 187, 208.

[396] vgl. Künstler des Reichs-Rundfunks 1937/38. Ein Handbuch für Funk-Theater-Film und Kleinkunst. Berlin o.J. [1938], S. 39 ff.

[397] Ambesser, Axel von: Nimm einen Namen mit A. Frankfurt/Main, Berlin 1988 (1. Aufl. 1985), S. 135, 137-138.

[398] vgl. Wagenführ, K.[urt]: Auftakt beim Fernsehsender. In: Funk-Wacht 13(1938), 49, S. 9 (identisch: Fortschritt im Fernsehsender. In: Neuer Funk-Bote 5(1938), 48, S. 22-23).

[399] Bei der Inbetriebnahme des neuen Fernsehstudios waren nach den Erinnerungen von Otto Schulze zunächst nur Beleuchtungskörper mit einem divusen Lichtpegel vorgesehen, da die Post naturgemäß entsprechende Erfahrungen auf der Dunkelbühne nicht sammeln konnte. Erst mit dem Einsatz von Filmscheinwerfern verbesserte sich die Ausleuchtung der Szenen.
Gespräch mit Otto Schulze, 30. 6. 1991.

[400] Wagenführ, Kurt, Auftakt (wie Anm. 398).

[401] ebd.

[402] vgl. Eckert, Gerhard: Der Stil des Fernsehens. In: Film-Kurier 20(1938), 46, S. 1-2.

[403] vgl. Wagenführ, Kurt: Fernsehen. Aufnahme und Probleme. In: Berliner Tageblatt v. 17. 6. 1937.

[404] vgl. Hainisch, Leopold: Wort, Klang, Bild. Fernsehrundfunk und hohe Kunst: Eine neue Möglichkeit gegenüber Bühne und Film. In: Weinbrenner, Hans-Joachim (Hrsg.): Handbuch des Deutschen Rundfunks 1939/40. Heidelberg, Berlin, Magdeburg 1939, S. 52-57, hier S. 54.

[405] vgl. G.E. [d.i. Gerhard Eckert]: Eine neue Kunstform: Das Fernsehspiel. In: Bayerische Radio-Zeitung 15(1938), 40, S. 24.

[406] Eckert, Gerd: Fernsehen als Kunstform. In: Die Literatur 42(1939/40), 7, S. 267-268, hier S. 268.

[407] vgl. Wagenführ, Kurt: ‚Die vier Gesellen‘– ferngesehen. In: Berliner Tageblatt v. 22. 11. 1938.

[408] vgl. Hickethier, Knut: The Television Play in the Third Reich. In: Historical Journal of Film, Radio and Television 10(1990), 2, S. 163-186, hier S. 174.

[409] vgl. Manuskript *Schwarzbrot und Kipfel*, 91 S., NL Wagenführ.

[410] vgl. Manuskript *Die Primanerin*, 79 S., ebd.

[411] vgl. Manuskript *Der rote Unterrock*, 85 S., ebd.

[412] vgl. auch Das Wichtigste: Experimente: In: Rundfunk-Großhändler 8(1939/40), 12, S. 444.

[413] Schulz, Eberhard: Die Fernsehstube. Anfänge einer neuen Kunst. In: Frankfurter Zeitung v. 7. 2. 1939.

[414] vgl. Hickethier, Knut: Das ‚Medium‘, die ‚Medien‘ und die Medienwissenschaft. In: Bohn, Rainer; Müller, Eggo; Ruppert, Rainer (Hrsg.): Ansichten einer künftigen Medienwissenschaft (=Sigma-Medienwissenschaft, Bd. 1). Berlin 1988, S. 51-74, hier S. 67.

[415] vgl. div. Presseausschnitte im Bestand R 78/847 des BA Kblz.

[416] vgl. Unmittelbares Fernsehen vom Reichsparteitag 1937. In: Deutsche Verkehrszeitung 61(1937), 35, S. 630-631 (I); 36, S. 264-267 (II).

[417] vgl. Wagenführ, Kurt: Große Außenübertragungen. In: Fernseh-Informationen 38(1987), 18, S. 497-500, hier S. 497.

[418] Augustin, Ernst, Organisations-Unterlagen (wie Anm. 106), S. 58-59.

[419] vgl. Hainisch, Leopold: ...und das Fernseh-Erlebnis. In: Sieben Tage 7(1937), 39, S. 4.

[420] Berlin sah und hörte Nürnberg! In: Berliner Tageblatt v. 8.9.1937.

[421] Wagenführ, Kurt: Fernsehem beim Parteitag. Eine Großtat deutscher Technik. In: Berliner Tageblatt v. 11. 9. 1937.

[422] vgl. Wgf. [d.i. Kurt Wagenführ]: Der Funkbeobachter berichtet aus Nürnberg. In: Deutsche Radio-Illustrierte 6(1937), 38, S. 8, 10, hier S. 8.

[423] Nierentz, Hans-Jürgen: ‚Greift nur hinein...‘. In: Sieben Tage 7(1937), 39, S. 3.

[424] vgl. Erlebtes Fernsehen. In: Volksfunk 7(1937), 35, S. 27, 31.

[425] vgl. Wagenführ, Kurt: Der ‚Duce‘ in Deutschland und im Fernsehen. In: Fernseh-Informationen 38(1987), 19, S. 531-532, hier S. 531.

[426] vgl. Augustin, Ernst, Organisations-Unterlagen (wie Anm. 106), S. 46 f.

[427] vgl. Lehmann, Horst G.: Der Fernsehsender fährt ins Kinderparadies. In: NS-Funk 6(1938), 4, S. 2-3.

[428] *Bräute auf Schwanenwerder*, BA-FA Brl, SP 23090, 2 Rollen.

[429] vgl. auch Lück, Margret: Die Frau im Männerstaat. Frankfurt/Main 1979, S. 102 ff.

[430] vgl. Brief Hildegard Herrmann an Kurt Wagenführ, 3.12.1974, NL Wagenführ.

[431] vgl. Rudolf Wolters in der Einleitung zu Speer, Albert: Neue Deutsche Baukunst. Berlin 1940, S. 11-12.

[432] vgl. exempl. Programmausdruck 13.-19. 2. 1938. In: Volksfunk 8(1938), 7, S. 7.

[433] vgl. Personalunterlagen Krüger-Lorenzen im DC Brl.

[434] vgl. Zur 25. Sendung des Seemannswunschkonzertes ‚Ankerspill‘. In: Rundfunk-Archiv 14(1941), 9, S. 324; Zum 25. Male ‚Ankerspill‘. In: Reichsrundfunk 1(1941/42), 14, S. 283.

[435] vgl. Schwipps, Werner: Wortschlacht im Äther. Der deutsche Auslandsrundfunk im Zweiten Weltkrieg. Geschichte des Kurzwellenrundfunks in Deutschland 1939-1945. Berlin 1971, S. 35, 56.

[436] Brief Hans-Jürgen Nierentz an Kurt Wagenführ, 29. 1. 1985, NL Wagenführ.

[437] vgl. Presse-Dienst des Fernsehsenders Berlin über die Sendung *Kleine Alltagssünden* vom 20. 6. 1938, o.D., ebd.

Der Pressedienst veröffentlichte 1938 und später über die knappen Programmankündigungen der RRG hinaus gelegentlich kurze Vorberichte auf einzelne Sendungen. Außerdem lieferte er den Berliner Journalisten bereits erste Anekdoten aus jener Zeit, als sich die Mitwirkenden in der winzigen Abtastzelle kaum bewegen konnten.

vgl. auch Wagenführ, Kurt: Erste Fernseh-Anekdoten. In: Deutsche Radio-Illustrierte 8(1939), 10, S. 1.

[438] vgl. Kutsch, Arnulf: Hans-Waldemar Bublitz (1910-1986). In: Mitteilungen des Studienkreises für Rundfunk und Geschichte 12(1986), 3, S. 172-179, hier S. 174; auch abgedr. in Fernseh-Informationen 38(1987), 3, S. 93-96.

[439] H.W.B. [d.i. Hans-Waldemar Bublitz]: Erinnerung an Landgraf und Janecke. In: Fernsehen 3(1955), 6, S. 310.

[440] Wagenführ, Kurt: Zeitdienst im Fernsehrundfunk. In: Welt-Rundfunk 6(1942), 5, S. 206-211, hier S. 208.

[441] vgl. Kunstwerke des Monats – ferngesehen. In: NS-Funk 5(1937), 42, S. 4.

[442] vgl. auch Wagenführ, Kurt: Kunst und Kammermusik: Fernsehprogramm im Herbst 1937. In: Fernseh-Informationen 38(1937), 21, S. 595.

[443] Günter Greiner erinnert sich an eine Sendung, in deren Mittelpunkt ein wertvolles Museumsstück stand, das zuvor unter strenger SS-Bewachung ins Studio verfrachtet worden war. Gespräch mit Günter Greiner, 1. 9. 1991.

[444] Aktennotiz RRG, 23. 1. 1937, BA Kblz R 55/1027.

[445] Gespräch mit Günter Greiner, 1. 9. 1991.

[446] Bublitz, Hans-Waldemar: Mit dem Licht kam auch die Hitze. In: Fernseh-Informationen 30(1979), 5, S. 115-116, hier. S. 115.

[447] vgl. Frei, Norbert: Der Führerstaat. Nationalsozialistische Herrschaft 1933 bis 1945. München 1989 (1. Aufl. 1987), S. 95.

[448] vgl. Neumann, Franz: Behemoth. Struktur und Praxis des Nationalsozialismus 1933-1944. Köln 1977, S. 498.

[449] Zit. nach Rechtsbelehrung im Fernsehsender. In: Deutsche Justiz 100(1938), 10, S. 389.

[450] vgl. Sherlock Holmes im Fernsehsender. In: Nationalsozialistische Rundfunk-Korrespondenz 2 (1938), 45, Bl. 5.

[451] Rechtsbelehrung (wie Anm. 449).

[452] vgl. *Achtung! Rotes Licht!* BA-FA Brl, SP 17520, 1 Rolle.

[453] vgl. Lerg, Winfried B.: Zur Entstehung des Fernsehens in Deutschland. In: Rundfunk und Fernsehen 15(1967), 4, S.349-375, hier S. 367.

[454] Bublitz, Hans-Waldemar, Mit dem Licht (wie Anm. 446), S. 115.

[455] vgl. Bublitz, Hans-Waldemar: Reporter und Interviewer vor vier Jahrzehnten (II). In: Fernseh-Informationen 30(1979), 7, S. 164-165, hier S. 165.

[456] Reichssendeleitung an Boese, 23. 4. 1938, BA Kblz R 78/1203.

[457] Bericht Heinz Riek an den Verf., 22. 7. 1992.

[458] Wagenführ, Kurt: Stilprobleme des Fernsehens. In: Deutsche Zukunft 6(1938), 50, S. 7-8, hier S. 7.

[459] vgl. Wagenführ, Kurt: Kleine Plauderei über das Fernsehen und seine Sprecher. In: Funk-Wacht 14(1939), 17, S. 10.

[460] Wagenführ, Kurt, Zeitdienst (wie Anm. 440), S. 210-211.

[461] vgl. vor allem Krüger-Lorenzen, Kurt: Kurze Welle gegen Langeweile. Durch die halbe Welt mit Mikrophon und Fernsehkamera. Oldenburg, Hamburg 1955, S. 163-186; ders.: Ruhe im Karton! 1001 Erlebnisse eines Rundfunk- und Fernsehreporters der ersten Stunde. Stuttgart 1973, S. 228-273.

[462] Anläßlich seines 75. Geburtstages erschien der Zoologe Geheimrat Ludwig Heck mit einer Schimpansin im Fernsehstudio. Interviewpartner war auch Karl Krone vom Zirkus Krone, der u.a. einen Elefanten mitbrachte. Am 10. 6. 1939 verknüpfte der Zirkus Busch aus Nürnberg ein Gastspiel in der Reichshauptstadt mit einem Fernsehauftritt.

vgl. Zirkus Busch im Fernsehsender. In: Die Sendung 16(1939), 26, S. 595.

463 Wagenführ, Kurt: Rundfunkberichter im Fernsehsender. In: Deutsche Radio-Illustrierte 8(1939), 17, S. 3. Über Fritz Janecke bemerkte Wagenführ: „Wenn Janecke einen Gegenstand erklärt und beschreibt, dann klingt es immer, als wolle er ihn verkaufen."

464 Wagenführ, Kurt: Der Kurs des Fernsehens. In: Deutsche Allgemeine Zeitung v. 10. 5. 1939.

465 Murero arbeitete seit Oktober 1937 für das Fernsehen.
Handschriftl. Notiz Kurt Wagenführ nach Gespräch mit Hildegard Murero, o.D., NL Wagenführ.

466 vgl. Personalunterlagen Murero im DC Brl.

467 vgl. Murero, Hugo: Offener Brief an Kurt Wagenführ. In: Fernsehen 3(1955), 6, S. 311-312.

468 vgl. Murero, Hugo: Mit dem Möbelwagen ins Olympiastadion. Kleine Chronik des Sport-Fernsehens. In: Fernsehen 5(1957), 4, S. 218-221, hier S. 218.

469 vgl. auch Donnepp, Albert: Sport und Rundfunk. Ein Beitrag zur Publizistik. Unter besonderer Berücksichtigung der Entwicklung von 1924-1939 an den Mitteldeutschen Sendern. Phil. Diss. Münster 1950, S. 97.

470 vgl. Wgf. [d.i. Kurt Wagenführ]: Sport und Mikrophon auf der Rundfunkausstellung. In: Deutsche Radio-Illustrierte 8(1939), 29, S. 2.

471 vgl. Wagenführ, K.[urt]: Fernsehsender übertrug Boxveranstaltung. In: Neuer Funk-Bote 6(1939), 36, S. 21.

472 vgl. Personalunterlagen Neumann-Neurode im DC Brl.

473 vgl. Göpel, Rolf Harald: Die deutsche Sportfachpresse 1932-1934. Würzburg 1937, S. 2.

474 Neumann-Neurode, Detleff: Spielturnen für Kinder. In: Der Deutsche Rundfunk 13(1935), 33, S. 6.

475 vgl. Prieberg, Fred K.: Musik im NS-Staat. Frankfurt/Main 1982, S. 330.

476 vgl. Bublitz, Hans-Waldemar: Reporter und Interviewer vor vier Jahrzehnten (I). In: Fernseh-Informationen 30(1979), 6, S. 144.

477 vgl. Töteberg, Michael: Der Pressechef und die Gestapo. Die Akte Richard Düwell. In: Bock, Hans-Michael; Töteberg, Michael (Hrsg.): Das Ufa-Buch. Frankfurt/Main 1992, S. 450-451.

478 Vom 30. Juli 1939 an, mit Beginn der Rundfunkausstellung, strahlte der Fernsehsender seine Programme täglich, also auch sonntags, aus.

479 Wagenführ, Kurt: Bebilderung der Meldungen? In: Neuer Funk-Bote 6(1939), 30, S. 4.

480 vgl. Programmausdruck 3. 7.-8. 7. 1939. In: Volksfunk 9(1939), 27, S. 6.

481 vgl. Programmankündigung für den 15. August 1939, 14. 8. 1939, NL Wagenführ.

482 Die Meinungen über den ersten Nachrichtensprecher des Fernsehens gehen jedoch auseinander. Nach Ansicht von Heinz Riek ist es der fest angestellte Ansager Hans Piper gewesen, der zum ersten Mal an einem Schreibtisch vor der Kamera Nachrichten verlas.
Bericht Heinz Riek an den Verf., 22. 7. 1992.

483 vgl. Nachrichtendienst im Fernsehen. Karl-Heinz Uhlendahl erinnert sich. In: Fernseh-Informationen 40(1989), 15, S. 470.

484 vgl. Wagenführ, Kurt, Bebilderung (wie Anm. 479).

485 vgl. Heister, Hans S.[iebert] von: Fernsehen gestern und heute. In: Bayerische Radio-Zeitung 17(1940), 39, S. 2-3, hier S. 3.

486 Reichssendeleitung an alle Reichssender, 5. 6. 1939, BA Kblz R 78/1175.

487 vgl. Legion Condor im Fernsehsender. In: Volksfunk 9(1939), 25, S. 7.

488 Wagenführ, K.[urt]: ‚Der Unterrock' ferngesehen. Das Lustspiel in hochdeutscher Fassung. In: Deutsche Allgemeine Zeitung v. 8. 6. 1939.

489 Brief Engler an WPr (Korvettenkapitän Beuke), 30. 6. 1939, BA-MA Frb RW 4/283, fol. 300-301, hier fol. 300.

490 Brief Engler an WPr, 14. 8. 1939, BA-MA Frb RW 4/283, fol. 311.

491 vgl. Einweihung des Heeresbrieftaubendenkmals in Spandau im August 1939, BA-FA Brl, SP 17408, 1 Rolle.

492 Zusammengestellt nach den Beständen des BA-FA Brl.

6. FERNSEHEN IM KRIEG: TRUPPENBETREUUNG (1939–1943)

6.1. Das Medium als Waffe
Die Sendepause vom September 1939

Obwohl sich die Fernsehleute auf der letzten NS-Rundfunkschau im Juli und August 1939 tapfer bemühten, gebührend auf den zivilen Gebrauchswert ihres Mediums hinzuweisen, schien nur 18 Tage nach dem Ende dieser Veranstaltung die Existenz des Nipkow-Senders zum ersten Mal ernsthaft bedroht. Im Hinblick auf den bevorstehenden Waffengang machten die Nationalsozialisten keinen Hehl daraus, daß sie den Gegner nicht nur mit militärischen Mitteln bekämpfen, sondern auch vom technischen Fortschritt auf dem Gebiet des Rundfunks ausgiebig Gebrauch machen wollten. Zur militärischen Funktion der Sendeanlagen schrieb beispielsweise Herbert Schroeder in seinem 1940 erschienen Buch über den Kurzwellen-Rundfunk:

> „Ebenso hat aber auch der Sender in diesen Septembertagen 1939 nun noch eine neue Aufgabe erhalten: das scharf geschliffene Schwert des Reiches zu sein in diesem Kampf, der ja nicht um territoriale Forderungen geht, sondern in seinem tiefsten Wesen ein Kampf der Geister und der Weltanschauungen ist. Er wird nicht allein mit den Waffen aus Stahl und Eisen geführt. Auch die Batterien des Rundfunks stehen in der vordersten Front. Ihr Trommelfeuer kennt keine Pause. (...) Ihr Ziel ist die Verbreitung der Wahrheit und die Vernichtung der Lüge, wo immer sie auftritt. In den Kriegsschauplätzen zu Wasser, zu Lande und in der Luft ist in diesem Kampf ein Vierter Kriegsschauplatz getreten: die Front im Äther. Hier gibt es keine Blockade und kein Entrinnen."[1]

Während Schroeder hauptsächlich die politische Indoktrination via Radiowellen meinte, faßten die Militärs wenige Tage vor Hitlers Angriff auf Polen die UKW-Sendeanlagen auf dem Amerikahaus als potentielles Störinstrument für feindliche Flugzeuge ins Auge. Deshalb plante Görings Luftwaffe auf Weisung des Oberkommandos der Wehrmacht (das zu diesem Zeitpunkt ganz auf Samstag den 26. – halb fünf in der Frühe – als von Hitler festgesetzten Angriffstermin fixiert war[2]), die beiden Sender am Donnerstag, den 24. August, unter militärischen Befehl zu stellen, mit der offiziellen Begründung, die Frequenz diene als „Funkfeuer" für die feindliche Luftnavigation.[3] Als der „Führer" aber aufgrund des britisch-polnischen Bündnisvertrages vom 25. August und der überraschenden Erklärung von Mussolinis Botschafter Attolico, Italien sei zum Kampf nicht gerüstet und werde sich im Falle eines Krieges neutral verhalten, das geplante Angriffsdatum – endgültig – auf den 1. September verschob, verzögerte sich zunächst auch der Termin für die Beschlagnahme der Ultrakurzwellen. Noch am 26. August erneuerte Reichspostminister Ohnesorge sein Versprechen gegenüber Rundfunkabteilungsleiter Alfred-Ingemar Berndt, „alle verfügbaren Mittel für Störzwecke freizumachen".[4] Details kamen allerdings nicht zur Sprache, vor allem nicht das neue Datum für den Übergang des Senders in die Befehlsgewalt des Chefs des Nachrichtenverbindungswesens der Luftwaffe.[5] Nach Angaben von Zeitzeugen[6] lief der Fernsehprogrammbetrieb der Reichs-Rundfunk-Gesellschaft bis einschließlich 31. August. Als Hitler im Morgengrauen des 1. September den Angriff auf Polen befahl, legte die Luftwaffe den zivilen Fernsehbetrieb für unbestimmte Zeit lahm.[7] Über den genauen Grund für die Stillegung des „endgültigen Versuchsbetriebs" läßt sich indes nur spekulieren. Gerhart Goebel schrieb dazu später: „Entweder wollte das OKW die Frequenz für eigene Flugfunk-Navigationszwecke oder zur Störung feindlicher Flugfunk-Navigationsverfahren einsetzen. Solchen Zwecken dienten ab 1940 jedenfalls die stationären Sender Brocken und Feldberg (Taunus), die ebenfalls ausgebaut wurden."[8]

Der Berliner Öffentlichkeit blieb freilich diese militärische Maßnahme bis zum 1. September gänzlich verborgen. Es wurde zwar über die Tages- und Fachpresse angedeutet, daß beim Fernsehen mit einer längeren Sendepause zu rechnen sei. Bei der Frage nach dem Warum ließen sich die Zensoren allerdings etwas Besonderes einfallen. So mußte Kurt Wagenführ in der Zeitschrift *Deutsche Zukunft* vom 27. August über Umbauarbeiten auf dem Adolf-Hitler-Platz berichten („Eisenpfähle werden eingerammt.").[9] Außerdem teilte er mit, das Fernsehstudio werde im folgenden technisch grundlegend überholt, „um eine völlige Betriebssicherheit zu schaffen". Wegen der damit verbundenen Erschütterungen und des Lärms, so Wagenführ, müsse das Vorhaben des Senders, ein ergänzendes Nachmittagsprogramm einzuführen, so lange verschoben worden, „bis in Kürze soweit Ruhe eingetreten ist". Man nutze aber diese Pause, um Entwürfe und neue Ideen für das Winterprogramm auszuarbeiten, das nach Wagenführs Dafürhalten am 1. Dezember beginne.[10] Interessant bei dieser Darstellung der Ereignisse ist zumindest, daß die *vorübergehende* Stillegung des Senders schon vor dem 1. September offizielle Version war.

Die Frage, wie lange der Programmbetrieb in jenen ersten Kriegswochen pausieren mußte, läßt sich nicht mit allerletzter Gewißheit beantworten. Generell sind Angaben von Zeitzeugen zu diesem Komplex äußerst widersprüchlich und somit wenig hilfreich. Die Palette ihrer Erinnerungen reicht dabei von „überhaupt nicht geschlossen"[11] bis hin zu „Wiedereröffnung erst im März 1940".[12] Zwischen den beiden Extremen kursieren die verschiedensten Daten. Diese Ungereimtheiten sind zum einen darauf zurückzuführen, daß der Kriegsbeginn für alle Beteiligten eine einschneidende Zäsur darstellte, die die verläßliche Erinnerung an das Fernsehen fast ganz zugedeckt hat. Andererseits wurde der temporäre Übergang des Senders in die Befehlsgewalt der Luftwaffe von vielen Mitarbeitern gar nicht als solcher registriert, weil man sich im September ehedem in der Vorbereitsphase für die neue Spielzeit befand. Als weiterer Unsicherheitsfaktor kommt hinzu, daß es gegen Ende der Sendepause eine Zeit gab, wo Programme zwar produziert, aber noch nicht in den öffentlichen Fernsehstellen empfangen werden konnten. Einige Zeitzeugen bestreiten gerade letzteres vehement, weil ihrer Ansicht nach der Programmbetrieb seinen schmalen Etat niemals für „Blindsendungen" unnötig strapaziert hätte.[13] Für das Publikum hingegen waren längere Sendepausen des Fernsehens sowieso nichts Außergewöhnliches; sie fanden in der Vergangenheit immer dann statt, wenn es technische Probleme gab. Als mit Kriegsausbruch plötzlich die Empfangsstellen geschlossen blieben, ging man folgerichtig von einer vorübergehenden Störung aus.

Gesicherte Programmunterlagen veröffentlichte die Presse erst wieder vom 12. November 1939 an,[14] allerdings ohne Angaben über Gründe und Dauer der erzwungenen Pause, was sicherlich auch nicht erwünscht war. Unumstritten ist jedoch, daß das RRG-Fernsehen zu diesem Zeitpunkt längst wieder regelmäßige Programme ausstrahlte, wenn auch nur über Kabel. Drei Fernsehspiele standen nämlich im Oktober schon wieder auf dem Sendeplan: Jochen Huths *Die vier Gesellen* (15. 10. 1939),[15] *Postlagernd – Postamt II* (17. 10. 1939) von Erwin Albrecht[16] und *Der Mann aus dem Expreß* (25. 10. 1939) von Fred A. Angermeyer.[17] Als neue Versuche bedachte die Presse auch zwei Beiträge des Zeitdienstes mit beifälliger Kritik: *Heidelied, -dichtung und -bild* (16. 10. 1939) als Auftaktsendung einer – geplanten – Reihe *Deutsche Landschaft – deutsches Lied.* Auf besonderes Interesse bei den Chronisten stieß auch die fast einstündige Fernsehdokumentation von Gerhard Wahnrau über den Wissenschaftler Robert Koch (*Der Kampf um den Bazillus*, 21. 10. 1939).[18] Folgerichtig berichtete die Rundfunkzeitschrift *Die Sendung* in ihrer Ausgabe vom 5. November über einen „großzügigen Start des Winterprogramms",[19] mit Hinweisen auf organisatorische und inhaltliche Neuerungen, aber ohne Programmankündigung, die erst wieder in der nächsten Nummer ins Heft aufgenommen wurde.

Bei der Suche nach weiteren Indizien, die auf die exakte Dauer der Sendepause hinweisen, ist ein Vortrag des frischgebackenen RFG-Geschäftsführers Friedrich Stumpf aufschlußreich, der am 30. November vor der Technisch-Literarischen Gesellschaft den Fortbestand des Fernsehens in Kriegszeiten rechtfertigte. Die *Funkschau* gab später Stumpfs Äußerungen so wieder:

„Es ist beachtlich, daß der deutsche Fernsehrundfunk bereits drei Wochen, nachdem Ende August 1939 aus kriegswichtigen Gründen der Ultrakurzwellenfunk eingestellt werden mußte, schon wieder lief und sorgfältig durchgearbeitete Programme verbreiten konnte."[20]

Eine Wiederaufnahme bereits Mitte September scheint jedoch eher unwahrscheinlich, weil Post und Rundfunk zu diesem Zeitpunkt darüber noch fieberhaft und kontrovers verhandelten. Da sich aber in der letzten September-Woche eine Entscheidung abzeichnete, ist ein Neustart zum frühesten Termin 1. Oktober 1939 durchaus realistisch. Welche der beteiligten Gruppen setzte sich nun aber besonders aktiv für das Weitermachen ein? Um die Antwort vorwegzunehmen: Aus den Akten läßt sich zweifelsfrei herauslesen, daß die Post auf einen möglichst raschen Neustart drängte, während hingegen die Propagandaseite anfangs zu einer völligen Einstellung des Fernsehprogramms tendierte, was von Zeitzeugen auch bestätigt wird.[21] Schon am 11. September war es im Postministerium beschlossene Sache, „daß trotz der inzwischen eingetretenen kriegerischen Ereignisse die Pläne der DRP mit der Reichspostfernsehgesellschaft durchgeführt werden sollen".[22] Offenbar meinte Friedrich Stumpf diesen Grundsatzentscheid, als er in seinem November-Vortrag von einer Wiedereröffnung des Fernsehsenders Mitte September sprach.

In den von Günter Flanze eingeleiteten Gesprächen blockte das Propagandaministerium jedoch zunächst ab. Joseph Goebbels' Staatssekretär Hermann Esser sah für eine Fortsetzung des Fernsehens vom Propagandastandpunkt aus keine besondere Notwendigkeit vorliegen.[23] Nur drei Tage nach diesem deutlichen Bescheid, am 24. September, unterstrich der Rundfunk erneut seine ablehnende Haltung. In einem fernmündlichen Gespräch mit dem Postministerium ließ der Leiter des Generalreferats Technik im RMVP, Herbert Dominik, immerhin durchblicken, man könne einer sofortigen Fortsetzung des Fernsehens nur dann zustimmen, wenn die Deutsche Reichspost schriftlich versichere, daß dadurch technische Arbeiten auf dem wichtigeren Rundfunkgebiet nicht beeinträchtigt würden.[24] Die Post wies jedoch gegenüber Dominik eine solche Absichtserklärung mit dem deutlichen Hinweis zurück, bei der Fernsehtechnik sei man dem Propagandaministerium keinerlei Rechenschaft schuldig, weil es sich hierbei um eine innere Angelegenheit der Post handele, die einzig und allein vom zuständigen Minister Wilhelm Ohnesorge entschieden werden könne. Daß dieser durchaus gewillt und zudem fest entschlossen war, seine Fernsehforschungen auch ohne Beteiligung der Programmseite fortzuführen, geht aus einer Aktennotiz vom 26. September hervor:

> „Wenn das RPropMin (...) der RRG eine Beteiligung an der teilweisen Wiederaufnahme des Fernsehrundfunks hinsichtlich der Programmgestaltung untersagen wolle, so sei dem RPropMin eine entsprechende Mitteilung an das RPM anheimgestellt; das RPM werde dann für seine Zwecke eine geeignete Lösung prüfen."[25]

Die Propagandaseite blieb aber zunächst noch bei ihrer kategorischen Linie, trotz der markigen Ankündigungen der Post. Am 27. September äußerte Goebbels' Rundfunkleiter Berndt gegenüber Ohnesorge erneut die Befürchtung, die Post werde mit dem Einsatz von Technikern und Material für den Fernsehsender dringlichere Rundfunkaufgaben vernachlässigen, insbesondere den Ausbau des Rundfunksendernetzes in den besetzten Ostgebieten. Berndt machte abermals die Zustimmung seines Ministeriums in dem Fernsehproblem von einer verbindlichen Zusage der Post hinsichtlich dieser Frage abhängig.[26] Über den weiteren Fortgang der Gespräche kann indes nur spekuliert werden. Es darf jedoch als sicher angenommen werden, daß die Propagandaseite noch in den letzten September-Tagen einlenkte, weil man sonst fürchten mußte, auf dem Fernsehgebiet gegenüber der entschlossenen Post an Terrain zu verlieren, vor allem im Hinblick auf einen forcierten Ausbau nach Kriegsende. Die *NS-Rundfunk-Korrespondenz* berichtete jedenfalls Mitte Oktober klipp und klar:

„Jetzt wird die Sendefolge wieder, nachdem man vom 2. bis 8. Oktober probeweise ein Filmprogramm abgewickelt hatte, ‚voll gefahren' – wie es in der Fachsprache heißt."[27]

Das deckt sich auch weitgehend mit einer Bemerkung Herbert Englers, der im *Volksfunk* (Ausgabe vom 3. 12. 1939) schrieb, Größe und Umfang der Sendungen hätten in den letzten sechs Wochen erheblich zugenommen.[28] Somit mußte das RRG-Fernsehen also genau einen Monat lang pausieren (1. 9.-1. 10. 1939), bevor es in der ersten Oktober-Woche wieder mit Filmsendungen startete, die dann in der zweiten durch eigene Studiobeiträge ergänzt wurden. Daraus läßt sich nun aber wiederum folgern, daß der Programmbetrieb – wenn auch nur mit erheblich vermindertem Aufwand – mindestens eine Woche lang, wahrscheinlich jedoch zwei, „blind" produzierte, denn die Reichspost begann erst im Laufe des Oktobers damit, eine Reihe von Fernsehstuben in der Reichshauptstadt auf Kabel umzustellen. Daß die Programme erst am 15. des Monats wieder öffentlich (in zunächst nur vier Fernsehstuben) ausgestrahlt wurden, stimmt mit einem Bericht der Reichspostdirektion überein, den diese ihrem Ministerium am 19. Oktober übermittelte: „Bei einigen Fernsehstellen sind die Umstellungsarbeiten bereits abgeschlossen, sodaß sie in den letzten Tagen der Öffentlichkeit übergeben werden konnten."[29]

Welche Gründe bewogen nun die rivalisierenden Parteien, den nicht billigen Versuchsbetrieb in Kriegszeiten fortzusetzen? Während die Post in Erwartung des raschen „Endsieges" vom Erhalt der internationalen Wettbewerbsfähigkeit sprach,[30] verschleierte Goebbels seine eigentlichen Motive, als er die Pressestelle Mitte Oktober anwies, Veröffentlichungen über die Wiederaufnahme des Fernsehens zu initiieren.[31] Zu diesem Zeitpunkt, da Polen längst niedergerungen war und an der Westfront alles ruhig blieb, sollte in Deutschland das Leben, wenigstens äußerlich, wieder ganz normal verlaufen, schon allein deshalb, um den westlichen Kriegsgegnern zu imponieren. Für Goebbels bekam deshalb auch der Fernsehsender einen Hauch von propagandistischer Nützlichkeit, ebenso wie der Film, das Theater und die anderen kulturellen Einrichtungen im Großdeutschen Reich.[32] Fernsehen als erklärter Leistungsbeweis für Nazi-deutsche Techniküberlegenheit,[33] aber auch als ein Stück Normalität in schweren Zeiten,[34] lautete nun von dieser Seite das ideologische Gebot der Stunde. Selbst Kurt Wagenführ, dessen bis dato geradezu hymnischen Berichte über das britische Fernsehen[35] vor allem als Wink an die deutschen Stellen gedacht waren, das Medium im eigenen Land stärker zu fördern, schlug mit Ausbruch der Feindseligkeiten aggressivere Töne an. Wie die meisten anderen Journalisten auch, verspottete er die Schließung des englischen Fernsehbetriebs.[36] Über die angebliche „Verjudung" des französischen Rundfunks bemerkte er Anfang 1940:

„Darum riecht es nach Knoblauch, wenn der französische Rundfunk seinen sogenannten Nachrichtendienst sendet. Was hat Frankreich doch für ein Glück, daß das Fernsehen noch nicht soweit entwickelt ist, daß man die Sprecher auch sehen kann."[37]

Während die Presse Spott und Häme über den ausländischen Fernsehverzicht kippte und zugleich dem Paul-Nipkow-Sender großsprecherisch einen technischen wie programmlichen Vorsprung prophezeite, der ihm nach dem „Endsieg" über Jahre hinaus einen Spitzenplatz in der Welt sichern sollte, nutzte das RRG-Fernsehen die erzwungene Sendepause für weitere Versuche, um vor allem drängende Probleme der Aufnahmetechnik, insbesondere des Zusammenwirkens von Kamera und Beleuchtung, zu klären.[38] Von den noch zu erläuternden programmlichen und organisatorischen Änderungen abgesehen, startete man im Oktober mit einem neuen Sendezeichen[39] in die Winterspielzeit, das täglich fünfzehn Minuten vor Beginn der Darbietungen eingeblendet wurde. Kurt Wagenführ hatte dazu – wie so oft – schon im Mai 1939 eigene Gestaltungsvorschläge unterbreitet.[40]

6.2. Leitung ohne Macht
Dr. Herbert Engler – der zweite Intendant

Ebenso wie seine beiden Vorgänger Boese und Nierentz, sammelte auch Herbert Engler, der neue Oberspielleiter und spätere Intendant, vor seinem Wechsel zum Nipkow-Sender in unterschiedlichen Tätigkeitsfeldern des älteren Rundfunkmediums erste berufliche Erfahrungen. Geboren am 29. Juli 1899 in Frankfurt an der Oder, siedelte Engler nach dem humanistischen Gymnasium und einem Fronteinsatz bei der Infanterie (1917/1919) nach Breslau über, um an der dortigen Universität Neuphilologie und Theaterwissenschaft zu studieren. Seine akademische Laufbahn schloß er am 20. März 1926 mit einer Dissertation über *Die Bühne des Hans Sachs* ab. Anschließend betätigte er sich als Studienassessor und kam zum 1. November 1931 als Programmassistent der Literarischen Abteilung zur Schlesischen Funk-Stunde Breslau. Gleichzeitig übernahm er die Landesleitung der „Reichsstelle zur Förderung des deutschen Schrifttums" für den Gau Schlesien sowie die Fachgruppe Schrifttum in Hans Hinkels „Kampfbund für Deutsche Kultur". Als zum Jahresbeginn 1933 der Breslauer Leiter der Literarischen Abteilung, Franz Josef Engel, nach Wien wechselte, eröffneten sich für Engler neue berufliche Chancen. Zum 1. Januar übernahm er die Leitung der Unterabteilung Hörspiel und profitierte wenige Monate später von den Säuberungsmaßnahmen der neuen Machthaber im Rundfunkbereich. Nach der Absetzung des bisherigen Breslauer Intendanten Fritz Walter Bischoff und einiger organisatorischer Änderungen, bestellte man Engler zum Oberspielleiter und beauftragte ihn zugleich mit der Gesamtleitung der beiden zusammengefaßten Abteilungen Hörspiel und Unterhaltung.[41] In den folgenden Jahren nahm der Oberspiel- und Abteilungsleiter, der sich seit Ende der zwanziger Jahre politisch engagierte und am 1. Mai 1933 in die NSDAP als Pg Nr. 2 003 842 eintrat, verschiedene Funktionen in der Partei wahr. U.a. profilierte er sich als Mitglied des NS-Dozentenbundes und der NS-Volkswohlfahrt.[42]

Seine Bekanntschaft zu dem Breslauer Sendeleiter Hans Kriegler, der im März 1937 von Goebbels nach Berlin geholt und zum Leiter der Rundfunkabteilung des Propagandaministeriums bestellt wurde, brachte Engler schließlich in die Reichshauptstadt. Dort war er bis zu seiner Fernseh-Tätigkeit innerhalb der Reichsrundfunkkammer tätig. Zunächst als Leiter der Abteilung V „Kultur", zu deren Hauptaufgaben die nationalsozialistische Schulung der Rundfunkmitarbeiter gehörte. Von April 1938 an übernahm er innerhalb der neustrukturierten Institution die Abteilung II „Berufsständische Vertretung". Darüber hinaus bestellte man ihn am 20. Juli 1937 zum Leiter der „Fachschaft Rundfunk".[43] Als Fachschaftsleiter der Reichsrundfunkkammer lag ihm naturgemäß die „arische Abstammung" der in den Funkhäusern Beschäftigten besonders am Herzen. So schrieb Engler Ende 1937 in einem Aufsatz, Mitglieder der Reichskulturkammer dürften ihren Beruf nur dann ausüben, wenn sie den Nachweis gemäß den Nürnberger Gesetzen vorgelegt hätten: „Ich behalte mir vor, die weitere Berufsausübung vom Nachweis der arischen Abstammung so lange abhängig zu machen, bis mir dieser erbracht ist".[44]

Als sich in der ersten Hälfte des Jahres 1939 die – im Oktober vollzogene – Auflösung der wirkungslosen Rundfunkkammer immer deutlicher abzeichnete, artikulierte der als äußerst ehrgeizig geltende Engler[45] nach außen sein Interesse an dem neuen Medium Fernsehen. Daß er schließlich am 12. Juni 1939 das Amt des Oberspielleiters übernehmen konnte, war freilich weniger das Ergebnis seiner fachlichen oder politischen Qualifikation, sondern resultierte vielmehr aus einer privaten „Absprache" zwischen ihm und Reichsintendant Heinrich Glasmeier.[46] Dahinter verbarg sich wiederum ein für das Dritte Reich typisches Intrigenspiel, das letztlich die Abberufung von Nierentz beschleunigte: Nachdem Engler vom Reichsintendanten die Zusicherung erhalten hatte, Oberspielleiter zu werden, verband er sich mit einer gewissen Sophie Freifrau Spies von Büllesheim, die ihrerseits private wie berufliche Kontakte zu Glasmeier unterhielt. Der Sproß eines – erstmals 1319 urkundlich erwähnten – jülicher Adelsgeschlechts wurde am 7. Oktober 1909 in Köln-Hoffnungsthal geboren. Nach zweijährigem Privatunterricht besuchte die junge Sophie das Lyzeum der Ursulinen-Schule in Köln sowie anschließend die höhere Lehranstalt für Mädchen des Klosters Sankt Adelheid bei Beuel, die sie 1928 mit dem Zeugnis der Obersekunda verließ. Im darauffolgenden Jahr erlernte sie „alle im Haushalt vorkommenden Arbeiten auf einem grossen Gut in Nieder-Bayern". Ins Rheinland zurückgekehrt, absolvierte das „sensible Seelchen"[47] eine kaufmännische Handelslehre an der Kölner Privatschule Aldenburg (1932). Die Jahre 1933 bis 1935 verbrachte das Adelsfräulein erneut „auf grossen Gütern", dieses Mal allerdings in Ostpreußen, wo sie sich ausgiebig „mit Land und Leuten" befaßte und als Kindererzieherin respektive Wirtschafterin tätig war.

1935 schließlich siedelte die 26jährige nach Berlin über, um eine Stellung als Stenotypistin im Deutschen Kurzwellensender anzunehmen. Bereits zwei Jahre später baute sie dort zusammen mit Oberspielleiter Bergold das Besetzungsbüro auf „und machte sämtliche Mikrophon-Prüfungen, Proben und Sendungen mit."[48] Ob der damalige Leiter des Reichssenders Köln beim Wechsel in ein attraktives, aber für Sophie völlig neues Arbeitsgebiet behilflich war, ist nicht überliefert. Unstrittig ist jedoch, daß Glasmeier schon seit Jahren freundschaftliche Bande zu dem Uradelsgeschlecht unterhielt. So erklärte der ehemalige RRG-Verwaltungsdirektor Hermann Voß nach 1945, Sophies Vater, damals Oberstleutnant der 8. Kürassiere in Köln-Deutz, habe Glasmeier während des Ersten Weltkrieges als junges Mitglied der Paderborner Husaren kennengelernt.[49] Hans-Jürgen Nierentz wiederum gibt an, Glasmeier sei in den zwanziger Jahren als Direktor der Vereinigten Westfälischen Adelsarchive auf der freiherrlichen Wasserburg derer von Büllesheim (Haus Edenau in Hoffnungsthal) ein gern gesehener Gast gewesen.[50] Wie auch immer, als Glasmeier die Spitze des Großdeutschen Rundfunks erklomm, holte er Sophie im Februar 1938 als Sekretärin in sein Vorzimmer, wo sie den Rundfunk „von seiner obersten Verwaltung her kennenlernte". Gleichzeitig hielt er Ausschau nach einer guten Partie für die zwar hübsche, aber schwierige Tochter aus gutem Hause. Ende 1938, anläßlich der RRG-Weihnachtsfeier in den Berliner Zoo-Festsälen, unternahm der Reichsintendant erstmals den Versuch, seine Sekretärin mit Hans-Jürgen Nierentz zu verkuppeln. Dieser jedoch wies die latente „Heiratsaufforderung" barsch zurück, zumal sich der erste Intendant unterdessen mit der Fernsehmitarbeiterin Maria Bröckling zusammengetan hatte, die er im Juni 1940 zu seiner Frau machte.[51]

Bei dem strebsamen Engler indes stieß Glasmeier offenbar auf mehr Verständnis. Nach einer positiv ausgefallenen „Prüfung vor dem Fernseh-Schirm" holte der neue Oberspielleiter sein angedientes Liebchen am 1. Oktober 1939 zum Fernsehsender, wo es „als Ansagerin mit vorwiegend künstlerischen Aufgaben" eine Festanstellung erhielt. Als Engler am 15. Oktober 1939 mit der Inszenierung von Jochen Huths *Die vier Gesellen* debütierte, tauchte erstmals auch die Adelstochter – unter ihrem Künstlernamen Elisabeth Juliana – in den Besetzungslisten des Nipkow-Senders auf.[52] Während sich Herbert und Sophie im folgenden privat immer näher kamen und im Herbst 1941 Verlobung feierten, mußte die künftige Frau Engler zum 1.10.1941 ihre Festanstellung beim Fernsehen aufgeben, weil die Beschäftigung von Angehörigen leitender Rundfunkfunktionäre grundsätzlich verboten war. Deshalb schauspielerte „Phyllis", wie Engler seine ihm Angetraute nannte,[53] fortan nur noch auf freiberuflicher Basis für das Medium (*Das Soldatenglück*, 7.12.1942). Am 7. Oktober 1942 gaben sich die beiden das Jawort.[54] Der kirchlichen Trauung in Berlin-Wilmersdorf folgte zehn Tage später eine mondäne Hochzeitsfeier im Bad Godesberger Rheinhotel Dreesen.

Obwohl Herbert Engler im Sommer 1939 beim Reichsintendanten im Wort stand und in der zweiten Jahreshälfte mit ehrgeizigen Fernsehspiel-Inszenierungen und der direkten Sendung des Fußballspiels Deutschland – Italien (26.11.1939) seine Ambitionen auf die Nierentz-Nachfolge unterstrich, dachte Glasmeier offenbar nicht im Traum daran, dem „Oberspielleiter und Produktionschef" die zweite Fernseh-Intendanz zu übertragen. Denn auch die Karriere von Engler war bislang, ähnlich wie die seines Vorgängers, nur auf den ersten Blick makellos und ohne Rückschläge verlaufen. Negativ zu Buche schlug beispielsweise ein Streit zwischen Engler und dem Autor Alfred Hein, der die Berliner Propaganda- und Rundfunkbehörden über zwei Jahre lang beschäftigte. Der Disput begann schon im September 1934, als Hein vom Reichssender Breslau beauftragt wurde, eine gleichnamige Hörspiel-Version seines Verdun-Romans *Eine Kompanie Soldaten* zu verfassen, in der er „die lustigen Momente des Schützengraben-lebens" herausarbeiten sollte. Nachdem die heitere Fassung wegen einiger „Derbheiten" abgelehnt worden war, versuchte sich Hein an einer ernsten Version „zum Totensonntag", die allerdings ebenfalls nicht zur Sendung kam. Daraufhin schrieb Oberspielleiter Engler den Text selbst um, „weil ich mit den Dingen aus eigenem Erleben heraus vertraut gewesen war".[55] Hein wiederum, „entsetzt" über das Ergebnis, erhob im November 1935 Beschwerde beim Propagandaministerium und der Reichssendeleitung:

„Von meinem Roman war (…) nicht nur sehr wenig übriggeblieben, sondern die Personen und Gedankengänge so sehr entstellt und verdreht, daß ich das unmöglich verantworten konnte. Mein Hauptmann Kösel (im Roman) wird bei Dr. Engler zum gemeinen Muschkoten degradiert, aus dem Melder Lutz Lindolf macht er zwei Personen. (…) Dr. Engler operiert darüber hinaus mit Tanks: ich bin bei meinen Meldeläufen vor Verdun 1916 keinem einzigen Tank begegnet. (…) Aus diesen Tatsachen geht deutlich hervor, daß es Herrn Dr. Engler nur daran gelegen war, den Stoff meines Romans benutzen zu dürfen, um sich selbst mit einem Hörspiel in den Vordergrund zu drängen, daß dieses ‚Hörspiel' ihm aber vollkommen mißlang."[56]

Der Vorgang zog eine längere Korrespondenz über allgemeine Vertrags- und Honorarfragen nach sich und endete schließlich im Frühjahr 1937, als man nach Englers Weggang in die Hauptstadt das mißratene Hörspiel endgültig aus den Programmplänen strich. Für Hein war es jedoch nur ein Phyrrhussieg, denn er wurde nach diesem Vorfall von der Breslauer Hörspiel-Abteilung nicht mehr als Autor beschäftigt.[57]

Hielt der NS-Rundfunk im Streit mit Alfred Hein noch seine schützende Hand über Engler,[58] so stand dessen Berufung in das inzwischen nicht unbedeutende Amt des Fernseh-Intendanten vor allem eine weitere Affäre aus Breslauer Zeiten entgegen. Diese gipfelte im Februar 1937 in einer ausführlichen Aktennotiz des Propagandaministeriums, in der Engler ein grober Verstoß gegen die Disziplin angelastet wurde.[59] Den Stein ins Rollen brachte – ebenfalls im Herbst 1934 – die fristlose Entlassung des damaligen Mitarbeiters von Engler, Karl Viktor Schikora, der zuvor bei der Abrechnung von drei Außenübertragungen des Breslauer Senders größere Geldbeträge unterschlagen hatte.[60] Knapp eineinhalb Jahre später, Anfang 1936, erwies Engler seinem langjährigen Sekretär einen für ihn folgenschweren Freundschaftsdienst. Nachdem Schikora Engler telefonisch mitgeteilt hatte, er habe eine neue Stellung in Aussicht und benötige deshalb ein Arbeitszeugnis, stellte ihm der Oberspielleiter eine ungewöhnlich detaillierte und positive Beurteilung aus. Schikora jedoch machte sich die vorteilhafte Referenz von leitender Stelle zunutze und mißbrauchte sie als Grundlage für einen Arbeitsprozeß gegen die Reichs-Rundfunk-Gesellschaft. Zwar verlor er – in zweiter Instanz – seine Anfechtungsklage vor dem Breslauer Landesarbeitsgericht. Herbert Engler jedoch, der bei der letzten Gerichtsverhandlung im September 1936 als Hauptzeuge aussagen mußte, handelte sich daraufhin wegen „grober Nachlässigkeit" einen strengen Verweis ein, verbunden mit der Streichung seiner Weihnachtsgratifikation für 1936 um die Hälfte. Die empfindliche Strafe wurde auch dann nicht zurückgenommen, als Engler im Januar 1937 bei Walther Funk, dem Vorsitzenden des RRG-Verwaltungsrats, intervenierte.[61]

Darüber hinaus verschlechterte sich Englers Position zusätzlich, als sein langjähriger Förderer Hans Kriegler, der in der Reichshauptstadt farblos blieb und ohne Fortune agierte, Ende August 1939 von Goebbels sämtlicher Berliner Ämter im Rundfunk enthoben wurde.[62] So nahm denn auch Adolf Raskin nach dem Revirement im Fernsehsender das Heft noch stärker in die Hand, als er dies schon in der Ära Nierentz getan hatte. Bis zum Tod von Glasmeiers „Fernseh-Kommissar" im November 1940 erging es deshalb Engler wie seinem glücklosen und zuletzt entnervten Vorgänger. Zwar übernahm der Oberspielleiter am 1. Februar 1940 offiziell die kommissarische Intendanz des Nipkow-Senders[63] und wurde zugleich als Nachfolger von Carl Heinz Boese mit der Leitung des Fernsehreferats in der Reichssendeleitung beauftragt. Engler konnte jedoch auch in den Monaten danach Personalentscheidungen nicht selbständig und alleinverantwortlich treffen, sondern immer nur im Einvernehmen und nach Rücksprache mit Raskin, der zuweilen in den Akten als der eigentliche Nachfolger von Nierentz gehandelt wurde.[64] Daß gerade Engler anfangs von diesem Amt meilenweit entfernt war, deckt sich auch mit den Erinnerungen des Fernsehmitarbeiters Hermann Tölle, der im nachhinein eine weitere personalpolitische Variante ins Spiel brachte.[65] Demnach beabsichtigte der vielbeschäftigte Raskin, den am 25. März 1933 als Intendanten des Westdeutschen Rundfunks beurlaubten Ernst Hardt, der in den zwanziger Jahren auch einige Zeit Leiter des Schauspielhauses in Köln gewesen war, als neuen Fernseh-Chef zu gewinnen. Die Verhandlungen mit Hardt, den das Nazi-Regime nach 1938 – ebenso wie den gesamten Weimarer Rundfunk – stillschweigend rehabilitierte, führten jedoch zu keinem konkreten Ergebnis mehr, weil Raskin am 8. November 1940 durch einen Flugzeugabsturz ums Leben kam.[66] Erst danach trat Herbert Engler (der sich zwischenzeitlich profiliert und seine Vorstellungen vom Medium in mehreren Pressebeiträgen artikuliert hatte[67]) offiziell als Intendant des RRG-Fernsehens auf. Zum letztenmal führte er den Titel des kommissarischen Leiters im September 1940, und zwar anlässlich seines Nachrufs auf den verstorbenen Fernseherfinder Paul Nipkow, publiziert am 8. September in der Rundfunkzeitschrift *Die Sendung.*[68]

6.3. Kurskorrekturen
Das Personalkarussell dreht sich

Gleichwohl kennzeichnet die Berufung des „Notnagels" Engler zum Oberspielleiter einen markanten Entwicklungsabschnitt. In den Herbst- und Wintermonaten 1939 waren Raskin und er hauptsächlich damit beschäftigt, die Personalpolitik von Nierentz in den wichtigen Schlüsselpositionen zu korrigieren. Darüber hinaus herrschte vor allem kurz nach Kriegsausbruch beim Fernsehen ein ständiges Kommen und Gehen, was eine kontinuierliche und nach vorne gerichtete Programmarbeit über Wochen hinweg lähmte. Während man hinter den Kulissen personell eine deutliche Zäsur vorbereitete, kolportierten die Journalisten in der Öffentlichkeit das Bild einer beabsichtigten und reibungslosen Übergabe der Leitung von Nierentz an Engler.[69] Verdienstvolle Mitarbeiter, die als Individualisten von Anfang an dabeigewesen waren und zum Teil das besondere Vertrauen von Nierentz genossen, gingen jetzt freiwillig oder wurden offen zum Wechsel aufgefordert. Dazu zählten beispielsweise Arnolt Bronnen sowie der Oberspielleiter Leopold Hainisch, der bereits zum 1. Mai 1939 zur Filmgesellschaft Tobis wechselte, wo er 1941 zum Produktionsleiter designierte.[70] Ihnen folgten Waldemar Bublitz, Günter Greiner, Heinz Monnier und Jochen Richert, die mit Kriegsbeginn, oder kurz danach, ihren Einzug zur Wehrmacht nicht verhindern konnten.[71] Andere wiederum, für deren Wechsel zum Fernsehen sich Nierentz besonders stark gemacht hatte, hielten sich zwar noch einige Monate im Sender, allerdings nur auf Kosten einer finanziellen oder beruflichen Zurückstufung. Zu nennen wäre in diesem Zusammenhang vor allem der bereits mehrfach erwähnte Julius Jacobi,[72] der nach einer Hospitanz[73] beim Fernsehen im Oktober 1937 schließlich zum 1. Juni 1939 vom Reichssender Hamburg nach Berlin wechselte, wo er das Amt des geschaßten Willi Bai übernehmen sollte.[74] Vorausgegangen waren mühsame und langwierige Verhandlungen zwischen Nierentz und dem Intendanten des Reichssenders Hamburg, Gustav Grupe, die Jacobi im April 1941 gegenüber Reichsintendant Glasmeier folgendermaßen zusammenfaßte:

„1.-31. Oktober 1937: Instruktive Tätigkeit am Fernsehsender Berlin. Dabei Befassung mit künstlerischen, organisatorischen und wirtschaftlichen Aufbau-Arbeiten aller Art.

Gegen Ende dieser Tätigkeit: Befragung durch Herrn Intendant Nierentz, ob ich geneigt sei, als Sendeleiter ganz zum Fernsehsender Berlin zu kommen. Anfrage wird grundsätzlich bejaht, die letzte Entscheidung jedoch einer klärenden Rücksprache mit Herrn Intendant Grupe vorbehalten.

Nach Rückkehr in Hamburg: Rücksprache mit Herrn Intendant Grupe, der gegen den Wunsch von Herrn Intendant Nierentz nichts einzuwenden hat. (...)

Daraufhin: Schreiben vom 11. 11. 37 an Herrn Intendant Nierentz.

Bestätigung durch Herrn Intendant Nierentz unter dem 23. 12. 37 mit Hinweis auf meine einstweilige Unabkömmlichkeit und den dadurch bedingten Aufschub. (...)

Anfrage von Herrn Intendant Grupe am 27. 12. 37, ob ich bereit sei, für den Fall, daß Herr Paul-Lambert Werber auf Dauer in Frankfurt bleibe, dessen Posten [des

Sendeleiters, K.W.] in Hamburg zu übernehmen. (...) Persönlich halte ich mich jedoch Herrn Intendant Nierentz gegenüber für verpflichtet und bitte, für den Fall, daß mein Platz auch künftig in Hamburg sein solle, (...) daß mir von Hamburg aus die Möglichkeit belassen werde, zweimal im Jahr 8-10 Tage beim Fernsehsender in Berlin zu hospitieren, um bei fortschreitendem Ausbau des Fernsehens den Anschluß an die neue Entwicklung nicht zu verlieren. (...)

Bis zum Ende des Jahres 1938 bestätigt mir Herr Intendant Nierentz mehrfach fernmündlich wie auch persönlich (...), daß er an seinem Angebot festhalte. (...)

Als Antwort die Mitteilung vom 24.1.39, daß sich Herr Intendant Nierentz nunmehr bei Herrn Reichsintendant Dr. Glasmeier um meine Versetzung nach Berlin bemühen werde."[75]

Jacobis Wechsel zum Fernsehsender ging jedoch erst in den letzten Maitagen 1939 über die Bühne, nachdem in Hamburg die Frage seiner Nachfolge endgültig geklärt war. Als Vertreter des abgetauchten Intendanten nahm er sofort die Geschäfte des Senders in die Hand. Seine Position verschlechterte sich allerdings nach dem Ausscheiden von Nierentz zusehens. Im Dezember 1939 bestätigte ihn zwar Adolf Raskin offiziell als Sendeleiter. Jacobi mußte jedoch Repressalien und finanzielle Einbußen hinnehmen, weil „allgemeine Vorbehalte gegen die Personalpolitik von Nierentz vorherrschten".[76] So kam es nicht von ungefähr, daß der Fernsehbegeisterte Anfang Mai 1940 in die Reichssendeleitung abgeschoben wurde. Im Jahr darauf übernahm Jacobi als Verbindungsmann zwischen der Reichs-Rundfunk-Gesellschaft und dem im Juli 1941 eingerichteten, von Eberhard Taubert geführten Generalreferat Ostraum des Propagandaministeriums[77] den Aufbau der deutschen Sender in den besetzten Ostgebieten.[78]

Im Gegenzug stießen 1939/40 neue Kräfte zum Fernsehen, deren Rekrutierung sich nach einem bestimmten Muster vollzog. Entweder handelte es sich dabei um ehemalige Kollegen vom Reichssender Breslau, die Engler nach Berlin holte und auf deren Loyalität er sich im folgenden stützen konnte. Oder die Neueinstellungen kamen auf Veranlaßung von Adolf Raskin zustande, der hauptsächlich seine guten Kontakte zum Reichssender Saarbrücken nutzte, dem er bis 1937 als Intendant vorstand. Aus Breslau wechselten beispielsweise der künftige Zeitdienst-Mitarbeiter Heribert Grüger sowie Ivo Veit[79] in die Reichshauptstadt. Letzterer hatte bereits Mitte 1937 in einem der ersten Fernsehspiele (*Zweimal Jenkins*) mitgewirkt und auch mitinszeniert.[80] Horst Preusker kam als Sprecher und Darsteller aus Breslau. Ebenfalls von dort stammte Karl-Heinz Uhlendahl, der bekanntlich zunächst die Position eines „Ersten Sprechers der Fernsehnachrichten" übernahm,[81] aber schon bald zum Regisseur und Programmleiter des Filmtrupps (nach Bruno Reisner) avancierte und dies auch bis September 1942 blieb.[82]

Den eigentlichen Machtverhältnissen im Sender entsprechend, wurden jedoch die wichtigen Positionen von Raskin neu besetzt und nicht von dem Interimsleiter Engler. Auf Raskins Veranlassung hin kam schon im Mai 1939 der damals beschäftigungslose

Hannes Küpper als Regisseur und erster Dramaturg zum Berliner Fernsehen. Küpper wurde am 23. Dezember 1897 als Sohn des Malermeisters Fritz Küpper und seiner Frau Agnes, geb. Hausmann, in Düsseldorf geboren. Nach dem Besuch der Volksschule arbeitete er zunächst ein Jahr im elterlichen Betrieb, dann in der Kriegsindustrie. Im August 1916 erhielt er in Spandau seinen Einberufungsbescheid, kam an die Westfront und wurde verwundet. Direkt nach Kriegsende besuchte Küpper, der eigentlich Opernsänger werden wollte, die Hochschule für Bühnenkunst Dumont-Lindemann in Düsseldorf; von Herbst 1921 an übernahm er ein Engagement als Schauspieler am Künstler-Theater in Frankfurt. Ein anderes in Zürich brach er mitten in der Spielzeit 1922/23 ab und ging anschließend nach Berlin, um dort als freier Schriftsteller zu arbeiten. Ende 1923 erschien seine zusammen mit Max Vallentin verfaßte Textsammlung *Die Sache ist die* im Gustav Kiepenheuer Verlag. Weitere Gedichte und kurze Prosastücke folgten 1924/25.[83] Für Aufsehen in der Reichshauptstadt sorgte Küppers Gedicht *He, He! The Iron Man!*, mit dem er auf Bertolt Brechts Votum hin den Lyrikwettbewerb der Wochenzeitung *Die literarische Welt* gewann. Die Prämierung des Gedichts auf den Sechstage-Champion Reggie MacNamara, das die damalige Sportbegeisterung des Berliner Kulturbetriebs widerspiegelte, verdankte Küpper in erster Linie seiner engen Bindung an den Brecht-Kreis.[84]

Als schließlich im Spätsommer 1927 der „radikale Neutöner" Rudolf Schulz-Dornburg zum Opernchef der Städtischen Bühnen in Essen avancierte, holte er mit Hannes Küpper, Martin Kerb (Schauspielleiter), Jens Reith (Ballettmeister), Hein Heckroth und Caspar Neher (Bühnenbildner) ein junges, kreatives Berliner Team an die Ruhr. Neben seiner Tätigkeit als „Leiter des dramaturgischen Büros" gab Küpper von Oktober 1927 bis Mai 1933 die Theaterzeitschrift *Der Scheinwerfer* heraus, ein Projekt, das ihn über die Grenzen des Ruhrgebiets hinaus bekannt machen sollte. Trotz seines Untertitels „Blätter der Städischen Bühnen Essen" war *Der Scheinwerfer* nämlich keineswegs eine reine Haus- und Programmzeitschrift einer mehr oder weniger provinziellen Bühne. Vielmehr entwickelte sich Küppers *Scheinwerfer* in der kurzen Zeitspanne seines Erscheinens schnell zu einem überregional beachteten Diskussionsorgan, in dem sich kritische Stimmen unterschiedlichster Provenienz zu Wort meldeten. Diese „ungewöhnlich anregende und geistig lebendige Zeitschrift" (Thomas Mann) konnte eine beachtliche Zahl renommierter Autoren aufbieten, die zu Fragen aus den Bereichen Theater, Musik und Literatur, bis hin zu Architektur und Film, Stellung nahmen. Dazu zählten neben Theodor Adorno, Herbert Ihering oder Alfred Kerr auch Vertreter der sogenannten „kulturkonservativen Avantgarde": Richard Brie, Ernst Jünger oder sogar Joseph Goebbels. Für reichlich Zündstoff sorgte nicht selten der Publizist und Küpper-Freund Hermann Dannenberg, der unter dem Pseudonym Erik Reger bekannt wurde. Das Aufspüren kontroverser Meinungen zu aktuellen Themen gehörte denn auch zu den großen Stärken des Herausgebers. Zu diesem Zweck schrieb der Rheinländer unermüdlich an bekannte und unbekannte Autoren, in der Hoffnung, sie zum Widerspruch gegen *Scheinwerfer*-Artikel provozieren zu können. Die Zeitschrift existierte nicht zuletzt deshalb so lange, weil sich ihr Herausgeber stets unberechenbar und bis zur Selbstverleugnung unbekümmert verhielt.[85]

Anfang 1932 führte Hannes Küpper zum ersten Mal Regie. Für die Städtischen Bühnen inszenierte er *Die Sündflut* von Ernst Barlach, einem jener Künstler, die später von den Nazis als Vertreter „entarteter Kunst" verfemt wurden.[86] Als Opernleiter Schulz-Dornburg 1932 den vielfältigen Pressionen der rechten Lokalpresse nachgab und entnervt sein Amt zur Disposition stellte, wechselte Küpper (der sich bis dahin mehrmals bemüht hatte, samt *Scheinwerfer* an eine andere Bühne zu kommen) im Jahr der Machtübernahme als Regisseur zum Düsseldorfer Stadttheater. Den Nationalsozialisten zollte er den Tribut des Parteieintritts nicht. In Düsseldorf blieb Küpper bis 1937, siedelte dann zum Theater nach Hamburg über, wo er schließlich 1939 über eine *Kabale und Liebe*-Inszenierung stolperte. Über den hauptsächlichen Grund seines Rauswurfs gab Küpper zwei Jahre nach dem Zusammenbruch des NS-Regimes zu Protokoll:

> „Ein Schauspieler sollte den Präsidenten nach meinem Regieeinfall mit kahlem Kopf, so wie ihn [Julius] Streicher hatte, spielen. In der Garderobe verdrehte dieser Schauspieler meine Äusserung und sagte: ‚Ich soll Pg. Streicher spielen.' Darüber ging ein Bericht nach Berlin."[87]

Als sich daraufhin der arbeitslose Küpper Anfang Mai 1939 für kurze Zeit in der Reichshauptstadt aufhielt, kam es zu einer Begegnung mit Adolf Raskin, der Ende der zwanziger, Anfang der dreißiger Jahre als junger Musik- und Opernkritiker der Essener *Rheinisch-Westfälischen Zeitung* im *Scheinwerfer* einige Arbeiten veröffentlicht hatte.[88] Raskins Vorschlag an den Rheinländer, beim Fernsehen mitzumachen, da es dort momentan an Spielleitern mangele, nahm Küpper dankend an. „Darauf meldete ich mich im Deutschlandhaus, und man machte mit mir beim Fernsehsender Vertrag, und zwar nur unter der Bedingung, dass Herr Dr. Raskin für mich die Garantie übernehmen würde."[89] Küpper debütierte schließlich am 2. Juni 1939 mit dem Fernsehspiel *Der rote Unterrock* und blieb beim Nipkow-Sender bis September 1944. Seine eigentliche Liebe galt freilich auch weiterhin dem Theater. Nach einer Gastinszenierung von Hans Baumanns *Der Turm Nehai* versuchte er 1941 beim Burgtheater in Wien unterzukommen. Allerdings ohne Erfolg, mußte er doch „Reichsdramaturg" Rainer Schlösser den Vortritt lassen; ein Angebot, im provinziellen Gera zu inszenieren, lehnte er wenig später ab. Während seiner Fernsehzeit organisierte Küpper zwei bis drei Wehrmachts-Tourneen im Rahmen der Truppenbetreuung. Mit solchen KdF-Fronttheatern, wo er bisweilen auch aktuelle Produktionen des Fernsehsenders einstudierte (*Das Soldatenglück*), gastierte Küpper u.a. mehrere Wochen beim Pariser Fernsehsender und in Holland.[90]

Julius Jacobis Nachfolge als Sendeleiter und Produktionschef trat 1940 Kurt Hinzmann an, der bereits zwei Jahre zuvor – ebenfalls über Adolf Raskin – den Weg zum Fernsehen gefunden hatte. Geboren am 8. April 1906 in Berlin, besuchte Hinzmann von 1912 bis 1922 das Realgymnasium in seiner Geburtsstadt und studierte anschließend, von 1922 bis 1924, Volkswirtschaft und Sportpädagogik an der Berliner Hochschule für Leibesübungen. Nach seinem Examen als Ski- und Sportlehrer fand Hinzmann bei der Audi-Automobilwerke AG in Berlin und Zwickau eine Anstellung als Kaufmann und Testfahrer[91]. Von 1928 bis 1933 wechselten sich mehrere Tätigkeiten ab: Mitarbeit bei dem Transportunternehmen Stinnes, Sachbearbeiter für internationale Finanzfragen, Betätigung im Schiffsfrachtendienst sowie erste journalistische Arbeiten. Wohl in erster Linie seiner Bekanntschaft mit Intendant Walther Beumelburg – in den zwanziger Jahren ebenfalls Mitarbeiter des Stinnes-Konzerns – verdankte Hinzmann seinen Wechsel zum Reichssender Berlin am 1. April 1934. Dort wirkte er drei Jahre lang maßgeblich am Aufbau der neuen Zeitdienst-Sendung *Echo des Tages* mit. Nach Differenzen über die inhaltliche Gestaltung einiger Beiträge legte man Hinzmann 1937 den Wechsel zum Deutschen Kurzwellensender nahe, wo er wegen seiner Sprachkenntnisse mit offenen Armen aufgenommen wurde. Ein Jahr später übte er beim Nipkow-Sender bereits eine Art Halbtagsstelle[92] aus: tagsüber im aktuellen Dienst des Fernsehens, nachts als Hauptsachbearbeiter der Abteilung „Kulturelles" beim Kurzwellensender. 1939 lag es dann nahe, ganz zum Fernsehen zu wechseln, zumal es für Hinzmann offenbar auch beim Kurzwellendienst Probleme gab. Beim Fernsehen wiederum fungierte er von Mitte 1939 an als Leiter der Abteilung Zeitgeschehen, um im Jahr darauf als Sendeleiter und Produktionschef zu reüssieren.[93] 1941 verschlug es Hinzmann ins besetzte Paris, wo ihm wenig später Aufbau und Leitung eines deutsch-französischen Fernsehversuchsbetriebs übertragen wurde.

Ebenfalls auf Adolf Raskins Veranlassung hin – und zunächst kommissarisch amtierend–, ersetzte der Schauspieler, Film- und Hörspielregisseur Hanns Farenburg im Frühjahr 1939 Leopold Hainisch als Oberspielleiter, der damals noch inszenierte. Farenburg, der im übrigen Johannes Borsutzky hieß, polnischer Abstammung war und deshalb unter Pressionen litt,[94] fand zum 1. Februar 1937 beim Reichssender Saarbrücken eine Anstellung als Oberspielleiter. Dort baute er im folgenden das zweite ständige Hörspiel-Ensemble in Deutschland auf, nachdem Herbert Engler 1933 in Breslau die erste „Hörspiel-Schar" gegründet hatte. Ebenfalls aus Saarbrücken kam die dort als Sprecherin tätige Käthe Glaser, die nach Kriegsbeginn beim Fernsehen für Kindersendungen eingesetzt wurde. Freundschaftliche Kontakte zu Raskin unterhielt auch Peter A. Horn, den der Paul-Nipkow-Sender nach 1939 als Regisseur, Autor und Bearbeiter zahlreicher Fernsehspiele einsetzte. Geboren am 28. März 1901 in Düren, studierte Horn nach dem Besuch des Realgymnasiums zwei Semester Theaterwissenschaft, Philosophie und Volkswirtschaft an der Kölner Universität (1919-20). Anschließend nahm er Schauspielunterricht, um in den zwanziger Jahren an diversen Bühnen des Reiches als Darsteller, Regisseur und Dramaturg zu arbeiten. 1932 avancierte er zum kommissarischen Intendanten des Krefelder Theaters, ein Posten, den er schon im Jahr darauf wegen defätistischer Äußerungen wieder räumen mußte. Von den neuen Machthabern nach 1933 mit einem Anstellungsverbot belegt, hielt sich Horn fortan als freier Mitarbeiter bei Rundfunk und Film mehr schlecht als recht über Wasser. Sein erstes Fernseh-Erlebnis datiert auf den August 1936, als Horn während der Olympiade für einige Tage beruflich in Berlin tätig war.[95] Zu dieser Zeit, genauer gesagt von Januar bis September 1936, arbeitete er freiberuflich als Sprecher und Autor beim Reichssender Saarbrücken.[96] Raskin mußte sich dafür im nachhinein Kritik von seiten der Reichs-Rundfunk-Gesellschaft gefallen lassen,[97] die er allerdings im Frühjahr 1938 erfolgreich entkräftete. Über Horn, der politische Witze erzählt oder verfaßt haben soll, urteilte er:

„Ich habe gegen Herrn Horn zweimal Beschäftigungsverbot erlassen und in ein oder zwei Fällen die bereits vorher angekauften Manuskripte zur Sendung gebracht. Später wurde die Angelegenheit geklärt und alle Bedenken gegen Herrn Horn zurückgenommen. Bei dieser Gelegenheit darf ich darauf hinweisen, dass Herr Horn einer der wichtigsten Mitarbeiter der von mir damals geführten Saarkampf-zentrale war und schon aus diesem Grunde und mit Rücksicht auf seine hervorra-genden Leistungen und Verdienste beanspruchen konnte, dass ich ihn als Intendant des Reichssenders Saarbrücken vor einer ungerechtfertigten Existenzzerstörung in Schutz nahm. Die vorübergehenden Beschäftigungsverbote trafen den freien Mitarbeiter Horn umso empfindlicher, als er sich ausschliesslich als Schriftsteller des Rundfunks betätigte und keine andere Einnahmequelle besass. Mein Eintreten für Herrn Horn verhinderte seinen völligen wirtschaftlichen Zusammenbruch. Horn lebt heute in Berlin als freier Rundfunkschriftsteller und geniesst in der gesamten Rundfunköffentlichkeit als Autor und als Künstler grosses Ansehen."[98]

Während Horn im März 1938 Hitlers Einmarsch in Österreich als Radioreporter kommentieren durfte, brachte Raskin seinen Günstling gut ein Jahr später als neuen Oberspielleiter des Nipkow-Senders ins Gespräch, konnte sich damit aber – offenbar wegen politischer Vorbehalte – bei Glasmeier nicht durchsetzen. Daraufhin schlug Horn seinen früheren Kollegen und engen Freund Hanns Farenburg vor, der schließlich den Zuschlag bekam und die Hainisch-Nachfolge antrat. Dem als unzuverlässig geltenden Horn legte man fortan im Sender bei jeder sich bietenden Gelegenheit Steine in den Weg. Seine bis 1942 bekleidete Position als Regisseur und Autor umschrieb Horn später einmal so: „Ich durfte immer nur anregen, selbst versuchen durfte ich nicht."[99]

Mitarbeiter wiederum, die so recht nicht in das herrschende Rekrutierungsmuster passen mochten und über keine persönlichen Kontakte zu Raskin oder Engler verfügten, hatten hingegen langfristig beim neuen Medium wenig Chancen. So soll der Rund-funkreporter und erste Intendant des Senders Freies Berlin (SFB), Alfred Braun,[100] Ende 1939 kurzzeitig als kommissarischer Produktionsleiter im Zeitgeschehen tätig gewesen sein. Als Sprecher, Darsteller und erfahrener Sportreporter, der sich auf diesen Gebieten in der Weimarer Republik einen guten Namen gemacht hatte,[101] stand Braun aber auch weiterhin dem Fernsehen zur Verfügung. Auch der Rundfunkpublizst und Autor einiger Fernsehspiele, Eugen Kurt Fischer, hatte vertretungsweise sein Intermezzo als Leiter der Produktion II „Kunst und Unterhaltung". Die Stelle war Anfang 1940 wieder vakant,[102] wie aus dem Geschäftsverteilungsplan des *Bühnen-Jahrbuchs* hervorgeht. In seiner zwei

Jahre später herausgegebenen Abhandlung über die *Dramaturgie des Rundfunks* erwähnte Fischer das Fernsehen aber nur beiläufig.[103]

Es gehörte indes auch zu Raskins Privilegien, Beschäftigte mit besonderen Kenntnissen und Fähigkeiten vom Fernsehen abzuziehen und diese in jenen Bereichen des Rundfunks einzusetzen, die man als kriegswichtiger einstufte. Das galt beispielsweise für den inzwischen routinierten und beim Publikum beliebten Ansager und Darsteller Heinz Piper. Mit Kriegsbeginn wurde er gegen Englers erklärten Willen als Sprecher für Englisch zum Kurzwellensender abkommandiert, wo Intendant Raskin dringend Personal für den Auf- und Ausbau der Fremdsprachenprogramme benötigte.[104] Nominell unterstand Piper aber nach wie vor dem Fernsehsender, weil sich Engler ostentativ weigerte, ihn aus seinem Vertrag zu entlassen. Um Piper nach dem „Endsieg" übergangslos die Rückkehr zum Sender zu erleichtern, schlug der kommissarische Leiter vor, ihm bis dahin sein reguläres Fernsehgehalt sowie einen „Sonderzuschlag von 150 RM für fremdsprachliche Tätigkeit"[105] auszuzahlen. Der Zuschlag sollte die finanzielle Gleichstellung mit den anderen Auslandssprechern gewährleisten und wurde im folgenden mit dem Kurzwellendienst verrechnet. Für Piper ergaben sich aus dieser Regelung aber eine Reihe von wirtschaftlichen Nachteilen, was er Ende 1941 gegenüber dem neuen Intendanten des Kurzwellensenders, Horst Cleinow, auch deutlich zum Ausdruck brachte. Insbesondere beklagte er sich über zu geringe Sozialleistungen wie Urlaubs- und Weihnachtsgeld, weil diese Gratifikationen nicht von seiner Gesamtvergütung, sondern auf der Basis des deutlich niedrigeren Fernsehgehaltes berechnet wurden.[106] Daraufhin wollte Intendant Cleinow dem Verwaltungschaos ein rasches Ende bereiten, indem er Engler zur Kündigung des Vertrages aufforderte. Der jedoch blieb hartnäckig, und die Angelegenheit zog sich noch über ein Jahr lang hin. Erst im Frühsommer 1943, unmittelbar nach Englers Rauswurf, wurde der de facto seit dreieinhalb Jahren erloschene Fernsehvertrag von Heinz Piper nicht mehr verlängert.[107]

Als der Fernsehkritiker Gerhart Eckert den Nipkow-Sender Anfang 1940 mit seiner persönlichen Anwesenheit beglückte, attestierte er ihm „einen vielverzweigten Organismus, der viele Hilfskräfte hat und bei dem jeder Mann mit Spürsinn und Begeisterung für die Sache an der Arbeit ist".[108] Es gab aber durchaus auch ernstere Zwischentöne im Schrifttum. Kurt Wagenführ beispielsweise ließ Ende des Jahres zumindest durchblicken, daß der insulare Status des Mediums den Fernsehleuten zunehmend Motivationsprobleme bereitete. Einerseits machte die Beherrschung des sendetechnischen Instrumentariums weiter Fortschritte; andererseits mußte man nach wie vor für eine Handvoll anonymer Zuschauer produzieren, ohne über deren Vorlieben so recht Bescheid zu wissen. „Wir leben eigentlich wie auf einer Insel, wir zaubern die schönsten Dinge (...), aber wir wissen nicht, wie wir denn nun gefallen", zitierte Wagenführ einen Programmitarbeiter.[109] Was der immer bestens unterrichtete Publizist freilich nicht schreiben durfte, war die Tatsache, daß Herbert Engler auch nach Raskins Tod und seiner Ernennung zum ordentlichen Intendanten keineswegs die Zügel fest in der Hand hielt. Schon im Frühjahr 1940 kamen mit Dr. Karlheinz Kölsch und Arthur Bemeleit zwei neue Mitstreiter zum Sender, die dort nicht nur durchgehend beschäftigt, sondern auch erheblichen Einfluß erlangen sollten.

Kölsch wurde am 11. November 1894 in Kirchen an der Sieg als Sohn des Bahnhofsvorstehers Heinrich Kölsch und dessen Frau Regina geboren.[110] Mitte des Ersten Weltkrieges schrieb er sich an der Bonner Universität ein, um dort Volkswirtschaft und Jura zu studieren. Fasziniert von der vielbesungenen Burschenherrlichkeit, trat er wenig später dem katholischen Studentenverein Unitas Sigfridia bei, einer Bonner Kooperation, deren Mitglieder die Liebe zum Vaterland und eine tiefe Verehrung für den Kaiser verband. In der durch Einberufungen stark dezimierten Burschenschaft freundete sich Karlheinz Kölsch, vereinsintern „Pille" genannt, im Frühsommer 1917 mit dem Neumitglied Joseph Goebbels an, der den drei Jahre älteren Volkswirtschaft- und Jurastudenten sogleich überschwenglich verehrte. „Pille" Kölsch und „Ulex" Goebbels, Erstsemester der Altphilologie, Germanistik und Geschichte, traten fortan unermüdlich für den Zusammenhalt des katholischen Vereins ein, organisierten eigene Veranstaltungen und profilierten sich in den Zechereien der Sigfriden.[111]

Daß die beiden schon bald mehr als nur gute Freunde wurden, hatte nicht zuletzt auch physiognomische Gründe. Während Goebbels bekanntermaßen mit einem Klumpfuß behaftet war, litt Kölsch an einem ähnlich stigmatisierenden Makel. Seine linke Hand war von Geburt an partiell gelähmt, was auch ihn nicht unerheblich belastete.[112] Um so intensiver entwickelte sich die Freundschaft zwischen den beiden Korpsstudenten. Bei einem seiner häufigen Besuche in Kölschs Elternhaus in Werl lernte Goebbels dessen jüngere Schwester Agnes kennen und verliebte sich in sie. In der zweiten Hälfte des Wintersemesters 1917 verbrachte der spätere Propagandaminister fast mehr Zeit in Werl als an der Bonner Universität.[113] In der rheinischen Residenzstadt teilte Goebbels unterdessen nicht nur mit „Pille" das Zimmer. Er hatte seinem „lieben Leibburschen" auch eine romantisch-schwärmerische „Novelle aus dem Studentenleben" gewidmet, der er den Titel gab: *Bin ein fahrender Schüler, ein wüster Gesell.*[114]

Im Frühjahr 1918 entschlossen sich Kölsch und Goebbels, ins entfernte Freiburg zu wechseln, um dort ihre Studien fortzusetzen. In dem kleinen Universitätsstädtchen am Fuße des Schwarzwaldes sollte jedoch die Freundschaft der beiden Burschenschafter ein schnelles Ende nehmen. Während sich Goebbels mit seiner neuen Umgebung vertraut machte, hatte sich der Werler bereits mit der Volkswirtschaft- und Jurastudentin Anka Stahlherm angefreundet. Als Kölsch seine Eroberung aus reicher Recklinghausener Familie vorstellte, war Goebbels sofort begeistert von der jungen Frau „mit dem ungemein schwärmerischen Mund". Fortan machte er ihr den Hof, und beide wurden schließlich ein Paar. Zwischen Kölsch und Goebbels kam es infolgedessen zu heftigen Streitereien. Als der Vater des Werlers Anfang Juli 1918 für einige Tage nach Freiburg reiste, mußte er nach seiner Rückkehr der gekränkten Tochter Agnes mitteilen, das Freundschaftsverhältnis habe „Schiffbruch erlitten".[115] Am Ende des Sommersemesters 1918 brach Goebbels seine Zelte in Freiburg ab, um im darauffolgenden Wintersemester in Würzburg die Liaison mit Anka Stahlherm fortzusetzen.

Neben seinen Studien widmete sich Karlheinz Kölsch nun wieder ganz dem Freiburger Unitas-Verein, wo er fortan als „Senior" die Geschicke der Burschenschaft um so tatkräftiger lenkte. Gut fünf Jahre nach dem Ende seiner Freundschaft mit Joseph Goebbels, im Wintersemester 1923, schloß Kölsch sein Studium mit der Promotion in Volkswirtschaft ab.[116] Für den frischgebackenen Dr. rer. pol. stand jedoch eine Rückkehr nach Werl nicht zur Debatte, zumal er sich im Badischen durchaus wohlfühlte. Deshalb kam es Kölsch auch sehr gelegen, als man ihm 1924 beim Südbadischen Verband der Zigarrenfabrikanten in Lahr die Stelle eines Rechtsbeistandes anbot, eine Funktion, die er in den nächsten zehn Jahren ausüben sollte. Über die Ereignisse in jenem Freiburger Sommer war inzwischen längst Gras gewachsen. Schon Ende 1918 hatte sich Goebbels bei dem Unitas-Mitglied Theo Geitmann über „Pilles" Befinden erkundigt. Geitmanns Antwort an den Neu-Würzburger läßt vermuten, daß Kölsch noch andere Gemeinsamkeiten mit dem späteren Propagandaminister des Dritten Reiches aufwies: „Was P.[ille] hier treibt, möchtest Du wissen? Der spielt nach alter Gewohnheit den großen Mann, erzählt, er habe fast die ganze Unitas-Zentrale unter sich, er müsse für den Verband Häuser ankaufen etc. etc. etc."[117]

Als Anfang der zwanziger Jahre das damalige „Streitobjekt" Anka Stahlherm nach langem Hin und Her den Rechtsanwalt Georg Mumme heiratete, stand einer normalen Beziehung zwischen Kölsch und Goebbels nichts mehr im Wege. Während sich letzterer im folgenden ganz seiner politischen Karriere widmete, lernte Kölsch 1926 (auf einem Kongreß der Freimaurerloge Schlaraffia in Zürich) Ursula Engelke kennen. Als sich die beiden zwei Jahre später das Jawort gaben, befand sich auch Goebbels unter den Hochzeitsgästen.[118] Gleichermaßen mit Interesse und Anerkennung verfolgte der Syndikus fortan aus der Ferne den Aufstieg des neuen Berliner Gauleiters der NSDAP. Als Konsequenz schloß sich Kölsch schon bald der SA an und trat am 1. Mai 1930 als Mitglied Nr. 245 645 der Partei seines ehemaligen Korpskameraden bei.[119]

1936 gab Karlheinz Kölsch die Verbandsarbeit auf und setzte sich an die Spitze eines jener Unternehmen, deren Belange er all die Jahre lang vertreten hatte. Als kaufmännischer Leiter der in Tiengen am Oberrhein ansässigen Villiger Zigarrenfabrik hatte der neue „Betriebsführer"[120] fortan die Aufgabe, das Unternehmen zu überwachen und auf Leitungsebene im Sinne der Nationalsozialisten zu agieren. Den Gebrüdern Villiger, die sich in der benachbarten Schweiz aufhielten, blieb nichts anderes übrig, als das von der NSDAP diktierte Revirement hinzunehmen.[121] Trotz des beruflichen Aufstiegs sah Kölsch (der seine Tätigkeit häufig im braunen Parteihemd verrichtete und am Vorabend des Maifeiertages bei der Belegschaft mit Freibier-Lagen auffiel) in dem Posten wenig Zukunft. Als ihm Anfang 1938 Intendant Karl Mages die kaufmännische Leitung des Reichssenders Saarbrücken anbot, griff Kölsch zu und kehrte der Tabakbranche endgültig den Rücken. Ungeklärt bleibt jedoch, ob sich der inzwischen mächtige Goebbels im Vorfeld als Steigbügelhalter betätigt hatte. Jedenfalls unterhielt man auch in den dreißiger Jahren freundschaftliche Kontakte miteinander, und so war es für den Nachfolger Otto Hildebrandts selbstverständlich, dem Minister sporadisch über seine neue Aufgabe beim Rundfunk in Saarbrücken zu berichten.[122]

Kurz vor Kriegsausbruch wurde Kölsch zur Wehrmacht eingezogen und nahm im September am Polenfeldzug teil. Wegen seiner gelähmten Hand blieb für ihn der Fronteinsatz eine kurze Episode. Als bedingt kriegstauglich eingestuft, wandte er sich Anfang 1940 mit der Bitte um Hilfe an den Propagandachef, der ihm daraufhin den neugeschaffenen Posten des kaufmännischen Leiters beim Fernsehsender verschaffte.[123] Somit verwaltete Kölsch den bescheidenen Programmetat von 1.303.800 RM (1940), der sich im Jahr darauf nur unwesentlich auf 1.381.300 RM erhöhte. Erst 1941, als die Anforderungen durch die Verwundetenbetreuung stiegen, verfügte Kölsch über deutlich aufgestockte Programmittel (1.837.000 RM). 1943 schließlich konnte er bereits über 1.919.900 RM disponieren.[124] Ähnlich expansiv entwickelte sich auch das Budget der Reichspost-Fernsehgesellschaft.[125] Zugleich fungierte Karlheinz Kölsch als Stellvertreter des Intendanten und befaßte sich als Chef der „Gefolgschaftsstelle" mit Personalfragen.[126] Für diese per se einflußreichen Arbeiten stand ihm mit Erna Ehle eine Mitarbeiterin zur Seite.

Weniger filmreif wie bei Kölsch, dafür aber ähnlich stark vom Nationalsozialismus geprägt, verlief der Lebensweg von Arthur Bemeleit. Zum Zeitpunkt seines Fernseheintritts konnte der SS-Obersturmführer bereits auf eine steile Karriere im Dritten Reich zurückblicken. Seine Personalakte spiegelt ein hohes Maß demonstrativer Überzeugungstreue für jene Gliederung der NSDAP wider, die in einem besonderen Treueverhältnis zu Hitler stand. Geboren am 3. Juni 1902 im lothringischen Bourdonnaye, erlernte Bemeleit den Beruf des Gebrauchsgraphikers. Ende der zwanziger, Anfang der dreißiger Jahre arbeitete er als „werbefachlicher Berater" für diverse Zeitungen, darunter auch für das *Frankfurter Volksblatt*. Dort hatte er „hinreichend Gelegenheit", die „Belange der SS zu vertreten".[127] Anläßlich der Machtübernahme Ende Januar 1933 verfaßte er ein SS-Merkbuch, ein SS-Marschlied sowie die mehrfach abgedruckte Schrift *Zehn Gebote der SS*. In dieser Zeit entstand auch eine handschriftliche Luxus-Ausgabe von *Mein Kampf*, die der Graphiker und Werbefachmann seinem „Führer" höchstpersönlich überreichte. Bis Mitte der dreißiger Jahre war Bemeleit, neben seiner Tätigkeit als freiberuflicher Gebrauchsgraphiker, Referent für Kartenwesen im Stab der 2. SS-Standarte und Angehöriger der 11. SS-Motorstandarde. Vom 1. Juli 1935 an arbeitete er für Reinhard Heydrichs gefürchteten Sicherheitsdienst,[128] der von 1936/37 an immer stärker den Charakter eines geheimen Spitzelinstituts annahm, das die NS-Führung mit regelmäßigen „Meldungen aus dem Reich" versorgte.[129] Wer wie Bemeleit zu den etwa 30.000 ehrenamtlichen Mitarbeitern und V-Leuten gehörte, war angehalten, „überall, in seiner Familie, seinem Freundes- und Bekanntenkreis und vor allem an seiner Arbeitsstätte jede Gelegenheit wahr(zu)nehmen, um durch Gespräche in unauffälliger Form die tatsächliche, stimmungsmäßige Auswirkung aller wichtigen außen- und innenpolitischen Vorgänge und Maßnahmen zu erfahren".[130] Von 1940 an löste der SD-Mitarbeiter Bemeleit den am 1. Dezember 1939 zur Wehrmacht eingezogenen Heinz Monnier[131] als verantwortlichen Bühnenbildner beim Fernsehen ab. Mit Karl Joksch (bis Mitte 1941), Hans-Joachim Maeder und Wilhelm Bäthge verfügte er fortan über drei ihm nachgeordnete Mitarbeiter.

Auch der bekannte Filmregisseur Philipp Jutzi streckte im Sommer 1940 seine Fühler zum neuen Medium aus. Noch im Frühjahr war Jutzi auf Apanagen von Goebbels' „Künstlerdank"-Stiftung angewiesen,[132] nachdem er 1939 mit *Das Fenster im 2. Stock* und *Die Sache mit dem Hermelin* seine beiden letzten Kurzspielfilme inszeniert hatte. Geboren am 22. Juli 1896 im pfälzischen Alt-Leiningen, machte sich Jutzi in der Weimarer Republik vor allem durch Filme mit sozialistischer Tendenz einen Namen. Zu den bekanntesten zählten 1929 *Mutter Krausens Fahrt ins Glück* – nach Aufzeichnungen von Heinrich Zille – und, zwei Jahre später, *Berlin Alexanderplatz* mit Heinrich George in der Rolle des entlassenen Transportarbeiters Franz Biberkopf.[133] Von 1929 bis 1930 gehörte Jutzi der KPD an. Eine rigorose Wende in der Geisteshaltung des Regisseurs deutete sich bereits 1931 an und vollzog sich im April 1933 mit dem Eintritt in die NSDAP als Mitglied Nr. 1 774 101. Dort galt Jutzi schnell als „rühriger Parteigenosse und einwandfreier Nationalsozialist".[134] Neben seiner Tätigkeit bei der Reichspost-Fernsehgesellschaft, wo er sich 1942 als Chef-Kameramann bezeichnete,[135] schrieb und inszenierte Jutzi auch eigene Stücke für das Fernsehen. Die Sendung *Das Geburtstagslied* soll nach seinen Angaben allein im Juli 1941 zehnmal wiederholt worden sein. Im Frühjahr 1942 standen auch zwei Fernsehspiele von ihm auf dem Programm, darunter das Lustspiel *Zwei Rivalen*.[136] Diese Stücke strahlte der Sender allerdings unter dem Pseudonym Pejot und dem Namen seiner Frau, Emmy Zimmermann, aus, „weil ich es nicht für angebracht halte, dass mein Name in dem gleichen Vorspann zweimal erscheint, als Kameramann und als Autor".[137] Wahrscheinlich nach Differenzen mit Engler verließ der bescheidene Jutzi in den letzten Monaten des Jahres 1942 das Fernsehen wieder.[138]

6.4. Drei Produktionsabteilungen
Zeitgeschehen, Kunst und Unterhaltung, Film und Bild

Die ersten Wochen nach dem Neustart im Oktober 1939 standen ganz im Zeichen der Bemühungen, den Fernsehbetrieb auf Kriegsbedingungen umzustellen. Wie stark dabei organisatorische, aber auch programmliche Vorgänge im Deutschlandhaus der neuen Lage angepaßt werden mußten, läßt sich anhand einer mehrseitigen Dienstanweisung Herbert Englers für die drei neuen Aufnahmeleiter der RRG, Hermann Tölle,[139] Dr. Hermann Roemmer und – von Frühjahr 1940 an – Kurt Tetzlaff, belegen, die Mitte November 1939 in Kraft trat. Zugleich reagierte Dr. Herbert Engler damit auf die immer komplexer werdenden innerbetrieblichen Abläufe, die von der archaisch anmutenden Dienstanweisung aus dem Jahr 1936 längst nicht mehr erfaßt werden konnten. Neben ausführlichen Bestimmungen über die allgemeine Tätigkeit des diensthabenden Aufnahmeleiters, waren darin vorzugsweise Sonderregelungen für die Kriegszeit niedergelegt. Beispielsweise gehörte es fortan zu den zusätzlichen Aufgaben der RFG-Techniker, bei Fliegeralarm für die Verdunkelung der Studioräume zu sorgen. Davon ausdrücklich ausgenommen war jedoch das Dienstzimmer des Aufnahmeleiters der Programmseite, das ehedem nur von seinem Stellvertreter, dem diensthabenden Ansager, betreten werden durfte. In diesem hochheiligen Areal oblag es allein der Programmabteilung, die nötigen Verdunklungsmaßnahmen zu treffen. Drohte künftig ein feindlicher Luftangriff über Berlin, so war das laufende Programm mit folgender Ansage abzubrechen:

> „Der Deutsche Fernseh-Rundfunk unterbricht für die Zeit des Luft-Alarms seine Sendung. Wir bitten unsere Fernseh-Hörer, sich nach den Anordnungen der dienst-tuenden Beamten in den Fernseh-Stuben ruhig und ohne Drängen in den Luft-schutzraum zu begeben."[140]

Anschließend hatte der jeweilige Aufnahmeleiter, zusammen mit dem zuständigen Luftschutzwart, mit deutscher Gründlichkeit für die Sicherheit seiner Programm-kollegen und jener Darsteller zu sorgen, die sich gerade im Studio aufhielten. Er sollte dabei, soweit es sich um Angestellte des Rundfunks handelte, möglichst als Letzter den nahegelegenen Schutzraum aufsuchen, nachdem er sich persönlich davon überzeugt hatte, daß sich in den Studios und Garderoben niemand mehr befand, der seiner Zuständigkeit unterstand. Überschritt indes die Dauer des Alarmzustandes die vorge-sehene Sendezeit, was in den kommenden Monaten und Jahren mit wachsender Häufig-keit der Fall war, so sollte das Programm nicht wieder aufgenommen werden. In anderen Fällen jedoch, so legte es Englers akribische Dienstanweisung fest, sollte das Programm mit jener Darbietung wieder einsetzen, die nach dem Zeitplan vorgesehen war. Die Entscheidung darüber lag im Ermessen des Aufnahmeleiters.

Außerdem verfügte Engler, daß die im Aufbau befindliche Abteilung „Film und Bild" fortan für ein „reichhaltiges und nach Einzeldauer unterschiedliches Ersatzpro-gramm aus Filmsendungen und Schallplatten"[141] zu sorgen hatte, das auf Anordnung des Aufnahmeleiters sofort abzuwickeln war, falls aus kriegsbedingten, aber auch aus rein technischen Gründen das vorgesehene Tagesprogramm nicht ausgestrahlt werden konn-te. Traten hingegen nur kürzere Lücken in der Sendefolge auf, so waren diese durch Wiedergabe des Sendezeichens und Schallplattenmusik zu überbrücken.

Nach den kriegsbedingten Umstellungen, die auch den Einsatz von Mitarbeitern für nächtliche Luftschutzwachen im Studio vorsahen, richteten die Programmacher ihr Hauptaugenmerk wieder vorrangig auf die Profilierung ihrer Produktionen. Un-beeindruckt von der Realität des Krieges, trieb Engler im folgenden den Ausbau des Fernsehens weiter voran, denn das neue Medium sollte nach dem – baldigen – Sieg dem deutschen Volk als Gemeingut übergeben werden. Noch unter seiner kommissarischen Leitung hatte der Fernsehsender – nach dem *Bühnen-Jahrbuch 1940*, das etwa den Stand vom Herbst 1939 wiedergibt – folgende Struktur: *Produktionschef:* Dr. Herbert Engler; *Programmleitung:* Julius Jacobi; *Leiter vom Dienst:* Hermann Toelle (Produktion I), Dr. Hermann Roemmer (Produktion II), Kurt Tetzlaff (Produktion III, ab März 1940); *Besetzungsbüro:* Kurt Tetzlaff (ab 1. 4. 1940 Rudolf Ehrecke); *Fernsehspielschar/Drama-turgie:* Hannes Küpper (komm. Chefdramaturg und 1. Spielleiter); *Oberspielleitung:* Hanns Farenburg (komm. Oberspielleiter); *Bühnenbildner:* Karl Joksch; *Technik:* Paul Pruegel (Betriebsleiter); *Produktion I „Zeitgeschehen":* Alfred Braun (komm. Produktionsleiter, kurz darauf ersetzt durch Kurt Hinzmann), Dr. Gerhard Wahnrau; *Produktion II „Kunst und Unterhaltung"*: z.Zt. unbesetzt (ab 1941 Günter Stenzel); *Produktion III „Film und Bild"*: Bruno Reisner (komm. Produktionsleiter) sowie *Szenentechnik, Wirtschaft* und andere.[142]

Als wesentliche Neuerung führte Engler die organisatorische Aufteilung des Programmdienstes in die drei Produktionsressorts Zeitgeschehen (I), Kunst und Unterhaltung (II) sowie Film und Bild (III) ein. Während die beiden ersten Abteilungen ansatzweise schon am Ende der Ära Nierentz zu erkennen waren, kam unter Engler die Produktion III neu hinzu. Darin spiegelte sich zugleich das Fernsehkonzept des kommissarisch Amtierenden wider, das im wesentlichen zwei Bereiche im Mittelpunkt sah: die aktuelle Berichterstattung, also den bereits bestehenden Zeitdienst, sowie den forcierten Einsatz filmischer Eigenproduktionen. Dieses Verständnis war zum einen das Produkt seiner eigenen Weltanschauung, zum anderen eine pragmatische Reaktion auf die neue politisch-militärische Lage, welche der Sender, nicht zuletzt deshalb, um weiter fortbestehen zu können, mit möglichst aktuellen Inhalten begleiten sollte. Als Konsequenz daraus beauftragte Engler im August 1939 den zuvor hauptsächlich als Regisseur eingesetzten Bruno Reisner mit dem Aufbau der neuen Abteilung „Film und Bild". Damit baute Reisner jene Aufgaben aus, die vor ihm Waldemar Bublitz neben seinen vielen anderen Tätigkeiten nur mitbetreuen konnte: die Auswahl des externen Filmmaterials sowie die redaktionelle Leitung des ihm angeschlossenen Filmdienstes („Technische Betriebsstelle Fernsehen"), der im folgenden noch näher erläutert werden soll (vgl. Kap. 6.8.).

Diese weitere organisatorische Straffung und Spezialisierung vollzog sich allerdings mit der für den Nipkow-Sender eigenen Gemächlichkeit und Zufälligkeit. Als Engler im Herbst 1939 für eine umfangreichere Filmproduktion (*Bunte Fernseh-Fibel*) bei der Filmkammer einen Mitarbeiter anforderte, der auch in der Lage war, am Manuskript mitzuarbeiten, schlug man dort Reinhard Blothner vor, der im Anschluß an seine erste Arbeit beim Fernsehen fest verpflichtet wurde (1. 11. 1939).[143] Der 56jährige Blothner, im übrigen kein Parteimitglied, schlug sich bis dahin in verschiedenen Bereichen des Films mehr schlecht als recht durch. Im Anschluß an eine kaufmännischen Tätigkeit arbeitete er als Werbefachmann in Paris, wo er erste Kontakte zum Film knüpfte. Nach dem Ersten Weltkrieg war er mehrere Jahre in Spanien, England und den Vereinigten Staaten als Autor und Regisseur von Werbe-, Lehr- und Spielfilmen tätig, aber auch in seiner Eigenschaft als selbständiger Industriefilmer.

In den späten Zwanzigern versuchte Blothner, der inzwischen fließend spanisch und französisch sprach, in Deutschland beruflich wieder Fuß zu fassen, was ihm so recht nicht gelingen wollte. Bis Mitte der dreißiger Jahre wechselten sich mehrere Tätigkeiten ab, u.a. bei den Filmgesellschaften Deulig, Boehner sowie der Landeskulturfilm Karl Schneider. Von 1936 an verdiente sich der gebürtige Hamburger wieder als selbständiger Filmemacher seinen Lebensunterhalt, allerdings ebenfalls ohne großen Erfolg, denn Blothner war – ebenso wie Jutzi – bis kurz vor seinem Fernseh-Engagement arbeitslos und deshalb auf finanzielle Unterstützung der „Künstlerdank – Dr. Joseph-Goebbels-

Stiftung" angewiesen.[144] Dabei handelte es sich um eine Art Altersfonds für notleidende Schauspieler und Regisseure, den der filmvernarrte Propagandaminister anläßlich seines zehnjährigen Gauleiterjubliäums am 30. Oktober 1936 hatte einrichten lassen.[145] Um in den Genuß der finanziellen Zuwendungen zu kommen, mußten zwei Bedingungen erfüllt sein: Die Notlage mußte nachgewiesen werden, und wer sich keines guten politischen Leumunds erfreute, ging leer aus. Um so erstaunlicher war es, daß Blothner kassieren durfte. Denn auch während seiner zweieinhalbjährigen Tätigkeit als Filmregisseur und Schnittmeister beim Fernsehen mangelte es ihm offenbar an der rechten Einstellung zum Nationalsozialismus. Folgerichtig leitete das Propagandaministerium im Januar 1942 Ermittlungen gegen ihn ein, wobei man Blothner politische Passivität sowie seine Auslandskontakte vor 1933 zur Last legte.[146] Schließlich landete er wenige Monate später als Soldat bei der Wehrmacht.

Neben Blothner kam im März 1940 auch Kurt Tetzlaff in das neu eingerichtete Filmressort.[147] Sein bisheriges Amt als Leiter des Besetzungsbüros, das ihm aber in der Vergangenheit immer noch genügend Freiraum für die Mitarbeit an diversen Filmbeiträgen gelassen hatte, gab er an Rudolf Ehrecke ab, vormals Sachbearbeiter „Unterhaltungsmusik" der Produktion II. Mitte 1940 wechselte die Sekretärin Elisabeth Czternasty von der Unterhaltungs- in die Filmabteilung. Somit verfügte die „Gruppe Film" fortan mit Reisner und Blothner über eigene Regisseure und mit Tetzlaff über einen eigenen Aufnahmeleiter. Ihnen angeschlossen war, wie gesagt, die im Aufbau befindliche „Technische Betriebsstelle Fernsehen", deren Filmtrupp sich 1940 bereits aus zwei bis drei Kameraleuten, mehreren Beleuchtern und Tontechnikern zusammensetzte. Vor allem letzteres stellte Intendant Engler im Dezember 1940 gegenüber der Filmkammer besonders heraus.[148] Dieser Hinweis war vor allem gedacht als kritischer Seitenhieb auf die herrschende Kompetenzabgrenzung zwischen Programm und Technik. Beim derzeitigen Stand der Entwicklung – so meinte Engler – sei der Rundfunk durchaus in der Lage, die Kameramänner und Beleuchter der RFG im Deutschlandhaus durch eigene Mitarbeiter zu ersetzen.[149]

Nicht von ungefähr gliederte Engler bei seinem Amtsantritt die Abteilung Zeitgeschehen organisatorisch als Produktion I ein. „Das Fernsehen soll (...) seine Hauptaufgabe in der Aktualität sehen. Das, was heute draußen geschieht, soll dem Zuschauer gezeigt werden", formulierte Engler 1940 im *Jahrbuch des elektrischen Fernmeldewesens*.[150] Im Grunde genommen, so meinte er, sei es völlig gleichgültig, was das Fernsehen sende. Für die dramaturgischen Erfordernisse bleibe einzig und allein der Wert der heutigen Zeit bestimmend.[151] Davon war jedoch zunächst in den Programmen wenig zu spüren. Nur mit Mühe gelang es den Verantwortlichen im Herbst 1939, das Vorkriegsniveau einigermaßen aufrechtzuerhalten. Der „Hauptsachbearbeiter und Dramaturg" des Zeitdienstes, Gerhard Wahnrau, sah sich deshalb im Dezember gezwungen, einmal generell auf Probleme und Schwierigkeiten dieser Abteilung aufmerksam zu machen, nachdem sich zuvor Engler des öfteren über das Niveau der Sendungen mokiert hatte.

Gerhard Wahnrau führte aus, seine Tätigkeit unterscheide sich grundsätzlich von der in anderen Abteilungen, weil er beinahe jeden Beitrag von der Idee zur Sendung selbst erarbeiten und fertigstellen müsse. Gerade für die Recherche im Vorfeld, die bei Zeitdienst-Sendungen fast immer „ausser dem Hause" erledigt werden müsse, reiche die Zahl seiner Mitarbeiter bei weitem nicht aus. Er gab zu bedenken, daß ihm unmittelbar nach der Wiedereröffnung des Fernsehsenders zunächst kein einziger fest angestellter „Sachbearbeiter" zur Seite stand. In den Wochen danach habe sich zwar die personelle Situation geringfügig verbessert, die Probleme seien aber die gleichen geblieben:

> „Ich habe mir zwei Mitarbeiter [Hermann Tölle und Erdmann Helmut Treitschke, K.W.] herangeholt, die beide überhaupt erst einmal in die Fernseh-Arbeit eingeweiht werden mußten. Eine gründliche Einarbeitung dieser Mitarbeiter war aber nicht möglich, da die Fülle der auftretenden Arbeit eine systematische Schulung verhinderte. Während der Rundfunk fast immer die Möglichkeit hat, seine Reportagen an Ort und Stelle aufzunehmen, sind wir angehalten, fast ausnahmslos alle Zeitdienstsendungen im Atelier zu stellen. Deshalb müssten unsere Sachbearbeiter selbstverständlich gleichzeitig als Zeitdienst-Spielleiter ausgebildet werden. Da ja die vorbereitende Arbeit im Grunde genommen dem gleichkommt, was in der Abteilung Kunst und Unterhaltung die Proben sind, ist es für uns aber unmöglich, sowohl die Vorbereitung als auch die sendetechnische Durchführung eines Beitrages auszurichten. (...) Deshalb mußte dem Radioreporter immer noch ein großer Teil der Arbeit überlassen werden."[152]

Außerdem, so Wahnrau weiter, fehle es dem Zeitdienst nicht nur an Geld, sondern auch an einem eigenen Auto, was er als „eines der stärksten Hemmnisse" bezeichnete. Damit nicht genug: Absagen in letzter Minute oder Änderungswünsche der Gesprächspartner, die man – übrigens ohne Honorar – „geradezu vor die Kameras bitten muss", hätten in den ersten Kriegsmonaten noch zugenommen. Die von Engler geforderte Programmkonzeption, wenigstens mittelfristig, hielt Wahnrau zum jetzigen Zeitpunkt für nahezu unmöglich:

> „So kann es geschehen, dass plötzlich etwa eine Sendung, die für den Donnerstag einer Woche vorgesehen ist, abgesagt wird, da der Betreffende an dem Tag nicht kann, sondern erst einen Tag später. Also versucht man umzulegen, indem man eine Sendung des Freitags mit der des Donnerstags vertauscht. Schon kommt aber von dem für diese Sendung Geladenen die Nachricht, am Donnerstag könne er nicht, wenn schon umgelegt werden müsse, dann ginge es nur noch am Dienstag. So ergibt sich hier schon aus einem Beispiel, das keineswegs konstruiert ist, sondern ungezählte Male belegt werden kann, dass ein genaues Vorherdisponieren beim Zeitgeschehen nicht möglich ist."[153]

Infolge der genannten Schwierigkeiten sah Wahnrau in seinem Dezember-Papier wenig Aussicht auf Erfolg, daß der Zeitdienst unter Kriegsbedingungen – wie offenbar von Engler gefordert – annähernd im Sinne einer Tageszeitung („etwa des 12-Uhr-

Blattes") funktionieren könnte, womit er auch Recht behalten sollte. Engler gab sich zwar alle Mühe, fortan wenigstens die Minimalforderung seines Mitarbeiters zu erfüllen, nämlich den Zeitdienst inhaltlich „im Stile einer Wochenzeitschrift" zu führen. Aber erst mit der Hinwendung zur Verwundetenbetreuung 1941/42 erfuhr die Produktion I – zwangsläufig – eine straffere Organisation, weil die Soldaten in den Lazaretten harsche Kritik an den sich ständig wiederholenden Programmen äußerten. Als Reaktion darauf schrieb Engler Ende 1941 im *Reichsrundfunk*: „Es muß immer wieder mit Nachdruck betont werden, daß das Fernsehen mit dem Zeitgeschehen steht und fällt. (...) Ich habe deshalb im Laufe der vergangenen Monate größten Wert darauf gelegt, gerade das aktuelle Ereignis in den Mittelpunkt der Sendungen zu stellen."[154]

Deshalb verdoppelte er 1941 das Zeitdienst-Personal auf vier fest angestellte Redakteure, was Gerhard Wahnrau allerdings schon in seinem kritischen Memorandum vom Dezember 1939 gefordert hatte. Neu hinzu kam beispielsweise am 16. Februar 1941 der vormalige RFG-Mitarbeiter Sylvester Albert Szymanski,[155] der später – als letzter Verantwortlicher – die Leitung der aktuellen Abteilung übernehmen sollte. Gleichzeitig kündigte sich mit Georg Messmer als Sportredakteur ansatzweise eine Spezialisierung auf bestimmte Sachgebiete an. Damit war man von 1941 an in der Lage – ebenso wie die beiden anderen Abteilungen auch –, fast alle Sendungen von der Idee bis zur Inszenierung im Studio nicht mehr wie bislang hauptsächlich durch externe Mitarbeiter, sondern durch eigene Angestellte vorzubereiten.[156] An der Gepflogenheit, diese Programme von Radiomitarbeitern moderieren zu lassen, mußte man aber auch weiterhin festhalten. Eine Personalliste des Senders von 1943 belegt indes, daß der Zeitdienst auch unter schwersten Kriegsbedingungen weiter expandierte. Zu diesem Zeitpunkt waren nämlich mindestens acht Mitarbeiter für die aktuelle Abteilung tätig,[157] darunter Anton Küper, Kurt Vossen, Hermann Tölle sowie der von den Nazis abgesetzte Intendant des Ostmarkenrundfunks in Königsberg, Joseph Christean,[158] der schon unter Hans-Jürgen Nierentz als Freiberufler Unterschlupf beim Fernsehen gefunden hatte.

Während Engler im Herbst 1939 der Filmabteilung mehr Gewicht einräumte und sie deshalb als Produktion III organisatorisch vom Zeitdienst abtrennte, leitete er im gleichen Atemzug bei der Unterhaltung einen Konzentrationsprozeß ein. Es entstand die Produktion II „Kunst und Unterhaltung", zu deren Aufgaben fortan die Stoffsammlung und -bearbeitung für das Fernsehspiel, für Musik-, Varieté- und Tanzproduktionen gehörte, aber auch für jene Kinder- und Jugendbeiträge, die im Herbst 1939 verstärkt ins Programm genommen wurden. Dem entsprechend setzte er unter der späteren Leitung von Günter Stenzel jeweils einen Sachbearbeiter für die Bereiche Musik, Wort, Unterhaltungsmusik und Kindersendung ein, die freilich zum Teil noch andere Funktionen innerhalb des Programmdienstes wahrnahmen.[159] In Englers Fernsehkonzept hatte zwar die Unterhaltung und das Fernsehspiel durchaus ihren Platz. Aber schon kurz nach seinem Amtsantritt kündigte er gerade für letzteres Einschränkungen an und – wie noch zu zeigen sein wird – auch deutliche inhaltliche Veränderungen. Gleichzeitig betonte er die Bildung eines festen, aufeinander eingespielten Darsteller- und Künstlerstammes für die einzelnen Unterhaltungssparten. Dieses

Theaterprinzip war, wie bereits erwähnt, Anfang der dreißiger Jahre am Breslauer Sender, von dem Engler kam und an dessen Organisation er sich eng anlehnte,[160] für das Hörspiel beispielgebend verwirklich worden. Um effizient arbeiten zu können, begründete er Anfang 1940 sein Vorhaben, benötige der Fernsehsender unbedingt Künstler und Schauspieler, die ständig zur Verfügung stünden. Er habe deshalb für die künstlerische Arbeit ein festes Ensemble verpflichtet, das in Zukunft weiter ausgebaut werden solle.[161]

Nach dem *Bühnen-Jahrbuch* konnte das RRG-Fernsehen 1941 bereits auf eine rund achtzigköpfige Künstlergruppe für Fernsehspiel, Oper, Kleinkunst, Varieté und Tanz zurückgreifen.[162] Darunter befanden sich auch bekanntere, freilich allesamt nicht fest angestellte Schauspieler wie Ewald Wenck, Bruno Fritz oder Gertrud Eysoldt; aber auch Grete Weiser und Elisabeth Schwarzkopf tauchten gelegentlich in den Besetzungslisten auf. Das galt ebenso für das Orchester Emanuel Rambour oder für die beiden Revuestars Margot und Hedi Höpfner. Daß das Fernsehen während des Krieges für die Künstler ein zusätzlicher Schutz vor der Abkommandierung zur Front oder in die Rüstungsbetriebe bedeutete, verstand sich von selbst.[163] Für die musikalische Leitung im Sender zeichnete fast durchgehend Rio Gebhardt verantwortlich, dem wiederum ein fernseheigener Pianist zur Seite stand. In den Kriegsjahren nahm diese Aufgabe zunächst Maria Fugner wahr, die später durch Prudentia Olbrich ersetzt wurde.[164] Hingegen gab es so gut wie keine Angestellten mehr, die auch selbst vor der Kamera standen. Diese Praxis aus den Anfangsjahren hatte sich mit dem immer komplexer werdenden Betrieb überlebt.

Endgültig der Vergangenheit gehörten auch jene Zeiten an, als Nierentz mit seinen Darstellern und Mitwirkenden von Fall zu Fall unterschiedliche Gagen aushandelte. 1942 hatte sich nämlich ein differenziertes Vergütungssystem etabliert, allerdings mit – aus heutiger Sicht – merkwürdigen Abstufungen. Danach erhielt jedes „zivile" Orchestermitglied pro Auftritt ein bescheidenes Pauschalhonorar von 35 RM, aber nur wenn Probe und Sendung am selben Tag stattfanden. Mußte man hingegen zweimal erscheinen, so erhöhte sich die Pauschale automatisch auf 50 RM. Bei Militärmusikern wiederum betrug die Staffelung nur 12 bzw. 15 RM. Etwas anders lagen dagegen die Paritäten bei den dazugehörenden Orchesterleitern. Während sich der „zivile" Dirigent mit dem Dreifachen seiner Musiker zufriedengeben mußte, also wahlweise 105 oder 150 RM pro Sendung, durfte der Militärdirigent das Vierfache einstreichen. Hingegen entlohnte man Chöre und Gesangsgruppen mit einmalig 35 RM je Akteur – einschließlich Probe (Dirigenten das Dreifache). Bei den Solisten und Freiberuflern schließlich waren die finanziellen Grenzen etwas fließender. Die Radiomitarbeiter des Zeitdienstes erhielten für die Kommentierung von Filmbeiträgen, je nach Aufwand und den Tagessätzen der Reichsfilmkammer entsprechend, zwischen 20 bis 80 RM, für ein Interview im Studio 100 RM. Die Mitwirkenden von Fernsehspielen bekamen Honorare auf Verhandlungsbasis, wobei sich der Sender an den üblichen Theater- und Filmgagen orientierte, aber auch an den besonderen Gegebenheiten der televisuellen Live-Produktion: große Hitze, „Auswendiglernen einer Rolle", Dauer der jeweiligen Sendung, schauspielerische Leistung und „Schminkaufwand". Die Fernsehspiel-Proben „wurden durch eine

pauschale Abschlußzahlung abgegolten, die gleichzeitig den Charakter einer Treue-
prämie hat und allgemein 80 % des Honorars beträgt".[165] Die finanziellen Abfindungen
für komplette Ensembles, wie beispielsweise das der Berliner Scala oder des Kabaretts
der Komiker, beruhten auf dem „Grundsatz der Unkostenerstattung".[166]

6.5. Pfleglicher Umgang mit dem Vorhandenen
Der Studiobetrieb unter Kriegsbedingungen

Die Programmgestaltung des Rundfunks erforderte auch in den Kriegsjahren so umfangreiche künstlerische und technische Proben, daß es die Fernsehgesellschaft der Post
kurz nach ihrer Gründung für ratsam und geboten hielt, das Studiopersonal im
Deutschlandhaus in zwei Schichten oder Aufnahmetrupps einzuteilen, die jeweils den
beiden amtierenden technischen Aufnahmeleitern unterstellt waren. Nach 1939 wechselten auch in dieser Funktion die Verantwortlichen häufig. Als Aufnahmeleiter der
Technik fungierten etwa Martin Kippenhan, Kurt Müller-Lübeck,[167] Walter Heinrich,
Erich Klages und Willi Schmidt. Aus einem Probenplan vom 15. August 1941 geht hervor, daß die beiden autarken Teams, die intern als blaue und rote Schicht bezeichnet und
jeweils aus Kameramännern, Tontechnikern und Beleuchtern bestanden, zumeist im
täglichen Wechsel für die reibungslose Abwicklung des Aufnahmedienstes zu sorgen hatten.[168] Allerdings blieb diesen Mitarbeitern nur wenig Zeit, sich neben dem regulären
Sendebetrieb auch um die erforderlichen Vor- und Begleitarbeiten zu kümmern.
Deshalb kündigte die RFG schon im Dezember 1939 an, mit dem Technischen
Meßdienst eine zusätzliche Gruppe einzurichten, die sich zunächst aus fünf Technikern
zusammensetzen sollte und künftig im Deutschlandhaus für die „Erhaltung einer gleich-
mäßigen Bildgüte" verantwortlich war.[169]
     Ansonsten mußte sich die Fernsehgesellschaft mit der zusehens prekärer werdenden
räumlichen und materiellen Lage am Adolf-Hitler-Platz arrangieren, nachdem Wilhelm
Ohnesorge im Februar 1941 das Spandauer Fernsehprojekt endgültig auf die Zeit nach
dem „Endsieg" vertagt hatte.[170] Das hinderte jedoch Geschäftsführer Friedrich Stumpf
nicht daran, noch im Herbst 1941 eine mehrwöchige Dienstreise nach Mailand, Turin
und Rom anzutreten, um dort zusammen mit dem Direktor der Berliner Post-
baudirektion Eindrücke und Erfahrungen für die Planung der künftigen Fernsehstudios
zu sammeln.[171] Die Reichspost hatte freilich triftige Gründe, bei der Neubau-Frage
rechtzeitig die Weichen für die Zukunft zu stellen, denn das Deutschlandhaus sollte
direkt nach dem siegreichen Krieg abgerissen werden, um Platz zu schaffen für Er-
weiterungsbauten im Rahmen des NS-Projektes „Rundfunkstadt am Adolf-Hitler-
Platz".[172] Zu diesem Zweck erwarb die Reichs-Rundfunk-Gesellschaft 1941 auf
Goebbels' Anweisung eine Reihe von Gebäuden, darunter auch das Deutschlandhaus,
das unter Anrechnung einer Grundschuld zugunsten der Bayerischen Hypothekenbank
für 2,7 Millionen Mark „gekauft" wurde.[173] Gegen den eigentlichen Besitzer Heinrich
Mendelsohn, der Anfang der dreißiger Jahre nach London emigrieren mußte, strengte

Heydrichs Sicherheitsdienst (SD) ein Ausbürgerungsverfahren an.[174] Bei dem benachbarten Amerikahaus am Kaiserdamm 76 verfuhr man ähnlich.[175] Der Kaufvertrag zugunsten der RRG wurde am 17. Juli 1941 abgeschlossen, nachdem sich der „Reichskommissar für die Behandlung feindlichen Vermögens" mit der Veräußerung des die UKW-Sendeanlagen beherbergenden Gebäudes zu einem Preis von 1,5 Millionen Mark einverstanden erklärt hatte.[176]

Während somit der NS-Rundfunk in den ersten Kriegsjahren noch optimistisch in die Zukunft blickte und hochfliegende Pläne schmiedete, litt der Paul-Nipkow-Sender unter dem Provisorium im zum Abriß verurteilten Deutschlandhaus. Expansionsmöglichkeiten waren dort so gut wie nicht mehr vorhanden, zumal das sechsgeschossige Geschäftshaus spätestens nach 1939 aus allen Nähten platzte. Neben den beiden kriegswichtigen Firmen Deutsche Gasolin und Reichskraftsprit nahm die Staatlich genehmigte Gesellschaft zur Verwertung musikalischer Urheberrechte (Stagma) allein 55 Büroräume in Beschlag. Auf der verzweifelten Suche nach adäquaten Ausweichmöglichkeiten blieb dem Sender Ende 1941 nichts anderes übrig, als auf dem Gelände des gegenüberliegenden Amerikahauses für 18.000 Reichsmark eine etwa 200 qm große Holzbaracke zu errichten, die man zur Lagerung von Requisiten sowie für eine Tischlerwerkstatt dringend benötigte. Deren Aufbau, von Intendant Engler schon im Sommer vehement gefordert,[177] drohte noch bis zuletzt an der Zuteilung von Baumaterialien wie Holz und Eisen zu scheitern.[178]

Immerhin kam im Deutschlandhaus 1941 noch ein Studio III in Zimmergröße hinzu, das man fortan hauptsächlich für Ansagen und aktuelle Beiträge des expandierenden Zeitdienstes nutzte. Ebenso eine „Brausebadeanlage" für die hitzebeanspruchten Techniker der RFG, die überdies regelmäßig mit Vitamin- und Teetabletten versorgt wurden. Des weiteren richtete man im Erdgeschoß eine kleine Fernsehnische ein, damit Gäste und Mitwirkende die Sendungen laufend verfolgen konnten.[179] Größere bauliche Maßnahmen jedoch, wie etwa die völlige Umgestaltung des Filmgeberraumes, die von den Behörden wegen des leicht entflammbaren Filmmaterials zur Auflage gemacht worden war, konnte man aufgrund der restriktiven Kriegsbestimmungen nicht mehr realisieren.[180] Gemäß einer Verordnung vom 12. September 1939 durfte die Post ehedem nur noch solche Neubeschaffungen tätigen, die unmittelbar der Landesverteidigung dienten und zur Aufrechterhaltung des Sendedienstes – bei strengster Auslegung des Begriffes – dringend erforderlich waren.[181] So konnte man es nicht verhindern, daß der Vorrat an Einzelteilen und Ersatzröhren für Empfänger mehr und mehr zusammenschmolz. Als Konsequenz mußte Stumpf Anfang 1942 zwei Teilelager in der Nestorstraße sowie in der Lindenallee liquidieren. Gleichwohl legte die Fernsehgesellschaft mit der Erwirkung von Dringlichkeitsstufen bei der Beschaffungsfrage immer wieder Geschick, Spürsinn und Einfallsreichtum an den Tag.[182] Deshalb gelang es ihr 1941 auch, die technischen Einrichtungen am Adolf-Hitler-Platz mit der Hinwendung zur Truppenbetreuung noch zu erweitern. Als ein Jahr später durch die Abgabe von Tongeräten und -anlagen für den neuen Fernsehbetrieb in Paris in den Berliner Studios ein besorgniserregender Engpaß auftrat, konnte dieser durch die

Lieferung von zehn neuen Mikrofonen mit Verstärkern schnell wieder behoben werden.[183]

Mit Rücksicht auf die vielen ausländischen – und ungeschulten – Hilfskräfte, die man in den vierziger Jahren zwangsläufig bei der Technik einstellen mußte (vgl. Kap. 6.9.), ergriff man sogar eine Reihe von Vorkehrungen, die die Betriebssicherheit gewährleisten und unvermeidbare Ausfälle durch Störungen schnellstens überbrücken sollten. Sämtliche Studiogeräte der Zentraltechnik wurden deshalb trotz Materialverknappung doppelt erstellt und mit Vorrichtungen versehen, die es beim Ausfall einer Anlage ermöglichten, durch Umschalten das Reservegerät in Betrieb zu nehmen. Gleichzeitig war die pfleglichste Behandlung der wertvollen Technik oberstes Gebot im Fernsehstudio. Um zum Beispiel den Verschleiß der nicht mehr erhältlichen Kamerakabel herabzusetzen, wurden diese fest am Studioboden verankert.[184] Darüber hinaus tat die Post einiges, um die Kriegswichtigkeit des Senders zu unterstreichen: Im Rahmen des Stör- und Meßdienstes führte man SS-Aufträge durch (allein über 1000 Arbeitsstunden 1941/42) sowie nächtliche Sonderaktionen im Auftrag der Luftwaffe („Unternehmen Werneuchen"), für die die RFG im Mai 1941 immerhin zwanzig zusätzliche Techniker erhielt.[185] Während des Krieges stand der RFG-Geschäftsleitung sogar ein Auto ausschließlich für Wehrmachtsaufgaben zur Verfügung. Um effizienter arbeiten zu können, nahm die Fernsehgesellschaft 1942 eine Straffung und Vereinfachung ihrer Organisation vor, indem sie ihre bisher vier technischen Abteilungen zu einem Zivil- und einem wehrwirtschaftlichen Sektor bündelte.[186]

Was die beengte räumliche Situation anging, so sah es auf der Programmseite keinen Deut besser aus. Im Zuge der Expansion waren die auf verschiedene Etagen verteilten Büros im ebenfalls hoffnungslos überlasteten Funkhaus längst zu klein geworden. Frühe Pläne der Reichs-Rundfunk-Gesellschaft, wonach auch die Redaktionsräume der Programmseite ins Deutschlandhaus verlagert werden sollten, scheiterten offenbar am Widerstand der Stagma, die sich zu einem vom Rundfunk vorgeschlagenen Raumtausch nicht bereit erklärte.[187] Ein weiteres Provisorium kündigte sich deshalb an, als die Programmitarbeiter Ende 1941 von der Masurenallee in die Villenkolonie Grunewald, Erbacherstraße 1-3, umzogen. Das zuvor privat genutzte, direkt am Ufer des Halensees gelegene Gebäude war im Geschäftsjahr 1940/41 von der Reichs-Rundfunk-Gesellschaft für 25.000 Mark im Jahr gemietet worden;[188] es stand fortan ausschließlich dem Fernsehen zur Verfügung.[189] Hinweise über den Eigentümer, das genaue Umzugsdatum sowie über die näheren Umstände, die zur Auswahl der einstöckigen Villa führten, liegen allerdings nicht vor. Das Telefonverzeichnis des Nipkow-Senders vom Januar 1942 weist zum ersten Mal auf diese neue Adresse hin,[190] die sich bis Kriegsende auch nicht mehr ändern sollte.

6.6. Das Medium wird kriegswichtig
Die Sendungen aus dem Kuppelsaal

Die temporäre Zwangspause im September 1939 war ein deutlicher Fingerzeig an die Fernsehbeschäftigten gewesen, daß ihr Medium nur dann überleben konnte, wenn es von der Propagandaleitung als kriegswichtig eingestuft würde. Hätte sich damals Joseph Goebbels' ablehnende Haltung durchgesetzt, so wäre ein Großteil des Personals unweigerlich an die Front oder in eine der zahlreichen Rüstungsbetriebe abkommandiert worden. Da sich aber im folgenden der Krieg rasch ausbreitete und immer heftiger wurde, verstärkte sich zugleich auch die bange Frage, wie lange man noch beim Fernsehen weiterarbeiten konnte. Herbert Engler versuchte zwar nach dem Neustart, den Bereich Zeitgeschehen auszubauen, weil er glaubte, mit aktueller und nationalsozialistisch gefärbter Berichterstattung im allgemeinen Kriegsgeschehen mitschwimmen zu können. Allerdings – so war ihm bald klar – reichte dieser Schritt allein nicht aus zum Erhalt des Nipkow-Senders.

Auf der Suche nach existenzsichernden Inhalten wandte sich der kommissarisch Amtierende zunächst dem „Wunschkonzert für die Wehrmacht" zu, das er als neuen und propagandistisch besonders hochwertigen Programmpunkt im Fernsehen etablieren wollte. Diese populäre Radiosendung stand unter strengster Kontrolle von Propaganda und Wehrmacht und war offenbar so publikumswirksam, daß die Ufa unter demselben Titel und der Regie von Eduard von Borsody 1940 einen Film machte. Vom 1. Oktober 1939 an wurde das Wunschkonzert zunächst zweimal wöchentlich, später nur noch sonntags übertragen, live, aus dem Großen Sendesaal des Funkhauses oder der Philharmonie.[191] Zwar war von Engler der Termin für eine erste Wunschkonzert-Sendung im Fernsehen bereits angepeilt: Sonntag, den 28. Januar 1940. Doch es kam letztlich nicht dazu, weil offenbar die Präsenz des Senders bei dieser für Goebbels so wichtigen Veranstaltung nicht erwünscht war.[192]

Daß Engler gerade das Wunschkonzert als Chance für sein bedrohtes Medium ansah, war freilich kein Zufall, hatte doch der Leiter der Sendereihe, Heinz Goedecke, den Wert von verwundeten Soldaten zur Verdeutlichung seiner eigenen Wichtigkeit an der Heimatfront entdeckt. Diese Erkenntnis machte sich Engler zunutze, als er schließlich im Herbst 1940 die Truppenbetreuung durch Fernsehen „erfand". Dabei stand zwar eindeutig der Rundfunk Pate – obwohl man dies später niemals zugab; Engler jedoch führte seinen Einfall auf ein persönliches Erlebnis zurück. Rückblickend schrieb er im Juni 1941:

„Im Herbst vorigen Jahres [1940] kam ich plötzlich, als ich auf der Fahrt zum Dienst einem Lazarettzug begegnete, auf den Gedanken, man müßte den verwundeten Soldaten in den Krankenhäusern und Lazaretten ein wenig Abwechslung und damit Freude bieten, indem man ihnen das Fernsehen zugänglich macht."[193]

Wenige Tage nach seiner Beobachtung erzählte Engler im Haus des Produktions-
chefs Kurt Hinzmann von der plötzlichen Eingebung. Er sei erschüttert über das Elend,
das er an den Waggonfenstern gesehen habe. Die Soldaten würden für längere Zeit ans
Bett gefesselt sein oder stünden vor einer langwierigen Phase der Rekonvaleszenz, über-
legte Engler gegenüber Hinzmann und Bemeleit. Am Ende des feucht-fröhlichen
Abends in Berlin-Schlachtensee war die Verwundetenbetreuung durch Fernsehen abge-
machte Sache.[194] Daß das Oberkommando der Wehrmacht just zu diesem Zeitpunkt,
im November 1940, „Bestimmungen für Unabkömmlichstellung bei besonderem
Einsatz" herausbrachte, mag die Überlegungen forciert haben. Darin wurde nämlich
festgelegt, daß künftig nur solche Personen vom Wehrdienst freigestellt würden, die an
ihrem Arbeitsplatz „im Reichsverteidigungsinteresse nachweislich unentbehrlich und
unersetzlich"[195] waren. Diese begehrte Uk- oder Unabkömmlichstellung sollte in den
kommenden Monaten und Jahren zur eigentlichen Triebfeder eines gut funktionierenden Fernsehdienstes werden – trotz aller Streitigkeiten zwischen Rundfunk und Post
über die Kompetenzen.

Es bereitete indes für Engler keine größeren Probleme, bei den zivilen und militärischen Stellen die politische Zustimmung für das geplante Vorhaben zu erhalten. Die
Militärs hielten es zum damaligen Zeitpunkt ehedem für besser, die Stimmung der
Truppe mit traditionellen Mitteln wie Feldzeitungen, Rundfunk, Feldkinos oder Front-
theater auf der Höhe zu halten, was bedeutete, daß nicht „weltanschaulich ausgerichtet"
im Sinne von Alfred Rosenberg, sondern „geistig betreut" werden sollte.[196] In diesem
Zusammenhang ist auch die relativ problemlose Akzeptanz des Fernsehens als ein
Element der Truppenbetreuung zu sehen. Auf der Rundfunkseite war auch Adolf Raskin
von der Betreuungsidee sofort begeistert, wobei er allerdings – nach Angaben von Kurt
Hinzmann – die eigentlichen Motive der Fernsehleute nicht durchschaut haben soll.[197]

Diese begannen im Deutschlandhaus unverzüglich mit den Vorbereitungen.
Nachdem der Sender schon im Spätherbst 1940 eine „Spielgruppe Feldgrau" vorgestellt
hatte, startete man am zweiten Weihnachtsfeiertag 1940 mit einer neuen Reihe unter
dem Titel *Verwundete spielen für Verwundete* (ursprünglich war *Soldaten für Soldaten* vorgesehen), die bis Mitte März des folgenden Jahres sporadisch fortgesetzt wurde und zwischen 30 und 60 Minuten dauerte. Darin traten ausschließlich Künstler auf, „die den
grauen Rock trugen und entweder selbst schon verwundet gewesen und wieder geheilt
waren oder noch bei der Truppe dienten".[198] Das eigentlich Neue (und für den
Programmbetrieb auch Entscheidende) an dieser Art von Sendungen war jedoch, daß
eine kleine Anzahl Zuschauer aus den Lazaretten eingeladen wurden, die sich das
Programm im Fernsehstudio direkt ansehen konnten. Da das Studio kaum Platz bot,
waren es sicherlich nicht allzu viele. Aber – so schrieb Engler im Juni 1941 – „da es auch
‚Schüsse' in das Publikum gab, konnten die Kameraden in den Lazaretten wirklich feststellen, daß es sich nicht um Filme handelte, die ihnen da etwa vorgesetzt wurden, sondern daß die Künstler (...) tatsächlich da waren".[199]

Zu diesem Zeitpunkt war der Rundfunk allerdings schon um eine Nasenlänge voraus. Am Nachmittag des 23. Dezember 1940 gab es beispielsweise ein Konzert im

Kuppelsaal des Reichssportfeldes für Verwundete aus den Berliner Lazaretten, mit prominenten Künstlern von Radio, Bühne und Film. Die zweite Sendung, die das Fernsehen für den neuen Zuschauerkreis produzierte, sah deshalb schon etwas anders aus: Bei *Künstler spielen vor Verwundeten* (21. 1. 1941) griff man das Konzept des Rundfunks auf und holte sich nicht nur Soldaten, sondern auch populäre „Zivilisten" vor die Kameras im Studio.[200] Von nun an wechselten sich bis Mitte März 1941 die Bunten Programme aus dem Deutschlandhaus ab, indem neben den regulären Beiträgen mindestens einmal wöchentlich Künstler, Soldaten oder Verwundete für Verwundete spielten. Von den insgesamt zwölf Sendungen dieser Art, die der Sender im Frühjahr 1941 mit Studiopublikum produzierte, erreichten die letzten bereits eine Länge von 90 bis 120 Minuten.[201] Trotzdem hagelte es schon bald von verschiedenen Seiten Kritik am dargebotenen Niveau der Sendungen. Schuld daran – so rechtfertigte sich Stumpf im März 1941 gegenüber Ohnesorge – sei vor allem die räumliche Enge im Studio.[202] Doch zu diesem Zeitpunkt hatte man bereits einen akzeptablen Ausweg gefunden. Das aufwendige „Wunschkonzert für die Wehrmacht" vor Augen, bemühte sich Herbert Engler seit Jahresbeginn um einen größeren Veranstaltungsraum für seine öffentlichen Soldatensendungen. Daß er sich schließlich für den sogenannten Kuppelsaal im Haus des Deutschen Sports auf dem Reichssportfeld entschied, in dem 1936 die olympischen Box-Wettkämpfe ausgetragen wurden, geht wohl auf eine Anregung Kurt Hinzmanns zurück.[203]

Im übrigen war dieser hohe Raum als künftiges „Zweitstudio" des RRG-Fernsehens geradezu ideal: Die Zuschauer saßen in einem Halbrund wie in einem Amphitheater, und sie waren dadurch auf den Mittelpunkt der Bühne konzentriert. Außerdem brauchte man die Kameras und die Technik nur an das seit der Olympiade vorhandene Koaxialkabel anzuschließen. Nachdem der Saal vom Reichssportführer Hans von Tschammer und Osten für öffentliche Fernsehsendungen freigegeben wurde, begann die RFG fieberhaft mit der Installation von (zunächst sieben) Scheinwerfern und dem Umbau eines Nebenraumes für Regie und Technik. Über der etwa 20 qm großen Bühne brachte man eine Laufschiene mit drei Mikrophonen an, die seitlich und in der Höhe verstellt werden konnten. Ein viertes Mikrophon zur Wiedergabe von Zuschauerreaktionen, das aber ebenfalls im Bild nicht sichtbar sein durfte, wurde in der Mitte des Kuppelsaales aufgehängt.[204] Diese vorbereitenden Arbeiten waren schon Ende Februar abgeschlossen, so daß man Anfang März wahrscheinlich mit ersten Probeläufen begann, denn die Rundfunkpresse kündigte bereits für Mittwoch, den 3. März 1941, von 17.00 bis 18.30 Uhr *Übertragungen aus dem Kuppelsaal des Reichssportfeldes* an.

Als offizielles Datum für die erste Sendung aus einer extra für das Fernsehen hergerichteten Halle mit Publikum gilt jedoch der 14. März 1941, nachdem der Nipkow-Sender bis dahin bereits viermal probeweise vom Reichssportfeld übertragen hatte. An diesem späten Freitagnachmittag war es Reichsintendant Glasmeier persönlich, der in Anwesenheit des Ministerialdirigenten und Referenten für Truppenbetreuung im Propagandaministerium, Reichskulturwalter Hans Hinkel, die Sendungen aus dem Kuppelsaal offiziell eröffnete. Glasmeier wies in seiner kurzen Ansprache darauf hin, daß das Fernsehen zwar schon gut entwickelt sei. Auf die Möglichkeit, bei allen Ereignissen im Reich dabei zu sein, müsse man jedoch noch einige Jahre warten. Nach dem Krieg – so versprach der Reichsintendant – werde aber jeder deutsche Haushalt durch den Fernsehempfänger noch unmittelbarer mit der Welt verbunden sein als heute durch den Rundfunk. Hans Hinkel wiederum würdigte pflichtgemäß die Verdienste seines Ministers. Auf Veranlassung von Dr. Goebbels werde jetzt auch das Fernsehen den Soldaten zur Verfügung gestellt, sagte er vor etwa 1600 bis 1800 leichter Verwundeten, die von ihren Krankenschwestern begleitet wurden. Das anschließende Eröffnungs-programm aus einem unterhaltenden und ernsten Teil bestritt jene „Berliner Spiel-gemeinschaft", die Reichskulturwalter Hinkel zur Truppenbetreuung zusammengestellt hatte; für sie war es zugleich die 70. Soldatensendung seit Kriegsbeginn. Die Qualität der Beiträge garantierten illustre Namen: das „Ufa-Baby" Marika Rökk, Else Elster, Grete Weiser, Kirsten Heiberg, Franz Grothe sowie die Kapelle Otto Stenzel.[205]

Die Rundfunkpresse schrieb nach dem 14. März, das Fernsehen habe sich nun offi-ziell in die Reihe jener Institutionen eingereiht, die seit geraumer Zeit im Dienst der Truppenbetreuung stünden. Mit Blick auf die Verwundeten, die zu Gast waren, meinte beispielsweise der *Reichsrundfunk*: „Eine Stunde Frohsinn und Heiterkeit – die beste Medizin."[206] Auch für den Sender selbst war der Kuppelsaal zweifellos ein Glücksfall, denn eine Fortsetzung der Soldaten-Sendungen aus dem beengten Deutschlandhaus hätte ihm sicherlich nicht jene Bedeutung verschafft, die man bitter nötig hatte. Die Übertragungen aus dem Haus des Sports, in der Regel zwischen 60 und 90 Minuten lang, bildeten denn auch fortan eine der Hauptsendungen des RRG-Fernsehens, die in den ersten beiden Wochen zwei- bis dreimal, vom 18. April 1941 an jeweils freitags aus-gestrahlt wurden. Die Programmfolge war bunt gemischt und breit gestreut, von kurzen Wortbeiträgen, Spielszenen und Gedicht-Rezitationen unterbrochen. Dazwischen lag ein Potpourri aus Opern- und Operettenarien, Volksliedern und Chören, Märschen, Ouvertüren und Kammermusiksätzen.

Die ersten Produktionen dieser Sendereihe kündigte die Rundfunkpresse zunächst unter den bereits etablierten Titeln *Künstler spielen vor Verwundeten* oder *Soldaten spielen für Verwundete* an,[207] die allerdings schon bald einheitlich durch *Wir senden Frohsinn – wir spenden Freude* (31.3.1941) ersetzt wurden. Ende März 1943 schrieb der Fernseh-mitarbeiter Ive Becker rückblickend, während einer Hauptprobe im Kuppelsaal habe man sich spontan für diesen neuen, viel eingänglicheren Namen entschieden.[208] Becker, übrigens ein Schwager des Rundfunk-Referatsleiters Arthur Freudenberg, war für die programmliche Gestaltung dieser für das Kriegsfernsehen programmatischen Sendereihe verantwortlich. Zunächst zusammen mit Wolfgang Neusch, von Anfang 1943 an allein-verantwortlich, weil Neusch auf Veranlassung von Freudenberg den Sender verlassen mußte. Die Technik im Haus des Sports unterstand dem Leiter des RFG-Reportage-zuges, Hans Kölle.[209]

Die Fernsehleute gaben sich alle Mühe, die Reihe *Wir senden Frohsinn – wir spenden Freude* zum Prunkstück des Mediums zu machen. Das Programm vom Reichssportfeld wurde dabei mit drei Reportage-Kameras übertragen, davon war eine mit Teleobjektiv für Großaufnahmen ausgerüstet, die beiden anderen waren, auf Stativen fahrbar, im Parkett plaziert. Der Regieraum neben der Bühne ermöglichte den Wechsel zwischen den Kameras ebenso wie Überblendungen. Allerdings war die Bildführung während der Großübertragungen relativ statisch, weil man von vornherein vermeiden wollte, daß die Soldaten im Saal durch ständigen Ortswechsel der Aufnahmegeräte gestört wurden.[210] Von der Technik her bereitete anfangs vor allem die Raumakustik sowie die Ausleuchtung der großen Bühne Probleme. Nach Versuchen mit einer verbesserten Lichtanlage konnte zumindest letzteres im Laufe des Jahres 1941 einigermaßen behoben werden. Außerdem hatte die RFG zusätzliche Scheinwerfer in der Kuppel des Saales installiert, um die von Engler geforderten „Schüsse" in das Publikum richtig auszuleuchten. Hinzu kamen logistische Probleme, die unter Kriegsbedingungen gelöst werden mußten: Der An- und Abtransport von Requisiten und Ausstattungsstücken aus dem Deutschlandhaus, aber auch der Mitwirkenden, die oftmals nach einer Fernsehsendung wieder pünktlich auf der Bühne ihres Festengagements auftreten mußten. An manchen Freitagen waren bis zu 200 Solisten, Akrobaten oder Sportler beteiligt, darunter Musiker von drei verschiedenen Orchestern. Die einzige Hauptprobe, die das Fernsehen abhalten konnte, beschränkte sich im wesentlichen auf Fragen der Sendedauer, der Bühnenaufteilung sowie der richtigen Plazierung der Musikgruppen. Inhaltliche Belange traten dagegen mehr in den Hintergrund, weil die Darsteller ehedem vorgegebene Ausschnitte aus ihrem aktuellen Repertoire vorstellten.

Die einzelnen „Nummern", manchmal bis zu 35 verschiedene während einer Sendung, wurden im Wechsel von Schauspielern angesagt, darunter Rudolf Zurth, Elga Brink, Helga Marold, Annemarie Korff, aber auch Freifrau Spies von Büllesheim. Zurth gab zuweilen auch humoristische Vorträge als Unteroffizier vom Dienst zum besten; bei seinem Weggang im Februar 1943 bescheinigte ihm Engler: „Die von ihnen verfaßten Ansagen haben den Beifall des Publikums und unsere Zufriedenheit stets gefunden. Wenn Sie in Sketschen [sic!] vor unserer Kamera standen, war der Dank lachender Soldaten für Sie eine Gewissheit."[211] Mitte 1941 schrieb der Intendant, inzwischen hätten 20 Fernsehsendungen, darunter auch diverse Sportveranstaltungen, aus dem Kuppelsaal stattgefunden, wobei 32.000 Soldaten zu Gast gewesen wären.[212] Die 50. Sendung am 12. Dezember 1941 feierte man mit einem dreistündigen Jubiläumsprogramm, das von einem großen künstlerischen Aufgebot gestaltet wurde: Heinrich George, Ilse Werner, Evelyn Künnecke, Hans Brausewetter, Eduard Kandl vom Deutschen Opernhaus, Gisela Schlüter und viele andere mehr; die musikalische Leitung lag in den Händen von Egon Kaiser. Intendant Engler, von Anne-Marie Kunze, der Pressereferentin des Fernsehsenders, als „Vater der Kuppelsaal-Sendungen"[213] gefeiert, sprach ebenso einleitende Begrüßungsworte wie Reichskulturwalter Hans Hinkel.

Knapp sechs Monate später, am 4. Juni 1942, lief die 75. Sendung. Trotz kriegsbedingter Engpässe gehörte *Wir senden Frohsinn – wir spenden Freude* nach wie vor zu den beliebtesten und aufwendigsten Produktionen des RRG-Fernsehen. In Anwesenheit von Wolfgang Diewerge, dem Rundfunkleiter im Propagandaministerium, und des ungarischen Postministers[214] boten beispielsweise Theo Lingen, Victor de Kowa, Grete Weiser und Rudolf Platte eine „Kurzszene über die Höflichkeit".[215] Für die künstlerische Umrahmung sorgten dieses Mal ein Streichorchester der Waffen-SS unter Leitung von Obersturmführer Franz Schmidt, ein Matrosenchor der Kriegsmarine sowie das Ballett der Staatsoper Berlin.[216] Tags zuvor war einem Lazarett mit spanischen Kriegsfreiwilligen ein Fernsehapparat gespendet worden.

Nachdem zu Beginn des Jahres die 100. Sendung ausgestrahlt worden war, feierte man am 12. März 1943 *Zwei Jahre Kuppelsaal-Übertragungen*. Zu diesem Zeitpunkt waren die Darbietungen offenbar immer noch recht aufwendig, denn die Musikgruppen, Tänzer, Akrobaten und Sportler nutzten nun auch den Platz vor der Rampe für ihre Auftritte. In ihrem Geschäftsbericht schrieb die RFG zum 31. März 1943, man habe in den vergangenen zwölf Monaten 49 Großsendungen, zwei Weihnachtsspiele sowie acht Zeitdienst- und Sportbeiträge im Haus des Sports produziert.[217] Nach diesem Datum verliert sich allerdings im Schrifttum die Spur, bis zu welchem Zeitpunkt genau die Veranstaltungen durchgeführt wurden. Es gilt jedoch als sicher, daß die Reihe *Wir senden Frohsinn – wir spenden Freude* bis Sommer 1944 weiterlief.

Die Verwundetenbetreuung gab zwar letztlich nicht den Ausschlag, war aber dennoch ein gewichtiges Argument dafür, daß das Propagandaministerium auch seinen zweiten Versuch, den Nipkow-Sender stillzulegen, nicht verwirklichte. Anfang Mai 1942 einigten sich nämlich die Verhandlungspartner von Post und Rundfunk generell darauf, das Fernsehen trotz aller Streitigkeiten sowie materieller und personeller Engpässe während der Kriegszeit aufrechtzuerhalten, da seine Bedeutung für die Truppenbetreuung inzwischen erwiesen sei.[218] Damit zog man den Schlußstrich unter eine neuerliche Debatte über den Fortbestand des Mediums, die angesichts der Wende zum „totalen Krieg" im Frühjahr 1942 auch einige Reichssender erfaßte. Im Laufe des Sommers, so sahen es die Pläne der Propaganda vor, sollten in einer „Stillegungsaktion" vier der dreizehn noch bestehenden Reichssender (Köln, Leipzig, Saarbrücken und Stuttgart) überhaupt nicht mehr an der Programmgestaltung beteiligt werden. Damit glaubte man, etwa 300 Angestellte einsparen zu können, größtenteils Musiker, die zwar nicht an die Front, aber in die Rüstungsbetriebe gesteckt werden sollten.[219]

In diesem Zusammenhang gab es ernsthafte Überlegungen, auch den Programmbetrieb am Adolf-Hitler-Platz stillzulegen, obgleich von vornherein erhebliche Zweifel an der Durchführbarkeit des Vorhabens bestanden. Dessen geistige Urheber – Intendant Ernst Apitzsch sowie Oberregierungsrat Hans Schaudinn von der Rundfunkabteilung[220] – mußten Ende April 1942 in ihrem Bericht an Goebbels einräumen, daß es sich dabei zweifellos um eine einschneidende Maßnahme handele, denn der Fernsehsender versorge bereits rund 1200 verwundete Soldaten in Berliner Lazaretten. Außerdem – so befürchteten sie – werde die Post einer Stillegung auf keinen Fall ohne weiteres zustimmen, zumal diese erst vor wenigen Tagen in Verhandlungen mit französischen Stellen über einen Pariser Fernsehbetrieb getreten sei. Außerdem müsse man damit rechnen, daß die Fernsehgesellschaft auch nach der Schließung des zivilen Programmdienstes nicht aufgelöst werde, weil sie seit September 1939 vom Luftfahrtministerium ständig mit kriegswichtigen Aufgaben betraut werde. Falls man aber trotz allem auf einer Stillegung beharre, rieten Apitzsch und Schaudinn ihrem Minister,

> „müsste schärfstens darauf geachtet werden, dass nicht von Seiten der Reichspost durch irgendwelche Massnahmen etwa ohne unser Wissen im stillen der Fernseh-betrieb weitergeführt wird, und wir nach dem Kriege bei der Wiederaufnahme des Fernsehens vor vollendete Tatsachen gestellt werden und dadurch schwere Nachteile für unser Haus entstehen."[221]

Versehen mit dem warnenden Zusatz am Schluß, gingen die Vorschläge der Rund-funkabteilung anschließend an Goebbels, der die gravierenden Rationalisierungs-maßnahmen abzuzeichnen hatte. Was die Einsparung der rund 300 Mitarbeiter an den stillzulegenden Reichssendern anbelangte, so stimmte der Propagandaminister ohne Bedenken zu.[222] Beim Fernsehen allerdings leistete er die notwendige Unterschrift nicht. Statt dessen erhielt am 12. Mai der Leiter der Rundfunkabteilung, Hans Fritzsche, fol-gende Anweisung aus dem Ministerbüro, die kurz und bündig bestimmte: „Der Fernsehsender soll (...) bestehen bleiben."[223] Folgt man indes den Zeitzeugen, so war es hauptsächlich Englers Kehrtwende zur Truppenbetreuung zu verdanken, daß das Fern-sehen nahezu ungeschmälert fortbestehen konnte,[224] zumal in einer Phase, wo große Teile des Rundfunks längst unter erheblichen Sparmaßnahmen zu leiden hatten. Ob jedoch dieser Aspekt den alles entscheidenden Ausschlag für Goebbels überraschende Entscheidung gegeben hat, muß bezweifelt werden. Viel schwerer mag für ihn die alte Befürchtung gewogen haben, das Fernsehen könne nach dem Krieg seinem Einfluß ent-zogen werden, falls sich die Post einmal mehr den Plänen der Propaganda widersetze. Auch im September 1939 waren es schließlich solche Ängste gewesen, die Goebbels zum Weitermachen veranlaßten. Daß der Propagandaminister mit seinen Ahnungen durch-aus richtig lag, bestätigte die Fernsehgesellschaft am 1. Mai 1942 auf eindrucksvolle Weise. Angesichts der bedrohlichen Lage hatte man sich nämlich kurzfristig entschlos-sen, die Gesellschafterversammlung einzuberufen. Einziger Punkt der Tagesordnung: Beschlußfassung über das Fortbestehen der RFG. Friedrich Stumpfs Antrag, trotz ge-planter Stillegungsaktion so weiterzumachen wie bisher, wurde einstimmig angenom-men.[225]

6.7. Systematische Versuche
Der Reportagebetrieb im Aufbau

Neben der Großbildwiedergabe und dem Sendedienst im Studio bildete ein Reportage-betrieb für das direkte Fernsehen die dritte Säule im Aufgabenkatalog der Reichspost-Fernsehgesellschaft. Als Friedrich Stumpf 1939/40 entsprechende Versuche für den Aufbau seiner T II-Abteilung anordnete, konnte er mit einem Reportagewagen für je zwei vollständige Kamerazüge relativ großzügig disponieren, weil mit Ausbruch des

Krieges ein lukratives Auslandsgeschäft platzte. Jener Reportagewagen nämlich – samt dazugehörenden Kameras, Bild- und Tonmischpults – war ursprünglich von der Forschungsanstalt für Fernseh-Übertragungen der XII. Olympischen Spiele konzipiert worden, die 1940 im finnischen Helsinki stattfinden sollten. Bereits Ende 1938 hatte der geschäftstüchtige Reichspostminister über das Auswärtige Amt der finnischen Regierung vorgeschlagen, deutsche Fernsehtechnik bei den bevorstehenden Sommerspielen einzusetzen. Unter der Bedingung, daß allein Ohnesorges Behörde die technische Leitung der Sendungen übernehmen sollte, kam es im Mai 1939 zwischen Stumpf und finnischen Offiziellen zu ersten Vertragsgesprächen. Wenig später formulierte der Postminister gegenüber Goebbels seine eigentlichen Absichten, die er mit dem Helsinki-Geschäft verfolgte:

„Einmal eine wirksame Propaganda für Deutschland, daneben hoffe ich aber auch, der deutschen Fernsehindustrie neue devisenbringende Absatzmärkte zu erschließen und gleichzeitig das deutsche 441-Zeilen-System führend durchzusetzen gegen englische und amerikanische Konkurrenz."[226]

Ähnlich argumentierte Ohnesorge Ende 1938, als er Goebbels mit einer posteigenen „Fernseh-Wanderschau" durch Südamerika konfrontierte, die später in Buenos Aires (wo parallel dazu die Tagung des Weltpostvereins stattfand), Rio de Janeiro, Santiago de Chile und in Lima Station machte.[227] Der Propagandachef verfolgte freilich solche Aktivitäten der Post im Ausland mit wachsender Sorge. Er argumentierte, die „Propagierung des Fernsehens" sei laut zweitem Hitler-Erlaß allein Sache seines Hauses,[228] und er forderte deshalb bei weiteren Projekten – mindestens – eine Beteiligung der Reichs-Rundfunk-Gesellschaft.[229] Im Gegenzug konterte Ohnesorge, der zweite Erlaß gelte nur in den Grenzen des Großdeutschen Reiches, nicht aber im Ausland.[230] Damit waren schon Mitte 1939 die Argumente für einen neuerlichen Konflikt zwischen den beiden Kontrahenten ausgetauscht, ein Disput, der während des Krieges noch eskalierte, als die Post ihre Fernseh-Fühler auf besetzte Gebiete wie Frankreich ausstreckte.

Als indes abzusehen war, daß Hitlers Angriffskrieg der Olympiade in Helsinki einen dicken Strich durch die Rechnung machen würde, entschloß sich Ohnesorge in weiser Voraussicht, die zuvor erteilten Aufträge über die Produktion der Reportagegeräte nicht zu stornieren. Deshalb standen der RFG 1940 etwa zwölf vollständige Kameras mit Bildkontroll- und Speisegeräten[231] zur Verfügung, die im folgenden – größtenteils – als stationäre Studioanlagen den Berliner und Pariser Betrieb entlasteten. Jede einzelne Aufnahmezelle bestand dabei aus einem dreiteiligen Koffersystem, das die Fernseh AG 1939 nach dem Muster jener Geräte baute, die sie im Jahr zuvor an die italienische EIAR geliefert hatte. Kurz vor der Berliner Rundfunkschau fertiggestellt, kam die neue Reportageeinheit erstmals unter dem Funkturm zum Einsatz. In den noch verbleibenden Monaten des Jahres 1939 folgten nur noch zwei Live-Versuche außerhalb des Studios: im Berliner Sportpalast anläßlich des verqualmten Boxkampfes Heuser-Preciso

(11. 8. 1939) sowie im Olympiastadion, wo man – fast genau drei Jahre nach der Premiere – zum zweitenmal ein Fußball-Länderspiel übertrug (26. 11. 1939). Die von Alfred Braun kommentierte Begegnung Deutschland gegen den amtierenden Weltmeister Italien – Endstand 5:2 – fand zwar wieder bei trübem und regnerischem November-Wetter statt. Trotzdem gelang die Live-Übertragung mit den zwei verbesserten, viel lichtempfindlicheren Kameras, wie Kurt Wagenführ im *Neuen Funk-Boten* rapportierte.[232]

Weniger erfolgreich verliefen hingegen weitere Versuche aus geschlossenen Räumen, zumal wenn sie bei widrigen Verhältnissen durchgeführt werden mußten. Während der Box-Beitrag im August zwar unter schlechter Sicht litt, aber unverzagt gesendet wurde, war der zweite Probelauf aus Joseph Goebbels' Sportpalast eine reine Trockenübung. Als dort Anfang 1940 eine Eissportveranstaltung auf dem Programm stand, nutzte der Reportagebetrieb ein Eishockeyspiel sowie das Training der Eiskunstläufer (17. 1. 1940), um – ohne Publikum – erste Erkenntnisse über die richtige Beleuchtung außerhalb des Deutschlandhauses zu gewinnen. Die Aufnahmen entpuppten sich jedoch als glatter Reinfall, weil die Fernsehbilder infolge der starken Reflexe des Eises bis zur Unkenntlichkeit kontrastlos wurden. Noch im selben Monat, am 28. Januar, führte die Abteilung T II Stell- und Lichtproben im Rundfunkhaus durch, mit der Absicht, das später gekippte „Wunschkonzert der Wehrmacht" zu übertragen.[233]

Aus technischen, politischen, aber auch aus personellen Gründen wandte man sich deshalb wieder stärker den weniger aufwendigen Außenübertragungen, und insbesondere dem Fußball, zu. Beflügelt vom Erfolg des November-Länderspieles, kam es im Laufe des Jahres 1940 zu mindestens drei weiteren Live-Übertragungen. Erinnert sei an die Begegnung Deutschland-Ungarn am 7. April, an das Endspiel um den Tschammer-Pokal zwischen dem 1. FC Nürnberg und dem Dresdner Sport-Club (28. 4. 1940), und an die Entscheidung um die deutsche Fußballmeisterschaft zwischen dem Dresdner Sport-Club und dem FC Schalke 04 am 21. Juli 1940. Parallel hierzu nahm die Fernsehgesellschaft im Frühsommer jene Versuche vom Berliner Ausstellungsgelände (und vom Reichssportfeld) wieder auf, die sie im Jahr zuvor nach wenigen Tagen hatte abbrechen müssen. Am 20. Mai 1940 begann deshalb der Reportagebetrieb mit annähernd täglichen Freiluftübertragungen, die aber zunächst nicht in der regulären Abendschiene, sondern – wie Stumpf es ausdrückte – „im Rahmen des Vorprogramms"[234] versuchsweise gesendet wurden, womit er wohl die Industriesendungen meinte, die die Technik offenbar auch weiterhin organisierte. Erst vom 7. Juli 1940 an leiteten die 30minütigen *Übertragungen aus dem Freigelände* das Abendprogramm ein. Diese Versuche über Monate hinweg sollten hauptsächlich „ein sendegerechtes Einspiel zwischen Studio und Reportagetechnik bezwecken".[235] Da es nämlich technisch noch nicht möglich war, Außensendungen übergangslos in das Studioprogramm einzublenden, mußte im Deutschlandhaus vom eigenen Programm auf Reportage (oder umgekehrt) jeweils umgeschaltet werden. Um diesen komplizierten Vorgang besser in den Griff zu bekommen, erarbeite Friedrich Stumpf im Mai 1940 eigens eine überaus detaillierte Betriebsanweisung, die zwar speziell auf die einsetzenden Freiluftversuche zugeschnitten war, im Prinzip aber für sämtliche künftigen Sendungen galt, die außerhalb des Deutschlandhauses produziert wurden (also auch und vor allem für Übertragungen aus dem Kuppelsaal).

In den Sommermonaten, bis etwa Mitte September 1940, hatte man somit ausführlichst Gelegenheit, das vertrackte Umschalt-Prozedere sowie die Reportagetechnik insgesamt besser in den Griff zu bekommen. Die T II-Abteilung übertrug deshalb Aufnahmen vom Reitsportgelände südwestlich des Olympiastadions, weil von dort ein besonders langes Kabel zum nächsten Einspeisepunkt am Marathontor benötigt wurde. Bei Schwimmveranstaltungen testete man die Wirkung von Scheinwerfern auf die reflektierende Wasseroberfläche. Im Funkturmgarten wiederum übten sich die Techniker an Gymnastikvorführungen von Kindern. Während Stumpf gegen Ende der Testphase einen ersten Definitionsversuch der Fernsehreportage wagte,[236] teilte Kurt Wemheuer, der technische Abteilungsleiter des Reportagezuges, am 17. September 1940 Stumpf die Quintessenz seiner gewonnenen Erfahrungen mit. Die meiste Zeit der Übertragungen, so Wemheuers ernüchternde Bilanz, habe man mit der Beseitigung von Fehlern und Pannen verbracht, die in Zusammenarbeit mit dem Störungstrupp T III erfolgte. Den bisherigen Betrieb konnte Wemheuer nur deshalb aufrechterhalten, weil ihm Beleuchter und Scheinwerfer aus dem Deutschlandhaus zur Verfügung standen. Die mit der kälteren Jahreszeit einhergehende „Verlagerung des Reportagedienstes in geschlossene Räume" erfordere jedoch zusätzliche Beleuchter und mache deshalb schon jetzt eine grundsätzliche Neuplanung notwendig. Entweder, so Wemheuers Vorschlag, müsse in Zukunft die Zahl der T II-Mitarbeiter erhöht oder das Studio- und Reportageprogramm so aufeinander abgestimmt werden, daß genügend Beleuchter von T I abgezogen werden könnten. Erst dann sei man in der Lage, kontinuierlich etwa zwei bis drei Reportagen wöchentlich zu übertragen, auch wenn es sich dabei um „Sendungen von unterschiedlichen Orten" handele.[237]

Zu den von Kurt Wemheuer geforderten Neueinstellungen bzw. Umschichtungen aus den anderen Abteilungen kam es jedoch nicht mehr. Die Zahl der T II-Mitarbeiter erhöhte sich im folgenden nur noch unwesentlich, und zwar von 11 im Frühjahr 1940 auf 14 im Frühjahr 1942, um dann anschließend wieder auf ein niedrigeres Niveau abzusinken.[238] Deshalb mußte der Reportagedienst notgedrungen auf zusätzliches Personal aus dem Deutschlandhaus zurückgreifen, das entweder für einen ganzen Sendetag abgestellt wurde, oder zwischen den Proben und dem Abendprogramm pendelte. Die Aktivitäten des Reportagetrupps beschränkten sich Ende 1940 ehedem auf eine einzige Fernseh-Demonstrationen während einer Weihnachtsfeier für Soldatenkinder, mit dem *Jud Süß*-Darsteller Albert Florath als Nikolaus.[239] Da an dem Veranstaltungsort die notwendige Kabelverbindung zum Studio nicht vorhanden war, wurden die Aufnahmen lediglich im Saal auf einem Großbildschirm gezeigt. Auch fortan gehörte es zu den Aufgaben des Reportagetrupps der RFG, bei propagandistischen Anlässen, etwa zugunsten des Winterhilfswerks, Aufnahmen zu organisieren und diese – falls eine Einspeisung ins reguläre Programm nicht möglich war – den Anwesenden im Kurzschlußbetrieb vorzuführen. Zwar verfügte der Nipkow-Sender spätestens 1942 in fast allen Teilen Berlins über ständige Kabelstellen für Fernseh-Übertragungen. Die Post konnte jedoch die wie üblich exklusiven Sonderwünsche Ernst Augustins nur noch in Teilen erfüllen, der im Juni 1939 an folgenden Berliner Standorten feste Einspeisepunkte gefordert hatte:[240]

Ort:	für Veranstaltung:
Reichskanzlei (gegenüber)	Führerhuldigungen
Ehrenmal Unter den Linden	Kranzniederlegungen, Paraden
Technische Hochschule	Paraden
Lustgarten	1. Mai
Schloß Bellevue	Staatsbesuche (Gästehaus)
Lehrter Bahnhof	Staatsbesuche (Ankunft)
Reichstag	Reichstagssitzung
Flughafen Tempelhof	Diverses, Ankunft Führer
Olympiastadion	Sportveranstaltungen
Rot-Weiß-Plätze	Tennis

Um in naher Zukunft von den politischen Brennpunkten der Spreestadt auch ohne Kabelanschluß Bilder übertragen zu können, entwickelte die RFG einen sogenannten Fernseh-Zwischensender, mit dessen Hilfe Reportagen drahtlos über eine Entfernung von maximal zwölf Kilometern zum Berliner Funkturm gesendet und von dort per Kabel zum Deutschlandhaus weitergeleitet werden konnten; am 23. Juli 1941 begann die Abteilung II mit ersten Versuchen auf der Siegessäule.[241]

Während der Reportagetrupp bis 1940 im wesentlichen technisch-organisatorische Vorarbeiten durchführte und einige Fußballspiele übertrug, wurde er im Jahr darauf in stärkerem Maße wie bisher in das reguläre Fernsehprogramm eingebunden. Im März übernahm er mit Unterstützung aus dem Deutschlandhaus die technische Abwicklung der Kuppelsaal-Sendungen; in den darauffolgenden Sommermonaten Juli und August kamen als weitere Programmneuheit des Fernsehens regelmäßige Außenübertragungen vom Funkturmgelände hinzu. Dabei handelte es sich um die Übernahme der Veranstaltungsreihe „Sport am Funkturm", die erstmals zur Rundfunkschau 1939 unter dem Motto „Sport und Mikrophon" von der Rundfunkkammer (in Zusammenarbeit mit dem Reichsbund für Leibesübungen) organisiert und 1941 im Rahmen der Truppenbetreuung wieder aufgenommen wurde. Unter Mitwirkung der Wehrmacht, der SS, der Ordnungspolizei, der NS-Gemeinschaft „Kraft durch Freude" und anderen Organisationen richtete die Deutsche Rundfunkarbeitsgemeinschaft auf dem Messegelände ein Sport- und Gymnastikprogramm aus – vorrangig gedacht für Soldaten, Verwundete und Rüstungsarbeiter, aber auch für Besucher aus dem gesamten Reich. Die anfallenden Kosten trug im wesentlichen die Stadt Berlin.

Für das Fernsehen waren die neuen Außenübertragungen gleich in mehrfacher Hinsicht von Vorteil, und sie erfüllten eine ähnliche Funktion wie die Kuppelsaal-

Sendungen: Zum einen konnten die Programme praktisch zum Nulltarif übernommen werden, denn der inhaltliche, personelle und materielle Aufwand war für den Sender minimal. Andererseits bedeuteten sie eine weitere Entlastung der engen Fernsehstudios in den Sommermonaten, gleichzeitig aber auch eine Bereicherung des Programms in der Phase zwischen Sommer- und Winterspielzeit. Nach Angaben von Herbert Engler strahlte man die Funkturmgarten-Sendungen von Juli bis August 1941 immer dienstags aus,[242] wobei die Programmverantwortlichen mit Bedacht „die größeren sportlichen Ereignisse, besonders im Rahmen der erweiterten Truppenbetreuung"[243] auswählte. Das Freitags-Programm aus dem Kuppelsaal bestand in dieser Zeit aus reiner Unterhaltung.

Im Sommer 1942 nahm das Engagement des Fernsehens auf dem Ausstellungsgelände weiter zu, was schon allein durch das neue Motto der Veranstaltungsreihe dokumentiert wurde, das nun „Sport, Rundfunk und Fernsehrundfunk am Funkturm" lautete. Die zumeist sportlichen Darbietungen, gelegentlich angereichert durch „Tanzspiele" der Medau-Schule oder Vorführungen der KdF-Festspielgruppe, fanden durchgehend vom 16. Mai bis 31. August 1942 statt; während der 109 Tage wurden sie von insgesamt 40.000 verwundeten Soldaten besucht.[244] Der Fernsehsender übertrug beispielsweise eine Veranstaltung des Sportvereins der Luftwaffe mit 400 Teilnehmern (31. 5. 1942), eine Tanzvorführung (2. 6. 1942) sowie Boxkämpfe am 23. Juni und 29. Juli.[245] Am 26. Juli nutzte man ein Gastspiel des Zirkus Sarrasani für Fernsehaufnahmen.[246] Darüber hieß es später im *Rundfunk-Archiv*: „Wiederum waren Tausende von Soldaten als Zuschauer erschienen. Fernsehrundfunk und Rundfunk konnten – vor allem bildmäßig – hervorragende Reportagen bringen."[247]

Dadurch ermutigt, beauftragte das Amt für Truppenbetreuung im RMVP die Rundfunkarbeitsgemeinschaft, auch im Winter 1942/43 nach gleichem Muster Großprogramme für Soldaten aufzuziehen. Diese sollten in Abständen von zwei Wochen in der Berliner Deutschlandhalle über die Bühne gehen. Die erste derartige Sportveranstaltung fand am 6. Oktober 1942 vor rund 15.000 Soldaten und Verwundeten statt.[248] Ob allerdings auch das Fernsehen mit seinen Kameras wieder dabei war, läßt sich leider nicht mehr feststellen. Technisch wäre es aber durchaus möglich gewesen, denn es bestand eine Kabelverbindung zur Deutschlandhalle. Hingegen wurde die Sommer-Veranstaltungsreihe am Funkturm im vierten Kriegsjahr aufgrund der sich zuspitzenden Lage nicht wieder aufgenommen. Bei dem – freilich vergeblichen – Versuch vom September 1943, das Propagandaministerium vom ideologischen Nutzen der Funkturm-Reihe zu überzeugen, berief sich der Leiter der Arbeitsgemeinschaft, Heinz Pridat-Guzatis, auch auf das Fernsehen, das seinen Angaben zufolge seit 1941 regelmäßig vom Ausstellungsgelände berichtet habe.[249]

Je mehr indes der Krieg auf Deutschland übergriff, um so mehr Sportveranstaltungen fielen ihm zum Opfer. Zwar blieb auch in den vierziger Jahren Fußball Volkssport Nummer eins, doch spätestens 1942 beschränkten sich die Gegner der Fußball-Länderspiele auf besetzte oder verbündete Staaten sowie auf einige umliegende neutrale Länder.[250] Der Reportagedienst der Fernsehgesellschaft übertrug 1942 immerhin noch zwei Länderspiele am 12. April und am 20. September, sowie die Entscheidungen um die Deutsche Kriegsmeisterschaft (5.7.1942) und um den Tschammer-Pokal (15.11.1942).[251] Auch hier wie bei den vorhergegangenen Sendungen war das Muster für spätere Fußball-Übertragungen bereits vorgegeben. So gehörte es zu den festen Regeln der Bildführung, das Spiel immer nur von einer Seite aufzunehmen, um nach der Halbzeit die Zuschauer vor der Mattscheibe nicht unnötig zu verwirren. 1943 waren es gerade die wenigen Fußballspiele im Berliner Olympiastadion, die zu den aktuellsten Beiträgen des Fernsehsenders gehörten. Anläßlich der Sendung des Endspiels um die Deutsche Kriegsmeisterschaft am Sonntagnachmittag des 27. Juni lobte der *Welt-Rundfunk* die bewegliche Bildführung, obwohl man sich auf eine Kamera beschränken mußte. Sie habe aber dennoch die einzelnen Läufe, Angriffe und Verteidigungen „schmiegsam und anpassungsfähig" verfolgt, hieß es. Kritisiert wurde nach wie vor der Kommentar zum Spiel von Alfred Braun. Er baue seinen Bericht im Grunde genommen so auf, schrieb der *Welt-Rundfunk*, daß er auch für den Rundfunk geeignet wäre.[252] Noch am 18. Juni 1944, also kurz vor Einstellung des Fernsehbetriebs, fand eine Live-Übertragung des Endspiels um die Meisterschaft zwischen dem Hamburger Luftwaffen-Sportverein und dem Dresdner-Sportclub statt. Es war im übrigen das letzte deutsche Großsportereignis, danach empfahl die Sportführung nur noch Schneeballschlachten, Querfeldeinrennen, Gesundheitsläufe und Kameradschaftsabende. Wirklich bis zum Schluß war der Sport eine der größten Zugkräfte für das aktuelle Fernsehen in seiner technischen Entwicklung. Vorschläge des Rundfunks vom Juni 1939 vermitteln indes einen Eindruck von der Ernsthaftigkeit der damaligen Bemühungen bei der Außen-übertragung von Sportveranstaltungen. Sie basieren allerdings auf der Grundlage von vier Reportage-Kameras, was in den Kriegsjahren nie realisiert wurde.

6.8. Eine autarke Filmabteilung
Die Technische Betriebsstelle Fernsehen

Was für den Paul-Nipkow-Sender insgesamt zutraf, galt auch für den Aufbau eines fern-seheigenen Filmdienstes: Die Wirklichkeit hinkte den Planungen meilenweit hinterher. Schon im Dezember 1937 legte einmal mehr RRG-Oberingenieur Ernst Augustin einen durchdachten Organisationsplan für eine „Technische Betriebsstelle Fernsehen" vor (Abbildungen 4 und 5), der im einzelnen folgende Funktionen integrierte: im Außendienst: drei Tonfilmtrupps mit jeweils drei Kameramännern, -assistenten, Ton-ingenieuren und Fahrern, eine von der Fernseh AG zu liefernde fahrbare „Schnell-entwicklung" sowie ein Beleuchtungswagen; im Innendienst: stationäre Entwicklungs-, Kopier- und Schneideeinrichtungen, eine Diaabteilung, ein Filmlager, Vorführung so-wie eine Werkstatt zur Wartung der betriebenen Apparaturen. Auf diese Weise, so mein-te Augustin, der mit insgesamt 36 Mitarbeitern kalkulierte, erübrige sich künftig die teuere und zeitraubende Filmbearbeitung außer Haus.[253]

Abbildung 4: Die Technische Betriebsstelle Fernsehen

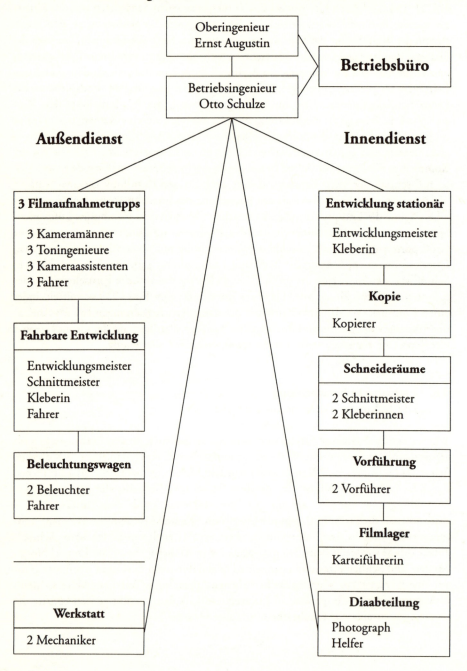

Obwohl die Reichs-Rundfunk-Gesellschaft im Etatjahr 1938/39 erstmals auch Gelder für eine TB Fernsehen bereitstellte, blieb im folgenden vieles Stückwerk, was nicht zuletzt mit der angespannten Raumsituation zusammenhing. Zunächst einmal sollten durch bauliche Veränderungen die Voraussetzungen geschaffen werden, die im Rundfunkhaus dezentral untergebrachten Einrichtungen der Filmabteilung und des Filmtrupps an einem Ort zusammenzulegen.[254] Aus diesem Grund begann 1938 das Zentralmontagebüro der RRG damit, das Dachgeschoß des zuvor vom Kurzwellensender genutzten und nach dessen Umzug freigewordenen Gebäudes in der Soorstraße 33 – intern „Kleine Villa" oder „Kurzwellen-Villa" genannt – in unmittelbarer Nähe des Funkhauses für Fernsehzwecke einzurichten.[255] 1939 gingen dort auch die Filmkopier- und Entwicklungsmaschinen in Betrieb. In den Kriegsjahren kamen auf mehreren Etagen Einrichtungen für die Synchronisierung von Fernsehfilmen hinzu,[256] aber auch die von Augustin geforderte feinmechanische Werkstatt, ein Photolabor für die Bearbeitung des Dia- und Bildmaterials sowie ein Tricktisch im Dachgeschoß.

Hingegen konnte der Schneidebetrieb nicht in der Soorstraße untergebracht werden, weil man sich die Kleine Villa u.a. mit der zentralen Personalstelle der Reichs-Rundfunk-Gesellschaft teilen mußte. Die drei Schneideräume wurden deshalb in einem Aufbau auf dem Dachgarten des Funkhauses belassen. Auch die Lagerkapazitäten für Filmnegative sowie das Bild- und Tonarchiv brachte man zunächst in diesem Bereich unter.[257] Als 1943 die alliierten Bombenteppiche über Berlin immer dichter wurden, verlangte man die Auslagerung des leicht brennbaren Zelluloids, weil die Nitrostreifen das getroffene Funkhaus in ein brennendes Inferno verwandelt hätten.[258] Daraufhin besorgten sich die Techniker einen acht Meter langen Möbelwagen, bauten den Laderaum mit Regalen aus und luden die Filmkopien um. Anschließend fuhr Otto Schulze auf das Neubaugelände am benachbarten Kaiserdamm, wo er das mobile Filmlager in der Nähe eines Umspannhäuschens abstellte, um damit die notwendige Stromversorgung sicherzustellen. Während des Einmarsches der sowjetischen Armee im Frühjahr 1945 brannte der Möbelwagen und mit ihm die Kopien völlig aus; die meterhohen Flammen beschädigten sogar das in sicherer Entfernung geglaubte Transformatorenhäuschen.[259]

Immerhin wuchs die Technische Betriebsstelle 1942/43 auf rund 25 Mitarbeiter an.[260] Obwohl von jedem Negativ Spezialkopien gezogen werden mußten, gelang es unter der redaktionellen Aufsicht der Produktion III, aktuelle Bilder in wenigen Stunden sendefertig zu machen. Die Leitung des gesamten Komplexes lag durchgehend in der Hand des „Betriebsingenieurs" Otto Schulze, der wiederum Oberingenieur Augustin unterstand. Zu ihren Mitarbeitern zählten beispielsweise Dr. Renate Richter, die das Leica-Bildarchiv und die sogenannte Sammelstelle für noch brauchbare Schnittreste betreute. Kurt Schulmeister fungierte als „Kopierwerksmeister", Karl Stephan als Tonassistent, der aber auch – unter dem verantwortlichen Paul Scheer – mit der Lagerung der fertigen Filme und des Rohfilmmaterials betraut wurde. Hingegen setzte man Georg Schiller, Cäcilie Droste (übrigens eine direkte Nachfahrin der Dichterin Annette von Droste-Hülshoff), Eda Fromeyer und Else Fröhlich beim Film-

Abbildung 5: Das Zusammenwirken von Programm und Filmtechnik

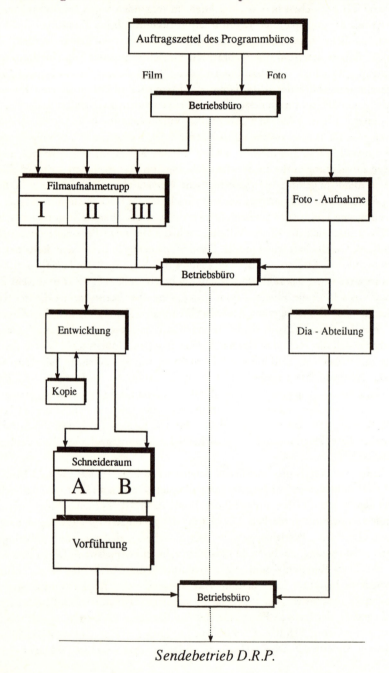

Sendebetrieb D.R.P.

schnitt, aber auch als Aushilfsvorführer ein.[261] Hier, wie in anderen Bereichen des Senders, gab es kriegsbedingt immer wieder Personalwechsel. Das trifft ebenso auf den Filmtrupp zu, der in der Regel mit zwei bis drei Kameramännern besetzt war. Zu nennen wären etwa Wilhelm Buhler, Waldemar Lemcke (geb. 5. 1. 1885), Erich Mier (geb. 23. 11. 1902) und Max Zubeil, denen wiederum Kurt Garschig und Richard Kordecki assistierten.[262] Buhler und Lemcke drehten vor allem aktuelle Reportagen und Feature-Berichte, während Erich Mier Trickfilmaufnahmen herstellte; einen Chef-Kameramann gab es nicht.[263] Dem Filmtrupp war es indes ausdrücklich untersagt, in Kriegsgebieten Aufnahmen zu machen,[264] was auch gar nicht notwendig war, denn man verfügte über genügend Material der Propagandakompanien (PK).[265] Im übrigen kam es häufig vor, daß einzelne Mitarbeiter angesichts der zunehmenden Personalknappheit Nebentätigkeiten für die Filmindustrie wahrnahmen, insbesondere wenn es sich dabei um ausgesprochene Propagandaarbeiten handelte. Waldemar Lemcke beispielsweise kam 1941 in dem Film *Osteinsatz* als selbständiger Kameramann zum Zug,[266] während der Tonmeister Walter Löding zwei Jahre später bei *Rundfunk im Krieg*, einer Produktion der Berliner Lex-Film nach dem Drehbuch von Werner Plücker,[267] zusammen mit dem Tonwagen der RRG zur Verfügung stand.[268] Umgekehrt stellte die TB Fernsehen ihr Filmsynchron-Studio auch einige Male in den Dienst der Wehrmacht, um angehenden Filmberichtern zum Teil ungeschnittenes PK-Material vorzuführen, das sie live zu kommentieren hatten. Anhand der Tonaufnahmen wurde anschließend kritisiert, wie der einzelne PK-Aspirant auf die oft schnell wechselnden Sequenzen reagierte.[269]

6.9. Radikalisierung
Ängste, Intrigen und der Sturz des Intendanten

Aufgrund dauernder Rochaden, Zu- und Abgänge, läßt sich für die Kriegszeit die personelle Ausstattung des Fernsehens nur noch in groben Schätzungen wiedergeben. Ende 1940 beschäftigten Programm und Technik des Berliner Nipkow-Senders immerhin etwa 120 Redakteure, Regisseure, Kameramänner, Ton- und Lichttechniker, Szenengehilfen, Schnittkräfte und andere Angestellte, wobei auf der Programmseite nach wie vor das freie Mitarbeiterverhältnis klar dominierte. Nach Angaben der Reichs-Rundfunk-Gesellschaft waren im Frühjahr 1940 lediglich fünf Programmverantwortliche im Sender fest angestellt. Hinzu kamen sieben Wochenlöhner für den Studiobetrieb. Im Jahr darauf erhöhte sich der Wert nur geringfügig auf elf, bzw. bei den Wochenlöhnern auf fünfzehn.[270] Als sich das Fernsehen 1941 der Betreuung von Verwundeten zuwandte, erreichte die Zahl des involvierten Personals Ende des Jahres mit etwa 165 einen absoluten Spitzenwert. Angesichts der vom Regime im Februar 1943 proklamierten Wende zum „totalen Krieg" setzte im Großdeutschen Reich schon im Jahr zuvor der Übergang zur vollen Kriegswirtschaft ein, um bislang noch nicht genutzte Reserven an Arbeitskräften, Produktionsmitteln und Rohstoffen rücksichtslos zu mobilisierten.[271] Im Frühjahr 1942 ordnete deshalb Joseph Goebbels für seinen Geschäftsbereich an,

Freistellungen von der Wehrmacht nur für jene Aufgaben an der Heimatfront zu genehmigen, die im unmittelbaren Interesse der propagandistischen Kriegführung lagen oder zur Erhaltung des kulturellen Lebens unentbehrlich und unersetzlich waren.[272]

Als der Agitator daraufhin sein Ministerium nach scheinbar überflüssigem Personal durchforsten ließ, blieb selbstverständlich auch das Fernsehen nicht verschont, dessen Personaldecke – trotz Truppenbetreuung und Lazarettprogramme – im Laufe des Jahres 1942 immer dünner wurde. Weitere erfahrene Mitarbeiter schickte man in die Etappe oder zog sie zu den Rundfunksendern in den besetzten Ostgebieten ab, deren personelle Besetzung zu den Aufgaben des ehemaligen Fernsehmitarbeiters Julius Jacobi gehörte. Schon 1941 gingen Kurt Tetzlaff als PK-Kameramann zur Marine und Gerhard Wahnrau als Leiter des Programm- und Betriebsbüros zum Hauptsender Riga, um dort bis 1944 vor allem Hörspiele und Kabarett-Sendereihen zu verfassen. Ebenfalls nach Riga kam der Sprecher und Darsteller Horst Preusker. Ein Jahr später, 1942, traf es auch den Produktionsleiter Zeitgeschehen Hermann Tölle, den die RRG zum Landessender Kauen abkommandierte, wo er wie beim Fernsehen als Hauptsachbearbeiter für Aktuelles eingesetzt wurde. Auf der RFG-Seite schickte man den Aufnahmeleiter Erich Klages zum Hauptsender Ukraine in die Verbannung; er zeichnete dort als leitender Sachbearbeiter für die Programmgestaltung verantwortlich.[273] Allerdings läßt die Quellenlage umfangreichere Angaben über kriegsbedingte Fluktuationen nicht zu, weil viele der „Abgänger" auch weiterhin in den Personal- und Gehaltslisten des RRG-Fernsehens geführt wurden. Außerdem nutzten einige der besonders Fernsehbegeisterten ihren knapp bemessenen Fronturlaub, um im Deutschlandhaus Kontakte aufzuwärmen. So wirkte zum Beispiel Günter Greiner, der von 1941 an als Kriegsberichter eingesetzt wurde, kurz vor der Schlacht um Stalingrad in einer Fernsehsendung über den Dichter Rainer Maria Rilke mit.[274]

Wie auch immer, der personelle Aderlaß hatte zur Folge, daß 1942 nur noch knapp 130 Mitarbeiter für Programm und Technik parat standen. Im Jahr darauf sank der Personalbestand der Programmabteilung bereits auf unter 50 ab. Im Gegenzug stopfte man die aufgerissenen Löcher mehr und mehr mit Frauen, die nun auch in verantwortlicheren Positionen eingesetzt wurden.[275] Ferner tauchten spätestens 1942 vermehrt Beschäftigte mit ausländisch klingenden Namen in den Personallisten auf. Stellvertretend für den ersten Fall wäre etwa Annelies Kuhnke zu nennen, die 1943 als Aufnahmeleiterin der Programmseite tätig war. Zum ausländischen Personal gehörten hingegen die beiden „Maskenbildner" Viktor Machowiak und Alexander Safiantschikoff, der Garderobier Vsevolod Nosanoff, Evert Zylstra, Tonassistent beim Filmtrupp, oder, bei der RFG-Technik, Juray Mocilon und Alexis Kwartiroff, der im August 1944 – nach dem Abzug der Deutschen – die technische Übergabe des Fernsehsenders Paris an die Franzosen abwickeln sollte. Ob es sich beim Programm um zwangsrekrutierte Zivilisten aus den besetzten Gebieten handelte, läßt sich nicht mehr feststellen. Daß sich jedoch die Fernsehgesellschaft notgedrungen solcher Mitarbeiter bedienen mußte, um kriegsbedingte Lücken zu schließen, ist aktenkundig. Nachdem es der RFG zunächst gelungen war, ihren Aufnahmedienst im Deutschlandhaus von 62 (1940) auf 82 (1941)

Techniker – darunter sieben Kameraleute – aufzustocken, ging es in der Folgezeit personell stetig bergab. 1942 konnten nur noch 68 Kräfte für den Aufnahmedienst und 14 für
den Reportage- und Großbildstellenbetrieb gehalten werden,[276] obwohl die RFG jetzt
über einen sogenannten FM- oder Facharbeitermangel-Stempel zur Sicherstellung des
notwendigsten Kräftebedarfs verfügte. Ein Jahr später, 1943, hatte man zwar immer
noch sechs Kameraleute unter Vertrag, dennoch mußte der zivile Aufnahmebetrieb
einen weiteren empfindlichen Rückschlag verkraften: Er schrumpfte nun auf insgesamt
40 Mitarbeiter zusammen; davon waren Anfang 1943 allein sechzig Prozent weibliche
und ausländische Angestellte.[277] Bei letzteren handelte es sich vor allem um türkische,
russische und französische, aber auch um einige dänische Hilfskräfte wie Klaas Vellnig,
die Ende Februar 1942 von einem Verbindungsmann der RFG, Börge Kjärulff-Pedersen, in Kopenhagen angeworben worden waren.[278]

Während der drohende Fronteinsatz wie ein Damoklesschwert über den Mitarbeitern des Fernsehsenders hing, verschlechterte sich unter der Leitung von Herbert
Engler das innerbetriebliche Klima zusehends. Als die Verwundetenbetreuung Anfang
1941 vielversprechend anlief, gab es zwar – wie schon einmal kurz vor Kriegsausbruch –
einige Ansätze, das Verhältnis zwischen Programm und Technik zu verbessern, um
durch gegenseitiges Verstehen der Probleme des anderen ein Klima zu schaffen, das zu
einer erfolgreichen Programmgestaltung unbedingt notwendig war. Solche Annäherungsversuche blieben aber letzlich kurzlebige Episoden, geboren aus der Euphorie jener
Wochen und Monate, als man sich dem neuen Zuschauerkreis zuwandte. Neben ressort-
übergreifenden „Kameradschaftsabenden", die die Mitarbeiter u.a. am 2. Mai 1941 im
Berliner Blumengarten organisierten, wurde im Frühjahr vor allem eine interne Vortragsreihe eingerichtet, die zu einer solchen Klimaverbesserung beitragen sollte,[279] von
der Sache her aber wenig Neues zu bieten hatte. Von den nachweislich sechs Referaten,
die man bis Ende Mai 1941 ausschließlich im engsten Mitarbeiterkreis abhielt, wurden
vier von der Technik und zwei von Vertretern der Programmseite gestaltet, die – möglichst allgemeinverständlich – über ihr jeweiliges Arbeitsgebiet zu sprechen hatten.

Den Auftakt dieser, wahrscheinlich von der Post initiierten „Vortragsreihe für künstlerisch technische Mitarbeiter der RFG und RRG" machte Friedrich Stumpf (8.1.1941),
der einleitend einen historischen Überblick gab und danach die Aufgaben des Fernsehens „aus der Kopplung von Programm und Technik"[280] darstellte. Ende des Monats
und Mitte des darauffolgenden kamen der spätere RFG-Prokurist Hermann Weber[281]
sowie der technische Studiobetriebsleiter im Deutschlandhaus, Helmut Krätzer,[282] zu
Wort. Im März hingegen fanden keine Vorträge statt, weil man sich offenbar intensiv
auf die erste Sendung aus dem Kuppelsaal vorbereitete. Fortgesetzt wurde die Reihe erst
wieder im April mit dem Regisseur Hannes Küpper, der sich *Gedanken über die Dramaturgie des Fernsehens* machte, die nach seinem Dafürhalten nur eine nationalsozialistische
sein konnte.[283] Nach 1945 war es vor allem diese stark tendenziöse und programmati-
sche Rede, die man als hinreichenden Beleg für Küppers Treue zum NS-Regime wertete.
Im September 1947 darauf angesprochen, verteidigte sich der Regisseur gleich doppelt
geschickt, und zwar vor der Entnazifizierungskommission des unter sowjetischer Kon-

trolle stehenden Berliner Rundfunks, wo er versuchte, beruflich wieder Fuß zu fassen. Zum einen verwies Küpper auf äußere Umstände, die ihn gezwungen hätten, den Vortrag in dieser Form zu halten. Zum anderen spielte der Regisseur seine damaligen Ausführungen herunter, indem er auf den keineswegs linientreuen Alfred Braun aufmerksam machte, der bei dem April-Vortrag anwesend war. Braun hätte – so Küpper – geschwiegen und damit ebenfalls die „Spielregeln" stillschweigend akzeptiert: „Ich [Küpper] war darauf aufmerksam gemacht worden, dass der Vortrag, zu dem man mich angesetzt hatte, auf Schwarzplatte mitgeschnitten würde. Herr Braun, der ja damals auch dort war, wird das wissen."[284]

Anfang Mai 1941 referierte das RFG-Mitglied Hubert Globisch über *Studioaufnahmetechnik und Programm*.[285] An Globisch' Stelle war ursprünglich Produktionschef Kurt Hinzmann mit Erläuterungen über das Spandauer Fernsehprojekt eingeplant. Sein Manuskript lag bereits vor[286] – gespickt mit detaillierten Grundrissen, Abbildungen und Skizzen, bis hin zu einem Versuchstisch mit Gas- und Wasseranschluß für künftige Schulfunksendungen. Da die Post aber nur wenige Wochen zuvor die Spandauer „Fernsehstadt" bis auf weiteres vertagt hatte, waren auch Hinzmanns Ausführungen obsolet geworden. Den nachweislich letzten Vortrag dieser Reihe hielt indes der Regisseur Hanns Farenburg (21. 5. 1941), der sich – ganz im Sinne von Herbert Engler – für mehr Filmeinblendungen beim Fernsehspiel aussprach.[287]

Die eigentlichen Probleme und Konfliktpunkte, die sich aus der doch recht fragwürdigen Kompetenzabgrenzung zwischen Post und Reichs-Rundfunk-Gesellschaft ergaben, konnte man freilich mit gutem Willen und ein paar Vorträgen nicht aus der Welt schaffen. Vor allem die schon mehrfach erwähnte Frage der Kameramänner und Beleuchter war für den Rundfunk nach wie vor ein rotes Tuch, weil sie der Technik einen unvermindert hohen Einfluß auf die Programmgestaltung sicherte.[288] Selbst Propagandaminister Goebbels brachte seine Verstimmung im Juni 1941, entgegen seinen früheren Äußerungen über das Fernsehen, ungewöhnlich leidenschaftlich zum Ausdruck: „Beratung über das Fernsehen. Da mischt sich die Reichspost zu stark in die Programmgestaltung ein. Ich werde das abstellen."[289] Aber erst am 1. Mai 1942 unternahm Goebbels' Staatssekretär Leopold Gutterer einen zaghaften Vorstoß, die Anweisungen seines Ministers in die Tat umzusetzen. In einer „Besprechung mit dem Reichspostministerium über schwebende Zuständigkeitsfragen" forderte er, daß Kameramänner und Beleuchter dem künstlerischen Personal zuzurechnen seien und deshalb dem Propagandaministerium unterstellt werden müßten. Sein Gegenüber, Poststaatssekretär Jakob Nagel, führte die offenkundigen Probleme auf die nach 1933 herbeigeführte Trennung zwischen Rundfunkprogramm und Rundfunktechnik zurück, die verschiedenen Verwaltungen unterstellt worden seien. Beide Seiten kamen schließlich überein, eine endgültige Regelung über die Zuständigkeit des Fernsehens bis nach Kriegsende zurückzustellen, da sich das Medium noch im Anfangsstadium seiner Entwicklung befände.[290]

Bis dahin mußten die beiden Fernsehkontrahenten miteinander auskommen, was den Akten zufolge mehr schlecht als recht gelang. In den Aussagen, die ehemalige Angestellte des Nipkow-Senders nach 1945 in Entnazifizierungsverfahren zu Protokoll gaben, werden vor allem immer wieder drei Personen aus dem engeren Umfeld des Intendanten genannt, die in den Kriegsjahren heftig intrigierten, mithin das Personal in Angst und Schrecken versetzten und den Sender strikt auf nationalsozialistischen Kurs hielten: der kaufmännische Leiter Karlheinz Kölsch, der erste Regisseur Hannes Küpper sowie der verantwortliche Bühnenbildner Arthur Bemeleit. Vor allem letzterer trat in gewisser Weise die Nachfolge von Adolf Raskin an und soll Engler zum Vorzeige-Intendanten für die Öffentlichkeit degradiert haben. Als der Fernsehleiter zum Beispiel im November 1942 Hanns Farenburg nach künstlerischen Differenzen entließ,[291] mußte er seine Entscheidung wenige Monate später wieder revidieren, denn Farenburg kam nach einem kurzen Zwischenspiel beim Fernsehsender Paris nach Berlin zurück. Dort inszenierte er 1943 wieder – u.a. das Fernsehspiel *Die kupferne Hochzeit* (11. 11. 1943) in der deutschen Fassung von Per Schwenzen.[292] Aufgrund dieser Machtverteilung ist es nicht verwunderlich, daß selbst unmittelbar Beteiligte wie Kurt Hinzmann im nachhinein die Vermutung äußern, Herbert Engler sei niemals ordentlicher Intendant des Fernsehens gewesen.[293]

Arthur Bemeleit, der 1942 einen eher unverfänglichen Artikel über seine Tätigkeit als „Fernsehbildner" publizierte,[294] machte indes aus seiner politischen Funktion im Sender gar keinen Hehl. Nach dem Zusammenbruch erklärte der ehemalige Zeitdienst-Mitarbeiter Sylvester Albert Szymanski rückblickend, Bemeleit habe bei seinem Eintritt allen Angestellten ganz offen mitgeteilt, er sei Verbindungsmann des Sicherheitsdienstes und habe den gesamten Programmbetrieb mit seinen Leuten zu überwachen.[295] Von dieser Eigenschaft habe er im folgenden auch reichlich Gebrauch gemacht und sei hierin von Engler tatkräftig unterstützt worden, der nach Szymanskis Angaben ebenfalls als SD-Agent tätig gewesen sein soll. Szymanski faßte nach 1945 seine Eindrücke und Erfahrungen mit dem Bühnenbildner in einer eidesstattlichen Versicherung zusammen: „Es ist allgemein bekannt, dass Bemeleit verschiedene Personen ins K.Z. gebracht hat. Er war der bestgefürchtetste Mann am Fernsehsender."[296]

Noch drastischer äußerte sich im September 1947 Hannes Küpper vor der bereits erwähnten Entnazifizierungskommission in der Masurenallee. Gegenüber dem Justitiar Friedrich Karl Kaul, der als kommunistischer Staranwalt später in der Bundesrepublik Furore machen sollte,[297] rechtfertigte Küpper seine eigene Kumpanei mit dem Regime. Der Fernsehsender sei ein von der SS besetztes Institut gewesen, gab der Regisseur zu Protokoll, der überdies Bemeleit als den „ungekrönten Intendanten" des RRG-Fernsehens titulierte.[298] Nicht zuletzt durch ihn hätte sich die Atmosphäre in den Kriegsjahren erheblich verschlechtert. Jedermann sei äußerst vorsichtig gewesen und hätte selbst seinem nächsten Freund nicht mehr über den Weg getraut. Auf seine eigene Rolle angesprochen, sagte Küpper aus, er sei „mehr als schwarz angeschrieben" gewesen, weil er einerseits nach der *Kabale*-Inszenierung in Hamburg in Ungnade gefallen sei. Andererseits war es im Deutschlandhaus ein offenes Geheimnis, daß Küppers dritte Frau Charlotte Radspieler, die mit ihm von Düsseldorf über Hamburg zum Berliner Fernsehen gekommen war und dort seit Mitte 1939 zum festen Darstellerstamm zählte,[299] den Nachweis der arischen Abstammung für ihren Großvater nicht erbringen konnte.[300] Beides hätte, so Küpper, ausgereicht, um ihn bei der nächsten sich bietenden Gelegenheit von der Bildfläche verschwinden zu lassen.

Schenkt man hingegen den Äußerungen ehemaliger Angestellter Glauben, so mutet Küppers Darstellung eher wie ein nachträglicher Versuch der Selbstrechtfertigung an. Der RFG-Techniker Alfred Zeitz sagte vor derselben Entnazifizierungskommission aus, Küpper habe damals bewußt die Konfrontation mit den Posttechnikern gesucht. Er, Zeitz, könne sich an mehrere Sendungen erinnern, die Küpper in voller Absicht habe platzen lassen, ohne ersichtlichen Grund „und unter Ausspielung der Spielleitung gegen die Technik und vor allem gegen die Mitarbeiter".[301] Regisseur Küpper, der im Studio des öfteren seine guten Beziehungen zu Martin Schönicke vom „Großen Haus" erwähnt haben soll,[302] wurde desweiteren bezichtigt, Charlotte Radspieler bei der Rollenbesetzung eindeutig bevorzugt und ihr besonders hohe Gagen zugeschanzt zu haben. Margarete Schwabe, von 1940 bis 1942 im Sender tätig, bemerkte über ihn im Juli 1947:

„Der damalige Regisseur des Fernsehsenders, Hannes Küpper, stand bei den (...) dort beschäftigten Künstlern im Rufe, ein besonders eifriger Nazi zu sein; jedesmal, wenn er einen Raum betrat, in dem mehrere von uns beschäftigt waren, verstummte jegliches Gespräch, weil wir Angst vor Herrn Küppers Denunziationen hatten, bzw. davor, dass wir unsere Beschäftigung verlieren könnten. Herr Küpper galt als besonders vertrauter Freund des damaligen Fernsehsender-Intendanten Dr. Engler, der niemals ohne Parteiabzeichen erschien und als besonders eifriger Verfechter des Nazi-Regimes bekannt war."[303]

Trotz solch massiver Anschuldigungen (die zugleich den üblen Denunziantenton der ersten Nachkriegsjahre widerspiegeln), gab es im Sender nicht wenige Mitarbeiter, die dem Regime ablehnend gegenüberstanden; ihr unmittelbarer Einfluß auf die Gestaltung des Programms blieb freilich gering. Vor allem das Gros der Kameramänner und -assistenten, Ton- und Lichttechniker der Fernsehgesellschaft legte in politischen Dingen eher eine indifferente Haltung an den Tag, oder sprach sich im Zuge wachsender Einsicht hinter vorgehaltener Hand gegen die Partei aus. Hinweise auf antinazistische Zirkel, die es innerhalb des Aufnahme- und Wiedergabedienstes im Deutschlandhaus gegeben haben soll,[304] unterstreichen das. Diese latente Opposition trieb indes unmittelbar nach dem Zusammenbruch recht merkwürdige Blüten. So zeichnete der Verwaltungschef und Prokurist der RFG, Hans-Joachim Hessling,[305] im Mai 1947 das Bild vom aktiven Widerstand, den es im NS-Regime auch innerhalb der Führungsebene seiner Gesellschaft gegeben haben soll. Seine eidesstattliche Erklärung (vgl. Anlage 6), niedergelegt in einer Zeit, als allzu viele an der Opposition gegen Hitler teilgenommen haben wollen,[306] war zugleich der Versuch, den Geschäftsführer der RFG, Friedrich Stumpf, für die bundesrepublikanische Fernsehentwicklung wieder hoffähig zu machen.

Beim Programm ist lediglich der – freilich symptomatische – Fall des Gerhard Gündel überliefert, der eine Gegnerschaft zum Nationalsozialismus dokumentiert und zugleich schlaglichtartig die politische Befindlichkeit in manchen Künstlerkreisen der Reichshauptstadt beleuchtet. So war Gündel Anfang 1942 im Sender für die Aussortierung verbotener Spielfilme zuständig, galt aber bei seinen Kollegen schon bald als „kommunistischer Sympathisant", mit einer besonderen Vorliebe für Fritz-Lang-Filme, die er gelegentlich auch selbst im privaten Freundeskreis vorführte, der sich wiederum hauptsächlich aus Schauspielern rekrutierte. Als er im Juni 1942 in der Wohnung des Schauspielers und Fernsehdarstellers (*Fieber im Urwald*) René Deltgen[307] vor einer größeren Gesellschaft Reinhold Schünzels verbotenen Film *Balalaika* zeigte, wurde ihm diese Unvorsichtigkeit zum Verhängnis. Einen Tag später war nämlich die Sache verraten worden, und Karl-Heinz Uhlendahl teilte ihm mit, er sei fristlos gekündigt und habe den Fernsehsender unverzüglich zu verlassen. Außerdem drohte Uhlendahl mit einer Anzeige beim Propagandaministerium, und Gündel hielt es daraufhin für ratsamer, einige Zeit unterzutauchen.[308]

Dieses Klima der Denunziationen, privaten Schnüffeleien und hinterhältigen Intrigen machte schließlich selbst vor der eigenen Person des Intendanten nicht Halt, der im Frühjahr 1943 vor allem wegen wiederholter Beanstandungen hinsichtlich seiner persönlichen Lebensführung abrupt von der Fernsehbühne verschwand. Fachlich wie weltanschaulich hatte man bis dahin an Englers Amtsführung nichts Wesentliches auszusetzen. Im Gegenteil: Unter seiner Leitung erlebte das Medium eine absolute Blütezeit. Mit Leib und Seele habe er sich damals dem Fernsehen verschrieben, meinte Englers ehemalige Frau Ende der fünfziger Jahre. „Bis in die Nacht hinein gingen oft die Besprechungen über das Programm, Manuskripte, Gestaltung der Fernsehspiele, die Mitwirkenden, dann die Not, mit dem Etat auszukommen, das nötige Material zu erhalten usw. usw."[309] Ebenso wie Leopold Hainisch und der Rundfunkjournalist Kurt Wagenführ, die von 1938/39 an Vorlesungen über das Fernsehen an der Berliner „Hochschule für Politik" hielten, stellte auch Engler seine praktischen Erfahrungen bereitwillig in den Dienst der Wissenschaft.[310] So referierte er am 5. Juli 1942 an dem noch jungen Institut für Rundfunkwissenschaft der Universität Freiburg/Brsg. über das Thema „Die propagandistische und kulturelle Bedeutung des Fernsehens"; seinen Gastvortrag illustrierte er im übrigen mit dem Film *Wir senden Frohsinn, wir spenden Freude*. Diskutiert und vertieft wurden Englers Ausführungen anschließend in einem Kolloquium mit den wissenschaftlichen Mitarbeitern des Instituts.[311] Dessen Leiter, Professor Friedrichkarl Roedemeyer, hatte schon 1940 für eine intensivere Einbindung des Fernsehens in Forschung und Lehre plädiert.[312]

Wenngleich Reichspropagandaminister Goebbels das Medium nach 1939 völlig aus den Augen verlor, so konnte er sich doch alles im allem auf die Loyalität seines Fernsehleiters verlassen. Die Rundfunkabteilung, von Goebbels im Laufe des Krieges gegenüber der Reichs-Rundfunk-Gesellschaft mit immer neuen Machtbefugnissen ausgestattet, ließ dem zweiten Intendanten im wesentlichen auch freie Hand bei seinen Entscheidungen. Bis 1942 kümmerte sich dort Hans-Joachim Weinbrenner um die programmliche Gestaltung des Fernsehens sowie um die Fernsehausstellungen im Ausland.[313] In Erscheinung trat er jedoch kaum, und sein Sachreferat fiel denn auch Anfang des Jahres kriegsbedingten Personalkürzungen zum Opfer. Der Vorschlag des Rundfunkleiters Wolfgang Diewerge vom Januar 1942, den ausscheidenden Weinbrenner durch eine Frau zu ersetzten „mit wenigstens etwas technischem Wissen, wenn möglich auf dem Fernsehgebiet",[314] stieß beim Minister auf wenig Gegenliebe. Über das Jahr 1942 hinaus soll sich allerdings Goebbels' Referent für Rundfunkorganisation (und Englers ehemaliger Kollege aus Breslauer Zeiten), Arthur Freudenberg,[315] dessen angestammtes Sachgebiet ehdem bedeutungslos war,[316] um den Fernsehsender gekümmert haben. Demgegenüber verfügte das Postministerium bis zuletzt über ein intaktes Fernseh-Referat (Abteilung VII, Referat 8) unter Leitung des Ministerialdirigenten Günter Flanze, der noch 1944 auf die vier Referenten Heilmann, Zerbel, Wichmann und Stücker zurückgreifen konnte.[317]

Was derweil Engler in Rundfunkkreisen immer mehr in Verruf brachte, war sein überaus laxer Umgang mit Frauen, so daß Glasmeier seine liebe Not hatte, ihn überhaupt so lange im Amt zu halten. Viel Staub wirbelte eine scheinbar einträgliche, aber folgenreiche Liebschaft auf, die etwa Mitte 1937, also kurz nach Englers Wechsel von Breslau nach Berlin, ihren Anfang nahm. Damals lernte der „stattliche Mann" eine „vermögende Dame aus Süddeutschland" kennen, deren Name in den Akten kurz und knapp mit „Frau Walden" angegeben wird; ihretwegen ließ er sich wenig später von seiner ersten Frau scheiden.[318] Als er sich jedoch im Herbst 1939 der Adelstochter aus Glasmeiers Vorzimmer zuwandte, kam es, für Frau Walden völlig überraschend, zur Trennung und schließlich zum Eklat. Nachdem nämlich die offenbar Ahnungslose – im übrigen eine Anhängerin der Mazdaznansekte – Engler mit Sophie „auf der Straße" getroffen hatte, zog die in ihrer Eitelkeit verletzte Frau Anfang 1940 vor den Kadi, mit der Begründung, der Neuverliebte habe ihr gegen das Versprechen des Eheschlusses eine größere Geldsumme (die Angaben schwanken zwischen 11.000 und 60.000 RM) abgeschwindelt. Vor den Richter zitiert, sagte der vermeintliche Heiratsschwindler aus, er habe das gegebene Eheversprechen nicht halten können, „weil die Dame sich negativ zu Adolf Hitler ausgesprochen habe".[319] Die Klage wurde schließlich mangels Beweisen abgewiesen, und Engler kam zunächst mit einem blauen Auge davon, verbunden mit einer – freilich deutlichen – Rüge des Personalleiters der Reichs-Rundfunk-Gesellschaft. Doch damit war für den Intendanten die hochnotpeinliche Affäre längst noch nicht ausgestanden. Als er Anfang Oktober 1942 mit Sophie den Bund fürs Leben schloß, blies die gekränkte Mazdaznananhängerin erneut zum Angriff, um wenigstens ihr Geld zurückzuerhalten. Sie übergab daraufhin die Angelegenheit einem SS-Anwalt, der das Verfahren wieder aufrollen sollte.

Spätestens jetzt platzte den Verantwortlichen des NS-Rundfunks endgültig der Kragen. Während Hans Fritzsche, der neue Rundfunkleiter im Propagandaministerium, noch moderate Töne anschlug und Engler in mehreren Gesprächen deutlich machte, „man möchte doch keinen Skandal während des Krieges um einen immerhin prominenten Intendanten",[320] häuften sich die Monita über die Dienstauffassung des Fernsehleiters. Zum einen wurde ihm nun vorgeworfen, er verschwende die knappen Etatmittel für die Produktion „abendfüllender Fernsehfilme", anstatt diese vorrangig in das Zeitgeschehen zu stecken. Die „zweckwidrige Verwendung" der Gelder wurde Ende 1942 bei einer Überprüfung der Buch- und Kassenführung des Fernsehsenders deutlich und war damit Anlaß für eine weitere – schwere – Beanstandung gegenüber Herbert Engler. Gleichzeitig äußerte man den Verdacht, der angeschlagene Intendant bereite mit seiner Leidenschaft für das Kino „den Übergang zum Film und zu einer dort erhofften Tätigkeit" vor. Andererseits verdächtigte man ihn der Trunksucht und kritisierte sein häufiges Fehlen, das er offenbar dazu nutzte, „um ohne Genehmigung der Vorgesetzten seiner Filmleidenschaft ausserhalb Berlins zu fröhnen".[321] Von Dezember 1942 bis zum Tag der Entlassung lebte denn auch Sophie Engler in ständiger Angst um ihren leichtsinnigen Mann, der in diesen Monaten regelrecht „zum Abschuß" freigegeben wurde.[322]

Einen konkreten Anlaß, den „verdorbenen Menschen" (Hermann Voß) endlich loszuwerden, fand sich aber erst am 20. April 1943, als das Fernsehen zu Beginn seiner Programmfolge den 54. Geburtstag Adolf Hitlers würdigte. Über den genauen Grund des Rauswurfs kursieren indes drei unterschiedliche Versionen: Nach Angaben von Hannes Küpper nahm die Rundfunkleitung das Nichterscheinen des Hitler-Bildes (durch ein technisches Versagen) während der knapp dreiminütigen Würdigung zum Vorwand für Englers Entlassung.[323] Hermann Voß zufolge soll dem Intendanten eine „willkommene Panne" unterlaufen sein, indem er lediglich im Rahmen der Kurz-Sendung *Bild des Tages* auf das Ereignis einging, darüber hinaus aber keine weiterreichende Würdigung Hitlers veranlaßte.[324] Daß sich Engler in diesen Tagen mitten in den Vorbereitungen für eine mehrtägige und aufwendige Arbeitstagung mit dem Kölner Theaterwissenschaftler Carl Niessen befand,[325] erhöht die Glaubwürdigkeit der zweiten Variante. Der Betroffene wiederum hängte sich nach 1945 das Mäntelchen des Widerstandskämpfers um, als er im Rückblick feststellte:

„Der Geburtstag von Adolf Hitler im April 1943 ist von mir mit voller Absicht nicht ausführlich gewürdigt worden. Es ist eine grobe Unwahrheit, wenn man glaubt, das anders darstellen zu müssen. Ich vermied generell alle politischen und kriegerischen Berichte, alle Greueltaten, die immer wieder vom Propagandaministerium zur Durchgabe geschickt wurden."[326]

Ob nun gewollt oder ungewollt, mit Bild oder ohne – der im Dritten Reich unverzeihliche Fehler reichte allemal aus, Herbert Engler für den Rest des Krieges an die Front zu verbannen. Die von Fritzsches Stellvertreter Karl Scharping unterzeichnete Kündigung wurde am 21. April 1943 wirksam und enthielt die Punkte „Tadelnswertes Verhalten mit Frauen", „Neigung zum Genuß alkoholhaltiger Getränke" sowie „Politisches Versagen". Kurze Zeit später stellte man Engler unter Gestapo-Aufsicht und zog ihn unverzüglich zur Wehrmacht ein. Innerhalb von drei Tagen sollte er an die Ostfront abrücken, doch gelang ihm ein Aufschub von zwei Wochen, um in relativer Ruhe seine persönlichen Angelegenheiten in Berlin zu regeln. Die Bitte um eine klärende Aussprache mit Rundfunkleiter Fritzsche wurde ihm jedoch abgeschlagen.[327]

6.10. Ausschluß der Öffentlichkeit
Die Umstellung auf Lazarettempfang

Wurden die Paul-Nipkow-Programme noch in den ersten Kriegsmonaten ausschließlich über Kabel in die zahlenmäßig reduzierten Berliner Empfangsstellen übertragen, so nahmen die UKW-Sendeanlagen Mitte März 1940 ihren Dienst auf neuen Frequenzen wieder auf.[328] Den äußeren Anlaß für die Umstellung auf drahtlosen Empfang bildete offenbar das fünfjährige Jubiläum des regelmäßigen öffentlichen Programmbetriebs, das die Verantwortlichen irrtümlich auf den 17. März legten.[329] Bis dahin stellte die Post ihre mit Kriegsbeginn vorübergehend geschlossenen Vorführräume wieder Zug um Zug der Berliner Bevölkerung zur Verfügung. Beim Neustart Mitte Oktober 1939 waren zunächst nur vier Fernsehstellen an das Drahtfunknetz angeschlossen. Wohl deshalb kam Wilhelm Ohnesorge nicht umhin, auch die beiden Großbildstellen im Postministerium (Leipziger Straße) und im Postamt NW 21 (Turmstraße) für die Öffentlichkeit freizugeben, obwohl diese ursprünglich nur als reine Versuchsstätten gedacht waren.[330] Beide Einrichtungen, „die die gleichzeitige Betrachtung durch mehr als 50 Personen"[331] gestatteten, galten nämlich in den Augen des Postministers als besonders repräsentativ, um intern ausländischen Gästen, wichtigen Funktionsträgern von Partei und Staat sowie eigenen „Gefolgschaftsmitgliedern" die Fortschritte der Fernsehtechnik zu demonstrieren; aber auch zur Ausbildung der im Fernsehdienst beschäftigten Postbeamten wurden sie benutzt. Noch Anfang 1940 befürchtete Ohnesorge, die beiden Großbildstellen würden ihrer eigentlichen Bestimmung mehr und mehr entzogen:

> „Für Besucher aus der breiten Öffentlichkeit sind die Großbildstellen nicht errichtet worden, für diese waren die über die ganze Stadt verteilten Fernsehstuben bestimmt. Daß die Großbildstelle im RPM vorübergehend auch der Öffentlichkeit zugänglich gemacht worden ist, z.B. während der Olympiade und jetzt während der Stillegung des drahtlosen Fernsehrundfunks, hat nichts an ihrer eigentlichen Zweckbestimmung geändert."[332]

Gleichwohl hielt Reichsminister Ohnesorge den Großbildempfang nach wie vor für die propagandistisch wirkungsvollste Form des Fernsehens.[333] Nicht umsonst gehörte die Einrichtung und der Betrieb von „Fernsehkinos" zu jenen drei Auflagebestimmungen der RFG. Deshalb wurden auch in den ersten Kriegsmonaten im Postministerium kritische Stimmen laut, die vor einer weiteren zahlenmäßigen Aufstockung der kleinen Fernsehstellen warnten, weil Stumpfs Gesellschaft „künftig größere Fernsehanlagen für öffentliche Vorführungen einrichten wird".[334] Dies traf in der

Theorie auch zu, denn Ende 1939 ging die RFG noch fest davon aus, im kommenden Geschäftsjahr geeignete und repräsentative Großbildstellen in Berlin und entlang der Breitbandkabelstrecken (z.B. in Hamburg, Bamberg[335] und Magdeburg) einzurichten, die ausschließlich für die Öffentlichkeit gedacht waren.[336] Solch ehrgeizige Pläne ließen sich aber unter Kriegsbedingungen nur partiell und mit zeitlicher Verzögerung in die Praxis umsetzen. Zunächst blieb der Post nichts anderes übrig, als an ihren kleinen Vorführräumen festzuhalten. Drei Monate nach der erzwungenen Sendepause, im Januar 1940, erhöhte sich deren Zahl zwar nur geringfügig auf sechs, nach dem 17. März aber immerhin auf zehn öffentliche Stuben im Berliner Stadtgebiet.[337] Und im Spätsommer 1940 hatte man in etwa wieder das Vorkriegsniveau erreicht: Jetzt waren zwölf Fernsehstuben und die beiden zweckentfremdeten Großbildstellen mit 120 bzw. 294 Sitzplätzen für die Öffentlichkeit freigegeben.[338]

Der große Zulauf blieb freilich auch nach Kriegsbeginn aus. Mehr noch: 1940 waren es schätzungsweise im Durchschnitt nur 1200 bis 1500 Zuschauer täglich, die das Programm verfolgten. Im Monat Januar beispielsweise fanden sich in den sechs geöffneten Fernsehstuben 10.604 Besucher ein. Im April waren es in zwölf Empfangsstellen genau 16.908, also nur rund 570 Zuschauer täglich; davon entfielen allein etwa 340 Besucher auf die beiden Großbildstellen.[339] Im weiteren Verlauf wurden die Empfangsstellen immer leerer, weil man verständlicherweise das Fernsehen in Kriegszeiten als einen eher zweifelhaften Luxus empfand. Selbst die Fernsehstube „Zoo", im Frieden ein echter Publikumsmagnet, war Ende 1941 nur noch durchschnittlich mit 35 Zuschauern täglich ausgelastet (bei 50 Sitzplätzen).[340]

Auch die Zahl der Empfänger in den Dienst- und Privaträumen von Partei- und Staatsfunktionären, bei Filmindustrie[341] und Presse sowie bei Mitarbeitern von Post und Rundfunk nahm im Krieg mit schätzungsweise 150 nur noch unwesentlich zu. Reichspost und Luftfahrtministerium taten anfangs aber immer noch so, als würde die marktmäßige Einführung des Fernsehens für das breite Publikum unmittelbar bevorstehen. Mit ihrer „Verordnung über den Vertrieb von Fernseheinrichtungen" vom 4. Mai 1940, die man zehn Tage später im *Reichsgesetzblatt* veröffentlichte,[342] wurde der Handel mit Empfängern genehmigungspflichtig (§ 2). Der Vertrieb von Geräten, aber auch ihre Ein- und Ausfuhr war an die Einwilligung der Reichspost gebunden, die diese im Einvernehmen mit Luftfahrtminister Göring aussprach (§ 3); es lag im Ermessen der Post, dafür eine Gebühr zu erheben (§ 5). Der militärischen Bedeutung des Fernsehens entsprechend, sollten Verstöße gegen diese Verordnung nach dem Luftschutzgesetz geahndet werden. Obwohl die Behörden sämtliche Formulare und zu beachtende Bestimmungen bereits im Detail ausgearbeitet hatten, konnte von einem privaten Fernsehhandel natürlich nicht mehr die Rede sein. Folgerichtig zog man die Verordnung gut zwei Jahre später, am 4. Juni 1942, wieder aus dem Verkehr.[343] Die Reichspost verfolgte ohnehin nicht die Absicht, nach dem „Endsieg" sofort einen freien und geregelten Empfängerhandel zuzulassen. Bis zur Umstellung auf die 1029-Zeilen-Norm, die man für 1946 ins Auge faßte, wollte die Post dem Vorschlag der Fernsehwirtschaft von 1938 folgen und Geräte nur leihweise und gegen Zahlung einer Gebühr ausgeben. In dieser

Übergangsphase sollte der Fernsehempfang vorrangig durch Großbildstellen abgedeckt werden.[344]

Projektionsanlagen für kino-ähnliches Fernsehen, die von vornherein und ausschließlich für den Publikumsverkehr bestimmt waren, nahmen aber erst 1941 ihren Betrieb auf, als sich der Nipkow-Sender bereits der Truppenbetreuung verschrieben hatte. Anfang des Jahres mietete die Reichspost-Fernsehgesellschaft in Berlin den unter Denkmalschutz stehenden Bechsteinsaal in der Linkstraße – unweit des Potsdamer Platzes –, um ihn in ein großzügig ausgestattetes „Fernsehtheater"[345] umzubauen. Nach der Eröffnung am 19. März konnten hier maximal 180 Zuschauer das Programm auf einem vier qm großen Spezialbildschirm verfolgen, der sich aus kachelförmigen Segmenten aus Glas zusammensetzte.[346] Im hinteren Teil kamen zwei Logen mit jeweils drei Plätzen hinzu, die in erster Linie für Pressevertreter reserviert waren. Um auch in der letzten Reihe optimale Sichtverhältnisse zu gewährleisten, hatte man dem Raum eine ovale Form gegeben und die Polsterklappsitze keilförmig angeordnet. Über der Bildfläche war „ein in mattem Blaulicht leuchtendes Hoheitszeichen angebracht, das an die fördernde Betreuung durch den nationalsozialistischen Staat erinnert".[347] Alles war so aufgebaut, daß nach Ablauf des Vertragsverhältnisses die Einrichtung ohne weiteres entfernt und der vormalige Konzertsaal in seiner alten Form wieder hergestellt werden konnte.

Die Reichspost legte deshalb auch Wert auf die Feststellung, daß der eigentliche Verwendungszweck solcher Fernsehtheater nach dem „Endsieg" noch unklar sei. RFG-Geschäftsführer Stumpf schlug beispielsweise vor, später eine ganze Reihe von Großbildstellen entlang den Kabelstrecken einzusetzen, „denen man Übertragungen aus besonders hochwertigen Kulturstätten zuleitet".[348] Daß er dabei vor allem an Programme vom Nürnberger Parteitag dachte, war intern längst beschlossene Sache.[349] Ähnlich argumentierten auch die Fernsehkritiker Gerhard Eckert[350] und Kurt Wagenführ[351] mit ihrem Vorschlag, den Großbildempfang – zumal in ländlichen Regionen – gezielt für die Ausstrahlung aktueller politischer Sendungen einzusetzen.

In Hamburg kamen Mitte des Jahres 1941 zwei weitere Großbildstellen hinzu. Bereits drei Jahr zuvor war die dortige Reichspostdirektion mit der Bitte an Ohnesorge herangetreten, ein Fernseh-Drahtfunknetz in der Hansestadt einzurichten, um die geplanten öffentlichen Empfangsstellen mit dem Berliner Programm versorgen zu können. Der Reichspostminister stimmte diesem Vorhaben am 20. Dezember 1938 auch zu, weil er sich von der Ausdehnung des Fernsehempfangs auf eine Stadt, die traditionell von vielen Ausländern frequentiert wird, werbewirksame Effekte versprach.[352] Um das Projekt zu verwirklichen, führte man zunächst (bis März 1939) das von Berlin kommende Breitbandkabel 503 zum Hamburger Fernamt Lohbrügge, von da über das Fernamt Schlüterstraße bis zum Postamt am Jungfernstieg. Am 15. Februar 1940 schließlich übertrug die Reichspost erstmals probeweise ein reguläres Abendprogramm in die Elbe-Metropole. Das Bild sei gut und einwandfrei gewesen, hieß es später auf einer Besprechung im RPM.[353] Nach Angaben von Zeitzeugen soll es aber schon im Juli des Vorjahres eine Versuchsbild-Übertragung gegeben haben – allerdings auf umgekehrtem Weg von Hamburg nach Berlin; es kam aus dem Gebäude des Deutschen Handlungsgehilfen Verbandes am Karl-Muck-Platz. Aus dieser Zeit stammten auch Pläne, wonach das RRG-Fernsehen Reportagen und Konzerte aus dem Tierpark Hagenbeck produzieren bzw. übernehmen wollte. Verwirklicht wurden sie freilich nie. Der Vorschlag geht indes auf Julius Jacobi zurück, der während seiner Tätigkeit beim Reichssender Hamburg zahlreiche Hagenbeck-Berichte produziert hatte.[354]

Wie auch immer, übertragungstechnisch waren im Frühjahr 1940 die Weichen für einen Fernsehempfang in der Hansestadt gestellt.[355] Ein Termin für den Beginn stand ebenfalls schon fest. Am 21. Mai 1940 sollte es in der Großbildstelle Große Allee eine Eröffnungsfeier geben, die in erster Linie als Presseveranstaltung konzipiert war.[356] Wenige Tage zuvor verschob man jedoch überraschend den Eröffnungstermin auf unbestimmte Zeit, weil die Post – wie gewöhnlich auf Publizität versessen – fürchten mußte, daß ihre Aktion in der Öffentlichkeit ungehört verpuffen würde. In diesen Wochen nämlich beherrschte die beginnende deutsche Offensive im Westen (10. 5. 1940) eindeutig die Schlagzeilen; im Post-Kalkül wäre bei dieser Nachrichtenlage der Hamburger Fernsehstart zu einem bedeutungslosen Randereignis degradiert worden.[357] Warum man allerdings noch über ein Jahr mit der Eröffnung wartete, bleibt unklar. Erst vom 17. Juni 1941 an konnte die Hamburger Bevölkerung regelmäßig das Programm aus der Hauptstadt verfolgen, und zwar in drei Fernsehstuben und zwei Großbildstellen (vgl. Anlage 7).

Daneben gab es eine Handvoll Privat- und Dienstempfänger, die beispielsweise an den Reichsstatthalter der NSDAP, den Hamburger Oberbürgermeister sowie an den Präsidenten der Reichspostdirektion ausgegeben worden waren. Für den Fall, daß die Bildmodulation von Berlin zusammenbrechen sollte, war im Postamt Jungfernstieg ein Filmabtaster für ein Notprogramm aufgestellt, der aber selten in Aktion zu treten brauchte. Ob sich der Empfang in der Hansestadt auf die inhaltliche Gewichtung des Berliner Fernsehprogramms auswirkte, muß ebenfalls offen bleiben. Die wenigen Kritiken, die in der Folge in Hamburg veröffentlicht wurden,[358] geben darüber keine Auskunft. Das trifft auch auf Besucherzahlen in den Empfangsstellen zu. Diese mußten indes ihren Betrieb Ende 1943 wieder einstellen, weil ein Teil der technischen Einrichtungen dem Bombenkrieg zum Opfer fiel. Die unversehrten Apparaturen wurden hingegen am 6. März 1946 beschlagnahmt und mußten am 11. März an die britische Besatzung abgegeben werden.[359]

Mit einer Ausweitung des öffentlichen Fernsehempfangs, wie sie die Post 1941 in Berlin und Hamburg betrieb, konnte Intendant Engler natürlich nicht einverstanden sein. Im Gegenteil: Kaum war die Idee der Verwundetenbetreuung geboren, stellte er die Forderung, sämtliche Berliner Fernsehstuben zu schließen und die dadurch freiwerdenden Empfänger für die Lazarette beschlagnahmen zu lassen. Zwei Gründe mögen Engler zu dieser Empfehlung bewogen haben: Zum einen reichten die verfügbaren Fernseher bei weitem nicht aus, um sowohl einen öffentlichen als auch einen Lazarettempfang aufrechtzuerhalten; kriegswichtig war aber zweifelsohne nur letzteres. Zum zweiten führte 1941 die Einrichtung neuer Empfangsstellen zwangsläufig wieder zu ernsten Reibereien mit der Filmindustrie.

Spätestens nach der Inbetriebnahme des Bechsteinsaales – von der postnahen Publizistik als „ein schöner Schritt vorwärts in der öffentlichen Einführung des Fernsehens"[360] gefeiert – keimte das alte Mißtrauen des Films wieder auf. Dieser erkärte die Großbildstellen wie gehabt zu einer Angelegenheit von existentieller Bedeutung für die deutschen Kinos. Goebbels' Propagandaministerium schloß sich im wesentlichen dieser Sichtweise an. Falls solche Fernsehtheater in Zukunft mehr und mehr eingeführt würden, meinte Reichskulturwalter Hinkel gegenüber der Filmkammer,[361] dann werde dies zu einer zunehmenden Beeinträchtigung der bestehenden Filmtheater führen. Derartige Zusammenstöße mit der Filmwirtschaft konnten und wollten sich aber die Programmmacher des Nipkow-Senders nicht leisten, weil sie 1942 wieder – wie in den Anfangsjahren – auf abwechslungsreiches und modernes Spielfilmmaterial angewiesen waren. Dies um so mehr, weil das RRG-Fernsehen aus den bekannten Gründen – Personal- und Materialverknappung, unzulängliche Raumsituation – im Laufe des Krieges immer weniger direkte Sendungen inszenieren konnte, die notwendig gewesen wären, um die – wie noch zu zeigen sein wird – kritischen Soldaten zu befriedigen und damit den Fortbestand des Mediums zu sichern.

Die Verleihfirmen wiederum waren aber nur dann gewillt, ihre aktuellen Erzeugnisse herauszugeben, wenn die Fernsehstuben für die Berliner Öffentlichkeit ganz oder zumindest während der Filmsendungen geschlossen würden. Sonst – so befürchtete man – bekämen die zivilen Besucher neue Filme zu sehen, für die sie im Kino nebenan bezahlen müßten.[362] Die Post stand zwar voll und ganz hinter dem Gedanken der Verwundetenbetreuung. Sie begann auch zum 1. Januar 1941 damit, einzelne Fernsehstuben zu schließen und die freiwerdenden Empfänger in Gemeinschaftsräumen der Lazarette und zusätzlich in Zimmern mit mehreren bettlägerigen Verwundeten aufzustellen. Dieser Prozeß vollzog sich aber nicht in der von Engler geforderten Konsequenz, weil sich die Reichspost von der Idee des öffentlichen Fernsehdienstes nur schweren Herzens verabschieden konnte. Anfangs wurden deshalb die Verwundeten noch in die bestehenden Fernsehstuben und Großbildstellen in Berlin geführt, wo sie zusammen mit den zivilen Besuchern das Programm verfolgten. An jenen Tagen allerdings, wo mit Rücksicht auf die Soldaten aktuelle Spielfilme auf dem Sendeplan standen, schloß die Post das Berliner Publikum aus, indem sie vor den Empfangsstellen entsprechende Hinweise anbrachte.[363]

Aber schon Anfang 1942 ließ sich dieser Zustand des gemischten Empfangs in vollem Umfang nicht mehr aufrechterhalten. Aufgrund des eklatanten Empfängermangels, der erhebliche Verzögerungen bei der Umstellung auf Lazarettfernsehen verursachte, sah sich die Post gezwungen, sämtliche Fernseh*stellen* in der Reichshauptstadt dicht zu machen. Den Hinweis in der Presse, es handele sich hierbei um eine vorübergehende Maßnahme, konnte man sich allerdings nicht verkneifen.[364] Von der Schließung ausgenommen waren jedoch die drei Berliner Großbildstellen, die die Bevölkerung auch weiterhin frequentierte, obwohl die Post den Bechsteinsaal im Rahmen einer kleinen Feierstunde am 10. Januar 1942 ausschließlich in den Dienst der Truppenbetreuung gestellt hatte.[365] Schon bald mußte sich deshalb die Postseite von Intendant Engler den

Vorwurf gefallen lassen, sie gefährde mit den drei Fernsehtheatern leichtfertig die Existenz des Paul-Nipkow-Senders. Als die Großbildstellen im November 1942 noch immer für jedermann zugänglich waren, hielt es Engler für angebracht, mit Nachdruck auf die Einhaltung inzwischen getroffener Abmachungen zwischen dem Fernsehen und der Reichsfilmkammer hinzuweisen. Als Gegenleistung für aktuelle Spielfilme hatte diese sich nämlich vertraglich ausbedungen, daß die Öffentlichkeit kategorisch vom Besuch *aller* Empfangsstellen ausgeschlossen wird. Lediglich der Bechsteinsaal sollte gelegentlich „für private Gäste des Fernseh-Rundfunks, die von Ihnen [der Reichspost] oder mir [Engler] angegeben werden,"[366] offen stehen.

Obwohl Ende 1942 die Großbildstelle Turmstraße geschlossen wurde (allerdings nur wegen Ausfalls der Röhre, die kriegsbedingt nicht mehr ersetzt werden konnte), weigerte sich die Reichspost zunächst, den Auflagen der Filmkammer in vollem Umfang nachzukommen. Erst Anfang Februar 1943, als der Film wegen Vertragsbruchs gerichtliche Schritte androhte, lenkte Postminister Ohnesorge ein und verfügte den Ausschluß des zivilen Publikums in den beiden noch verbliebenen Großbildstellen. Allerdings nur unter der Einschränkung, „daß den am Fernsehen fachlich interessierten Vertretern von Behörden und der Industrie" nach wie vor der Zutritt „ermöglicht bleibt",[367] was im folgenden durch die Ausgabe besonderer „Zulassungskarten" geregelt wurde. Ohnesorges Entscheidung vorausgegangen war ein Bericht der Berliner Reichspostdirektion, worin der Minister über die drohende Klage der Filmkammer informiert wurde. Nach dem Eindruck der RPD waren es weniger die in ihrer Zahl bedeutungslosen Zivilbesucher, die den Film zu juristischen Schritten bewogen hatte, als vielmehr die grundsätzliche Überlegung, „daß der Filmindustrie durch die vermeintliche Duldung des derzeitigen Zustandes (...) späterhin Nachteile erwachsen".[368] Um eine sich abzeichnende Eskalation zu vermeiden, hielt es die RPD nunmehr für unerläßlich, „den vertraglichen Abmachungen streng zu entsprechen".[369]

Faktisch war somit erst im Frühjahr 1943 das Berliner Publikum gänzlich von den Fernsehsendungen ausgeschlossen, obwohl Fronturlauber und leichter Verwundete auch danach ihre zivilen Angehörigen in die beiden Großbildstellen mitnahmen, worüber man aber generös hinwegsah. Im gleichen Maße, wie der öffentliche Fernsehdienst zurückgeschraubt wurde, nahm natürlich die Zahl derjenigen Lazarette zu, die mit freigewordenen, aber auch mit Stand- und Einheitsempfängern von Behördenvertretern ausgestattet wurden. Vor allem letztere zog man heran, als die Postdirektion im Januar 1941 in einer ersten Stufe elf Berliner Lazarette mit Geräten ausstattete – zunächst versuchsweise, um erst einmal Erfahrungen auf diesem neuen Gebiet zu sammeln. Die RFG gab deshalb gleichzeitig einen Bericht in Auftrag, der Auskünfte über den optimalen Standort der Geräte sowie das Sehverhalten der unterschiedlich verletzten Soldaten geben sollte. Darin kam die Reichspostdirektion zu dem Schluß,

„daß die im Lazarett liegenden Soldaten günstig durch Einsatz der Empfänger in zwei Gruppen zu erfassen sind. Den leichter Verletzten, aber oft an das Haus Gefesselten, dient der Gemeinschaftsempfang nach Art einer Fernsehstube in einem geeigneten Tagesraum. Den Bettlägerigen dagegen muß der Fernsehempfang mittels leicht beweglicher Geräte ins Zimmer gebracht werden, um unzulässige körperliche Beanspruchung zu vermeiden. Durch fächerartige Anordnung der Betten können bis zu sechs Personen die Vorgänge auf der Leuchtscheibe gut verfolgen".[370]

In den nächsten Monaten gab man sich alle Mühe, möglichst rasch weitere Lazarette auf diese Art und Weise mit Geräten zu bestücken. Vor allem die Reichs-Rundfunk-Gesellschaft stellte nun bereitwillig Empfänger zur Verfügung – darunter natürlich alle Privatgeräte der verantwortlichen Programmitarbeiter des Nipkow-Sender.[371] Ihre Zahl hielt sich jedoch notgedrungen in Grenzen, verfügte doch die RRG im Frühjahr 1942 nur über insgesamt 27 Empfänger,[372] ein kümmerlicher Bestand, der sich in den beiden vorangegangenen Jahren lediglich um vier Geräte erhöht hatte. Davon waren „am 31. März 1942 14 in Lazaretten, 10 in Büro- oder Privaträumen leitender Herren der RRG und 2 in Privaträumen früherer Geschäftsführer der RRG aufgestellt, ein Empfänger befand sich am Lager".[373] Über die an die Militärhospitäler ausgeliehenen Geräte lagen dem Rundfunk im übrigen ordnungsgemäße Empfangsbestätigungen vor.

Es ist somit nicht verwunderlich, daß im August 1942 erst 34 Lazarette am Fernseh-empfang teilnehmen konnten, obwohl die Post inzwischen ihre öffentlichen „Kleinbild-stellen" ganz geschlossen hatte. Weil die Versorgung mit Ersatzteilen wie Konden-satoren, Bildröhren oder Transformatoren immer schlechter wurde, gelang es überdies nur unter größten Schwierigkeiten, den laufenden Lazarettbetrieb einigermaßen in Gang zu halten. Durch die lange Benutzung der Empfänger – bis zu sieben Stunden täg-lich -, und durch die zum Teil unsachgemäße Bedienung in den Lazaretten wurden vor allem die störanfälligen Röhren über Gebühr in Mitleidenschaft gezogen. Um hier die größten Löcher notdürftig zu stopfen, schlachtete die Reichspost einen Teil ihrer noch verbliebenen Dienstempfänger regelrecht aus. An eine sofortige Erweiterung der Be-treuung auf zusätzlich 25, zum Teil auch größere Militärkrankenhäuser, wie sie Wilhelm Ohnesorge im August 1942 vorschlug,[374] war aber zu diesem Zeitpunkt nicht zu den-ken.

Erst nachdem der Reichspostminister für die Beschaffung von Einzelteilen bei den Wehrmachtsstellen eine Dringlichkeitsstufe erwirkt hatte und darüber hinaus weitere Dienstempfänger einziehen ließ, konnte dieses Vorhaben zumindest partiell verwirklicht werden. Zum 31. März 1943 verfolgten immerhin die Verwundeten von 49 Berliner Lazaretten das Fernsehprogramm auf insgesamt 57 aufgestellten Empfängern.[375] Ob allerdings danach – wie von Ohnesorge vorgesehen – auch noch die restlichen zehn Krankenhäuser hinzukamen, ist nicht überliefert. Wahrscheinlicher ist jedoch, daß man im Frühjahr 1943 eine absolute Spitzenmarke erreichte, die in den Folgemonaten sicher-lich eher unter- als überschritten wurde. Zumal sich kriegsbedingte Rationalisierungs-maßnahmen und Einschränkungen des zivilen Bedarfs radikal verschärften, als Goebbels am 18. Februar 1943 im Sportpalast, unter frenetischem Jubel seiner handver-lesenen Zuhörer, den „totalen Krieg" proklamierte.[376]

Gleichwohl ging Englers Rechnung vom Herbst 1940 auf. Nach der Umstellung auf Truppenbetreuung erreichte nämlich der Nipkow-Sender rund zwei- bis dreimal so viel Zuschauer wie in der ersten Kriegshälfte. Laut einer „Umfrage", die Engler im Auftrag von Hans Hinkel im Frühjahr 1943 in den angeschlossenen Lazaretten durchführte, verfolgten zu diesem Zeitpunkt – großzügig aufgerundet – täglich etwa 4.300 nicht ausgehfähige Soldaten das Programm.[377] Daß eine weniger parteiliche Instanz wahrscheinlich etwas niedrigere Zahlen ermittelt hätte, muß eine nicht verifizierbare Mutmaßung bleiben. Trotzdem, rechnet man nun noch die leichter Verwundeten, die Fronturlauber und Rüstungsarbeiter hinzu, die einmal wöchentlich im Kuppelsaal direkt oder täglich in den beiden Großbildstellen Postministerium und Linkstraße dabei waren, dann kommt man für Berlin – freilich ebenfalls bei wohlwollender Betrachtung – auf eine tägliche Zuschauerzahl von immerhin 5000 (1943). Was den Privatempfang in der Hauptstadt betraf, so sank der Gerätebestand (ohne die Empfänger der Industrie) im weiteren Verlauf des Krieges zugunsten des Lazarettfernsehens wieder deutlich unter 100 ab. Als für den Einsatz im Lazarettbetrieb absolut tabu galten aus verständlichen Gründen Geräte hochrangiger Wehrmachtsangehöriger, die die Post „zur Überwachung des Fernsehprogramms und zur Anregung für eine weitere Ausgestaltung der Betreuung"[378] aufgestellt hatte.

Die Fernsehprogramme wurden indes auch dann noch fortgesetzt, als am 23. November 1943 die Sendeanlagen im Amerikahaus einem britischen Bombenangriff zum Opfer fielen.[379] Wenige Tage zuvor, am 19. November, hatte die Royal Air Force eine Luftoffensive gegen Berlin („Battle of Berlin") gestartet, mit dem Ziel, der Reichshauptstadt als Regierungszentrale und Sitz kriegswichtiger Werke der Maschinen- und Elektroindustrie ein ähnliches Schicksal zu bereiten wie kurz zuvor Hamburg. Während die einst blühende Spreestadt langsam in Schutt und Asche versank, bemühte sich zwar die Reichspost-Fernsehgesellschaft sofort nach dem Ausfall der Sendeanlagen um den Aufbau entsprechender Ersatzanlagen; diese konnten jedoch von der in die Rüstung eingebundenen Funkindustrie nicht mehr geliefert werden. Um aber dennoch den Fernsehrundfunk aufrechtzuerhalten, versorgte man fortan die Großbildstellen und Lazarette wieder, wie schon zu Beginn des Krieges, provisorisch vom Studio Deutschlandhaus über das Berliner Drahtfunknetz.[380]

6.11. Das Medium scheut die Dunkelheit
Vorverlegung der Programmfolge in den frühen Abend

Während das Fernsehprogramm, von den bekannten Ausnahmen bei der Olympiade, der Parteitage und der Funkausstellungen abgesehen, bis 1939 konstant zwischen 20.00 und 22.00 Uhr über den Sender ging, variierten die Zeiten in den Kriegsjahren häufig. Schon wenige Wochen vor der Zwangspause im September 1939 bot sich dem Berliner Publikum bei den Sendezeiten ein verwirrendes Bild: Anläßlich der Rundfunkschau Ende Juli/Anfang August übertrug man ohne Pause von 10.00 Uhr morgens bis abends

22.20 Uhr. Auch in der ersten Woche nach Beendigung der Ausstellung (vom 7. 8. 1939 an) war das Programm immer noch 90 Minuten länger als Anfang Juli. Es begann um 17.00 Uhr und endete um 22.20 Uhr, allerdings unterbrochen durch eine 90minütige Pause von 18.00 bis 19.30 Uhr; außerdem sendete man jetzt auch sonntags. Bis zur vorübergehenden Einstellung des Fernsehens änderten sich die Anfangszeiten bzw. die Länge der dazwischenliegenden Sendepause insgesamt noch viermal. Nach dem Neustart im Herbst schrumpfte das Programm wieder auf die bis Mitte 1939 üblichen zwei Stunden täglich zusammen. Lediglich an den Sonntagen kam als Neuerung von 15.00 bis 16.00 Uhr eine zusätzliche Stunde hinzu, die vorwiegend für die Ausstrahlung von Kindersendungen eingeplant war. Außerdem verlegte man, einer Verordnung des Luftfahrtministeriums entsprechend,[381] vom 12. November 1939 an die tägliche Abendschiene auf 18.00 bis 20.00 Uhr vor, weil man damals annahm, feindliche Bomber würden vor allem nachts kommen; das Fernsehprogramm sollte dann schon beendet sein.[382]

Aus dieser Überlegung heraus ergab sich in den Kriegsjahren bei der Festlegung der Sendezeiten folgendes Prinzip: Während man mit zunehmender Helligkeit und besonders nach Einführung der Sommerzeit den Anfang des Hauptprogramms mehr in den Abend hinein plazierte, wurde er im Herbst mit der früher einsetzenden Dunkelheit schrittweise wieder auf den späten Nachmittag vorgezogen.[383] Diese Linie läßt sich anhand der vorhandenen Programmausdrucke bis zum Mai 1941 durchgehend beobachten. Außerdem brachte in den Sommermonaten 1940 der neue Programmpunkt *Übertragung aus dem Freigelände* (7. 7.-28. 9. 1940) eine befristete Ausdehnung der täglichen Sendezeit um eine halbe Stunde mit sich:

> ab 12. 11. 1939: 18.00-20.00 Uhr[384]
> ab 26. 05. 1940: 19.00-21.00 Uhr
> ab 07. 07. 1940: 18.30-21.00 Uhr
> ab 29. 09. 1940: 18.00-20.00 Uhr
> ab 14. 10. 1940: 17.30-20.00 Uhr
> ab 03. 11. 1940: 17.00-19.00 Uhr
> ab 02. 05. 1941: 18.00-20.00 Uhr
> ab 18. 05. 1941: 19.00-21.00 Uhr

Nicht zuletzt der häufige Wechsel bei den Anfangszeiten sowie die daraus resultierenden fehlerhaften Programmankündigungen[385] sorgten beim Berliner Publikum für reichlich Konfusion.[386] So brachte beispielsweise der Rundfunk am Ostersamstag, den 23. März 1940, die kurze Mitteilung, daß die am gleichen Tag stattfindende Fernsehsendung nicht, wie zuvor in der Presse angekündigt, um 18.00 Uhr, sondern bereits zwei Stunden früher begann. Hinzu kam die dauernde Ungewißheit über die im Stadtgebiet gerade geöffneten Empfangsstellen. Darüber beschwerte sich im Frühjahr 1940 der Berliner Johann Grabowski beim Reichspostminister. Er schilderte sein erfolgloses Bemühen, eine erschöpfende Auskunft zu erhalten, wann und wo Fernsehsendungen überhaupt zu sehen waren. Es berühre einem als Berliner sehr peinlich, meinte Grabowski aufgebracht, wenn zwei Hauptpostämter nicht in der Lage seien, verbindliche Informationen über die Sendezeiten des Fernsehens zu geben.[387] Nach dem Wegfall der deutschen Rundfunkprogrammzeitschriften Ende Mai 1941 fand man zwar rasch neue Wege, das Fernsehprogramm publik zu machen. Allerdings mußten die Zuschauer jetzt von sich aus einiges tun, um Sendezeiten und Inhalte in Erfahrung zu bringen, was ihr Interesse an dem Medium sicherlich noch weiter einschränkte. Während nämlich die Anfangszeiten fortan im Radio bekanntgegeben wurden, war die Sendefolge nur aus den Aushängen vor den öffentlichen Empfangsstellen zu ersehen bzw. mußte telefonisch bei einer eigens vom Nipkow-Sender eingerichteten Fernsehauskunft eingeholt werden.[388]

Als von 1941 an das Medium mehr denn je im Zeichen der Truppenbetreuung stand, erwies sich die neue Klientel rasch als eine kritische Zuschauerschaft, nachdem bis dahin lediglich Kurt Wagenführ – mit ersten Anzeichen von Resignation – die häufigen Wiederholungen im Programm moniert hatte.[389] Die ans Krankenbett gefesselten Soldaten konsumierten im Gegensatz zu dem bislang ständig wechselnden Publikum die Inhalte täglich und bemängelten deshalb schon bald ihre häufigen Reproduktionen sowie die politisch akzentuierten Sendungen. Aber weniger als direkte Reaktion auf das Ablenkungs- und Zerstreuungsbedürfnis seiner neuen Zuschauer, als vielmehr aufgrund offizieller rundfunkpolitischer Direktiven, ließ Intendant Engler Anfang 1942 verlautbaren, vom 1. Februar an werde zunächst für vier Wochen ein täglich wechselndes Programm ausgestrahlt, das in erster Linie aus leichten Unterhaltungssendungen bestehen solle.[390] Dieser Vorgang hatte durchaus seine Parallelen in den Bereichen Hörfunk und Kino. So gab Reichskulturwalter Hans Hinkel Ende Oktober 1941 an die Multiplikatoren folgende Parole aus:

„Seit etwa 14 Tagen sei ja das Rundfunkabendprogramm erheblich aufgelockert worden, es solle der breitesten Masse der Soldaten an allen Fronten und der schwerarbeitenden Bevölkerung Unterhaltung und Entspannung bieten. (...) Zum Verständnis dieser neuen Programmgestaltung möchte doch bei Gelegenheit in einer Glosse oder in einem Artikel etwas über diesen ‚lebensbejahenden Humor im Kriege' gesagt werden. Der Rundfunk müsse in dieser Zeit, besonders abends, in erster Linie eine aufgelockerte, interessante und amüsante Unterhaltung bieten, wie diese in Hörerbriefen immer wieder erbeten worden sei."[391]

Während Hinkel mit Beginn des darauffolgenden Jahres angesichts neuer Niederlagen an der Front eine weitere inhaltliche „Auflockerung" in Radio (und Fernsehen) anordnete,[392] stellte auch der Film spätestens nach Stalingrad vollends auf leicht verdauliche Hausmannskost um.[393] Der hintersinnige Mißbrauch der Unterhaltung für die Ziele des Regimes, wie ihn Gerd Albrecht in seinem Buch *Nationalsozialistische Filmpolitik* für das Kino beschreibt,[394] sollte nun auch wieder in vollem Umfang für das Fernsehen gelten, nachdem der Nipkow-Sender, berauscht von den propagandistisch weidlich ausgeschlachteten „Blitzkriegen", zu Beginn der militärischen Konfrontation vermehrt politische Beiträge gebracht hatte. Die wachsenden Vorbehalte der Soldaten gegen Politik und Kriegsberichterstattung im Fernsehen bestätigte im übrigen die bereits erwähnte „Umfrage" vom Februar 1943, die Gegenstand eines kurzen Rapports von Hinkel an Goebbels wurde.[395] Auf der Basis von insgesamt 47 angeschlossenen Versehrtenstätten ermittelten erstmals Mitarbeiter der Programmseite (Produktion I Zeitgeschehen) ein Meinungs- und Stimmungsspektrum ihrer Zuschauer, wobei man verständlicherweise besonderen Wert auf das Urteil der leitenden Ärzte legte.

Das Fernsehen setzte aber im Frühjahr 1942 nicht nur inhaltlich neue Akzente, sondern erweiterte auch – wie zuvor von Engler avisiert – sein Programmangebot, was man allerdings nur mit Hilfe von Kinoerzeugnissen schaffte. So ergänzte der Sender in den ersten Monaten des Jahres die reguläre zweistündige Hauptsendung (von 16.00 bis 18.00 Uhr) durch eine eineinhalbstündige Filmsendung (von 18.30 bis 20.00 Uhr). Außerdem bereitete man die von 14.00 bis 16.00 Uhr ausgestrahlten Versuche für die Industrie durch zusätzliches Filmmaterial so auf, „daß sie im Interesse der Verwundeten- und Lazarettbetreuung als geschlossener Sendungsteil einbezogen werden konnte".[396] Allerdings ging die Post Ende des Jahres dazu über, ihre Testsendungen nicht mehr täglich auszustrahlen, sondern – mangels Bedarf – auf dreimal wöchentlich einzuschränken. Immerhin gelang es dem Fernsehen 1942 für einige Monate, seine tägliche Sendezeit beinahe zu verdreifachen. Den Verwundeten bot man in den Nachmittagsstunden einen homogenen, vierstündigen Programmblock, der sich freilich mindestens zur Hälfte aus fremdbeschafften Spielfilmen zusammensetzte. Die abendliche Filmsendung bis 20.00 Uhr reicherte man gelegentlich mit direkten Programmen an.

Was die Festlegung der günstigsten Sendezeiten anbelangte, so mußten diese nach 1941 in Einklang gebracht werden mit dem in den Lazaretten vorherrschenden Tagesrhythmus sowie mit den Behandlungs- und Genesungsvorschriften, die die Ärzte dort vorgaben. Hingegen trat das Prinzip der jahreszeitlich bedingten Anpassung stärker in den Hintergrund; häufige Änderungen der Sendezeiten waren aber auch weiterhin an der Tagesordnung. Auf Anraten der Ärzte wurde beispielsweise vom 6. Dezember 1942 an das zweite Filmprogramm mehr in den Abend zurückverlegt (von 19.00 bis 21.30 Uhr),[397] damit die Verwundeten in der 60minütigen Pause in Ruhe ihre Mahlzeiten einnehmen konnten. Zuvor hatte es deswegen einige Probleme gegeben, weil die halbstündige Programmunterbrechung eine geordnete Essensausgabe und -einnahme erschwerte. Mit diesem Kompliment der Soldaten im Rücken, konnte das Fernsehen sein dreieinhalbstündiges Programm bis nachweislich Ende 1943 aufrechterhalten, während die Reichspost im selben Jahr ihre Versuchssendungen endgültig einstellte. Die letzte Änderung der Sendezeiten ist datiert auf den 31. Oktober 1943. Von da an strahlte das Fernsehen täglich von 14.30 bis 16.30 Uhr vorwiegend eigene Programme aus, denen sich von 18.00 bis 19.30 Uhr Filmsendungen anschlossen.[398] Was genau konnten nun die Zuschauer im deutschen Kriegsfernsehen verfolgen?

6.12. Gehegt und gepflegt bis zuletzt
Launige Information mit soldatischen Elementen

Den Fernsehleuten gelang es in den Wintermonaten 1939/40 nur mit größter Mühe, die magazinartige Sendung *Zeitdienst* täglich live auszustrahlen. Eine gewisse programmliche Entlastung brachten erst die helleren Frühlings- und Sommertage des Jahres 1940, die man nun ausgiebig für Außenaufnahmen nutzen konnte. Nachdem schon im Frühjahr belanglose Bildsequenzen aus der Reichshauptstadt sporadisch als Füllstoffe für die *Zeitdienst*-Sendung herhalten mußten („Rund um den Potsdamer Platz", „Schnappschüsse in den Weltstadtverkehr Berlins" oder „Rund um die Kaiser-Wilhelm-Gedächtniskirche"),[399] stellte man mit Übernahme der täglichen, 30minütigen *Übertragungen aus dem Freigelände* (7.7.1940) ins Hauptprogramm die Sendung *Zeitdienst* (und das *Bild des Tages*) vorübergehend bis zum 28. September 1940 ein. Als das Zeitgeschehen Ende September wieder ins Studio zurückkehrte, änderte man die Plazierung des aktuellen Blocks: *Zeitdienst* und *Wochenschau* rutschten jetzt in die zweite Programmhälfte, nachdem sie bis dahin in der Regel die Hauptabendschiene eingeleitet hatten. Das Kernstück beim Aktuellen bildete somit auch 1940 die durchgängig ausgestrahlte *Wochenschau* mit ihr kurzgeschnittenen Bildfolge und suggestiven Kommentierung,

> „die in packenden Szenen das an der Front abrollende Geschehen veranschaulicht und uns wie ein Sturm mitreißt. Sie zeigt das harte Handwerk des Soldaten, den Siegeswillen unserer Truppen und die entsetzlichen Folgen des von verantwortungslosen Geldsackanbetern entfesselten Krieges".[400]

Neben der Wochenschau mit ihrer zeitlich verzögerten Aktualität, die in der Regel 30, manchmal sogar 45 Minuten des nur zweistündigen Programms ausmachte (16.6.-20.7.1940), nahm 1940 das ebenfalls nichtfiktionale Genre der Kultur- und Dokumentarfilme wieder sprunghaft zu, nachdem dieses im Jahr zuvor so gut wie gar nicht mehr eingesetzt worden war. Als „künstlerisch wertvoll" und „volksbildend" prädikatisiert, dienten die Kulturfilme jetzt ganz offen der Wehrertüchtigung, verherrlichten den „charismatischen Führer" und ästhetisierten den Krieg als bloßes Abenteuer: Martin Riklis *Flieger-Funker-Kanoniere* (23.11.1939), *Die Feuertaufe* (31.5.1940), Walter Ruttmanns *Deutsche Waffenschmieden* (16.6.1940), *Die jüngsten der Luftwaffe* (18.6.1940) von Hermann Boehlen, *Fallschirmjäger* (29.7.1940), *Flieger zur See* (14.8.1940), *U-Boot am Feind* (6.3.1941), *Brandbombenbekämpfung* (27.4.1941) und andere mehr. Gerade *Die Feuertaufe*, ein Propagandawerk über die Luftwaffe im Polenfeldzug, hielt Joseph Goebbels für einen besonders großen Wurf. Am Vorabend des 20. April 1940, in seiner obligaten Rundfunkrede zu Hitlers Geburtstag, beschrieb der Medienvirtuose eine Sequenz aus dem Polenfilm in der ihm eigenen melodramatisch-verlogenen Sprache:

„Dann schwenkt die Kamera langsam von der Gruppe der beratenden Generäle ab und faßt an einer Seite des Raumes sitzend den Führer ins Bild; und mit tiefer Ergriffenheit entdeckt das Auge des Betrachters dann den Mann, auf den wir alle schauen, sein Gesicht von Sorgen erfüllt, von der Last des Gedankens überschattet, eine geschichtliche Persönlichkeit, ganz groß und ganz einsam."[401]

Hingegen stellte man schon im Herbst 1939 das einfache Verlesen der DDD-Nachrichten aus dem Studio ein, wie man es im Sommer kurzzeitig praktiziert hatte. An deren Stelle traten eigene Filmaufnahmen und, erstmals von Mitte 1940 an, ein illustrierter Wehrmachtbericht, der zunächst als separater Programmpunkt angekündigt (*Erläuterungen zum Wehrmachtsbericht*, 9. 7. 1940) und dann von 1941 an einmal wöchentlich im Rahmen der Sendung *Zeitdienst* ausgestrahlt wurde. Anhand von Kartenmaterial im Studio, das durch tendenziöse Filmstreifen der Propagandakompanien angereichert und ergänzt wurde, erklärte ein Offizier der Wehrmacht die militärischen Operationen der vergangenen sieben Tage.[402] Neben dieser Wochensendung kam ein täglicher Programmpunkt „Zur Kriegslage" hinzu, der nicht nur für eine weitere Ausdifferenzierung des fernseheigenen Nachrichtendienstes sorgte, sondern auch für eine Zunahme ausgesprochen militärisch-ideologisch gefärbter Sendungen im Herbst 1940. Darin wurde anhand von PK-Material „auf die im Bericht des Oberkommandos der Wehrmacht genannten Orte und ihre Bedeutung besonders aufmerksam gemacht".[403] Von den hierfür verwendeten, zumeist drei- bis sechsminütigen Filmen der Propagandakompanien konnten jedoch nur einige Titel wie *Technik im Kriege: Das Ohr und Auge der Armee* (27. 8. 1941), *Bauernarmut im Sowjetparadies* (28. 8. 1941) oder *Zwischen den Schlachten* (24. 9. 1941) ermittelt werden. Diente der illustrierte Wehrmachtbericht im Fernsehen bevorzugt der regelmäßigen Unterrichtung über die Frontlage, ohne dabei allerdings auf die jeder Kriegsberichterstattung eigenen Subjektivität zu verzichten, so war es seiner ganzen Struktur nach erstes Anliegen des PK-Filmberichts, meinungsbildend zu wirken – ob in Form der eher hintergründigen Reportage, des nüchtern-militärischen Sachberichts, der trockenen Lageübersicht oder des agitatorischen Appells.[404]

Noch im März 1942 unterbreitete Kurt Wagenführ eine Reihe von Vorschlägen zur Gestaltung eines „bebilderten täglichen 20-Uhr-Nachrichtendienstes". Wagenführ, der im übrigen nach den schlechten Erfahrungen von 1939 den Wegfall des Nachrichtensprechers im Bild befürwortete, hielt es durchaus für möglich, daß eines Tages auch „spröde Nachrichten" gut illustriert werden könnten. Die genaue Zeit beispielsweise könne durch eine Uhr mit großem Sekundenzeiger sicherer angezeigt werden, als wie bisher durch einen Gongschlag am Anfang der Sendung; diese Uhr müsse, ebenso wie das jeweilige Datum, eingeblendet werden. Darüber hinaus hielt es Wagenführ für sinnvoll, eine Wetterkarte „mit sich bewegenden Linien" zu zeigen. Vielleicht, so mutmaßte der Fachjournalist, ergebe sich hier eine neue Aufgabe für die Wetterdienststellen, die täglich einen Zeichentrickfilm herstellen könnten. Ferner schlug er vor, graphisch aufbereitete Wasserstände, Kurse oder Sporttabellen, aber auch Programme und Anfangszeiten von kulturellen Einrichtungen sowie Programmänderungen des Fernsehens „langsam zum Mitschreiben" abrollen zu lassen. Besonders schwer zu illustrierende Meldungen könnte man dem Zuschauer auch in Form von „symbolischen Sammelüberschriften" wie „Aus dem Kulturleben" oder „Aus der Wirtschaft" visuell besser vermitteln.[405] Ob allerdings Wagenführs weitblickenden Vorschläge noch berücksichtigt wurden, bleibt einmal mehr fraglich.

Nach 1939 genossen indes Beiträge von und für Frauen besondere Aufmerksamkeit in der Sendung *Zeitdienst* sowie in den expandierenden aktuellen „Specials" mit wechselnden Titeln. Mit solchen Programmen trug man dem veränderten Kriegsalltag der daheimgebliebenen Frauen Rechnung, oder thematisierte wie beim Fernsehspiel die vom kriegführenden Regime ausgegebenen Parolen nach Konsumverzicht, Autarkiewirtschaft und Selbstbeschränkung. In der Gymnastikreihe *Die Körperschule der Frau* (16.11.1939), die seit Mitte November 1939 von der jungen Sportlehrerin Elena Gerhardt[406] einmal wöchentlich zehn Minuten lang betreut wurde[407] (von Mitte 1941 an unter dem Titel *Gymnastik für die Frau*), ging es beispielsweise um „volkstümliche Tanzformen und ihr gymnastischer Wert" oder um Übungen wie „richtiges und gesundes Treppensteigen sowie [um] Methoden der Gymnastik, die dem Körper zur rechten Steigehaltung verhelfen".[408] Begleitend dazu strahlte man gelegentlich Kulturfilme aus wie *Gesunde Frau – gesundes Volk* (10.5.1940).

Während hierbei bisweilen „Rassenkunde" betrieben und die körperliche Ertüchtigung der Frauen zur Bewältigung des anstrengenden Alltages propagiert wurde, standen bei *Zeitdienst*-Beiträgen wie „Die Hausfrau im Kriege", „Rezepte zum Einmachen", „Nun erst recht Kampf dem Verderb!" oder „Der Meisterbrief der Hausfrau" eine spartanische und fleischarme Ernährung im Vordergrund, aber auch das Sammeln wiederverwendbarer Altstoffe und der „Kampf dem Verderb". Mit Koch-Sendungen, die häufig von Trude Leitzbach moderiert wurden, und spielerischen Szenen warben im Studio abwechselnd die „Gausachbearbeiterin für Ernährungsfragen" und Mitglieder der NS-Frauenschaft für billige Brot-, Kartoffel-, Eintopf- und Rhabarbergerichte („Das Eintopfessen ist Bekenntnis zur Gemeinschaft!"). Am Beispiel der Diätküchen des Deutschen Frauenwerks in Berlin verwies man auf die Vorteile heimischer Rohkostprodukte[409] und redete dem Kleingärtnertum und der Selbstversorgung in der Großstadt das Wort:

> „Vor kurzem wurde (...) der Anbau von Nutzpflanzen, vor allem von Küchenkräutern, auf dem Balkon gezeigt. Eine Hauswand und ein großer offener Balkon waren zu sehen, auf dem die Mutter mit ihrem kleinen Mädchen die Blumenkästen zurechtmachte und die Planzen einsetzte. Beim Anblick dieser hübschen Balkonkästen (...) bekam jede Hausfrau Lust, mindestens einen Kasten statt mit Blumen, mit Tomaten oder Kräutern wie Basilikum, Schnittlauch und anderen zu füllen."[410]

Heilkräuteranbau, Autarkiewirtschaft, Fleischverzicht – diese Schlagworte des aktuellen Fernsehprogramms deckten sich, wie gesagt, mit den offiziellen Vorgaben des Regimes. Wenn bis weit in den Krieg hinein an den sogenannten „Eintopfsonntagen" die Volksgenossen gemeinsam ihre Erbsensuppe löffelten und Goebbels daraus in Berlin ein Prominentenspektakel machte, so war das ein Paradestück nationalsozialistischer „Volkserziehung". Die damit transportierten Botschaften lauteten: die Volksgemeinschaft existiert und alle machen mit; „oben" und „unten" sind weniger wichtig als der „gute Wille"; materielle Anspruchslosigkeit zeugt von „nationaler Solidarität". Sicherlich schonten die regelmäßigen Einfachessen ein wenig auch die volkswirtschaftlichen Ressourcen, aber bei weitem wichtiger für das Regime war ihr sozialpsychologischer Effekt. Sie suggerierten eine kollektive Opferbereitschaft, wie sie nicht zuletzt in den Parolen der NS-Volkswohlfahrt und des Winterhilfswerks Ausdruck fand:[411] „Ein Volk hilft sich selbst", lautete, trotzig-entschlossen, das Motto einer der ersten von unzähligen Sammelaktionen. Mit solchen Bettelveranstaltungen, vor allem aber durch die Kürzung der Komsumgüterproduktion und die strikte Bewirtschaftung lenkten die Nazis im großen Stil Kaufkraft auf die Sparkonten um, ohne sich der anrüchigen Methode von Kriegszwangsanleihen zu bedienen. Auch das Fernsehen trug im Rahmen seiner Möglichkeiten dazu bei, daß der „kleine Mann" zur Kriegsfinanzierung herangezogen wurde (*Vom Postsparkassenbuch*, 11. 7. 1939).

In Sachen Kleidung erwies sich der Nipkow-Sender ebenfalls als willfähriges Sprachrohr für die Autarkieparolen des auf Rüstungsmittel fixierten Regimes: Junge BDM-Frauen demonstrierten beispielsweise im Fernsehstudio die Herstellung von Hausschuhen mit einfachen Materialien (*Das BdM-Werk ‚Glaube und Schönheit'*, 26. 11. 1940). Oder man gab Tips, wie sich die Hausfrau robuste Kleidungsstücke selbst anfertigen konnte (*Das zeitgemäße Kleid*, 12. 11. 1939). Eine Leistungsschau der Berliner Textil- und Modenschule, die Elena Gerhardt im Januar 1941 mit dümmlichen Vierzeilern präsentierte,[412] verfolgte einen ähnlichen Zweck (*Schau der Textil- und Modenschule der Stadt Berlin. Aus alt mach neu*, 4. 1. 1941). Außerdem stieß der Zuschauer 1941/42 vermehrt auf frauenspezifische Sendungen, die sich mit Kultur, Sitten und Lebensgewohnheiten des Kriegsalliierten Japan, aber auch mit bestimmten Berufen beschäftigten. Da gab es Beiträge über die japanische Kochkunst (*Wir kochen ‚Kabu no Ankake'*, 26. 7. 1941), mit der Köchin des japanischen Marine-Attachés im Studio. Oder Programme über die Kunst des Blumensteckens Ikebana sowie über *Japanische Tee-Zeremonien* (14. 3. 1941) mit Mitchiko Tanaka.[413] In der Sendung *Zeitdienst* vom 17. Januar 1940 erläuterte Trude Leitzbach die Arbeit einer Gold- und Silberschmiedin, oder Elena Gerhardt sprach ein Jahr später mit der Gattin des norwegischen Schriftstellers Knut Hamsun, der 1940 einen Artikel veröffentlicht hatte, in dem er seine Landsleute aufforderte, sich mit der deutschen Okkupation abzufinden. Marie Hamsun – im übrigen selbst eine überzeugte Nationalsozialistin,[414] die sich Anfang 1941 für Goebbels' Ministerium auf Vortragsreise durch 40 deutsche Städte befand[415] – plauderte am Teetisch über das schriftstellerische Werk ihres Mannes und las aus ihrem Jugendbuch *Langerudkinder* vor.

Diese Fülle an ausgesprochenen Frauen-Sendungen veranlaßte die umtriebige Pressereferentin Anne-Marie Kunze 1941 zu einem Artikel über „Arbeit und Wesen der

Fernseh-Reporterin".[416] Die Sprecherin im neuen Medium habe nicht nur über ein hübsches Gesicht zu verfügen („Ihre Sendung trägt ihr Gesicht."), sondern auch über eine gute Stimme, Improvisationskunst und hingebungsvolle Gebärden. Dem damaligen Frauenbild entsprechend, sollte sie nach Kunze in der Lage sein, „mit ihrer heiteren Gelöstheit und bezwingenden Liebenswürdigkeit das Fernsehstudio mit Charme zu erfüllen".[417] Die so charakterisierte Elena Gerhardt stellte allerdings im Juli 1942 ihre freiberufliche Tätigkeit beim Berliner Fernsehen ein,[418] um aber schon kurz darauf wieder im Fernsehsender Paris aufzutauchen, wo sie zunächst als Ansagerin, später als Leiterin der täglichen Zeitdienst-Sendung *Les actualitées de Paris* (mit Stella Textor) eingesetzt wurde.[419]

Während das Frauenfernsehen eine Geburt des Krieges war, gab es wiederum Themenkreise, die durchgängig in der aktuellen Berichterstattung anzutreffen waren. Dazu zählten neben dem Sport vor allem wohlwollende und ausführliche Gespräche mit Vertretern von Film und Theater sowie Hintergrundberichte über deren laufende Produktionen, wie man sie schon 1939 und früher ausgestrahlt hatte. In den Kriegsjahren gab es nachweislich zwei jeweils 70minütige Querschnitte durch die aktuelle Arbeit der Tobis (*Filme von heute*, 11.2., 5.4.1940) sowie eine 90minütige Sendung über den Propagandafilm *Kampfgeschwader Lützow* (25.3.1941). Hinzu kam im August 1940 eine Reihe von „zwiegesprächartige(n) Berichte(n)"[420] mit dem Filmregisseur Herbert Maisch (4.8.1940), dem Film- und Fernsehdarsteller Paul Henckels (4.8.1940), aber auch mit eigenen Mitarbeitern wie den beiden Regisseuren Hannes Küpper (6.8.1940) und Hanns Farenburg (13.8.1940) (was bekanntlich ebenfalls schon 1939 praktiziert worden war). 1942/43 gab es dann Programme mit dem aufstrebenden Schauspieler, Filmregisseur und, von 1943 an, Produktionschef der Ufa, Wolfgang Liebeneiner,[421] sowie mit den beiden Schauspielern Lil Dagover und Viktor de Kowa (20.1.1943). Außerdem strahlte man eine Sendung aus über Albert Leo Schlageter (*Zum Gedächtnis von Leo Schlageter*, 25.5.1943), dem angeblichen Gründer der Berliner NSDAP in den frühen zwanziger Jahren, der nach einem Terroranschlag von einem französischen Kriegsgericht zum Tode verurteilt und nach 1933 vom NS-Kulturbetrieb als Symbolfigur und Märtyrer verklärt wurde.[422] Oder man gedachte der 1937 verstorbenen Schauspielerin Adele Sandrock (*Theaterecke*, 24.2.1943) und berichtete an anderer Stelle über *200 Jahre preussisches Opernhaus* (6.1.1943), mit dem dortigen Chefdramaturgen Julius Kapp im Studio.

Nichts wesentlich Neues brachten auch die fernseheigenen Dokumentarsendungen, die man freilich aufgrund der etwas besseren personellen Situation der aktuellen Abteilung in den Kriegsjahren sowohl qualitativ als auch quantitativ aufwerten konnte. Ein thematischer Schwerpunkt bildeten dabei heimatkundliche Sendungen. Diese als Landschafts- und Städteporträts konzipierten Beiträge gingen zurück auf eine Anregung von Hermann Tölle, der im Herbst 1939 als Leiter vom Dienst der Produktion I zum Sender gekommen war. Tölle hatte 1930 bei der Werag in Köln die Hörfolge *Städte und Landschaftsbilder* eingeführt, die nach eigenen Angaben in den Dreißigern vom in- und ausländischen Rundfunk häufig kopiert worden war.[423] Im Rahmen seines Vorhabens,

auch beim Fernsehen eine ähnliche Reihe *Deutsche Landschaft – deutsches Lied* aufzubauen, schrieb der Westfale (häufig unter dem Pseudonym Hermann Elleot) Sendungen
wie *Heidelied, -dichtung und -bild* (16. 10. 1939) oder *Von Männern, die sich selbst ein
Denkmal setzen* (22. 3. 1940), einem „ernst-heiteren Streifzug durch das westfälische
Land", wie der Untertitel versprach.[424] Die einstündige Produktion setzte sich in
bewährter Manier aus Studioszenen und Filmaufnahmen zusammen. Letztere konnte
man aber nur in Münster drehen, nachdem sich die Städte Paderborn und Soest wenig
kooperativ gezeigt hatten. Als Ort für die historischen Spielszenen wählte Tölle die
Münsteraner Studentenkneipe „Bullenkopp".[425] Karl-Heinz Uhlendahl, der einige Zeit
in Münster studierte, übernahm die Regie, Waldemar Lemcke bediente die Kamera; den
hierfür notwendigen Strom lieferte das benachbarte Kammerspielhaus. Ein Drehbuch
für die im Januar 1940 produzierten Aufnahmen existierte nicht, es wurde einfach
improvisiert. Das Fernsehen stellte u.a. historische Szenen von einer Sitzung des „Anti-
katzenvereins" und des „Vereins der Ehrenmitglieder zur Hebung der Ziegenzucht"
nach, die mit Landschaftsbildern aus dem Film *Münsterland* kombiniert wurden.[426] Bei
Der Fluß mit den 200 Quellen (19. 4. 1940) erläuterte Tölle mit Hilfe des Naturwissenschaftlichen Museums von Münster und Trickfilmeinblendungen das Entstehen der
Paderquellen, die manchmal verschwinden und an anderer Stelle wieder aufspringen.[427]
Zu den nach 1941 ausgestrahlten Westfalen-Programme von Hermann Tölle gehörten
Das Soester Gloria (über einen alten Weihnachtsbrauch der Stadt Soest), *Osnabrück, die
jüngste deutsche Großstadt*,[428] *Up Stippvisite* oder *Knubben un Kiärls*.[429]

Mit solchen heimatkundlichen Produktionen stellte der Sender zum einen bewußt
jene Städte und Landschaften vor, die abseits lagen und in den Kulturfilmen zumeist
stiefmütterlich behandelt und wenig beachtet wurden. Andererseits kamen im weiteren
Verlauf des Krieges auch ausgesprochen ideologische Produktionen über „die großdeutsche Heimat" hinzu, darunter Tölles *Sudetenland – deutsches Land* (1. 10. 1940)
oder eine Sendung, die kurz nach der Okkupation von Elsaß und Lothringen ausgestrahlt wurde: *Straßburg, o Straßburg, du wunderschöne Stadt* (22. 3. 1941). Diese Beiträge wiederum sollten dem Publikum deutlich machen, welch landschaftlich-kulturelle
Schönheiten es vor den „feindlichen Aggressoren" zu bewahren galt.[430] Eine ähnliche
Funktion übten auch jene zahlreichen Kultur- und Dokumentarfilme aus, die das
Fernsehen begleitend nach 1939 immer häufiger ins Programm nahm: *Ostpreußen –
Mensch und Scholle* (16. 8. 1939), *Altfränkisches um Würzburg* (22. 11. 1939), *Krabben-
fischer in Ostfriesland* (22. 11. 1939), *Von Königsberg bis Berchtesgarden* (7. 1. 1940), *Alm
im Karwendel* (19. 4. 1940), *Sonne über dem Spessart* (4. 6. 1940), *Was der Inn erzählt*
(1. 8. 1940), *Schorfheide* (16. 8.1940), *Blick ins Appenzeller Land* (27. 9. 1940), *O
Schwarzwald, o Heimat* (3. 11. 1940), *Die schöne Mark* (10. 11. 1940) und andere mehr.
Am Beispiel von Heribert Grügers Produktion *Luxemburg – deutsches Land* (26. 4. 1941)
rechtfertigte das Fernsehen nachträglich die Verletzung der Neutralität von Luxemburg
und den Einmarsch deutscher Truppen im Frühsommer 1940:[431]

„Luxemburg gehört heute zum Gau ‚Moselland'. Noch einmal wird die Erinnerung an den 28. September 1940 wach: Ausschnitte aus der damaligen Wochenschau lassen Bilder von der ersten nationalsozialistischen Großkundgebung an uns vorüberziehen. Die Luxemburger Freiwilligen-Kompanie tritt zur Volksdeutschen Bewegung über. Der Kommandant meldet Gauleiter [Gustav] Simon den vollzogenen Übertritt. Eine Karte des neuen Gaues ‚Moselland', die von der Außenstelle des Reichspropagandaamtes in Luxemburg für die Fernsehsendung hergestellt wurde, leuchtet auf und zeigt die glückliche Wiedervereinigung alten deutschen Landes mit der groß-deutschen Heimat."[432]

Neben den heimatkundlichen Beiträgen fanden eine Vielzahl von Produktionen Beachtung, in denen die deutsche Überlegenheit auf Gebieten der Wissenschaft, der Forschung und Technik, des Handwerks und der Literatur propagiert wurde. Dazu zählte Hermann Tölles häufig wiederholte Sendung *Mit Gunst! Ihr Meister und Gesellen* (4. 6. 1940) oder die zahlreichen biographischen Dokumentationen über deutsche Wissenschaftler und deren Nutzen für die Weltbevölkerung: *Der Kampf um den Bazillus* (21. 10. 1939) von Gerhard Wahnrau,[433] Hermann Tölles *Emil von Behring – ihm danken alle Mütter* (16. 1. 1941), Eduard Rodrich Dietzes *Wunder überall* (29. 11. 1940), eine Sendung über Radioaktivität, Hugo Landgrafs Lebensbild über den Chemiker Justus Liebig (*Der Bezwinger des Hungers*, 18. 11. 1942),[434] dem schließlich 1943 zahlreiche Beiträge aus der Feder von Sylvester Albert Szymanski folgten: *Wilhelm Conrad Röntgen* (5. 1. 1943), *Zum Gedächtnis von Johannes Gutenberg* (10. 4. 1943), *Das Übermikroskop* (13. 4. 1943),[435] ein Beitrag zum 70. Geburtstag des deutschen Ingenieurs und Schriftstellers Hans Dominik (*Hans Dominik – 70 Jahre alt*, 15. 11. 1942)[436] sowie eine Sendung über *Professor Planck und die Quantentheorie* (22. 5. 1943).[437]

Geplant, aber wahrscheinlich nicht mehr realisiert, war auch ein ausführlicher Gedenkbeitrag über den vom NS-Regime zum „Vater des deutschen Fernsehens" stilisierten Ingenieurs Paul Nipkow, nachdem der Sender seinen Namensgeber bislang nur in zwei eigenen Filmsequenzen gewürdigt hatte: anlässlich seines 80. Geburtstages, der dem Fernsehen im übrigen soziale Vergünstigungen einbrachte,[438] und kurz nach Nipkows Staatsbegräbnis am 30. August 1940. Jedenfalls existiert ein „prophylaktisches Manuskript" von Szymanski, das den Titel trägt: *Paul Nipkow oder Berlin, die Wiege des deutschen Fernsehrundfunks*, und das durch einen von Nipkow verfaßten Lebenslauf vom Januar 1934 ergänzt wurde.[439] Über sein Vorhaben schrieb der Verfasser einleitend:

„Das vorhandene Material eignet sich zur Herstellung eines Trickfilms sowie eingeblendeter Handlung nebst noch vorhandener Apparaturen. (...) Zur weiteren Erläuterung wird dem Material ein Tonfilm mit Paul Nipkow anläßlich seines 80. Geburtstages beigefügt."[440]

Nachweislich gesendet wurde hingegen Anfang 1942 eine Fernsehdokumentation von Kurt Heynecke über den Industriellen August Borsig, in deren Mittelpunkt ein fiktives Wettrennen stand zwischen einer deutschen Borsig-Lokomotive und einer englischen Stephenson. Welche Maschine als erste die Ziellinie überquerte, dürfte nicht schwer zu erahnen sein. Unter dem Reihentitel *Deutsche Begegnungen* kamen von 1942 an zahlreiche Dichter- und Philosophenporträts hinzu, in denen wiederum das Bild vom charismatischen Künstler-Führer variiert wurde: zum Beispiel über Friedrich Hölderlin, E.T.A. Hoffmann, Clemens Brentano, Peter Rosegger, Heinrich von Kleist, Johann Gottlieb Fichte und zuletzt, 1944, über Matthias Claudius.[441] Dabei folgte die televisuelle Stilisierung des Dichter-Genius zum nationalen Heros dem, was Hitler schon in *Mein Kampf* über Schiller geäußert hatte: „der größte Pionier der Freiheit unseres Volkes gewesen zu sein."

Neben historisch geprägten Beiträgen wie *Der junge König* (31. 5. 1940; über die Inthronisation Friedrichs des Großen vor damals genau 200 Jahren), die die Pflicht und die Nation verherrlichten und für die traditionellen Werte der Arbeit, der Armee und der Autorität eintraten, schälte sich als weiterer Schwerpunkt die Berichterstattung über deutsche Expeditionen heraus. Hier wiederum standen, ebenso wie beim Fernsehspiel, der „heroische Kampf", Durchhaltevermögen und die Auseinandersetzung des Menschen mit den Naturkräften im Vordergrund. Da gab es einen „Kampfbericht" über die deutsche Himalaya-Expedition von 1934 (*Nanga Parbat*, 26. 2. 1940), eine Sendung mit dem Grönland-Forscher Alfred Wegener (*Das große Eis*, 30. 12. 1940) oder Ausführungen von Hans Arentz über *Wikinger von heute* (25. 11. 1940). Während am 15. Januar 1940 Fritz Janecke mit einer 90minütigen Sendung über Hans Schomburgks letzte Afrika-Reise im Programm war (*Das letzte Paradies*), informierte Gerhard Wahnrau gut drei Monate später über Arbeit und Aufgaben der deutschen Walfang-Expeditionen (*Wal – Wal!*, 26. 4. 1940).

Die als anspruchsvoller geltenden Dokumentationen wiederholte man indes bis 1941 etwa im vierzehntägigen Rhythmus, allerdings nicht mit der beim Fernsehspiel üblichen Häufigkeit. Zu den erfolgreichsten Sendungen gehörten *Mit Gunst! Ihr Meister und Gesellen* (7 Wh), *Sudetenland – deutsches Land* (5 Wh), *Der Kampf gegen den Bazillus* (5 Wh) oder *Luxemburg – deutsches Land* (3 Wh). Im Gegensatz zum Fernsehspiel, wo Wiederholungen in Dauer und Inhalt vom häufigen Regie- und Darsteller-Wechsel geprägt waren, blieb die Sendezeit (und wahrscheinlich auch der inhaltliche Ablauf) bei den Dokumentationen durchweg konstant. Lediglich die dritte Ausgabe von *Emil von Behring* kürzte man gegenüber den beiden Vorgängern um eine Viertelstunde. In Ansätzen läßt sich auch bei dieser Programmform eine spielzeit-orientierte Produktion erkennen, da man für die häufig eingestreuten Spielszenen aus dem Studio auf Schauspieler angewiesen war; im übrigen überdauerte keine Sendung eine Spielzeit. Als Begriff für die serienartigen Fernsehdokumentationen bürgerte sich bereits 1940, in Anlehnung an den Rundfunk, der Ausdruck „Fernsehfolge" ein. Während Gerhard Eckert, verunsichert durch die damals noch wenigen praktischen Beispiele, diese neue Programmform zwischen „Zeitdienst und Fernsehspiel" einordnete,[442] definierte die Zeitschrift *NS-Rundfunk-Korrespondenz* ein Jahr später schon etwas prägnanter:

„Die Fernsehfolge schlägt die Brücke zwischen den rein aktuellen Aufgaben des Zeitdienstes und den künstlerischen und unterhaltenden Möglichkeiten des Fernsehspiels. Sie kann sich aus den verschiedensten Bestandteilen zusammensetzen. (...) Sie stellt zwischen Einzelheiten einen größeren Zusammenhang her. (...) Sie ist damit in der Lage, auch einen klaren Einfluß auszuüben, zu belehren und zu führen."[443]

Spätestens mit der Umstellung auf das Lazarettfernsehen verlor die stark tendenziöse Information der ersten Kriegsmonate immer mehr an Boden gegenüber der reinen Unterhaltung und den soldatisch geprägten Inhalten. Nach den hart umkämpften Verhandlungen mit der Reichsfilmkammer und Englers Ankündigung, vom 1. Februar 1942 an werde das Programm von Wiederholungen freigehalten, durfte man endlich wieder unterhaltende Spielfilme zeigen (und zwar ungekürzt und fast zeitgleich mit der Uraufführung in den Berliner Kinos), die seit 1939 völlig aus dem Programm verschwunden waren. Damit von der inhaltlichen Seite her alles mit rechten Dingen zuging, baute das Propagandaministerium bei der Beschaffung von abendfüllenden Kinofilmen einen Kontrollmechanismus ein, der offenbar in den Anfangsjahren noch nicht bestand. Auf seiner Sitzung vom 15. Januar 1942 diskutierte nämlich der Ufa-Vorstand eine höchstinstanzliche Anordnung, „wonach Filmkopien (auch wenn sie nur Filmausschnitte enthalten) an den Fernsehsender nur nach vorheriger Genehmigung durch das Propaganda-Ministerium geliefert werden dürfen".[444]

In der aktuellen Programmgestaltung des Zeitdienstes machte sich nicht nur das krampfhafte Bemühen bemerkbar, durch Vielfalt und „pragmatische Unterhaltung" um jeden Preis von der drohenden Niederlage abzulenken. Man hatte darüber hinaus auch größtes Interesse an einem besonders innigen Kontakt mit den verwundeten Soldaten. Jedem angeschlossenen Lazarett wurde deshalb ein Mitarbeiter des Senders als direkter Betreuer und Verbindungsmann zugeordnet, der Programmwünsche übermitteln oder gelegentlich „seine Feldgrauen" ins Fernsehstudio mitnehmen konnte, um ihnen einen hautnahen Eindruck von der Arbeit vor und hinter den Kulissen zu verschaffen. Indem das Fernsehen darüber hinaus Aktivitäten der Verwundeten mobilisierte und mit Sendungen wie *Soldaten basteln* (2. 1. 1941), *Verwundete basteln für die NSV* (2. 12. 1941) oder *Preisausschreiben für Soldatenkünstler* (11. 2. 1942) im Programm thematisierte, hielt man die für den Fortbestand des Mediums lebenswichtige Klientel bei Laune.

Neben einer solchen Betreuung vor Ort, die immer stärker auch therapeutisch-psychologische Züge annahm, gehörte es zu den makaberen Gepflogenheiten des aktuellen Lazarettprogramms, auf die völlig veränderte Lebenssituation der vom Krieg gezeichneten Schwerverletzten und Verkrüppelten einzugehen. Von den Soldaten ausdrücklich gewünscht, pflegte der Zeitdienst vor allem jene Ratgeber-Sendungen über berufliche Umschulungsmaßnahmen, „bei denen die Versehrten Gelegenheit haben, sich mit einem neuen Beruf, den sie auf Grund ihrer Verwundung ergreifen müssen, vertraut zu machen".[445] Daneben gab es im Februar 1943 von übergeordneter Stelle eine Anweisung an das Fernsehen, sich im Rahmen seiner aktuellen Berichterstattung verstärkt des Themas „Die richtige Prothese" anzunehmen.[446]

Gleichzeitig lag dem Zeitdienst viel daran, möglichst umfangreich und lückenlos über die Ereignisse an der Front zu informieren, was natürlich genügend Freiraum für eine massive ideologische Einflußnahme bot. Damit reagiere man ganz konkret auf Wünsche der Verwundeten, meinte Herbert Engler noch im Februar 1942 unbedarft, und er erinnerte gleichzeitig an die breitere Kriegsberichterstattung seit Jahresanfang:

> „Die Soldaten in den Lazaretten können (...) die Bilder der Kriegsschauplätze im Osten, Norden und Süden sehen, ja, sie erleben zuweilen Kämpfe, in denen sie selbst verwundet wurden, noch einmal durch jenes Wunder der Technik."[447]

Aber spätestens Anfang 1943, so kann man zumindest vermuten, ging der Anteil manifester Kriegsberichterstattung im Fernsehen wieder spürbar zurück. Nicht nur als Reaktion auf die Kritik der Soldaten ließ der Sender die Wochenschau vom 27. März 1943 an nur noch ein- oder zweimal die Woche durchlaufen. Im Verlauf des Krieges wurde diese nämlich zwangsläufig immer kürzer. Das war eine Folge des Material-mangels und der sich häufenden Niederlagen und Verluste. Sie machten die Ästheti-sierung des Krieges durch schönfärberische Überhöhung der Wirklichkeit mehr und mehr zum Problem. Etwa zur gleichen Zeit, als sich das Fernsehen zu diesem Schritt „entschloß", notierte Goebbels, daß es mit der Wochenschau bei längerer Kriegsdauer immer schwieriger wird: „Man weiß nicht mehr, was man bringen soll."[448] Außerdem reduzierte der Sender den Anteil jener PK-Filme, die unmittelbar über Frontereignisse berichteten, um diese durch direkte Erlebnisbeiträge aus dem Studio zu kompensieren, die wiederum von jenen Kriegsteilnehmern und PK-Journalisten getragen wurden, die sich gerade auf Fronturlaub in der Hauptstadt aufhielten. Während das Fernsehen schon Ende 1941 die Frage aufgeworfen hatte: *Wann gilt ein Flugzeug als vernichtet?* (13. 10. 1941), gab es 1942 „Erlebnisse eines Weltfahrers" (*Auf Künstlerwalze um die Welt*, 13. 2. 1942) mit Colin Ross, einen Erfahrungsbericht des Journalisten Storz aus der Ukraine (14. 2. 1942) sowie eine 25minütige Produktion *Thailand und Malaien selbst erlebt* (20. 2. 1942). 1942/43 kamen dann auch zahlreiche Ritterkreuzträger aller Waffengattungen zu Wort, die, vor allem wenn es sich um Flieger wie Werner Mölders, Adolf Galland oder Hans Joachim Marseille handelte, von Joseph Goebbels' Propa-gandamaschinerie zu wahren Volkshelden erhoben wurden. Im Fernsehen trat zum Beispiel *Ritterkreuzträger Leutnant Koeditz* auf, der am 15. Januar 1943 seine Kriegs-erfahrungen zusammenfaßte. Wenige Tage später strahlte man ein Gespräch mit Ad-miral Assmann aus, dem Chef der Kriegswissenschaftlichen Abteilung der Wehrmacht (22. 1. 1943), sowie jeweils halbstündige Sendungen mit den beiden Admiralen Gla-ditsch (*Luftwaffe und Seekrieg*, 25. 1. 1943) und Lohmann (*Das deutsche Handelsschiff im Seekrieg*, 13. 2. 1943).

Auch die „Erfolge" von Generalfeldmarschall Erwin Rommel im Wüstenkrieg ent-hielt das Fernsehen seinen Soldaten nicht vor, obwohl sich die „Panzerarmee Afrika" im

November 1942 bereits auf vollem Rückzug längs der nordafrikanischen Mittelmeerküste befand. Ungeachtet dessen gab es 1942 einen Durchhaltebeitrag des Zeitdienstes über Ägypten (*Ägypten winkt die Freiheit*, 28.10.1942). Am 31. März 1943 schilderte Oberleutnant Fritz Dettmann anschaulich eine *Notlandung in der Sahara*, während der Kriegsberichter Lutz Koch kurz zuvor über Tunesien gesprochen hatte (17.3.1943). Ebenfalls noch im März hetzte das Fernsehen gegen die englisch-russische Allianz (*Englands Freundschaft mit dem Bolschewismus*, 4.3.1943; *Bolschwismus und Plutokratie*, 6.3.1943), oder Graf Michael Alexander schilderte die Versenkung eines britischen U-Bootes durch deutsche Zerstörer (*S.O.S. Thetis*, 22.3.1943). Anfang April wiederum arbeitete Kapitänleutnant Naumann *Die Märzoffensive der deutschen U-Boote* (8.4.1943) auf. Eher Hintergründiges boten dagegen Sendungen über den Kunstmaler der Luftwaffe, *Erich Cleff der Jüngere* (3.5.1943), *Landserhumor* (5.5.1943), *Burma – ein Märchenland* (17.5.1943) mit Hans Leuenburger, oder ein militärhistorischer Beitrag *Zum Gedächtnis von Manfred von Richthofen* (21.4.1943), nachdem Hugo Landgraf schon 1940 *Von den Altmeistern der Fliegerei* (23.5.1940) berichtet hatte. Außerdem standen *Professor Tank – der Konstrukteur im Kriegseinsatz* (21.4.1943) auf dem Programm, ebenso wie am 23. April zwei jeweils 20minütige Beiträge über den Mythos vom unüberwindbaren *Atlantikwall* und der Durchschlagskraft des *Tigerpanzers*. Diese wurden – wie üblich – in den folgenden Wochen mehrmals wiederholt.[449]

Während hierbei eine zwar im Sinne des Regimes abgemilderte Thematisierung des Krieges durchgängig aufrechterhalten wurde, waren es vor allem jene zahlreichen pseudowissenschaftlichen Live-Programme des Zeitdienstes über Sternen- und Himmelskunde, die nach 1942 – neben den Fernsehspielen, Kuppelsaal-Sendungen, Sportbeiträgen und den vielen Forscher- und Dichterporträts – dem Zerstreuungsbedürfnis der Soldaten Rechnung trugen. Zum einen umging man mit diesem Griff in die Astrologie[454] eine Konfrontation mit der, aus deutscher Sicht, immer trostloseren irdischen Gegenwart. Andererseits bot der Stoff offenbar genügend Anknüpfungspunkte, um die bei den Soldaten gern gesehenen weiblichen Akteure vermehrt ins Programm einzubinden, die überdies noch leichter verfügbar waren. Anläßlich der 20minütigen Sendung *Ein Ausflug nach dem Mond* (26.6.1942),[451] in deren Mittelpunkt die bekannte Astronomin der Universitätssternwarte Babelsberg, Dr. Margarete Güssow, stand, schrieb der *Völkische Potsdamer Beobachter*:

> „Elf junge Mädel vom Ruderbund Deutscher Frauen Potsdam und Schülerinnen der Beethoven-Oberschule in Babelsberg (...) waren nicht nur Fragende und Zuhörer, sondern auch Mitwirkende. Mal war eines Sonne, dann eines der Mond. Sie bewegten sich um einen runden Tisch, und der Erdglobus darauf wackelte erfreut in seiner ganzen Fülle ob dieser seltenen Nachbarschaft."[452]

Während Goebbels nach jeder neuen Niederlage den Glauben an die Vorsehung beschwor, sorgten weitere astronomisch-astrologische Sendungen, die spätestens 1943 Hochkonjunktur hatten und unter dem banalen Reihentitel *Unsere astronomische*

Monatsschau ausgestrahlt wurden, für den Himmel auf Erden und verliehen dem Programm eine zunehmend metaphysische Note: *Geschwister der Erde* (30.10.1941), *Leoniden – Sternschnuppen im November* (23.11.1942), *Mondphasen* (3.12.1942), *Woher haben die Sterne ihre Namen?* (7.1.1943), *Der Sternenhimmel im Monat März* (1.3.1943), *Kometen* (27.3.1943), *Die Lyraidensternschnuppen* (20.4.1943), *Kopernikus. Zum Gedächtnis des großen Astrologen* (23.5.1943), *Ist der Mars bewohnbar?* (18.9.1943).[453] Die bieder-idyllischen Beiträge wurden zumeist von Margarete Güssow gestaltet und moderiert (oftmals mit Zeichnungen von Axel Jäger), aber auch von den beiden Radiomitarbeitern Dr. Walter Tappe und Wilhelm Ehlers, die gegen Ende des Programmbetriebs häufig für den Zeitdienst arbeiteten.

Daneben startete im Frühjahr 1943 eine Fernsehfolge über den Kriegsgegner USA, deren Reihentitel *Die USA und wir* nur auf den ersten Blick kurios anmutet. Bis weit in den Krieg hinein hielten nämlich die deutschen Großstadt-Kinos aktuelle Hollywood-Produktionen im Programm, und auch die in Weimar einsetzende Öffnung gegenüber der zeitgenössischen amerikanischen Literatur wurde von der NS-Kulturbürokratie nach 1933 keineswegs rückgängig gemacht. Ähnliches war in der Musikszene zu beobachten. Swing und Jazz, obwohl als Kristallisationsobjekte jugendlichen Nonkonformismus unerwünscht und als „Niggermusik" verpönt, blieben die gesamte NS-Zeit hindurch präsent. Auch das späte Fernsehen nutzte diese geduldeten Nischen und beschäftigte sich vor allem in landeskundlichen Programmen mit dem Kriegsgegner: *Das Land der Kontraste* (12.6.1943), *Land gegen Geld* (24.6.1943) usw. Ebenfalls zu sehen war ein häufig wiederholter Beitrag über Barbara Hutton (*Barbara Hutton, Prinzessin 5+10*, 20.5.1943), jener skandalumwitterten Woolworth-Erbin, der man damals in den Vereinigten Staaten Kontakte zum Dritten Reich nachsagte.[454]

Zusammenfassend erkannte und nutzte das Fernsehen seine Chance, mit möglichst vielseitigen wie „aktuellen" Programmen den Fortbestand im Krieg zu sichern. Nachdem der Anteil manifester Propaganda des Zeitdienstes 1939/40 gegenüber dem Vorkriegsniveau deutlich erhöht wurde, läßt sich spätestens nach der Umstellung auf die Truppenbetreuung eine inhaltlichen Kehrtwende hin zu den Bedürfnissen des neuen Rezipientenkreises feststellen. Nun galt es für ein Publikum zu senden, das zwar berufs- und altersmäßig durchaus unterschiedlich war, jedoch im Gegensatz zu den anonymen Zuschauern der öffentlichen Empfangsstellen durch das soldatische Erlebnis als homogener angesprochen werden konnte. Aus dieser Erkenntnis resultierten wiederum zwei Themenkreise, die die aktuelle Berichterstattung von 1941 bis 1943 beherrschten: einmal der soldatische Aspekt und die unumgänglichen Informationen von der Front, zum anderen jede Art unterhaltender Zerstreuung. Ob dabei ernste, spannende oder heitere Ablenkung überwog, ob die „deutschen Lande" verklärt wurden, die deutsche Geschichte und die „großen Deutschen", oder ob der Zeitdienst andere „realitätsferne Räume" (Karsten Witte) aufsuchte – je weiter der Krieg voranschritt, desto mehr ging es darum, in Bild und Ton das wirkliche Leben zu „überhöhen" und zu „verschönern", um den Soldaten jenseits ihres eintönigen und niederdrückenden Alltags ein „Erlebnis" zu verschaffen. Darüber hinaus setzte man bei der Förderung der einzelnen Programmformen klare Prioritäten: Während das Fernsehspiel bereits 1942 unter erheblichen Einschränkungen zu leiden hatte (vgl. Kap. 6.14.), gelang es dem Zeitdienst noch 1943, seine wöchentliche Gesamtsendezeit weiter auszudehnen,[455] was allerdings auf Kosten der Periodizität ging. Wurden aktuelle Beiträge im Frühjahr 1943 viermal wöchentlich ausgestrahlt, so schrumpfte die Sendefrequenz im Sommer bereits auf zwei bis drei längere Programme in der Woche zusammen.[456]

6.13. Vom Kaspertheater zur Jugendstunde
Erste Gehversuche des Kinderfernsehens

Als neuen Programmpunkt brachte der Nipkow-Sender von November 1939 an in unregelmäßigen Abständen erste Kindersendungen, nachdem man bis dahin nur punktuelle und sporadische Versuche in diese Richtung unternommen hatte. Während Günter Greiner in den Anfangsjahren über dürftige HJ-Singspiele mit Lagerfeuer-Romantik nicht hinauskam, gab es anläßlich der beiden letzten NS-Funkausstellungen „gesunde Leibesübungen" in einem „HJ-Fernsehlager" (1938) bzw. erste „Klein-Sendungen" mit Max Jacobs *Hohensteiner Puppentheater* (29. 7. 1939) oder mit Elfi von Cranachs *Fröhlichem Kindergarten* (5. 8. 1939). Am 26. 7. 1939 schob das Fernsehen einen Filmabend für Kinder und Jugendliche ein, mit Ausschnitten aus den Produktionen *Tierkinder*, *Wie Tyll Eulenspiegel sich einmal erbot zu fliegen* und *Jugend der Lipizzaner*. Im Herbst 1939 begannen die Verantwortlichen damit, an den Sonntagen, vom abendlichen Hauptprogramm durch eine zweistündige Pause getrennt, von 15.00 bis 16.00 Uhr ein Programm auszustrahlen, das sich vorwiegend an Berliner Kinder, Jugendliche und deren Mütter richtete, aber auch an Personen, „die abends nicht gut das Haus verlassen können".[457]

In den ersten Wochen nach der Sendepause reproduzierte man vor allem Vorführungen des Hohensteiner Puppentheaters, wobei eine Anzahl von Kindern als Zuschauer ins Deutschlandhaus geholt wurde (*Seid Ihr alle da?*, 3. 12. 1939).[458] Außerdem setzte das Fernsehen die 15minütige *Kindergymnastik* (12. 11. 1939) mit dem erwähnten Detleff Neumann-Neurode fort, von dem 1940 im Wilhelm Limpert-Verlag das Fachbuch *Der gesunde Kinderfuß* erschien.[459] In seinen bis nachweislich Juni 1940 ausgestrahlten Turnsendungen trat Neumann-Neurode „regelmäßig mit einer Schar kleinster Jungen und Mädel vor die Bildfänger und zeigt den Müttern, von welcher Wichtigkeit eine sachgemäße Kindergymnastik ist".[460] Darüber hinaus gab es weihnachtlich-winterliche Märchen-Adaptionen wie *Arm Reiterlein* (10. 12. 1939), ein Schattenspiel *Frau Holle* (10. 12. 1939) sowie eine Aufführung des Fernsehspiels *Robinson soll nicht sterben* (17. 12. 1939), das an diesem Tag im Abendprogramm noch einmal wiederholt wurde. Differenzierter und auch etwas abwechslungsreicher gestaltete sich die sonntägliche Kinderstunde aber erst mit Beginn des Jahres 1940, als man mit Käthe Glaser über eine eigene Redakteurin für diese neue Programmform verfügte. Sie trat im folgenden auch mehrfach selbst als Fernsehtante auf (*Unsere Spielzeugkiste. Tante Käthe und ihre*

Puppen, 7. 1. 1940) und gab vorweihnachtliche Bastelanleitungen (*Wir basteln Gaben für den Weihnachtstisch*, 26. 11. 1939) oder Spielvorschläge (*Kleine Freuden zur Vorweihnachtszeit*, 1. 12. 1940).

1940 waren es vor allem zwanzig-, manchmal dreißigminütige Schattenspiele nach Märchen- oder literarischen Vorlagen, die das Fernsehen den Kleinsten vorsetzte: *Dat Wettloopen twischen Hasen und Swinegel* (26. 11. 1939), Heinz Ohlendorfs *Hinnerk, der Hahn* (28. 1. 1940) nach dem Roman von Wilhelm Scharrelmann, oder eine Märchen-Bearbeitung des Zeitdienst-Mitarbeiters Heribert Grüger (*Eine kleine Melodie erlebt Abenteuer*, 1. 12. 1940).[461] Eine Weile leiteten Till-Eulenspiegel-Filme (*Wie Till Eulenspiegel Rede und Antwort stand*, 14. 1. 1940) oder Max- und Moritz-Filme (*Max und Moritz*, 4. 2. 1940) das Kinderprogramm ein, die wiederum ab und an durch kleine Live-Spiele aus dem Studio ergänzt wurden (*Max und Moritz, Zehnter Streich*, 18. 2. 1940; *Elfter Streich*, 3. 3. 1940; *Till Eulenspiegel. Eine Geburtagsfeier bei kleinen Leutchen mit Tante Käthe*, 2. 6. 1940). Allerdings verübten Wilhelm Buschs Bubenpaar, dargestellt von Harold Steffahn und Peter Bosse, im Kriegsfernsehen keine Streiche mehr, sondern wandten sich gegen „Spießer, Meckerer, Schwarzseher, Defaitisten und andere asoziale Elemente".[462] Oder sie mahnten die Kleinen zu Wohlverhalten und Bravsein: richtig verdunkeln, regelmäßig für das Winterhilfswerk spenden, in Geschäften nicht vordrängeln und anderes.[463] Weitere Sendungen mit Kindern wie *Husch, husch – aus dem Busch!* (11. 2. 1940) oder *Ihr Kinder, höret die Geschichte. Eine Moritat von Fritzchen, dem Ausreißer* (26. 5. 1940) transportierten eine ähnliche Botschaft. Sie bestanden zumeist aus einer Kombination von belehrenden Spielszenen und improvisierten Gesangseinlagen, oftmals auch verknüpft mit der Aufforderung an die kleinen Zuschauer, vor dem öffentlichen Bildschirm mitzumachen.

Zwar sind schon im Frühjahr 1940 erste Ansätze zu erkennen, das Nachmittagsprogramm thematisch zu bündeln, was aber auch in dieser Sparte nur dann gelang, wenn externes Filmmaterial herangezogen wurde. Ein Konzept kann jedoch hinter den frühen Kindersendungen des Fernsehens nicht erkannt werden, dazu waren sie einfach zu unregelmäßig und in ihrer Abfolge zu willkürlich im Programm. Überdies räumte man der sportlichen oder politischen Aktualität jederzeit Vorrang ein: So ersetzte man am Sonntag, den 10. März 1940, der wahrscheinlich als „Heldengedenktag" begangen wurde, das Kinderprogramm durch Hans Bertrams einstündige Filmdokumentation über den Angriff der Hitler-Armee auf Polen (*Feldzug in Polen*), die ebenfalls später im Abendprogramm noch einmal gezeigt wurde. Am 28. April 1940 wiederum fiel die lieblos gepflegte Kinderstunde einem Fußballspiel vom Reichssportfeld zum Opfer.

Folgerichtig nahm Intendant Engler im Juni 1940 die sonntäglichen Nachmittagsbeiträge für Kinder vorübergehend ganz aus dem Programm, weil sie den als wichtiger eingestuften *Übertragungen aus dem Freigelände* weichen mußten. Zwar nahm man Ende September, als die Freiluftsendungen vom Sommer eingestellt wurden, wieder vereinzelt Kinder- und Jugendbeiträge ins Programm. Diese konnte man jetzt aber nicht mehr am Nachmittag als geschlossenen Block verbreiten, weil der Fernsehsender inzwischen mit der früher einsetzenden Dunkelheit seine Sendezeiten schrittweise auf 17.00 Uhr

(3. 11. 1940) vorverlegt hatte. Somit wäre nach der Kinderstunde im Studio nicht mehr genügend Zeit verblieben, um sich mit Auf- und Umbauarbeiten rechtzeitig auf das nachfolgende Hauptprogramm vorzubereiten. Deshalb gab man im Herbst 1940 das Kinderprogramm in seiner bisherigen Form endgültig auf und integrierte es kurzerhand als weiteren Bestandteil in das am späten Nachmittag ausgestrahlte Hauptprogramm.[464] Der Sendeplatz am Sonntag blieb indes noch von Ende September bis Anfang Dezember 1940 erhalten, danach ging man dazu über, auch an den Wochentagen unsystematisch Beiträge für Jüngere auszustrahlen.

Diese zeitliche Verlagerung in den späten Nachmittag hinein blieb allerdings nicht ohne Konsequenzen auf die inhaltliche Gestaltung, richtete sich doch nun die direkte Spielproduktion nicht mehr ausschließlich an die Kleinsten, sondern auch an ein jugendlicheres Publikum. Neben ausgesprochenen Sendungen für Kinder – wie etwa *Knecht Ruprecht besucht den Fernsehsender* (6. 12. 1940), *Der Schneemann, der auf Reisen ging* (9. 1. 1941) von Hedwig Zöllner, *Wie-was-welcher-wer?* (20. 2. 1941), einer „lustigen Rätselfolge" von Paula Walendy, oder *Das Spiel vom klugen und tapferen Schneiderlein* (23. 2. 1941) – standen jetzt vor allem Produktionen aus der Feder von Heribert Grüger (*Rheinsberg*, 8. 2. 1941) für eine erwachsenere Zielgruppe. Grüger hatte sich zu Beginn der dreißiger Jahre in Breslau als Autor von volkstümlichen Jugend-Hörspielen wie *Erntefest* (28. 9. 1930), *Eia, Eia Ostern ist da!* (27. 3. 1932) oder *Wie das Volkslied entstand* (6. 11. 1932) für kommende Zeiten profiliert.[465] Solche Jugendstücke im Fernsehen, die bisweilen auch „die zukünftigen Jagdflieger, Bordfunker und Bombenschützen"[466] im Bild vorstellten (*Jugend will fliegen*, 16. 3. 1941), wurden im Frühjahr 1941 häufig von Wilm ten Haaf (recte: Wilhelm Schweimer) inszeniert. Unter seiner Regie entstanden Produktionen wie *Jugend und Buch* (23. 11. 1940) von Werner Kelch, *Fastnacht* (24. 2. 1941) oder ein Puppenspiel von Reinhold Harten, *Des Teufels goldene Haare* (4. 5. 1941). Dabei arbeitete ten Haaf des öfteren mit der Jugendbühne des Berliner Schillertheaters zusammen. Schon unter Nierentz war er im Herbst 1938 als freier Regieassistent tätig gewesen und, nach einem kurzen Zwischenspiel beim Reichsarbeitsdienst, im Februar 1940 zum Sender zurückgekehrt. Dort blieb er schließlich bis zu seiner Einberufung zur Wehrmacht Ende 1942.[467]

Die frühen Kindersendungen des Fernsehens sind sowohl vom Inhaltlichen her als auch von der Plazierung im Programm eindeutig nach dem Vorbild des Rundfunks der Weimarer Republik konstruiert. Am Beispiel der Berliner Funk-Stunde hat Brunhild Elfert nachgewiesen, daß die ersten Kindersendungen bei ihrer Etablierung Mitte der zwanziger Jahre häufig sonntags und/oder mittwochs jeweils am Nachmittag ausgestrahlt wurden.[468] Dabei dominierten im Programmangebot zunächst einfache Rezitationen von tradierten Volks-, Kunst- oder Dichtermärchen, aber auch das Kasperletheater und die Kindergymnastik mit einem relativ geringen redaktionellen Aufwand. Im Zuge der weiteren Ausdifferenzierung kamen 1927 erste Beschäftigungs- und Mitmachstunden hinzu, die unter Leitung eines Erwachsenen von der Spontaneität fester Kindergruppen vor dem Mikrophon getragen wurden. Entstanden sein dürften diese Spiel-, Sing- und Bastelstunden in Analogie zu Erziehungsformen in Kindergärten.

In einem nächsten Schritt entwickelten sich Ende der Zwanziger kleine Hörspiele, „daraus wieder große Reportagen über Löwenjagden und über Raubtierfang".[469] Anfang der dreißiger Jahre richtete der Rundfunk sein Augenmerk auch verstärkt auf ältere Kinder und Jugendliche, wobei das Programmangebot sämtliche im Radio gebräuchlichen Formen aufwies. Zu diesem Zeitpunkt gingen Kindersendungen bereits täglich in den Äther.[470]

Während bei der Deutschen Welle Gertrud van Eyseren[471] und die ausgebildete Kindergärtnerin Ursula Scherz Spielstunden einführten und organisierten, war es beim Leipziger Mitteldeutschen Rundfunk Ilse Obrig, der von 1930 an die Gestaltung solcher Programmformen oblag. Nach einer Anlaufzeit arbeitete sie nicht nur mit einer Reihe von Kindern, die unaufgefordert ins Funkhaus gekommen waren.[472] Es wurden auch regelmäßig Spiele, Rätsel, Bastelanleitungen oder Lieder von nur zuhörenden Kindern eingeschickt und dann entsprechend verwendet oder verlesen.[473] Die gemeinsame „Arbeit" an den Sendungen hatte zur Folge, daß sich die junge Hörgemeinde der Mirag den Namen „Familie Fröhlich" gab.[474] Gute Zensuren in der Schule, Wohlverhalten und Hilfsbereitschaft der Mutter gegenüber gehörten dabei zu den Erkennungsmerkmalen eines Fröhlich-Kindes, wie Dr. Ilse Obrig in einem von ihr 1937 verfaßten Spielbuch herausstellte.[475]

Als die promovierte Psychologin 1939 von Leipzig zum Kinderfunk des Deutschlandsenders und des Berliner Rundfunks wechselte, kam in den Jahren 1941 und 1942 auch ein loser Kontakt zum Fernsehen zustande.[476] Die von Ilse Obrig stammenden Sendungen (*Kinderscherze*, 23. 1. 1941) wurden dabei ausschließlich von jenen fünf bis sechs Kindern gestaltet, mit denen sie sich gerade beim Berliner Rundfunk beschäftigte. Der Aufwand für den Fernsehsender war also entsprechend minimal. Ohne vorherige Probe, gaben die kleinen Akteure visualisierte Ausschnitte aus ihrem aktuellen Radioprogramm zum Besten: Gedichte, Lieder, kleine Sketche oder Stehgreifspiele von zehn bis fünfzehn Minuten Länge. Sämtliche Requisiten, wie Papphäuser oder -hörner für Schnecken und anderes, mußten die Kinder selbst anfertigen. Das ging sogar soweit, daß die Kleinen für eine Märcheninszenierung ihre eigene Suppe mitbringen mußten, die sie dann, vorher aufgewärmt, im Studio verzehrten.[477]

Vor ihren Live-Auftritten wurden die Kinder weder geschminkt, noch erhielten sie ein Honorar, sondern höchstens das Fahrtgeld zum Deutschlandhaus; auch Ilse Obrig ging leer aus. Auf einer der fünf Bühnen im Fernsehstudio mußte die Gruppe innerhalb eines Kreidekreises agieren, der als Begrenzung und Hilfe für die Kameras auf den Studioboden gezeichnet worden war. Entsprechend gekünstelt und gestellt dürften (nicht nur) die Kindersendungen des Lazarettfernsehens ausgesehen haben. Manchmal forderte Fernsehtante Ilse ihre Kleinen nach der Anmoderation auf, in den imaginären Kreis zu treten. Oder sie scharten sich um einen „Pilz", der von Ilse Obrig mit einem Regenschirm dargestellt wurde. Diese Enge, Primitivität und Begrenztheit hat Ilse Obrig auch später nicht vergessen:

„Wir bekamen von irgendwoher immer ein Zeichen zum Anfangen, und die Kinder erstarrten sofort. Dieses Erstarren hat sich tief bei mir eingeprägt – nur nicht viel bewegen!"[478]

Konkrete Hinweise über Tendenz und Umfang der Kinderprogramme über das Jahr 1941 hinaus lassen sich nicht mehr finden. Nach eigenen Angaben produzierte Ilse Obrig bis 1942 etwa noch sechs bis acht Beiträge aus dem Stehgreif.[479] Ihren Plan, im Fernsehen eine regelmäßige Reihe ins Leben zu rufen, mußte sie schon bald aufgeben. Von den Programmachern bekam sie lediglich die Vorgabe, „etwas zu bringen, was den Soldaten gefällt und wie ein Gruß von der eigenen Familie aussieht".[480] Das läßt zumindest darauf schließen, daß sie die Idee ihrer Radio-"Familie Fröhlich" auch auf das Berliner Fernsehen übertragen hat, wobei jetzt nicht mehr mit Kindern, sondern mit verwundeten Soldaten „kommuniziert" wurde. Deshalb las Ilse Obrig gelegentlich Briefe aus den Lazaretten vor, worin der Schreiber entweder auf die Ähnlichkeit eines Fernseh-Kindes zu seinem eigenen Nachwuchs hinwies, oder ganz allgemein sein Glück zum Ausdruck brachte, in diesen schweren Zeiten überhaupt noch Kinder sehen zu können (was ja die eigentliche Intention solcher Programme war). Die Adressen allerdings, wo Verkrüppelte und Schwerverletzte in Massen lagen, durften nicht genannt werden. Besonders beliebt bei den Verwundeten sollen auch Kinderlieder oder Märchen-Adaptionen wie Wilhelm Hauffs *Der Zwerg Nase* und Johannes Trojans *Das Abenteuer im Wald* gewesen sein, die häufig in der Vorweihnachtszeit aufgeführt wurden.

Von ihrem beruflichen Werdegang her ist es nicht verwunderlich, daß Ilse Obrig in den fünfziger Jahren maßgeblich am Aufbau des deutschen Kinderfernsehens beteiligt war.[481] Sie gilt nicht nur als die Erfinderin des „Sandmännchens". Ihre ersten Live-Sendungen, die sie von Frühjahr 1953 an beim NWDR in Berlin und später in Hamburg produzierte, basierten auch auf den Prinzipien des frühen Fernsehens – mit einer motivierten „Kinder-Spielschar" im Mittelpunkt, deren Spontanität und Improvisationskunst den Verlauf der Programme prägten.[482]

6.14. Ein Opfer der Umstände
Das aufwendige Fernsehspiel greift zur Konserve

In seinen ersten öffentlichen Erklärungen kündigte Herbert Engler für das Fernsehspiel sowohl inhaltliche Änderungen als auch einen stärkeren Einsatz filmischer Darstellungsmittel an. Im übrigen vertrat er ganz unverhohlen die Meinung, daß sich das Medium im Krieg so wenig wie möglich mit künstlerischen Formen befassen sollte. Diese, so seine Auffassung, müßten vielmehr das Vorrecht von Theater und Film bleiben. Was noch vor einem halben Jahr eine große Errungenschaft auf dramaturgischem Gebiet schien, meinte Engler Anfang 1940, gelte heute schon als überlebt, „weil wir, die wir im Fernsehen tätig sind, als politische Menschen dem Gesamtentwicklungsprozeß auf politischem Gebiet unterworfen sind".[483] Englers ablehnende Haltung gegenüber der

Programmsparte Fernsehspiel fand durchaus seine offiziellen Parallelen im Hörspiel, das mit Beginn des Zweiten Weltkrieges für einige Zeit sogar völlig aus dem Programm verschwand. In seiner Rede auf der Funkausstellung hatte sich Joseph Goebbels am 28. 7. 1939 ausdrücklich und in aller Deutlichkeit gegen Versuche gewandt, „eine sogenannte ‚rundfunkeigene' Kunst zu konstruieren".[484] Was er fortan allenfalls duldete, waren politische Hörspiele zu Propagandazwecken, die den aktuellen Bedürfnissen untergeordnet werden konnten. Während somit Herbert Engler der Linie des Propagandaministers Rechnung trug, indem er mit Beginn des Krieges die aktuelle Berichterstattung künstlerischen Formen vorzog, büßte zwar 1939/40 so manches Fernsehspiel seinen Unterhaltungscharakter ein und wurde zum propagandistischen Lehrstück umfunktioniert. Im weiteren Verlauf der militärischen Konfrontation jedoch gewannen unterhaltende Produktionen wieder deutlich die Oberhand,[485] wobei nach wie vor weniger stoffliche Aspekte, als vielmehr die Lösung irgend eines bühnenbildnerischen, aufnahme- oder beleuchtungstechnischen Problems den Ausschlag gab für die jeweilige Inszenierung. Dieses experimentelle Vorantasten kann als das einzige, durchgängig gültige Konzept der Fernsehspielproduktion im Dritten Reich angesehen werden.

Die beiden ersten Stücke der Winterspielzeit 1939/40, Jochen Huths *Die vier Gesellen* (15. 10. 1939) und *Postlagernd – Postamt II* (17. 10. 1939)[486] von Erwin Albrecht, schienen besonders geeignet für die Erprobung neuer Ausleuchtungsmethoden. Außerdem testete man, ob mehr als zwei bis drei Darsteller zugleich ins Bild zu bekommen waren. Am Beispiel von *Der Mann aus dem Expreß* (25. 10. 1939) von Fred A. Angermeyer zeigte das Fernsehen zum ersten Mal einfallende Sonnenstrahlen, die durch Kohlelicht künstlich erzeugt wurden. Bei *Robinson darf nicht sterben* (19. 11. 1939) nach dem gleichnamigen Bühnenstück von Friedrich Forster[491] strebte der Sender wiederum fließendere Kamera-Übergänge zwischen den einzelnen „Bühnen" an, was bereits auf ein verändertes Fernsehspiel-Verständnis hinwies. Zusätzlich machten die verbesserten, weil stärkeren Lichtquellen im Studio laufend Versuche mit einer neuen Schminktechnik notwendig, damit die Gesichter der Mitwirkenden, die bislang reichlich verschwommen über den Sender gingen, auch in Großaufnahme besser kamen. Nach mehreren Inszenierungen entschied man sich schließlich für eine gelb-bräunliche Gesichtsschminke, die sich als die günstigste erwiesen hatte und deshalb die bisher gebräuchliche Kombination aus lila und grünem Puder ablöste.[488]

Daneben befaßten sich die Fernsehleute mit der Entwicklung und Einbindung von tricktechnischen Effekten, um das Fernsehspiel anspruchsvoller zu gestalten und ihm zugleich neue Stoffe zu erschließen. Dazu gehörte beispielsweise die Schaffung von Illusionselementen wie Regen, Schneefall, Nebel, Laternenlicht, Sonnenstrahlen oder Dämmerung, was anhand einer weiteren Staffel von Inszenierungen ausprobiert wurde. Bei *Vertrag um Karakat* (1. 12. 1939),[489] ein Fernsehspiel von Fritz Peter Buch, das in den Bergen Zentralasiens angesiedelt war, verließen die Darsteller nicht nur erstmals das Bühnenpodest, um in der Mitte des Studios zu agieren. Sie spielten darüber hinaus auch unter künstlichen Palmen und wolkenverhangenen Berggipfeln aus Pappe, während die

Schauspieler bei *Station D im Eismeer* (2. 2. 1940) von Hanns Braun unter einen glitzernden Polarhimmel und neben eine große „Eisscholle" verfrachtet wurden. Bei der Inszenierung von Hans Heises *Fieber im Urwald* (17. 3. 1940) versuchte sich der Nipkow-Sender an der Darstellung einer tropischen Landschaft, indem man im Studio sogar einen „Urwaldregen" niedergehen ließ. Bei *Urlaub vom Alltag* (9. 12. 1939) und *Verstaubtes Herz im Pulverschnee* (12. 12. 1939) von Hans Christoph Kaergel (mit Bruni Loebel und Helga Marold) testete man schließlich Effekte wie stürmischer Wind oder sanften Schneefall auf eine schlesische Skihütte.[490]

Um in Zukunft den Kulissenaufbau im engen Studio auf das Notwendigste zu reduzieren, aber auch, um Naturkatastrophen effektvoll im Bild zeigen zu können, forderte Herbert Engler in der Spielzeit 1940/41 den Bau von Modellen im Kleinformat, die via Film in den Spielablauf eingeblendet werden sollten. Am Beispiel des geplanten Fernsehspiels *Der Staudamm* wollte man die verheerenden Folgen eines Unwetters dramaturgisch verarbeiten. Mit Modellen sollte gezeigt werden, wie die zu Tal stürzenden Wassermassen eine am Fuß des Gebirges liegende Stadt zerstören. Bei einem zweiten Projekt faßte man die Darstellung eines Großbrandes ins Auge. Zu diesem Zweck sollte ein Fabrikgelände in Miniaturform aus schwer brennbarem Material aufgebaut werden, so daß die „Feuersbrunst" von der Kamera möglichst naturgetreu eingefangen werden konnte. Beide Vorhaben wurden zwar schon Anfang 1940 von Engler in der Zeitschrift *Welt-Rundfunk* avisiert,[491] aber danach mit größter Wahrscheinlichkeit nicht mehr in die Praxis umgesetzt, weil der Plan an den Sender offenbar zu hohe Anforderungen stellten.

Die Versuche der Programmacher, Kameramänner und Szenenbildner kreisten zur Jahreswende 1939/40 auch verstärkt um das perspektivische Bühnenbild. Damit rückte die Arbeit des Bühnenbildners noch weiter in den Vordergrund. Hatte er bislang nur Hintergründe und seitlich einschiebbare Kulissen gemalt, so durfte er jetzt mit Hilfe des Tischlers, des Requisiteurs und des Beleuchters ganze Räume „gestalten", in denen sich die handelnden Personen bewegen konnten. Was sich darüber hinaus schon Ende 1939 abgezeichnet hatte, wurde im Frühsommer des darauffolgenden Jahres endlich realisiert: nämlich die Abkehr von Augustins falscher Idee einer „Fernsehbühne", wie sie am Anfang der Entwicklung gestanden hatte. Man hielt es nämlich jetzt mehr und mehr für abwegig, auch weiterhin Stücke aus der Parkettperspektive des Theaterbesuchers abzuphotographieren. Zunächst fanden die Programmacher mit *Fieber im Urwald* und *Station D im Eismeer* zwei Spiele, die auf den Holzrampen auch Gehwege für die Darsteller erforderten, und die man zugleich als Fahrwege für die Kameras nutzen konnte.[492] In einem nächsten Schritt beseitigte man die hemmenden Holzpodeste, damit die – inzwischen drei – Kameras noch beweglicher wurden und ungehindert in die Dekorationen hineinfahren konnten. Erstmals ohne die fünf Rampen präsentierte sich das Fernsehen bei dem Lustspiel *Der Schwarzkünstler* (1. 6. 1940) von Emil Gött.[493]

Zwar überwogen in der Spielzeit 1939/40 Komödien, Lustspiele und Kriminalstücke, darunter beispielsweise Lore Weths *Zum ersten, zum zweiten, zum dritten...* (29. 2. 1940), nach einer Idee von Harald Mannl,[494] *Besuch aus Übersee* (4. 5. 1940) von Kurt Heynecke oder Peter A. Horns *Überfall auf Zelle 7* (18. 5. 1940), ein Fernsehspiel mit Beteiligung der Zuschauer. Englers eingangs skizziertem Fernsehkonzept entsprechend, gab es aber schon in den Wochen vor Kriegsausbruch gelegentlich auch ausgesprochen politische Inszenierungen, die dann von Herbst 1939 an Hochkonjunktur hatten, aber in der Winterspielzeit 1940/41 schon wieder deutlich zurückgenommen wurden. So übertrug man im Sommer 1939 mit *Das geht auch Dich an!* (18. 7. 1939) eine erste Produktion, die das Publikum zu Wohlverhalten und Akzeptanz kriegsbedingter Einschränkungen ermahnen sollte. Darin warb man auf spielerische Art und Weise auch für jene Produkte, die im Reich hergestellt werden konnten und bereitete zugleich die Berliner Bevölkerung auf zu erwartende Mängel in der Nahrungsmittelversorgung vor. Gut einen Monat vor Kriegsausbruch, am 25. 7. 1939, hielt das Fernsehen in einer weiteren Sendung unter diesem Titel seine Zuschauer an, ihren Verbrauch an Fleisch und Eiern zu reduzieren und im Gegenzug auf Fisch umzusteigen, da dieser täglich bequem und schnell aus den nahegelegenen Küstenregionen in die Hauptstadt angeliefert werden konnte.[495]

Diese Art von televisueller Verbrauchslenkung hatte ihren aktuellen Hintergrund in der bevorstehenden Rationierung aller lebens- und kriegswichtigen Güter, wie sie dann in den letzten Augusttagen 1939 reichsweit von den Wirtschafts- und Ernährungsämtern eingeleitet wurde. Lebensmittelkarten, aber auch eine Reichskleiderkarte und andere spezielle Bezugsscheine, konstituierten fortan den „Normalverbraucher". Die einfachen Sattmacher (Brot, Kartoffeln, Hülsenfrüchte) waren zu Beginn des Krieges in genügenden Mengen vorhanden, Fleisch hingegen gab es pro Kopf und Woche nur ein Pfund, Butter ein Viertelpfund, dazu 100 Gramm Magarine, 62,5 Gramm Käse und ein Ei. Das Fernsehen trug im folgenden mit kurzen Spielszenen über die neuen Lebensmittelrationen sein bescheidenes Scherflein dazu bei, daß es zwar in Berlin zu vernehmbarem Murren kam, nur selten aber zu ernsthaftem Protest oder gar zu Loyalitätsverweigerungen.

Das Fernsehspiel thematisierte im Herbst 1939 aber auch andere Bereiche des veränderten Kriegsalltages: *Bitte, kurz fassen!* von Christian Bock und Hermann Krause (27. 8. 1939; Szenen aus dem täglichen Leben), *Ich hab's ja gleich gesagt!* von Rolf Sievers (14. 11. 1939; aktuelle Dinge des Alltags in lustiger Form), *Gut gelaunt ist halb gewonnen* (25. 11. 1939), vor allem aber *Haben Sie das gewußt, Frau Miesner?* (12. 11. 1939). Mit kurzen, belehrenden Szenen aus dem Luftschutzkeller, mit unterhaltenden Sequenzen über Bezugsscheine und die richtige Verdunkelung sollten die Zuschauer auf einen langen Krieg eingestimmt werden. Am Beispiel der Figur von Frau Miesner formulierte die Parteipresse den Sinn solcher Stücke mit Lustspielcharakter:

„Frau Miesner ist nichts anderes als eine Frau, die bei jeder Gelegenheit zu kritisieren und zu meckern versucht. Indem ihr der Giftzahn gezogen wird, wird auch vielen anderen Volksgenossen gezeigt, wie sie sich in der Gegenwart zu verhalten haben."[496]

Unter dem Eindruck der anhaltenden Erfolge an der Front erreichte die solchermaßen vorgetragene politische Akzentuierung des Fernsehspiels im Frühjahr 1940 ihren Höhepunkt. Das erkennbare Bemühen zu Beginn des Krieges, die erforderlichen Kürzungs- und Rationierungsmaßnahmen möglichst unterhaltend abzufedern, machte jetzt aber anderen Botschaften Platz. Schon bei dem Kolonialspiel *Vertrag um Karakat* handelte es sich um ein fiktives Propagandastück im Rahmen der anti-englischen Kampagne, in dem Nazi-Deutschland durch eine britische Intrige um Ölkonzessionen am Fluß Karakat geprellt werden sollte. Während man hierbei Durchhaltevermögen und Opferbereitschaft des deutschen Ingenieurs Keßler als Voraussetzung für große Pioniertaten thematisierte,[497] waren es an anderer Stelle ein deutscher und zwei sowjetische Polarforscher, die in der *Station D im Eismeer* für Wissenschaft und Vaterland zugrunde gingen. Um bei diesem Spiel Realitätsnähe und größtmögliche Authentizität zu gewährleisten, zog man als wissenschaftlichen Berater Ernst Sorge hinzu, der zuvor an einer gescheiterten Grönland-Expedition von Alfred Wegener teilgenommen hatte.[498]

Am Beispiel von *Fieber im Urwald* propagierte der Fernsehsender wiederum die Verdienste des deutschen Wissenschaftlers Robert Koch bei der Erforschung und Bekämpfung von Tropenkrankheiten, wobei in spielerischen Szenen der „sachliche, ruhige deutsche Arbeiter" dem „ruhmlüsternen und redseligen Louis Pasteur"[499] gegenübergestellt wurde. Dabei handelte es sich um eine Produktion, die zwischen dem reinen Fernsehspiel und den aktuellen Sendungen der Abteilung Zeitdienst stand;[500] letztere hatte bekanntlich wenige Monate zuvor schon einmal über Robert Koch, dem Entdecker des Tuberkulose-Bazillus, berichtet (*Der Kampf um den Bazillus*, 21. 10. 1939). Aktueller Anlaß war indes Hans Steinhoffs Film über den „genialen Forscher", mit dem Emil Jannings, Bernhard Minetti und Elisabeth Flickenschildt wahre Triumphe feierten. In der 1938/39 hergestellten Filmvorlage stand noch der Konflikt zwischen Koch und Rudolf Virchow im Mittelpunkt, dem bedeutenden Mediziner und Liberalen. Virchow wurde darin als ebenso reaktionärer wie seniler Rivale Kochs gezeigt und zugleich als Repräsentant der „dekadenten Demokratie". Kurz nach der Uraufführung des Streifens im September 1939 ging eine wahre Robert-Koch-Welle durch Deutschland, der sich auch der Nipkow-Sender nicht entziehen konnte. Ein ausgesprochen politisches Fernsehspiel war auch Doris Riehmers *Kabinett Fulero* (31. 10. 1940),[501] das, so meinte Kurt Wagenführ, „die sattsam bekannten englischen Intrigen und die britische Skrupellosigkeit geißelt".[502]

Diese Tendenz zur Unterstützung des Kriegswillens kehrte sich aber spätestens in der Spielzeit 1940/41 wieder um, weil man dem Publikum, und insbesondere den neu hinzugekommenen Soldaten und Verwundeten, mit Fortdauer des Krieges immer weniger Belehrung und Durchhaltespiele zumuten wollte, sondern vielmehr Zerstreuung und Ablenkung in leichter und unterhaltender Form. Schon im Frühjahr 1941 machte sich die Truppenbetreuung des Senders auch in der Fernsehspielproduktion bemerkbar, als die Programmacher – wie schon einmal 1937 – wieder verstärkt auf Inhalte über das historische Berlin zurückgriffen. Damit sollte vor allem den zahlreichen Nicht-Berlinern in den Lazaretten der Aufenthalt in der Reichshauptstadt so schmackhaft wie möglich gemacht „und ihnen das sprichwörtlich goldene Berliner Herz offenbart"[503] werden. Dafür standen Spiele wie *Berliner lustige Blätter* (14. 2. 1941) und *Berliner Bilderbogen* (19. 4. 1941) von Hugo Landgraf, aber auch *Ali und die Lausejungs* (19. 12. 1940) nach dem Kinderroman *Klick aus dem Spielzeugladen* von Friedrich Schnack,[504] sowie eine Neuauflage der Ecksteher-Stücke von Adolf Glasbrenner (*Erinnerungen an Alt-Berlin: Nante*, 15. 3. 1941);[505] die beiden letztgenannten Spiele bearbeitete Lore Weth.

Neben *Wenn der junge Wein blüht* (10. 4. 1941), eine Doris Riehmer-Bearbeitung des gleichnamigen Bühnenstücks von Björnstjerne Björnson[506], gehörten das musikalische Lustspiel *Herzen auf Urlaub* (22. 6. 1940) von Peter Arnold und Dolf Brandmeyer sowie Max Halbes *Der Strom* (?.8. 11. 1940) zu den anspruchsvollen Produktionen in der Spielzeit 1940/41.[507] Ebenfalls aufwendiger inszeniert waren *Das Lied der Liebe* (29. 3. 1941) von Oskar Felix und Boris Grams sowie die Kammeroper *Der Liebling des Kalifen* (21. 4. 1940); bei letzterem handelte es sich um eine Adaption des Jugendwerks *Abu Hassan* von Carl Maria von Weber.[508] Die Spielleitung dieser „ersten Fernsehoper" (es gab freilich vorher schon Singspiele und Opernszenen) oblag Günter Stenzel, die musikalische Bearbeitung Rio Gebhardt. Da die Solisten zu unterschiedlichen Terminen Verpflichtungen an den Berliner Opernhäusern oder Konzertsälen hatten, wurden die beiden Hauptrollen, Fatime und Omar, von vornherein doppelt besetzt. Am Tag der Erstsendung war deshalb die Oper zweimal hintereinander mit verschiedenen Hauptdarstellern zu sehen: am Nachmittag mit Elisabeth Schwarzkopf und Erich Rauch, abends mit Genia Hajduk und Eduard Kandl.[509]

Da die deutschen Rundfunkprogrammzeitschriften zum 31. Mai 1941 wegen Papiermangels ihr Erscheinen einstellten, läßt sich auch die Fernsehspielproduktion in den noch verbleibenden gut drei Jahren nicht mehr vollständig rekonstruieren. In den Erinnerungen von Fernsehmitarbeitern und -kritikern, aber auch in den wenigen Besprechungen der Rundfunkpresse, die über das Jahr 1941 hinaus erschienen sind, werden jedoch noch eine ganze Reihe von Stücken aufgeführt. Die darin enthaltenen Informationen deuten zumindest darauf hin, daß die komödiantische Note beim Fernsehspiel durchgehend aufrechterhalten und sogar mit Fortdauer des Krieges noch weiter intensiviert wurde. Hingegen gerieten jene Spiele, die den Krieg verherrlichten bzw. seine Folgen verharmlosten, mehr und mehr ins Hintertreffen. Für eine solche Romantisierung des Soldatenlebens stand vor allem die Adaption von Lessings *Minna von Barnhelm*, die im Fernsehen unter dem Titel *Das Soldatenglück* (7. 12. 1942) lief. Die Darsteller des Stücks, das Peter A. Horn mit einer aktualisierten Rahmenhandlung über einen verwundeten Offizier versah,[510] waren u.a. Max Eckard (Tellheim), Elisabeth Juliana (Minna), Gustav Knuth (Arzt) und Albert Florath (Wirt).[511] Die Presse feierte das Spiel als erste Inszenierung eines deutschen Klassikers im Fernsehen,[512] nachdem die Programmacher im Herbst 1940 Christian Dietrich Grabbes *Hannibal* und, im Jahr darauf, William Shakespeares *Was Ihr wollt* zumindest ins Auge gefaßt,[513] dann aber offenbar aus technischen Gründen wieder zurückgestellt hatten.

Die zahlreichen Neuinszenierungen, die sich für die Winterspielzeit 1941/42 beinahe lückenlos feststellen lassen, waren zweifellos eine Reaktion auf die deutliche Kritik der verwundeten Soldaten an den ständig wiederkehrenden Produktionen. Sie lassen darauf schließen, daß sich die Wiederholungspraxis beim Fernsehspiel änderte, als der Sender in den Lazaretten über ein Publikum verfügte, das die Darbietungen täglich verfolgte. Bislang konnte man bedenkenlos einzelne Fernsehspiele auch innerhalb eines kürzeren Zeitrahmens mehrfach ausstrahlen. Während deshalb 1940 und 1941 die Zahl der aufwendigen Neuproduktionen insgesamt abnahm, stieg im Gegenzug die Zahl der Wiederholungen bei den als anspruchsvoller eingeschätzten Stücken. Sie gingen in den beiden ersten Kriegsjahren zuweilen mehrmals innerhalb einer Woche, häufig am Ende des Programmangebots, über den Sender und sicherten damit auch weiterhin dem Fernsehspiel eine dominante Rolle in den Darbietungen des neuen Mediums. Dabei erreichten Spiele wie *Kabinett Fulero* (12 Wh), *Verstaubtes Herz im Pulverschnee* (14 Wh), *Vertrag um Karakat* (15 Wh), *Überfall auf Zelle 7* (17 Wh) oder *Die vier Gesellen* (27 Wh) absolute Spitzenwerte, wobei lediglich letzteres, zusammen mit Kollos *Nachts ging das Telefon*, eine Spielzeit überdauerte.[514] Mit dem Lazarettfernsehen indes mußte man sich dem „Prinzip der weitgestreuten Wiederholungen"[515] annähern. So schrieb Herbert Engler Mitte Februar 1942 in der Zeitschrift *Reichsrundfunk*:

> „Wir wissen, daß die Feldgrauen gern allabendlich durch ein anderes Fernsehspiel unterhalten sein möchten und nicht in drei Wochen zehnmal ein Stück ansehen wollen, in dem sie schon selbst fähig wären, (wie uns ein Soldat einmal schrieb) die Hauptrolle zu spielen. Wir haben all diesen Wünschen soweit Rechnung getragen, wie es uns heute möglich ist."[516]

Unter den Neuinszenierungen der Spielzeit 1941/42 befanden sich Stücke wie *Abenteuer in Petersburg* von Erich Fortner (Ende Juni 1941),[517] *Herz modern möbliert* (5. 10. 1941),[518] *Gelegenheit macht Diebe* (23. 9. 1941) nach der Komödie *Das Dienstjubiläum* von Vera Eycken, oder Manfred Rössners *Karl und Anna* (1. 10. 1941)[519] mit dem bereits erwähnten Joachim Gottschalk als Darsteller. Auch bei dem Lustspiel *Heimliche Brautfahrt* (17. 12. 1941)[520] von Leo Lenz, bei Boris Grams' historischer Komödie *Hinter verschlossenen Türen* (20. 12. 1941)[521] oder bei Peter A. Horns *Weite, weite Welt* (1. Wh 14.2.1942)[522] konnten kriegsbedingte Engpässe noch ebensogut überbrückt werden wie bei der Liebesgeschichte *Der Gast* (8. 7. 1942)[523] oder bei dem Eifersuchtsstück *Aber Frau Claire!* (21. 3. 1942).[524]

Im Frühjahr 1942 tat aber die Pressereferentin des Nipkow-Senders, Anne-Marie Kunze, immer noch so, als könne alles so weitergehen wie bisher. Anläßlich des siebenjährigen Bestehens ihres Arbeitgebers meinte sie in einem Beitrag für die Zeitschrift *Rundfunk-Archiv*, im Sender herrsche momentan eine geradezu besessene Spielfreudigkeit, und man habe sogar schon den Gedanken erwogen, in naher Zukunft eine eigene Ausbildungsstätte für Fernsehschauspieler zu errichten. Um gelegentlich neue Gesichter in die Produktionen einbinden zu können, führe der Fernsehsender von Zeit zu Zeit Bildproben von bekannten Theater- und Filmdarstellern durch. Außerdem publizierte die Pressereferentin vier dramaturgische Prinzipien, die künftig gerade von jungen Autoren des Fernsehspiels beachtet werden müßten. Erstens: Nach Möglichkeit keine allzu wortgebundenen Stoffe. Zweitens: Geschliffener Dialog im Kammerspielcharakter sei anzustreben. Drittens: Die Zahl der Mitwirkenden, aber auch der Schauplätze müsse beschränkt sein, da durch die Enge des Studios eine allzu große Weiträumigkeit nicht gegeben sei. Und schließlich viertens: Im Gegensatz zum Filmdrehbuch und zum Theatermanuskript müsse das Fernsehspielbuch nach Szenen geschrieben werden.[525]

Die von Kunze verklärte Wirklichkeit sah indes weniger rosig aus. Während das Fernsehspielschaffen im Frühjahr 1942 seinen absoluten Höhepunkt erreicht hatte, ging die Zahl der Neuinszenierungen spätestens bis Ende des Jahres wieder deutlich zurück. Außerdem mußten jetzt ganze Orchester- oder Musikgruppen, die man noch zu Beginn des Krieges live vor die Kameras holen konnte, durch Schallplatte oder Magnetophon ersetzt werden. Ähnlich verfuhr auch der Rundfunk: Künstler, deren Stimmen bei einem Fronturlaub oder während der Befreiung vom Arbeitseinsatz auf Tonband festgehalten worden waren, konnte man fortan in jeder neu zusammengestellten Programmfolge wiederholen. Oder das Fernsehen ging aufgrund der immer größer werdenden Aufbauten im Studio dazu über, die musikalische Umrahmung vor der jeweiligen Premiere an einem anderen Ort via Film aufzunehmen, was man erstmals bei dem Fernsehspiel *Kabinett Fulero* praktizierte. Von 1941 an wurde dann die Musik für jede Fernsehspielproduktion durchgängig im Sendesaal I des Funkhauses auf Film respektive auf Magnetophon konserviert und bei der direkten Sendung synchron eingespielt. Dabei entwickelte sich in Ansätzen eine Musikdramaturgie für das Fernsehspiel. Der Komponist hatte zunächst die Aufgabe, den Vorspann des Spieles musikalisch zu untermalen. Das vom ihm ausgewählte Lied oder die Schlagermelodie zog sich anschließend wie ein roter Faden durch das gesamte Stück, indem die Melodie immer wieder variiert und der jeweiligen Stimmung angepaßt wurde.[526]

Daneben verstärkte sich spätestens 1942 der Trend hin zu Stücken mit einer Besetzung von höchstens fünf Darstellern, ebenso wie die Vorgehensweise, immer größere Teile des Fernsehspiels auf Film aufzunehmen, was man erstmals im Herbst 1939 praktizierte. Mit der Adaption des preisgekrönten Hörspiels *Sohlen und Absätze*[527] von Carl Borro Schwerla produzierte man 1942 sogar einen reinen, 70 Minuten langen Fernsehfilm, der von Herbert Engler (Regie), Hans Heise (Drehbuch) und Phil Jutzi (Kamera) Anfang des Jahres unter dem Arbeitstitel *Die zwölf Knobelbecher*[528] im Schwarzwald gedreht wurde. Der Filmtrupp ging auch dazu über, geschlossene Live-Inszenierungen im Studio (wahrscheinlich während der jeweiligen Hauptprobe zur Erst- oder zur Wiederholungssendung) zu drehen, um die Konserve anschließend unter geringem Aufwand beliebig im Programm reproduzieren zu können. Nachweislich auf 35-mm-Film aufgenommen wurden *Robinson soll nicht sterben, Das Lied der Liebe, Ali und die Lausejungs, Der Strom, Das Soldatenglück*[529] sowie *Erinnerungen an Alt-Berlin: Nante*.[530] Solche Tendenzen zum reinen Konservenprogramm läuteten schon 1942 das Ende der spielzeitbezogenen Live-Inszenierungen nach Art eines Repertoire-Betriebs ein.

Zweifelsohne machten sich gerade bei der aufwendigen Produktion II räumliche, materielle und personelle Einschränkungen zuerst bemerkbar. Zwar hatte sich Mitte 1941 die Unterhaltung fast vollständig in den Kuppelsaal verlagert und damit für eine gewisse räumliche Entspannung im Deutschlandhaus gesorgt. Doch mit Fortdauer des Krieges waren es vor allem die im freien Handel nicht mehr, oder nur noch unter größten Schwierigkeiten erhältlichen Arbeitsmaterialien der „Bühnenbildnerei",[531] die den Programmachern das größte Kopfzerbrechen bereiteten. Und die Situation spitzte sich von Woche zu Woche zu, als der verantwortliche Bühnenbildner Arthur Bemeleit im Januar 1943 ohne Erfolg bei der Berliner „Landesleitung für bildende Künste" um die Zuteilung eines kompletten Satzes von Materialien bat:

„[Für künstlerische Arbeiten benötige ich] Ölfarben, Leinwand, Terpentin, Malmittel, Sikkatif, Firniss und vor allem verschiedene Sorten Pinsel (...). Für rein graphische Arbeiten fehlen mir Marderpinsel, Graphiker-Weiß, Cellophan-Klebestreifen, Fixatif, Ultraphanfolien für Schablonen. Letztere Artikel konnte ich im freien Handel nicht erhalten."[532]

Deshalb hieß es im Frühjahr 1943 in einem Beitrag der Zeitschrift *Welt-Rundfunk* folgerichtig, die Kuppelsaal-Sendungen gehörten derzeit zu den einzigen Übertragungen, an denen sich der Fernsehmann noch weiterbilden könne. Im Gegenzug beklagte der unbekannte Verfasser, die direkten Sendungen aus dem Deutschlandhaus, namentlich die Produktion von Fernsehspielen („dem Kernstück jeder Fernseharbeit"), seien äußerst selten geworden und würden immer häufiger durch Filmfassungen ersetzt. In der Winterspielzeit 1942/43 habe man deshalb lediglich zwei neue Bearbeitungen sehen können: *Das Soldatenglück* und *Scampolo* (11.3.1943) nach einer Vorlage von Dario Niccodemi.[533] So bliebe als Hauptsendung der Woche die Übertragung aus dem Kuppelsaal übrig, meinte der Schreiber. Sie müsse deshalb um so gründlicher und systematischer zur Fortentwicklung des Mediums ausgenutzt werden, auch wenn im Haus des Sports ideale Studiobedingungen nicht vorhanden seien.[534]

Zwar gab es auch noch 1943 einige Neuproduktionen, deren genaue zeitliche Fixierung allerdings nicht mehr möglich ist: *Der Zwerg Nase*, inszeniert von Hannes Küpper nach einem Märchen von Wilhelm Hauff,[535] *Der Musterbauer* von August Hinrichs,[536] das Lustspiel *Dame Kobold*[537] oder *Duett zu dritt* von Leo Lenz, mit Elisabeth Juliana und Gustav Knuth. Die wahrscheinlich letzte Premiere vor der Zerstörung der beiden UKW-Sender fand am 11. November 1943 statt, als das Fernsehen *Die kupferne Hochzeit* von Svend Rindom, deutsch von Per Schwenzen, ausstrahlte.[538] Während Hanns Farenburg Regie führte und wenig später seine Gedanken zu dem Stück in einem Pressebeitrag zusammenfaßte,[539] sorgte Lore Weth für die fernsehgerechte Bearbeitung der Vorlage.[540] Ebenso wie in der Anfangszeit des Fernsehspiels, waren es auch gegen Ende des Programmbetriebs wieder vornehmlich eigene Mitarbeiter, die man bei dieser Programmform als Autoren einsetzte.

6.15. Informativ bis unterhaltend
Der Fernsehfilm im Aufwind

Wenngleich die im Aufbau befindliche Produktionen III „Film und Bild" im Herbst 1939 personell und finanziell knapp bemittelt war und deshalb mit zahlreichen Problemen zu kämpfen hatte, gab es doch einige Modifikationen und Neuerungen im Programm. Zunächst führte Reisners Film-Referat eine etwa 30minütige „Monatsschau" ein (*Kunst und Leben*, 2. 11. 1939), die allerdings im folgenden insgesamt nur dreimal ausgestrahlt wurde. Jeweils zu Beginn eines Monats brachte man darin komprimierte Hinweise auf die bevorstehenden „Feiertage" des Regimes, die Reisner in Form von Wochenschau-Ausschnitten zusammenstellte. Im neuen Gewand präsentierte sich auch die Nachfolgesendung des im Sommer 1939 eingeführten, aber schon mit der Rundfunkschau wieder gekippten *Leitworts*. Unter dem neuen Titel *Bild des Tages* (12. 11. 1939) war sie aber nach wie vor konzipiert als eine Art drei- bis fünfminütiges Bildmotto, das, in der Regel täglich, am Anfang des Hauptprogramms stand. Diese Sendungen setzten sich vorwiegend aus stehenden Bildern zusammen, zumeist ein Porträt, unterlegt mit kurzen Erläuterungen, das in den Kriegsjahren auch durch eigenbeschaffte Filmbeiträge über Personen und Ereignisse aus Geschichte und Gegenwart ergänzt wurde. Nachweislich ausgestrahlt wurden im *Bild des Tages* propagandistische Beiträge über „Plaketten und Ehrenurkunden der braunen Glücksmänner" (8. 11. 1941), „Arbeitsmaiden werden BVG-Schaffnerinnen" (10. 11. 1941) oder – mehr unterhaltender Natur gegen Ende des Krieges – über den 125. Geburtstag von Heinrich Goebel, dem Erfinder der elektrischen Glühlampe (20. 4. 1943).

Da somit die neue Abteilung nach der Sendepause in größerem Umfang auf externes Bildmaterial zur Illustration von aktuellen (und unterhaltenden) Sendungen angewiesen war, rückte deren Beschaffung stärker in den Mittelpunkt des Interesses als bisher, aber auch die damit verbundene Kostenfrage sowie vor allem rechtliche Konsequenzen bei der Reproduktion von fremdbeschafften Bildern in Form von Diapositiven. Anfang November 1939 ließ deshalb Herbert Engler von Bruno Reisner ein ausführliches Memorandum *Über die Verwendung von Diapositiven* erstellen, in dem verschiedene Varianten der Beschaffung durchgespielt wurden. Nach Angaben von Otto Schulze verfügte der Paul-Nipkow-Sender bei seiner Einstellung im Jahr 1944 immerhin über einen Fundus von 10.000 Diapositiven, der auch Standfotos aus Fernsehsendungen umfaßte.[541]

Unter Bruno Reisners Leitung nahmen die fernseheigenen Filme im Programm des Nipkow-Senders deutlich zu, nachdem man bis dahin über drei bis vier längere und in sich geschlossene Beiträge nicht hinausgekommen war. Obwohl es im nachhinein wahrscheinlich nicht mehr annähernd möglich sein wird, eine Übersicht über die Gesamtzahl der Reportageeinsätze des Fernsehtrupps zu gewinnen, so ergeben sich doch aus den Programmunterlagen, dem vorhandenen Filmmaterial sowie den Publikationen von Mitarbeitern einige Hinweise auf Fernsehfilme. Bei *Bunte Fernseh-Fibel* (15. 11. 1939)[542] handelte es sich beispielsweise um einen Zusammenschnitt aus den Live-Programmen des Senders vom Oktober 1939; die einzelnen Programmteile wurden dabei von einem „Fernsehlehrer" (Horst Preusker) in Versform angesagt. U.a. zeigte man Ausschnitte aus den beiden Fernsehspielen *Die vier Gesellen* und *Der Mann aus dem Expreß*, Sequenzen aus Kinder-, Musik-, Tanz- und Koch-Sendungen („Hoch klingt das Lob auf die Kartoffelfrüchte."), aber auch eine humoristische Einlage am Klavier, vorgetragen von dem jungen Heinz Erhardt, der im Herbst 1939 über Willi Schaeffers Kabarett der Komiker zu seinem ersten Fernsehauftritt gekommen war.[543] Eine filmische Kompilation weiterer Live-Programme eines Monats kam im folgenden offenbar nicht mehr zur Ausstrahlung, obwohl Horst Preusker am Ende der „Oktoberfibel" ankündigte: „In einigen Wochen folgt der Fibel zweite Runde, dann sind die Fernsehschüler wieder gut im Bild."[544]

Ebenfalls auf bereits vorproduziertes Material griff die Produktion III bei *Fünf Jahre Filmtrupp im Deutschen Fernseh-Rundfunk* (21. 3. 1940)[545] zurück, einem 90minütigen Querschnitt durch die eigene Filmproduktion der Jahre 1935 bis 1940, ausgestrahlt am Vorabend des fünfjährigen Fernseh-Bestehens. 1943 soll es noch eine weitere halbstündige Zusammenstellung von Filmimpressionen aus dem Fernsehprogramm vom August gegeben haben, die unter dem Titel *Kalenderblätter* übertragen wurde und besondere Jubiläen und Geburtstage zum Anlaß nahm.[546] Vom Aufwand her gering waren auch zwei Filme, die das Fernsehen Anfang 1940 in den beiden Berliner Varietés Scala und Plaza drehte. Bei *Scala etwas verrückt* (14. 2. 1940)[547] übernahm das Film-Referat eine „artistische Bühnenschau" von Eduard Duisberg, der später auch im Studio live über seine Arbeit plauderte. Die Sendung enthielt insgesamt zehn Varieté-Nummern, die mit nur einer Kamera aufgenommen und ohne Kommentar versehen dem Publikum gezeigt wurden; lediglich am Beginn einer jeden Darbietung blendete man kurz den Namen der jeweiligen Akrobaten, Komiker oder Tänzer ein. Ähnlich schlicht aufgebaut war auch eine Produktion über den *Plaza-Auftakt 1940* (2. 3. 1940). Im folgenden ging das Fernsehen offenbar immer mehr dazu über, Varieté-Programme nicht mehr live im Studio zu produzieren,[548] sondern einfach vor Ort auf den Berliner Bühnen aufzunehmen. Im Juli 1942 schlug sogar Hans Hinkel vor, im Plaza-Varieté vor Rüstungsarbeitern und Verwundeten einen regelmäßigen „Bunten Samstag-Nachmittag" zu veranstalten, mit dem Nebeneffekt, „dass dann und wann auch der Fernsehsender eine solche Veranstaltung mit übertragen könne, um die Fertigung eines eigenen Fernsehprogrammes zu sparen".[549]

Einen weiteren Schwerpunkt in den Filmsendungen des Fernsehens bildeten Beiträge über den Nutzen der privaten Selbstversorgung, die wiederum die zahlreichen Studio-Produktionen des Zeitdienstes ergänzten. Am Beispiel von *Freude an kleinen Gärten* (4. 5. 1941)[550] sang man das Loblied auf den deutschen Kleingärtner. In – aus heutiger Sicht – primitiv und laienhaft anmutenden Gesprächs- und Spielsequenzen, die der Sender in einer Berliner Laubenkolonie drehte, vermittelte man dem Publikum die Botschaft, der „Reichsverband deutscher Kleingärtner" nehme jederzeit Bewerbungen für Pachtland entgegen. Am Ende dieses ausgesprochenen Propagandafilmes teilte der Sprecher in kaum noch zu überbietender Situationskomik mit:

„Fünf Millionen deutscher Menschen freuen sich als Selbstversorger. Ein Teil ist darüber hinaus auch Kleintierzüchter, was nicht nur den lieben Kindern Freude macht, sondern auch für eine regelmäßige Fleischeinlage sorgt.[551]"

In weiteren Filmen wie *Nun fegt der Herbst die Bäume blank*[552] oder *Den Frühling amtlich festgestellt*, deren Sendedaten allerdings offen bleiben müssen, gab man banale Tips über das fachgerechte Beschneiden von Bäumen, demonstriert und oberlehrerhaft kommentiert von praktizierenden Kleingärtnern. Oder man informierte darüber, wie noch grüne Tomaten überwintern und im nächsten Frühjahr nachreifen können. Eine klare propagandistische Tendenz wiesen auch Filme auf wie *Jugend im Landjahr* (7.12.1940) oder *Adel der Arbeit* (19.1.1940).[553] Letzterer entstand in Zusammenarbeit mit dem Reichsarbeitsdienst, und er zeigte Arbeiter bei der Heuernte bzw. bei der Neulandgewinnung an der Küste. Während ein in der Josephinenhütte in Schreiberbau gedrehter Streifen über die Herstellung von Glas informierte (*Flüssiges Gold*, 25.4.1940), zeigte *Eine Muh – eine Mäh...* (4.1.1941) „Spielzeug für Kinder und Erwachsene", das in der „Meisterschule des deutschen Handwerks für Holzschnitzerei und Tischlerei" im Thüringer Wald aufgenommen worden war. Neben Einsätzen in der näheren Umgebung Berlins (*Die schöne Mark*, 10.11.1940) war der Fernsehtrupp 1940 im ganzen Reichsgebiet unterwegs. Nach Angaben von Hermann Tölle entstanden Aufnahmen „unter anderem in Garmisch-Partenkirchen, Münster, München, Königsberg und im Thüringer Wald".[554] Gleichwohl, die in Anlage 8 aufgeführten Arbeiten des Fernsehtrupps dokumentieren nicht nur eine Konzentration auf die Reichshauptstadt, sondern auch den wachsenden Anteil von eigenen Filmen im Kriegsfernsehen. Ob, wann und in welcher Form das belichtete Zelluloid gesendet wurde, läßt sich allerdings aufgrund der Quellenlage nicht mehr feststellen.

ANMERKUNGEN

[1] Schroeder, Herbert: Ein Sender erobert die Herzen der Welt. Essen 1940, S. 11-12.
[2] vgl. Bullock, Allan: Hitler. Eine Studie über Tyrannei. Kronberg/Ts. 1977 (1. Aufl. Düsseldorf 1967), S. 513.
[3] vgl. Wagenführ, Kurt: Fernsehpause bei Kriegsbeginn in Berlin. In: Fernseh-Informationen 31(1980), 16, S. 392-393, hier S. 392.
[4] Aktennotiz Berndt über eine Besprechung mit Reichspostminister Ohnesorge, 26.8.1939, zit. nach Richter, Erich: Entwicklung und Wirken des faschistischen Rundfunks. Teil II: Die Faschisierung nach der Machtübernahme durch die Nazis. In: Beiträge zur Geschichte des Rundfunks 2(1968), 4, S. 4-35, hier S. 32.
[5] Laut Dienstanweisung der Luftwaffe vom 6.2.1939 oblagen dem Chef des Nachrichtenverbindungswesens u.a. folgende Aufgaben: „Vertreten der Belange der Luftwaffe auf dem Gebiete des Nachrichtenverbindungswesens, der Flugsicherung, des Flugmeldedienstes und des Fernsehens gegenüber den Wehrmachtsdienststellen, den anderen Wehrmachtteilen und den Reichsbehörden."

Zit. nach Völker, Karl-Heinz (Hrsg.): Dokumente und Dokumentarfotos zur Geschichte der deutschen Luftwaffe. Aus den Geheimakten des Reichswehrministeriums 1919-1933 und des Reichsluftfahrtministeriums 1933-1939 (=Beiträge zur Militär- und Kriegsgeschichte, Bd. 9). Stuttgart 1968, S. 158.

[6] Brief Horst Hewel an Kurt Wagenführ, 3. 4. 1976, NL Wagenführ.

[7] vgl. Fernsehsender – nahbesehen. Gespräch mit dem Leiter der Fernsehsenders. In: Der Angriff v. 14. 11.1939.

[8] Brief Gerhart Goebel an Kurt Wagenführ, 18. 7. 1975, ebd.

[9] vgl. Wagenführ, Kurt: Zeitgeschehen – ferngesehen. In: Deutsche Zukunft 7(1939), 35, S. 8.

[10] vgl. ebd.

[11] vgl. Brief Gerhard Wahnrau an Kurt Wagenführ, 13. 12. 1974, NL Wagenführ.

[12] vgl. Protokoll Gespräch Kurt Wagenführ und Julius Jacobi, Oktober 1976, NL Wagenführ.

[13] Gespräch mit Kurt Hinzmann, 23. 10.1991.

[14] vgl. Programmwoche 12. -18. 11. 1939. In: Volksfunk 9(1939), 46, S. 6.

[15] Regie: Herbert Engler; Bühnenbild: Hans-Joachim Maeder; Technische Leitung: Helmut Krätzer. Wiederholungen im Oktober/November 1939 in der Zeit von 18.30 bis 20.00 Uhr: 18.10., 28. 10., 1. 11., 7. 11., 13.11. und 18. 11.

[16] Inszeniert von Hannes Küpper (19.25-20.00 Uhr), mit Charlotte Radspieler in der Hauptrolle.

[17] Inszeniert von Karl-Heinz Uhlendahl (19.15-20.00 Uhr), mit Inge von Kusserow, Otto Stöckl, Udo Vietz und Hartmut von Hartungen. Wiederholungen im Oktober/November 1939: 29.10., 5.11. und 15. 11..

[18] vgl. Wgf. [d.i. Kurt Wagenführ]: Deutscher Fernsehsender brachte Lebensbild von Robert Koch. In: Funkwacht 14(1939), 45, S. 8.

[19] vgl. Großzügiger Start des Winterprogramms. In: Die Sendung 16(1939), 45, S. 890.

[20] Das Fernsehen in der Kriegszeit. In: Die Funkschau 13(1940), 2, S. 19.

[21] Gespräch mit Kurt Hinzmann, 23. 10. 1991.

[22] Aktennotiz RPM, 20. 9. 1939, BA Potsdam 47.01/20815.

[23] Aktennotiz RPM Flanze, 21. 9. 1939, BA Potsdam 47.01/20822.

[24] Aktennotiz RPM, 26. 9. 1939, ebd.

[25] ebd.

[26] Schnellbrief Rundfunkabteilung im RMVP Berndt an Reichspostminister Ohnesorge, 27. 9. 1939, BA Potsdam 47.01/20822.

[27] Großzügiger Start des Winterprogramms. In: Nationalsozialistische Rundfunk-Korrespondenz 3 (1939), 42, Bl. 3; und ähnlich Neuer Start im Fernsehen. In: Hör mit mir 10(1939), 45, S. 2.

[28] Engler, Herbert: Englands Fernsehrundfunk eingestellt: Unser Fernsehsender arbeitet weiter! In: Volksfunk 9(1939), 49, S. 3.

[29] Brief RPD Berlin an RPM über den öffentlichen Fernsehdienst, 19. 10.1939, BA Potsdam 47.01/20822.

[30] vgl. Gladenbeck, F.[riedrich]: Erfolge einer Gemeinschaftsarbeit im Fernsehen. In: Mitteilungen aus der Forschungsanstalt der Deutschen Reichspost. Berlin 1940, Bd. V, S. 1-2.

[31] Aktennotiz RPM, 24. 2.1940, BA Potsdam 47.01/20822.

[32] Auch das Fernsehen selbst stellte sich in den Dienst dieser Weiter-so-wie-bisher-Propaganda Goebbelscher Prägung, indem man 1940 eine ganze Reihe von Varieté-Sendungen (*Aus der Welt des Varietés*) produzierte, die das unvermindert hohe künstlerische Niveau in Kriegszeiten dokumentieren sollten. Bei *Scala etwas verrückt*, einem Film-Querschnitt aus dem Programm der Berliner Scala, blendete man im Vorspann – ungewöhnlich lang – einen Standardtext ein, der wahrscheinlich auch allen anderen Beiträgen aus dieser Reihe vorangestellt wurde: „Das feindliche Ausland schloss zu Kriegsbeginn auch seine Varietébühnen! In Deutschland dagegen: Allabendlich Spitzenleistungen des Varietés vor ausverkauften Häusern!"
vgl. *Scala etwas verrückt*, BA-FA Brl, SP 08903, 2 Rollen.

[33] vgl. Zwischenbilanz beim Fernsehsender. In: Volksfunk 10(1940), 31, S. 5.

[34] vgl. Auch im Kriege: Hochbetrieb im Fernsehsender. In: Volksfunk 9(1939), 45, S. 12: „Auch in dieser Zeit des deutschen Abwehrkampfes gegen übelwollende feindliche Mächte schreitet die Arbeit auf dem Gebiete des Fernsehrundfunks weiter voran."

[35] vgl. exempl. Wagenführ, Kurt: Der Funkbeobachter. In: Deutsche Radio-Illustrierte 6(1937), 47, S. 5.

[36] vgl. Wgf. [d.i. Kurt Wagenführ]: Der Rundfunkbeobachter. In: Deutsche Radio-Illustrierte 9(1940), 24, S. 4.

[37] Wgf. [d.i. Kurt Wagenführ]: Rezension des Buches von Ballnfieser, Heinz: Juden in Frankreich. Berlin 1940. In: Deutsche Radio-Illustrierte 9(1940), 4, S. 4.

[38] vgl. Ausbau des deutschen Fernsehens. In: Rundfunk-Archiv 12(1939), 10/11, S. 418.

[39] Bildmarke des Großdeutschen Rundfunks (Adler und Hakenkreuz in Wellenkreisen), darunter der Schriftzug „Deutscher Fernseh-Rundfunk". Das alte Stationsdia – der Berliner Funkturm – wurde ausgemustert.

[40] vgl. Wagenführ, Kurt: Wir sehen fern. In: Deutsche Radio-Illustrierte 8(1939), 22, S. 6: „Wie wäre es mit der bereits bestehenden Bildmarke des Rundfunks (Hoheitszeichen in Wellenkreisen), mit dem Berliner Bär, mit dem Bild des Funkturms oder auch mit einem Filmstreifen, der eine wehende Fahne zeigt, über die ,Fernsehsender Berlin' geblendet ist?"

[41] Brief Schlesische Funk-Stunde Breslau an Propagandaminister, 15. 9. 1933, BA Kblz R 55/234, fol. 2.

[42] vgl. Parteistatistische Erhebung vom 5. 7. 1939, Personalunterlagen Engler im DC Brl.

[43] vgl. FI-Berufsbiografien: Herbert Engler. In: Fernseh-Informationen 37(1986), 23/24, S. 731.

[44] [Herbert Engler]: Nachweis der arischen Abstammung. In: Der Rundfunk 1(1937/38), 11, S. 376.

[45] Brief Sophie Freifrau Spies v. Büllesheim an Herbert Engler, 6. 2. 1958, PA Spies.

[46] Gespräch mit Hans-Jürgen Nierentz, 11. 12. 1991.

[47] Brief Gertrud Leschke an Sophie Freifrau Spies v. Büllesheim, 13. 11. 1953, ebd.

[48] Lebenslauf Sophie Freifrau Spies v. Büllesheim, 27. 11. 1957, ebd.

[49] Erklärung Hermann Voß über die Tätigkeit von Herbert Engler im Fernsehsender Berlin (Abschrift), 29. 12. 1959, ebd.

[50] Gespräch mit Hans-Jürgen Nierentz, 11. 12. 1991.

[51] Gespräch mit Hans-Jürgen Nierentz, 11. 12. 1991.

[52] Obwohl die Freifrau inzwischen regelmäßig Sprech-, Gesangs- und Schauspielunterricht nahm, war Kurt Wagenführ mit ihrer Leistung in dem Huth-Stück nicht zufrieden: „Die Hauptrolle, die bei der Erstaufführung in den Händen von Doris Krüger lag, spielte diesmal Sophie Spies. (...) Sophie Spies stand die Rolle noch nicht durch. Sie deklamierte an großen Stellen, anstatt zu gestalten, sie ist zunächst noch kalt, und diese mehr aus dem Verstand entspringende Rollenauffassung machte sich auch im Zusammenspiel bemerkbar."
Wagenführ, K.[urt]: Lustspiel ferngesehen. ,Die vier Gesellen'. In: Deutsche Allgemeine Zeitung v. 4. 11. 1939.

[53] Brief Herbert Engler an Sophie Freifrau Spies v. Büllesheim, 3. 12. 1958, PA Spies.

[54] Die Ehe wurde auf den Tag genau zwölf Jahre später, am 7. 10. 1954, in Köln geschieden. Zurück blieb eine zutiefst verletzte, mithin verbitterte, von Engler nach Strich und Faden betrogene Frau, die in einem Brief an „Herbert" vom Februar 1958 rückblickend schrieb: „Du hast niemals irgend etwas anerkannt. Deine Gedanken und Empfindungen drehten sich nur um Deine eigene, Dir so liebe Person. (...) ,Man' sagt noch heute, ich sei Dein ,Rückgrat' gewesen, und ich sei die ,einzige Frau, die Dich so lange hätte halten können'. (...) Ein Mann, der fähig ist, eine grosse Liebe und glücklichste, gemeinsame Jahre – immerhin von Oktober 1939 bis August 1952 – zu verleugnen und durch den Dreck zu ziehen, hat keinen Platz mehr in meinem Leben!"
Brief Sophie Freifrau Spies v. Büllesheim an Herbert Engler, 6. 2. 1958, PA Spies; Deutsches Adelsarchiv (Hrsg.): Genealogisches Handbuch der freiherrlichen Häuser, Bd. XVI. Bearb. von Walter v. Hueck (Genealogisches Handbuch des Adels, Bd. 102). Limburg an der Lahn 1992, S. 475 ff.

[55] Bericht Engler an die Reichssendeleitung, 8. 12. 1936, BA Kblz R 55/225, fol. 126-127, hier fol. 127.

[56] Bericht Alfred Hein über Verhandlungen mit dem Rs. Breslau bzgl. des Hörspiels *Eine Kompanie Soldaten*, 28. 1. 1935, ebd., fol. 117-123, hier fol. 122-123.

[57] Aktennotiz RMVP Kallus, 16. 11. 1936, ebd. fol. 116.

[58] Brief RRG an RMVP, 18. 12. 1936, ebd., fol. 124-125.

[59] Aktennotiz RMVP Baumann, 10. 2. 1937, BA Kblz R 55/234, fol. 168.

[60] Brief RRG an Staatssekretär Funk, 12. 1. 1937, ebd., fol. 163-164.

[61] Brief Engler an Staatssekretär Funk, 7. 1. 1937, ebd., fol. 165-167.

[62] vgl. Kutsch, Arnulf: Ein nationalsozialistischer Rundfunkfunktionär. Hans Gottfried Kriegler (1905-1978). In: Mitteilungen des Studienkreises für Rundfunk und Geschichte 5(1979), 2, S. 98-101, hier S. 100.

[63] vgl. Mädchen werden grün geschminkt. In: 12-Uhr-Blatt v. 14. 2. 1940.

[64] Bericht an Glasmeier über die Personalangelegenheit Jacobi (Verfasser unbekannt), 15. 5. 1941, Personalunterlagen Jacobi im DC Brl.

[65] vgl. Tölle, Hermann: Von der Nipkow-Scheibe zur Braunschen Röhre. Aus der Geschichte des Fernsehens. In: Der Journalist 15(1965), 1, S. 34-35, hier S. 35.

[66] vgl. FI-Berufsbiografien: Adolf Raskin. In: Fernseh-Informationen 33(1982), 6, S. 163.

[67] vgl. Engler, Herbert: Die Programmarbeit im Fernsehen. In: Welt-Rundfunk 4(1940), 1, S. 4-9.

[68] vgl. Engler, Herbert: Paul Nipkow†. Das Staatsbegräbnis eines großen Ingenieurs. In: Die Sendung 17(1940), 37, S. 351.

[69] vgl. Neuer Start im Fernsehen. In: Hör mir zu 10(1939), 46, S. 2.

[70] vgl. Personalunterlagen Hainisch im DC Brl.

[71] Gespräch mit Günter Greiner, 12. 11. 1991.

[72] Julius Jacobi: Am 2.12.1901 in Köln geboren. 1907/1924 Abitur und Banklehre in Stettin und Hamburg, anschließend Studium der Rechts- und Theaterwissenschaft in Greifswald und Hamburg. Kurse in Phonetik und Dramaturgie. Zum 7. 1. 1926 erste Rundfunktätigkeit bei der Nordischen Rundfunk AG (Norag) in Hamburg. 1927 Wechsel als Schauspieler und Dramaturg zum Deutschen Theater in Hannover. Daneben freiberuflich als Sprecher beim Sender Hannover. Zum 1. 11. 1928 Rückkehr zum Rundfunk und Festanstellung bei der Norag, zunächst als Sprecher, Schauspieler und Dramaturg, dann als Sekretär des Programm- und Verwaltungsdirektors und Leiter des Tondienstes. Parteigenosse seit dem 1. 5. 1933 (Nr. 2 998 180), von 1933 bis 1934 Angehöriger der SA. Bis zum 1. 6. 1939 als kommissarischer Sendeleiter und persönlicher Referent des Intendanten Gustav Grupe beim Reichssender Hamburg.
vgl. Personalunterlagen Jacobi im DC Brl.

[73] Neben Jacobi hospitierte im Frühjahr 1938 mit Heinrich Kuhlmann ein weiterer leitender Rundfunkmitarbeiter im Nipkow-Sender, der ebenfalls mit aller Macht zum immer attraktiver werdenden Medium Fernsehen drängte. Kuhlmann gehörte bis 1937 der Pressestelle des Reichssenders Köln an und war zugleich persönlicher Referent des dortigen Intendanten Heinrich Glasmeier. Nach seiner Berufung zum Reichsintendanten im Frühjahr 1937 holte ihn Glasmeier nach Berlin, wo Kuhlmann mit einem Vorzimmerposten in der Reichsintendanz für seine Treue belohnt wurde. In den folgenden Monaten verspielte Kuhlmann jedoch seinen Kredit bei Glasmeier. Zum 1. März 1939 sollte er deshalb zur Abhörstelle der Wehrmacht „strafversetzt" werden, weil er – so der Reichsintendant – „in meiner Dienststelle zu groß geworden ist". Daraufhin kam Kuhlmann auf Vermittlung des Oberspielleiters Hainisch zum Nipkow-Sender, wo er erste Erfahrungen bei der Inszenierung von Fernsehsendungen sammeln konnte. Parallel hierzu bereitete sich der Praktikant mit Schauspielunterricht und einer „Spielleiterausbildung" am Theaterwissenschaftlichen Institut der Universität Berlin auf das Amt des Fernsehregisseurs vor. All das nützte ihm jedoch wenig, denn Kuhlmann wurde Mitte Mai 1938 von Glasmeier zum Reichssender Saarbrücken „weggelobt". Der Vorgang ist ausführlich dokumentiert im BA Kblz R 55/224.

[74] vgl. auch Wagenführ, Kurt: Julius Jacobi gestorben. In: Fernseh-Informationen 39(1988), 19, S. 561.

[75] Bericht Jacobi an Reichsintendant Glasmeier, 29. 4. 1941, Personalunterlagen Jacobi im DC Brl.

[76] RRG an Reichsintendant Glasmeier, 15.5.1941, ebd.

[77] Zu den Propagandaaufgaben von Goebbels' Generalreferat Ostraum vgl. Taubert, Eberhard: Der antisowjetische Apparat des deutschen Propagandaministeriums, BA Kblz, Kleine Erwerbungen/ 617, S. 7.

[78] Aktennotiz Reichsintendant Glasmeier, 31.7.1941, Personalunterlagen Jacobi im DC Brl.

[79] Ivo Veit: Geboren am 18.1.1910 in Frankfurt am Main. 1916/25 Schulbesuch in Höchst, danach in verschiedenen Berufen tätig. 1930/32 Schauspielschule Frankfurt am Main. 1932/33 Engagement im Frankfurter Schauspielhaus. 1934/35 Mitglied des Berliner Kabaretts „Die Katakombe" (Werner Finck). 1935/36 Diverse Engagements in Berlin: Theater am Admiralsplatz, Theater des Volkes, Kabarett „Der Tatzelwurm". Daneben Mitwirkung in Hörspielen beim Reichssender Berlin und im Deutschen Kurzwellensender.
vgl. FI-Berufsbiografien: Ivo Veit. In: Fernseh-Informationen 30(1979), 12, S. 293.

[80] vgl. ebd.

[81] Karl-Heinz Uhlendahl: Geboren am 8.5.1908 in Essen. 1927/31 Studium der Rechtswissenschaften in Freiburg/Breisgau und in Münster/Westfalen. 1931/32 Max-Reinhardt-Schauspielschule in Berlin. 1932/39 Als Sprecher und Mitarbeiter beim Hörspiel zum Reichssender Breslau. Parteimitglied seit dem 1.5.1935 (Nr. 4 659 421).
vgl. Personalunterlagen Uhlendahl im DC Brl.

[82] vgl. FI-Berufsbiografien: Karl-Heinz Uhlendahl. In: Fernseh-Informationen 30(1979), 8, S. 199.

[83] vgl. Meyer, Jochen: Berlin-Provinz. Literarische Kontroversen um 1930. Marbach 1985 (=Sonderheft Marbacher Magazin 35(1985)), S. S. 96 ff.

[84] vgl. Völker, Klaus: Bertolt Brecht. Eine Biographie. Reinbek bei Hamburg 1988 (1. Auflage München, Wien 1976), S. 105, 128 sowie Bildtteil S. 2.

[85] vgl. Claßen, Ludger; Schütz, Erhard: Nachwort. In: Schütz, Erhard; Vogt, Jochen (Hrsg.): Der Scheinwerfer. Ein Forum der Neuen Sachlichkeit 1927-1933 (=Ruhrland-Dokumente, Bd. 2). Essen 1986, S. 361-374.

[86] vgl. Piper, Ernst: Nationalsozialistische Kunstpolitik. Ernst Barlach und die „entartete Kunst". Eine Dokumentation. Frankfurt/Main 1987.

[87] Protokoll Entnazifizierungskommission im Berliner Rundfunk, 4.9.1947, Personalunterlagen Küpper im DC Brl.

[88] vgl. exempl. Raskin, Adolf: Die gegenwärtige Situation des musikalischen Theaters. In: Der Scheinwerfer 3(1930), 8/9.

[89] Protokoll Entnazifizierungskommission (wie Anm. 87).

[90] Gespräch mit Agnes Kuban, 8.3.1993.

[91] Gespräch mit Kurt Hinzmann, 23.10.1991.

[92] vgl. ebd.

[93] vgl. FI-Berufsbiografien: Kurt Hinzmann. In: Fernseh-Informationen 27(1976), 7, S. 165.

[94] Während des Entnazifizierungsprozesses sagte Farenburg (geb. 28.2.1900 in Steinau an der Oder) im Juli 1946 aus, man habe ihm 1933 die Mitgliedschaft in der NSDAP „wegen mangelnden Interesses, Widersetzens gegen die Aufbautätigkeit usw." verweigert. Daraufhin legten ihm die Amerikaner einen Fragebogen der Reichsfilmkammer von 1936 vor, wo Farenburg angegeben hatte, seit April 1933 Parteimitglied zu sein. Farenburg räumte schließlich ein, er habe mit dieser „Falschangabe" seine Berufschancen verbessern wollten. Tatsächlich liegt vom Juni 1936 ein Schreiben Farenburgs vor, adressiert an einen Freund in der Filmkammer. Darin erklärte ersterer, er habe es derzeit „sehr schwer, wieder in den Film hineinzukommen".
vgl. Personalunterlagen Farenburg im DC Brl.

[95] vgl. Horn, Peter A.: Damals in Berlin und Paris...(1). In: Fernseh-Informationen 32(1981), 3, S. 60.

[96] vgl. FI-Berufsbiografien: Peter A. Horn. In: Fernseh-Informationen 27(1976), 5, S. 115.

[97] Bericht Deutsche Revisions- und Treuhand AG über Geschäftsjahr 1936/37 des Rs. Saarbrücken, BA Kblz R 2/4910, fol. 312-315.

[98] Anmerkungen Raskin zum Bericht Deutsche Revisions- und Treuhand AG über Geschäftsjahr 1936/37 des Rs. Saarbrücken, 31.3.1938, BA Kblz R 2/4911.

[99] Horn, Peter A.: Damals in Berlin (wie Anm. 95), S. 60.

[100] Alfred Braun: Am 3.5.1888 in Berlin geboren. Der gelernte Schleifer betätigte sich zunächst als Schauspieler, von 1923 an als Programmitarbeiter und Abteilungsleiter der Funk-Stunde AG in Berlin. 1933 wurde er entlassen, im KZ Oranienburg interniert, gelangte aber nach dem „Rundfunkprozeß" in die Schweiz und von dort in die Türkei. 1939 kehrte er nach Berlin zurück, um im folgenden zeitweise beim Paul-Nipkow-Sender und als Regisseur und Autor beim Film zu arbeiten (*Zwischen Nacht und Morgen* (1942/44); *Der Puppenspieler* (1944/45)). Nach eigenen Angaben NSDAP-Mitglied seit dem 26.2.1937 (Nr. 3 860 831). Nach 1945 war Braun als Programmitarbeiter bei Radio Stuttgart, von 1947 bis 1949 beim Ost-Berliner Rundfunk tätig. Bevor er 1954 erster Intendant des am 1.6.1954 eröffneten Senders Freies Berlin (SFB) wurde, hatte Braun als freischaffender Regisseur für Funk und Film gearbeitet. Braun trat im Juli 1958 im Alter von 70 Jahren in den Ruhestand.
vgl. Personalunterlagen Braun im DC Brl; Bausch, Hans: Der Rundfunk im politischen Kräftespiel der Weimarer Republik 1923-1933. Tübingen 1956, S. 109.

[101] vgl. Braun, Alfred: Achtung, Achtung. Hier ist Berlin! Aus der Geschichte des Deutschen Rundfunks in Berlin 1923-1932 (=Buchreihe des SFB, Bd. 8). Berlin 1968, S. 64-67.

[102] Zum Leiter der Unterhaltungsabteilung wurde wenig später Günter Stenzel berufen, der dieses Amt bis 1943 bekleidete.

[103] vgl.Fischer, E.[ugen] Kurt: Dramaturgie des Rundfunks (=Studien zum Weltrundfunk und Fernsehrundfunk, Bd. 4). Heidelberg, Berlin, Magdeburg 1942, S. 11.

[104] Propagandaminister an Reichskanzlei, 23.10.1939, BA Kblz R 43 II/386a.

[105] Brief Heinz Piper an Kurzwellensender Intendant Winkelnkemper, 4.2.1941, Personalunterlagen Piper im DC Brl.

[106] Brief Heinz Piper an Kurzwellensender Intendant Cleinow, 4.11.1941, ebd.

[107] Gefolgschaftsabteilung Kurzwellensender an Heinz Piper, 13.5.1943, ebd.

[108] G.E. [d.i.: Gerhart Eckert]: Besuch beim Fernsehsender. Vom Werden eines Fernsehspiels. In: Nationalsozialistische Rundfunk-Korrespondenz 4(1940), 8, S. 7.

[109] Zit. nach Wagenführ, Kurt: Unsere Männer vom Fernsehsender. In: Neuer Funk-Bote 7(1940), 13, S. 2,4, hier S. 2.

[110] Freundl. Hinweis von Heinrich Josef Deisting (Stadtarchiv Werl). 2.3.1993.

[111] vgl. Heiber, Helmut: Joseph Goebbels. München 1974 (1. Aufl. Berlin 1962), S. 20.

[112] Gespräch mit Walter Huber, 5.3.1993.

[113] vgl. dazu den umfangreichen Briefwechsel zwischen Joseph Goebbels und den Mitgliedern der Familie Kölsch im BA Kblz NL 118/111.

[114] Goebbels, Joseph: Bin ein fahrender Schüler, ein wüster Gesell..., Novelle aus dem Studentenleben, Sommer 1917, BA Kblz NL 118/117.

[115] Brief Agnes Kölsch an Joseph Goebbels, 17.7.1918, BA Kblz R 118/111, fol. 604-606, hier fol. 605.

[116] Brief Manfred Wittmann (Stadtarchiv Mönchengladbach) an den Verf., 8.3.1993.

[117] Brief Theo Geitmann an Joseph Goebbels, 15./16.10.1918, BA Kblz NL 118/112, fol. 679-682, hier fol. 680-681.

[118] Gespräch mit Jochen Kölsch, 2.3.1993.

[119] vgl. Personalunterlagen Kölsch im DC Brl.

[120] Funktion und Aufgaben des Betriebsführers innerhalb der Nationalsozialistischen Betriebszellenorganisation (NSBO) wurden durch das „Gesetz zur Ordnung der nationalen Arbeit" vom 20. Januar 1934 geregelt.
vgl. Reichsgesetzblatt 1934 I, S. 45 ff.

[121] Gespräch mit Walter Huber, 5.3.1993.

[122] Freundl. Hinweis von Ralf Georg Reuth, 2. 3. 1993.

[123] Gespräch mit Jochen Kölsch, 2. 3. 1993.

[124] Zusammengestellt nach den RRG-Geschäftsberichten 1940-1943, BA Kblz R 55/563.

[125] 1940/41: 1.826.480 RM, 1941/42: 1.587.196 RM und 1942/43: 1.880.943 RM.
Zusammengestellt nach den RFG-Geschäftsberichten 1940/41-1942/43, BA Potsdam 47.01/20811.

[126] Aktennotiz (Verfasser unbekannt) über Urlaubsregelung Heinz Piper, 17. 9. 1941, Personalunterlagen Piper im DC Brl.

[127] Bemeleit an Pressereferent SS-Abschnitt XI, 25. 5. 1934, Personalunterlagen Bemeleit im DC Brl.

[128] vgl. ebd.

[129] vgl. Höhne, Heinz: Der Orden unter dem Totenkopf. Die Geschichte der SS. Gütersloh 1967.

[130] Boberach, Heinz (Hrsg.): Meldungen aus dem Reich 1938-1945. Die geheimen Lageberichte des Sicherheitsdienstes der SS. Herrsching 1984, Bd. 1, S. 17.

[131] Monnier, dessen Angestelltenverhältnis beim Fernsehsender bis Kriegsende weiterlief, geriet im August 1944 in russische Gefangenschaft, aus der er im September 1945 wegen Verwundung an beiden Beinen und einer Ödemkrankheit entlassen wurde.

[132] Erhebungsbogen Spende ‚Künstlerdank' im RMVP, 1. 3. 1940, Personalunterlagen Jutzi im DC Brl.

[133] vgl. Waldschmidt, Anne: Stütze der Gesellschaft. Der Ufa-Star Heinrich George. In: Bock, Hans-Michael; Töteberg, Michael (Hrsg.): Das Ufa-Buch. Frankfurt/Main 1992, S. 334-338, hier S. 335.

[134] vgl. Erhebungsbogen Spende ‚Künstlerdank' im RMVP, 1. 3. 1940, Personalunterlagen Jutzi im DC Brl.

[135] Jutzi an Reichsschrifttumskammer, 20. 2. 1942 (Eingangsstempel), ebd.

[136] vgl. Manuskript *Zwei Rivalen*, 66 S., NL Wagenführ.

[137] Jutzi an Reichsschrifttumskammer, 20. 2. 1942 (Eingangsstempel), Personalunterlagen Jutzi im DC Brl.

[138] Brief Kurt Wagenführ an Ulrich Kurowski, 3. 3. 1982, NL Wagenführ.

[139] Hermann August Tölle: Geboren am 4. 7. 1896 in Paderborn. 1930/36 Tätigkeit in der aktuellen Abteilung des Reichssenders Köln. 1936/39 Wechsel in die Zentrale der Reichs-Rundfunk-Gesellschaft in Berlin. Eintritt in die NSDAP am 1.5.1933 (Nr. 2 997 334).
vgl. Personalunterlagen Tölle im DC Brl.

[140] Anweisung für den Leiter vom Dienst im Deutschen Fernseh-Rundfunk, 15. 11. 1939, NL Wagenführ.

[141] ebd.

[142] vgl. Deutsches Bühnen-Jahrbuch 1940, S. 658.

[143] Reichsfilmkammer Bauer an RMVP Ministerialrat Fischer, 17. 1. 1942, Personalunterlagen Blothner im DC Brl.

[144] Blothner an Spende ‚Künstlerdank' Möller, 5. 8. 1939, ebd.

[145] vgl. Wulf, Joseph: Theater und Film im Dritten Reich. Frankfurt/Main, Berlin, Wien 1983, S. 94. Von den Zuwendungen der Stiftung ausgeschlossen waren „Voll"- und „Halbjuden", aber auch „jüdisch Verheiratete" ebenso wie politisch Unliebsame.

[146] Aktennotiz RMVP Fischer, 16. 1. 1942, Personalunterlagen Blothner im DC Brl.

[147] Bescheinigung Engler zur Vorlage bei der Reichsfilmkammer, 10. 12. 1940, Personalunterlagen Tetzlaff im DC Brl.

[148] Engler an Reichsfilmkammer, 14. 12. 1940, ebd.

[149] ebd.

[150] Engler, H.[erbert]: Formengesetze der Fernseh-Sendung. Eine Untersuchung zur Dramaturgie im Fernsehen. In: Gladenbeck, Friedrich (Hrsg.): Jahrbuch des elektrischen Fernmeldewesens, Jg. 1940. Berlin-Friedenau 1941, S. 358-372, hier S. 368.

[151] vgl. ebd., S. 371.

[152] Bericht Gerhard Wahnrau über Probleme des Zeitdienstes, 3. 12. 1939, NL Wagenführ.

[153] ebd.

[154] Engler, Herbert: Fernsehen im Vormarsch. In: Reichsrundfunk 1(1941/42), 24, S. 453-456, hier S. 454, 455.

[155] Sylvester Albert Szymanski (häufig auch: Albert Sylvester): Geboren am 2. 1. 1902 in Berlin. 1918 Not-Abitur in Berlin. Im selben Jahr als Praktikant zur Firma Edmund Rumpler, einem renommierten Flugzeugbau-Unternehmen in Berlin-Johannestal. 1919/1926 Ausbildung an der Berliner Kunstschule Reimann, Assistent bei der Juschny-Bühne „Blauer Vogel" und freiberuflicher Kameramann für Wochenschauen. 1926/1929 Als freier Mitarbeiter in der Pressestelle des Auswärtigen Amtes tätig. 1929/1930 Reporter bei der *Deutschen Allgemeinen Zeitung* in Berlin. 1931/1933 Szymanski geht nach Paris und gründet dort die Bildagentur „Studio Albert" (Schwerpunkt: Mode). 1933/1939 Rückkehr nach Berlin und private Tätigkeit auf technischen und phototechnischen Gebieten. Ende 1939 tritt er in die Reichspost-Fernsehgesellschaft ein, um Mitte Februar 1941 in die Programmabteilung des Nipkow-Senders zu wechseln. Als Autor zahlreicher Zeitdienst-Sendungen verwendet er im folgenden häufig das Pseudonym Albert Roman. Im Sender hingegen wird er „Balbo" genannt, da er einen Kinnbart nach Art des italienischen Faschisten-Marschalls Italo Balbo trägt.
vgl. Wagenführ, Kurt: Albert S. Szymanski gestorben. In: Fernseh-Informationen 33(1982), 2, S. 41; Gespräche mit Hildegard Szymanski (12. 3. 1993) und Agnes Kuban (8. 3. 1993); Brief Nordische Verlagsanstalt an RMVP mit Personalangaben Szymanski, 29. 12. 1944, BA Kblz R 55/222, fol. 104-105, hier fol. 105.

[156] Gespräch mit Kurt Hinzmann, 23. 10. 1991.

[157] vgl. Personalliste des Fernsehsenders Paul Nipkow von 1943 (Auszug), NL Wagenführ.

[158] Joseph Christean (bürgerlicher Name nach eigenen Angaben: Joseph Christe): Geboren am 15. 3. 1887 in Wien. Nach der Schule Schauspielunterricht. In den ausgehenden zehner und beginnenden zwanziger Jahren Engagements an diversen Bühnen, zuletzt beim Königsberger Stadttheater. Seit dem 26. März 1924 künstlerischer Leiter der Orag in Königsberg, seit 1926 Direktor, seit 1931 Intendant der Orag. 1933 fällt er den „Säuberungen" der neuen Machthaber zum Opfer und wird durch den Nationalsozialisten Siegfried Haenicke ersetzt. Im folgenden hält sich das Nicht-Parteimitglied Christean als Regisseur, Schauspieler und Sänger über Wasser. Bis Kriegsausbruch findet er u.a. im Zeitfunk des Reichssenders Berlin eine freiberufliche Tätigkeit und wird von Nierentz für gelegentliche Fernseharbeiten herangezogen. Gleichzeitig wird er beim Film immer weniger beschäftigt und muß 1939 die Filmkammer verlassen. Daraufhin bleibt ihm nur noch der Weg zum Fernsehen, wo er offiziell aber erst 1941 – als Mitarbeiter der Programmleitung – geführt wird.
vgl. Lerg, Winfried B.: Die Entstehung des Rundfunks in Deutschland. Frankfurt/Main 1965, S. 379; Personalunterlagen Christean im DC Brl; Deutsches Bühnen-Jahrbuch 1941, S. 708.

[159] vgl. Deutsches Bühnen-Jahrbuch 1940, S. 658.

[160] vgl. Geschäftsverteilungsplan Reichssender Breslau von 1940. In: Deutsches Bühnen-Jahrbuch 1940, S. 659.

[161] vgl. Engler, Herbert: Fernsehen. Zur Entwicklung des jüngsten deutschen Kulturgutes. In: Rundfunk-Archiv 13(1940), 5, S. 137-143, hier S. 143.

[162] vgl. Deutsches Bühnen-Jahrbuch 1941, S. 708-709.

[163] vgl. auch Graff, Sigmund: Von S.M. zu N.S.. Erinnerungen eines Bühnenautors (1900 bis 1945). München-Wels 1963, S. 181.

[164] vgl. Personalunterlagen Prudentia Katharina Felicitas Olbrich im DC Brl.

[165] Bericht Deutsche Revisions- und Treuhand AG über RRG-Geschäftsjahr 1941/42, BA Kblz R 55/548, fol. 66-162, hier fol. 141.

[166] ebd.

[167] vgl. Müller-Lübeck, Kurt: Der Fernsehrundfunk-Betrieb und sein Werdegang. In: Fernsehen und Tonfilm 11(1940),11, S. 41-44.

[168] Probenplan für die 25. Programmwoche vom 24.-30. 8. 1941, 15. 8. 1941, NL Wagenführ.

[169] Haushaltsvoranschlag RFG für das Rechnungsjahr 1940, 29. 12. 1939, BA Potsdam 47.01/20815.

[170] Aktennotiz RPM-Besprechung vom 26. 2. 1941, 28. 2. 1941, BA Potsdam 47.01/20822.

[171] Genehmigung RPM für eine Dienstreise nach Italien vom 15. 10.-4. 11. 1941, 2. 10. 1941, BA Potsdam 47.01/20816.

[172] RRG an RMVP, 15. 4. 1941, BA Kblz R 55/545, fol. 88.

[173] Nach dem Krieg, 1954, erwarb der Sender Freies Berlin (SFB) das Deutschlandhaus für 4,2 Millionen Mark, um es seine im Aufbau befindliche Fernsehabteilung zu nutzen.

[174] Bericht RRG an RMVP über Ankauf Deutschlandhaus, 13. 10. 1941, BA Kblz R 55/545, fol. 136.

[175] Generalbauinspektor an Rechtsanwalt Oskar Möhring, 17. 4. 1941, ebd., fol. 91.

[176] RRG an RMVP über den Kauf des Grundstücks Kaiserdamm 76, 25. 7. 1941, ebd., fol. 118; RRG an RMVP, 15. 4. 1941, ebd., fol. 88.

[177] Engler an RPM, 24. 7. 1941, BA Potsdam 47.01/20821.

[178] RPM an Deutscher Fernseh-Rundfunk, 31. 7. 1941, ebd.

[179] Zusammengestellt aus den RFG-Geschäftsberichten 1940/41- 1941/42, BA Potsdam 47.01/20811.

[180] RFG an RPM über feuerpolizeiliche Beanstandungen des Filmgeberraumes, 13. 1. 1942, BA Potsdam 47.01/20816.

[181] RPM an RPF, 29. 9. 1939, BA Potsdam 47.01/20819.

[182] RFG an RPM, 5. 5. 1941, BA Potsdam 47.01/20822.

[183] Geschäftsbericht RFG 1942/43, BA Potsdam 47.01/20811.

[184] ebd.

[185] RPM an RFG über die Bewilligung zusätzlicher Kräfte für das ‚Unternehmen Werneuchen‘, 3. 5. 1941, 47.01/20816.

[186] Geschäftsbericht RFG 1942/43, BA Potsdam 47.01/20811.

[187] Abwehrbeauftragter an Staatssekretär RMVP, 10. 7. 1942, BA Kblz R 55/545, fol. 54-55, hier fol. 55.

[188] Bericht Deutsche Revisions- und Treuhand AG über RRG-Geschäftsjahr 1940/41, BA Kblz R 2/4911.

[189] Gespräch mit Maria Nierentz, 3. 6. 1993.

[190] vgl. Telefonverzeichnis Fernsehsender Paul Nipkow zum 1. 1. 1942, DRA Ffm.

[191] vgl. auch Diller, Ansgar: War das Wunschkonzert der Kriegszeit ein ‚Wunsch‘-Konzert? Zu einer WDR-Fernsehsendung am 21. August. In: epd. Kirche und Rundfunk, Jg. 1977, 65, S. 3ff.

[192] vgl. Bartosch, Günter: Die große Fernseh-Show ist 50! (1) In: ZDF Kontakt, April 1991, S. 14-15, hier S. 15.

[193] Engler, Herbert: Neue Aufgaben im Fernsehen. In: Rundfunk-Archiv 14(1941), 6, S. 214-219, hier S. 215.

[194] Gespräch mit Kurt Hinzmann, 23. 10. 1991.

[195] Bilanz des Zweiten Weltkrieges. Erkenntnisse und Verpflichtungen für die Zukunft. Oldenburg, Hamburg 1953, S. 265.

[196] vgl. Berghahn, Volker R.: NSDAP und ‚geistige Führung‘ der Wehrmacht 1939-1943. In: Vierteljahreshefte für Zeitgeschichte 17(1969), 1, S. 17-71, insbes. S. 25-26.
Diese Haltung der Militärs ließ sich so lange aufrechterhalten, wie die Truppe an der Front Erfolge verzeichnete. Erst die Ereignisse in Rußland (Winter 1942/43) brachte die Wehrmacht zu der Erkenntnis, daß ein Soldat auch ein guter Nationalsozialist sein müsse.

[197] Gespräch mit Kurt Hinzmann, 23. 10. 1991.

[198] Engler, Herbert, Neue Aufgaben (wie Anm. 193), S. 216-217.

[199] ebd., S. 217.

[200] vgl. Bartosch, Günter: Die große Fernseh-Show ist 50! (2) In: ZDF Kontakt, Mai 1991, S. 12-13, hier S. 12.

[201] vgl. Für wen spielt da wohl Dorit [Kreysler]? Für unsere Verwundeten natürlich! In: Volksfunk 11(1941), 6, S. 3.

[202] RFG an Reichspostminister Ohnesorge, 20. 3. 1941, BA Potsdam 47.01/20816.

[203] Gespräch mit Kurt Hinzmann, 23. 10. 1991.

[204] vgl. Fernsehen im Dienst der Truppenbetreuung. In: Nationalsozialistische Rundfunk-Korrespondenz 5(1941), 11, Bl. 1-2.

[205] vgl. A.K. [d.i. Anne-Marie Kunze]: Fernsehen für Verwundete. In: Reichsrundfunk 1(1941/42), 1, S. 22.

[206] vgl. Fernsehen für Verwundete. In: Rundfunk-Archiv 14(1941), 4, S. 161-162, hier S. 161.

[207] vgl. Fernsehen im Dienst der Truppenbetreuung. In: Die Sendung 18(1941), 15, S. 170.

[208] vgl. Becker, Ive: Zwei Jahre Fernsehen für Lazarette. In: Reichsrundfunk 2(1942/43), 26, S. 513-514, hier S. 513.

[209] vgl. Kölle, H.[ans]: Fernsehübertragungen aus dem Kuppelsaaltheater im Reichssportfeld. In: Fernsehen und Tonfilm 12(1941), 6, S. 21-22.

[210] vgl. Fernsehen – zeitgemäß. In: Hausmitteilungen aus Forschung und Betrieb der Fernseh GmbH 5(1941), 2, S. 102-104, hier S. 104.

[211] vgl. Arbeitsbescheinigung Engler für Rudolf Zurth, 22. 2. 1943, NL Wagenführ.

[212] vgl. Engler, Herbert, Neue Aufgaben (wie Anm. 193), S. 219.

[213] A.M.K. [d.i. Anne-Marie Kunze]: 50. Fernsehsendung für Feldgraue im Kuppelsaal des Reichssportfeldes. In: Reichsrundfunk 1(1941/42), 21/22, S. 407.

[214] vgl. Berlins Fernsehsender in Front. In: Rundfunk-Archiv 15(1942), 6, S. 268-269, hier S. 269.

[215] Engler an Hinkel über das Programm zur 75. Sendung aus dem Kuppelsaal, 20.5.1942, Personalunterlagen Engler im DC Brl.

[216] vgl. Zö.: Jubiläum im Fernsehsender. In: Reichsrundfunk 2(1942/43), 6, S. 125.

[217] Geschäftsbericht RFG 1942/43, BA Potsdam 47.01/20811.

[218] Protokoll Besprechung zwischen RPM und RMVP über schwebende Zuständigkeitsfragen, 3. 5. 1942, BA Kblz R 55/308, fol. 198.

[219] Brief Rundfunkabteilung an Rechtsabteilung RMVP, 30. 4. 1942, BA Kblz R 55/230, fol. 42-44.

[220] Apitzsch an Schaudinn, 30. 4. 1942, BA Potsdam 50.01/15, fol. 128.

[221] Vorschläge für die beabsichtigte weitere Rationalisierung des Großdeutschen Rundfunks, 30. 4. 1942, BA Potsdam 50.01/15, fol. 124-125.

[222] Schmidt-Leonhardt an Leiter Personal RMVP, 12.5.1942, BA Kblz R 55/230, fol. 49.

[223] Schmidt-Leonhardt an Fritzsche über weitere Stillegungen nicht kriegswichtiger Arbeit, 12.5.1942, ebd., fol. 41.

[224] Gespräch mit Kurt Hinzmann, 23. 10. 1991.

[225] Aktennotiz RFG über die Gesellschafterversammlung vom 1. 5. 1942, 2. 5. 1942, BA Potsdam 47.01/20816.

[226] Brief Reichspostminister an Propagandaminister, 2. 9. 1939, BA Potsdam 47.01/20814.

[227] Brief Reichspostminister an Chef der Reichskanzlei, 11. 11. 1939, BA Kblz R 43 II/267a; Chef der Reichskanzlei an Reichspostminister, 20. 11. 1939, ebd., fol. 86.

[228] Brief Propagandaminister an Reichspostminister, 16. 8. 1939, BA Potsdam 47.01/20814.

[229] Brief Rundfunkabteilung RMVP an Reichspostminister, 18.2.1939, BA Potsdam 47.01/20813.

[230] Brief Reichspostminister an Propagandaminister, 2. 9. 1939, BA Potsdam 47.01/20814.

[231] Zum technischen Stand der damaligen Reportageanlagen vgl. ausführlich Weber, Hermann: Aufnahmegeräte für Fernsehreportagen. In: Fernsehen und Tonfilm 13(1942), 1/2, S. 1-6 (I); 3, S. 9-11 (II); 4, S. 13-19 (III); 5, S. 21-24 (IV); 6/7/8, S. 27 (V).

[232] vgl. Wagenführ, Kurt: Fußball-Länderkampf Deutschland-Italien im Fernsehsender. In: Neuer Funk-Bote 6(1939), 50, S. 5.

[233] vgl. Aufzeichnungen Kurt Wemheuer für Kurt Wagenführ, o.D., NL Wagenführ.

[234] Betriebsanweisung Friedrich Stumpf zur Umschaltung zwischen Reportage- und Studio-Sendung, 20. 5. 1940, NL Wagenführ.

[235] ebd.

[236] vgl. Stumpf, Friedrich: Die Fernsehreportage. In: Fernsehen und Tonfilm 12(1941), 9, S. 33-35 (I); 10, S. 37-39, insbes. S. 33:
„Erst wenn die Fernseheinsatzmittel an den jeweiligen Ort der Übertragungen herangerückt werden müssen und eine regieliche Formung durch den Stoff nicht mehr gegeben ist, sprechen wir von einer Fernsehreportage. Das örtlich gebundene aktuelle Ereignis bestimmt allein den programmlichen Ablauf."

[237] Aktennotiz Wemheuer über den Reportagedienst bei T II, 17. 9. 1940, NL Wagenführ.

[238] Zusammengestellt nach den RFG-Geschäftsberichten 1940/41- 1942/43, BA Potsdam 47.01/ 20811.

[239] vgl. Aufzeichnungen Wemheuer (wie Anm. 233).

[240] vgl. Augustin, E.[rnst]: Zweite Denkschrift über das Fernsehen vom Juni 1939, S. 27.

[241] vgl. Fernsehsender auf der Siegessäule. Erster Versuch einer drahtlosen Fernseh-Reportage. In: Reichsrundfunk 1(1941/42), 12, S. 8-9.

[242] vgl. Engler, Herbert, Neue Aufgaben (wie Anm. 193), S. 219.

[243] Sport, Rundfunk und Fernsehen am Funkturm. In: Rundfunk-Archiv 15(1942), 4, S. 182-183, hier S. 183.

[244] vgl. Ausklang am Funkturm. In: Rundfunk-Archiv 15(1942), 9, S. 386-387, hier S. 386.

[245] vgl. Die Veranstaltungen am Funkturm in den Monaten Mai und Juni 1942. In: Rundfunk-Archiv 15(1942), 6, S. 268.

[246] vgl. Sarrasani im Fernsehrundfunk. In: Reichsrundfunk 2(1942/43), 10/11, S. 215.

[247] Wehrmachtveranstaltungen der Deutschen Rundfunk-Arbeitsgemeinschaft. In: Rundfunk-Archiv 15(1942), 8, S. 363.

[248] vgl. Wehrmachtsveranstaltungen der Deutschen Rundfunk-Arbeitsgemeinschaft. In: Rundfunk-Archiv 15(1942), 9, S. 386.

[249] Bericht Deutsche Rundfunkarbeitsgemeinschaft an RMVP, 18.9.1943, BA Kblz R 55/563, fol. 99-101, hier fol. 101.

[250] vgl. Grube, Frank; Richter, Gerhard: Alltag im Dritten Reich. So lebten die Deutschen 1933-1945. Hamburg 1982, S. 155.

[251] Geschäftsbericht RFG 1942/43, BA Potsdam 47.01/20811.

[252] vgl. Fußball im Fernsehrundfunk. In: Welt-Rundfunk 7(1943), 3, S. 138.

[253] vgl. Augustin, Ernst: Organisations- und Etat-Unterlagen sowie Betrachtungen über das Deutsche Fernsehen, Berlin August 1938, S. 42-46.

[254] Gespräch mit Otto Schulze, 30. 6. 1991.

[255] Geschäftsbericht RRG 1937/38, BA Kblz R 2/4911; Jahresbericht 1938 der Gruppe Technik der RRG. Berlin 1939, S. 32.

[256] Für größere Synchronisierungsaufgaben war zuvor in einem Nebenraum der benachbarten Funkausstellungshallen ein weiteres Studio gebaut worden, das aber schon nach kurzer Zeit durch Bombenschaden wieder ausfiel.
Gespräch mit Otto Schulze, 30. 6. 1991.

[257] vgl. Schulze, O.[tto]: Aus der Geschichte des Fernsehens: Deutschlands erster Fernsehsender. In: Kino-Technik 13(1959), 10, F 51-F 54, hier F 53.

[258] Gleich nach Kriegsbeginn lief im Reich die sogenannte Aktion Entfilmung der Innenstädte an, indem man das hochentflammbare Kinomaterial in periphere Ausweichstätten transportierte.

[259] Gespräch mit Otto Schulze, 30. 6. 1991.

[260] Otto Schulze bezeichnete im nachhinein Bruno Reisner als „Verbindungsmann zwischen Programmabteilung und Filmtechnik".
Brief Otto Schulze an den Verf., 23. 8. 1991.

[261] Brief Otto Schulze an den Verf., 10. 7. 1991.

[262] Brief Otto Schulze an den Verf., 28. 8. 1991.

[263] Brief Otto Schulze an Kurt Wagenführ, 11. 10. 1981, PA Schulze.

[264] vgl. Brief Kurt Wagenführ an Otto Schulze, 28. 10. 1980, ebd.

[265] Über Aufgaben und Zusammensetzung der Propagandakompanien im zweiten Weltkrieg vgl. Buchbender, Ortwin: Das tönende Erz. Deutsche Propaganda gegen die Rote Armee im Zweiten Weltkrieg. Stuttgart 1978, S. 19ff.

[266] Aktennotiz Reichsfilmkammer Alberti, 3. 10. 1941, Personalunterlagen Lemcke im DC Brl.

[267] vgl. Rundfunk im Krieg. Ein Kulturfilm. In: Reichsrundfunk 3(1943/44), 8, S. 167.

[268] Brief Lex-Film an Reichsfilmkammer, 11. 10. 1943, Personalunterlagen Löding im DC Brl.

[269] Brief Otto Schulze an Kurt Wagenführ, 6. 11. 1981, PA Schulze.

[270] Bericht Deutsche Revisions- und Treuhand AG über RRG-Geschäftsjahr 1940/41, BA Kblz R 2/4911.

[271] vgl. Gruchmann, Lothar: Totaler Krieg. Vom Blitzkrieg zur bedingungslosen Kapitulation (=Deutsche Geschichte der neuesten Zeit vom 19. Jahrhundert bis zur Gegenwart). München 1991, S. 142.

[272] Erlaß Propagandaminister über UK-Stellungen im RMVP, 28. 4. 1942, BA Kblz R 55/305, fol. 143.

[273] Liste der für die besetzten Ostgebiete eingesetzten Gefolgschaftsmitglieder der RRG, 20. 9. 1943, BA Kblz R 55/339, fol. 3-23.

[274] Gespräch mit Günter Greiner, 1.9.1991.

[275] vgl. Telefonverzeichnis Fernsehsender Paul Nipkow zum 1. 10. 1942, DRA Ffm.

[276] Zusammengestellt aus den RFG-Geschäftsberichten 1940/41-1942/43, BA Potsdam 47.01/20811.

[277] vgl. Erläuterungen RFG zum Haushaltsvoranschlag 1943, 10. 2. 1943, BA Potsdam 47.01/20816.

[278] vgl. Stumpf an RPM über eine Dienstreise von Börge Kjärulff-Pedersen nach Kopenhagen vom 24.-28. 2. 1942, 20. 2. 1942, BA Potsdam 47.01/20816; Genehmigung RPM, 21. 2. 1942, ebd..

[279] Brief Kurt Hinzmann an den Verf., 2. 11. 1991.

[280] vgl. Stumpf, [Friedrich]: Geschichtlicher Überblick und Aufgaben des Fernsehens aus der Kopplung von Programm und Technik (=Vortragsreihe für künstlerisch technische Mitarbeiter der RFG und RRG, I). Unveröffentlichtes Redemanuskript (geh. am 8. 1. 1941), 23 S., NL Wagenführ.

[281] vgl. Weber, [Hermann]: Schema der Fernsehtechnik und ihre Bauelemente (=Vortragsreihe für technisch künstlerische Mitarbeiter der RFG und RRG, II). Unveröffentlichtes Redemanuskript (geh. am 29. 1. 1941), 17 S., ebd.

[282] vgl. Krätzer, [Helmut]: Technischer Aufbau des Deutschlandhauses und seine betriebliche Auswirkung auf die künftige Fernsehrundfunktechnik (=Vortragsreihe für künstlerisch technische Mitarbeiter der RFG und RRG, III). Unveröffentlichtes Redemanuskript (geh. am 19. 2. 1941), 16 S., ebd.

[283] vgl. Küpper, Hannes: Gedanken über die Dramaturgie des Fernsehens (=Vortragsreihe für künstlerisch technische Mitarbeiter der RFG und RRG, V). Unveröffentlichtes Redemanuskript (geh. am 30. 4. 1941), 20 S., ebd.
Anfang April wurde ein weiteres Referat – nämlich das insgesamt vierte – gehalten, dessen Urheber allerdings nicht mehr zu ermitteln war. Vom inhaltlichen Aufbau der Vortragsreihe her läßt sich aber folgern, daß es sich dabei höchstwahrscheinlich um eine Rede des Intendanten Engler gehandelt hat.

[284] Protokoll Entnazifizierungskommission (wie Anm. 87).

[285] vgl. Globisch, Hubert: Studioaufnahmetechnik und Programm (=Vortragsreihe für künstlerisch technische Mitarbeiter der RFG und RRG, VI). Unveröffentlichtes Redemanuskript (geh. am 7. 5. 1941), 21 S., NL Wagenführ.

[286] vgl. Hinzmann, Kurt: Vorschlag zur Erstellung einer Fernsehstadt (Gelände am Spandauer Bock) (=Vortragsreihe für künstlerisch technische Mitarbeiter der RFG und RRG, VI). Unveröffentlichtes Redemanuskript (vorgesehen für den 7. 5. 1941), 21 S., ebd.

[287] vgl. Farenburg, Hanns: Fernsehen und Film (=Vortragsreihe für künstlerisch technische Mitarbeiter der RFG und RRG, VII). Unveröffentlichtes Redemanuskript (geh. am 21. 5. 1941), 9 S., ebd.

[288] Gespräch mit Kurt Hinzmann, 23. 10. 1991.

[289] Tagebuch-Eintragung vom 11. Juni 1941. Zit. nach Fröhlich, Elke (Hrsg.): Joseph Goebbels. Sämtliche Tagebuch-Fragmente 1924-41. München 1987, Bd. 4, S. 683.

[290] Protokoll Besprechung zwischen RPM und RMVP über schwebende Zuständigkeitsfragen, 3. 5. 1942, BA Kblz R 55/308, fol. 196-199, hier fol. 197.

[291] vgl. Notiz Peter A. Horn, 27. 11. 1942, NL Wagenführ.

[292] vgl. Neueinstudierung im Fernsehsender. In: Reichsrundfunk 3(1943/44), 8, S. 167.

[293] Gespräch mit Kurt Hinzmann, 23. 10. 1991.

[294] vgl. Bemeleit, Arthur: Über die Arbeit des Fernsehbildners. In: Welt-Rundfunk 6(1942), 3, S. 129-137.

[295] vgl. Eidesstattliche Versicherung Albert Szymanski, o.D., Personalunterlagen Küpper im DC Brl.

[296] ebd.

[297] vgl. Bausch, Hans: Rundfunkpolitik nach 1945. Erster Teil (=Rundfunk in Deutschland, Bd. 3). München 1980, S. 250.

[298] Protokoll Entnazifizierungskommission (wie Anm. 87).

[299] Hannes Küpper heiratete Charlotte Radspieler am 19. August 1943. Anfang der fünfziger Jahre war es Hanns Farenburg, der Charlotte Radspieler als Darstellerin zum NWDR-Fernsehen nach Hamburg holte. Obwohl man sich inzwischen, 1948, wieder getrennt hatte, geschah dies gegen den Willen von Hannes Küpper.
Gespräch mit Agnes Kuban, 8. 3. 1993.

[300] Protokoll Entnazifizierungskommission (wie Anm. 87).

[301] Brief Alfred Zeitz an Entnazifizierungskommission, 16. 8. 1947, Personalunterlagen Küpper im DC Brl.

[302] Brief an Franz Klooss (Verfasser unbekannt), 1. 9. 1947, ebd.

[303] vgl. Eidesstattliche Erklärung Margarte Schwabe, 31. 7. 1947, ebd.

[304] vgl. Brief Alfred Zeitz an Entnazifizierungskommission, 16. 8. 1947, Personalunterlagen Küpper im DC Brl.

[305] Hans-Joachim Hessling: Geboren am 14. 4. 1914 in Stralsund. Abitur und kaufmännische Ausbildung. Ab 1933 Tätigkeit als Kaufmann in Stettin. 1938 erste Kontakte mit der Deutschen Reichspost über den Vater. Im selben Jahr Eintritt in die Forschungsanstalt mit dem Auftrag, an der organisatorischen und wirtschaftlichen Gründung der RFG mitzuwirken. Ab 1939 innerhalb der RFG mit Verwaltungs- und kaufmännischen Aufgaben betraut. Um Geschäftsführer Friedrich Stumpf zu entlasten, der zusätzlich die Leitung der kriegswichtigen Elektro-Optik GmbH übernahm, erteilte man 1941 Hessling für die Verwaltung, Hermann Weber für die Technik Prokura. vgl. K.W. [d.i. Kurt Wagenführ]: Hans-Joachim Hessling gestorben. In: Fernseh-Informationen 26(1975), 19, S. 387; Geschäftsbericht RFG 1941/42, BA Potsdam 47.01/20811.

[306] vgl. Schmitthenner, Walter; Buchheim, Hans (Hrsg.): Der deutsche Widerstand gegen Hitler. Köln, Berlin 1966, S. 11.

[307] René Deltgen gehörte – neben Brigitte Horney, Gustav Knuth, Wolfgang Liebeneiner und Ruth Hellberg – zu jenen Schauspielern, die trotz eines Verbotes des Propagandaministeriums im November 1941 zu der Bestattung von Joachim Gottschalk erschienen. Der Schauspieler Gottschalk war mit einer Jüdin, Meta, verheiratet und hatte mit ihr einen 1933 geborenen Sohn Michael. Von Kriegsausbruch an wurde Gottschalk immer weniger beschäftigt. Schließlich befahl ihn Hans Hinkel zu sich, um ihm mitzuteilen, er müsse sich von seiner Frau scheiden lassen. Auf die Frage Gottschalks, was mit Meta geschehe, wenn er sich nun nicht von ihr trenne, soll Hinkel geantwortet haben: „Wen interessiert es schon, was aus einer Jüdin wird!" Deshalb beging der Schauspieler am 6. November 1941 mit Frau und Kind Selbstmord, und zwar wenige Stunden vor der zweiten Aufführung des Fernsehspiels Karl und Anna (1. 10. 1941), wo ihn Engler in einer Hauptrolle beschäftigt hatte. Als der Karl-Darsteller am späten Nachmittag des 6. November nicht zur Sendung erschien, rief Engler den mit Gottschalk befreundeten René Deltgen an, der ihm eine Stunde später – ebenfalls fernmündlich – die Nachricht vom Selbstmord der Familie überbrachte.

Daraufhin mußte das Stück wenige Minuten vor der Sendung aus dem Programm genommen werden, was den verantwortlichen Regisseur Hannes Küpper zu besonders abfälligen Bemerkungen über den Toten veranlaßt haben soll. An der Beerdigung nahmen später rund ein Dutzend ehemaliger Kollegen teil, darunter aber auch Herbert Engler, der als einzige offizielle Persönlichkeit hinter den drei Särgen schritt. Nicht einmal Generalintendant Eugen Klöpfer, an dessen Vereingten Theater Gottschalk fest angestellt war, brachte den Mut auf, seinem Mitarbeiter die letzte Ehre zu erweisen. Das Schicksal des Schauspielerehepaares wurde im übrigen 1947 von der DEFA verfilmt (*Ehe im Schatten* von Kurt Maetzig).

vgl. Fraenkel, Heinrich: Unsterblicher Film. München 1957, Bd. 2, S. 132; Riess, Curt: Das gab's nur einmal. Hamburg 1956, S. 664; Bericht Gerhard Gündel an Entnazifizierungskommission Berliner Rundfunk, 1. 9. 1947, Personalunterlagen Küpper im DC Brl.

[308] vgl. Bericht Gerhard Gündel (wie Anm. 307).

[309] Stellungnahme Sophie Freifrau Spies v. Büllesheim über die Anschuldigungen von Hermann Voß, 17. 11. 1959, PA Spies.

[310] vgl. auch Engler, Herbert: Notwendigkeit und Plan einer Rundfunkhochschule. In: Der Rundfunk 1(1937/38), 8, S. 257-261.

[311] vgl. Gastvortrag Dr. Herbert Englers im Freiburger Institut für Rundfunkwissenschaft. In: Rundfunk-Archiv 15(1942), 11, S. 477.

[312] vgl. Roedemeyer, F[riedrich]k[arl]: Die Gesetze des Rundfunks. Aus der Arbeit einer neuen Wissenschaft. In: Das Reich 1(1940), 17, S. 20.

[313] Geschäftsverteilungsplan Propagandaministerium, 1. 11. 1942, BA Kblz R 55/1317.

[314] Dieverge an RMVP über Personaleinsparungen in der Rundfunkabteilung, 16. 1. 1942, BA Kblz R 55/18, fol. 65-66, hier fol. 66.

[315] Reichssendeleitung an RMVP, 12. 5. 1937, BA Kblz R 78/1163.

[316] vgl. Boelcke, Willi A.[lfred]: Die Macht des Radios. Weltpolitik und Auslandsrundfunk 1924-1976. Frankfurt/Main 1977, S. 297.

[317] Geschäftsplan und Geschäftsverteilungspläne RPM vom 1. Juli 1944, Postmuseum Frankfurt/Main.

[318] Erklärung Hermann Voß über die Tätigkeit von Herbert Engler im Fernsehsender Berlin (Abschrift), 29.12.1959, PA Spies.

[319] ebd.

[320] ebd.

[321] ebd.

[322] Stellungnahme Sophie Freifrau Spies v. Büllesheim über die Anschuldigungen von Hermann Voß, 17. 11. 1959, PA Spies.

[323] vgl. Protokoll Entnazifizierungskommission (wie Anm. 87).

[324] Erklärung Hermann Voß über die Tätigkeit von Herbert Engler im Fernsehsender Berlin (Abschrift), 29. 12. 1959, PA Spies.

[325] Brief Hannes Küpper an Carl Niessen, 17. 4. 1943, Personalunterlagen Küpper im DC Brl.

[326] Stellungnahme Herbert Engler über die Anschuldigungen von Hermann Voß, 11.1.1960, PA Spies.

[327] ebd.

[328] Aktennotiz RPM, 8. 3. 1940, BA Potsdam 47.01/20822.

[329] vgl. 1827 Tage alt. In: Volksfunk 10(1940), 12, S. 1-2; Zeitlupe. In: Die Literatur 42(1939/40), 7, S. 265-268.

[330] vgl. Schunack, Johannes: Fernsehgroßbildanlage. In: Hausmitteilungen der Fernseh-G.m.b.H. 5(1941), 2, S. 66-72, hier S. 66.

[331] § 1 der Auflagen zur Verleihung von Hoheitsrechten an die RFG, BA Potsdam 47.01/20816.

[332] Aktennotiz Reichspostminister Ohnesorge, 5. 1. 1940, BA Potsdam 47.01/20822.

[333] vgl. Ohnesorge, [Wilhelm]: Das Fernsehen – Möglichkeiten und Erreichtes. In: Welt-Rundfunk 1(1937), 2, S. 321-323, insbes. S. 322.

[334] Aktennotiz RPM, 15. 1. 1940, BA Potsdam 47.01/20822.

[335] Aktennotiz RFG über eine Großbildstelle in Bamberg für 200 Personen, 11. 9. 1940, NL Wagenführ.

[336] RFG an Reichspostminister Ohnesorge, 29. 12. 1939, BA Potsdam 47.01/20815.

[337] vgl. Öffentliche Fernsehstellen in Berlin. In: Die Deutsche Post 64(1940), 16, S. 246.

[338] vgl. Weitere Fernsehstellen eröffnet. In: Rundfunk-Archiv 13(1940), 8, S. 269.

[339] vgl. Wochenschau im Fernsehsender. In: Hör mit mir 11(1940), 23, S. 3.

[340] Aktennotiz RPM, 30. 10. 1941, BA Potsdam 47.01/20826.

[341] Die Ufa und ihre angeschlossenen Unternehmen verfügten bis 1945 nachweislich über ganze zwei Fernsehempfänger. Davon befand sich ein Gerät in der Kopieranstalt Afifa, ein weiteres wurde Ende 1939 für die Ufa-Lehrschau angeschafft, „weil es dort vor unbefugter Benutzung am besten gesichert ist", wie der Vorstand der Filmgesellschaft im August 1939 anmerkte.
Ufa-Vorstandsprotokolle (28. 3. 39-20. 3. 40), BA Kblz R 109 I/1033c, fol. 165, Niederschrift 1382 vom 22. 8. 1939.

[342] Reichsgesetzblatt 1940 I, S. 745-753.

[343] Reichsgesetzblatt 1942 I, S. 107.

[344] Bericht RPM über künftige Aufgaben des Fernsehrundfunkbetriebs auf der technischen Seite, o.D., BA Potsdam 47.01/20822.

[345] Neues Fernsehtheater in Berlin. In: Rundfunk-Archiv 14(1941), 8, S. 335.

[346] vgl. Zum ersten Fernsehtheater. In: Nationalsozialistische Rundfunk-Korrespondenz 5(1941), 21, Bl. 5-6.

[347] Das Fernseh-Theater Berlin. In: Die Deutsche Post 66(1942), 5, S. 45.

[348] Stumpf, Friedrich: Das neue Fernsehtheater in Berlin. In: Welt-Rundfunk 5(1941), 2, S. 1-4, hier S. 4.

[349] Die RFG ging noch im August 1941 davon aus, daß der nächste Reichsparteitag unmittelbar nach dem „Endsieg" stattfinden werde. Dieses Ereignis müsse fernsehmäßig möglichst weit verbreitet werden, meinte Stumpf. Um einen „flüssigen Programmablauf und eine ausreichende Betriebssicherheit" zu gewährleisten, sollten dann über die Hälfte aller verfügbaren RFG-Techniker zu einem „Fernsehstützpunkt Nürnberg" zusammengezogen werden.
Aktennotiz Stumpf über den Ausbau des Reichsparteitaggeländes, 14. 8. 1941, BA Potsdam 47.01/20822.

[350] vgl. Eckert, Gerhard: Gedanken zum Fernsehtheater. In: Die Literatur 43(1940/41), 11, S. 562-563, hier S. 562.

[351] vgl. Wagenführ, Kurt: Unser erstes Fernsehtheater. In: Neuer Funk-Bote 8(1941), 22, S. 2.

[352] Forschungsanstalt Gladenbeck an Reichspostminister über die Planung eines Fernseh-Drahtfunknetzes in Hamburg, 6. 12. 1938, BA Potsdam 47.01/20825, fol. 47.

[353] Aktennotiz RPM über die Eröffnung des Fernseh-Drahtfunks in Hamburg, 9.3.1940, ebd., fol. 62-63.

[354] Protokoll Gespräch Kurt Wagenführ mit Julius Jacobi, Oktober 1976, NL Wagenführ.

[355] RPD Hamburg an RPM, 19. 2. 1940, BA Potsdam 47.01/20825, fol. 64.

[356] Forschungsanstalt Gladenbeck an Reichspostminister, 23. 3. 1940, ebd., fol. 65.

[357] Forschungsanstalt Gladenbeck an RPM, 14. 5. 1940, ebd., fol. 66.

[358] vgl. Plasberg, Hans-Werner: Im Fernsehsender: Tellheim – 1942. In: Hamburger Tageblatt v. 10. 12. 1942, mit einem kurzen Hinweis auf Hannes Küpper, der in den Dreißigern bekanntlich am Schauspielhaus in Hamburg beschäftigt war.

[359] vgl. Krug, Rudolf: Ein Besuch im Postmuseum am Stephansplatz in Hamburg. Zur Geschichte des Fernsehens. In: Fernsehen. Entwicklung und Geschichte aus Hamburger Sicht. Hamburg 1971, o.S..

[360] Das Fernseh-Theater (wie Anm. 347).

[361] Hinkel an Reichsfilmkammer über die Eröffnung der Großbildstelle Linkstraße, 13. 2. 1942, BA Kblz R 56 I/16, fol. 100-101, hier fol. 100.

[362] Engler an Stumpf, 27.1.1942, BA Potsdam 47.01/20822.
[363] RFG an RPD Berlin über Zugangsbestimmungen in den öffentlichen Empfangsstellen, 27.1.1942, ebd.
[364] vgl. Fernsehen in Lazaretten. In: Die Deutsche Post 66(1942), 16, S. 149.
[365] Geschäftsbericht RFG 1941/42, BA Potsdam 47.01/20811.
[366] Engler an RFG, 2.11.1942, BA Potsdam 47.01/20822.
[367] Reichspostminister an RPD, 3.2.1943, ebd.
[368] RPD an Reichspostminister, 17.1.1943, ebd.
[369] ebd.
[370] Zit. nach Fernsehempfang in Berliner Lazaretten. In: Nationalsozialistische Rundfunk-Korrespondenz 5(1941), 2, Bl. 3.
[371] Gespräch mit Kurt Hinzmann, 23.10.1991.
[372] Zum Vergleich: Der RRG standen zu diesem Zeitpunkt 653 Radiogeräte für den Dienstgebrauch zur Verfügung.
[373] Bericht Deutsche Revisions- und Treuhand AG über RRG-Geschäftsjahr 1941/42, BA Kblz R 55/548, fol. 86.
[374] Reichspostminister an Verbindungsstelle RPM beim Sonderbeauftragten für technische Nachrichtenmittel, 11.8.1942, BA Potsdam 47.01/20822.
[375] Geschäftsbericht RFG 1942/43, BA Potsdam 47.01/20811.
[376] vgl. Bohse, Jörg: Inszenierte Kriegsbegeisterung und ohnmächtiger Friedenswille. Meinungslenkung und Propaganda im Nationalsozialismus. Stuttgart 1988, S. 97-99.
[377] Bericht RRG-Fernsehen über zu betreuende Lazarette, 14.4.1943, BA Kblz R 55/1254, fol. 135-145.
[378] Reichspostminister an RFG, 2.11.1942, BA Potsdam 47.01/20822.
[379] vgl. Eckert, Gerhard: Von Nipkow bis Telstar. Frankfurt/Main 1963, S. 33, 38.
[380] vgl. Goebel, Gerhart: Das Fernsehen in Deutschland bis zum Jahre 1945. In: Archiv für das Post- und Fernmeldewesen 5(1953), 5, S. 259-393, hier S. 366.
[381] Brief RPD Berlin an RPM, 10.9.1940, BA Potsdam 47.01/20822.
[382] Gespräch mit Otto Schulze, 30.6.1991.
[383] vgl. Wagenführ, Kurt: Fernsehrundfunk – weiter so! In: Deutsche Radio-Illustrierte 9(1940), 31, S. 5.
[384] Die Aufstellung ist unvollständig. Geringfügige Änderungen der Sendezeiten sowie die sonntägliche Kinderstunde von 15.00 bis 16.00 Uhr, die man schon am 3. Oktober 1940 wieder einstellte, wurden nicht berücksichtigt. Es soll lediglich das Prinzip der jahreszeitlich bedingten Anpassung der Sendezeiten verdeutlicht werden.
[385] vgl. Sendezeit des Fernsehrundfunks. In: Reichsrundfunk 1(1941/42), 5, S. 112.
[386] Brief RPD Berlin an RPM, 10.9.1940, BA Potsdam 47.01/20822.
[387] Brief Johann Grabowski an RPM, 25.3.1940, BA Potsdam 47.01/20818.
[388] vgl. Fernsehen in den Berliner Lazaretten. In: Rundfunk-Archiv 15(1942), 4, S. 184.
[389] vgl. Wagenführ, Kurt: Fünf Jahre fernsehen. In: Deutsche Zukunft 8(1940), 12, S. 10; ders.: Leistungsprobe des Fernsehsenders. In: Deutsche Radio-Illustrierte 9(1940), 51, S. 1.
[390] vgl. Schuster, []: Fernsehen und Rundfunk im Kriege. In: Reichsrundfunk 1(1941/42), 23, S. 451-452, hier S. 452.
[391] Protokoll Kulturpressekonferenz vom 31.10.1941, NL Wagenführ.
[392] vgl. Klingler, Walter: Nationalsozialistische Rundfunkpolitik 1942-1945. Mannheim 1983, S. 62 ff.; Rudolf Schulz-Dornburg über aktuelle Fragen des Rundfunkprogramms. In: Rundfunk-Archiv 15(1942), 2, S. 82.
[393] vgl. Spiker, Jürgen: Film und Kapital. Der Weg der deutschen Filmwirtschaft zum nationalsozialistischen Einheitskonzern (=Zur politischen Ökonomie des NS-Films, Bd. 2). Berlin 1975, S. 198.

[394] vgl. Albrecht, Gerd: Nationalsozialistische Filmpolitik. Eine soziologische Untersuchung über die Spielfilme des Dritten Reiches. Stuttgart 1969, insbes. S. 83: „Die nichtpolitischen Filme dieser Zeit (...) hatten die gleiche Aufgabe, der auch die eigentlichen Propagandafilme dienten."

[395] Hinkel an Propagandaminister, 19. 4. 1943, BA Kblz R 55/1254, fol. 133-134.

[396] Geschäftsbericht RFG 1941/42, BA Potsdam 47.01/20811.

[397] vgl. Chronik des Weltrundfunks. In: Welt-Rundfunk 6(1942), 6, S. 273-275, hier S. 273.

[398] vgl. Chronik des Weltrundfunks. In: Welt-Rundfunk 7(1943), 6, S. 230-233, hier S. 230.

[399] vgl. Mit der Fernseh-Kamera in den Sommer. In: Nationalsozialistische Rundfunk-Korrespondenz 4(1940), 16, Bl. 7-8.

[400] Zeitgeschehen-ferngesehen. In: Nationalsozialistische Rundfunk-Korrespondenz 4(1940), 26, Bl. 3.

[401] Goebbel, Joseph: Die Zeit ohne Beispiel. Reden und Aufsätze aus den Jahren 1939/40/41. München 1941, S. 285.

[402] vgl. Erläuterungen zum Wehrmachtbericht – ferngesehen. In: Rundfunk-Archiv 14(1941), 9, S. 386.

[403] Zeitgeschehen-ferngesehen (wie Anm. 400).

[404] vgl. Schröder, Jürgen: Der Kriegsbericht als propagandistisches Kampfmittel der deutschen Kriegführung im Zweiten Weltkrieg. Phil. Diss. Berlin 1965, S. 12 ff.

[405] vgl. Wagenführ, Kurt: Wege zum Fernseh-Nachrichtendienst. In: Welt-Rundfunk 6(1942), 2, S. 76-83, hier S. 79-80.

[406] vgl. Gerhardt, Elena: Zwei Jahrzehnte vor der Kamera. In: Fernseh-Rundschau 3(1959), 10, S. 441-444, hier S. 441.

[407] vgl. Schw. [d.i. Erich Schwandt]: Fernsehen in Front. In: Bayerische Radio-Zeitung 17(1940), 9, S. 2-3, hier S. 3.

[408] Frauenfunk im Fernsehsender. In: Hör mit mir 12(1941), 5, S. 15.

[409] vgl. Gut schmeck's – auch im Fernsehsender. In: Nationalsozialistische Rundfunk-Korrespondenz 4(1940), 34, Bl. 10.

[410] Fernsehsender im Zeichen hauswirtschaftlicher Unterhaltung. In: Nationalsozialistische Rundfunk-Korrespondenz 4(1940), 25, Bl. 9.

[411] vgl. auch Vorländer, Herwart: NS-Volkswohlfahrt und Winterhilfswerk des deutschen Volkes. In: Vierteljahreshefte für Zeitgeschichte 34(1986), 3, S. 341-380.

[412] vgl. Tanz und Mode im Fernsehsender. In: Hör mit mir 12(1941), 4, S. 10.

[413] vgl. Materialsammlung Kurt Wagenführ über Elena Gerhardt, o.D., NL Wagenführ.

[414] vgl. Beheim-Schwarzbach, Martin: Knut Hamsun. Mit Selbstzeugnissen und Bilddokumenten. Hamburg 1983 (1. Aufl. 1958), S. 127-130; Friedrich, Paul: Knut Hamsun – 80 Jahre. In: Die Sendung 16(1939), 31, S. 696.

[415] vgl. Berkheyde, [ ]: Marie Hamsun. In: Die Sendung 18(1941), 5, S. 53.

[416] vgl. Kunze, Anne-Marie: Die Meisterin der Improvisation. Ein ganz neuer Frauenberuf. Arbeit und Wesen der Fernseh-Reporterin. Kopie ohne Quellenangabe im NL Wagenführ.

[417] ebd.

[418] vgl. Bescheinigung Fernsehsender für Elena Simon-Gerhardt, 13.2.1943, NL Wagenführ.

[419] vgl. auch K.W. [d.i. Kurt Wagenführ]: Elena Gerhardt gestorben. In: Fernseh-Informationen 36(1985), 16, S. 414.

[420] Der Fernsehbericht. In: Rundfunk-Archiv 14(1941), 10, S. 432.

[421] vgl. Filmdarsteller vor der Fernsehkamera. In: Rundfunk-Archiv 15(1942), 2, S. 83.

[422] vgl. Wulf, Joseph: Die bildenden Künste im Dritten Reich. Eine Dokumentation. Frankfurt/Main, Berlin, Wien 1983, S. 257.

[423] vgl. Notiz Kurt Wagenführ über Hermann Toelle, o.D., NL Wagenführ.

[424] vgl. auch he. [d.i. Hermann Tölle]: Westfälische Originale im Fernsehsender. In: Die Sendung 17(1940), 12, S. 90.

[425] vgl. Tölle, Hermann: Als in der Studentenkneipe ‚Bullenkopp' die Klappen fielen. Die ersten Fernsehaufnahmen in Münster. In: Westfälischer Heimatkalender 24(1970), S. 68-71.

[426] vgl. Tölle, Hermann: Aus der Frühzeit des Fernsehens. In: Fernseh-Rundschau 7(1963), 5/6, S. 175-177; ders.: Heimat und Fernsehen. In: Fernsehen 3(1955), 4/5, S. 259.

[427] vgl. Fernsehporträts einer Landschaft. In: Fernseh-Informationen 42(1991), 11, S. 327-328, hier S. 328.

[428] vgl. Landschaft und Volkskunde im Fernseh-Rundfunk. In: Nationalsozialistische Rundfunk-Korrespondenz 4(1940), 43, Bl. 8-9.

[429] vgl. Manuskript *Knubben un Kiäls*, 17 S., NL Wagenführ.
Untertitel: Ein Streifzug durch das Land der roten Erde von Hermann Toelle.

[430] vgl. Heimatkunde im Fernsehrundfunk. In: Nationalsozialistische Rundfunk-Korrespondenz 4 (1940), 1, Bl. 4-5, hier Bl. 5.

[431] vgl. auch Luxemburger Sender unter deutscher Verwaltung. In: Rundfunk-Archiv 15(1942), 6, S. 269.

[432] Grüger, Heribert: Luxemburg – ferngesehen. In: Reichsrundfunk 1(1941/42), 4, S. 77-79, hier S. 79.

[433] vgl. Manuskript *Der Kampf um den Bazillus*, 19 S., NL Wagenführ.
In Zusammenarbeit mit dem „Institut für Infektionskrankheiten Robert Koch", der Filmfirma Tobis sowie der IG-Farben Aktiengesellschaft; Sprecher: Fritz Schwiegk.

[434] vgl. Manuskript *Der Bezwinger des Hungers*, 34 S., NL Wagenführ.
Untertitel: Eine Fernsehsendung zur Erinnerung an den großen deutschen Chemiker Justus Liebig von Hugo Landgraf; mit zwölf Mitwirkenden und vier historischen Szenen: Wohnstube von Inspektor Hawemann (1842), Senatszimmer Universität Giessen (1822) und Privatlaboratorium Liebigs (1835, 1850).

[435] vgl. Manuskript *Das Übermikroskop*, 3 S., NL Wagenführ.
Mit deutschen Experten der Übermikroskopie im Studio: Prof. Ernst Ruska, Prof. von Borries und Prof. Helmut Ruska.

[436] vgl. Manuskript *Hans Dominik – 70 Jahre alt*, 2 S., NL Wagenführ.

[437] vgl. Manuskript *Professor Planck und die Quantentheorie*, 5 S., NL Wagenführ.

[438] Reichsintendant Heinrich Glasmeier ließ nämlich zum 80. Geburtstag des Fernseherfinders am 22. August 1940 eine „Paul-Nipkow-Stiftung" einrichten. Aus dieser Stiftung sollten für die Angestellten des Fernsehsenders Urlaubsaufenthalte in den Erholungsstätten der Reichs-Rundfunk-Gesellschaft finanziert werden.
vgl. Paul-Nipkow-Stiftung. In: Hör mit mir 11(1940), 36, S. 8.

[439] vgl. Manuskript *Paul Nipkow oder Berlin, die Wiege des deutschen Fernsehrundfunks*, 20 S., NL Wagenführ.

[440] ebd., S. 2.

[441] vgl. Dichterporträts im Fernsehsender. In: Rundfunk-Archiv 16(1943), 7/8, S. 199.

[442] vgl. Eckert, Gerhard: Fernsehspiel und Fernsehfolge. In: Die Literatur 43(1940/41), 7, S. 356-357, hier S. 356.

[443] Die Fernsehfolge und ihre Bedeutung. In: Nationalsozialistische Rundfunk-Korrespondenz 5(1941), 10, Bl. 8.

[444] Ufa-Vorstandsprotokolle (1. 4. 41-15. 1. 42), BA Kblz R 109 I/1034b, fol. 1, Niederschrift 1480 vom 15. 1. 1942.

[445] Die Aufgaben des Fernsehfunkes im Kriege. In: Der Angriff v. 9. 3. 1943, BA Potsdam 62 DAF 3/ 13727.

[446] Sitzungsprotokoll Hauptamt Rundfunk, 16. 2. 1943, BA Potsdam 50.01/624, fol. 11.

[447] Engler, Herbert, Fernsehen im Vormarsch (wie Anm. 154), S. 453.

[448] Zit. nach Reichel, Peter: Der schöne Schein des Dritten Reiches. Faszination und Gewalt des Faschismus. Frankfurt/Main 1993, S. 202.

[449] vgl. Aufstellung Sylvester Albert Szymanski über eigene Zeitdienst-Sendungen vom Januar 1943 bis Juni 1943, 24. 6. 1943, NL Wagenführ.

[450] Die Ausstrahlung „astrologischer Sendungen" lag Intendant Engler besonders am Herzen. Er beschäftigte sich auch privat mit diesem Thema und stellte im Bekanntenkreis der Nachkriegsjahre so manches Horoskop.
Briefe Marlis Church (28. 12. 1954) und Gertrud Leschke (30. 7. 1955) an Sophie Freifrau Spies v. Büllesheim, PA Spies.

[451] vgl. Manuskript *Ein Ausflug nach dem Mond* von Sylvester Albert Szymanski, 9 S., NL Wagenführ.

[452] E.K.: Fernsehsender reiste zum Mond. Himmelswunder für unsere Verwundeten. In: Völkischer Potsdamer Beobachter v. 30. 6. 1942.

[453] vgl. Honorarabrechnung Walter Tappe für Zeitdienst-Sendungen 26. 8. 1941-28. 4. 1944, o.D., NL Wagenführ.

[454] Am 7. Juli 1942 erschien in der amerikanischen Presse ein aufsehenerregender Artikel über Verbindungen von Barbara Hutton zu dem populären deutschen Tennisspieler Gottfried Freiherr von Cramm, der im Mai 1938 wegen angeblicher homosexueller Neigungen von der Gestapo verhaftet und später an die russische Front bzw. nach Nordafrika befohlen wurde. Als Barbara Hutton im Dezember 1940 über Mussolini für von Cramm intervenierte, geriet sie im eigenen Land unter den Verdacht der Kollaboration mit den Nazis.
vgl. Heymann, C. David: Armes, kleines reiches Mädchen. Leben und Legende der Barbara Hutton. München 1989, S. 255-259.

[455] vgl. Fernsehjubiläum. In: Welt-Rundfunk 7(1943), 2, S. 92.

[456] vgl. Honorarabrechnung Tappe (wie Anm. 453) und Aufstellung Szymanski (wie Anm. 449).

[457] Großzügiger Start (wie Anm. 27).

[458] vgl. ‚Seid Ihr alle da?' Allerlei aus dem Programm des Deutschen Fernsehrundfunks. In: Nationalsozialistische Rundfunk-Korrespondenz 3(1939), 43, Bl. 6-7, hier Bl. 7.

[459] vgl. Neumann-Neurode, Detleff: Der gesunde Kinderfuß. Anleitung zur Bekämpfung von Fuß- und Beinschäden im Kindesalter. Berlin 1940.

[460] Zeitgemäße Sendungen des Fernsehrundfunks. In: Nationalsozialistische Rundfunk-Korrespondenz 3(1939), 46, Bl. 6.

[461] vgl. Manuskript *Eine kleine Melodie erlebt Abenteuer*, 16 S., NL Wagenführ.

[462] Arktis und Urwald vor der Fernsehkamera. In: Nationalsozialistische Rundfunk-Korrespondenz 4(1940), 6, Bl. 4.

[463] vgl. ‚Erfahrungen sammeln für später' (I). In: Fernseh-Informationen 41(1990), 6, S. 173.

[464] vgl. Hickethier, Knut: Ilse Obrig und *das klingende Haus der Sonntagskinder*. Die Anfänge des deutschen Kinderfernsehens. In: Erlinger, Hans Dieter; Stötzel, Dirk Ulf (Hrsg.): Geschichte des Kinderfernsehens in der Bundesrepublik Deutschland. Entwicklungsprozesse und Trends. Berlin 1991, S. 93-142, hier S. 96.

[465] vgl. Elfert, Brunhild: Die Entstehung und Entwicklung des Kinder- und Jugendfunks in Deutschland von 1924 bis 1933 am Beispiel der Berliner Funk-Stunde AG (=Europäische Hochschulschriften, Reihe XL, Bd. 3). Frankfurt/Main u.a. 1985, S. 355, 394, 422; Grüger, Heribert: Vom zeugenden Wort. In: Der Rundfunk 1(1937/38), 7, S. 222-227.

[466] Fernsehen und Fliegen. In: Die Sendung 18(1941), 15, S. 171.

[467] Wilhelm Schweimer (Pseudonym: Wilm ten Haaf): Geboren am 24. 2. 1915 in Emmerich. 1933/35 Kaufmännische Lehre in Berlin, daneben Studium der Theaterwissenschaft und Germanistik an der Universität Berlin. 1936/38 Regisseur an der Berliner Volksbühne bei Eugen Klöpfer. Herbst 1938 Regieassistent beim Fernsehen. 1939/40 Reichsarbeitsdienst und Kriegsdienst. Februar 1940/August 1942 Regisseur beim Fernsehen, gleichzeitig Engagement als Schauspieler und Regisseur am Stadttheater Krefeld.
Gespräch mit Wilm ten Haaf, 16. 7. 1992; FI-Berufsbiografien: Wilm ten Haaf. In: Fernseh-Informationen 30(1979), 7, S. 175.

[468] vgl. Elfert, Brunhild, Kinder- und Jugendfunk (wie Anm. 465), S. 336.

[469] Wagenführ, Kurt: Fünf Jahre Kinderbastelstunde der Deutschen Welle. In: Rundfunk-Rundschau 7(1932), 48, S. 2.

[470] vgl. Elfert, Brunhild: Kinder- und Jugendfunk (wie Anm. 465), S. 337-338.

[471] vgl. ‚Tante Gertruds Kunterbuntschar'. In: Der Deutsche Rundfunk 10(1932), 25, S. 10.

[472] vgl. Obrig, Ilse: Guter Mucki, nimm mich auch mit! Eine Reise zu den Auslandsdeutschen in Rumänien. Stuttgart, Berlin, Leipzig o.J. [1937]; Kinder senden für Kinder. In: Nationalsozialistische Rundfunk-Korrespondenz 4(1940), 33, Bl. 8-9, hier Bl. 8.

[473] vgl. Obrig, Ilse: Kinder vor dem Mikrophon. In: Funk 8(1931), 6, S. 47; dies.: Kinder erzählen Geschichten für Kinder. In: Die Sendung 9(1932), 43, S. 925.

[474] vgl. Obrig, Ilse: Familie Fröhlich, eine Rundfunkkindergemeinde. In: Die Sendung 8(1931), 4, S. 52-53.

[475] vgl. Obrig, Ilse: Kinder, wir spielen! Das große Spielbuch. Stuttgart 1937, S. 2, mit Spielvorschlägen wie *Steckbrief, Tatbestand aufnehmen, Zielschießen mit Nähnadeln, Überfall auf der Wendeltreppe* oder *Der Feind marschiert.*

[476] vgl. FI-Berufsbiografien: Ilse Obrig. In: Fernseh-Informationen 29(1978), 19, S. 446.

[477] Brief Ilse Obrig an Kurt Wagenführ, 7. 8. 1975, NL Wagenführ.

[478] Brief Ilse Obrig an Kurt Wagenführ, 21. 1. 1976, ebd.

[479] ebd.

[480] ebd.

[481] vgl. Schmidbauer, Michael: Die Geschichte des Kinderfernsehens in der Bundesrepublik Deutschland. Eine Dokumentation. München u.a. 1987, S. 11.

[482] vgl. Hickethier, Knut, Ilse Obrig (wie Anm. 464), S. 99 ff.

[483] Engler, Herbert, Formengesetze (wie Anm. 150), S. 371.

[484] Zit. nach Wessels, Wolfram: Hörspiele im Dritten Reich. Bonn 1985, S. 294.

[485] vgl. Der Deutsche Fernseh-Rundfunk bringt gehobene Unterhaltung. In: Nationalsozialistische Rundfunk-Korrespondenz 3(1939), 44, Bl. 7.

[486] vgl. Manuskript *Postlagernd – Postamt II*, 26 S., NL Wagenführ.

[487] vgl. Manuskript *Robinson soll nicht sterben*, 169 S., ebd.

[488] vgl. Schminktopf und Perücke im Berliner Fernsehsender. In: Volksfunk 10(1940), 4, S. 2.

[489] vgl. Manuskript *Vertrag um Karakat* des ‚Zentral-Hörspiel-Archivs der RRG', 39 S., NL Wagenführ.

[490] vgl. Arktis und Urwald (wie Anm. 462).

[491] vgl. Engler, Herbert, Die Programmarbeit (wie Anm. 67), S. 8.

[492] vgl. Brief Gerhard Wahnrau an Kurt Wagenführ, 27. 7. 1974, NL Wagenführ.

[493] vgl. Hörspiel-Manuskript *Der Schwarzkünstler* des Reichssenders Stuttgart (30. 5. 1939), Abteilung Kunst und Unterhaltung, bearbeitet von Hermann Gaupp, 50 S., ebd.

[494] vgl. Manuskript *Zum ersten, zum zweiten, zum dritten* von Lore Weth, 49 S., ebd.

[495] vgl. Manuskript *Das geht auch Dich an!*, 5 S., ebd.

[496] Zeitgemäße Sendungen (wie Anm. 460).

[497] vgl. ‚Vertrag um Karakat' nun auch im Fernsehsender. In: Nationalsozialistische Rundfunk-Korrespondenz 3(1939), 47, Bl. 3.

[498] vgl. Fernsehen im Frühjahr 1940 (III). In: Fernseh-Informationen 41(1990), 8, S. 239.

[499] Fieber im Urwald'. In: Nationalsozialistische Rundfunk-Korrespondenz 4(1940), 12, Bl. 3.

[500] vgl. R.H./abw [d.s. Rosemarie Hirsch und Andrea Brunnen-Wagenführ]: Fernsehen im Frühjahr 1940 (II). In: Fernseh-Informationen 41(1990), 7, S. 207.

[501] vgl. Politisches Fernsehspiel. In: Nationalsozialistische Rundfunk-Korrespondenz 4(1940), 45, Bl. 9-10.

[502] Wagenführ, Kurt: Kabinett Fulero. In: Deutsche Radio-Illustrierte 9(1940), 47, S. 4.

[503] Kunze, Anne-Marie: Gegenwart und Zukunft des Fernsehens. In: Nationalsozialistische Rundfunk-Korrespondenz 5(1941), 21, Bl. 6-7, hier Bl. 7.

[504] vgl. Manuskript *Ali und die Lausejungs*, 60 S., NL Wagenführ.

[505] vgl. Manuskript *Erinnerungen aus Alt-Berlin: Nante*, 19 S., ebd.

[506] vgl. Kunze, Anne-Marie: Im Dichterhimmel vor Björnsons Tür. In: Reichsrundfunk 1(1941/42), 3, S. 60; Manuskript *Wenn der junge Wein blüht*, 69 S., NL Wagenführ.

[507] vgl. G.E. [d.i. Gerhard Eckert]: Fernsehspiele für jeden Geschmack. In: Nationalsozialistische Rundfunk-Korrespondenz 5(1941), 4, Bl. 6.

[508] vgl. Die erste Fernseh-Oper. In: Die Sendung 17(1940), 19, S. 148.

[509] vgl. Oper im Fernsehen mit doppelter Besetzung. In: Fernseh-Informationen 42(1991), 11, S. 327.

[510] vgl. H.D.: Lessings ‚Minna von Barnhelm' im Fernsehsender. In: Reichsrundfunk 2(1942/43), 21, S. 422.

[511] vgl. Wagenführ, Kurt: Das feldgraue Fräulein von Barnhelm. In: Fernseh-Rundschau 1(1957), 1, S. 17; ders.: 50 Jahre Fernsehprogrammdienst (III). In: Fernseh-Informationen 36(1985), 3, S. 81-90, mit zahlreichen zeitgenössischen Kritiken; Manuskript *Das Soldatenglück*, 51 S., NL Wagenführ. Für die Erstsendung verantwortlich waren Hannes Küpper (Regie), Phil Jutzi (Kamera) und Arthur Bemeleit (Bühnenbild).

[512] vgl. Tellheim als Lehrfall. Der erste deutsche Klassiker im Fernsehsender: Lessing. In: Völkischer Beobachter v. 11.12.1942; Schmidt, Hannes: Minna fern und nah. Lessing mit Ueberraschungen. In: Berliner Lokalanzeiger v. 10.12.1942.

[513] vgl. A.K. [d.i. Anne-Marie Kunze]: Dichtung vor der Kamera. Zum Fernsehspiel der Gegenwart. In: Reichsrundfunk 1(1941/42), 14, S. 283-284, hier S. 283.

[514] vgl. Hickethier, Knut: Das Fernsehspiel im Dritten Reich. In: Uricchio, William (Hrsg.): Die Anfänge des Deutschen Fernsehens. Tübingen 1991, S. 74-123, hier S. 116-117.

[515] ebd., S. 117-118.

[516] Engler, Herbert, Fernsehen im Vormarsch (wie Anm. 154), S. 453.

[517] vgl. Manuskript *Petersburger Abenteuer*, 65 S., NL Wagenführ. Untertitel: Ein Spiel um Johann Strauss von Erich Fortner, für den Fernsehfunk eingerichtet von Lore Weth. Spielleitung: Hannes Küpper, Technische Leitung: Willi Schmidt, Kamera: Herbert Kutschbach, Aufnahmeleitung: Willi Wahle, Szenenbild: Arthur Bemeleit, Musikalische Gestaltung: Richard Ralf. 18 Mitwirkende, darunter Olga Engl, Lotta Spira-Andersen, Hanne Fey und der Waldo-Favre-Chor.

[518] Probenplan für *Herz modern möbliert*, 12.8.1941, NL Wagenführ.

[519] vgl. Manuskript *Karl und Anna*, 68 S., ebd. Untertitel: Nach dem Lustspiel *Karl III. und Anna von Österreich* von Manfred Rössner, Fernsehbearbeitung: Hermann Roemmer, Musik: Rio Gebhardt, Spielleitung: Hanns Farenburg.

[520] vgl. Probenplan *Heimliche Brautfahrt*, o.D., ebd.

[521] vgl. Manuskript *Hinter verschlossenen Türen*, 88 S., ebd. Bearbeitet von Rolf Sievers, inszeniert von Hannes Küpper.

[522] vgl. Weite, weite Welt... In: Rundfunk-Archiv 15(1942), 2, S. 82.

[523] vgl. Manuskript *Der Gast*, 83 S., NL Wagenführ. Untertitel: Nach einem Lustspiel von Fritz Koselka, für den Fernsehrundfunk bearbeitet von Lore Weth, Spielleitung: Hannes Küpper.

[524] vgl. Manuskript *Aber Frau Claire!*, 65 S., ebd. Untertitel: Nach dem Lustspiel von Axel Ivers *Bob macht sich gesund*, Fernsehbarbeitung: Hannes Küpper und Ellen Haller, Spielleitung: Hannes Küpper, Szenenbilder: Arthur Bemeleit, Kamera: Phil Jutzi, fünf Mitwirkende, deren Telefonnummern auf dem Manuskript angegeben sind, darunter Hermann Kiessner und Adelheid Seeck in den Hauptrollen.

[525] vgl. Kunze, Anne-Marie: Betrachtungen zum Fernsehspiel. Vergangenheit, Gegenwart und Zukunft einer jungen Kunstform. In: Rundfunk-Archiv 15(1942), 3, S. 105-111, hier S. 110-111.

[526] vgl. Gebhardt, Rio: Musik im Fernsehrundfunk. In: Welt-Rundfunk 6(1942), 1, S. 34-39, hier S. 38-39.

[527] Beim ersten nationalsozialistischen Hörspiel-Preisausschreiben, das der Rs. Breslau in Zusammenarbeit mit der Reichssendeleitung am 1. 5. 1935 unter dem Titel „Wer schreibt das beste Hörspiel?" veranstaltete, teilten sich Schwerlas *Sohlen und Absätze* sowie Hans Meders *Gericht im Dom* den 1. Platz. Von den insgesamt 1.500 eingegangenen Texten, die der Prüfungskommission (u.a. besetzt mit Herbert Engler) vorgelegt wurden, kamen die beiden Erstplazierten „weltanschaulich und künstlerisch den vom Schiedsgericht gesetzten Zielen am nächsten". Am 24. April 1936 gelangte *Sohlen und Absätze* – eine Bauernkomödie um den schlesischen Flickschuster Thomas Rapp, der den Anfechtungen einer modernen Welt erfolgreich widersteht und treu „bei seinen Leisten" bleibt – am Breslauer Sender zur Uraufführung, und zwar in der Bearbeitung von Ernst Schenke und unter der Regie von Herbert Engler; der spätere Fernsehmitarbeiter Horst Preusker übernahm die Rolle des Schustergesellen Florian. Das Hörspiel sorgte in ganz Deutschland für Aufsehen und wurde von mehreren Reichssendern übernommen.
Hörspiel-Manuskripte *Sohlen und Absätze* und *Gericht im Dom* im BA Kblz R 78/2264; Sammlung der Presseausschnitte in BA Kblz R 78/886.

[528] vgl. Manuskript *Die zwölf Knobelbecher*, 169 S., NL Wagenführ.
Untertitel: Ein Fernsehfilm nach dem Hörspiel von Carl Borro Schwerla, Drehbuch: Hans Heise, Spielleitung: Herbert Engler und Hanns Farenburg, 16 Mitwirkende.

[529] vgl. 50 Jahre Fernsehprogrammdienst (III). In: Fernseh-Informationen 36(1985), 3, S. 81-85, hier S. 85.

[530] vgl. Sendeplan (Fahrplan) für Dienstag, den 20. April 1943, 20. 4. 1943, NL Wagenführ.

[531] Grams an Reichskammer der bildenden Künste über die Zuteilung von Bezugsscheinen und Punktkarten für Arbeitsmaterialien, 22. 12. 1942, Personalunterlagen Bemeleit im DC Brl.

[532] Brief Arthur Bemeleit an Landesleitung für bildende Künste, 9. 1. 1943, ebd.

[533] vgl. Manuskript *Scampolo*, 64 S., NL Wagenführ.
Untertitel: Lustspiel von Dario Niccodemi, deutsch von Karl Lerbs, Fernsehbearbeitung: Peter A. Horn, endgültige Fassung und Regie: Hanns Farenburg, neun Mitwirkende.

[534] vgl. Fernsehjubiläum (wie Anm. 455).

[535] vgl. Manuskript *Zwerg Nase*, 15 S., NL Wagenführ.

[536] vgl. Manuskript *Der Musterbauer*, 61 S., ebd.
Bearbeitet von Peter A. Horn, inszeniert von Hanns Farenburg.

[537] vgl. Manuskript *Dame Kobold*, 11 S., ebd.
Untertitel: Fernsehspiel um das Lustspiel von Calderon de la Barca in der Übersetzung von A. Wilbrandt, bearbeitet von Peter A. Horn; Inhalt: Diego wird nach einer Verletzung aus dem Lazarett entlassen. Er besucht seine Verlobte und klärt sie über spanische Sitten auf, insbesondere was den Umgang mit Frauen betrifft. Er erzählt ihr deshalb die 300 Jahre alte Geschichte der Donna Angela de Toledo anhand eines Goya-Gemäldes an der Wand.

[538] vgl. Neueinstudierung im Fernsehsender. In: Reichsrundfunk 3(1943/44), 8, S. 167.

[539] vgl. Farenburg, Hanns: Gedanken um ein Fernsehspiel. In: Reichsrundfunk 3(1943/44), 10, S. 205-206.

[540] vgl. Manuskript *Die Kupferne Hochzeit*, 48 S., NL Wagenführ.

[541] Gespräch mit Otto Schulze, 30. 6. 1991.

[542] vgl. *Bunte Fernseh-Fibel*, BA-FA Brl, SP 17290, 6 Rollen.
Regie: Bruno Reisner, Kamera: Wilhelm Buhler, Ton: Hellmut Prescher, Schnitt: Reinhard Blothner und Sprecher: Horst Preusker.

[543] vgl. Berg, Rainer; Klugmann, Norbert: Heinz Erhardt, dieser Schelm! Die Lebensgeschichte des großen Komikers. München 1987, S. 61.

[544] *Fernseh-Fibel* (wie Anm. 542).

[545] vgl. *Fünf Jahre Filmtrupp im Deutschen Fernseh-Rundfunk. Ein Querschnitt durch Fernsehfilme 1935-1940*, BA-FA Brl, SP 09421, 6 Rollen.
Zusammenstellung: Kurt Tetzlaff, Schnitt: Reinhard Blothner, Sprecher: Karl-Heinz Uhlendahl.

[546] vgl. Wagenführ, Kurt: Wiedersehen mit einem aktuellen Fernsehprogramm von 1943. In: Fernseh-Informationen 37(1986), 3, S. 93-94, hier S. 93.

[547] vgl. *Aus der Welt des Varietés*, BA-FA Brl, SP 08903, 2 Rollen.
Regie: Bruno Reisner, Kamera: Waldemar Lemcke, Ton: Hellmut Prescher, Schnitt: Reinhard Blothner.

[548] vgl. Scala-Girls auf der Fernseh-Bühne: Ballett der Berliner Scala. In: Hör mit mir 12(1941), 18, S. 7-8.

[549] Hinkel an Staatssekretär im RMVP, 16. 7. 1942, BA Kblz R 55/1254, fol. 81-82.

[550] vgl. *Freude an kleinen Gärten*, BA-FA Brl, SP 17292, 1 Rolle.

[551] ebd.

[552] vgl. *Nun fegt der Herbst die Bäume blank*, BA-FA Brl, SP 25159, 4 Rollen.

[553] Das Fernsehen strahlte bereits am 30. 7. 1939 einen Film *Adel der Arbeit* aus, der am 7. 8. 1939 wiederholt wurde. Hinweise, daß es sich dabei um eine eigene Produktion des Fernsehtrupps handelte, finden sich in den Programmausdrucken aber erst unter dem 19. 1. 1940.

[554] Tölle, Hermann: Aus der Zeitgeschehenarbeit des Fernsehsenders ‚Paul Nipkow'. In: Schul-Rund-funk 14(1940/41), 23, S. 450-451, hier S. 451.

7. FERNSEHEN IM BESETZTEN FRANKREICH (1940-1944)

7.1. Spiegelbild innerdeutscher Machtkämpfe
Die Wiederinbetriebnahme des Fernsehsenders Paris

Am 30. Juli 1940 fand im Propagandaministerium unter Vorsitz von Reichssendeleiter Eugen Hadamovsky eine Besprechung statt, an der u.a. der Auslandsdirektor der RRG, Adolf Raskin, der Journalist Kurt Wagenführ, der Leiter der Auslandsabteilung im Propagandaministerium, Ernst Brauweiler, sowie, von seiten der Wehrmacht, Fregattenkapitän Gumprich und Hauptmann Mähnert teilnahmen. Zur Verhandlung stand die Frage, mit welchen Mitteln der Einfluß in den von Hitler-Deutschland okkupierten Gebieten am besten gesichert und die dort vorhandenen Rundfunkeinrichtungen für die eigene Nachrichtenpolitik möglichst erschöpfend genutzt werden konnten. Nachdem allgemein Einigkeit darüber herrschte, daß die ausländische Elektroindustrie kontrolliert, die inhaltliche Gestaltung der Rundfunksendungen zensiert werden sollten, verständigte man sich darüber hinaus auf die Errichtung von Großsendern in den besetzten Regionen. Diese sollten, um gegnerischen Angriffen vorzubeugen, ausschließlich exterritorial gehalten sein. Gegen Ende der Besprechung kam eher beiläufig die Rede auch auf das Fernsehen. Alle in Zukunft erbeuteten Ultrakurzwellen- und Fernsehsender, so legten es die Verhandlungspartner fest, sollten militärisch dienstbar gemacht und deshalb „mit höchsten Frequenzen"[1] ausgestattet werden.

Die formlose Juli-Vereinbarung über den Umgang mit erbeuteten Fernsehsendern war freilich rein prophylaktischer Natur, denn kein Land, das zu diesem Zeitpunkt von deutschen Truppen überfallen worden war, beschäftigte sich ernsthaft mit dem Fernsehprojekt. Lediglich Frankreich hatte im März 1938 in seiner Hauptstadt den zweiten hochzeiligen Programmdienst (455 Zeilen) der Welt eröffnet, der bekanntlich mit Ausbruch des Krieges wieder eingestellt werden mußte. Die Nutzung französischer Fernseheinrichtungen – in welcher Form auch immer – war aber aus deutscher Sicht im Sommer 1940 ohne jede praktische Relevanz, befanden sich doch Adolf Hitlers Generäle erst mitten in den Vorbereitungen für einen deutsch-französischen Waffenstillstandsvertrag mit dem „Erbfeind", der schließlich am 22. Juni von General Charles Huntziger im Wald von Compiègne unterzeichnet wurde.[2] Die Vereinbarung trat drei Tage später in Kraft und sollte in den folgenden Jahren das Grundgesetz der Beziehungen zwischen den beiden Ländern bilden.[3] Daraufhin besetzten deutsche Truppen drei Fünftel des unterworfenen Landes bis zur Linie westlich und nördlich von Genf – Dôle – Tours – Mont de Marsan – spanischer Grenze, wie es hieß, „zur Sicherung der Interessen des Deutschen Reiches" (Artikel 2). Gleichzeitig zog die mit den Besatzern kollaborierende französische Regierung unter Marschall Philippe Pétain in Richtung Süden in die sogenannte freie Zone, zuerst nach Clermont-Ferrand am 30. Juni, dann, weil man dort keine Unterkunft fand, am 2. Juli 1940 nach Vichy.[4] International anerkannt, behielt

Pétain im unbesetzten Teil durchaus eine gewisse außenpolitische Aktionsfreiheit,[5] die das Vichy-Regime erst mit und nach der deutschen Besetzung ganz Frankreichs (außer dem Kriegshafen Toulon) im November 1942 endgültig einbüßen sollte.[6]

Die praktische Durchführung der Waffenstillstandsbedingungen oblag gemäß Artikel 22 einer militärischen Dienststelle, der Deutschen Waffenstillstandskommission (DWStK) mit Sitz in Wiesbaden, die unter dem Befehl des Oberkommandos der Wehrmacht stand. Sie war, mangels normaler diplomatischer Beziehungen, der einzig völkerrechtlich legale Weg, der zwischen der Reichsregierung und der französischen Regierung im unbesetzten Gebiet bestand. Deshalb unterhielt Vichy bis 1944 eine ständige Delegation in Wiesbaden (Hotel Rose), wobei die Kommission mit Fortgang und Komplizierung des Krieges immer mehr zum Adressaten wurde für alle französischen Wünsche, Beschwerden und Proteste, mit denen man Maßnahmen beanstandete, die im Vertrag vom 22. Juni nicht explizit geregelt worden waren.[7] Die wiederum dem Militärbefehlshaber in Frankreich übertragenen Aufgaben erstreckten sich auf die Herstellung geordneter Zustände im besetzten Land, die Sicherstellung der Kriegsbeute sowie kriegswichtiger Anlagen und Vorräte, aber auch die rücksichtslose Ausnutzung der Ressourcen des Landes für die Bedürfnisse der Wehrmacht und der deutschen Kriegswirtschaft. Als Inhaber der vollziehenden Gewalt konnte der Militärbefehlshaber auf dem Verordnungswege Recht setzen und war somit oberster Gerichtsherr über die Zivilbevölkerung.[8] Von Oktober 1940 an hatte diese Funktion der aus dem Ruhestand zurückberufene und als General der Infanterie reaktivierte Otto von Stülpnagel inne, der sich in seiner knapp siebzehnmonatigen Amtszeit den traurigen Ruf eines brutalen Henkers erwarb. Hingegen galt sein Nachfolger (vom 13. Februar 1942 an) und Vetter Carl-Heinrich nicht nur als ein introvertierter Geistesmensch mit frankophilen Vorlieben,[9] sondern stand später auch in vorderster Linie derjenigen Verschwörer, die Hitler zu beseitigen versuchten. Einen Tag nach dem mißglückten Attentat vom 20. Juli 1944 befahl man deshalb Carl-Heinrich von Stülpnagel nach Berlin, wo der nach einem Selbstmordversuch Erblindete am 30. August in der Haftanstalt Plötzensee hingerichtet wurde.[10]

Zum schnell anwachsenden Kommandostab (I^a) des Militärbefehlshabers gehörte 1940 auch die Dienststelle des sogenannten Höheren Nachrichtenführers (HNF) Frankreich – zunächst mit Generalmajor Schrader an der Spitze, dem am 1. 4. 1941 Generalmajor Kersten und am 1. 10. 1943 Generalleutnant Oberhäußer folgten. Ausgestattet mit den Befugnissen eines Divisionskommandeurs, sollte der HNF beim Einmarsch das französische Fernkabelnetz erfassen, zerstörte Sender wiederherstellen und alle Einrichtungen für den Fernsprechverkehr in der französischen Hauptstadt besetzen, um anschließend die technischen Voraussetzungen zu schaffen für die Truppenbetreuung, die Funkbefeuerung für die Luftwaffe und die planmäßige Störung des feindlichen Rundfunks.[11] Nach Artikel 14 des Waffenstillstandsvertrages hatten alle Funkstationen den Betrieb vorläufig einzustellen.[12] Damit fiel die Rundfunkhoheit der Besatzungsmacht zu, in deren Ermessen es lag, wie weit eigenständige französische Sendungen weiterbestehen durften oder nicht. Unter dem Befehl des Höheren Nachrichtenführers standen wiederum regional tätige Nachrichtenführer, die, entsprechend der Aufteilung des besetzten Areals in Militärverwaltungsbezirke, bei den Bezirkschefs in St. Germain, Angers, Dijon, Paris und Bordeaux residierten.

Hingegen nahmen die größtenteils aus eingezogenen Technikern und Baukräften der Deutschen Reichspost zusammengesetzten Funkeinsatztrupps (FET) ihre Befehle direkt vom Höheren Nachrichtenführer entgegen, hatten sie doch dafür zu sorgen, daß die „von der deutschen Militärverwaltung übernommenen Rundfunksender"[13] möglichst rasch besetzt und anschließend entweder stillgelegt oder wieder in Betrieb genommen wurden. Am 20. Juni 1940, also schon zwei Tage vor Unterzeichnung des Waffenstillstandsabkommens, stieß der Funkeinsatztrupp 7 bei einer „genauen Erkundung" im Pariser Stadtgebiet auf Sendeeinrichtungen für Fernsehzwecke, die man unterirdisch in einem Stahlfuß des Eiffelturms vorfand. Dabei handelte es sich um einen Tonsender aus dem Jahr 1937 sowie um den damals überhaupt stärksten Bildsender aus dem Jahr 1939, erbaut von den französischen Firmen Société Francaise de Radiotélégraphie (Tonsender) und Le Matériel Téléphonique (Bildsender). Die Anlagen waren – nur geringfügig beschädigt – von den Franzosen bei der Invasion zurückgelassen worden. In seinem Tagesbericht an Schrader rapportierte der Leiter des fündig gewordenen Funkeinsatztrupps militärisch-knapp: „Fernsehsender im UKW-Bereich. Für den jetzigen Einsatz nicht zu verwenden."[14] Tags darauf, am 21. Juni, bekamen auch zwei Fernsehfirmen in der näheren Umgebung von Paris die gründlichen „Bestandsaufnahmen" der uniformierten Techniker zu spüren. Beide Unternehmen wurden ebenfalls „aufgesucht und sichergestellt",[15] wie es am Abend auf deutscher Seite lapidar hieß.

In den noch verbleibenden gut sechs Monaten des Jahres 1940 gerieten die Sender bei der Besatzungsmacht wieder in Vergessenheit. Selbst die Reichspost, die in den vergangenen Jahren auf dem Gebiet der Fernsehtechnik als streitbarer Vorreiter auftrat, signalisierte weder Initiative noch Interesse an dem Pariser Fund. Zumal deren Fernsehgesellschaft mitten im Aufbau steckte und sich ganz auf den Berliner Betrieb konzentrierte, dem man natürlich oberste Priorität einräumte. Als schließlich der Höhere Nachrichtenführer im Frühjahr 1941 verfügte, den Fernsehsender Eiffelturm und die dazugehörende Antennenanlage wegen der Rohstoffverknappung (und entgegen der Juli-Vereinbarung vom vergangenen Jahr) zu demontieren und Telefunken zur Verfügung zu stellen,[16] kam Bewegung in die deutsch-französische Fernsehangelegenheit. Schraders Demontagebefehl erreichte nämlich Telefunken just zu dem Zeitpunkt, als das Unternehmen mit der in Paris-Montrouge ansässigen Compagnie pour la Fabrication des Compteurs et Matériels d'Usines à Gaz (CdC) übereingekommen war, ein durch den Kriegsbeginn unterbrochenes „Abkommen, Fernsehen betreffend" wieder aufleben zu lassen. Der aus acht Punkten bestehende Patentaustausch- und Arbeitsvertrag über Forschung und Produktion eines Fernsehsenders (1000 Zeilen), einer Großbildanlage sowie mehrerer Fernsehgeräte (441 Zeilen) und Bildröhren war am Rande der Tagung des Weltrundfunkvereins im Januar 1936 in Paris abgeschlossen und zunächst auf zehn Jahre terminiert worden. Um im Sinne der reaktivierten Vereinbarung tätig zu werden, entsandte der im Telefunken-Direktorium für Fernsehen zuständige Fritz

Schröter mit Kurt Diels einen Bevollmächtigten nach Frankreich. Als dieser im Mai 1941 in der Pariser Dependance des Unternehmens eintraf, forderte man ihn auf, die vom Nachrichtenführer befohlene Demontage abzuwickeln. Schröter/Diels kamen jedoch zu dem Schluß, der Abbau der Eiffelturm-Anlagen werde keinesfalls den von Kersten erwarteten Nutzen bezüglich wiederverwertbarer Rohstoffe erbringen.[17]

Um den als absolut unsinnig bezeichneten Befehl zu konterkarieren, wandte sich Telefunken an die Propagandaabteilung des Militärbefehlshabers in Frankreich, der von Juli 1941 an auch Kurt Hinzmann angehörte, im Zivilberuf Sendeleiter und Produktionschef des Berliner RRG-Fernsehens. Seit 1940 zählte Hinzmann zu den abrufbereiten Mitgliedern der sogenannten Staffel K, die im Falle einer Annexion Großbritanniens für den dortigen Rundfunkeinsatz vorgesehen waren. Im Jahr darauf erhielt der Staffelangehörige vom OKW den Einberufungsbefehl (17. 7. 1941) nach Frankreich, der Ausgangsbasis für die geplante Landung in England. Daraufhin mußte Hinzmann Hals über Kopf und ohne seine Familie nach Paris abreisen, wo er – zunächst auf Widerruf – der Gruppe Rundfunk innerhalb der Propagandaabteilung zugeteilt wurde. Dort trat „Schütze Hinzmann" nach eintägigem Urlaub am 22. Juli 1941 seinen Dienst an,[18] der schon bald neue Aufgabe für ihn bereithalten sollte.

Innerhalb der Propagandaabteilung beim Militärbefehlshaber, deren Rundfunk-Referat später für die inhaltliche Seite des Fernsehens in der Seine-Metropole verantwortlich zeichnete, lagen die Verhältnisse am kompliziertesten. Organisatorisch war diese eine Einrichtung der Wehrmacht, schrittweise aufgebaut seit Mitte Juli 1940 von der Abteilung Wehrmachtpropaganda (WPr) im Führungsstab des OKW, dienstlich aber dem Kommandostab des Chefs der Militärverwaltung (Iᶜ) unterstellt.[19] Ihre ursprüngliche Aufgabe sollte dementsprechend die Unterstützung der deutschen Kriegführung mit den Mitteln der Propaganda sein, zu denen die Erkundung der öffentlichen Meinung in Frankreich, die Zensur französischer Publikationen aller Art, Papierzuteilungen an die Verlage oder die Weiterverwendung von Redakteuren zählten.[20] In Wirklichkeit war die im Hôtel Majestic in der avenue Kléber untergebrachte Abteilung aber ganz ein Kind des Reichsministeriums für Volksaufklärung und Propaganda, aus dem ein großer Teil ihres Personals stammte und dessen Abteilung „Ausland" das Hôtel Majestic über eine Fernschreib- und eine direkte Fernsprechverbindung mit Weisungen und Propagandamaterial versorgte.[21] Mit diesem Ableger des Propagadaministeriums in militärischer Uniform suchte GoebbelsEinfluß zu gewinnen auf die gesamte Palette des französischen Kulturlebens (der Agitator hatte im Oktober 1940 persönlich das Pariser Nachtleben in Augenschein genommen, wo ihn „viele schöne Frauen und eine entwaffnende Nacktheit"[22] den Krieg für einen Augenblick vergessen ließen), und er setzte dementsprechend versiert seine eingezogenen Journalisten, Beamte und Angestellte in den Sachgebieten Presse, Rundfunk, Film, Schrifttum, Kultur und Aktivpropaganda ein.[23] Es sollte nicht lange dauern, bis auch das Pariser Fernsehen dazu herhalten mußte, den alten Streit zwischen Goebbels und Reichsaußenminister Joachim von Ribbentrop um die Zuständigkeit für die Propaganda im Ausland weiter anzuheizen.

Mit Aufbau und Leitung der aus der Staffel Frankreich hervorgegangenen Propagandaabteilung beauftragte die Wehrmacht Mitte 1940 den vormaligen Verbindungsoffizier zur Inlandspresse im Propagandaministerium, Major Schmidtke, dersomit von Haus aus über gute Kontakte zu Goebbels verfügte. Bis zum Ende der Besatzungszeit schuf er ein engmaschiges Netz von vier Propagandastaffeln und über 50 Außenstellen in größeren Städten, die auf dem Höhepunkt mit insgesamt 980 Hilfskräften, Offizieren und sogenannten Sonderführern besetzt waren.[24] Zivile Mitarbeiter wie Hinzmann nämlich, die zwar besondere Fachkenntnisse, aber kaum militärische Ausbildung vorweisen konnten, setzte man als Sonderführer in Offiziersstellen der Gruppen Z bis B (Leutnant bis Major) ein und machte sie damit kurzerhand zu Soldaten im Sinne des Wehrgesetzes.[25] Uniformierte Sonderführer, die bisweilen verächtlich als „Schmalspurleutnants" oder „Schwäne im Blauband" tituliert wurden, genossen vor allem bei den Fronttruppen kein großes Ansehen.[26] Die Schmidtke unterstellte Gruppe Rundfunk leitete wiederum fast durchgehend Sonderführer Alfred Bofinger,[27] im Zivilberuf Intendant des Reichssenders Stuttgart, der sich lediglich 1942 krankheitsbedingt für einige Monate vom Leiter des Reichssenders Berlin, Götz Otto Stoffregen, vertreten ließ. Auf seinem Gebiet betrieb Bofinger u.a. die Senderkette Radio Paris und gestaltete die in französischer Sprache ausgestrahlten Programme;[28] im Zuge organisatorischer Änderungen schuf er 1943 auch eine Untergruppe „Fernsehen" innerhalb seiner Abteilung.[29]

In der zweiten Jahreshälfte 1941 kam es indes zwischen Gruppenleiter Bofinger, Hinzmann sowie den beiden Telefunken-Vertretern Schröter und Diels zu vertraulichen Gesprächen im kleinen Kreis, mit der Absicht, beim HNF einen gegenteiligen militärischen Befehl zu erwirken, um in Paris einen Fernsehbetrieb für die Truppenbetreuung nach Berliner Muster einrichten zu können. Dahinter steckte der vor allem wirtschaftlich motivierte Gedanke, den Grundstein zu legen für eine europäische Fernsehachse Berlin-Paris-Rom auf der Basis der deutschen 441-Zeilen-Norm. Ausstattung und Betrieb der noch zu findenden Studioräume in Paris sollten unter Führung von Telefunken/CdC und in Zusammenarbeit mit der französischen Fernsehgesellschaft Radiodiffusion Nationale (RDN) abgewickelt werden. Mit dieser aktiven Einbindung französischer Fernsehstellen verknüpfte man die Hoffnung, auch Frankreich für die deutsche Norm gewinnen zu können, nachdem sich Italien auf diesem Gebiet bereits den Rahmenbedingungen des deutschen „Bruderlandes" angepaßt hatte. Eine Beteiligung der Reichspost war somit in diesen ersten Gesprächen nicht vorgesehen, befürchtete man doch eine Verlagerung der Kompetenzstreitigkeiten von Berlin nach Paris. Da das gesamte Projekt nur unter militärischen Gesichtspunkten Aussicht auf Erfolg hatte, wollte die Interessengemeinschaft gegenüber dem Höheren Nachrichtenführer argumentieren, die Eiffelturm-Anlagen nützten – als Störsender für feindliche Flugzeuge – vor allem den Belangen der deutschen Luftwaffe.[30]

Aufgeschreckt durch den Demontagebefehl der Militärverwaltung und den damit ausgelösten Alleingang der Propagandaabteilung, schaltete sich gegen Ende 1941 auch die Reichspost, vertreten durch ihre Fernsehgesellschaft, sowie der französische Rundfunk in die Verhandlungen ein. Letzterer kontaktierte im Dezember 1941 – über die deutsche Botschaft in Paris – die ständige Delegation des unbesetzten Gebietes bei der Waffenstillstandskommission in Wiesbaden. Die Franzosen hatten nämlich schon sehr bald gemerkt, daß die Übereinstimmung bei den deutschen Behörden fehlte, und nutzten dies ganz selbstverständlich dazu aus, mehrgleisig zu fahren und die einzelnen deutschen Ämter mit ihren widersprechenden Tendenzen in französischem Interesse gegeneinander auszuspielen.[31] Deshalb richtete die Unterkommission Nachrichtenwesen am 27. Dezember eine förmliche Note an die DWStK. Darin hieß es, die Leitung des französischen Rundfunks würde eine Wiederaufnahme ihrer Versuchssendungen über den Pariser Fernsehsender begrüßen, „der für die Reichsregierung nur von verhältnismäßig geringer Bedeutung zu sein scheint".[32]

Bei dem Verfahren des bilateralen Notenaustausches hatte es sich inzwischen eingebürgert, daß der Empfänger der Notwendigkeit enthoben war, eine sofortige Antwort zu erteilen, sondern in Ruhe die erforderlichen Weisungen der Vorgesetzten einholen konnte. Während somit die Wehrmacht eine Stellungnahme zu dem französischen Antrag hinauszögerte, fielen in Paris die Würfel im Sinne des von Bofinger vorgetragenen Planes. Am 12. März 1942 teilte die Wehrmacht dem Auswärtigen Amt in Berlin mit, der Höhere Nachrichtenführer habe schon im Januar einer Instandsetzung des Fernsehsenders grundsätzlich zugestimmt. Der Sender solle künftig „für die Unterhaltung der deutschen Verwundeten in Paris dienen und könne daher den Franzosen nicht zur Verfügung gestellt werden".[33] An anderer Stelle hieß es, die für den Fernsehbetrieb erforderlichen Einrichtungen seien in Paris größtenteils vorhanden und könnten mit Fachkräften binnen kürzester Zeit wieder in Betrieb gesetzt werden.[34] Eine Benachrichtigung der französischen Delegation hielt man im übrigen nicht für notwendig, „es sei denn, dass diese von sich aus auf die Angelegenheit zurückkommt".[35]

Währenddessen leitete auch die Post mit erstaunlicher Eile entsprechende Maßnahmen in die Wege, um verlorenes Terrain gutzumachen und ihre als gefährdet erachteten Fernsehinteressen im Ausland zu wahren. Nach einer kurzen Stippvisite in Paris Ende 1941 und ersten Kontakten mit französischen Rundfunk- und Fernsehvertretern im Januar des darauffolgenden Jahres in Berlin,[36] informierte RFG-Geschäftsführer Stumpf erstmals am 23. Januar 1942 Ohnesorge von dem Vorhaben der Propagandaseite, in Paris einen Fernsehbetrieb aufzubauen und dabei die Post schlichtweg auszubooten. Aus Unkenntnis der im Reich geltenden Zuständigkeiten, so meinte Stumpf pikiert, seien dort bereits Verhandlungen mit deutschen und französischen Firmen angebahnt worden. Um sicherzustellen, „dass sich unsere Fernsehtechnik ebenfalls und rechtzeitig einschaltet", schickte der Postminister Stumpf sowie den Oberingenieur und Prokuristen Hermann Weber Anfang Februar erneut für „vier bis fünf Tage" auf Dienstreise ins besetzte Frankreich, um an Ort und Stelle „den tatsächliche(n) Sachverhalt und die technischen Möglichkeiten" zu eruieren.[37] In Paris angekommen, gingen die beiden Gesandten sofort daran, in mehreren Gesprächen ihre Ansprüche geltend zu machen. Während Stumpf und Weber intern die Aufnahme des Vorhabens Paris vor allem unter den Gesichtspunkten „Personalsicherung" und „leichtere Materialbeschaffung"[38] für das Berliner Fernsehen betrieben und deshalb in ihren Verhandlungen um so nachhaltiger auf die Einhaltung des Fernseh-Erlasses vom 11. Dezember 1935 pochten, bezweifelte die Propagandaabteilung die Gültigkeit dieser Verordnung im Ausland. Man handele autark, stehe ausschließlich unter dem Befehl der Militärverwaltung und könne deshalb auch an rechtliche Abmachungen des Reiches nicht gebunden sein, argumentierten die deutschen Propagandastellen.[39]

Wohl aus zwei Gründen hatten diese schließlich doch eine Beteiligung der Posttechnik mit vernehmbarem Murren zu akzeptieren: Zum einen stellte sich nämlich zwischenzeitlich heraus, daß die als Partner für den Aufbau vorgesehene französische Fernsehindustrie ausfiel, weil sie durch kriegsbedingte Verpflichtungen überlastet und deshalb nicht rechtzeitig und in vollem Umfang lieferfähig war. Zum anderen präferierte offenbar der Höhere Nachrichtenführer Kersten eine Aufteilung der Kompetenzen nach deutschem Vorbild.[40] Während somit unter Federführung von Bofingers Gruppe Rundfunk Kurt Hinzmann (der mit Wirkung vom 1. März 1942 zum Sonderführer Z (Leutnant) berufen wurde,[41] zudem über gute Französischkenntnisse verfügte und sich 1938 von dem bei der CdC für Fernsehen verantwortliche René Barthélémy ein Gerät im Kurzschlußverfahren hatte vorführen lassen) mit dem Aufbau eines Programmbetriebs beauftragt wurde, bestätigte das OKW am 27. Februar 1942 offiziell die Mitwirkung der Reichspost als die für die technische Gestaltung maßgebliche Instanz in Paris.[42] Daraufhin setzte sich der rege Reiseverkehr zwischen den beiden Hauptstädten fort. In Berlin fanden am 21. März Gespräche über den konkreten Pariser Kompetenz-, Arbeits- und Beteiligungsrahmen statt, die mit einer Besichtigung des Fernsehbetriebs im Deutschlandhaus abgeschlossen wurden. Daran beteiligt waren neben Stumpf, Bofinger und Hinzmann eine Delegation der Radiodiffusion Nationale unter Leitung ihres Technischen Direktors Raymond Braillard. Das für die letztinstanzliche Anordnung zuständige Oberkommando der Wehrmacht wartete den Vorschlag der Fernsehgesellschaft auf der Basis dieser „Verhandlungen" ab und legte mit ihrem Befehl 2688/42 vom 20. Mai 1942 die endgültige „Regelung für die Wiederinbetriebnahme des Fernsehsenders Paris Eiffelturm" fest. Damit war der Weg für das deutsch-französische Fernsehen endgültig frei.

7.2. Der Kuppelsaal stand Pate
Ein Tanzlokal wird Fernsehstudio

Während jener Befehl vom 20. Mai 1942, der die Franzosen nicht nur hinsichtlich der Kostenverteilung erheblich benachteiligte, bei den zuständigen deutschen Stellen in Umlauf gebracht wurde, ging man in Berlin mit Hochdruck daran, die daraus resultierenden Maßnahmen in die Wege zu leiten. Zunächst bildete die Fernsehgesellschaft eine Gruppe von neun[43] Technikern, die sich aus Angehörigen der RFG, des RPZ und der RPD rekrutierte. Als Funkeinsatztrupp 60 (FET 60) unterstand die Gruppe nach ihrer Uniformierung technisch dem HNF und betreuungsmäßig dem Nachrichtenführer Paris. Der Marschbefehl lautete: Instandsetzung der Sendeanlagen sowie anschließend

Einrichtung der Studios in Paris. Bei der personellen Zusammensetzung des FET 60 gaben indes weniger fachliche Gesichtspunkte den Ausschlag, als vielmehr die mit der Abkommandierung ins „süße Paris"[44] einhergehende Verlängerung auslaufender Uk-Stellungen. Detaillierte Listen mit Namen von RFG-Technikern, die unmittelbar von der Einberufung bedroht und deshalb für Frankreich vorgesehen waren, dokumentieren dies.[45] Die Fernsehgesellschaft hatte es denn auch „brandeilig", ihre gefährdeten Mitarbeiter so schnell wie möglich nach Frankreich zu beordern, weil die Wehrmeldeämter zehn bis fünfzehn Prozent aller Uk-Stellungen im Deutschen Reich nicht mehr verlängerten und deshalb für März 1942 den Fronteinsatz der Jahrgänge 1908 und jünger avisiert hatten.[46] Neben den beiden zum Betriebspersonal des Amerikahaus-Senders gehörenden Beamten Just und Pätzold von der Reichspostdirektion (die allerdings im Oktober 1942 wieder nach Berlin zurückkehrten), hätten gerade der Leiter des Trupps, Helmut Krätzer (Jahrgang 1912), sowie die aus den vier technischen RFG-Abteilungen zusammengestellten Mitarbeiter ohne den Paris-Auftrag mit Einberufungen zu rechnen gehabt:[47] Hubert Globisch (Planung; Jahrgang 1914), Heinz Koch (Reportage; Jahrgang 1909), Rudolf Schlei (Fernsehempfänger; Jahrgang 1914), Robert Bartosch (Kameramann; Jahrgang 1911), Heinrich Sieverling (Studiotechniker; Jahrgang 1908) und Erich Bodenbender (Studiotechniker; Jahrgang 1911).

Sonderführer B (Major) Krätzer und seine uniformierten Helfer nahmen am 6. Juni 1942 die Arbeit in der Seine-Metropole auf.[48] Untergebracht wurden sie vom HNF in der Nähe des Eiffelturms in dem Gebäude avenue Charles Floquet 1, bis 1939 Botschafts-Domizil der von Nazi-Deutschland annektierten Tschechoslowakei. Bestandteil der Unterkunft im 7. Arrondissement waren mehrere, im Erdgeschoß liegende, saalähnliche Räume, von denen einer nach Absprache mit Kurt Hinzmann für die Übergangszeit bis zur Fertigstellung der endgültigen Aufnahmeräume als „Behelfsstudio"[49] ausgebaut wurde. Nach Hinzmann-Angaben soll das Provisorium eine Größe von 6 mal 8 Metern, die „Bühnenfläche" für Live-Sendungen hingegen nur 4,5 mal 5,5 Meter gehabt haben.[50] Zur Verfügung standen zunächst zwei Kameras, zwei Filmgeber der Fernseh AG, Mikrophone, Scheinwerfer und anderes studiotechnisches Material, das die Fernsehgesellschaft bis Anfang Juli über ihren Berliner Betrieb beschafft hatte. Noch im selben Monat konnten im Kurzschlußverfahren erste Live-Bilder gezeigt und Filme vorgeführt werden. Als Sendezeichen wurde später der nahe Eiffelturm durch eine Kamera an einem Fenster aufgenommen und über dieses Bild „Fernsehsender Paris" als Schrift eingeblendet.

Zum Zeitpunkt von Krätzers Eintreffen war die Standortfrage des zweiten Fernsehversuchsbetriebs unter deutscher Kontrolle aller Wahrscheinlichkeit nach schon geklärt. Als geeigneter Platz für die Errichtung des Programmdienstes standen insgesamt drei Objekte zur Diskussion, die das wichtigste Kriterium, die Nähe zum Eiffelturm, erfüllten. Hinzmann, der den Militärstellen fest zugesagt hatte, den Betrieb nach Kuppelsaal-Muster aufzubauen, besichtigte zunächst mit einer deutschen Postkommission das Théâtre des Champs Élysées in der avenue Montaigne 15, das den Besatzern aus der Zeit der Pariser Weltausstellung hinlänglich bekannt war, wo es als deutsches Gastspieltheater zur Verfügung stand. Das Gebäude enthielt zwar drei übereinanderliegende, große Räume mit einem Fassungsvermögen von insgesamt 1.800 Zuschauern[51] und wäre somit für die beabsichtigte Truppenbetreuung besten geeignet gewesen. Gleichwohl stieß der Vorschlag bei Hinzmann auf wenig Gegenliebe, weil – so meinte er nach 1945 – das Platzangebot für eine spätere Weiterentwicklung limitiert gewesen wäre und darüber hinaus die Stromversorgung für die Bedürfnisse nicht ausgereicht hätte.[52] Der eigentliche Grund für die Ablehnung blieb jedoch unerwähnt. Die Auslandsabteilung des Propagandaministerium war nämlich selbst „im stärksten Maße" am Ankauf des Gebäudes interessiert, das Anfang 1942 als KdF-Theater beschlagnahmt worden war. Nachdem Hinzmann noch Mitte März mit Vertretern des Kulturreferats der Propagandaabteilung Gespräche geführt hatte,[53] sprachen sich wenige Tage später die Herren aus Berlin einstimmig dagegen aus, „dass dieses Theater (...) zu anderen Zwecken, wie z.B. als Fernsehtheater, benutzt werden soll".[54]

Als nächste Adresse suchte man deshalb das Palais de Tokyo in der avenue de New York auf, ein imposanter Steinbau, der – wiederum nach Hinzmanns Darstellung – akustisch und technisch nur schwer zu bewältigen gewesen wäre. Tatsächlich stand jedoch in dem leerstehenden Museum, das noch Ende 1941 für Ausstellungen genutzt worden war, die Eröffnung des geplanten Musée d'Art Moderne unmittelbar bevor, und es hätte deshalb langwieriger Auseinandersetzungen mit den beiden Eigentümern, der Stadt Paris sowie dem französischen Staat, bedurft, aber auch mit dem obersten „Kunstschützer" der Wehrmacht, Franz Graf Wolff Metternich. Um der drohenden Requisition für Fernsehzwecke zuvorzukommen, organisierten die scheinbar gefügigen französischen Kuratoren Bernard Dorival und Pierre Ladoué im Juli 1942 die vorzeitige Eröffnung des Museums für Moderne Kunst, das Minister Abel Bonnard schließlich am 6. August 1942 einweihte. Etwa die Hälfte aller Werke, die zuvor vom Palais de Tokyo ins Château de Valancay gebracht worden waren, wurden eilig zurückgefordert, um die Zweckentfremdung der Galerie als Fernsehstudio zu durchkreuzen.[55]

Bei dem dritten Objekt schließlich hatten die deutschen Fernsehexperten mehr Glück. Dabei handelte es sich um den leerstehenden, ehemaligen Tanzpalast „Magic-City Dancing" in der rue de l'Université 180, der nachweislich bis Ende 1940 für Kabarettvorführungen und Bankette aller Art genutzt und dessen räumliche Möglichkeiten in einer Programmankündigung wie folgt beschrieben wurden: „Les plus belles salles de Paris pour réunions et banquets; de 500 a 3000 places."[56] Luftlinie etwa 800 Meter vom Eiffelturm entfernt, stieß das „Magic-City" bei allen Beteiligten auf Zustimmung – nicht zuletzt deshalb, weil die benachbarten Gebäude genügend Möglichkeiten der Expansion boten. Hinter dem ehemaligen Tanzlokal, zur Parallelstraße rue Cognacq-Jay hin, befand sich nämlich noch eine geräumige Halle, die als Großgarage diente und ebenfalls über die rue de l'Université zugänglich war. An der rue Cognacq-Jay 13/15 schloß sich ein separater Wohnhauskomplex mit achtstöckigen Appartementhäusern an. Hinzmanns Vorschlag, das gesamte Areal zwischen den beiden Parallelstraßen mit einer Nutzfläche von etwa 5000 qm zu beschlagnahmen, war von den Repräsentanten der Reichspost schnell angenommen worden.[57] Offenbar gab es jedoch später zwischen der deutschen und französischen Fernsehgesellschaft – gewollt oder ungewollt – einige verzögernde Mißverständnisse über den genauen Umfang des Vorhabens. Der Vertrag vom 27. Oktober 1942 zwischen der RFG, vertreten durch den Verwaltungchef und Prokuristen Hans-Joachim Hessling, und der Radiodiffusion Nationale umfaßte nämlich zunächst nur die Beschlagnahmung von „Magic-City" durch die Regierung, nicht jedoch der angrenzenden Wohnhäuser. Die französische RDN verpflichtete sich darüber hinaus zum Kauf des ehemaligen Tanzpalastes, während die RFG auf Kosten der Radiodiffusion den Aus- und Umbau sowie die technische Ausstattung leiten bzw. selbst durchführen wollte.[58] Erst ein „Nachvertrag" vom 28. Juli 1943, jetzt auf deutscher Seite von Postrat Odilo Dollmann ausgehandelt, regelte auch die Frage des Grundstücks rue Cognacq-Jay 13/15.[59]

Die zwischenzeitlich vom Funkeinsatztrupp 60 vorangetriebene Reparatur und Umstellung des Bild- und Tonsenders Eiffelturm auf die deutsche 441-Zeilen-Norm geschah in enger Zusammenarbeit mit den Dienststellen der Luftwaffe. Zur Ausstattung als Störsender diente ein von der Luftwaffe geliefertes „Impulserzeugungsgerät", mit dem der Sender im Bedarfsfall moduliert und die „Hyperbel-Navigation" überfliegender englischer Bomber gestört werden sollte. Ob das Verfahren – sowohl in Berlin als auch in Paris – den gewünschten Erfolg erbrachte, blieb freilich militärisches Geheimnis.[60] Einen verständlicherweise großen Umfang in Krätzers Tätigkeit nahmen auch Verhandlungen ein mit militärischen Ämtern und den sichergestellten französischen Firmen über die Beschaffung von kontingentiertem Material. Dazu zählte zum Beispiel die Lieferung von Breitbandkabeln als Verbindung zwischen Aufnahmeraum und Eiffelturm oder, was natürlich für den Erfolg des Unternehmens besonders wichtig war, die Wiederaufnahme der Empfängerproduktion durch französische Firmen. In der Planung waren hier zunächst 300 Standempfänger, die die Compagnie des Compteurs zu liefern hatte, sowie weitere 400 Geräte von kleineren französischen Firmen wie Sadir oder Société Grammont. Außerdem sahen die Gespräche den Bau von Teilgeräten für „5 bis 10 Großbild-Projektoren nach der Bechstein-Type" vor, die ebenfalls von kleineren, nicht mit deutschen Rüstungsaufträgen belasteten Unternehmen hergestellt und „für einen Zusammenbau beim Funkeinsatztrupp 60"[61] angeliefert werden sollten. Ein Großteil der hierfür notwendigen Rohstoffe und Halbfertigwaren sollte aus Beständen des bisher unbesetzten Frankreichs beschafft werden. Alle Gespräche über die technische Ausführung benötigter Geräte standen dabei unter der Prämisse, daß diese „in jedem Falle und zu jeder Zeit in Deutschland",[62] insbesondere „im Berliner Betrieb, eingesetzt werden können und diesen ergänzen".[63]

Während anfangs noch eine Belastung des deutschen Fernsehens billigend in Kauf genommen wurde, indem man von Berlin das in der Seine-Metropole zur Grundausstattung unumgängliche und sofort benötigte Material abzog[64] – was allerdings postintern schon bald mit dem Hinweis auf die „ursprünglichen Überlegungen" und die „Hauptgründe" für das „Vorhaben Paris" kritisiert wurde[65] –, entwickelte sich das besetzte Frankreich rasch zum Ersatzteilreservoir für die Reichshauptstadt. Vor allem auf die heiß begehrten Bildröhren hatte man es deutscherseits abgesehen. Zu diesem Zweck führte das 1942 in Paris eingerichtete, schnell expandierende Lager der RFG sogar eigens eine „Kartei für ausgeschlachtetes Material".[66] Die Fernsehgesellschaft trieb es im folgenden mit ihrer „Einkaufspolitik" so toll, daß sie dafür schon im Frühsommer 1943 von Elmar Michels Abteilung Wirtschaft beim Militärbefehlshaber heftig gerügt wurde. Sämtliche Angebote mußten daraufhin der Zentralauftragstelle (ZAST) in Paris zur Preis- und Auftragsprüfung vorgelegt werden, während man diese deutsche Kontrollinstanz mit ihrem Gutscheinsystem bei den ersten Einkäufen noch hatte umgehen können. So wie die Dinge nunmehr liegen, beklagte im Mai 1943 Prokurist Hessling in einem internen Memorandum, sei es künftig beinahe ausgeschlossen, daß die Gesellschaft in Frankreich noch einmal freizügig handeln könne. Es werde daher notwendig sein, schlug er vor, „daß wir unsere Einkaufstätigkeit in andere Länder Europas verlegen".[67] Einer der letzten Großaufträge der RFG vom Frühjahr 1944, der die Bestellung von 330 Bildröhren sowie 70 neuen Empfängern und im Gegenzug die Reparatur von 27 alten Geräten aus Berlin vorsah, kam deshalb nicht mehr zustande. Zu diesem Zeitpunkt war allerdings auch die Bezahlung offener Rechnungen nur noch unter erheblichen Schwierigkeiten und mit tatkräftiger Unterstützung des Reichswirtschaftsministeriums möglich.[68]

Gleichwohl, die Fernsehgesellschaft der Post bewegte sich mit ihrer „Einkaufstätigkeit" durchaus auf der Linie offizieller deutscher Ausbeutungspolitik in Frankreich, die in den Artikeln 17 und 18 des Waffenstillstandsabkommens ihren Ausdruck fand.[69] Treffend interpretierte diese im August 1942 der Beauftragte für den Vierjahresplan, Hermann Göring, als er den Nutzen der Kollaboration darauf beschränkt wissen wollte, daß die Franzosen an Deutschland zu liefern hätten, „bis sie selbst nicht mehr könnten".[70] Auch Hitler räumte Zugeständnisse nur dann ein, wenn diese von den Franzosen materiell und personell teuer bezahlt wurden. Jegliche darüber hinausgehenden Erleichterungen an den okkupierten „Todfeind" lehnte er kategorisch ab, war doch seine Einstellung zum „dekadenten" Frankreich durchweg negativ,[71] dem er in *Mein Kampf* vorgeworfen hatte, wegen der „Verpestung durch Negerblut am Rhein den Bestand der weißen Rasse Europas" zu gefährden.[72]

Als Anfang Oktober 1942 die Instandsetzungsarbeiten des Bild- und Tonsenders abgeschlossen waren, begann man kurz darauf mit dem regulären Betriebsdienst, zunächst nur tagsüber für Industriesendungen, von Januar 1943 an, als eine größere Zahl von Geräten im Pariser Stadtgebiet aufgestellt worden war,[73] auch mit den öffentlichen Versuchssendungen. Die Senderkosten in Höhe von 800.000 Francs wurden später der Radiodiffusion in Rechnung gestellt, die als Eigentümerin der Anlagen fortan auch das Bedienungspersonal stellte. Allerdings, das genaue Datum des zivilen Fernsehstarts läßt sich nicht mehr mit letzter Gewißheit feststellen. Aus dem Kriegstagebuch des Höheren Nachrichtenführers geht lediglich hervor, daß man vom 9. Oktober an zunächst „Versuchssendungen" mit dem Tonsender durchführte, die erstmals am 31. Oktober durch Versuche mit dem Bildsender ergänzt wurden.[74] Vom 2. November an sollen dann „regelmäßige Versuchssendungen" in Bild und Ton ausgestrahlt worden sein,[75] die, wie es hieß, „vornehmlich militärischen Zwecken der Luftwaffe dienen (Störung eines feindlichen Peilverfahrens für Luftw.-Verbände)".[76] Daß es sich dabei aller Wahrscheinlichkeit nach noch um Industriesendungen und nicht um ein öffentlich übertragenes Programm handelte, deckt sich wiederum mit einer späteren Meldung Helmut Krätzers nach Berlin, der Bild- und Tonsender habe erst mit dem 1. Januar 1943 „in vollem Umfang" seinen Betrieb aufgenommen, und die Rechnungen stünden jetzt zur Bezahlung an.[77]

Das hemmende Kompetenzchaos bei den deutschen Stellen in Frankreich sowie die geschickt betriebene Verzögerungspolitik der Radiodiffusion,[78] die sich gegenüber dem Funkeinsatztrupp als wenig kooperativ erwies und ein ums andere Mal vorgab, erst die Genehmigung der Vichy-Regierung einholen zu müssen, waren die Hauptgründe dafür, daß von der Sicherstellung der Sendeanlagen im Juni 1940 bis zur Aufnahme des zivilen Fernsehens aus dem Behelfsstudio avenue Charles Floquet ganze zweieinhalb Jahre verstrichen.

7.3. Frankreich als Präzedenzfall
Planspiele für ein Auslandsfernsehen

Die im Großdeutschen Reich am neuen Medium interessierten Stellen verstanden den französischen Fernsehbetrieb als Ausgangsbasis und erstes Standbein für ein europäisches Nachkriegsfernsehen unter deutschem Einfluß. Hinter solchen Hegemoniebestrebungen verbargen sich in erster Linie drei Endziele, die sowohl ökonomisch als auch ideologisch motiviert waren: Sicherstellung des Geräte-Exports durch die Erschließung neuer, der deutschen Norm angepaßter Absatzmärkte; grenzübergreifende Vernetzung mit Fernsehkabeln als Voraussetzung für einen innereuropäischen Programmaustausch unter deutscher Kontrolle. Um dafür beizeiten die Startlöcher zu graben, wollte man sich zunächst einen gebührenden und über die Besatzungszeit hinausreichenden Einfluß auf das französische Fernsehen sichern. Von Mitte 1942 an diskutierten deshalb – zumeist jeder für sich – die Deutsche Reichspost, das Propagandaministerium, aber auch das Auswärtige Amt, vertreten durch die Botschaft in Paris, mögliche Formen der Einflußnahme, die im folgenden etwas ausführlicher referiert werden sollen. Überlegungen dieser Art blieben aber letztlich überzogene Gedankenspielereien und ohne jedes praktische Resultat, weil die Ressortkämpfe eine gemeinsame Linie vereitelten und jede Partei eifersüchtig darauf bedacht war, sich auch über die Reichsgrenzen hinaus eine möglichst vorteilhafte Ausgangsposition für die Nachkriegszeit zu verschaffen.

Das Reichspostministerium legte seine Marschroute für das Auslandsfernsehen am 17. November 1942 in einer streng geheimen Besprechung fest. Grundsätzlich war man sich einig darüber, daß die Verankerung der deutschen Norm im Ausland für die Post einen wichtigen Prestigevorteil im späteren „Zuständigkeitskampf" darstelle. RFG-Geschäftsführer Stumpf regte deshalb an, neben Frankreich auch in den besetzten Ländern Ungarn, Holland, Dänemark und Norwegen möglichst bald Vorträge zu halten[79] bzw. Gespräche mit den dortigen Post- und Fernmeldebehörden anzubahnen, um diese in einem ersten Schritt zur Aufnahme des Fernsehens unter deutschen Konditionen zu bewegen und somit zugleich neue „Fernsehnachrichtenkanäle" zu erschließen. Anschließend sollten die ausländischen Verwaltungen aufgefordert werden, „ihre Herren zum Studium nach Deutschland zu entsenden". Während der Einfluß der Propagandastellen im Ausland nach dem Krieg zwangsläufig stark zurückgehen werde, so kalkulierte Stumpf, gewährleisteten rechtzeitig eingefädelte Beziehungen zwischen den Postbehörden eine langfristige und dauerhafte Zusammenarbeit „zu unseren Bedingungen".[80]

Im Falle Frankreichs favorisierten die Postbeamten als „Prototyp für künftige Modelle" eine „gemeinsame Tochtergesellschaft" zwischen der RFG und der Radiodiffusion. Dessen Technischer Direktor, Raymond Braillard, sei zwar bekannt als „sehr durchtrieben und geschäftstüchtig". Deshalb müsse die Betriebsgesellschaft für den Aufnahmedienst des Pariser Fernsehens auch so konstruiert sein, „daß der Franzose die Anschauung gewinnt, daß damit ein Vorteil für ihn verbunden ist, damit er sie auch nach der Besatzungszeit weiter duldet". Während die Post der Radiodiffusion großzügig eine Majorität an der zu gründenden Gesellschaft einräumen wollte, gedachte man bis dahin möglichst viele Mittel in den Pariser Betrieb „hineinzupumpen", um für spätere Zeiten vollendete Tatsachen zu schaffen. Mit diesem Konstrukt, so hofften die Strategen der Reichspost Ende 1942, könnten von vornherein deutsche Stellen in Frankreich „ausgeschaltet" werden – insbesondere jene Tarnorganisation, die im Oktober 1941 zwischen Propagandaministerium und Auswärtigem Amt als geheimes Unternehmen für Errichtung, Erwerb, Miete und Betrieb nicht nur von ausländischen Rundfunk-, sondern auch von Fernsehsendern neu gegründet worden war: die Interradio AG.[81]

Ferner plante Stumpf, zwei Koaxialkabellinien von Paris bzw. Rom bis zur Reichsgrenze legen zu lassen, „um nach Kriegsende den Ausbau des deutschen Fernsehkabelnetzes leichter durchsetzen zu können und sofort das internationale Fernsehen in Angriff zu nehmen". Des weiteren schwebte ihm vor, von Wien aus nach Preßburg und Budapest „kabelmäßig vorzustoßen". Die Reichs-Rundfunk-Gesellschaft nahm schon im September 1942 diese „sehr aktive Politik" überraschend wohlwollend zur Kenntnis. Sie lasse auf einen großen Weitblick schließen und laufe systematisch auf die deutsche Vorherrschaft auf dem Gebiet des Fernsehens in Europa hinaus, hieß es in einer Aktennotiz.[82] Seinerseits brachte der Rundfunk eine „Europäische Fernseh GmbH." ins Gespräch, mit Herbert Engler (Programm), Karlheinz Kölsch (Verwaltung) und Friedrich Stumpf (Technik) als deren Geschäftsführer.[83]

Für das Propagandaministerium schlug Rundfunkabteilungsleiter Wolfgang Diewerge im Januar 1942 ähnlich kolonialistische Töne an. Um „schon vor Beendigung des Krieges Einflusspositionen zu schaffen, die eine Steuerung der europäischen öffentlichen Meinung auf direktem Wege ermöglichen",[84] regte er wiederum eine von Goebbels kontrollierte „Europäische Rundfunk- und Fernsehkammer" an. Als Voraussetzung dafür müsse aber zunächst eine vergleichbare Organisation auf nationaler Ebene geschaffen werden, meinte Diewerge, der damit indirekt Goebbels' Entscheidung vom Oktober 1939 rügte, die Reichsrundfunkkammer und mit ihr die Fernsehgemeinschaft aufzulösen. Seitdem habe der Rundfunk der Fernsehgesellschaft auf propagandistischem Gebiet nichts mehr Vergleichbares entgegenzusetzen. In der Öffentlichkeit herrsche deshalb seit geraumer Zeit der Eindruck, als ob das Fernsehen posteigene Sache sei. Sämtliche Publikationen über das neue Medium in der Tages- und Fachpresse verstärkten nach Diewerge diese Auffassung. Außerdem betreue die Reichspost im Rahmen von Ausstellungen, wie zum Beispiel bei der bevorstehenden Rundfunk- und Fernsehschau in Bukarest,[85] ganz selbstverständlich auch die programmliche Seite. Damit werde der Einfluß des Propagandaministeriums auf das Fernsehen, „welches ja eines Tages den akustischen Rundfunk in sehr starkem Maße ablösen wird", immer stärker zurückgedrängt, befürchtete Diewerge.[86] Um hier wieder Boden gutzumachen, zielte sein Vorschlag auf eine nationale wie überstaatliche Kammerorganisation. Letztere natürlich unter deutschem Vorsitz und mit der Hauptaufgabe, „eine allgemeine Ordnung des Rundfunk- und Fernsehwesens für den kontinentalen europäischen Raum zu schaffen".[87]

Während Diewerge Ende 1942 durch Hans Fritzsche ersetzt wurde und seine rundfunk- und fernsehpolitischen Pläne schnell wieder in der Schublade verschwanden, goutierte das Auswärtige Amt für Frankreich ebenfalls eine zivile Fernsehgesellschaft, allerdingsunter Beteiligung der Interradio und der Radiodiffusion Nationale. Ribbentrops Botschafter in Paris, Otto Abetz, plädierte dabei für ein behutsameres Vorgehen und wollte den Franzosen ein größeres Mitspracherecht einräumen als etwa die Reichspost. Der seit August 1940 als „Vertreter des Reichsaußenministers beim Militärbefehlshaber in Paris" amtierende Abetz zählte zu den phantasievolleren Nationalsozialisten mit den unbestreitbar besten Verbindungen zu den Franzosen. Ausgestattet mit umfangreichen Befugnissen auf den Gebieten Presse, Rundfunk und Propaganda,[88] trat er als ausgesprochener Verfechter einer deutsch-französischen Verständigung auf, der besonders die sozialen Vorzüge des Nationalsozialismus herausstrich.[89] Reibereien und Zwistigkeiten zwischen Botschaft und Militärverwaltung bliebendeshalb nicht lange aus, achteten doch beide Seiten eifersüchtig darauf, daß der Gegenspieler seine nicht klar abgegrenzten Kompetenzen einhielt.[90] Botschafter Abetz, dessen Dienststelle mehr und mehr den Umfang eines Ministeriums annahm, war während der gesamten Besatzungszeit (vergebens) bemüht, die politische Ausrichtung der deutschen Propagandaarbeit in Frankreich allein zu bestimmen und die Tätigkeit der von Goebbels beeinflußten Propagandaabteilung auf eine militärische Zensur zu beschränken.[91]

Getreu Otto Abetz' Plan, die Presse- und Rundfunkarbeit in der besetzten Zone aus dem unmittelbaren Einflußbereich der Wehrmacht herauszulösen, hielt es der Botschafter im Juli 1942 auch für opportun, „die Frage des Fernsehens in Paris sofort auf ein ziviles Geleise zu schieben".[92] Dabei dachte er an eine deutsch-französische Betriebsgesellschaft des bürgerlichen Rechts mit Sitz in Paris, die unter dem maßgeblichen Einfluß der Dachgesellschaft Interradio den dortigen Fernsehbetrieb „auf mindestens 40 Jahre" durchführen sollte.[93] Neben der Errichtung und dem Betrieb von deutschbeeinflußten Rundfunksendern sowie der Beteiligung an einschlägigen ausländischen Gesellschaften, nahm die Interradio sämtliche Maßnahmen auf dem Gebiet des Auslandsfernsehens für sich in Anspruch. Insoweit war sie auch an der Geräteherstellung sowie an Vertriebs- und Exportfragen interessiert.[94]

Seine diesbezüglichen Fernsehpläne für Frankreich brachte der Vorstandsvorsitzende der Interradio, Kurt Alexander Mair, im September 1942 zu Papier. Quintessenz der „Diskussionsgrundlage"[95] war nach Mairs Ansicht eine „konstruktive und bescheidene Lösung" mit Vorbildcharakter, die – analog zu den Plänen der Reichspost – in der Nachkriegszeit auf weitere Länder Europas ausgedehnt werden sollte. Um der Radiodiffusion Nationale das Projekt so schmackhaft wie möglich zu machen, akzeptierte auch die Interradio eine Minderheitsbeteiligung von 30 bis 40 Prozent. Sollten darüber hinaus von französischer Seite Vorbehalte gegen eine reine Betriebsorganisation bestehen, so wollte man sich bis auf weiteres auch mit einer „allgemeinen Studiengesellschaft" zufriedengeben, ohne daß Mair auf einen „Betriebsausschuß" für Verwaltung und Programmgestaltung des Fernsehsenders Paris verzichten wollte. Aus Tarnungsgründen legte der Leiter der Interradio besonderen Wert darauf, daß die Gesellschaft künftig sowohl in der besetzten als auch in der unbesetzten Zone agieren sollte.

Mit diesem zivilen Ansatz, der sein unmittelbares Vorbild hatte in den „Eroberungsplänen" der Ufa für die französische Filmindustrie,[96] verbanden sich nach Mairs Einschätzung nur Vorteile für die Radiodiffusion. Das Unternehmen könne schon während der Besatzung Fernsehen für die deutschen Verwundeten betreiben und innerhalb der neuen Gesellschaft praktische Erfahrungen sammeln. Damit, so Mair, schaffe man in Frankreich die Grundlage für eine Umstellung auf zivile Programme zum frühestmöglichen Zeitpunkt. Eine direkte Beteiligung der Militärverwaltung oder der Reichspost-Fernsehgesellschaft sah indes Mairs Konzept nicht vor. Um während der Okkupation den notwendigen „abwehrmäßigen Schutz" zu gewährleisten, sollte der Militärbefehlshaber lediglich „einige militärische Organe auf die entscheidenden technischen Plätze (Kontrolle des Sendebetriebes usw.)" stellen. Dem von der Interradio postulierten Ausschließlichkeitsanspruch entsprechend, strebte Mair mit Ohnesorges Ministerium eine Vereinbarung an, wonach „der Interradio das alleinige Recht zusteht, im Ausland auf dem Gebiet des Fernsehens eine deutsche Beteiligung herbeizuführen und durchzusetzen".[97] Außerdem war vorgesehen, in die bei der Interradio einzurichtende Fernsehabteilung[98] RFG-Experten für die technische Leitung des Senders „abzuordnen". Jene Studioeinrichtungen, die bereits 1942 von deutscher Seite nach Paris geschafft wurden, sollten per Vertrag in die zu errichtende Gesellschaft eingebracht werden. „Auf diese Weise soll unter Zusammenfassung aller verfügbaren innerdeutschen Kräfte eine wirkungsvolle deutsche Auslandsarbeit auf dem Gebiet des Fernsehens erzielt werden."[99] Auch wenn das Projekt nach Meinung des Vorstandsvorsitzenden in den nächsten Monaten sicherlich noch nicht realisiert werden konnte, so erschien es Mair gleichwohl gerechtfertigt, frühzeitig „vorbereitende Maßnahmen" zu treffen. Deshalb veranschlagte die Interradio für das Geschäftsjahr 1943 eine Summe von 300.000 Mark (später um die Hälfte gekürzt), die vornehmlich für die Beschaffung von zwei Kameras verwendet werden sollte.[100]

Sowohl die skizzierten Pläne der Interradio als auch die der Reichspost brachten, wie gesagt, in Frankreich (und auch anderswo) keine Resultate. Als die Reichspost-Fernsehgesellschaft Ende 1942 in Gesprächen mit der Radiodiffusion „überfallartig" eine ihren

Vorstellungen entsprechende Betriebsgesellschaft auf die Tagesordnung setzte, stieß sie damit bei Braillard auf eisige Ablehnung, wie die Pariser Botschaft nicht ohne Genugtuung nach Berlin kabelte.[101] Trotz mehrerer Vorstöße der Interradio – u.a. durch den stellvertretenden Leiter der Rundfunkpolitischen Abteilung des Auswärtigen Amtes, Kurt Georg Kiesinger[102] –, rechnete auch die Botschaft von 1943 an nicht mehr mit einer zivilen Regelung beim Fernsehsender Paris. Ganz allgemein führte sie den anhaltenden Widerstand der Propagandaabteilung an der eigenen Auflösung[103] auf das Bestreben zurück, aus dem angenehmen Etappenleben in Paris nicht versetzt zu werden.[104] Somit blieb, wie bei Presse, Rundfunk und politischer Propaganda auch, der Fernsehsender in der Seine-Metropole bis zum deutschen Rückzug im August 1944 eine rein militärische Angelegenheit.[105]

7.4. Hausherren ohne Rechte
Studioausbau, Organisations- und Personalstruktur

Nach einigen „Übungswochen"[106] begann der neue Programmbetrieb Anfang Januar 1943 damit, aus dem ehemaligen Botschaftsgebäude täglich jeweils nachmittags ein Filmprogramm zu übertragen, das man schrittweise mit direkten Sendungen anreicherte, die zuletzt eine Häufigkeit von zwei- bis dreimal wöchentlich erreichten.[107] Derweil ging der Ausbau von „Magic-City" nicht so recht vom Fleck. Der damit betraute Funkeinsatztrupp reichte zwar kurz nach seiner Ankunft bei der Militärverwaltung einen Antrag auf Ausnahmegenehmigung zum Bauverbot ein. Bis zu dessen Bewilligung verstrich jedoch über ein Vierteljahr, ohne daß überhaupt Anstalten zur Einrichtung des vorgesehenen Studios gemacht wurden. Als schließlich die Genehmigung vorlag, schickte die Fernsehgesellschaft mit Hans-Joachim Hessling einen ihrer Prokuristen nach Paris, um „sämtliche Maßnahmen zu ergreifen, die zur schnellsten Erreichung unseres Zieles notwendig sind".[108] Dazu zählten der mißverständliche Kontrakt mit der Radiodiffusion vom Oktober 1942, die Erwirkung einer Dringlichkeitsstufe bei der Wehrmacht[109] sowie Verhandlungen mit der französischen Firma Auriemma, unter deren Aufsicht der Umbau vorgenommen werden sollte. Der Radiodiffusion als Hausherrin räumten die Deutschen kein Mitspracherecht ein – weder bei der Planung noch bei dem späteren Aus- und Umbau ihrer künftigen Studios.[110]

Mit der gründlichen Renovierung des längere Zeit nicht genutzten Tanzlokals „Magic-City" wurde schließlich im November 1942 begonnen. Dem Kuppelsaal-Vorbild entsprechend, baute man für Direktsendungen den im ersten Stock gelegenen, rechteckigen Tanzsaal zu einer großen Varieté-Bühne (etwa 70 mal 35 m) in „repräsentativer Ausführung"[111] um – mit Beleuchtungsbrücken, gummibelegten Kamerafahrbahnen, Klimaanlage, gewölbter Decke, Räume für Maskenbildnerei und Künstlergarderoben hinter und unter der alten Bühne, sowie mit einem ovalen, ansteigenden Zuschauerraum für etwa 300 Personen, der im hinteren Teil abgetrennte Logen für hochrangige deutsche Offiziere enthielt. Der Bühne gegenüberliegend richtete man einen Ton- und Regieraum ein, der durch ein schalldichtes Fenster über die Sitzreihen hinweg Blickkontakt zu dem Geschehen auf der großen Rampe ermöglichte und im Endausbau bis zu zwanzig verschiedene Kontrollbilder und ebenso viele Toneingänge aufnehmen sollte. Der von französischer Seite geäußerte Wunsch, im Erdgeschoß ein großes Bassin für Unterwasseraufnahmen einzurichten, stieß auf Ablehnung und wurde deshalb erst 1946 ausgeführt.[112]

Der angrenzende Garagenbau wiederum diente als Werkstatt und Lagerraum für Dekorationen, Requisiten und dergleichen; er wurde später durch eine zweite Großgarage ergänzt, die sich auf der gegenüberliegenden Seite der rue de l'Université, etwa 100 Meter vom „Magic-City" entfernt, befand. Pläne, wonach die große Halle zusammen mit dem ehemaligen Tanzlokal für das Fernsehen um mehrere Etagen aufgestockt werden sollte, ließen sich ebenfalls erst nach 1945 realisieren. Zum Wunschdenken der Deutschen gehörte es auch, im Pariser Stadtgebiet sechs Großbildstellen und ein ausgedehntes Breitbandkabelnetz einzurichten, mit fünfzehn Einspeisepunkten für aktuelle Reportagen und Außenübertragungen. Das an der rue Cognacq-Jay gelegene Wohnhaus, das durch eine gedeckte Holzbrücke über das Dach der Großgarage hinweg mit dem Hauptstudio „Magic-City" verbunden wurde, beherbergte im Erdgeschoß sowie in der ersten Etage neben Empfang und Telefonzentrale ein Filmatelier, Schneideräume und einen kleinen Vorführraum. Ferner einen Kopierbetrieb für den französischen Filmtrupp, der aktuelles Material zu liefern hatte. Die für den zweiten und dritten Stock eingeplanten kleineren Studios für Ansagen und Gespräche konnten in ihrer Gesamtzahl nicht mehr vollendet werden. In den oberen Etagen befanden sich wiederum Räumlichkeiten für die Betriebstechnik, aber auch getrennte Personal- und Verwaltungsräume für die französischen (vierter und fünfter Stock) und deutschen Mitarbeiter (sechster und siebenter Stock), wobei die Direktion im siebten Stockwerk residierte. In der achten und obersten Etage schließlich befand sich eine von dem französischen Gastronomen-Ehepaar Sautereau geführte, offenbar für alle Mitarbeiter zugängliche Kantine mit Großküche.[113]

Der technische Studioausbau unter deutscher Leitung, mit dem im Dezember 1942 begonnen wurde, umfaßte, neben der Verkabelung und der Installation von Kontroll-, Verstärker- und Überwachungseinrichtungen, die zusätzliche Beschaffung von zwei Reportage-Kameras, die von Telefunken für die abgesagten Olympischen Spiele in Helsinki gebaut worden waren. Darüber hinaus gab die Radiodiffusion noch eine Kamera bei der Société Thomson-Houston in Auftrag, sowie einen Filmabtaster und zwei Kameras bei der CdC, die auch für den Umbau der beiden Telefunken-Reportage-Bildfänger für Studiozwecke sorgte.[114] Somit verfügte der Pariser Betrieb im Endausbau über insgesamt sieben Kameras und drei Filmgeber. Nach der Übernahme der bereits betriebenen Anlagen in der avenue Charles Floquet 1 nahm man schließlich im April 1943 den provisorischen Studiobetrieb in der rue de l'Université auf.[115]

Das vorläufige Kostenvolumen für das Projekt „Magic-City" belief sich zunächst auf 4.851.000 Francs[116] und wuchs im sogenannten Nachvertrag auf 13 Millionen Francs an; die exakte Höhe der Gesamtkosten wurde indes nie bekannt. Da sich die Radiodiffusion bald als säumiger Zahler entpuppte, mußten die fälligen Rechnungen bis auf weiteres von der deutschen Fernsehgesellschaft beglichen werden,[117] was einige devisenrechtliche Transferprobleme und damit weitere Verzögerungen bereitete.[118] Die Folge war, daß das Mißtrauen der Pariser Kleinbetriebe und Lieferanten gegenüber den „unsichere(n) Kantonisten"[119] aus der Reichshauptstadt mehr und mehr zunahm. Im Sommer 1943 erreichte deshalb das ehedem angespannte Verhältnis zwischen der RFG einerseits und den deutschen Propagandastellen sowie der Radiodiffusion andererseits seinen absoluten Tiefpunkt. In einem vertraulichen Bericht an die Berliner Zentrale vertrat der Oberbuchhalter der RFG, Otto Klein, die Ansicht, die Radiodiffusion sei überhaupt nicht an einer Bezahlung interessiert, als vielmehr daran, ihre Hausherrenrechte an den neuen Studios geltend zu machen. Lediglich deshalb gebe man vor, alles korrekt und pünktlich bezahlen zu wollen. In Wirklichkeit, so Klein weiter, habe die Gesellschaft noch nicht einmal die Kosten für den UKW-Sender beglichen. Als Drahtzieher dieser permanenten Verschleppung machte der Oberbuchhalter Kurt Hinzmann verantwortlich. Der Intendant habe die Radiodiffusion zu dieser Taktik angestachelt, „damit wir [die RFG] ausgebootet werden und er [Hinzmann] dann nur noch mit der RDN zu tun hat, die er, wenn er es für angezeigt hält, jedenfalls leichter los werden könnte als uns". Abschließend beklagte Otto Klein die mangelnde Präsenz durchsetzungskräftiger Vertreter der Reichspost in Paris, gerade zu einem Zeitpunkt, „wo sich die ganze Affäre gewissermassen im Endkampf befindet".[120] Was die Frage der Bezahlung anbelangte, so konnte die Radiodiffusion erst Mitte Oktober 1943, als der Programmbetrieb in dem ehemaligen Tanzlokal bereits seit mehreren Monaten lief, zur „Rückerstattung" der verauslagten Baugelder für Sender und Studio bewogen werden.

Während somit die Machtkämpfe zwischen Programm und Technik auf dem Pariser Nebenschauplatz eine neue Dimension erreichten, reagierte die Fernsehgesellschaft mit personellen Konsequenzen. Helmut Krätzer, der Leiter des Funkeinsatztrupps, mußte nach Beendigung der Aufbauarbeiten im März 1943[121] in die Spreestadt zurückkehren, weil er offenbar in den Verhandlungen mit französischen Stellen die nötige Härte und Durchsetzungskraft vermissen ließ, was von seinem Nachfolger Odilo Dollmann indirekt auch bestätigt wird.[122] Die militärische Führung des Funkeinsatztrupps hatte fortan Unteroffizier William Keiper inne, von Haus aus Chorleiter beim Reichssender Köln. Postrat Dollmann,[123] seit 1942 Träger des Kriegsverdienstkreuzes 2. Klasse am Bande, schien für die schwierige Pariser Aufgabe besser gerüstet als Krätzer. Er übernahm deshalb „nach Weisungen des Höheren Nachrichtenführers die technische Betreuung des Fernsehsenders"[124] sowie Verwaltungs- und Nachschubfragen. Postminister Ohnesorge informierte am 20. Mai 1943 die Wehrmacht von dem „Sonderauftrag" Dollmanns, der, so Ohnesorge mit Nachdruck, künftig dem HNF für alle fernsehtechnischen Fragen beratend zur Verfügung stehe.[125] Vor seiner Abkommandierung nach Paris war Ingenieur Dollmann beim Fernamt Berlin für Kabel- und Senderfragen zuständig.[126]

Der von vornherein größer als das Berliner Fernsehen dimensionierte Betrieb in Paris begann nach einer kurzen Vorbereitungszeit am 7. Mai 1943 mit der regelmäßigen

Ausstrahlung von Filmprogrammen. Mit ersten Direktsendungen startete man im Anschluß an die endgültige Fertigstellung des Großraumstudios „Magic-City" im Juli 1943. Die neuen Studioanlagen wurden indes insgesamt viermal mit ein- und demselben Programm eingeweiht, weil, so teilte später die Direktion mit, „der Saal für alle zu berücksichtigenden Gäste zu klein war".[127] Gleichwohl spiegelt das zu den verschiedenen Sendungen eingeladene Publikum die Prioritäten der deutschen Besatzungsmacht wider. So fand die erste Zeremonie ausschließlich für Mitarbeiter der Propagandaabteilung Frankreich statt; die Darbietungen leitete Schmidtke höchstpersönlich mit Begrüßungs- und Eröffnungsworten ein. Daraufhin kam die eigentliche Zielgruppe des Fernsehens zu ihrem Recht, nämlich die ausgehfähigen deutschen Verwundeten. Als nächstes erwies Hinzmann den „Gäste(n) des Kommandanten von Gross-Paris"[128] seine Reverenz. Erst am 30. September 1943 beschloß das Fernsehen seinen Eröffnungsmarathon. Jetzt allerdings mit einer Veranstaltung, an der neben französischen Künstlern und Rundfunkvertretern auch der Vichy-Minister Louis Hautecoeur (Secrétaire-Général des Beaux Arts) zugelassen war.[129] Im Vorfeld hatte man es dem obersten Repräsentanten der Radiodiffusion im Haus, Stéphane Mallein, großzügig überlassen, die Gästeliste zusammenzustellen. Obwohl in den Darstellungen über das deutsch-französische Fernsehen durchweg der 30. September1943 als offizielles Datum der Eröffnung des „Magic-City"-Programmdienstes genannt wird,[130] fanden die ersten drei Veranstaltungen mit ausschließlich deutscher Beteiligung in den Wochen zuvor statt,[131] wobei allerdings die genauen Sendetermine nicht mehr zu ermitteln waren.

Das Hausherrenrecht über Studios und Anlagen der Radiodiffusion maßten sich also Propagandaabteilung und Höherer Nachrichtenführer zu gleichen Teilen an. Da sich in den deutschen Reihen weder genügend Kameraleute, Studiotechniker noch Beleuchter oder Programmitarbeiter befanden, rekrutierte man nach und nach einen bunt zusammengewürfelten Mitarbeiterstab aus zuletzt insgesamt zwanzig Nationen. An erster Stelle natürlich die im Schmelztiegel Paris stationierten deutschen Soldaten und jene Franzosen, die über etwas Fernseherfahrung aus der Vorkriegszeit verfügten oder in der Propagandaabteilung tätig waren; aber auch gut Deutsch sprechende Rumänen, Polen, Tschechen, Ungarn, Serbokroaten, Italiener, Spanier, Belgier oder Schweizer. Die leitenden Funktionen nahmen freilich durchweg deutsche Mitarbeiter ein. Neben Intendant[132] Kurt Hinzmann – der im übrigen am 22. Januar 1943 die Propagandaabteilung mit Fernsehfilmen und einem Vortrag auf das neue Medium eingestimmt hatte[133] – fungierte der am 6. November 1943 zum Gefreiten erhobene Fernsehregisseur und -autor Peter A. Horn als Programmleiter; er inszenierte schon im Juli sein erstes Fernsehspiel und übernahm in der Folge auch größere Rollen.[134] Mit Hugues Nonn (Oberspielleiter),[135] dem Belgier Léon Smet und dem Franzosen Marcel Kaps verfügte er zeitweise über drei Regisseure; letzterer mußte allerdings wegen seines jüdischen Glaubens und seiner betont anglophilen Haltung schon bald den Fernsehsender verlassen.

Leitende Verwaltungsaufgaben nahm hingegen der Gefreite Köcher wahr, während Leutnant Richard Schenk für Personal und Soziales, die Französin Colette Bourdier für Honorare und Lizenzen verantwortlich zeichneten. Als Sekretärin der Direktion war die

Stabshelferin Lutetia Jansen tätig. Schon in der avenue Charles Floquet unterstand das Besetzungsbüro Suzanne Bridoux, die sich seit Anfang der dreißiger Jahre bei der Compagnie des Compteurs mit den Möglichkeiten des Fernsehens vertraut gemacht hatte. Für die Moderation aktueller Sendungen zog man die beiden Stabshelferinnen Mia Arzt und Elena Gerhardt heran. Das Pendant zu Rio Gebhardt hieß in Paris William Keiper, der in einer Doppelfunktion als musikalischer Leiter beim Fernsehen und militärischer Führer des Funkeinsatztrupps fungierte. Ihm unterstand als Chef d'Orchestre (Kapellmeister) der Franzose Pierre Cadel mit einem ständigen Orchester aus 24 Musikern, das auf einem verschiebbaren Podium links von der Bühne postiert war. Zu den professionellen Solisten, die ihren Beruf bis dahin entweder im Orchestre National oder in der Opéra-Comique ausgeübt hatten,[136] gehörten beispielsweise der Pianist Julien Mirande, die beiden Geiger Pépito Sanchez und André Pinon oder der Gitarrenspieler Henry Legay.

Während Robert Ruth die Filmkopierabteilung leitete, Marc Chauvierre als „Einsatzleiter Film und Technik" nach Berliner Muster einen Reportagedienst mit einem Filmkameramann (Evdokimov) und einem Reporter (André Lebret) aufbaute,[137] übernahm der 1938 vor den Nazis in die Schweiz emigrierte Joane Langenegger (d.i. Kurt Gunz) die Funktion eines Dolmetschers und Pressereferenten. Da die Programme sowohl in deutscher als auch in französischer Sprache angekündigt wurden – die beiden Ansagerinnen saßen dabei Seite an Seite vor der Kamera –, verfügte der Sender zeitweise über vier Ansagerinnen, die bisweilen auch schauspielerten. Als leitende Ansagerin für Französisch trat Renée Devé auf, unterstützt von Jacqueline Proult und der Rumänin Yvonne Pauceanu. Gelegentlich sprang auch eine junge Tschechin namens Raiss ein. Als Hannes Küpper mit seinem KdF-Theater kurzzeitig in Paris gastierte, half die Schauspielerin Charlotte Radspieler im Sender aus.

Die Programme wurden zum einen von französischen Künstlern wie Michèle Dorlan, Suzy Solidor, Serge Lifar, Jacques Dufilho oder Gilbert Larriaga getragen, aber auch von den zahlreichen internationalen Artisten, Tänzern und Akrobaten, die durch den Krieg in der Seine-Metropole hängengeblieben waren. Die Programmacher des Fernsehsenders konnten dabei aus dem Vollen schöpfen, gehörte es doch zu den ersten Zielen der Deutschen nach dem Beginn der Besatzung, auf kulturellem Gebiet in der Hauptstadt so rasch wie möglich wieder Normalität herzustellen. Ganz oben auf der Prioritätenliste stand deshalb die Wiedereröffnung der Theater und möglichst vieler Unterhaltungsbetriebe. Bereits Ende 1940 hatten 34 Theater, 14 Varietés, zwei Zirkusse, sechs Kabaretts und etwa 30 Kinos ihren Betrieb wieder aufgenommen. Sie unterstanden mehr oder weniger der Kontrolle deutscher Behörden und kooperierten meist umfassend mit diesen, um nicht geschlossen zu werden.[138] Vor allem Mitglieder der Opéra-Comique, der Comédie Francaise, der Opéra oder der Music-Hall traten 1943/44 häufig im Fernsehen auf. Andererseits griff man auf deutsche Militärkapellen, HJ-Gruppen und fernseherfahrene Künstler wie Peter Igelhoff zurück, die sich zur Truppenbetreuung im besetzten Frankreich aufhielten,[139] und denen jede gewerbsmäßige Tätigkeit strengstens untersagt war.[140]

An Zuschauern, die vor Ort die Programme auf der großen Varieté-Bühne verfolgten, herrschte ebenfalls kein Mangel. Während die Zahl der deutschen Militärs, eingesetzt in den nicht mehr zu übersehenden Dienststellen der vergnügungssüchtigen und laxen Stadt, für 1944 auf etwa 50.000 geschätzt wird,[141] entspannte sich während der Besatzung eine rege Reisetätigkeit. Nach der Devise: „Jeder Deutsche einmal in Paris"[142] ließen sich bekannte Persönlichkeiten oder hochrangige deutsche Offiziere, die an der Seine rekonvaleszierten, in den separaten Logen des ehemaligen Tanzlokals ebenso vom Krieg ablenken, wie leitende Vertreter des NS-Rundfunks[143] und der Reichspost.[144]

Zum festen und häufig beschäftigten Darstellerstamm zählten beim Fernsehen Véra Maxime, Stella Textor und – seit Dezember 1943 – der damals 29jährige Schauspieler Mario Lippert, der unter dem Künstlernamen Howard Vernon zweisprachig auftrat und gelegentlich auch moderierte oder Vorlagen für Fernsehspiele übersetzte. Maskenbildner, Garderobieren, Dekorateure und Bühnenbildner wie Antoinette Carton, Antoinette Nussberger, Roger Boussinot, Bonanomi oder Mestermann unterstanden ebenfalls der Propagandaabteilung. Insgesamt sollen in der Hochzeit des Fernsehsenders Paris schätzungsweise 120 Mitarbeiter für das Programm[145] und 61 zumeist einheimische Kräfte für den Funkeinsatztrupp gearbeitet haben, „die nach den für Frankreich geltenden Richtlinien (...) behandelt werden".[146] Die Radiodiffusion stellte dabei neben dem Bedienungspersonal für die Eiffelturm-Sender den kompletten Arbeitsstab, „der die Beleuchtung im Studio betreut und zur Bedienung der Tonanlagen von uns [dem Funkeinsatztrupp] grosszügigerweise beigezogen wird".[147]

Ob allerdings Kameramänner wie Michel Wakévitch dem Programm oder der Technik zugeordnet waren, bleibt aufgrund der Quellenlage unklar. Sicher ist jedoch, daß die Post bei dieser heftig umkämpften Frage in Paris kurz vor einer herben Niederlage stand. Nach wiederholten Interventionen der Programmseite beim Militärbefehlshaber stand nämlich im Sommer 1944 eine Verfügung kurz vor dem Abschluß, wonach „das für die Führung der Kameras erforderliche Fachpersonal in Paris der Propaganda unterstellt wird".[148] Zwar begrüßte das Postministerium Anfang Juni eine generelle und abschließende Regelung der französischen Fernsehkompetenzen. Was allerdings die innerbetriebliche Zuordnung des Kamerapersonals anbelangte, so beharrte man standhaft auf den „für das Deutsche Reich geltenden Grundsätzen".[149] Ob und in welcher endgültigen Form diese Verfügung der Besatzungsverwaltung noch wenige Wochen vor dem Abzug der Wehrmacht zur praktischen Anwendung kam, muß ebenfalls ungeklärt bleiben.

Die nicht näher bezifferten Kosten für Programm,[150] Personal und Technik des Fernsehsenders Paris übernahmen die Reichspost-Fernsehgesellschaft (mit Ausnahme der Radiodiffusion-Gehälter) auf der einen, Propagandaabteilung und Wehrmachtkommandantur Paris auf der anderen Seite. Zu Lasten der beiden letztgenannten Ämter ging außerdem die Bezahlung der gestellten Fernsehempfänger. Das Programm soll von 200 Lazarett-Empfängern in Paris und Umgebung, in einem Fernsehtheater und von mehreren hundert Privatgeräten empfangen worden sein.[151] Der Fernsehsender Eiffelturm verfügte dabei über eineReichweite von rund 70 Kilometern. Die deutsch-französischen

Programme konnten jedoch mit einer Spezialantenne auch an der englischen Kanalküste empfangen werden. Unter dem militärischen Kommando von George Kelsey betrieben dort – genauer gesagt auf den Klippen des über 240 Kilometer von Paris entfernten Beachy Head in der Grafschaft Sussex – Techniker der Nachrichteneinheit 60 (!) eine Radar-Überwachungsstation, die im November 1942 von der Gesellschaft EMI Television mit einer leistungsstarken Antenne für den Fernsehempfang ausgerüstet wurde. Erklärtes Ziel der britischen Aktion war es, anhand der empfangenen Wochenschauen Auskunft über die „Trefferquote" der Royal Air Force in Deutschland und dem besetzten Frankreich zu erhalten.[152] Nach Angaben von Odilo Dollmann gehörte es bei der Pariser Technik von Anfang an zu den offenen Geheimnissen, daß die Briten bis zur Einstellung des Programmbetriebs im August 1944 Fernsehsendungen „anzapften", um Erkenntnisse über die Kriegsmoral des Gegners zu gewinnen. Von Bildern über zerstörte Wohngebiete abgesehen, zeigte das in Berlin zensierte, jedermann zugängliche Wochenschau-Material ehedem nie das ganze Ausmaß der Verwüstungen. Versuche auf deutscher Seite, die Aktion zu stören, unternahm man schon deshalb nicht, weil allein die Existenz des Fernsehens in Paris ein schlagender Beweis für die gute Verfassung Nazi-Deutschlands darstellte.[153]

7.5. Krieg als Unterhaltung
Programme im Schatten der Niederlage

Weder inhaltliche Tendenzen noch die genauen Sendezeiten des deutsch-französischen Okkupationsfernsehens in Paris lassen sich lückenlos rekonstruieren, weil lediglich für die letzten sieben Wochen des Betriebs (2. 7.-16. 8. 1944) gesicherte Programmausdrucke vorliegen. Selbst Hinweise auf die bloße Existenz des Senders sind im zeitgenössischen Schrifttum so gut wie nicht zu finden. Bevor dennoch versucht werden soll, für die Endphase des Dienstes die inhaltliche Seite etwas näher zu beleuchten, ist zunächst zu fragen, ob der Radiodiffusion bei der Programmgestaltung ein Mitspracherecht eingeräumt wurde oder nicht. In den ersten mündlichen Besprechungen über die Errichtung eines Fernsehprogrammbetriebs beharrte man deutscherseits, aus verständlichen Gründen, auf einer ausschließlichen Betreuung der in den Lazaretten untergebrachten deutschen Verwundeten, „waehrend von franzoesischer Seite ein allgemeines Fernsehprogramm gesendet werden sollte".[154] Trotz divergierender Auffassungen über die inhaltliche Linie einigte man sich zunächst auf eine gemeinsame Ausbeutung der vorhandenen Fernseheinrichtungen – sowohl in technischer als auch in programmlicher Hinsicht.[155] Die den französischen Vertretern vorab zugebilligte inhaltliche Partizipation erwies sich aber schon bald als Lippenbekenntnis; an den später regelmäßig abgehaltenen Programmsitzungen im Hôtel Majestic nahmen keine Franzosen teil. Von der Botschaft auf entsprechende Zugeständnisse in dieser Frage hingewiesen, erwiderte die deutsche Leitung des Senders im Dezember 1943 apodiktisch: „[Zur] Zeit arbeitet der Fernsehsender Paris ausschliesslich für die Betreuung der Verwundeten in den deutschen

Lazaretten; das ist eine rein deutsche Aufgabe."[156] Die Radiodiffusion ging indes daran, die praktische Umsetzung dieser „rein deutschen Aufgabe" nach Kräften zu behindern. Während sie den Fernsehstart verzögerte, in ihrem früheren Labor in der rue de Grenelle „insgeheim ein Aufnahmeverfahren mit der englischen Zeilenzahl"[157] betrieb, was die deutschen Stellen eine „flagrante und freche Verletzung des Fernsehabkommens" nannten,[158] verlegte sich das Studiopersonal der RDN nach Sendebeginn auf Attentismus und eine unterschwellig betriebene Störung des Programmbetriebs:

„[Trotz] monatelanger Zusammenarbeit mit den Angestellten der Radiodiffusion, denen jede Gelegenheit zu lernen gegeben worden ist, müssen wir [die technische Leitung, K. W.] feststellen, dass ihre Leistungen nicht so sind, dass sie schon selbständig ein Programm ausführen könnten. Die Beleuchtung der Bühnenbilder – eine Aufgabe der Radiodiffusion – ist trotz unermüdlicher und geduldiger Schulung immer noch mangelhaft und fehlerhaft. Und die Tonregelung, die wir der Radiodiffusion teilweise übertrugen, gibt dauernd zu Klagen Anlass; es gibt kaum einen Sendungsrapport, der nicht über mindestens eine Tonpanne berichtet. Während die französischen Mitarbeiter sowohl der Propaganda-Abteilung Frankreich als auch des Funkeinsatztrupps heute bereits diszipliniert arbeiten können, lassen die Angestellten der Radiodiffusion immer noch eine straffe Führung und sorgfältige Diensteinteilung vermissen."[159]

Aus den wenigen Programmunterlagen geht hervor, daß die tägliche Sendezeit des UKW-Ton- und Bildsenders Eiffelturm insgesamt 14 $^{1}/_{4}$ Stunden betrug, genauer gesagt von 10.00 Uhr vormittags bis kurz nach Mitternacht (0.15 Uhr). Ein durchgehend ausgestrahltes Fernsehprogramm in dieser Größenordnung wäre freilich unter den herrschenden Bedingungen illusorisch gewesen. Die beachtliche Auslastung des Senders resultierte vielmehr aus einer Auflage der Propagandastellen, neben Fernsehen auch die empfangenen deutschen Reichssender über den Eiffelturm zu verbreiten. Während somit das audiovisuelle Medium täglich nur rund dreieinhalb bis vier Stunden Programm produzierte, deckte man die restliche Sendezeit mit reinen Radioproduktionen zumeist des Deutschlandsenders ab. Teils wurden aber auch französische Propagandabeiträge von Radio Paris übernommen, teils die reinen Tonsendungen aus angelieferten Schallaufnahmen zusammengestellt.

Das Fernsehprogramm wiederum spaltete sich nach Berliner Muster auf in einen Filmteil sowie in einen von unmittelbaren Programmen dominierten Block am Abend: Täglich von 10.00 Uhr bis 12.00 Uhr brachte man die *Wochenschau*, ergänzt durch ungekürzte deutsche Spiel- und Kulturfilme. Von 20.30 Uhr bis 22.00 Uhr folgte ein reguläres Abendprogramm, das regelmäßig durch den 15 bis 20minütigen Beitrag *Aus dem Zeitgeschehen* (8. 7. 1943) eröffnet wurde; die *Wochenschau* zeigte man häufig am Abend noch einmal.[160] Dazwischen lag ein monolitisches Radioprogramm von etwa acht Stunden, das nach den abendlichen Fernsehbeiträgen wieder aufgenommen und bis kurz nach Mitternacht fortgesetzt wurde. Einige Monate vor dem Ende der Besatzung, wahrscheinlich schon zum 1. Januar 1944, kürzte man die Gesamtsendezeit sonntags, dienstags und freitags um zwei auf 12 ¹/₄ Stunden, während der tägliche Anteil des Fernsehprogramms erhalten blieb, nicht jedoch die zeitliche Plazierung. Als Konsequenz verschob man nämlich an diesen drei Tagen den ersten Fernsehblock in den Nachmittag (15.00 bis 17.00 Uhr); er enthielt jetzt nicht nur wie bisher Konserven-, sondern auch unmittelbare Programme aus dem Studio. Somit ergab sich – am Beispiel der 27. Programmwoche vom 2. bis 8. Juli 1944 – folgendes Sendeschema:[161]

Sonntag	Montag	Dienstag	Mittwoch	Donnerstag	Freitag	Samstag
	Fernsehen 10.00-12.00		Fernsehen 10.00-12.00	Fernsehen 10.00-12.00		Fernsehen 10.00-12.00
Rundfunk 12.00-15.00	Rundfunk 12.00-20.30	Rundfunk 12.00-15.00	Rundfunk 12.00-20.30	Rundfunk 12.00-20.30	Rundfunk 12.00-15.00	Rundfunk 12.00-20.30
Fernsehen 15.00-17.00		Fernsehen 15.00-17.00			Fernsehen 15.00-17.00	
Rundfunk 17.00-20.30		Rundfunk 17.00-20.30			Rundfunk 17.00-20.30	
Fernsehen 20.30-22.00	Fernsehen 20.30-22.00	Fernsehen 20.30-22.00	Fernsehen 20.30-22.00	Fernsehen 20.30-22.00	Fernsehen 20.30-22.00	Fernsehen 20.30-22.00
Rundfunk 22.00-0.15	Rundfunk 22.00-0.15	Rundfunk 22.00-0.15	Rundfunk 22.00-0.15	Rundfunk 22.00-0.15	Rundfunk 22.00-0.15	Rundfunk 22.00-0.15

Am 16. Juli 1944, also genau einen Monat vor Einstellung der Programme, änderte sich das Sendeschema zum letzten Mal dahingehend, daß zwar die Gesamtsendezeit konstant blieb, der Anteil der Fernsehsendungen jedoch zugunsten des Abendprogramms (jetzt 20.15 Uhr bis 23.30 Uhr) auf täglich 5 ¹/₄ Stunden erweitert, der Anteil der reinen Tonsendungen entsprechend gekürzt wurde.

Nachdem das Berliner Pendant spätestens von Februar 1942 an dem Zerstreuungs- und Ablenkungsbedürfnis der Soldaten Rechnung trug, dominierten auch im Pariser Programm der Monate Juli und August 1944 leichte Fernsehspiele, Sport-, Varieté-, Akrobatik- oder Musikbeiträge, Spiel- und Kulturfilme unterschiedlichster Art und Provenienz. Gleichwohl wollte man auch in der Seine-Metropole – zumindest anfangs – auf Ideologisches nicht verzichten. Eher im Gegenteil: Die Propagandaabteilung wünsche mit Recht, faßte ein Botschaftsvertreter im April 1942 die Absichten der Deutschen zusammen, nicht nur Truppenbetreuung über den Fernsehsender zu betreiben, sondern auch „französische Propaganda". Offenbar mit Blick auf die Widerstandsbewegung in den Randbezirken hatte man in Vorgesprächen „großen Wert" auf den zweiten Aspekt gelegt. Auch die Botschaft war der Ansicht, es lohne sich durchaus, den leistungsstarken Sender auf den „Roten Gürtel" von Paris „propagandistisch anzusetzen".[162] Möglichkeiten für manifeste Propaganda boten hier neben der Wochenschau (in den Pariser Kinos durften sogar die Lichter im Zuschauerraum nicht gelöscht werden, um feindseligen Reaktionen des Publikums vorzubeugen[163]) zahlreiche Kurz- und Dokumentarfilme sowie Jubelbeiträge der Propagandakompanien, die Hinzmann über den Berliner Betrieb beschaffen ließ. Später kam zwar auch französisches Filmmaterial hinzu, das nach Angaben von Peter A. Horn gemeinsam mit den französischen Mitarbeitern ausgewählt wurde.[164] In Anbetracht des großen Einflusses des Films auf die Meinungsbildung und die Stimmung in der Bevölkerung unterlag jedoch auch das gesamte französische Filmwesen der Zensur deutscher Propagandastellen.[165]

Hingegen schwenkte man mit Fortdauer des Krieges immer mehr auf Unterhaltung um. Die in Berlin üblichen Gespräche mit hochdekorierten Ritterkreuzträgern aller Waffengattungen lassen sich in den letzten Pariser Programmwochen ebensowenig feststellen wie illustrierte Wehrmachtsberichte oder plakative Schlachtenerzählungen aus fernen Ländern. Allerdings wirkte die Wochenschau in gewissem Maße kompensatorisch, weil diese – im Gegensatz zur Reichshauptstadt – in der Seine-Metropole bis zuletzt nicht zweimal wöchentlich, sondern sogar zweimal täglich ausgestrahlt wurde.

Bei den Eigenproduktionen wiederum unterschieden die deutschen Programmmacher zwischen vier verschiedenen Typen von Sendungen: das Fernsehtheater, das Fernsehspiel, der Fernsehfilm und das Zeitgeschehen. Programmleiter Horn schrieb im Sommer 1943 kurz vor Inbetriebnahme des „Magic-City"-Studios an seine Mitarbeiter, das Fernsehtheater sei zweifellos bei den Pariser Beschäftigten am besten bekannt. Darunter verstehe man Sendungen vor Publikum („Variété, Kabarett, Zirkus"), die auf der großen Bühne „abrollen" und dabei von verschiedenen Kameras aufgenommen würden. Während zwei bis drei Kameras unmittelbar vor der Rampe die Details „abfahren", so Horn, seien andere Kameras unbeweglich aufgebaut. Beispielsweise stehe eine auf der Beleuchterbrücke und erfasse die Bühne „total aus der Vogelschau". Eine zweite, die sogenannte Super-Kamera, sei ausgestattet mit einem Teleobjektiv und könne deshalb – „wie ein gutes Fernglas" – im Zuschauerraum jeden Punkt beliebig nah heranholen. Über die Probenarbeit, das Verhalten der Kameramänner während der Übertragung sowie über den Ablauf einer „Fernsehtheater"-Sendung ergänzte Horn ausführlich:

„Die Darbietungen rollen wie ein reguläres Variété-Programm ab. Dazu ist meist nur eine Verständigungsprobe erforderlich, der die Kameramänner als Zuschauer beiwohnen, um die einzelnen Nummern genau kennenzulernen und sich einen ‚Fahrplan' zu machen. Die Kameramänner dieser Sendungen sind erprobte und selbständig arbeitende Fachleute. Für diesen Sendungstyp am wichtigsten ist der Bildmischer, der ebenfalls der Verständigungsprobe als Zuschauer beiwohnt, um sich schon einen genauen Bildmischplan zurechtlegen zu können. Die Kameramänner arbeiten während der Sendung so unauffällig, dass die Zuschauer im Saal kaum etwas davon merken und im Genuss der Darbietungen auf der Bühne nicht gestört werden. Der Fernsehempfänger hat auch durchaus den Eindruck, einer Theatervorstellung beizuwohnen. Bei dieser Gelegenheit möchte ich eine Beobachtung einschalten, die ich hier gemacht habe: hier wird noch viel zu oft das Bild gewechselt, zumal während einzelner Nummern. Es ist nicht gut, einen Trick (z.B. die Arbeit eines Jongleurs) immerfort abwechselnd bald von der einen, bald von der anderen Kamera auf den Sender zu geben. Dadurch verliert häufig der Trick an Spannung. Der Zuschauer möchte sich auf den Trick konzentrieren können; ich darf ihn also nicht zwingen, immerfort mit der Kamera den Beobachterstandpunkt zu wechseln. Was bei der Wiedergabe einer Tanzdarbietung ausgezeichnet ist, kann die Sendung eines artistischen Tricks schon gefährden."[166]

Zur Kategorie des Fernsehtheaters zählten indes Sendungen mit Titeln, die ähnlich klingend schon 1940/41 in Berlin verwandt wurden: *Franzosen spielen für Deutsche* (3.7.1944)[167] oder *Soldaten spielen für Soldaten* (19.7.1944), ergänzt durch den Zusatz „Musiker und Artisten im grauen Rock unterhalten ihre Kameraden". Ebenso häufig im Programm waren Beiträge wie *Variete* (4.7.1944) oder *Die große Variete-Schau des Fernsehsenders* (18.7.1944), eine Produktion, die „europäische Spitzenleistungen" vor Publikum versprach und jeweils nachmittags von 15.00 bis 16.15 Uhr einen festen Sendeplatz hatte. Unterhaltung mit Seriencharakter bot hingegen das *Fernsehmagazin* (8.7.1944), eine „Bunte Variete- und Kabarett-Revue", die man bis zur Einstellung des Programmbetriebs in elf „Folgen" ausstrahlte. Während bei solchen Produktionen zumeist ein buntes Sammelsurium von Künstlern aufgeboten wurde, versuchte man an anderer Stelle eine thematische Konzentration. Dazu zählten Beiträge wie *Ein Sommernachtstraum* (9.7.1944) oder *50 Jahre Olympische Spiele* (25.7.1944), mit dem kuriosen Untertitel „Die Geschichte der Olympischen Spiele und ihre Auswirkungen auf das Variete".

Als zweite mediale Programmgattung erläuterte Peter A. Horn seinen Mitarbeitern das Fernsehspiel, „welches nie vor Publikum aufgeführt wird". Da bei dieser Form eine möglichst vollkommene Einheit zwischen Bild und Ton, zwischen Darstellern und Kamera erzielt werden müsse, könne nichts dem Zufall überlassen bleiben, faßte Horn im Sommer 1943 seine Berliner Erfahrungen zusammen. Die Einstudierung eines großen Fernsehspiel erfordere deshalb auch mindestens vier bis sechs Wochen. Dafür werde eine derartige Sendung auch zehn- bis fünfzehnmal wiederholt, „damit sie rentabel ist". Die wichtigste Voraussetzung für eine gute Inszenierung war nach Horns Meinung das Spielbuch. Es enthalte nicht nur alle sendetechnischen Vorgänge, es müsse auch dramaturgisch „hieb- und stichfest" sein. Dabei sei vor allem eines zu beachten: „Das Fernseh-Publikum sitzt zuhause inmitten seiner alltäglichen Sorgen und Gewohnheiten. Es kann (...) in jeder Sekunde die Sendung abschalten. Es ist also erforderlich, dieses Publikum in jeder Sekunde zu interessieren und zu spannen."[168] Daraus ergab sich für den Programmleiter die Forderung nach mehreren Schauplätzen, kurzen Dialogen, einer einfachen Handlung mit maximal acht Darstellern sowie einer Spieldauer von etwa 50 Minuten. Im Gegensatz zum Theater müsse man beim Fernsehspiel die „einfachste Erzählertechnik" bevorzugen, denn „nicht das Nebeneinander, sondern das Nacheinander führt zur Wirkung".

Als bereichernde „Hilfsmittel" des Fernsehspiels bezeichnete Horn Diapositive, Modellbauten und kurze Filmsequenzen. Bei letzteren könne es sich etwa um Stadt- oder Landschaftsaufnahmen handeln, aber auch um kleine Spielszenen auf der Straße oder im Garten. Die Filmeinblendung ermögliche den Wechsel der Dekorationen und Requisiten im Studio und gebe den Schauspielern Zeit, sich umzukleiden, meinte Horn, der aber zugleich für einen sparsamen Einsatz solcher Mittel plädierte. Einblendungen dürften deshalb nicht zu lang und vor allen „nicht zu bedeutend" sein, weil dadurch zu große Sprünge entstünden und der Schauspieler bei der dynamischen Gestaltung seiner Rolle behindert werde. Im schönen Ehrgeiz, die Technik virtuos zu beherrschen, tue man leicht des Guten zuviel. Niemals dürfe man aber den technischen Apparat bei der szenischen Umsetzung spüren. Der Zuschauer sei kein Fachmann, er suche im Fernseh- spiel nicht die technische Brillanz, sondern dasselbe, was er im Theater und im Film suche: das Erlebnis. Also müsse das Medium, so Horn abschließend, bei allem Können und technischem Fortschritt „naiv bleiben. Naiv wie die Zuschauer."[169]

Beim aufwendigen Fernsehspiel spiegelt sich indes die Leistungsfähigkeit des Pariser Programmbetriebs besonders deutlich wider. Dies aus zwei Gründen: Zum einen konn- te man generell über weite Strecken ungestörter arbeiten als in der Reichshauptstadt, weil Paris lange Zeit von systematischen Bombenangriffen verschont blieb. Andererseits verfügte der Sender hinsichtlich seiner Werkstätten über eine bessere räumliche, materi- elle und personelle Ausstattung als der Berliner Betrieb. Deshalb konnte man schon recht bald einen vielseitig verwendbaren Dekorationsfundus auf die Beine stellen, der schnelle Auf- und Umbauten ermöglichte. Er bestand aus universell einsetzbaren Grundelementen und zahlreichen Versatzstücken wie Türen, Säulen, Bögen, Gesimsen, Treppen usw. Außerdem gelang in Paris, was beim Nipkow-Sender offenbar noch nicht möglich war: die Herstellung von Miniaturmodellen und deren Einblendung via Film, was erstmals bei der Adaption von Jean Racines Tragödie *Phèdre* überzeugend glückte. Somit mag es nicht verwundern, daß der Sender vom 2. Juli bis zum 16. August 1944 allein 19 Stücke zur Erstsendung bringen konnte. Dabei griff Peter A. Horn keineswegs auf abgelegte Manuskripte von bereits in Berlin inszenierten Spielen zurück, sondern war durchaus bemüht, ein Kontrastprogramm zu bringen und zugleich die landeseigene Literaturproduktion verstärkt einzubeziehen. Insbesondere favorisierte und bearbeitete er Werke französischer Dramatiker und Schriftsteller des 19. Jahrhunderts: Alfred de Mussets *Geschenk einer Stunde* (14. 7. 1944) und *Eine Tür muß offen oder geschlossen sein* (27. 7. 1944), *Schloß Fontainebleau* (16. 7. 1944) und *Die Angst* (13. 8. 1944) nach Alfred Vigny. Neben solchen anspruchsvolleren Produktionen räumte man den Lust- spielen reichlich Sendeplatz ein, wobei gelegentlich auch eigene Mitarbeiter zur Feder griffen: von Elena Ferber wurde erstmals am 15. 7. 1944 die Komödie *Drei auf hoher See* gezeigt, von Hugues Nonn ein „heiteres Spiel um die Kunst des Varietes" (*Theodora hat eingeladen*; 26. 7. 1944), außerdem *Gloria sucht einen Mann* (2. 7. 1944), Ott Hermanns *Das ganz große Bild* (16. 7. 1944), *Ideen-Vertriebs-A.G.* (21. 7. 1944) von Ghéri sowie William Keipers „Tanzspiel" *Das gefährliche Abenteuer* (11. 7. 1944).

Obwohl die deutschsprachigen Inszenierungen klar überwogen, gab es beim Fernsehspiel hinsichtlich Besetzung und Sprache unterschiedliche Variationen. Zum einen inszenierte man etwa 50minütige Stücke, die im Rahmen der sogenannten „Französischen Stunde" ausschließlich in der Landessprache gesendet wurden, und zwar etwa einmal wöchentlich: das Lustspiel *Un jeune homme pressé* (10.7.1944) von Eugène Labiche, Serge Andremonts *La vie est ainsi faite* (10.8.1944), *L'Aveu difficile* (7.7.1944) oder die Komödie *Les grands garcons* (16.8.1944) von Géraldy. Andererseits wurden Stücke – in gleicher Länge – zunächst von deutschen (*Ich bin Agnes*, 5.7.1944), im Anschluß daran von französischen Darstellern gespielt (*Je suis Agnès*). Bei Henri Régniers Schwank *Im Warenhaus: Abteilung Aquarium* (17.7.1944) agierten wiederum französische Schauspieler in deutscher Sprache.

Vor allem anspruchsvolle Adaptionen, wie Goethes *Die Geschwister* (12.7.1944), Spiele nach Vorlagen des fernseherfahrenen George Bernard Shaw:[170] das Napoléon-Drama *Der Schlachtenlenker* (2.8.1944) oder die Komödie um Shakespeare (*Die schwarze Dame*, 23.7.1944), interessierten vor allem die geistige und kulturelle Öffentlichkeit der Seine-Metropole. Vertreter von Bühne und Film, zumal die deutschfreundlichen, verfolgten fasziniert die Proben und witterten neue Verwertungs- und Beschäftigungsmöglichkeiten. Unter den Zaungästen befanden sich etwa der Schauspieler Jean Marais, der Autor Sacha Guitry, der Theaterregisseur Jean Louis Barrault oder der Schriftsteller, Regisseur und Arno-Breker-Freund Jean Cocteau. Letzterer inszenierte während der Besatzung mit Unterstützung vom Kulturreferat der Propagandaabteilung zahlreiche deutsche Werke, darunter Kleists *Prinz von Homburg*.[171] Auch Jean-Paul Sartre soll mit Horn über die Zukunft des Fernsehens diskutiert haben.[172] Abel Gance wiederum, der große Filmregisseur, nannte die Arbeitsmethoden beim Fernsehspiel „une révolution". Der deutschsprechende Schriftsteller und Politiker Jean Giraudoux erkundigte sich bei Horn über Planungsprobleme, die aus der Zweisprachigkeit resultierten, und bezeichnete den Fernsehsender am Ende seiner Visite pathetisch als „eine Insel des Friedens in einem Weltmeer des Wahnsinns".[173]

Hinsichtlich Besetzung und Themenauswahl beim Fernsehspiel galten freilich die allgemeinen Zensurgesetzte des französischen Kulturbetriebs. Jüdische Schauspieler und Autoren waren nicht nur per Dekret vom 6. Juni 1942 aus den Theatern und sonstigen Unterhaltungsbetrieben verbannt.[174] Während der gesamten Besatzungszeit nahmen die Deutschen auch alle Stücke, die Pariser Theater spielen sollten, sorgfältig und bis ins kleinste Detail unter die Lupe. Dabei zensierte die Propagandaabteilung meist unter zwei Aspekten: Erstens reagierte sie empfindlich auf Passagen, die bei den Franzosen patriotische Gefühle wecken konnten; zweitens unterdrückte sie sämtliche Bemerkungen, die als Verhöhnung der aktuellen Lage deutbar waren. Darüber hinaus strich man alle Anspielungen auf England und englische Verhältnisse – sofern sie nicht abwerteten; ähnlich erging es latenten Hinweisen auf Deutschland.[175]

Die Notwendigkeit des Fernsehens, eigene Filme zu produzieren, begründete Peter A. Horn Mitte 1943 gegenüber seinen Mitarbeitern wie folgt: Zum einen eigneten sich die für das Kino gedrehten Kulturfilme häufig nicht für die Fernsehübertragung. Andererseits benötige ein voll ausgelasteter Fernsehbetrieb, ähnlich wie der Rundfunk, „seine Schallplatte"; mit anderen Worten: fertiges Filmmaterial, das den Studiobetrieb entlasten und bei technischen Störungen „eingeworfen" werden könne. Horn wies darauf hin, daß man in Berlin bisher vorwiegend im Studio produzierte Live-Programme gefilmt habe. In Zukunft werde aber das Fernsehen in der Reichshauptstadt einen Plan wieder aufnehmen, der im Herbst 1939 durch den Kriegsausbruch gestoppt worden sei: nämlich gemeinsam mit der Filmindustrie eine fernseheigene Produktion aufzubauen, die Kurzfilme („Spieldauer 5-15 Minuten") herstelle und aus geeignetem Kulturfilm-Material Fernsehfilme zusammenschneide. Auf diese Weise könne die Filmindustrie ihren Schauspielerstamm, ihre Kameramänner und ihr Bildmaterial rationeller ausnützen, und der Fernsehsender erhalte ein umfangreiches Filmarchiv, das bildtechnisch keine Wünsche offenlasse und jederzeit ins laufende Programm integriert werden könne.

Die aktuelle Berichterstattung schließlich rechnete der Pariser Programmleiter zu den wichtigsten Bestandteilen des Fernsehprogramms. Der Zeitdienst schöpfe die technischen Möglichkeiten voll aus. Er bringe die wichtigsten Tagesereignisse in Film und Bild, interviewe Persönlichkeiten des öffentlichen Lebens und berichte in Direktsendungen von politischen Veranstaltungen. Daneben stelle der Zeitdienst aber auch kleine Kulturfilme her, die sich mit aktuellen Fragen beschäftigten. Das Themengebiet des „Zeitgeschehens" sei deshalb, so Horn zusammenfassend, nicht abzugrenzen: „Mit den Mitteln der Wochenschau und des Kulturfilms bringt es alles, was eine gute Tageszeitung und eine lebendige Zeitschrift vermittelt. (...) Diese Abteilung muss darum auch technisch vollkommen ausgerüstet sein."[176]

Gleichwohl, gerade über die in den letzten beiden Monaten ausgestrahlten Zeitdienst-Sendungen liegen nur sehr spärliche Informationen vor. Die täglich das Abendprogramm einleitende, 25minütige Sendung *Aus dem Zeitgeschehen* wurde auch in den Pariser Programmausdrucken nicht näher erläutert. Daneben gab es wie in Berlin aktualitätsbezogene, ratgeberartige „Specials", die sich vor allem mit den Themenkomplexen Sport, Alltag und Kurioses beschäftigten. So brachte das *Fernsehkaleidoskop* (19. 7. 1944) in unregelmäßigen Abständen „wissenswerte Kleinigkeiten aus allen Lebenskreisen". Bei *Verspottete Erfindungen* (7. 8. 1944) präsentierte und erklärte beispielsweise der französische Erfinder Mouroux im Studio sein „vehicule hippomobile". Hingegen häufiger wiederholt wurden *Ratschläge für Fotografen* (11. 7. 1944) sowie der Beitrag *Wir kurbeln* (22. 7. 1944), der im Untertitel „eine Stunde im Filmatelier" versprach. Sportliches und Körperertüchtigung in bewährter Manier boten Lola Irmers Vorturn-Sendung *Deutsche Gymnastik-Schule* (25. 7. 1944), Programme über *Boxen* (4. 7. 1944) sowie der Beitrag *Was ist Tennis?* (25. 7. 1944), mit dem Internationalen Tennismeister Henri Cochet im Studio.

Bei dem nichtfiktionalen Genre des Kultur- oder Dokumentarfilms lassen sich Produktionen mit eindeutig propagandistischer Tendenz ebenfalls nicht mehr nachweisen. Vielmehr flimmerten zumeist konfliktscheue Streifen über Städte und Landschaften auf den Mattscheiben, die – ähnlich wie in Berlin – das Interesse der Soldaten an den deutschen Landschaften wachhalten sollten: *Barockstadt Dresden* (3.7.1944), *Altfränkisches um Würzburg* (5.7.1944), Leo de Leforgues *Sonne über dem Spessart* (11.7.1944), *Alm im Karwendel* (20.7.1944) von Wilhelm Prager, *Aus der Heimat des Freischütz* (9.7.1944), *Krabbenfischer auf Ostfriesland* (21.7.1944) und andere mehr. Als weiterer thematischen Schwerpunkt boten eine Reihe von Tierfilmen Zerstreuung und den nötigen Abstand zur immer prekärer werdenden Lage an der Front: *Kamerajagd auf Seehunde* (3.7.1944) von Ulrich K.T. Schulz, *Tierkinder auf dem Bauernhof* (6.7.1944), *Edelkatzen* (19.7.1944), *Lustiges Hundevolk* (19.7.1944) oder *Horch, horch, die Lerche* (8.8.1944). Als Indiz für die überdeutliche Diskrepanz zwischen längst alptraumartiger Kriegswirklichkeit und dem schönen Schein fiktiver Filmrealität mag allein der Umstand gelten, daß sämtliche Kultur- und Dokumentarfilme des Pariser Fernsehens vor 1938/39 produziert wurden. Aber wen kümmerte das? Ähnlich weltfremd und abgehoben gestalteten sich auch jene ungekürzten, nach dem 16. Juli häufig zweimal täglich gesendeten U-Spielfilme, in denen Liebesabenteuer und Eheglück nicht zu kurz kamen: *Leichte Muse* (5.7.1944), *Himmel, wir erben ein Schloß* (6.7.1944), *Der verkaufte Großvater* (8.7.1944), *Liebe streng verboten* (12.7.1944), *Zwei mal zwei im Himmelbett* (16.7.1944), *Lauter Liebe* (19.7.1944), *Späte Liebe* (20.7.1944). Es war gewiß Zufall, aber bezeichnend für die televisuelle Scheinwelt der letzten Wochen, daß der Pariser Sender am 21.7. einen 80minütigen Film brachte, der ausgerechnet den Titel trug: *Illusion*.

7.6. Mit deutscher Gründlichkeit
   „Abwicklung" und Ende des Fernsehdienstes

Spätestens am 6. Juni 1944, als anglo-amerikanische Truppen unter dem Oberbefehl General Dwight D. Eisenhowers in der Normandie landeten, stellte man sich in Paris die bange Frage, „was aus unserem Fernsehbetrieb werden soll, wenn die Front näher rückt".[177] Aus deutscher Sicht war die Räumung der Seine-Metropole nach der alliierten Invasion nur noch eine Frage der Zeit, verschlechterte sich doch im folgenden die militärische Lage von Tag zu Tag. Seit Juni hielt sich die Besatzungsverwaltung nur noch mit Mühe in den einzelnen Kampfgebieten und in Ostfrankreich, während ganze Departements im Süden bald von der Résistance kontrolliert wurden und es vor allem im Massif Central zu regelrechten Aufständen kam.[178] Im allgemeinen Chaos der Militäradministration war es in Paris zunächst unklar, wer überhaupt den Befehl für die Einstellung des Programmbetriebs zu geben hatte. Und außerdem: Sollte man die Zelte frühzeitig abbrechen, oder schien es nicht angebrachter, die deutschen Soldaten bis zuletzt mit kurzweiligen Fernsehprogrammen bei Laune zu halten? Während der Reichspost-Fernsehgesellschaft an einer rechtzeitigen und geordneten „Abwicklung" des Senders gelegen war, um möglichst viele ihrer transportablen Anlagen über die Reichsgrenze in Sicherheit zu bringen, setzte sich letztendlich Goebbels' Propagandaabteilung durch, die auf einem Sendebetrieb bis zur letzten Minute beharrte. Wenngleich Postrat

Dollmann am 27. Juni äußerst besorgt nach Berlin kabelte, er und Otto Klein, der Pariser Verwaltungs- und Lagerleiter, seien „trotz uk-Stellung (...) eingezogen und bereits eingekleidet worden",[179] lief das Fernsehen, der allgemeinen Aufbruchstimmung zum Trotz, nach wie vor auf Hochtouren.

Dennoch leitete die Reichspost wenige Tage später, am 4. Juli, den Rückzug ein, um wenigstens einen Teil ihrer technischen Anlagen für kommende Zeiten zu retten. Während derweil geklärt war, daß der Höhere Nachrichtenführer Oberhäußer nach seinem Ermessen den Befehl für die Einstellung des Fernsehbetriebs zu erteilen hatte, erhielt der Funkeinsatztrupp die Anweisung aus Berlin, „alle für den laufenden Fernsehbetrieb in Paris nicht erforderlichen Geräte", wie Meß- und Laboreinrichtungen, Lagermaterial und Bildröhren aller Art, sofort zu demontieren und in Eisenbahnwaggons nach Deutschland zu schaffen.[180] Unterdessen nahm die Niederlage der Wehrmacht in Frankreich ihren Lauf. Am 17. Juli rief die Widerstandsbewegung zu landesweiten Demonstrationen und Kundgebungen auf; am 27. Juli gelang den anglo-amerikanischen Truppen der entscheidende Durchbruch bei Avranches.

Als anschließend die Alliierten zusammen mit (gaullistischen) französischen Streitkräften zielstrebig und siegessicher in Richtung Paris marschierten, bereitete man dort mit deutscher Gründlichkeit die Auflösung des Fernsehbetriebs vor. Am 13. August, gegen 16.30 Uhr, legten Dollmann und Keiper telefonisch die Modalitäten der Übergabe fest. Danach sollten zunächst sämtliche Studioeinrichtungen in Apparatelisten, Schalt- und Netzplänen erfaßt und nach Abzug des Funkeinsatztrupps 60 über einen zurückbleibenden Mitarbeiter der RFG, dem Russen Alexis Kwartiroff, der Radiodiffusion Nationale „gegen Übergabe- und Empfangsbescheinigung ausgeliefert" werden – „jedoch nur im Falle der endgültigen Aufgabe des Sendebetriebes". Außerdem kamen Dollmann und Keiper überein, Kündigungsschreiben (Unterschrift: Keiper/Kwartiroff) vorzubereiten und am 16. August, rückwirkend zum 15., die Gehälter an die französischen Angestellten auszuzahlen. Um darüber hinaus „jegliche Geldnachforderungen zu vermeiden", billigte die technische Leitung ihren französischen Mitarbeitern großzügig einen weiteren Monatsgehalt zu, der als Vorschuß in bar und „gegen Anerkenntnis, die zu den Akten zu nehmen ist", an Stéphane Mallein ausgehändigt werden sollte.[181]

Sein letztes Programm strahlte der Fernsehsender Paris am 16. August 1944 aus, wahrscheinlich aber nur zur Hälfte, nachdem die heftig umkämpfte Stadt längst zum Operationsgebiet erklärt worden war; einen als „letzte Sendung" angekündigten Beitrag gab es nicht. Die zuvor abgesprochene Verschaltung des Bild- und Tonsenders Eiffelturm sollte in der Nacht zum 17. August erfolgen, so daß nicht mit letzter Gewißheit gesagt werden kann, ob auch die Fernsehsendungen von 20.15 bis 23.30 Uhr und die des Tonsenders von 23.30 bis 0.15 Uhr noch übertragen wurden. Tags darauf, am Abend des 17. August 1944, begann der neue Militärbefehlshaber Kitzinger mit dem Rückzug nach Ostfrankreich. In seinem Gefolge schlug sich auch der Funkeinsatztrupp 60 bis zur Reichsgrenze durch,[182] der, wie abgesprochen, seine technischen Anlagen schweren Herzens in die Obhut des russischen Ingenieurs Kwartiroff gegeben hatte. Zwei Tage später, am Morgen des 19. August, verließ auch Hinzmanns Propagandaabteilung Hals über Kopf das sinkende Schiff in Richtung Champagne. Der im letzten Augenblick erteilte Befehl des Höheren Nachrichtenführers, neben den französischen Rundfunksendern[183] auch die Eiffelturm-Anlagen in die Luft zu sprengen, um sie nicht den alliierten Gegnern in die Hände fallen zu lassen, wurde von Hinzmann im allgemeinen Chaos des Rückzugs mit der Begründung ignoriert, der dafür zuständige Funkeinsatztrupp habe die Stadt bereits verlassen.[184]

Obwohl Adolf Hitler anordnete, den „Sauladen Paris"[185] bis zum letzten Mann zu verteidigen und notfalls in eine Trümmerwüste zu verwandeln, setzte sich auch der Stadtkommandant Dietrich von Choltitz über Zerstörungsbefehle hinweg und schloß am 19. August mit der Résistance einen Waffenstillstand. Am 23. August schließlich hatten alle höheren Stäbe die Stadt geräumt, und zwei Tage später erfolgte die Kapitulation des Generals von Choltitz. Zurück blieb ein unerhörter Haß gegen die ehemalige Besatzungsmacht, und den einsetzenden, bürgerkriegsähnlichen Säuberungen (L'Épuration) fielen nicht nur aktive Kollaborateure zum Opfer, sondern auch viele Franzosen, die nur dem Vichy-Regime gedient hatten.[186] Der Chefkorrespondent der CBS, Ed Murrow, der mit den amerikanischen Truppen im befreiten Paris eintraf, kabelte am 4. November 1944 in die Vereinigten Staaten: „Während das Fernsehen in allen kriegführenden Ländern stillgestanden hatte, war es in Paris stetig vorangegangen. (...) In Paris gab es ein Fernsehen, dessen Bilder klarer und schärfer waren als irgendein Fernsehen in England oder Frankreich vor dem Kriege."[187]

Zwar überschritten die alliierten Truppen bereits im September 1944 zügig die westlichen Reichsgrenzen und besetzten daraufhin als erste größere Stadt Aachen. Dies hinderte Joseph Goebbels aber nicht daran, noch im selben Monat großspurig die „notwendig gewordene Propaganda nach Frankreich in einer neuen Form"[188] anzuordnen. Nach seinen Vorstellungen sollte über den früheren Soldatensender „Paula", der bislang der Reichs-Rundfunk-Gesellschaft unterstand, von Stuttgart aus die Bevölkerung des Elsaß mit Rundfunkpropaganda bedient werden, aber auch die auf Schloß Sigmaringen verbrachte „französische Exilregierung".[189] Unter der neuen Bezeichnung „Radio la Patrie" schwebte dem Propagandaminister ein französischsprachiges, von Horst Slesina betreutes Programm von täglich achtzehn Stunden vor, redigiert von „zuverlässigen und rundfunkerfahrenen deutschen Vertretern"[190] der inzwischen aufgelösten Propagandaabteilungen Frankreich und Belgien. Aus den Akten geht hervor, daß Kurt Hinzmann (zusammen mit zwei weiteren Sonderführern) für die inhaltliche Gestaltung des neuen Frankreich-Dienstes vorgesehen war[191]; angetreten hat er diese Tätigkeit nach eigenen Angaben jedoch nie. Kritik von seiten der Wehrmacht wegen der nochmaligen Verlängerung der Uk-Stellungen konnte zuvor das Propagandaministerium mit dem Hinweis zerstreuen, eine „Schwächung der Kampfkraft" liege gerade in diesen drei Fällen nicht vor, „da die Männer auch bereits vorher für eine rein propagandistische Aufgabe (...) eingesetzt waren".[192] Im Herbst 1944 schließlich verliert sich in den Akten die Spur von Kurt Hinzmann.

In der Bilanz waren aus deutscher Sicht drei Gründe maßgebend, den Fernsehsender Paris aufzubauen, zu stützen und ihn schließlich bis zuletzt am Leben zu halten.

Erstens: Die rivalisierenden Protagonisten von Propaganda, Auswärtigem Amt und Reichspost betrachteten das deutsch-französische Fernsehen als ersten Außenposten und Kristallisationspunkt eines europäischen Nachkriegsfernsehens. Insofern galt Paris als richtungsweisender Präzedenzfall für künftige, ähnlich gelagerte Konstellationen in Europa. Das erklärt auch, weshalb sich Reichspost und Auswärtiges Amt, weniger das Propagandaministerium, im besetzten Frankreich beizeiten einen dauerhaften Einfluß sichern wollten. Zweitens: Die Fernsehgesellschaft der Post konnte über Paris bzw. für Paris wertvolles technisches Material anfordern, das im Reichsgebiet nicht mehr oder nur noch nach langen Lieferfristen erhältlich war. Damit erfüllte der französische Betrieb im Hinblick auf das Berliner Fernsehen eine stabilisierende und lebensverlängernde Funktion und festigte zugleich den Ruf der Post als leistungsstarken und zuverlässigen Exponenten der deutschen Fernsehtechnik. Und schließlich drittens: Hauptsächlich die Technik nutzte Paris dazu, ihre als gefährdet klassifizierten Mitarbeiter vor dem Kriegseinsatz zu schützen, obwohl in der Summe nur erstaunlich wenige Deutsche versetzt wurden und deshalb dem Element der Personalsicherung eher eine sekundäre Bedeutung zukam. Gleichwohl war für jene „Auserwählten" die Abneigung vor dem Fronteinsatz Antrieb und Motivation genug, in der betörenden Stadt ein respektables Fernsehen abzuliefern.[193]

7.7. Opfer oder Förderer
Metamorphosen nach 1945

In den wenigen, zumeist auf Angaben von Kurt Hinzmann basierenden Darstellungen über den deutsch-französischen Fernsehsender wird durchgängig die Ansicht vertreten, die Programme seien 1943/44 alles in allem auf freundschaftlicher, fairer und friedlicher Basis abgewickelt worden.[194] Obwohl sich offensichtlich unter den vorwiegend französischen Mitarbeitern eine ganze Reihe von entflohenen Kriegsgefangenen, Kommunisten und Gaullisten, Juden oder Mitglieder der Résistance befanden, sei es nicht zuletzt wegen der kooperativen und frankophilen Haltung Hinzmanns im Sender nie zu Sabotageakten gekommen.[195] Das undurchsichtige Gewirr der Kompetenzen geschickt ausnutzend, soll der Intendant überdies mit zahlreichen – aus Nazi-deutscher Sicht – illegalen Maßnahmen Schaden von Mensch und Material abgewendet haben. Vor allem jene Beschäftigten – wie Marc Chauvierre beispielsweise –, die in Frankreich nach 1945 führend am Wiederaufbau des audiovisuellen Mediums mitwirkten, bescheinigen Kurt Hinzmann retrospektiv eine antinazistische Haltung und würdigen seine Rolle als indirekten Wegbereiter des französischen Fernsehens.[196]

Es ist somit abschließend etwas genauer zu untersuchen, inwieweit die These vom kooperativen Zusammenwirken unter Kriegsgegnern quellenkritischer Prüfung standhält. Welche Beweggründe lassen sich darüber hinaus nachweisen für die Kollaboration zwischen Siegern und Unterlegenen auf dem Gebiet des Fernsehens? Zweifelsohne resultierten deutsche Zugeständnisse keineswegs aus einer manifesten Opposition zum

NS-Regime, sondern waren vielmehr geleitet von drei eher pragmatischen Motiven: persönlicher Bereicherung, dem Bestreben, durch notwendigstes Entgegenkommen ein respektables Programmniveau zu halten und damit der mehrfach ins Auge gefaßten Einstellung des Betriebs vorzubeugen, sowie von dem Blick auf die absehbare Zeit nach den Feindseligkeiten.

Es sind indes mehrere Verstöße von Verantwortlichen gegen die sogenannten Sauckel-Aktionen dokumentiert. Da durch Anwerbung auf „freiwilliger" Basis (durch Schaffung künstlicher Erwerbslosigkeit und das Versprechen höherer Löhne) nicht genügend Fremdarbeiter für deutsche Betriebe vorwiegend der Landwirtschaft und der Rüstungsindustrie rekrutiert werden konnten, wurde auch in Frankreich Anfang September 1942 der Zwangsarbeitsdienst („Service du Travail Obligatoire" – STO) eingeführt. Rechtliche Handhabe dafür war ein Erlaß des Generalbevollmächtigten für den Arbeitseinsatz, Fritz Sauckel, vom 22. August 1942, durch den die brutale Aushebung von Arbeitern und Fachkräften in allen besetzten Gebieten angeordnet wurde. Auf diese Weise deportierte man in den Jahren 1943 und 1944 insgesamt 650.000 französische Männer und Frauen. Meist waren denn auch die Franzosen gerne bereit, für die Invasoren zu arbeiten, wenn sie nur nicht zum „Reichseinsatz" nach Deutschland mußten.[197] Mehr noch: In kaum einem anderen Land funktionierte die Zusammenarbeit von Besetzern und Besetzten so reibungslos wie in Frankreich.

Erstmals in Konflikt mit der STO-Anordnung geriet im Frühsommer 1943 der RFG-Angehörige Baasner, der in der Seine-Metropole als Verwaltungsleiter der Fernsehgesellschaft fungierte, ausgestattet mit einer bescheidenen Bankvollmacht für Einzelbeträge bis zu 300 Reichsmark. Obwohl sämtliche darüber hinausgehenden finanziellen Transaktionen von Berlin aus koordiniert und beide Fernsehbetriebe bilanztechnisch zusammengefaßt wurden, um wegen der hohen Entnahmen für Paris zu vermeiden, „daß ein falsches Bild entsteht",[198] war in der französischen Hauptstadt „infolge der Lieferung grosser Materialmengen"[199] und der Abrechnung „freier Dienstbezüge"[200] eine Verwaltungsstelle mit zuletzt immerhin drei Mitarbeitern notwendig geworden.[201] Baasner, im Range eines Funkers stehend, erwies sich schon bald nicht nur als fleißiger Schieber von Zigaretten, Kaffee und Kognak. Im Frühjahr 1943 wurde auch publik, daß er mehrere Franzosen mit fiktiven Arbeitsbescheinigungen kurzerhand zu Mitarbeitern der RFG befördert hatte, um sie so vor dem Einzug ins Großdeutsche Reich zu bewahren. Daß der umtriebige Funker dabei als Gegenleistung nicht nur beträchtliche Summen Geldes forderte, geht aus der nüchtern-komischen Meldung des Funkeinsatztrupps an Friedrich Stumpf vom 17. März 1943 hervor: „Für diese Bescheinigungen empfing Baasner von Bettembourg einen großen Rollschinken (Reste wurden von uns gefunden), außerdem vermutlich 5000 frs.; von Moreux vermutlich Eier und Butter. (...) Auf diese Weise wurden noch einige Leute zurückgestellt."[202] Daraufhin hielt man es in der Berliner Zentrale für ratsamer, den untragbar gewordenen Baasner „unter Angabe eines triftigen Grundes" aus dem Verkehr zu ziehen und durch Oberbuchhalter Otto Klein zu ersetzen;[203] Unstimmigkeiten in den Kassen- und Bankbeständen gehörten jedoch auch fortan „zu den typischen Pariser Problemen".[204]

Ebenfalls mit schriftlichen Tätigkeitsnachweisen soll Intendant Hinzmann versucht haben, französische Schauspieler wie Olivier Hussenot, Pierre Rischmann oder Jacques Dufilho[205] sowie Techniker an das Fernsehen zu binden,[206] um sie damit vor dem Reichseinsatz zu bewahren. Überdies warf man ihm im Frühjahr 1945 vor, er sei mit Juden befreundet gewesen (Paul Mandel) und habe wissentlich Kommunisten oder Gaullisten (Auguste Arnold, André Maurique) beschäftigt, aber auch aus deutschen Gefangenenlager Entwichene wie Maurice Cornu, Henry Guay, Lucien Lasserre oder Pierre Levaillant.[207] Außerdem soll Hinzmann nur selten Uniform getragen, eine Bewachung des Senders verhindert und der deutschen Kriegswirtschaft wertvolle Rohstoffe entzogen haben, indem er den Programmbetrieb auf eigene Faust sukzessive vergrößerte und ausbaute.[208]

Als Konsequenz daraus – so Hinzmann im nachhinein – habe seine Amtsführung schon lange vor dem August 1944 bei einigen Dienststellen des Dritten Reiches großes Mißfallen erregt, so daß man systematisch Belastungsmaterial gegen ihn sammelte. Bleibt die Frage, warum der angeblich schon früh in Ungnade gefallene Sonderführer im Oktober 1944 nicht zum Tode verurteilt oder zumindest an die Front verbannt, sondern statt dessen mit einer neuerlichen, von Hitler ausdrücklich geförderten Rundfunkmaßnahme in Verbindung gebracht und damit gegenüber seinen offensichtlich weniger belasteten Kollegen geradezu belohnt wurde. Erst wenige Wochen vor dem Ende der Nazi-Herrschaft sollte sich Hinzmann wegen Hochverrats vor einem Kriegsgericht in Berlin-Moabit verantworten. Der Beschuldigte entzog sich jedoch dieser für den 23. Februar 1945 angesetzten „Verhandlung", indem er mit seiner Familie ins thüringische Bad Liebenstein flüchtete, wohin der Elektrokonzern Telefunken schon lange vorher seine Fernsehlabors in Sicherheit gebracht hatte. Bis zum Eintreffen der amerikanischen Truppen am 5. April gewährte man dort dem inzwischen steckbrieflich Gesuchten Unterschlupf.[209] Nach dem Zusammenbruch verweigerten die US-Behörden zunächst Hinzmanns Entnazifizierung und damit die begehrte Arbeitserlaubnis. Deshalb machte er sich im Sommer 1946 auf den Weg nach Baden-Baden, dem Sitz der französischen Militärverwaltung, um dort eine Bescheinigung zu erwirken, daß er sich in Paris nichts hat zuschulden kommen lassen.[210] Als er kurz nach seiner Ankunft verhaftet und anschließend vom französischen Geheimdienst verhört wurde, lernte er schließlich jenes Dokument mit den 19 Anklagepunkten kennen, die im Februar 1945 gegen ihn verhandelt werden sollten. Es war den Franzosen nach Kriegsende in die Hände gefallen.[211]

Zu diesen Punkten bezog er seinerzeit ausführlich Stellung. Demnach habe er in den wenigsten Fällen überhaupt gewußt, daß es sich bei den im Sender beschäftigten Franzosen auch um Oppositionelle, Juden oder andere Personae non gratae handelte. Seine Personalpolitik sei allein von der Absicht bestimmt gewesen, unter erschwerten Kriegsbedingungen und in einer besetzten Stadt überhaupt qualifizierte Mitarbeiter und attraktive Darsteller zu gewinnen, die die Gewähr boten für den Fortbestand des Fernsehens. Solange im Sender keine Politik betrieben und die Arbeit befriedigend erledigt wurde, habe er in Einzelfällen mißliebige Personen toleriert, aber weniger aus Freundschaft oder Verbundenheit als vielmehr aus eigenem Selbsterhaltungstrieb heraus. Rückblickend lag es Hinzmann deshalb fern, den Franzosen einseitig irgendwelche Vorteile verschaffen zu wollen, was ihm vor 1945 von deutscher Seite angekreidet wurde. Er sei aber immer an einer loyalen Atmosphäre interessiert gewesen, die nach seinem Dafürhalten auch notwendig war, um die Existenz des Senders zu sichern. Alles in allem, so der ehemalige Intendant, habe er jedoch die Pflichten als Deutscher in seiner Position nie verletzt.[212] Dieser keineswegs euphemistischen Darstellung der Ereignisse hatte es Hinzmann offenbar zu verdanken, daß ihn die französische Regierung 1946 einlud, als Berater („Conseiller technique") für Fragen des Studiobaus und der Programmplanung an seine alte Wirkungsstätte zurückzukehren. Die bis 1953 gültige Berufung war jedoch an die strenge Auflage gebunden, nichts öffentlich über die damalige Kollaboration zwischen Deutschen und Franzosen auf dem Fernsehgebiet verlautbaren zu lassen.[213]

Eine kritische Bewertung und Darstellung des zweiten Fernsehversuchsbetriebs unter deutscher Kontrolle muß zwangsläufig viele Fragen offenlassen, weil eine auf breiter Quellenbasis angelegte Analyse nicht mehr möglich ist. Trotzdem belegen die vorhandenen Dokumente hinreichend, daß die Besatzer auch auf dem Fernsehgebiet an einer „friedlichen und freundschaftlichen Zusammenarbeit" (Gerhart Goebel) wenig interessiert waren. Vielmehr behandelte man die Franzosen häufig als nützliche Bittsteller und Mittel zum Zweck, ohne ihnen in den entscheidenden Fragen die Möglichkeit der Partizipation einzuräumen – sei es im Zusammenhang mit dem Studioausbau, sei es bei der Gestaltung der Programme. Eine im Vergleich zu Berlin zweifellos freizügigere Leitung sowie vereinzelte Konzessionen an die kollaborierenden Mitarbeiter stellten noch keine atypischen Ausnahmeerscheinungen dar, sondern bewegten sich durchaus im Rahmen „offizieller" deutscher Besatzungspolitik. Daß zahlreiche Beamte und Offiziere enge Kontakte zu den Franzosen unterhielten und generell im Widerspruch zum Hitler-Regime standen, war bezeichnend für das vielbeschriebene „Pariser Klima". Sämtliche Stäbe bis hin zum Militärbefehlshaber selbst hatten sich deshalb beim „Führer" rasch den Ruf der weltanschaulichen Unzuverlässigkeit erworben.[214] Ob überdies die deutschen Fernsehleute mehr von technischen und programmlichen Experimenten beseelt waren als von Propagandaabsichten,[215] muß ebenfalls bezweifelt werden. Auf Ideologisches konnte und wollte man nicht verzichten – weder in Paris noch in Berlin.

Gerade der Umstand, daß die Besatzer aus Nazi-Deutschland „Pionierarbeit" leisteten und zusammen mit den Franzosen, die zugleich Opfer und – etwas paradox – Förderer waren, einen Betrieb aufbauten, der die Grundlage des französischen Nachkriegsfernsehens bildete (unter der Adresse rue Cognacq Jay residieren noch heute zwei Anstalten: TV 5, France 3), verleiht der Thematik ihre eigentliche Brisanz. Zwar sind in Frankreich nach 1968 viele historische Darstellungen erschienen, die sich primär mit Aspekten des Kollaborationismus befassen.[216] Wenn das Kapitel Fernsehsender Paris aber erst seit Anfang der neunziger Jahre breiter thematisiert wird, so liegt dies gewiß auch daran, daß es – nicht nur – aus französischer Perspektive einiges zu verbergen gibt: von der persönlichen Schuld einzelner bis hin zur kalkulierten Verdunkelung aus politischem Ehrgeiz. Kennzeichnend für diese ersten Ansätze, den Gesamtkomplex in seiner historischen Entwicklung darzustellen, ist eine spezielle und personifizierte Sicht des Besatzungsfernsehens als antinazistischer Nischenbetrieb, dessen vermeintlicher Garant Kurt Hinzmann bisweilen geradezu glorifiziert wird.[217] So drängt sich der Verdacht auf, daß dieser merkwürdig unkritische, den allgemeinen Kontext der Besatzung ignorierende Ansatz den Protagonisten vor allem einen bequemen Ausweg bietet, ihr eigenes Verhalten nachträglich zu legitimieren. Und außerdem: Läßt sich in Frankreich mit einem antinazistisch eingestellten „Geburtshelfer" nicht besser leben als mit einem latent systemkonformen? Daß auch jene Mitarbeiter und Publizisten, die beim Berliner Nipkow-Sender involviert waren, unmittelbar nach 1945 viel Energie darauf verwandten, die „Wahrheit" über „ihr Fernsehen" fest in den Annalen zu zementieren, soll im letzten Kapitel der Arbeit noch zur Sprache kommen.

ANMERKUNGEN

[1] Aktennotiz Abteilung WPr, 31. 7. 1940, BA-MA Frbg RW 4/286.

[2] vgl. Sieburg, Heinz-Otto: Geschichte Frankreichs. Stuttgart, Berlin, Köln 41989, S. 412-413.

[3] vgl. Jäckel, Eberhard: Frankreich in Hitlers Europa. Die deutsche Frankreichpolitik im Zweiten Weltkrieg (=Quellen und Darstellungen zur Zeitgeschichte, Bd. 14). Stuttgart 1966, S. 38-40.

[4] vgl. Baumont, Maurice: Frankreich 1939-1941. In: Hauser, Oswald (Hrsg.): Weltpolitik II 1939-1945. 14 Vorträge. Frankfurt/Main, Zürich 1975, S. 197-212, hier S. 208.

[5] Zur Geschichte Frankreichs im Zweiten Weltkrieg vgl. ausführlich Amouroux, Henri: La grande histoire des Francais sous l'occupation. 8 Bde. Paris 1976-1988; Michel, Henri: La seconde guerre mondiale. Bd. I: Les succès de l'Axe (septembre 1939-janvier 1943). Paris 1968 (2. Aufl. 1977). Bd. II: La Victoire des Alliés (janvier 1943-septembre 1945). Paris 1969; Latreille André: La seconde guerre mondiale. Paris 1966; Shirer, William L.: Der Zusammenbruch Frankreichs. Aufstieg und Fall der Dritten Republik. München, Zürich 1970.

[6] vgl. Krautkrämer, Elmar: Die Entmachtung Lavals im Dezember 1940. Ein außenpolitisches Kalkül Vichys. In: Vierteljahreshefte für Zeitgeschichte 27(1979), 1, S. 79-112, hier S. 79.

[7] vgl. Vernoux, M.[]: Wiesbaden 1940-1944. Paris 1954, S. 133.

[8] vgl. Umbreit, Hans: Der Militärbefehlshaber in Frankreich 1940-1944 (=Wehrwissenschaftliche Studien, Bd. 7). Boppard/Rhein 1968, S. 15-16.

[9] vgl. Bücheler, Heinrich: Carl-Heinrich von Stülpnagel. Soldat-Philosoph-Verschwörer. Berlin, Frankfurt/Main 1989, S. 250 ff.

[10] vgl. Speidel, Hans: Aus unserer Zeit. Erinnerungen. Berlin 1977, S. 101-121.

[11] KTB des HNF vom 5. 6. bis 31. 8. 1940, BA-MA Frbg RW 35/145.

[12] Deutsch-Französischer Waffenstillstandsvertrag vom 22. 6. 1940. ADAP Ser D, Bd. IX, S. 554-558.

[13] Kriegsgliederung des HNF beim Militärbefehlshaber Frankreich, o.D., BA-MA Frbg RW 35/146.

[14] Tagesbericht Leiter FET 7 an HNF über den Einsatz vom 20. Juni 1940, 20.6.1940, BA-MA Frbg RW 35/145, fol. 89.

[15] Tagesbericht FET an HNF über den Einsatz vom 21. Juni 1940, 21. 6. 1940, ebd., fol. 90.

[16] Gespräch mit Kurt Hinzmann, 23. 10. 1991.

[17] ebd.

[18] Gruppenbefehl Nr. 130 der Propagandaabteilung Frankreich, 18. 7. 1941, BA-MA Frbg RW 35/217.

[19] vgl. Ory, Pascal: Les Collaborateurs 1940-1945. Paris 1976, S. 54-56.

[20] vgl. Morsey, Rudolf: NS-Pressepolitik im besetzten Frankreich. In: Publizistik 5(1960), S. 107-110, hier S. 108.

[21] Telegramm DB Paris Schleier an AA Berlin, 22. 5. 1943, PA AA Bonn St.S.Frkr., XVI, fol. 150715-150718; Aktennotiz Schmitt für den St.S.Frkr., 4. 1. 1944, ebd., XX, fol. 163541-163542.

[22] Tagebucheintragung vom 19. 10. 1940. Zit. nach Reuth, Ralf Georg: Goebbels. München, Zürich 1990, S. 460.

[23] vgl. Böhme, Hermann: Der deutsch-französische Waffenstillstand im Zweiten Weltkrieg. Erster Teil: Entstehung und Grundlagen des Waffenstillstandes von 1940 (=Quellen und Darstellungen zur Zeitgeschichte, Bd. 12). Stuttgart 1966, S. 168-169.

[24] vgl. Wedel, Hasso von: Die Propagandatruppen der Deutschen Wehrmacht (=Die Wehrmacht im Kampf, Bd. 34). Neckargemünd 1962, S. 75.

[25] vgl. Absolon, Rudolf: Die Wehrmacht im Dritten Reich. Bd. V: 1. September 1939 bis 18. Dezember 1941 (=Schriften des Bundesarchivs, Bd. 16). Boppard/Rhein 1988, S. 184.

[26] Zu den ranghöchsten Sonderführern in Frankreich zählten der Völkerrechtler und spätere SPD-Politiker Carlo Schmidt, der kurzzeitig als Militärverwaltungsleiter tätig war, sowie der Schriftsteller, Pour-le-mérite-Träger und Abwehroffizier Ernst Jünger.

[27] Fernsprechverzeichnis der deutschen Dienststellen in Groß-Paris, Juni 1943, BA-MA Frbg RW 35/38.

[28] vgl. [Dr. Schr.]: Vom Rundfunk des Auslands. In: Reichsrundfunk 2(1942/43), 21, S. 422.

[29] vgl. Dunan, Élisabeth: La Propaganda-Abteilung de France: Tâches et Organisation. In: Revue d'-Histoire de la Deuxième Guerre mondiale 1(1951), 4, S. 19-32, hier S. 22.

[30] vgl. Memorandum Kurt Hinzmann über den Fernsehsender Paris 1941-1944. Abgedr. in Fernseh-Informationen 41(1990), 21, S. 638-642, hier S. 639.

[31] vgl. Guérard, Jacques: Criminel de Paix. Paris 1953, S. 35.

[32] Note Unterkommission Nachrichtenwesen bei der DWStK, 27. 12. 1941, PA AA Bonn DB Paris 1264.

[33] DWStK an AA (Abschrift an DB Paris am 31. 3. 1942), 12. 3. 1942, PA AA Bonn DB Paris 1264.

[34] Militärbefehlshaber Frankreich an RPM, o.D., BA Potsdam 47.01/20816.

[35] DWStK an AA, 12. 3. 1942, PA AA Bonn DB Paris 1264.

[36] Radiodiffusion Nationale an DB Paris, 31. 12. 1942, PA AA Bonn DB Paris 1145b.

[37] Stumpf an Reichspostminister, 23. 1. 1942, BA Potsdam 47.01/20816.

[38] Aktennotiz RFG Hessling, 13. 3. 1942, NL Wagenführ.

[39] Gespräch mit Kurt Hinzmann, 23. 10. 1991.

[40] Geschäftsbericht RFG 1941/42, BA Potsdam 47.01/20811.

[41] Abteilungsbefehl Nr. 145 der Propagandaabteilung Frankreich, 9. 4. 1942, AN Paris AJ 40/1001.

[42] Geschäftsbericht RFG 1942/43, BA Potsdam 47.01/20811.

[43] Brief Kurt Hinzman an den Verf., 2. 11. 1991.

[44] Bücheler, Heinrich, Carl-Heinrich von Stülpnagel (wie Anm. 9), S. 258.

[45] Liste wehrpflichtiger Gefolgschaftsmitglieder der RFG vom Januar 1942, NL Wagenführ.

[46] Aktennotiz RFG Hessling mit den Zusätzen „Brandeilig!" und „Vertraulich!", 22. 1. 1942, ebd.

[47] vgl. auch Krätzer, Helmut: Funk-Einsatztrupp 60 in Paris. In: Fernseh-Informationen 43(1992), 13, S. 394-397, hier S. 394.

[48] vgl. FI-Berufsbiografien: Helmut Krätzer. In: Fernseh-Informationen 27(1976), 15, S. 357.

[49] Geschäftsbericht RFG 1942/43, BA Potsdam 47.01/20811.

[50] Gespräch mit Kurt Hinzmann, 23.10.1991.

[51] Bericht Gruppe Kultur über Angelegenheit Voegelen, 30. 12. 1941, AN Paris AJ 40/1003.

[52] vgl. Memorandum Hinzmann (wie Anm. 30), S. 641.

[53] Tätigkeitsbericht Kulturreferat vom 13.-20. 3. 1942, 20. 3. 1942, AN Paris AJ 40/1001.

[54] Aktennotiz Kulturreferat über eine Besprechung im RMVP vom 19.-21. 3. 1942 in Berlin, 28. 3. 1942, ebd.

[55] vgl. Wilson, Sarah: Kollaboration in den schönen Künsten 1940-1944. In: Hirschfeld, Gerhard; Marsh, Patrick (Hrsg.): Kollaboration in Frankreich. Frankfurt/Main 1991, S. 139-160, hier S. 147.

[56] Programmankündigung Magic-City Cabaret für den 27. 10. 1940, AN Paris AJ 40/1004.

[57] Gespräch mit Kurt Hinzmann, 23. 10. 1991.

[58] Vertrag zwischen RFG und Radiodiffusion Nationale über die Einrichtung der Fernsehbetriebsräume in Paris, 27. 10. 1942, BA Potsdam 47.01/20816.

[59] Erster Nachvertrag zum Vertrag über die Einrichtung der Fernsehbetriebsräume in Paris, 28. 7. 1943, ebd.

[60] Brief Helmut Krätzer an den Verf., 20. 9. 1991.

[61] Erläuterungen RFG zum Haushaltsvoranschlag 1943, 10. 2v1943, BA Potsdam 47.01/20816.

[62] ebd.

[63] RFG an Reichspostminister, 18. 6. 1942, BA Potsdam 47.01/20816.

[64] Aktennotiz RFG Hessling, 2. 11. 1942, NL Wagenführ.

[65] Aktennotiz RFG Hessling, 13. 3. 1942, ebd.

[66] Aktennotiz RFG Hessling, 12. 3. 1942, ebd.

[67] Bericht Hessling über die Ereignisse im Geschäftsbetrieb Paris, 25. 5. 1943, ebd.

[68] Aktennotiz RFG Hessling, 8. 1. 1944, ebd.

[69] Zur wirtschaftlichen Ausbeutung Frankreichs durch die Besatzungsmacht vgl. ausführlich Der Prozeß gegen die Hauptkriegsverbrecher vor dem Internationalen Militärgerichtshof, Nürnberg. Bd. VI: Verhandlungsniederschriften 22. 1.-4. 2. 1946. Nürnberg 1947, S. 29-63.

[70] Zit. nach Schramm, Percy Ernst (Hrsg.): Kriegstagebuch des Oberkommandos der Wehrmacht (Wehrmachtführungsstab). Bd. II, 1. Frankfurt/Main 1963, S. 131-132.

[71] vgl. Heller, Gerhard: In einem besetzten Land. NS-Kulturpolitik in Frankreich. Erinnerungen 1940-1944. Aus dem Französischen von Annette Lallemand-Rietkötter (Orginaltitel: Un Allemand à Paris 1940-1944. Avec le concours de Jean Grand. Paris 1981). Hamburg 1982, S. 243.

[72] Zit. nach Maser, Werner: Adolf Hitler. Mein Kampf. Geschichte, Auszüge, Kommentare. Esslingen 41981, S. 202.

[73] Die ersten ausgelieferten Empfänger erhielten deutsche und französische Stellen, die unmittelbar an dem Projekt beteiligt waren. Darunter befand sich natürlich auch ein Apparat für die Dienstvilla des Höheren Nachrichtenführers, für den PariserStadtkommandanten sowie für die Deutsche Botschaft. Letztere informierte zudem das AA in Berlin regelmäßig über die Programme in Form von wöchentlich übermittelten Ausdrucken.
DB Paris an AA Berlin, 7. 5. 1944, PA AA Bonn DB Paris 1116a.

[74] KTB des HNF vom 1. 1. 1942-1. 1. 1943 (Eintragung vom 31. 10. 42), BA-MA Frbg RW 35/148.

[75] ebd. (Eintragung vom 15. 11. 1942).

[76] Tätigkeitsbericht Gruppe Funk für November 1942, 3. 12. 1942, ebd.

[77] Aktennotiz RFG Hessling, 5. 1. 1943, NL Wagenführ.

[78] Unter dem Eindruck der militärischen Erfolge Nazi-Deutschlands herrschte in den meisten europäischen Ländern eine Haltung vor, die von den Franzosen mit dem Begriff „attentisme" charakterisiert wurde: vorsichtiges Abwarten und Verzögern, um Zeit zu gewinnen.

[79] Die Vortragsplanung der Reichspost sah für das Jahr 1943 zwei Referate in den „Gastländern" vor, die sowohl die technische als auch die inhaltliche Seite des Fernsehens behandeln sollten: „Das deutsche Fernsehen" (Referent: OPR Gerwig vom RPM) und „Die Entwicklung des Fernsehprogramms" (Referent: RFG-Direktor Friedrich Stumpf).
Protokoll Vortragsplanung des RPM für 1943, o.D., PA AA Bonn DB Paris 1144.

[80] Protokoll Besprechung im RPM über Fernsehaktivitäten im Ausland, 17. 11. 1942, BA Potsdam 47.01/20816.

[81] Arbeitsabkommen zwischen Auswärtigem Amt und Propagandaministerium, 22. 10. 1941, PA AA Bonn Handakten Ettel.

[82] Aktennotiz RRG, 23. 9. 1942, NL Wagenführ.

[83] ebd.

[84] Bericht Diewerge über die Sicherung der europäischen Zusammenarbeit auf dem Gebiet des Rundfunks, 20.1.1942, BA Kblz R 55/718, fol. 159-162.

[85] vgl. Schroeder, Herbert: Rückblick auf die deutsche Rundfunk- und Fernsehausstellung in Bukarest. In: Reichsrundfunk 2(1942/43), 16, S. 301-303; Großes Interesse in Bukarest. In: Rundfunk-Archiv 15(1942), 9, S. 386.

[86] Memorandum Diewerge über die Errichtung eine Reichsrundfunk- und Fernsehkammer (RRFK) vom Januar 1942, BA Kblz R 55/718, fol. 163-173.

[87] Memorandum Diewerge über den Weltrundfunkverein und die Aufgaben des Rundfunks im Rahmen der europäischen Neuordnung vom Januar 1942, ebd., fol. 179-189.

[88] Brief Ribbentrop an Chef OKW, 3.8.1940, ADAP Ser D Bd. X, S. 333-334, hier S. 334.

[89] vgl. Abetz, Otto: Das offene Problem. Ein Rückblick auf zwei Jahrzehnte deutscher Frankreichpolitik. Mit einer Einführung von Ernst Achenbach. Köln 1951.

[90] vgl. Jünger, Ernst: Strahlungen I: Gärten und Straßen. Das erste Pariser Tagebuch. Kaukasische Aufzeichnungen. München 1988 (1. Aufl. Stuttgart 1979), S. 308 [Tagebucheintrag vom 23.2.1942].

[91] Telegramm Nr. 2797 Schleier an AA, 5.5.1943, PA AA Bonn St.S.Frkr., XV, fol. 83797-83802.

[92] Brief Interradio an AA, 28.7.1942, ebd. DB Paris 1264.

[93] Brief Mair an Bofinger, 1.8.1942, ebd. DB Paris 1266.

[94] vgl. Boelcke, Willi A.: Die Macht des Radios. Weltpolitik und Auslandsrundfunk 1924-1976. Frankfurt/Main 1977, S. 301-307.

[95] Brief Mair an Schaaf, 8.9.1942, PA AA Bonn DB Paris 1264.

[96] vgl. Sturm, Georges: UFrAnce 1940-1944. Kollaboration und Filmproduktion in Frankreich. In: Bock, Hans-Michael; Töteberg, Michael (Hrsg.): Das Ufa-Buch. Frankfurt/Main 1992, S. 408-414.

[97] Memorandum Mair über die Betätigung der Interradio auf dem Gebiet des Rundfunks und des Fernsehens in Frankreich vom September 1942, PA AA Bonn Rundfunkpol. Abt., Bd. 7, R 67609 Hervorheb. i. Org.].

[98] Telegramm Nr. 1434 Schlottmann an AA, 30.3.1942, ebd. DB Paris 1264.

[99] Memorandum Mair (wie Anm. 97).

[100] Erläuterungen zum Wirtschaftsplan der Interradio für das Geschäftsjahr 1942, o.D., PA AA Bonn Rundfunkpol. Abt., Bd. 7, R 67609.

[101] Telegramm Schlottmann an AA, 9.9.1942, ebd. DB Paris 1264.

[102] Protokoll Besprechung Interradio, 8.2.1943, abgedr. in Schnabel, Reimund (Hrsg.): Mißbrauchte Mikrophone. Deutsche Rundfunkpropaganda im Zweiten Weltkrieg. Eine Dokumentation. Wien 1967, S. 212-215, hier S. 214.

[103] Brief Steengracht an AA, 13.11.1943, PA AA Bonn St.S.Frkr., XIX, fol. 163170-163171.

[104] Telegramm Schleier an AA, 25.5.1943, ebd., XVI, fol. 150741-150743.

[105] OKW Keitel an AA über die Aufgaben der Propagandabateilung Frankreich, 1.2.1944, ebd., XX, fol. 163860-163862.

[106] Gespräch mit Kurt Hinzmann, 23.10.1991.

[107] Geschäftsbericht RFG 1942/43, BA Potsdam 47.01/20811.

[108] Vertraulicher Bericht Hessling über Umbauarbeiten Paris, 3.6.1943, NL Wagenführ.

[109] Aktennotiz RFG Hessling über die Erwirkung einer Dringlichkeitsstufe für Bauten Paris, 7.10.1942, ebd.

[110] Aktennotiz RFG Hessling, 9.6.1943, ebd.

[111] Erster Nachvertrag (wie Anm. 59).

[112] vgl. Goebel, Gerhart: Das Fernsehen in Deutschland bis zum Jahre 1945. In: Archiv für das Post- und Fernmeldewesen 5(1953), 5, S. 381.

[113] vgl. Kubler, Thierry; Lemieux, Emmanuel: Cognacq Jay 1940. La Télévision francaise sous l'Occupation. Paris 1990, S. 122.

[114] vgl. Goebel, Gerhart, Das Fernsehen (wie Anm. 112), S. 381-382.

[115] vgl. Krätzer, Helmut, Funk-Einsatztrupp 60 (wie Anm. 47), S. 397.

[116] Bericht RFG Hessling über Kosten für Magic-City, 17.5.1943, NL Wagenführ.

[117] Aktennotiz RFG Hessling, 7.10.1942 u. 20.1.1943, ebd.

[118] Aktennotiz RFG Hessling über Verwaltung und Mittelversorgung Paris, 20.2.1943, ebd.

[119] Aktennotiz RFG Hessling über Devisenbewirtschaftung Paris, 28.7.1943, ebd.

[120] Bericht Klein an Hessling, 13.6.1943, ebd.

[121] Brief Helmut Krätzer an den Verf., 20.9.1991.

[122] Gespräch mit Odilo Dollmann, 12.11.1991.

[123] Odilo Maximilian Alfons Dollmann: Am 10.11.1906 in München geboren. 1924/1931 Abitur in Regensburg, anschließend Studium der Fernmeldetechnik an den Technischen Hochschulen in München und Berlin. Daneben praktische Ausbildung u.a. bei Siemens, Grassmann und Osram. Ab 1931 in verschiedenen Bereichen der Deutschen Reichspost tätig. Schwerpunkt: Meßtechnik und Senderbau. NSDAP-Mitglied seit dem 1.2.1940 (Nr. 7 494 429). vgl. Personalunterlagen Dollmann im DC Brl.

[124] Reichspostminister Ohnesorge an RFG, 9.6.1943, NL Wagenführ.

[125] Reichspostminister Ohnesorge an OKW, 20.5.1943, ebd.

[126] vgl. FI-Berufsbiografien: Odilo Dollmann. In: Fernseh-Informationen 32(1981), 7, S. 173.

[127] Aktennotiz Fernsehsender Paris über eine Beschwerde der Radiodiffusion bei der DB Paris, 17.12.1943, PA AA Bonn DB Paris 1145b.

[128] ebd.

[129] vgl. Kubler; Lemieux, Cognacq Jay 1940 (wie Anm. 113), S. 126.

[130] vgl. exempl. Deutsch-französisches Fernsehen (4). In: Fernseh-Informationen 41(1990), 23, S. 705-707, hier S. 707.

[131] Zweigstelle DB Paris in Vichy an DB Paris, 25.11.1943, PA AA Bonn DB Paris 1145b.

[132] Hinzmann ließ sich bei offiziellen Anlässen mit Vorliebe Generaldirektor („Le Directeur Général") nennen, da die Bezeichnung Intendant im Französischen so viel wie Aufseher oder Verwalter bedeutet. Von seiten der Militäradministration lautete Hinzmanns Anrede „Herr Sonderführer".

[133] Stabsbefehl Propagandaabteilung Frankreich, 3.10.1942, AN Paris AJ 40/1001.

[134] vgl. Horn, Peter A.: Damals in Berlin und Paris... (3). In: Fernseh-Informationen 32(1981), 5, S. 107-108, hier S. 108.

[135] Sämtliche Informationen über Mitarbeiter des Fernsehsenders Paris und ihre Funktionen wurden einer undatierten und handschriftlich verfaßten Aufstellung Kurt Hinzmanns entnommen, die sich im NL Wagenführ befindet.

[136] vgl. Leclere, Thierry: Ondes Kurt. In: Télérama Nr. 2141 v. 23.1.1991, S. 61-62, hier S. 62.

[137] vgl. Chauvierre, Marc: 75 Ans de Radio et de Télévision. Paris 1989, S. 79.

[138] vgl. Marsh, Patrick: Das Theater: Kompromiss oder Kollaboration? In: Hirschfeld, Gerhard; Marsh, Patrick (Hrsg.): Kollaboration in Frankreich. Frankfurt/Main 1991, S. 178-197, hier S. 181.

[139] vgl. Künstleraustausch im Rundfunk Europas. In: Reichsrundfunk 1(1941/42), 23, S. 452.

[140] vgl. Kulturschaffende in der Truppenbetreuung. In: Rundfunk-Archiv 15(1942), 4, S. 182.

[141] vgl. Schramm, Percy Ernst, Kriegstagebuch (wie Anm. 70), Bd. II, 2, S. 292.

[142] Grimm, Friedrich: Mit offenem Visier. Aus den Lebenserinnerungen eines deutschen Rechtsanwalts. Als Biographie bearbeitet von Hermann Schild. Leoni am Starnberger See 1961, S. 212.

[143] Leiter Rundfunk an Staatssekretär RMVP, 3.4.1944, BA Kblz R 55/694, fol. 2.

[144] Aktennotiz Stumpf über diverse Inspektionen des Pariser Betriebs, 1.3.1944, NL Wagenführ.

[145] vgl. Kubler; Lemieux, Cognacq Jay 1940 (wie Anm. 113), S. 126.

[146] Geschäftsbericht RFG 1942/43, BA Potsdam 47.01/20811.

[147] Aktennotiz Fernsehsender Paris (wie Anm. 127).

[148] Festlegung der Aufgaben von Technik und Propaganda beim Fernsehsender Paris (undatierter Entwurf), BA Potsdam 47.01/20812.

[149] Aktennotiz RPM Flanze, 9.6.1944, ebd.

[150] Goebel veranschlagt die monatlichen Programmkosten auf rund 120.000 RM.
vgl. Goebel, Gerhart, Das Fernsehen (wie Anm. 112), S. 382.

[151] vgl. Hempel, Manfred: Der braune Kanal. Leipzig 1969, S. 119.
Nach Schätzungen von Hinzmann sollen sich in den Lazaretten 350 bis 400, in den Dienst- und Privaträumen etwa 1000 Geräte befunden haben.
Gespräch mit Kurt Hinzmann, 23.10.1991.

[152] vgl. Ockenden, Michael: TV Pictures from occupied Paris. In: After the Battle, Jg. 1983, 39, S. 28-33, hier S. 28.

[153] Gespräch mit Odilo Dollmann, 12.11.1991.

[154] DB Paris Schlottmann an AA, 23.1.1943, PA AA DB Paris 1145b.

[155] ebd.

[156] Aktennotiz Fernsehsender Paris (wie Anm. 127).

[157] Aktennotiz DB Paris, 23.12.1943, PA AA Bonn DB Paris 1145b.

[158] Brief Propagandaabteilung Schmidtke an DB Paris, 19.12.1943, ebd.

[159] Aktennotiz Fernsehsender Paris (wie Anm. 127).

[160] vgl. Programmausdruck 8.7.1943, PA Hinzmann.

[161] vgl. Programmausdruck 2.-8.7.1944, ebd.

[162] Brief DB Paris an AA Eigner, 4.4.1942, PA AA Bonn DB Paris 1264.

[163] vgl. Siclier, Jacques: La France de Pétain et son cinéma. Paris 1978, S. 36.
Die Propagandaabteilung schrieb im Februar 1941 über die Reaktion der Franzosen auf die Wochenschau: „Dagegen ist bei der Wochenschau, sobald der Führer erscheint, noch immer ein ablehnendes Husten und Gemurmel zu bemerken."
Lagebericht Propagandaabteilung Frankreich für die Zeit vom 17.-24.2.1941, 25.2.1941, AN Paris AJ 40/1001.

[164] vgl. Bericht Peter A. Horn für Kurt Wagenführ über den Fernsehsender Paris, o.D. [um 1975], NL Wagenführ.

[165] Eine ausführliche Darstellung des französischen Filmschaffens der Zeit findet sich bei Armes, Roy: French Cinema. London 1985, S. 86-108.

[166] vgl. Aufsatz Peter A. Horn in der ersten Ausgabe der „Mitarbeiter-Zeitschrift" des Fernsehsenders Paris vom Sommer 1943, NL Wagenführ.

[167] Sämtliche im folgenden genannten Sendetitel und Daten der Erstausstrahlung wurden den Programmausdrucken der 27. bis 33. Programmwoche (2.7.-16.8.1944) des Jahres 1944 entnommen. Diese Unterlagen befinden sich in Form von großformatigen, damals offenbar in den deutschen Lazaretten ausgehängten Wochenübersichten im NL Wagenführ bzw. im PA Hinzmann.

[168] Aufsatz Peter A. Horn (wie Anm. 166).

[169] ebd.

[170] Das britische Fernsehen produzierte erstmals 1937 ein Fernsehspiel nach einem Bühnenstück von George Bernard Shaw. Der Autor trat damals, ähnlich wie dies auch in Berlin Otto Rombach bei Adrian, der Tulpendieb (13.1.1938) praktizierte, bei der Erstsendung selbst vor die Kamera und erklärte: „Es ist ein ganz besonderer Anlaß, daß ich als ein Verfasser von Theaterstücken hier erscheine, denn ich komme niemals vor den Vorhang und folge keinem Hervorruf. Aber sehen Sie, diesmal haben Sie mich nicht gerufen. Sie sind nicht in der Lage der unglücklichen Leute im Theater, die – gleichviel wie sehr sie sich langweilen – nicht aufstehen und davonlaufen können. Sie, die Sie noch zuhören, zeigen schon durch diese Tatsache, daß Sie noch interessiert sind."
Zit. nach Wagenführ, Kurt: Die Welt im Zimmer. In: Deutsche Allgemeine Zeitung v. 16.4.1939.

[171] Kulturreferat der Propagandaabteilung Frankreich an RMVP, 2.2.1944, AN Paris AJ 40/1003.

[172] vgl. Horn, Peter A.: Damals in Berlin und in Paris... (4). In: Fernseh-Informationen 32(1981), 6, S. 137.

[173] Zit. nach Aufsatz Peter A. Horn (wie Anm. 166).

[174] vgl. Décret du 6 juin 1942. In: Annuaire général du spectacle, 1942-1943, S. 334.

[175] vgl. Marsh, Patrick, Das Theater (wie Anm. 138), S. 187.

[176] Aufsatz Peter A. Horn (wie Anm. 166).

[177] Brief Klein an Hessling, 11. 6. 1944, NL Wagenführ.

[178] vgl. Haensch, Günther; Lory, Alain; Soulas de Russel, Dominique: Frankreich. Bd. 1: Geschichte, Staat und Verwaltung. München 1985 (1. Aufl. 1976), S. 61-62.

[179] Fernschreiben Dollmann an Elektrop, 27. 6. 1944, BA Potsdam 47.01/20822.

[180] Schnellbrief Flanze an RFG und OKW, 4. 7. 1944, ebd.

[181] Handschriftl. Protokoll der Übergabeverhandlungen, angefertigt von PR Dollmann, 13. 8. 1944, NL Wagenführ.

[182] vgl. Erinnerungen von Jean Barthon. In: Bulletin du Comité d'Histoire de la Télévision, Jg. 1991, 23, S. 61-64, hier S. 63.

[183] Militärbefehlshaber über die Bewachung von Rundfunksendeanlagen in Frankreich, 15.7.1942, BA-MA Frbg RW 35/148.

[184] Gespräch mit Kurt Hinzmann, 23. 10. 1991.

[185] Zit. nach Heiber, Helmut (Hrsg.): Hitlers Lagebesprechungen. Die Protokollfragmente seiner militärischen Konferenzen 1942-1945 (=Quellen und Darstellungen zur Zeitgeschichte, Bd. 10), Stuttgart 1962, S. 602.

[186] vgl. ausführlich Rousso, Henry: L'Épuration. Die politische Säuberung in Frankreich. In: Henke, Klaus-Dietmar; Woller, Hans (Hrsg.): Politische Säuberung in Europa. Die Abrechnung mit Faschismus und Kollaboration nach dem Zweiten Weltkrieg. München 1991, S. 192-240; Weisenfeld, Ernst: Frankreichs Geschichte seit dem Krieg. Von de Gaulle bis Mitterrand. München 21982, S. 24-27.

[187] Zit. nach Materialsammlung ZDF zur Frühgeschichte des Fernsehens.

[188] Rundfunkabteilung an Propagandaminister, 9. 9. 1944, BA Kblz R 55/561, fol. 121.

[189] Leiter Personal RMVP an Propagandaminister, 10. 10. 1944, BA Kblz R 55/311, fol. 52-53.

[190] Leiter Rundfunk Fritzsche an Leiter Personal RMVP, 9. 9. 1944, ebd., fol. 121.

[191] Leiter Rundfunk Fritzsche an Staatssekretär RMVP, 13. 10. 1944, ebd., fol. 54.

[192] Aktennotiz RMVP Voss, 6. 10. 1944, ebd., fol. 51.

[193] In einem 1975 an Willy Ruge (bis September 1944 Mitglied der Propagandaabteilung Frankreich) gerichteten Brief bestätigt Kurt Wagenführ im Tenor die drei Hauptmotive für das Pariser Fernsehen.
Brief Kurt Wagenführ an Willy Ruge, 2.12.1975, NL Wagenführ.

[194] vgl. exempl. AW [d.i. Alexander Wiese]: Ein unbekanntes Jubiläum. Fernsehsender Paris. Professionelles Fernsehen vor vierzig Jahren. In: Tele-audiovision 3(1983), 14, S. 4-12, insbes. S. 8.

[195] Gespräch mit Kurt Hinzmann, 23.10.1991.

[196] vgl. Chauvierre, Marc, 75 Ans (wie Anm. 137), S. 77 ff.

[197] vgl. Pfahlmann, Hans: Fremdarbeiter und Kriegsgefangene in der deutschen Kriegswirtschaft 1939-1945. Phil. diss. Würzburg 1964, S. 21.

[198] Aktennotiz Hessling über den RFG-Jahresabschluß 1942/43, 22. 6. 1943, NL Wagenführ.

[199] Brief Baasner an Hessling, 13. 3. 1943, ebd.

[200] Aktennotiz RFG Hessling, 19. 2. 1942, ebd.

[201] Bericht Odilo Dollmann an Kurt Wagenführ mit 88seitiger Kassenliste Paris 1943/44, 1. 3. 1976, ebd.

[202] Brief Funkeinsatztrupp an Stumpf, 17. 3. 1943, ebd.

[203] Aktennotiz RFG Hessling, 18. 6. 1943, ebd.

[204] Brief Klein an Hessling, 31. 5. 1944, ebd.

[205] Die von Hinzmann unterschriebenen Tätigkeitsnachweise sind abgedr. in Kubler; Lemieux, Cognacq Jay 1940 (wie Anm. 113), Bildteil, S. 13.

[206] Aktennotiz RFG Hessling, 22. 3. 1943, NL Wagenführ.

[207] Die knapp zwei Millionen französischer Soldaten, die während des Westfeldzuges in deutsche Hand gefallen waren, eigneten sich als „Faustpfand" vorzüglich dazu, die französische Regierung unter Druck zu setzen. Andererseits konnte Deutschland durch Beurlaubungen und Entlassungen von Kriegsgefangenen militärische, politische oder wirtschaftliche Vorteile einhandeln, zum Beispiel im Rahmen der sogenannten „Relève", des Austausches französischer Kriegsgefangene gegen zivile Facharbeiter im Verhältnis eins zu drei.

[208] vgl. Memorandum Kurt Hinzmann über das deutsch-französische Fernsehen 1941-1944, o.D., NL Wagenführ.

[209] Gespräch mit Kurt Hinzmann, 23. 10. 1991.

[210] vgl. Krause, Günter: ‚Das Programm war ich.' Kurt Hinzmann und das Fernsehen im Dritten Reich. Südwest 3, 20. 6. 1993.

[211] Die Anklageschrift liegt Hinzmann bis heute nicht im Orginal, sondern lediglich in einer Übersetzung des französischen Geheimdienstes vor, der offenbar das Orginaldokument in einem „Dossier Hinzmann" unter Verschluß hält. Hinzmann schließt deshalb inhaltliche Übertragungsfehler nicht aus. Bei dem französischen Übersetzungstext könne es sich vielmehr nur um eine sinngemäße Wiedergabe handeln. Der Quellenwert dieser „Anklageschrift", die sich in einer deutschen Rückübersetzung zusammmen mit der Stellungnahme Hinzmanns im NL Wagenführ befindet, ist deshalb eher niedrig anzusetzen.

[212] vgl. Stellungnahme Kurt Hinzmann zu den 19 Anklagepunkten vom 23. 2. 1945, o.D., NL Wagenführ.

[213] Freundl. Hinweis von Michael Rother, 13. 12. 1991.

[214] vgl. Umbreit, Hans, Der Militärbefehlshaber (wie Anm. 8), S. 336.

[215] So Michael Rother in seiner wohlwollenden Rezension von Thierry Kublers und Emmanuel Lemieuxs Buch Cognacq Jay 1940. In: Fernseh-Informationen 42 (1991), 2, S. 32.

[216] vgl. exempl. Bourget, Pierre: Histoires secrètes de l'occupation de Paris. I: Le joug. Paris 1970; Le Boterf, Hervé: La vie parisienne sous l'occupation. 2 Bde. Paris 1974; Halimi, André: Chantons sous l'occupation. Paris 1976.

[217] vgl. Poinsignon, Jacques: Fernsehsender Paris. In: Bulletin du comité d'histoire de la télévision, Jg. 1990, 21, S. 31-62.

8. EIN ENDE IN RATEN: DER ZUSAMMENBRUCH DES FERNSEHSENDERS PAUL NIPKOW, BERLIN (1943–1945)

8.1. Nur eine Randfigur
Harry Moss – der vierte Programmleiter

Nach dem folgenschweren „Mißgeschick" von Herbert Engler am 20. April 1943 übernahm der „alte verdiente Rundfunkmann"[1] Harry Moss als letzter – kommissarischer – Intendant die Leitung des Berliner Fernsehsenders Paul Nipkow.[2] Geboren am 3. Juni 1886 in Stade,[3] studierte er nach dem Besuch der Oberrealschule Theater- und Kunstgeschichte. Am ersten Weltkrieg nahm Moss von 1914 bis 1918 teil, und zwar als Leutnant und Kompanieführer bei der Infanterie. Eine Kriegsverletzung – er galt als 50 Prozent kriegsgeschädigt – hinderte ihn nicht daran, nach 1918 als Schauspieler, Oberspielleiter und später als Direktor eines kleinen Theaters in Hannover zu arbeiten. Am 1. Oktober 1930 trat er der NSDAP als Mitglied Nr. 335 757 bei und galt bald als sehr aktiver und pflichtbewußter Nationalsozialist.[4] In der Kreisleitung Hannover-Stadt und in der Gaupropagandaleitung bekleidete Harry Moss das Amt eines Kultursachbearbeiters und unterstand damit direkt dem Gaupropagandaleiter von Hannover, Leopold Gutterer. In dieser Funktion, urteilte Gutterer 1942 rückblickend, habe Moss wertvolle Arbeit bei der „propagandistischen Erfassung derjenigen Kreise geleistet, die unsere Veranstaltungen nicht besuchen wollten". Gleichzeitig habe er durch persönlichen Einsatz ein nationalsozialistisches Theater aufgebaut und geführt, „das das einzige täglich spielende Theater war, das der Bewegung vor der Machtübernahme zur Verfügung stand".[5] In Gutterer, der im Propagandaministerium rasch Karriere machte und 1941 von Goebbels zum Staatssekretär und Vertreter des Ministers berufen wurde, besaß Moss nach 1933 einen gewichtigen und einflußreichen Fürsprecher.[6]

Während somit Gutterer früh den Sprung in die Reichshauptstadt schaffte, blieb Moss zunächst in Hannover, wo er im August 1933 mit der Leitung der Sendestelle Hannover betraut und damit für seinen Einsatz belohnt wurde. Eineinhalb Jahre später wechselte er als Sendeleiter zum Reichssender Königsberg; unter dem dortigen Intendanten Alfred Lau wurde Moss zugleich Obmann der Fachschaft Rundfunk und Laus Stellvertreter.[7] Am 1. April 1939 wiederum ging er für einige Monate als Sendeleiter zum Reichssender Hamburg,[8] um nach Kriegsausbruch in die Berliner Zentrale der Reichs-Rundfunk-Gesellschaft zu wechseln. Dort war er u.a. von Anfang 1942 an bei Martin Schönicke, dem neuberufenen Chef vom Dienst, der als Koordinator zwischen den Programmredaktionen fungierte,[9] für inhaltliche Fragen des Rundfunks zuständig. Da sich Moss auch in dieser Position bewährte,[10] schlug ihn Reichsintendant Heinrich Glasmeier Anfang Dezember 1942 für das Amt des Intendanten in Danzig vor, eine Position, die seit dem Tod Carl Heinz Boeses verwaist war. Nachdem Goebbels sein Plazet erteilt hatte,[11] übernahm Harry Moss am 15. März 1943 die Dienstgeschäfte am

Reichssender Danzig, um wenige Wochen später als kommissarischer Fernseh-Intendant wieder ganz nach Berlin zurückzukehren.

Eine Chance, sich auch beim neuen Medium zu profilieren, bekam Moss allerdings nicht mehr, weil er offenbar – wie Boese vor ihm – die Intendanz des Paul-Nipkow-Senders nur nebenher „mitbetreuen" konnte. Schon während seines Intermezzos beim Reichssender Danzig, wo er ehedem „nicht voll ausgenutzt werden kann",[12] hielt sich Moss hauptsächlich in Berlin auf, um seine angestammte Tätigkeit beim Chef vom Dienst der Reichs-Rundfunk-Gesellschaft weiterzuführen, die er nach seiner Berufung zum Fernsehen noch intensivierte. Deshalb war es nach Englers Sturz der kaufmännische Leiter Karlheinz Kölsch, der bis zuletzt de facto das Amt des Intendanten wahrnahm.[13] So ist es auch nicht überraschend, daß Harry Moss im Zusammenhang mit seiner Fernsehtätigkeit in den Akten kein einziges Mal erwähnt wird. Bei den Mitarbeitern des Senders hinterließ der nominelle Intendant ebenfalls keinen prägenden Eindruck; er soll aufgrund seiner Tätigkeit bei Schönicke überhaupt nicht mehr dazu gekommen sein, auf die programmlichen Belange gestaltend einzuwirken.[14] Öffentliche Äußerungen über sein Fernsehverständnis beschränkten sich auf ein Interview, das Moss Anfang November 1943 einem Reporter des Berliner *12-Uhr-Blattes* gab. Darin unterstrich er die Rolle des Mediums als ein unterhaltendes Instrument für die Truppenbetreuung und kündigte ein Porträt über Danzig an.[15]

8.2. Totaler Krieg und totale Mobilisierung
Vom Lazarettfernsehen zur Wanderbühne

In den wenigen Publikationen, die sich noch 1944 mit dem Thema Fernsehen beschäftigten, stand bereits ganz selbstverständlich die Forderung nach Privatempfang im Mittelpunkt. Nach dem „Endsieg", hieß es zum Beispiel in einem Artikel der Fachzeitschrift *Welt-Rundfunk*,[16] sei aus Gründen der Bequemlichkeit der Empfang in der eigenen Wohnung dem Fernsehen in öffentlichen Räumen vorzuziehen. Aus der privaten Rezeption in häuslicher Umgebung ergebe sich aber zweierlei: Zum einen müsse das Fernsehen sein Publikum „intimer und persönlicher" ansprechen als bisher; andererseits bringe der Heimempfang generell eine „erhöhte Verpflichtung für die Güte des Sendeplanes" mit sich, meinte der Verfasser, der das Radiopublikum in „begabte, illusionsfreudige", die Fernsehzuschauer aber in „phantasielose, vorstellungsarme Gruppen" einteilte, die eine Ergänzung durch das Bild benötigten.[17] Für Egon Hahn wiederum war zwar eine klare Entwicklung des Mediums nach dem Krieg noch nicht abzusehen. Dennoch hielt er den Film für den wichtigsten Faktor des Fernsehprogramms – jedenfalls für eine kurze Übergangzeit nach Einstellung der Feindseligkeiten. Deshalb verstand Hahn sein 1944 publiziertes Buch mit dem Titel *Schmalfilm-Zentrale und Fernseh-Programm*[18] als Denkschrift, die „bei der Überleitung vom Film-Programm zum Fernseh-Programm als Unterlage dienen [soll]". Darin plädierte er für einen täglichen Nachrichtendienst mittels Schmalfilmaufnahmen sowie für die Finanzierung des

Programms durch Reklame („Herstellung von Industrie-Werbefilmen") und einer monatlichen Gebühr in Höhe von 3 RM. Ausgehend von „30-35 Bezirksfernsehsendern im deutschen Sprachgebiet", kalkulierte Hahn zunächst mit 400 öffentlichen „Schmalfilm-Spielstellen" und 30.000 privaten Teilnehmern je „Fernsehbezirk", die dem neuen Medium monatliche Einnahmen von rund 2,7 Millionen Reichsmark garantieren würden.[19]

Während man somit bis zuletzt unbeirrt Pläne für den Frieden schmiedete, verschlechterten sich 1944 die technischen und programmlichen Möglichkeiten des neuen Mediums rapide, obwohl das Fernsehen mit 1.839.000 RM (1943: 1.919.900 RM) noch über beträchtliche finanzielle Mittel verfügte.[20] Nachdem die Sendeanlagen auf dem Amerikahaus am 23. November 1943 durch Brandbomben zerstört[21] und daraufhin die Programme in Berlin über Kabel verbreitet wurden, bemühte sich die Fernsehgesellschaft der Reichspost zwar um die Beschaffung von Ersatzsendern. Da jedoch die deutsche Funkindustrie mit Rüstungsaufträgen restlos ausgebucht war, entschloß sich die Post noch im Frühjahr 1944 zur Reparatur der beiden schwer beschädigten Sender. Die zunächst für September, dann wiederum für Dezember 1944 angekündigte Wiederherstellung verzögerte sich schließlich bis Anfang 1945. Ende Januar, als das Fernsehen längst seine Sendungen eingestellt hatte, war zwar der Tonsender wieder funktionsfähig; die Arbeiten am Bildsender dauerten aber zu diesem Zeitpunkt noch an und konnten bis zum Zusammenbruch nicht mehr beendet werden.[22]

Schon in der zweiten Hälfte des Jahres 1943 ergriff die Fernsehgesellschaft in Berlin entsprechende Maßnahmen, um das Überleben ihrer technischen Anlagen zu sichern. Dabei dachte man zunächst einmal an jene Fernsehempfänger, die sich noch 1943 in den Dienst- und Privaträumen von Post- und Rundfunkfunktionären befanden. Im Dezember 1943 hielt es Günter Flanze vom Reichspostministerium für angebracht, darauf hinzuweisen, daß alle Privatempfänger „aus Sicherheitsgründen" an Orten gelagert werden müßten, „wo voraussichtlich kein Bombenschaden eintritt".[23] Im Frühjahr 1944 schließlich hatte die Fernsehgesellschaft „in Garlitz über Rathenow eine Ausweiche" eingerichtet, „in der u.a. das Lager mit hochwertigen Fernsehgeräten untergebracht ist".[24] In mehreren größeren Holzbaracken an einer Verstärkerstelle der Kabellinie Berlin-Hamburg, 15 Kilometer nördlich von Brandenburg gelegen, sollte sich in den nächsten Monaten unter der Aufsicht von Hans-Joachim Hessling zusammendrängen, was von der Fernsehtechnik übriggeblieben war. Daß dabei die Bemühungen der RFG in Berlin und Paris, die Resultate der deutschen Fernsehentwicklung zu bewahren, überaus erfolgreich waren, soll im folgenden noch dargelegt werden.

Bei dem schweren Bombenangriff auf Berlin-Charlottenburg am 23. November wurde indes nicht nur das Amerikahaus, sondern auch das benachbarte Deutschlandhaus in Mitleidenschaft gezogen. Währenddie Fernsehmitarbeiter sowie die Mannschaft des Flakgeschützes, das auf dem Dach des Hauses stand, in den Luftschutzräumen unter den Studios Deckung suchten, explodierte in unmittelbarer Nähe eine britische Luftmine. Genauer Detonationsort war eine etwa zwanzig Meter vor dem Deutschlandhaus ausgeschachtete Baugrube der zwar begonnenen, aber während des Krieges nicht mehr weitergeführten U-Bahnstrecke, die über den Adolf-Hitler-Platz bis zum Bahnhof Zoo gehen sollte. Durch diesen Einschlag wurden die Einrichtungen des Fernsehstudios restlos durcheinandergeworfen. Auch die das Studio umgebenden großen Fensterscheiben gingen zu Bruch, so daß die technischen Apparaturen vom Glasstaub und dem Sand der Baugrube vollkommen eingedeckt wurden.[25]

Zwar hielt der massive Betonbau dem Bombenhagel stand und die Studioeinrichtung hatte insgesamt keinen nennenswerten Schaden davongetragen; sie wurde aber dennoch Anfang 1944 größtenteils demontiert und vorsichtshalber in das neue Ausweichlager der Fernsehgesellschaft nach Garlitz bei Rathenow gebracht. Sämtliche Requisiten, Dekorationen und vor allem der Kostümfundus des Fernsehsenders verblieben zunächst in der Holzbaracke hinter dem Amerikahaus, um bis Kriegsende sukzessive gestohlen, verheizt, als Kleider verwendet, verkauft oder gegen Nahrungsmittel, Zigaretten usw. eingetauscht zu werden.[26] Das somit leergeräumte Studio diente nach seiner Herrichtung zunächst einige Monate als Zuschauerraum für Veranstaltungen der Wehrmachtbetreuung. Daraufhin, zum 1. November 1944, übernahm die Mars-Filmgesellschaft die Fernsehstudios im Deutschlandhaus. Zweck des Unternehmens war laut Gesellschaftervertrag vom Dezember 1942 „die Herstellung von Filmen militärischen und verwandten Inhalts im Rahmen des Ufa-Konzerns".[27] Neben Mars-Geschäftsführer Robert Hartmann fungierte im Deutschlandhaus ein Mann als Atelierleiter, der sich mit den dortigen Örtlichkeiten bestens auskannte: Arthur Bemeleit, seines Zeichens gefürchteter SD-Spitzel und vormaliger Bühnenbildner beim Nipkow-Sender. Noch Mitte Februar 1945 konnte Bemeleit den drohenden Fronteinsatz mit dem Hinweis auf seine „kriegswichtige Tätigkeit" im Deutschlandhaus abwenden.[28]

Somit beschränkte sich die Live-Arbeit des Fernsehens von Dezember 1943 an ausschließlich auf die freitäglichen Sendungen aus dem Kuppelsaal im Haus des Sports, während man – wie in den Anfangsjahren – das restliche Programm überwiegend mit fremdbeschafftem Dokumentar-, Wochenschau- und Spielfilmmaterial auffüllte. Zu den ganz wenigen Fernsehfilmen, die sich noch für 1944 feststellen lassen, gehörte beispielsweise ein 15minütiger Beitrag über das 1934 vom Leiter der NS-Volkswohlfahrt, Erich Hilgenfeldt, gegründete Hilfswerk „Mutter und Kind"[29] (*Zehn Jahre Hilfswerk Mutter und Kind*). Darin verherrlichte man nicht nur die „erbgesunden, förderungswürdigen deutschen Familien" als das „Fundament des nationalsozialistischen Staates", sondern machte den Soldaten auch unmißverständlich deutlich, weshalb es sich lohne, bis zum letzten Mann Widerstand zu leisten: „Unsere Zukunft gilt den Millionen blankäugiger Kinder. Für sie schaffen und kämpfen wir. Und für sie wird der deutsche Waffensieg erstritten."[30] An anderer Stelle beschäftigte sich der Sender in verharmlosender Weise mit dem Sterben. So wurde im Frühjahr 1944 der knapp 40minütige Fernsehfilm *Schattenbilder um Matthias Claudius* häufig wiederholt, ein Beitrag, der noch im Sommer 1943 live ausgestrahlt und bei einer der ersten Proben gefilmt wurde. In der Filmfassung, die allerdings im Mai 1944 der Küpper-Freund Walter Kaul wie eine Live-Inszenierung besprach,[31] war deshalb auch noch Charlotte Radspieler zu sehen, die dem Fernsehen schon Ende 1943 den Rücken gekehrt hatte. Der Film begann mit einer Ansage aus dem Off, visuell unterlegt mit dem Stationsdia des Fernsehsenders:

„Hier ist der Deutsche Fernseh-Rundfunk Paul Nipkow, Berlin. Sie sehen und hören eine Sendung Schattenbilder um Matthias Claudius. Die Mitwirkenden sind: die Sprecherin: Elisabeth Lennartz, der Sprecher: Gustav Knuth, Gesang: Maria Faber. Personen der Rahmenhandlung: Charlotte Radspieler und Hans-Georg Laubenthal. Bildnerische Gestaltung: Arthur Bemeleit. An der Kamera: Erich Mier, Ton: Walter Löding, Schnitt: Cecilie Heise. Die Spielleitung hat Hannes Küpper."[32]

Im Anschluß daran informierte das Fernsehen in einer Mischung aus Zwiegesprächen, Rezitationen, Liedern und historischen Spielszenen im Schattenbildformat über Leben und Werk des Dichters Claudius (1740-1815), der von 1771 bis 1775 eine Lokalzeitung, *Der Wandsbecker Bothe*, herausgab, die durch seine Mitarbeit Ansehen und Berühmtheit erlangte. Ungeachtet dessen stellte Regisseur Hannes Küpper besonders Claudius' Lyrik über den Tod heraus und pries ihn als „Dichter des Familienlebens", der sich standhaft geweigert habe, in der damals üblichen französischen Sprache zu schreiben. Vor dem Hintergrund der sich im Reich abzeichnenden Niederlage würdigte man Matthias Claudius als einen dem „dekadenten Adel" gegenüber renitenten, aber gottesfürchtigen Menschen, der in seinen Werken den Tod „geradezu bis zur Vollendung dargestellt [hat] und mit ihm auf Du und Du stand".[33]

Neben solch geschickt aufgemachter Endsiegpropaganda fungierte die Renommiersendung *Wir senden Frohsinn – wir spenden Freude* nach wie vor als unterhaltender Gegenpol. Aber spätestens gegen Ende des Jahres 1943, als die Fliegerangriffe auf Berlin ständig zunahmen, waren die Übertragungen vom Reichssportfeld mit einem beträchtlichen Risiko verbunden und mußten deshalb immer häufiger ausfallen. Nach Angaben des Kameramannes Herbert Kutschbach herrschte während der noch stattfindenden Sendungen sowohl bei der Technik als auch beim künstlerischen Personal eine gewisse Nervosität, die aber gegenüber den Soldaten und Rüstungsarbeitern geschickt überspielt werden mußte, gehörte doch der Kuppelsaal zum beliebten und einzigen Zugpferd des Fernsehens, das noch leidlich funktionierte.[34] Das Interesse, als Zuschauer im Haus des Sports mit dabei zu sein, war offenbar auch in der Berliner Zivilbevölkerung so groß, daß sich dies die Reichspost-Fernsehgesellschaft zunutze machte. Obwohl der Zugang für Zivilisten strengstens verboten war, verschaffte der RFG-Verwaltungsleiter Hans-Joachim Hessling – erstmals im August 1943[35] – dem Berliner Kaufmann Johann Herforth über Monate hinweg Eintrittskarten für das Reichssportfeld. Als Gegenleistung erbat Hessling regelmäßig die Lieferung von „Futtermitteln für Kleinvieh".[36] Ob es sich dabei tatsächlich um Futtermittel handelte, mag dahingestellt bleiben. Wichtiger ist vielmehr, daß sich aufgrund des daraus resultierenden Briefwechsels die wahrscheinlich letzten Sendetermine aus dem Kuppelsaal nachweisen lassen. Während u.a. am 19. Mai 1944 eine Übertragung stattfand,[37] ergibt sich aus Hesslings „Futtermittel-Briefen" als nächstes und letztes Sendedatum der 21. Juni 1944.[38]

Je mehr man sich somit von Beginn des Jahres 1944 an auf die in Zahl und Umfang rasch abnehmenden Kuppelsaal-Einsätze und Filmbeiträge beschränken mußte, desto mehr schmolz natürlich einerseits das Programmangebot des Fernsehens beträchtlich zusammen; überdies fielen an zahlreichen Tagen die Sendungen kriegsbedingt ganz aus. Andererseits hatte das beinahe reine Konservenprogramm zur Folge, daß ein Großteil der Beschäftigten entbehrt werden konnte, insgesamt die Bedeutung des Mediums für die Truppenbetreuung sank und der ehedem personell stark reduzierte Mitarbeiter- und Künstlerstamm täglich mit der endgültigen Einstellung des „Programmbetriebs" rechnen mußte. Als Konsequenz daraus dachte man im Frühjahr 1944 einmal mehr über mögliche Gegenmaßnahmen nach. Erfahrene Fernsehleute kamen nun auf den Gedanken, begleitend zum ausgestrahlten Programm eine Art mobile Spielschar oder Wanderbühne zusammenzustellen, die vor Ort in den berlinnahen Lazaretten, Flakstellungen oder anderen Verteidigungslinien der Wehrmacht mit wechselnden Künstlern Bunte Nachmittage durchführen sollte. Diese Art von Truppenbetreuung war natürlich kein „Fernsehdienst" mehr, der übertragen wurde, sondern ein Unternehmen von Mitarbeitern des Nipkow-Senders, die von Fall zu Fall etwa 20 bis 30 Künstler als Mitwirkende engagierten.

Organisiert wurde die Künstlertruppe von dem Zeitdienst-Leiter Sylvester Albert Szymanski, der die Darbietungen zusammenstellte und in den Lazaretten oder Flakstellungen die Rolle eines Regisseurs übernahm; vom Ablauf her waren die Programme (kleine Sketche, Lieder, Rezitationen) ähnlich aufgebaut wie bei den Kuppelsaal-Sendungen. Zu „Balbo" Szymanskis Aufgaben gehörte es auch, die Honorare plus Fahrtspesen vor der jeweiligen Abreise entgegenzunehmen und diese am Ende der Aufführungen an Mitwirkende wie Ellen Heller auszuzahlen. Nach Unterlagen von Walter Tappe, der bis nachweislich Mitte Mai 1944 vor Ort die Auftritte ansagte, nahm die Künstlertruppe ihre Arbeit am 5. März 1944 in dem Reservelazarett Schloß Marquardt auf. Von wenigen Ausnahmen abgesehen, fanden die Aufführungen in den nächsten Monaten jeweils nachmittags von 15.00 Uhr bis 17.00 Uhr statt. Auf diese Weise organisierte Szymanski mit seinem Kuppelsaal-erfahrenen Ensemble von März bis September 1944 etwa 50 Einsätze. Die nachfolgende Aufstellung[39] ist somit unvollständig und weist vor allem in den Monaten Mai bis September große Lücken auf:

So.	05.3.	Reservelazarett Schloß Marquardt
Di.	07.3.	Reservelazarett Reinickendorf
Fr.	10.3.	Reservelazarett Hermannswerder, Potsdam
Do.	16.3.	Reservelazarett Bismarckhöhe
Fr.	17.3.	Reservelazarett Döberitz, Olympisches Dorf
So.	19.3.	Reservelazarett Beelitz-Heilstätten
Do.	23.3.	Reservelazarett Beelitz-Heilstätten
So.	26.3.	Reservelazarett Schloss Marquardt
Do.	30.3.	Reservelazarett Horst-Wessel-Straße, Bernau
Fr.	31.3.	Reservelazarett Oranienburg-Grabowsee

Mo. 03. 4.	Reservelazarett Brandenburg-Görden
Di. 04. 4.	Reservelazarett Teupitz
Do. 13. 4.	Reservelazarett Ferch
Fr. 14. 4.	Reservelazarett Ufa-Stadt Babelsberg
Sa. 15. 4.	Oberfähnrich-Lehrgang Döberitz, Olympisches Dorf
So. 16. 4.	Reservelazarett Kissingerstraße, Pankow
Sa. 22. 4.	Reservelazarett Rüdersdorf
So. 23. 4.	Reservelazarett Hermannswerder
Mo. 24. 4.	Reservelazarett Beelitz, Abteilung G IV
Do. 27. 4.	Reservelazarett 102, Eberswalde
Fr. 28. 4.	Reservelazarett Glöwen
So. 30. 4.	Reservelazarett Teupitz
Do. 14. 5.	General Meyer-Kaserne, Potsdam-Golm (14-16 Uhr)
Mi. 30. 8.	Flakstellung Lindenberg
Fr. 01. 9.	Flakstellung Grünefeld
Sa. 02. 9.	Oberfähnrich-Lehrgang der Panzertruppe Krampnitz in Potsdam (Kriegsschule)
Di. 05. 9.	Flakstellung Bernau (16-18 Uhr)

Trotz solcher Bemühungen um den Fortbestand des Senders, begann man im Propagandaministerium im Sommer 1944 laut über weitere einschneidende Maßnahmen beim Fernsehen nachzudenken. Als Ende Juni die Reparaturarbeiten an den Sendeanlagen wieder einmal ins Stocken gerieten und vorübergehend ganz eingestellt werden mußten, forderte der Leiter der Rundfunkabteilung, Hans Fritzsche, von Martin Schönicke Vorschläge für die Weiterverwendung der Mitarbeiter. Zu diesem Zeitpunkt waren beim Fernsehen noch 75 Personen beschäftigt.[40] Anfang August, als in Paris bereits die Koffer gepackt wurden, genehmigte zwar der Rundfunkleiter Schönickes Streichliste und ordnete daraufhin die Reduzierung des Berliner Personals auf 50 Mitarbeiter an. Angesichts der mit jedem Tag dramatischer werdenden Lage an den Fronten befürwortete Fritzsche jetzt jedoch die völlige Stillegung des Programmbetriebs – trotz neuerlicher, aber erfolgloser Proteste von Karlheinz Kölsch. Die Entscheidung in dieser Sache, so meinte der Rundfunkleiter, liege allerdings allein beim Minister.[41] Der hatte inzwischen die letzte große Mobilisierungskampagne des Zweiten Weltkrieges eingeleitet. Als Goebbels am 25. Juli 1944 zum „Reichsbevollmächtigten für den totalen Kriegseinsatz" bestellt wurde, unternahm er sofort weitere Schritte, um die Heimat nach Kräften für Front und Rüstung „durchzukämmen". Dazu zählten die Stillegung von Betrieben, die 60-Stunden-Woche für Beamte und Arbeiter, die rücksichtslose Aufhebung von Uk-Stellungen sowie massive Einschränkungen im Pressewesen. Außerdem versprach der Reichsbevollmächtigte den Einsatz weiterer „Wunderwaffen".[42]

Aber erst zum 1. September 1944 befahl Goebbels die Schließung sämtlicher Theater, Varietébühnen, Kabaretts, Akademien, Musik- und Schauspielschulen, Kunsthochschulen und Kunstausstellungen.[43] Lediglich Film und Rundfunk sollten in vollem

Umfang erhalten bleiben. Das galt auch für jene führenden Orchester, die für die Programme des Reichsrundfunks erforderlich waren. Während somit im September das kulturelle Leben zum Erliegen kam und Hunderte von Berliner Bühnenkünstler eingezogen wurden,[44] hatte dies auch die Schließung des Fernsehens zur Folge. Obwohl ein ausdrücklicher Goebbels-Befehl nicht vorliegt und letzlich unklar bleiben muß, wie lange die Lazarette über das inzwischen stark beschädigte Berliner Breitbandkabel- und Drahtfunknetz mit Filmkonserven versorgt wurden, stellte Rundfunkleiter Fritzsche am 19. September fest, der Sendebetrieb sei endgültig eingestellt worden.[45] Einen Monat später schrieb er in der Zeitschrift *Reichsrundfunk*, das Propagandaministerium habe nunmehr für die Dauer des Krieges auch die Weiterentwicklung des Fernsehens aufgegeben.[46]

8.3. Der Rundfunk in Wartestellung
Von der Wanderbühne zum Frontkino

Damit war jedoch die Geschichte des Nipkow-Senders immer noch nicht beendet. Als die restlichen Mitarbeiter der Reichspost-Fernsehgesellschaft im Spätsommer überraschend ihre Arbeiten an den Sendeanlagen wieder aufnahmen und großspurig deren Inbetriebnahme für Dezember 1944 avisierten, schöpfte die Reichs-Rundfunk-Gesellschaft neue Hoffnung und entschloß sich, ebenfalls eine bescheidene Gruppe von Beschäftigten beim Fernsehen zu belassen. Diese „kleine Entwicklungszelle"[47] bestand aus den Programmleuten Kölsch, Szymanski und Bemeleit (der allerdings im Oktober ausschied) sowie aus einer Handvoll Techniker der TB Fernsehen, darunter deren Betriebsingenieur Otto Schulze. Um nach der versprochenen Wiederherstellung des Senders gegenüber der Reichspost den Anschluß nicht zu verlieren, sollten bis dahin die zum 1. September freigewordenen Programmgelder eingefroren werden.[48] Somit konnte Szymanski seine kleine Künstlertruppe noch einige Zeit aufrechterhalten – allerdings in stark reduzierter Form und weit geringerer Auftrittshäufigkeit. Schon Anfang September mußte man infolge des von Goebbels ausgeführten Hitler-Erlasses „über den totalen Kriegseinsatz" Aufführungen im Bereich der 1. Flakdivision Berlin einstellen, wenigstens vorübergehend, wie der für die Truppenbetreuung zuständige Offizier, Hauptmann Bloheich, in einem Dankschreiben an Szymanski optimistisch formulierte (vgl. Anlage 9).

Damit fiel zwar die 1. Flakdivision als „Vertragspartner" aus. Szymanskis Wanderbühne war jedoch nachweislich noch bis Ende Oktober 1944 unterwegs,[49] mußte aber wahrscheinlich wenige Tage später aufgeben, nachdem Goebbels im Herbst noch einmal einen – letzlich sinnlosen – Mobilisierungsschub herbeiführte. Das kleine Häuflein der verbliebenen Fernsehleute wandte sich jetzt einer neuen, noch primitiveren Form der Truppenbetreuung zu. Nachdem Schulze im November die bereits beschriebene Möbelwagen-Aktion initiierte, einen Zeichentrickfilm sowie in der Musikhochschule einen Streifen mit dem rumänischen Dirigenten und späteren Leiter der Berliner Philharmoniker, Sergiu Celibidache, drehen ließ (der allerdings nicht mehr fertiggestellt werden konnte), begann man etwa Anfang Dezember damit, Filmprogramme zusammenzustellen und diese in den umliegenden Lazaretten vorzuführen. Dafür standen im Filmlager des Paul-Nipkow-Senders genügend Spezialkopien von Spiel- und Kulturfilmen, Ufa-Wochenschauen und diversen fernseheigenen Beiträgen aus der Sendung *Bild des Tages* zur Verfügung. Da die Spielfilme in der Regel um die 90 Minuten dauerten, ergab sich zusammen mit der Wochenschau und dem Kulturfilm an den meisten Tagen eine Vorführdauer von etwa zwei Stunden.[50] Als Transportmittel verfügte man über einen Personenwagen sowie einen Kastenlieferwagen, die mit jeweils einem Vorführer und einem Fahrer, der auch beim Aufbau mithalf, besetzt wurden. Zur technischen Ausrüstung zählten zwei zerlegbare Projektionswände, Lautsprecher, Verstärker und zwei Filmprojektoren. Wenn es die Luftlage erlaubte, organisierten die beiden Wanderkino-Einheiten täglich zwei Vorführungen in Flakstellungen und Lazaretten. Während das Kinomaterial sogar anfangs noch angesagt wurden, entfiel dies, als Szymanski am 1. Januar 1945 zum SS-eigenen Nordland-Verlag wechselte.[51]

Im Frühjahr 1945 verengte sich der Aktionsradius der beiden Wanderkinos zusehens. Die Filmprogramme mußten schließlich ebenfalls eingestellt werden, als die Rote Armee Anfang März in Hinterpommern deutsche Abwehrstellungen durchbrach und zur Offensive in Richtung Ostsee antrat. Nach Schätzungen von Kurt Wagenführ sollen Fernsehmitarbeiter von März 1944 bis März 1945 rund 120 direkte Lazarett- und Fronteinsätze organisiert haben.[52] Der beim russischen Vormarsch auf einem Bauernhof bei Berlin zurückgelassene Kastenlieferwagen wurde später von den Sowjets ausgeschlachtet und als Transportfahrzeug benutzt. Mit dem zweiten Wagen wiederum setzte sich Otto Schulze ab, der zuletzt sogar im Rundfunkhaus übernachtete, weil seine Wohnung ausgebombt war. Schulze kam damit allerdings nur bis Spandau, wo ihn eine gesprengte Brücke an der Weiterfahrt nach Westen hinderte. Bei der Kapitulation Berlins Anfang Mai fielen sämtliche Geräte und Apparaturen der Filmabteilung in sowjetische Hände. Die etwa 10.000 Dias im Bildarchiv des ehemaligen Fernsehsenders Paul Nipkow wurden beim Einmarsch von haßerfüllten Rotarmisten auf den Boden geworfen und zertreten.[53]

ANMERKUNGEN

[1] Fritzsche an Leiter Personal RMVP über die Ernennung des Sendeleiters Moss zum Intendanten des Reichssenders Danzig, 14. 12. 1942, BA Kblz R 55/1015, fol. 30.
[2] vgl. Deutsches Bühnen-Jahrbuch 1944. Berlin 1944, S. 479.
[3] vgl. Personalunterlagen Moss im DC Brl.
[4] Reichsintendant Glasmeier an Goebbels, 1. 12. 1942, BA Kblz R 55/1015, fol. 27.
[5] Briefentwurf Gutterer an Reichsstatthalter Forster vom Dezember 1942, ebd, fol. 34-36, hier fol. 35.
[6] vgl. Boelcke, Willi A. (Hrsg.): Kriegspropaganda 1939-1941. Geheime Ministerkonferenzen im Reichspropagandaministerium. Stuttgart 1966, S. 57 f.

vgl. Wulf, Joseph: Presse und Funk im Dritten Reich. Eine Dokumentation. Frankfurt/Main, Berlin, Wien 1983, S. 304, Anm. 1.

7 vgl. Wulf, Joseph: Presse und Funk im Dritten Reich. Eine Dokumentation. Frankfurt/Main, Berlin, Wien 1983, S. 304, Anm. 1.

8 Personalbogen Harry Moss, o.D., BA Kblz R 55/1015, fol. 32.

9 Nachrichtenblatt des RMVP vom 28. 2. 1942, BA Kblz R 55/1025, fol. 164-165, hier fol. 165; Bericht Deutsche Revisions- und Treuhand AG über das Geschäftsjahr 1941/42 der RRG, BA Kblz R 2/4913.

10 Fritzsche an Leiter Personal RMVP über die Ernennung des Sendeleiters Moss zum Intendanten des Reichssenders Danzig, 14. 12. 1942, BA Kblz R 55/1015, fol. 30.

11 Leiter Personal RMVP an Fritzsche, 10. 12. 1942, ebd., fol. 29.

12 Reichsintendant Glasmeier an Goebbels, 1. 12. 1942, ebd., fol. 27.

13 Gespräch mit Jochen Kölsch, 2. 3. 1993.

14 Brief Theodora Glagla an Kurt Wagenführ, 18. 11. 1974, NL Wagenführ.

15 vgl. Hempel, Manfred: Der braune Kanal. Leipzig 1969, Dok. 68, S. 194-195.

16 vgl. Wartenburg, A.[ ] von: Vor dem Fernsehempfänger. In: Welt-Rundfunk 8(1944), 1/2, S. 30-34.

17 vgl. ebd., S. 34.

18 vgl. Hahn, Egon: Schmalfilm-Zentrale und Fernseh-Programm. Mit 3 Anlagen. Anlage I: Vordrucke; Anlage II: Bau-Projekt; Anlage III: Kalkulation. Berlin 1944.

19 vgl. ebd., S. 9.

20 Übersicht über die RRG-Etats 1943 und 1944, BA Kblz R 55/563, fol. 58.

21 In der ersten Etage des Amerikahauses befand sich die Bibliothek der Reichs-Rundfunk-Gesellschaft, und hier hatten die Brandbomben reichlich Nahrung gefunden. Deshalb war es trotz größter Bemühungen unmöglich, an die im Turm des Hauses untergebrachten Sender heranzugelangen. Außerdem lieferten die Hydranten in der Pommernallee nur wenig Wasser, so daß selbst die Bibliothek nicht mehr zu retten war.

22 Brief Hessling an RPD Hamburg, 20. 7. 1945, NL Wagenführ.

23 Anweisung RPM Flanze, 8. 12. 1943, BA Potsdam 47.01/20822.

24 Aktennotiz RFG, 4. 5. 1944, BA Potsdam 47.01/20816.

25 vgl. Kutschbach, Herbert: Das Ende der Fernseh-Pionierzeit. In: Rundfunk und Fernsehen 6(1958), 2, S. 282-284, hier S. 284.

26 vgl. Protokoll Gespräch Kurt Wagenführ mit Otto Schulze, 10. 9. 1978, NL Wagenführ.

27 Gesellschaftervertrag Mars-Film G.m.b.H, 22. 12. 1942, BA Kblz R 55/780, fol. 3-4, hier fol. 4.

28 Brief Bemeleit an Reichskammer der bildenden Künste, 14. 2. 1945, Personalunterlagen Bemeleit im DC Brl.

29 Zu den Aufgaben des NSV-Hilfswerkes „Mutter und Kind" vgl. Vorländer, Herwart: NS-Volkswohlfahrt und Winterhilfswerk des deutschen Volkes. In: Vierteljahreshefte für Zeitgeschichte 34(1986), 3, S. 341-380, hier S. 376-377.

30 Zehn Jahre Hilfswerk Mutter und Kind, BA-FA Brl, SP 12269, 1 Rolle.

31 vgl. Kaul, Walter: Gedichte im Fernsehsender. Schattenbilder um Matthias Claudius. In: Reichsrundfunk 4(1944/45), 3/4, S. 27-28.

32 Schattenbilder um Matthias Claudius, BA-FA Brl, SP 02981, 4 Rollen.

33 ebd.

34 vgl. Kutschbach, Herbert, Das Ende (wie Anm. 25), S. 283.

35 Brief Hessling an Herforth, 26. 8. 1943, NL Wagenführ.

36 Brief Hessling an Herforth, 7. 3. 1944, ebd.

37 Brief Hessling an Herforth, 16. 5. 1944, ebd.

38 Brief Hessling an Herforth, 20. 6. 1944, ebd.

39 Zusammengestellt nach einem undatierten Manuskript Kurt Wagenführs über das Ende des Fernsehsenders Paul Nipkow und der Honorarabrechnung Walter Tappe für Zeitdienst-Sendungen 26. 8. 1941-28. 4. 1944, o.D., ebd.

424

[40] Protokoll Rundfunkprogrammsitzung unter Leitung von Hans Fritzsche vom 28. 6. 1944, BA Kblz R 55/556, fol. 6.

[41] Protokoll Rundfunkprogrammsitzung vom 2. 8. 1944, ebd., fol. 28.

[42] Auf Entwicklung und Erprobung von sogenannten „Fernseh-Wunderwaffen" soll hier nicht näher eingegangen werden. Fernsehgeräte, die etwa zur Fernsteuerung in Hentschel-Gleitbomben (Steuerungskombination „Tonne/Seedorf") oder in einen von den Borgward-Werken produzierten, unbemannten Sprengpanzer „Goliath" eingebaut wurden, erwiesen sich als militärisch völlig uneffizient. Der Einsatz der Fernsehtechnik für Kriegszwecke war geprägt von einem – häufig unkoordinierten – Nebeneinander von staatlichen Vorgaben, Initiativen der Elektroindustrie, der Reichspost und einzelner Ingenieure. Außerdem stand Hitler technologischen Neuentwicklungen allgemein skeptisch gegenüber. Seine Interessen waren einseitig auf die traditionellen Waffen des Heeres ausgerichtet.
Zum militärischen Fernsehen vgl. Schlußbericht über die Erprobung von zielsuchenden Geräten auf photoelektrischer Grundlage zur Auslösung von Steuerimpulsen an Bombenkörpern vom 18. 7. 1941, BA-MA Frbg RL 36/454; 1. Teilbericht über die Entwicklung und Erprobung von Fernsehgeräten für ferngesteuerte Körper vom 10. 10. 1942, ebd.; Hahn, Fritz: Deutsche Geheimwaffen 1939-1945. Flugzeugbewaffnungen. Heidenheim 1963, S. 380-383; Trenkle, Fritz: Bordfunkgeräte. Vom Funkensender zum Bordradar. Koblenz 1986, S. 225-226; Nowarra, Heinz J.: Die deutsche Luftrüstung 1933-1945. Koblenz 1988, Bd. 4, S. 68 ff.; Praun, Albert: Nachrichtentruppe und Führung. In: Wehrwissenschaftliche Rundschau 1(1951), 5, S. 33-39; 6/7, S. 56-70; 2(1952), 1, S. 31-38; 5, S. 226-235; 6, S. 297-302; Boelcke, Willi A. (Hrsg.): Deutschlands Rüstung im Zweiten Weltkrieg. Hitlers Konferenzen mit Albert Speer 1942-1945. Frankfurt/Main 1969, S. 37-38.

[43] vgl. Heiber, Helmut: Joseph Goebbels. München 1974 (1. Aufl. Berlin 1962), S. 318.

[44] vgl. auch Mühr, Alfred: Rund um den Gendarmenmarkt. Von Iffland bis Gründgens. Zweihundert Jahre musisches Berlin. Oldenburg, Hamburg 1965, S. 382-383.

[45] Fritzsche an Haushaltsabteilung RMVP, 19. 9. 1944, BA Kblz R 55/563, fol. 54.

[46] vgl. Fritzsche, Hans: Rundfunk im totalen Krieg. In: Reichsrundfunk 4(1944/45), 13/14, S. 135-136, hier S. 135.

[47] Brief RRG an RMVP über Haushaltsfragen, 24. 10. 1944, BA Kblz R 55/563, fol. 61.

[48] ebd.

[49] Brief RRG an RMVP über Haushaltsfragen, 24. 10. 1944, BA Kblz R 55/563, fol. 61.

[50] vgl. Schulze, Otto: Verwundetenbetreuung. In: Fernseh-Informationen 42(1991), 20, S. 621-622, hier S. 621.

[51] Brief Nordland-Verlag an RMVP, 29. 12. 1944, BA Kblz R 55/222, fol. 104.

[52] vgl. Manuskript Kurt Wagenführ (wie Anm. 39).

[53] Gespräch mit Otto Schulze, 30. 6. 1991.

9. KEINE „STUNDE NULL": DER WIEDERAUFBAU DES BUNDESREPUBLIKANISCHEN FERNSEHENS

9.1. Das Bewährte erhalten
Die entbehrungsreiche „Odyssee" der Fernsehmänner

Mit der totalen Niederlage der Wehrmacht und der bedingungslosen Kapitulation des Deutschen Reiches am 8./9. Mai 1945 fand der Großdeutsche Rundfunk sein Ende. Obwohl Briten und Sowjets schon am 4. Mai respektive am 13. Mai 1945 in Hamburg und Berlin improvisierte Radioprogramme verbreiteten, war ein gemeinsames Konzept der Alliierten nicht vorhanden.[1] Einigkeit herrschte lediglich darüber, sämtliche deutschen Aktivitäten im Rundfunkbereich generell zu untersagen. Schon im September 1944, als anglo-amerikanische Truppen im Westen deutsche Reichsgrenzen überschritten, verkündete man aus dem Hauptquartier der alliierten Streitkräfte drei Gesetze, die auch nach der Kapitulation in Kraft blieben und 1945 noch einmal in den Amtsblättern der Besatzungsmächte abgedruckt wurden.[2] Das Gesetz Nr. 191 verbot den Deutschen „die Tätigkeit (...) oder den Betrieb (...) von Rundfunk- und Fernsehstationen und Rundfunkeinrichtungen"; Artikel 9 der alliierten „Erklärung in Anbetracht der Niederlage Deutschlands" vom 5. Juni 1945 bekräftigte das generelle Sendeverbot.[3] Durch das Gesetz Nr. 52 fielen die Rundfunksender der Reichspost unter die Beschlagnahme des Reichsvermögens. Die Funkhoheit ging auf die Siegermächte über und wurde fortan von den Militärgouverneuren der Besatzungszonen ausgeübt.[4] Damit verlor die Deutsche Post als Rechtsnachfolgerin der Reichspost wesentliche Bestandteile ihres Tätigkeitsfeldes.

Das Fernsehen blieb somit im Zuge der alliierten Gesetze, die sich freilich hauptsächlich auf den Hörfunk bezogen, bis auf weiteres verboten. Davon betroffen waren auch die Bereiche Forschung und Empfänger-Produktion, weil nach Ansicht der Sieger die Fernsehtechnik Parallelen mit der Radartechnik aufwies.[5] Zudem räumten die Besatzungsmächte dem Wiederaufbau des Hörfunks oberste Priorität ein, erfüllte er doch vor allem in den Wochen und Monaten nach dem Zusammenbruch eine lebenswichtige Funktion für die Bevölkerung. Trotz des alliierten Verbotes gab es aber deutscherseits schon wenige Tage nach der Kapitulation Bemühungen, die auf eine Wiederaufnahme der Fernseharbeit in Berlin abzielten.

Als treibende Kraft für einen übergangslosen Neubeginn erwies sich vor allem Hans-Joachim Hessling, seit 1943 bei der Reichspost-Fernsehgesellschaft in erster Linie für die Auslagerung der Technik verantwortlich. Nachdem er Anfang 1944 im berlinnahen Garlitz die bereits erwähnte „Hauptausweichstelle" eingerichtet hatte, die notfalls auch als Behelfsbetrieb genutzt werden konnte, befaßte sich der RFG-Prokurist in den letzten Monaten des Dritten Reiches mit der Suche nach weiteren Verlagerungsstätten, da Garlitz als unsicherer Standort galt. Bis Kriegsende entstanden somit fünf zusätzliche Depots, in denen das umfangreiche Fernsehmaterial aus Berlin und Paris eingelagert wurde: In Stadtsteinach bei Kulmbach brachte man Meßgeräte und Empfänger in Sicherheit. In den Orten Aach und Rielasingen am Fuße der Hegaualb deponierten die Techniker zwei komplette Kamerazüge sowie Filmabtaster, Empfänger und die Bibliothek der Fernsehgesellschaft. Nach Bufleben bei Gotha wurde ebenfalls eine Reihe von Geräten geschafft und in ein Salzbergwerk eingelagert. Ganz in der Nähe, in Luisenhall, befand sich ein weiterer Standort der Reichspost. Außerdem stellte Hessling im Frühjahr 1945 – „mangels anderer Gelegenheit" – sogar sein Haus in Berlin-Lichterfelde als Lagerraum zur Verfügung, wo den Sowjets beim Einmarsch Antennen, „einige Kiepen Generatorkohle", zwei Fernsehkameras und drei Empfänger in die Hände fielen.[6]

Als die Rote Armee in Berlin einzog, hatte sich freilich Hessling zusammen mit fünfzehn RFG-Technikern längst nach Westen aus dem Staub gemacht. Auf Befehl des „Reichsluftfahrtministeriums (...) und der Forschungsanstalt der Deutschen Reichspost"[7] verließ die Gruppe am 24. April 1945 Garlitz, nachdem sich die Sowjets bis auf wenige Kilometer an das Barackenlager herangekämpft hatten. Während man schweren Herzens etwa 200, zum Teil noch nicht zusammengebaute Kleinempfänger, eine größere Anzahl Stand- und Einheitsempfänger sowie Filmgeber und Verstärker zurücklassen mußte, konnten lediglich zwei Kameras der Wehrmacht („Tonne-p-Anlagen 80 Mhz") und eine Drehbank der Elektro-Optik GmbH gerettet werden. Mit „2 Phänomen-Wagen, 1 Mercedes-Spezial-Bauwagen, 1 Anhänger"[8] sowie mit Hesslings Privatfahrzeug fuhr man zunächst von Garlitz ins mecklenburgische Ludwigslust, um befehlsgemäß im dortigen Schloß Quartier zu nehmen. Da jedoch die Russen erneut in Sicht kamen, zog die Karawane zwei Tage später in Richtung Segeberg weiter und traf schließlich am 3. Mai 1945 in Preetz (Holstein) ein. Noch am selben Tag setzte sich Hessling ins benachbarte Kiel in Bewegung, um als gewissenhafter Kopf der Gruppe bei der dortigen Reichspostdirektion um weitere Anweisungen nachzufragen. RPD-Präsident Bauer, dessen Behörde in der vorigen Nacht einen schweren Bombentreffer hinnehmen mußte, hatte freilich ganz andere Sorgen: „Fahren Sie den ganzen Mist in den Plöner See, nehmen Sie sich heraus, was Sie brauchen können und gehen Sie nach Hause."[9]

Die inzwischen auf Schloß Bredeneck untergekommenen Techniker dachten freilich nicht im Traum daran, Bauers unkonventionellen Rat zu befolgen, sondern hielten auch weiterhin tapfer bei ihren exquisiten Fernseh-Gerätschaften aus. Zwei Tage vor der Kapitulation suchte Hessling erneut den RPD-Präsidenten auf. Bauers Achtung vor der deutschen Fernsehtechnik war zwar unvermindert gering: „Schreiben Sie an die Wagen ‚Post' heran, damit sie Ihnen nicht abgenommen werden, und mit dem anderen Krempel, der darin liegt, machen Sie, was Sie wollen."[10] Immerhin wurde es der Mannschaft nun gestattet, in das Anfang Mai stillgelegte Postamt in Preetz überzusiedeln, wo man zunächst daranging, die geretteten Personalakten der Fernsehgesellschaft zu sortieren. Da diese Unterlagen jedermann zugänglich waren, sprach es sich schnell herum, daß der überwiegende Teil der RFG-Angestellten nicht der NSDAP angehörte und überdies mehr verdiente, als ein Inspektor im Postamt. „[Deshalb] wurden wir bald von verschiedenen Mitgliedern des Postamtes regelrecht angepöbelt. Es wurde mehrfach geäußert, wenn wir und unsere Gesinnungsgenossen rechtzeitig einen Genickschuß gekriegt hätten, dann wäre der Krieg anders ausgegangen. Wir wurden noch nach dem Waffenstillstand mit ‚Heil Hitler' begrüßt."[11]

Einigen „Gesinnungsgenossen" gingen offenbar die rüden Anfeindungen der Preetzer Postbeamten und Hitler-Jünger zu weit, denn Hesslings Restgruppe schrumpfte daraufhin auf etwa zehn Mann zusammen. Von dem Vorhaben, das Fernsehen so schnell wie möglich wieder in Gang zu setzen, ließ man sich aber auch im allgemeinen Chaos der ersten Nachkriegswochen nicht abbringen. Von Mitte Mai 1945 an unternahm Hessling verzweifelte Versuche, die in diese Richtung zielten. Zunächst wandte er sich – mehrmals – an einen „Arbeitsstab des Reichspostministeriums", der sich in Flensburg konstituiert hatte und dort seit geraumer Zeit tagte. Als auch auf oberster Postebene Hesslings Plan auf Kopfschütteln und absolutes Unverständnis stieß, suchten die Fernsehleute ihr Heil bei den Besatzungsmächten. Trotz des alliierten Verbots richtete Hessling schon am 26. Mai 1945 an die sowjetische Militärverwaltung eine „Anfrage, ob Interesse an [der] Wiederaufnahme des Fernsehrundfunks in Berlin mit dem alten Personal besteht".[12] Falls die Besatzungsmacht zustimme, so meinte Hessling voller Optimismus, werde „die hiesige Gruppe und einige Spezialisten, die sich noch in der Umgebung Berlins aufhalten dürften", sofort mit „aller Kraft" und „großer Begeisterung" an den Wiederaufbau des Fernsehens herangehen, der sich im Rahmen der alliierten Truppenbetreuung „besonders propagandistisch sehr gut ausnützen läßt".[13] Anfang Juni und Mitte Juli folgten weitere „illegale Annäherungsversuche" bei den Briten, wobei Hessling darauf hinwies, ein Fernsehstart – entweder im Berliner Deutschlandhaus, in Garlitz oder in Hamburg – sei mit der eingelagerten Technik binnen drei Monaten nach der alliierten Genehmigung durchaus realisierbar.[14] Der RFG-Prokurist präsentierte nun sogar eigene Programmvorschläge, die freilich an Opportunismus kaum noch zu überbieten waren. Während die Fernsehgesellschaft in den Kriegsjahren zielstrebig auf die Übertragung des ersten Nürnberger NSDAP-Parteitages nach dem „Endsieg" hinarbeitete, sollten diese Vorarbeiten jetzt für ein anderes Ereignis genutzt werden:

> „Es ließen sich z.B. Ausschnitte aus den Nürnberger Prozessen allein über Kabel nach München, Leipzig, Berlin, Hamburg und den an diesen Strecken liegenden Städten leiten und dort entweder durch Großbild, per Kabel, oder drahtlos, oder durch aufgestellte Kleinbildempfänger der breiten Masse zugänglich machen. Von Hamburg aus wären Dezi-Funkverbindungen direkt von und nach England möglich."[15]

Aber selbst dem wendigen Hessling war bald klar, daß sich die vier Besatzungsmächte über eine Wiederaufnahme des Fernsehens im geteilten Berlin so schnell nicht einigen würden. Wohl nach Absprache mit Friedrich Stumpf, der nach dem Zusammenbruch in Rielasingen Unterschlupf gefunden hatte und von dort Hesslings Zufallsanfragen mit wachsendem Interesse verfolgte, änderte die Preetzer Gruppe im Sommer

1945 ihre Taktik und propagierte fortan den Fernseheinstieg in Hamburg. Als Hessling am 3. August auf eigene Faust bei Radio Hamburg vorsprach und die Situation seiner Mitarbeiter schilderte, gingen die britischen Kontrolloffiziere zunächst auf Distanz. Ihr Interesse vor allem an den technischen Anlagen war jedoch geweckt. Anfang September 1945 verlangte die britische Rundfunküberwachungsbehörde („Broadcasting Control Units") unter Leitung von Generalmajor William Henry Alexander Bishop detaillierte Angaben über Art und Menge der eingelagerten Geräte sowie über den letzten Entwicklungsstand der deutschen Fernsehtechnik, wobei man verständlicherweise besonderen Wert legte auf die während des Krieges gemachten Fortschritte.[16] Hessling kam dieser Aufforderung vier Wochen später nach. Am Ende seines zweiseitigen Reports schrieb er, ein in Brettstedt stehender UKW-Sender könne eventuell auf dem Dach des Deutschen Rings in Hamburg installiert und anschließend ein „kleinerer Studiobetrieb" in der Elbe-Metropole aufgezogen werden. Darüber hinaus schlug er den Einsatz sogenannter mobiler Knickebeinsender vor, „so daß eine umfangreiche Versorgung in der britischen Zone möglich wäre".[17] Falls nicht genügend Empfänger aufgefunden würden, so meinte der Nicht-Techniker Hessling weiter, könne der Gerätebau zunächst durch die RFG selbst oder durch das ausgelagerte Institut für angewandte Physik der Universität Kiel auf Schloß Bredeneck erfolgen. Bis zur Fertigstellung einer größeren Anzahl von Geräten für den Privatempfang sollten – „wie seinerzeit in Berlin" – Fernsehstuben eingerichtet werden.[18]

Während die britischen Radiooffiziere vorgaben, man werde die Empfehlung Hesslings prüfen, mußte die RFG-Truppe im Spätsommer 1945 erneut umziehen, nachdem das Preetzer Postamt in den Sommermonaten seine Pforten wieder geöffnet hatte und der zur Verfügung gestellte Raum dringend benötigt wurde. Ermutigt durch das vage Interesse der Engländer, zog es die übriggebliebenen Techniker nun von der Provinz in die Metropole Hamburg. Man könne in der Hansestadt viel leichter einen ständigen Kontakt zu den britischen Behörden herstellen als von Preetz aus, begründete Hessling Ende Juli den Standortwechsel gegenüber der dortigen Reichspostdirektion.[19] Mitte September 1945 schließlich, am Ende der entbehrungsreichen „Odyssee",[20] kamen die „traurigen Reste von Material und Männern"[21] im Hamburger Stadtteil Langenhorn unter.

9.2. Personelle Altlasten
Die Fernsehabteilungen füllen sich mit Ehemaligen

In den nächsten Monaten verdiente sich die Truppe um Hessling ihren Unterhalt mit der Fertigung von Meßgeräten, Oszillographen für die AEG und Diebstahlsicherungen für Autos. Anfangs plante man sogar, die Rest-RFG bis zum herbeigesehnten Fernsehstart in eine „Hamburger Apparatebau-Gesellschaft" umzuwandeln, mit Hessling und dem Prokuristen Hermann Weber als Gesellschafter.[22] Als jedoch die Briten Ende Januar 1946 überraschend von sich aus das Gespräch suchten, traten solche Pläne schnell wieder in den Hintergrund, zumal Hessling kurz darauf dem „lieben Herrn Stumpf" über scheinbar sensationelle Fortschritte berichten konnte:

„Es wurde mir gesagt, dass das Fernsehen gemacht werden soll, und zwar in der Hauptsache Schulfunk. Der Betrieb soll in etwa einem Jahr laufen. Es wurden alle Möglichkeiten und insbesondere die Ziele der Londoner Stellen durchgesprochen – über eine einheitliche Fernsehnorm usw., ähnlich wie es früher auch unsere Ziele waren."[23]

Am 11. Februar wurde Hessling erneut „zum Engländer beordert", wie er sich zwei Tage später in einem weiteren Schreiben an Stumpf ausdrückte. Quintessenz der eingehenden Unterredung war die britische Zusage, wonach die alten Berliner Fernsehleute schon „in der nächsten Woche" mit der Zuweisung eines Studios im Shell-Haus an der Alster rechnen könnten. Dort solle zunächst mit ungefähr sechs Mann mit den Fernseharbeiten begonnen werden. Die Briten legten dabei besonderen Wert auf den Großbildempfang und strebten ein „internationales Fernsehnetz" nach der englischen Norm an, rapportierte Hessling an Stumpf, „damit Sie auf dem laufenden sind".[24]

Trotz der Hartnäckigkeit, mit der man auf deutscher Seite vom ersten Tag an für das Fernsehen warb, ist es unwahrscheinlich, daß die britische Besatzungsmacht Anfang 1946 ernsthaft mit dem Gedanken spielte, das Fernsehverbot aufzuheben. Vielmehr schob man offenbar Zugeständnisse vor, um die alten Enthusiasten auszuhorchen und sich somit ein Bild von den deutschen Fernsehaktivitäten bis 1945 zu verschaffen. Eine Zusammenarbeit mit der Fernsehgesellschaft, die der Tradition der alten Reichspost verpflichtet war, kam ehedem für die Briten von vornherein nicht in Frage. „Sie werden verstehen, daß ich da nicht mehr durchblicke", kommentierte Friedrich Stumpf 1947 das Mißtrauen der Besatzungsoffiziere.[25] Folgt man den Erinnerungen der Dabeigewesenen, so legten die Alliierten darüber hinaus keinen gesteigerten Wert darauf, die gut behüteten deutschen „Fernsehschätze" zu bewahren. Einige der von Hesslings Gruppe geretteten Apparaturen beschlagnahmte die britische Besatzungsmacht und schickte sie nach London.[26] Ähnlich erging es jenen Gerätschaften, die in den anderen Besatzungszonen lagerten. Das im Salzbergwerk von Bufleben deponierte Material fiel den Amerikanern in die Hände und wurde zerschlagen. In Aach und Rielasingen nahmen die Franzosen mit, was sie gebrauchen konnten; der kümmerliche Rest wurde der Oberpostdirektion Freiburg übergeben oder war zuvor von Rundfunkhändlern gestohlen bzw. zerstört worden.[27] Aus der sowjetischen Zone war sowieso nichts zu erwarten, obwohl Hessling 1945 mehrmals – vergeblich – eine Reisegenehmigung für Berlin beantragt hatte. „Die Abschlußbilanz an Einrichtungen dürfte also für einen Start weniger als wenig sein", schrieb der verwirrte Stumpf 1947 nach Hamburg.[28]

Das von Hessling noch im Jahr zuvor gelobte „forsche Vorgehen" der Briten ebbte denn auch in den folgenden Monaten wieder merklich ab. Die Hamburger Fernsehleute bauten unterdessen weiter ihre Geräte im Schatten der Reichspost-Fernsehgesellschaft, die ja noch immer bestand. Doch Hans-Joachim Hessling ließ nicht locker. Mit schöner

Regelmäßigkeit richtete er nun langatmige Petitionen an die verschiedensten deutschen Stellen. Darin beschwor er die Kontinuität zwischen der Zeit vor 1945 und der Zeit danach und schlug zugleich vor, dem Fernsehen durch eine Serie von Zeitungsartikeln und Rundfunksendungen regelrecht „zum Wiederaufbau zu verhelfen". „Material und Aufsätze können jederzeit von mir geliefert werden", ließ er beispielsweise im August 1947 die SPD wissen, als deren getreuer Anhänger er sich bezeichnete.[29] Hesslings Beharrlichkeit und hartnäckige Fürsprache trugen jedoch schon 1946 erste Früchte. Nicht zuletzt von seinem Engagement angelockt, versammelte sich im Laufe des Jahres in Hamburg relativ schnell eine Gruppe aus ehemaligen Postangehörigen, Ingenieuren und Journalisten. Dabei waren zum Beispiel Fernsehpraktiker der alten Reichspost, die sich vor den Toren Hamburgs, in der Kleinstadt Bargteheide, formierten und dort in einem Frauenerholungsheim der Post Unterschlupf fanden. Die Leitung der Gruppe übernahm Friedrich Gladenbeck, im Dritten Reich Präsident der Forschungsanstalt der Reichspost, den Hessling schon im Sommer 1945 in Stadtsteinach aufgesucht und anschließend in seinem Namen um Unterstützung bei den Hamburger Poststellen gebeten hatte;[30] Anfang 1947 nahmen Gladenbeck und seine Mannschaft Kontakt mit dem NWDR auf. Hinzu kamen einige Fachjournalisten, die das NS-Fernsehen publizistisch begleitet hatten und sich nun nach 1945 auch für den Wiederaufbau des Mediums einsetzten: Kurt Wagenführ, für kurze Zeit Leiter der NWDR-Pressestelle, bis er vom britischen Chief Controller Hugh Carleton Greene wegen seiner politischen Vergangenheit entlassen wurde,[31] Gerhard Eckert, aber auch der Zeitschriftenredakteur Gerhard Krollpfeifer und der Chefredakteur der *Hörzu*, Eduard Rhein.

Alle genannten Techniker, Postangehörigen und Journalisten standen im engen Kontakt miteinander und hofften, die durch den Krieg unterbrochene Fernseharbeit in der Hansestadt so schnell wie möglich wieder aufnehmen zu können. Mit ihrem technischen und fachlichen Wissen hielten sie fortan die Fäden einer künftigen Fernsehentwicklung in der Hand.[32] Der Geschäftsführer der Fernseh GmbH, Rolf Möller, der sich im Mai 1945 mit einigen Spitzenkräften ins oberbayerische Taufkirchen an der Vils abgesetzt hatte, verfolgte von dort aus gespannt die Ereignisse in der Hansestadt und fieberte einem Fernsehstart geradezu entgegen. Möller initiierte nicht nur 1946 den sogenannten „Ettlinger Kreis", um am grünen Tisch über technische Prinzipien eines Nachkriegsfernsehens zu diskutieren.[33] Er ließ darüber hinaus Hans-Joachim Hessling Ende 1947 wissen, er warte nur auf den Moment, „wo wir der Tradition unserer Firma entsprechend uns wieder auf dem Fernsehgebiet betätigen können".[34] Bis dahin mußte allerdings das alliierte Verbot überwunden, der NWDR von der Notwendigkeit des Fernsehens überzeugt und die Fernsehentwicklung selbst von der Post gelöst werden, da keine Aussicht bestand, sie in diesem Rahmen wieder aufnehmen zu können.

Fernsehen beim Nordwestdeutschen Rundfunk rückte aber erst zur Jahreswende 1947/48 in den Bereich des Möglichen.[35] Als Schlüsselfigur für die Aufnahme eines Hamburger Versuchsbetriebs erwies sich Werner Nestel, der von 1937 an bei Telefunken in der Abteilung Großsender gearbeitet hatte und zehn Jahre später, am 1. März 1947, als technischer Direktor beim NWDR eingestellt wurde. Nestel war es, der als erster für den NWDR seine Kontakte zu den in den Westzonen versprengten Fernsehtechnikern spielen ließ und an den Besprechungen des Ettlinger Kreises teilnahm. Als Keimzelle für ein künftiges NWDR-Fernsehen bot sich für ihn die Restgruppe der RFG geradezu an, deren Finanzierung der Nordwestdeutsche Rundfunk schließlich von Anfang Juli 1948 an übernahm.[36] Als am 19. Juli 1948 auf Betreiben Greenes die offizielle Genehmigung der Briten für einen Versuchsbetrieb erteilt worden war, übernahm Nestel – zunächst gegen den erklärten Willen der Post, aber mit Genehmigung der britischen Militärregierung – am 1. Oktober die achtköpfige Mannschaft der Fernsehgesellschaft in den NWDR,[37] die sich kurz darauf in einem alten Luftschutzbunker auf dem Heiligengeistfeld häuslich einrichtete, um dort den technischen Ausbau vorzubereiten. Als Verwaltungsleiter der neuen Fernsehabteilung berief Nestel Hans-Joachim Hessling, der sich damit am hart erkämpften Ziel seiner Wünsche wähnte. Hesslings Befürchtung vom Februar 1946, „dass ich hier alles organisiere und nachher Neese bin",[38] hatte sich somit nicht bewahrheitet.

Wenige Tage vor dem Start des Versuchsprogrammes am 27. November 1950 fanden weitere ehemalige Studiotechniker und Kameraleute des Paul-Nipkow-Senders den Weg zum neuen NWDR-Fernsehen: Herbert Kutschbach, Hans Grack, Alfred Reimers, Hans Sester und Heinrich Sieverling – insgesamt „ein altes und erfahrenes Berliner Team", wie Kurt Wagenführ mit Genugtuung feststellte.[39] Auch bei den Programmmachern, die sich in den ersten Nachkriegsmonaten mehrmals getroffen hatten, um das weitere Vorgehen abzustimmen,[40] knüpfte man personell wieder an alte Fernsehtraditionen an. Nachdem Hanns Farenburg in der Hansestadt von Werner Pleister, dem wegen seiner Nazivergangenheit umstrittenen neuen Programmbeauftragten für das NWDR-Fernsehen, als Oberspielleiter engagiert und daraufhin beauftragt worden war, adäquate Darsteller, Redakteure und Bühnenbildner zu verpflichten,[41] tauchten nach und nach die „alten Fernsehhasen" wieder auf: Jochen Richert als Redakteur für Aktuelles, die beiden Reporter Hugo Murero (der später auch Betriebsratsvorsitzender beim NWDR in Köln werden sollte)[42] und Eduard Roderich Dietze, aber auch Ilse Obrig, Charlotte Radspieler oder der Bühnenbildner Karl Joksch. Vor allem Kurt Wagenführ – der in Hamburg die ersten Fernsehversuche wieder publizistisch begleitete und nach seiner Entlassung beim NWDR als „graue Eminenz" und „privater Vertrauter" Adolf Grimmes einen gewissen Einfluß im Funkhaus behielt[43] – „ließ nicht locker"[44] und setzte sich besonders eifrig für die Rückkehr der alten Mitarbeiter ein. Im Herbst 1940, nach einem seiner häufigen Besuche im Berliner Nipkow-Sender, hatte Wagenführ mit geradezu beängstigender Genauigkeit prognostiziert: „Wenn das zweite Jahrzehnt [gemeint sind die vierziger Jahre, K.W.] vergangen sein wird, dann wird niemand an diesen Männern vorübergehen können (...)."[45] In den Fünfzigern unternahm denn auch Wagenführ einiges, um in diesem Sinne zu wirken, das Fernsehen selbst mit durchzusetzen und „die Truppe" beieinanderzuhalten. Jene Rundfunkleute aber, die wie Gregor von Rezzori oder Ernst Schnabel nicht mit dem Stallgeruch des Nipkow-Senders behaftet waren, hielt er für wenig geeignet, beim bundesrepublikanischen Fernsehen tätig zu werden.[46]

Im NWDR-Funkhaus Berlin griff man indes besonders beherzt auf altgediente „Pioniere" zurück. Hier versuchte von 1951 an Heinz Riek, parallel zur Zentraltechnik in Hamburg, ein eigenes Versuchsprogramm auf die Beine zu stellen, das dann im Herbst 1952 in dem gemeinsamen NWDR-Programm (mit Hamburg und vom 1.1.1953 an auch mit Köln) aufging.[47] Zu den Mitarbeitern, die Riek im folgenden um sich scharte, zählten beispielsweise Waldemar Bublitz, Kurt Tetzlaff, Wolfgang Neusch, Herbert Mähnz-Junkers, Hannes Küpper, Kurt Krüger-Lorenzen oder der Kameramann Wilhelm Buhler, der am 1. April 1955 zum Leiter der Filmabteilung und Chef-kameramann des Senders Freies Berlin (SFB) aufsteigen sollte.[48] Schon 1952 kehrte auch Julius Jacobi aus russischer Kriegsgefangenschaft nach Berlin zurück, um als neuer Leiter vom Dienst beim NWDR-Fernsehen zu reüssieren. Den entscheidenden Schritt in das Bewußtsein der Öffentlichkeit tat das Medium mit der Berliner Industrie-ausstellung im Oktober 1951. Während der NWDR unter dem Funkturm mit großem Aufwand ein vielbeachtetes Live-Programm ausstrahlte, verknüpfte die Post mit eigenen Darbietungen die schwache Hoffnung, ihren Einfluß auf ein künftiges Fernsehen zu erhalten. Für die inhaltliche Zusammenstellung dieses posteigenen Konkurrenz-programmes aus der Konserve war mit Sylvester Albert Szymanski ein weiterer „alter Kämpfer" verantwortlich,[49] der die Tradition des NS-Fernsehens besonders hochhielt. Szymanski rief nicht nur 1950 eine „Studien-Gesellschaft ehemaliger Mitglieder des Berliner Fernsehrundfunks Paul Nipkow" ins Leben. Er gab auch akribisch verfaßte Namens- und Adressenverzeichnisse heraus,[50] um damit später gegenüber der vermeint-lichen Rechtsnachfolgerin ARD Versorgungsansprüche geltend zu machen.[51] Für Szymanski war es im Oktober 1951 auch selbstverständlich, Paul Nipkow posthum ein Denkmal zu setzen und auf der Industrieausstellung mit einer „Folge" über die Anfänge des deutschen Fernsehens an die Öffentlichkeit zu treten – ein Projekt, das er bekannt-lich bereits 1943 verfolgt, dann aber wieder zurückgestellt hatte. Um seine Materialsammlung über Nipkow zu komplettieren, bat Szymanski die Nachkommen des Fernseherfinders um Mithilfe. Sein Brief an den Sohn Nipkows vom August 1951 (vgl. Anlage 10) ist symptomatisch für das Selbstverständnis der im Dritten Reich beim audiovisuellen Medium Dabeigewesenen.

Auch in anderen öffentlich-rechtlichen Rundfunkanstalten, die nach dem NWDR Fernsehabteilungen aufbauten, münzte so mancher Veteran sein Erfahrungspotential in leitende Funktionen um: Wilm ten Haaf beim Bayerischen Rundfunk (1952), Kurt Hinzmann, Peter A. Horn und Otto Schulze beim Südwestfunk (1953) oder Elena Gerhardt beim Hessischen Rundfunk (1954).[52] Leopold Hainisch, von 1937 bis 1939 amtierender Oberspielleiter, der bereits 1940 angekündigt hatte: „Passen Sie auf, wie es nach dem Kriege werden wird! Und dann werden Sie auch mich wieder beim Fernsehsender sehen",[53] feierte in Hamburg sein Comeback und entwarf nach ministeri-eller Aufforderung Organisationspläne für das österreichische Fernsehen. „Mit Freuden" wäre auch der Bühnenbildner Heinz Monnier „in mein altes Fach" zurückgekehrt. Er bewarb sich deshalb im Januar 1952 beim NWDR in Hamburg. Allerdings wurde er abgewiesen, weil die Stelle bereits von Karl Joksch besetzt war;[54] nach dem Krieg hatte es

Monnier zunächst als Schriftmaler und Dolmetscher zu den Amerikanern, später als Bühnenbildner zum Schloßtheater in Celle verschlagen. Hingegen wurde das DDR-Fernsehen ohne jede Beziehung zur Tradition vor 1945 aufgebaut. Mit Ernst Augustin, der als erster Technischer Leiter reüssierte, und einer Schnittmeisterin sollen beim Adlershofer Sender lediglich zwei Mitarbeiter des NS-Fernsehens mitgewirkt haben.[55]

Andere wiederum, vor allem die politisch erheblich belastete erste Garnitur, wie die beiden maßgeblichen Intendanten Hans-Jürgen Nierentz und Herbert Engler, konnten nach 1945 nicht wieder zum Fernsehen zurückkehren. Während sich die Spur von Harry Moss nach dem Krieg verliert, verschlug es Nierentz als Texter und Werbeschriftsteller ins Rheinland. Er steuerte jedoch im folgenden einige Erinnerungsartikel über die „gute alte Pionierzeit" bei[56] oder schrieb unter dem Pseudonym „Alias" Fernsehkommentare in Versform für die Zeitschrift *Fernseh-Rundschau*.[57] Engler wiederum gründete 1949 – zusammen mit Hans-Gerd Füngeling – die Brevis-Film GmbH, eine Kölner Gesellschaft zur „Herstellung von Kultur-, Lehr-, Industrie- und Werbefilmen".[58] Bis nachweislich 1960 betrieb er – ohne Erfolg – seine Rückkehr zum audiovisuellen Medium[59] und versuchte zugleich, Freifrau Spies von Büllesheim als „Sachbearbeiterin für das Kinderfernsehen"[60] unterzubringen; Herbert Engler verstarb am 2. 4. 1969 in Bensberg-Frankenforst.

Arthur Bemeleit und Karlheinz Kölsch blieb der Weg zum bundesrepublikanischen Fernsehen ebenso verwehrt wie Hugo Landgraf oder Friedrich Stumpf. Während letzterer schon im März 1947 – wegen „meiner 33iger Parteizugehörigkeit"[61] – nur noch wenig Hoffnung hatte auf eine Rückkehr ins Fernsehgeschäft und sich fortan mit der Produktion von Fernmeldeanlagen beschäftigte, soll Landgraf im Juni 1953 „hinter dem Stacheldraht eines östlichen Konzentrationslagers" gestorben sein.[62] Bemeleit wurde 1947 aus einem amerikanischen Lager bei Darmstadt entlassen und anschließend von der Spruchkammer Frankfurt „entnazifiziert". Der ehemalige kaufmännische Leiter Kölsch ließ diesen Akt lieber in Westfalen vornehmen, „weil er in Berlin niemals entlastet worden wäre".[63] Eidesstattliche Versicherungen, die sich Kölsch und Bemeleit gegenseitig ausstellten, trugen schließlich dazu bei, daß beide gewissermaßen dekontaminiert aus der Säuberungsprozedur hervorgingen. Wenige Monate nach Kriegsende, Anfang Dezember 1945, hatte sich Kölsch überstürzt aus der zerbombten Ruinenmetropole nach Werl abgesetzt, nachdem sein Zimmergenosse, ein ehemaliger Techniker des Nipkow-Senders, nur wenige Stunden zuvor von den Russen abtransportiert worden war. Er nahm zwar kurz darauf in Baden-Baden wieder Kontakt mit den „alten" Kollegen auf. Kölschs Bemühungen um eine Rückkehr zum Fernsehen schlugen jedoch wegen seiner braunen Vergangenheit fehl. So betätigte er sich von September 1948 an als Geschäftsführer eines kleinen Bielefelder Unternehmens, dessen Besitzer, wie Kölsch, der Freimaurerloge Schlaraffia angehörte. Am 20. Mai 1952 stürzte Kölsch in Frankfurt am Main schwer, blieb stundenlang unentdeckt und ohne Bewußtsein liegen und verstarb schließlich an den Folgen eines doppelten Schädelbasisbruchs.[64]

9.3. Konzepte mit Prägekraft
Inhaltliche Anknüpfungspunkte in der Versuchszeit

Inwieweit, so ist abschließend zu fragen, überdauerten Programminhalte und -gattungen aus der Zeit vor 1945 den Epochenwechsel und beeinflußten das bundesrepublikanische Fernsehen der frühen fünfziger Jahre. Zwar konnte das Nachkriegsmedium nahtlos an die Ressourcen des NS-Fernsehens anknüpfen – dies, wie gezeigt, vor allem in personeller Hinsicht. Programmlich war eine Anknüpfung an die braune Vergangenheit freilich nicht erwünscht. Dennoch konnten sich alle Beteiligten Anfang der Fünfziger auf eine gemeinsame Programmlinie so recht nicht einigen. So kam es, daß in der Versuchszeit des NWDR-Fernsehens eine rege Reisetätigkeit einsetzte. Anfang Dezember 1950 fuhren beispielsweise die Mitglieder einer „Fernsehkommission der Rundfunkanstalten“ – der Intendant des Hessischen Rundfunks, Eberhard Beckmann, NWDR-Direktor Werner Nestel sowie der Justitiar des Südwestfunks, Carl Haensel – nach Paris; im März 1951 ging es dann nach London. Im Mai 1951 wiederum informierte sich Nestel in Spanien, und das NWDR-Verwaltungsratmitglied Küstermeier flog wenig später in die USA. Im Juni/August 1951 reiste Nestel mit der Fernsehkommission ebenfalls in die Vereinigten Staaten.[65] Die Emissäre waren zwar durchweg beeindruckt von den Fortschritten im Ausland, kamen aber anschließend zu unterschiedlichen Bewertungen. Während SWF-Justitiar Haensel aus seiner Begeisterung für das amerikanische Fernsehen keinen Hehl machte,[66] orientierte sich der NWDR – nicht zuletzt aus seiner engen Verbundenheit mit der BBC heraus – fortan am englischen Fernsehen. Hingegen distanzierte man sich in der Hansestadt bewußt von den mit Unterhaltung und Werbung versetzten US-Programmen.[67]

Zwar stand die Orientierung an den Fernsehsystemen der Besatzungsmächte von Beginn an außer Zweifel. Gleichwohl war man sich auch einig darüber, daß die ausländischen Beispiele beim Aufbau einer künftigen deutschen Programmlinie nur Hilfestellung leisten konnten. 1952 wies Werner Nestel ausdrücklich darauf hin, man sehe zwar das englische BBC-Fernsehen als grobe Orientierung und positives Vorbild an, nicht aber als exaktes Modell, das dem NWDR-Fernsehen einfach übergestülpt werden könne. Zu den Schwierigkeiten, eine eigene Programmlinie zu modulieren, ohne Konzepte aus den dreißiger und vierziger Jahren zu berücksichtigen, schrieb der Technische Direktor im Jahrbuch des Nordwestdeutschen Rundfunks: „Die Form, die ein Fernsehprogramm erhält, läßt sich nicht am grünen Tisch entwickeln oder gar erfinden.“[68] Was lag also näher, als sich für den Wiederbeginn auch bewährter Vorbilder aus der deutschen Praxis zu bedienen? Tatsächlich läßt sich bei der Programmgestaltung des frühen bundesrepublikanischen Fernsehens feststellen, „daß im Neubeginn Momente zusammenkommen, die ihn sowohl als Neubeginn wie auch als Fortsetzung der Praxis des NS-Fernsehens, wenn auch mit anderen politischen und ideologischen Vorzeichen, erscheinen lassen“.[69]

Somit wurde der NWDR anfangs von jenem Fernsehverständnis geprägt, wie man es in den dreißiger Jahren kreiert hatte, obwohl sich schon bald der Einfluß des BBC-

Fernsehens bemerkbar machen sollte. Aber vor allem während der Versuchszeit gab es eine ganze Reihe von inhaltlichen Affinitäten und strukturellen Anleihen an die vorhandene deutsche Tradition. Nachrichten mit Wetterkarte zum Programmstart um 20.00 Uhr, anschließend bis 22.00 Uhr Kulturfilm und Spielfilm – das ist, mit einigen Modifikationen, auch 1950 wieder das Strickmuster der Programme innerhalb des NWDR-Versuchsfernsehens. Oberstes Ziel war freilich nicht die Ausstrahlung von Filmen, sondern das live produzierte Fernsehen, und so sind die ersten Jahre in Hamburg und Berlin erneut geprägt von den verschiedensten Experimenten, Filme und Live-Produktionen miteinander zu kombinieren.[70] Flankiert wurde der Wiederaufbau des Mediums vom Lamento der Veteranen über zu enge Raumverhältnisse in den Studios, die schwache personelle Besetzung der Fernsehabteilungen sowie über grundsätzliche Schwierigkeiten bei der Produktion der ersten Sendungen.[71]

Parallelen gab es indes nicht nur bei der Struktur, sondern auch hinsichtlich der Programmformen. Das führte zum Beispiel in Hamburg dazu, daß im Februar 1951 die Sendung *Bild des Tages* (als Vorgängerin der *Tagesschau*) wieder aufgenommen und in bewährter Manier konzipiert wurde: mit einem aktuellen Standphoto, das durch einen maximal zweiminütigen gesprochenen Text erläutert wurde. Auch beim Fernsehspiel dauerte es eine ganze Weile, bis man sich von den Konzepten der NS-Zeit löste und zu einer neuen Form fand. In der Entstehungsphase des bundesrepublikanischen Fernsehens knüpften die Programmacher insofern an vorhandene Traditionen an, indem sie das ästhetische Konzept als Live-Produktion hinüberretteten und das „Arteigene" nun zum Medienspezifischen erklärten. Hier sorgte vor allem Gerhard Eckertmit seinen zahlreichen Beiträgen über das Fernsehspiel,[72] insbesondere aber mit seinem Buch *Die Kunst des Fernsehens*,[73] für konzeptionelle Kontinuität und beeinflußte damit in den frühen Fünfzigern erneut die Diskussion nachhaltig. Während allerdings die politischen Spiele des Nipkow-Senders tunlichst vermieden wurden, gab es nach 1952 wieder einige unterhaltende Produktionen, die man schon in der NS-Zeit gezeigt hatte: Ludwig Thomas Schwank *Erste Klasse* (NWDR Hamburg, 12.2.1953), George Bernard Shaws *Der Schlachtenlenker* (NWDR Hamburg, 27.2.1953), *Karl und Anna* von Manfred Rössner (NWDR Hamburg, 22.12.1953), Goethes *Die Geschwister* (NWDR Berlin, 22.6.1954) oder Heribert Grügers Märchenspiel *Eine kleine Melodie erlebt Abenteuer* (ARD, 29.10.1967).[74] Curt Goetzens Komödie *Ingeborg* gehörte ebenso dazu wie das Mantel- und Degenstück *Dame Kobold* nach Calderón de la Barca, das Hannes Küpper sowohl vor als auch nach 1945 für das Fernsehen inszenierte.[75]

Auch in anderen Programmsparten lassen sich auffällige Kontinuitäten feststellen. Während im Unterhaltungssektor die Kuppelsaal- und Kindersendungen Maßstäbe setzten, hielt das televisuelle Vorkochen bis weit in die fünfziger Jahre hinein an. Hingegen nahm man zwar die sogenannten Fernsehfolgen in direkter Form nicht wieder auf. Indirekt fand jedoch das Konzept, dokumentarische Filmsequenzen und live produzierte Gespräche oder Demonstrationen aus dem Studio miteinander zu verbinden, beim Neubeginn seine Fortsetzung und Weiterentwicklung zur Form des Dokumentarberichts. Gleichwohl hielt man sich bei der bloßen Übernahme von Sendungen des NS-

Fernsehens spürbar zurück. Nachdem – wahrscheinlich – im Oktober 1951 Szymanskis Lebensbild von Paul Nipkow ausgestrahlt wurde, schaffte beim NWDR in Hamburg Hugo Landgrafs Porträt des Chemikers Justus Liebig erneut den Sprung ins Programm (4. 3. 1953) und wurde nach dem Tod des Autors am 29. Juni 1953 noch einmal wiederholt. Hingegen kanzelte die Kritik Hans José Rehfischs späteren Versuch über Emil Behring (8. 10. 1953) als „uninteressant" und „schulfunkisch" ab.[76] Ebenfalls stark begrenzt blieb der Einsatz von Kultur- und Dokumentarfilmen aus der Zeit vor 1945. Filme wie *Schreibendes Licht* (18. 6. 1953) über die Fernsehtechnik (im übrigen eine Produktion, die nicht nur der Nipkow-Sender, sondern auch die Reichspost bis Kriegsende im Rahmen ihrer sechsteiligen Lehrfilmreihe „Weltumspannende Funkwellen" gezeigt hatte[77]) blieben beim NWDR die absolute Ausnahme.

In der Bilanz fanden sich nach 1945 in Hamburg auf drei verschiedenen Ebenen ehemalige Fernsehleute ein, die fortan dezidiert auf den Neuanfang hinarbeiteten: auf der Ebene der Techniker, der Programmmacher und der Kritiker. Das Zusammentreffen dieser Personen unter dem liberalen Klima der britisch besetzten Stadt, die zudem der zentrale Sitz der finanzstärksten westdeutschen Rundfunkanstalt nach dem Krieg war, führte wesentlich zur Aufnahme der Fernsehentwicklung beim NWDR. Neben personellen Kontinuitäten, die später beim NWDR-Fernsehen in Berlin besonders deutlich zutage traten, verhinderte die Tradierung von inhaltlichen Konzepten aus den dreißiger und vierziger Jahren einen radikalen Traditionsbruch nach dem Krieg.[78] Somit blieb beim Fernsehen – trotz des späten Wiederbeginns – eine totale Neuorientierung aus, vollzog sich letztlich der Übergang von der Kriegs- in die Nachkriegszeit fließend. Daß über die weltpolitische Zäsur 1945 hinweg vielerlei Verbindungslinien bald wieder wirksam wurden, war freilich bis zu einem gewissen Grad unumgänglich. Jedenfalls hat es auch beim bundesrepublikanischen Fernsehen eine konsequente Infragestellung alter Vorstellungen, eine wirkliche „Stunde Null" nicht gegeben.[79] Es war vielmehr eine Stunde des improvisierten Wiederaufbaus, der verschämten Reparatur diskreditierter Kontinuität.

ANMERKUNGEN

[1] vgl. Bausch, Hans: Rundfunkpolitik nach 1945. Erster Teil. München 1980, S. 18.
[2] vgl. Schuster, Fritz: Gesetze und Proklamationen der Militärregierung Deutschland bezüglich des Post- und Fernmeldewesens. In: Archiv für das Post- und Fernmeldewesen 1(1949), 2, S. 65.
[3] vgl. ebd., S. 65 ff.
[4] vgl. Bausch, Hans, Rundfunkpolitik (wie Anm. 1), S. 17.
[5] vgl. Rindfleisch, Hans: Technik im Rundfunk. Ein Stück deutscher Rundfunkgeschichte von den Anfängen bis zum Beginn der achtziger Jahre. Norderstedt 1985, S. 166.
[6] Brief Hessling an RPD Hamburg, 23. 8. 1945, NL Wagenführ.
[7] Brief Hessling an RPD Hamburg, 24. 8. 1945, ebd.

[8] ebd.

[9] Zit. nach ebd.

[10] Zit. nach ebd.

[11] ebd.

[12] Brief Hessling an Regierungskommission der UdSSR, 26. 5. 1945, NL Wagenführ.

[13] ebd.

[14] Brief Hessling an britische Militärverwaltung in Plön, 8. 6. 1945, ebd.

[15] Brief Hessling an britische Militärverwaltung in Berlin, 25. 7. 1945, ebd.

[16] Brief Broadcasting Control Unit Hamburg an Hessling, 2. 9. 1945, ebd.

[17] Bericht Hessling an Broadcasting Control Unit Hamburg, 30. 9. 1945, ebd.

[18] vgl. ebd.

[19] Brief Hessling an RPD Hamburg über die Zuweisung eines Raumes, 20. 7. 1945, ebd.

[20] Wagenführ, Kurt: Zwischen Ende und Ungewissheit. Die Odyssee der Fernsehmänner von Berlin nach Hamburg. In: Fernsehen 3(1955), 11, S. 565-569.

[21] ebd., S. 566.

[22] Brief Hessling an RPD Hamburg über den Weiterbestand der RFG bis zur Wiederaufnahme des Fernsehens, 23. 8. 1945, NL Wagenführ.

[23] Brief Hessling an Stumpf, 6. 2. 1946, ebd.

[24] Brief Hessling an Stumpf, 13. 2. 1946, ebd.

[25] Brief Stumpf an Hessling, 29. 3. 1947, ebd.

[26] vgl. Wagenführ, Kurt: Begriff und Geschichte des Fernsehens. In: Dovifat, Emil (Hrsg.): Handbuch der Publizistik. Bd. 2, Berlin 1969, S. 415-426, hier S. 421.

[27] Brief Hessling an Commanding Radio Section 4 Hamburg, 25. 7. 1945, NL Wagenführ.

[28] Brief Stumpf an Hessling, 29. 3. 1947, ebd.

[29] Denkschrift Hessling über die Wiedereinführung des Fernsehrundfunks durch die Reichspost-Fernsehgesellschaft mbH., 11. 8. 1947, ebd.

[30] Brief Hessling an RPD Hamburg, 20. 7. 1945, ebd.

[31] vgl. FI-Berufsbiografien: Kurt Wagenführ. In: Fernseh-Informationen 29(1978), 2, S. 51.

[32] vgl. Pfeifer, Werner: Bild und Ton – Das Fernsehen. Aufbau und Pioniertätigkeit des NWDR 1945-1954. In: Köhler, Wolfram (Hrsg.): Der NDR. Zwischen Programm und Politik. Beiträge zu seiner Geschichte. Hannover 1991, S. 227-255, hier S. 229.

[33] vgl. Rudert, Frithjof: Der Ettlinger Kreis und seine Bedeutung. In: Rundfunktechnische Mitteilungen 36(1992), 2, S. 89-92.

[34] Brief Möller an Hessling, 2. 12. 1947, NL Wagenführ.

[35] Jene umfangreichen Vorarbeiten, die am 27. November 1950 zur Aufnahme eines Versuchsprogrammes unter der Bezeichnung „Nordwestdeutscher Fernsehdienst" führten, sollen im folgenden nur kurz angedeutet werden. Sie sind ausführlich dargestellt in Pfeifer, Werner: Die Entstehung des Fernsehens beim NWDR (1945 bis 1954). Magister-Arbeit. Hamburg 1986, S. 26 ff.

[36] vgl. Zielinski, Siegfried: Telewischen. Aspekte des Fernsehens in den fünfziger Jahren. In: Bikini. Die fünfziger Jahre. Kalter Krieg und Capri-Sonne. Fotos – Texte – Comics – Analaysen, zusammengestellt von Eckhard Siepmann, ausgebreitet von Irene Lusk. Reinbek bei Hamburg 1983, S. 333-367, hier S. 342.

[37] vgl. Nestel, Werner: Einige Bemerkungen zur Geschichte des deutschen Fernsehens nach dem Kriege. In: Fernsehen 3(1955), 7/8, S. 338-346, hier S. 338.

[38] Brief Hessling an Stumpf, 13. 2. 1946, NL Wagenführ.

[39] Wagenführ, Kurt, Zwischen Ende und Ungewissheit (wie Anm. 20), S. 566.

[40] Gespräche mit Agnes Kuban (7. 3. 1993) und Jochen Kölsch (3. 3.1993).

[41] vgl. Netenjakob, Ernst: Die angepaßte Innovation. Ein paar Bemerkungen eines älteren Schreibers über die Anfänge des Fernsehens. In: Zelluloid 9(1980), S. 48-51, hier S. 49.

[42] vgl. Nordwestdeutscher Rundfunk (Hrsg.): NWDR. Ein Rückblick. Hamburg o.J. [um 1956], S. 124.

[43] vgl. Tracey, Michael: Das unerreichbare Wunschbild. Ein Versuch über Hugh Greene und die Neugründung des Rundfunks in Westdeutschland nach 1945 (=Annalen des Westdeutschen Rundfunks, Bd. 5). Köln, Stuttgart, Berlin, Mainz 1983, S. 92.

[44] Eckert, Gerhard: Der beste Freund des Fernsehens. In: Fernseh-Informationen 38(1987), 7, S. 251-252, hier S. 251.

[45] Wagenführ, Kurt: Unsere Männer vom Fernsehsender. In: Neuer Funk-Bote 7(1940), 13, S. 2,4, hier S. 2.

[46] vgl. Hickethier, Knut: Vernebelter Anfang. Polemisches zur ‚Stunde Null‘ des Fernsehens – beim Durchblättern fernsehhistorischer Erinnerungen. In: Theaterzeitschrift 8(1989), 28, S. 74-90, hier S. 79.

[47] vgl. Riek, Heinz: Was wir erreichten. In: Rundfunk und Fernsehen 6(1958), 2, S. 168-169.

[48] vgl. FI-Berufsbiografien: Wilhelm Buhler. In: Fernseh-Informationen 35(1984), 1, S. 29.

[49] Gespräch mit Heinz Riek, 8.3.1993.

[50] vgl. Namensregister der Mitarbeiter des Fernsehsenders ‚Paul Nipkow‘, Berlin. Hrsg. von der Studiengesellschaft ehem. Mitglieder des Berliner Fernsehrundfunks Paul Nipkow, 6 S., o.D., ebd.

[51] Die von Walther Boese geleitete und ebenfalls in den fünfziger Jahren gegründete „Gemeinschaft früherer Rundfunkangestellter (GFR)“ verfolgte ähnliche Ziele. Zu ihren Mitgliedern zählte z.B. Herbert Engler, Boris Grams und Theodora Glagla.
Rundschreiben und Berichte der GFR von 1958-1960, PA Spies; Brief Theodora Glagla an Kurt Wagenführ, 18. 11. 1974, NL Wagenführ.

[52] vgl. Voss, Cay Dietrich: Fernsehen. Neu geschaute Welt. Flensburg o.J. [um 1957].

[53] Zit. nach [wher]: Fernsehen – heute. In: Die Sendung 17(1940), 2, S. 10.

[54] vgl. Lebenslauf Heinz Monnier vom Januar 1952, NL Wagenführ.

[55] Brief Peter Hoff an den Verf., 18. 9. 1991.

[56] vgl. Nierentz, Hans-Jürgen: Dunkelmänner des deutschen Fernsehens. In: Fernsehen 3(1955), 3/4, S. 128-130.

[57] vgl. Lerg, Winfried B.: Zur Entstehung des Fernsehens in Deutschland. In: Rundfunk und Fernsehen 15(1967), 4, S. 349-375, hier S. 362, Anm. 22.

[58] Brief Herbert Engler an Sophie Freifrau Spies v. Büllesheim, 6. 11. 1959, PA Spies.

[59] GFR-Rundschreiben 15/59 vom 28. 12. 1959, S. 13, ebd.

[60] Brief Herbert Engler an Sophie Freifrau Spies v. Büllesheim, 14.12.1959, ebd.

[61] Brief Stumpf an Hessling, 29. 3. 1947, NL Wagenführ.

[62] vgl. H.W.B [d.i. Hans Waldemar Bublitz]: Erinnerungen an Landgraf und Janecke. In: Fernsehen 3(1955), 6, S. 310.

[63] Eidesstattliche Versicherung Sylvester Albert Szymanski, o.D., Personalunterlagen Küpper im DC Brl.

[64] Gespräch mit Jochen Kölsch, 2. 3. 1993.

[65] vgl. Bausch, Hans, Rundfunkpolitik (wie Anm. 1), S. 268.

[66] vgl. Haensel, Carl: Fernsehen – nah gesehen. Technische Fibel, Dramaturgie, organisatorischer Aufbau. Frankfurt/Main, Berlin 1952.

[67] vgl. Pfeifer, Werner, Die Entstehung des NWDR-Fernsehens (wie Anm. 35), S. 69-70, 109 ff.

[68] Pleister, Werner: Das Fernsehprogramm. In: NWDR (Hrsg.): Jahrbuch des Nordwestdeutschen Rundfunks 1950-53. Hamburg 1953, S. 17.

[69] Hickethier, Knut, Polemisches (wie Anm. 46), S. 76.

[70] vgl. Programmausdrucke NWDR-Fernsehen Hamburg 25. 12. 1952-3. 1. 1953. Abgedr. in Pfeifer, Werner, Die Entstehung des NWDR-Fernsehens (wie Anm. 35), S. 107-108.

[71] vgl. Riek, Heinz: Neues vom Fernsehen in Berlin. In: Rundfunk und Fernsehen 3(1955), 2, S. 165-167.

[72] vgl. Eckert, Gerhard: Auf dem Weg zum deutschen Fernsehrundfunk. In: Rufer und Hörer 5(1950), 2, S. 54-59; ders.: Was ist das Fernsehspiel? Gedanken zur Dramaturgie einer werdenden Kunstform. In: Rufer und Hörer 7(1952), 2; ders.: Wort und Bild im Fernsehspiel. In: Rufer und Hörer 7(1952), 3; ders.: Programmgestaltung des Fernsehens. In: Rufer und Hörer 8(1953), 6, S. 355-361; ders.: Wie reagiert der Mensch auf das erste Fernseh-Erlebnis? In: Fernseh-Informationen 4(1954).

[73] vgl. Eckert, Gerhard: Die Kunst des Fernsehens. Emsdetten 1953.

[74] Zusammengestellt nach Deutsches Rundfunkarchiv (Hrsg.): Fernsehspiele in der ARD 1952-1972. Bd. 1: Titel A-Z. Bearb. von Achim Klünder und Hans-Wilhelm Lavies (=Bild- und Tonträger-Verzeichnisse, Nr. 11). Frankfurt/Main 1986 (1. Aufl. 1978).

[75] vgl. Hickethier, Knut: Das Fernsehspiel im Dritten Reich. In: Uricchio, William (Hrsg.): Die Anfänge des Deutschen Fernsehens. Tübingen 1991, S. 74-123, hier S. 122.

[76] vgl. Hickethier, Knut: Die Welt ferngesehen. Dokumentarische Sendungen im frühen Fernsehen. In: Heller, Heinz-B.; Zimmermann, Peter (Hrsg.): Bilderwelten – Weltbilder. Marburg 1990, S. 23-48, hier S. 38.

[77] vgl. Schwandt, Erich: Fernsehen im Lehrfilm. In: Reichsrundfunk 4(1944/45), 11/12, S. 131-132.

[78] vgl. Hickethier, Knut, Polemisches (wie Anm. 46), S. 86.

[79] Zur ähnlich gelagerten Situation des deutschen Nachkriegsfilms vgl. Cadars, Pierre; Courtade, Francis: Geschichte des Films im Dritten Reich. München 1975, S. 284 ff.

10. ZUSAMMENFASSUNG

Betrachtet man den politischen Kontext, die evolutionäre Entwicklung der Produktionsbedingungen und – analog zur graduell voranschreitenden Technik – die allmähliche Herausbildung eigener Programmformen, so zeichnen sich im knapp zehnjährigen Werdegang des Berliner Fernsehsenders Paul Nipkow sechs Phasen ab. Die erste Phase, von der Eröffnung des regulären Versuchsbetriebs am 22. März 1935 bis Mitte 1936, umfaßt die Programmproduktion der Reichs-Rundfunk-Gesellschaft auf der Basis von Kinoerzeugnissen. Dies geschah zunächst vom Haus des Rundfunks aus, nach dem Brand auf der Funkausstellung im August 1935 vom Fernsehlabor des Reichspost-Zentralamts in der Rognitzstraße. Im Anschluß an den 15. Januar 1936, dem Tag der Wiederaufnahme des festen Sendebetriebs, der zugleich den offiziellen Beginn der programmlichen Verfügungsgewalt des Rundfunks über die unmittelbare Studiotechnik der Post markierte, kamen erste Live-Sendungen von Kleinkunst-Nummern hinzu, ohne daß dies einen geschlossenen Programmcharakter ergeben hätte. Die vorwiegend durch den Rundfunk populär gewordenen Solisten agierten in völliger Dunkelheit vor einem starren Abtastgerät, wobei nur eine Person und zunächst nur als Brustbild aufgenommen werden konnte.

Die zweite Periode – von Mitte 1936 bis Oktober 1938 – war geprägt vom sukzessiven Ausbau und der Erprobung der Produktion auf einer Dunkelbühne. Als wenige Wochen vor den Olympischen Spielen im August 1936 der von Emil Mechau konzipierte Linsenkranzabtaster eine Weiterentwicklung der mechanischen Bildabtastung brachte, ermöglichte dies fortan die Abbildung von Personen in voller Lebensgröße auf einer etwa 6 qm großen Dunkelbühne. Nach dem Umzug ins Deutschlandhaus Ende November 1937 stand als Übergangslösung zunächst nur eine erweiterte Bühnenrampe zur Verfügung, ausgestattet mit einer zum Abtastgerät geneigten schiefen Ebene. In dieser Periode entstanden bereits die Grundzüge fernseheigener Programmformen, wobei das Theater – als älteste der darstellenden Künste – von Beginn an eine wesentliche Hilfe bei der Entdeckung der spezifischen Kunstmittel war.[1] Aus den Beiträgen der Solisten, nach und nach verdichtet durch Sketche, Rezitationen und kleinen Spielszenen, bildete sich allmählich eine theaterbezogene Fernsehspiel-Produktion heraus, die im Sommer 1937 ihre erste Blütezeit erlebte und fortan weiter ausgebaut wurde. Hingegen stand der Rundfunk Pate, als man Anfang 1938 bruchstückhaft und in Umrissen erste aktualitätsbezogene Minuten-Beiträge über Personen und Ereignisse ausstrahlte. Diese wurden durchgängig gestaltet und moderiert von meist erfahrenen Mitarbeitern des Rundfunks und bestanden in erster Linie aus live gesendeten Gesprächen mit Sachverständigen unterschiedlichster Provenienz, kombiniert mit knappen Sequenzen einer im Aufbau befindlichen Filmabteilung des Fernsehsenders.

Mit einigen Verzögerungen vollzog sich im Laufe des Jahres 1938 der vorbereitete Übergang von der 180- auf die 441-Zeilen-Norm, der zugleich die Abkehr von der mechanischen Bildzerlegung und die Hinwendung zur elektronischen brachte. Damit verbunden war die Inbetriebnahme des neuen Aufnahmestudios im Deutschlandhaus mit seinen fünf kreisförmig angeordneten Spielflächen. Für das Fernsehen bedeutete der Wechsel von der engen Dunkelbühne zum hellen Rundstudio organisatorisch wie produktionstechnisch eine einschneidende Maßnahme. Deshalb standen Versuche mit den beweglichen, aber störanfälligen „Bildfänger"-Kameras sowie mit der ebenfalls völlig neuartigen Misch- und Beleuchtungsmaschinerie im Mittelpunkt der dritten Phase, die von November 1938 bis zur kriegsbedingten Sendepause im September 1939 reichte. Gleichwohl blieben auch in diesem Stadium des permanenten Experimentierens die verbesserten technischen Möglichkeiten nicht ohne Auswirkungen auf die publizistischen, so daß spätestens 1939 der Rohstoff Film zugunsten direkter Programme endgültig in den Hintergrund trat. Vor allem die aktuelle Berichterstattung erfuhr von November 1938 an mit der täglichen, das zweistündige Abendprogramm einleitenden Sendung *Zeitdienst* stärkere Beachtung respektive eine inhaltliche Diversifizierung. Neben bunt gemischten Beiträgen aus den Bereichen Kultur, Sport und Alltag gab es darin – mit ansteigender Tendenz in den Wochen und Monaten vor Kriegsausbruch – eine Reihe dezidiert politischer Sendungen. Hingegen setzten die dominaten Musik-, Revue-, Varieté- und Kabarettproduktionen nach wie vor auf vordergründig „unpolitische" Unterhaltung ebenso wie die länger und dramaturgisch komplexer werdenden Fernsehspiele. Damit trug das Medium Fernsehen den Vorgaben des Reichsintendanten Heinrich Glasmeier Rechnung, der bei seinem Amtsantritt im Frühjahr 1937 angekündigt hatte, daß die Programme „auf alle Art geistigen Hochmuts" verzichten und „weitestgehend aufgelockert" werden sollten.

In der vierten Phase – von Oktober 1939 bis Frühjahr 1941 – führte der Sender seine Versuche unter Kriegsbedingungen fort. Neben ersten, freilich primitiven Ansätzen für ein Kinderfernsehen gab es als weitere Novität landeskundliche, später historisch-künstlerische und biographisch-wissenschaftliche „Fernsehfolgen". Diese priesen zumeist den Glanz der „großen Deutschen" und glorifizierten die „Wohltäter des Menschengeschlechts" (Adolf Hitler). Was sich überdies im Vorfeld des Krieges angedeutet hatte, setzte sich in der Zeit der schnellen und leichten Siege fort. Ebenso wie bei Kino und Rundfunk kam es auch beim Fernsehen zu einer weiteren Gewichtsverlagerung in der Programmgestaltung, indem politische Aktualität und Propaganda die „unpolitische" Unterhaltung vorübergehend noch stärker zurückdrängten. Diese spürbare ideologische Akzentuierung machte sich vor allem beim Fernsehspiel bemerkbar, wo man mit realitätsnahen Stücken – in denen adäquates Verhalten im Krieg, Wehr- und Opferbereitschaft sowie Durchhaltewille thematisiert wurden – auf die veränderte Alltagssituation einging. Das blieb aber beim Publikum nicht unwidersprochen. Schon in der Winterspielzeit 1940/41 kam es deshalb zu einer erneuten Korrektur in der Programmgestaltung des Fernsehspiels.

Das Medium konnte jedoch mittelfristig nur dann überleben, wenn es als kriegswichtig eingestuft wurde. Bereits die temporäre Sendepause vom Herbst 1939 war ein erster, mithin deutlicher Fingerzeig gewesen auf die zukünftig veränderten Anforderungen. Deshalb rückte von 1941 an die Truppenbetreuung ins Blickfeld. Vor den wenigen Fernsehern in den Berliner Lazaretten und Großbildstellen saßen jetzt die geschlossenen Benutzerkreise der Verwundeten und Rüstungsarbeiter. Hingegen grenzte man das – freilich immer weniger partizipierende – Publikum der Hauptstadt nach und nach aus; zwar gegen den erklärten Widerstand der Post, aber auf massiven Druck der Filmindustrie, die dafür als Gegenleistung die Sendung ungekürzter und moderner Kinofilme zuließ. Der neue Stellenwert, den nun das Fernsehen in Goebbels' multimedialem Verdrängungskonzept einnahm, schlug sich 1941/42 in einer finanziellen, personellen und programmlichen Ausweitung nieder, während andere Rundfunkbereiche längst mit repressiven Maßnahmen belegt wurden. Der Nipkow-Sender erreichte in dieser Phase den Zenith seiner Leistungsfähigkeit. Trotz mancherlei Anstrengungen der Mitarbeiter machten sich jedoch spätestens im Wendejahr 1942 bei den direkten Sendungen kriegsbedingte Engpässe massiv bemerkbar. Sie erfaßten zuerst und hauptsächlich das aufwendige Fernsehspiel, welches sich fortan sowohl quantitativ als auch qualitativ immer stärker einschränken mußte. Dagegen blieb der als wichtig erachtete Zeitdienst bis weit in das Jahr 1943 hinein überraschend leistungsfähig. Die späten Programme des Mediums lassen sich somit charakterisieren als eine wohldosierte Mischung aus kurzweilig verpackter Kriegsberichterstattung und der Vorspiegelung einer heilen Welt. Dafür ist vor allem die Renommiersendung *Wir senden Frohsinn – wir spenden Freude* ein besonders ergiebiges Beispiel, aber auch die banal-dümmlichen Produktionen über Sternen- und Himmelskunde, die sich besonders gut als Narkotikum für die Erduldung der Kriegsnot eigneten. Die fünfte Phase endete schließlich am 23. November 1943, als die Berliner Sendeanlagen den alliierten Bomben zum Opfer fielen.

Bis zur endgültigen Einstellung der Programme Anfang September 1944 folgte in Berlin ein stark reduzierter Fernsehbetrieb über noch funktionsfähige Breitbandkabel und das Drahtfunknetz. Nach dem Abbau und der Auslagerung der Studiotechnik beschränkte sich das zweite Rundfunkmedium – wie zu Beginn seiner Entwicklung – fast ausschließlich auf Programme aus der Konserve, lediglich angereichert durch immer rudimentärer werdende Live-Sendungen aus dem Kuppelsaal. Die somit schwindende Bedeutung als Instrument der Truppenbetreuung kompensierte das verbliebene Personal im Frühjahr 1944 mit einer, an den ständig näherrückenden Linien vagabundierenden Künstlergemeinschaft. Diese wurde schließlich von Herbst 1944 bis Anfang 1945 – dem Ende der sechsten und letzten Periode – durch ein primitives Frontkino abgelöst.

Legt man hingegen die Amtszeiten der vier Programmleiter des NS-Fernsehens als Gliederungsmaßstab zugrunde, so gewährt dies wiederum Einblicke in den organisatorischen Aufbau, in die disparaten Vorstellungen der Verantwortlichen vom Medium sowie in die Rekrutierungswege der Mitarbeiter. Dabei lassen sich die vier Programmleiter Carl Heinz Boese (1935/37), Hans-Jürgen Nierentz (1937/39), Dr. Herbert Engler (1939/43) und Harry Moss (1943/44) sowohl durch eine ganze Reihe unabdingbarer Gemeinsamkeiten als auch durch deutliche Gegensätze charakterisieren. Unterschiede gab es beispielsweise hinsichtlich der Frage der inhaltlichen Gewichtung; in ihr spiegeln sich zugleich die jeweils veränderten Anforderungen an die Zeit wider. Während konzeptionelle Vorstellungen von Boese und Moss diffus blieben, rückten Nierentz das Fernsehspiel, Engler wiederum den politisch-aktuellen Aspekt, vor allem aber das filmische Element stärker in den Vordergrund ihrer Konzepte.

Dagegen zählte die Zugehörigkeit zur NSDAP und das Bekenntnis zu ihr oder einer ihrer Gliederungen zu den Gemeinsamkeiten. Allen gemeinsam war aber auch, daß nicht eine bestimmte Ausbildung oder berufliche Qualifikation den Ausschlag gab für die Ernennungen, sondern vielmehr die persönliche Protektion. Boese genoß die besondere Förderung durch Hadamovsky, Nierentz durch Goebbels, Engler durch Glasmeier und Moss durch Gutterer.[2] Trotz der engen Bindung zur höchsten Rundfunkebene waren jedoch – als ein weiteres übereinstimmendes Element – Gestaltungspotential und Leistungsfähigkeit der vier Verantwortlichen begrenzt. Dies freilich aus unterschiedlichen Gründen: Boese und Moss blieben farblos, weil sie aufgrund ihrer beruflichen Doppelbelastung das Medium nur punktuell „mitverwalten" konnten. Schon allein deshalb mußten sie ihren jeweiligen Stellvertretern, Willi Bai respektive Karlheinz Kölsch, weitreichende Befugnisse einräumen. Der junge Nierentz wiederum stolperte nicht über ein Defizit an politischer Überzeugungstreue, sondern über Alkoholprobleme und sein desolates Verhältnis zu Glasmeier, zerrieb sich in leistungshemmenden Rivalitätskämpfen und war im Sender schon bald isoliert. Das trifft im wesentlichen auch auf Engler zu. Auch er blieb aufgrund seiner privaten (wie beruflichen) Verfehlungen permanent angreifbar und war somit ebenfalls wenig handlungsfähig. Nicht von ungefähr verstärkten sich gerade während seiner Amtszeit die polykratischen Tendenzen in Gestalt von Adolf Raskin, die sich nach dessen Tod in Form des Führungstrios Karlheinz Kölsch, Arthur Bemeleit und Hannes Küpper fortsetzten. Diese Arbeitssituation der permanenten Unklarheit, die dauernde Konkurrenz von Instanzen – gepaart mit den persönlichen Schwächen der Verantwortlichen – machten durchgehend eine gesicherte und ordnende Hierarchie unmöglich und führten auch beim Fernsehen zu jener vielbeschriebenen Selbstbehinderung, für welche das totalitäre NS-Regime so berühmtberüchtigt geworden ist.[3]

Das Gros der Programmitarbeiter kam indes über das ältere Medium Rundfunk zum Fernsehen. Zuvor sammelten fast alle in unterschiedlichen künstlerischen Tätigkeitsfeldern ihre ersten berufspraktischen Erfahrungen, sei es in Schauspielerei, Dichtung, Musik, Schriftstellerei oder anderes. Was die Auswahl des Personals anging, so waren im übrigen die gleichen Mechanismen am Werk wie bei der Berufung der Fernsehleiter: nicht die möglichst optimale fachliche Befähigung der Bewerber, sondern ihre persönliche Bekanntschaft zum jeweils amtierenden Leiter entschied letztlich über einen Wechsel zum Nipkow-Sender. Dies wiederum hatte den Nebeneffekt, daß sich in den einzelnen Amtsperioden hinsichtlich der beruflichen Herkunft der Beschäftigten eine gewisse Homogenität herausbildete, weil die Verantwortlichen bevorzugt auf jene Mitarbeiter zurückgriffen, die ihnen aus der Zeit ihrer früheren (oder noch andauernden) Rundfunktätigkeit her bekannt und vertraut waren. Deshalb rekrutierte Carl

Heinz Boese „seine" Mitarbeiter geschlossen aus der Reichssendeleitung bzw. aus der Berliner Zentrale der Reichs-Rundfunk-Gesellschaft. Nierentz hingegen machte sich vor allem das Potential des Reichssenders Berlin zunutze, wo er 1934 als Abteilungsleiter tätig war. Engler und Raskin führten diese Tradition fort, indem sie mit Vorliebe ehemalige Kollegen aus den Reichssendern Breslau und Saarbrücken heranzogen.

Auf diese Weise wuchs unter Boese und Nierentz der Mitarbeiterstab langsam an. Der Fernsehstart im Frühjahr 1935, die Olympischen Spiele im August 1936, der Übergang zum „täglichen" Programmwechsel im Herbst, der Amtsantritt von Nierentz im Frühsommer 1937 sowie – ein Jahr später – die Vorbereitungen zur Inbetriebnahme des Deutschlandhauses markieren jeweils wichtige Zäsuren, die eine personelle wie organisatorische Ausdehnung und Differenzierung zur Folge hatten. Erstmals beim Wechsel von Nierentz zu Engler tauschte man Beschäftigte in größerem Maße aus und ersetzte sie durch neue, was sich wiederum ungünstig auf einen kontinuierlichen Aufbau auswirkte. Ganz allgemein litt der Sender in den Kriegsjahren unter dem häufigen und kontraproduktiven Personalwechsel.

Unterzieht man das Fernsehen im Dritten Reich einer kritischen Schlußbetrachtung, ergeben sich im wesentlichen folgende Befunde:

1. Propagandaministerium und Reichspost lassen sich als Initiatoren von Programm bzw. Technik durch gegensätzliche Verhaltensweisen charakterisieren. Die Reichspost erwies sich aus Rentabilitäts- und machtpolitischen Gründen als umtriebiger Förderer, ja Motor des Auf- und Ausbaus. Sie setzte von Beginn an die Akzente und leistete somit den wesentlichen Beitrag für das Funktionieren des Mediums im Nationalsozialismus. Goebbels' Propagandazentrale hingegen fuhr in Sachen Fernsehen zweigleisig: Der eigenen Bevölkerung – vor allem aber dem Ausland gegenüber – gaukelte man einen „märchenhaften Aufstieg"[4] vor und pries das Medium als Leistungsbeweis des auf technische Modernität fixierten Regimes. Bei der Umsetzung solch hochtrabender Verlautbarungen – dies zeigte die vorliegende Arbeit in vielen Einzelbelegen – offenbarte sich jedoch eine eklatante Diskrepanz zwischen ideologisch motiviertem Anspruch und praktischer Förderung. Heraus kam letztlich nur ein „Wachstum im Zeitlupentempo",[5] wobei die Akten den Eindruck einer passiven, bei der Klärung wichtiger Fragen konzeptionslos bis konfus agierenden Propagandaleitung vermitteln.

2. Ausschlaggebend für die hartnäckige Indifferenz des doppelgesichtigen Ministers war der geringe Beitrag des Mediums, den Goebbels für sein Konzept der totalen „Volksaufklärung und Propaganda" veranschlagte. Es erreichte keine Massen, es bot kein Forum für große Reden, und es produzierte keine „schönen" Bilder.[6] Damit verfügte es gerade nicht über das, was schon in Weimarer Jahren der deutschnationale Medienkonzernchef Alfred Hugenberg den unverzichtbaren „Kanal zum Gehirn der Masse" genannt hatte. Überdies war es ein Live-Instrument, das von vornherein eine Korrigierbarkeit ausschloß. Auf die vielfältigen Möglichkeiten gerade des Fernsehens, (nicht nur) Politiker und Staatsmänner visuell „bis hinein in die Unreinigkeiten der Epidermis" zu diffamieren oder der vollendeten Lächerlichkeit preiszugeben, hat nach 1945 zuallererst

Emil Dovifat hingewiesen.[7] Zudem fand das NS-Fernsehen im Film einen mächtigen (die technisch mögliche Ausdehnung des öffentlichen Empfangs bekämpfenden) Gegner, wenngleich dessen restriktive Vorgaben hinsichtlich der televisuellen Verwertung von Kinoerzeugnissen die Herausbildung eines fernseheigenen Stils eher forcierten als behinderten. Somit war es nur konsequent und Ausdruck des geringen Stellenwertes im NS-Medienkonzept, daß 1939 in Berlin und 1942 in Paris weniger der propagandistische Nutzen des zivilen Programms als vielmehr der von Goebbels befürchtete Wettbewerbsvorsprung der Post sowie die – im Ergebnis zweifelhafte – militärische Verwendung als Störsender den Ausschlag gaben für die Fortsetzung bzw. den Aufbau des Fernsehens im Krieg.

3. Die von historischen Zeugen gerne vertretene Ansicht, wonach der scheinbar unbeachtete Versuchsbetrieb eine Insel des publizistischen Widerstands war und zugleich ein Fluchtort für all diejenigen, die mit dem Nationalsozialismus partout nichts zu tun haben wollten,[8] ließ sich in dieser Ausschließlichkeit nicht bestätigen. Vielmehr erbrachte die Untersuchung den Nachweis, daß gerade die Schlüsselbereiche des Nipkow-Senders – wie Intendanz, Kaufmännische Leitung, Personalstelle und Besetzungsbüro, Programmverwaltung oder Bühnenbildnerei – durchgehend von mehr oder minder überzeugten Nationalsozialisten besetzt und geleitet wurden. Deren politische Gesinnung drückte sich nicht nur in einer zumeist frühen Parteizugehörigkeit aus, sondern häufig auch in Form von – freiwilligen[9] – Mitgliedschaften in der SS bzw. SA. Der zweifellos insulare Status des Senders, sein geringer Stellenwert im NS-Propagandakonzept sowie das damit verbundene Fehlen einer umfassenden Kontrolle durch die übergeordneten Rundfunkstellen ist somit noch kein hinreichendes Argument für die besondere und herausgehobene Bewegungsfreiheit des Fernsehens im Dritten Reich. Vielmehr garantierte die Leitungsebene den Vollzug offizieller medienpolitischer Rahmenbedingungen. Kurzum: Der Mikrokosmos kontrollierte sich selbst, wies jedoch gleichzeitig zahllose Affinitäten und Berührungspunkte auf zu den massenmedialen Instrumenten des Dritten Reiches – sei es im Organisatorischen, im Programmlichen oder Personellen.

4. Zweifelsohne bot das „unwichtige" Fernsehen vor allem einigen der älteren, zuvor beim exponierten Rundfunk oder Theater in die Kritik geratenen Mitarbeitern die häufig letzte Chance, in relativer Abgeschiedenheit ihren Beruf weiterhin ausüben zu können. Um so gewissenhafter hatten jene „belasteten" Personen die Vorgaben der Führungsebene hinzunehmen, zu billigen und durch ihre tägliche Arbeit zu sanktionieren. Von welcher subjektiv-oppositionellen Motivation solche vermeintlichen Nicht-Nazis auch immer geleitet waren, ihre Tätigkeit beim Fernsehen schönte letztlich das verbrecherische Gesicht des Dritten Reiches. Zudem war ihr Handlungsspielraum denkbar gering. Gab es etwa Sendungen über das Unrecht des Krieges, über die Ermordung der europäischen Juden oder die Millionen anderer ziviler Opfer deutscher Militärgewalt? Sicher nicht. Wenn Opfer im Fernsehen beklagt wurden, dann waren es immer nur deutsche. Vor allem das Nicht-Parteimitglied Hannes Küpper ist ein signifikantes Beispiel dafür, wie gerade die kompromittierten Mitarbeiter Friktionen unter allen

Umständen vermeiden wollten, deshalb besonders gut im Sinne der Machthaber „funktionierten" und sich mitunter tief in die zahlreichen Machenschaften verstricken ließen. Bestimmend dafür waren die Furcht vor Statusverlust und Arbeitslosigkeit, nach 1939 die allgegenwärtige Angst vor einem Front- oder Rüstungseinsatz. Insofern bedurfte es nicht einer restlosen Durchdringung aller Bereiche mit ausgewiesenen Nazis.

5. Eine erschöpfende Statistik des Fernsehprogramms würde mit Sicherheit einen sehr hohen Anteil scheinbar unpolitischer Titel hervorbringen. Mit dieser Unterhaltungsorientierung beschritt das Fernsehen aber keineswegs einen von der Norm abweichenden Sonderweg, der die These vom seinem beträchtlichen Freiraum rechtfertigen würde. Auch in Rundfunk, Presse und Kino gehörte die von Goebbels lautstark geforderte Unterhaltung von Anfang an zur „Aufgabe allererster Klasse", die nach 1939 „genau so wichtig (war) wie Kanonen und Gewehre". Denn es sei ein Unterschied, meinte der versierte Medienvirtuose auf den Rundfunk bezogen, ob ein Volk mit Freude und Optimismus seiner schweren Lebensaufgabe diene, oder ob es kopfhängerisch und pessimistisch den Sorgen des Alltags gegenübertrete.[10] Der Journalist Jürgen Petersen fügte 1941 auf den Film gemünzt hinzu: Unterhaltung bedeute nicht privat, abseitig, liebenswürdig-spielerisch. Entspannung und Erholung seien vielmehr eingebunden in jenen umfassenden Bereich des Politischen, der nicht als abgegrenzter Bezirk verstanden werden könne.[11] Unbestritten – und trotz der geringen Reichweite des Mediums – gehörten somit auch die schönfärberischen U-Sendungen des Fernsehens nach dem Selbstverständnis der Nazis zum propagandistischen Gesamtkonzept. Daß der Nipkow-Sender darüber hinaus mit seinen Kabarettprogrammen ein im totalitären Staat per se schwieriges Feld beackerte, gibt zugleich den Blick frei auf partielle Nischen, Freiräume und Reservate, die das Regime nicht oder nur sehr begrenzt auszufüllen vermochte: vor allem im Massenkulturellen und Künstlerischen. Mochte diese „Lückenhaftigkeit" der Herrschaft zu einem guten Teil zurückzuführen sein auf ihre chaotischen inneren Strukturen, so war sie in mancherlei Hinsicht nicht nur funktional, sondern vielleicht sogar unerläßlich. Denn gerade die Fähigkeit des Regimes, in bestimmten Bereichen ganz oder zeitweilig faktische Begrenzungen seiner Macht zu ertragen, garantierte seine außerordentliche Integrationskraft.

6. Gleichwohl zeigt sich nicht erst beim näheren Hinsehen, daß quellentechnische Defizite – wie der Mangel an konservierten Sendungen oder die unzulänglichen Programmunterlagen – den Blickwinkel im nachhinein verzerren, indem sie die Annahme vom unpolitischen, mithin sogar oppositionellen Fernsehen begünstigen. Während die tägliche Sendung *Zeitdienst* mit ihren vielen explizit politischen Beiträgen in den Programmausdrucken nicht näher erläutert wird, finden sich dort verwertbare Informationen häufig nur über scheinbar unterhaltende Produktionen. Aber schon die Auswertung des freilich lücken- und bruchstückhaft vorliegenden Fernsehfilmmaterials hat gezeigt, daß sich selbst hinter eher unverfänglichen Titeln Sendungen verbergen, die eine manifest propagandistische Botschaft transportieren. Insofern läßt sich zumindest spekulieren, daß aussagekräftigeres Quellenmaterial die primäre Funktion des Mediums als ein Instrument der Unterhaltung erschüttern und in Frage stellen würde. Von

Zeitzeugen wie Heinz Riek wird denn auch der vorrangig politische Charakter des NS-Fernsehprogramms retrospektiv überhaupt nicht bestritten.[12] Zugespitzt formuliert, betrieb somit das Nazi-Regime unterm Strich nicht nur Progaganda mit dem Fernsehen, sondern auch über das Fernsehen.

ANMERKUNGEN

[1] vgl. auch Lange, Katrin: Theater im Fernsehen. Probleme der medialen Übertragung von Theateraufführungen. Phil. Diss. Berlin 1982, S. 17-18.

[2] vgl. auch Klingler, Walter: Fernseh-Intendanten und Programmbeauftragte. In: Mitteilungen des Studienkreises Rundfunk und Geschichte 11(1985), 3, S. 257-258.

[3] Zur Herrschaftstechnik im Nationalsozialismus vgl. ausführlich Arendt, Hannah: Elemente und Ursprünge totaler Herrschaft. München 1986 (1. Aufl. Frankfurt/M. 1955), S. 628 ff.; Abel, Karl-Dietrich: Presselenkung im NS-Staat. Berlin 1968, S. 68 ff.

[4] Goebbels, Joseph: Rede zur Eröffnung der 12. Großen Deutschen Rundfunkausstellung 1935. In: Der Deutsche Rundfunk 13(1935), 35, S. 2-4, hier S. 4.

[5] Wagenführ, Kurt: Versuch einer kleinen Fernsehpsychologie (I). In: Der Deutsche Rundfunk 16 (1938), 32, S. 45-46, hier S. 45.

[6] vgl. auch Toepser-Ziegert, Gabriele: Funktionswandel. Die Entwicklung der Medien im nationalsozialistischen Herrschaftssystem. In: Medium 18(1988), 2, S. 29-32, hier S. 32.

[7] vgl. Dovifat, Emil: Die Gesinnungen in der Publizistik. In: Feldmann, Erich; Meier, Ernst (Hrsg.): Film und Fernsehen im Spiegel der Wissenschaft. Gütersloh 1963, S. 25-41, S. 36 ff.

[8] vgl. exempl. Wagenführ, Kurt: 25 Jahre Fernseh-Programmdienst (IV). In: Fernseh-Rundschau 4(1960), 6, S. 240-241.

[9] vgl. Kempner, Robert M.W.: SS im Kreuzverhör. München 1964, S. 247.

[10] Zit. nach Reiss, Erwin: Fernsehen unterm Faschismus. Berlin 1979, S. 82.

[11] vgl. Petersen, Jürgen: Der Film. In: Das Reich v. 16. 2. 1941.

[12] Gespräch mit Heinz Riek, 8. 3. 1993.

QUELLEN- UND LITERATURVERZEICHNIS

A. AUSKÜNFTE

1. Mündliche Auskünfte

Joachim Bibrack (Berlin, 19. 8. 1992); Andrea Brunnen-Wagenführ (Gauting, 9. 11. 1991 sowie telefonisch und schriftlich); Imogen Cohn (München, 5. 6. 1996); Heinrich Josef Deisting (telefonisch, 2. 3. 1993); Dr. Ansgar Diller (Frankfurt/Main, 31. 7. 1991); Odilo Dollmann (Icking, 12. 11. 1991); Gerhart Goebel (Darmstadt-Eberstadt, 3. 12. 1991 telefonisch); Günter Greiner (Berlin, 7. 6. und 1. 9. 1991); Kurt Hinzmann (Lindau/Bodensee, 23. 10. 1991 sowie telefonisch und schriftlich); Dr. Rosemarie Hirsch (Gauting, 9. 11. 1991); Walter Huber (Tiengen, 5. 3. 1993); Wolfram Köhler (Grünberg, 16. 5. 1992); Jochen Kölsch (Köln, 3.3.1993); Agnes Kuban (Berlin, 7. und 8.3.1993 sowie telefonisch); Dr. Arnulf Kutsch (Grünberg, 16. 5. 1992); Mary und Hans-Jürgen Nierentz (Düsseldorf, 11. 12. 1991; 3. 6. 1993); Heinz Riek (Hamburg, 8. 3. 1993); Dr. Ralf Georg Reuth (2. 3. 1993 telefonisch); Otto Schulze (Heidelberg, 30. 6. 1991); Hildegard Szymanski (Berlin, 12. 3. 1993); Wilm ten Haaf (München, 16. 7. 1992); Manfred Wittmann (2. 3. 1993 telefonisch).

2. Schriftliche Auskünfte

Burkhart Brembach (Darmstadt, 24. 9. 1991); Marc Chauvierre (Vaucresson, 25. 11. 1991); Carsten Diercks (Hamburg, 1. 7. 1991); Dr. habil. Gerhard Eckert (Kükelühn, 4. 6. 1991); Ute Ehrich (Berlin, 2. 5. 1991); Dr. Elke Fröhlich (München, 18. 2. 1993); Gerhart Goebel (Darmstadt-Eberstadt, 30. 6. 1991); Bernard Hecht (Paris, 23. 12. 1991); Manfred Hempel (Werben, 27. 9. 1991); Dr. Knut Hickethier (Marburg, 18.6. und 22.10.1991); Dr. Peter Hoff (Berlin, 18. 9. 1991); Helmut Krätzer (Kelkheim/Taunus, 20. 9. 1991); Dr. Arnulf Kutsch (Bochum, 20. 2. 1991); Prof. Dr. Winfried B. Lerg (Münster, 22. 4. 1991); Dr. Ingrid Pietrzynski (Berlin, 27. 9. 1991); Susanne Pollert (Berlin, 27. 5. 1992); Heinz Riek (Hamburg, 22. 7. 1992); Dr. Michael Rother (Heidelberg-Ziegelhausen, 28. 11. 1991); Frithjof Rudert (Darmstadt-Eberstadt, 19. 6. 1991); Prof. Dr. William Uricchio (Pennsylvania/USA, 1. 10. 1991); Dr. Wolfram Wessels (Mannheim, 5. 6. 1993).

B. QUELLEN

1. Ungedruckte Quellen

BA Kblz	(Bundesarchiv Koblenz)	
R 2	(Reichsfinanzministerium)	
4903-4907	Haushalts- und Finanzangelegenheiten des Rundfunks, insbesondere der RRG, Bde. 1-5	1934-1944
4909-4911a	Propagandawesen. Geschäfte und Revisionsberichte der RRG, Bde. 1-4	1936-1943
R 43 II	(Reichskanzlei)	
267a	Fernseh- und Fernschreibwesen	1935-1941
R 48	(Reichspostministerium)	
15	Bericht des PR Weichart betr. Lehrgang der Oberpostdirektionen über Stand der technischen und organisatorischen Fragen des Rundfunks im Reichspostzentralamt Berlin (Handakten OPR F. Weichart)	1935

R 55 (Reichsministerium für Volksaufklärung und Propaganda)

18	Einsatz von Frauen im Reichsministerium für Volksaufklärung und Propaganda	1942
222-225/230/233/1024/1027		
	RRG-Personalangelegenheiten, Bde. 1-8	1933-1945
232	Protokolle der RRG-Direktionsbesprechungen	1936
234	Reichssender Breslau – Einstellungen und Entlassungen	1933-1945
305	UK-Stellungen im Reichsministerium für Volksaufklärung und Propaganda	1940-1945
308	Aufteilung der Rundfunkgebühren zwischen Reichspost und Reichsministerium für Volksaufklärung und Propaganda	1938-1945
311	Mitarbeiter des Rundfunks – insbesondere UK-Stellungen für den Sender „Radio la Patrie"	1944-1945
339	Fachleute für den Rundfunk in den besetzten Ostgebieten	1941-1944
539	Organisatorisches der RRG, Bd. 1	1934-1944
541	RRG-Protokolle der Gesellschafterversammlungen und der Verwaltungsratssitzungen	1934-1939
545	Grundstückskäufe und -verkäufe der RRG für einzelne Sender	1942
548	Rechnungsprüfungen bei der RRG	1934-1944
556	Protokolle wöchentlicher Sitzungen über das Rundfunkprogramm unter Leitung von Ministerialdirektor Hans Fritzsche	1944-1945
561	Organisation des Rundfunks – insbesondere Ministervorlagen	1944
563	RRG-Haushaltsangelegenheiten, Bd. 2	1940-1944
718	Reichsrundfunkkammer und Arbeitsgemeinschaft der Reichsrundfunkkammer und der Rundfunkwirtschaft	1934-1942
780	Gründungsprotokoll der Mars-Film GmbH und Bilanz zum 31. Mai 1943	1942-1943
1015	Reichssender Danzig – Personalangelegenheiten	1939-1943
1025	Änderung der Satzung und der Geschäftsordnung der RRG	1944
1027	Haushaltmittel für Angelegenheiten des Rundfunks	1935-1937
1046	Deutsche Hochschule für Politik	1937-1939
1254	Programmgestaltung des Rundfunks – Ministervorlagen von Ministerialdirektor Hans Hinkel	1941-1944
1318	RRG-Haushaltsangelegenheiten, Bd. 1	1938-1941
1329	Haushaltmittel für Staatsbegräbnisse, Bde. 1-3	1940-1944

| 1366 | Aktivpropaganda und Volkstumspropaganda, Bd. 21 | 1942-1943 |

R 56 I (**Reichskulturkammer**)

| 16 | Einzelkammern der Reichskulturkammer, Bde. 1-2 | 1941-1942 |

R 56 VI (**Reichsfilmkammer**)

| 7 | Korrespondenz mit Filmfirmen: Universum Film AG, Tobis Tonbild Syndikat AG, Bavaria Film AG, Fox Tönende Wochenschau AG, Paramount Film AG | 1935-1939 |

R 78 (**Reichs-Rundfunk-Gesellschaft**)

3	Vierteljahresberichte des Rundfunkkommissars Hans Bredow über die Vorgänge im Rundfunk	1930-1932
4	Schriftwechsel mit Abteilungen und Dienststellen der RRG (Handakten Kurt Magnus), Bd. 2	1930-1932
14	Überwachung der RRG durch das Reichsministerium für Volksaufklärung und Propaganda, insbesondere in finanziellen Angelegenheiten	1936
17	Privatdienstlicher Schriftwechsel des Referenten Dr. Weber; Bd. 2	1935-1937
20-21	Hausinterne Korrespondenz der Reichssendeleitung, Bde. 1-2	1934
26	Organisatorisches und personelle Angelegenheiten der Reichssendeleitung	1936-1937
674	Verbuchung der Kosten für die Sendungen zur Winterolympiade in Garmisch-Partenkirchen	1935-1936
699	Material zum Lebenslauf des Fernseherfinders Paul Nipkow sowie die Patentschrift über das Elektrische Teleskop von 1884	1934-1937
702	Besoldung und sonstige Zuwendungen, Bd. 2	1929-1932
707-709	Gehalt der Angestellten der Reichssendeleitung, Bde. 2-4	1934-1935
751	Reden und Interviews des Reichssendeleiters Eugen Hadamovsky, Bde. 1-2	1934-1936
754	Beiträge des Reichssendeleiters Eugen Hadamovsky für Broschüren und Zeitungen	1934-1938
760	Berichterstattung an das Reichsministerium für Volksaufklärung und Propaganda über Lenkung der Rundfunk-Fachpresse, die Beteiligung an Handbüchern und Zeitschriften, die Zulassung zu Pressekonferenzen	1934-1939
840	Pressemeldungen über die Funkarbeit und über personelle Veränderungen innerhalb der RRG	1934-1936
847	Der NSDAP-Parteitag in Nürnberg im Spiegel des Rundfunks und Fernsehens	1937
878	Deutsche Rundfunkausstellung 1937, Bde. 1-12	1937

886	Pressekritiken zum Hörspiel „Sohlen und Absätze" von Carl Borro Schwerla	1935-1937
888-889/ 891/893	Sitzungen des Programmrats der Deutschen Rundfunkgesellschaften, Bde. 2-3, 5, 7	1928-1930
917	Vorbereitung von Sendungen durch die Reichs-sendeleitung, Bde. 1-5	1937-1938
1163	Auskünfte der Reichssendeleitung an Dienststellen und Privatpersonen	1937
1175	Programmgestaltung anläßlich von Feiertagen, Gedenktagen und besonderen Veranstaltungen, Bd.2	1939
1197	700-Jahrfeier der Stadt Berlin, Bd. 1	1937
1203	Jugendsendungen (Handakten Köppe), Bd. 2	1936-1937
2237	Schriftwechsel mit Hörspielautoren und -komponisten, Bd. 5	1934-1939
2264-2265	Preisgekrönte Hörspielmanuskripte, Bde. 1-2	1936
2298	Handakten des Referenten Günther Wißmann, Bd. 1	1934-1938
2344	Eröffnung des deutschen Fernsehprogramm-betriebs am 22.3.1935 in Berlin	1935-1936
2345	Fernsehprogrammbetrieb des Paul Nipkow-Senders Berlin	1935-1937
R 109 I	**(Vorstandsprotokolle der Universum Film AG)**	
1027b	26. 06. 1929 – 24. 04. 1931	
1029b,c	08. 12. 1933 – 19. 05. 1934	
1030b- 1034b	02. 05. 1935 – 15. 1. 1942	
NS 15	**(Der Beauftragte des Führers für die Überwachung der gesamten geistigen und weltanschaulichen Schulung der NSDAP)**	
181	Presseartikel über das Fernsehwesen	1935, 1939
NL 118	(Nachlaß Joseph Goebbels)	
111	Briefe der Familie Kölsch aus Werl	1917-1919
112	Briefe von Theo Geitmann, Richard Flisges u.a.	1916-1922
127	Bin ein fahrender Schüler, ein wüster Gesell Novelle aus dem Studentenleben von Joseph Goebbels (handschriftlich)	1917
BA Potsdam	**(Bundesarchiv, Abteilungen Potsdam)**	
21.01	**(Reichsfinanzministerium)**	
B 9659	Voranschlag und Haushalt des Reichspostministe-riums für das Rechnungsjahr 1944	1944

47.01	(Reichspostministerium)	
20810- 20811	Veröffentlichungen und Patente über Fernsehen, Bde. 3-4	1937-1944
20812	Fernsehen im Ausland, Bd. 1	1936-1944
20813- 20814	Fernsehen auf Ausstellungen und Sonderveranstaltungen, Bde. 2-3	1937-1944
20815- 20816	Reichspost-Fernsehgesellschaft, Bde. 1-2	1939-1944
20817	Fernseh GmbH, Bd. 1	1942-1944
20818	Sendebetrieb des Fernsehens	1935-1940
20819	Technische Einrichtungen der Fernsehrundfunkanlagen, Bd. 2	1935-1944
20820	Fernsehsender Brocken	1937-1942
20821	Fernsehsender Großer Feldberg sowie technische Einrichtungen der Fernsehbühnen und Fernsprechstellen, Bd. 1	1937-1942
20822	Fernsehrundfunkdienst, Bd. 1	1936-1944
20825	Fernsehdrahtfunk	1935-1943
20826	Fernsehsprechdienst, Bd. 1	1935-1942
20863	Grundstücksangelegenheiten des Fernsehsenders Brocken	1936-1940
20864	Bauentwicklung und technische Zeichnungen für den Fernseh- und UKW-Sender Berlin-Witzleben	1937
20865	Technische Einrichtungen der Fernsehrundfunkan- lagen (Fernsehsender Brocken und Großer Feldberg, Presseausschnitte vom Richtfest des Fernsehsenders Großer Feldberg am 30. 10. 1937)	1937-1942
20866	Fernsehrundfunk (Grundlagen des Fernsehens, mit Beschreibung verschiedener Systeme, dazu Kopien von Siemens+Halske über das Fernmeldewesen und das Fernsehen)	1937-1939
21132	Grundstücksnachweisungen	1934-1943
50.01	**(Reichsministerium für Volksaufklärung und Propaganda)**	
15	Stillegung von Rundfunksendern	1941-1943
675-676	Sendungen des Paul Nipkow-Senders Berlin	1935-1937
1048	Förderung der Entwicklung des Fernsehens	1933-1935
1049	Fernsehübertragungen von der XI. Olympiade in Berlin	1936-1937
1050	„Das Auge der Welt", ein Fernsehfilm des Reichspost-Zentralamtes	1936-1937
62 DAF 3	**(Arbeitswissenschaftliches Institut der Deutschen Arbeitsfront)**	
13725- 13727	Presseausschnitte, Bde. 5-7	1935-1940

13730	Gesetzgebung	1937-1941
13732	Bildberichte	1937-1938
13733	Regionalberichte	1939-1941

BA-MA Frbg **(Bundesarchiv-Militärarchiv Freiburg)**

RL 36 **(Dienststellen für technische Erprobungen der Luftwaffe)**

| 454 | Berichte der Versuchsstelle der Luftwaffe Peenemünde-West | 1940-1943 |

RW 4 **(Oberkommando der Wehrmacht/Wehrmachtführungsstab)**

| 283-285 | Rundfunkangelegenheiten, Bde. 1-3 | 1939-1940 |
| 286 | Rundfunkangelegenheiten (geheim) | 1940-1943 |

RW 35 **(Militärbefehlshaber in Frankreich)**

38	Fernsprechverzeichnis des Militärbefehlshabers in Frankreich	1943
145	Sonstige Anlagen zum Kriegstagebuch des Höheren Nachrichtenführers Frankreich	1940
146	Kriegstagebuch mit Anlagen des Höheren Nachrichtenführers Frankreich	1940
148	Kriegstagebuch mit Anlagen des Höheren Nachrichtenführers Frankreich	1942-1943
217	Staffelbefehle der Propaganda-Abteilung Frankreich	1941

BA-FA Brl **(Bundesarchiv-Filmarchiv Berlin)**

SP 02981	Schattenbilder um Matthias Claudius (4 Rollen)
SP 07633	Das Amt Truppenbetreuung bietet durchreisenden Soldaten Stunden der Kurzweil im Nachtkino (1 Rolle)
SP 08718	Boxenveranstaltung auf der Dietrich Eckart-Freilichtbühne (2 Rollen)
SP 08903	Aus der Welt des Varietés (2 Rollen)
SP 09421	5 Jahre Filmtrupp im Deutschen Fernseh-Rundfunk (6 Rollen)
SP 12269	10 Jahre Hilfswerk „Mutter und Kind" (1 Rolle)
SP 14238	New York – Berlin in 20 Stunden (1 Rolle)
SP 14385	Sport der Woche (2 Rollen)
SP 17290	Oktoberfibel (6 Rollen)
SP 17292	Freude an kleinen Gärten (1 Rolle)
P 17350	Eissegeln auf dem Rangsdorfer See (1 Rolle)
SP 17355	Grundsteinlegung des Hauses des deutschen Fremdenverkehrs (1 Rolle)
SP 17356	Eröffnung der Reichslotterie der NSDAP (1 Rolle)
SP 17520	Achtung! Rotes Licht! (1 Rolle)
SP 19669	Einweihung der Reichs-Luftschutzschule Wannsee (1 Rolle)
SP 20112	Grundsteinlegung zum Bau des Deutschen Stadions in Nürnberg (2 Rollen)
SP 20162	Fernseh-Großbildstellen (1 Rolle)
SP 20331	Deutsche Handball-Meisterschaft (1 Rolle)
SP 20634	100 Jahre Schultheiss-Brauerei (1 Rolle)
SP 20635	Radrennen in Moabit (1 Rolle)

SP 22904	Eröffnung des Fernsehsenders Paul Nipkow Berlin am 22. 3. 1935 (1 Rolle)
SP 23090	Bräute auf Schwanenwerder (1 Rolle)
SP 25159	Oktober/November: Nun fegt der Herbst die Bäume blank (4 Rollen)

PA AA Bonn   **(Politisches Archiv des Auswärtigen Amts Bonn)**

Akten der Deutschen Botschaft in Paris

1116a Kult R	Rundfunkreferat der Botschaft Paris	1940-1944
1136a Kult 1a	Übernahme der Propagandaabteilung Frankreich durch die Botschaft	1941-1942
1144D Kult 1 Nr. 1		
	Deutsche Kulturwerbung im Ausland	1943
1145b Ru 2	Radio Diffussion Nationale	1943
1264 Kult R Nr. 1		
	Rundfunk-Sonderdienst Seehaus, Abhörstelle, Außenstelle West, Paris	1942
1265 Ru Nr. 2	Organisation und Sendebetrieb der Radio Diffussion Nationale	1942
1266 Ru Nr. 4	Programmgestaltung und Lenkung von „Radio Paris"	1942

Rundfunkpolitische Abteilung

R 67609	Angelegenheiten des Aufsichtsrats der Deutschen Auslands-Rundfunk-Gesellschaft Interradio AG, Bd. 7 (Handakten Dr. Schwager)	1941-1944

Büro des Staatssekretärs

R 29586-R 29606	Frankreich, 21 Bde.	1938-1944
R 29607-R 29609	Friedensverhandlungen mit Frankreich, 3 Bde.	1940-1941

DRA Ffm   **(Deutsches Rundfunkarchiv Frankfurt/Main)**

	Protokolle der RRG-Verwaltungsratssitzungen	1928-1939
	Akten der Interradio	1941-1944
	Telefonverzeichnisse der RRG	1942

DC Brl   **(Document Center Berlin)** ·

Personalakten von Mitarbeitern des Fernsehsenders Paul Nipkow Berlin und des Fernsehsenders Paris: Willi Bai, Ive Becker, Arthur Bemeleit, Carl Heinz Boese, Reinhard Blothner, Alfred Braun, Arnolt Bronnen, Waldemar Bublitz, Wilhelm Buhler, Joseph Christean, Odilo Dollmann, Gerhard Eckert, Herbert Engler, Hanns Farenburg, Rio Gebhardt, Boris Grams, Günter Greiner, Leopold Hainisch, Georg Helge, Kurt Hinzmann, Julius Jacobi, Karl Joksch, Philipp Jutzi, Karlheinz Kölsch, Richard Kordecki, Marta Krüger, Kurt Krüger-Lorenzen, Hannes Küpper, Waldemar Lemcke, Walter Löding, Hans Mähnz-Junkers, Erich Mier, Heinz Monnier, Harry Moss, Walter Müller, Hugo Murero, Detleff

Neumann-Neurode, Wolfgang Neusch, Hans-Jürgen Nierentz, Werner Oehlschläger, Prudentia Olbrich, Heinz Piper, Bruno Reisner, Jochen Richert, Walter Tappe, Hermann Tölle, Karl-Heinz Uhlendahl, Kurt Wagenführ, Willi Wahle.

AN Paris　　　　**(Les Archives Nationales Paris)**

AJ 40/1001-1016

　　　　　　　　Propagandaabteilung Frankreich　　　　　　　　　　　　　1940-1944

StA Mch　　　　**(Staatsarchiv München)**

77　　　　　　　Vorgänge zwischen der RPD Augsburg und der
　　　　　　　　Reichs-Rundfunk-Gesellschaft Berlin　　　　　　　　　　　1935-1938
　　　　　　　　(Abgabe OPD München von 1989)

HA BR Mch　　**(Bayerischer Rundfunk München, Hist. Archiv)**

　　　　　　　　Akten der Verwaltungsdirektion
　　　　　　　　des Reichssenders München　　　　　　　　　　　　　　　1941

NL Wagenführ　**Privatarchiv Andrea Brunnen-Wagenführ (München-Gauting)**

　　　　　　　　Nachlaß Dr. Kurt Wagenführ

PA Spies　　　**Privatarchiv Sophie Freifrau Spies von Büllesheim (Ahlen/Westfalen)**

　　　　　　　　Lebensläufe; Rechtsstreit Herbert Engler/Hermann Voß (1959-1960);
　　　　　　　　Korrespondenzen mit Herbert Engler (1958-1959), Gertrud Leschke (1953-1960)
　　　　　　　　und Maria Mühlens (1952-1953); Rundschreiben, Richtlinien und Berichte der
　　　　　　　　„Gemeinschaft früherer Rundfunkangestellter (GFR)" (1958-1960)

PA Hinzmann　**Privatarchiv Kurt Hinzmann (Lindau/Bodensee)**

　　　　　　　　Programmausdrucke für den Fernsehsender Paris (Juli/August 1944), Vorträge,
　　　　　　　　Presseausschnitte

PA Schulze　　**Privatarchiv Otto Schulze (Heidelberg)**

　　　　　　　　Korrespondenzen mit Gerhart Goebel (1986) und Kurt Wagenführ (1978, 1981),
　　　　　　　　Presseausschnitte

PA Nierentz　　**Privatarchiv Hans-Jürgen Nierentz (Düsseldorf)**

　　　　　　　　Manuskript „Adrian war mein Wunschtraum", Presseausschnitte

2. Gedrucke Quellen

2.1. Hilfsmittel

2.1.1. Quellenkunde und -verzeichnisse

BOELCKE, Willi A.: Die archivalischen Grundlagen der deutschen Rundfunkgeschichte 1923 bis 1945. In: Rundfunk und Fernsehen 16(1968), 2, S. 161-179.

DILLER, Ansgar: Quellen und Darstellungen aus der DDR zur Geschichte des deutschen Rundfunks. In: Rundfunk und Fernsehen 20(1972), 1, S. 46-56.

DILLER, Ansgar: Rundfunkakten im Archiv der Oberpostdirektion München. In: Rundfunk und Fernsehen 24(1976), 4, S. 395-398.

KATALOG des Deutschen Rundfunk-Museums e.V. Berlin. Berlin 2/1981.

LES ARCHIVES NATIONALES. État Général des Fonds, publié sous la direction de Jean Favier. Tome V: 1940-1958. Fonds conservés a Paris, sous la direction de Chantal de Tourtier-Bonazzi. Paris 1988.

RADKE, Arne: Les Fonds Allemands aux Archives nationales. In: Bulletin de l'Institut d'Histoire du Temps Présent 38(1989), S. 13-18.

STEINBERG, Lucien: Les autorités allemandes en France occupée. Inventaire commenté de la collection de documents conservés au C.D.J.C. (=Les inventaires des archives du Centre de documentation juive contemporaine, Paris, Vol. 2). Paris 1966.

ZOLLER, Sigmar: Die Geschichte des Rundfunks. Die Rundfunkanstalten bemühen sich um eine Dokumentation in eigener Sache. In: Hörfunk und Fernsehen 16(1966), S. 14-15.

2.1.2. Bibliographien und Verzeichnisse

BRUNSWIG, Heinrich: Bibliographie der Sender- und Studioanlagen. In: Sender, Hörfunk, Fernsehen. Berlin 1981, S. 77-97.

BURGMER, Rolf; LERG, Winfried B.: Rundfunk. In: Dahlmann-Waitz. Quellenkunde der deutschen Geschichte. Bibliographie der Quellen und der Literatur zur deutschen Geschichte. Stuttgart 10/1965 ff., Bd. 2: Abschnitt 55/1-114.

DEUTSCHES RUNDFUNKARCHIV (Hrsg.): Tonaufnahmen zur deutschen Rundfunkgeschichte 1924-1945 (=Bild- und Tonträger-Verzeichnisse, Bd. 1). Frankfurt/Main 1972.

DEUTSCHES RUNFUNKARCHIV (Hrsg.): Tondokumente zur Zeitgeschichte 1939-1945. Frankfurt/Main 1975.

DEUTSCHES RUNDFUNKARCHIV (Hrsg.): Rundfunkpublikationen: Eigenpublikationen des Rundfunks und Fachperiodika 1923-1986. Ein Bestandsverzeichnis. Bearb. von Doris Rehme (=Materialien zur Rundfunkgeschichte, Bd. 3). Frankfurt/Main 1986.

EULEN, Focko: Bibliographie zur Geschichte des Rundfunks. In: Technikgeschichte 40(1973), 2, S. 132-147.

FORSCHUNGSANSTALT DER DEUTSCHEN REICHSPOST (Hrsg.): Schriftenschau der Forschungsanstalt der Deutschen Reichspost. Bearb. von Fritz Vilbig und Karl Patermann, 14(1937)-19(1942) [mtl.].

HACKFORTH, Josef; STEDEN, Ulrich; ALTE-TEIGELER, Ute: Fernsehen. Programm. Programmanalyse. Auswahlbibliographie 1960-1969. München, New York, London, Paris 1981.

HACKFORTH, Josef; STEDEN, Ulrich; ALTE-TEIGELER, Ute: Fernsehen. Programm. Programmanalyse. Auswahlbibliographie 1970-1977. München, New York, London, Paris 1978.

HISTORISCHE KOMMISSION DER ARD (Hrsg.): Bibliographie der Rundfunk-Zeitschriften. Bearb. von Annelies Betz. Frankfurt/Main 1969.

KÖHNTOPP, Kerstin; ZIELINSKI, Siegfried: Der Deutsche Rundfunk and Television: an introduction and bibliography of television-related articles, 1923-1941. In: Historical Journal of Film, Radio and Television, Vol. 10, No. 2, 1990, S. 221-225 (einschl. Microfiche Supplement 1A04).

KUTSCH, Arnulf; LANG, Rudolf: Dokumente, Materialien und Untersuchungen zur Geschichte des deutschen Rundfunkprogramms. Auswahlbibliographie deutschsprachiger Publikationen 1945-80. In: Mitteilungen des Studienkreises Rundfunk und Geschichte, Sonderheft November 1981, S. 263-308.

LERG, Winfried B.: Rundfunkdissertationen an deutschen Hochschulen 1920-1953. In: Publizistik 2(1957), 3, S. 185-189; 4, S. 249-252, 310-315.

LÉVY, Claude: Note bibliographique sur la propagande en France (1939-1944). In: Revue d'histoire de la deuxième guerre mondiale 16(1966), 64, S. 102-116.

MERKLE, Ludwig: Rundfunkdissertationen. In: Rufer und Hörer 7(1952/53), S. 179 ff.

RUNDFUNK-BIBLIOGRAPHIEN 1926-1942 (früher: Bibliographie des Funkrechts, Teil 1-3 und Deutsches Rundfunkschrifttum 1930-42). 25 Microfiches und ein Registerband. Mit einer Einführung von Ansgar Diller. München, New York, London, Paris 1984.

RUNDFUNKGESCHICHTE. Ein Literaturverzeichnis. Bearb. von Rudolf Lang (=Kleine Rundfunkbibliothek, H. 3). Köln 1977.

RUNDFUNKGESCHICHTE. Ein Literaturverzeichnis. Supplement. Bearb. von Rudolf Lang. Köln 1989.

SIEMENS+HALSKE AG. (Hrsg.): Veröffentlichungen aus dem Gebiete der Nachrichtentechnik, 1(1930)-11(1941) [mtl.].

SPIESS, Volker: Bibliographie zu Rundfunk und Fernsehen (=Studien zur Massenkommunikation, Bd. 1). Hamburg 1966.

UBBENS, Wilbert: Presse, Rundfunk, Fernsehen, Film. Ein Verzeichnis deutschsprachiger Literatur zur Massenkommunikation. Opladen 1968.

UBBENS, Wilbert: Auswahlbibliographie Rundfunk. In: Aufermann, Jörg; Scharf, Wilfried; Schlie, Otto (Hrsg.): Fernsehen und Hörfunk für die Demokratie. Ein Handbuch über den Rundfunk in der Bundesrepublik Deutschland. Opladen2/1981, S. 485-567.

UNIVERSUM-FILM AKTIENGESELLSCHAFT (Hrsg.): Das deutsche Filmschrifttum. Eine Bibliographie der Bücher und Zeitschriften über das Filmwesen. Bearb. von Hans Traub und Hanns Wilhelm Lavies. Leipzig 1940.

VAESSEN, Kurt: Daten aus der Entwicklung des Rundfunks mit Vergleichszahlen aus der Geschichte des Films, der Presse und des Verkehrswesens. Würzburg 1938.

WESTDEUTSCHER RUNDFUNK (Hrsg.): Hörfunk und Fernsehen. Aufsatznachweis aus Zeitschriften und Sammelwerken. Bearb. von Rudolf Lang [jährl.]. Köln 1975/76 ff..

2.2. Hand- und Jahrbücher, Lexika

FEYERABEND, [Ernst]; HEIDECKER, []: Handwörterbuch des elektronischen Fernmeldewesens. Berlin 1929.

GLADENBECK, Friedrich (Hrsg.): Jahrbuch des elektrischen Fernmeldewesens 1937-1941/42 [jährl.]. Berlin-Friedenau 1938-1943.

KÖRNER, Erich (Hrsg.): Jahrbuch des Postwesens 1937. Berlin-Friedenau 1938.

LEHNICH, Oswald (Hrsg.): Jahrbuch der Reichsfilmkammer. Berlin 1937-1938.

REICHS-RUNDFUNK-GESELLSCHAFT (Hrsg.): Rundfunk-Jahrbuch. Berlin 1929-1933 [jährl.].

REICHS-RUNFUNK-GESELLSCHAT (Hrsg.): Künstler des Reichs-Rundfunks. Ein Handbuch für Funk, Theater, Film, Kleinkunst, Podium. Berlin 1937.

REICHS-RUNKFUNK-GESELLSCHAFT (Hrsg.): Künstler des Rundfunks. Ein Nachschlagewerk für Funk, Theater, Film, Kleinkunst, Podium. Berlin 1938.

RUNDFUNK im Aufbruch. Handbuch des deutschen Rundfunks 1934 mit Funkkalender. Lahr (Baden) [1934].

REICHSTHEATERKAMMER (Hrsg.): Deutsches Bühnen-Jahrbuch. Theatergeschichtliches Jahr- und Adressenbuch 46(1935)-55(1944).

SCHRÖTER, Fritz (Hrsg.): Handbuch der Bildtelegraphie und des Fernsehens. Grundlagen, Entwicklungsziele und Grenzen der elektrischen Bildfernübertragung. Berlin 1932.

TACKMANN, Heinz (Hrsg.): Filmhandbuch der Reichsfilmkammer (Loseblattsammlung). Berlin 1938 ff.

WEINBRENNER, Hans-Joachim (Hrsg.): Handbuch des Deutschen Rundfunks 1938, 1939/40. Heidelberg, Berlin, Magdeburg 1938, 1939.

2.3. Periodika (systematisch ausgewertet oder häufig zitiert)

2.3.1. Zeitungen

Der Angriff (Berlin)
Bayerische Radio-Zeitung (München)
Berliner Tageblatt (Berlin)
Deutsche Allgemeine Zeitung (Berlin)
Frankfurter Zeitung (Frankfurt/Main)
Das Reich (Berlin)
Völkischer Beobachter (Berlin)

2.3.2. Zeitschriften und Amtsblätter

Amtlicher Führer zur Großen Deutschen Funkausstellung (Berlin)
Amtsblatt des Reichspostministeriums (Berlin)
Das Archiv (Berlin)
Archiv für Post und Telegraphie (Berlin)
Archiv für Funkrecht (Berlin)
Auslese der Funktechnik (Stuttgart)
Berlin hört und sieht (Berlin)
Bildfunk (Freudingen)
Der Deutsche Film (Berlin)
Die Deutsche Post (Berlin)
Deutsche Radio-Illustrierte (Berlin)
Der Deutsche Rundfunk (Berlin)
Elektrotechnische Zeitschrift (Wuppertal, Berlin)
Fernsehen (Berlin)
Fernsehen und Tonfilm (Berlin)
Filmtechnik (Halle)
Funk (Berlin)
Funk-Bastler (Berlin)
Funk-Magazin (Berlin)
Funkstunde (Berlin)
Funktechnische Monatshefte (Berlin)
Funk und Bewegung (Berlin)
Hausmitteilungen aus Forschung und Betrieb der Fernseh GmbH (Berlin)
Hier Berlin und alle deutschen Sender (Berlin)
Hör mit mir (Bochum)
Intercine (Rom)
Kinematograph (Berlin)
Die Kinotechnik (Berlin)
Die Literatur (Stuttgart, Berlin)
Mitteilungen aus dem Reichspostzentralamt (Berlin)
Mitteilungen aus der Forschungsanstalt der Deutschen Reichspost (Berlin)
Mitteilungen der Reichs-Rundfunk-Gesellschaft (Berlin)
Nationalsozialistische Rundfunk-Korrespondenz (Berlin)
Neuer Funk-Bote (Berlin)
Neue Funkstunde (Berlin)
NS-Funk (Berlin, München)
Postarchiv (Berlin)
Der Radio-Händler (Berlin)
Reichsgesetzblatt (Berlin)
Reichsrundfunk (Berlin)
Rufer und Hörer (Stuttgart)
Der Rundfunk (Berlin)
Rundfunk-Archiv (Berlin)
Rundfunk-Großhändler (Hannover)
Die Sendung (Berlin)
Sieben Tage (Berlin)
Der Schulfunk (Berlin)

Schul-Rundfunk (Berlin)
Telefunken-Zeitung (Berlin)
Telefunken-Hausmitteilungen (Berlin)
Telefunken-Mitteilungen (Berlin)
Der Telefunken-Kamerad (Berlin)
Telegraphen-Fernsprech-Funk- und Fernseh-Technik (Berlin)
Telegraphen-Praxis (Wolfshagen-Scharbeutz)
Volksfunk (Berlin)
Welt-Rundfunk (Heidelberg, Berlin)
Zeitungs-Verlag (Berlin)
Zeitungswissenschaft (Berlin, Essen)

2.4. Berichte und Vorträge

AUGUSTIN, Ernst: Organisations- und Etat-Unterlagen sowie Betrachtungen über das Deutsche
Fernsehen. Berlin, August 1938 [Unveröffentlichter Bericht].

AUGUSTIN, Ernst: Zweite Denkschrift über das Fernsehen. Berlin, Juni 1939
[Unveröffentlichter Bericht].

DEUTSCHE REICHSPOST (Hrsg.): Verwaltungsberichte 1933-1940 [jährl.].

FARENBURG, Hanns: Fernsehen und Film. VII. Vortrag der Vortragsreihe für künstlerisch technische Mitarbeiter der RFG und RRG, geh. am 21. 5. 1941, 9 S. [Unveröffentlichtes Manuskript].

GLOBISCH, Hubert: Studioaufnahmetechnik und Programm. VI. Vortrag der Vortragsreihe für
künstlerisch technische Mitarbeiter der RFG und RRG, geh. am 7. 5. 1941, 21 S.
[Unveröffentlichtes Manuskript].

HINZMANN; Kurt: Vorschlag zur Erstellung einer Fernsehstadt (Gelände am Spandauer Bock). VI.
Vortrag der Vortragsreihe für künstlerisch technische Mitarbeiter der RFG und RRG vom
7. 5. 1941, 21 S. [Unveröffentlichtes Manuskript]

KRÄTZER, [Helmut]: Technischer Aufbau des Deutschlandhauses und seine betriebliche
Auswirkung auf die künftige Fernsehrundfunktechnik. III. Vortrag der Vortragsreihe für künstle-
risch technische Mitarbeiter der RFG und RRG, geh. am 19. 2. 1941, 16 S. [Unveröffentlichtes
Manuskript].

KÜPPER, Hannes: Gedanken über die Dramaturgie des Fernsehens. V. Vortrag der Vortragsreihe für
künstlerisch technische Mitarbeiter der RFG und RRG, geh. am 30. 4. 1941, 20 S.
[Unveröffentlichtes Manuskript]

LUCAS, Kurt Werner: Das Fernsehen. Telefunken-Vortrag, 26 S. O.O., o.J.

OHNESORGE, W.[ilhelm]: Die Reichspost im Dritten Reich. Vier Aufsätze und Vorträge (=Post und
Telegraphie in Wissenschaft und Praxis, Bd. 2). Berlin 1937.

OHNESORGE, W.[ilhelm]: Die Aufgaben der Deutschen Reichspost. Aufsätze und Vorträge (=Post
und Telegraphie in Wissenschaft und Praxis, Bd. 10). Berlin 1939.

REICHS-RUNDFUNK-GESELLSCHAFT (Hrsg.): Geschäftsberichte 1925/26-1926/27; 1928-
1931; 1933/34-1939/40.

REICHS-RUNDFUNK-GESELLSCHAFT (Hrsg.): Jahresbericht der Gruppe Technik 1937. Berlin 1938.

REICHS-RUNDFUNK-GESELLSCHFT (Hrsg.): Bericht des Rundfunk-Kommissars des Reichspostministers über die Wirtschaftslage des deutschen Rundfunks 1925-1926 bis 1930. Berlin o.J., [fortgesetzt als:] Geschäftsbericht über das siebte Geschäftsjahr 1931. O.O., o.J.

SCHRÖTER, F.[ritz]: Der Stand der elektrischen Bildübertragung. Vortrag Nr. 3, geh. am 24. April 1934 (=Vorträge aus dem Haus der Technik, H. 17). Essen 1934.

STUMPF, [Friedrich]: Geschichtlicher Überblick und Aufgaben des Fernsehens aus der Kopplung von Programm und Technik. I. Vortrag der Vortragsreihe für künstlerisch technische Mitarbeiter der RFG und RRG, geh. am 8.1.1941, 23 S. [Unveröffentlichtes Manuskript].

WEBER, [Hermann]: Schema der Fernsehtechnik und ihre Bauelemente. II. Vortrag der Vortragsreihe für künstlerisch technische Mitarbeiter der RFG und RRG, geh. am 29.1.1941, 17 S. [Unveröffentlichtes Manuskript].

2.5. Bücher und Quellensammlungen

ARDENNE, Manfred von: Fernsehempfang. Bau und Betrieb einer Anlage zur Aufnahme des Ultrakurzwellen-Fernsehrundfunks mit Braunscher Röhre. Berlin 1935.

BOESE, Carl Heinz: Das Zeichen der Malayen. Der Filmroman eines Privatdetektivs. Berlin 1921.

BOESE, Carl Heinz: Zum Schneegipfel Afrikas. Abenteuerliche Erlebnisse und Forschungen auf Jagdpfaden mit der Filmkamera. Berlin 1926.

BOHRMANN, Hans (Hrsg.): NS-Presseanweisungen der Vorkriegszeit. Edition und Dokumentation. Bearb. von Gabriele Toepser-Ziegert. Bd. 1: 1933, Bd. 2: 1934, Bd. 3 I/II: 1935. München (u.a.) 1987.

BÜSCHER, Gustav: Rundfunk! Wer lernt mit? (=Deutsche Radio-Bücherei, Bd. 87). Berlin-Tempelhof 21939.

DAS FERNSEHEN in Deutschland. Télévision en Allemagne. Television in Germany. La Télévision en Alemania. XI. Olympische Spiele Berlin 1936. Berlin 1936.

DEUTSCHE REICHSPOST (Hrsg.): Die Fernsehschau der Deutschen Reichspost auf der internationalen Ausstellung Paris 1937 [deutsch, französisch, englisch].

EICHHORN, Gustav: Wetterfunk, Bildfunk, Television (Drahtloses Fernsehen). Leipzig, Berlin 1926.

FEDERMANN, Wolfgang: Das Fernseh-Heft für Wißbegierige und Bastler. Mit Zeichnungen von P. Müller. Berlin 1935.

FINK, Donald G.: Principles of Television Engineering. New York 1940.

FISCHER, Eugen Kurt (Hrsg.): Dokumente zur Geschichte des deutschen Rundfunks und Fernsehens (=Quellensammlung zur Kulturgeschichte, Bd. 11). Göttingen, Berlin, Frankfurt/Main 1957.

FRIEDEL, Walter: Elektrisches Fernsehen, Fernkinematographie und Bildfernübertragung (=Die Hochfrequenz-Technik, Bd. 2). Berlin 1925.

FRÖHLICH, Elke (Hrsg.): Joseph Goebbels. Sämtliche Tagebuch-Fragmente 1924-41. Hrsg. im Auftrag des Instituts für Zeitgeschichte München in Verbindung mit dem Bundesarchiv. 4 Bde., München 1987.

FUCHS, Franz: Das Fernsehen. München 1937.

FUCHS, Gerhard: Die Bildtelegraphie. Berlin 1926.

GARRAT, G. R. M.: Television. An Account of the Development and General Principles of Television as Illustrated by a Special Exhibition Held at the Science Museum. London 1937.

GEHRTS, August: Der Fernsehdienst der Deutschen Reichspost (=Schriften des Instituts für Verkehrs wissenschaft an der Universität Leipzig, H. 6). Leipzig 1938.

GOLDAMMER, Rudolf: Fernsehen, das technische Wunder der Zeit. Leipzig 1936.

GÜNTHER, Hanns [d.i. Walter de Haas]: Fernsehen in praktischen Versuchen. 2 Bde. Stuttgart 1936.

GÜNTHER, Hanns: Das große Fernsehbuch. Die Entwicklung des Fernsehens von den Grundlagen bis zum heutigen Stand, mit zahlreichen Versuchs- und Bauanleitungen. Stuttgart 1938.

HAHN, Egon: Schmalfilm-Zentrale und Fernseh-Programm. Mit drei Anlagen. Anlage I: Vordrucke. Anlage II: Bau-Projekt. Anlage III: Kalkulation. Berlin 1944.

HATSCHEK, Paul: Optik des Unsichtbaren. Eine Einführung in die Welt der Elektronen-Optik. Stuttgart 1937.

HELL, Rudolf: Anleitung zum Selbstbau eines Bildempfängers (=Die Radio-Reihe, Bd. 21). Berlin 1927.

JUNGFER, Heinz: Bildfunk und Fernsehen. Lehrunterlage für die Berufserziehung des Kaufmanns. Berlin 1939.

KAPPELMAYER, Otto: Fernsehen von heute. Die Vorgänge beim Fernsehen. Berlin 1936.

KAROLUS; Hildegard (Hrsg.): August Karolus: Die Anfänge des Fernsehens in Deutschland in Briefen, Dokumenten und Veröffentlichungen aus seiner Zusammenarbeit mit der Telefunken GmbH, Berlin 1923-30. Offenbach 1984.

KORN, Arthur: Bildtelegraphie. Berlin 1923.

KORN, Arthur: Elektrisches Fernsehen (=Mathematisch-naturwissenschaftlich-technische Bücherei, Bd. 26). Berlin 1930.

KÜFFER, Hans: Fernsehtechnik (=Selbstunterrichtsbriefe System Karnack-Hachfeld). Potsdam, Leipzig 1939.

LECHNER, Hildegard: Beiträge zum Fernsehproblem. Das luminiszierende Gemisch. Aachen 1939.

LERTES, P.[eter]: Fernbildtechnik und elektrisches Fernsehen. Frankfurt/Main 1926.

LEUCHTER, Heinz W.[ilhelm]: Hans-Jürgen Nierentz (=Künder und Kämpfer). München 1937.

LIESEGANG, R.[aphael] Ed.[uard]: Das Phototel. Beiträge zum Problem des electrischen Fernsehens. Düsseldorf 1891. Titel der 2. Aufl.: Beiträge zum Problem des electrischen Fernsehens. Düsseldorf 1899.

LIPFERT, Kurt: Das Fernsehen. Eine allgemeinverständliche Darstellung des neuesten Standes der Fernsehtechnik. Berlin 1938.

MIHÁLY, Dénes von: Das elektrische Fernsehen und das Telehor. Berlin 1923 (2. erw. Aufl.: Berlin 1926).

NENTWIG, K.[urt]: Fernseh-Gerät. Eine leichtfassliche Bauanleitung für Laien (=Spiel und Arbeit, Bd. 133). Eßlingen 1931.

NEUGEBAUER, Eberhard: Fernmelderecht mit Rundfunkrecht (=Stilkes Rechtsbibliothek, Nr. 33). Berlin 31929.

NIERENTZ, Hans-Jürgen: Der Segen der Bauernschaft. Berlin 1933.

NIERENTZ, Hans-Jürgen: Symphonie der Arbeit. Berlin 1934.

POHL, Robert: Die elektrische Fernübertragung von Bildern. Braunschweig 1910.

REICHSORGANISATIONSLEITER der NSDAP (Hrsg.): Bildfunk und Fernsehen. Lehrunterlage für die Berufserziehung des Kaufmanns. [München] 1939.

REICHSPOSTZENTRALAMT (Hrsg.): Das Reichspostzentralamt. Ein Erinnerungsbuch. Berlin 1929.

REITZ, Herbert: Fernsehen von A-Z. Allgemeinverständliche Einführung in die Fernseh-Sende- und Empfangstechnik. Das Fernseh-ABC. Berlin-Wilmersdorf 1935.

RHEIN, Eduard: Wunder der Wellen. Rundfunk und Fernsehen dargestellt für jedermann. Berlin 1935.

SCHNABEL, Walther: Kathodenstrahl-Lichtabtaster für Fernsehzwecke. Aachen 1936.

SCHNEIDER, Ernst: Rundfunk, Drahtfunk, Fernsehen. Wolfshagen-Scharbeutz 1943.

SCHRAGE, Wilhelm: Fernsehen. Wie es vor sich geht und wie der Radiohörer daran teilnehmen kann. München 1930.

SCHRÖTER, Fritz: Fernsehen. Die neuere Entwicklung insbesondere der deutschen Fernsehtechnik. Berlin 1937.

SCHWANDT, Erich: Fernseh-Rundfunk. Senden und Empfang. Leipzig 1935 (2. erw. Aufl.: Leipzig 1940).

SHELDON, Horton; GRISEWOOD, Edgar Norman: Television. Present Methods of Picture Transmission. New York 1929.

SUDHOLT, Gert; SÜNDERMANN, Helmut (Hrsg.): Tagesparolen. Deutsche Presseanweisungen 1939-1945. Hitlers Propaganda und Kriegsführung. Leonie am Starnberger See 1973.

TELEFUNKEN (Hrsg.): Telefunken Fernseher FE IV. [Berlin] [1935].

TELEVISION. Collected Addresses and Papers on the Future of the New Art and Its Recent Technical Developments. Vol. I, July 1936 (=RCA Institutes Technical Press). New York 1936.

TETZNER, Karl: Fernseh-Lehrgang. Mit einem Geleitwort des Intendanten des Fernsehsenders Paul Nipkow, Hansjürgen Nierentz. Sonderdruck aus Rundfunk-Großhändler. Berlin, August 1938.

THUN, R.[udolph]: Fernsehen und Bildfunk. Die allgemeinen Grundlagen. Der gegenwärtige Stand. Stuttgart o.J. [um 1934].

WAHNRAU, Gerhard: Spielfilm und Handlung (=Rostocker Studien-Heft 5). Rostock 1939.

464

WINCKEL, Fritz Wilh.[elm]: Technik und Aufgaben des Fernsehens. Eine Einführung in das gesamte Gebiet des Fernsehens. Berlin 1930.

WINCKELMANN, Joachim: Fernseh-Fibel. Eine volkstümliche Darstellung mit 36 Bildern. Berlin-Tempelhof 1935.

2.6.   Aufsätze und Aufsatzsammlungen

AECKERLE, Fritz: Ein Versuch zum Fernsehspiel. In: Deutsche Allgemeine Zeitung v. 14. 1. 38.

ARDENNE, Manfred von: Kritisches zur diesjährigen Fernseh-Ausstellung. In: Der Deutsche Rundfunk 11(1933), 37, S. 1.

ARDENNE, Manfred von: Fernsehprojektion nach neuem Verfahren. In: Auslese der Funktechnik 1 (1939/40), 2, S. 22-23.

BACHMANN, J.[ohann] G.[eorg]: Fernsehen fürs Volk. In: Amtlicher Führer zur 12. Großen Deutschen Rundfunkausstellung Berlin 1935. Berlin 1935, S. 44-46.

BALKIE, Kurt: Fernsehen und seine Folgen. In: NS-Funk 3(1935), 18, S. 48.

BANNEITZ, Fritz: Das ‚Fernsehen‘ auf der Großen Berliner Funkausstellung. In: Die Sendung 6(1929), 35, S. 565.

BANNEITZ, Fritz: Das Fernsehen auf der diesjährigen Großen Berliner Funkausstellung. In: Die Sendung 7(1930), 34, S. 526-527.

BANNEITZ, Fritz: Über Fernsehen. Hauptvortrag zur Mitgliederversammlung des VDE in Hamburg 1935. In: Elektrotechnische Zeitschrift 56(1935), 28, S. 785-789.

BECKER, Ive: Zwei Jahre Fernsehen für Lazarette. In: Reichsrundfunk 2(1942/43), 26, S. 513-514.

BEGRICH, [Johannes]: Die Entwicklung des Fernsehens. In: Fernsehen und Tonfilm 8(1937), 4, S. 29-34 (I); 5, S. 37-41 (II); 6, S. 47-50 (III); 7, S. 54-57 (IV) (identisch: Archiv für Post- und Telegraphie 64(1936), 9, S. 241-258).

BEMELEIT, Arthur: Über die Arbeit des Fernsehbildners. In: Welt-Rundfunk 6(1942, 3, S. 129-137.

BLEMMEC, O.: Gedanken über das Fernsehen. In: Intercine 7(1935), 5, S. 280-287.

BODENSTEDT, Hans: Aufgaben und Möglichkeiten des Bildfunks (Fernsehen). In: Kolb, Richard [Hrsg.]: Rundfunk und Film im Dienste nationaler Kultur. Düsseldorf 1933, S. 363-373.

BOESE, Carl Heinz: Aktuelle Fragen des Fernsehbetriebes. In: Mitteilungen der Reichs-Rundfunk-Gesellschaft 1935/I, 460, Bl. 3-4.

BOESE, Carl Heinz: Das Programm des deutschen Fernsehrundfunks. In: Funk 12(1935), 8, S. 245-246.

BOFINGER, Alfred: Die Situation der theatralischen Kunst. In: Funk und Bewegung 1(1933), 10, S. 6-7.

BOURQUIN, Hans: Fernsehversuche der Reichspost. In: Rundfunkhörer 7(1930), 14, S. 2.

BOURQUIN, Hans: Vom kommenden Fernsehen. In: Deutscher Elektro-Anzeiger 26(1930), 14, S. 1-4.

BOURQUIN, Hans: Die Fernseh-Konserve. In: Funk-Magazin 4(1931), 3, S. 407-408.

BREDOW, Hans: Das Fernsehen im Rundfunk. In: Fernsehen 1(1930), 1, S. 2-3.

BRÜLS, P.[eter]: Die Wunder der kurzen und ultrakurzen Welle. Was man davon wissen muß. In: Bildfunk 1(1929), 3, S. 92-94.

BRÜLS, Peter: Was ist mit dem Fernsehen? In: Der Schulfunk 5(1931), 17, S. 562-563.

BÜSCHER, Gustav: Raus aus dem Laboratorium – rein in die Praxis. In: Die Sendung 11(1934), 37, S. 686.

BÜSCHER, Gustav: Deutschlands Fernsehbetrieb läuft. In: Die Sendung 12(1935), 15, S. 223.

BÜSCHER, Gustav: Wir haben einen Fernsehempfänger! In: Die Sendung 13(1936), 4, S. 107.

BÜSCHER, Gustav: Herrliches Fernsehen! In: Die Sendung 14(1937), 33, S. 756-757.

DOMINIK, [Hans]: Fernseharbeitsgemeinschaften basteln. In: Funktechnischer Vorwärts 5(1935), 7, S. 59.

ECKERT, Gerhard: Vom Rundfunk zum Fernsehen. In: Die Literatur 39(1936/37), II, 10, S. 623-625.

ECKERT, Gerhard: ‚Berolina‘ im Fernsehsender. In: Berliner Börsen-Zeitung v. 26. 7. 1937.

ECKERT, Gerhard: Der Weg des Fernsehens. In: Die Literatur 40(1937/38), II, 11, S. 684-686.

ECKERT, Gerhard: Der Stil des Fernsehens. In: Film-Kurier 20(1938), 46, S. 1-2.

ECKERT, Gerhard: Eine neue Kunstform: Das Fernsehspiel. In: Bayerische Radio-Zeitung 15(1938), 40, S. 24.

ECKERT, Gerhard: Dem Fernsehen gehört die Zukunft. In: Berliner Börsen-Zeitung v. 23. 2. 1938.

ECKERT, Gerhard: Welche Zukunft hat das Fernsehen? In: Monatsschrift für das deutsche Geistesleben 41(1939), 1, S. 48-50.

ECKERT, Gerhard: Fernsehen – Freund oder Feind des Films? In: Der Deutsche Film 3(1939), 12, S. 350-352.

ECKERT, Gerhard: Fernsehen als Kunstform. In: Die Literatur 42(1939/40), 7, S. 267-268.

ECKERT, Gerhard: Besuch beim Fernsehsender: Vom Werden eines Fernsehspiels. In: Nationalsozialistische Rundfunk-Korrespondenz 4(1940), 8, Bl. 7.

ECKERT, Gerhard: Hörspiel und Fernsehspiel. In: Nationalsozialistische Rundfunk-Korrespondenz 4 (1940), 30, Bl. 5-6.

ECKERT, Gerhard: Fernsehen und Film. In: Nationalsozialistische Rundfunk-Korrespondenz 4 (1940), 35, Bl. 4 (identisch: Funk-Woche 15(1940), 39, S. 10.).

ECKERT, Gerhard: Der Sprecher im Fernsehbericht. In: Nationalsozialistische Rundfunk-Korrespondenz 4(1940), 40, Bl. 7.

ECKERT, Gerhard: Fernsehspiel als eigene Kunstform. In: Berlin hört und sieht, Jg. 1940, 34, S. 11.

ECKERT, Gerhard: Fernsehspiel und Fernsehfolge. In: Die Literatur 43(1940/41), II, 7, S. 356-357.

ECKERT, Gerhard: Gedanken zum Fernsehtheater. In: Die Literatur 43(1940/41), II, 11, S. 562-563.

ECKERT, Gerhard: Fernsehspiele für jeden Geschmack. In: Nationalsozialistische Rundfunk-Korrespondenz 5(1941), 4, Bl. 6.

466

ECKERT, Gerhard: Zum ersten Fernsehtheater. In: Nationalsozialistische Rundfunk-Korrespondenz 5 (1941), 21, Bl. 5-6.

ENGLER, [Herbert]: Arische Nachweise der Fachschaft Rundfunk. In: Der Rundfunk 1(1937/38), 1, S. 40.

ENGLER, [Herbert]: Betreuung der Kammermitglieder. In: Der Rundfunk 1(1937/38), 1, S. 39-40.

ENGLER, Herbert: Zum Programm des deutschen Rundfunks. Ein Vorschlag. In: Der Rundfunk 1(1937/38), 2, S. 56-65.

ENGLER, Herbert: Notwendigkeit und Plan einer Rundfunkhochschule. In: Der Rundfunk 1(1937/38), 8, S. 257-261.

ENGLER, Herbert: Englands Fernsehfunk eingestellt: Unser Fernsehsender arbeitet weiter! In: Volksfunk 9(1939), 49, S. 3.

ENGLER, Herbert: Die Programmarbeit im Fernsehen. In: Welt-Rundfunk 4(1940), 1, S. 4 (identisch: Telegraphen-Praxis 20(1940), 15, S. 116-118.).

ENGLER, Herbert: Fernsehen. Zur Entwicklung des jüngsten deutschen Kulturgutes. In: Rundfunk-Archiv 13(1940), 5, S. 137-143.

ENGLER, Herbert: Paul Nipkow†. Das Staatsbegräbnis eines großen Ingenieurs. In: Die Sendung 17 (1940), 37, S. 351.

ENGLER, Herbert: Neue Aufgaben im Fernsehen. In: Rundfunk-Archiv 14(1941), 6, S. 214-219.

ENGLER, Herbert: Formengesetze der Fernseh-Sendung. Eine Untersuchung zur Dramaturgie im Fernsehen. In: Gladenbeck, Friedrich [Hrsg.]: Jahrbuch des elektrischen Fernmeldewesens 1940. Berlin-Friedenau 1941, S. 358-372.

ENGLER, Herbert: Fernsehen im Vormarsch. In: Reichsrundfunk 1(1941/42), 24, S. 453-456.

FARENBURG, Hanns: Bemerkungen zur Fernsehregie. In: Welt-Rundfunk 6(1942), 6, S. 264-267.

FARENBURG, Hanns: Gedanken um ein Fernsehspiel. In: Reichsrundfunk 3(1943/44), 10, S. 205-206.

FECHTER, Paul: Einsames Theater. Erlebnisse von heute und morgen. In: Deutsche Allgemeine Zeitung v. 19. 3. 1939.

FEDERMANN, W.[olfgang]: Fernsehen während der Olymischen Spiele. In: Telefunken-Hausmitteilungen 18(1937), 75, S. 18-23.

FELLGIEBEL, [Erich]: ‚Heer und Technik'. Bildtelegraphie und Fernsehen in ihrer militärischen Bedeutung. In: Deutsche Wehr 3(1930), 14, S. 327-329.

FLANZE, G.[ünter]: Der Fernsehbildempfänger bei den Olympischen Spielen. In: Funkschau 10 (1936), 31, S. 241-242.

FLANZE, G.[ünter]; GEHRTS, A.[ugust]: Die Fernsehvorführungen der Deutschen Reichspost auf der Internationalen Ausstellung Paris 1937. In: Fernsehen und Tonfilm 9(1938), 5, S. 33-36 (I); 6, S. 43-46 (II).

FLANZE, G.[ünter]: Ein Jahrzehnt Rundfunk- und Fernsehtechnik im nationalsozialistischen Deutschland. In: Welt-Rundfunk 7(1943), 1, S. 3-13.

FORSTREUTER, Adalbert: Das Wunder des Fernsehens. In: Westermanns Monatshefte 80 (1935/36), 195, S. 17-19.

FRIEDEL, W[alter]: Die geschichtliche Entwicklung des Fernsehens. In: Fernsehen 1(1930), 1, S. 12-17.

FRITZSCHE, Hans: Rundfunk im totalen Krieg. In: Reichsrundfunk 4(1944/45), 13/14, S. 135-136.

FUCHS, F[ranz]: Die Entwicklung des Fernsehens. In: Deutsches Museum. Abhandlungen und Berichte 3(1931), 5, S. 159-186.

GEBHARDT, Rio: Musik im Fernsehrundfunk. In: Welt-Rundfunk 6(1942), 1, S. 34-39.

GEHLHAR, Heinz: Gedanken zum Beginn der planmäßigen Fernsehsendungen. In: Pressedienst der deutschen Sender, Jg. 1934, 41, Bl. 1-2.

Gts. [d.i. August Gehrts]: Die technische Ausrüstung von Fernsehaufnahmeräumen. In: Fernsehen und Tonfilm 10(1939), 7, S. 49-52.

GEHRTS, A.[ugust]: Der Fernsehdienst der Deutschen Reichspost. In: Elektrotechnische Zeitschrift 61(1940), 12, S. 285-291.

GLADENBECK, Friedrich: Vortrag auf der Post- und Telegraphentechnischen Woche in Wien, 23. November 1938. In: Die Deutsche Post 62(1938), 51, S. 1519.

GLADENBECK, Friedrich: Erfolge einer Gemeinschaftsarbeit im Fernsehen. In: Mitteilungen aus der Forschungsanstalt der Deutschen Reichspost 4(1940), S. 1-2.

GLESSGEN, Hermann: Das deutsche Fernsehen. Ein Beitrag zu dem Problem unserer Tage. In: Lichtbildbühne 31(1938), 31, S. 1-2.

GOEBEL, Gerhart: Betrachtungen zur Fernseh-Aufnahmetechnik. In: Telegraphen-, Fernsprech-, Funk- und Fernseh-Technik 29(1940), 3, S. 77-81 (I); 4, S. 117-122 (II).

GOERZ, P.[aul]: Die wirtschaftliche Seite des Fernsehens. In: Fernsehen 1(1930), 1, S. 17-19.

GOERZ, P.[aul]: Hör-Rundfunk – Seh-Rundfunk. In: Rundfunk-Archiv 11(1938), 2, S. 39-40.

GOERZ, P.[aul]: Fernsehgeräte zu volkstümlichen Preisen. In: Rundfunk-Großhändler 7(1938/39), 5, S. 158.

GROSSMANN, Christine: Die Zukunft des Fernsehens. In: Die Sendung 15(1938), 3, S. 47.

GRÜGER, Heribert: Vom zeugenden Wort. In: Der Rundfunk 1(1937/38), 7, S. 222-227.

GRÜGER, Heribert: Luxemburg – ferngesehen. In: Reichsrundfunk 1(1941/42), 4, S. 77-79.

HABERMANN, M.: Soldaten und Fernsehsender. In: Rundfunk-Großhändler 11(1942/43), 2, S. 23.

HADAMOVSKY, Eugen: Deutschland startet das Fernsehen! In: Funk-Expreß, Jg. 1934, 68, Bl. 1-2.

HADAMOVSKY, Eugen: Die Mission des Fernsehfunks. In: Fernsehen und Tonfilm 2(1935), 2, S. 15-16.

HADAMOVSKY, Eugen: Der erste Fernseh-Programmbetrieb. In: Funk-Wacht 10(1935), 15, S. 12.

HADAMOVSKY, Eugen: Das Fernsehen, eine deutsche Erfindung. Was wir Paul Nipkow verdanken. In: Archiv für Funkrecht 8(1935), 6, S. 200-203.

HADAMOVSKY, Eugen: Der Rundfunkhörer als Schrittmacher des Fernsehens. In: Hör mit mir 6(1935), 25, S. 38-39.

HADAMOVSKY, Eugen: Fernsehen und Film. In: Radiowelt 12(1935), 21, S. 3.

HADAMOVSKY, Eugen: Zukunftsfragen des Fernsehens. In: Funk-Wacht 10(1935), 20, S. 12.

HADAMOVSKY, Eugen: Der Stand des Fernsehens. In: Die Sendung 12(1935), 29, S. 500 (identisch: Der Deutsche Rundfunk 13(1935), 30, S. 9).

HADAMOVSKY, Eugen: Paul Nipkow†. Zum Tode des großen Erfinders. In: Das Reich 1(1940),16, S. 30.

HADAMOVSKY, Eugen: Zum Gedenken an Carl Heinz Boese. In: Rundfunk-Archiv 14(1941), 11, S. 443-446.

HAINISCH, Leopold: ...und das Fernseh-Erlebnis. In: Sieben Tage 7(1937), 39.

HAINISCH, Leopold: Wort, Klang, Bild. Fernsehrundfunk und hohe Kunst: Eine neue Möglichkeit gegenüber Bühne und Film. In: Weinbrenner, Hans-Joachim (Hrsg.): Handbuch des Deutschen Rundfunks 1939/40. Heidelberg, Berlin, Magdeburg 1939, S. 52-57.

HANHEI, [ ]: Hinter den Kulissen des Fernsehsenders. In: Die Sendung 17(1940), 10, S. 75.

HART, Peter: Fernsehen und Film – an der Schwelle einer Auseinandersetzung. In: Filmtechnik 12(1936), 9, S. 118.

HECKER, H.: Die Eröffnung des Berliner Fernsehsenders. Deutschland das erste Land eines regelmäßigen Fernsehsendebetriebes. In: Der Deutsche Sender 6(1935), 14, S. 46.

HEISTER, Hans S.[iebert] von: Warum Fernseh-Verein? Eine überflüssige Organisation – Kein Fernsehen, aber schon Programmausschuß. In: Der Deutsche Rundfunk 8(1930), 9, S. 9-10.

HEISTER, Hans S.[iebert] von: Fernsehen für alle. In: Der Deutsche Rundfunk 15(1937), 44, S. 8.

HEISTER, Hans S.[iebert] von: 5 Jahre deutscher Fernseh-Rundfunk. In: Der Deutsche Rundfunk 18 (1940), 12, S. 2-3.

HEISTER, Hans S.[iebert] von: Fernsehen gestern und heute. In: Bayerische Radio-Zeitung 17 (1940), 39, S. 2-3.

HELLBORN, Klaus: Der Fernseher fürs Volk. In: Sieben Tage 2(1932), 6, S. 1.

HENSELEIT, Felix: Über Weg und Entwicklung des Fernsehspiels. In: Licht-Bild-Bühne 33(1940), 132, S. 2.

HERRNKIND, O. P.: Wie steht es mit dem Fernsehen? In: Hör mit mir 6(1935), 7, S. 38-39.

HERRNKIND, O. P.: Wieder zwei neue Erfolge des Fernsehens. In: Funk-Wacht 10(1935), 22, S. 8.

HERRNKIND, O. P.: Das erste Fernsehspiel der Welt. In: Funk-Wacht 10(1935), 29, S. 9.

HOEPPENER-FLATOW, W.: Fernsehen – wie es wurde. In: Die Sendung 16(1939), 30, S. 675.

HOFFMANN, Willy: Fernsehen und Urheberrecht. In: Juristische Wochenschrift 65(1936), 17, S. 1110-1113.

JUTZI, Phil: Kameraführung beim Fernsehen. In: Welt-Rundfunk 6(1942), 4, S. 167-172.

KAPELLER, Ludwig: Werden wir fernsehen? In: Funk 5(1928), 35, S. 241-243.

KAPPELMAYER, [Otto]: Funkausstellung 1933: Das Film-Fernsehen. In: Kinematograph 27(1933), 160, S. 18-19.

KAPPELMAYER, O.[tto]: Der große deutsche Fernsehplan. In: Europa-Stunde 6(1934), 40, S. 7-8.

KAPPELMAYER, [Otto]: Der deutsche Fernsehdienst beginnt. In: Kinematograph 59(1935), 59, S. 1-2.

KAPPELMAYER, [Otto]: Weisst Du, was Fernsehen ist? In: Berlin hört und sieht, Jg. 1935, 21, S. 7.

KAPPELMAYER, Otto: Wie sieht man fern? In: Radio-Händler 12(1935), 16, S. 679-680.

KAPPELMAYER, Otto: Fernsehen von heute. In: Radio-Händler 13(1936), 7, S. 251-252.

KAUL, Walter: Gedichte im Fernsehsender. Schattenbilder um Matthias Claudius.
In: Reichsrundfunk 4(1944/45), 3/4, S. 27-28.

KETTE, G.[eorg]: Der Empfang der englischen Fernseh-Sendungen in Berlin. In: Fernsehen 2(1931), 3, S. 189-192.

KIRSCHSTEIN, Friedrich: Wie steht es mit dem Fernsehen? In: Funk 11(1934), 35, S. 663-666.

KNEUTZ, Peter: Ein Roman wird ferngesehen. In: Mannheimer Morgen v. 3. 3. 1938.

KÖHLER, W. E.: Neue Perspektiven im Fernsehen. In: Schul-Rundfunk 14(1940/41), 4, S. 69.

KÖLLE, H.[ans]: Fernsehübertragungen aus dem Kuppelsaaltheater im Reichssportfeld.
In: Fernsehen und Tonfilm 12(1941), 6, S. 21-22.

KRUCKOW, A.[ugust]: Fernsehen und Rundfunk. In: Fernsehen 1(1930), 2, S. 49-51.

A.K. [d.i. Anne-Marie Kunze]: Fernsehen für Verwundete. In: Reichsrundfunk 1(1941/42), 1, S. 22.

A.K. [d.i. Anne-Marie Kunze]: Dichtung vor der Fernsehkamera. Zum Fernsehspiel der Gegenwart.
In: Reichsrundfunk 1(1941/42), 14, S. 283-284.

A.M.K. [d.i. Anne-Marie Kunze]: 50. Fernsehsendung für Feldgraue im Kuppelsaal des Reichssport
feldes. In: Reichsrundfunk 1(1941/42), 21/22, S. 407.

KUNZE, Anne-Marie: Betrachtungen zum Fernsehspiel. Vergangenheit, Gegenwart und Zukunft
einer jungen Kunstform. In: Rundfunk-Archiv 15(1942), 3, S. 105-111.

KUNZE, Anne-Marie: Gegenwart und Zukunft des Fernsehens. In: Nationalsozialistische Rundfunk-
Korrespondenz 5(1941), 21, Bl. 6-7 (identisch: Das Reich 2(1941), 14, S. 20).

KUNZE, Anne-Marie: Im Dichterhimmel vor Björnsons Tür. Zur Premiere des Fernsehspiels ‚Wenn
der junge Wein blüht‘. In: Reichsrundfunk 1(1941/42), 3, S. 60.

KUNZE, Anne-Marie: 40 Berliner Lazarette haben Fernsehempfang. In: Reichsrundfunk 2(1942/43), 7, S. 132-133.

KUTSCHBACH, Herbert: Bühnenbild und Fernsehbild. In: Welt-Rundfunk 8(1944), 1/2, S. 27-30.

LANDGRAF, Hugo: Vom Rundfunkreporter zum Fernsehberichter. In: Welt-Rundfunk 7(1943), 6, S. 215-222.

LARSEN, Egon: Fernseher in Sicht! In: Film und Volk 2(1929), 4, S. 9-11.

LEHMANN, Horst G.: Der Fernsehsender fährt ins Kinderparadies. In: NS-Funk 6(1938), 4, S. 2-3.

LEHMANN, Leopold: Was will der Allgemeine Deutsche Fernsehverein? In: Fernsehen 1(1930), 1, S. 43-44.

LEHMANN, Leopold: Ein Jahr Fernsehverein. In: Fernsehen 1(1930), 9, S. 430.

LEUCHTER, Heinz W.[ilhelm]: Dr. Hubmann kündigt Überraschungen im Fernsehen an. In: NS-
Funk 3(1935), 3, S. 9.

-er [d.i. Heinz Wilhelm Leuchter]: Das Fernsehen geht seine eigenen Wege.
In: Der Angriff v. 18. 11. 1937.

LINDENBERG, Fritz: Deutschland an der Spitze. ‚Hier ist der Fernsehsender Berlin-Witzleben!'
In: NS-Funk 3(1935), 14, S. 3, 39.

LINDENBERG, Fritz: Jeder kann fernsehen. In: NS-Funk 3(1935), 21, S. 45 (I); 23, S. 45-46 (II).

LÖLHÖFFEL, E. von: Fernsehen im Rundfunk und Lichtspielhaus. In: Filmtechnik 11(1935), 8,
S. 96-100.

LÖLHÖFFEL, E. von: Organisation und Technik des Fernsehens in Deutschland.
In: Intercine 7(1935), 12, S. 30-38.

LUDENIA, Werner: Das Fernsehen ohne Draht. In: Der Deutsche Rundfunk 2(1924), 17,
S. 817-818.

LÜBECK-MÜLLER, Kurt: Der Fernsehrundfunk-Betrieb und sein Werdegang. In: Funk 18(1941),
12, S. 181-184.

MAGNUS, Kurt: Fernsehen und Urheberrecht. In: Fernsehen 1(1930), 1, S. 8-9.

MAGNUS, Kurt: Rechtsfragen beim Bildfunk. In: Funk-Almanach 1932. Offizieller Ausstellungs
katalog zur Großen Deutschen Funkausstellung Berlin 1932. Berlin 1932, S. 19-21.

MENDELSOHN, Hanns: Es ist noch nicht soweit! In: Überall Radio 3(1930), 6, S. 8.

MENZEL, W.[erner]: Fernsehen kommt...aber erst in einigen Jahren. In: Sieben Tage 1(1931), 8,
S. 4.

MENZEL, Werner: Film und Fernsehen in der aktuellen Berichterstattung. In: Die Sendung 12
(1935), 32, S. 580.

MEYER, Norbert: Aus der Arbeit des Deutschen Fernseh-Vereins und der Tonfilmtechnischen
Gesellschaft. In: DFG-Mitteilungen, Jg. 1931, 93, S. 219-220.

MIHÁLY, Dénes von: Fernsehfilm kommt auch in Deutschland. In: Film 15(1930), 33, S. 20.

MÜLLER, Gabriele: Grünliches Mädchen bei 50 Grad. 200000 Watt Licht im Fernseh-Studio.
In: Berlin hört und sieht, Jg. 1940, 9.

MÜLLER, Gabriele: Deutscher Fernsehrundfunk liegt in Führung. Ein ernster und heiterer
Rückblick auf fünf Jahre stürmischer Entwicklung. In: Berlin hört und sieht, Jg. 1940, 12, S. 3.

MÜLLER, Gabriele: Fernseh-Zeitfunk im Einsatz. In: Schul-Rundfunk 14(1940/41), 11, S. 203-205.

MÜLLER, Richard: Fernsehrundfunk in Industrie und Handel. In: Rundfunk-Großhändler 7
(1938/39), 10, S. 477-478.

H.N. [d.i. Hans Natonek]: Wie weit ist das Fernsehen? In: Arbeiterfunk 4(1929), 33, S. 333-334 (I);
34, S. 338 (II).

NEELS, Axel: Der Allgemeine Deutsche Fernsehverein. In: Der Deutsche Schulfunk 4(1930), 2,
S. 30-31.

NESPER, Eugen: Vorbereitungen für die Fernsehsendungen im deutschen Rundfunk.
In: Funk-Magazin 2(1929), 8, S. 703-705.

NESPER, Eugen: Ein billiger Fernsehempfänger für den Bastler. In: Die Sendung 6(1929), 21,
S. 329-330.

NESPER, Eugen: Auch eine Propaganda des Fernsehgedankens. In: Radio-Händler 3(1930), 20, S. 1073-1074.

NESPER, Eugen: Kritische Betrachtungen über das Fernsehen auf der Funkausstellung. In: Die Sendung 7(1930), 38, S. 609-610.

NESPER, Eugen: Fernseh-Empfang in Berlin und Umgebung vom Berlin-Witzlebener Ultrakurzwellen-Sender. In: Radio-Händler 11(1934), 13, S. 611-612.

NESPER, Eugen: Die erste Fernseh-Empfangsstelle außerhalb Berlins eröffnet. In: Dralowid-Nachrichten 9(1935), 4, S. 64-65.

NEUBURGER, Albert: Der Fernseher von Mihály. In: Die Sendung 5(1928), 29, S. 353-354.

NEUBURGER, Albert: Die Technik des Fernseh-Dramas. In: Die Sendung 6(1929), 7, S. 95-97.

NEUBURGER, Albert: Zukunftsprobleme des Fernsehens. In: Die Sendung 6(1929), 28, S. 449-450.

NEUERT, Hans: Funk-Industrie, Funk-Handel und Fernsehen. In: Fernsehen 1(1930), 2, S. 57-59.

NEUMANN, F.: Wie und was wird man fernsehen, wenn demnächst in Deutschland die offizielle Einführung des Fernsehens kommt? In: Radio-Helios 7(1930), 4, S. 29-32.

NIERENTZ, Hans-Jürgen: Greift nur hinein... . In: Sieben Tage 7(1937), 39.

NIERENTZ, Hans-Jürgen: Wir schaffen für den Fernsehfunk. In: Nationalsozialistische Rundfunk-Korrespondenz 1(1937), 19, Bl. 1.

NIERENTZ, Hans-Jürgen: Fernsehrundfunk als Aufgabe und Verpflichtung. In: Der Rundfunk 1 (1938), 7, S. 221-222.

NIERENTZ, Hans-Jürgen: Fernsehsender Berlin. In: Amtlicher Führer zur 16. Großen Deutschen Rundfunkausstellung Berlin 1938. Berlin 1938, S. 99.

NIERENTZ, Hans-Jürgen: Wir schalten um! In: Der Rundfunk 1(1938), 13, S. 424-425.

NIERENTZ, Hans-Jürgen: Das deutsche Fernsehen.In: Amtlicher Führer zur 16. Großen Deutschen Rundfunk- und Fernseh-Rundfunk-Ausstellung Berlin 1939. Berlin 1939, S. 15-16.

NIERENTZ, Hans-Jürgen: Fernsehen. In: Welt-Rundfunk 3(1939), 3, S. 19-20.

NOACK, F.[ritz]: Gedanken über die Einführung des Fernsehens in Deutschland (Mit einem Anhang von Fritz Banneitz). In: Die Sendung 6(1929), 51, S. 845-846.

NOACK, F.[ritz]: Wie arbeitet der Karolus-Telefunken-Fernseher? In: Bildfunk 1(1929), 1, S. 11-13.

NOACK, F.[ritz]: Wie steht's mit dem Fernsehen? In: Rundfunk-Rundschau 5(1930), 9, S. 2.

NOACK, F.[ritz]: Welche Möglichkeiten bietet das Rundfunkfernsehen? In: Pommersche Rundfunk-Zeitung 5(1930), 1, S. 1.

NOACK, F.[ritz]: Zur Organisation der Fernsehübertragungen. Eine Bitte und eine Warnung an die Rundfunkbehörden. In: Radio, Bildfunk, Fernsehen für alle, Jg. 1930, 1, S. 27-30.

OHNESORGE, Wilhelm: Das Fernsehen – Möglichkeiten und Erreichtes. In: Welt-Rundfunk 1 (1937), 2, S. 321-323.

OHNESORE, Wilhelm: Die Freigabe des Fernsehrundfunk-Empfangs. In: Postnachrichtenblatt 18 (1938), 32, S. 267.

OHNESORGE, Wilhelm: Deutschland führend im Fernsehen. In: Deutsche Postzeitung 7(1938), 2, S. 39-40.

OHNESORGE, Wilhelm: Die Fernsehentwicklung in Deutschland. In: Welt-Rundfunk 4(1940), 1, S. 1-3.

OPTIZ, Carl: Fernsehen und Funkfilm. In: Der Deutsche Rundfunk 4(1926), 37, S. 2572-2573.

OTTE, Gerhard: Der Rundfund-Großhandel in der Fernsehentwicklung. In: Rundfunk-Großhändler 4(1935/36), 3, S. 76.

OTTE, Gerhard: Fernsehen und Rundfunk-Großhandel. In: Rundfunk-Großhändler 8(1939/40), 5, S. 177-180.

OTTE, Gerhard: Über die wirtschaftliche Seite des Vertriebs von Fernsehempfängern. In: Rundfunk-Archiv 13(1940), 6, S. 179-182.

PANEK, [ ]: HJ. hilft beim Ausbau des Fernsehens. In: Reichs-Jugend-Pressedienst, Jg. 1935, 233, Bl. 2.

PRACHTY, Paul: Fernsehen! – Vorläufig sehen wir in die Zukunft– aber ein Verein! In: Funk-Woche 5(1930), 12, S. 179.

PRIDAT-GUZATIS, H.[einz] G.[ert] [d.i. Heinz Guzatis]: Fernseh- und Schallplatten-Rechtsprobleme des deutschen Rundfunks. In: Archiv für Funkrecht 8(1935), 5, S. 145-149.

PRIDAT-GUZATIS, H.[einz] G.[ert]: Gedanken zum Fernsehrecht. In: Welt-Rundfunk 4(1940), 1, S. 25-27.

RHEIN, Eduard: Wollen wir fernsehen? In: Die Sendung 6(1929), 44, S. 724-726.

RHEIN, Eduard: Der erste Fernsehfilm wird gedreht... . In: Fernsehen 1(1930), 4, S. 157-159.

RHEIN, Eduard: Paul Nipkow. Versuch eines Porträts zu seinem siebzigsten Geburtstag. In: Fernsehen 1(1930), 8, S. 337-341.

RHEIN, Eduard: Es ist ein weiter Weg... . In: Fernsehen 1(1930), 9, S. 413-415.

RHEIN, Eduard: Fernseh-Fieber. Fortschritte, aber noch keine ideale Lösung. In: Sieben Tage 1(1931), 25, S.1.

RHEIN, Eduard: Fernseh-Fragen. Die Deutsche Reichspost arbeitet mit. In: Sieben Tage 3(1933), 38, S. 1.

RHEIN, Eduard: Der Zauber-Spiegel. Vor fünfzig Jahren, am Weihnachtsabend 1883, wurde die Idee des Fernsehens geboren. In: Sieben Tage 4(1934), 42, S. 1.

RHEIN, Eduard: Der Fernseher geht ins Volk. In: Sieben Tage 5(1935), 22, S. 1.

ROEBER, Georg: Fernsehübertragungen von Filmen. In: Juristische Wochenschrift 65(1936), 41, S. 2844-2847.

ROMBACH, Otto: Als Autor auf der Fernsehbühne. In: Autor 13(1938), 1/2, S. 16.

ROSEN, Herbert: Morgenstunde. Der erste deutsche Fernsehfilm. In: Radiowelt 7(1930), 23, S. 715.

ROSEN, Herbert: Fernsehfachleute unter sich. Diskussionsabend des Allgemeinen Deutschen Fernsehvereines. In: Funk-Magazin 4(1931), 4, S. 328.

ROSEN, Herbert: Fernsehen in Döberitz. In: Umschau 36(1932), 36, S. 712-714.

RUDOLF, Herbert: Neue Epoche im Fernsehen. In: Völkischer Beobachter v. 23.3.1938.

SCHMIDT, Erich: Fernsehen, Funk, Film und das Problem ihrer wechselseitigen Beziehungen. In: Der Deutsche Sender 6(1935), 19, S. 8, 41 (I); 20, S. 8 (II).

SCHMIDT, Wolf: Wie wird einmal ein Fernsehprogramm aussehen? In: Rundfunk-Hörer 8(1931), 31, S. 3-4.

SCHOLZ, W.[erner]: Fernsehempfang in Groß-Berlin. In: Fernsehen und Tonfilm 5(1934), 3, S. 25-27.

SCHOLZ, W.[erner]: Der Vertrieb von Fernsehempfängern. In: Rundfunk-Großhändler 8(1939/40), 6, S. 251-252.

SCHR.[AGE], W.[ilhelm]: Skandal ums Fernsehen. In: Berliner Tageblatt v. 28.1.1931.

SCHROEDER, Herbert: Rückblick auf die deutsche Rundfunk- und Fernsehausstellung in Bukarest. In: Reichsrundfunk 2(1942/43), 16, S. 301-303.

SCHRÖTER, Fritz: Fortschritte im Fernsehen. In: Die Sendung 5(1928), 22, S. 256-257.

SCHRÖTER, Fritz: Fernkino auf der großen Funkausstellung. In: Die Sendung 5(1928), 36, S. 443-444.

SCHRÖTER, Fritz: Die Frage der Wellenlängen im Fernsehen. In: Die Sendung 7(1930), 15, S. 240-241.

SCHRÖTER, Fritz: Über Sinn und Ertrag der Fernsehforschung. In: Welt-Rundfunk 2(1938), 4, S. 670-672.

SCHRÖTER, Fritz: Das Fernsehbild. In: Telefunken-Hausmitteilungen 19(1938), 79, S. 23-35.

SCHÜCKING, Julius Lothar: Gefahren des Fernsehens. In: Das deutsche Wort v. 12.5.1935.

SCHÜTTE, O.: Die technischen Einrichtungen eines modernen Fernseh-Studios. In: Fernsehen 1(1930), 8/9, S. 29-34.

SCHULZ, Eberhard: Die Fernsehstube. Anfänge einer neuen Kunst. In: Frankfurter Zeitung v. 7.2.1939.

SCHULZ, Helmut: Premiere im Fernsehsender. In: Das Reich 2(1941), 19, S. 16.

SCHULZE, Otto: Filmtechnik – Voraussetzungen und Einsatz im Deutschen Fernsehrundfunk. In: Reichsrundfunk 1(1941/42), 24, S. 457-458.

SCHWABACH, Erich Ernst: Radio und Fernsehen. In: Die Literarische Welt (Sondernummer: Literatur und Rundfunk) 5(1929), 35, S. 7.

SCHWANDT, Erich: Gedanken zum Fernsehrundfunk. In: Funk-Bastler 7(1930), 7, S. 111-113.

SCHWANDT, Erich: Erfahrungen bei den Fernsehversuchen. In: Radio-Helios 8(1931), 6, S. 47-48.

Schw. [d.i. Erich Schwandt]: ,Hier ist der Paul-Nipkow-Sender, Berlin...'. Ständiger Programmbetrieb des Berliner Fernsehsenders. In: Funk 13(1936), 3, S. 69-70.

SCHWANDT, Erich: Monographien der Fernsehempfänger: Telefunken FE IV. In: Funk 13(1936), 6, S. 187-191.

Schw. [d.i. Erich Schwandt]: Das Fernsehen läuft! In: Bayerische Radio-Zeitung 15(1938), 35, S. 10.

Schw. [d.i. Erich Schwandt]: Der deutsche Einheitsempfänger ist da! In: Bayerische Radio-Zeitung 19(1939), 31, S. 5.

Schw. [d.i. Erich Schwandt]: Fernsehen im Lehrfilm. In: Reichsrundfunk 4(1944/45), 11/12, S. 131-132.

SCHWEMBER, Wilhelm: Film und Fernsehen. In: Der Deutsche Film 1(1936), 5, S. 136-138.

SEEHOF, Artur: Fernsehen. In: Der Arbeiter-Fotograf 4(1930), 1, S. 13-15.

STARKE, Herbert: Aktuelle Fernseh-Fragen. In: Die Sendung 7(1930), 6, S. 90-91.

STARKE, Herbert: Was werden wir fernsehen? In: Funk-Bastler 7(1930), 7, S. 121-122.

STÜLER, W.[]: Vom Geheimnis des Fernsehens. In: Der junge Tag 11(1930), 2, S. 24-25.

STUMPF, Friedrich: Der technische Fernsehbetrieb der Deutschen Reichspost. In: Welt-Rundfunk 4 (1940), 1, S. 10-14.

STUMPF, Friedrich: Das neue Fernsehtheater in Berlin. In: Welt-Rundfunk 5(1941), 2, S. 1-4.

STUMPF, Friedrich: Die Fernsehreportage. In: Fernsehen und Tonfilm 12(1941), 9, S. 33-35; 10, S. 37-39.

TANNENBERG, Gerhard: Die neue Aufgabe: Der Fernsehsprecher. In: Funk-Wacht 11(1936), 37, S. 12.

TENGE, Wolfgang R.: Moritaten ferngesehen oder ‚Der rasende Zeichenstift!' In: Die Sendung 14 (1937), 26, S. 595-596.

TETZNER, Karl: Fernsehen. In: Rundfunk-Großhändler 4(1935), 3, S. 65-68, 70-72, 74.

THUN, R.[udolph]: Bemerkungen zum Fernseh-Programm. In: Fernsehen 1(1930), 3, S. 102-106.

THUN, R.[udolph]: Die Bedeutung des Programms für einen Erfolg des Fernsehens. In: Fernsehen und Tonfilm 3(1932), 3, S. 134-139.

THUN, R.[udolph]: Ein Vorschlag zur Durchführung von Fernsehprogrammen. In: Fernsehen und Tonfilm 4(1933), 6, S. 65-66.

he. [d.i. Hermann Tölle]: Westfälische Originale im Fernsehsender. In: Die Sendung 17(1940), 12, S. 90.

TÖLLE, Hermann: Aus der Zeitgeschehenarbeit des Fernsehsenders ‚Paul Nipkow'. In: Schul-Rundfunk 14(1940/41), 23, S. 450-451.

TRITZ, []: Reichspost-Fernseh-Gesellschaft mit beschränkter Haftung. In: Die Deutsche Post 63(1939), 34, S. 990-991.

WAGENFÜHR, Kurt: Fernsehen – Sache des ganzen Volkes! In: Hör mit mir 6(1935), 22, S. 38.

WAGENFÜHR, Kurt: Das erste Fernsehspiel. In: Bayerische Radio-Zeitung 12(1935), 28, S. 22.

WAGENFÜHR, Kurt: Der Funkbeobachter. In: Deutsche Radio-Illustrierte 5(1936), 2, S. 3.

WAGENFÜHR, Kurt: Der Funkbeobachter. In: Deutsche Radio-Illustrierte 6(1937), 17, S. 8, 10.

WAGENFÜHR, Kurt: Der Funkbeobachter am Fernseher. In: Deutsche Radio-Illustrierte 6(1937), 23, S. 8, 10.

WAGENFÜHR, Kurt: Der Funkbeobachter am Fernseher. In: Deutsche Radio-Illustrierte 6(1937), 25, S. 8, 10.

WAGENFÜHR, Kurt: Der Funkbeobachter sieht die Tochter des Kalifen. In: Deutsche Radio-Illustrierte 6(1937), 29, S. 8, 10.

WAGENFÜHR, Kurt: Lang – kurz – lang. In: Deutsche Radio-Illustrierte 6(1937), 32, S. 8, 10.

WAGENFÜHR, Kurt: Der Funkbeobachter berichtet aus Nürnberg. In: Deutsche Radio-Illustrierte 6(1937), 38, S. 8, 10.

WAGENFÜHR, Kurt: Der Funkbeobachter. In: Deutsche Radio-Illustrierte 6(1937), 47, S. 5.

WAGENFÜHR, Kurt: Der Rundfunkbeobachter am Fernsehempfänger. In: Deutsche Radio-Illustrierte 6(1937), 49, S. 5.

WAGENFÜHR, Kurt: Von der Entwicklung des Fernsehens (I-III). In: Funk-Wacht 12(1937), 39, S. 9 (I); 40, S. 9 (II); 42, S. 9 (III).

WAGENFÜHR, Kurt: Neu-Ernennungen im deutschen Rundfunk. In: Berliner Tageblatt v. 24. 4. 1937.

WAGENFÜHR, Kurt: Fernsehen. Aufnahme und Probleme. In: Berliner Tageblatt v. 17. 6. 1937.

WAGENFÜHR, Kurt: Von der Bühnenregie zur Fernsehstube. In: Berliner Tageblatt v. 6. 7. 1937.

WAGENFÜHR, Kurt: Fernsehstil im Fernsehspiel. Betrachtungen zur Dramaturgie des Fernsehens. In: Berliner Tageblatt v. 27. 7. 1937.

WAGENFÜHR, Kurt: Fernsehen beim Parteitag. Eine Großtat deutscher Technik. In: Berliner Tageblatt v. 11. 9. 1937.

WAGENFÜHR, Kurt: Neue Gestaltungsfragen beim Fernsehen. Eine Unterredung mit Intendant H.J. Nierentz. In: Berliner Tageblatt v. 29. 10. 1937.

WAGENFÜHR, Kurt: Fernseh-Programme. In: Berliner Tageblatt v. 24. 11. 1937.

WAGENFÜHR, Kurt: Eine Fernseh-Kunstbetrachtung. Schauspieler im Lichte des zaubernden Strahls. In: Thüringer Gauzeitung Nr. 125 v. 2. 7. 1937.

WAGENFÜHR, Kurt: Fernsehspiel um einen Roman. In: Berliner Tageblatt v. 27. 1. 1938.

WAGENFÜHR, Kurt: ‚Die Schattenlinie'. Joseph Conrad im Fernsehsender. In: Berliner Tageblatt v. 6. 5. 1938.

WAGENFÜHR, Kurt: Tiedtke als Wrangel im Fernsehsender. In: Berliner Tageblatt v. 3. 6. 1938.

WAGENFÜHR, Kurt: Wie steht es mit dem Fernsehen? In: Berliner Tageblatt v. 23. 8. 1938.

WAGENFÜHR, Kurt: Fernsehen in Europa und Amerika. In: Berliner Tageblatt v. 5. 10. 1938.

WAGENFÜHR, Kurt: ‚Versprich mir nichts!' Vielversprechende Fernsehvorführung. In: Berliner Tageblatt v. 16. 11. 1938.

WAGENFÜHR, Kurt: ‚Die vier Gesellen' – ferngesehen. In: Berliner Tageblatt v. 22. 11. 1938.

WAGENFÜHR, Kurt: Planmäßiger Fernseh-Programmaufbau. In: Funk-Wacht 13(1938), 10, S. 9-10.

WAGENFÜHR, Kurt: Fernseh-Erschließung in Europa. In: Funk-Wacht 13(1938), 39, S. 12.

WAGENFÜHR, Kurt: Auftakt beim Fernsehsender. In: Funk-Wacht 13(1938), 49, S. 9 (identisch: Fortschritt im Fernsehsender. In: Neuer Funk-Bote 5(1938), 48, S. 22-23).

WAGENFÜHR, Kurt: Betrachtungen zu unserem Fernsehprogramm. In: Neuer Funk-Bote 5(1938), 24, S. 5.

WAGENFÜHR, Kurt: Fernseh-Sprechverkehr Berlin-München eröffnet. In: Neuer Funk-Bote 5(1938), 30, S. 23.

WAGENFÜHR, Kurt: Versuch einer kleinen Fernsehpsychologie. In: Der Deutsche Rundfunk 16(1938), 32, S. 45-46 (I); 33, S. 8 (II); 34, S. 44-46 (III).

WAGENFÜHR, Kurt: Wo steht das Fernsehen? In: Deutsche Zukunft 6(1938), 6, S. 8-9.

WAGENFÜHR, Kurt: Stilprobleme des Fernsehens. In: Deutsche Zukunft 6(1938), 50, S. 7-8.

WAGENFÜHR, Kurt: Besucherzahlen in den Berliner Fernsehstuben. In: Deutsche Radio-Illustrierte 7(1938), 7, S. 3 (identisch: Besucherzahlen der Berliner Fernsehstuben. In: Welt-Rundfunk 2(1938), 1, S. 157-159; Hunderttausende besuchten die Fernsehstuben. In: Neuer Funk-Bote 5(1938), 7, S. 4, 21.).

WAGENFÜHR, Kurt: Fest des Deutschen Rundfunks und Presseball. In: Deutsche Radio-Illustrierte 7(1938), 8, S. 2.

WAGENFÜHR, Kurt: Der Rundfunkbeobachter. In Deutsche Radio-Illustrierte 7(1938), 13, S. 11.

WAGENFÜHR, Kurt: Der Rundfunkbeobachter am Fernseher. In: Deutsche Radio-Illustrierte 7(1938), 20, S. 3.

WAGENFÜHR, Kurt: Der Rundfunkbeobachter am Fernsehempfänger.
In: Deutsche Radio-Illustrierte 7(1938), 48, S. 1.

WAGENFÜHR, Kurt: Entwicklungsmöglichkeiten des Fernsehens. In: Deutsche Rundschau 65(1939), 9, S. 184-191.

WAGENFÜHR, Kurt: Der Bildfänger in Nöten. In: Deutsche Allgemeine Zeitung v. 26. 2. 1939.

WAGENFÜHR, Kurt: Oper im Fernsehsender. In: Deutsche Allgemeine Zeitung v. 23. 3. 1939.

WAGENFÜHR, Kurt: Abendliche Gäste – ferngesehen.
In: Deutsche Allgemeine Zeitung v. 11. 4. 1939.

WAGENFÜHR, Kurt: Die Welt im Zimmer. Der Weg des Fernsehens.
In: Deutsche Allgemeine Zeitung v. 16. 4. 1939.

WAGENFÜHR, Kurt: Der Kurs des Fernsehens. In: Deutsche Allgemeine Zeitung v. 10. 5. 1939.

WAGENFÜHR, Kurt: ‚Der Unterrock' ferngesehen. Das Lustspiel in hochdeutscher Fassung.
In: Deutsche Allgemeine Zeitung v. 8. 6. 1939.

WAGENFÜHR, Kurt: Lustspiel ferngesehen. ‚Die vier Gesellen'. In: Deutsche Allgemeine Zeitung v. 4. 11. 1939.

WAGENFÜHR, Kurt: Fernsehen und Theater. In: Deutsche Zukunft 7(1939), 3, S. 7.

WAGENFÜHR, Kurt: Ein Abschied. In: Deutsche Zukunft 7(1939), 23, S. 13-14.

WAGENFÜHR, Kurt: Fernsehen heute. In: Deutsche Zukunft 7(1939), 25, S. 14.

WAGENFÜHR, Kurt: Rundfunk und Fernsehen. In: Deutsche Zukunft 7(1939), 33, S. 10.

WAGENFÜHR, Kurt: Zeitgeschehen – ferngesehen. In: Die Deutsche Zukunft 7(1939), 35, S. 8.

WAGENFÜHR, Kurt: Betrachtungen über das Fernsehen. In: Neuer Funk-Bote 6(1939), 6, S. 22.

WAGENFÜHR, Kurt: Wir sahen im Fernsehempfänger... In: Neuer Funk-Bote 6(1939), 22, S. 21.

WAGENFÜHR, Kurt: Fernsehen und Rundfunk sind Geschwister. In: Neuer Funk-Bote 6(1939), 25, S. 4-5.

WAGENFÜHR, Kurt: Hören und Sehen ist zweierlei. In: Neuer Funk-Bote 6(1939), 28, S. 4.

WAGENFÜHR, Kurt: Bebilderung der Meldungen? In: Neuer Funk-Bote 6(1939), 30, S. 4.

WAGENFÜHR, Kurt: Fernsehsender übertrug Boxveranstaltung. In: Neuer Funk-Bote 6(1939), 36, S. 21.

WAGENFÜHR, Kurt: Fußball-Länderkampf Deutschland-Italien im Fernsehsender. In: Neuer Funk-Bote 6(1939), 50, S. 5.

WAGENFÜHR, Kurt: Förderung einer arteigenen Fernsehkunst. In: Neuer Funk-Bote 6(1939), 51, S. 2, 15.

WAGENFÜHR, Kurt: Erste Fernseh-Anekdoten. In: Deutsche Radio-Illustrierte 8(1939), 10, S. 1.

WAGENFÜHR, Kurt: Was spielt unser Fernsehsender? In: Deutsche Radio-Illustrierte 8(1939), 12, S. 4.

WAGENFÜHR, Kurt: Rundfunkberichter im Fernsehsender. In: Deutsche Radio-Illustrierte 8(1939), 17, S. 3.

WAGENFÜHR, Kurt: Wir sehen fern. In: Deutsche Radio-Illustrierte 8(1939), 22, S. 3.

WAGENFÜHR, Kurt: Sport und Mikrophon auf der Rundfunkausstellung. In: Deutsche Radio-Illustrierte 8(1939), 29, S. 2.

WAGENFÜHR, Kurt: Betrachtungen über das Fernsehen. In: Funk-Wacht 14(1939), 6, S. 9-10 (I); 7, S. 9 (II).

WAGENFÜHR, Kurt: Tanzmusik im Fernsehsender? In: Funk-Wacht 14(1939), 12, S. 9-11 (identisch: Die Musik 31(1938/39), 6, S. 377-379; Neuer Funk-Bote, Jg. 1939, 12, S. 22-23).

WAGENFÜHR, Kurt: Kleine Plauderei über das Fernsehen und seine Sprecher. In: Funk-Wacht 14 (1939), 17, S. 10.

WAGENFÜHR, Kurt: Aus der Arbeit des Fernsehsenders. In: Funk-Wacht 14(1939), 21, S. 9.

WAGENFÜHR, Kurt: Reichspost-Fernseh G.m.b.H. steht. In: Funk-Wacht 14(1939), 36 (identisch: Die Gründung der ‚Reichspost-Fernseh-G.m.b.H.‘. In: Neuer Funk.-Bote 6(1939), 35, S. 4).

WAGENFÜHR, Kurt: Deutscher Fernsehsender brachte Lebensbild von Robert Koch. In: Funk-Wacht 14(1939), 45, S. 8 (identisch: Neuer Funk-Bote 6(1939), 45, S. 5).

WAGENFÜHR, Kurt: Störungen des Fernsehempfangs. In: NS-Funk 7(1939), 13, S. 46.

WAGENFÜHR, Kurt: Der Rundfunkbeobachter. In: Deutsche Radio-Illustrierte 9(1940), 24, S. 4.

WAGENFÜHR, Kurt: Fernsehrundfunk – weiter so! In: Deutsche Radio-Illustrierte 9(1940), 31, S. 5.

WAGENFÜHR, Kurt: Leistungsprobe des Fernsehsenders. In: Deutsche Radio-Illustrierte 9(1940), 51, S. 2.

WAGENFÜHR, Kurt: Die Entwicklung des Deutschen Fernsehens. In: Schul-Rundfunk 14(1940), 11, S. 201-203.

WAGENFÜHR, Kurt: Fernsehen im Krieg. In: Deutsche Zukunft 8(1940), 1, S. 8.

WAGENFÜHR, Kurt: Fünf Jahre Fernsehen. In: Deutsche Zukunft 8(1940), 12, S. 10 (identisch: Neuer Funk-Bote 7(1940), 12, S. 2-3).

WAGENFÜHR, Kurt: Unsere Männer vom Fernsehsender. In: Neuer Funk-Bote 7(1940), 13, S. 2,4.

WAGENFÜHR, Kurt: Opernaufführung im Fernsehsender. In: Neuer Funk-Bote 7(1940), 19, S. 2.

WAGENFÜHR, Kurt: Trotz Krieg Weiterentwicklung unseres Fernsehens. In: Neuer Funk-Bote 7 (1940), 31, S. 2, 7.

WAGENFÜHR, Kurt: Ein Deutscher schenkte der Welt das Fernsehen. In: Neuer Funk-Bote 7 (1940), 35, S. 2.

WAGENFÜHR, Kurt: Paul Nipkow, der Erfinder des Fernsehens+. In: Neuer Funk-Bote 7(1940), 37, S. 2, 7 (I); 38, S. 2, 6 (II: Sein Werk wird weiterleben).

WAGENFÜHR, Kurt: Mit der Fernsehkamera im Sportpalast. In: Neuer Funk-Bote 7(1940), 47, S. 2.

WAGENFÜHR, Kurt: Darbietungen des Fernsehsenders. In: Südwestdeutsche Rundfunk-Zeitung 16 (1940), 47, S. 8-9.

WAGENFÜHR, Kurt: Begrüßenswerte Aktivität des Fernsehsenders. In: Neuer Funk-Bote 8(1941), 9, S. 7.

WAGENFÜHR, Kurt: Rings um den Fernsehsender. In: Neuer Funk-Bote 8(1941), 14, S. 2.

WAGENFÜHR, Kurt: Unser erstes Fernsehtheater. In: Neuer Funk-Bote 8(1941), 22, S. 2.

WAGENFÜHR, Kurt: Wege zum Fernseh-Nachrichtendienst. In: Welt-Rundfunk 6(1942), 2, S. 76-83.

WAGENFÜHR, Kurt: Die kleinen Dinge im Fernsehen. In: Welt-Rundfunk 7(1943), 3, S. 115-118.

WAGENFÜHR, Kurt: Zeitdienst im Fernsehrundfunk. In: Welt-Rundfunk 6(1942), 5, S. 206-211.

WARTENBURG, A. von: Vor dem Fernsehempfänger. In: Welt-Rundfunk 8(1944), 1/2, S. 30-34.

WEBER, Hermann: Aufnahmegeräte für Fernsehreportagen. In: Fernsehen und Tonfilm 13(1942), 1/2, S. 1-6 (I); 3, S. 9-11 (II); 4, S. 13-19 (III); 5, S. 21-24 (IV); 6/7/8, S. 27 (V).

WEIGEL, Günter: Neue Fernsehsender in München, Hamburg, Nürnberg und Wien. In: Völkischer Beobachter v. 28.5.1939.

WEITZ, Hans Philipp: Fernsehprogramm? In: Fernsehen 1(1930), 11/12, S. 522-523 (identisch: DFG-Mitteilungen, Jg. 1931, 89, S. 170).

W.H.F. [d.i. Walther H. Fitze]: Gedanken zum versuchsweisen Bildfunk. In: Der Deutsche Rundfunk 6(1928), 41, S. 2749.

W.H.F. [d.i. Walther H. Fitze]: Achtung! Hier der Deutschlandsender Königswusterhausen! Versuchsdienstsendung. In: Der Deutsche Rundfunk 6(1928), 50, S. 3385.

W.H.F. [d.i. Walther H. Fitze]: Neues vom Fernsehen – Das Ikonoskop. In: Der Deutsche Rundfunk 11(1933), 38, S. 64.

WIGAND, Rolf: Fernsehen 1934. In: Der Deutsche Rundfunk 12(1934), 40, S. 64-65.

WIGAND, Rolf: Wie steht es mit dem Fernsehen? In: Der Deutsche Rundfunk 13(1935), 19, S. 69.

WIGAND, Rolf: Fünf Jahre Fernseh-Programmbetrieb in Deutschland. In: Funk 17(1940), 7, S. 11.

WINCKEL, Fritz: Neue Möglichkeiten der Reklame durch Fernsehen. In: Seidels Reklame 14(1930), 1, S. 6.

WINCKEL, Fritz: Das erste deutsche Fernseh-Theater. In: Deutscher Rundfunk der Tschechoslowakei 5(1930), 41, S. 10.

WINCKEL, Fritz: Um die Einführung des Fernsehens. In: Der Deutsche Sender 1(1930), 14, S. 6.

WINKEL, F. W.: Beginn des Fernsehens auf der 7-m-Welle. In: Funktechnische Monatshefte, Jg. 1932, S. 535.

WINKEL, F. W.: Fernsehen 1937. In: Zeitschrift für Fernmelde-Technik 18(1937), 9, S. 144-146.

WITTWER, Rud.[olf] J.: Fernsehen und Bastelei. In: Der Deutsche Rundfunk 13(1935), 19, S. 70.

WITTWER, Rud.[olf] J.: Das Fernsehen – eine deutsche Erfindung. In: Der Deutsche Rundfunk 13 (1935), 25, S. 69.

R.J.W. [d.i. Rudolf J. Wittwer]: Das deutsche Fernsehen 1938. In: Der Deutsche Rundfunk 16 (1938), 34, S. 42.

ZÖLLNER, [ ]: Jubiläum im Fernsehsender. In: Reichsrundfunk 2(1942/43), 6, S. 125.

Ohne Verfasser – in chronologischer Reihenfolge

Gehörte Fernsehversuche – nicht Rundfunkstörungen! In: Funk 6(1929), 12, S. 49.

Gegen den Unfug einer Rund- und Bildfunk-Besteuerung! Bemerkungen zu einer kulturfeindlichen Bewegung. In: Bildfunk 1(1929), 1, S. 10-11.

,Telehor‘, der einfachste und billigste Fernseher der Welt. Das drahtlose Fernsehen nach Mihaly. In: Bildfunk 1(1929), 2, S. 63-64.

Baird und Mihály senden Fernkino über Berlin. Das letzte Wettrennen der Erfinder. In: Bildfunk 1(1929), 3, S. 84-87.

Fernsehen im Varieté. In: Funk 7(1930), 39, S. 191-192.

Fernseh-Sendungen des Reichspostzentralamtes. In: Technische Rundschau 22(1930), 22, S. 5.

Der Filmdienst für den Fernseh-Rundfunk. In: Südfunk 4(1930), 10, S. 19.

Das erste Fernseh-Programm. In: Rundfunk-Rundschau 5(1930), 18, S. 12, 15, 18.

Deutschland dreht den ersten Fernsehfilm. In: Funkhandel 7(1930), 18, S. 10.

Das erste Fernseh-Museum in Deutschland. In: Funk-Bastler 7(1930), 29, S. 488.

Mitteilungen des Allgemeinen Deutschen Fernsehvereins. In: Fernsehen 1(1930), 1 ff.

[Dr. M.A.]: Kann das Tempo auf dem Fernsehgebiet beschleunigt werden? In: Der Radio-Händler 7(1930), 11, S. 549.

Rundfunkintendanten über das Fernsehen. In: Europa-Stunde 2(1930), 14, S. 11 (identisch: Die deutschen Sendeleiter über das Fernsehen. In: Der Deutsche Rundfunk 8(1930), 14, S. 10).

Der Fernsehsender des Reichspostzentralamtes in Witzleben. In: Die Sendung 7(1930), 33, S. 514-515.

Wie stets mit dem Fernsehen? In: Hör mit mir 2(1930/31), 20, S. 11.

Sind wir nun so weit mit dem Fernsehen? In: Das industrielle Blatt 36(1930), 5, S. 2-3.

Das Fernsehen in Deutschland. In: Funk-Bastler 7(1930), 2, S. 21.

Fernsehen! In: Funk-Magazin 5(1932), 6, S. 431-432.

Tiere versagen vorm Fernseher. In: Hör mit mir 3(1932), 42, S. 13.

Das Fernsehen kann Wirklichkeit werden! In: Hör mit mir 4(1933), 37, S. 16-17.

Ultrakurzwellen im Nutzeffekt. In: Der Deutsche Rundfunk 11(1933), 14, S. 65-66.

Die Zukunft des Fernsehens. Große Pläne der Deutschen Reichspost. In: Der Deutsche Rundfunk 11(1933), 44, S. 10.

Wann werden wir fernsehen können? In: Tschechoslowakische Elektro-, Radio-, Phono-Praxis 2(1933), 21, S. 14-15.

Was macht das Fernsehen? In: Die Sendung 10(1933), 36, S. 781-782.

[H.Kl.]: Kommt das Fernsehkino? Was der Lichtspiel-Theaterbesitzer auf der Funkausstellung beachten muß. In: Kinematograph 28(1934), 160, S. 1-2.

Ein Fernsehsender auf der Zugspitze. In: Ostdeutsche Funkwoche 11(1934), 40, S. 3.

Fernsehen auf dem Brocken. In: Berlin hört und sieht, Jg. 1934, 41, S. 2.

Wie steht es mit dem Fernsehen? In: Funk und Bewegung 2(1934), 8, S. 8.

Fernsehen mit dem Übertragungswagen der R.R.G. In: Der Deutsche Rundfunk 12(1934), 37, S. 9-10

Die Wahrheit über das Fernsehen. Eine Erklärung der Reichspost. In: Der Deutsche Rundfunk 12(1934), 43, S. 2-4.

Fernsehen in der Reichskanzlei. In: Das Archiv 1(1934/35), II, S. 1269.

Frage: Welches ist gegenwärtig das beste Fernseh-Gerät? Antwort: Der Feldstecher! In: Siemens-Rundfunk-Nachrichten 10(1935), 1, S. 13-14.

Aktuelle Fragen des Fernsehbetriebs. Eine Unterredung mit dem stellvertretenden Reichssendeleiter Boese. In: NS-Funk 3(1935), 15, S. 47.

Der Fernsehfunk kommt zum Arbeiter. In: NS-Funk 3(1935), 22, S. 8.

Die Reichs-Rundfunk-Gesellschaft eröffnet einen Fernseh-Versuchsbetrieb für Berlin. In: Hör mit mir 6(1935), 11, S. 38-39.

Fernsehen über 20 Kilometer. Unmittelbare Fernsehabtastung ohne Film-Zwischenschaltung. In: Hör mit mir 6(1935), 22, S. 38.

[C.P.]:Fernsehen und Journalismus. In: Intercine 7(1935), 2, S. 107-111.

Neues vom Fernsehen. In: Deutsche Verkehrs-Zeitung 59(1935), S. 257 ff.

[mo]: Kann man schon Fernsehen? In: Bayerische Radio-Zeitung 12(1935), 6, S. 22, 27.

Unmittelbares Fernsehen in Deutschland. In: Bayerische Radio-Zeitung 12(1935), 19, S. 22.

Amerika bewundert die deutsche Fernseharbeit. In: Bayerische Radio-Zeitung 12(1935), 34, S. 11.

[w.]: Vier Fernsehstuben in Berlin. In: Bayerische Radio-Zeitung 12(1935), 22, S. 8.

Das kommende Fernsehprogramm des deutschen Rundfunks. In: Funk-Expreß, Jg. 1935, 19, Bl. 4-5.

Europäisches Fernsehen im amerikanischen Urteil. In: Funktechnische Monatshefte, Jg. 1935, S. 310.

Der 1. Mai und das Fernsehen. In: Der Deutsche Rundfunk 13(1935), 20, S. 9-10.

Das Programm des deutschen Fernsehfunks. In: Funk 12(1935), 8, S. 245-246.

Wir haben zu berichten: Besuchszeiten der Fernseh-Empfangsstelle. In: Die Sendung 12(1935), 18, S. 279.

[Hg.]: Besuch in Berlins Fernsehstube. In: Die Sendung 12(1935), 31, S. 546.

Neue Fernsehstellen der Deutschen Reichspost. In: Die Sendung 12(1935), 31, S. 560.

Die zehnte öffentliche Fernseh-Empfangsstelle in Berlin. In: Die Sendung 12(1935), 34, S. 617.

Von der Fernseharbeit der Deutschen Reichspost. In: Der Deutsche Rundfunk 13(1935), 19, S. 73.

Wieder regelmäßige Fernsehsendungen noch vor Weihnachten. In: Der Deutsche Rundfunk 13(1935), 50, S. 6.

Fernsehausschuß bei der Reichsrundfunkkammer. In: Das Archiv 2(1935/36), I, S. 139-140.

Miterleben der olympischen Kämpfe am Fernseher. In: Die Sendung 13(1936), 32, S. 946.

Wechselprogramm des Fernsehsenders. In: Die Sendung 13(1936), 42, S. 1236.

Wieder täglich Fernsehen. In: Bayerische Radio-Zeitung 13(1936), 2, S. 4.

Bedroht das Fernsehen den Film? In: Filmtechnik 12(1936), 12, S. 152.

Neue Möglichkeiten im direkten Fernsehen. In: RRG-Mitteilungen 1936 I, Nr. 502, Bl. 11.

Versuch und Wille. Zum Winterprogramm des ‚Fernsehsenders Paul Nipkow'. In: RRG (Hrsg.): Freude und Gemeinschaft. Das Rundfunkprogramm 1936/37. Berlin o.J. [um 1936], S. 126.

Über das Fernsehen in Deutschland. Inbetriebnahme des neuen Fernsehsenders in Berlin. In: Funk 13(1936), 2, S. 57-60.

Fernsehrundfunk und Fernsehunterhaltung. In: Deutsche Postzeitung 5(1936), 12, S. 350-351.

Fernsehen und Filmindustrie. In: Kinotechnik 18(1936), S. 287-288.

Der Berliner Fernsehrundfunk in neuen Aufnahmeräumen. In: Telegraphen-Praxis 18(1937), 1, S. 14 - 15.

[Helgö]: Erika im Schwalbennest. Operette im Fernseh-Rundfunk. In: Die Sendung 14(1937), 17, S. 390.

Wende in der Fernseh-Programmarbeit. In: Funk-Wacht 12(1937), 26, S. 12 (identisch: Nationalsozialistische Rundfunk-Korrespondenz 1(1937), 18, Bl. 2-3).

Erlebtes Fernsehen. In: Volksfunk 7(1937), 35, S. 27, 31.

Vorhang auf im Fernsehsender. In: Berlin hört und sieht, Jg. 1937, 15, S. 3.

Fernsehen als Autorenproblem. In: Autor 12(1937), 10, S. 1-2.

Deutsches Fernsehen auf der Weltausstellung in Paris. In: Der Deutsche Rundfunk 15(1937), 23, S. 9.

[H.U.]: Mit dem Fernseh-Auge hinter die Geheimnisse des Weltalls. In: Der Deutsche Rundfunk 15(1937), 31, S. 5-6.

Unmittelbares Fernsehen vom Reichsparteitag 1937. In: Deutsche Verkehrszeitung 61(1937), 35, S. 630-631 (I); 36, S. 264-267 (II) (identisch: Europäischer Fernsprechdienst 12(1937), 47, S. 275-277).

Fernsehen: Leitsätze zur Filmqualität bei Fernsehübertragungen. In: Filmtechnik 13(1937), 3, S. 57-58.

Zweimal Jenkins: Fernsehfunk auf neuen Wegen. In: NS-Funk 5(1937), 23, S. 3, 40.

Kurt Balkie – der Zeichner des NS-Funk – zeichnet im Fernsehsender Paul Nipkow. In: NS-Funk 5(1937), 24, S. 3.

Kunstwerke des Monats – ferngesehen. In: NS-Funk 5(1937), 42, S. 4.

Bau neuer Fernsehsender in Deutschland. In: Das Archiv 4(1937/38), II, S. 927.

Fürs Fernseh-Auge gefilmt. Was sind ‚gezahnte‘ Sendungen? In: Berliner Lokal-Anzeiger v. 20. 1. 1938.

‚Achtung! hier sendet die SS!‘ In: Das Schwarze Korps 4(1938), 3, S. 3-4.

Fernsehen im Heim. In: Funkschau 12(1938), 35, S. 273.

Die neue Berliner Fernsehbühne im Deutschlandhaus. In: Funk 8(1938), 1, S. 14.

Die große Bühne des Fernsehsenders entsteht. Leopold Hainisch plaudert von der großen Fernsehschau ‚Endstation Berlin‘. In: Bayerische Radio-Zeitung 15(1938), 32, S. 13.

Fernsehrundfunk ein neuer Wettbewerber? In: Zeitungs-Verlag 39(1938), 32, S. 487-488.

Rechtsbelehrung im Fernsehsender. In: Deutsche Justiz 100(1938), 10, S. 389.

Die Filmtechnik im Fernsehen. In: Filmschau 14(1938), 3, S. 99-100.

Sherlock Holmes im Fernsehsender. In: Nationalsozialistische Rundfunk-Korrespondenz 2(1938), 45, Bl. 5.

Die Presse tanzt vor dem Fernseher. In: Der Deutsche Rundfunk 16(1938), 6, S. 8.

Das Berliner Fernsehgelände der Zukunft. In: Der Deutsche Rundfunk 16(1938), 12, S. 8.

Vor Freigabe des Fernsehrundfunks in Berlin. In: Funk-Wacht 13(1938), 42, S. 12.

Bild und Ton aus der Ferne. Die erste Fernsehsendung des SA-Kulturkreises. In: Der SA-Mann 7(1938), 7, S. 3.

Fernsehrundfunkdienst beim Berliner Fernsehsender. In: Die Deutsche Post 62(1938), 42, S. 1218.

[wher.]: Von der Stehgreifbühne zum Fernsehen. In: Die Sendung 15(1938), 36, S. 783.

Ausbau des deutschen Fernsehens. In: Rundfunk-Archiv 12(1939), 10/11, S. 418.

Großzügiger Start des Winterprogramms. In: Nationalsozialistische Rundfunk-Korrespondenz 3(1939), 42, Bl. 3.

Fernsehrundfunk und Film. Fragen der Abgrenzung. In: Nationalsozialistische Rundfunk-Korrespondenz 3(1939), 18, Bl. 2-3.

Der deutsche Fernseh-Rundfunk bringt gehobene Unterhaltung. In: Nationalsozialistische Rundfunk-Korrespondenz 3(1939), 44, Bl. 7.

‚Vertrag um Karakat‘ nun auch im Fernsehsender. In: Nationalsozialistische Rundfunk-Korrespondenz 3(1939), 47, S. 3.

Zirkus Busch im Fernsehsender. In: Die Sendung 16(1939), 26, S. 595.

Legion Condor im Fernsehsender. In: Volksfunk 9(1939), 25, S. 7.

Auch im Kriege: Hochbetrieb im Fernsehsender. In: Volksfunk 9(1939), 45, S. 12.

Die Deutsche Reichspost gibt den Fernsehrundfunk für die Öffentlichkeit frei. In: Die Deutsche Post 63(1939), 31, S. 912.

Wo steht der deutsche Fernsehrundfunk heute? In: Der Rundfunk 2(1939), 5, S. 97-99.

Fernsehen und Kunstbetrachtung. In: Nationalsozialistische Rundfunk-Korrespondenz 3(1939), 14, Bl. 1.

Zeitgemäße Sendungen des Fernsehrundfunks. In: Nationalsozialistische Rundfunk-Korrespondenz 3(1939), 46, Bl. 6-7.

Fernsehsender – nahbesehen. Gespräch mit dem Leiter des Fernsehsenders. In: Der Angriff v. 14.11.1939.

Störungen des Fernsehempfangs. In: NS-Funk 7(1939), 13, S. 46.

Neuer Start im Fernsehen. In: Hör mir zu 10(1939), 46, S. 2.

Fernsehen als Kunstform. In: Die Literatur 42(1939/40), 7, S. 267-268.

[Rft.]: Mädchen werden grün geschminkt. In: 12-Uhr-Blatt v. 14.2.1940.

[wher.]: Fernsehen – heute. In: Die Sendung 17(1940), 2, S. 10.

Die erste Fernseh-Oper. In: Die Sendung 17(1940), 19, S. 148.

Dr. Engler Intendant des Fernsehsenders ,Paul Nipkow'. In: Rundfunk-Archiv 13(1940), 1, S. 23.

Das Fernsehen in der Kriegszeit. In: Funkschau 13(1940), 2, S. 19.

Wochenschau im Fernsehsender. In: Hör mit mir 11(1940), 23, S. 3.

Paul-Nipkow-Stiftung. In: Hör mit mir 11(1940), 36, S. 8.

Die Programmarbeit im Fernsehen. In: Telegraphen-Praxis 20(1940), 15, S. 116-118.

Öffentliche Fernsehstellen in Berlin. In: Die Deutsche Post 64(1940), 16, S. 246.

Heimatkunde im Fernsehrundfunk. In: Nationalsozialistische Rundfunk-Korrespondenz 4(1940), 1, Bl. 4-5.

Arktis und Urwald vor der Fernsehkamera. In: Nationalsozialistische Rundfunk-Korrespondenz 4(1940), 6, Bl. 4.

'Fieber im Urwald'. In: Nationalsozialistische Rundfunk-Korrespondenz 4(1940), 12, Bl. 3.

Reizvolles Fernsehprogramm. In: Nationalsozialistsiche Rundfunk-Korrespondenz 4(1940), 15, Bl. 5-6.

Wo liegen die Fernsehstuben in der Reichshauptstadt? In: Nationalsozialistische Rundfunk-Korrespondenz 4(1940), 16, Bl. 8.

Mit der Fernseh-Kamera in den Sommer. In: Nationalsozialistische Rundfunk-Korrespondenz 4(1940), 16, Bl. 7-8.

Fernsehsender im Zeichen hauswirtschaftlicher Unterhaltung. In: Nationalsozialistische Rundfunk-Korrespondenz 4(1940), 25, Bl. 9.

Sport ferngesehen. In: Nationalsozialistische Rundfunk-Korrespondenz 4(1940), 33, Bl. 7-8.

Gut schmeckt's – auch im Fernsehsender. In: Nationalsozialistische Rundfunk-korrespondenz 4(1940), 34, S. 34.

Landschaft und Volkskunde im Fernseh-Rundfunk. In: Nationalsozialistische Rundfunk-Korrespondenz 4(1940), 43, Bl. 8-9.

Politisches Fernsehspiel. In: Nationalsozialistische Rundfunk-Korrespondenz 4(1940), 45, Bl. 9-10.

Weitere Fernsehstellen eröffnet. In: Rundfunk-Archiv 13(1940), 8, S. 269.

Neue Sendezeiten des Fernsehsenders. In: Rundfunk-Archiv 13(1940), 9, S. 305.

Schminktopf und Perücke im Berliner Fernsehsender. In: Volksfunk 10(1940), 4, S. 2.

Zwischenbilanz beim Fernsehsender. In: Volksfunk 10(1940), 31, S. 5.

Was so beim Fernsehsender auffällt. In: Volksfunk 10(1940), 35, S. 3, 7.

Neue Perspektiven im Fernsehen. In: Schul-Rundfunk 14(1940), 4, S. 69.

Rundfunk und Fernsehen als Wissenschaft. In: Rundfunk-Großhändler 9(1940/41), 7, S. 164-165.

Tanz und Mode im Fernsehsender. In: Hör mit mir 12(1941), 4, S. 10.

Frauenfunk im Fernsehsender. In: Hör mit mir 12(1941), 5, S. 15.

Fernsehen für unsere Verwundeten. In: Hör mit mir 12(1941), 14, S. 15.

Scala-Girls auf der Fernseh-Bühne. In: Hör mit mir 12(1941), 18, S. 7-8.

Fernsehen für Verwundete. In: Rundfunk-Archiv 14(1941), 4, S. 161-162.

Neues Fernsehtheater in Berlin. In: Rundfunk-Archiv 14(1941), 8, S. 335.

Erläuterungen zum Wehrmachtsbericht – ferngesehen. In: Rundfunk-Archiv 14(1941), 9, S. 324.

Der Fernsehbericht. In: Rundfunk-Archiv 14(1941), 10, S. 432.

Rechtsprechung und Gesetzgebung: Urteil des Reichsfinanzhofs vom 29.12.1940. In: Postarchiv 69(1941), 1, S. 600-604.

Fernsehen im Dienst der Truppenbetreuung. In: Die Sendung 18(1941), 15, S. 170.

Fernsehempfang in Berliner Lazaretten. In: Nationalsozialistische Rundfunk-Korrespondenz 5(1941), 2, Bl. 3.

Die Fernsehfolge und ihre Bedeutung. In: Nationalsozialistische Rundfunk-Korrespondenz 5(1941), 10, Bl. 8.

Fernsehen im Dienst der Truppenbetreuung. In: Nationalsozialistische Rundfunk-Korrespondenz 5(1941), 11, Bl. 1-2.

Zum ersten Fernsehtheater. In: Nationalsozialistische Rundfunk-Korrespondenz 5(1941), 21, Bl. 5-6.

Fernsehempfang in Berliner Lazaretten. In: Der Deutsche Rundfunk 19(1941), 7, S. 3.

Fernsehen – zeitgemäß. In: Hausmitteilungen aus Forschung und Betrieb der Fernseh GmbH 5(1941), 2, S. 102-104.

Für wen spielt da wohl Dorit? Für unsere Verwundeten natürlich! In: Volksfunk 11(1941), 6, S. 3.

Fernsehen für Verwundete. In: Reichsrundfunk 1(1941/42), 1, S. 22.

Fernsehsender auf der Siegessäule. Erster Versuch einer drahtlosen Fernseh-Reportage. In: Reichsrundfunk 1(1941/42), 12, S. 8-9.

Das Fernseh-Theater Berlin. In: Die Deutsche Post 66(1942), 5, S. 45.

Sport, Rundfunk und Fernsehrundfunk. In: Radio-Amateur 19(1942), 6, S. 168.

Ab 1. Februar 1942 täglich wechselndes Fernsehprogramm. In: Rundfunk-Archiv 15(1942), 1, S. 28-29.

Sport, Rundfunk und Fernsehen am Funkturm. In: Rundfunk-Archiv 15(1942), 4, S. 182-183.

Sport, Rundfunk und Fernsehrundfunk am Funkturm. In: Rundfunk-Archiv 15(1942), 6, S. 268.

Die Veranstaltungen am Funkturm in den Monaten Mai und Juni 1942. In: Rundfunk-Archiv 15 (1942), 6, S. 268.

Wehrmachtsveranstaltungen der Deutschen Rundfunk-Arbeitsgemeinschaft. In: Rundfunk-Archiv 15 (1942), 8, S. 363.

Ausklang am Funkturm. In: Rundfunk-Archiv 15(1942), 9, S. 386-387.

Wehrmachtsveranstaltungen der Deutschen Rundfunk-Arbeitsgemeinschaft. In: Rundfunk-Archiv 15 (1942), 9, S. 386.

Gastvortrag Dr. Herbert Englers im Freiburger Institut für Rundfunkwissenschaft. In: Rundfunk-Archiv 15(1942), 11, S. 477.

Verkehrssünder vor dem Fernsehsender Berlin. In: Rundfunk-Archiv 15(1942), 1, S. 34.

[E.K.]: Fernsehsender reiste zum Mond. Himmelswunder für unsere Verwundeten. In: Völkischer Potsdamer Beobachter v. 30.6.1942.

Fernsehen in den Berliner Lazaretten. In: Rundfunk-Archiv 15(1942), 4, S. 184 (identisch: Die Deutsche Post 66(1942), 16, S. 149).

Fernsehsendungen in den Berliner Lazaretten. In: Reichsrundfunk 2(1942/43), 1, S. 20-21.

Sarrasani im Fernsehrundfunk. In: Reichsrundfunk 2(1942/43), 10/11, S. 215.

[H.D.]: Lessings ‚Minna von Barnhelm' im Fernsehsender. In: Reichsrundfunk 2(1942/43), 21, S. 422.

Die Aufgaben des Fernsehfunkes im Kriege. In: Der Angriff v. 9.3.1943.

Fernsehjubiläum. In: Welt-Rundfunk 7(1943), 2, S. 92.

Fußball im Fernsehrundfunk. In: Welt-Rundfunk 7(1943), 3, S. 138.

Der Fernsehregisseur – Ein neuer Künstlerberuf. In: Rundfunk-Archiv 16(1943), 4/5, S. 125.

Dichterporträts im Fernsehsender. In: Rundfunk-Archiv 16(1943), 7/8, S. 199.

Neueinstudierung im Fernsehsender. In: Reichsrundfunk 3(1943/44), 8, S. 167.

C.   DARSTELLUNGEN

1.   Bücher und Hochschulschriften

ABRAMSON, Albert: The History of Television, 1880 to 1941. Jefferson, North Carolina, London 1987.

ARBEITSGRUPPE ‚Geschichte der Rundfunktechnik' (Teko ARD/ZDF): Fragen an Herrn Horst Hewel zur Geschichte der Rundfunktechnik (Fernsehen) v. 16. 2. 1983, 117 S. [Berlin] [1983].

BARNOUW, Erik: A History of Broadcasting in the United States. Vol. II. New York 1968.

BAUSCH, Hans: Rundfunkpolitik nach 1945. (=Rundfunk in Deutschland, Bd. 3). München 1980.

BEHRENS, Tobias: Die Entstehung der Massenmedien in Deutschland. Ein Vergleich von Film, Hörfunk und Fernsehen und ein Ausblick auf die Neuen Medien (=Europäische Hochschulschriften, Reihe XL, Bd. 6). Frankfurt/Main, Bern, New York 1986.

BLANCKEMAN, René: Le roman vécu de la télévision francaise (=éditions France Empire). Paris 1961.

BLEICHER, Joan Kristin: Chronik zur Programmgeschichte des deutschen Fernsehens (Sigma-Medienwissenschaft, Bd. 16). Berlin 1993

BRIGGS, Asa: The History of Broadcasting in the United Kingdom. Bd. II: The Golden Age of Wireless. London, New York, Toronto 1965.

BRONNEN, Arnolt: Arnolt Bronnen gibt zu Protokoll. Beiträge zur Geschichte des modernen Schriftstellers. Hamburg 1954 (2. Aufl. hrsg. von Hans Mayer, Kronberg/Ts. 1978; 3. Aufl. hrsg. von Eike Middel, Berlin, Weimar 1985).

BRUCH, Walter: Kleine Geschichte des deutschen Fernsehens (=Buchreihe des SFB, Bd. 6). Berlin 1967.

BRUCH, Walter: Die Fernseh-Story. Ein Pionier des deutschen Fernsehens erzählt die Geschichte der Bildübertragungstechnik. Von den Utopisten bis zum Farbfernsehen. Stuttgart 1969.

BRUCH, Walter: Berlin war immer dabei. Eine Plauderei über Erfindung und Entwicklung des Fernsehens (=Berliner Forum, Bd. 6). Berlin 1977.

BRUCH, Walter: Erinnerungen an Funkausstellungen. Auch eine Liebeserklärung an Berlin (=Berliner Forum, Bd. 6). Berlin 1979.

BRUCH, Walter: Vom Glockenspiel zum Tonträger (=Berliner Forum, Bd. 7). Berlin 1981.

BUBLITZ, Hans Waldemar: Die Entwicklung des Fernsehprogrammbetriebes der Reichs-Rundfunk-Gesellschaft von 1935 bis 1939. Hamburg o.J.

BÜTTNER, Fritz Lothar: Das Haus des Rundfunks in Berlin (=Buchreihe des SFB, Bd. 1). Berlin 1965.

CAMPBELL, Robert: The Golden Years of Broadcasting. A Celebration of the First 50 Years of Radio and Television on NBC. New York 1976.

CHAMPEIX, Robert: Simple Histoire de la T.S.F., de la Radiodiffusion et de la Télévision. Hrsg. vom Musée de la Radio et de la Télévision à la Maison de l'O.R.T.F. Paris o.J.

CHAUVIERRE, Marc: 75 Ans de radio et de télévision. Paris 1989.

CONRAD, Walter: Rundfunk und Fernsehen. Leipzig, Jena, Berlin (Ost) 1962.

DAHLMÜLLER, Götz; HUND, Wulf D.; KOMMER, Helmut: Kritik des Fernsehens. Handbuch gegen Manipulation. Darmstadt, Neuwied 1973.

DEUTSCH, Karl-Heinz; GREWUCH, Gerd; GRAVE, Karlheinz: Die Post in Berlin 1237-1987. Berlin 1987.

DILLENBURGER, Wolfgang: Untersuchungen an Breitbandverstärkern für Fernsehübertragungen. München 1947.

487

DILLENBURGER, Wolfgang: Einführung in die deutsche Fernsehtechnik. Berlin 21953.

DILLER, Ansgar: Rundfunkpolitik im Dritten Reich (=Rundfunk im Dritten Reich, Bd. 2). München 1980.

DONNEPP, Albert: Sport und Rundfunk. Ein Beitrag zur Publizistik. Unter besonderer Berücksichtigung der Entwicklung von 1924-1939 an den Mitteldeutschen Sendern. Phil. Diss. Münster 1950.

DUNLAP, Orrin E.: The Outlook for Television. Introduction by John Hays Hammond. Foreword by William S. Paley. New York, London 1932.

ECKERT, Gerhard: Von Nipkow bis Telstar. Frankfurt/Main 1963.

ECKERT, Gerhard: Knaurs Fernsehbuch. München, Zürich 1961.

ECKERT, Gerhard: Die Kunst des Fernsehens. Emsdetten/Westf. 1953.

ECKERT, Gerhard: Das Fernsehen in den Ländern Westeuropas. Entwicklung und gegenwärtiger Stand (=Neue Beiträge zur Film- und Fernsehforschung, Bd. 6). Gütersloh 1965.

ECKERT, Gerhard; NIEHUS, Fritz: Zehn Jahre Fernsehen in Deutschland. Frankfurt/Main 1963.

ELFERT, Brunhild: Die Entstehung und Entwicklung des Kinder- und Jugendfunks in Deutschland von 1924 bis 1933 am Beispiel der Berliner Funk-Stunde AG (=Europäische Hochschulschriften, Reihe XL, Bd. 3). Frankfurt/Main, Bern, New York 1985.

EVERSON, George: The Story of Television. The Life of Philo T. Farnsworth. New York 1949.

FREI, Norbert; SCHMITZ, Johannes: Journalismus im Dritten Reich. München 21989.

FUCHS, Franz: Grundriß der Fernsehtechnik in gemeinverständlicher Darstellung. München 21954.

25 JAHRE Fernseh GmbH Darmstadt. Hamburg o.J. [um 1954].

FÜRST, Leonhard: 2000 Jahre Fernsehen. Entwicklungen und Erfindungen. Hamburg 1971.

GERETSCHLÄGER, Erich: Medientechnik I. Nonprint-Medien (=Reihe Praktischer Journalismus, Bd. 4). München 1983.

GOLDIE, Grace Wyndham: Facing the Nation. Television and Politics 1936-1976. London, Sydney, Toronto 1977.

GREWUCH, Gerd: Denn bei der Post... . 125 Jahre Berliner Postgeschichte (=Berliner Forum, Bd. 2). Berlin 1975.

HAAS, Walter: Farbfernsehen. Ein Geschenk unseres Jahrhunderts. Düsseldorf, Wien 1967.

HACKFORTH, Josef: Sport im Fernsehen. Ein Beitrag zur Sportpublizistik unter besonderer Berücksichtigung des Deutschen Fernsehens (ARD) und des Zweiten Deutschen Fernsehens (ZDF) in der Zeit von 1952-1972 (=Schriftenreihe für Publizistik- und Kommunikationswissenschaft, Bd. 8). Münster 1975.

HADORN, Werner; CORTESI, Mario: Mensch und Medien. Bd. 2: Die Geschichte der Massenkommunikation. Aarau, Stuttgart 1986.

HAENSEL, Carl: Fernsehen – nah gesehen. Technische Fibel, Dramaturgie, organisatorischer Aufbau. Frankfurt/Main, Berlin 1952.

HAGEMANN, Walter: Fernhören und Fernsehen. Eine Einführung in das Rundfunkwesen (=Beiträge zur Publizistik, Bd. 3). Heidelberg 1954.

HANSEN, Dirk: Berichterstattung über einen Versuch: Fernsehen im Dritten Reich. Die Darstellung des Themas Fernsehen in der Programmpresse. Inhaltsanalyse der Zeitschriften Der Deutsche Rundfunk, Deutsche Radio-Illustrierte, NS-Funk und Volksfunk 1935-41. Diplomarbeit München 1988.

HAWES, William: American Television Drama. The Experimental Years. Alabama 1986.

HEMPEL, Manfred: Die Entstehung und Entwicklung des Fernsehens in Deutschland bis zur Zerschlagung des Faschismus. Diplomarbeit Leipzig o.J. [um 1965].

HEMPEL, Manfred: Der braune Kanal. Die Entstehung und Entwicklung des Fernsehens in Deutschland bis zur Zerschlagung der Hitlerregierung. Leipzig 1969.

HEUSER, Joachim: Die Medien nach dem Machtwechsel (1933-1936): Chronologische Entwicklung des neuen Mediums Fernsehen für den Nationalsozialismus. Hausarbeit, angefertigt am Institut für Publizistik der Universität Münster WS 1982/83.

HEUSER, Joachim: Zur Frühgeschichte des Fernsehens in Deutschland (1928-1944): Einstellung zum und Bedeutung des neuen Mediums Fernsehen. Hausarbeit, angefertigt am Institut für Publizistik der Universität Münster WS 1983/84.

HICKETHIER, Knut: Geschichte der Fernsehkritik in Deutschland (= Sigma-Medienwissenschaft, Bd. 19). Berlin 1994

HOLTSCHMIDT, Dieter: Fernsehen – wie es begann. Hagen-Hohenlimburg 1984.

HUBBEL, Richard W.: 4000 Years of Television. The Story of Seeing at a Distance. New York 1942.

IBBING, Hans Kurt: Das neue Fernseh-Buch. Köln, Krefeld 1950.

KELLER, Wilhelm: Hundert Jahre Fernsehen 1883-1983. Berlin, Offenbach 1983.

KELLER, Wilhelm: 100 Jahre Fernsehen. Ein Patent aus Berlin erobert die Welt (=Berliner Forum, Bd. 3). Berlin 1983.

KÖPPEN, H.: Fernsehen erobert die Welt. Berlin (Ost) o.J. [1957].

KRÜGER-LORENZEN, Kurt: Kurze Wellen gegen Langeweile. Durch die halbe Welt mit Mikrophon und Fernsehkamera. Oldenburg, Hamburg 1955.

KRÜGER-LORENZEN, Kurt: Ruhe im Karton! 1001 Erlebnisse eines Rundfunk- und Fernsehreporters der ersten Stunde. Stuttgart 1973.

KRUG, Rudolf: Ein Besuch im Postmuseum am Stephansplatz in Hamburg. Zur Geschichte des Fernsehens. Entwicklung und Geschichte aus Hamburger Sicht. Hamburg 1971.

KUBLER, Thierry; LEMIEUX, Emmanuel: Cognacq Jay 1940. La télévision francaise sous l'occupation. Paris 1990.

LANGE, Katrin: Theater im Fernsehen. Probleme der medialen Übertragung von Theater aufführungen. Phil. Diss. Berlin 1982.

LERG, Winfried B.: Rundfunkpolitik in der Weimarer Republik (=Rundfunk in Deutschland, Bd. 1).München 1980.

LICHTY, Lawrence W.; TOPPING, Malachi C.:American Broadcasting. A Source Book on the History of Radio and Television (Studies in Public Communication). New York 1975.

MEYER, Jochen: Berlin-Provinz. Literarische Kontroversen um 1930. Marbach 1985 (=Sonderheft Marbacher Magazin 35/1985).

MIQUEL, Pierre: Histoire de la Radio et de la Télévision. Paris 1972.

MÜHLBAUER, Josef: Fernsehen. Das Wunder und das Ungeheuer. Basel, Freiburg, Wien 1959.

MÜNCH, Ursula: Weg und Werk Arnolt Bronnens. Wandlungen seines Denkens (=Europäische Hochschulschriften, Bd. 788). Frankfurt/Main (u.a.) 1985.

NOBÉCOURT, R.[ené] G.[ustave]: Les secrets de la propagande en France occupée (=Coll. „Les Grandes études contemporaines"). Paris 1962.

NORDWESTDEUTSCHER RUNDFUNK: NWDR. Ein Rückblick. Hamburg o.J. [um 1956].

OHNESORGE, Wilhelm; ROEMMER, Hermann: Funk und Fernsehen. München 1952.

PFAU, Ernst; JAMESON, Egon: Weltmacht Fernsehen. Blick hinter den farbigen Bildschirm (=Hobby Bücherei, Bd. 12). Stuttgart 1967.

PFEIFER, Werner: Die Entstehung des Fernsehens beim NWDR (1945 bis 1954). Magisterarbeit Hamburg 1986.

POLONSKI, Jacques: La Presse, la Propagande et l'Opinion publique sous l'occupation (=Centre de Documentation Juive Contemporaine, Série Études et monographies, Nr. 1). Paris 1946.

QUAST, Gernot: Die geschichtliche Entwicklung des Rechts der drahtlosen Telegraphie, Telephonie und des Rundfunks. Diss. Marburg 1939.

REISS, Erwin: ‚Wir senden Frohsinn'. Fernsehen unterm Faschismus. Das unbekannteste Kapitel deutscher Mediengeschichte. Berlin 1979.

REUTH, Ralf Georg: Goebbels. München, Zürich 1990.

RHOTERT, Bernt: Das Fernsehspiel. Regie, Dramaturgie und Sendung als Ausgangspunkte für den Versuch einer wesensgemäßen Einordnung in die Möglichkeiten schöpferischer Mitteilung. Diss. München 1961.

RICHTER, Heinz: Fernsehen für Alle. Eine leichtverständliche Einführung in die Fernseh-Sende- und Empfangstechnik. Dritter Teil: Radiotechnik für Alle. Stuttgart 1951.

RIEDEL, Heide: Fernsehen – Von der Vision zum Programm. 50 Jahre Programmdienst in Deutschland. Berlin 1985.

RIEDEL, Heide: Walter Bruch. Ein deutscher Fernseh-Pionier. Zum 80. Geburtstag. Mainz 1988.

ROSS, Gordon: Television Jubilee. The Story of 25 Years of BBC Television. London 1961.

ROWLAND, John: The Early History of Television 1939-1945. London 1966.

SCHMÄDCKE, Jürgen: Das Fernsehzentrum des Senders Freies Berlin (=Buchreise des SFB, Bd. 13). Berlin 1973.

SCHNEIDER, Reinhard: Die UKW-Story. Zur Entstehungsgeschichte des Ultrakurzwellen-Rundfunks. Berlin 1989.

SCHÖNE, Werner: Als die Bilder ins Wohnzimmer liefen... . Die ersten zehn Jahre Fernsehen in Berlin. Berlin 1984.

SCHRÖTER, Fritz: Aus dem frühen Entwicklungsgang des Fernsehrundfunks. Berlin 1973.

SCHÜTZ, Erhard; VOGT, Jochen (Hrsg.): Der Scheinwerfer. Ein Forum der Neuen Sachlichkeit 1927-1933 (=Ruhrland-Dokumente., Bd. 2). Essen 1986.

490

SCHUMACK, Johannes: Der Einfluß des übertragenen Frequenzbandes auf die Güte des Fernsehbildes. Darmstadt 1947.

SCHWAEGERL, Tony: Das deutsche Fernsehspiel von 1936-1961. 25 Jahre deutsches Fernsehspiel. Erlangen 1964.

SCHWIPPS, Werner: Wortschlacht im Äther. Der deutsche Auslandsrundfunk im Zweiten Weltkrieg. Geschichte des Kurzwellenrundfunks in Deutschland 1939-1945. Berlin 1971.

SCHWITZKE, Heinz: Der Mensch im Spiegel. Gefahr und Chance des Fernsehens. Bethel o.J. [um 1950].

STEINBUCH, Karl: Die informierte Gesellschaft. Geschichte und Zukunft der Nachrichtentechnik. Stuttgart 1966.

SUHLING, Edgar: Der deutsche Einheits-Fernsehempfänger E 1. Diplomarbeit Berlin 1942.

SWIFT, John: Adventure in Vision. The First Twenty-five Years of Television. London 1950.

TETZNER, Karl; ECKERT, Gerhard: Fernsehen ohne Geheimnisse. München 1954.

TRESKE, Andreas (Hrsg.): Fernsehen. Eine Zeitschrift. Ein Verein. Beiträge zur Fernsehdiskussion aus der Zeitschrift Fernsehen von 1930 und 1932 mit einem Nachwort von Andreas Treske. Siegen 1986.

VOSS, Cay Dietrich: Fernsehen. Neu geschaute Welt. Flensburg o.J. [um 1956].

WAGENFÜHR, Kurt: Anmerkungen zum Fernsehen 1938 bis 1980. Ausgew. von Arnulf Kutsch. Mainz, Stuttgart 1983.

WALDMANN, Werner: Das deutsche Fernsehspiel. Ein systematischer Überblick (=Athenaion Literaturwissenschaft, Bd. 2). Wiesbaden 1977.

WEDEL, Hasso von: Die Propagandatruppen der Deutschen Wehrmacht (=Die Wehrmacht im Kampf, Bd. 34). Neckargemünd 1962.

WEIHER, Sigfrid von: Tagebuch der Nachrichtentechnik. Von 1600 bis zur Gegenwart. Berlin 1980.

WESSELS, Wolfram: Hörspiele im Dritten Reich. Zur Institutionen-, Theorie- und Literaturgeschichte (=Abhandlungen zur Kunst-, Musik-, und Literaturwissenschaft, Bd. 366). Bonn 1985.

WESTRICH, Robert: Wer war wer im Dritten Reich. München 1983.

ZEUTSCHNER, Heiko: Die braune Mattscheibe. Fernsehen im Nationalsozialismus. Hamburg 1995.

ZIELINSKI, Siegfried: Audiovisionen. Kino und Fernsehen als Zwischenspiele in der Geschichte (=Kulturen und Ideen). Reinbek bei Hamburg 1989.

2. Aufsätze und Aufsatzsammlungen

AMT FÜR DENKMALPFLEGE BERLIN (Hrsg.): Die Bauwerke und Kunstdenkmäler von Berlin. Zweiter Teil: Stadt und Bezirk Charlottenburg. Textband und Tafelband. Bearb. von Irmgard Wirth, im Auftrag des Senators für Bau- und Wohnungswesen. Berlin 1961.

ARCHITEKTEN- UND INGENIEUR-VEREIN BERLIN (Hrsg.): Berlin und seine Bauten. Teil X, Bd. B: Anlagen und Bauten für den Verkehr. (4) Post- und Fernmeldewesen. Berlin 1987.

ARDENNE, Manfred von: Arbeiten zur Elektronik. Mit Erläuterungen von Hermann Berg und Siegfried Reball (=Oswalds Klassiker der exakten Wissenschaften, Bd. 264). Leipzig 1984, S. 54-81.

AUER, Peter: ‚Was, Sie haben Bilder empfangen? Das können Sie doch gar nicht!‘ In: Aus der Berliner Postgeschichte. Postgeschichtliche Hefte der Bezirksgruppe Berlin der Gesellschaft für deutsche Postgeschichte e.V., Jg. 1985, 4, S. 6-55.

BARSIG, Franz: Funkausstellung Berlin. Zur Problematik und Geschichte der deutschen Funkausstellungen. In: ARD Jahrbuch 5(1973), S. 73-82.

BARTOSCH, Günter: Die große Fernseh-Show wird 50! In: ZDF Kontakt, April 1991, S. 14-15 (I); Mai 1991, S. 12-13 (II).

BERLINER POST- UND FERNMELDEMUSEUM (Hrsg.): Aus der Geschichte des Fernsehens. Berlin o.J.

BOCK, Hans-Michael; TÖTEBERG, Michael (Hrsg.): Das Ufa-Buch. Kunst und Krisen. Stars und Regisseure. Wirtschaft und Politik. Frankfurt/Main 1992.

BOLESCH, Cornelia: Von Anfang an dabei: Kurt Wagenführ. Erinnerungen an die Anfänge der Fernsehkritik. In: ARD-Pressedienst 11(1978), S. 1-4.

BREDOW, Hans (Hrsg.): Aus meinem Archiv. Probleme des Rundfunks. Heidelberg 1950.

BREDOW, Hans (Hrsg.): Vergleichende Betrachtungen über Rundfunk und Fernsehen. Sonderheft der Zeitschrift ‚Rundfunk und Fernsehen‘. Heidelberg 1951.

BRUCH, Walter: Berlin war immer dabei. In: Fernsehstadt Berlin. Von der Flimmerkiste zum PAL-Farbfernsehen. Frankfurt/Main o.J. [um 1985].

BRUCH, Walter: Der Presseball sieht fern. In: Fernseh-Informationen 39(1988), 4, S. 121-124.

BRUNNEN, Andrea: Probleme mit der Geschichte des Fernsehens. Entdeckt (nicht nur) bei der Jahrestagung des ‚Studienkreises Rundfunk und Geschichte‘. In: Fernseh-Informationen 36(1985), 19, S. 547-548.

abw [d.i. Andrea Brunnen-Wagenführ]: ‚Erfahrungen sammeln für später‘. Fernsehen im Frühjahr 1940. In: Fernseh-Informationen 41(1990), 6, S. 173; 7, S. 207; 8, S. 239.

BRUNSWIG, Heinrich: Tabellarische Darstellung der Ton- und Fernseh-Rundfunksender der DRP und DBP. 50 Jahre Rundfunk-Sendeanlagen im Dienst der Post. In: Archiv für das Post- und Fernmeldewesen 25(1973), 5/6, S. 651-831.

BUBLITZ, Hans Waldemar: Erinnerungen an Landgraf und Janecke. In: Fernsehen 3(1955), 6, S. 310.

BUBLITZ, Hans Waldemar: Es begann in der Dunkelkammer. In: ARD Fernsehspiel 2(1978), 4, S. 18-31.

492

DEITERS, Heinz-Günter: Das neue Wunder im DIN-Format. In: Ders.: Fenster zur Welt. 50 Jahre Rundfunk in Norddeutschland. Hamburg 1973, S. 13-29.

DILLER, Ansgar: Geschichte des Fernsehens. In: Kreuzer, Helmut (Hrsg.): Sachwörterbuch des Fernsehens. Göttingen 1982, S. 95-100.

DILLER, Ansgar: Ein wenig beachteter ‚Versuchsbetrieb‘. Zum Beginn des Fernsehens vor 50 Jahren. In: Das Parlament 35(1985), 10, S. 14.

DILLER, Ansgar: 50 Jahre Fernsehen. Organisation und Programm 1935-1944. In: Fernsehen. 100 Jahre Technik – 50 Jahre Programm. Katalog zur Sonderausstellung des Landesmuseums Koblenz in Zusammenarbeit mit dem SWF Baden-Baden und dem ZDF vom 21.3.-29.9.1985, S. 11.

DUELK, Franz M.: Als die Ansagerin noch schwarze Lippen hatte. Vor 25 Jahren bestand das Fernsehen die erste Bewährungsprobe. In: Hörfunk und Fernsehen 12(1961), 4, S. 4-8.

DUNAN, Élisabeth: La Propaganda-Abteilung de France: tâches et organisation. In: Revue d'histoire de la deuxième guerre mondiale 1(1951), 4, S. 19-32.

EBERHARD, Fritz: Fernsehen und Politik unter Diktatur und Demokratie. In: Feldmann, Erich (u.a.)(Hrsg.): Film- und Fernsehfragen. Bd. 1. Emsdetten 1961.

ECKERT, Gerhard: Auf dem Wege zum deutschen Fernsehrundfunk. In: Rufer und Hörer 5(1950), 2, S. 54-59.

ECKERT, Gerhard: Programmgestaltung des Fernsehens. In: Rufer und Hörer 8(1953), 6, S. 355-361.

ECKERT, Gerhard: Organisation des Fernsehens in Westeuropa. In: Feldmann, Erich; Meier, Ernst (Hrsg.): Film und Fernsehen im Spiegel der Wissenschaft. Abhandlungen, anläßlich des 10jährigen Bestehens der Deutschen Gesellschaft für Film- und Fernsehforschung (=Neue Beiträge zur Film- und Fernsehforschung, Bd. 5). Gütersloh 1963, S. 154-178.

ECKERT, Gerhard: Die Kunst des Fernsehens. In: Beling, Claus (Hrsg.): Theorie des Fernsehspiels (=Medium Literatur, Bd. 12). Heidelberg 1979, S. 21-25.

ECKERT, Gerhard: Der beste Freund des Fernsehens. In: Fernseh-Informationen 38(1987), 7, S. 251-252.

EHLERS, Wilhelm: Rundfunk – Film – Fernsehen. In: Rufer und Hörer 4(1950), 3, S. 151.

ELSNER, Monika; MÜLLER, Thomas; SPANGENBERG, Peter M.: Zwischen utopischer Phantasie und Medienkonkurrenz. Zur Frühgeschichte des Deutschen Fernsehens (1926-1935). In: Arbeitshefte Bildschirmmedien 10(1988), S. 23-31.

ELSNER, Monika; MÜLLER, Thomas: Der angewachsene Fernseher. In: Gumbrecht, Hans Ulrich; Pfeiffer, K. Ludwig (Hrsg.): Materialität der Kommunikation. Frankfurt/Main 1988, S. 392-415.

ELSNER, Monika; MÜLLER, Thomas; SPANGENBERG, Peter M.: Thesen zum Problem der Periodisierung in der Mediengeschichte. In: Kreuzer, Helmut; Schanze, Helmut (Hrsg.): Fernsehen in der Bundesrepublik Deutschland: Perioden – Zäsuren – Epochen. Heidelberg 1991 (Sonderdruck).

ENGELBRECHT, Hermann E.: Abriß der geschichtlichen und rechtlichen Entwicklung des Rundfunks und Fernsehens in den USA. In: Rundfunk und Fernsehen 15(1967), 2, S. 152-160.

ENSTHALER, Jürgen D.: Vom Dachboden zur Television-City. Der Lebenslauf des amerikanischen Fernsehens. In: Fernsehen 4(1956), 5, S. 255.

FELLBAUM, Günther: Funkausstellungen in Berlin 1924-1939. In: Hifi+tv, Jg. 1984, 1, S. 44-54.

FIELDING, Raymond (Hrsg.): A Technological History of Motion Pictures and Television. An Anthology from the Pages of the SMPTE-Journal. Berkeley, Los Angeles, London 1967.

FREUDENDORFER, Otto: Nur die dabei waren, wissen es heute noch. Die Reichsrundfunkgesellschaft und ihre Anfänge. In: Hörfunk und Fernsehen 14(1963), 5, S. 10-12.

FRIEDEBOLD, Fritz; SCHMIDT, Hendrik: Vom ersten Breitbandkabel zum ECS. So neu sind die Neuen Medien nicht: Schon vor 45 Jahren wurden in Deutschland die ersten Breitbandkabel verlegt. In: Neue Medien 1(1984), 1, S. 10-25.

GABLER, Hans: Fernsehen im Einzel- und Kollektivempfang. In: Rundfunk und Fernsehen 4(1956), 2, S. 148-154.

GERHARDT, Elena: Zwei Jahrzehnte vor der Kamera. In: Fernseh-Rundschau 3(1959), 10, S. 441-444.

GOEBEL, Gerhart: Der Deutsche Rundfunk bis zum Inkrafttreten des Kopenhagener Wellenplans. In: Archiv für das Post- und Fernmeldewesen 2(1950), 6, S. 353-454.

GOEBEL, Gerhart: Betrachtungen zur Fernseh-Aufnahmetechnik II. In: Fernmeldetechnische Zeitschrift 4(1951), 9, S. 403-406.

GOEBEL, Gerhart: Verbesserung der Bildaufnahmetechnik ermöglicht auch Hebung des Programm niveaus. Betrachtungen zur Fernseh-Aufnahmetechnik. In: Fernseh-Informationen 3(1952), 5, S. 10-12.

GOEBEL, Gerhart: Von der Fernschau zum Fernsehen. Eine Entwicklung von 25 Jahren. In: Fernsehen 1(1953), 3, S. 143-149.

GOEBEL, Gerhart: Das Fernsehen in Deutschland bis zum Jahre 1945. In: Archiv für das Post- und Fernmeldewesen 5(1953), 5, S. 259-393.

GOEBEL, Gerhart: Photographie und Kinematographie im Dienste der Post (1877 bis 1952). In: Archiv für das Post- und Fernmeldewesen 5(1953), 2, S. 65-124.

GOEBEL, Gerhart: D. v. Mihály*. In: Fernmeldetechnische Zeitschrift 6(1953), 10, S. 492-493.

GOEBEL, Gerhart: Die Nipkowsche Scheibe 70 Jahre alt. In: Fernmeldetechnische Zeitschrift 7 (1954), 2, S. 96.

GOEBEL, Gerhart: Kameraführung und Bildgestaltung. In: Fernsehen 2(1954), 11, S. 591-598.

GOEBEL, Gerhart: Das Jahr 1935. In: Fernsehen 3(1955), 3/4, S. 135-142.

GOEBEL, Gerhart: Staatssekretär a.D. Dr.-Ing. E.h. Hans Bredow und der damalige Funk. In: Archiv für Das Post- und Fernmeldewesen 7(1955), 3, S. 153-190.

GOEBEL, Gerhart: Vor 20 Jahren... In: Fernsehen 4(1956), 3, S. 157-158.

GOEBEL, Gerhart: Fernsehen bei den XI. Olympischen Spielen (ergänzt durch Erläuterungen von Walter Bruch). In: Fernsehen 4(1956), 8, S. 432-445.

GOEBEL, Gerhart: Drei Normen in einem Jahr. In: Fernseh-Rundschau 5(1957), 1, S. 4-7.

GOEBEL, Gerhart: Vor 20 Jahren: Drei Grand Prix für das Deutsche Fernsehen. In: Fernseh-Rundschau 1(1957), 7, S. 365-368.

GOEBEL, Gerhart: Rundfunk für's Auge. Vor 30 Jahren ging das Fernsehen ‚in die Luft'. In: Fernseh-Rundschau 3(1959), 3, S. 97-100.

GOEBEL, Gerhart: Paul Nipkow – Versuch eines posthumen Interviews. In: Fernseh-Rundschau 4 (1960), 8, S. 334-348.

GOEBEL, Gerhart: Paul Nipkow. In: Elektrotechnische Zeitschrift 12(1960), 20, S. 490.

GOEBEL, Gerhart: Fernsehen auf der 1. Großen Deutschen Funkausstellung. In: Fernseh-Rundschau 5(1961), 7/8, S. 265-269.

GOEBEL, Gerhart: Fernsehentwicklung in England und Deutschland. In: Fernseh-Rundschau 5 (1961), 10, S. 399-406.

GOEBEL, Gerhart: Eine Erfindung reift heran. In: Magnum 9(1961), 34, S. 41-42.

GOEBEL, Gerhart: Ein halbes Jahrhundert Rundfunkgeschichte begleiten 29 Funkausstellungen. In: Fernseh-Informationen 24(1973), 16, S. 310-313.

GOEBEL, Gerhart: ‚Die erste wirkliche Fernsehdemonstration'. In: Fernseh-Informationen 25 (1974), 14, S. 277-278.

GOEBEL, Gerhart: Fernsehen während der XI. Olympischen Spiele in Berlin. In: Fernseh-Informationen 27(1976), 12, S. 264-267 (I); 13, S. 294-296 (II); 14, S. 313-314 (III).

GOEBEL, Gerhart: Der Fernseh-Start in Deutschland. In: Funkschau 19(1978), 19, S. 906-909.

GOEBEL, Gerhart: Aus der Geschichte des Fernsehens – Die ersten 50 Jahre. In: Bosch Technische Berichte 6(1979), 5/6 (Sonderband „50 Jahre Fernseh 1929-1979"; mehrsprachig erschienen).

GOEBEL, Gerhart: Auch die Reichspost sendete 1935 ‚Fernseh-Programme'. In: Fernseh-Informationen 33(1982), S. 235 ff..

GOEBEL, Gerhart: Fernseh-Empfang in den dreißiger Jahren. In: Funkschau 23(1982), 15, S. 63.

GOEBEL, Gerhart: Ein Wort zu Fernseh-Jubiläen. In: Fernseh-Informationen 35(1984), 9, S. 246-247.

GOEBEL, Gerhart: Die 12. Große Deutsche Rundfunkausstellung 1935. In: Fernseh-Informationen 36(1985), 15, S. 441-443.

GOEBEL, Gerhart: Das Haus Berlin-Charlottenburg, Rognitz-Str. 8. In: Fernseh-Informationen 37(1986), 9, S. 271-272.

GOEBEL, Gerhart: Vor 50 Jahren: das erste ‚Studio' in Berlin. In: Fernseh-Informationen 37(1986), 9, S. 273-274.

GOEBEL, Gerhart: Adriano de Paiva und das Fernsehen. In: Archiv für das Post- und Fernmeldewesen 39(1987), 4, S. 384-392.

GOEBEL, Gerhart: Die Grosse Deutsche Rundfunkausstellung 1937. In: Fernseh-Informationen 38(1987), 16, S. 437.

GOEBEL, Gerhart: 1928: Fernsehbeginn in Deutschland. In: Fernseh-Informationen 39(1988), 15, S. 461-462.

GOEBEL, Gerhart: Fernsehstudio im Deutschlandhaus. In: Fernseh-Informationen 39(1988), 19, S. 584-586.

GOEBEL, Gerhart: Der deutsche Einheits-Fernseh-Empfänger E 1. In: Fernseh-Informationen 40(1989), 18, S. 567-568.

HARRIS, Jay S. (Hrsg.): TV-Guide. The first 25 Years. New York 1978.

HEMPEL, Manfred: Fernsehen unterm Hakenkreuz. Die Entstehung und Entwicklung der Television in Deutschland bis zur Zerschlagung des Hitlerregimes. Teil I: Das Fernsehkapital und sein Bruder Reichspost. In: Mitteilungen des Postmuseums der DDR. Bd. 3/4. Berlin 1970, S. 33-75.

HEMPEL, Manfred: Teil II: Krieg der Reichspost gegen Europas Fernsehen. In: Mitteilungen des Postmuseums der DDR. Bd. 5. Berlin 1981, S. 51-76.

HEMPEL, Manfred: Des Nachfragens würdig – Vielleicht ist Vieles ganz anders. In: Fernseh-Informationen 41(1990), 18, S. 540.

HICKETHIER, Knut: Probleme der Fernsehgeschichte – Überlegungen zu ihrer Konstruktion und Rekonstruktion. In: Kreuzer, Helmut (Hrsg.): Fernsehforschung – Fernsehkritik. Beiheft 11/1980 zur Zeitschrift für Literaturwissenschaft und Linguistik. Göttingen 1980, S. 13-35.

HICKETHIER, Knut: Vom ‚Elektrischen Teleskop‘ zum Fernsehen. Ein kurzer Überblick über die Fernsehgeschichte. In: Praxis Schulfernsehen 4(1980), 44, S. 4-6.

HICKETHIER, Knut: Gattungsgeschichte oder gattungsübergreifende Programmgeschichte? Zu einigen Aspekten der Programmgeschichte des Fernsehens. In: Studienkreis Rundfunk und Geschichte, Mitteilungen 8(1982), 3, S. 144-155.

HICKETHIER, Knut: Ein Stück Fernsehspielgeschichte. In: Ders. (Hrsg.): ‚Nachts ging das Telefon‘ – von Willi Kollo. Ein Stück Fernsehgeschichte (=Massenmedien und Kommunikation. H. 54). Siegen 1988, S. 20-38.

HICKETHIER, Knut: Vernebelter Anfang. Polemisches zur ‚Stunde Null‘ des Fernsehens – beim Durchblättern fernsehhistorischer Erinnerungen. In: TheaterZeitschrift 8(1989), 28, S. 74-90.

HICKETHIER, Knut: Die Welt ferngesehen. Dokumentarische Sendungen im frühen Fernsehen. In: Heller, Heinz-B.; Zimmermann, Peter (Hrsg.): Bilderwelten – Weltbilder. Dokumentarfilm und Fernsehen (=Aufblende. Schriften zum Film, Bd. 2). Marburg 1990, S. 23-48.

HICKETHIER, Knut: ‚Fließband des Vergnügens‘ oder Ort ‚innerer Sammlung‘? Erwartungen an das Fernsehen und erste Programmkonzepte in den frühen fünfziger Jahren. In: Ders. (Hrsg.): Der Zauberspiegel – Das Fenster zur Welt. Untersuchungen zum Fernsehprogramm der fünfziger Jahre (=Arbeitshefte Bildschirmmedien 14). Siegen 1990, S. 4-32.

HICKETHIER, Knut: Phasenbildung in der Fernsehgeschichte. Ein Diskussionsvorschlag. In: Erlinger, Hans Dieter; Stötzel, Dirk Ulf (Hrsg.): Geschichte des Kinderfernsehens in der Bundesrepublik Deutschland. Entwicklungsprozesse und Trends. Berlin 1991, S. 11-33.

HICKETHIER, Knut: Ilse Obrig und das Klingende Haus der Sonntagskinder. Die Anfänge des deutschen Kinderfernsehens. In: Erlinger, Hans Dieter; Stötzel, Dirk Ulf (Hrsg.): Geschichte des Kinderfernsehens in der Bundesrepublik Deutschland. Entwicklungsprozesse und Trends. Berlin 1991, S. 93-142.

HIRSCH, Rosemarie: Als die Fernsehbilder das Licht der Welt erblickten herrschte im Studio völlige Finsternis. In: Mannheimer Morgen v. 16. 3. 1985.

R.H. [d.i. Rosemarie Hirsch]: Oper im Fernsehen mit doppelter Besetzung. In: Fernseh-Informationen 42(1991), 11, S. 327-328.

hi-abw [d.s. Rosemarie Hirsch u. Andrea Brunnen-Wagenführ]: Sport im ersten deutschen Fernsehen. In: Fernseh-Informationen 42(1991), 14, S. 459-460.

HOFF, Peter: Blick zurück – nach vorn. Bemerkungen zur Diskussion über die Notwendigkeit der Fernseh-Geschichtsschreibung. In: Film und Fernsehen 5(1977), 10, S. 11-12.

HYMMEN, Friedrich Wilhelm: ‚25 Jahre Fernsehen‘. In: Medium 8(1978), 1, S. 44.

HYMMEN, Friedrich Wilhelm: Jubiläum. Ein alter Kämpe kämpft für ein Datum. In: epd. Kirche und Rundfunk, Jg. 1985, 23, S. 2.

KAHLENBERG, Friedrich P.: ‚Von deutschem Heldentum‘. Eine Film-Kompilation für das Fernsehen aus dem Jahre 1936. In: Mitteilungen des Studienkreises für Rundfunk und Geschichte 5(1979), 1, S. 21-27.

KLINGLER, Walter: Fernsehen im Dritten Reich. Fernseh-Intendanten und Programm-Beauftragte. Vier biographische Notizen. In: Studienkreis Rundfunk und Geschichte, Mitteilungen 33(1981), 3, S. 230-258.

KNIESTEDT, Joachim: Fernsehsendungen über Kurzwellensender vor 50 Jahren – ein Beitrag der Post zur Einführung des Fernsehens. In: Archiv für das Post- und Fernmeldewesen 33(1981), 1, S. 97-104.

KNIESTEDT, Joachim: Historische Entwicklung der Nutzung der Ultrakurzwellen für den Fernseh- und Tonrundfunk. Inbetriebnahme des ersten Ultrakurzwellen-Senders der Deutschen Reichspost für das Fernsehen vor 50 Jahren. In: Archiv für das Post- und Fernmeldewesen 35(1983), 1, S. 17-44.

KNIESTEDT, Joachim: Die Grundidee des elektrischen Fernsehens von 1884. Zum 100. Jahrestag des Fernsehpatents von Paul Nipkow. In: Archiv für das Post- und Fernmeldewesen 36(1984), 1, S. 35-51.

KNIESTEDT, Joachim: 50 Jahre Fernsehen. Eröffnung des Deutschen Fernsehrundfunks am 22. März 1935. In: Unterrichtsblätter der Deutschen Bundespost, Ausgabe B Fernmeldewesen 38(1985), 3, S. 59-84.

KNIESTEDT, Joachim: Die historische Entwicklung des Fernsehens: Zur Eröffnung des Deutschen Fernsehrundfunks vor 50 Jahren in Berlin. In: Archiv für das Post- und Fernmeldewesen 37(1985), 3, S. 185-239.

KNIESTEDT, Joachim: Der Nutzen seines Patents für die Entwicklung des Fernsehens. In: Fernseh-Informationen 41(1990), 18, S. 537-539.

KÖHLER, Wolfram (Hrsg.): Der NDR. Zwischen Programm und Politik. Beiträge zu seiner Geschichte. Hannover 1991.

KREUTER, Marie-Luise: Das Deutschlandhaus, Theodor-Heuss-Platz 1. In: Engel, Helmut; Jersch-Wenzel, Stefi; Treue, Wilhelm (Hrsg.): Geschichtslandschaft Berlin. Orte und Ereignisse. Bd. 1: Charlottenburg. Teil 2: Der neue Westen. Berlin 1985, S. 59-75.

KREUZER, Helmut; THOMSEN, Christian W. (Hrsg,): Geschichte des Fernsehens in der Bundesrepublik Deutschland. Bde. 1-5. München 1993/1994.

KREUZER, Helmut: Von der Nipkow-Scheibe zum Massenmedium. Hinweise zur Geschichte und Situation des Fernsehens – und zu diesem Band. In: Kreuzer, Helmut; Prümm, Karl (Hrsg.): Fernsehsendungen und ihre Formen. Typologie, Geschichte und Kritik des Programms in der Bundesrepublik Deutschland. Stuttgart 1979.

KRONJÄGER, Wilhelm; PRESSLER, Hans; VOGT, Karl: 50 Jahre Rundfunk aus der Sicht der Deutschen Fernmeldeverwaltung. In: Archiv für das Post- und Fernmeldewesen 25(1973), 5/6, S. 411-831.

KUBLER, Thierry: La Télévision Francaise sous L'Occupation. In: Videopro Magazine, Nr. 14 vom Juni 1988, S. 18-21.

KUBLER, Thierry: Fernsehsender Paris: L'Heritage... . In: Videopro Magazine, Nr. 15 vom Juli/August 1988, S. 24-27.

KUBLER, Thierry: Le Regne de L'Iconoscope. In: Videopro Magazine, Nr. 17 vom September/Oktober 1988, S. 37-38.

KUBLER, Thierry: Il etais des fois... . In: Videopro Magazine, Nr. 18 vom November 1988, S. 31-32.

KUBLER, Thierry: L'Apres-Guerre et ses Contraintes... . In: Videopro Magazine, Nr. 19 vom Dezember 1988, S. 41-42.

KUBLER, Thierry; LEMIEUX, Emmanuel: Cognacq-Jay 1940. In: Lire vom Dezember 1990, S. 110-115.

KUBLER, Thierry; LEMIEUX, Emmanuel: Cognacq-Jay 1940. In: Enquàtes et Témoignages. Séléction du Reader's Digest. Paris, Bruxelles, Montréal, Zurich 1991, S. 441 ff.

KUNDLER, Herbert: Wann, wie und wo fing es an? Aus der wechselvollen Geschichte des Fernsehens. In: Ders.: Fernsehstadt Berlin. Von der Funkausstellung 1928 zur modernen Farbelektronik (=Berliner Forum, Bd. 5). Berlin 1971, S. 5-37.

KUTSCH, Arnulf: Hans Waldemar Bublitz (1910-1986). In: Mitteilungen des Studienkreises für Rundfunk und Geschichte 12(1986), 3, S. 172-179.

KUTSCHBACH, Herbert: Keine Gefahr für den Film. In: Kino-Technik 5(1951), 11, S. 222.

KUTSCHBACH, Herbert: Betrachtungen zur Fernseh-Fototechnik. In: Rufer und Hörer 7(1953), 5.

KUTSCHBACH, Herbert: Technische Möglichkeiten künstlerischer Bildgestaltung. Betrachtungen zur Fernseh-Fototechnik. In: Der Berliner Arbeitskreis gratuliert Herrn Staatssekretär und Regierungspräsident a.D. Dr.-Ing. h.c. Hans Bredow (geb. 1879) in dankbarer Verbundenheit zu seinem 73. Geburtstag. Berlin 1953, S. 48-51.

KUTSCHBACH, Herbert: Vergangen – aber nicht vergessen. In: Fernsehen 3(1955), 6, S. 313-315.

KUTSCHBACH, Herbert: Zur geschichtlichen Entwicklung des Fernsehspiels. In: Rundfunk und Fernsehen 4(1956), S. 142-148.

KUTSCHBACH, Herbert: Das Ende der Fernseh-Pionierzeit. In: Rundfunk und Fernsehen 6(1958), 2, S. 282-284.

KUTSCHBACH, Herbert: Vor 20 Jahren. In: Rundfunk und Fernsehen 7(1959), 3/4, S. 269-270.

LECLERE, Thierry: Ondes Kurt. In: Télérama, Nr. 2141 v. 23. 1. 1991, S. 61-62.

LEHMANN, Leopold: Deutsche Pionierarbeit im Fernsehen. In: Rundfunk und Fernsehen 2(1954), 1, S. 9-13.

LERG, Winfried B.: Die Entstehung des Fernsehens in Deutschland. In: Rundfunk und Fernsehen 15(1967), 4, S. 349-375.

LERG, Winfried B.: Zur Geschichte des Fernsehens in Deutschland. Das Fernsehen der Reichs-Rundfunk-Gesellschaft 1935-1944. In: Fernsehen in Deutschland. I. Gesellschaftspolitische Aufgaben und Wirkungen eines Mediums. Mainz 1967, S. 9-22.

LERG, Winfried B.: Verdrängen oder ergänzen die Medien einander? Innovation und Wandel im Kommunikationssystem. In: Publizistik 26(1981), 2, S. 193-201.

LÉVY Cl.[aude]: L'organisation de la propagande. In: Revue d'histoire de la deuxième guerre mondiale 16(1966), 64, S. 7-28.

LICHTY, Lawrence W.; TOPPING, Malachi C. (Hrsg.): American Broadcasting. A Source Book on the History of Radio and Television (=Studies in Public Communication). New York 21976.

MORILLON, Jean-Louis: Une histoire étonnante: la télévision à Paris pendant l'Occupation. In: Tele Loisirs v. 5.1.1991.

MÜLLER, Thomas; SPANGENBERG, Peter Michael: Fern-Sehen – Radar – Krieg. In: Stingelin, Martin; Scherer, Michael (Hrsg.): HardWar/SoftWar. Krieg und Medien 1914 bis 1945 (=Literatur- und Medienanlaysen, Bd. 3). München 1991, S. 275-302.

MURERO, Hugo: Offener Brief an Kurt Wagenführ. In: Fernsehen 3(1955), 6, S. 311-312.

MURERO, Hugo: Mit dem Möbelwagen ins Olympiastadion. Kleine Chronik des Sport-Fernsehens. In: Fernsehen 5(1957), 4, S. 218-221.

NESTEL, Werner: Fernsehversuchssendungen im NWDR. In: Elektrotechnische Zeitschrift 72(1951), 11, S. 346-348.

NESTEL, Werner: Einige Bemerkungen zur Geschichte des Deutschen Fernsehens nach dem Kriege. In: Fernsehen 3(1955), 7/8, S. 338-342.

NETENJAKOB, Egon: Die angepaßte Innovation. Ein paar Bemerkungen eines älteren Schreibers über die Anfänge des Fernsehens. In: Zelluloid 9(1980), S. 48-51.

NIERENTZ, Hans-Jürgen: Dunkelmänner des deutschen Fernsehens. In: Fernsehen 3(1955), 3/4, S. 128-130.

OCKENDEN, Michael: TV Pictures from occupied Paris. In: After the Battle, Jg. 1983, 39, S. 28-33.

PACHALY, Martina; REISS, Erwin: Vom Weihnachtsmärchen zum Wunschkonzert: Fernsehen im Nationalsozialismus. In: Frauen und Film 14(1987), 42, S. 72-82.

PÄPER, Ingeborg: Der erste Bildschirm hatte gerade Diagröße. In: Neues Deutschland v. 14./15. 1. 1984.

PLISKIN, Fabrice: Cognacq-Jay collabo. In: Nouvel Observateur v. 3.1.1991, S. 2-3.

PÖTTKER, Horst: ‚Ihr Bild, mein Führer'. Das Medium Fernsehen als Propagandamittel. In: Medium 18(1988), 3, S. 61-65.

POHLE, Heinz: Wollen und Wirklichkeit des deutschen Fernsehens bis 1943. In: Rundfunk und Fernsehen 4(1956), S. 59-75.

POINSIGNON, Jacques: Fernsehsender Paris. In: Bulletin du Comité d'Histoire de la Télévision, Nr. 21 vom März/April 1990, S. 33-62.

RAVE, Walter: Fernsehen. In: Naturwissenschaftliche Rundschau 5(1952), 2, S. 54-59.

REIMERS, Karl Friedrich; STEINMETZ, Rüdiger (Hrsg.): Rundfunk in Deutschland. Entwicklungen und Standpunkte (=Beiträge aus der Hochschule für Fernsehen und Film München, Bd. 12).München 1988.

REIMERS, Karl Friedrich; LERCH-STUMPF, Monika; STEINMETZ, Rüdiger (Hrsg.): Zweimal Deutschland seit 1945 im Film und Fernsehen. I: Von der Kino-Wochenschau zum aktuellen Fernsehen (=Beiträge aus der Hochschule für Fernsehen und Film München, Bd. 3).München 1983.

RESSLING, Karl-Heinz: Vor 40 Jahren die erste deutsche Fernsehsendung. Allerdings ohne Ton. Reminiszenzen zur ‚Fernsichtbarmachung von Bildern‘. In: epd. Kirche und Fernsehen 9(1969), S. 2-4.

RIEDEL, Heide: 50 Jahre Fernsehen in Deutschland. In: arbeiten+lernen 7(1985), 37, S. 5-9.

RIEK, Heinz: Neues vom Fernsehen in Berlin. In: Rundfunk und Fernsehen 3(1955), 2, S. 165-167.

RIEK, Heinz: ‚Achtung! Noch eine Minute... wir gehen auf Sendung!‘ Fernsehen nach der Stunde Null – erlebt in Berlin. In: Fernsehstadt Berlin. Von der Flimmerkiste zum PAL-Farbfernsehen. Frankfurt/Main o.J. [um 1985].

RIEK, Heinz: Was wir erreichten. In: Rundfunk und Fernsehen 6(1958), 2, S. 168-169.

RINGS, Werner: Der Roman des Fernsehens. In: Ders.: Die 5. Wand: Das Fernsehen. Wien, Düsseldorf 1962, S. 36-67.

ROMBACH, Otto: Erinnerungen an ein erstes Fernsehspiel. Als Adrian, der Tulpendieb 1938 ferngesehen wurde. In: Hay, Gerhard (Hrsg.): Literatur und Rundfunk 1923-1933. Gerstenberg, Hildesheim 1975, S. 350-359.

ROTH, Paul: Das sowjetische Fernsehen 1930-1959. Vom ‚Telekino‘ zum Massenmedium. In: Rundfunk und Fernsehen 20(1972), S. 306-328.

ROTHER, Michael: Fernsehsender Paris. Das deutsch-französische Besatzungsfernsehen (1942-1944). In: Dorst, Wolfgang; Leroy, Geraldi; Magnou, Jaqueline (Hrsg.): Paris sous l'occupation – Paris unter deutscher Besatzung. Actes du 3e colloque des Universités d'Orleans et de Siegen. Heidelberg 1995, S. 156-165.

RÜDEN, Peter von: Ablenkung als Programmauftrag: Das NS-Fernsehen – ein Unterhaltungsmedium. In: Ders. (Hrsg.): Unterhaltungsmedium Fernsehen (=Kritische Information, Bd. 42). München 1979, S. 143-163, 267-270.

RUDERT, Frithjof: 50 Jahre ‚Fernseh‘, 1929-1979. In: Bosch Technische Berichte 6(1979), 5/6, S. 236-267.

SCHADWINKEL, Gerhard: Aus der Entwicklungsgeschichte des Fernsehens. Ein historischer Überblick. In: Rundfunktechnische Mitteilungen 18(1974), 3, S. 121-129.

SCHRÖTER, Fritz: Fernsehrundfunk. In: Rundfunk und Fernsehen 1(1948), 1, S. 22-25.

SCHRÖTER, Fritz: Wege und Werden des Fernsehens. In: Leithäuser, G.[ustav]; Winckel, F.[ritz] (Hrsg.): Fernsehen. Vorträge über neuere Probleme der Fernsehtechnik. Berlin, Göttingen, Heidelberg 1953, S. 1-24.

SCHRÖTER, Fritz: 50 Jahre Telefunken. 25 Jahre Fernsehentwicklung. In: Fernsehen 1(1953), 4/5, S. 240-246.

SCHULZE, Otto: Aus der Geschichte des Fernsehens. Deutschlands erster Fernsehsender. In: Kino-Technik 13(1959), 10, F51-F54.

SCHULZE, Otto: Verwundetenbetreuung. In: Fernseh-Informationen 42(1991), 20, S. 621-622.

SCHURIG, Hilmar: Dreißig Jahre Fernsehen in Deutschland. In: Fernmeldepraxis 18(1958), S. 709-712.

SEELEMANN, Friedrich: Der Funkstörungsmeßdienst der Deutschen Bundespost und seine Vorgeschichte. 50 Jahre Funk-Entstörung 1924 bis 1974. In: Archiv für Post- und Fernmeldewesen 28(1976), 4, S. 419-581.

SEIFART, Horst: Die Entwicklung des Fernsehbildes im Fußball. In: Fernseh-Informationen 39(1988), 10, S. 288-290.

SHIERS, George: Television 50 Years Ago. In: Journal of Broadcasting 19(1975), 4, S. 387-400.

SINGER, Ben: Early Home Cinema and the Edison Home Projecting Kinetoscope. In: Film History 2(1988), S. 37-39.

STERN, Robert H.: Television in the Thirties. In: American Journal of Economics and Sociology 23 (1964), S. 285-301.

TETZNER, Karl: Zur Situation des Fernsehens in Europa. In: Hamburger Funk-Technik 1(1948), 10, S. 133-135.

TETZNER, Karl: Wer war der Erste? In: Funkschau 16(1981), 19, S. 14.

TETZNER, Karl: Wegbereiter. Die Nipkow-Scheibe wird 100 Jahre alt. In: Funkschau 18(1983), 3, S. 50-53.

TETZNER, Karl: 50 Jahre Fernsehen in Deutschland. In: Funkschau 20(1985), 5, S. 61-65.

TETZNER, Karl: Man sollte ihn nicht überschätzen... . In: Fernseh-Informationen 41(1990), 18, S. 540.

TÖLLE, Hermann: Heimat und Fernsehen. In: Fernsehen 3(1955), 4/5, S. 259.

TÖLLE, Hermann: Als in der Studentenkneipe ‚Bullenkopp' die Klappen fielen. Die ersten Fernsehaufnahmen in Münster. In: Westfälischer Heimatkalender 24(1970), S. 68-71.

TÖLLE, Hermann: Aus der Frühzeit des Fernsehens. In: Fernseh-Rundschau 7(1963), 5/6, S. 175-177.

TÖLLE, Hermann: Von der Nipkow-Scheibe zur Braunschen Röhre. Aus der Geschichte des Fernsehens. In: Der Journalist 15(1965), 1, S. 34-35.

URICCHIO, William; WINSTON, Brian: The Anniversary Stakes. In: Sight and Sound, Autumn 1986, S. 231-232.

URICCHIO, William: Rituals of Reception, Patterns of Neglect: Nazi Television and its Postware Representation. In: Wide Angle 11(1989), 1, S. 48-66.

URICCHIO, William (Hrsg.): The History of German Television, 1935-1944. In: Historical Journal of Film, Radio and Television 10(1990), 2, S. 115-315.

URICCHIO, William (Hrsg.): Die Anfänge des Deutschen Fernsehens. Kritische Annäherungen an die Entwicklung bis 1945 (=Medien in Forschung und Unterricht, Serie A, Bd. 30). Tübingen 1991.

URICCHIO, William: Television as History: Representations of German Television Broadcasting, 1935-1944. In: Murray, Bruce A.; Wickham, Christopher J. (Hrsg.): Framing the Past. The Historiography of Germann Cinema and Television. Carbondale, Edwardsville 1992, S. 167-196.

VANDENHEEDE, Bernard: Das entscheidende Tor war nur zu hören. In: Süddeutsche Zeitung v. 13.11.1986, S. 41.

WAGENFÜHR, Kurt: Zwischen Ende und Ungewißheit. Die Odyssee der Fernsehmänner von Berlin nach Hamburg. In: Fernsehen 3(1955), 11, S. 565-569.

WAGENFÜHR, Kurt: Am 22. März: Vor 20 Jahren... . Damals wurde der erste europäische Fernseh-Programmdienst eröffnet. In: Fernseh-Informationen 6(1955), 5, S. 116-117.

WAGENFÜHR, Kurt: Das feldgraue Fräulein von Barnhelm. In: Fernseh-Rundschau 1(1957), 1, S. 17.

WAGENFÜHR, Kurt: 25 Jahre Fernseh-Programmdienst. In: Fernseh-Rundschau 4(1960), 3, S. 97-104 (I); 4, S. 137-140 (II); 5, S. 201-203 (III); 6, S. 240-241 (IV).

WAGENFÜHR, Kurt: Für Hitler kam es zu spät. In: Magnum 9(1961), 34, S. 34.

WAGENFÜHR, Kurt: Begriff und Geschichte des Fernsehens. In: Dovifat, Emil (Hrsg.): Handbuch der Publizistik, Bd. 2. Berlin 1969, S. 415-426.

WAGENFÜHR, Kurt: Vor 40 Jahren in Berlin. Der erste Fernsehprogramm-Versuchsbetrieb wurde eröffnet (I). Experimente mit Reichweiten und aktuellen Sendungen (II). In: Fernseh-Informationen 26(1975), 5, S. 97-98 (I); 8, S. 143-144 (II).

WAGENFÜHR, Kurt: Die Entwicklung des Fernsehens in Deutschland. In: Südwestfunk intern 6(1976), 3, S. 5-6.

WAGENFÜHR, Kurt: Fragebogen für Fernseh-Zuschauer. In: Fernseh-Informationen 28(1977), 1, S. 16-17.

WAGENFÜHR, Kurt: Die Anfänge der Fernsehkritik. In: Scharf, Albert (Hrsg.): Brennspiegel Rundfunk. Festschrift für Christian Wallenreiter. München 1980, S. 161-169 (mehrfach nachgedr.).

WAGENFÜHR, Kurt: Weitere Programmexperimente in Berlin. In: Fernseh-Informationen 31(1980), 18, S. 453.

WAGENFÜHR, Kurt: M. von Ardenne zeigte in Berlin das erste rein elektronische Fernsehbild Ende 1930. In: Fernseh-Informationen 32(1981), 1, S. 17-18.

WAGENFÜHR, Kurt: Photos as documents for BBC-TV 1936. In: Fernseh-Informationen 32 (1981), 14, S. 353-355.

AW [d.i. Alexander Wiese]: Ein unbekanntes Jubiläum: Fernsehsender Paris. Professionelles Fernsehen vor vierzig Jahren. In: Tele-audiovision 3(1983), 14, S. 4-12.

WILHELM, Kurt: Die Entwicklung des Fernsehens. In: Ders.: Fernsehen. Abenteuer im Neuland. Köln, Berlin 1965, S. 195-202.

ZIELINSKI, Siegfried: Telewischen. Aspekte des Fernsehens in den fünfziger Jahren. In: Bikini. Die fünfziger Jahre. Kalter Krieg und Capri-Sonne. Fotos-Texte-Comics-Analysen zusammengestellt von Eckhard Siepmann, ausgebreitet von Irene Lusk. Reinbek bei Hamburg 1983, S. 333-367.

Ohne Verfasser – in chronologischer Reihenfolge

Festschrift zum 50jährigen Jubiläum der Telefunken Gesellschaft für drahtlose Telegraphie mbH. Zugleich die 100. Ausgabe der Telefunken-Zeitung 26(1953), 100, S. 133-264.

Ursula Patzschke. In: Fernsehen 3(1955), 3/4, S. 151-153.

Hans Waldemar Bublitz. In: Fernsehen 3(1955), 6, S. 306-309.

Unser Fernseh-Porträt: ‚Waldi' Bublitz und die goldene 100. In: Fernsehen 6(1958), 11, S. 593-594.

25 Jahre Fernsehen in Deutschland. In: fff Press 9(1960), 23, S. 4-5.

Der erste Fernseh-Programmdienst der Welt. 30 Jahre deutsches Fernsehen. In: Fernseh-Informationen 16(1965), 7, S. 114-116.

Unklarheiten über Berufsbezeichnungen. In: Fernseh-Informationen 41(1990), 9, S. 261.

Staatstrauerakt für Paul Nipkow. Rekonstruktion des Filmberichts des Deutschen Fernseh-Rundfunks 1940. Mit Kommentaren von Manfred Hempel. In: Fernseh-Informationen 41(1990), 17, S. 507-513.

Deutsch-französisches Fernsehen. In: Fernseh-Informationen 41(1990), 20, S. 605-606 (I); 21, S. 638-639 (II); 22, S. 671-673 (III); 23, S. 705-707 (IV).

Courrier. In: Bulletin du comité d'histoire de la télévision, Nr. 23 vom Juni 1991, S. 61-66.

D.   ZEITSCHRIFTEN

Archiv für Post- und Fernmeldewesen (Frankfurt/Main, Bonn) 1(1949)ff.
Beiträge zur Geschichte des Rundfunks (Berlin-Ost) 1(1967)ff.
Fernsehen (Neckargemünd) 1(1953)-6(1958)
Fernseh-Informationen (München) 1(1950)ff.
Fernseh-Rundschau (Hamburg) 5(1957)-11(1963)
Foto-Kino-Technik (Berlin) 1(1947)-4(1950)
Hörfunk und Fernsehen (München) 12(1961)-19(1968)
Publizistik (München, Bremen, Konstanz) 1(1956)ff.
Revue d'histoire de la deuxième guerre mondiale (Paris) 1(1950/51)ff.
Rufer und Hörer (Berlin, Stuttgart) 4(1949/50)-8(1953/54)
Rundfunk und Fernsehen (Hamburg) 1-8/9(1948-1950)
Rundfunk und Fernsehen [Neue Folge] (Hamburg) 1(1953)ff.
Studienkreis Rundfunk und Geschichte, Mitteilungen (Köln) 1(1974/75)ff.
Vierteljahreshefte für Zeitgeschichte (München) 1(1954)ff.

Abkürzungen

AA	Auswärtiges Amt	DAF	Deutsche Arbeitsfront
abgedr.	abgedruckt	DASD	Deutscher Amateur-, Sende- und Empfangsdienst
a.D.	außer Diensten		
ADFV	Allgemeiner Deutscher Fernsehverein	DB	Deutsche Botschaft
AEG	Allgemeine Elektricitäts-Gesellschaft	DC Brl	Berlin Document Center
Afifa	Aktiengesellschaft für Filmfabrikation	DEFA	Deutsche Film AG [später: Deutsche Filmgesellschaft mbH]
AG	Aktiengesellschaft	DDD	Der Drahtlose Dienst
AN	Les Archives Nationales (Paris)	DDR	Deutsche Demokratische Republik
Anm.	Anmerkung	ders.	derselbe
ARBD	Arbeiter-Radio-Bund Deutschland	DFG	Deutsche Funkgesellschaft
ARD	Arbeitsgemeinschaft der öffentlich-rechtlichen Rundfunkanstalten der Bundesrepublik Deutschland	d.i.	das ist
		dies.	dieselbe
		DNB	Deutsches Nachrichtenbüro
Aufl.	Auflage	Dr.	Doktor
BA	Bundesarchiv	DRA	Deutsches Rundfunkarchiv (Frankfurt/Main)
BA-MA	Bundesarchiv-Militärarchiv (Freiburg/Brsg.)		
		Dradag	Drahtloser Dienst AG (Berlin)
BA-FA	Bundesarchiv-Filmarchiv (Berlin)	DRP	Deutsche Reichspost
BBC	The British Broadcasting Corporation	d.s.	das sind
Bd.	Band	DWStK	Deutsche Waffenstillstands-kommission
Bde.	Bände		
BDM	Bund Deutscher Mädel (in der Hitler-Jugend)	EIAR	Ente Italiano per le Audizione Radiofoniche
bearb.	bearbeitet	e.V.	eingetragener Verein
Bl.	Blatt	f., ff.	folgende
BR	Bayerischer Rundfunk	FAG	Fernmeldeanlagen-Gesetz
Brsg.	Breisgau	FCC	Federal Communications Commission
BTC	Baird Television Company Ltd. (London)	FET	Funkeinsatztrupp
CBS	Columbia Broadcasting System	FI	Fernseh-Informationen
CdC	Compagnie pour la Fabrication des Compteurs et Matériels d'Usines à Gaz	frs.	Französische Francs
		Funk-Stunde	Funk-Stunde AG Berlin

geb.	geboren	NSDAP	Nationalsozialistische Deutsche Arbeiterpartei
Gestapo	Geheime Staatspolizei		
Gestapa	Geheimes Staatspolizeiamt	NSKK	Nationalsozialistisches Kraftfahr-Korps
gez.	gezeichnet	NSV	Nationalsozialistische Volkswohlfahrt
GFR	Gemeinschaft früherer Rundfunk-angestellter	NWDR	Nordwestdeutscher Rundfunk
GmbH	Gesellschaft mit beschränkter Haftung	o.D.	ohne Datum(-sangabe)
		o.J.	ohne Jahr(-esangabe)
HJ	Hitler-Jugend	OKW	Oberkommando der Wehrmacht
HNF	Höherer Nachrichtenführer	OKH	Oberkommando des Heeres
HR	Hessischer Rundfunk	o.O.	ohne Ort(sangabe)
i.A.	im Auftrag	OPD	Oberpostdirektion
Jg.	Jahrgang	(O)PR	(Ober-)Postrat
Kap.	Kapitel	Orag	Ostmarken Rundfunk AG (Königsberg)
KdF	Kraft durch Freude		
KPD	Kommunistische Partei Deutschlands	o.S.	ohne Seite(-nangabe)
		PA	Privatarchiv
KTB	Kriegstagebuch	PA AA	Politisches Archiv des Auswärtigen Amtes (Bonn)
kv	Kriegsverwendungsfähig		
kW	Kilowatt	Pg	Parteigenosse
KZ	Konzentrationslager	PK	Propagandakompanie
m	Meter	Prof.	Professor
MAN	Maschinenfabrik Augsburg-Nürnberg	qm	Quadratmeter
MAZ	Magnetbandaufzeichnung	RAD	Reichsarbeitsdienst
Mirag	Mitteldeutsche Rundfunk AG (Leipzig)	Ravag	Österreichische Radio-Verkehrs AG
		RCA	Radio Corporation of America
mm	Millimeter	RDN	Radiodiffusion Nationale
NBC	National Broadcasting Company	RDR	Reichsverband Deutscher Rundfunkteilnehmer
NL	Nachlaß		
Norag	Nordische Rundfunk AG (Hamburg)	RFG	Reichspost-Fernsehgesellschaft
		RFH	Reichsfinanzhof
Nr.	Nummer	RIAS Berlin	Rundfunk im amerikanischen Sektor von Berlin
NS	Nationalsozialismus		
NSBO	Nationalsozialistische Betriebs-zellenorganisation	RKK	Reichskulturkammer
		RM	Reichsmark

RMVP	Reichsministerium für Volks-aufklärung und Propaganda
RPD	Reichspostdirektion
RPF	Forschungsanstalt der Deutschen Reichspost
RPM	Reichspostministerium
RPZ	Reichspost-Zentralamt
RRFK	Reichs-Rundfunk- und Fernseh-kammer
RRG	Reichs-Rundfunk-Gesellschaft
RRK	Reichsrundfunkkammer
Rs.	Reichssender
RWU	Reichsanstalt für Bild und Ton in Wissenschaft und Unterricht
SA	Sturmabteilung der NSDAP
SD	Sicherheitsdienst
SFB	Sender Freies Berlin
SPD	Sozialdemokratische Partei Deutschlands
SS	Schutzstaffel der NSDAP
Stagma	Staatlich genehmigte Gesellschaft zur Verwertung musikalischer Urheberrechte
STO	Service du Travail Obligatoire
StS	Staatssekretär
SWF	Südwestfunk
TAT	Tonfilm-Aufnahmetrupp
TB	Technische Betriebsstelle
TeKaDe	Süddeutsche Telefonapparate-, Kabel- und Drahtwerke AG (Nürnberg)
TH	Technische Hochschule
Tobis	Ton-Bild-Syndikat
TRA	Telegraphentechnisches Reichsamt
TV	Television
u.a.	unter anderem; und andere(-s)
Ufa	Universum-Film AG

Uk-Stellung	Unabkömmlichstellung
UKW	Ultrakurzwelle
VDE	Verband der Deutschen Elektro-ingenieure
vgl.	vergleiche
Werag	Westdeutsche Rundfunk AG (Köln)
Wh	Wiederholung(-en)
WHW	Winterhilfswerk
Wipress	Wissenschaftlicher Pressedienst
WPr	Abteilung Wehrmachtpropaganda
WTB	Wolff's Telegraphisches Bureau
ZAST	Zentralauftragsstelle
ZDF	Zweites Deutsches Fernsehen

Pseudonyme und Künstlernamen

Alias	=	Hans-Jürgen Nierentz
Axel von Ambesser	=	Axel von Oesterreich
Lale Andersen	=	Lieselotte Helene
Arnolt Bronnen	=	Arnold Bronner
Robert Casann	=	Boris Grams
Joseph Christean	=	Joseph Christe
Lil Dagover	=	Marie Seubert
Hermann Elleot	=	Hermann Tölle
Hanns Farenburg	=	Johannes Borsutzky
Wilm ten Haaf	=	Wilhelm Schweimer
Peter Hagen	=	Willi Krause
Elisabeth Juliana	=	Sophie Elisabeth Juliana Maria Freifrau Spies von Büllesheim
Viktor de Kowa	=	Viktor Kowarzik
Joane Langenegger	=	Kurt Gunz
Erik Reger	=	Hermann Dannenberg
Albert Roman	=	Albert Sylvester Szymanski
Howard Vernon	=	Mario Lippert
Lore Weth	=	Marta Krüger
Emmy Zimmermann, Pejot	=	Philipp Jutzi
Eusebius Zirbelsand	=	Leopold Hainisch

ANLAGEN

(Die im Text aufgeführten Abbildungen 1-5 wurden entnommen aus Augustin, Ernst: Organisations- und Etat-Unterlagen. Berlin 1938 (1-2, 4-5) sowie NL Wagenführ (3)).

Anlage 1   Die Empfangsstellen von Rundfunk und Reichspost in Groß-Berlin 1935

Träger	Ort	Eröffnung
DRP	Reichspostmuseum, Ecke Leipziger und Mauerstraße	09. 4. 1935
DRP	Postamt Potsdam, Am Kanal 16/18	13. 5. 1935
RRG	Haus des Rundfunks, Masurenallee	15. 5. 1935
RRG	Lichtenberg, Parkaue 6/7	15. 5. 1935
RRG	Wedding, Reinickendorfer Straße 112	15. 5. 1935
RRG	Potsdamer Straße 123b	15. 5. 1935
RRG	Bezirksführerlager Gildenhall	19. 6. 1935
DRP	Postamt W 30, Geisbergstraße 7/9	18. 7. 1935
DRP	Postamt Charlottenburg, Kirchhofstraße 11	18. 7. 1935
DRP	Postamt Steglitz, Bergstraße 1	18. 7. 1935
DRP	Postfuhramt, Artilleriestraße 10	18. 7. 1935
DRP	Postamt Lichtenberg, Dottistraße 12/1 6	8. 1935
DRP	Postamt Neukölln, Richardstraße 119/12 0	16. 8. 1935
DRP	Postamt Schöneberg, Hauptstraße 27	9. 1935

Anlage 2   Die Sendezeiten des RRG-Fernsehens vom 22. 3. 1935 bis 15. 1. 1936

Zeitraum	Sendezeit	Sendetage
22.03.-30.04.	20.30-22.00	Mo., Mi., Sa.
01.05.-31.07.	10.00-12.00	Mo., Sa.
	15.00-16.30	Di., Do., Sa.
	20.30-22.00	Mo., Mi., Fr., Sa., So.
01.08.-19.08.	15.00-16.30	Di., Do., Sa.
	20.30-22.00	Mo., Mi., Sa.
20.08.-13.10.	Sendepause wg. Ausstellungsbrand	
14.10.-22.12.	20.30-22.00	Mo., Di., Mi., Do., Fr. über Notbehelfssender
23.12.	Interne Veranstaltung des Rundfunks wg. Senderübergabe	
24.12.-14.01.1936	Sendepause (?)	
15.01.	20.00-21.00 21.00-22.00 (Wiederholung)	

Anlage 3   Zusätzliche Fernsehstellen während der Olympischen Sommerspiele in Berlin 1936[1]

Öffentlich	RRG	Halensee, Kurfürstendamm 135
	RRG	Kasino im Sportpalast, Potsdamer Straße 72a
	RRG	Rathaus Treptow, Neue Krugallee 2
	RRG	Siemensstadt, Wehnelsteig 12, Ecke Siemensstr.
	RRG	Schmargendorf, Reichenhaller Straße 4
	RRG	Berlin SW 61, Belle-Alliance-Straße 81
	RRG	Hotel Kaiserhof
	RRG	Bezirksamt Wedding, Müllerstraße 146/147
	DRP	Postamt Spandau, Klosterstraße 13/14
	DRP	Postamt Weißensee, Charlottenburger Straße 140
	DRP	Fernsprechamt Wilmersdorf, Pfalzburger Str. 42
	DRP	Vermittlungsstelle Steinplatz, Goethestraße 52
	DRP	Postamt Tempelhof, Berliner Straße 134/135
	DRP	Postamt Friedenau, Schmargendorfer Str. 27/28
	DRP	Postamt Königstadt, Palisadenstraße 20
	DRP	Reichspostministerium, Leipziger Straße 13 (Großbildstelle)
Nichtöffentlich	RRG	Haus Hindenburg (Olympisches Dorf)
	RRG	Haus Tannenberg (Olympisches Dorf)
	RRG	Frauenlager Döberitz
	RRG	Internationales Studentenlager
	RRG	Jugendlager

Anlage 4   Die Sendezeiten des RRG-Fernsehens 1936

Zeitraum	Sendezeit	Sendetage
15.1.-31.7.	20.00-21.00 21.00-22.00 (Wh)	täglich außer So., Inhalte wechseln wöchentlich
1.8.-16.8.	10.00-12.00 14.00-16.00 17.00-19.00 20.00-21.00 21.00-22.00 (Wh)	Sonderprogramm von den Olympischen Sommerspielen

Zeitraum	Sendezeit	Sendetage
17. 8.-4. 9.	20.00-21.00 21.00-22.00 (Wh)	
5. 9.-19. 9.	17.00-19.00 20.00-21.00 21.00-22.00 (Wh)	Sonderberichte vom Reichsparteitag
20. 9.-3. 10.	20.00-21.00 21.00-22.00 (Wh)	
4. 10.-23. 12.	20.00-21.00 21.00-22.00 (Wh)	„täglicher Programmwechsel"
24. 12.	Sendepause	
25. 12.-31. 12.	20.00-21.00 21.00-22.00 (Wh)	

Anlage 5   **Liste der im Juni 1937 betriebenen Dienst-Empfänger, ausschließlich Dienst-Empfänger von Mitarbeitern der Reichspost**[2]

A. Reichs-Rundfunk-Gesellschaft (Ohne Angabe des Empfängertyps)

1. Reichsminister Joseph Goebbels, Hermann-Göring-Straße 20
2. Ministerialrat Horst Dreßler-Andreß Berlin-Steglitz, Brentanostraße 15
3. Ministerialrat Alfred-Ingemar Berndt Berlin-Charlottenburg, Reichsstraße 98
4. Staatssekretär Walther Funk Berlin-Zehlendorf, Seven-Hedinstraße 11
5. Direktor Eugen Hadamovsky Berlin-Zehlendorf, Goethestraße 39
6. Direktor Claus Hubmann Berlin-Ruhleben, Brombeerweg 8
7. Stv. Reichssendeleiter Carl Heinz Boese Berlin-Westend, Fürstenplatz 3
8. Intendant Hans-Jürgen Nierentz Berlin-Charlottenburg, Reichsstraße 3
9. Curt Hoffmann Berlin-Charlottenburg, Meiningenallee 13
10. Dr. Heck Haus des Rundfunks, Masurenallee
11. Herbert Schenk Berlin-Charlottenburg, Kastanienallee 24
12. Willi Bai Berlin-Lichterfelde, Hindenburgdamm 59
13. Otto Schulze Filmtrupp des Fernsehsenders
14. Arnolt Bronnen Kladow, Maubacherstraße, Haus Hohe Föhren
15. RRG-Oberingenieur Ernst Augustin Olympiabaracke

B. Besondere Empfangsanlagen der Forschungsanstalt der Reichspost bei Nichtangehörigen der Reichspost

16. Viktor Brack, Privatkanzlei des Führers
17. Philipp Bouhler, Reichskanzleichef des Führers
18. Alfred Rosenberg, Reichsleiter
19. Hans Frank, Reichsminister
20. Robert Ley, Reichsorganisationsleiter
21. Baldur von Schirach, Reichsjugendführer
22. Erich Raeder, Oberbefehlshaber der Kriegsmarine
23. Werner Freiherr von Fritsch, Oberbefehlshaber des Heeres
24. Otto von Stülpnagel, General der Infanterie
25. Erich Fellgiebel, Oberst
26. Karl Cerff, Reichsjugendführung
27. Ministerialdirektor Erich Greiner, Propagandaministerium
28. Johann Georg Bachmann, Pressereferent RRG
29. Prof. Karl Hunke, Ministrialrat
30. Staatssekretär Fritz Reinhardt
31. Staatssekretär Pfundtner
32. Ministerialrat Jäger
33. Staatssekretär Willikens
34. Knauer, Außenpolitisches Amt
35. Nachrichtentrupp 43, Groß Nedlitz
36. Gaupropagandaleitung
37. Major Dürr
38. Geyger, Amtsleiter
39. Wollbrandt, Amtsrat
40. Ullrich, Regierungsrat
41. Meinberg, Staatsrat
42. Keßler, Direktor
43. Oberst Martini
44. von Hentig, Direktor
45. Ibero-Amerikanisches Institut

46. Bild- und Tonamt der Stadt Berlin
47. Sämisch, Minister a.D.
48. Ferroni, Physikalisch-Technische Reichsanstalt
49. Wilhelm, Direktor

C. Empfangsanlagen von Telefunken

50. Deutsches Museum, München
51. Generalkonsul Mann, Berlin-Grunewald, Am Rupenhorn 10
52. Fregattenkapitän Kienast, Berlin-Dahlem, Asternplatz 2
53. Reichsluftfahrtminister Hermann Göring

D. Empfangsanlagen der Lorenz AG

54. General Adam, Berlin-Grunewald, Hubertus-Baderstraße 19
55. Dr. Meßner, Berlin-Charlottenburg, Reichsstraße 84a
56. Dr. Kramar, Neutempelhof, Kanzlerweg
57. Jung-Zaeper, Berlin-Wilmersdorf, Detmolder Straße 16
58. Radio Web., Berlin C, Alexanderplatz
59. Alexander von Prohaska, Charlottenburg, Wilmersdorferstr.
60. Oberingenieur Scheppmann, Tempelhof, Schulenburgring 127
61. Technische Polizeischule, Berlin SW, Golssener Straße

E. Empfangsanlagen der Fernseh AG

62. Paul Goerz, Berlin-Grunewald, Schleinitzstraße 1
63. Rolf Möller, Klein-Machnow, Heimdallstraße 66
64. Wolfgang Dillenburger, Zehlendorf, Waltrautstraße 36

65. Johannes Schunack, Charlottenburg, Droysenstraße 1
66. Georg Schubert, Zehlendorf, Karolinenstraße 10
67. Emil Putsch, Hamburg 6, Feldstraße 60 (Wegen des Empfängers von Putsch hat die RPF Ermittlungen eingeleitet.)
68. Below, Klein-Machnow, Radelandstraße 16a
69. Hemscheidt, Grunewald, Fontanestraße 1a
70. Fa. Möller, Berlin SO 36, Neanderstraße 11a

F. Empfangsanlagen der Firma D.S. Loewe

71. Hans-Joachim Weinbrenner, Propagandaministerium
72. Helene Altenau, Berlin-Nikolassee, Zimbernstraße 25
73. Fa. Radio Jahnke, Berlin N 31, Brunnenstraße 106
74. Institut für Schwingungsforschung, Berlin
75. Reichskriegsministerium

Anlage 6 **Eidesstattliche Erklärung von Hans-Joachim Hessling, abgegeben am 20.5.1947**[3]

Als aktives Mitglied der SPD und Prokurist der Reichspost-Fernseh-GmbH (RFG) gebe ich hiermit folgende Erklärung ab:

„Herr Direktor Dipl.-Ing. [Friedrich] Stumpf ist seit Gründung der RFG der Leiter der Gesellschaft. Schon bei der Geschäftsaufnahme im Jahre 1939 zeigte sich, dass durch die von ihm aufgestellte Geschäftsordnung und die Zusammensetzung der Betriebsleitung ein Einfluss der NSDAP ausgeschaltet war. Dieses wurde auf Seiten der Deutschen Arbeitsfront (DAF) und des Propagandaministeriums sehr bald erkannt, und es kam zu schweren Zusammenstössen mit dem Gaubeauftragten der DAF und anderen Stellen. Durch ausserordentlich geschickt geführte Verhandlungen wurden jedoch Änderungen vermieden. Die Anzahl der Parteigenossen im Betriebe war ausserordentlich gering. Z.B. waren in der Verwaltung, die aus etwa 27 Personen bestand, nur 3 Parteigenossen beschäftigt. Herr Dipl.-Ing. [Hermann] Weber und ich, die einzigen beiden Prokuristen der RFG, waren ebenfalls nicht in der Partei. In vielen privaten Gesprächen kam die völlige Ablehnung der Partei zum Vorschein. Oft hörten wir gemeinsam während des Krieges ausländische Nachrichten.

Unsere besondere Sorge galt stets den ausländischen Betriebsangehörigen. Unter allen Umständen wollte Herr Direktor Stumpf die Unterbringung in Lagern vermeiden. Er veranlasste die Unterbringung in Privatquartieren und die Versorgung mit normalen Lebensmittelkarten. Ebenso ermöglichte er für diese Betriebsangehörigen entgegen den Bestimmungen $1/4$ jährliche Heimfahrten. Die erforderlichen Devisen liess er unter Angabe falscher Gründe von der Post anfordern.

Zwei Türken, die Gebrüder Gürünlian, sollten von der Gestapo wegen Spionage-
verdacht [sic!] verhaftet werden. Diese Verhaftung verhinderte er durch Ausstellung von
Bescheinigungen, die von militärischen Dienststellen abgestempelt wurden, und durch
die Übernahme der Haftung für beide. Auch kostenlose Studien ermöglichte Herr
Direktor Stumpf den Fremdarbeitern. Insbesondere verdient hier der Fall des Russen
Holuka erwähnt zu werden.

Eines Tages wurde von der NSDAP die Entlassung des Buchhaltungsleiters Otto
Klein über die Forschungsanstalt gefordert. Herr Klein [hatte] eine jüdische Verwandte
bei sich aufgenommen und Verkehr mit jüdischen Familien unterhalten. Auch hier
wurde von Herrn Stumpf die stillschweigende Weiterbeschäftigung veranlaßt."

Dieses sind nur in Kürze einige Beispiele. Ich möchte jedoch abschliessend noch
einmal betonen, dass das Wirken und Schaffen des Herrn Direktor Stumpf in keiner
Weise parteifreundlich war. Zu persönlicher Aussage bin ich jederzeit bereit.

Anlage 7 **Fernsehstuben und Großbildstellen in Berlin und
Hamburg 1940/41**[4]

Berlin:
1. Reichspostministerium (Großbildstelle; 294 Plätze; sonntags geschlossen)
   Karten: beim Pförtner im RPM
2. Postamt NW 21, Turmstraße 134 (Großbildstelle; 120 Plätze)
   Karten: Paketschalter
3. Bechsteinsaal, Linkstraße (Großbildstelle; 186 Plätze)
4. Fernsehstelle Zoo, Hardenbergstraße, Ecke Kantstraße
   Karten: Postamt Charlottenburg im Bahnhof Zoo
5. Haus der Technik, Friedrichstraße 110-112
   Karten: Postamt Artilleriestraße
6. Haus des Rundfunks, Masurenallee 8-14
   Karten: beim Pförtner am Haupteingang
7. Pankow, Wollankstraße 134 (Einlaß ohne Karten)
8. Neukölln, Braunauer Straße (Einlaß ohne Karten)
9. Postamt W 30, Geisbergstraße 7-9
   Karten: im Postamt (ebenso 10.-15.)
10. Postamt Charlottenburg 1, Berliner Straße 62-64
11. Postamt Schöneberg 1, Hauptstraße 27
12. Postamt Steglitz, Bergstraße 1
13. Postamt N 65, Gerichtstraße 50-51
14. Postamt Lichtenberg, Dottistraße 12-16
15. Hauptpostamt Neu-Kölln

Hamburg:
1. Fernsprechamt 24 Große Allee (Großbildstelle; 60 Plätze)
2. Telegraphenamt (Großbildstelle; 60 Plätze)
3. Postamt Jungfernstieg (30 Plätze)
4. Postamt Altona 1 (25 Plätze)
5. Postamt Eppendorf (40 Plätze)

Anlage 8   Fernsehfilme von 1940 bis 1944[5]

Vereidigung des Jungvolks in Berlin-
Friedrichshain
Produktionsdatum: 19. April 1940

Verleihung des Literaturpreises der Stadt
Berlin im Schiller-Theater
Produktionsdatum: 19. April 1940

Eröffnung der Reichslotterie der NSDAP[6]
Produktionsdatum: 1. Mai 1940

Frühjahrs-Kriegsregatta in Berlin-Grünau
Produktionsdatum: 25. Mai 1940

Fünf Jahre Internationaler
Fernschreibverkehr
Produktionsdatum: 12. Juli 1940

80. Geburtstag Dr. h.c. Paul Nipkow
Produktionsdatum: 22. August 1940

Staatsbegräbnis für Dr. h.c. Paul Nipkow[7]
Produktionsdatum: 30. August 1940

Der Großdeutsche Rundfunk trauert um
Dr. Adolf Raskin
Produktionsdatum: 15. November 1940

Internationale Wintersportwoche in
Garmisch-Partenkirchen
Produktionsdatum: Winter 1940

Staatsbegräbnis Professor Becker
Produktionsdatum: 1940

Leibstandarte ‚Adolf Hitler‘
Produktionsdatum: 1940

Kraft durch Freude – Kremserfahrten
durch Alt-Berlin
Produktionsdatum: 1940

Deutsche Kriegsradmeisterschaften in
Dresden
Produktionsdatum: 1940

Metallspende des deutschen Volkes
Produktionsdatum: 1940

Altmaterialverladung im Westhafen
Produktionsdatum: 1940

Berliner Division kehrt heim
Produktionsdatum: 1940

Berliner Zoo am Jahresanfang
Produktionsdatum: 1940

Eröffnung der Filmfeierstunde durch
Reichsminister Dr. Joseph Goebbels
Produktionsdatum: 1940

Hitler-Jugend sammelt für das
Winterhilfswerk
Produktionsdatum: 1940

Hausmusik – Quell der Freude
Produktionsdatum: 1940

Empfang des italienischen Ministers für
Volkskultur, Alessandro Pavolini, durch
Dr. Joseph Goebbels in Berlin
Produktionsdatum: 1941

Au Backe, mein Zahn!
Produktionsdatum: 1941

Wehrmachtsveranstaltung für das
Winterhilfswerk
Produktionsdatum: 1941

Schneebeseitigung durch die Hitler-Jugend
Produktionsdatum: 1941

Radrennen in Moabit[8]
Produktionsdatum: Mai 1942

Das Amt Truppenbetreuung bietet durchreisenden Soldaten Stunden der Kurzweil
im Nachtkino[9]
Produktionsdatum: 1942

Das Amt Truppenbetreuung bietet durchreisenden Soldaten Stunden der Kurzweil
im Wehrmachts-Nachtkabarett
Produktionsdatum: 1942

Das Amt Truppenbetreuung bietet durchreisenden Soldaten Stunden der Kurzweil
im Theater der Soldaten
Produktionsdatum: 1942

Das Amt Truppenbetreuung veranstaltet
für eine Genesungskompanie eine

Dampferfahrt nach Templin
Produktionsdatum: 1942

Staatsbegräbnis für Reichssportführer
Hans von Tschammer und Osten
Produktionsdatum: 28. März 1943

Boxen auf der Dietrich Eckart Freilicht-
bühne[10]
Produktionsdatum: 19. September 1943

Der 9. November 1943
Produktionsdatum: 9. November 1943

Verwundete werden politische Leiter
Produktionsdatum: 1943

100 Jahre Schultheiss-Brauerei[11]
Produktionsdatum: 1943

Reichsarbeitsschule Wildpark bei Potsdam
Produktionsdatum: 1943

Deutsche Kriegsmeisterschaften im
Hallenradsport 1943
Produktionsdatum: 1943

Frohsinn und Wille meistern das Schicksal
Produktionsdatum: 1943

70 Jahre SiegessäuleProduktionsdatum:
1943

Die Reichsfeier der NSDAP zum
Geburtstag des Führers am 20. April 1944
Produktionsdatum: 20. April 1944

Wie baue ich meinen Ofen selbst?
Produktionsdatum: 1944

Zehn Jahre Hilfswerk ‚Mutter und Kind‘[12]
Produktionsdatum: 1944

Sehr geehrter Herr Scymanski!

Nachdem der totale Kriegseinsatz die mit Ihnen abgeschlossenen Verträge über Truppenbetreuungsveranstaltungen im Divisionsbereich der 1. Flakdivision lösten, möchte ich Ihnen als verantwortlicher Offizier für die Truppenbetreuung der Division von folgendem Kenntnis geben:

Der Deutsche Fernsehrundfunk hat sich in vorbildlicher Weise für die Betreuung der im schweren Kampf und ständiger Bereitschaft stehenden Angehörigen der 1. Flakdivision eingesetzt.

Es bedarf einer besonderen Würdigung, daß die Berliner Bühnen und der Deutsche Fernsehrundfunk mit ihren erstklassigen Darbietungen auch die weit abgelegenen Batteriestellungen der Division aufsuchten und hier Offizieren, Unteroffizieren, Mannschaften, Lw.Helfern, RAD.-Männern, Flakwaffen-, Ln.- und Flakhelferinnen Freude und Entspannung brachten. Ich teile Ihnen gern mit, daß die Einheiten sehr Lobenswertes über Ihre Veranstaltungen zum Ausdruck brachten und den Wunsch äußerten, daß Sie bald wieder mit Ihrem Ensemble in die Stellungen hinauskommen würden.

Vom 31. 5.-9. 9. 1944 tätigten Sie mit Ihrer Künstlergemeinschaft 27 Einsätze, die fast alle in der weiteren Umgebung von Berlin gelegen und fast ohne Ausnahme sehr schwierig zu erreichen waren.

Die Division bringt den Wunsch zum Ausdruck, daß – wenn die augenblicklichen Verhältnisse sich einmal ändern und eine weitere Betreuung der Truppe zulassen – Ihre vorzügliche Künstlergruppe wieder in alter Form bei der Division eingesetzt werden kann.

Die ausgezeichnete Zusammenarbeit zwischen dem Fernsehrundfunk und der 1. Flakdivision rechtfertigt bei späteren normalen Verhältnissen einen bevorzugten Einsatz des Deutschen Fernsehrundfunks im Divisionsbereich.

Mit den besten Grüßen und
Heil Hitler!

gez. Hauptmann Bloheich

Sehr geehrter Herr N i p k o w !

Sie hatten mich gestern angerufen, leider war ich nicht im Hause, da ich zur Zeit die Leitung eines Berliner Fernsehsenders übernommen habe, welcher, symbolisch gesehen, die Fortsetzung des ehemaligen Senders ‚Paul Nipkow' darstellen dürfte. Ich betone aber gleichzeitig, dass dieser Sender den Namen nicht trägt.

Alle ‚alten' Techniker und Fachleute sind zum massgeblichsten Teil dort tätig und seit dem Monat Februar senden wir schon täglich ein Programm für die ‚Industrie'.

Ab 1.Oktober werden wir für eine kurze Zeit an die Öffentlichkeit treten, um unter Beweis zu stellen, dass das deutsche Fernsehen, in jeder Beziehung, bisher von keiner Seite überboten worden ist. Anlässlich dieser Sendefolge wollte ich als Einleitung eine spezielle Fernsehsendung über das deutsche Fernsehen bringen. Leider kann ich im Rahmen dieser Folge nichts von Ihrem Herrn Vater bringen, weil ich keinerlei Bildmaterial besitze, am Beispiel dessen ich in der Lage wäre, etwas Überzeugendes zu explizieren. Es wäre natürlich unser aller Wunsch, das tun zu können, doch bei der Starrhalsigkeit Ihrer sehr verehrten Frau Schwester, die uns nach längeren Verhandlungen am 28. April 1951 folgendes Telegramm zugehen liess

„SOEBEN ALLES MATERIAL GEGEN ENTGELT AN WESTZONE VERLIEHEN, BESUCHE KRANKHEITSHALBER VERBETEN – NIPKOW"

mussten wir leider auf jede weitere Zusammenarbeit verzichten, da wir uns als ‘alte' Fernseh-Pioniere nicht auf dieselbe Stufe stellen lassen, wie die Elemente, die Ihre Schwester um viele wertvolle Kleinode gebracht haben.

Sie werden daher verstehen können, dass eine neue Anbahnung zu einer erfolgreichen Mitarbeit erst dann wieder möglich ist, wenn es Ihnen oder Ihrem sehr verehrten Herrn Bruder in Kürze gelingen würde, die Einstellung Ihrer Frau Schwester uns gegenüber grundlegend zu ändern. Erst dann sind wir bereit, mit Ihrer Frau Schwester neue Verhandlungen einzuleiten.

Es wäre erfreulich, wenn es Ihnen gelingen würde, dies alles bewerkstelligen zu können und das umsomehr, da wir in diesen Tagen die Manuskripte für die Sendung *endgültig* festlegen und ausarbeiten.

Mit der Bitte, von Ihnen recht bald einen positiven Bescheid in dieser Angelegenheit zu erhalten, zeichnen wir mit dem Ausdruck der vorzüglichsten

Hochachtung!
i.A.
gez. S. A. Szymanski

ANMERKUNGEN

[1] BA Potsdam 50.01/675, fol. 6-7; DRP: Führer für Post, Telegraphie und Fernsprecher. Berlin 1936, S. 8.
Addiert man die elf bereits bestehenden Fernsehstuben und die Großbildstelle in der Turmstraße hinzu, so erhält man die Zahl 33.

[2] Aufstellung RFP, 24.6.1937, BA Potsdam 47.01/20822.

[3] NL Wagenführ.

[4] Aktennotiz Besprechung RPM, 9. 3. 1940, BA Potsdam 47.01/20825, fol. 63-65; Neue Sendezeiten des Fernsehsenders. In: Rundfunk-Archiv 13 (1940), 9, S.305; Wo liegen die Fernsehstuben in der Reichshauptstadt? In NS Rundfunk-Korrespondenz 4(1940), 16, Bl.8.

[5] BA-FA Brl.

[6] vgl. *Eröffnung der Reichslotterie der NSDAP*, BA-FA Brl, SP 17356, 1 Rolle.

[7] Ein Zitat aus der Grabrede Eugen Hadamovskys macht deutlich, wie wenig die damalige Rundfunkführung über den „großen Nipkow" und dessen Erfindung wußte: „Ein Jules Verne in seiner Phantasie! Aber keiner, der Romane schrieb, sondern vorschlug, eine Metallscheibe mit einigen tausend (!) Löchern zu versehen."
vgl. auch Staatstrauerakt für Paul Nipkow. Rekonstruktion des Filmberichtes des Deutschen Fernseh-Rundfunks 1940. Mit Kommentaren von Manfred Hempel. In: Fernseh-Informationen 41(1990), 17, S. 507-513.

[8] vgl. *Radrennen in Moabit*, BA-FA Brl, SP 20635, 1 Rolle.

[9] vgl. *Das Amt Truppenbetreuung bietet durchreisenden Soldaten Stunden der Kurzweil im Nachtkino*, BA-FA Brl, SP 07633, 1 Rolle.

[10] vgl. *Boxen*, BA-FA Brl, SP 08718, 2 Rollen.

[11] vgl. *100 Jahre Schultheiss-Brauerei*, BA-FA Brl, SP 20634, 1 Rolle.

[12] vgl. *Zehn Jahre Hilfswerk 'Mutter und Kind'*, BA-FA Brl, SP 12269, 1 Rolle.

[13] NL Wagenführ.

[14] ebd.

PERSONENVERZEICHNIS

(Die Seitenverweise beziehen sich auf Text, Anmerkungen und Abbildungen. Fettgedruckte Seitenangaben verweisen auf Personen, deren Biographie ausführlicher beschrieben wurde – entweder im Text oder in den Anmerkungen.)

Abetz, Otto 378
Adalbert, Max 99
Adorno, Theodor 267
Ahnert, Kurt 67
Aigner, Franz 22
Albes, Rolf 140
Albrecht, Erwin 257, 338
Albrecht, Gerd 319
Ambesser, Axel von 217 f., 220
Andersen, Lale 217
Andremont, Serge 398
Angermeyer, Fred A. 257, 338
Apitzsch, Ernst 290 f.
Ardenne, Manfred von 21 f., 40
Arentz, Hans 328
Arnheim, Rudolf 72
Arnold, Auguste 405
Arnold, Peter 342
Arzt, Mia 390
Attolico, Bernardo 255
Auer, Peter 56
Augustin, Ernst 119, 123, 164, 168, 172 f., 177, 190, 198 f., 222, 295, 297, 298 f., 339, 434

Bachmann, Johann Georg 69, 76, 87 f., 124
Bäthge, Wilhelm 274
Bai, Willi **85**, 113, 140, 143, 148, 164, 189, 223, 265, 444
Baird, John Logie 24 ff., 31, 37
Balbo, Italo 355
Balkie, Kurt 145, 214
Banneitz, Fritz 13, 15 f., 18, 27 f., 32, 34, 42, 49 f., 53, 56 f., 69, 89, 92, 94, 121, 125, 151, 166
Barca, Calderón de la 436
Barlach, Ernst 268
Barrault, Jean Louis 398
Barthélémy, René 37, 377
Bartosch, Robert 378
Baumann, Hans 268
Becker, Ive 189, **244**, 288
Beckmann, Eberhard 435
Behr, Carl 99

Behring, Emil von 327, 437
Bellack, Richard 141
Bemeleit, Arthur 271, **274**, 286, 305, 345, 418 f., 422, 434, 444
Berndt, Alfred-Ingemar 256, 258
Bertram, Hans 334
Beumelburg, Walther 269
Bidwell, Shelford 2
Bielen, Otto 220
Bing, Max 243
Birkinshaw, Douglas C. 73
Bischoff, Fritz Walter 260
Bishop, William Henry Alexander 429
Björnson, Björnstjerne 342
Blemmec, O. 72 f.
Bley, Kurt 47
Blomberg, Werner von 79 f.
Blothner, Reinhard **277-278**
Bock, Christian 220, 340
Bodenbender, Erich 378
Bodenstedt, Hans 48
Boehlen, Hermann 321
Boese, Carl Heinz **82-84**, 85 ff., 93, 95, 101, 111 ff., 118 f., 121, 125 f., 130 f. 134 f., 139 f., 141 f., 143, 150, 159 f., 206 ff., 217, 260, 264, 415, 443 ff.
Boese, Johannes 82
Boese, Walther 439
Bofinger, Alfred 12, 48 f., 375 ff.
Bonard, Abel 379
Bornemann, Hanns 215
Borsig, August 327
Borsody, Eduard von 285
Bossdorf, Hermann 220
Bosse, Peter 334
Bourdier, Colette 389
Bourquin, Hans 34
Boussinot, Roger 391
Braillard, Raymond 377, 383, 386
Brandmeyer, Dolf 342
Braun, Alfred 270, 276, 293, 297, 304, **353**
Braun, Ferdinand 2, 55
Braun, Hanns 339

Braun, Harald 243
Brausewetter, Hans 289
Brauweiler, Ernst 371
Brecht, Bertolt 115, 150, 267
Bredow, Hans 12, 20 f., 24, 37, 40
Breithofer, Georg 141
Breker, Arno 225
Brennecke, Hans 145
Brennert, Hans 215 f.
Brentano, Clemens 328
Bridoux, Suzanne 390
Brie, Richard 267
Brink, Elga 289
Bröckling, Maria 262
Bronnen, Arnolt **114-117**, 144, 150, 159,
    162 f., 189, 212, 218, 265
Bronner, Ferdinand 115
Bruch, Walter 3
Brues, Otto 216
Bublitz, Waldemar **84-85**, 86 ff., 101, 107,
    113 f., 118 f., 143 f., 148, 189 f., 226, 228,
    265, 277, 433
Buch, Fritz Peter 99, 220, 224, 338
Buhler, Wilhelm 51, 119, 148, 227, 301, 433
Busch, Wilhelm 334

Cadel, Pierre 390
Caracciola, Rudolf 230
Carey, George R. 1
Carton, Antoinette 391
Celibidache, Sergiu 423
Cerff, Karl 85
Chauvierre, Marc 390
Christean, Joseph 280, **355**
Christel, Martha 189
Claudius, Matthias 328, 418 f.
Cleff, Erich 331
Cleinow, Horst 271
Cochet, Henri 399
Cock, Gerald 130
Cocteau, Jean 398
Collatz, Herbert 45, 49
Coltitz, Dietrich von 402
Conrad, Joseph 214
Cornu, Maurice 405
Cramm, Gottfried Freiherr von 366
Cranach, Elfi von 181, 333
Czternasty, Elisabeth 278
Dagover, Lil 325
Dahlke, Paul 232

Daluege, Kurt 105
Dammann, Gerhard 99
Dannenberg, Hermann 267
Delbrück, Edith 141
Delonge Cläre 143
Delschaft, Maly 99
Deltgen, René 307, 360
Deppe, Hans 99
Dettmann, Fritz 331
Devé, Renée 390
Deyk, Olli van 141
Dieckmann, Max 2, 21
Diels, Kurt 374
Dietze, Eduard Roderich 87, 126, 130, 228,
    327, 432
Diewerge, Wolfgang 289, 308, 383 f.
Dillenburger, Wolfgang 3
Diller, Ansgar 3
Döblin, Alfred 115
Döring, Karl Friedrich 119
Dollmann, Odilo 380, 388, 392, 401, **411**
Dominik, Hans 327
Dominik, Herbert 258
Dorival, Bernard 379
Dorlan, Michèle 390
Dovifat, Emil 118, 446
Dreßler-Andreß, Horst 45 f., 54, 72, 75, 81, 97,
    105
Droste, Cäcilie 299
Droste-Hülshoff, Anette von 299
Düwell, Richard Heinrich 228, **232**
Dufilho, Jacques 390, 405
Duisberg, Eduard 347

Ebbecke, Berthold 141
Eckard, Max 342
Eckert, Gerhard 5, **11**, 197, 209, 212, 215, 219,
    271, 312, 328, 431, 436
Ehle, Erna 274
Ehlers, Wilhelm 167, 332
Ehrecke, Rudolf 276, 278
Eichmann, Adolf 243
Eisenhower, Dwight D. 400
Elfert, Brunhild 335
Elster, Else 91, 101, 140 f., 227, 288
Engel, Franz Josef 260
Engelke, Ursula 273
Engler, Herbert 164, 234, 259, **260-264**, 266,
    269 ff., 275 f., 277 ff., 283, 285 f., 289, 291,
    303 ff., 307 ff., 313 f., 317, 319 f., 329 f.,

334, 337 ff., 343 f., 346, 350, 359 ff., 366,
  369, 383, 415 f., 434, 439, 443 ff.
Erhardt, Heinz 347
Esser, Hermann 258
Eycken, Vera 343
Eyseren, Gertrud van 336
Eysoldt, Gertrud 281

Faber, Maria 419
Farenburg, Hanns [Johannes Borsutzky] **269**,
  270, 276, 304 f., 325, 345, 352, 360, 432
Farnsworth, Philo T. 124 f.
Fechter, Paul 197 f.
Felix, Oskar 342
Fellgiebel, Erich 79
Ferber, Elena 397
Feuchtwanger, Lion 115
Feyerabend, Ernst 20
Fichte, Johann Gottlieb 328
Finck, Werner 352
Finkelstein, Schura von 30, 43
Fischer, Erich 216
Fischer, Eugen Kurt 270 f.
Fischer, Helene 216
Fischer-Köppe Hugo 140
Flanze, Günter 82, 123, 130, 166, 169, 187,
  198 f., 238, 258, 308, 417
Flickenschildt, Elisabeth 341
Florath, Albert 294, 342
Fontane, Theodor 216
Forster, Friedrich 338
Fortner, Erich 216, 220, 343
Fränzel, Hildegard 143
Franco Bahamonde, Francisco 233
Franke, Heinz 98
Freisler, Roland 232
Freudenberg, Arthur 180 f., 288, 308
Frick, Wilhelm 101
Fricke, Gerd 243
Friebel, Liselotte 51
Friedel, Walter 16, 30
Fritz, Bruno 215, 281
Fritzsche, Hans 291, 308 ff., 384, 421 f.
Froehlich, Carl 232
Fröhlich, Else 299
Fromeyer, Eda 299
Füngeling, Hans-Gerd 434
Fugner, Maria 281
Funk, Walther 46, 78, 162, 264

Gail, Otto Willi 153
Galland, Adolf 330
Gance, Abel 398
Garschig, Kurt 301
Gayl, Wilhelm Freiherr von 150
Gebhardt, Rio 189, **244**, 281, 342, 390
Gebühr, Otto 95
Gehne, Paul 53
Gehrts, August 166
Geitmann, Theo 273
George, Heinrich 275, 289
Gerhardt, Elena 323 ff., 390, 433
Gesell, Michael 220
Gieß, Hermann 49 f., 61, 134
Giraudoux, Jean 398
Gladenbeck, Friedrich 152, 183, 185, 240, 431
Glage, Gustav 2
Glagla, Theodora 439
Glaser, Käthe 269, 333
Glasmeier, Heinrich 4, 159 f., 162 ff., 185, 211,
  261 f., 265 f., 287 f., 308, 351, 365, 415,
  442, 444
Glaßbrenner, Adolf 215
Glessgen, Hermann 205
Globisch, Hubert 304, 378
Goebbels, Joseph 4, 7, 45 ff., 67, 69 f., 74 ff.,
  83, 89, 91, 111, 115, 117, 125, 128 ff., 134,
  147, 154, 159, 161 f., 164, 199 f., 205,
  207 f., 223, 232, 235, 251, 259, 261, 264,
  267, 272 ff., 285, 290 ff., 301 f., 304, 307,
  316, 320 ff., 330, 338, 374 f., 383, 402, 415,
  421 f., 444 ff.
Goebel, Gerhart 1, 3, 23 f., 41, 175, 256, 406
Goebel, Heinrich 346
Goedecke, Heinz 285
Göring, Hermann 26, 76 ff., 222, 234, 255,
  311, 381
Goerz, Paul 24 f., 60 f., 201 f.
Goethe, Johann Wolfgang von 398, 436
Gött, Emil 339
Goetz, Kurt 220, 436
Gogol, Nikolai W. 218, 220
Gondy, Harry 99, 141
Gottschalk, Joachim 343, 360 f.
Gottschalk, Meta 360 f.
Gottschalk, Michael 360 f.
Grabbe, Christian Dietrich 342
Grabowski, Johann 318 f.
Grack, Hans 240, 432
Graebke, Otto 126, 228

Graff, Sigmund 220
Grams, Boris **117**, 144, 164, 189, 342 f., 439
Grams, Max 117
Greene, Hugh Carleton 431 f.
Greiner, Erich 200
Greiner, Günter **85**, 86 f., 90, 101, 107, 113 f.,
    119, 146, 153, 189, 253, 265, 302, 333
Greiser, Arthur 234
Grimme, Adolf 432
Großmann, Christine 167, 216
Grothe, Franz 288
Grüger, Heribert 266, 328, 334 f., 436
Grupe, Gustav 265, 351
Guay, Henry 405
Gündel, Gerhard 307
Güssow, Margarete 331 f.
Guitry, Sacha 398
Gutenberg, Johannes 327
Gutterer, Leopold 200, 304, 415, 444
Guzatis, Heinz 47, 296

Hadamovsky, Eugen 45 ff., 50, 54, 60, 69 ff.,
    74 ff., 81, 83 f., 87, 95, 108, 111, 115, 118,
    125 f., 128 f., 135 f., 138 f., 146, 154, 159 f.,
    371, 444
Haenicke, Siegfried 355
Haensel, Carl 435
Hahn, Egon 416 f.
Hainisch, Leopold 167, **188-189**, 212, 214,
    217, 219, 222, 243, 265, 269, 307, 351, 433
Hajduk, Genia 342
Halbe, Max 342
Hamsun, Knut 324
Hamsun, Marie 324
Harbich, Hans 23, 31, 80 f.
Harder, Fritz 121, 123, 125, 130, 151, 165
Hardt, Ernst 17, 264
Harten, Reinhold 335
Hartmann, Robert 418
Hartung, Hugo 214
Hauff, Wilhelm 337, 345
Hautecoeur, Louis 389
Haydn, Franz Joseph 216
Heck, Ludwig 253
Heckroth, Hein 267
Heesters, Johannes 217
Heiberg, Kirsten 288
Hein, Alfred 262 f.
Heinrich, Walter 282
Heinze, Fritz 113

Heise, Cecilie 419
Heise, Hans 339, 344
Hell, Rudolf 18
Hellberg, Ruth 360
Helldorf, Wolf-Heinrich Graf von 227
Heller, Ellen 420
Helwig, Paul 220
Hempel, Manfred 3, 71
Henckels, Paul 325
Herforth, Johann 419
Hermann, Ott 397
Hessling, Hans-Joachim 6, 306, **360**, 380 f.,
    386, 417, 419, 426 ff.
Hewel, Horst 121
Heuser, Adolf 230
Heydrich, Reinhard 274, 283
Heynecke, Kurt 215, 327, 339
Hickethier, Knut 3
Hildebrandt, Otto 273
Hilgenfeldt, Erich 418
Himmler, Heinrich 105, 210, 223
Hinkel, Hans 236, 244, 260, 287 f., 289, 314,
    317, 319 f., 347, 360
Hinrichs, August 345
Hinzmann, Kurt 6, **268-269**, 277, 286 f.,
    304 f., 374 ff., 388 f., 401 ff., 411, 414, 433
Hitler, Adolf 8, 22, 48, 55, 63, 69 ff. 77 ff., 83,
    91, 100, 127, 147 f., 153, 160, 205, 223,
    227, 231, 255 f., 274, 308 f., 322, 328, 371,
    381, 402, 425, 442
Hölderlin, Friedrich 328
Höpfner, Hedi 281
Höpfner, Margot 281
Hörbiger, Paul 99, 214
Hoffmann, Curt 69
Hoffmann, E.T.A. 328
Horn, Peter A. **269-270**, 339, 342 f., 389,
    395 ff., 433
Horney, Brigitte 360
Hubmann, Claus 49, 51, 61 f., 69, 81, 87, 119
Hugenberg, Alfred 445
Huntziger, Charles 371
Hussenot, Olivier 405
Huth, Jochen 218, 257, 262, 338
Hutton, Barbara 332, 366

Igelhoff, Peter 217, 390
Ihering, Herbert 267
Irmer, Lola 399

521

Jacob, Max 333
Jacobi, Julius 164, 178 ff., 192, 265 f., 268, 276, 302, 313, **351**, 433
Jacoby, Georg 99
Jäger, Axel 332
Jahn, Waldemar 67
Janecke, Fritz 224, 226, 232, 328
Janetzky, Margarete 189
Jannings, Emil 341
Jansen, Lutetia 390
Jaques, Alfred 228
Jenkins, Charles Francis 37
Jenkins, Harry 99
Jerosch, Ernst 62
Jöken-König, Käte 101, 140 f.
Joksch, Karl **189**, 274, 276, 432 f.
Jünger, Ernst 267
Junghans, Wolfram 99, 232
Jutzi, Philipp **275**, 277, 344

Kaergel, Hans Cristoph 339
Kaiser, Egon 289
Kalbus, Oskar 205 f.
Kandl, Eduard 289, 342
Kapeller, Ludwig 35
Kapp, Julius 325
Kappelmayer, Otto 27, 43, 63, 72, 149
Kaps, Marcel 389
Karolus, August 2, 14, 20, 25, 30, 58
Kaul, Friedrich Karl 305
Kaul, Walter 418
Kayssler, Friedrich 244
Keiper, William 388, 390, 397, 401
Kelch, Werner 335
Kelsey, George 392
Kerb, Martin 267
Kerr, Alfred 267
Kesselring, Albert 233
Keßler, J. 18
Kette, Georg 31, 53 f.
Kiesinger, Kurt Georg 386
Kippenhan, Martin 282
Kirchhoff, Paul 54 f.
Kirschstein, Friedrich 50, 52, 54, **65**, 82, 91, 121
Kjärulff-Pedersen, Börge 303
Klages, Erich 282, 302
Klein, Otto 388, 401, 404
Kleist, Heinrich von 328, 398
Klöpfer, Eugen 361, 366
Kniestedt, Joachim 3

Knuth, Gustav 342, 360, 419
Koch, Heinz 378
Koch, Lutz 331
Koch, Robert 257, 341
Kölle, Hans 288
Kölsch, Agnes 272
Kölsch, Heinrich 272
Kölsch, Karlheinz **271-274**, 305, 383, 416, 421 f., 434, 444
Kölsch, Regina 272
Kolle, Charlotte 141
Kollo, Willi 212, 343
Kopsch, Julius 206
Kordecki, Richard 51, 301
Korff, Annemarie 289
Kowa, Victor de 289, 325
Krätzer, Helmut 187, 242, 303, 378, 380, 382, 388
Kraus, Karl 150
Krause, Hermann 340
Krause, Willi 161
Kressmann, Paul 13
Kretschmacher, Walter 67
Kriegler, Hans 81, 132, 261, 264
Krollpfeifer, Gerhard 431
Krone, Karl 253
Kruckow, August 13, 27
Krüger, Barbera 114
Krüger, Doris 350
Krüger, Fred 87, 126, 228, 234
Krüger, Marta [Lore Weth] **114**, 117, 143, 212, 215, 339, 342, 345
Krüger, Otto 114
Krüger-Lorenzen, Kurt 126, 224, 433
Kruspe, Hildegard 114, 163 f.
Künnecke, Evelyn 289
Küper, Anton 280
Küpper, Agnes 267
Küpper, Fritz 267
Küpper, Hannes **267-268**, 276, 303 ff., 309, 325, 345, 360 f., 390, 418 f., 433, 436, 444, 446 f.
Kuhle, Walter 32
Kuhlmann, Heinrich 351
Kuhnke, Annelies 302
Kunze, Anne-Marie 289, 324 f., 343 f.
Kusserow, Ingeborg von 166
Kutsch, Arnulf 5
Kutschbach, Herbert 174 f., 419, 432
Kwartiroff, Alexis 302, 401

Labiche, Eugène 398
Ladoué, Pierre 379
Lammers, Hans Heinrich 78 ff., 104
Landgraf, Hugo 126, 148, 224 ff., 327, 331, 342, 434, 437
Lange, Horst 214
Langenegger, Joane 390
Langer, Nikolaus 13
Langsdorff, Arthur 210
Larriaga, Gilbert 390
Larsen, Egon 14
Larsen, Ingrid 140, 166
Lasserre, Lucien 405
Lau, Alfred 190, 415
Laubenthal, Hans-Georg 419
Laven, Paul 126, 228
Lebret, André 390
Leforgue, Leo de 400
Legay, Henry 390
Lehmann, Leopold 26, 29
Lehmann, Paul 59
Leibelt, Hans 99
Leithäuser, Gustav 26 f., 29, 42
Leitzbach, Trude 228, 323 f.
Lemcke, Waldemar 301, 326
Lennartz, Elisabeth 419
Lenz, Leo 220, 343, 345
Lerg, Winfried B. 3, 13, 24
Lessing, Gotthold Ephraim 342
Leuchter, Heinz Wilhelm 118, 162, 189, 192
Leuenburger, Hans 331
Levaillant, Pierre 405
Liebeneiner, Wolfgang 325, 360
Liebig, Justus 327, 437
Liesegang, Raphael Eduard 1
Lifar, Serge 390
Lindenberg, Fritz 71
Lingen, Theo 99, 289
Lippert, Mario [Howard Vernon] 391
List, Friedrich 15
Loebel, Bruni 339
Loebel, Reinhold 146
Löding, Walter 301, 419
Loewe, Siegmund 21, 26, 46, 60
Löwinger, Paul 216
Loos, Theodor 237
Lortzing, Albert 144
Lothar, Rudolf 26
Ludenia, Werner 12
Lux, Friedrich 2

Machowiak, Viktor 302
MacNamara, Reggie 267
Maeder, Hans Joachim 216, 274
Mähnz-Junkers, Hans 118, 189, 227, 433
Maetzig, Kurt 361
Magnus, Kurt 18, 26, 29, 32 f.
Maikowski, Hans 210
Mair, Kurt Alexander 385
Maisch, Herbert 325
Mallein, Stéphane 389, 401
Mandel, Paul 405
Mann, Thomas 267
Mannl, Harald 339
Marais, Jean 398
March, Werner 101, 125
Marconi, Guglielmo 124
Marek, Hans 90
Marold, Helga 289, 339
Marseille, Hans Joachim 330
Matinett, Paul 140
Maurique, André 405
Maxime, Véra 391
Mayring, Philipp Lothar 99
Mechau, Emil 76, 238, 441
Meder, Hans 369
Mendelsohn, Heinrich 165, 282
Menzel, Herybert 211
Menzel, Werner 20
Messmer, Georg 280
Metternich, Franz Graf Wolff 379
Metzger, Ludwig 215
Meyer, Norbert 28
Michel, Elmar 381
Mier, Erich 301, 419
Mihály, Dénes von 2, 13 ff., 25, 30, 33, 35, 37
Milch, Erhard 78 ff., 233
Minetti, Bernhard 341
Mirande, Julien 390
Mittler, Wolf 228
Mocilon, Juray 302
Mölders, Werner 330
Möller, Eberhard Wolfgang 145, 157
Möller, Rolf 24, 60, 431
Molkow, Egon 181
Monnier, Heinz **117-118**, 143, 189, 218 f. 265, 274, 354, 433 f.
Monnier, Marie 117
Monnier, Rudolf 117
Moss, Harry **415-416**, 434, 443 f.
Müller, Gabriele 69

Müller-Lübeck, Kurt 282
Müller-Nürnberg, Hans 214
Mumme, Georg 273
Murero, Hugo 126, 230, 233, 254, 432
Murrow, Ed 402
Musset, Alfred de 397
Mussolini, Benito 196, 222, 255

Nagel, Jakob 304
Natonek, Hans 20, 31
Naumann, Werner 164
Neels, Axel 228
Negri, Pola 30
Neher, Caspar 267
Nentwig, Kurt 19
Nesper, Eugen 16
Nestel, Werner 431 f., 435
Neuert, Hans 25 f.
Neugebauer, Eberhard 15, 64, 183 f.
Neumann, Günther 216, **249-250**
Neumann-Neurode, Detleff 231, 333
Neusch, Wolfgang 189, **244**, 288, 433
Neuß, Maria 166
Niccodemi, Dario 345
Nielsen, Asta 32
Nierentz, Hans-Jürgen 4, 116, 118, 143, 149,
    160-165, 167, 169 ff., 178, 180, 187 ff., 208,
    211 f., 214, 222, 224, 237, 250, 260, 262,
    264 ff., 280 f., 335, 355, 434, 443 ff.
Niessen, Carl 309
Nipkow, Paul 1, 18, 48, 55, 71, 75, 103, 327,
    433, 437
Noack, Fritz 27, 31
Noack-Ihlenfeld, Paul 143
Nonn, Hugues 389, 397
Nosanoff, Vsevolod 302
Obrig, Ilse 336 f., 432
Oehlschläger, Werner 212, 216, **249-250**
Ohlendorf, Heinz 334
Ohnesorge, Wilhelm 20, 55, 62, 69, 75, 77 ff.,
    81 f., 93, 111, 133, 152, 166, 178, 180,
    182 f., 185 f., 201, 203, 246, 258, 282, 287,
    292, 310, 315, 376, 388
Olbrich, Prudentia 281
Ophüls, Max 242
Opitz, Carl 30
Opitz, Karl 51
Orkutt, Imogen 30, 32, 43
Ott, Karl 200

Packebusch, Herbert 105
Paiva, Adriano de 1
Papen, Franz von 45, 150
Pasteur, Louis 341
Patàky, Hubert 117
Patzschke, Ursula 55 f., 95
Pauceanu, Yvonne 390
Paust, Otto 210
Pautsch, Walter 189
Perosino, Carlo Mario 1
Perskyi, Constantin 1
Pétain, Philippe 371 f.
Petermann, Ernst 140
Petersen, Jürgen 447
Peukert, Leo 215
Picker, Henry 55
Piel, Harry 232
Pienaar, Andries A. 82
Pinon, André 390
Piper, Heinz 190 f., 254, 271
Pirandello, Luigi 43
Planck, Max 327
Platte, Rudolf 290
Pleister, Werner 432
Plücker, Werner 301
Pohle, Heinz 3
Pouch, Edmund 140 f.
Prachty, Paul 28
Prager, Wilhelm 400
Preciso, Merlo 230
Presber, Rudolf 99
Pressler, Horst 204
Preusker, Horst 266, 302, 347, 369
Prieberg, Fred K. 231
Proult, Jacqueline 390
Pruegel, Paul 190, 276
Prugel, Alfred 212, 220

Racine, Jean 397
Radspieler, Charlotte 305 f., 360, 390, 418 f.,
    432
Rahn, Erich 230
Rambour, Emanuel 281
Raskin, Adolf 130, 159, 163, 185, **236-237**,
    264, 266, 268 f., 270, 286, 305, 371, 444 f.
Rauch, Erich 342
Régnier, Henri 398
Rehfisch, Hans José 437
Reichardt, Waldemar 220
Reimers, Alfred 242, 432

Reinecke, Hermann 19
Reisner, Bruno **190**, 212, 218 f., 266, 277 f., 346
Reisner, Hermann 190
Reiss, Erwin 3
Reisser, Walter 32
Reith, Jens 267
Rezzori, Gregor von 432
Rhein, Eduard 14 f., 22, 32, 197, 245, 431
Ribbentrop, Joachim von 374
Richert, Jochen **117**, 189, 210, 265, 432
Richter, Hans 214
Richter, Renate 399
Riefenstahl, Leni 100, 153
Riehmer, Doris 341 f.
Riek, Heinz 228, 233, 254, 433, 448
Rikli, Martin 100, 321
Rilke, Rainer Maria 302
Rindom, Svend 345
Ring, Friedrich 42, 170
Rischmann, Pierre 405
Rißmann, Charlotte 218
Roberts, J. Varley 68
Roeber, Georg 206
Roedemeyer, Friedrichkarl 307
Röhl, Hans-Ulrich 213
Rökk, Marika 288
Roemmer, Hermann 275 f.
Röntgen, Wilhelm Conrad 327
Rössner, Manfred 343, 436
Rolf, Fredy 140
Rombach, Otto 214, 412
Rommel, Erwin 330
Rosegger, Peter 328
Rosemeyer, Bernd 230
Rosenberg, Alfred 286
Rosing, Boris 2
Ross, Colin 330
Ruge, Willy 413
Ruhmer, Ernst 2
Ruth, Robert 390
Ruttmann, Walter 321

Safiantschikoff, Alexander 302
Sanchez, Pépito 390
Sandrock, Adele 99, 325
Sartre, Jean-Paul 398
Sauckel, Fritz 404
Sauer, Fred 99
Schäfer, Hermann 200

Schäffer, Walter 17 f., 20, 51
Schaeffers, Willi 91, 140, 347
Schätzel, Georg 20
Scharping, Karl 309
Scharrelmann, Wilhelm 334
Schaudinn, Hans 290 f.
Scheer, Paul 299
Schenk, Richard 389
Schenke, Ernst 369
Scherz, Ursula 336
Schikora, Karl Viktor 263 f.
Schiller, Georg 299
Schlageter, Albert Leo 325
Schlegelberger, Curt 165
Schlei, Rudolf 378
Schlösser, Rainer 268
Schlüter, Gisela 289
Schmidt, Albert 141
Schmidt, Erich 98
Schmidt, Franz 290
Schmidt, Walter 99
Schmidt, Willi 282
Schmidt zur Nedden, Werner 191
Schnabel, Ernst 432
Schnack, Friedrich 342
Schönicke, Martin 306, 415 f., 421
Scholz, Werner 53, 132, 179 f.
Schomburgk, Hans 328
Schrage, Wilhelm 20
Schroeder, Herbert 255
Schröter, Fritz 3, 14, 22, 30, 53, 60, 205, 374 f.
Schubert, Franz 216
Schubert, Georg 24 f., 201 f.
Schünzel, Reinhold 307
Schulenburg, Werner von der 220
Schulmeister, Kurt 299
Schulz, Eberhard 220 f.
Schulz, Ulrich K. T. 99, 400
Schulz-Dornburg, Rudolf 267 f.
Schulz-Gellen, Christian 212
Schulze, Otto 51, **65**, 90, 119, 251, 298, 300, 346, 422 f., 433
Schulze, Walter 87
Schulze-Wechsungen, Walter 87
Schwabe, Margarete 306
Schwandt, Erich 33, 129, 170, 203
Schwarzkopf, Elisabeth 281, 342
Schweikart, Hans 220
Schweimer, Wilhelm [Wilm ten Haaf] 335, **366**, 433

Schwember, Wilhelm 205
Schwenzen, Per 305, 345
Schwerla, Carl Borro 344, 369
Schwiegk, Fritz 224, 226 f.
Seehof, Arthur 33
Seemann, Fritz 33 f.
Seiffert, Walter 85, 113
Senlecq, Constantin 1
Sensburg, Alfons **242-243**
Sester, Hans 242, 432
Shakespeare, William 342, 398
Shaw, George Bernard 398, 412, 436
Sieverling, Heinrich 378, 432
Siffling, Otto 131
Siebert, Paul 67
Siebert von Heister, Hans 29
Sievers, Rolf 225, 340
Sima, Oskar 214
Smet, Léon 389
Söhnker, Hans 99
Solidor, Suzy 390
Sorge, Ernst 341
Speer, Albert 223
Sperber, Else 141
Spies von Büllesheim, Sophie Freifrau
    [Elisabeth Juliana] **261-262**, 289, 308 f., 342,
    345, 350, 434
Stahlherm, Anka 272 f.
Starke, Herbert 31
Staudte, Fritz 217
Steffahn, Harold 334
Steguweit, Heinz 213
Steiner, Willi 141
Steinhoff, Hans 341
Stenzel, Günter 277, 280, 342
Stenzel, Otto 288
Stephan, Karl 299
Sternberg, Hans 145
Stevenson, Robert L. 214
Stoffregen, Götz Otto 375
Stolte, Dieter 248
Straumer, Heinrich 165
Strauß, Johann 216
Streicher, Julius 268
Stülpnagel, Otto von 372
Stumpf, Friedrich 42, 183 ff., 257 f., 282, 287,
    291, 293 f., 303, 306, 312, 360, 362, 376 f.,
    382 f., 404, 409, 428, 430, 434
Swinton, Alan A. Campbell 2

Szymanski, Sylvester Albert 280, 305, 327, **355**,
    420, 422 f., 433, 437

Tanaka, Mitchiko 324
Tannenberg, Gerhard 126 f.
Tappe, Walter 332, 420
Taubert, Eberhard 266
Tenge, Wolfgang 228
Tetzlaff, Kurt 189, **243-244**, 275 f., 278, 302,
    433
Textor, Stella 325, 391
Theimer, Gretl 140
Thoma, Ludwig 116, 144 f., 220, 436
Thun, Rudolph 33, 58
Tiedtke, Jacob 99, 215 f.
Tölle, Hermann 264, 275 f., 279 f., 302,
    325 ff., 348, **354**
Treitschke, Erdmann Helmut 279
Trenker, Luis 232
Trojan, Johannes 337
Tschammer und Osten, Hans von 287
Tschechow, Anton 220

Udet, Ernst 233
Uhlendahl, Karl-Heinz 233, 266, 307, 326, **352**
Urack, Otto 117
Uricchio, William 3
Ursika, Marina 101

Vallentin, Max 267
Vater, Erwin 228
Veit, Ivo 266, **352**
Vellnig, Klaas 303
Vesten, Inge 141, 166
Vigny, Alfred 397
Virchow, Rudolf 341
Vogt, Carl de 101, 140 f., 145, 166
Voß, Hermann 69, 262, 309
Vossen, Kurt 280

Wagenführ, Kurt **5-6**, 41, 47, 73, 98, 144, 148,
    196 ff., 212 f., 218 ff., 222, 225, 228 f., 232,
    234, 237, 251, 256, 259 f., 271, 293, 307,
    312, 319, 322 f., 341, 350, 371, 413, 423,
    431 f.
Wagner-Régeny, Rudolf 231
Wahnrau, Gerhard 191, **244**, 257, 278 ff., 302,
    327 f.
Waizenegger, Heinrich 67
Wakévitch, Michel 391

Walendy, Paula 335
Wallner, Kurt 51, 84, 86 f., 101
Warschauer, Frank 31 f., 35
Weber, Adolf 212 f., 215, 220
Weber, Carl Maria von 342
Weber, Hermann 303, 360, 376, 429
Weber, Paul 128
Weg, Hartl 216
Wegener, Alfred 328, 341
Weinbrenner, Hans-Joachim 45, 69, 83 f., 159,
    243, 307 f.
Weiser, Grete 214, 281, 288 f.
Weitz, Hans Philipp 26
Wellert, Karl 86, 101
Wemheuer, Kurt 294
Wendt, Susi 140 f.
Wenzel, Fritz 227
Werber, Paul-Lambert 265
Werkmeister, Lotte 215
Werner, Ilse 289
Wernicke, Rolf 87, 126, 224, 230
Wesnigk, Emil 90
Westermeier, Paul 215
Wenck, Ewald 280
Wigand, Rolf 54
Winckel, Fritz 33 f.
Wirz, Andreas 88
Witt, Herbert 216
Witte, Karsten 332
Wolf, Franz 141
Wollmann, Otto 143
Wüst, Ida 217
Wysbar, Frank 100, 161, 231

Zeisler, Alfred 99, 206
Zeitz, Alfred 306
Zeutschner, Heiko 3
Zielinski, Max 50, 56, 90
Zielinski, Siegfried 3
Zille, Heinrich 275
Zimmermann, Emmy 275
Zinn, Hans 51, **65-66**
Zöllner, Hedwig 335
Zubeil, Max 301
Zurth, Rudolf 289
Zworykin, Vladimir Kosma 124
Zylstra, Evert 302

Thomas Hanna-Daoud

Die NSDAP und der Film vor der Machtergreifung

(Medien in Geschichte und Gegenwart, Band 4)

1996. VI, 345 Seiten. Broschur.
ISBN 3-412-11295-X

Schon vor der „Machtergreifung" nutzte die NSDAP das Medium Film, um ihre weltanschauliche Botschaft zu verbreiten. Die bisher veröffentlichten Untersuchungen der NS-Filmpolitik konzentrieren sich aber auf die Zeit ab 1933. Kaum beachtet wurde bisher, daß Hitlers Partei schon in den letzten Jahren der Weimarer Republik selbst zahlreiche Streifen produzierte. In den letzten Wahlkämpfen zum Beispiel trat Hitler in kurzen Filmen auf, die als Vorläufer der heutigen Wahlspots gelten können. Gleichzeitig führten die Nationalsozialisten einen ideologischen Kampf gegen das etablierte Filmwesen; spektakulär waren etwa die öffentlichen Proteste gegen den Antikriegsfilm „Im Westen nichts Neues".

Hanna-Daoud zeigt, wie die NSDAP in den späten 20er und frühen 30er Jahren mit dem Medium Film umging und wie ihre Filmarbeit organisiert war. Goebbels und seine Propagandisten bemächtigten sich auch neuer technischer Entwicklungen wie des Tonfilms sehr schnell.

Ergänzt wird die Darstellung durch ein Verzeichnis aller bisher ermittelten Filme der NSDAP aus der Zeit vor der sogenannten „Machtergreifung" – es sind wesentlich mehr als bisher vermutet.

BÖHLAU VERLAG KÖLN WEIMAR WIEN

Theodor-Heuss-Str. 76, D - 51149 Köln